D0875624

EDUARD NORDEN

KLEINE SCHRIFTEN ZUM KLASSISCHEN ALTERTUM

E. Norden

EDUARD NORDEN

KLEINE SCHRIFTEN

ZUM KLASSISCHEN ALTERTUM

1966

WALTER DE GRUYTER & CO · BERLIN

Vormals G. J. Göschen'sche Verlagshandlung · J. Guttentag, Verlagsbuchhandlung
Georg Reimer · Karl J. Trübner · Veit & Comp.

McCORMICK THEOLOGICAL SEMINARY
McGAW MEMORIAL LIBRARY
800 WEST BELDEN AVENUE
CHICAGO, ILLINOIS 60614

HERAUSGEGEBEN VON BERNHARD KYTZLER

Archiv-Nr. 36 29 661

©

1966 by Walter de Gruyter & Co., vormals G. J. Göschen'sche Verlagshandlung — J. Guttentag, Verlagsbuchhandlung — Georg Reimer — Karl J. Trübner — Veit & Comp. Berlin 30
Printed in Germany

Ohne ausdrückliche Genehmigung des Verlages ist es nicht gestattet, dieses Buch oder Teile daraus auf photomechanischem Wege (Photokopie, Mikrokopie) zu vervielfältigen.

Satz und Druck: Thormann & Goetsch, Berlin 44

PA
27
.N6

WAT 5-25-71

VORWORT DES HERAUSGEBERS

Bei der Durchsicht des wissenschaftlichen Nachlasses von Georg Rohde, aus dem eine Auswahl vor zwei Jahren an gleicher Stelle erschienen ist, entstand der Plan, auch die verstreuten Schriften seines Lehrers und Freundes Eduard Norden zu sammeln und zu publizieren. Dieses Vorhaben in Berlin zu verwirklichen erschien besonders angemessen: Norden hat in dieser Stadt 33 Jahre lang, von 1906 bis 1939, gelebt und gelehrt, er hat hier den größten Teil seiner Werke geschaffen, hier wurden ihm jene hohen akademischen Ehrungen zuteil, durch die er 1913 zum Mitglied der Preußischen Akademie der Wissenschaften, 1928 zum Rektor der Berliner Universität berufen wurde. Und es war auch dieselbe Stadt, in der ihn der Rassenwahn der damaligen Reichsregierung demütigte und ächtete: als Jude wurde Norden aus der Akademie ausgeschlossen, noch als Einundsiebzigjähriger mußte er das Land, an dem er mit nationaler Gesinnung und patriotischer persönlicher Liebe hing, fluchtartig verlassen.

So ist es besonders zu begrüßen, daß ein Berliner Verlagshaus es war, das sich der ihm vorgeschlagenen schwierigen Aufgabe bereitwillig annahm. Auch an diesem Orte dem Verlage Walter de Gruyter & Co. für all seine Bemühungen bestens zu danken, ist dem Herausgeber angenehme Verpflichtung. Ebenso gilt allen Verlagshäusern Dank, die freundlicherweise den Abdruck der bei ihnen erschienenen Arbeiten Nordens gestatteten.

Zahlreiche Fachgenossen und Freunde Nordens haben das Unternehmen durch ihren Rat und ihre Initiative unterstützt; ihrer sei hier dankbar gedacht wie auch der unschätzbaren Hilfe, die Dr. Irmgard Rohde bei der Korrektur des Bandes gewährt hat. Endlich ist Dr. Erwin Norden, dem Sohne des Gelehrten, besonders zu danken, der entgegenkommend und uneigennützig dem Projekt ohne Zögern seine Zustimmung erteilt und es durch Ausleihen der in seinem Besitz befindlichen Handexemplare seines Vaters entscheidend gefördert hat.

Es ist hier nicht der Ort, ein Lebensbild Eduard Nordens zu zeichnen; und es ist vielleicht auch noch nicht an der Zeit, ihn als Forscher zu würdigen. Allzu nah ist noch seinen jüngeren Kollegen und Schülern seine persönliche Gegenwart, allzu direkt ist noch allenthalben, methodisch und sachlich, der Einfluß seines Werkes, als daß eine objektive Einordnung seiner Leistungen in den Fortgang der Forschungen bereits sicher möglich wäre. Was heute schon zu sagen ist, hat F. W. Lenz auszusprechen unternommen[1]. So ist hier allein von der Anlage des vorliegenden Bandes zu sprechen. Wer ihn recht zu lesen vermag, wird in dieser Sammlung ohnedies eine Art innerer Biographie des Menschen und des Forschers finden, zumal wenn er mit Nordens größeren Werken vertraut ist und die Wandlungen in der Bibliographie beachtet, etwa die nationalgestimmten Überschriften nach 1914 und die internationalen Erscheinungsorte nach 1933.

Es konnte nicht Ziel der Kollektion sein, jede einzelne der kleineren Veröffentlichungen Nordens aufzunehmen. Er selbst hat eine Reihe früherer Arbeiten teils durch entsprechende Ausführungen in seinen Büchern ersetzt (z. B. die ersten Vergil-Studien), teils aufgrund neuer Einsichten abgelehnt (z. B. das Programm zu Minucius Felix). Darum war gerade unter den länger zurückliegenden Publikationen eine schärfere Auswahl zu treffen. Dennoch erschien es richtig, den Rahmen im allgemeinen möglichst weit zu ziehen. Gewiß wurden spielerische Kleinigkeiten bewußt ausgelassen, wie die „Paigniodes" des Rektorenball-Almanachs, die nichts Wissenschaftliches bieten, wohl aber ein umso helleres Licht fallen lassen auf die Prinzipien und Probleme der Privatexistenz prominenter preußischer Professoren. Aber im allgemeinen sollten, der Bedeutung Nordens entsprechend, auch seine vielleicht im Ergebnis weniger gewichtigen, im Thema weniger zentralen Aufsätze schon aus methodologischem Interesse nicht fehlen. Und daß in dem einzelnen Falle einer solchen Entscheidung allgemeine Übereinstimmung nicht zu erzielen ist, zählt ebenso zu den Verzweiflung weckenden Fakten wie auch zu den Hoffnung spendenden Phänomenen des wissenschaftlichen Lebens.

Drei Beigaben runden den Band ab: ein Register in Auswahl (zur Frage der Selektion gilt hier sinngemäß das zur gesamten Sammlung Gesagte), ein Verzeichnis der Veröffentlichungen Nordens und eine Liste der mit seiner Mitverantwortung erschienenen Dissertationen. Diese zuletzt erwähnte Zusammenstellung ist von stud. phil. W. Weißhaupt angefertigt worden, der sich dadurch besonderen Dank verdient hat ebenso wie stud. phil. C. Plötz durch die Bearbeitung der Indices.

Die bemerkenswerte Beobachtung bleibt zu bedenken, daß nicht einmal die durch Gegenstand und Methode als klassisch hervorgeho-

[1] Erinnerungen an Eduard Norden, Antike und Abendland 7, 1958, 159—171; Eduard Nordens Leistung für die Altertumswissenschaft, Das Altertum 6, 1960, 245—254. Vgl. ferner die Würdigungen von Ernst Howald, Neue Zürcher Zeitung vom 15. 7. 1941, Blatt 5; J. Mewaldt, Akademie der Wissenschaften zu Wien, Almanach 95, 1945 (1947), 228—236; H. Haffter, Neue Zürcher Zeitung vom 29. 9. 1963.

bene Sparte der philologischen Disziplinen ein bibliographisches Instrument hervorgebracht hat, das es ermöglichen würde, die volle Lebensleistung eines Gelehrten in ihrer Gesamtheit festzuhalten. Es besteht auch heute noch kein methodischer Weg, um systematisch die von einem akademischen Lehrer angeregten und geleiteten Dissertationen zu erfassen (wie wichtig diese Norden selbst waren, zeigen gelegentliche Bemerkungen wie die S. 629 unten), und das gleiche gilt für einen so wichtigen Teil der wissenschaftlichen Tätigkeit, für die von ihm verfaßten Rezensionen und Berichte. In beiden Fällen besteht die einzige Möglichkeit, einen Überblick zu gewinnen bzw. eine Aufstellung abzufassen, immer noch in der von urtümlich primitiver Menschheit seit prähistorischer Zeit praktizierten Methode unsystematischen Suchens und Sammelns. Sie wurde hier mit der Hoffnung auf gutes Gelingen betrieben. Wie weit die angestrebte Vollständigkeit erreicht wurde, bleibt hier ebenso offen wie bei der Bibliographie. Diese weist gegenüber den Angaben der dankbar benutzten Vorarbeit von Hans Ruppert[2] etwa ein Drittel Eintragungen mehr auf; ob aber die erwünschte Vollständigkeit verwirklicht werden konnte, ist infolge des erwähnten Mangels festzulegen nicht möglich. Und ohnedies entzieht sich ja gar manche gelehrte Arbeit, wie etwa die Exzerpte aus der Aeneis für den Thesaurus Linguae Latinae oder die in Antike und Abendland 7, 1958, 168 behandelte Ovid-Bearbeitung, an und für sich einer bibliographischen Fixierung.

Auch die Anordnung der Beiträge innerhalb des vorliegenden Bandes soll an diesem Orte nicht empfohlen oder verteidigt werden. Es sei allein darauf hingewiesen, daß die in parallelen Unternehmungen gelegentlich praktizierte Scheidung zwischen streng wissenschaftlichen Publikationen und allgemeiner gehaltenen Veröffentlichungen für ein breiteres Publikum von Nicht-Spezialisten in diese Sammlung nicht eingeführt worden ist. So sind neben anderem z. B. die populär gehaltenen Veröffentlichungen zu Vergil S. 449 ff. und S. 458 ff. im Zusammenhang der übrigen Forschungsarbeiten zur Aeneis und zu den Georgica belassen worden. Sie sind unlösbar mit diesen Studien verbunden, mag ihr Ziel auch ein anderes sein. Sie vermögen an solcher Stelle vielleicht leichter und deutlicher einem doppelten Zweck zu dienen: den Anachoreten des Elfenbeinturmes und ungeselligen Spezialisten darzutun, daß ein Gelehrter vom Range Eduard Nordens es als seine Aufgabe ansah, auch über den wissenschaftlichen Bereich im engeren Sinne hinauszugehen, um die Erkenntnisse philologischer Forschung weithin zu vermitteln — umgekehrt aber auch allen allzu eilfertigen Popularisatoren zu zeigen, mit welch tiefem Ernst, mit welch

[2] Rastloses Schaffen, Festschrift Friedrich Lammert, Stuttgart 1954, 86—89.

großem Maß an Verantwortlichkeit, auf welch hohem intellektuellen Niveau solches Tun allein auszuführen ist.

In Parenthese sei beigefügt, daß die Titel und Untertitel solcher populär gehaltenen Veröffentlichungen in der Form der Originalpublikation beibehalten worden sind, obschon sie wohl nicht von Norden stammen, sondern in den Redaktionen erfunden worden sind, wie schon das Ausrufezeichen hinter einem Titel von 1929 anzeigt, gedruckt im Gegensatz zur Bemerkung Nordens über seine Meinung zum Gebrauch dieser Interpunktion S. 473 Anm. 7.

Das führt auf die Frage nach den Prinzipien der Wiedergabe des hier Dargebotenen[3]. In den Text sind — neben stillschweigenden

[3] Die einzige postum erschienene Arbeit (S. 286) wurde von ihrem Herausgeber folgendermaßen eingeleitet:

Vorwort

Eduard Norden hat schon im Januar 1921 die Hauptgedanken dieser Arbeit öffentlich vorgetragen: Das geht aus Briefen zweier Berliner Schulmänner, H. Lucas und G. Mahlow, hervor, die im Nachlaß gefunden wurden. Erhalten hat sich neben Stellensammlungen auf Zetteln und dem Entwurf eines kürzeren Aufsatzes auch noch ein sieben Blatt füllendes Manuskript Nordens mit dem Titel »Bemerkungen zu der Schrift über die Erhabenheit, 1. das Genesiszitat«, dessen Entstehungszeit nicht mehr festzustellen ist, das sich aber schon durch das Fehlen der auf der Erörterung von Philos politischen Anschauungen beruhenden Philo-These als Vorstufe der hier vorgelegten Arbeit ausweist. Auf Blatt 6 heißt es dort sogar: »Den Autor, der ihm (dem Anonymus) das Zitat vermittelte, mit Namen zu benennen, wird schwerlich je gelingen: es muß genügen, die Sphäre bezeichnet zu haben, der es entstammte und den Weg, den es durchlief, bis es von der Antithese zur Parataxe herabsank.« Die hier im Druck vorgelegte Fassung der Abhandlung stimmt im Resultat mit derjenigen überein, die Norden am 25. Oktober 1923 in der Gesamtsitzung der Berliner Akademie vorgetragen hat, vgl. den Auszug SB. Berlin 1923, 231; sie wird, da die in ihr zitierte Literatur bis 1922 reicht und die Bezugnahme Nordens S. 17 auf eine Anerkennung der Arbeit H. Leisegangs am Philo-Index die Abfassung des Manuskripts im Jahre 1923 beweist*, trotz des leicht variierten Titels** sogar mit ihr identisch sein. Auf die genannte kurze Inhaltsangabe in den Sitzungsberichten 1923, der die Bemerkung »ersch. später« hinzugefügt ist, nimmt O. Immisch in seinen »Bemerkungen zur Schrift vom Erhabenen«, SB. Heidelberg 1924/25, 2, 9 und 34, Bezug, versagt es sich aber wegen des bevorstehenden Erscheinens der Nordenschen Abhandlung, auf die mit dem Genesiszitat verknüpften literarischen Probleme näher einzugehen. Warum die Publikation schließlich unterblieb, ist nicht mehr genau festzustellen; U. v. Wilamowitz soll mit dem Ergebnis nicht einverstanden gewesen sein, und der Verfasser mag die Absicht gehabt haben, seine These durch neue Forschungen noch fester zu untermauern. Seit 1933 verbot sich die Veröffentlichung auch aus politischen Gründen. Die Akademie schätzt sich glück-

* Diese Erwähnung geschah allerdings nicht in der Leibnizsitzung am 28. Juni d. J., sondern in der öffentlichen Sitzung am 25. Januar, und zwar durch U. v. Wilamowitz-Moellendorff (SB. 1923, XLVI).

** Er lautet in SB. Berlin 1923, 231: »Das Genesiszitat in der Schrift über das Erhabene.«

Korrekturen offensichtlicher Druckfehler — nur zwei Korrekturen des Herausgebers aufgenommen worden, ars (: Art) S. 316 und Fugen (: Fragen) S. 356. Fortgelassen wurden die kurzen Übersetzungsproben, die Norden gelegentlich seinen populären Publikationen angefügt hat, die jedoch mit dem Text nicht eigentlich notwendigerweise verbunden waren und auch poetisch zu geringen Gewichts sind, als daß ihr Neuerscheinen zu rechtfertigen wäre. Als einzige Kürzung wurden Anfang und Schluß der Rede 'Heldenehrungen' S. 552 ff. fortgelassen, die sich nicht mit wissenschaftlichen Fragen, sondern mit aktuellen patriotischen und überpatriotischen Problemen beschäftigen und als zeitgebundene Aussagen heute nicht mehr von wissenschaftlichem Interesse und auch wohl kaum für die Geschichte der Philologie von Belang sind.

Durch die Güte von Dr. Erwin Norden wurden, wie schon erwähnt, dem Herausgeber die teilweise noch vorhandenen Handexemplare der Veröffentlichungen Eduard Nordens zugänglich gemacht. Die dort handschriftlich eingetragenen Ergänzungen und Korrekturen werden hier zum ersten Male veröffentlicht. Sie sind stets als solche gekennzeichnet und stellen meist Nachträge, Zusätze, Erweiterungen dar, während sich wesentliche Meinungsänderungen wohl ausschließlich in der Arbeit über die ars poetica des Horaz finden. Ferner sind die Addenda, die Norden selbst am Ende seiner Dissertation abgedruckt hat, für die vorliegende Ausgabe jeweils an die für sie bestimmte Stelle gesetzt worden.

Alles andere wurde unverändert abgedruckt. Jedoch wurde der gegenüber den früheren Veröffentlichungen heute veränderten Orthographie Rechnung getragen. Bibliographische Hinweise und Stellenangaben wurden — ohne Rigorismus — vereinheitlicht. Hier erschien es nicht billig, letzte Konsequenz erzwingen zu wollen. Norden schrieb voraussetzungsreich für ein Publikum von Kennern, er war sich gewiß,

lich, Nordens Abhandlung jetzt, 13 Jahre nach dem Tode ihres Verfassers, veröffentlichen zu können.

Das Manuskript konnte fast unverändert gedruckt werden; nur an wenigen Stellen wurden Unebenheiten, die meist durch Zusätze oder Änderungen des Autors selbst entstanden waren, geglättet, und die neuere Orthographie wurde konsequenter durchgeführt; die Zitate aus dem Auctor Περὶ ὕψους nach der 3. Auflage der Ausgabe von O. Jahn-J. Vahlen (1905) wurden auf die 4. Auflage (1910) umgestellt, die aus Philo — soweit es sich nicht um Fragmente und um die nur armenisch erhaltenen Schriften handelt — auf die Ausgabe von L. Cohn-P. Wendland-S. Reiter (1896—1915). Für die Überlassung der Abhandlung und des anderen Materials aus dem Nachlaß sei Herrn Dr. Erwin Norden, Hamburg, herzlich gedankt, ebenso der Heidelberger Akademie der Wissenschaften, die durch Vermittlung von Herrn Regenbogen mit Rücksicht auf die Entstehung dieser Akademieabhandlung Nordens der Berliner Akademie das Vorrecht des Druckes einräumte. Die Schlußredaktion des Druckmanuskriptes und die Korrektur lag in den Händen von O. Luschnat. J. S.

daß unter seinen Lesern den Botenbericht aus Oed. Col. „jeder im Sinne hat" (S. 527) und daß jedem „Ciceros Worte aus dem unvergeßlichen Prooemium de finibus V bekannt" sind (S. 532). Dementsprechend ist für Norden „Vergil in der Schildbeschreibung 678 ff." eine genügend ausführliche Stellenangabe (S. 264); dementsprechend kommentiert er eingehend eine Tacitus-Stelle (ann. 2, 88, 3), ohne sie überhaupt auch nur mit einem Wort näher zu bezeichnen (S. 175 ff.); dementsprechend führt er seinen berühmten gräzistischen Kollegen nicht mit dem Prunk des Adelstitels und in der pompösen Pracht des Doppelnamens ein, sondern nennt ihn auch im Druck einfach 'Wilamowitz' (S. 173 Anm. 13) und zitiert sein letztes Werk als „Glaube" (S. 495). Hier dem Autor stilwidrig ins Handwerk zu pfuschen, konnte nicht Aufgabe des Herausgebers sein: wer wollte durch banale Ortsnennung und platte Jahreszahlen eine so köstliche Quellenangabe wie „der alte Teuffel" (S. 234) ihres körnigen Reizes banausisch berauben? All solche Abbreviatur der Indikation ist natürlich nicht saloppe Nachlässigkeit, sondern ein Zeugnis der Fülle des präsenten Wissens, das als Basis der Kommunikation zwischen diesem Autor und seiner Leserschaft vorausgesetzt war — eine vielleicht schon verloren gegangene oder gerade verloren gehende, aber als solche klar konturierte Geisteshaltung, deren fordernden Einfluß durch unlebendige Mechanismen zu zerstören nicht unsere Sache sein kann[4].

Auch in der Schreibung wurde von allzu strikter, allzu strenger Vereinheitlichung Abstand genommen. Norden schreibt in derselben Arbeit Logistoricus bald mit, bald ohne h (Varroniana S. 88 ff.), er nennt seinen Heros, je nachdem ob er an das griechische Urbild denkt oder an Vergils Verse, bald Aristaios, bald Aristaeus (Orpheus und Eurydike S. 468 ff.) — hier und in ähnlichen Fällen wurde alles in der originalen Gestalt belassen. Norden versenkte sich gewiß genau ins Detail, aber er suchte dort den göttlichen Geist der großen gedanklichen Zusammenhänge, nicht den Götzen schematischer Regeln und pedantischer Systematisierungen. So wenig man sich selbst heute solche Freiheiten wird vindizieren dürfen, so wenig darf man dem freien Geist Nordens die Reglementierungen der Nachgeborenen aufoktroyieren. Ihm wurde die Methode nicht zur Manier, das Detail nicht zum Fetisch: auf Mitteilung, Verständigung, Kommunikation ist sein Augenmerk gerichtet, der Impetus der Aussage trägt hinüber zum

[4] Daß Nordens Arbeit unter Verhältnissen vor sich ging, die zu Zeiten nicht einmal die Einsichtnahme in die Londoner „Times" ermöglichten (s. S. 553 Anm. 1), gehört ebenfalls zu den Erstaunlichkeiten, die bei der Beschäftigung mit der Philologie der ersten Jahrhunderthälfte und ihrer Methode zutage treten.

lesenden Partner eines geistigen Dialoges, ohne vom Gitterwerk pedantischer Regeln gebrochen zu sein. Welchen Gottheiten Norden selbst huldigte, mag man etwa aus seinem Inventar des „philologischen Hausrats" in der Studie über Lessing als Klassischen Philologen ersehen. Man wird zu den dort aufgeführten Talenten und Tugenden für Norden selbst noch hinzunehmen müssen, was er an seinem Lehrer Usener gerühmt hat (S. 662 f.): die freimütige Bereitschaft, zuvor verteidigte Positionen aus neuen Erkenntnissen heraus preiszugeben. Das zeigen die schon erwähnten Korrekturen der Handexemplare ebenso deutlich wie etwa die Änderung seiner Haltung gegenüber dem Prioritätsproblem Minucius Felix vs. Tertullian (S. 672 u.). Und endlich auch noch jene Haltung, die sich in ihm auf der Höhe seines Lebens und seines Ruhmes manifestierte: die Errichtung der seinen Namen tragenden Stiftung, verkündet am bedeutsamen Datum der Iden des Oktober in dem Jahre, da er die Berliner Universität als ihr Rektor leitete. Die Stiftung selbst ist der im nächsten Jahrzehnt folgenden Gewaltherrschaft zum Opfer gefallen. Als Erinnerung an den Geist, der sie zeugte und den sie bezeugt, beschließt die von ihr handelnde Adresse nun 37 Jahre später die Beiträge dieses Bandes: Sphragis und Mahnmal für die kurze Spanne, da uns Weiterleben und Nachruhm vergönnt ist.

Berlin, am 15. Oktober 1965 Bernhard Kytzler

INHALT

IN VARRONIS SATURAS MENIPPEAS OBSERVATIONES SELECTAE
1891

Varro, ut ipse dicit apud Cic. ac. 1, 2, 8 in saturis suis Menippum imitatus, non interpretatus est; ipse saturas, *quas Menippea haeresis nutricata est* (fr. 542 B), appellabat *Menippeas* (Gell. 2, 18, 7): sed operum Menippeorum ruina factum est, ut nullum adhuc erutum sit certum Menippeae imitationis exemplum[1]. unum idque certissimum inveniri puto in satura cui inscriptum est

M a r c i p o r.

Acute sane Vahlenus in anal. Non. p. 18 coniecit Marciporem i. e. Varronis servum ero de humanarum cupiditatum studiorumque varietate et perversitate sensus exprompsisse suos, quemadmodum Horatius in alterius libri sat. 7 sibi a Davo servo consilia dari et probra obici fingat. huius tamen interpretationis vereor ne ex satura quidem fundamenta peti possint nulla: immo aliam viam ipsis fragmentis monstrari Buecheler me monuit, is enim vidit Varronem ut aliis saturis de quibus postea agam sic huic quoque ioci causa inscriptionem imposuisse ambiguam: indicari enim cum videatur Marci servus, re vera intellegitur is quem Marcus dicit puerum; nimirum stulta hominum studia pravaeque cupiditates ita castigantur, ut puerorum instar viri feminaeque esse ostendantur vel infra pueros[2]. stulti sane et corrupti sunt huius aevi qui vulgo dicuntur pueri, cum spurca libidine impulsi ultra sexus aetatisque fines evagentur:

275 *spatula[3] éviravit ómnes Veneri vaga[4]* *p u e r ó s*
282 *dein immittit virile veretrum. ut flumen[5] offendit buccam Volumnio.* |

[1] Futtili enim ratione utitur in explicando fr. 575 Knaackius, Hermes 18, 1883, 148 sqq.

[2] Cf. etiam Ribbeckius, histor. poes. Rom. 1, 259: »Marcipor (Marcusbursch führte vielleicht aus, daß die Menschen in gewisser Beziehung immer törichte Kinder bleiben.«

[3] Mire Riesius ad Catull. 63, 17 *spathula eviravit omnes pueros venerivaga.*

[4] Buecheler, mus. Rh. 20, 1865, 427 contulit Lucr. 4, 1063 *volgivagaque vagus venere.*

sed multo stultiores sunt senes, qui cum tot vitiis inquinata sit pueritia repuerascere cupiant[6]:

284 *dixe regi Medeam advectam per aera in raeda anguibus* ⟨*iuncta:* suppl. B⟩

285 *Pelian Medeae permisisse, ut se vel vivum degluberet, dum modo redderet p u e l l u m*

286 *eodem coniecisse mera miracula nescio quae*

287 *haec in aeno bis terve tudiculasse.*

Mulieres quoque ineptiunt: filia patrem exorat parvum minutarum gemmarum pondus, mater virum magnum grandium margaritarum pondus (fr. 283): non distant vota puellae et matronae nisi magnitudine. — qui civilibus mersi undis ita fatigantur cotidianis negotiis, ut finem desiderent aut saltem intermissionem laborum, stultiores sunt pueris qui exspectant nundinas:

[5] Fragm. nostrum cur corruptum et obscurum dicat O. Crusius, De Babrii aetate, Leipziger Studien 2, 1879, 174, 2 nescio.

[6] Senes repuerascentes Aristophanes produxit in comoediis quae inscribuntur Ἀμφιάρεως et Γῆρας, et in hac quidem senes amatores (cf. Bergkius, de reliqu. comoed. Att., 413 sq.). Γεροντομανίαν fabulam Anaxandrides scripsit (2, 138 sq. K), cuius argumentum ignoratur: ex duobus quae supersunt fragmentis alterum de amore est. Menand. monost. 90 M γέρων ἐραστὴς ἐσχάτη κακὴ τύχη. Plaut. Merc. 289 sqq. *quid tibi ego aetatis videor? — Acheruntícus | senex vetus decrepitus. — Pervorse vides: | puer sum, Lysimache, septuennis. — Sanun es, | qui puerum te esse dicas? — Vera praedico. — | Modo hercle in mentem venit, quid tu deiceres: | senex quom extemplo iam nec sentit nec sapit, | aiunt solere eum rursum repuerascere;* 975 *novos amator, vetus puer;* Catull. 54, 5 *Fuficio seni recocto.* hanc cupiditatum perversitatem Cynici saepius perstrinxerunt cf. Telet. epit. p. 6, 14 H γέρων γέγονας· μὴ ζήτει τὰ τοῦ νέου. p. 32,2 πρεσβύτης γέγονε· πάλιν ἐπιθυμεῖ τὰ ἐν νεότητι, »ἡ νεότης μοι φίλον ἀεί, τὸ δὲ γῆρας | βαρύτερον Αἴτνης« (Eur. Herc. 637 sq.). p. 39, 9 παρήκμασε καὶ ἔρχεται εἰς γῆρας· πάλιν παιδοτροφίαν ὑπομένει καὶ ἐπιποθεῖ τὴν νεότητα. alios locos ex Telete et Aristone petitos composuit Hensius, mus. Rh. 45, 1890, 551 sq. Varro saturam scripsit

Δὶς παῖδες οἱ γέροντες,

quo de proverbio cf. quae afferunt intpp. ad Diogenian. 4, 18, Bauckius, de proverbiis aliisque locutionibus ex usu vitae communis petitis ap. Aristoph., diss. Regim. 1880, 15 sq. Wyssius, Die Sprüchw. b. d. röm. Kom., Turici 1889, 76 (cf. schol. Iuv. 13, 33; mire Seneca fr. ap. Lact. inst. 2, 4, 14 = fr. 121 H). simile est proverbium παλίμπαιδες οἱ γέροντες (Luc. Saturn. 9, cf. Iuncus περὶ γήρως in Stob. flor. 106, 49 [4, 85, 7 M] κατὰ τὴν παροιμίαν παῖς πάλιν γεγονώς). denique cf. unum quod servatum est fr. ex Varronis sat. cui inscribitur

Baiae

44 *quod non solum innubae fiunt communis, sed etiam veteres repuerascunt et multi pueri puellascunt.*

279 *utri magis sunt pueri? hi pusilline, qui exspectant nundinas, ut magister dimittat lussum?*

278 *ut eat ac rempublicam administret, quod pulli ieientent ⟨auspicetur⟩.* |

Haec non esse verba commendantis vitam in re publica administranda occupatam cum ex totius orationis colore tum ex rebus grammaticis concludi potest; nam si qua res fieri iubetur addito eundi verbo, tantum non semper omittitur copula et apud imperativos et apud coniunctivos adhortativos (cf. Brixius in ann. nov. 91, 1865, 59 et in edit.[3] Plaut. Men. ad. 2, 2, 80, Kiesslingius in ann. nov. 1866, 628, Ballasius gramm. Plaut. 1, diss. Gryph. 1868, 15, Lochius, Der Imperativ bei Plautus, Progr. Memel. 1871, 25 sq., F. Buecheler, Vmbrica, Bonn 1883, 167), contra interponitur copula (plerumque »et«), ut exprimatur »concessio dissimulationis et irrisionis plena (Lambin. ad. Hor. epist. 1, 6, 17) aut addito *nunc* (*i nunc et*..) aut omisso (cf. Iahnius ad Pers. 4, 19): cuius usus non suppetunt exempla aetate Ciceroniana antiquiora.

Ergo, inquit, illi quos dixi pueri sunt:

280 *astrologi nun sunt? qui conscribillarunt pingentes caelum ⟨tabulas⟩.*

sic enim sententiam facillime restitui puto[7]; de tabulis cf. Petron. 30, 4 *duae tabulae in utroque poste defixae, quarum altera ... habebat ... lunae cursum stellarumque septem imagines pictas;* puerum suum libentissime pingere Echion centonarius dicit in cena Trimalchionis (46), de pueris Graecis cf. Plin. nat. 35, 76 sq., C. I. G. II 674; de universa sententia cf. Lact. inst. 3, 24, 6 *aereos orbes fabricati sunt* (sc. philosophi quidam) *quasi ad figuram mundi eosque caelarunt portentosis quibusdam simulacris, quae astra esse dicerent.*

Iam astrologorum ineptias irrisurus Varro narratiunculam asciscit, quam ex Menippo expressam esse fortuna alioqui maligna ut hodie quoque intellegamus concedit:

269 *repénte noctis circiter meridie, | cum pictus aer fervidis late ignibus | caeli chorean astricen ostenderet*

270 *nubés aquali frigido velo leves | caeli cavernas aureas obduxerant | aquam vomentes inferam mortalibus*

271 *ventíque frigido se ab axe eruperant, | phrenetici septentrionum filii, | secum ferentes tegulas ramos syrus*

272 *at nós caduci naufragi ut ciconiae, |quarum bipennis fulminis plumas vapor | perussit, alte maesti in terram cecidimus.*

[7] *⟨an extispices sunt stulti⟩, astrologi non sunt?* Vahlenus l. c.

Sic apud Lucianum Menippus diversas philosophorum de rebus caelestibus sententias examinaturus in caelum volat; sed cum Luciani Menippus ne Icari fatum obeat (Icarom. 3) caute providens in ipsius caeli regiones penetret Iovemque ipsum adeat, nocturni Varronis exploratores regionem quae est *inter lunae gyrum et nimborum ac* | *ventorum cacumina* (Varr. ap. August. civ. 7, 6) nondum egressi tempestate oborta ex alto in terram deiciuntur. Varro an Lucianus propius ad Menippum accedat, nos assequi non possumus, puto autem Lucianum cum alibi tum hic ea quae ex Menippo sumpsit aut immutasse aut auxisse: quod utut est, Luciani dialogo luculentissima Menippeae imitationis vestigia impressa esse rectissime statuit Brunsius in mus. Rh. 43, 1888, 190 sqq.)[8]. Cynici Socratem secuti (de Socrate cf. Xen. mem. 1, 1, 11 sqq. Plat. Theaet. 173 C sqq.) insanire affirmabant homines qui non spectantes id quod esset ante pedes caeli scrutarentur plagas (cf. Diog. ap. Laert. D. 6, 73 et in Nicolai progymn. 3, 1 p. 272 W, Bio ap. Stob. ecl. 2, 20 [p. 7, 14 W], Menippus Luciani necyom. 21, Cebet. tab. 13); audi, quod de Diogene narratur: πρὸς τὸν λέγοντα περὶ τῶν μετεώρων »ποσταῖος« ἔφη »πάρει ἀπὸ τοῦ οὐρανοῦ;« (Laert. D. 6,30, cf. [Diog.] ep. 38, 1 διεξιόντος τινὸς περὶ ἡλίου φύσεως καὶ δυνάμεως καὶ πάντας ἀναπείθοντος παρελθὼν εἰς τὸ μέσον »ποσταῖος« ἔφην »φιλόσοφε, ἀπὸ τοὐρανοῦ καταβέβηκας;« Tert. nat. 2 *Diogenes consultus, quid in caelis agatur, »numquam«, inquit, »ascendi«.* Diogenes hoc dictum ex comoedia sumpsisse videtur: cf. com. adesp. fr. 619 K ap. schol. Eur. Hec. 52 »ποσταῖος δ᾽ ἀπ᾽ οὐρανοῦ πάρει;« »τριταῖος«, v. Kockius in mus. Rh. 43, 1888, 53 sq.). Menippus ap. Luc. Icarom. 6 philosophorum ineptias irridet, οἵ γε πρῶτα μὲν ἐπὶ γῆς βεβηκότες καὶ μηδὲν τῶν χαμαὶ ἐρχομένων ἡμῶν ὑπερέχοντες... ὅμως οὐρανοῦ τε πέρατα διορᾶν ἔφασκον καὶ τὸν ἥλιον περιεμέτρουν καὶ τοῖς ὑπὲρ τὴν σελήνην ἐπεβάτευον καὶ ὥσπερ ἐκ τῶν ἀστέρων καταπεσόντες

8 Ibi refutat Kockium, qui in mus. Rh. 43, 1888, 53 sqq. totum dialogum ex comoedia aliqua petitum esse contendit: puto etiam nostro loco demonstrari quod infra pluribus enarrabo, Cynicos multa ex comoedia assumpsisse; caelestis enim volatus descriptionem a Menippo ex comoedia depromptam esse meo quidem iudicio negari non potest: sic in Pace fabula Trygaeus ad deos evolat, »ea autem descriptio qua Icaromenippus ad ipsam deorum sedem pervenisse fertur, mirum in modum congruit cum Trygaei apud superos adventu«, verba sunt P. Schulzii ex diss. Berol. a. 1883 (Quae ratio intercedat inter Lucianum et comicos Graecorum poetas). cf. etiam quae Philemonis vel Plauti sycophanta narrat in Trin. 940 sqq.: *ad caput amnis qui de caelo exoritur sub solio Iovis —* | *Sub solio Iovis? — Ita dico. — E caelo? — Atque e medio quidem. —* | *Eho an etiam in caelum escendisti? — Immo horiola advecti sumus* | *usque aqua advorsa per amnem. — Eho an tu etiam vidisti Iovem? —* | *Alii di isse ad villam aiebant servis depromptum cibum.* cf. quae Lucianus cum sociis in navi ἀεροδρομῶν vidit (ver. hist. 1, 9—29)

μεγέθη τε αὐτῶν καὶ σχήματα διεξῄεσαν..., ἔτι δὲ κύκλους καταγράφοντες καὶ τρίγωνα ἐπὶ τετραγώνοις διασχηματίζοντες καὶ σφαίρας τινὰς ποικίλας τὸν οὐρανὸν δῆθεν αὐτὸν ἐπιμετροῦντες. Velleius Epicureus tam fidenter de deorum natura disputare videbatur Ciceroni (nat. deor. 1, 18), *tamquam modo ex deorum concilio et ex Epicuri intermundiis descendisset;* contra Epicureus (ib. 19) *quibus,* inquit, *oculis intueri potuit vester | Plato fabricam illam tanti operis, qua construi a deo atque aedificari mundum facit?* Cicero acad. 126 *vos ergo* (Antiochios dicit) *huius (solis) magnitudinem quasi decempeda permensi refertis.* Philo Iudaeus[9] de somn. 1, 10 (vol. 1 p. 629 M) ἀνάβαινε νῦν εἰς οὐρανὸν καὶ καταλαζονεύου περὶ τῶν ἐκεῖ, de migr. Abrah. 24, 1 p. 457 πάριτε νῦν, οἱ τύφου καὶ ἀπαιδευσίας καὶ πολλῆς ἀλαζονείας γέμοντες, οἱ δοκησίσοφοι, καὶ μὴ μόνον ὅ ἐστιν ἕκαστον εἰδέναι σαφῶς ἔτι φάσκοντες ἀλλὰ καὶ τὰς αἰτίας προσαποδοῦναι διὰ θρασύτητα τολμῶντες, ὥσπερ τῇ τοῦ κόσμου γενέσει παρατυχόντες καὶ ὡς ἕκαστα καὶ ἐξ ὧν ἀπετελεῖτο κατιδόντες ἢ σύμβουλοι περὶ τῶν κατασκευαζομένων τῷ δημιουργῷ γενόμενοι. porro audi vociferantem Hermiam in irris. gent. phil. 9 doxogr. p. 655, 26 D τὸν μὲν δὴ κόσμον ὁ Πυθαγόρας μετρεῖ· ἐγὼ δὲ πάλιν ἔνθεος γενόμενος .. εἰς τὸν αἰθέρα αὐτὸν αὐτὸς ἀνέρχομαι καὶ τὸν πῆχυν παρὰ Πυθαγόρου λαβὼν μετρεῖν ἄρχομαι τὸ πῦρ. οὐ γὰρ ἀπόχρη μετρῶν ὁ Ζεύς, ἀλλ' εἰ μὴ καὶ .. αὐτὸς εἰς τὸν οὐρανὸν ἀνέλθοιμι καὶ μετρήσαιμι τὸν αἰθέρα, οἴχεται ἡ τοῦ Διὸς ἀρχή κτλ. quid quod Lucianus in libello περὶ θυσιῶν Cynicorum sententiis referto (cf. maxime 4 sqq.) 8 haec dicit: φέρε δὲ ἤδη τούτων ἀφέμενοι τῶν λόγων ἐς αὐτὸν ἀνέλθωμεν τὸν οὐρανὸν ποιητικῶς ἀναπτάμενοι κατὰ τὴν αὐτὴν Ὁμήρῳ καὶ Ἡσιόδῳ ὁδὸν καὶ θεασώμεθα, ὅπως ἕκαστον διακεκόσμηται τῶν ἄνω. denique in Iove confutato Cynicus cum Iove ita colloquitur, ut in caelo scaenam esse appareat[10] sicut in fine Icaromenippi.

Puerilibus hominum studiis votisque magnum Diogenis exemplum opponitur:

281 *et Diogenes cynicos, qui ab Alexandro rege iussus optare quid vellet, se facturum*

quod quivis intellegit.

Omisi haec fragmenta:

274 *delúmbi' pennis ut levis passerculus:*

quae verba ne ad hominem fractum et elumbem pertinere censeamus, metrum dissuadet, quo haec quoque in tempestatis ac ruinae descrip-

[9] Philonis, scriptoris nimis neglecti, locos saepius commemorabo; ab eo enim recentiorum quos dicunt Stoicorum doctrinam sincerissime servatam esse contendo.

[10] Neque enim Brunsii sententia (mus. Rh. 44, 1889, 388 sqq.) mihi quidem probatur.

tione posita fuisse probatur; neque adversatur Nonius, qui hoc fr. ante 272 collocat[11]. |

273 *Propóntis undā quam liquenti caerula natantem perfundit cape*
de fr. obscuro hariolari nolo[12].

276 *hic in ambivio navem conscendimus palustrem, quam nautici equisones per viam, qua[13] ducerent, loro —*

hoc quoque fr. mihi obscurum est; ὁλκὰς illa palustris qualis sit, fortasse fingere licet ex Hor. sat. 1, 5, 13 sqq.[14] et Mart. 4, 64, 21 (*quem* [somnum] *nec rumpere nauticum celeuma | nec clamor valet helciariorum);* nauticos equisones dicere videtur ut Plaut. Rud. 268 *némpe equo lígneo pér vias caérulas éstis vectae* et Eurip. Med. 1123 ναΐαν ἀπήνην; lorum interpretor helciariorum remulcum. de argumento ut aliquid temptem, moneo in satura hoc fr. olim exstitisse ante fr. 269, i. e. ante volatus nocturni narrationem: Luciani navis tempestate subito exorta μετεωρίζεται (ver. hist. 1, 9), Plauti sycophanta (v. supra adn. 8) horiola i. e. parvo lembo vectus caelum visit.

277 *qui quidem vident et circumstant, non rident. — credo ridere. — hiantis video, ridentis non audio.*
de his certi nihil dari apparet.

*

Iam quaesitam inscriptionum ambiguitatem quam in Marcipore invenimus aliis exemplis illustrabo.

Qui saturae inscriptum legit

M o d i u s

non potest non cogitare aut de frumenti modio aut de nomine proprio; Varro autem quid intellegi voluerit, ex his praecipue fragmentis etiamnunc cognoscitur:

[11] In pristino fragmentorum ordine restituendo duae suppetunt rationes: primum enim a Nonio in scriptorum locis afferendis pleni exemplaris ordinem teneri nunc constat; deinde fragmenta eodem metro concepta sententiarum quoque conexu olim copulata fuisse cum universa ratio clamet (cf. Buecheler, mus. Rh. 20, 1865, 440) tum ex ipsis quae adhuc extant fragmentis saepissime apparet.

[12] Cf. Baehrensius, ann. nov. 1872, 354.

[13] *per viam qua* codd. p. 105, *per viam quam* 450, *per viam quum* Scaliger, *per viam* omisso *qua* Popma, *per ulvam* omisso *qua* Buecheler. — ceterum in adnotatione critica semper me neglexisse et minutiora et certo emendata moneo.

[14] Hunc locum iam attulit Roeper, De Varronis Eumenidibus, progr. Gedanens. a. 1861, 5, 1.

304 *sed ó Petrulle, ne meum taxis librum, | si te pepugerit hic m o d u s scaenatilis*[15]

310 *trí m o d i a m amphoramque eundem temeti ac farris m o d u m*

315 *et hoc interest inter Epicurum et ganeones nostros, quibus m o d u l u s est vitae culina* |

320 *quid aliud est quod Delphice cantat columna litteris suis* ἄγαν μηθέν? *iudam † nos facere † adit mortalem m o d u m ›m e d i o xime‹, ut quondam patres nostri loquebantur*[16]

321 *non eos optime vixisse qui diutissime vixissent, sed qui m o d e stissime.*

vides lepidum verborum lusum, quem homo grammaticus ab origine vocabuli[17] profectus adhibet. singulis fragmentis non multa habeo quae addam. fragmento

316 *asse vinum, asse pulmentarium: secundas, quo natura aurigatur, non necessitudo*

Epicuream sententiam exprimi Buecheler (mus. Rh. 20, 1865, 442) primus intellexit (cf. fr. 456 Vs); sententiam ad hunc fere modum restituo: ⟨*Epicurus illas cupiditates quae aqua et pane explentur nominat primas, quo natura ducit et necessitudo; illae quae sibi exposcunt*⟩ *asse vinum, asse pulmentarium, secundas, quo natura aurigatur, non necessitudo* (cf. Epic. fr. 466 469 602 Vs, epist. 3, p. 64, 1 Vs, Sen. epist. 18, 7 sqq.).

Metri vinculo inter se coniuncta sunt fr. haec

304 *sed ó Petrulle*[18], *ne meum taxis*[19] *librum,*
si te pepugerit hic modus scaenatilis[20]

[15] *si te pepigat haec modo scenatilis* codd. quae supra exhibui minime certa a compluribus vv. dd. inventa sunt, quorum nomina vide sis in Riesii editione.

[16] Versibus conscriptum esse fr. aut totum aut partem ex inverso vocabulorum μηθὲν ἄγαν ordine concluditur (cf. Maehlyus, Varroniana, Bas. 1865, 11); emendatio desideratur.

[17] *Modicus* pristina ac propria significatione semel usurpatur in rogatione P. et M. Siliorum tr. pl. ap. Fest. p. 246 *si quis magistratus adversus hac pondera modiosque vasaque publica modica minora maiorave faxit* etc.; pellucet ap. Plaut. Curc. 103 *sitit haéc anus: quantillúm sitit? — modicast, capit quadrantal.* Pseud. 1229 *mé viginti modicis multavit minis*, evanescit Poen. 552 sq. *líberos homines per urbem modico magis par est gradu* | *ire,* interiit Mil. 4, 5, 15 sq. *géstio. — at modice decet;* | *moderare animo* Pers. 3, 1, 18 *modice et modeste meliust vitam vivere;* substituitur *modialis* Capt. 916. Horatius adeo non ambiguitatem vitat, ut viles cantharos modicos dicere non dubitet (carm. 1, 20, 1).

[18] H. e. *rustice,* neque enim Varro directis nominibus sui temporis homines in saturis castigasse videtur ut Lucilius, sed tecte significatis ut Martialis; cf. fr. 90 *libet me epigrammatia facere, et quoniam nomina non memini, quod in solum mihi venerit, ponam.*

305 *si displicebit, tam tibi latum mare*
parabit aliquam[21] *spongiam deletilem* |
306 *an qui gradu tolutili*
medium usque[22] *tute, molliter vectus, cito*
relinquat.

de eo fr. quod postremum posui haec Buecheler (l. c. 442) scribit: »Masz in allem empfehlen 320. 321 und wohl auch 306 (der Paszgang ein Bild gleichmäszigen Lebens etwa wie Seneca sagt: [Oedip. 890 sq.] *tuta me media vehat* | *vita decurrens via*).« vide tamen, an alia praestet interpretatio, ex qua hoc fr. artiore sententiarum conexu copuletur cum antecedentibus eodem metro conscriptis, quae quin ad saturae prooemium pertineant dubitari non potest. puto enim in fr. 306 inesse similitudinem quandam saepe a scriptoribus adhibitam. proxime ad Varronis verba accedit Fronto qui de Seneca haec ait (p. 156 N): *neque ignoro copiosum sententiis et redundantem hominem esse: verum sententias eius tolutares video nusquam quadrupedo concitas cursum tenere* (sic corr. Klussmannus, Emend. Fronton., Berol. 1874, 62, *concito cursu tenere* cod.). idem p. 22 sq. N *certum habeo te, domine, aliquantum temporis etiam prosae orationi scribendae impendere. nam etsi aeque pernicitas equorum exercetur, sive quadrupedo currant atque exerceantur seu tolutim, attamen ea quae magis necessaria frequentius sunt experiunda.* Novius 38 R ó *pestifera portentifera trux tolutiloquentia.* in his omnia bene cum equi descriptione concinunt, cf. etiam Varr. sat. fr. 9 *haéc postquam dixit, cedit citu' celsu' tolutim;* de *citus* vocab. in re equestri usitatissimo cf. Buecheler Vmbric. 100,

[19] Cf. Phaedr. praef. l. 3, Mart. 1, 4, 1. 10, 64, 1; quod moneo propter ea quae nuper de hoc fr. scripsit Onionsius in Journ. of philol. 1889, 112.

[20] De re critica cf. supra adn. 12; de modo scaenatili v. infra 321 sq.

[21] Recepi dubitanter coniecturam Maehlyi (l. c. 23), *partis quantum spongiam d.* codd. initio supplendum est velut *carmen meum.* de sententia cf. Horat. carm. 1, 16, 2 sqq. *quem criminosis cumque voles modum* | *pones iambis, sive flamma sive mari libet Hadriano.* Tibull. 1, 9, 49 *illa velim rapida Vulcanus carmina flamma* | *torreat et liquida deleat amnis aqua.* Mart. 4, 10, 5 *comitetur Punica librum* | *spongia: muneribus convenit illa meis.* | *non possunt nostros multae, Faustine, liturae* | *emendare iocos: una litura potest.* Augustus imperator Aiacem tragoediam in spongiam incubuisse dixit (Suet. Aug. 85); a Caligula scriptores quosdam scripta spongia linguave delere iussos esse Suetonius refert (Calig. 20). Tertullianus adv. Marc. 5, 4 de spongia Marcionis loquitur, qua ille sacrae scripturae libros diluerit. — ceterum *spongia* h. l. primum legitur: antea *fungus* dicebatur.

[22] Sic scripsi dubitanter. in codd. legitur: *an qui gradu tolutili* | *te medius quam tute,* unde *equi gradu tolutili* | *timidi usque tute* vel *an qui g. t.* | *timide usque* Buecheler; verbis fere omnibus transpositis duos senarios plenos L. Mueller constituit sic: *an quí gradu relinquat te tolutili* | *melius* (sic ed. Ald.) *quam tute, molliter vectus, cito.* locus nondum persanatus est.

celso pectore equum dicit Enn. ann. 503 V, *equites celsos* probabiliter coniecit in Granio Licin. p. 4, 9 ed. Bonn. Vnger*; de v. *tolutim* cf. G. Loewius in Archäologische Zeitung 38, 1880, 180, 16. ad similitudinem illam ut redeam: Seneca epist. 40, 11 *Cicero quoque* inquit *noster, a quo Romana eloquentia exsiluit, gradarius fuit: »gradarium«* equum Lucilius dicit (fr. 390 L)[23]. Sen. contr. 4 | praef. 7 *tanta erat illi* (Haterio) *velocitas*[24] *orationis, ut vitium fieret. itaque divus Augustus optime dixit: «Haterius noster sufflaminandus est.» adeo non currere sed decurrere videbatur ... 8 regi autem ab ipso non poterat; alioquin libertum habebat cui pareret; sic ibat quomodo ille aut con c i t averat aut ref r e n averat.* cf. 9 *orationis c i t a tissimae cursus.* esse orationem quae egeat stimulo, esse quae freno scriptor libelli de sublimitate dicit (2, 2) memor haud dubie dicti Isocratei de Ephoro et Theopompo. cf. Cratini versus ap. Athen 2, 39 C (AL 13, 29, al.)

οἶνός τοι χαρίεντι πέλει ταχὺς ἵ π π ο ς ἀοιδῷ,
ὕδωρ δὲ πίνων οὐδὲν ἂν τέκοι σοφόν.

Dion. Chrys. or. 4 p. 165 R ὥσπερ ἵ π π ο ν εὐμαθῆ καὶ πειθόμενον τὸν λόγον ἐπᾶραι.

Accedunt Musarum currus quibus se vehi poetae saepe finxerunt: Pindarus, ubi heroas regiasque gentes ab heroibus ortas celebrat Ol. 9, 81 Isthm. 2, 2; 7, 62 Pyth. 10, 63 cf. Boeckhius ad [Pind.] scol. fr. 3 p. 615. Choerilus fr. 1 N (p. 104)

ἆ μάκαρ, ὅστις ἔην κεῖνον χρόνον ἴδρις ἀοιδῶν
Μουσάων θεράπων, ὅτ' ἀκήρατος ἦν ἔτι λειμών.
νῦν δ' ὅτε πάντα δέδασται, ἔχουσι δὲ πείρατα τέχναι,
ὕστατος ὥστε δρόμου καταλειπόμεθ'. οὐδέ τοι ἔσται
πάντῃ παπταίνοντα νεοζυγὲς ἅρμα πελάσσαι

[23] Cf. etiam Sisenn. fr. 127 P (apud. Gell. 12, 15, 2) *nos una aestate in Asia et Graecia gesta litteris idcirco mandavimus, ne vellicatim aut saltuatim scribendo lectorum animos impediremus.* Cic. orat 226 *Hegesias saltat incidens particulas,* sic *exsultare* de oratione Cic. ac. 2, 112, *salebrae* orationis saepe vituperantur.

[24] Sic saepe oratio properare dicitur, velut ab Horat. epist. 2, 1, 58 (cf. A. O. F. Lorenz, Epicharmos, 1064, 215), quod Graeci vocabant διήγησιν ταχεῖαν, cf. Welcker, Kl. Schr. 1, 31, 14 et Eupol. fr. 94 (1 p. 281) K. in his semper inesse equi similitudinem non affirmo, immiscetur enim saepe imago de flumine orationis sumpta.

* *[Addendum] Celsus* vocabuli in re equestri sollemnis exemplis adde incerti poetae versum choriambicum apud Mallium Theodorum (6, 597 K):

c e l s u s equo Phoenicia veste nitens ibat Arion.

nec non diserte Horatius (ars 341 sq.)

centuriae seniorum agitant expertia frugis,
c e l s i praetereunt austera poemata Ramnes,

ante Servium Tullium enim inter tres e q u i t u m centurias fuisse Ramnes notum est.

ubi v. quae adn. Naekius (p. 109), cf. etiam quae Hemsterhusius ad Luc. somn. 15 affert.

Neque desunt Romanorum imitationes, cf. inprimis Cic. ad Q. fr. 2, 13, 2 *quoniam in isto homine colendo tam indormivi ...., cursu corrigam tarditatem cum equis tum vero — quoniam tu scribis poema ab eo nostrum probari — quadrigis poeticis.* Verg. georg. l. 2 versu extremo: *et iam tempus equum spumantia solvere colla,* quae suo more imitatur Ausonius in idyll. 11 praef. *utinam ... fuco tuae emendationis adiecto impingas spongiam, quae imperfectum opus equi male spumantis absolvat* (v. etiam Iuvenal. 1, 19); cf. Lucr. 1, 922 sqq. 6, 46 sq. 92 sqq. Ovid fast. 2, 359 sq. Verg. georg. 3, 291 sqq. Manil. 2, 57 sqq. Propert. 4 (3), 1, 9 sq. 13 sq. et 3, (2), 10, 1 sq. minus ad rem ἵππος Ἰβύκειος.

Tali igitur similitudine Varronem quoque usum esse censeo: loquitur de sua poesi, quam homo quidam rustice sapiens vitupe- | rasse videtur propter musam nimis pedestrem humilemque (cf. Hor. sat. 2, 6, 17 epist. 2, 1, 250), sed eam tutiorem esse Varro affirmat (cf. Hor. ars 28 *serpit humi tutus nimium timidusque procellae,* carm. 2, 10, 5 sq. *auream quisquis mediocritatem | diligit tutus).* sententia igitur haec est: ›utrum eius sequar exemplum, qui quadrigis e carcere missis nimia velocitate abreptus periculum subeat ne currus frangatur, an eius qui molliter vectus in medio stadio[25] adversarium relinquat?‹

Ceterum simili metaphora Varro utitur cum dicit *charteum stadium* (fr. 519), cf. Lucr. 6, 93 Titin. 160 Petron. 5 al., nec non conferri potest Varronis fr. 395 *pudet me tui et Musarum agnoscere, piget currere et una sequi;* sumptum est hoc fr. ex Parmenone satura, in qua hominem Romanum cum Graeco de arte poetica certantem induci ex miseris fragmentis adhuc cognoscitur (cf. Ribbeckius hist. poes. rom. 1, 262); fragmentum illud a viris doctis varie temptatum quia Nonii culpa initio truncatum esse mihi videtur, ad hunc modum suppleo: ⟨*Apollo, cantorum patrone, talem sententiam*⟩ *pudet me tui et Musarum* (i. e. αἰσχύνομαι σὲ καὶ τὰς Μούσας) *agnoscere, piget currere et una sequi* (cf. Hor. ars 406 sq. *ne forte pudori | sit tibi Musa lyra sollers et cantor Apollo* cum adn. Kiesslingii; Tibull. 1, 9, 48 *at me nunc nostri Pieridumque pudet;* de hac verbi *pudet* constructione cf. Hauptius opusc. 2, 321.

[25] *Medius* vocab., quod in codd. legitur, saturae inscriptione ductus oblitterare nolui, quo modo cumque explicatur; possis etiam de medio orationis charactere cogitare: sic Persius 5, 7 sqq. grande locuturis ut aliorum carmina legant imperat, se ipsum dicit *ore teretem modico.*

Simili modo Varro legentes iocosa inscriptione ludificatur saturae cui inscripsit

Marcopolis
περὶ ἀρχῆς

De titulis duplicibus, quibus omnes olim saturae Varronis insignitae fuisse videntur, hoc loco fusius agere nolo; omnino haec quaestio obscurissima est (cf. Ritschelius opusc. 3, 493, 4; parerg. Plaut. 1, 166, 2, Riesius in symb. philol. Bonn. 477 sqq.; v. etiam Vseneri Epic. p. 92 Crusius in mus. Rh. 44, 1889, 309, 1[26] Wilamowitzius commentarioli gramm. 3, 20). unum quod adhuc neglectum est | moneo, etiamnunc cognosci, quemadmodum Varro hanc rem instituerit, si a logistoricis proficiscimur qui a saturis non differunt, nisi quod erant genere σπουδαίῳ non σπουδογελοίῳ, prosa oratione non mixta scripti, latino altero titulo non graeco insigniti. iam Censorinus 9 logistoricum nominat *qui vocatur Tubero et intus subscribitur de origine humana:* res valde memorabilis, quam nescio an non satis attenderint viri docti; *intus* ut recte intellegeretur, Vsener mihi indicavit scholia Epicuri epistulae ad Herodotum adscripta haec: p. 8, 1 (Laert. D. 10, 43) ἀπερίληπτοι. — οὐδὲ γάρ φησιν ἐνδοτέρω [§ 56] εἰς ἄπειρον τὴν τομὴν τυγχάνειν κτλ. p. 8, 2 [§ 43] αἱ ἄτομοι — φησὶ δ᾽ ἐνδοτέρω [§ 54] μηδὲ ποιότητα κτλ. cf. Vseneri praef. p. XXVII; sic etiam Laertius ipse 5, 4 παιᾶνα ἔγραψεν, ὃς ἔνδον γέγραπται (7). eandem rationem quin in saturis Varro adhibuerit, dubitari vix potest; quid quod in Ciceronis quoque scriptis quae sunt Cato de senectute et Laelius de amicitia simili modo rem institutam fuisse probabile est.

Accedo ad saturam, cuius unum quod servatum est fragmentum quemadmodum Varro rem tractarit indicat:

290 *sensus portae, venae hydragogiae, cloaca intestini.*

nimirum hoc fragmento corpus humanum cum urbe comparari dudum animadverterunt, quamquam Varro utrum corpus humanum sapientissime a natura constructum ad comparationem tantum vocarit urbis ex Marci sententia institutae — cf. quae ipse dicit apud Augustin. civ. 4, 31, et Plotini Πλατωνόπολις (Porphyr. vit. Plot. 12) — an re vera ipsum corpus humanum intellegendum sit (cf. Riesii adnotatio) diiudicare non audeo; hoc qui probet, conferre possit Max. Tyr. diss. 13, 2 ψυχὴ καὶ σῶμα ὁ ἄνθρωπος, τὸ μὲν αὐτοῦ ἄρχον, τὸ δὲ ἀρχόμενον, ὡς ἐν πόλει ἄρχων καὶ ἀρχόμενος. 21, 4 i. f. πόλις δέ ἐστι πρᾶγμα

[26] Idem (ib. 43, 464, 2) cum Varronis inscriptionibus bene contulit Oenomai titulos duplices, modo ne de his anceps sit iudicium: omnino autem ne confundantur tituli quorum alter priori adnexus est particula ἢ cum his in quibus deest ἢ cavendum est.

ἀνακεκραμένον ἐκ πάντων ξυνεργατῶν, καθάπερ καὶ ἡ σώματος χρεία πολυμερής τε οὖσα καὶ πολυδεὴς σῴζεται τῇ συντελείᾳ τῶν μερῶν πρὸς τὴν ὑπηρεσίαν τοῦ ὅλου· φέρουσι πόδες, ἐργάζονται χεῖρες κτλ.[27] nec non Menenii Agrippae narratiunculam illam Ribbeckius in mus. Rh. | 14, 1859, 120 bene contulit. — eandem prorsus similitudinem qua usus est Varro alibi non invenio, quamquam vestigia quaedam occurrunt in Xen. mem. 1, 4, 5 sqq. et Plat. Tim. 69 D sqq., quos locos scriptor libelli de sublimitate summis laudibus effert (32, 5) et saepe imitati sunt posteriores ita tamen, ut similitudo a domo petita praevaleat (cf. e.g. Vitruv. 3, 1, 2 sq. 1, 9); saepissime invenitur inde a Plat. Tim. 70 A capitis cum arce comparatio, velut apud Cic. Tusc. 1, 10, 20, nat. deor. 2, 140, Varr. apud Lact. opif. 8, Philo de somn. 1, 6 vol. 1 p. 625 M, de Abrah. 29, 2 p. 23, Hieron. adv. Iov. 2, 8 (ex Porphyrio). cf. altercatio Hadr. et Epict. in Fabric. bibl. Gr.[1] XIII p. 559 *quid est caput? — hominis culmen*[28].

Similia argumenta in aliis quoque saturis a Varrone tractata esse infra videbimus, atque etiam huius saturae fr.

292 *noctilucam tollo, ad focum fero, inflo, anima reviviscit*

ad animae naturam enarrandam pertinere videtur; noctilucam enim esse bestiolam quae hodie dicatur *lampyris noctiluca* (lucciola, glîme), Plinii aetate sermone rustico *cicindela* (Plin. nat. 18, 27, 250) primus monuit Buecheler l. c. 440; concalefieri muscas, ut aqua necatae reviviscant, Varro rust. 3, 16, 37 sq. narrat: bestiola igitur focilata et spiritu hominis tacta (hoc enim est *inflo*) reviviscere dicitur, quod vide quantopere concinat cum Varronis verbis ex Tuberone logistorico, ut videtur (cf. Wilmannsius, De Varr. libr. gramm, 36, Vsener Epic. praef. LXXV adn. 2), allatis a Lactantio opif. 17 *anima est aer conceptus ore, defervefactus in pulmone, diffusus in corpus.*

Iocosum Varronis morem de quo loquor optime repraesentat

[27] Fortasse ne hoc quidem ab re est commemorare a Platone tres rei publicae classes, τῶν βουλευτικῶν, τῶν ἐπικούρων, τῶν βαναύσων derivari a tribus quas constituit animae partibus, τῷ λογιστικῷ μέρει, τῷ θυμοειδεῖ, τῷ ἐπιθυμητικῷ (cf. e. g. rep. 4, 441 C sqq.). res publica igitur a singulis hominibus non differt nisi magnitudine, cf. rep. 2, 368 E οὐκοῦν μεῖζον πόλις ἑνὸς ἀνδρός; μεῖζον, ἔφη. ἴσως τοίνυν πλείων ἂν δικαιοσύνη ἐν τῷ μείζονι ἐνείη καὶ ῥᾴων καταμαθεῖν. εἰ οὖν βούλεσθε, πρῶτον ἐν ταῖς πόλεσι ζητήσωμεν ποῖόν τί ἐστιν· ἔπειτα οὕτως ἐπισκεψώμεθα καὶ ἐν ἑνὶ ἑκάστῳ, τὴν τοῦ μείζονος ὁμοιότητα ἐν τῇ τοῦ ἐλάττονος ἰδέᾳ ἐπισκοποῦντες. hanc Platonis similitudinem posteri quam saepe imitati sint, nuper demonstrare conatus est Rudolphus de Scala, Die Studien des Polybios, Stuttgart 1890, 1, 225 sqq. Aristoteles quoque diversas rei publicae species cum variis animalium partibus comparat (pol. δ 4, 1290 b 25).

[28] De translationibus a corpore humano sumptis cf. Eustath. ad Il. B 637 p. 308. — cf. etiam Ἀγκών, Ἰσθμός.

Bimarcus

satura. in initio fere saturae fuisse apparet fr. hoc:

60 *ebrius es Marce, Odyssian enim Homeri ruminari incipis, cum* περὶ τρόπων *scripturum te Seio receperis.*

cui adversario sive vero (cf. Marxius, stud. Lucil. 45) sive ficto[29] Varro sic respondet:

45 τρόπων τρόπους *qui nón modo ignorasse me*
clamát, sed omnino omnis heroas negat
nescisse. |

conexum inter haec fr. mihi quidem constat fuisse hunc[30]: Varro Seio amico scripturus περὶ τρόπων primos Odyssiae versus de Vlixe πολυτρόπῳ[31] recitare incipit, quod quomodo ad rem propositam pertineat cum non intellegat adversarius, quippe qui rhetorum τρόπους significari putarit, Varronem interpellat, qui τρόπων τρόπους omnesque heroas ignorarit, nihil enim esse Vlixi[32] cum τρόποις. iam operae pretium est videre, quemadmodum multiplici τρόπος vocis significatione utatur. ad vocabuli interpretationem pertinet fr.

61 *ideo fuga hostium graece vocatur* τροπή. *hinc spolia capta fixa in stipitibus appellantur tropaea,*

usus rhetoricus vitae cottidianae aptatur hoc fr.

62 κατάχρησις *est enim vera, cum in candelabro pendet strigilis;*
porro haec fr.

57 *ne mé pedatus* ⏗ ⏑ *versuum tardor*
refrenet arte compari rhythmon certum

58 *mihique † dividum stilo nostro papyri † nolevii scapos capitis novo partu poeticon*

59 *cum Quintipor Clodius tot comoedias sine ulla fecerit musa, ego unum libellum non »edolem«, ut ait Ennius?*

quae memorabile ipsius Varronis de saturarum suarum indole continent iudicium — minimum enim bis inserta esse prosae orationi poe-

[29] Marcum se ipsum alloqui Buecheler in mus. Rh. 14, 1859, 422 et in symb. phil. Bonn. 79 scribit.

[30] Aliter Vahlenus, In M. Terentii Varronis saturarum Menippearum reliquias coniectanea 129 sqq. 137. 223. Fr. Fritzschius in proll. ad Lucian. 2, 2, XXXI sqq.

[31] Recte Maehlyus l. c. 31: »Der Anknüpfungspunkt mit der Odyssee liegt im πολύτροπος ἀνήρ Odysseus.«

[32] De Vlixe πολυτρόπῳ i. e. varie dicendi artis perito omnia nunc nota sunt. *omnes heroas* generatim dicere videtur unum Vlixem intellegens (cf. Vahlenus 137); quamquam nunc patri πολυτρόπῳ accessit ex schol. Od. α 284 sqq. (p. 18, 15 sqq. Schr.) Telemachus filius item πολύτροπος, quem omnino patris simillimum finxit poeta (cf. Athen. 5, 181 F sq.).

tica cognoscimus — ad orationis τρόπους πεζοὺς et ποιητικοὺς (cf. e. g. Isocr. 15, 45) optime referuntur. reliquorum fragmentorum maior pars ad mores inversos spectat, quorum *tropica instituerunt* (Petron. 88) varia libidinum genera.

Lepidissimum est fr.

64 *socius es hostibus, hostis sociis*[33], *bellum ita geris ut bella omnia domum auferas,*

habes coniuncta σχήματα et τρόπους, χιασμὸν et παρίσωσιν, ὁμωνυμίᾳ utitur in *bellum* vocabulo, quo efficitur ἀμφιβολία quae est inter τρόπους (Tryph. περὶ τρόπων 3, 203 Sp., Greg. Cor. ib. 223 | Kokondrios ib. 243, cf. Woelfflinus, Wortsp. i. Lat., in Sitz.-Ber. d. bayr. Ak. 1887, 191 sq.).

Ex hoc verborum lusu quem per totam saturam iocosa quadam hilaritate ita dispersum fuisse puto, ut cum ea τρόπων significatione quae ad mores pertinet coniungeretur significatio rhetorica, ›Bimarcum‹ titulum interpretandum esse mihi constat; neque id non optime congruit quod in hac ipsa satura versuum prosaeque orationis vicissitudines identidem diserte indicantur: nempe Marcus composuerat poetica quaedam, composuerat multa prosa oratione conscripta, en in ipsa satura Bimarcum.

*

Possum huius generis addere multa[34] — velut in Κοσμοτορύνη περὶ φθορᾶς κόσμου et de mundi universi futuro interitu ex Stoicorum sententia et de mundi muliebris mutatione disputari ex fragmentis apparet, cf. Ribbeckius hist. poes. rom. 1, 253; in Sexagesi mire verbo detorto non sexaginta asses intellegit, sed se hominem sexaginta

[33] Sic Madvicus adv. cr. 1, 36, *socius es hostibus socius bellum* e. q. s. codd.

[34] Verborum captiones non solum in saturarum inscriptionibus sed in singulis quoque fragmentis passim occurrunt; lepidam amphiboliam Marxius in ind. lect. Rostoch. hiem. 1889, 10 in fr. 379 (ex sat. *Papia papae* περὶ ἐγκωμίων) detexit: *ille ales gallus qui suscitabat Atticarum Musarum scriptores, an hic qui gregem rabularum,* quibus verbis L. Plotius Gallus perstringitur, qui primus Romae latinam rhetoricam docuit; huius vocis amphiboliam denotat Quintil. inst. 7, 9, 2, cf. etiam Mart. 3, 24, 13, Buecheler ad Sen. apocol. 7, sic Graeci in avium nominibus nequissimis saepe luserunt (cf. Ἀλεκτρυών, Πέρδιξ homines). ceterum his sermonis leporibus qui cernuntur in verbis et nove iocoseque compositis et ambigue usurpatis nescio an ὁ κυνικὸς τρόπος repraesentetur; Cynici enim mirum quantum talia frequentabant (cf. Wachsmuthius, sill.^{2}, 71 sq. E. Weber, De Dione Chrysostomo Cynicorum sectatore, 138) in hac quoque re comoediam secuti; vocabula inaudite ficta Cynicorum quodammodo propria fuisse maxime docent Timon in talibus paene Cynicus et Athenaei Cynulcus. id tamen ludibrium certis quibusdam finibus cohibebatur, quos ultra transgressus est qui apotheosin quasi ποθήσεως negationem esse potuisse sibi persuasit ab aliis recte refutatus.

annorum in Tiberim depontatum esse narrat —, sed ne iusto sim longior ad aliud saturarum genus transeo, in quo nunc quidem tales facetiae non deprehenduntur.

Saturae cuius index est

Ὄνος λύρας

plurima fragmenta egregie expedita sunt a Vahleno l. c. 3—38, Ribbeckio in mus. Rh. 14, 1859, 116—119, Buechelero ib. 451, quae aliqua ex parte retractabo, quemadmodum Varro graecos scriptores in usum suum verterit demonstraturus. |

Non longe ab initio saturae fuisse fr. 348—355 Vahlenus 3 vidit; solito more prologum Φωνασκία[35] recitat, cuius quae supersunt fragmenta ad prologorum artem enarrandam non sine fructu adhiberi possunt.

In fragmentis

359 *iurgare coepit dicens:*
quae scís atque in vulgum vulgas artemque expromis inertem

et

361 *nempe sues silvaticos in montibus sectaris venabulo aut cervos,*
qui tibi mali nihil fecerunt, verutis: a! artem praeclaram

Ribbeckius l. c. 116 Antiopae Euripideae imitationem agnovit; in fr.

360 *tuus autem ipse frater cibarius fuit Aristoxenus*

fratrem cibarium neque interpretor *fratrem collactaneum* (cf. Vahlenus 31) neque cum aliis (ut Nonio p. 93, Voigtio in mus. Rh. 31, 1876, 117, George in lex.) solitam huius vocabuli notionem (*panis cibarius* et similia) agnosco h. l. prorsus ineptam; immo fraternum dulce sodalicium indicari puto, quo coniunctus esse dicatur Aristoxenus cum altero nescio quo; apud veteres enim amicorum consuetudo ac familiaritas contubernio et communi mensa devinciebatur, cf. Lehrsius, De Aristarchi stud. Hom.^{2} 14, 2, qui inter alia affert Pers. 5, 41 sqq. sic viri docti arta amicitia coniuncti in mutuo » contubernio « vivere dicebantur. cf. etiam Cic. Cato 45 *bene enim maiores accubitionem epularem amicorum, quia vitae communionem haberet, convivium nominarunt*[36]. fratrem saepe pro amico poni pueris notum est.

[35] In codd. legitur *fonicia sum*, unde *phonascus adsum* Iunius Vahlenus Riesius, Φωνασκία *assum* Buecheler. de phonascis cf. Liermannus, Anal. epigr. et agonist., diss. Hal. vol. 10, 162, 5.

[36] *Convivium* vocabuli antiquam significationem non invenio nisi in Ter. Hec. 93. — *convivere* verbo recentioris aevi scriptores usi sunt (cf. Quintil. inst. 1, 6, 44; 7, 3, 31), cf. O. Crusius, De Babrii aetate [cf. adn. 5], 179. ceterum vide eiusdem translationis alterum exemplum apud M. Muellerum, Vorles. üb. d. Wiss. d. Sprache 2, 373 vers. germ. ed. 2, Lipsiae 1870.

Doctrinae Aristoxeneae[37] sive eam Peripateticam dicere mavis, vestigia quae in satura passim inveniuntur, enarrare omnia longum est, quae qui cognoscere volet hos potissimum adeat auctores oportet: Athenaei l. 14, cuius cap. 23—26 (p. 627 A—629 D) et 31—33 (p. 631 E—633 E) ad Aristoxenum redire demonstravit Rohdius, De Iulii Pollucis in enarrando apparatu scaenico fontibus, 36—46, quibus eiusdem libri 18 (p. 623 E—624 B) R. Weber, De Dios- | curidis περὶ τῶν παρ' Ὁμήρῳ νόμων libello p. 178 addidit; Sexti Empirici librum adv. musicos et Philodemi libros de musica. accuratius unum tractabo fragmentum

368 *et id dicunt suam Briseidem producere, quae eius nervia tractare solebat.*

de sententia dubitatur, cum ne verba quidem sic ut leguntur sana esse videantur pro v. *suam* Maehlyus l. c. 37 *suam* i. e. *servam* coniecit cf. Hor. carm. 2, 4, 3 *serva Briseis* (idem Baehrensius invenit in ann. nov. 1872, 354)[38]; *producere* quid valeat, non liquet, cum quo respiciat *id* pronomen non constet; videtur tamen Briseidis opera dici carmen illud productum esse (h. e. motum, excitatum: neque enim de τόνῳ producto h. l. agi puto), quod ad citharam cecinit Achilles[39]. verum haec utut sunt, apparet loqui musicae artis inimicum[40] qui obsceno[41] usus verborum lusu — dixerat enim musicae patronus fr.

366 *scientia doceat, quemadmodum in psalterio extendamus nervias —*

prurigini inservire musicam demonstraturus (cf. etiam fr. 369) Achillis exemplum affert: quod in hac quaestione sollemne erat. artis musicae patroni qua usi sint ratione docent Porphyrius qui ad I 186 sqq.

τὸν δ' εὗρον φρένα τερπόμενον φόρμιγγι λιγείῃ
καλῇ δαιδαλέῃ, ἐπὶ δ' ἀργύρεον ζυγὸν ἦεν·

37 Varronem in rebus musicis Aristoxeno multa debere vel inde concludas, quod in rhythmo definiendo certo eum secutus est; cf. Wilmannsius l. c. 69 sq.

38 Non probo quod Ribbeckius l. c. 119 coniecit: *ei edicunt suam Briseidem producere* (cl. A 320 sqq.) vel Baehrensius l. c. et L. Mueller: *ei indicunt servam Br. pr.:* velim enim ex illius aevi scriptoribus huius infinitivi exemplum afferatur.

39 Similiter Vahlenus l. c. 38.

40 Contra illius patronus dixit (fr. 357):

maeréntis ut quietus ac demissior probandus
'Αχιλλέως ἡρωικός, ἰωνικὸς κιναίδου

sc. ῥυθμός, nam idoneos rhythmos invenire, qui bene aptarentur affectibus singulis, primarium musici erat officium cf. Plato rep. 3, 398 C sqq. Aristot. pol. ε 7, 1341 b 35 sqq. [Plut.] de mus. 33 p. 1143 C et quae de rhythmorum ἤθεσι disputat Aristides Quint. 2, 15 p. 97 M (p. 59, 14 J), ubi non deest ὁ ἡσυχαίτερος ῥυθμός (*quietus* Varronis).

41 *tractare* quoque inter nequiora est verba.

τὴν ἄρετ᾽ ἐξ ἐνάρων, πόλιν Ἠετίωνος ὀλέσσας·
τῇ ὅ γε θυμὸν ἔτερπεν, ἄειδε δ᾽ ἄρα κλέε᾽ ἀνδρῶν

haec adnotat (p. 134, 25 Schr): ἀπρεπὲς δοκεῖ καταλαμβάνεσθαι κιθαρίζοντα, λύεται δ᾽ ἐκ τοῦ καιροῦ[42]· ἐν γὰρ νυκτὶ οὐκ εὐπρε-|πέστερον ἄλλως καταλαμβάνεσθαι, γυμνάζεσθαι μὲν γὰρ τῷ σώματι οὐκ ἦν τότε· κοιμώμενος δὲ ἢ παννυχίζων ἀπρεπέστερον ηὑρίσκετο. — οἰκεῖον τῷ ἥρωι νυκτὸς οὔσης γυμνάζεσθαι μᾶλλον τὰ μουσικὰ ἀλλὰ μὴ διαπαννυχίζειν· παραμυθία γὰρ ταῦτα θυμοῦ καὶ λύπης. ἔστι δὲ νέος καὶ φιλόμουσος καὶ λάφυρον ἔχων τὴν κιθάραν καὶ οὐ θηλυδριώδη μέλη ἀλλὰ κλέα ἀνδρῶν ᾄδει. (sequuntur similes λύσεις.) Chamaeleon apud Athen. 14, 624 A καὶ ὁ Ὁμηρικὸς Ἀχιλλεὺς τῇ κιθάρᾳ κατεπραΰνετο, ἣν αὐτῷ ἐκ τῶν Ἠετίωνος λαφύρων μόνην Ὅμηρος χαρίζεται καταστέλλειν τὸ πυρῶδες αὐτοῦ δυναμένην (cf. 633 C). Sext. Emp. adv. mus. 10 (ex φιλομούσων sententia) καὶ μὴν ὥσπερ σωφρονίζει μὲν τοὺς ἄφρονας ἡ μουσική, εἰς ἀνδρίαν δὲ προτρέπει τοὺς δειλοτέρους, οὕτω καὶ παρηγορεῖ τοὺς ὑπ᾽ ὀργῆς ἐκκαιομένους. ὁρῶμεν γοῦν ὡς καὶ ὁ παρὰ τῷ ποιητῇ μηνίων Ἀχιλλεὺς καταλαμβάνεται ὑπὸ τῶν ἐξαποσταλέντων πρεσβευτῶν ›φρένα‹ κτλ., ὡς ἂν σαφῶς γινώσκων τὴν μουσικὴν πραγματείαν μάλιστα δυναμένην περιγίνεσθαι τῆς περὶ αὐτὸν διαθέσεως. Dio Chrys. 2 p. 82 R τὸν γοῦν Ἀχιλλέα πεποίηκεν ὑστερίζοντα ἐν τῷ στρατοπέδῳ τῶν Ἀχαιῶν οὐκ ἔκλυτα οὐδὲ ἐρωτικὰ μέλη ᾄδοντα· καίτοι φησί γε ἐρᾶν αὐτὸν τῆς Βρισηΐδος· ἀλλὰ κιθάρᾳ μὲν χρῆσθαι μὰ Δι᾽ οὐκ ὠνησάμενον οὐδ᾽ οἴκοθεν ἄγοντα παρὰ τοῦ πατρὸς, ἀλλὰ ἐκ τῶν λαφύρων ἐξελόμενον ....· ἄειδε δ᾽ ἄρα κλέα ἀνδρῶν, ὡς οὐδέποτε λανθάνεσθαι δέον τῆς ἀρετῆς ... τὸν γενναῖον ἄνδρα. tale aliquid inesse videtur etiam in Philodemi verbis[43] (3 fr. 19 K.) διὰ τούτων τὸν Ἴωνα[44] μὲν ἐν οἷς ὑπὲρ Ἀχιλλέως εἴρηκεν, εἰ καὶ δύναται συνοικειοῦσθαι τῷ μὴ ψευδεῖ, φορτικῶς μαρτυροῦντα παραιτώμεθα, καὶ ἔτι μᾶλλον ὅτι ποιητὴς καὶ μουσικὸς εἶπεν· οὐδὲ τούτοις προσέχομεν ἄνευ πίστεως*.

[42] Memorabile est simillimam λύσιν inveniri apud Pseudoplutarchum de mus. 40 (h. e. apud Aristoxenum).

[43] In Philodemi verbis afferendis cancellos omisi, nisi ubi de supplementis dubitari potest.

[44] Ion tragicus poeta Φοίνικα tragoediam scripsit.

* *[Addendum]* Inter testimonia de Achille cantu luctum mulciente afferre oblitus sum Plat. rep. 10, 606 C sq. οἱ γάρ που βέλτιστοι ἡμῶν ἀκροώμενοι Ὁμήρου ἢ ἄλλου τινὸς τῶν τραγῳδοποιῶν μιμουμένου τινὰ τῶν ἡρώων ἐν πένθει ὄντα καὶ μακρὰν ῥῆσιν ἀποτείνοντα ἐν τοῖς ὀδυρμοῖς, ἢ καὶ ᾄδοντάς τε καὶ κοπτομένους κτλ.: in his quin denotetur Achilles dubitari non potest, cum praesertim similes eius calumniae saepius inde a Platone inveniantur: de nimio luctu (Σ 22 sqq. Ω 3 sqq.) cf. Plat. rep. 3, 388 sq. Zoilus in schol. ad Σ 22, Epict. diss. 4, 10, 31 sqq. Sen. de tranq. 2, 12, defenditur apud

Adversus haec quae disputarint ὄνοι λύρας, Sextus servavit secutus sine dubio Epicureos quos bis (19. 27) nominat[45]: 25 τὰ δὲ αὐτὰ (arte musica non καταστέλλεσθαι λυπουμένην ψυχὴν ἢ περὶ ὀργὴν σεσοβημένην τὴν διάνοιαν, ἀλλ' εἴπερ, περισπᾶσθαι: § 23) λεκτέον καὶ ἐπὶ τοῦ μηνίοντος Ἀχιλλέως· καίτοι ἐρωτικοῦ ὄντος καὶ ἀκρατοῦς οὐ παράδοξον τὴν μουσικὴν σπουδάζεσθαι: nimirum animi perturbationes ex amore ortas musica mitigari musicae adsertores contendebant (cf. Philod. 1, fr. 28, 21 sqq.), immo irritari et inflammari musicae adversarii (cf. | Philod. 4 col. V 42 sq. col. VI 1—8. col. VII 11 sqq. Sext. 34 sqq. Philod. 4 col. XV = Sext. 21 sqq.).

Denique ad fr. 368, unde profectus sum, ascribam locum consimilem carm. Priap. 68, 13 sqq.

haec eadem (mentula) socium tenera spoliavit amica
quaeque erat Aeacidae, maluit esse suam.
ille Pelethroniam cecinit miserabile carmen
ad citharam, cithara tensior ipse sua.
nobilis hinc nata nempe incipit Ilias ira,
principium sacri carminis illa fuit.

quod carmen sine dubio expressum est ex Ovid. trist. 2, 371 sqq. cf. maxime 411 sq. *nec nocet auctori, mollem qui fecit Achillem* | *infregisse suis fortia facta modis;* v. etiam Propert. 2, 8, 29 sqq. ceterum de Achille amatore cf. etiam [Iustin.] or. ad gentiles 1 p. 4 O (Athen. 13, 560 B). de Achille et Briseide posthomericis cf. Rohdius, Der griechische Roman, 102 sq. Briseis turpis adultera est Ovidio (trist. 2, 373), psaltria et concubinula in Querolo fabula (p. 19 P).

*

Pergo ad saturam cui

Γνῶθι σεαυτόν

inscribitur. de universo argumento Vahlenus l. c. p. 49 sq. rectissime scribit eis quibus natura rerum exploretur indagationibus opponi tam-

[45] Praeter ea quae supra attuli cf. Philodem. 3 fr. 16, 21 sqq. 17, 1 sqq. et Sext. 24, Pilod. 4 col. XV 1 sqq. et Sext. 22, Philod. 4 col. XXIV 24 sqq. et Sext. 13. 27. Peripateticae doctrinae insigne vestigium invenitur apud Sext. 26 cll. Athen. 1, 14 E et schol. cod. Ambr. E ad γ 267 (cf. schol. α 327): cf. R. Weber l. c. 153 sq.

Plut. de aud. poet. 12 p. 33 A et a Zenodoro in schol. l. c.; de i r a cf. Dionysius Heracleotes apud Cic. Tusc. 3, 18, Plut. de coh. ira 4 p. 455 A; Max. Tyr. diss. 32 tota, maxime p. 126 R, defenditur apud Porphyr. quaest. Hom. p. 311 Schr; de m e r i p o t u (I 206) cf. Aristot. art. poet. 25. 1461 a 14 Zoilus apud Plut. quaest. conv. 5, 4, 677 C sqq. aliique multi. f r a u d i s arguitur a Socrate in Plat. Hipp. min. 369 C sqq.; denique lege criminum congeriem apud Plat. rep. 3, 390 E sqq. et Themist. or. 24, 308 d.

quam veriorem rationem eam quae in hominis naturam inquirat, cf. fr.

210 *age nunc contendamus alterum genus* φιλοθέωρον, *ecquid ibi videris melius.*

hoc ne cum Ribbeckio (l. c. 113 sq. (et in hist. poes. rom. 1, 250) et Riesio (praef. 22) de vita contemplativa dici putemus, cui opponatur vita in actione posita, φιλοθέωρος vocabulo impedimur quod a nullo umquam scriptore pro θεωρητικός v. usurpatum est aut potuit usurpari; accedit, quod de γένει πρακτικῷ in satura ne levissimum quidem invenitur vestigium.

Ad illud genus φιλοθέωρον, quod in naturae contemplatione versatur, haec pertinent fragmenta:

202 *ut sidéra caeli*
divum, circum terram atque axem
quae volvuntur motu orbito

203 *candéns corpore taurus trivio*
lumine lunae

206 *non subsilies ac plaudes et ab Arato posces astricam coronam? quid enim hoc mirius?* |

in fr. 202 ut intellegatur *divûm,* cum Buechelero (in mus. Rh. 20, 1865, 410) in initio supplenda sunt *terrast* | *sedes hominum.* fr. 203 idem (ibid.) de Europa nocte sublustri a tauro candido per mare vecta (Hor. carm. 3, 27, 31) interpretatur; equidem horum versuum consilium respiciens tauri signum candidum intellegere malo, de quo Vergilius in georg. 1, 217 sq. *candidus auratis aperit cum cornibus annum* | *taurus;* quod si recte statui, sequitur ut non possint coniungi *candens lumine lunae,* quippe quo ignes minores non excandescant sed pallescant; immo in fine supplenda talia: *obscurat faciem* | *nato* (cf. si tanti est Sapph. fr. 3 B, Sen. Phaedr. 746 sqq. *curru properante pernox* | *exserit vultus rubicunda Phoebe* | *nec tenent stellae faciem minores).* illud *corpore* explico cl. Cic. Arat. 343 sq. *Orion obliquo corpore nitens* | *inferiora tenet truculenti corpora Tauri,* 576 *proiecto corpore Taurus.* — denique mutare non ausim *trivio*[46], pro quo *triviae* post Popmam et Oehlerum Buecheler; id sane non defendo cum Riesio (in mus. Rh. 21, 1866, 120) ut per hypallagen coniunctum cum *lumine,* sed quaesita quadam obscuritate dictum esse puto cl. Plut. de fac. in orb. lun. 24 p. 937 E καίτοι μίαν οὐ κινεῖται κίνησιν (sc. ἡ σελήνη), ἀλλ' ὥς που καὶ λέγεται, τριοδῖτίς ἐστιν, ἅμα μῆκος ἐπὶ τοῦ ζῳδιακοῦ καὶ πλάτος ἐπιφερομένη καὶ βάθος. Cornutus de nat. deor. 34 ἐντεῦθεν δ' ἤδη καὶ Τριοδῖτις ἐπεκλήθη.. διὰ τὸ τριχῶς μεταβάλλειν ὁδεύ-

[46] Neque mutat Lachmannus ad Lucr. 4, 1275.

ουσαν διὰ τῶν ζῴων. Graecos secutus Varro ipse ling. 7. 16 *Titanis Trivia Diana est, ab eo dicta Trivia, quod.... luna dicitur esse quae in caelo tribus viis movetur, in altitudinem et latitudinem et longitudinem* (cf. 5, 68).

Ad alterum genus φιλοθέωρον quo corporis nostri cognitio commendatur, quae pertinent fragmenta

199 *út cremento corpora*
fierént maiora parvo, ut suctu candidi
lactis

et

200 *dein cérto alvi fluctu ut sucum*
parerét mansum, quo venarum
sanguine rivos compleret[47]

interpretatione non egent. restant quaedam, quae haud ita facile cum argumento copulentur; de amore sunt haec: |

204 *nón videtis unus ut*
párvulus Amor ardifeta lampade arida agat amantis
aestuantis?
205 *ét misellus ille pauper amat habetque ignem intus acrem:*
hic ephebum mulieravit, hic ad moechada adulescentem
cubiculum pudoris primus polluit.

de amore quid philosophi statuerint, h. l. enarrare longum est; quamquam ne ab Hirzelio quidem (Untersuch. z. Cic.'s philos. Schr. 2, 36 sq. 388—403, cf. quae addit Kreuttner, Andronici libelli περὶ παθῶν pars prior, 27 sq.) omnia recte expedita sunt: sufficit dixisse hunc quidem amorem de quo Varro loquitur, φαῦλον dico et libidinosum, ab omnibus philosophis inter perturbationes animi numeratum et a sapiente alienum habitum esse (cf. praesertim fusa Ciceronis enarratio in Tusc. 4, 67—76 ab Hirzelio neglecta); iam cum insanire amantes et philosophi poetaeque philosophantes permultis locis affirmarint[48] et volgus crediderit[49], ad eos nobile illud Δελφικὸν γράμμα bene referri apparet[50].

[47] Fr. 199 et 200 sic non coniuncta fuisse metri docet diversitas. omnino fr. 200 cum eodem metro conscriptum sit quo 201—203, fortasse statuendum est fragmento 200 verba τοῦ μετεωρολογοῦντος contineri, quibus irrideatur pusilla adversarii ratio: is enim senariis sententiam suam exprompsisse videtur (fr. 199). quae ratio mihi eo magis placet, quia ad hunc modum satis bene intellegi posse etiam fr. 201 infra demonstrabo.

[48] Primus Socrates Xenophontis mem. 1, 3, 13.

[49] *amans amensque* in proverbium venit cf. Woelfflinus, Sitz.-Ber. d. bayr. Ak. d. W. 1887, 195. Otto, Arch. f. lat. Lex 5, 1888, 370. Serv. ad ecl. 8, 66 *amantes insanos vocamus.*

Fragm.
201 *nil súnt Musae, Polycles, vestrae,*
quas aerifice duxti

quo olim fuerit conexu, certo dicere non possum; vide tamen an aliquid lucis afferat Lact. inst. 6, 20, 6 *voluptas oculorum varia est et multiplex, quae capitur ex aspectu rerum quae sunt in | usu hominum vel natura vel opere delectabiles. hanc philosophi rectissime sustulerunt. aiunt enim multo esse praeclarius et homine dignius, caelum potius quam caelata intueri et hoc pulcherrimum opus intermicantibus astrorum luminibus tamquam floribus adornatum quam picta et ficta et gemmis distincta mirari.* Cic. parad. 5, 36 *in pari stultitia sunt, quos signa, quos caelatum argentum, quos Corinthia opera ... nimio opere delectant* e. q. s., quibuscum mire consentiunt Horatii verba sat. 2, 7, 95 (ubi cf. Kiesslingius). optime sane haec conveniunt cum fr. 202 sq. statuariorum opera ut ficta et ex imitatione orta contempsit Plato (cf. Zeller, hist. phil. gr.[3] 2, 1, 799 sqq.), statuas picturasque cur homines tanto studio spectent prae maioribus quae in vita sint spectaculis Arcesilaus miratur apud Plut. de tranq. an. 9 p. 470 B, statuarios et pictores in liberalium artium numerum ut recipiat adduci se posse negat Seneca (epist. 88, 18), contra Hortensius, philosophiae contemptor, signis tabulisque pictis delectatur (fr. 5 et 8 O).

Permultas easque longissimas disputationes de nobili illa inscriptione Delphica conscriptas esse Plutarchus refert de ei apud Delphos 2 p. 385 D et de Pyth. or. 29 p. 408 F; quaedam a Stobaeo in floril. l. 21 excerpta, multa ab aliis scriptoribus servata sunt Varronianae dispu-

[50] Fuit cum putarem in eodem argumento versari Lucilii fragmenta haec sic ab editoribus coniuncta:

770 sq.
sic Sócrates in amore: in adulescentulis
meliorem paulo faciem signat nilque amat

768 sq.
et amábat omnes. nam ut discrimen non facit
neque signat linea alba

772
tum illúd ἐπεφώνει, *quod etiamnum nobile est*

(sc. γνῶθι σεαυτόν). vereor tamen ne melius copuletur fr. 772 cum 785 sq.:
tú qui iram indulges nimis
manús a muliere abstinere melius est,

cf. enim Iuv. 11, 27 sqq.
e caelo descendit γνῶθι σεαυτόν *:*
figendum et memori tractandum pectore, sive
coniugium quaeras e. q. s.

tationis simillima si universam spectas rationem, minus congruentia in rebus singulis.

*

De corporis humani natura Varro in aliis quoque saturis disputavit, maxime in ea cui inscribitur

A n d a b a t a e.

De hoc gladiatorum genere locos ex scriptoribus sumptos composuit P. J. Meier, De gladiatura romana, diss. Bonn. 1881, 44 sq.: pugnabant illi oculis contectis, ut quasi σκιαμαχίαν spectatoribus praeberent gladios in tenebris ventilantes. Varro autem non gladiatores intellexit, sed iocose sic vocat homines nocturnos qui tenebris menti offusis quasi opertis oculis errant et labuntur[51]: fr.

29 *edepol idem »caecus non luscitiosus« est*[52]

30 *non mirum si caecuttis, aurum enim non minus praestringit oculos quam* ὁ πολὺς ἄκρατος. |

de πλούτῳ τυφλῷ qui etiam, ut ait Menander (fr. 83, 3, p. 26 K) τυφλοὺς | τοὺς ἐμβλέποντας εἰς ἑαυτὸν δεικνύει omnia nota sunt; neque quod vinum τὰς ὄψεις ἡμῶν πλανᾷ (Athen. 10, 455 E), testimoniis comprobetur necesse est. verba ὁ πολὺς ἄκρατος fortasse ex Menandri versu monost. (fr. 779, 3 p. 216 K) ὁ πολὺς ἄκρατος ὀλίγ᾽ ἀναγκάζει φρονεῖν sumpta sunt, quae est Kockii sententia, sed videntur in proverbium venisse, certe quidem eadem saepius invenio apud Philonem (de plantat. § 35, 1 p. 351, de ebriet. § 3, 1 p. 359, quis rer. div. heres § 10, 1 p. 480, de spec. legg. l. 2 § 51, 2 p. 274, de fortit. § 2, 2 p. 376 bis, de praem. et poen. § 9, 2 p. 417). — fr.

27 *néc manus visco tenaci tinxerat viri castas*

de homine antiquae frugalitatis, qui non erat parcus nec *tenax*, intellegendum est. — fr.

34 *et me Iuppiter Olympiae, Minerva Athenis suis mystagogis vindicassent*

hac ratione cum saturae inscriptione optime consociari posse puto: Nonius p. 135, ubi nostrae saturae fr. 29 affert, *luscitiosus* voc. sic explicat: *luscitiosi qui ad lucernam non vident et* μ ύ ω π ε ς *vocantur a Graecis.* iam cum certum sit andabatarum vocabulo homines clausis oculis in media luce errantes et ad dignoscendum verum a falso occae-

[51] Similiter Hieronymus adv. Iov. 1, 36 *melius est tamen clausis quod dicitur oculis andabatarum more pugnare, quam directa spicula clipeo non repellere veritatis.*

[52] Haec ex Plaut. Mil. 323 sumpta esse recte adnotant; aliorum rationem sciens praetermitto.

catos a Varrone significari, re vera μύωπας, is qui illis corporis animaeque natura enarranda (fr. 25. 31 sqq.) caliginem ab animo dispellat atque locorum corporalium rationes explicet ut veri mystagogi locorum religiosorum quae sunt in urbibus[53], egregie illorum mystagogus dicitur. huc nos tuto progredi posse confido: ipsam sententiam accuratius qui definire velit, cum multae dentur explicandi rationes, vanus sit. hoc fortasse addere licet philosophiam, ut fuit secundum veterum quidem sententiam antiquissimis temporibus arta necessitudine cum mysteriis coniuncta, etiam a posterioribus saepe cum sacrorum initiis comparari, qua de re nonnulla testimonia a Lobeckio in Aglaoph. p. 124 sqq. congesta sunt.

Cetera fragmenta excepto

28 *mortáles multi rursus ac prorsus meant*

de quo certi nihil proferre possum, in humani corporis descriptione versantur:

25 *anima út conclusa in vesica, quando est arte religata,*
si pertuderis, aëra reddet.

hanc similitudinem alibi non inveni; proxime accedit corporis cum utre comparatio cf. Iambl. Stobaei ecl. phys. 1, 49 p. 384, 12 W (41 p. 280, 19 M) εἰ δὲ παρέσπαρται μὲν καὶ ἔνεστιν ἡ ψυχὴ τῷ | σώματι καθάπερ ἐν ἀσκῷ πνεῦμα περιερχομένη κτλ. alios locos composuit Wachsmuthius sill.[2] 144 sq. (add. Anaxarchi nobile dictum apud Laert. D. 9, 59 al. et Philo de posterit. Caini § 41, 1 p. 252). alia similitudine Varro utitur in fr. 547 (ex sat. *Tithonus* περὶ γήρως): *sic invitata*[54] *matura anima corporeum corticem facile reliquit:* sic Plutarchus n. posse suav. 28 p. 1106 A Epicureos dicit μὴ δυναμένους μηδ᾽ ἀποῤῥῖψαι τὰ εἴδωλα πάντα καὶ τοὺς φλοιούς, ἐν οἷς ὀδυρόμενοι καὶ καινοπαθοῦντες διατελοῦσιν. similiter Lucilius 556 L 26, 28 M 449 B et Arnob.[55] nat. 2, 76 *folliculum* corpus vocant; eodem pertinet Placidi glossa p. 49, 14 D *gallicola, cortice nucis iuglandis viridis, per quem corpus humanum intellegi vult* (sc. Lucilius 1200 L; cf. Loewius, prodr. 299, Ribbeckius in Arch. f. lat. Lex. 2, 1885, 121). sic etiam videtur loqui Antoninus 9, 3 (p. 115, 6 St) ἐκδέχεσθαι τὴν ὥραν, ἐν ᾗ τὸ ψυχάριόν σου τοῦ ἐλύτρου τούτου ἐκπεσεῖται, nam ἔλυτρον folliculus solet esse in quo semina inclusa sunt, quamquam etiam de alius generis involucris interdum ponitur (cf. Gatakeri adn. p. 266 edit. a. 1697). ceterum hac ipsa ratione illud *matura*[56] mutare vetamur; similiter Cicero Cato 5 *necesse fuit esse aliquid extremum et, tamquam in arborum bacis terrae-*

[53] De corporis et urbis similitudine cf. quae dixi p. 277 sq.
[54] Corr. Turnebus; *invitatam* (seq. *m*) codd.
[55] Contulit etiam Oehler ad fr. laudatum.
[56] *a natura* Mercerius Oehler Buecheler.

que fructibus, maturitate tempestiva quasi vietum et caducum, quod ferundum est molliter sapienti, 71 *quasi poma ex arboribus, cruda si sunt, vix evelluntur, si matura et cocta, decidunt, sic vitam adulescentibus vis aufert, senibus maturitas.* Antonin. 4, 48 (p. 45, 12 St) τὸ ἀκαριαῖον οὖν τούτου τοῦ χρόνου κατὰ φύσιν διελθεῖν καὶ ἵλεων καταλῦσαι, ὡς ἂν εἰ ἐλαία πέπειρος γενομένη ἔπιπτεν, εὐφημοῦσα τὴν ἐνεγκοῦσαν καὶ χάριν εἰδυῖα τῷ φύσαντι δένδρῳ. simile quiddam puto inesse in his Philodemi frustulis (περὶ θανάτου col. IX 8 sqq. M = fr. 2, 8 sqq. S)[57] τὸ βιαίους γίνεσθαι τοὺς ἀποσπασμοὺς τῆς ψυχῆς ἀπὸ τοῦ σώματος καὶ διὰ τοῦτο τὴν μεγίστην ἑτεροίωσιν ἐπακολουθεῖν αὐτῷ | .... (φυσ)ικ(ό)ν ε..νουτ..ρετ ἀνάγκης | ...... δεκ...νω.... ετου.ς[58] καρ|ποὺς τῶν δένδρων (ν...ἀ)λλ' ἀ(να)νκα | (ἴως)[59] ἀπαλλοτρι(οῦσθαι). cf. etiam versus CIL VI 7574 *quo modo mala in arbore pendunt sic corpora nostra | aut matura cadunt aut cito acerva cadunt,* quibuscum Buecheler in mus. Rh. 36, 1881, 329 sq. contulit alterc. Hadr. et Epict. in Fabric. bibl. Gr.^{1} XIII, 561 *quid homo? — pomo similis. poma ut in arboribus pendent, sic sunt et corpora nostra* e. q. s. | denique quid sibi velit *invitata* vocabulum, difficile est dictu, quia quae praecesserint nescimus.

Redeo ad illam saturam, a qua huc digressus sum; cuius quae restant fragmenta satis dilucida sunt. fr.

32 *in reliquo corpore ab hoc fonte diffusast anima, hinc animus ad intellegentiam tributus;*

unum dicit fontem animae i. e. τοῦ ἀλόγου τῆς ψυχῆς μέρους et animi i. e. τοῦ λογικοῦ τῆς ψυχῆς μέρους, sc. pectus sive cor; erat haec Stoicorum doctrina quam omnino in hac quidem quaestione Varroni probatam esse constat (cf. Zeller l. c. III^3 1, 673 et Lact. opif. 17); de anima animoque discretis cf. Varro apud August. civ. 7, 23 Cic. Tusc. 1, 19; 65 Lucr. 3, 136 sqq. Vsener ad Epic. fr. 311 Iuv. 15, 149 Serv. ad Aen. 10, 487 Macrob. in somn. Scip. 1, 14, 3.

35 *sed quod haec loca aliquid genunt* suppleo *genitalia vocantur.*

*

In simili quaestione versabatur satura cui inscribitur

Mutuum muli scabunt

περὶ χωρισμοῦ

proverbio *mutuum muli scabunt* officia invicem danda accipiendaque

[57] Apposui Mekleri supplementa; ceterum cf. quae monui adn. 43.

[58] Lacunam inter υ et ς litteras et Scottius et Mekler indicant; sed καρπούς voc. certum est.

[59] (ἴως) suppl. Buecheler.

significari constat (cf. lexx.); ad sententiam simile est quod in Varrone legitur ling. 6, 79 *si datum quod reddatur, mutuum, quod Siculi moeton; itaque scribit Sophron* μοῖτον ἀντὶ μοίτου; nec non conferri potest quod ex Sophronis verbis his τίς τὸν ξύοντα ἀντιξύει (Phot.-Suid. s. v. ξυήλην) proverbium effecit Iahnius in proll. ad Pers. XCVIII ἀντιξύεσθαι τὸν ξύοντα[60]. quo proverbio quemadmodum Varro usus sit, apparet ex fr. |

323 *ut grallatores qui gradiuntur, perticae sunt ligna* φύσει ἀκίνητα, *sed ab homine eo qui in is stat agitantur, sic illi animi nostri sunt grallae, crura ac pedes nostri,* φύσει ἀκίνητοι, *sed ab animo moventur*[61]

[60] Omnino officii dandi reddendique lex apud Graecos Romanosque magnopere vigebat. Varro sat. fr. 498 de mercatu forensi: δὸς καὶ λαβέ *fervit omnino:* cf. Epicharm. apud [Plat.] Axioch. 366 C ἁ δὲ χεὶρ τὰν χεῖρα νίζει· δός τι καὶ λάβοις τί (cf. Lorenzius 274, Ritschelius opusc. 1, 720, 1), quod de avaris dictum esse dicit Apostol. 1, 36 a (ὅταν πρὸς ἄπιστον συναλλάσσωμεν: Diogenian. 2, 77 a); cf. Nicephori chria de Sophoclis versu hoc (Aiac. 522) χάρις χάριν γάρ ἐστιν ἡ τίκτους' ἀεί in rhett. gr. 1, 445 W πῶς δ' ἂν καὶ Πρόδικον τὸν σοφιστὴν παραλείποιμεν ἀξίως τῆς αὑτοῦ σοφίας ἀποφθεγγόμενον ›δός τι καὶ λαβέ τι‹ καὶ τὸ τῆς ἀντιχάριτος καλὸν αὐτόθεν ἐπὶ τοῦ συντρόφου σώματος παριστῶντα βεβαιότερον ›ἁ δὲ χεὶρ τὴν χεῖρα νίζει‹ καὶ ἡ εὐώνυμος τῇ δεξιᾷ τῶν ἔργων ξυναίρεται. Anth. Pal. 5, 208 ἢ μὴ δούς τι λαβεῖν ἐθέλει; | ἁ χεὶρ γὰρ τὰν χεῖρα. sic Petronii homo plebeius (45): *»munus tamen«* inquit *»tibi dedi«, et ego tibi plodo. computa, et tibi plus do quam accepi. manus manum lavat* (cf. Sen. apocol. 9). διδόναι et λαμβάνειν, *dare et accipere* saepe coniunguntur, velut apud Philem. fr. 205 (2, 532) K κρίσει δικαίᾳ καὶ δίδου καὶ λάμβανε. fr. com. nov. adesp. apud Stob. flor. 57, 7 (fr. 108, 3 p. 424 K) σκάπτω γὰρ αὐτὸς ἐπιμελῶς σπείρω τ' ἀεί, | καὶ πάντα ποιῶ πρὸς τὸ δούς τι καὶ λαβεῖν· | ὁ δὲ (sc. ἀγρὸς) λαμβάνει μέν, ἀποδίδωσι δ' οὐδὲ ἕν. schol. Pind. Pyth. 2, 125 οἱ Φοίνικες παλιγκάπηλοι .... καὶ ὁ κωμικὸς (adesp. fr. 397, 3 p. 483 K) ›εὐθὺς δὲ Φοῖνιξ γίνομαι· | τῇ μὲν δίδωμι χειρὶ, τῇ δὲ λαμβάνω‹ (quorum versuum si memor fuisset vir doctus quidam, non mehercule ingentes in simpulo nuperrime [in mus. Rh. 45, 1890, 474 sqq.] excitati essent fluctus) et sic de mercatu maxime Epictetus diss. 3, 3, 11 sqq. — Antonin. 10, 14 (p. 134, 16 St) τῇ πάντα διδούσῃ καὶ ἀπολαμβανούσῃ φύσει ὁ πεπαιδευμένος καὶ αἰδήμων λέγει ›δός, ὃ θέλεις, ἀπόλαβε, ὃ θέλεις‹. sic δίκην, λόγον, πίστιν διδόναι καὶ λαμβάνειν, Harpocr. s. v. σύμβολα· αἱ συνθῆκαι, ἃς ἂν αἱ πόλεις ἀλλήλαις θέμεναι τάττωσι τοῖς πολίταις ὥστε διδόναι καὶ λαμβάνειν τὰ δίκαια. apud Romanos saepissime *dare et accipere* coniunguntur cf. Plaut. Curc. 480 Poen. 706 Pers. 5, 1, 10 Trin. prol. 10 sq., fab. 488 Donat. ad Ter. Phorm. 1, 2, 6 *proverbiale est: »quod dedit, recepit«.* Publil. Syr. 172 M *fraus est accipere, quod non possis reddere,* cf. Cic. off. 1, 22. 56. 2, 5 Mart. 2, 56, 4. 10, 16, 8; saepe *fidem dare et accipere, beneficium dare, accipere* Vitruv. 6 praef. 5; hinc *par pro pari referre* et similia (cf. Lindenbrogius ad Ter. Eun. 445), hinc illud *redde quod debes* (Petr. 57 Sen. benef. 3, 14, 3. 7, 21, 2 epist. 18, 14 Mart. 9, 92, 7 ev. Matth. 18, 28 ἀπόδος εἴ τι ὀφείλεις, cf. Cic. parad. 5, 41 *nihil quisquam debet nisi quod est turpe non reddere*).

[61] De re critica v. editores.

quam similitudinem alibi non inveni; Popma contulit Tertull. anim. 6 *anima movet corpus ... ab illo est impingi pedes in incessum et manus in contactum et oculos in conspectum et linguam in effatum, velut sigillario motu superficiem intus agitante.* de mutuis corporis animaeque officiis cf. Lucr. 3, 329—349, maxime 344 sqq.

ex ineunte aevo sic corporis atque animai
mutua vitalis discunt contagia motus,
discidium ut nequeat fieri sine peste maloque.

cf. 548—579. 779 *(fungi mutua).*

Cum hoc argumento facile coniungitur fr.

324 *itaque si plures dies inter medici discessum et adventum pollictoris interfuerunt, et id aestate, videas —*

sic in eadem quaestione Lucr. 3, 337 sqq., 578 sqq.

Iam quaeritur, cum hac disputatione quemadmodum coniungenda sit altera inscriptio. Popma sic interpretatus est, corporis animique actiones quamquam sint certa ratione discretae tamen inter se nexas manere; quem sequi videtur Ribbeckius, hist. poes. Rom. 1, 252 sq. forsitan haec interpretatio recte se habeat; tamen cum alter titulus tantum non semper vocabulo ex philosophorum rhetorumve | scholis desumpto efficiatur, equidem cum Riesio sollemnem χωρισμός et χωρίζεσθαι vocabulorum significationem agnoscere malo quam apud philosophos obtinebant, dico corporis animaeque seductionem eam quae fit morte; sic iam Plato in Phaed. 67 C et D cf. 64 C, Rep. 10, 609 D[62] Aristoteles in dial. περὶ φιλοσοφίας fr. 10 R[63], maxime vero Stoicorum philosophiae haec vox accomodata erat: Zeno apud Epiphan. adv. haer. p. 592, 26 D Chrysipp. apud Plut. de Stoic. rep. 39 p. 1052 C et apud Nemes. de nat. hom. p. 34 (Zeller l. c. 194, 1), de Stoicis universis Arius Did. p. 474, 21 D; ex diversis castris Philodemus περὶ θανάτου col. XVI 27 M, cum soleant Epicurei dicere διάλυσιν secuti Democritum (fr. 119 Mull = Stob. flor. 120, 20). vulgo hac voce usi sunt posteriores, velut Philo leg. alleg. l. I § 33, I p. 65 de Abrah. § 44, II p. 37 Epict. diss. 3, 22, 33 Iuncus περὶ γήρως apud Stob. flor. 106, 49 (4, 84, 21 M)[64].

Quocirca eandem significationem saturae nostrae inscriptioni

[62] Cf. Hippol. ref. haer. 6, 26 Πλάτων ἐρωτηθεὶς ὑπό τινος· τί ἐστι φιλοσοφία; ἔφη· χωρισμὸς ψυχῆς ἀπὸ σώματος (!).

[63] Vtitur ut in dialogo hoc vocabulo usum aut volgarem aut Platonis secutus; aliter de animal. gener. β 3, 737 a 7. cf. Clearchus περὶ ὕπνου apud Procl. comm. in Plat. reip. l. 10 p. 64 Sch τοιγαροῦν ἐκ τούτου πιστεῦσαι τούς τε ἄλλους τῆς τοιαύτης ἱστορίας θεατὰς καὶ τὸν Ἀριστοτέλη χωριστὴν εἶναι τοῦ σώματος τὴν ψυχήν.

[64] Ex Romanorum interpretamentis qualia sunt *discessus, discidium, discretio, disiunctio, dissociatio, distractio, seductio, segregratio* non multum concludas.

alteri inesse censeo; quamquam si quis mea ceterorumque[65] sententiis coniunctis utramque notionem statuere volet Varronis morem considerans quem supra tetigi (cf. praesertim Bimarcus περὶ τρόπων), equidem non refragabor.

*

Disputationes illae de corporis animaeque naturae quod tantum obtinebant in saturis locum, non mirabitur qui quid de philosophia Varro censuerit adhibita Augustini enarratione (civ. 19, 1—3) secum reputarit. Varro enim, ut ait Augustinus c. 3 init. *primum quia summum bonum in philosophia non arboris, non pecoris, non dei, sed hominis quaeritur, quid sit ipse homo quaerendum putat. sentit quippe in eius natura duo esse quaedam, corpus et animam, et horum quidem duorum melius esse animam longeque praestabilius omnino non dubitat, sed utrum anima sola sit homo ... an corpus solum sit homo aliquo modo se habens ad animam ... an vero nec anima sola nec solum corpus, sed simul utrumque sit homo ... horum autem trium hoc elegit tertium .... proinde summum bonum hominis ... ex utriusque rei bonis constare dicit* e. q. s. quae Antiochi Ascalonitae fuit sententia (cf. Zeller l. c. 605 sq.), cuius philosophiam Varroni omnino probatam esse constat. de corporis | et animi ratione Cicero, item Antiochi discipulus, fuse disputavit in l. 4 de republica (cf. leg. 1, 27. Lact. opif. 1).

*

Supra (p. 291) dixi altera inscriptione plerumque indicari quaestionem in philosophorum scholis sollemnem: quod nunc ita persequar, ut omissis et eis quae primum intuenti expedita sunt — dico e. g. saturam cui inscribitur *Caprinum proelium* περὶ ἡδονῆς — et eis de quibus propter fragmentorum paucitatem nihil proferre licet nisi vanas coniecturas — cuius generis est satura *Aborigines* περὶ ἀνθρώπων φύσεως — eligam paulo reconditiora et de quibus si non certa a probabilia dicere posse mihi videar.

Ἀλλ οὐ μένει σε
περὶ φιλαργυρίας

prior inscriptio a Buechelero primo ex apertissimis codicum vestigiis reposita est[66], proverbium nusquam alibi traditum ad explicandum difficillimum est; puto sententiam esse interrogativam, qua avarus

[65] Cf. etiam Buecheler, mus. Rh. 20, 1865, 443.

[66] Fuisse cum scribendum esse ἀλλ' οὐ μένει σοι putaret Buecheler dicit in mus. Rh. 20, 1865, 404: quod probare videtur Ribbeckius, hist. poes. Rom. 1, 248, cf. tamen 257.

aurum semper colligens tamquam alteram vitam victurus interrogetur, nonne diem supremum sibi imminere cogitet; sic μένειν verbum usurpatur e. g. ab Aeschylo in Cho. 103 sq. τὸ μόρσιμον γάρ τόν τ' ἐλεύθερον μένει | καὶ τὸν πρὸς ἄλλης δεσποτούμενον χερός. avarus igitur nihil cuiquam proprium dari sed morte ex improviso obrepente heredem vivaciorem exstructis in altum divitiis potiri admonetur, quae erat sollemnis in hac re ratio, cf. Heinzius, De Horatio Bionis imitatore, diss. Bonn. 1889, 27 sq. Lucian. Tim. 15 Dio Chrys. or. 30 p. 559 R*.

Fragmenta servata sunt haec:

21 *quém secuntur cum rutundis velites leves parmis,*
antesignani quadratis multisignibus tecti

22 *etenim quibus seges praebeat domum, escam, potionem, quid desideremus?*

23 *quaero, te utrum hoc*[67] *adduxerit caeli temperatura an terrae bonitas* |

[67] Sic codices. *quaero ex te* Iunius, Popma; *quaero a te* Roeper, Buecheler; *quaero te* interpunctionis signo post *te* posito vitiose Oehler Riesius; *te* post *utrum* transponit, *huc* pro *hoc* scribit Quicheratius; ante *te* interpunxit L. Mueller, cuius in hac quidem re rationem probo, nisi quod unum hoc mihi dubium est, *hoc* (pro *huc*) possitne ferri an cum Quicheratio scribendum sit *huc*. — Apud Plautum *huc* trecenties sexagies quater legi, *hoc* in omnibus codicibus sexies tantum extat: Cas. 817 (cf. enim 164) Capt. 480 Merc. 871 (cf. enim Trin. 1068 Truc. 116 119) Poen. 1359 Rud. 1403 Truc. 304 531 (v. spur.); discrepant codices his locis: Bacch. 1151, ubi *huc* omnes codd. sed *hoc* B e corr. m. pr. Pers. 602, ubi *hoc* A *huc* cett. (Pseud. 654 solus C *hoc*) Truc. 282 (v. spur.) *huc* A *hoc* cett.; in A saepius de lectione dubitat Studemundus, velut Cas. 106 539: hos locos non plene excussi; omisi locos, ubi legitur *hoc animum advorte* (advortas etc.): eorum enim probo rationem qui in his accusativum esse *hoc*, non dativum censent, nam in Epid. 215 legitur *íd adeo qui maxume animum advorterim,* in Merc. 334 *ne hic íllam me animum adiecisse aliqua sentiat,* in Pseud. 143 *núnc adeo hanc edictionem nisi animum advortetis omnes* cf. Ter. Phorm. 466 SC de Tiburtibus (CIL I 201 p. 556) *ea senatus animum advortit:* in his accusativum non puto esse illum quem graecum dicunt sed pendere a praepositione more casco postposita, quem usum apud Plautum multo latius patere quam vulgo credatur Buecheler docere solet; hinc etiam iudicandum de v. Merc. 321 *ne sís me obiurga: hoc non voluntas me impulit,* ubi *hoc* interpretati sunt *huc* Gulielmius et Acidalius, *huc* scripsit Bothius. semel tantum in Plauto legitur *huc animum advortite* (nam in Curc. 701 *huc* a Goetzio insertum est ex CFW Muelleri coniectura), sed in Amphitruonis prologi v. 38. deni-

* *[Addendum]* Sententiam esse interrogativam demonstrari non posse video. fortasse haec supplementa propius ad verum accedunt: ἀλλ' οὐ μένει σε ⟨ὁ θάνατος, ἕως ἂν δήποτε τῶν σεσωρευμένων χρημάτων ἀπολαύειν θέλῃς, ἐξ ἀπροσδοκήτου δὲ παρεισέρχεται⟩: in quibus substantivi ellipsis et proverbio et rei aptissima est. ita servatur argumentum in hac quaestione sollemne, quod supra enarravi: vituperatur senex avarus qui spe annorum venientium elatus partis parcit usumque differt.

24 *nos barbari, quod innocentes in gabalum suffigimus homines; vos non barbari, quod noxios obicitis bestiis*[68]*?* |

Primum fr. ad militiam, quae sequuntur duo ad agriculturam pertinere apparet: de caeli temperatura cf. Cato rust. 1, 2 Varr. ap. Serv. Dan. ad Aen. 10, 145; Ovid. fast. 1, 688; Hor. epist. 1, 7, 77 sq.; in ultimo fr. crudelem quendam praedii dominum et hominem urbicum nescio quem adversus servos saevientem utrumque Buecheler agnovit (l. c. 404 sq.); verum in his tenebris certi nihil dispicio.

que errat Bothius, qui in Pseudoli v. 602 *hoc praévortar principio: illa omnia míssa habeo quae ante agere oceppi* pro *hoc* scribit *huc*, cum accusativum esse *hoc* appareat. — *illoc* semel legitur: Truc. 647; in Stich. 250 A exhibet *illuc*, ceteri *illo:* metro sufficit utrumque; contra in Merc. 567 *illuc* codd. omnes, quod cum ferri nequeat metri causa, *illo* cum Ritschelio Goetzius scribit; in eiusdem fabulae v. 570 *illuc* B *illo ceteri*, quo metrum pessum datur; an fuit *illoc?* — *istoc* legitur Most. 5, 1, 49 Pseud. 265 Truc. 740 752; in Trin. 551 *istuc* A *istoc* cett., in Pers. 4, 3, 35 *istoc* A *isto* cett.: neutrum contra versum. — Apud Terentium octogies sexies legitur *huc*, quinquies *hoc*; Andr. 386 Eun. 501 Phorm. 152 Hec. 348 Ad. 92; *illuc* novies, *illoc* semel Eun. 572; *istuc* quater *istoc* semel Ad. 169 in parte codicum, sed Bembinus cum aliis nonnullis *istuc.* Haec post Nevium (Lat. Formenl. 2, 633 sq. ed. 2: tertiam inspicere non potui) retractavi, qui parum accurate exempla et congessit et digessit. de scriptoribus qui fuerunt post Terentium adeas sis praeter Nevium CFW Muellerum in ann. nov. 93, 1866, 497 sqq.: unde post Terentium formas in *-oc* exeuntes (nam de *illo, isto* formis non agitur) fere evanuisse cognoscitur, nisi quod *hoc* usi sunt ter Plancus in ep. Cic. fam. 10, 21, 5 6; 23, 6, semel D. Brutus ib. 11, 10, 3; *istoc* ter Caelius ib. 8, 4, 1. 8, 10. 9, 4. Verri Flacci aetate, qui in epistulis hac de re egit (Serv. ad Aen. 8, 423), formae illae intermortuae erant, sed resuscitatae a Vergilio antiquitatis amantissimo (georg. 2, 187; Aen. 8, 423) saepe adhibitae sunt ab utroque Seneca, semel ab imperatore Claudio. in sermone volgari numquam eas interisse et inscriptiones docent et Trimalchio Petronii 39 (p. 26, 22 B ed. min.) eiusque collibertus 48 (p. 38, 19 ubi *accede istoc* citationem militarem esse Buecheler coniecit, quod comprobat Caecilius Balbus *de nugis philosophorum* 40, 3 W *numquam se [Caesarem] militibus iussisse »ite illuc« sed »venite huc«; participatus enim cum duce labor persuadetur militibus minor).* ceterum *hoc* pro *huc* si putabimus verum esse, minime offendemus in verborum collocatione hac: *te utrum hoc adduxerit;* poterat enim *te* initio poni per ἔμφασιν, quod cui minus placebit, agnoscet proprium quendam Varronianae elocutionis usum, ut singula vocabula quo arctioribus sententiarum vinculis coniuncta sint cum verbo, eo magis etiam collocatione verbo adnectantur: id quod maxime cadit in adverbia coniunctiones pronomina relativa. sic etiam antiquae leges et qui ab his pendent prisci prosae orationis scriptores, inter quos eminet Cato, loquuntur: Varro, ut erat antiquitatis amans, consuetudinem illam adoptavit, licet saepe volgarem qui tum obtinebat morem secutus ab ea desciverit. id dicendi genus, quod alio loco plenius fortasse excutiam, eam ob causam dignum est quod accurate observetur, quia hac adhibita ratione haud raro Varronem deprehendas apud scriptores posteriores, qui eum saepe exscribunt, raro nominant. — Sequitur igitur, valde ut sit dubium, num Varro *hoc* formam adhibere potuerit.

68 *obicitis bestiis* Buecheler *obuestis* codd.

Militiae exemplo in his quaestionibus περὶ φιλαργυρίας saepe usi sunt philosophi; sic Chrysippus apud. Plut. de Stoic. rep. 33 p. 1049 E οὐδεὶς γὰρ φύεται ἀνθρώποις πόλεμος ἄνευ κακίας, ἀλλὰ τὸν μὲν φιληδονία, τὸν δὲ πλεονεξία, τὸν δὲ φιλοδοξία τις ἢ φιλαρχία συῤῥήγνυσιν. Philo de decalogo § 28 II p. 205 (Stoicos secutus) οἱ γὰρ Ἑλλήνων καὶ βαρβάρων πρός τε ἑαυτοὺς καὶ πρὸς ἀλλήλους τραγῳδηθέντες πόλεμοι πάντες ἀπὸ μιᾶς πηγῆς ἐῤῥύησαν ἐπιθυμίας ἢ χρημάτων ἢ δόξης ἢ ἡδονῆς. cf. Sen. epist. 4, 10 sq.

Agriculturam duobus modis argumento accommodare possis; primum enim ab Heinzio (l. c. 17, 2) scite observatum est Horatium, qui in sat. 1, 1, 28 sqq. avaritiam castigaturas agricolarum militum nautarum vitas afferat[69], adiisse auctores graecos, apud quos haec exempla sollemnia fuerint, velut in gnomol. Byz. ap. Wachsmuthium in Stud. z. d. griech. Floril p. 200 n. 207 διὰ φιλαργυρίαν μετὰ πόνων γεωργεῖς, πλεῖς μετὰ κινδύνων τὴν θάλασσαν, στρατεύῃ καθ' ὥραν φονεύειν ἢ φονεύεσθαι προσδοκῶν[70]. | mihi tamem multo magis placet altera

[69] Causidicos Heinzius addit ex eiusdem saturae v. 9. sqq. cl. Luc. Icarom. 12, Char. 15; nempe hi mores Romanos redolent.

[70] Hunc locum Vsener indicavit. quorum exemplorum ratio rectius ut cognoscatur, moneo his effici solita veterum ἐπιτηδεύματα quae saepissime coniuncta leguntur. addo eis quae Heinzius composuit haec: Plat. rep. 1, 329 E sq. 3, 397 E. 7, 527 D. Dio Chrys. or. 80 p. 436 R (vol. 2) οὔτε γεωργὸς οὔτε ναύκληρος οὔτε στρατιώτης οὔτε στρατηγὸς περίεισιν. Max. Tyr. diss. 4, 3 πλεῖν, στρατηγεῖν, γεωργεῖν. 36, 5 p. 190 R de Diogene οὐχ ὑπὸ γεωργίας κατεχόμενος, οὐχ ὑπὸ στρατείας ἐνοχλούμενος, οὐχ ὑπὸ ἐμπορίας περιφερόμενος. ib. c. 6 p. 193 ἐροῦ τὸν στρατευόμενον, πλεονεξίας ἐρᾷ· τὸν γεωργοῦντα, καρπῶν ἐρᾷ, τὸν χρηματιζόμενον, εὐπορίας ἐρᾷ. Clem. Al. protr. 10, 100 p. 80 P γεώργει, φαμὲν, εἰ γεωργὸς εἶ, ἀλλὰ γνῶθι τὸν θεὸν γεωργῶν, καὶ πλεῖ ὁ τῆς ναυτιλίας ἐρῶν, ἀλλὰ τὸν οὐράνιον κυβερνήτην παρακαλῶν· στρατευόμενόν σε κατείληφεν ἡ γνῶσις; τοῦ δίκαια σημαίνοντος ἄκουε στρατηγῶν (cf. etiam Ps.-Plut. περὶ ἀσκήσεως p. 184 in mus. Rh. 27, 1872, 532). — Lucretius 4, 963 sqq. componit causidicos (de quibus v. adn. 69) induperatores nautas; agricolae mercatoris militis vitas additis aliis coniungunt Vergilius georg. 2, 493 sqq. et Hor. carm. 1, 1, 11 sqq. 35, 5 sqq. epist. 1, 6, 70 sq. Iuv. 7, 32 sq.: *sed defluit aetas | et pelagi patiens et cassidis atque ligonis* 14, 191 sqq. (ubi pater filio suadet ut aut causas agat aut centurionatum petat aut mercaturam faciat). Sen. de prov. 4, 13 *nautica corpora, agricolae, militares lacerti.* Colum. praef. l. 1 *cetera* (sc. praeter agri culturam) *diversa et quasi repugnantia dissident a iustitia, nisi aequius existimamus cepisse praedam ex militia ... an belllum perosis maris et negotiationis alea sit optabilior? ... an faeneratio probabilior sit? ... sed ne caninum quidem, sicut dixere veteres, studium praestantius* (*causidicos* dicit). Quintil. inst. 5, 10, 27 *studia quoque (diffluunt); nam rusticus, forensis, negotiator, miles, navigator, medicus aliud atque aliud efficiunt.* — Axiochi scriptor enarrans τὰς χειρωνακτικὰς καὶ βαναύσους τέχνας coniungit navigationem agriculturam rei publicae administrationem (368 B sqq.); agriculturam et navigationem Solo eleg. 13, 43 sqq. Soph. Ant. 332 sqq. Xenoph. Mem. 3, 3, 9, Philo de

ratio: a Varrone, ut ab homine romano et agri colendi studiosissimo, agricolae vitam parcam paucisque contentam oppositam esse puto insatiabili acquirendi studio: quae quam sit apta interpretatio ex Catonis et Columellae librorum de re rustica praefationibus, ex Verg. georg. 2, 493 sqq., ex Horati epod. 2 cognoscas. sic vita rustica a Varrone in *Serrano* περὶ ἀρχαιρεσιῶν satura praedicatur.

*

Cynicam personam quia Varro tum maxime induit, cum corruptos Romanorum mores castigat, in saturis explicandis id semper tenendum est, ut quoad fieri possit vitia Cynicorum more vituperata ex Varroniani aevi corruptela repetantur. cuius rei insignia praebent exempla |

Cycnus
περὶ ταφῆς

et

Epitaphiones
περὶ τάφων

saturae. illa enim aetate funerum sepulcrorumque magnificentiae viros antiqui temporis memores quovis modo obsistere conatos esse Ciceronis exemplo (leg. 2, 59 sqq. 62 sqq. cf. 66) constat: quae hominum stultitia ut castigaretur, aptiorem efficacioremque rationem quam Cynicorum inveniri potuisse nullam apparet[71]. Cycni fragmenta

agricult. § 5, 1 p. 303 sq. addens καὶ τὰ ἄλλα πάντα ὅσα εἰρήνης καὶ πολέμου ἔργα quae omnia ab hominibus voluptatis percipiendae causa excolantur; id. de congr. quaer. erud. grat. § 13, 1 p. 528 ἑτέρωσε τὸν νοῦν ἀποστείλαντες, οἱ μὲν πλοῦ καὶ ἐμπορίας, οἱ δὲ προσόδων καὶ γεωργίας, οἱ δὲ τιμῶν καὶ πολιτείας. de Cherubim § 10, 1 p. 145 ἐμπορικὸν ἢ γεωργικὸν ἤ τιν' ἄλλον τῶν πρακτικῶν ἐπιτηδεύσας βίων. cf. etiam Philem. fr. 116 (2 p. 514) K [Plut.] de pueris educ. 7 p. 4 B [Cratet.] ep. 7 πλεῖτε καὶ γεωργεῖτε. — Agricultura et militia saepissime componuntur, ut in Theon. progymn. c. 10, II 116, 3 Sp Stob. flor. l. 40—46 cf. Plat. Lach. 198 E Phileb. 56 B. — Agricultura et navigatio sive mercatura in Nicolai progymn. 9, 1 p. 272 W et 10 (σύγκρισις ναυτιλίας καὶ γεωργίας) Max. Tyr. diss. 29 et 30; Cato rust. praef. Colum. praef. l. 12. — Mercatoris vitam marinam militisque castrensem coniungit Petron. 83 in fin., militiam et navigationem iuxta ponunt Polyb. 3, 10, 4 Lucr. 5, 1442 sq. Germ. 112 sqq. Hor. carm. 1, 28, 17 sq. 2, 13, 14—19; 16, 1—6 etc. — Hinc puto apparet componi haec negotia ut ea quae ad quaestum faciendum hominibus antiquis maxime idonea visa sint; unde cur a saturarum scriptoribus in avaris castigandis toties adhibeantur elucet.

71 Cf. Hensius, Teletis reliquiae, proll. LXXXVII sqq. Diogenis dictum in gnom. Vat. n. 200 St, Luciani Menippus in dial. mort. 10, 13 et in necyom. 17, Lucian. vit. Demonact. 66, dial. mort. 10, 6 de luctu passim, maxime Nigrin. 30. eadem

79 *tua témpla ad alta fani properans citus itere*
80 *denique si vestimenta ei opus sunt quae fers, cur conscindis? si non opus sunt, cur fers?*

ideo memorabilia sunt, quia ut in Eumenidibus satura, de qua postea disputabo, sic in hac quoque satura magnae matris sacerdotes aliosque peregrinarum religionum cultores inductos esse videmus; illos enim significari in fr. 79 etiam metro docemur, cf. etiam quae de Gallorum funeribus a ceterorum hominum consuetudine alienis narrat [Lucian.] de dea Syria 52 sqq.; fr. 80 ad exterarum nationum morem pertinere monuit Buecheler l. c. p. 408 (cf. Ovid. met. 5, 398 epist. 12, 153. Stat. Theb. 3, 125 sq. 9, 354 Iuv. 10, 262. 13, 132. Lucian. de luctu 12).

Epitaphionum fr.

110 *pleni libri, inquam, ubi maneant epitaphia eorum, quorum in sepulcris nec vola nec vestigium extat*

optime illustratur fragmento

519 *in charteo stadio* ἐπιτάφιον ἀγῶνα *quo quis certasset animo, bellus homo magis delectatus Stoicorum pancratio quam athletarum ⟨scitu dignius existimavit quam qui facti essent in funere ludi gymnici:* suppl. B⟩.

sumptum est hoc fr. ex satura cui inscribitur |

Ταφὴ Μενίππου

cuius cum inciderit mentio, interponam quaedam de argumento et fragmenti 519 et totius saturae postea rediturus ad superiora.

Homo ille *bellus* quin ipse sit Menippus nemo dubitabit qui haec leget fragmenta[72]

516 *Meníppus ille nobilis quondam canis*
hinc linquit homines omnes in terra pila[73]

fere Stoicorum (cf. Sen. epist. 92, 34 sq. al.) et Epicureorum (cf. Vsener ad fr. 578, Philodem. περὶ θανάτου col. XXX 7 sqq. M) erat sententia. omnino nobilem hanc fuisse quaestionem inde a Platonis (cf. legg. 12, 959) temporibus ex Stob. floril. l. 123 (περὶ ταφῆς) concluditur.

72 Menippus φιλόκαλος dicitur in Luciani necyom. 2 (i. e. ›elegantiarum poeseosque studiosus‹: Welcker in proll. Theogn. p. CXIII adn. 141). sic saepe ὁ καλὸς Ξενοφῶν etc., καλὲ ἄνθρωπε mire Athenaeus 9, 367 B, sed Romani saepe *homo bellus.*

73 *Pila* primus Buecheler interpretatus est in adn. et ind. rer. memorabilium ex his saturis collectarum (s. v.). nimirum significatur Menippum ex suspendio mortuum esse (cf. Laert. D. 6, 100): sic in aëre quasi αἰώρᾳ oscillabat ut pila quam οὐρανίαν Graeci dixerunt (cf. Pollux 9, 106 Phot. s. v. οὐράνιον παιδιάν. de verbis *hinc linquit* non prorsus constat: *hinc* solus cod. Parisiensis n. 7667, quem optimum dicunt Quicheratius et Buecheler, neglegit L. Mueller (cf. advers. No-

517 *Diogenem litteras scisse, domusioni quod satis esset, hunc quod etiam acroasi bellorum hominum*

De athletarum contemptu et Stoicorum pancratio quid iudicandum sit, paulo accuratius nunc exponam, cum hanc quaestionem cognitu dignam plene nondum tractatam esse videam.

Omnino hoc per se patet ne potuisse quidem philosophos multum tribuere ei exercitationis generi, quo animus prae corpore plane neglegeretur; hinc Socrates (Xen. mem. 1, 2, 4) τοῦ σώματος αὐτός τε οὐκ ἠμέλει τούς τ' ἀμελοῦντας οὐκ ἐπῄνει. τὸ μὲν οὖν ὑπερεσθίοντα ὑπερπονεῖν ἀπεδοκίμαζε, τὸ δὲ ὅσα ἡδέως ἡ ψυχὴ δέχεται, ταῦτα ἱκανῶς ἐκπονεῖν ἐδοκίμαζε. ταύτην γὰρ τὴν ἕξιν ὑγιεινήν τε ἱκανῶς εἶναι καὶ τὴν τῆς ψυχῆς ἐπιμέλειαν οὐκ ἐμποδίζειν ἔφη. cf. Xen. conv. 2, 15 sqq. [Plat.] Clitoph. 407 C et E; Plato (rep. 3, 403 sqq. 410 B sqq.) φύλακας suos gymnasiis quidem exerceri iussit sed ita, ut arte gymnica simul animi vitia hominibus innata exstinguerentur, virtutes corroborarentur (cf. etiam [Plat.] Clitoph. 407 E). Diogenes Cynicus (apud Laert. D. 6, 70) διττὴν ἔλεγεν εἶναι τὴν ἄσκησιν, τὴν μὲν ψυχικήν, τὴν δὲ σωματικήν (sic etiam Isocr. Antidos. 181 sqq.), quarum altera sine altera manca esset; idem (ib. 30) ἐν τῇ παλαίστρᾳ οὐκ ἐπέτρεπε τῷ παιδοτρίβῃ ἀθλητικῶς ἄγειν ἀλλ' αὐτὸ μόνον ἐρυθήματος χάριν καὶ | εὐεξίας[74]. — In eos autem qui omnino animi nulla ratione habita solum corpus exercebant, philosophi acerrime invehebantur[75]. de Solone cf. Diodor. fr. l. 9, 5 ὅτι ὁ Σόλων ἡγεῖτο τοὺς μὲν πύκτας καὶ σταδιεῖς καὶ τοὺς ἄλλους ἀθλητὰς μηδὲν ἀξιόλογον συμβάλλεσθαι ταῖς πόλεσι πρὸς σωτηρίαν, τοὺς δὲ φρονήσει καὶ ἀρετῇ διαφέροντας μόνους δύνασθαι τὰς πατρίδας ἐν τοῖς κινδύνοις διαφυλάττειν: quamquam idem his artibus patrocinatur in Luciani Anacharside[76]. Xenophanis versus contra pugiles et athletas (ap. Athen. 10, 413 F sq. = fr. 19 K 2 B) noti sunt[77]. omnium autem maxime

nian. p. 285), et edit. pr., *hic* codd. reliqui omnes; *linquit* omnes praeter Leidensem qui *liquid.* cf. CIL 6, 15 346 (= anthol. ep. spec. I n. XX ed. Buecheler) 5 sq. *horunc alterum | in terra linquit, alium sub terra locat.*

[74] Ceterum in gymnasiis scholas habitas esse a philosophis notum est, ab Antisthene in Cynosarge, a Platone in Academia, ab Aristotele in Lycio (de Aristippo cf. Vitruv, 6 praef. 1); sic in gymnasio quod fuit prope Theseum bybliothecam fuisse docemur CIA 2, 468 l. 25 et 471 l. 19. nec raro homines animi ›palaestra‹ excellentes πένταθλοι vocantur, ut Hyperides et Eratosthenes. in gymnasiis Herculem et Mercurium, ἀλκῆς et λόγου patronos, poni refert Athenaeus 13, 561 D.

[75] Solus Pythagoras athletarum arti multum tribuit, cf. testimonia apud Zellerum l. c. 1 ^{4}, 295, 3.

[76] Ibi Anacharsis gymnasiorum studia illudit; cf. etiam Dion. Chrys. or. 32 p. 674 sq. R (et 690 sq.).

[77] In eis quae sequuntur philosophorum tantum sententias attuli; hoc loco addo Tyrtaei fr. 12 (II ^{4} p. 17) B, Eurip. fr. 284 N (apud Athen. 10, 414 C sqq.),

Cynici athletarum studia impugnabant. Diogenes in Dionis Chrysostomi orationibus octava et nona passim eorum ineptias irridet, cf. eiusdem dicta apud Laert. D. 6, 33. 43. 49 et quae eius fertur epistula tricesima prima; in Luciani dial. mort. 10, in quo insunt Menippeae imitationis manifestissima vestigia (cf. 12), athleta quidam obesus brutusque, priusquam Charontis scapham conscendat, carnis amplitudinem deponere iubetur (5), et in Charonte dialogo sententiis cynicis refertissimo cui color inest vere Menippeus Milo Crotoniates irridetur (8). v. etiam Aristonis (Stoici sine dubio cf. Hensius in mus. Rh. 45, 1890, 553) dictum apud Plut. de tuenda sanit. praec. 20 p. 133 D, scriptor libelli de liberis educandis 11 p. 8 C sqq. de Oenomao Cynico infra videbimus.

In octava Dionis Chrysostomi oratione (Διογένης ἢ περὶ ἀρετῆς) Diogenes in vocabulis ἀθλητής et ἄθλιος ludit (p. 285 R): fortasse Cynici primi hoc verborum lusu usi sunt[78], a quibus paronomasiae et amphiboliae τρόπους miro quodam studio excultos esse constat (cf. Wachsmuthii sill.², 71 sq.), quamquam Dio indagari non potest, quid ex auctoribus cynicis nedum ex ipsius Diogenis dia- | tribis sumpserit; in Ps.-Galeni protreptico, ad quem postea revertar, idem orationis acumen notavit Hauptius opusculorum 3, 446: 11 p. 32 K σωματικῆς μὲν οὖν ὑγιείας ἕνεκα φανερὸν ὡς οὐδὲν ἄλλο γένος ἀθλιώτερόν ἐστι τῶν ἀθλητῶν, ὥστ᾽ εἰκότως ἄν τις εἴποι εὐφυῶς ὀνομάζεσθαι, τῶν ἀθλητῶν προσαγορευθέντων ⟨ἀπὸ τοῦ ἀθλίου add. Hauptius⟩ ἢ ἀπὸ τοῦ ἀθλητοῦ τὴν προσηγορίαν τῶν ἀθλίων ἐσχηκότων ἢ κοινῶς ἀμφοτέρων καθάπερ ἀπὸ πηγῆς μιᾶς τῆς ἀθλιότητος ὠνομασμένων. adde Philon. de vit. contempl. 5, 2 p. 477 οἱ ἀντὶ ἀθλητῶν ἄθλιοι. Epict. diss. 3, 22 (περὶ κυνισμοῦ), 57 ὁ μὲν Ἡρακλῆς .... οὐκ ἐνόμιζεν ἄθλιος εἶναι ...· οὗτος δ᾽ ὑπὸ τοῦ Διὸς ἀθλούμενος καὶ γυμναζόμενος μέλλει κεκραγέναι ... ἄξιος φορεῖν τὸ σκῆπτρον τοῦ Διογένους; Dion. or. 28 p. 534 de athleta quodam: τοιοῦτος μέντοι ὢν ἀθλίως ἐτελεύτησε τῶν μὲν πόνων τῆς ἀθλήσεως ἐπὶ πλεῖστον ἐλθών. Clem. Al. paed. 2, 1, 2 p. 163 P ἰσχὺς δικαία, οὐχὶ δὲ ἄδικος ἢ σφαλερὰ καὶ ἀθλία ὡς ἡ τῶν ἀθλητῶν.

Iam id mihi videtur cognitu dignissimum esse a Cynicis Stoicisque his athletis qui vulgo dicuntur oppositos esse quos ipsi sibi finxerunt veros athletas. quid quod etiamnunc quam ingressi sint interpretandi

Isocr. paneg. 1 sq. 43 sqq. (cf. Arist. art. rhet. 3, 14, 1414 b 33). athletarum studium defenditur a Philostrato περὶ γυμναστικῆς et a Ps.-Plutarcho περὶ ἀσκήσεως p. 178 183 185 (in mus. Rh. 27, 1872, 525. 532. 534). Protagoram scripsisse περὶ πάλης Plat. Soph. 232 D et Laertius D. 9, 55 referunt: quo libro contra athletas eum dixisse rectissime monet contra Gomperzium Ilbergius, Berl. phil. Wochenschr. 10, 1890, 1170 sqq. — Philopoemen πᾶσαν ἄθλησιν ἐξέβαλλεν (Plut. Philop. 3).

[78] Pancratiastam quendam Diogenes personatus in ep. 31 alloquitur: ὦ ἄθλιε.

viam cognoscimus. Herculis athla apud Graecos Romanosque (de his cf. Buecheler ad Sen. apocol. 5 in symb. phil. Bonn. 48, 4 et Varronis sat. fr. 162) in proverbium venisse nemo nescit; hinc ἀθληταὶ appellati sunt, quibus Hercules patroni instar fuit (cf. e. g. Athen. 13, 561 D, Crusius in mus. Rh. 39, 1884, 596 sq.); idem autem cum esset magnus cynicae sectae patronus, Cynicorum erat vulgi ineptas de Hercule athleta opiniones removere[79]: errare dixerunt homines qui adversus beluas Herculem pugnasse putarent, beluas enim hominum esse vitia quae ut exstirparet Herculem per orbem terrarum migrasse, dissimillimum athletarum qui vulgo dicerentur, immo eorum quoque superbiae ultorem gravissimum (cf. Diogenes in Dion. Chrys. or. 9 p. 286): cuius interpretationis multa testimonia collegit E. Weber, De Dione Chrysostomo Cynicorum sectatore, 139 sq. 236—257 (cf. maxime p. 253 sqq.) eis tantum locis allatis qui ad ipsos Cynicos aliqua cum probabilitate referrentur, omissis Stoicis qui Cynicorum vestigiis pressis hoc interpretationis genus singulari studio excoluerunt[80]. |

Veri igitur athletae qui essent, Cynici eosque secuti Stoici magno Herculis patroni proposito exemplo hominibus monstraverunt. Diogenes apud Laert. D. 6, 27 ἔλεγέ τε περὶ τοῦ παρορύττειν καὶ λακτίζειν ἀγωνίζεσθαι τοὺς ἀνθρώπους, περὶ δὲ καλοκἀγαθίας μηδένα[81]. id. apud

[79] Antisthenis dialogum qui inscribitur Ἡρακλῆς ὁ μείζων ἢ περὶ φρονήσεως καὶ ἰσχύος in hac quaestione versari Crusius coniecit in mus. Rh. 44, 1889, 311, 4.

[80] Volgarem opinionem is sequitur qui in Varronis M e l e a g r i s venatorii studii patronus exsistit: fr.

297 *quid hic venator non cepit?*
298 *quem idcirco terra non cepit et caelum recepit*
299 *adde hydram Lernaeam et draconem Hesperium: quot bestiae fuerunt immanes ⟨quas ille superavit⟩.*

fr. 297 sq. falso de Orione interpretantur Riesius et L. Mueller, recte Herculem intellegit Vahlenus l. c. 62 sq. Herculem enim, ut Castorem et Pollucem Aesculapium Liberum, *hominum fama beneficiorum memor in concilio caelestium conlocavit* (Cic. off. 3, 25); cf. Cic. de nat. deor. 2, 62. leg. 2, 19. Hor. epist. 2, 1, 5 sqq. (qui addunt Romulum), Aetius Ps.-Plutarchi placit. 1, 6 p. 295 sqq. D. Hor. carm. 3, 3, 9 sqq. (qui omittunt Aesculapium), Clem. Al. protr. 2, 26 p. 22 P (qui omittit Liberum): v. Wendlandius, Archiv für Philosophie 1, 1888, 201 sqq. enarratur haec doctrina a Varrone ap. Tertull. nat. 2, 14 aliisque locis, cf. E. Schwarzius, De Varronis apud sanctos patres vestigiis, ann. nov. suppl. 16, 1888, (407—499) 425 sq. astrologi reconditiore adhibita scientia aut stellam Martis Herculem esse (cf. Varro ap. Serv. ad Aen. 8, 285) aut in Geminorum signo una cum Apolline vel Theseo Herculem aeternam memoriam adeptum esse docuerunt (cf. Varr. rust. 2, 1, 7 Nigid. Fig. in schol. Germanic. p. 68 et 127 B = fr. 91 S).

[81] Similiter iam Socrates in Xenoph. conv. 2, 4: καὶ ὁ Λύκων εἶπεν· οὐκοῦν νέοις μὲν ἂν εἴη ταῦτα (sc. palaestram redolere)· ἡμᾶς δὲ τοὺς μηκέτι γυμναζομένους τίνος ὄζειν δεήσει; Καλοκἀγαθίας νὴ Δί', ἔφη ὁ Σωκράτης. Καὶ πόθεν ἄν τις τοῦτο τὸ χρῖσμα λάβοι; e. q. s.

Stob. flor. 4, 112 Διογένης ἔλεγε διαπαλαίοντας μὲν πολλοὺς ὁρᾶν καὶ διατρέχοντας, διακαλοκἀγαθιζομένους δὲ οὔ. id. apud Demetr. de eloc. 260 (de κυνικῷ τρόπῳ) τὸ Διογένους τὸ ἐν Ὀλυμπίᾳ, ὅτε τοῦ ὁπλίτου δραμόντος ἐπιτρέχων αὐτὸς ἐκήρυττεν ἑαυτὸν νικᾶν τὰ Ὀλύμπια πάντας ἀνθρώπους καλοκἀγαθίᾳ. de Cratete Cynico cf. Themist. περὶ ἀρετῆς p. 32 (in mus. Rh. 27, 1872, 449 sq.) »Krates, weil er an Körper mager war, war nicht geringer als Glaukos der Karystier« (qui fuit athleta nobilissimus, cf. Buecheleri adnot.). magnifice eandem sententiam exornat Diogenes Dionis Chrysostomi (or. 8 p. 279 sqq. 9 p. 291 sqq. 294 R): non se pugnare clamat praemio proposito coronae pineae vel oleagineae, sed sublime inire certamen de virtute et beatitudine, neque adversarios esse homines pulverulentos et foedo corporum habitu, sed paupertatem ἀδοξίαν labores, quibus ut fiat κρείττων, aerumnosam sed splendidam sibi geri luctam. in his Dionis additamenta ab ipsius Diogenis, si dis placet, ›diatribis‹ discerni non possunt[82]. — Cum athleta sapientem in re paulo diversa confert Panaetius ap. Gell. 13, 28 (27), 3 sq.: ut athletae adversariorum fallacias caute provident, sic vir sapiens fortunae vim atque iniuriam omni in loco atque in tempore prudenter prospicit (aliter Plat. Erast. p. 135 D—136 A). omnium autem maxime Philo Iudaeus sapientis adversus affectus luctantis cum athleta comparationem adhibet, cf. e. g. de agricult. § 25 sqq., 1 p. 318 sqq., qui locus vel in singulis rebus cum Diogenis verbis a Dione Chrysostomo allatis (v. supra) plane mirum in modum consentit; similiter corporis et animi athletae comparantur virtutisque agon inlustratur in leg. allegor. l. 3, § 71, 1 p. 127, quod deus | immut. § 31, 1 p. 294 (de Socrate), de sobriet. § 13, 1 p. 402, de congr. quaer. erud. grat. § 6, 1 p. 523 § 29 p. 543 § 31 p. 545, de mutat. nom. § 12, 1 p. 590, de Abrah. § 10, 2 p. 8, de provid. l. 2 § 4, 2 p. 47, de Mos. l. 1 § 9, 2 p. 88, de concupiscentia § 4, 2 p. 352, de nobilit. § 4, 2 p. 421, quod omn. prob. liber § 3, 2 p. 448 § 5 p. 449 § 13 p. 459 § 19 p. 466 § 20 p. 468 § 22 p. 470, de septenario § 4, 2 p. 479 § 10 p. 487. eadem similitudo egregie amplificatur ab Epicteto: diss. 1, 18, 20 sqq. 24, 1 sq. 29, 34 sqq. 2, 17, 29. 31; 18, 22. 26 sqq. 3, 10, 7 sq. 20, 9 sqq. 21, 3. 22, 51 sq. 57 sq. 25, 3 sqq. 4, 4, 11 sq. 30 sq. manual. c. 50 Schw (cf. Simplicius in Epict. man. 31 p. 248, 37 Schw). ex Epicteto Antoninus 3, 4 (p. 23, 18 St) ἀθλητὴν ἄθλου τοῦ μεγίστου, τοῦ ὑπὸ μηδενὸς πάθους καταβληθῆναι. cantilenas saltationem pancration res contemnendas esse idem dicit 11, 2 (p. 144, 1 sqq. St). Seneca in epist. octogesima octava, in qua nobilis illa studiorum liberalium refutatio legitur ad severioris notae Stoicorum normam facta (cf. Hirzelius l. c. 3, 525, 1), ait (18 sq.): *aeque luctatores et totam oleo ac luto*

[82] Cf. Wilamowitzius, Eurip. Herakl. 1, 336, 127.

constantem scientiam expello ex his studiis liberalibus .... quid enim prodest equum regere et cursum eius freno temperare, affectibus effrenatissimis abstrahi? quid prodest multos vincere luctatione vel caestu, ab iracundia vinci? idem in epist. 13, 1 sqq. multis enarrat similitudinem sapientis cum fortuna manus conserentis et athletae cum adversario luctantis. *cum affectibus conluctari* dicit in quaest. nat. praef. § 5, stadii studia impugnat in epist. 80, 2 cf. epist. 15, 1 sqq. Dio Chrysostomus non solum in illis orationibus quas supra indicavi, sed etiam in or. 28 p. 535 R, ubi Melancomam athletam praedicat: τό γε μὴν θαυμαστότατον ἐν ἀνθρώπῳ, ἀήττητον γενέσθαι οὐ μόνον τῶν ἀνταγωνιστῶν ἀλλὰ καὶ πόνου καὶ καύματος καὶ γαστρὸς καὶ ἀφροδισίων· δεῖ γὰρ πρῶτον τούτοις ἀήττητον εἶναι τὸν μέλλοντα ὑπὸ μηδενὸς τῶν ἀνταγωνιστῶν λειφθήσεσθαι. Epictetum et Dionem fortasse compilat Maximus Tyrius in diss. 5 c. 8 (cf. Epict. 1, 6, 33 sqq. 2, 16, 44) 7, 4 et 6; haec alibi non invenio, quae fortasse ipse finxit (diss. 5, 9): φέρε, τοὺς ἀγωνιστὰς παρακαλῶμεν ἐπὶ τὸ στάδιον. ἔχε· τίνες μὲν Ἀθηνῶν; Σωκράτης ἀγωνιούμενος πρὸς τὸν Μέλητον καὶ πρὸς δεσμὰ καὶ τὸ φάρμακον .... καὶ δεῖ μοι καὶ τὸν ἐκ τοῦ Πόντου ἀθλητὴν ἀγωνίζεσθαι, καὶ οὗτος ἀγῶνα ἰσχυρὸν πρὸς ἀνταγωνιστὰς πικρούς, πενίαν καὶ ἀδοξίαν καὶ λιμὸν καὶ κρύος· ἐγὼ δὲ αὐτοῦ καὶ τὰ γυμνάσια ἐπαινῶ·

αὐτόν μιν πληγῇσιν ἀεικελίῃσι δαμάσσας
σπεῖρα κάκ᾽ ἀμφ᾽ ὤμοισι βαλών·

(δ 244 sq.) οὐ χαλεπῶς διὰ τοῦτο ἐκράτει. τοιγαροῦν στεφανῶ τοὺς ἄνδρας καὶ ἀνακηρύττω νικηφόρους τῆς ἀρετῆς.

Vltra descendere[83] neque possum neque multi refert. notum | enim est hanc similitudinem tritissimam Pauli apostoli aetate (cf. ep. ad Cor. 1, 9, 24; ad Timoth. 2, 4, 7) a Christianis receptam inde fluxisse ad patres ecclesiasticos martyras monachos, ἀρετῆς vel θεοῦ ἀσκητάς, imitatores Ἰησοῦ τοῦ μεγάλου ἀγωνιστοῦ ([Clem. Al.] exc. ex Theodot.

[83] De Clemente Alexandrino cf. Wendlandius, Quaestiones Musonianae, Diss. Berolini 1886, 7, 1. in epistula incertae aetatis Heraclitea quarta haec leguntur (3): τί αὐτὸν (sc. Ἡρακλέα) ἐθεοποίησεν; ἡ ἰδία καλοκἀγαθία καὶ ἔργων τὰ γενναιότατα τοσούτους ἐκτελέσαντα ἄθλους. ἐγὼ μὲν οὖν, ὦ ἄνθρωποι, οὐ καὶ αὐτὸς ἀγαθός εἰμι; ... καὶ ἔμοιγε πολλοὶ καὶ δυσχερέστατοι ἆθλοι κατώρθωνται. νενίκηκα ἡδονάς, νενίκηκα χρήματα, νενίκηκα φιλοτιμίαν, κατεπάλαισα δειλίαν, κατεπάλαισα κολακείαν, οὐκ ἀντιλέγει μοι φόβος, φοβεῖταί με λύπη, φοβεῖταί με ὀργή. κατὰ τούτων ὁ ἀγών. καὶ αὐτὸς ἐστεφάνωμαι ἐμαυτῷ ἐπιτάττων, οὐχ ὑπ᾽ Εὐρυσθέως. — Omisi minoris momenti exempla talia: Plut. de sera num. vind. 18 p. 561 A ἀγωνίζεται γὰρ (ἡ ψυχή), ὥσπερ ἀθλητής, κατὰ τὸν βίον· ὅταν δὲ διαγωνίσηται, τότε τυγχάνει τῶν προσηκόντων. — hoc loco adnecto quem inter philosophos ponere nolui Horatium: epist. 1, 1, 49 sqq. *quis circum pagos et circum compita pugnax | magna coronari contemnat Olympia, cui spes, | cui sit condicio dulcis sine pulvere palmae?*, ubi v. Kiesslingii adnot.

58 p. 983 P); nonnulla testimonia v. apud Gatakerum ad Antonin. 3, 4 et maxime apud Vsenerum libelli Der heil. Theodosios. Schriften des Theodoros und Kyrillos, Leipzig 1890, 115 (ad 5, 16) et 149 (ad 42, 14).

Consulto adhuc omisi locos quosdam nunc quam brevissime mihi tractandos. omnium amplissime contra athletas disserit Ps.-Galenus in protreptico inde a c. 9 (p. 20 K)[84], ubi inter alia leguntur haec (13 p. 35 sq.): ὅτι μὲν εἰς οὐδὲν τῶν κατὰ τὸν βίον ἔργων χρήσιμος ἡ τῶν ἀθλητῶν ἄσκησις .., σαφὲς ἤδη γέγονεν· ὅτι δὲ καὶ ἐν οἷς ἀσκοῦσιν, οὐδενός εἰσιν ἄξιοι λόγου, μάθοιτ᾽ ἄν, εἰ διηγησαίμην ὑμῖν τὸν μῦθον ἐκεῖνον, ὃν τῶν οὐκ ἀμούσων ἀνδρῶν τις ἐντείνας ἔπεσι διεσκεύασεν. ἔστι δ᾽ οὗτος. iam exponitur, bestiis si concederetur ut in certaminibus prodirent, fore ut ex hominibus nemo coronaretur. ἐν μὲν γὰρ δολιχῷ ὑπέρτατος, φησίν, ὁ ἵππος ἔσται· | τὸ στάδιον δὲ λαγωὸς ἀποίσεται· ἐν δὲ διαύλῳ | δορκὰς ἀριστεύσει· μερόπων δ᾽ ἐναρίθμιος οὐδείς | ἐν ποσίν. ὦ κοῦφοι ἀσκήτορες, ἄθλιοι ἄνδρες. | Ἀλλ᾽ οὐδὲ τῶν ἀφ᾽ Ἡρακλέους (i. e. athletarum) τις ἐλέφαντος ἢ λέοντος ἰσχυρότερος ἂν φανείη. οἶμαι δ᾽ ὅτι καὶ ταῦρος πυγμῇ στεφθήσεται. καὶ ὄνος, φησί, λὰξ ποδί, εἰ βούλεται, ἐρίσας αὐτὸν τὸν στέφανον οἴσεται e. q. s. quo de loco nuper a viris doctis in diversas partes disputatum est. Crusius in mus. Rh. 39, 1884, 581 sqq., maxime p. 588 sqq., hominem illum οὐκ ἄμουσον Plutarchum esse coniecit, cuius in Lampriae catalogo fertur (127) περὶ ζῴων ἀλόγων ποιητικός (sc. λόγος)[85]; quem contra disseruit Gerckius in mus. Rh. 41, 1886, 470 sqq. cum Hauptio (opusc. | 3, 445) certum inveniri posse auctorem negans; hunc secutus est Brandtius qui versus illos in corpusc. poes. ludib. fasc. 1, 108 sq. edidit; ac ne ipse quidem Crusius prorsus certum hac de re sibi esse iudicium in mus. Rh. 44, 1889, 311, 4 testatus est commotus, ni fallor, eis quae scripserat Wilamowitzius commentarioli gramm. 3, 24 sq. sententiam suam Crusius stabilivit locis similibus ex Plutarcho allatis, quorum omitto et leviorem (de fortuna 3 p. 98 F) et incertum (de pueris educ. 8 p. 5 E), ascribo gravissimum, quem ex Plutarchi libro κατ᾽ ἰσχύος servavit Stob. flor. 53, 14 (2, 314, 23 M): τί δέ σοι τοιοῦτον ἀγαθὸν εὐτυχεῖται μᾶλλον, ὡς ἕνεκα τούτου μητρυιὰν μὲν τῶν ἀνθρώπων, μητέρα δὲ τῶν ἀλόγων ζῴων γεγενῆσθαι τὴν φύσιν, μεγέθους καὶ ὀξύτητος καὶ ὀξυωπίας χάριν; ἡ δὲ ἀνθρώπων ἴδιος ἰσχὺς ὁ ψυχῆς ἐστι λογισμός, ᾧ καὶ ἵππους ἐχαλίνωσεν aliasque bestias domuit. addidit Crusius Phaedri

[84] Cf. Hartlicus, De exhortationum a Graecis Romanisque scriptoribus historia, stud. Lips. 11, 1889, 316 sqq.

[85] Posse hunc librum referri ad Plutarchi Gryllum Vsener in praef. Epic. LXX dicit; sane ποιητικὸς λόγος minime est ›versibus conscriptus‹, quae est Crusii sententia.

fabellam quandam (append. II M): *arbitrio si natura finxisset meo | genus mortale, longe foret instructius: | nam cuncta nobis attribuisset commoda, | quaecumque indulgens Fortuna animali dedit: | elephanti vires et leonis impetum, | cornicis aevum, gloriam tauri trucis, | equi velocis placidam mansuetudinem, | et adesset homini sua tamen sollertia.* idem cynicae originis vestigia inesse coniecit collatis Oenomai verbis in Euseb. pr. ev. 4, 33 p. 486 sqq. G, qui adversus Apollinem ineptum athletarum studium oraculis suis praedicantem sic vociferatur: ὤφελες εἰδέναι, ὅτι ἡ πυκτικὴ τῆς λακτιστικῆς οὐδὲν διαφέρει, ἵν' ἢ καὶ τοὺς ὄνους ἀπηθανάτους ἢ μηδὲ Κλεομήδην πύκτην .... εἴθε οὖν, ὦ μάντι, ... ἐξέμαθες, ὁπόσου ἄξιόν ἐστιν ἡ πυκτική, ἵνα καὶ τοὺς πύκτας ὄνους θεοὺς ἐνόμιζες, καὶ τοὺς ὀνάγρους τῶν θεῶν τοὺς ἀρίστους .... μὴ γὰρ δὴ θαυμάσῃς, εἰ καὶ ὄναγρος ἐπιδικάσεται ἀθανασίας: asinus enim se omnes de gradu moturum esse clamabit. denique quo cynicam originem confirmaret, Crusius ad Dionis Chrys. or. 9 p. 294 R provocavit, ubi Diogenes athletam quendam ut Ἰσθμιονίκην coronasse dicitur, ὅτι λακτίζων ἐνίκησεν. poterat addere Dionis or. 9 p. 293 R, ubi Diogenes in hominem, qui cum cursu vicisset omnium velocissimus esse gloriabatur, sic invehitur: ἀλλ' οὐ τῶν λαγῶν οὐδὲ τῶν ἐλάφων (sc. velocior es)· καίτοι ταῦτα τὰ θηρία πάντων ἐστὶ τάχιστα ... οἱ δὲ κόρυδοι πόσῳ τινὶ θᾶττον ὑμῶν διέρχονται τὸ στάδιον; Πτηνοὶ γάρ εἰσιν, εἶπεν. Οὐκοῦν, ἔφη ὁ Διογένης, εἴπερ τὰ ταχύτατον εἶναι κράτιστόν ἐστι, πολὺ βέλτιον κόρυδον εἶναι σχεδὸν ἢ ἄνθρωπον; at certiora huius sententiae testimonia afferam eaque Plutarcho antiquiora, quae mihi rursus suppeditavit probissimae notae testis Philo; apud eum enim in libro de posteritate Caini (46, 1 p. 256 M) haec leguntur: ὁ γὰρ φιλάρετος ... καταφλέγει τὰς σωματικὰς ἡδονὰς ... καὶ διδάσκει ..., ὅτι τῶν σωματικῶν ἀγαθῶν ἐστιν ὑγίεια ἢ κάλλος ἢ ἡ τῶν αἰσθήσεων ἀκρίβεια ἢ τὸ ὁλόκληρον μετὰ ἰσχύος καὶ ῥώμης κρατερᾶς, ἀλλά γε πάντα καὶ τῶν ἐπαράτων καὶ ἐξαγίστων ἐστὶ κοινά, ὧν, εἴπερ ἦν ἀγαθά, φαῦλος οὐδενὸς οὐδεὶς ἂν μετέχοι. | ἀλλ' οὗτοι μὲν ... ἄνθρωποι ὄντες ... μετέχουσιν αὐτῶν. νυνὶ δὲ καὶ τῶν θηρίων τὰ ἀτιθασσότατα μᾶλλον τοῖς ἀγαθοῖς τούτοις ... ἢ οἱ λογικοὶ κέχρηνται. τίς γὰρ ἂν ἀθλητὴς πρὸς ταύρου δύναμιν ἢ ἐλέφαντος ἀλκὴν ἐξισωθείη; τίς δὲ αὖ δρομεὺς πρὸς σκύλακος ἢ λαγωδαρίου ποδώκειαν; ὁ μὲν γὰρ ἀνθρώπων ὀξυδερκέστατος πρὸς δορκάδων ἢ ἀετῶν ὄψιν ἀμβλυωπέστατος. ἀκοαῖς γε μὴν ἢ ὀσμαῖς πολλῷ τῷ περιόντι τὰ ἄλλα κεκράτηκεν .... καὶ τί δεῖ περὶ ἑκάστου διεξιόντα μακρηγορεῖν; ἤδη γὰρ τοῦτο παρὰ τοῖς δοκιμωτάτοις τῶν πάλαι λογίων ὡμολόγηται, οἳ τῶν ἀλόγων μητέρα τὴν φύσιν, ἀνθρώπων δὲ μητρυιὰν ἔφασαν εἶναι, τὴν κατὰ σώματα μὲν ἀσθένειαν, τὴν δὲ ὑπερβάλλουσαν ἐν ἅπασιν ἰσχὺν κατανοήσαντες. haec de natura bestiarum matre hominum noverca (cf. Cic. rep. 3 ap.

Augustin. contra Iul. 4, 12, et ap. Lact. opif. 3; ex Cicerone fortasse Plin. nat. praef. 7, 1[86], cf. Lucr. 5, 222—234) in eodem sententiarum conexu in Plutarchi loco ex l. κατ' ἰσχύος supra allato invenimus. Philonis loco adde de Abrahamo § 45, 2, p. 38, de providentia l. 2 § 20, 1 p. 58 vers. Armen. = fr. ap. Euseb. pr. ev. 8, 14 (2 p. 637 Mang). eadem paene ad verbum Philo repetit in libro de agricultura (§ 25 sq., 1 p. 317 sq.), ut stadiorum studia quam sint ridicula demonstret. his adice locos simillimos Senecae: de benef. 2, 29, 1 sqq. *vide quam iniqui sint divinorum munerum aestimatores et quidem professi sapientiam: queruntur, quod non magnitudine corporum aequemus elephantos, velocitate cervos, levitate aves, impetu tauros, quod solidior sit cutis beluis, decentior dammis, densior ursis, mollior fibris; quod sagacitate nos narium canes vincant, quod acie luminum aquilae, spatio aetatis corvi, multa animalia nandi facilitate:* ab hisce hominibus accusari naturam, quod iniuriam nobis fecerit: immo gratiam habendam esse deo qui ita nos instruxerit, ut *valentiora animalia sub iugum miserimus* (de verbis postremis cf. iterum Plutarchi verba supra laudata). denique eadem sententia occurrit in Senecae epist. 124, 22 *quid, inquam, vires corporis alis et exerces? pecudibus istas maiores ferisque concessit. quid excolis formam? cum omnia feceris, a mutis animalibus vinceris. quid capillum ingenti diligentia comis? in quolibet equo densior iactabitur iuba, horrebit in leonum cervice formosior. cum te ad velocitatem paraveris, par lepusculo non eris*[87].

Hinc igitur iam in Stoicorum scholis hominum virtutes cum bestiarum facultabibus comparatas esse comprobatur: quae sententia | quam fuerit trita, Phaedri fabella supra allata docet, multa enim ex philosophorum libris sumpta in usum suum converterunt apologorum scriptores. Stoici hoc argumento Peripateticos refutarunt, qui externa quoque bona in pretio habenda esse contenderent; Stoicos Carneades, homo acutissimus et Chrysippi par, eodem argumento profligare conatus est, cum mundum providentia administrari acerrime negaret[88]: Carneadeam enim aut Academicorum certe doctrinam a Seneca loco illo quem ex beneficiorum libro 2 supra attuli enarrari et

86 Quamquam in Plinii praefatione illa multa insunt, quae nos quidem hodie in Cicerone non legimus, cognitu ea dignissima.

87 Ex posterioris aevi scriptoribus nonnulla attulit Hartlicus l. c. 324. consulto omisi eos scriptores, qui de animalium sollertia disputantes hoc argumentum afferunt: Plut. de soll. an. 5 p. 963 A sq. Porphyr. de abst. 3 p. 197, 2 N² Plin. nat. 10, 69, 191 sq. — Minoris momenti sunt Isocr. Nicocl. § 5 p. 27 D sqq. Ps. Phocyl. 124 sqq.

88 Incohavit hanc refutationem iam Epicurus in hac re ut in multis a Scepticis vix distans.

impugnari maxime ex § 2 elucet (cf. Zeller l. c., 3, 1^3, 173 sqq. 505 sqq.; ex antiquis auctoribus et Stoicorum argumenta et Academicorum refutationem sincerissime servata esse contendo in duobus Philonis de providentia sermonibus vulgo neglectis). — Denique ut ad Ps. Galeni locum redeam, versus illi cuinam debeantur, cum antea definire non licuerit tum nunc etiam magis nescimus, postquam argumentum hoc ad tempora Plutarchi aevo multo antiquiora redire demonstravi; certe ei qui virum illum οὐκ ἄμουσον ideo Galeni aequalem esse dixerunt, quia non ipso nomine appelletur, magnopere errant: artificium enim testes obscure potius significandi quam aperte nominandi[89] inde a Galeni fere aetate miro studio frequentari coeptum esse permultis testimoniis allatis amicus quidam doctissimus me monuit.

Ad ταφὴν Μενίππου redeo; ex reliquiis satis multis hoc non temere concludas Menippo cenam fieri feralem, cui ne desit ὁ ἐπιτάφιος ἀγὼν pristini temporis modestia cum sui aevi luxuria a Varrone componitur. qui mos mortuorum manes colendi libris componendis a duobus viris egregie illustratus est Graecorum exemplis: Aristocreontis Stoici liber qui inscriptus erat Χρυσίππου ταφαί (ap. Comparettium ›papiro ercolanese‹ col. 46 p. 72) ab Vsenero (Epic. praef. LXIX, 1) cum satura nostra comparatus est, Speusippi Πλάτωνος περίδειπνον (Laert. D. 3, 2 cf. 4, 5) et Timonis Ἀρκεσιλάου περίδειπνον (ib. 9, 115) a Wachsmuthio (sill. ² 30).

*

Pergo ad saturam

Ἕως πότε;
περὶ ὡρῶν

cuius servata sunt fragmenta haec:

173 *nón posse ostrea se Romae praebere et echinos*

174 *vitae cursum ut cognoscere possem, et quae servitutis et libertatis ab origine ad exodium adductae* ⟨*series:* suppl. Buecheler⟩. |

Ἕως πότε; proverbium cum alibi non traditum sit, ultra coniecturam procedi non potest. fortasse haec verba ad homines μεμψιμοίρους vel ἀψικόρους novarumque semper rerum cupidos referri possunt, de quibus sic Seneca de tranq. an. 2, 15 *fastidio esse illis coepit vita et ipse mundus et subit illud rabidarum deliciarum »quousque eadem?«* cf. epist. 24, 26 *quosdam subit eadem faciendi videndique satietas et vitae non odium sed fastidium, in quod prolabimur . . ., dum dicimus ›quousque eadem?‹ nempe expergiscar dormiam esuriam*

[89] Simile artificium tetigit Kiesslingius ad Hor. carm. 1, 17, 17.

algebo aestuabo, nullius rei finis est...; diem nox premit, dies noctem, aestas in autumnum desinit, autumnum hiems instat, quae vere compescitur: omnia sic transeunt, ut revertantur. nihil novi facio, nihil novi video: fit aliquando et huius rei nausia.[90]. in eiusmodi enim interpretationem satis bene quadrat fr. 173 *nón posse ostrea se Romae praebere et echinos,* quibus verbis ascribo haec ex Dionis Chrys. or. 30 p. 559 R τινὰς δὲ αὐτῶν (sc. τῶν ἀσώτων καὶ ἀκρατῶν) μὴ ἀρκεῖσθαι τοῖς παροῦσιν, ἀλλὰ ἐπὶ τὰ πορρωτέρω διατείνειν τὰς χεῖρας, οἷον μεσογείους ὄντας ἰχθύων ὀρέγεσθαι καὶ πράγματα ἔχειν· quae hominum vitiosa libido saepe castigatur ad hunc modum οὐδέ σ' ἀρέσκει τὸ παρὸν, τὸ δ' ἀπὸν φίλτερον ἡγῇ (Eur. Hipp. 183) cf. Democrit. fr. 31 Mull epist [Hippocr.] 17 §§ 30 40 43 Muson. apud Stob. flor. 18, 38 (1, 297, 7 M) Max. Tyr. diss. 36, 2 p. 183 R Iulian. or. 2 p. 101 C. — Lucr. 3, 956 *semper aves quod abest, praesentia temnis* cf. Hor. sat. 2, 7, 27 sq. epist. 1, 1, 82 sqq. denique cum hac interpretatione bene coniungitur altera inscriptio περὶ ὡρῶν cf. Cynicus in [Luciani] Cyn. 17 πάντα μέμφοντες καὶ τὰ μὲν παρόντα φέρειν οὐκ ἐθέλετε, τῶν δὲ ἀπόντων ἐφίεσθε, χειμῶνος μὲν εὐχόμενοι θέρος, θέρους δὲ χειμῶνα καὶ καύματος μὲν ῥῖγος, ῥίγους δὲ καῦμα. [Teles] apud Stob. flor. 93, 31 (3, 188, 3) ταῖς δὲ ὥραις οὐκ ἐφίησι χρῆσθαι (ὁ πλοῦτος) καὶ μελετᾶν πρὸς τὰ γιγνόμενα, ποιεῖ δὲ καὶ πρὸς θάλπος ἀσθενέστερον τὸν εὐτυχοῦντα καὶ πρὸς κρύος. Diogenes contra (cf. Dion. Chrys. or. 6 p. 201 R) ταῖς ὥραις ἔχαιρεν καὶ τοῦτο μὲν εὐφραίνετο θέρους προσιόντος, ὁπότε ἤδη διαχέοι τὸν ἀέρα, τοῦτο δὲ οὐκ ἤχθετο παυομένου ..., ταῖς δὲ ὥραις συνεπόμενος ... ἀφικνεῖτο πρὸς ἑκατέραν τὴν ὑπερβολήν. sic Menippus (apud Luc. dial. mort. 26), cum quidam fastidio affectus earundem semper ὡρῶν e vita migrasset, ἀρέσκεσθαι iussit καὶ ἀγαπᾶν τοῖς παροῦσι[91] καὶ μηδὲν αὐτῶν ἀφόρητον οἴεσθαι.* cf. etiam Epict. diss. 4, 5, 45 χαῖρε τοῖς παροῦσι καὶ ἀγάπα ταῦτα ὧν καιρός ἐστιν. Lucian. Nigr. 31 τούτους γὰρ εἶναι ... τοὺς μέσου χειμῶνος ἐμπιπλαμένους ῥόδων (cf. Sen. epist. 122, 8) καὶ τὸ σπάνιον |αὐτῶν καὶ παρὰ καιρὸν ἀγαπῶντας, τὸ δ' ἐν καιρῷ καὶ κατὰ φύσιν ὡς

[90] Minus appositus est locus Sen. de brev. v. 17, 1 *ipsae voluptates eorum trepidae et variis erroribus inquietae sunt subitque cum maxime exsultantibus sollicita cogitatio: »haec quam diu?«*

[91] Τὸ παρὸν εὖ ποιεῖν in proverbio erat, cf. Epicharm. fr. B 57 L, Plat. Gorg. 499 C Legg. 12, 959 C Phot. s. τὸ παρὸν εὖ ποιεῖν.

* *[Addendum]* De altera inscriptione cf. etiam proverbium Zenob. 3, 72, Diogen. 4, 51 ἐν θέρει τὴν χλαῖναν κατατρίβεις· ἐπὶ τῶν μὴ καθ' ὥραν τοῖς ἀναγκαίοις χρωμένων, quod ad vitae humanae tempora applicat Metrodorus Epicureus apud Stob. ecl. 31, 67 p. 213 W (fr. 55 Koertii in ann. phil. suppl. 17, 563) νέος ἐν πολυτελέσι βρώμασι καὶ ποτοῖς ἔτι δὲ ἀφροδισίοις ἀναστρεφόμενος λέληθεν ἑαυτὸν ἐν τῷ θέρει τὴν χλαῖναν κατατρίβων.

εὐτελὲς ὑπερηφανοῦντας κτλ.[92] — Ceterum propter *vitae cursum* (fr. 174) moneo posse ὥρας etiam intellegi humanae vitae | aetates (cf.

[92] Varro saturam scripsit Τοὐπὶ τῇ φακῇ μύρον, περὶ εὐκαιρίας, cuius altera inscriptio insigni Buecheleri coniectura ex apertissimis codicum vestigiis restituta est. unum eius fragmentum

549 *múltunummus piscìs ex salo captus*
helops neque ostrea illa magna ⟨*Baiana:* suppl. B⟩
quivit palatum suscitare

proxime accedit ad fr. 173 supra enarratum. inscriptiones quemadmodum inter se cohaereant Athenaeus 4, 160 B docet (de proverbio illo cf. etiam I. Schmidtius, Ulixes comicus, ann. nov. suppl. 16, 401) de εὐκαιρίᾳ quid Stoici censuerint v. apud Cic. off. 1, 142 sqq. Stob. ecl. 2, 222 = 2, 108, 10 W et 2, 194 = 2, 97, 8 W. omnino quanti fecerint Graeci in dicendo agendoque opportunitatem — sic enim εὐκαιρίαν appello auctore Cicerone fin. 3, 45 — multis testimoniis comprobatur, quorum nonnulla leguntur in Stobaei floril. l. 34 περὶ τοῦ εὐκαίρως λέγειν inscripto (non servatum est eclogarum libri 2 cap. 28 p. 199 W ὅτι εὐκαίρως δεῖ πράττειν). μέτρα φυλάσσεσθαι· καιρὸς δ' ἐπὶ πᾶσιν ἄριστος Hesiodus praecipit opp. 694, καιρὸν γνῶθι inter Thaletis dicta est apud Stob. flor. 3, 79 (1, 88, 25 M) cf. A. P. 12, 197, καιρὸν προσδέχου inter septem sap. dict. ib. 80 (1, 91, 19), μηδὲν ἄγαν· καιρῷ πάντα πρόσεστι καλά Chiloni aliisque tribuebatur (schol. Eur. Hipp. 264 al., Boissonadius anecd. gr. 1, 144) cf. Auson. 301, 8 sqq. *et Pittacum dixisse fama est Lesbium:* | γίγνωσκε καιρόν: *tempus ut noris iubet;* | *sed* καιρὸς *iste tempestivum tempus est.* Mart. Cap. ἀκαίρως inductis Sileni temulenti nugis a Satura sic vituperatur (8, 299, 10 Eyss.) *saltem Prieniae ausculta nihilum gravate sententiae, et ni* ὄνος λύρας, καιρὸν γνῶθι. Themist. or. 34, 4 φιλοσοφία τὸ ›γνῶθι σαυτόν‹ καὶ τὸ ›γνῶθι καιρόν‹ καὶ τὸ ›μηδὲν ἄγαν‹ οὐκ ἀγαπήσασα οὐδὲ ἀρκεσθεῖσα τοῖς ἀναγκαίοις πρὸς τὸν ἀνθρώπινον βίον νουθετήμασι κτλ. Anaxarchus Democriteus sapientiae finem dixit esse τὰ τοῦ καιροῦ μέτρα δεῖν εἰδέναι (Clem. Al. strom. 1 p. 337 P cf. Bernaysius, Ges. Abh. 1, 123). Cf. Pindarus ol. 9, 57 sq. τὸ καυχᾶσθαι παρὰ καιρὸν | μανίαισιν ὑποκρέκει. Ionem Chium hymnum Καιροῦ composuisse refert Pausan. 5, 14, 9. porro cf. Isocr. ad. Demonic. 31 μηδὲ παρὰ τὰ γελοῖα σπουδάζων, μηδὲ παρὰ τὰ σπουδαῖα τοῖς γελοίοις χαίρων· τὸ γὰρ ἄκαιρον πανταχοῦ λυπηρόυ. ad. Nicocl. § 33 κράτιστον τῆς ἀκμῆς τῶν καιρῶν τυγχάνειν. Plut. Lyc. 20 de soll. an. 12 p. 968 B, Dio Chrys. or. 55, 2 p. 288 R (ubi Socratis philosophiam ab Homero incohatam esse demonstrat) 'Οδυσσεὺς ἐπανορθούμενος τὸ ἁμάρτημα τοῦ 'Αγαμέμνονος ... οὐ περὶ φρονήσεως καὶ στρατηγίας καὶ μαντικῆς, πρὸς δὲ τούτοις καιροῦ καὶ ἀκαιρίας ἔοικεν ὑποτίθεσθαι; schol. δ 194 ἐν δείπνῳ οὐ τέρπομαι ὀδυρόμενος· ὅτε ἀνέσεως μάλιστα τῇ ψυχῇ χρεία. τὸ ἀνεπιτήδειον οὖν τοῦ καιροῦ μέμνηται Athen. 1 p. 12 B. Persaeus ib. 13, 607 B. sic in proverbium venit ὅ τι κεν ἐπ' ἀκαιρίμαν γλῶσσαν ἔλθῃ (fr. adesp. 86 a B[4]), laudabatur σιγὴ εὔκαιρος Isocr. ad. Demonic. § 41, [Plut.] de pueris educ. 14 p. 10 E, vituperabatur ἄκαιρος λαλιά (ib. 11 A) cf. saturae nostrae fr. 550. de λόγου εὐκαιρίᾳ, ad quam priorem saturae inscriptionem refert Gellius 13, 29, 5 v. Isocr. panath. 86, Aristot. art. rhet. 3, 7 1408 a 10 sqq. Dionys. Hal. de Lysia 11, de Isocr. 13, Theon. progymn. 10 (2, 116, 10 sqq. Sp) vit. Soph. 13. schol. Eurip. Androm. 229. minus ad eum καιρόν, de quo loquor, Καιρὸς deus ille palaestrae quadrat, quode cf. Curtius, Arch. Zeit. 1875, 1—8: diserte chori dux Aesch. Ag. 749 K πῶς σε σεβίζω | μήθ' ὑπεράρας μηθ' ὑποκάμψας | καιρὸν χάριτος*;

Sternbachius ad gnom. Vat. n. 291), cf. Telet. epit. p. 6, 14 H καὶ σὺ πρὸς τὰ παρόντα χρῶ· γέρων γέγονας, μὴ ζήτει τὰ τοῦ νέου (v. quae de Marcipore disputavi): fortasse Varro ὥρας more suo in diversas partes interpretatus est.

Possum in hoc saturarum genere, quod ad disputationes a philosophis frequentatas pertinet, diutius morari — restant enim multae —, verum transire malo ad eas saturas, in quibus vana philosophorum de summo bono certamina ineptaeque quorundam sententiae perstringuntur.

Armorum iudicium.

supersunt fragmenta haec:

42 *ut in litore cancri digitis*[93] *primoribus stare*

43 *illic viros*[94] *hortari, ut rixarent praeclari philosophi.*

prius fr. a Buechelero (l. c. 405) ad philosophos pugnam inituros recte relatum est cl. Quintil. inst. 8, 3, 63 *est igitur unum genus, quo tota rerum imago quodammodo verbis depingitur:*

constitit in digitos extemplo arrectus uterque (Verg. Aen. 5, 426) *et cetera quae nobis pugilum congredientium faciem .. ostendunt,* cf. etiam Philo de Cherubim § 24, 1 p. 153 qui athletam sic describit: δακτύλοις ποδῶν ἄκροις ἐπιβεβηκώς, πρὸς ὕψος αὑτὸν ἐξάρας[95].

In his philosophorum pugnis adornandis Varronem permulta Menippo debere puto; eum enim, ut erat perpetuus dogmaticorum irrisor, lepida huius modi δράματα instituisse cognoscimus cum Luciani imitatione (cf. Iupp. trag. passim, maxime 52 sq. bis acc. 11 etc.) tum

[93] *digitibus* codd. praeter Harleianum qui m. pr. *digitis;* hoc defendit Buecheler in mus. Rh. 14, 1865, 440 (prob. Riesius), ex illo effecit *digitulis* Oehler (prob. L. Mueller).

[94] *vero* L. Mueller ex cod. Bambergensi qui exhibet *viro;* post *rixarent* interpungendum esse Buecheler in mus. Rh. 20, 1872, 405 cum Mercerio statuit.

[95] Nihil huc faciunt neque homines καρκινοβῆται Aristonymi comici (apud Athen. 7, 287 C = fr. 2, 1 p. 688 K) aut Plauti (Cas. 443 sq. Pseud. 955) neque superbi ἐπαρθέντες ἀκροβατοῦντες (cf. Lobeckius ad Soph. Ai. 1230, Buecheler in mus. Rh. 14, 1865, 440 et 39, 1884, 425, Philo de humanitate 24, 2 p. 404, de somniis l. 1, 21, 1 p. 640).

* *[Addendum]* De orationis καιρῷ et εὐκαιρίᾳ quos collegi locis adde Dionys. Hal. de compos. verb. 12 p. 67 sq. R: ἀλλ' ἐπὶ πάντων οἴομαι δεῖν τὸν καιρὸν ὁρᾶν· οὗτος γὰρ ἡδονῆς καὶ ἀηδίας κράτιστον μέτρον. καιροῦ δ' οὔτε ῥήτωρ οὐδεὶς οὔτε φιλόσοφος εἰς τόδε χρόνου τέχνην ὥρισεν· οὐδ' ὅσπερ πρῶτος ἐπεχείρησε περὶ αὐτοῦ γράφειν Γοργίας ὁ Λεοντῖνος, οὐδέν τι λόγου ἄξιον ἔγραψεν· οὐδ' ἔχει φύσιν τὸ πρᾶγμα εἰς καθολικὴν καὶ ἔντεχνόν τινα περίληψιν πεσεῖν· οὐδ' ὅλως ἐπιστήμῃ θηρατός ἐστιν ὁ καιρὸς ἀλλὰ δόξῃ. porro cf. Alcidamas de sophist. 3. 22. 33.

Timonis sillorum reliquiis: is enim post finitum philosophorum catalogum finxit hos ›inter se concertasse terribili λογομαχίᾳ, in qua βροτολοιγὸς Ἔρις semper eos acriter ad pugnandum instimulabat‹, quae sunt verba Wachsmuthii (sill.², 44 sq.), qui hoc argumentum inesse ex fragmentis (14 sqq. p. 113 sqq.) tam luculenter demonstravit, ut dubitationis ne umbra quidem relicta sit. quid quod a Cicerone quoque eiusmodi rixa lepide enarratur in acad. post. fragmento quod servavit Augustinus c. Acad. 3, 7, 15 sqq. *Zeno vel Chrysippus si interrogarentur, quis sit sapiens, respondebit eum esse quem ipse descripserit; contra Epicurus vel quis alius | adversariorum negabit ...; inde ad iurgium: clamat Zeno et tota illa porticus tumultuatur, hominem natum ad nihil aliud esse quam ad honestatem ...; contra ille convocata de hortulis in auxilium quasi Liber turba temulentorum ... voluptatis nomen ... teste populo exaggerans instat acriter, ut nisi ea beatus nemo esse posse videatur. in quorum rixam si Academicus incurrerit ... cum et hac et illac aurem diligenter admoverit, interrogatus quid ei videatur, dubitare se dicet* e. q. s.

Saturae cui inscriptus est titulus

Λογομαχία

argumentum indicat Porphyrio ad Hor. sat. 2, 4 *quomodo in proxima* (sc. *satura*) *Stoicos, ita in hac Epicureos inrisurus est* (sc. *Horatius*), *qui dicunt summum bonum* ἡδονήν, *sed rerum honestarum; unde Stoici hanc gulae et corporis libidinem criminantur,* ⟨*at illi volunt*⟩[96] τὴν ἀταραξίαν τῆς ψυχῆς, *hoc est nihil timere nec cupere, summum bonum esse. unde Varro dicit* λογομαχίαν *inter illos esse.* philosophos verbis inter se velitari, rebus consentire Cicero Antiochi interpretatus sententiam totiens paene ad nauseam animis legentium inculcavit, locos ut affere opus non sit. id autem memorabile mihi videtur esse, quod etiam Epicurei cum Stoicis λογομαχίαν gerere dicuntur: quam sententiam a nostri temporis viris doctis qui sine ira et studio his de rebus iudicant argumentis saepe stabilitam (cf. Zeller l. c. 467 sqq., maxime 469, Vsener praef. Epicur. LVII sq., alii) apud antiquos scriptores numquam memini me legere nisi semel apud Senecam de vita beata 11 sqq. (maxime 13)[97]. quod nemo mirabitur qui quanto qualique luto sancta

[96] Haec Buecheler interponit; patent etiam aliae viae, velut ⟨*at utrique volunt*⟩; Stoicorum enim ἀδιαφορία (et Cynicorum ἀπάθεια) ab Epicureorum Scepticorumque ἀταραξίᾳ limite tam tenui distant, saepe ut confundantur, cf. Hirzelius l. c. 3, 15, 1. ἀταραξίαν saepissime cum ἀπαθείᾳ et ἀδιαφορίᾳ coniungunt aut inter se commutant Philo et Epictetus.

[97] Minoris momenti est Cic. fin. 1, 62.

Epicuri haeresis ex infestissimis adversariorum calumniis commaculata sit secum reputarit, ita ut praeter Varronem (de quo vide etiam adnotata ad fr. 315 sqq. p. 13) et Senecam vix ullum)[98] invenias iustum eius existimatorem.

Ex λογομαχίᾳ satura fr. superest unum:

242 *haec lánigeras detonderi docuit tunicareque homullum*

quod de Minerva dici Popma L. Muellero persuasit, ego de natura vel utilitate et necessitudine (χρείᾳ) interpretari malo (cf. Lucr. 4, 843—852, Diodor. 1, 8 ex Epicuri sententia, ut dudum viderunt: | καθόλου γὰρ πάντων τὴν χρείαν αὐτὴν διδάσκαλον γενέσθαι τοῖς ἀνθρώποις, cf. Hor. sat. 1, 3, 98).

Λογομαχίας gemella fuit, nisi fallor,

Σκιαμαχία
περὶ τύφου

507 *póstremo quaero: parebis legibus an non?*
anne exlex solus vives?

508 *›vínum pemma lucuns‹ nihil adiuvat, ista ministrat*

509 *»ego‹ inquit ›ei eam suppetias, quicum mihi nec res nec ratio est,*
»dissociataque omnia ac nefantia«?‹

510 *hoc dico, compendiaria sine ulla sollicitudine ac molestia ducundi ad eandem voluptatem posse perveniri.*

fr. 507 de quovis philosopho vitam solitariam agente dici poterat; in fr. 508 supplenda esse apparet *quod satis est, ista* sc. *natura;* in fr. 509 nonne optime intelleguntur philosophi ex diversis castris secum litigantes? in fr. 510 significari τὴν σύντομον καὶ σύντονον ὁδὸν Cynicorum neminem latet: in quo v. *ducundi* passive usurpatum esse Buecheler me monuit (cf. Kuehner, Ausf. Gramm. d. lat. Spr. 2, § 129, 4 p. 542), quod non intellectum viros doctos mire turbavit; de re infra disputabo.

Vmbras caedunt (Petr. 62) ii qui cum adversariis se confligere opinantur, cum omnino nulli adsint (cf. J. H. Krausius, Die Gymnastik und Agonistik der Hellenen, Lipsiae 1841, 1, 510, 9; 511, 10): quod quam vere facere dicantur philosophi qui rebus congruentes nominibus differant, apparet. optime autem altera inscriptio convenit; τῦφος proprie est nebulosa caligo: quae hominum mentibus offusa ut fiant

[98] Cf. tamen C. Cassius in epist. ad Cic. 15, 19, 2 sq.*

* *[Addendum]* Errore factum est, ut C. Cassi afferem verba, quasi is non fuisset Epicureus.

τυφλοὶ efficit. facete igitur Timo apud Laert. D. 7, 15 (fr. 8 p. 103 W) Zenonem a se conspici dicit σκιερῷ ἐνὶ τύφῳ: ›quamquam tecte petitur philosophi superbia qua menti caligo offusa est, tamen proprie significatur densa nebula, in qua versatur‹ (Wachsmuthius p. 104). Crates in sill. fr. apud Laert. D. 6, 85 (fr. 4 p. 196 W): πήρη τις πόλις ἐστὶ μέσῳ ἐνὶ οἴνοπι τύφῳ: ›philosophorum fastum servato Homerico epitheto οἴνοπα vocat ad significandam caliginem menti offusam‹ (W p. 198). de τύφῳ, ›Cynicorum quasi tessera‹ (E. Weber l. c. 241, 1) omnia nota sunt; plerumque usurpatur vocabulum et a Cynicis et a Scepticis, quos in multis rebus ab illis vix discernas, ad philosophorum fastum significandum: sic iam Antisthenes Platonem irrisit ut τετυφωμένον (apud Laert. D. 6, 7), apud Lucianum (dial. mort. 10, 8) philosophus quidam iubetur deponere τὸ ψεῦδος καὶ τὸν τῦφον καὶ τὸ οἴεσθαι ἀμείνων εἶναι τῶν ἄλλων (cf. Menippus ib. 20, 4 Icarom. 7); sic Bio (apud Laert. D. 4, 52 = sill. fr. 1 p. 201 W) Archytam dicit ὀλβιότυφον, Crates (ib. 2, 118 = fr. 1 p. 192 W) Stilponem cum Typhone comparat, | Timo (apud Sext. Emp. hyp. Pyrrh. 1, 224 = fr. 40 p. 148 W) Xenophanem ὑπάτυφον dicit: ἄτυφος a Timone solus Pyrrho habetur (Aristocl. apud Euseb. pr. ev. 14, 18, 19 = fr. 32 p. 141 W), contra in Orco ei invisum est τὸ σκότος (Callim. epigr. 4 W), scilicet propter τετυφωμένων multitudinem qui ibi versantur.

Ceterum ne quid improbe celem, addo unum fr. supra omissum, quod cum argumento enarrato quemadmodum coniungendum sit prorsus nescio:

506 *te Anna ác Peranna, Panda Cela, te Pales,*
Nerienis et Minerva, Fortuna ac Ceres.

*

Duobus libris ex his quidem saturis quae nobis innotuerunt non est nisi una[99] conscripta:

Περίπλους

cuius prior liber ter affertur uno tantum titulo insignitus, alter ter duobus his:

Περίπλους
περὶ φιλοσοφίας.

rectissime de hac satura Ritschelius opusc. 3, 365 sq. scribit: ›vera per varias terras peregrinatio, ›periplus‹ dicta simpliciter et opponebatur et comparabatur tamquam itineri cuidam per philosophiam eiusque

[99] De ›Octogesi περὶ νομισμάτων‹ satura res incertissima est.

varias regiones facto.‹ in prioris enim libri fr. 415 Roma denotatur, in fr. 416 Sicilia[100].

Alterius libri fragmenta extant haec:

417 *nulla ambrosia ac nectar, non alium ac sardae, sed »panis pemma lucuns, cibu' qui purissimu' multo est«*

418 *et ne erraremus, ectropas esse multas, omnino tutum esse sed spissum iter*

419 *itaque videas barbato rostro illum commentari et unum quodque verbum statera auraria pendere.* |

primum fr. mire a multis temptatum est, quamvis sit dilucida sententia; tria enim ciborum genera distinguuntur: pretiosissimum ambrosia et nectar, quae in proverbium venerunt (cf. F. Marxius, Studia Luciliana, Diss. Bonn 1882, 80, A. Otto, Die Sprichwörter und sprichwörtlichen Redensarten der Römer, Leipzig 1890, 241) —, vilissimum alium (cf. e. g. fr. 63) et sardae (quae, ut omnino pisces saliti, parvi aestimabantur cf. Pompon. 80 sq., Colum. 8, 17, 12, Iuv. 7, 120 cum schol., schol. Iuv. 4, 33, edict. Diocl. de pretiis rerum 5, 12 in CIL 3, p. 828. neque laute videtur epulatum esse collegium Salutare Dianae et Antinoi Lanuvii a. p. Chr. 136: magistri enim cenarum hominibus quaternis vini boni amphoras singulas et panes assium duorum et sardas numero quattuor praebere iubentur: CIL 14, 2112, p. 198; 2, 14 sqq. cf. etiam Amphid. com. fr. 22 K Antiphan. fr. 68, 15 Aristoph. Vesp. 491 Ran. 985 fr. 247 Macho apud Athen. 13, 579 F Archestr. ib. 7, 294 A, Marxius l. c. 66) —, denique medium, quod significatur versu quem Lucilianum esse certa Buecheleri coniectura (in mus. Rh. 14, 1865, 426) constat. austeriores sententiae eae sunt quae leguntur in fr. 508 *vínum pemma lucuns nihil adiuvat,* quode cf. p. 311, et in fr. 341, ubi πέμμασιν cum πέψει societatem infidam esse legimus. de media via rectoque modo Varro in *Modio* satura scripsit: sic nostro loco μεσότης ut obtineatur monet exemplo sumpto ex vita cottidiana, qui omnino est harum saturarum mos.

In fr. 418 denuo similitudo occurrit viarum quibus ad philoso-

100 *in hac civitate tum regnabat Dionysius, homo garrulus et acer.* Dionysium seniorem *in rebus gerundis acrem* dicit Cic. Tusc. 5, 57. eius exemplum inde a Platonis et Aristippi temporibus in philosophorum disputationibus frequentabatur: cf. Satyrus et Clearchus apud Athen. 12, 541 C sq. Cic. Tusc. 5, 57 sqq. = Philo fr. apud Euseb. pr. ev. 8, 14 p. 391 G, 2 p. 639 sqq. M (= de providentia 2, 6 et 26 sqq. vers. Armen.). Hor. carm. 3, 1, 17 sqq. epist. 1, 2, 58 Pers. 3, 40 sq. — cf. Sen. ad Marciam de cons. 17 sq. epistolam subditivam ei mittit Diogenes personatus (29), ipse Speusippo (Athen. 7, 279 E, 12, 546 D). apud Pseudogalenum protrept. ad art. 4 recensetur inter imprudentes qui neglecta ratione Fortunam sectantur.

phiam itur. quae cum primum[101] enarrata esset a Xenophontis Socrate (mem. 2, 1, 20 sqq.), cum interpretatus nobiles illos Hesiodi versus (op. 287 sqq.) adnecteret Prodiceam de Hercule fabulam, posteriorum additamentis adeo amplificata est, vix ut primigenii fontis splendor dispici possit. verum haec nunc praetermitto, quia nihil ad rem propositam[102]; sed inde quae fluxit similitudo viarum, quibus singulae philosophorum sectae ad virtutem perveniri dixerunt, paulo accuratius mihi tractanda est, cum hac ratione fragmento illi (418) a quo orsus sum lucem afferre posse mihi videar. Cynicam philosophiam ab ipsis Cynicis dictam esse σύντομον[103] καὶ σύντονον ὁδὸν εἰς ἀρετὴν multis testimoniis comprobatur (Plut. Amator. 16 p. 759 D Diog. apud Luc. vit. auct. 11 Iulian. or. 7, 225 B sq., ut omittam testes suspectos)*; quae via quibus aut nimis ardua aut periculosior |esse videbatur, alia longiore sed tutiore ad eundem finem pervenire conabantur; Stoici quamquam a Cynicorum ratione asperrima multum discesserunt, tamen sapientem dixerunt κυνιεῖν· εἶναι γὰρ τὸν κυνισμὸν σύντομον ἐπ' ἀρετὴν ὁδόν (Laert. Diog. 7, 121 et Apollodoro, cf. 6, 104 Zeller l. c. 280, 2, Hirzelius l. c. 2, 526 adn.). quae duarum viarum similitudo saepe occurrit: Iulianus — quem primo loco affero, utpote qui optimis auctoribus usus sit in duabus de κυνισμῷ orationibus — or. 7 p. 225 B: ὁρμῶσιν ἐπὶ τὸν κυνισμόν (sc. οἱ ἀπαίδευτοι κύνες)· βακτηρία, τρίβων, κόμη, τὸ ἐντεῦθεν ἀμαθία, θράσος, ἰταμότης ... τὴν σύντομον, φασίν, ὁδὸν καὶ σύντονον ἐπὶ τὴν ἀρετὴν ⟨πορευόμεθα: add. Hertleinius⟩. ὄφελον καὶ ὑμεῖς τὴν μακρὰν ἐπορεύεσθε· ῥᾷον ἂν δι' ἐκείνης ἢ διὰ ταύτης ἤλθετε. οὐκ ἴστε, ὅτι μεγάλας ἔχουσιν αἱ σύντομοι τὰς χαλεπότητας; καὶ ... ἐν ταῖς λεωφόροις ὁ μὲν τὴν σύντομον ἐλθεῖν δυνηθεὶς ῥᾷον ἐκπερίεισι τὴν κύκλῳ, οὐκέτι μέντοι τὸ ἀνάπαλιν ὁ κύκλῳ πορευθεὶς ἔλθοι ἂν πάντως καὶ τὴν ἐπίτομον. in Cynicorum epistulis subditivis illis quidem sed

101 Omitto ut dubiae fidei Pythagorae allegoriam, qua Y litterae similem esse vitam nostram demonstravit (cf. Iahnius ad Pers. 3, 56 sq.). auxit hanc allegoriam Eusebius philosophus neopythagoricus in fr. apud Stob. ecl. 2, 412 (2 p. 115, 31 M; 2 p. 178, 13 W).

102 Prodiceae narrationis imitationes ut sub uno conspectu componantur omnes, etiam post Welckeri curam valde optandum est.

103 Aliter Socrates in Xen. mem. 2, 6, 39 συντομωτάτη τε καὶ ἀσφαλεστάτη καὶ καλλίστη ὁδός, ὦ Κριτόβουλε, ὅ τι ἂν βούλῃ δοκεῖν ἀγαθὸς εἶναι, τοῦτο καὶ γενέσθαι ἀγαθὸν πειρᾶσθαι. Heraclitus, si fides habenda est gnomologio Vaticano (ed Sternbachius, n. 315) συντομωτάτην ὁδὸν ἔλεγεν εἰς εὐδοξίαν τὸ γενέσθαι ἀγαθόν.

* *[Addendum]* Testimoniis de Cynicorum via compendiaria allatis addendum est Galen. περὶ ψυχῆς ἁμαρτημάτων 3 (vol. 5 p. 71 Kuehnii): οὗτοι (sc. οἱ Κυνικοί) σύντομον ἐπ' ἀρετὴν ὁδὸν εἶναί φασι τὸ σφέτερον ἐπιτήδευμα. τινὲς δ' αὐτῶν ἐλέγχοντες οὐκ ἐπ' ἀρετήν, ἀλλὰ δι' ἀρετῆς ἐπ' εὐδαιμονίαν ὁδὸν εἶναι φάσκουσι τὴν κυνικὴν φιλοσοφίαν.

non inutilibus ad posterioris aevi κυνισμὸν recte iudicandum Diogenes ab Antisthene monstratas sibi esse scribit duas vias quibus ad virtutem eatur, alteram multiplicibus tortuosam anfractibus sed planam facilemque, abruptam sed compendiariam alteram, quarum se posteriorem ingressum esse (epist. 30); similiter viam praecipitem arduamque describit in ep. 37, 4 sq.[104]. eandem similitudinem adhibet Lucianus in rhet. praec. 7 sqq., ubi duas enarrat vias quibus ad summam artis oratoriae perfectionem perveniatur: ἡ μὲν ἀτραπός ἐστι στενὴ καὶ ἀκανθώδης καὶ τραχεῖα, πολὺ τὸ δίψος ἐμφαίνουσα καὶ ἱδρῶτα· καὶ ἔφθη γὰρ ἤδη Ἡσίοδος εὖ μάλα ὑποδείξας αὐτήν, ὥστε οὐδὲν ἐμοῦ δεήσει· ἡ ἑτέρα δὲ πλατεῖα καὶ ἀνθηρὰ καὶ εὔυδρος κτλ. maxime autem ad fr. nostrum appositus est locus ex Maximi Tyrii diss. 39 (εἰ ἔστιν ἀγαθὸν ἀγαθοῦ μεῖζον. ὅτι οὐκ ἔστιν) c. 3 p. 246 R, ubi via describitur qua ad virtutem itur στενὴ καὶ ὄρθιος καὶ τραχεῖα καὶ οὐ πολλοῖς πάνυ ὁδεύσιμος κτλ., deinde in diss. 40 (εἰ ἔστιν ἀγαθὸν ἀγαθοῦ μεῖζον. ὅτι ἔστιν) in diversam partem disputatur sic (c. 4 p. 262 R): οὐχ ὁ μὲν Σωκράτης περιάγων τὸ ἀγαθὸν (i. e. angusto) gyro circumcludens, restringens) καὶ περιάγων αὐτοῦ τὴν οὐσίαν ἐν τῷ ἀρίστῳ μόνῳ διέσκαψε καὶ διετείχισε τὴν ἐλπίδα τῶν πολλῶν τῆς ἐπ' αὐτὸ ὁδοῦ; ὁ δὲ ὑποβάθρας διδοὺς καὶ ἀναπαύλας διὰ μέσου καὶ ἀναγωγὰς πολλὰς προὔπεμψε πόρρω πάνυ ὡς τευξόμενον τοῦ μετρίου, παρεμυθήσατο δὲ τῇ ἐπιτυχίᾳ τὸν προελθόντα ἤδη ὡς προσεληλυθότα τῷ ἀρίστῳ. his deverticulis[105] quae sunt in via bene respondent | Varronis ectropae, nisi quod in his rectam viam sciscitari, in illis laborum quietem capere homines dicuntur. quid quod ectropae illae quales fuerint, etiam nunc ratione probabili indagari potest; Cynici enim et qui erant inter Stoicos paene Cynici neglectis τοῖς ἐγκυκλίοις μαθήμασιν omnibusque artibus τῇ ψευδοπαιδείᾳ inservientibus ad virtutem perveniri posse acerrime contenderunt; qui ab hac rigida sapientia paulum deflexerunt, liberales artes προπαιδευμάτων loco habendas esse dixerunt (cf. Praechter, Cebetis tabula, diss. Marb. 1885, 62 sq. et 94 sq. Sen. epist. 88, 24 sqq. 36 cum Hirzelii explicatione l. c. 2, 525, 1): iam conferas velim, quemadmodum Epictetus in diss. III 23, 36 sqq. loquatur de homine qui nimio eloquentiae studio abreptus virtutis locum deseruit: τί οὖν ἐστι τὸ γινόμενον; οἷον εἴ τις ἀπιὼν εἰς τὴν πατρίδα τὴν ἑαυτοῦ καὶ διοδεύων π α ν δ ο κ ε ῖ ο ν καλόν, ἀρέσαντος αὐτῷ τοῦ πανδοκείου, καταμένοι ἐν τῷ πανδοκείῳ· ἄνθρωπε, ἐπελάθου σου τῆς προθέσεως· οὐκ εἰς τοῦτο ὥδευες

[104] Errat in hac re exponenda Marcksius, Symb. crit. ad epistologr. graec., diss. Bonn. 1883, 9.

[105] Haec (›Herbergen‹) commemorantur etiam a Themistio in or. περὶ ἀρετῆς p. 20 (in mus. Rh. 27, 1872, 441), ubi amplissima exstat harum viarum descriptio. ex Maximo haec non sumpsit Themistius. paulo aliter Democritus (in Stob. flor. 16, 21) βίος ἀνεόρταστος μακρὴ ὁδὸς ἀπανδόκευτος.

ἀλλὰ διὰ τούτου. »ἀλλὰ κομψὸν τοῦτο«. πόσα δ' ἄλλα πανδοκεῖα κομψά; πόσοι δὲ λειμῶνες; ἀλλ' ἁπλῶς ὡς δίοδος .... (40) ἐπεὶ διὰ λόγου καὶ τοιαύτης παραδόσεως ἐλθεῖν ἐπὶ τὸ τέλειον δεῖ καὶ τὴν αὐτοῦ προαίρεσιν ἐκκαθᾶραι καὶ τὴν δύναμιν τὴν χρηστικὴν τῶν φαντασιῶν ὀρθὴν κατασκευάσαι, ἀνάγκη δὲ τὴν παράδοσιν γίνεσθαι τῶν θεωρημάτων καὶ διὰ λέξεως ποιᾶς ...· (41) ὑπ' αὐτῶν τινες τούτων ἁλισκόμενοι καταμένουσιν αὐτοῦ, ὁ μὲν ὑπὸ τῆς λέξεως, ὁ δ' ὑπὸ συλλογισμῶν, ὁ δ' ὑπὸ μεταπιπτόντων, ὁ δ' ὑπ' ἄλλου τινὸς τοιούτου π α ν δ ο κ ε ί ο υ· καὶ προσμείναντες κατασήπονται ὡς παρὰ Σειρῆσιν (cf. etiam 43)[106]. vides ab Epicteto artes logicam et rhetoricam non prorsus respui sed, ut dixi, προπαιδευμάτων loco haberi: adde ceteras artes et quae vulgo liberales dicebantur et quae a philosophis προπαιδεύσεως causa adhibebantur: habes Varronis ectropas, quibus iter munitur simul et tardatur.

Ceterum imagine illa de viis sumpta in aliis quoque saturis Varro usus est; scripsit multorum philosophorum exemplum secutus saturam |

Π ε ρ ὶ α ἱ ρ έ σ ε ω ν

cuius praeter duo fragmenta prorsus obscura (400 401) exstat hoc

402 *porro inde ab uno quoque compito ternae viae oriuntur, e quibus singulae exitum ac* τέλος *habent proprium. a primo compito dextimam viam muniit Epicurus*

quae verba varie suppleri possunt, quoniam Varro suamne sectarum partitionem ab Augustino (civ. 19, 1—3) enarratam secutus sit — quae est Vahleni opinio (l. c. p. 117) — an illam quam Antiochus statuerit — cf. Hoyer, De Antiocho Ascalonita, diss. Bonn. 1883 — ex hoc fragmento nullo modo dispici potest (cf. etiam fr. 483 484 aeque dubia)[107].

Denique ad viarum similitudinem pertinet satura

[106] Cf. Suid. s. v. Νικόλαος = Nicolai Damasceni fr. 2 in FHG 3, 349 Muelleri: ἔφη δὲ Νικόλαος ὁμοίαν εἶναι τὴν ὅλην παιδείαν ἀποδημίᾳ. ὡς γὰρ ἐν ταύτῃ προσσυμβαίνει τοῖς ἀποδημοῦσι καὶ μακρὰν ὁδὸν διεξιοῦσιν ὅπου μὲν ἐγκατάγεσθαί τε καὶ ἐναυλίζεσθαι μόνον, ὅπου δὲ ἐναριστᾶν, ὅπου δὲ πλείους ἐνδημεῖν ἡμέρας, ἐνίους δὲ τόπους ἐκ παρόδου θεωρεῖν, ἐπανελθόντας μέντοι ταῖς ἑαυτῶν ἐνοικεῖν ἑστίαις· οὕτω καὶ διὰ τῆς ὅλης παιδείας διερχομένους δεῖν ἐν οἷς μὲν ἐπιτηδεύμασιν ἐπὶ πλέον ἐνδιατρίβειν, ἐν οἷς δ' ἐπ' ἔλαττον καὶ τὰ μὲν ὅλα, τὰ δὲ ἐκ μέρους, τὰ δὲ ἄχρι στοιχειώσεως παραλαμβάνειν καὶ τὸ ἐκείνων χρήσιμον κατασχόντας ἐπὶ τὴν ὡς ἀληθῶς πατρῴαν ἑστίαν ἀνελθόντας φιλοσοφεῖν. cf. etiam Metrodori Epicurei liber περὶ τῆς ἐπὶ σοφίαν πορείας, cuius non extant fragmenta.

[107] Singulis sectis singulae viae assignabantur, cf. Lachmannus ad Lucr. 6, 27; Lucian. Hermot. passim, maxime c. 25 sq. Max. Tyr. diss. 7 et 8 p. 121, 39 c. 3 p. 245 sq. R; Iulian. or. 6, 184 C sq. Themist. or. 8, 104, 20, 236[b] et περὶ ἀρετῆς in mus. Rh. 27, 1872, 439—442.

Τριοδίτης τριπύλιος
περὶ ἀρετῆς κτήσεως

ad quam Vahlenus (anal. Non. p. 31) rettulit memorabile fragmentum (560) a Serv. Dan. ad georg. 1, 34 servatum, quod Varro petiit ex Empedotimo, mago quodam Pythagoreo. qua de satura viri docti quid opinati sint magis minusve incerta videsis apud Riesium[108].

Redeo ad saturam περὶ φιλοσοφίας, restat enim unum fr.

419 *itaque videas barbato rostro illum commentari et unum quodque verbum statera auraria pendere*

quo lepide describitur philosophi cuiusdam *verborum pensitatoris* (Gell. 17, 1, 3) deliberatio. sic Persius 3, 80 (de philosophis) *obstipo capite et figentes lumine terram | murmure cum secum et rabiosa silentia rodunt | atque exporrecto trutinantur verba labello*, ubi v. Iahnii adnotatio. Stoicum, ni fallor, philosophum Varro irridet, ineptum verborum captatorem (cf. Cic. off. 1, 23; fr. apud Fest. 202, 25; Plut. de vitioso pudore 2 p. 529 D; Lucian. Hermot. 79 bis | acc. 21). fortasse igitur non magno spatio hoc fr. a 418 diremptum erat, ad quod vide locum ex Epicteto ascriptum.

*

Ad hoc saturarum genus aliquo modo pertinet

Virgula divina.

ascribo primum Ciceronis locum ab interpretibus allatum, quo de virgula divina certiores reddimur: off. 1, 158 *nec verum est ... propter necessitatem vitae ... initam esse cum hominibus communitatem ..., quod, si omnia nobis, quae ad victum cultumque pertinent, quasi virgula divina, ut aiunt, suppeditarentur, tum optimo quisque ingenio negotiis omnibus omissis totum se in cognitione et scientia conlocaret.* hinc virgulam divinam apud Romanos in proverbium venisse aut proverbii saltem speciem obtinuisse apparet[109]. |

108 Ad. fr. 561 *priusquam in orchestra pythaules inflet tibias, domi suae ramices rumpit* adnoto tibicinis exemplo Diogenem quoque usum esse, ut virtutem ἀσκήσει parari doceret (Laert. D. 6, 70), cf. etiam Hor. ars 414 sq. *qui Pythia cantat | tibicen, didicit prius extimuitque magistrum.* Varro etiam alio exemplo utitur hoc (fr. 559):

nám ut ecus qui ad vehendum est natus, támen hic traditur magistro,
ut equiso doceat tolutim:

iam hoc mihi videtur memorabile esse, quod utrumque exemplum et pythaulae et equi ad eandem rem demonstrandam coniungit Himeris or. 24 in.

109 Omnino haec res inter eas est, quae casca superstitione sacratae non singularum nationum propriae sunt sed ubique fere occurrunt. ut contineam me in exemplis petitis a Graeciae Italiaeque populis (de Germanis cf. Joh. Georg. de Hahn, Sagwissenschaftliche Studien, Jena 1876, ind. s. v. ›Stab‹): quis non novit Circae baculum (κ 238. 293. 319. 389), quis non Mercurii, quo ἀνδρῶν

De argumento saturae Popma haec scribit: ›in virtute satis esse praesidii ad bene vivendum, ut si illa simus muniti, omnia nobis quasi virgula divina suppeditent.‹ hanc ille sententiam quam puto veram esse elicuit maxime ex fr.

571 *non quaerenda est homini qui habet virtutem, paenula in imbri?*

dicta haec esse apparet contra virtutis verae rigidum satellitem quendam ῥιγομάχον, qui αὐτάρκη esse virtutem ad vitam beatam vociferabatur, cf. Plut. Stoic. absurdiora dicere quam poet. 5 p. 1058 D ὁ μὲν Ἰθακησίων βασιλεὺς προσαιτεῖ, λανθάνειν ὅς ἐστι βουλόμενος καὶ ποιῶν ἑαυτὸν ὡς μάλιστα »πτωχῷ λευγαλέῳ ἐναλίγκιον«· ὁ δὲ ἐκ τῆς Στοᾶς βοῶν μέγα καὶ κεκραγὼς »ἐγὼ μόνος εἰμὶ βασιλεύς, ἐγὼ μόνος εἰμὶ πλούσιος« ὁρᾶται πολλάκις ἐπ᾽ ἀλλοτρίαις θύραις λέγων·

Δὸς χλαῖναν Ἱππώνακτι· κάρτα γὰρ ῥιγῶ
καὶ βαμβακύζω.

ὄμματα θέλγει κτλ. (Ω 343; ε 47; ω 2; Verg. Aen. 4, 244 sqq.) defunctosque in Orcum compellit (ω 5, Plutonis virgam substituit Pindarus ol. 9, 50 sqq.), quo iuvenis fit Protesilaus mortuus (Luc. dial. mort. 23, 3), homines μεταμορφοῦνται (Ant. Lib. 10. 15. 21), domantur gigantes (Themist. or. 14, 208[a]), quem Mercurio donavit Apollo: ὄλβου καὶ πλούτου δώσω περικαλλέα ῥάβδον e q. s. (hymn. in Merc. 529 sqq. cf. schol. Il. Ο 256), quis non Aesculapii ῥάβδον ornatam angue, bestia rerum magicarum propria, quis denique non Minervae virgam, qua Vlixes transformatur (ν 429. π 172. 456)? cf. praeterea Mart. Cap. 1, 7 *Delius quoque ... divinatrice eadem coniecturalique virga illi ac fulgurum iactus atque ipsius meatus caeli siderumque monstrabat,* ib. 9 *volatilem virgam, uti secum mundi penita permeare ... Virtuti demere permittit* (sc. Mercurius). Isidi quoque virgam tribuit Martianus 2, 176. — Procl. comm. in Plat. reip. l. 10 p. 64, 26 Sch ὅτι δὲ καὶ ἐξιέναι τὴν ψυχὴν καὶ εἰσιέναι δυνατὸν εἰς τὸ σῶμα, δηλοῖ καὶ ὁ παρὰ τῷ Κλεάρχῳ τῇ ψυχουλκῷ ῥάβδῳ χρησάμενος ἐπὶ τοῦ μειρακίου τοῦ καθεύδοντος....· τῇ γὰρ ῥάβδῳ πλήξας τὸν παῖδα τὴν ψυχὴν ἐξελκύσας καὶ οἷον ἄγων δι᾽ αὐτῆς πόρρω τοῦ σώματος ἀκίνητον ἔδειξε τὸ σῶμα ...· ἐκείνην δὲ μεταξὺ διενεχθεῖσαν πόρρω τοῦ σώματος εἰς αὐτὸ δι᾽ αὐτῆς ἀγομένην τῆς ῥάβδου μετὰ τὴν εἴσοδον ἀπαγγέλλειν ἕκαστα. magorum ῥάβδοι in papyris magicis aliquotiens commemorantur, ut in pap. Parisiensi ed. Wesselyus (a. 1888) v. 1028, pap. I ed. Partheyus v. 279. 236. sic apud Plutarchum (de ser. num. vind. 21 p. 568 A) homo quidam, qui more sollemni *mortalem detersus aspectum* (ut utar Varronis verbis fr. 560) rebus caelestibus initiatur, narrat: μέχρι μὲν οὖν τούτων εἶναι θεατής· ὡς δ᾽ ἀναστρέφειν ἔμελλεν, ἐν παντὶ γενέσθαι κακῷ διὰ φόβον. γυναῖκα γάρ τινα λαβομένην αὐτοῦ θαυμαστὴν τὸ εἶδος καὶ τὸ μέγεθος »δεῦρο δὴ«, εἰπεῖν, »οὗτος, ὅπως ἕκαστα μᾶλλον μνημονεύσῃς«. καί τι ῥ α β δ ί ο ν, ὥσπερ οἱ ζωγράφοι, διάπυρον προσάγειν, ἑτέραν δὲ κωλύειν. hinc etiam de festuca in manumissione adhibita et omnino de virgis sacerdotum regum nec non poetarum (cf. Hesiod. theog. 30 sq. Paus. 9, 30, 3, Dissen. ad Pind. Isthm. 3, 56 [65]) iudicandum (cf. Paulus Festi p. 64 s. *caduca auspicia* et *commetacula,* p. 113 s. *inarculum,* Serv. ad. Aen. 2, 683; 4, 136, 244; 8, 664; 10, 270; Aesch. Suppl. 238 K, Buecheler Vmbricorum p. 50). virga circumscripsit C. Popillius Laenas Antiochum regem veluti gyro magico (Liv. 45, 12). Vergilii nomen a magorum virga derivabant medii aevi homines.

(fere eadem leguntur de comm. not. 20 p. 1068 B). sic Epictetus de homine qui non nisi habitu cultuque Cynicum se profitebatur haec ait (diss. IV 8, 34): καθεῖκε τὴν κόμην, ἀντείληφε τρίβωνα, γυμνὸν δεικνύει τὸν ὦμον, μάχεται τοῖς ἀπαντῶσι· κἂν ἐν φαινόλῃ τινὰ ἴδῃ, μάχεται αὐτῷ. omnino hoc Cynicorum Stoicorumque de sapiente ἀπροσδεεῖ paradoxon inde ab Aristotelis temporibus (eth. Nic. 7, 14, 1153 b 19 et apud Laert. D. 5, 30, cf. Bernaysius, Die Dialoge des Aristot., 87 sq.) unum omnium maxime irrisum est[110].

Cum hoc fragmento apte coniungitur

572 *praesertim cum ventrem meum coerceam nec murmurari patiar*[111]

de esuriente haec dicta esse puto, sic Plautus Cas. 803 *míhi ieiunitate* (sic recte F. Schoellius palimpsesti vestigia secutus, qui exhibet *iam nunitate; inanitate* cett.) *iamdudum intestina murmurant.* Men. 925 *díc mihi, en umquam intestina tibi crepant, quod sentias? — | Ubi satur sum, nulla crepitant: quando esurio, tum crepant.* ›*ven-* | *trem coercere*‹ sic puto dici ut *ventrem coartare* dicit Paulus Festi p. 96 in explicandis Lucilii versibus 420 sq. L *quae* (sc. paupertas, cf. Marxius, Stud. Lucil. 18 sq.) *gallam bibere ac rugas conducere ventri | farre aceroso, oleis, decumano pane, cumino | cogit* (versus correxit Marxius l. c.): *praemonet parsimonia esse utendum neque gulae indulgendum ventremque coartandum.* nolo enim in Varronis fragmento *ventrem coercere* interpretari *ventrem continere* (cf. Petr. 47, Phaedr. 4, 19, 31 sq.) nec *murmurari* intellegere de crepitu ventris (Plaut. Poen. 610; Suet Claud. 32 al.) coll. Cic. fam. 9, 22, 5 *illi* (Stoici) *etiam crepitus aiunt aeque liberos ac ructus esse oportere:* neque ignoti sunt Cynici πόρδωνες.

Artissimo metri sententiaeque vinculis coniuncta sunt fragmenta haec:

565 *ét pullos peperit fritinnientis*
566 *quós non lacte novo levata pascat*
567 *séd pancarpineo cibo coacto*
libamenta legens caduca victus
568 *ád quos cum volucris venit putillos*[112]
usque ad limina nidica esca vilis[113]

[110] Huc etiam pertinere videtur Lucil. fr. 444 L, ubi in argumento simillimo (cf. O. Keller in mus. Rh. 31, 1876, 143) leguntur haec: *paenula, si quaeris, cantherius, servos, segestra | utilior mihi quam sapiens.*

[111] *patiar* vulgo post Iunium, *patiatur* codd.: fortasse manca sententia.

[112] *putillos* Buecheler (cf. CIL 6, 9630 *Scantia Putilla), pusillos* Scaliger, *ut illos* vel *apud illos* codd.

[113] Sic Scaliger; *nidica vilis* codd. p. 529 *nitida bilis* p. 366, *nidi amica vilis* Buecheler.

His, ni fallor, exemplo de animalibus sumpto[114] sola ἀσκήσει parari virtutem demonstratur, cf. Ps. Plut. περὶ ἀσκήσεως in mus. | Rh. 27, 1872, 533, qui ad hanc comprobandam sententiam mulierum anxios in educatione liberorum labores fuse enarrat: pueruli autem educationi quam apte pulli exemplum substituatur, videas ex Lact. opif. 3.

Quae restant fragmenta quattuor (569. 570. 573. 574) omitto, quia aut omnino obscura sunt aut quo olim nexu cum saturae argumento coniuncta fuerint, non discipitur.

Iam ad inscriptionem saturae redeundum est; agi de potestate quadam caelesti qua nobis quasi virgula divina omnia attribuantur certum est: virtutem intellexit Popma, quam mihi probari coniecturam supra dixi, nunc testimoniis allatis confirmare conabor. bene esset, si fides haberi posset his Pseudoplutarchi verbis pro nobilitate 17 ἀλλὰ τὸν Χρύσιππον ἀφῶμεν οὐχ ἅπαξ ἐναντιούμενον ἑαυτῷ, ὥσπερ ἐν τῷ πρώτῳ Περὶ ἀγαθῶν καὶ ἐν τῷ Περὶ ῥητορικῆς, ὑγίειαν ἐάν τις ἐν τοῖς ἀγαθοῖς ἐναριθμῇ οὐκ ἀντιμάχεσθαι, καὶ ἐν τῷ Περὶ τῶν καθ' αὑτὰ αἱρετῶν οὐδὲ μανίας ἀποστερεῖ τοὺς τούτων καταφρονοῦντας. καὶ τῷ ὄντι οὔτ' ἐκεῖνος οὔθ' οἱ Στωικοὶ δέονται τῆς εὐγενείας, ὅσοι τοιαύτης ἐφάπτονται φιλοσοφίας, ᾗ τὰ πάνθ' ὥς ἀπὸ θείας ῥάβδου ἑαυτοῖς συντόμως χορηγεῖσθαι μεγαλαυχοῦνται· αὑτοὺς πλουσίους, εὐγενεῖς, καλούς, βασιλέας εἶναι. attamen neque hic nebulo,

114 Intellegitur videlicet hirundo (cf. Suet. prat. p. 253 R: *hirundinum fritinnire vel minurrire*, Ribbeckius coroll. com. XXXIII). ad hirundinis exemplum etiam in fr. 526 (ex ταφῇ Μενίππου) provocatur: *ut hirundines culmis oblitis luto tegulas fingebant*, cf. Plin. nat. 7, 194 *Gellio* (fr. 4 P) *Toxius Caeli filius lutei aedificii inventor placet exemplo sumpto ab hirundinum nidis*, Vitruv 2, 1, 2, Plut. de soll. an. 20 p. 974 A ὧν (ζῴων) ὁ Δημόκριτος ἀποφαίνει μαθητὰς ἐν τοῖς μεγίστοις γεγονότας ἡμᾶς· ἀράχνης ἐν ὑφαντικῇ καὶ ἀκεστικῇ, χελιδόνος ἐν οἰκοδομίᾳ. omnino quantopere philosophis in deliciis fuerint similitudines a bestiis sumptae notum est; de Cynicis cf. E. Weber l. c. 107 sqq., de Stoicis Chrysippus apud Plut. de Stoic. rep. 22 p. 1045 A, Cic. fin. 3, 62, de Epicuro Laert. D. 10, 137 (fr. 66 Vs), Cic. fin. 2, 31 sqq. 109 sq. (irridetur haec Epicuri sententia in Plutarchi Gryllo, cf. Vsener praef. LXX et Arnimius, Deutsche Litt.-Zeit. 9, 1888, 197), de Antiocho Cic. fin. 5, 42 (cf. Tusc. 5, 79. 98). ex posterioribus e. g. nomino Philon. quod omn. prob. lib. § 19, II p. 466, Muson. ap. Stob. flor. 29, 75 (2 p. 11 M) et saepius, Plut. de amore prolis 1 p. 493 A. huc pertinet Varronis fr. 559 ex sat. περὶ ἀρετῆς κτήσεως: *nám ecus qui ad vehendum est natus, tamen hic traditur magistro, | ut equiso doceat tolutim* (cf. supra adn. 108). — Paulo aliter se habent fr. 236 *nemo est tam neglegens, quin summa diligentia eligat asinum, qui suam saliat equilam* et fr. 502 *an si equam emisses quadripedem, ut meo asino Reatino admitteres, quantum poposcissem dedisses equimenti?*, quorum alterum ad uxorem caute eligendam, alterum ad dotem pertinere apparet (cf. Buecheler in mus. Rh. 20, 1865, 436): exemplum hoc sollemne erat inde a Theognidis tempore (183 sqq.); cf. Immischius comm. in hon. Ribbeckii 73 sqq. Rohdius in mus. Rh. 27, 1872, 52 sq. (cf. etiam Senec. de matrimonio fr. 50 H).

quisquis fuit[115], nauci habendus est neque in uno qui has ineptias servavit codice legitur ῥάβδου sed μηχανῆς, cui in margine adscriptum est ῥάβδου, id quod vertit ›vetustus‹ interpres latinus (i. e. Arnoldus Ferronius Lugdun. a. 1556) et rectum esse videtur Ioanni Christophoro Wolfio, qui in anecd. Graec. Hamburg. 1724, 4, 273 sqq. hunc libellum edidit[116]. ad alios igitur probioris notae testes refugiendum est, hi licet saturae argumentum non digito monstrent. Epictetus diss. 3, 20, 12 sqq. sapientem omnes res sibi ut sint utiles efficere demonstraturus haec ait: τοῦτ᾿ ἔστι τὸ τοῦ Ἑρμοῦ ῥαβδίον. οὗ θέλεις, φησίν, ἅψαι, καὶ χρυσοῦν ἔσται. οὔ· ἀλλ᾿ ὃ θέλεις φέρε, κἀγὼ αὐτὸ ἀγαθὸν ποιήσω. φέρε νόσον, φέρε θάνατον, φέρε ἀπορίαν, φέρε λοιδορίαν, δίκην τὴν περὶ τῶν ἐσχάτων· πάντα ταῦτα τῷ ῥαβδίῳ τοῦ Ἑρμοῦ ὠφέλημα ἔσται. 13 τὸν θάνατον τί ποιήσεις; τί γὰρ ἄλλο ἢ ἵνα σε κοσμήσῃ; .... 14 τὴν νόσον τί ποιήσεις; ...... τί ἔτι ἄλλο ζητεῖς; πᾶν ὃ ἂν δῷς, ἐγὼ αὐτὸ ποιήσω μακάριον, εὐδαιμονικόν, σεμνόν, ζηλωτόν. quorsus haec? inquies: haec scilicet nihil ad sa- | turam; velim tamen huius virgulae divinae memor conferas verba quae leguntur in Plutarchei libelli Stoic. quam poet. absurdiora dicere epitomae 4 p. 1058 C: ἐκ τῆς Στοᾶς γὰρ λαβόντα τὴν ἀρετὴν ἔστιν εἰπεῖν·

εὖξαι τί βούλει, πάντα σοι γενήσεται[117]

πλοῦτον φέρει, βασιλείαν ἔχει, τύχην δίδωσιν, εὐπόρους ποιεῖ καὶ ἀπροσδεεῖς καὶ αὐτάρκεις μίαν οἴκοθεν δραχμὴν οὐκ ἔχοντας. (sequitur paucis interpositis Stoicorum διασυρμὸς ille quem ad fr. 571 huius saturae adscripsi[118]. en sapientem stoicum virgula illa divina praeditum, quam nos dicimus ›Wünschelruthe‹.

Hanc interpretationem cave eam ob rem falsam esse iudices, quod rigida illa Stoicorum virtus et in hac satura (fr. 571 sq.) et alibi (fr. 245) a Varrone irrideatur; nam praeterquam quod adversarius aliquis ita potuit loquens induci, Antiochus quoque virtutis *caelestem quandam et divinam esse praestantiam* eaque sola beatum esse sapientem affirmabat (Cic. fin. 5, 95): potuit igitur is quoque virgulam divinam dicere virtutem, modo ne intellegatur stoicae virtutis αὐτάρκεια supra modum humanum elata. neque id mihi videtur neglegendum esse, quo divina virtutis potentia explicetur, quod inde

115 Cf. Wyttenbachius, Plut. tom. V part. 2 p. 915, Welcker, Proll. Theogn. LXX, Bernaysius, Die Dial. des Aristot. 140 sq.

116 Homo ille qui scripsit μηχανῆς ut solet balbutire magis quam graece loqui, intellexisse videtur τὸν ἀπὸ μηχανῆς θεόν; qui ascripsit illud ῥάβδου Ciceronis loci memor erat.

117 Versus Menandri est (fr. 537, 3 p. 160 K), cf. Stob. flor. 91, 29, ubi plenior exstat locus.

118 Haec Plutarchi verba falsario illi ante oculos fuisse puto, cum scriberet verba supra allata.

a Cynicis[119] — omitto enim antiquiores philosophos physicos — viri boni et sapientis praestantia ab omnibus fere philosophorum sectis adeo exaggerabatur, ut a deorum maiestate non differe diceretur, cf. Zeller l. c. 252, 1, Vsener ad Epic. fr. 602, Wendlandius, Quaestiones Musonianae, Diss. Berolini 1886, 10, 4, Hirzelius l. c. 3, 48 sq. addo Aristot. eth. Nic. 8, 1, 1145 a 18 sqq.

Scaenatilem saturarum suarum modum Varro ipse dicit in fr. 304 (cf. adn. 15); dialogi manifestissima vestigia composuerunt cum alii tum Riesius praef. 29; idem (l. c.) Luciani dialogos maxime in auxilium vocandos esse rectissime dicit. tamen hoc semper tenendum est singulas saturas fortasse vario compositionis genere conscriptas fuisse. egregia Platonis in dialogis instituendis artificia a posteris varie immutata esse nemo nescit[120]; in Aristotelis dialogis | sermones ita induci ceterorum, ut penes ipsum sit principatus auctor est Cicero in epp. ad Att. 13, 19, 4 et ad Q. fratr. 3, 5; non ita multum igitur is a Platonis more descivit, nisi quod omisso omni apparatu scaenico ipse se colloquentem induxit, Plato Socratem; Aristotelem secuti sunt Dicaearchus et Clearchus (cf. Schlottmannus dissertationi infra nominatae 25 sqq.). multum mutavit Aristotelis aequalis Heraclides Ponticus, a quo ita rem institutam esse, ut personas iam mortuas inter se disputantes faceret, cum ipsius κωφὸν esset πρόσωπον, idem Cicero refert ll. c. huius morem secutus est Aristo Ceus, philosophus Peripateticus, qui Tithonum de senectute disserentem fecit (Cic. Cato 3); de aliis Peripateticis qui ad hunc modum dialogum instituisse videntur cf. Schlottmannus 30. novam prorsus artem invenit Bio Borysthenita, quem in quibusdam rebus fortasse Aristippi exemplum secutum primum[121] diatribas conscripsisse acuta Heinzii (l. c. 6, 2. cf. mus. Rh. 45, 1890, 507 sq.) disputatione docti sumus; in his diatribis ›ipse sibi fingebat adversarium quocum videretur loqui, quem redargueret increparet irrisum haberet‹ (Heinzius 7); conta Menippus, quantum ex Luciani imitatione concludimus, ad Platonis morem rursus se applicuit multis tamen ex comoedia sumptis. quae scribendi genera Romani Graecos imitati receperunt ita, ut alius alio genere uteretur ac

119 Pie Socrates apud Xen. mem. 1, 6, 10 ἐγὼ δὲ νομίζω τὸ μηδενὸς δέεσθαι θεῖον εἶναι, τὸ δ' ὡς ἐλαχίστων ἐγγυτάτω τοῦ θείου. (cf. Laert. D. 2, 27, epist. Socrat. 6, 4, [Lucian.] Cyn. 12).

120 Cf. de tota hac re Schlottmannus, Ars dialogorum componendorum quas vicissitudines apud Graecos et Romanos subierit, Rostochii 1889, quocum non in omnibus consentio. ceterum maxime operae pretium fecerit, si quis Schlottmanni opusculum ita continuabit, ut hanc scribendi rationem usque ad ultimam utriusque gentis aetatem persequatur.

121 Prorsus enim nihili aestimo Schlottmanni coniecturam (32), qui iam Stilponi hunc τῶν ἀορίστων προσώπων usum attribuere studet nullis omnino nisus fundamentis.

ne singuli quidem scriptores singula tantum genera adhiberent sed modo hoc modo illud in usum vocarent. de Cicerone omnia nota sunt, cf. Schlottmannus 38 sqq. Bioneae formae paene consentire carmina Luciliana Acro dicit ad Hor. epist. 2, 2, 60: sed in reliquiis Lucilii huius rei nec volam esse nec vestigium fatendum est. Horatius Bionem primarium ducem videtur secutus esse in priore sermonum libro, cuius plurimae sane saturae diatribarum formae simillimae sunt; in altero diatribarum forma prorsus relicta dialogi varia genera adhibuit.

Haec eam ob causam rettuli, ut per se quidem nihil obstare ostenderem, quominus a Varrone multiplices dialogi instituendi modos adhibitos esse putemus: certa tamen vestigia in saturis ipsis occurrere nego[122]. velut Ritschelius opusc. 3, 482 Varronem in ea satura cui inscribitur |

Tithonus
περὶ γήρως

Aristonis Cei exemplum de quo supra dixi secutum esse coniecit, cuius sententiam a Riesio[123] (praef. p. 29) et Ribbeckio (hist. poes. rom. 1, 263 sq.) probatam rectissime in dubitationem vocavit Hensius, Teletis reliquiae, Friburg. 1889, proll. p. C adn. ceteras enim saturas quotienscumque animo perlustro, se ipsum significare Varronem pro certo habeo; nam sive etiam post annum ab u. c. 709, quo anno Varro ipse in Cic. ac. 8 de *veteribus* Menippeis suis loquitur, ad saturas componendas rursum eum aggressum esse credimus, sive hanc saturam a Varrone annos nato e. g. sexaginta conscriptam esse fingimus[124], quod si ponimus tredecim fere anni intermittuntur usque ad Ciceronis academica posteriora, non video cur se ipsum Thitonum vocare non potuerit. quid quod huius saturae fr.

548 *risi multum, lusi modice*

[122] Aristotelio mori de omnibus rebus in utramque partem dicendi (cf. Cic. de orat. 3, 80; Tusc. 1, 9) maxime respondere videntur acres duorum adversariorum disputationes, quae saepe in Varronis saturis occurrunt, cf. praesertim Γνῶθι σεαυτόν, Meleagri, Ὄνος λύρας.

[123] Is miro quodam studio abreptus Ciceronis Catonem de senectute Ἡρακλείδειον illud esse in Ciceronis ad Atticum epistulis saepe nominatum (15, 4, 3. 13, 3. 27, 2. 16, 2, 6) putat (praef. 34), id quod temporum ratione falsissimum esse evincitur (cf. Att. 14, 21, 3). Riesio adstipulatus est Schlottmannus 31.

[124] Cavendum est, ne in hoc aetatis termino — sexagesimum dico annum — offendamus. in ea enim satura quae Sexagesis inscripta est, Varro fingit se sexagenarium ut senem delirum more vetusto in Tiberim depontari; veteribus enim annus sexagesimus ›quasi terminus fuit robustae et vegetae aetatis‹ (sunt verba Meinekii anal. Athen. 346, ubi v. testimonia; cf. etiam O. Keller in ann. nov. 133, 1886, 846 sqq.).

optime intellegitur de Varrone[125], qui Cynicorum more σπουδογελοίῳ[126] hominum vitia saturis suis tetigit.

Similiter haeremus in satura cui titulus est |

Agatho.

in hac satura de conviviis instituendis agi fragmenta indicant; ipsius autem Agathonis partes fuerint necne, non cognoscitur; neque enim Agathonem puto significari in fr.

6 *neque auro aut genere aut multiplici scientia*
sufflatus quaerit Socratis vestigia

quae est Riesii sententia in adn. ad hanc saturam; rectius fortasse idem (praef. p. 21) Menippum intellexit, quamquam ne hoc quidem certum esse apparet. — ex novem quae supersunt eius saturae fragmentis unum hoc est:

13 *quid multa? factus sum vespertilio, neque in muribus plane*
neque in volucribus sum.

nobile erat aenigma illud graecum, in quo vespertilionis similitudine significabatur eunuchus (cf. Plat. rep. 5, 479 C cum schol., Clearchus apud Athen. 10, 452 C sq.), in Stoicorum scholiis logicis tritissimum (cf. Prantelius, Gesch. d. Logik i. Abendl. 1, 360. 399. 453; de Epicuro cf. Vsener ad fr. 244[a] p. 348)[127]; iam finge haec ab ipso Agathone honestis verbis rem turpem celaturo dici: nam eunuchus quidem Agatho non erat, sed antica parte vir, mulier postica, ita ut in Thesmophoriazusis Mnesilochus cum virgine an cum iuvene loquatur nesciat (cf. 30—265, maxime 130—143); aptissime igitur ut eunuchus,

125 Sic etiam Mommsenus, Röm. Gesch.[7] 3, 609.

126 De hoc omnia nunc nota sunt. — De Menippo ridente cf. Luc. dial. mort. 1, 2 10, 9 necyom. 21 Icaromen. 4 18 sq. bis acc. 33 cf. Charont. 21. saepe ridendi verbo usi sunt saturarum scriptores: Hor. sat. 1, 1, 24 Pers. 1, 12 3, 87. de ludendi verbo cf. Plat. conv. 216 E de Socrate: εἰρωνευόμενος δὲ καὶ παίζων πάντα τὸν βίον πρὸς τοὺς ἀνθρώπους διατελεῖ. Philo de plantat. Noë § 40, I p. 354 (veterem philosophum secutus, Stoicum ut videtur cf. Arnimius, Quellenstud. z. Philo, 101 sqq. 106, 1) λεκτέον ὅτι οὐ σκυθρωπὸν καὶ αὐχμηρὸν τὸ τῆς σοφίας εἶδος ὑπὸ συννοίας καὶ κατηφείας ἐσταλμένον, ἀλλ' ἔμπαλιν ἱλαρὸν καὶ γαληνίζον, μεστὸν γηθοσύνης καὶ χαρᾶς· ὑφ' ὧν πολλάκις προήχθη τις οὐκ ἀμούσως παῖξαί τι καὶ χαριεντίσασθαι, παιδιὰν μέντοι τῇ σεμνότητι καὶ σπουδῇ καθάπερ ἐν ἡρμοσμένῃ λύρᾳ φθόγγοις ἀντιφώνοις εἰς ἑνὸς μέλους κρᾶσιν συνηχοῦσαν (cf. Themist. περὶ ἀρετῆς p. 42 in mus. Rh. 27, 1872, 452: »Worte des Diogenes, in deren Tiefe Ermahnung verborgen, über denen aber Lustigkeit ausgebreitet lag«). hinc Lucilii saturae sunt *ludus ac sermones* (934 L). hinc Persius 5, 16 se *ingenuo culpam defigere ludo* dicit, cf. 1, 117.

127 Paulo aliter Lucianus eunuch. 8 ἀμφίβολόν τι ζῷον εἶναι (sc. τὸν εὐνοῦχον) κατὰ ταὐτὰ ταῖς κορώναις, αἳ μήτε περιστεραῖς μήτε κόραξιν ἐναριθμοῖντο ἄν. cf. Birtius, Zwei polit. Sat. d. alt. Rom, 55.

incerti sexus homo, τεχνητὸν γύναιον, διγενὲς ἡμιάνδριον (Diog. apud Theophylact. epist. 43), sic etiam γυναικανήρ vel ἀρσενόθηλυς vespertilio dici potuit. quamquam minime hinc efficitur Agathonem significari ipsum: id tamen puto certum esse vespertilionis similitudinem referendam esse ad talem ἄνθρωπον οὐκ ἄνθρωπον (cf. Fabric. bibl. Gr.[1] 13, 592), sive eunuchus is fuit sive pathicus. nam quae extant aliae vespertilionis et hominis comparationes — Aristophanes in av. 1290. 1564 Chaerephontem νυκτερίδα dicit, ut adnotant interpretes, διὰ τὴν χροιάν, πύξινον (Eupol. fr. 239, I p. 322 K); ab Aristophonte comico apud Athen. 6, 238 C (fr. 10, II p. 280 K) homo quidam λυχνόβιος dicitur καθεύδειν μηδὲ μικρὸν νυκτερίς; in Aesopi fabulis quae feruntur apud Romulum (3, 4 O), vespertilio hominem bilinguem denotat —, eae omnes a nostro fragmento alienae sunt propter verba *neque in muribus plane neque in volucribus sum.*

Omnino semper in hac difficultate haeremus, ut cum in inscriptione legatur nomen hominis mortui aut herois, appellative, ut aiunt, adhibitum sit illud nomen necne nesciamus. velut Serranus | ille, cuius nomen praefixum est saturae continenti agriculturae vitaeque rusticae laudes, vulgo intellegitur C. Atilius Serranus cos a. u. c. 497 et 504: verum quidni intellegamus hominem nescio quem aevi Varroniani, fortasse Varronem ipsum, vitae rusticae deditum? mature enim Serrani nomen ut Cincinnati in proverbium venit, quod vulgo falsa scilicet opinione ducti (cf. Mommsenus ad CIL 1, 549) a serendi verbo veteres derivabant (cf. Plin. nat. 18, 3, 20, Verg. Aen. 6, 845, schol. Pers. 1, 74). — In *Sesculixe* Varronem suas ipsius peregrinationes variosque errores enarrasse mihi ceterisque quantum video omnibus praeter Riesium persuasit Vahlenus (l. c. 110 sqq.). sed in satura cui inscribitur *Prometheus Liber*[128] Prometheum ipsum induci ex fragmentis apparet.

In earum saturarum serie quibus nomina hominum heroumve inscripta sunt, praeter eas, de quibus propter fragmentorum paucitatem nihil proferri potest[129], adhuc omissae sunt tres:

[128] Antisthenis fragmentum illud a Themistio περὶ ἀρετῆς in mus. Rh. 27, 1872, 450 servatum, cuius fortasse simile fuisse huius saturae argumentum Ribbeckius dicit (hist. poes. rom. 1, 254 sq.), ego prorsus alienum esse censeo. veram interpretationis viam Buecheler mihi monstravit: sed hac de re nolo ut in transcursu agere.

[129] *Aiax stramenticius, Hercules Socraticus, Pseudaeneas* (ἄλλος οὗτος Ἡρακλῆς). in *Oedipothyeste* puto irrisa esse Stoicorum παράδοξα illa de incestis ineundis matrimoniis et de esu carnis humanae, quas res ipsis Oedipodis et Thyestis exemplis defendere solebant (cf. Ferd. Duemmler, Antisthenica, Diss. Bonn, Berol. 1882, 67 sq., E. Weber l. c. 131. 143 sqq. all. Origines c. Cels. 4 p. 194 Spenceri. hinc Christianis crimini dabantur Οἰδιπόδειοι μίξεις et Θυέστεια δεῖπνα, cf. e. g. Athenag. suppl. 3 p. 4 C); fortasse more suo titulum huc illuc

Endymiones — Manius — Meleagri

Prioribus titulis duobus significari videntur homines somno et venationibus dediti, nisi forte in comparationem vocandi sunt comoediarum graecarum inscriptiones quaedam pluraliter positae, ut Cratini Ὀδυσσῆς, quo de more nuper scripsit Wilamowitzius, Eurip. Herakles 1, 55, 14[130]. |

In Meleagris de venationis utilitate a duobus adversariis disceptatur; venandi studium his ipsis temporibus Romani a Graecis recepisse videntur, cum antea venationes inter servilia officia haberentur, cf. Kiesslingius ad Hor. carm. 1, 1, 28, sat. 2, 2, 11, epist. 1, 18, 49 et praesertim Th. Roeper, Varronis Eumenidum reliquiae, Gymnasialprogramm Danzig, 1858—1862, pars 3, 7 sq. — ceterum ne mireris hanc rem a Varrone in saturis tractatam esse, quibus numquam non aliquid ex philosophia admixtum sit, eiusmodi quaestiones a philosophorum disputationibus non omnino alienas fuisse moneo, cf. Xenoph. cyneg. passim, maxime 12, 10—19. 13, 11—18; Cyri inst. 1, 4, 5 sqq. Plat. legg. 8, 823 D—824 A, de Stoicis posterioribus cf. Ar. Did. Stob. ecl. 2, 120 (2, 67, 5 W) φιλομουσίαν δὲ καὶ φιλογραμματίαν καὶ φιλιππίαν καὶ φιλοκυνηγίαν καὶ καθόλου ἐγκυκλίους λεγομένας τέχνας ἐπιτηδεύματα μὲν καλοῦσι, ἐπιστήμας δ' οὔ, ἔν τε ταῖς σπουδαίαις ἕξεσι ταῦτα καταλείπουσι κτλ. Cicero (off. 1, 28, 104) venandi studium inter honesta exempla ludendi affert; Plutarchus in convivio de venationis utilitate disputationem habitam esse narrat (de soll. an. 1 p. 959 A 2 p. 960 B).

torquens Varro sui quoque temporis spurcas castigavit libidines, quales describit Catullus carm. 88 sqq. (cf. Riesii adn. ad hanc saturam).

130 Earundem inscriptionum numero tum singulari tum plurali positarum diversitatem, quam exemplis ex comoedia petitis notavit Vsener in mus. Rh. 28, 1873, 405 sqq., cadere moneo in Varronis saturam cui inscribitur *Synephebus* περὶ ἐμμονῆς: *Synephebos* enim scripserunt Caecilius et Pomponius, *Aequales* Afranius, cf. Damoxeni comici Σύντροφοι. saturae huius argumentum prorsus obscurum est, nisi quod in fr. 514 servi de fuga deliberantes inducuntur, quo in argumento multi erant mimi (cf. Cic. Cael. 64, Sen. epist. 114, 6, schol. Iuv. 13, 109). ad eandem rem pertinet fr. 513 *crede mihi, plures dominos servi comederunt quam canes. quod si Actaeon occupasset et ipse prius suos canes comedisset, non nugas saltatoribus in theatro fieret:* quorum verborum aliquatenus similia sunt ea quae leguntur in Dionis Chrys. or. 10 p. 296 R: ibi enim Diogenes insanire dicit dominum qui servum fugitivum retrahere studeat: πότερον οἴει πλείους ὑπὸ κυνῶν βλαβῆναι πονηρῶν ἢ ὑπ' ἀνθρώπων; ὑπὸ μέν γε κυνῶν φαύλων ἕνα τὸν Ἀκταίωνά φασιν ἀπολέσθαι καὶ τούτων μανέντων· ὑπὸ δὲ ἀνθρώπων φαύλων οὐδὲ εἰπεῖν ἔστιν ὅσοι ἀπολώλασι ....· οἱ μὲν ὑπὸ οἰκετῶν, οἱ δὲ ὑπὸ στρατιωτῶν κτλ. ›comedere‹ verbum apparet ambigue positum esse, saepe enim invenitur ›bona aurum argentum patrimonium comedere‹ ut κατεσθίειν apud Graecos; nec non ›comedere aliquem‹ sic usurpatur a Plauto cf. Most. 1, 1, 10; Trin. 101 sq.

Ex *Endymionibus*[131] unum affero fr.

105 *animum*[132] *mitto speculatum tota urbe, ut quid facerent homines cum experrecti sint, me faceret certiorem; siquis melius operam sumeret*[133]*, ut eius consilio potius vigilium adminicularem nostrum. quid vidit?*
aliúm[134] *curvantem*[135] *extremo*[136] *noctis tempore* |

In his editores omnes mutant *curantem* (pro *curvantem*, cf. Riesii adn. crit.); ego retinendum esse verbum censeo. quid enim obstat, quominus animum primo diluculo operarios ferramenta falcemve curvantes conspexisse putemus? cf. Cic. Tusc. 4, 44 *cui non sunt auditae Demosthenis vigiliae? qui dolere se aiebat, si quando opificum antelucana victus esset industria;* Ps. Plut. περὶ ἀσκήσεως in mus. Rh. 27, 1872, 526 de eodem: »Fünfzig Jahre ließ er die Lampe, des Lesens beflissen, nicht ausgehen, wie über ihn die Geschichtsschreiber sagen. er verließ die Stadt und ihren Tumult und wohnte am Hafen, des Morgens aber verkehrte er bei den Handwerkern, saß bei den Nadelmachern und beobachtete, wie sie die Nadeln bohrten und die Angeln krümmten«; de ferrariorum antelucano opificio cf. ib. 528 (de Platone): »Man erzählt, er habe neben einer Schmiede Wohnung genommen und sei durch das stete Hämmern wach geblieben und in der Nacht wie am Tage gewesen«, Iuv. 7, 222 *mediae quod noctis ab hora* | *sedisti, qua nemo* *faber*, *qua nemo sederet,* | *qui docet obliquo lanam deducere* *ferro*.

Denique de *Manio* non multa habeo quae addam Mommseni (hist. rom.[7] 3, 609 adn.) et Buecheleri (mus. Rh. 20, 1865, 437 sq.) enarrationibus; Manium Varro intellegit et *manum* i. e. bonum sed rustice sapientem — id enim voc. in malam partem abiit ut χρηστὸς (Bernaysius, Phokion 128 sqq.) εὐήθης, simplex-simple, ›un bon homme‹, silly-selig, schlecht, albern (cf. M. Mueller l. supra [adn. 36] c. 270 sq). —[137] et hominem iam multo mane πολυπραγμονοῦντα (fr. 259). memoratu digna haec fragmenta sunt:

[131] Ad titulum cf. Naevii com. *Agrypnuntes,* Alcaei comici Ἐνδυμίων (I p. 758 sq. K).

[132] Hoc. v. male a quibusdam temptatum est; de animo qui a corpore segregatus *peregrinatur* (Cic. Tusc. 5, 114) cf. Rohdius in mus. Rh. 26, 1871, 557, 1.

[133] *operam superet* codd. o *sumeret* vulgo ex Scaligeri emendatione. locutio antiquior videtur esse: cf. Plaut. Curc. 468; Most. 3, 1, 54; Men. 244; Merc. 935; Stich. 70; Ter. Haut. 73 sq. 693; Hec. 25. ex posterioribus affertur Cic. Verr. 4, 69; *operam insumere* primus dixit Cic. Verr. 3, 150.

[134] *qui videt alium* cod. Harleianus, *quid vidit aliad* (*ad* ex *ud* facto) Leidensis secundum Onionsii collationem (l. c. 119). quae supra scripsi, Buechelero debentur, qui etiam versum agnovit. aliorum conamina v. apud Riesium.

[135] Sic codd. omnes (nisi quod in *F* Onionsii inter *r* et *v* una littera erasa est).

[136] *extrema* codd., *extremo* vulgo post Iunium.

255 *quod dum administrant, in scrobe fodiendo inveniunt arcam*
256 *tum ad me ferunt, quod libellionem esse sciebant*

Primus haec fragmenta coniunxit Vahlenus (l. c. 110), qui Numae Pompilii libros e terra erutos significari coniecit: eos a fossoribus ad Varronem libellionem i. e. φιλόβιβλον ferri; se enim ipsum *libellionem* dicere Varronem iam Mommsenus (l. c. 605) intellexit, quamquam lexicographi cum Nonio adhuc *tabellionem* interpretantur. equidem de Numae libris addubito, quamquam hanc rem Varro identidem narrat atque eo facetius ad se ipsum referre potuit, quia scribae illi, cuius in agro Numae arca inventa esse vulgo credebatur, nomen Terentio fuisse plurimi auctores testantur. verum si Varro se ipse induxit, minus recte Numae libri intellegi videntur | dudum cremati. itaque Varronem exemplo a Numae libris petito fabulam illam redintegrasse putarim, cum alios libros nescio quos sed qui in argumento simili versarentur (cf. fr. 264—267) suo tempore effossos esse fingeret. id nemini, puto, a probabilitate abhorrere videbitur, qui in secretis secretorum inveniendis eiusmodi narratiunculas non raro occurrere meminerit. fabellam illam de Numae libris accurate imitatus est Dictys (cf. praef.); Plutarchus de genio Socr. 5 p. 577 E Agesilai temporibus Haliarti in Alcmenae monumento inventam esse narrat tabulam aeream litteris impletam vetustissimis, quarum cum forma Aegyptia[138] esse visa sit, regi Aegyptio tabulam missam esse, si forte sacerdotes interpretari possent; apud eundem (de fac. in orb. lun. 26 p. 942 C) recondita quaedam doctrina ex membranis Carthagine effossis refertur. de Pseudodemocriti libris cf. Plin. nat. 30, 9 cum adn. Dieterici in ann. nov. suppl. 16, 1888, 750, 2; Luciani Alexander ψευδόμαντις tabulas aereas defodit, quibus fucum faciat hominibus (10); in Antonii Diogenis fabella (Phot. bibl. cod. 166, p. 111, 25 B) liber in mortui sepulcro poni iubetur (cf. Rohdius, Der griech. Roman, 272, 2, Über Lukians Schrift Λούκιος ἢ Ὄνος, Lipsiae 1869, 21, 1, ubi apud Indos similia narrari adnotat); Suid s. v. Ἀκουσίλαος (indicavit Rohdius l. priore)· Κάβα υἱός, Ἀργεῖος ..., ἱστορικὸς πρεσβύτατος, ἔγραφε δὲ Γενεαλογίας ἐκ δέλτων χαλκῶν, ἃς λόγος εὑρεῖν τὸν πατέρα αὐτοῦ ὀρύξαντά τινα τόπον τῆς οἰκίας αὐτοῦ. Fabricius bibl. Gr.[4] 1, 76 »*tabula smaragdina* magnae apud chemicos auctoritatis, quae in valle Hebron in sepulcro et in manibus cadaveris Hermetis a Sara reperta esse dicitur«; ib. 70 adn. »in prologo quodam ad Hermetis Κυρανίδα: αὕτη ἡ βίβλος κατεχώσθη ἐν λίμνῃ τῆς Συρίας ἐγκεχα-

[137] De Manio i. e. homine rustico ineptove cf. Iahnius ad Pers. 6, 56 p. 225, Buecheler in ind. nom. in Petronii ed. min. s. v. *Manios.*

[138] Omnino totam hanc rem ad Aegyptiorum morem notissimum redire neminem latet.

ϱαγμένη στήλῃ σιδηϱᾷ«[139]. Flaccus Africus in tractatu de septem herbis (ed. Sathas. in ›documents inédits‹ vol. 7, Parisiis 1888) p. LXIII: *inveni in civitate Troiana in monumento reclusum praesentem libellum e. q. s.* (cf. H. Hauptius in Philol. 48, 1889, 374 adn. 12). sic Sibyllae Albuneae simulacrum in Anienis gurgite inventum esse dicitur tenens in manu librum: cuius sortes senatus in Capitolium transtulit (Lact. inst. 1, 6). denique conferenda sunt Consi dei ara sub terra a Romulo inventa (Liv. 1, 9, 6 al.)[140], Capitolinus collis dictus | ab eo, quod ibi cum foderentur fundamenta aedis Iovis caput humanum inventum esse dicitur (Varr. ling. 5, 41 al.), bovis et equi capita inventa cum Carthago conderetur (Serv. ad Aen. 1, 443), Tages Etruscus bubulco arante ex terra exsiliens (Cic. div. 2, 50 sq. Serv. Dan. ad Aen. 1, 394).

Vnum huius saturae fr. propter sermonem memorabile est:

257 *Automedo meus, quod apud Plotium rhetorem bubulcitarat, erili dolori non defuit:*

ad quae recte haec adnotat Riesius: »verba illa *erili dolori non defuit,* quae Automedo ille locutus est, a Varronis dicendi genere aliena et Ciceroniano magis accomodata sunt. quae ad L. Plotium auctorem referri memoratu perquam dignum.« de L. Plotio Gallo nuper egregie disseruit Marxius ind. lect. Rostoch. hib. 1889, 9 sq. ille anno 662/92 rhetoricam latinam primus docuit Romae: neque extant illius locutionis exempla[141] priora anno 674/80, quo anno Cicero in orat. pr. Sex. Roscio habita dixit (104): *vide ne tibi desis.* multa apud posteriores auctores exempla inveniuntur, quorum antiquiora haec sunt: Lucr. 1, 43 *nec ... communi desse saluti* (sic etiam Caes. Gall. 5, 33, 2), Caesar in suasione rogationis Plautiae (a. 684/70) apud Gell. 13, 3, 5 *equidem mihi videor pro nostra necessitate non labore, non opera, non industria defuisse.* ceterum memorabile est a Cicerone hanc locutionem in libris qui conscripti sunt de philosophia quinquies tantum adhiberi (Tusc. 5, 112. off. 3, 6 rep. 3, 32. 6, 26. leg. 3, 14), in libris rhetoricis bis (orat. 1, 4 in πϱοσφωνήσει ad. Q. fratrem, Brut.

[139] Sic Pseudodemocriti *physica et mystica* in columna quadam templi inclusa erant, qua rupta inveniebantur cf. Ps.-Dem. phys. et myst. c. 3 p. 42 sq. (ed. Berthelot-Ruelle, Collection des anciens alchimistes Grecs). sic in inscriptione nuper Magnesiae inventa narratur Bacchi statuam in platano fulmine icta repertam esse, quae urbi illi causa fuerit eius dei colendi (cf. Reinachius, Acad. des inscr., 1890 mens. Aug.); sic sortes Praenestinae perfracto saxo eruperunt, in robore insculptae priscarum litterarum notis (Cic. div. 2, 85).

[140] Cf. Paulus Festi p. 350 *Terentum locus in campo Martio dictus, quod eo loco ara Ditis patris terra occultaretur.*

[141] Falsa coniectura Franckeni a Baehrensio recepta unum exemplum Lucilio obtrusum est (693 L).

245), in orationibus secundum Merguetium fere tricies, in epistulis fere quadragies. sic Horatius hanc locutionem vitavit in carminibus, ter adhibuit in sermonibus. nimirum urbane dicebant non *adero* sed *non deero*, in quo quis non quaesitae orationis circulos sentit?

*

Eumenides

In finem reposui eam saturam, cuius multo plurima servata sunt fragmenta: quamquam totum argumentum redintegrare mihi non magis contigit quam eis qui ante me de hac satura disputaverunt[142]. |

Primarium argumentum hoc fuisse, ut comprobaretur Stoicorum dogma ὅτι πᾶς ἄφρων μαίνεται inter omnes constat; quod Varro ita instituit, ut a Furiis populum instigari fingat: fr.

146 *vix vulgus confluit non Furiarum sed puerorum atque ancillarum, qui omnes me bilem atram agitare clamitantes opinionem mihi insaniae meae confirmant.*

Tres ex hac multitudine eximuntur: fr.

117 *sed nós simul atque in summam speculam venimus*
videmus populum furiis instinctum tribus
diversum ferri exterritum formidine.

Quid quod una Furia diserte nominatur in fr.

123 *tertía Poenarum*
Infámia stans nixa in vulgi
pectore flutanti, intonsa coma,
sordida vestitu, ore severo.

his de Furiis sive Poenis cum a saturae interpretibus non quaesitum sit, ipse conabor quaedam disputare (apparet enim id quasi fundamentum esse totius argumenti), atque cum allegorice Furiarum fabulam a Varrone explicatam esse ex Infamiae nomine eluceat, similem interpretandi rationem investigabo, quae quo clarius appareat paulo latius exspatiandum mihi est.

Mortis metum cum ex hominum vita depellere studeret Epicurus, nihil antiquius habuit quam ut ineptas esse demonstraret poenas quas apud inferos esse vulgus superstitiosum sibi persuaserat; quod ut effi-

[142] Ad probabilitatem proxime accessit fragmenta ipsa secutus Buecheler mus. Rh. 20, 1865, 427: homo aliquis — fortasse Varro ipse — postquam varia insaniae genera perlustravit, cum sit solus inter insanos sanus, ipse insaniae accusatur, sed a forensibus quasi νέος Orestes absolvitur. sic erant qui Cynicos insanire dicerent cf. Dio Chrys. or. 8 p. 287 R. 9 p. 290. 34 p. 33. 66 p. 358. 79 p. 430; sic Democritum insanire populares sibi persuaserunt, cum ipsos potius esse insanos Democritus libro περὶ μανίης scripto ostenderet.

ceret, *illas inferorum poenas,* ut ait Lactantius inst. 7, 7, 13, *in hac esse vita interpretatus est* (fr. 341 Vs). egregiae huius doctrinae singula argumenta servavit Lucretius 3, 978—1023: Tantalus superstitiosum hominem significat, Tityus in amore iacentem omnibusque curis exesum, Sisyphus ambitiosum, Danaides diffluentem luxuria, denique Cerberum et Furias et Tartarum homines sibi ipsi fingunt quibus in hac vita vexentur male factorum conscii facinorumque flagellis exterriti. — huius doctrinae initia iam ante Epicurum inveniri puto. Plato enim in Gorgia p. 493 A sq., ubi Philolaum secutus vetustum illud Orphicorum dogma a Pythagoreis receptum de anima in σώματι quasi in σήματι sepulta affert, allegoricam adnectit Danaidum[143] fabulae interpretationem cum Lucretiana (1003 sqq.) mire congruentem: τοῦτο τῆς | ψυχῆς, οὗ αἱ ἐπιθυμίαι εἰσί, τὸ ἀκόλαστον αὐτοῦ καὶ οὐ στεγανόν, ὡς τετρημένος εἴη πίθος, διὰ τὴν ἀπληστίαν ἀπεικάσας.... ἐνδείκνυται ὡς τῶν ἐν ᾅδου... οὗτοι ἀθλιώτατοι ἂν εἶεν οἱ ἀμύητοι, καὶ φοροῖεν εἰς τὸν τετρημένον πίθον ὕδωρ ἑτέρῳ τοιούτῳ τετρημένῳ κοσκίνῳ. τὸ δὲ κόσκινον ἄρα λέγει ... τὴν ψυχὴν εἶναι, τὴν δὲ ψυχὴν κοσκίνῳ ἀπείκασε τὴν τῶν ἀνοήτων ὡς τετρημένην, ἅτε οὐ δυναμένην στέγειν. vides igitur, quemadmodum ab Epicuro haec aucta sint: Pythagorei[144] Danai filiarum poenam criminibus in hac vita commissis respondere dixerunt, Epicurus ne esse quidem in inferis hanc poenam statuit. iam memorabile est, qua ratione illae Orphicorum Pythagoreorum Epicuri sententiae ab aliis philosophis coniunctae amplificatae immutatae sint. Macrobius comm. in somn. Scip. 1, 10, 9 sqq. res quae apud inferos esse vulgo credantur in nostris corporibus esse fuse enarrat ipsis additis huius sententiae auctoribus: 10, 9 *antequam studium philosophiae circa naturae inquisitionem ad tantum vigoris adolesceret, qui per diversas gentes auctores constituendis sacris caerimoniarum fuerunt aliud esse inferos negaverunt quam ipsa corpora,* deinde singulis expositis 16 *nec frustra hoc theologi suspicati sunt* et 11, 1 *dicendum est, quid his postea veri sollicitior inquisitor philosophiae cultus adiecerit. nam et qui primum Pythagoram et qui postea Platonem secuti sunt, duas esse mortes ... prodiderunt.* Macrobio igitur si fidem habemus, tota haec ratio iam a theologis illis, i. e. Orphicis, exculta erat: quod cum per se plane abhorreat ab Orphicorum de inferis doctrina tum

[143] Danai filias ipsas intellegendas esse negat Kiesslingius ad Hor. carm. 3, 11, cum nota illa τῶν ἀμυήτων poena post Platonis demum aetatem ad illas translata sit: id tamen nullius momenti est ad quaestionem praepositam.

[144] Zeller l. c. 1^4, 418, 5 haec interpretatio ad Pythagoreos referenda an a Platone addita sit dubitat. nuper qui Antisthenem eius auctorem esse nullis prorsus argumentis allatis coniecit Duemmler, Acad. p. 86 sqq., nemini persuasit (cf. Natorpius, Philosophische Monatshefte 26, 1889, 464, Zeller, Archiv für Philosophie 4, 1890, 127).

falsum esse vel ea re demonstratur, quod in singulis quae enarrat Macrobius recentioris doctrinae vestigia deprehenduntur non pauca, quae legenti statim diluceant. nimirum res ita se habet: Porphyrius quem exscribit Macrobius (cf. Linkius in comm. phil. in hon. M. Hertzii, Berolini 1888, 240—256), ut suam de duplici morte doctrinam veterum philosophorum sententiis confirmaret, temporibus vetustissimis ea quoque obtrusit quae a posteris addita erant[145].

Ceterum cum mirum quantum illis inferorum allegoriis homines delectarentur[146], quibus regna orcina ψεῦδος et μῦθον esse exploratum esset, factum est, ut singulis poenis diversae saepe ὑπόνοιαι substituerentur. Tantalus superstitionis exemplar est cum apud | Lucretium (l. c.) tum apud Plutarchum de superst. 11 p. 170 F[147]; alii qui alteram Tantali poenam sibi eligebant avaritiam sub hac imagine intellegi voluerunt, quo in numero praesertim Cynici videntur fuisse cf. intpp. ad Hor. sat. 1, 1, 68, Heinzius l. c. 20, Hensius ad Telet. epit. 25, 6: addo Verg. Aen. 6, 602 sqq. (cf. Servius et infra p. 342). Phaedri apologum append. 5, 7 sqq., Philonem quis rer. div. her. § 54, I p. 512, de concupisc. § 1, II p. 349 de decalogo § 28, II p. 204, Max. Tyr. diss. 4, 4, Apuleium de deo Socr. 22, cf. etiam Eustath. ad Od. λ 580[148]. — Tityum hominem curis exesum interpretantur Lucr. 3, 992 sqq., Macrob. l. c. 10, 12, cf. Heracl. all. Hom. 18, Phaedr. app. 5, 13 sqq.[149]. — Ixionem intellegunt hominem Fortunae rota volutatum Macrob. l. c. 10, 14, Phaedr. app. 6 sq., sed negotiatorem qui semper tempestatibus turbinibusque volvitur Serv. ad Aen. 6, 596, ambitiosum Dio Chrys. 4 p. 180 R[150]. — Sisyphum ambitiosum inter-

145 Similem sententiam compluribus locis profert Servius in comm. ad Verg., quem ex Porphyrio pendere veri est simillimum; cf. ad Aen. 6, 127. 439. 477. 596 (cf. ad ecl. 5, 66; 8, 75).

146 Nota est ex Dantii poemate theologorum de duobus infernis doctrina, qui sunt in ipsa terra h. e. in vita nostra et sub terra h. e. post vitam.

147 Cf. Epicureus apud Cic. fin. 1, 60 *accedit etiam mors quae quasi saxum Tantalo semper impendet;* omnino Ταντάλου λίθος et Ταντάλου φόβος in proverbium venerunt. — Xenopho oecon. 21, 12 τὸ δὲ ἀκόντων τυραννεῖν διδόασιν, ὡς ἐμοὶ δοκεῖ, οὓς ἂν ἡγῶνται ἀξίους εἶναι βιοτεύειν ὥσπερ ὁ Τάνταλος ἐν ᾅδου λέγεται τὸν ἀεὶ χρόνον διατρίβειν φοβούμενος μὴ δὶς ἀποθάνῃ. eodem modo Macrobius l. c. 10, 15 ambitiosi imagine Tantali poenam inlustrari dicit, quippe cui lapis semper casurus ut Dionysio ensis destrictus super cervice pendeat. sic etiam Dio Chrys. 6, 216 R.

148 In Luciani Tim. 18 post Tantalum inducitur Phineus, quem Harpyiae epulis privant: eandem allegoriam habes apud Serv. ad Aen. 3, 209.

149 Cf. anth. lat. 636 *(de interno livore),* 21 R *est ales Tityique vultur intus, | qui semper lacerat comestque mentem.* paulo aliter. A. P. 10, 114 ἡ κρίσις ἐστὶ κάτω καὶ Τάνταλος· οὐδὲν ἀπιστῶ, | τῇ πενίῃ μελετῶν τὴν ὑπὸ γῆν κόλασιν.

150 Lobeckius Agl. 1, 798 addit Simplic. in l. de caelo 2 p. 91 b; ibi tamen de hac quidem interpretatione nihil invenio: alteram quae ibi legitur consulto omitto.

pretatur Lucr. 3, 995 sqq., aliter Macrob. l. c. 10, 15, Phaedr. app. 5, 3 sqq. — Danaides significant homines ἀκολάστους et ἀνοήτους: Philolaus apud Plat. l. c., luxuriosos: Lucr. 3, 935 sqq., 1003 sqq., 6, 17 sqq. Phaedr. app. 5, 10 sqq. Luc. Tim. 18, dial. mort. 11, 4 et 17, cf. Plut. conv. sept. sap. 16 p. 160 B (Porphyr. de abst. 3, 27 p. 227, 7 sqq. N²).

Iam videamus, quemadmodum Erinyes quoque per similem allegoriam acceptae sint: qua in quaestione a minoris momenti locis orsus ad eos ascendam qui ad Varronis saturam proxime accedant. Aeschines in Timarch. 190 μὴ γὰρ οἴεσθε, ὦ ἄνδρες, τὰς τῶν ἀδικημάτων ἀρχὰς ἀπὸ θεῶν ἀλλ' οὐχ ὑπ' ἀνθρώπων ἀσελγείας γίγνεσθαι, μηδὲ τοὺς ἠσεβηκότας καθάπερ ἐν τραγῳδίαις Ποινὰς ἐλαύνειν καὶ κολάζειν δᾳσὶν ἡμμέναις· ἀλλ' αἱ προπετεῖς τοῦ σώματος ἡδοναὶ καὶ τὸ μηδὲν ἱκανὸν ἡγεῖσθαι, ταῦτα πληροῖ τὰ λῃ | στήρια ..., ταῦτά ἐστιν ἑκάστῳ Ποινή, ταῦτα παρακελεύεται σφάττειν τοὺς πολίτας. quae verba imitari videtur Cic. in Pis. 46 *nolite enim putare, patres conscripti, ut in scaena videtis, homines consceleratos impulsu deorum terreri furialibus taedis ardentibus: sua quemque fraus, suum facinus, suum scelus, sua audacia de sanitate ac mente deturbat; hae sunt impiorum Furiae, hae flammae, hae faces*; cf. Sex. Rosc. 67[151]. Demosth. (?) adv. Aristogit. 1, 52 μεθ' ὧν ζώγραφοι τοὺς ἀσεβεῖς ἐν ᾅδου γράφουσιν, μετὰ τούτων, μετ' ἀρᾶς καὶ βλασφημίας καὶ φθόνου καὶ στάσεως καὶ νείκους περιέρχεται. Plut. de exsilio 9 p. 602 D ὁ δ' Ἀλκμαίων ἰλὺν νεοπαγῆ τοῦ Ἀχελῴου προσχωννύντος ἐπῴκησεν ὑποφεύγων τὰς Εὐμενίδας, ὥς οἱ ποιηταὶ λέγουσιν· ἐγὼ δὲ κἀκεῖνον εἰκάζω φεύγοντα πολιτικὰς ἀρχὰς καὶ στάσεις καὶ συκοφαντίας ἐριννυώδεις ἑλέσθαι βραχὺ χωρίον ἀπραγμόνως ἐν ἡσυχίᾳ κατοικεῖν, cf. de garrul. 14 p. 509 F. — Max. Tyr. diss. 6, 8 ἕως ἄσπονδος καὶ ἀκήρυκτος ὁ ἐν ψυχῇ πόλεμος, ἄφιλος ἡ ψυχὴ μένει, ἐχθρά, σκυθρωπή. ταῦτα αἱ Ποιναί, ταῦτα αἱ Ἐριννύες, τὰ δράματα, αἱ τραγῳδίαι. id. 19 c. 8 sq. ψεύδεται μὲν ὁ Ἐλπήνωρ λέγων·

ἆσε με δαίμονος αἶσα κακή (λ 61),

ψεύδεται δὲ ὁ Ἀγαμέμνων λέγων·

ἐγὼ δ' οὐκ αἴτιός εἰμι,
ἀλλὰ Ζεὺς καὶ Μοῖρα καὶ ἠεροφοῖτις Ἐριννύς (Τ 86).

ἔοικε δὲ καὶ ταυτὶ τὰ ὀνόματα εἶναι μοχθηρίας ἀνθρωπίνης εὔφημοι ἀποστροφαί, ἀναθέντων αὐτῆς τὴν αἰτίαν τῷ δαιμονίῳ καὶ ταῖς Μοίραις καὶ ταῖς Ἐριννύσιν· οἱ δὲ ἐν μὲν ταῖς τραγῳδίαις ἐχέτωσαν χώραν ..., ἐν δὲ τῷ βίου δράματι μήποτε ταῦτα κενά. ἡ δὲ Ἐριννὺς καὶ

151 Hi loci laudati sunt etiam a Roepero, Varronis Eumenidum reliquiae, 1862, 3, 38 et in Roscheri lex. myth. s. v. Furiae (1, 1562). — Non multum tribuo huiusmodi locis: Petr. 1 *num alio genere furiarum declamatores inquietantur ...?* Iuv. 6, 29 *dic, qua Tisiphone, quibus exagitare colubris?*

ἡ Αἶσα καί οἱ δαίμονες καὶ ὅσα ἄλλα .. ὀνόματα ἔνδον ἐν τῇ ψυχῇ καθειργμένα .....· ταῦτα καὶ τὸν Ἐλπήνορα εἰς μέθην ἄγει, ταῦτα καὶ τὸν Θυέστην ὠθεῖ ἐπὶ τὸν τοῦ ἀδελφοῦ γάμον κτλ. cf. Iuncus περὶ γήρως apud Stob. flor. 107, 9 (4, 92, 21 M) ἡδοναὶ καὶ ἀδικίαι... μάστιξι καὶ κέντροις ὥσπερ ἐπὶ σκηνῆς αἱ τῶν τραγῳδῶν Εὐμενίδες τὸν νέον ἐλαύνουσιν κτλ. — Lucretius 3, 1011 sqq.

Cerberus et Furiae iam vero et lucis egenus
Tartarus horriferos eructans faucibus aestus,
quid? neque sunt usquam nec possunt esse profecto,
sed metus in vita poenarum pro male factis
est insignibus insignis, scelerisque luella, |
carcer et horribilis de saxo iactu' deorsum,
verbera carnifices robur pix lammina taedae;
quae tamen etsi absunt, at mens sibi conscia factis
praemetuens adhibet stimulos terretque flagellis.

Cic. parad. 18 te miseriae, te aerumnae premunt omnes, qui te beatum ... putas; te lubidines torquent, tu dies noctisque cruciaris, cui nec sat est quod est et id ipsum ne non diuturnum sit futurum times; te conscientiae stimulant maleficiorum tuorum, te metus exanimant iudiciorum atque legum; quocumque aspexisti, ut Furiae sic tuae tibi occurrunt iniuriae, quae te suspirare libere non sinunt. leg. 1, 40 *poenas luunt (impii) non tam iudiciis ..., sed ut eos agitent insectenturque Furiae, non ardentibus taedis, sicut in fabulis, sed angore conscientiae fraudisque cruciatu.* maxime memorabiles sunt Horatii versus sat. 2, 3, 134 sqq., ubi de Oreste sic dicit:

an tu reris eum occisa insanisse parente
ac non ante malis dementem actum furiis quam
in matris iugulo ferrum tepefecit acutum?
quin, ex quo est habitus male tutae mentis Orestes,
nil sane fecit quod tu reprendere possis:
non Pyladen ferro violare ausus sororem
Electram.

denique summi momenti est Lact. inst. 6, 19, 4 (dixit de Stoicorum affectibus): *tres sunt igitur affectus, qui homines in omnia facinora praecipites agunt: ira, cupiditas, libido. propterea poetae tres Furias esse dixerunt, quae mentes hominum exagitent: ira ultionem desiderat, cupiditas opes, libido voluptates*[152].

Tribus igitur Stoicorum affectibus tres Furias substituit Lactantius[153] vel potius is quem sequitur. simile quiddam in Varronis satura

[152] Roeper l. c. 38 Isidorum (orig. 8, 11, 95) affert, non memor Lactantii quem ille sine dubio exscripsit; neque Lactantii meminit Arevalus.

[153] Non multum tribuo locis his: Cic. Tusc. 3, 25 *his autem perturbationibus*

latere demonstrabo; singula enim fragmenta si examinabimus, tria vitia castigari inveniemus: avaritiam ambitionem superstitionem: quorum de nexu infra disputabo. |

De avaris cf. fr.

126 *dénique qui sit avarus*
sánus? cui si stet[154] *terrai traditus orbis,*
furando tamen a morbo stimulatus eodem
ex sese ipse aliquid quaerat cogatque peculi.

ad avari descriptionem pertinere puto[155] etiam haec fragmenta:

133 *apage in dierectum a domo nostra istam insanitatem*
134 *quin míhi caperratam tuam frontem, Strobile, omittis?*[156]
135 *nunc córius ulmum cum tuus depavit, pergis? heia*
136 *contrá cum psalte Pisia et cum Flora lurcare ac strepis?*
137 *tu nón insanis, quom tibi vino corpus corrumpis mero?*
157 *»quia plus« inquit »merere debet, in quo est virtus«*
158 *primum iste qui meret sestertios vicenos.*

Versibus 133—135, 136—137, qui comoediae[157] canticum, ni fallor, imitantur, dominus quidam avarus induci videtur Strobilo[158] servo

(voluptati, libidini, timori, aegritudini), quas in vitam hominum stultitia quasi quasdam Furias immittit atque incitat, omnibus viribus ... repugnandum est. anth. lat. 636, 21 R *vesanos tacite movet furores | intentans animo faces Erinys.* Hippolyt. ref. haer. 6, 26 qui verba Pythagorae haec: ἐκ τῆς ἰδίας ἐὰν ἀποδημῇς, μὴ ἐπιστρέφου· εἰ δὲ μή, Ἐριννύες Δίκης ἐπίκουροί σε μετελεύσονται interpretatur sic: ἰδίην καλῶν τὸ σῶμα, Ἐριννύας δὲ τὰ πάθη .... δύνασθαι οὖν φησί ποτε τὴν ψυχὴν καὶ θνητὴν γενέσθαι, ἐὰν ὑπὸ τῶν Ἐριννύων κρατῆται, τουτέστι τῶν παθῶν, καὶ ἀθάνατον, ἐὰν τὰς Ἐριννῦς ἐκφύγῃ, ἅ ἐστι πάθη.

154 De *stet* v. cf. Lachmannus ad Lucr. 2, 181, Serv. ad Aen. 1, 646. de sententia cf. Epicur. apud Sen. epist. 9, 20 (fr. 474 Vs) *si cui sua non videntur amplissima, licet totius mundi dominus sit, tamen miser est.*

155 De fr. 134 135 161 idem dicit Buecheler in mus. Rh. 20, 1865, 428.

156 Sc. *ostendere:* errant qui *frontem omittere* explicare student.

157 Comoediam scriptores diatribarum saturarumque saepissime in usum vocabant; de Diogene cf. Antonin. 11, 6 (p. 145, 11 St) ἡ ἀρχαία κωμῳδία ... παιδαγωγικὴν παῤῥησίαν ἔχουσα καὶ τῆς ἀτυφίας οὐκ ἀχρήστως δι' αὐτῆς τῆς εὐθυῤῥημοσύνης ὑπομιμνήσκουσα· πρὸς οἷόν τι καὶ Διογένης ταυτὶ παρελάμβανεν. de Bione cf. Hensius l. c. proll. XLVII sq. LIX adn. LXXV. CIII sq., de Menippo cf. adn. 8. luculentissimum exemplum Menandri Eunuchus est, quam comoediam amantis insaniam descripturi adhibuerunt Cic. Tusc. 4, 76, Hor. sat. 2, 3, 258 sqq., Persius 5, 161 sqq.; eodem modo Epictetus diss. 4, 1, 17 sqq. scaenam ex Menandri Μισουμένῳ fabula petiit, ubi Thrasonides miles puellam deperiens inducitur: quod exemplum in hac re apud Stoicos sollemne fuisse ex Laert. D. 7, 130 apparet.

158 *Strobilus* nomen servi est in Plauti Aulularia, CIL 2, 3614. 6, 5289; liberti CIL 5, 6442, cf. 6, 23095.

magnum malum minitatus, qui cum Pisia[159] et Flora meretriculis ero absente diem luculentum sibi fecerat, ut e. g. servi in Plauti Persa (1, 1, 29 sqq. et act. 5)[160]. insanum[161] esse servum vino gulaeque inservientem dominus dicit re vera ipse insanior. ad eandem scaenam puto pertinere fr. 158 (v. supra): Senecae quidem tempo- | ribus servus in mensem quinos modios quinosque denarios accipiebat (Sen. epist. 80, 7: de temporibus antiquioribus testimonia deesse videntur; cf. Marquardtius, Privatl. d. Röm. 160, 3); cum fr. 158 arte coniunctum esse fr. 157 apparet[162]. quin etiam fr.

160 *patella esurienti posita provocat Neapolitanas piscinas*[163]

[159] Nomen admodum rarum; cf. Roeper l. c. 1, 16; 2, 2 adn. 1, Ribbeckius in mus. Rh. 14, 1859, 107.

[160] Sic a Iuvenale sat. 14, 126 sq. dominus avarus *servorum ventres modio castigat iniquo | ipse quoque esuriens.*

[161] Ebrietatem a Chrysippo μικρὰν μανίαν dictam esse (Stob. flor. 18, 24 = 1, 294, 30 M) adnotat Roeper l. c. 2, 25 sq. (cf. Hirzelius l. c. 2, 68, 3, H. v. Arnimius, Quellenstud. z. Philo von Alexandria, Philologische Untersuchungen 11, Berolini 1888, 101 sqq.). quamquam hanc rem minus in locum nostrum quadrare puto.

[162] Servos cum dominis altercantes a Cynicis Stoicisque in hoc litterarum genere saepe inductos esse puto. Epictetus in diss. 4, 1, postquam solum sapientem liberum esse demonstravit, addit haec: ταῦτα ἄν τις ἀκούσῃ δισύπατος, ἂν μὲν προσθῇς ὅτι ›Ἀλλὰ σύ γε σοφὸς εἶ, οὐδὲν πρὸς σὲ ταῦτα‹, συγγνώσεταί σοι. ἂν δ' αὐτῷ τὰς ἀληθείας εἴπῃς ὅτι ›Τῶν τρὶς πεπραμένων οὐδὲν διαφέρεις πρὸς τὸ μὴ καὶ αὐτὸς δοῦλος εἶναι‹, τί ἄλλο ἢ πληγάς σε δεῖ προσδοκᾶν; quem sermonem longius enarrat. hinc, puto, iudicandum de Horatii libri alterius saturis illis, in quibus Ofellus Damasippus Davus, infimae condicionis homines, dogmata stoica explicant; nec non conferendum, quemadmodum in sat. 3 homo plebeius Agamemnonem vituperet (v. 187 sqq.).

[163] Ad hoc fr. L. Mueller haec adnotat: ›recte negat Havetus posse illud *patella* h. l. de vase accipi putatque ea significatione usurpatum, qua hodie a Gallis dicitur conchyliorum quoddam genus ›patelle‹, quod germanice vocatur ›Napfschnecke‹. sed nescio an sit magis probabile Nonii stupore omissa quaedam ante id quod est *patella,* ut puta *vilissimis repleta eduliis.* at neque ἡ λοπάς (seu λεπάς) apud Latinos alibi dicitur patella et inepte h. l. pretiosum ostrearum genus provocare dicitur psicinas illas item lautissimas. ei igitur qui vas h. l. intellegi non posse contendunt (inter quos etiam Oehler est), aliter rationem suam stabilire debebant. nimirum nihil impedit, quominus paulo liberius intellegatur patella non vas sed qui in eo continetur cibus, plane ut nos dicimus ›Schüssel‹, Graeci παροψίς (cf. Athen. 9, 367 B—368 C al.), Latini *ferculum;* sic *pingues patinas tuccetaque crassa* coniungit Persius 2, 42, et *patina* pro eo quod in patina confit apud Apicium 3, 62 et 4, 121 sqq. legitur; sic in linguis Romanensibus ›formaggio‹ ›fromage‹ pro formellis casei dicta caseum ipsum significant, ut in quibusdam Germaniae regionibus cibi genus vocatur ›Topfen‹, quod alibi nominatur ›Quark‹; sed errant et qui apud Iuvenalem (5, 72) artoptam intellegunt panem artopticium et qui in Batrachomyom. v. 41 χύτρας interpretantur cibum nescio quem. omnino hic usus late patet; sic Homerus dicit κρητῆρα μίσγεσθαι, ut *camellam miscere* Petronius (64), nos ›eine Bowle machen‹; nec multum distant talia: χύτραν ἕψειν

ex avari mente dictum esse potest: neque enim in hac satura ullum fr. invenitur, quo luxuria vituperatur.

Venio ad alterum insaniae genus quod in satura describitur: superstitionem dico; eam enim denotari fragmentis quae ad magnae | matris et Serapidis[164] cultum pertinent (119—121, 149—156), constat.

ἔτνους μεστήν (Plat. Hipp. mai. 290 D), χύτραν προσκαίεν (Aristoph. Vesp. 828), cuius exempli consimile est id quod legitur in Varronis sat. fr. 219, *lucerna combusta est* h. e. ›oleum in lucerna comburitur‹, ut nos ›die Lampe geht aus‹ (cf. Buecheler mus. Rh. 20, 1865, 417). sed haec similiaque quae omitto nihil ad nostrum locum: immo illi patellam vas esse falsissime negarunt — nimirum ne potuisse quidem piscinae opponi nisi vas apparet (cf. etiam Vahlenus l. c. 186) —, neque opus esse censeo Muelleri supplementis, cum patella ut vetustissimum ita simplicissimum vasculum (cf. Iahnius ad Pers. 3, 26) egregie dicatur piscinas crescente luxuria inventas provocare h. e. ›herausfordern‹ vel ›es aufnehmen mit‹: provocandi enim verbum significationem illam post Augusteam demum aetatem recepisse falso contendit qui Iuvenalis interpretem se esse autumat A. Weidner (ad 1, 24).

164 Magnam matrem cum Serapide coniungit etiam Plut. d Pyth. or. 25 p. 407 C τὸ ἀγυρτικὸν καὶ ἀγοραῖον καὶ περὶ τὰ μητρῷα καὶ σεράπεια βωμολόχον καὶ πλανώμενον γένος. gallos et Isidis sacerdotem iuxta ponunt in superstitione castiganda Persius 5, 186 sq. et Iuv. 6, 513 sqq. — Insania capti esse Galli etiam Senecae videntur, qui in fragmentis libri de superstitione (apud Augustin. civ. 6, 10 = fr. 34 H) turpissimam hanc superstitionem exagitat, perturbatae mentis furori illi solam insanientium turbam patrocinari dicens. κορυβαντιᾶν iam Platonis et Aristophanis comici temporibus idem significabat quod μαίνεσθαι, furere Gallos etiam Paulus Festi p. 51 et p. 95 dicit. — de Serapide cf. Serv. Dan. ad Aen. 8, 698 *Varro indignatur Alexandrinos deos Romae coli;* Varro saturam scripsit *Pseudulus Apollo* περὶ θεῶν διαγνώσεως, qua inscriptione significari Serapidem Buecheler vidit in mus. Rh. 14, 1859, 430. nec sine acumine haec potissimum superstitionis genera nostro loco commemorari videntur, ubi agitur de insania curanda, quod ne a matris quidem magnae cultu alienum est: in Aristophanis Vespis (119 sqq.) filius patrem insanientem ut curaret αὐτὸν ἀπέλου κἀκάθαιρ', ὃ δ' οὐ μάλα. | μετὰ τοῦτ' ἐκορυβάντιζ', ὃ δ' αὐτῷ τυμπάνῳ | ᾄξας ἐδίκαζεν ἐς τὸ καινὸν ἐμπεσών, neque plus filius profecit, cum patrem κατέκλινεν εἰς 'Ασκληπίου; ad v. 120 scholiasta adnotat κορυβαντίζειν· τὰ τῶν Κορυβάντων ποιεῖν μυστήρια ἐπὶ καθαρμῷ τῆς μανίας, cf. Hesychius s. κορυβαντισμός· κάθαρσις μανίας, v. Lobeckius Aglaoph. 1153. pro Aesculapio Varro substituit Serapim, qui dei quam artis vinculis Varronis temporibus coniuncti fuerint, ex his Ciceronis verbis apparet (div. 2, 123): *qui igitur convenit aegros a coniectore somniorum potius quam a medico petere medicinam? an Aesculapius, an Serapis potest nobis praescribere per somnium curationem valetudinis?* in hac saturae parte pleraque obscura esse valde dolemus, miror autem quemadmodum in explicando fr. 138 *in somnis venit, iubet me caepam esse et sisymbrium* errare potuerit Roeper (l. c. 23 sq.), qui reliqua egregie prorsus expediverit. videlicet haec sunt verba hominis cuiusdam ex somnio moniti, cui ad curandum morbum nescio quem — de caepae viribus cf. Galen. 6, 658 K, de sisymbrio lectio non constat — herbae quaedam praecipiuntur ut M. Iulio Apellae (Ephemeris Archaiologike 1883, 227 v. 7) et Aristidi (or. 1 p. 463 D, cf. Wilamowitzius Isylli 118, 2). ceterum

Iam tertium insaniae genus ut intellegamus, maximi momenti est, recte ut interpretemur duo fragmenta metri vinculo arte coniuncta:

123 *tertía Poenarum*
Infámia stans nixa in vulgi
pectore flutanti, intonsa coma,
sordida vestitu, ore severo[165] |
124 *proptér perterricrepis*
vocíbu' volitans aureis volgi[166].

quae fragmenta iam a veteribus rectissime intellecta a recentioribus minus recte tractata sunt. Cuiacius[167] enim ›paratitl. in digest.‹, Colon. Agr. 1595, ad dig. 3, 1, 2 (p. 13) haec ait: »infamis generaliter si acci-

ut homo noster Serapidi curationis mercedem exsolvere cogitur (fr. 128), sic M. Iulius ille ab Aesculapi sacerdote somnio monetur: τεθεράπευσαι, χρὴ δὲ ἀποδιδόναι τὰ ἴατρα (l. c. v. 20)*.

165 Anapaestos primus agnovit Hermannus, Elem. d. M. 389, rectius distribuit Ribbeckius in mus. Rh. 14, 1859, 412. mire L. Mueller (in edit. Nonii) »ad satisfaciendum rei metricae« sic *tertia Poenarum Insania* ⏑—|⏑⏑—⏑⏑ *stans fixa in vulgi*, sed cf. Ribbeckius coroll. trag. p. XVII et Plaut. Bacch. 1086 et 1095[b] ex distributione Leonis.

166 De metro cf. Buecheler, mus. Rh. 20, 1865, 425, 13. — *perterricrepis coniecit* pro *percrepis* Palmerius in Gruteri lampad. 4, 785 sq. aliter Buecheler in adn.

167 Locum indicavit Roeper l. c. 3, 38 qui Cuiacii sententia improbata *insania* scribit (prob. Riesius, L. Mueller).

* *[Addendum]* κορυβαντιᾶν — μαίνεσθαι: Strab. 10, 473 τῶν δὲ Κορυβάντων ὀρχηστικῶν καὶ ἐνθουσιαστικῶν ὄντων καὶ τοὺς μανικῶς κινουμένους κορυβαντιᾶν φαμεν. Timaei lex. Plat. p. 88 R³ κορυβαντιᾶν· παρεμμαίνεσθαι καὶ ἐνθουσιαστικῶς κινεῖσθαι. schol. Plat. Conv. 215 E κορυβαντιώντων· ἐνθουσιώντων, ἤ τινα ὄρχησιν ἐμμανῆ ὀρχουμένων.
de insania κορυβαντισμῷ curanda cf. Schoemannus, Gr. Alt.³ 2, 375: »Zu der gleichen Gattung von Leuten (dicit Ὀρφεοτελεστάς, μητραγύρτας, Σαβαζίου θεράποντας) gehören auch diejenigen, welche vermittelst sogenannter korybantischer Katharmen und Mysterien den Wahnsinn kurierten, der, wie sie behaupteten, von den Korybanten verursacht würde (cf. Lobeck Agl. 640). Zu ihrer Kurmethode gehörten namentlich ekstatische Tänze mit Musik von Cymbeln und Handpauken.« Voigtius in Roscheri lex. myth. 1, 1085: »Die Verbindung des Dionysos mit Kybele knüpft an deren Macht an, Wahnsinn zu verhängen wie zu entfernen. Zur Befreiung von Gemütsverwirrung wurde die Weihe der Korybanten gesucht; so sollte auch Kybele den von Hera in Wahnsinn versetzten Dionysos in ihren heiligen Felsgrotten gereinigt und die Weihen gelehrt haben (schol. Il. Z 131).« insaniae curationem num spectent monumenta illa in Piraeo inventa (C. I. A. III 1, 134 [135] 136 137 cf. Wachsmuthius, Die Stadt Athen im Altertum, 1890, 2, 1, 158 sqq.), quibus aegroti vota solverunt Μητρὶ θεῶν εὐαντήτῳ ἰατρίνῃ dubium est. —

pias, est quem lex vel S. C. vel decretum principis vel edictum praetoris ex causa aliqua turpi notavit ut ignominiosum, quam poenam Varro ita describit eleganter: *tertia* e. q. s.« — In fr. 124 famam indicari primus dixit Palmerius in Gruteri lampad. 4, 785 sq., nos rectius dicemus hominem ambitiosum populari aura elatum denotari (cf. si tanti est, Dion. Chrys. or. 4 p. 178 sq. R φέρε δὴ ποῖόν τι πλάττωμεν τό τε σχῆμα καὶ εἶδος τοῦ φιλοτίμου δαίμονος; ἢ δῆλον ὅτι πτερωτόν τε καὶ ὑπηνέμιον κατὰ τὸ ἦθος αὐτοῦ καὶ τὴν ἐπιθυμίαν, ἅμα τοῖς πνεύμασι φερόμενον; .... ὁ δὲ τῶν φιλοδόξων ἀνδρῶν προστάτης ἀεὶ μετέωρος, οὐδέποτε γῆς ἐφαπτόμενος e. q. s. similia). tenemus igitur perspicuam Varronis sententiam: ambitionem sequitur Infamia[168] Poena, quae rectissime et niti dicitur in vulgi pectore — populi enim hac de re erat iudicium — et esse *intonsa coma, sordida vestitu*[169], cf. e. g. Gell. 3, 4, 1 qui refert P. Scipionem Pauli filium, *cum esset reus, neque barbam desiisse radi neque non candida veste uti neque fuisse cultu solito reorum*[170].

Haec si probabiliter disputavi, sequitur ut tres inprimis animi morbi in satura castigati sint: avaritia ambitio superstitio: qua in re certum apparere consilium demonstrabo.

Stoici secundum accuratissimam Arii Didymi enarrationem (Stob. ecl. 2, 174, 2 p. 90, 19 W) τῆς ἐπιθυμίας species definierunt cum alia tum φιληδονίαν καὶ φιλοπλουτίαν καὶ φιλοδοξίαν; | cf. Cleanthes hymn. in Iov. 26 sqq. αὐτοὶ δ' αὖθ' ὁρμῶσιν ἄνευ λόγου ἄλλος ἐπ' ἄλλα, | οἱ μὲν ὑπὲρ δόξης σπουδὴν δυσέριστον ἔχοντες, | οἳ δ' ἐπὶ κερδοσύνας τετραμμένοι οὐδενὶ κόσμῳ, | ἄλλοι δ' εἰς ἄνεσιν καὶ σώματος ἡδέα ἔργα. Chrysippus apud Plut. de Stoic. rep. 33 p. 1049 E οὐδεὶς γὰρ φύεται ἀνθρώποις πόλεμος ἄνευ κακίας, ἀλλὰ τὸν μὲν φιληδονία τὸν δὲ πλεονεξία τὸν δὲ φιλοδοξία τις ἢ φιλαρχία συῤῥήγνυσιν cf. idem apud [Plut.] de aud. poet. 13 p. 34 E sq. passim eae cupiditates apud posteriores occurrunt aut universae aut omissa una

[168] Hac de re omnia nota sunt, cf. e. g. Cic. leg. 3, 46 *noxiae poena par esto, ut in suo vitio quisque plectatur, vis capite, avaritia multa, honoris cupiditas ignominia sanciatur.*

[169] Sic in Dionis Chrys. oratione supra allata (p. 166 sqq. R) vitis hominum φιληδόνων φιλοχρημάτων φιλοδόξων praeficiuntur singuli δαίμονες, quorum habitus cultus forma respondent singulis hominum illorum ἤθεσιν.

[170] Accedit, quod omnia haec bene consentiunt cum solito Erinyum habitu; sunt enim μελάγχρωτες (Eur. Or. 321) φαιοχίτωνες (Aesch. Cho. 1046 K) μέλαιναι ἐς τὸ πᾶν (Aesch. Eum. 52) *atrae* Ovid. her. 11, 103 (cf. Roscheri lex. myth. s. v. ›Erinnyes‹ 1, 1311). cf. Koertius, Über Personificationen psycholog. Affekte i. d. spät. Vasenmal., Berol. 1874, 24 de Λύσσῃ sive Μανίᾳ: »Die gerunzelte Stirn zeigt zornige Erregung ... die Haare sind wirr und struppig gebildet.« 27 »Ihr Haar ist wirr .. gebildet ..., der Blick ist düster und unstät.«

alterave, partim solae partim additis aliis vitiis. cupiditates pecuniae et honoris coniungunt Lucil. 1066 *aurum atque ambitio specimen virtutis virique est | : tantum habeas, tantum ipse sies tantique habearis.* Cic. parad. 39 sq., Tusc. 3, 4. idem in enumeratione νοσημάτων et ἀῤῥωστημάτων Tusc. 4, 24 sq. *eique morbo nomen est avaritia; similiterque ceteri morbi, ut gloriae cupiditas* e. q. s. ib. 26 *aegrotationi autem talia quaedam subiecta sunt: avaritia, ambitio* e. q. s. 4, 79 *aegrotationes animi, qualis est avaritia, gloriae cupiditas* cf. 5, 79. 89; cf. praesertim acerba pecuniae gloriaeque cupiditatum vituperatio in Tusc. 5, 90—105. — Lael. 86 *divitiarum, honorum contemptio,* rep. 1, 60 *iracundiam . . ., adde avaritiam, adde imperii* (ἀρχῆς), *adde gloriae cupiditatem, adde libidines.* fin. 3, 51 Stoicus inter προηγμένα numerat gloriam et divitias[171], inter ἀποπροηγμένα paupertatem et ignominiam (ἀδοξίαν). cf. Hor. epist. 1, 6, 6 sq. (carm. 1, 1, 7 sqq. 2, 16, 9 sq.) Plin. nat. 7, praef. 5 (fort. ex Cicerone). pecuniae et honorum cupiditates ut πάθη animi evellendas esse Philo cum aliis multis locis monet tum de gigant. § 9, I p. 267 sq. de ebriet. § 14, I p. 365 de congr. erud. quaer. grat. § 6, I p. 523 de profugis § 6, I p. 551 de decalogo § 28, II p. 205 de mercede meretr. § 1, II p. 265 de praem. et poen. § 4 II p. 412 quod omn. prob. lib. § 3, II p. 448 et § 11 p. 456 fr. apud Euseb. pr. ev. VIII 13, II p. 636 fr. apud Ioann. Damasc. II p. 649. Plutarchus de Stoic. rep. 34 p. 1050 D haec Stoicorum πάθη enarrat: φιλαργυρίαι φιληδονίαι φιλοδοξίαι alia; cf. de rat. aud. 5 p. 39 E, de prof. in virt. 13 p. 83 F de garrul. 1 p. 502 E de vitios. pud. 17 p. 535 B de ser. num. vind. 11 p. 556 D de genio Socr. 15 p. 584 E. Senecae loci plures sunt quam quos omnes enumerare opus sit, velut de ira 2, 10, 7 *multi avari, multi furiis ambitionis agitati* cf. ib. 3, 2, 2 de v. b. 19, 2 de brev. v. 7, 1 ad Helv. de cons. 2, 1. 13, 2 benef. 2, 26 sq. 7, 2, 13. 26, 4 | nat. praef. 6, exhort. apud Lact. inst. 3, 15, 11 (fr. 18 H) epist. 7, 3. 56, 9 sq. Herc. f. 166 sqq. denique cf. Epict. apud Stob. flor. 3, 77 (1, 86, 11 M) = fr. 13 Schw.; Lucian. Pisc. 46, de merc. cond. 5—9, Hermot. 7 ter. 8. 22; de paras. 52 [Luc.] Cyn. 8. Dion. Chrys. or. 4 p. 165 sqq. R Galen. de animi morbis 3 (2 p. 9 K) 9 (5 p. 51), 10 (5 p. 53). Themist. περὶ ἀρετῆς p. 30 (in mus. Rh. 27, 1872, 448) p. 32 (ib. 450) p. 47 (ib. p. 462) [Heracliti] ep. 4 (cf. adn. 83). Lactantius

[171] Erat haec scilicet communis omnium sententia; sic divitias et potentiam honoremque inter bona enumerat Plato Euthyd. 279 A sq. interpositis aliis item sollemniter coniunctis (valetudine pulchritudine nobilitate); Peripatetici secundum Arium Did. Stobaei ecl. 2, 274 (2, p. 129, 15 W) et 2, 290 (2, p. 136, 14) in externis bonis posuerunt divitias et gloriam (cf. Aristot. pol. 7, 1, 1323 a 37; rhet. 1, 5, 1300 b 18 sqq. al.). neque attinet alios locos enumerare.

inst. 6, 4. 7, 10 (secundum Stoicos), Boethius cons. 3, 8, 4 sqq. (antiquos secutus auctores)[172].

His vitiis aliquotiens additur superstitio, quam inter affectus posuerunt Stoici (cf. Ar. Did. Stob. ecl. 2, 175 = 2, 91, 7 W, Andronic. περὶ παθῶν p. 16, 12 et quae ibi affert Kreuttner; praeterea Chrysipp. apud Plut. quomodo poet. aud. deb. adolesc. 13 p. 34 E et apud Horat. sat. 2, 3, 287; Philo de sacrificiis Abelis et Caini § 4 I p. 166, Plut. de virt. et vit. 2 p. 100 F, de superst. passim, maxime 3, de Alex. s. virt. s. fort. or. 2, 4 p. 337 C). sic Plutarchus de ser. num. vind. 11 p. 556 B enumerat φιλοπλουτίαν φιληδονίαν φθόνον δεισιδαιμονίαν ... χαυνότητα πρὸς δόξαν. Bio in Telet. epit. p. 29, 5 H οὗτός (avarus) τε οὐκ ἄν ποθ' ἱκανωθείη, ὅταν ᾖ ἄπληττος καὶ δοξοκόπος καὶ δεισιδαίμων (fere eadem leguntur p. 31, 7) cf. Sen. benef. 7, 2, 3 *perturbatione carere et ea, quam hominum inter se rixantium ambitus concutit et ea, quae intolerabilis ex alto venit, ubi de dis famae creditum est.* cf. epist. 47, 16 *alius libidini servit, alius avaritiae, alius ambitioni, omnes timori.* ex Epicureis nomino Lucretium qui superstitionem amorem | ambitum cupiditates varias coniungit 3, 980 sqq., Ciceronis Epicureum (fin. 1, 59 sq.), qui avaritiam gloriae cupiditatem libidinem mortis metum superstitionem[173].

172 Plato in rep. 9, 580 E sqq. γένος φιλοχρήματον et γένος φιλότιμον distinguit. tria illa vitia supra enarrata iam Aristoteles semel tangit eth. Nic. 1, 3, cf. Wilamowitzius commentarioli grammatici 3, 5. Lucretius avaritiam et honorum caecam cupidinem volnera dicit vitae (3, 59 sqq.); eadem vitia coniuncta sunt 5, 1113—1135 cf. Epicureus apud Cic. fin. 1, 59. — Varro saturam scripsit C o l u m n a H e r c u l i s περὶ δόξης, cuius argumentum ignoramus: Cynici acerrimme gloriae cupiditatem impugnabant: eam Hercules, Cynicorum patronus, exstirpare vult (cf. Dion. Chrys. or. 8 p. 286 R p. 287 R); Diogenes apud Epict. diss. 1, 24, 6 ait: εὐδοξία ψόφος ἐστὶ μαινομένων ἀνθρώπων cf. Laert. D. 6, 72 93; Diog. apud. Stob. flor. 89, 4 (2, 168, 20 M); Crates apud Teletem epit. 35, 4 sqq., Teles ipse epit. 8, 1 et 29, 6 H. contra gloriam disputat Cicero rep. 6, 20—27 ex Aristotelis protreptico (cf. Vsener in mus. Rh. 28, 1873, 392 sqq., ubi add. Antonin. 4, 3 p. 32, 9 sqq. St cum Gatakeri adn.). Epicurus gloriam famamque non spernendam esse iudicavit cf. fr. 513. 549. 573 Vs. scripserunt περὶ δόξης multi, ut Cleanthes (Laert. D. 7, 175) Sphaerus (ib. 7, 178) Cicero (Hieron. comm. ad Galat. 8, 6 *quantas habeat definitiones et significationes gloria, et philosophorum innumerabiles libri et Ciceronis duo volumina quae de gloria scripsit indicio sunt,* cf. Cic. Att. 16, 6, 4, Tusc. 3, 3 sq.), Dio Chrysost. or. 66—68. denique addo — id quod ad Eumenidas saturam, qua hominum μανία perstringitur, alicuius momenti videtur esse — a quibusdam homines φιλοδόξους appellatos esse δ ο ξ ο μ α ν ε ῖ ς, ut refert Chrysippus (apud Athen. 11, 464 D) auctor in hac praesertim re non spernendus.

173 Cf. etiam Aristipp. apud Laert. D. 2, 91 τὸν σοφὸν μήτε φθονήσειν μήτε ἐρασθήσεσθαι ἤ (?) δεισιδαιμονεῖν.

Haec vitiorum genera saturarum scriptores Romani saepe coniunxerunt. Horatius epist. 1, 1, 33 sqq.

fervet avaritia miseroque cupidine pectus
. . . . .
laudis amore tumes . . . .
invidus, iracundus, iners, vinosus, amator,
nemo adeo ferus est, ut non mitescere possit.

ib. 2, 2, 205 sqq.

non es avarus: abi. quid cetera, iam simul isto
cum vitio fugere? caret tibi pectus inani
ambitione? caret mortis formidine et ira?
somnia terrores magicos, miracula, sagas,
nocturnos lemures portentaque Thessala rides?

sat. 2, 3, 77 sqq.

audire atque togam iubeo componere, quisquis
ambitione mala aut argenti pallet amore,
quisquis luxuria tristive superstitione
aut alio mentis morbo calet: huc propius me,
dum doceo insanire omnis vos ordine, adite,

deinde singulos examinat: avaros v. 82 sqq. ambitiosos 165 sqq. luxuriosos 224 sqq. (amantes 247 sqq.) superstitiosos 281 sqq. Persius quem ad ipsa Stoicorum scripta accessisse neque ex Horatio pendere mihi constat, in sat. 5 servos esse demonstrat avaros (vv. 132 sqq.) luxuriosos (142 sqq.) amantes (161 sqq.) ambitiosos (176 sqq.) superstitiosos (179 sqq.)[174].

Ad Varronem redeo. tres furias, quibus instinctus populus in diversas partes ferri dicitur exterritus formidine, avaritiam ambitionem superstitionem esse censeo; singulis insaniae generibus sin- | gulae Poenae[175] additae sunt: ambitionis Poena Infamia est, h. e. qui famae

174 Incertissima sunt quae de Lucilii sat. l. 15 ponit O. Keller, mus. Rh. 31, 1876, 143: »Die ganze Satire beschäftigt sich mit dem Thema, daß der Weise allein frei sei, die anderen Menschen in ewiger Unruhe erhalten werden von ihrem Aberglauben, ihren sinnlichen Begierden, der Geldgier und dem Ehrgeiz.« omnino autem monendum est tria illa vitiorum genera, avaritiam dico et ambitionem et superstitionen, aptissime elegi a scriptoribus Romanis in perstringendis popularium morbis: nimirum avaritia vitium est Romanorum quasi proprium, ambitio illis ipsis temporibus legibus de ambitu datis constringebatur, δεισιδαιμονίᾳ i. e. quod se dis minores gererent Romanos imperium obtinuisse affirmant Horatius carm. 3, 6, 5 sqq. et Polybius 6, 56, nec non Varro superstitioso volgo cum semper restiterit a Servio ad Aen. 11, 787 dicitur *ubique expugnator religionis.*

175 De hoc Erinyum nomine cf. Wilamowitzius, Eurip. Herakl. 2, 220 sqq. (adn. 889).

nimium studet, infamis erit[176]: reliquae duae mera coniectura investigandae sunt, qua in re certa proponere non possum. Vergilius utinam ne obscurissime locutus esset in νεκυΐᾳ, cuius qui fuerint auctores graeci cum ab antiquis interpretibus (cf. Serv. praef. ad l. 6) tum a recentioribus studiosissime quaesitum est sed ita ut certi effectum sit nihil. is igitur de Tantalo dicit (602 sqq.)

quo super atra silex iam iam lapsura cadentique
imminet adsimilis; lucent genialibus altis
aurea fulcra toris, epulaeque ante ora paratae
regifico luxu; Furiarum maxima iuxta
accubat et manibus prohibet contingere mensas
exsurgitque facem attolens atque intonat ore:

Serv. ad 605 *Furiarum maxima, id est Fames,* ad 607 *facem attollens: iniciens ignem avaritiae, ut abstineant,* ad Aen. 3, 209 *ipsae* (sc. Harpyiae: v. adn. 148) *Furiae esse dicuntur: unde etiam epulas perhibentur abripere, quod est Furiarum, ut* ⟨6, 606⟩ *»et manibus prohibent contingere mensas«. unde et avari finguntur Furias pati, quia abstinent partis. item ipsas Furias esse paulo post ipse testatur dicens* ⟨252⟩ *»vobis Furiarum ego maxima pando«**. hinc forsitan liceat conicere etiam in Varronis satura Poenam avari fuisse Famem[177], quam inter infernos tenebriones vocant Vergilius Aen. 6, 276 et Seneca Herc. f. 691; persona est apud Ovidium met. 8, 784 sqq. aut — quod nescio quomodo magis placet — Egestatem[178]. haec enim sollemnis avari descriptio est, ut egere dicatur quamvis abundet copiis cf. maxime Telet. epit. p. 24 sqq. H, Plut. περὶ φιλοπλουτίας c. 2—4. Heinzius l. c. 18 sq. cf. Hor. epist. 1, 2, 56 *semper avarus eget,* Iuv. 14, 135 sq.:

sed quo divitias haec per tormenta coactas,
cum furor haud dubius, cum sit manifesta phrenesis,
ut locuples moriaris, egentis vivere fato.

cf. etiam Varronis fr. 126 supra ascriptum.

[176] Cf. Plut. de vitioso pud. 9 p. 532 D τῶν δὲ χρησίμων ἐπιλογισμῶν πρῶτός ἐστιν ὁ διδάσκων .., ὅτι πᾶσι μὲν τοῖς πάθεσιν ἀκολουθεῖ καὶ τοῖς νοσήμασιν, ἃ φεύγειν δι' αὐτῶν δοκοῦμεν, ἀδοξία φιλοδοξίαις καὶ λῦπαι φιληδονίαις καὶ πόνοι μαλακίαις καὶ φιλονεικίαις ἧτται καὶ καταδίκαι.

[177] Adnotandum est in eandem coniecturam incidisse Kayserum in ann. Heidelberg. 53, 1860, 247 Servii locis non commemoratis et omnino prorsus alia disputionis ratione instituta.

[178] Personae figurarum ea induit apud Verg. Aen. 6, 276, Claudian. 3, 36.

* *[Addendum]* De Furiis quibus avari instigantur cf. etiam Prud. psych. 464 sqq.

Cura Fames Metus Anxietas Periuria Pallor
Corruptela Dolus Commenta Insomnia Sordes
Eumenides variae monstri (sc. Avaritiae) comitatus aguntur.

Haec igitur Poena si non sine omni probabilitatis specie recuperari potest, in tertia plane haereo. *superstitio* vocabuli notionem pristinam ne vetustissimi quidem scriptores servaverunt (cf. Buecheler | Vmbric. 70); superstitiosi harioli sunt Ennio (tr. 42.272 sqq. cf. inc. 19) et Plauto (Amph. 322, Curc. 397, Rud. 1139; non constat de Pacuv. 216); quae significatio postquam obsolevit, superstitio dicta est et superstantium rerum metus (cf. Lucr. 1, 66, Serv. ad Aen. 8, 187) et falsa religio (Varro apud Augustin. civ. 6, 9, cf. Lact. inst. 4, 28, 11, Cic. nat. deor. 2, 71 sq.). illam vim verbi quam postremam posui in Varronis satura, ubi castigantur cultus peregrini, subesse invenimus; potuit Poena perversae huius religionis dici Superstitio illa quae timore imbuit homines deorum rerumque caelestium vel omnino Metus. verum enim vero haec perquam esse incerta apparet[179].

Praeter tres Furias quas indagare conatus sum, etiam alias in satura extitisse ex fr. 146 apparet, ubi volgus furiarum commemoratur. quaenam illae fuerint incertum est[180], nisi quod philosophorum quoque insania compluribus fragmentis aperte irridetur: fr.

122 *postrémo nemo aegrotus quicquam somniat*
tam infandum, quod non aliquis dicat philosophus

cf. Pers. 3, 83, ubi homines rudes indoctique philosophos nominant *aegroti veteris meditantes somnia,* et simillime loquuntur Velleius Epicureus apud Cic. nat. deor. 1, 18. 38. 42, Lactantius de ira dei 10. — fr.

164 *ubi dicatur primus Zenon novam haeresim novo paxillo suspendisse*

quod non sine cavillatione dictum est; Varro enim Zenonis disciplinam *correctionem veteris Academiae potius quam novam aliquam discipli-*

[179] Omnino nunc, cum supra scripta iam prelo mandata essent, mutata sententia sic iudico: quamvis sit certum superstitionem denotari eis fragmentis quae ad Serapidis et magnae matris religionem pertinent, tamen haec ipsa sine dubio ad totius saturae argumentum enarrandum potius quam ad unum illud vitium perstringendum pertinebant, cf. enim quae scripsi adn. 164 de insania κορυβαντισμῷ curanda; quod cui veri similius videbitur esse, tertium vitium luxuriam ponet: eam enim etiam arctiore vinculo quam superstitionem cohaerere cum avaritia et ambitione supra exposui. neu quis de luxuria ideo dubitet, quia ad eam castigandam unum tantum pertinet fragmentum (160) ne ipsum quidem dubitationi exemptum (cf. supra 336): sic etiam ex eis fragmentis quibus in satura ambitio castigabatur ne unum quidem hodie extat: quod sive casui sive saturae argumento parum perspicuo tribuendum est. — Cf. etiam quae scripsi in addendis ad adn. 164.

[180] Fortasse cetera quoque πάθη ut species insaniae inducta erant. conferri potest Lucian. Char. 15, ubi Mercurius Charonti, quocum ex summa specula hominum studia contemplatur, interroganti: ὁ δὲ περιπετόμενος αὐτοὺς ἐκ τἀφανοῦς οὗτος ὄχλος τίνες εἰσίν; respondet: ἐλπίδες, ὦ Χάρων, καὶ δείματα καὶ ἄνοιαι καὶ ἡδοναὶ καὶ φιλαργυρίαι καὶ ὀργαὶ καὶ μίση καὶ τὰ τοιαῦτα κτλ.

nam putandam esse dicit ex Antiochi sententia apud Cic. acad. 1, 35. — Maxime ad philosophorum irrisionem pertinent fragmenta 127 et 163. |

Denique addere placet quaedam de prosopopoeiarum copia, quae non in hac solum satura sed in aliis quoque crebro inveniuntur: quod genus qui propria cura per singulas species accurate excutiet — de artificum allegoriis optime disseruit Baumeisterus in monumentis suis 1292—1304 s. v. Personificationen in der alten Kunst —, operae mehercule pretium faciet: ego ut in re proposita artissimos nunc fines mihi circumscribo. — Ex comoedia maxime allegoriae usus in philosophorum scripta fluxit, inter quos praecipue nominandi sunt Cynici, cf. E. Weber, De Dione Chrysostomo Cynicorum sectatore, Diss. Lipsiae 1887, 161 sqq. (et quae addit Crusius, Wochenschrift für klassische Philologie 9, 1889, 1056), Praechter, Cebetis tabula 90 sqq. addo Φύσιν in Epicuri fr. 469 (cf. Sen. epist. 22, 15, Epictet. diss. 1, 16, 11). [Plut.] an vitios. ad infel. suff. 3 p. 498 F προσιέναι τῇ ἐργολαβίᾳ τὴν Τύχην καὶ τὴν Κακίαν διαφερομένας κτλ.: hunc libellum Cynicorum vestigiis scatere recte monuit Hensius l. c. LXXXXIX adn., cf. Telet ep. 5, 11 H. — Lucianum in vit. auct. philosophorum Βίους non ipsos philosophos induxisse sagaciter exposuit Brunsius in mus. Rh. 43, 1888, 88 sq. — Φιλοσοφία et in Luciani Reviviscentibus et apud Philon. de congr. quaer. erud. grat. § 27, I p. 541. — Ὀρθὸς λόγος apud Philonem de posteritate Caini § 43, I p. 253, Σκέψις de profugis § 10, I p. 554, Εὐγένεια de nobilitate § 2, II p. 438. — Τέχνη Max. Tyr. diss. 17, 2, Βίος πρακτικὸς cum Βίῳ θεωρητικῷ certans: ibid. 21, 3 sqq. Λόγος 38, 4 (p. 227 R: ἀποκρινεῖται δὲ ὁ λόγος αὐτὸς αὐτῷ, ὡς ἀνὴρ ἀνδρί, ἀπαυθαδιζόμενος κτλ. cf. Lucian. de domo 14). — Ἀνδρία et Δειλία apud Demetrium quendam Stob. flor. 8, 20. — Stoici etiam affectus in allegoriam traxerunt cf. Clem. Al. protr. 2, 26 p. 22 P (deorum genera enarrantur) φιλοσόφων δὲ ἤδη τινὲς καὶ αὐτοὶ μετὰ τοὺς ποιητικοὺς (dixerat de dis fictis a poetis) τῶν ἐν ἡμῖν παθῶν ἀνειδωλοποιοῦσι τύπους, τὸν Φόβον καὶ τὸν Ἔρωτα καὶ τὴν Χαρὰν καὶ τὴν Ἐλπίδα, ὥσπερ ἀμέλει καὶ Ἐπιμενίδης ὁ παλαιὸς Ὕβρεως καὶ Ἀναιδείας Ἀθήνησιν ἀναστήσας βωμούς (cf. Wendlandius, Archiv für Philosophie 1, 1888, 201 sqq.). — Singularis cuiusdam artificii exempla addo, quod inter philosophos[181] primum occurrit apud Plat. Prot. p. 361 A καί μοι δοκεῖ ἡμῶν ἡ ἄρτι ἔξοδος τῶν λόγων ὥσπερ ἄνθρωπος κατηγορεῖν τε καὶ καταγελᾶν καὶ εἰ φωνὴν λάβοι, εἰπεῖν ἂν ὅτι ἄτοποί γ' ἐστέ, ὦ Σώκρατές τε καὶ Πρωταγόρα κτλ. Antisth. apud Laert. D. 6, 9 (fr. 36 p. 63 W) εἰπέ μοι, φησίν, εἰ

[181] Poetae hac figura iam antea usi sunt, ut Aesch. Ag. 37 οἶκος δ' αὐτός, εἰ φθογγὴν λάβοι, σαφέστατ' ἂν λέξειεν. Eurip. Hipp. 1 fr. 439 N² φεῦ φεῦ, τὸ μὴ τὰ πράγματ' ἀνθρώποις ἔχειν | φωνήν, ἵν' ἦσαν μηδὲν οἱ δεινοὶ λέγειν.

φωνὴν λάβοι ὁ χαλκός, ἐπὶ τίνι ἂν οἴει σεμνυθῆναι; Bio in Telet. epit. p. 3, 15 H εἰ λάβοι, φησὶν ὁ Βίων, φωνὴν τὰ πράγματα: Bionis imitationem extare apud Lucr. 3, 929 sqq. *denique si vocem rerum natura repente | mittat et hoc alicui nostrum sic | increpet ipsa: ».......« | quid respondemus, nisi iustam intendere litem | naturam et veram nobis exponere causam?* eodem tempore monuerunt Marxius ind. lect. Rostoch. hib. 1889, 11 et Hensius ind. Bionei, 91; sane color quidem Bioneus dici potest: neque enim parvi est momenti, quod etiam Eratosthenes qui Bionem admirabatur et Aristonem Chium, cum Bione arte coniunctum (cf. Heinzius in mus. Rh. 45, 1890, 497 sqq.), Athenis audiebat, idem artificium adhibet his verbis quae nondum in hac quidem quaestione allata sunt a viris doctis apud Athen. 10, 418 A ἐκ τούτων εἰκός ἐστι καὶ Ἐρατοσθένη ἐν ταῖς ἐπιστολαῖς (p. 199 B) Πρεπέλαον φῆσαι ἐρωτηθέντα τί αὐτῷ δοκοῦσιν εἶναι Βοιωτοὶ εἰπεῖν· »τί γὰρ ἄλλο ἢ τοιαῦτα ἐλάλουν, οἷα ἂν καὶ τὰ ἀγγεῖα φωνὴν λαβόντα, ὁπόσον ἕκαστος χωρεῖ.« ex posterioribus scriptoribus nonnullos composuit locos Nauckius, Mél. gr.-r., 1880, 4, 663, 61. cf. etiam Cic. fin. 4, 41 *ipsa hominis institutio, si loqueretur, hoc diceret* e. q. s. Plut. de Stoic. rep. 31 p. 1048 F ὥστ᾽, εἰ λάβοι φωνὴν (sc. ὁ βίος), εἰπεῖν ἂν αὐτὸν τὰ τοῦ Ἡρακλέους κτλ. cf. etiam Philo de Cherubim § 11, I p. 145 αἱ δὲ (sc. ἡ γεωργία, ἡ ἐμπορία, αἱ ἄλλαι ἐπιτηδεύσεις, αἷς πρὸς ἀργυρισμὸν ἠξίου χρῆσθαι), καίτοι φωνητηρίων ὀργάνων ἀμοιροῦσαι, τὴν δι᾽ αὐτῶν τῶν πραγμάτων ῥήξουσι φωνὴν ἐναργεστέραν οὖσαν τῆς διὰ γλώσσης· »ἆρά γε, ὦ συκοφάντα«, κτλ. neque multum distant talia: Demosth. ol. 1, 2 ὁ μὲν οὖν παρὼν καιρὸς ... μόνον οὐχὶ λέγει φωνὴν ἀφιείς, ὅτι κτλ. Philo de mundi opif. § 26, I p. 19 (p. 29, 1 C) μόνον οὐκ ἀντικρὺ βοώσης τῆς Φύσεως, ὅτι κτλ. Procl. comm. in Plat. reip. l. 10 p. 104, 17 Sch μόνον οὐχὶ βοᾶν οἰητέον τὸν παρόντα μῦθον κτλ.: quam locutionem omnino frequentant posteriores.

In Varronis saturis hae inveniuntur prosopoeiae: Infamia 123 (v. supra 330 sqq.), Veritas 141 (cf. Babr. 128 E, Phaedr. app. 4, 2 et 18, Cebet. tab. 18, Menand. fr. 545, 3 p. 165 K aliisque locis a Kockio laudatis, Lucian. Pisc. 16 sqq., ver. hist. 2, 33, calumniae non tem. cred. 5 ex Apellis pictura, Iulian. or. 6, 188 B sq. epist. Hippocr. 15, 6. — cf. Mart. 10, 72, 10; parum dilucida est prosopopoeia in Platonis πεδίῳ ἀληθείας [Phaedr. 248 B], in iure iurando μὰ τὴν ἀλήθειαν apud Dem. de eloc. § 228, in similibus quae omittere malo)*, Existimatio 147,

* *[Addendum]* Ἀληθείας prosopopoeiarum exemplis adde Pind. ol. 10, 5 sq., fr. 220 B, Plut. qu. Rom. 11, Gell. 12, 11, 7, Philostr. imag. 1, 27. — De Μεταμελείᾳ v. etiam Philod. περὶ εὐσεβείας p. 37 G (tab. 64, papyri 433 IX) τὴν Μεταμέλειαν ἐν Ἄργει ... (sc. coli; sequitur Φόβος), porro

Metamelos Inconstantiae filius 239 (cf. Μετάνοια in Cebet. tab. 10, 4, ex qua Lucian. de merc. cond. 42 et Themist. or. 22 p. 282 C; picta erat in Apellis tabula, quam describit Lucian. calumn. non tem. cred. 5. eadem ficta est in lapide expresso in Archäologische Zeitung 33, 1875, tab. 1, descripta ab Ausonio (epigr. 12, 11 sqq.). — Μεταμέλεια Cebet. tab. 35)*, Φωνασκία 348 (cf. 281)[182]. adde fr. 291 *cui celer Dienoslemmatoslogos*[183], *Anti- | patri Stoici filius, rutro caput displanat:* quae verba pessum dedit Madvicus adv. cr. 2, 654 (quem sequitur L. Mueller) sic scribens: *cui celer D.,* ⟨*ut*⟩ λόγος *Antipatri Stoici, filius rutro caput displanat,* quae ipse sic enarrat: »filius patris caput rutro celeriter displanans comparatur cum syllogismo Antipatri δι᾽ ἑνὸς λήμματος adversarium prosternente.« verum non solum Varro sic locutus est fr. 397: *patris*[184] *huius nascuntur pueri rhythmus et melos*[185] et fr. 542 de libris saturarum suarum *e mea* Φιλοφθονίᾳ *natis*[186], *quos Menippea haeresis nutricata est,* sed hoc loquendi genus adeo pervulgatum est apud omnes omnis aetatis scriptores — antiquissimum exemplum est notum illud de Ὕβρει et Κόρῳ invicem si gignentibus proverbium —, singulos locos ut enumerare ridiculum sit; cf. e. g. Rutil. Lup. 2, 6 προσωποποιΐα. hoc fit, cum personas in rebus constituimus quae sine

[182] In fr. 1 Curam intellegi Buecheler dubitanter coniecit m. Rh. 20, 1865, 403 cf. etiam Wilamowitzius, Isyllos von Epidauros 49, 10.

[183] De Λόγοις certantibus cf. Crusius, Göttingische Gelehrte Anzeigen 151, 1889, 180, 1 et Wochenschrift für klassische Philologie 9, 1889, 1057.

[184] Haec certa est coniectura Ribbeckii (mus. Rh. 14, 1859, 129), *paci in huius* codd. (*patri* praeivit Popma).

[185] *Patrem* intellego *numerum;* cf. comm. ad Hephaest. manuale in anecd. var. ed. Studemundus-Schoellius I p. 33: π α τ ὴ ρ δὲ καὶ γένεσις τῶν μέτρων ἐστὶν ὁ ῥυθμός. Rhythmonius pater rhythmi fingitur more sollemni a Nicostrato quodam in libro quem composuit de Musio (i. e. Μουσείῳ), ut refert secundum Varronem Censorinus fr. p. 87, 7 sqq.; inventor πατὴρ dicitur a Platone Phaedr. 274 E, ut Mercurius lyrae parens ab Horatio carm. 1, 10, 6: mihi tamen illa ratio magis placet.

[186] Cf. quae de hac metaphora scribit Bernaysius, Über die unter Philon's Werken stehende Schrift »Über die Unzerstörbark. d. Weltalls«, 44, 1 v. etiam Plin. nat. praef. 1.

adde Sen. Herc. f. 692 *Pudor serus.* ex hoc Senecae loco fortasse explicandum est pro Μεταμελείᾳ vel Μετανοίᾳ a Varrone substitui Μετάμελον, vocabulum si antiqua spectamus tempora ab uno Thucydide nec ab eo sine certo, ut puto, consilio adhibitum (7, 55, 1 ὁ π α ρ ά λ ο γ ο ς αὐτοῖς μέγας ἦν, πολὺ δὲ μείζων ἔτι τῆς στρατείας ὁ μ ε τ ά μ ε λ ο ς): itaque *poenitentia* vocabulum si Varronis temporibus extitisset, Μεταμέλειαν h. l. sine dubio legeremus: at prisca paenitendi significatio Livii demum aetate ita evanuit, ut fingi potuerit *paenitentia* substantivum, quod a Cicerone alienum esse miratur Ausonius 12, 10 sqq.; diversam plane notionem apud Pacuvium 313 R *paenitudo* vocabulum obtinet.

personis sunt... id est huiusmodi: »nam crudelitatis mater est avaritia et pater furor: haec facinori coniuncta parit odium, inde autem nascitur exitium«, Rhet. Her. 2, 34, Quintil. inst. 9, 3, 89, auctor libelli de sublimitate 44, 7 sq. (attulit Ruhnkenius ad Rutilii locum). Afran. 289 sq. *Vsús me genuit, mater peperit Memoria: | Sophiam vocant me Grai, vos Sapientiam.* Varro ipse fr. 271 de ventis *phrenetici septentrionum filii* ut Pindarus (ol. 11, 12) de undis caelestibus: ὄμβριοι παῖδες νεφέλας. cf. Gatakeri opera critica (ed. 1698) p. 102 sq. |

Conspectus

I. Saturarum[187]

[187] De titulis quos cancellis inclusi obiter egi.

II. Fragmentorum

III. Rerum[188]

[188] Quae ad linguam spectant, asterisco notavi.

VARRONIANA
1893

I. Ad libros antiquitatum divinarum

Cicero *Tusculanarum disputationum* 1, 28 sq. de hominibus propter virtutem in caelum receptis ita scribit: *et nostrorum opinione ›Romulus in caelo cum dis agit aevum‹, ut famae adsentiens dixit Ennius, et apud Graecos indeque perlapsus ad nos et usque ad Oceanum Hercules tantus et tam praesens habetur deus; hinc Liber Semela natus eademque famae celebritate Tyndaridae fratres, qui non modo adiutores in proeliis victoriae populi Romani, sed etiam nuntii fuisse perhibentur. quid? Ino Cadmi filia nonne* Λευκοθέα *nominata a Graecis Matuta habetur a nostris? quid? totum prope caelum, ne pluris persequar, nonne humano genere completum est?* (29) *si vero scrutari vetera et ex iis ea quae scriptores Graeciae prodiderunt, cruere coner, ipsi illi maiorum gentium di qui habentur hinc profecti in caelum reperientur. quaere quorum demonstrentur sepulcra in Graecia; reminiscere, quoniam es initiatus, quae traduntur mysteriis: tum denique quam hoc late pateat intelleges.* In his inesse aperta eruditionis Varronianae vestigia demonstrabo. Primum cum illis quae de Leucothea et Matuta exponuntur conferas ea quae ex Varronis *de gente p. R.* libris sumpta servavit Augustinus *de civ. dei* 18, 14 (= fr. 21 p. 72 Kettner)[1]: *uxor autem regis Athamantis quae vocabatur Ino, et eius filius Melicertes praecipitio spontaneo in mari perierunt et opinione hominum in deos relati sunt, sicut alii homines eorum temporum, Castor et Pollux. Illam sane Melicertis matrem Leucothean Graeci, Matutam Latini vocaverunt, utrique tamen putantes deam.* At, inquies, Cicero volgarem | fortasse secutus est de hac dea opinionem. Vide tamen, an reconditiorem prodant doctrinam quae sequuntur verba. Enimvero notitia deorum, quos maiorum gentium deos haberi dicit, unde Ciceroni venerit nisi ex Varrone nescio. Quamquam enim in antiquitatum divinarum quae hodie extant fragmentis de illo deorum nomine nihil aperte traditur, tamen occulta quaedam vestigia ipsum illud nomen ibi scriptum fuisse produnt. Augustinus enim ubi de diversis quae Varro constituebat deorum generibus refert,

[1] Ad Varronem haec pertinere frustra negat Frickius, Die Quellen Augustins im 18. Buche seiner Schrift de civitate dei, Höxter 1886, 39 sq.

saepissime ita loquitur, ut quasi digito in vocabulum a Cicerone usurpatum monstret. Varronem enim libro ultimo egisse notum est de dis selectis, quorum potestas cum ceteris praestaret ex horum numero eos exemit sive selegit. De hoc igitur diverso honorum gradu audi loquentem Augustinum 7, 3 (p. 277, 17 Domb.) *cum igitur in his minutis operibus, quae minutatim diis pluribus distributa sunt, etiam ipsos selectos videamus tamquam senatum cum plebe pariter operari, et inveniamus a quibusdam diis, qui nequaquam seligendi putati sunt, multo maiora atque meliora administrari quam ab illis qui selecti vocantur: restat arbitrari non propter praestantiores in mundo administrationes, sed quia provenit eis, ut magis populis innotescerent, selectos eos et praecipuos nuncupatos. Unde dicit etiam ipse Varro, quod diis quibusdam patribus et deabus matribus, sicut hominibus, ignobilitas accidisset.* Ita saepissime alibi, velut 7, 33 *tanquam in senatum deorum selecti,* 7, 15 *cur Arieti et Tauro et Scorpioni ... nullas aras fecerunt, nec deos, non dico inter hos selectos, sed ne inter illos quidem quasi plebeios habuerunt?* 7, 3 *sibi ergo adversata est (Fortuna), quae alios (deos) nobiles faciens nobilitata non est,* 6, 2 *et nimirum multo plus praestant* (sc. *Vitumnus et Sentinus), cum sint ignobilissimi, quam illi tot proceres et selecti.* Cf. 6, 2 p. 274, 18. c. 3 p. 276, 23 sqq. Quibus testimoniis ipsum Varronem magnos deos, quos etiam Consentes appellabat, et inferioris gradus deos contulisse cum patriciis illis maiorum et minorum gentium certo efficitur. Sed quid multa? via compendiaria ad eundem finem perducimur ab eodem teste: Augustinus enim 8, 5 postquam celeberrimam illam de Numae libris combustis fabellam iam antea (7, 34) secundum Varronis Curionem loghistoricum copiose enarratam breviter repetivit, ita pergit: *in eo genere sunt etiam illa, ut aliquid de Numa mitius suspicemur, quae Alexander Macedo scribit ad matrem sibi a magno antistite sacrorum Aegyptiorum quodam Leone patefacta, ubi non Picus et Faunus et Aeneas et Romulus | vel etiam Hercules et Aesculapius et Liber Semela natus et Tyndaridae fratres et si quos alios ex mortalibus pro diis habent, sed ipsi etiam maiorum gentium dii, quos Cicero in Tusculanis tacitis nominibus videtur adtingere, Iuppiter, Iuno, Saturnus, Vulcanus, Vesta et alii plurimi, quos Varro conatur ad mundi partes sive elementa transferre, homines fuisse produntur. timens enim et ille quasi revelata mysteria petens admonet Alexandrum, ut cum ea matri conscripta insinuaverit, flammis iubeat concremari.* Similiter idem *de consensu evangelistarum* 1, 22, 23. Vides igitur Augustinum

Ciceronis sententiam interpretaturum affere Varronis de dis selectis sive praecipuis doctrinam[2].

Haec Augustini verba duplici usus consilio exscripsi, primum quibus Ciceronis sententiam illam illustrarem, deinde ex quonam auctore ea ab Augustino sumpta essent quaesiturus. Cave enim fallaci ductus specie credas ex Varrone ea sumpta esse propterea quod eius nomen semel in verborum contextu occurrit: cuius rationis non maior fides sit quam si quis Varronianam doctrinam in eis quae de Numae libris praecedunt sane apertam necessario continuari his quae de Alexandri epistola in simili argumento proferuntur pro certo affirmare velit: lubrica haec est ratio, quam si quis non caute atque circumspecte adhibebit (ut saepe fit), aut dubia proferet aut longe a vero aberrabit. Proinde nos excutiamus testimonia[3]. Minucius Felix 21, 3 *Alexander ille magnus Macedo insigni volumine ad matrem suam scripsit,* | *metu suae potestatis proditum sibi de diis hominibus a sacerdote secretum: illic Vulcanum facit omnium principem et postea Iovis gentem. Saturnum enim, principem huius generis et examinis, omnes scriptores vetustatis Graeci Romanique hominem prodiderunt. scit hoc Nepos et Cassius in historia et Thallus ac Diodorus hoc loquuntur. is itaque Saturnus Creta profugus Italiam metu filii saevientis accesserat, et Iani susceptus hospitio rudes illos homines et agrestes multa docuit ut Graeculus et politus, litteras imprimere, nummos signare, instrumenta conficere. itaque latebram suam, quod tuto latuisset, vocari maluit Latium, et urbem Saturniam idem de suo nomine et Ianiculum Ianus ... reliquerunt. homo igitur utique qui fugit, homo utique qui latuit.* Quem Minucii locum bis compilavit Tertullianus (nat. 2, 12 et apolog. 10), cuius verba non attinet exscribere, compilavit etiam Lactantius inst. 1, 13, 8 *omnes ergo non tantum poetae, sed historiarum quoque ac rerum antiquarum scriptores hominem*

[2] Varronis scripta etiam alibi a Cicerone in usum vocata esse alio capite demonstrare conabor. Quamquam non permulta exspectanda esse concedet, qui amicitiam, qua se cum Varrone coniunctum esse Cicero saepius affirmat, simulatam magis quam veram fuisse cogitabit: nimirum Cicero se non ut eloquentissimum ita doctissimum Romanorum praedicari aegre ferebat, Varro, ut erat acti temporis laudator paene difficilis et morosus, Ciceronis eloquentiam, quam ceteri admirabantur, respuebat. Talium virorum non artum poterat esse sodalicium. Ceterum deorum veriloquia quae Cicero affert l. *de natura deorum* 2, c. 25—27 ex Varronis scriptis petita esse quam vere coniecerit Duemmler Academicorum p. 130, 1 amplius quaerendum censeo: equidem harum etymologiarum praeter tritissimas (ut Κρόνον a Χρόνῳ, Iovem a iuvando) ne unam quidem in Varronis fragmentis quae quidem noverim me legere memini, quod casui tribuere non audeo, quamquam Varronem in eiusdem vocabuli etymologia proferenda non semper sibi constitisse probe scio.

[3] Cf. Muelleri FHG 2, 331 sq., ubi locus primarius Minucii, quem iam attulerat Fabricius bibl. Gr. 3, 28 Harl., omissus est.

fuisse (sc. *Saturnum*) *consentiunt, qui res eius in Italia gestas memoriae prodiderunt, Graeci Diodorus et Thallus, Latini Nepos et Cassius et* V a r r o. En Varronis nomen obvium, quod cum alibi quotiens offendimus, magno afficiamur gaudio, hic non possumus non in dubitationem vocare narrationis illius auctorem indagaturi. Lactantium enim, cum quattuor ceteros auctores, Diodorum Thallum Nepotem Casssium, ex Minucio sumpserit, quintum Varronem de suo addidisse apparet: quod quo iure quemve ad finem fecerit quaerendum est. Pergit enim ita (9): *nam cum agresti quodam more in Italia viveretur,*

is genus indocile ac dispersum montibus altis
composuit legesque dedit Latiumque vocari
maluit, his quoniam latuisset tutus in oris

(Verg. Aen. 8, 321 sqq.) 10 *censetne aliquis deum esse qui pulsus est, qui fugit, qui latuit? nemo tam stultus est. qui enim fugit aut latet, et vim et morem timeat necesse est.* Quae aperte ex Minucii verbis expressa sunt; ne Vergilii quidem versus Lactantius ipse addidit: sensit quippe vir doctissimus eos ipsos a Minucio haud obscure significari. Sed Varronis nomen ipse adiecit. Varronis sane fuit illa de Saturno Italiae gentes ex fera vita altius provehente sententia, quam ita habebat in deliciis, ut saepissime iteraret, cf. praecipue Augustin. civ. 17, 19 et quae composuit Schmekelius, De Ovidiana Pythagoreae doctrinae adumbratione, 1885, 27 sq.[4] Quid, quod ipsos illos Vergilii | versus apertam ostendere Varronianae sententiae imitationem demonstravi Fleckeis. ann. suppl. 19, 1892, 425 sq. luculentissimi quod praebet Lactantius testimonii tum etiam immemor. Ergo res ita se habet: Lactantius cum Minucii verba legeret scriptores ab illo citatos evolvere supersedit, sed in mentem ei venit quod de Saturno Italiae regnatore apud Varronem identidem legerat: cuius nomen ab ipso additum est ceteris auctoribus, sed ita, ut ad sequentia tantum spectaret, quae Varroniana esse etiam aliunde, ut exposui, cognitum habemus: minime igitur etiam ea quae praecedunt apud Minucium et Lactantium de Alexandri illa epistula ex Varrone sumpta esse Lactantii quidem testimonio efficitur.

Varronis nomen certa ratione ex serie ceterorum auctorum sublatum ratione non minus certa restitui posse spero. Initium faciamus a Minucii loco. Minucius praeter Homerum Platonem Herodotum apologetas Christianos nullum scriptorem Graecum in conficiendo opere adhibuit: Ciceronis libri de natura deorum ei suppeditant arma,

[4] Quod Minucius refert a Saturno primo homines edoctos esse aera signare, id secundum Varronem tradunt Tertullianus apolog. 10 et Macrobius Sat. 1, 7, 22. Cf. Samter, Quaestiones Varronianae, 1891, 6.

quibus gentilium superstitionem prosternat, Vergilique versibus orationi passim intermixtis etiam poetas cum Christianis saepe consentire demonstrat: qua in re eius exemplum secuti sunt et Arnobius et Lactantius, qui et ipsi, si Clementis Alexandrini et Hermetis scripta Graecis illis auctoribus addis, scriptores Graecos prae Latinis neglegunt. At ne Varronianae quidem doctrinae vestigia apud illos passim obvia apud Minucium inveniuntur. Iam vero cum ipse Cornelii Nepotis nomen afferat, quin ex hoc sua sumpserit ex eoque Cassii testimonium addiderit, nullus dubito: nam quos cum his coniunctos citat scriptores Thallum et Diodorum[5], eorum notitiam Minucio ex apologetis potius venisse puto, qui in re simili aut alterum aut utrumque commemorant, cf. Theophil. ad. Autol. 3, 29 et Iustin. coh. ad gent. 44 B. Nepos, ut ex Minucii verbis elucet, a Cassii Heminae auctoritate pendet, | atque quamquam per se minime negandum est fieri potuisse, ut Nepos ipsum illum antiquum annalium scriptorem legerit, tamen hoc loco quin alio auctore, qui Cassium inter et ipsum de eadem re scripsit, h. e. Varrone, usus sit mihi quidem dubium non est, cum cetera quae de Saturno adnectit Minucius aperta Varronianae originis indicia prae se ferant. Accedit etiam, quod Varroni epistulas Alexandrum inter et Olympiadem mutuo scriptas non ignotas fuisse (quamquam quid ille non norat?) his verbis comprobatur, quae ex loghistorico cui inscriptus erat titulus *Orestes de insania* servavit Gellius 13, 4: *in libro M. Varronis qui inscriptus est Orestes de insania Olympiadem Philippi uxorem festivissime rescripsisse legimus Alexandro filio. Nam cum is ad matrem scripsisset ..., Olympias ei rescripsit ad hanc sententiam* e. q. s. De una re video posse dubitari. Cur enim Nepos, si re vera Varronem adhibuit, eius nomen reticuit? responderi potest, morem hunc in citandis auctoribus fere sollemnem fuisse; at nolo refugere ad argumenta vilia: praesto enim causa est, cur ne potuerit quidem ille Varronem laudare eius sententiae auctorem; is enim deos quos selectos dicebat tantum aberat ut homines fuisse crederet, ut hac sententia impugnata ad rationem physicam illorum numina interpretaretur: cf. Augustin. 18, 15 *de huius Pici patre Saturno viderint quid sentiant talium deorum cultores, q u i n e g a n t h o m i n e m f u i s s e ; de quo et alii scripserunt, quod ante Picum filium suum in Italia ipse regnaverit et Vergilius notioribus litteris dicit* (se-

[5] Diodori locus quem denotat Minucius hic est: 1, 13, 3 ἔνιοι δὲ τῶν ἱερέων φασὶ πρῶτον Ἥφαιστον βασιλεῦσαι, πυρὸς εὑρετὴν γενόμενον .... (4) μετὰ δὲ ταῦτα τὸν Κρόνον ἄρξαι, καὶ γήμαντα τὴν ἀδελφὴν Ῥέαν γεννῆσαι ... Δία τε καὶ Ἥραν, οὓς δι᾽ ἀρετὴν βασιλεῦσαι τοῦ σύμπαντος κόσμου. Miror Brandtium inter testimonia Lactanti verbis ascripta afferre alium locum Diodori (5, 66) prorsus alienum. Vulgo quem laudant Diodori locum (3, 61), eo de Saturno rege quaedam leguntur, non item de Vulcano.

quuntur Aeneid. versus 8, 321 sqq.). *sed haec poetica opinentur esse figmenta et Pici patrem Stercen potius fuisse adseverent* e. q. s.: ubi Varronis sententiam referri constat, cuius physicam in Saturni numine interpretando rationem vide apud Augustinum l. 7, 19. Itaque Varro, qua erat paene incredibili omnia conquirendi industria, refellendi causa etiam eorum attulerat sententiam, qui deos illos selectos olim homines fuisse censerent: atque hoc quidem unum recte in hac re intellexit etiam Frickius l. c. 40 sq., contra prorsus errat Schwarzius, De Varronis apud sanctos patres vestigiis, Fleckeis. ann. suppl. 16, 1888, 429 et 482.

Ex his etiam Augustini locum illum de Alexandri epistula ex Varronis libris sumptum esse efficitur[6]. Id autem equidem | diiudicare non audeo, utrum haec a Varrone scripta fuerint in libris antiquitatum divinarum an in loghistorico de deorum cultu; video enim esse quae utrique sententiae faveant: Augustinus enim fabellam illam de Alexandri epistula altero loco (8, 5) ita coniungit cum simili de Numae libris narratione, ut alteram cum altera etiam apud Varronem coniunctam fuisse conicere possis: de Numa autem Varro copiosissime exposuerat in loghistorico, ex quo Augustinus 7, 34 eadem refert. Versa vice cum secundum eundem testem (18, 15) in antiquitatibus Varro eorum sententiam impugnaret, qui Saturnum hominem fuisse crederent (v. supra), non facile aptiore loco fieri potuisse fatendum est mentionem illius epistolae. Fortasse igitur utroque loco eandem rem protulerat Varro, homo suorum inventorum amantissimus. |

*

II. Ad Varronis libros de scaenicis originibus, Scaurum logistoricum, et de L. Accio grammatico

Servius in georg. 1, 19 fabula de Triptolemo enarrata Cereri sacra ab illo instituta esse addit Graece dicta θεσμοφόρια eiusque rei auctorem affert *Varronem de scaenicis originibus vel in Scauro.* Quae Servii verba magnam inter viros doctos excitarunt litem; Ritschelio enim qui libros de scaenicis originibus et Scaurum ad unum idemque Varronis opus, logistoricum scilicet duplici titulo inscriptum, pertinere coniecerat (op. 3, 406, 411, 456), adversati sunt Riesius (in editione saturarum, prolegg. 37, 7) et Cichorius (Ueber Varros libri de scaenicis originibus, in comm. Ribbeck. 418 sq.), qui cum hoc recte statuerent diversa Varronis opera inscriptionibus illis significari, in ceteris erra-

[6] Miror hunc Augustini locum fugisse eos viros doctos, qui Lactantii verba illa Varronis nomine freti inter huius fragmenta receperunt Merkelius Ovidi fastorum p. CCXXII (= fr. ant. div. lib. 16, 9) et Schwarzius l. c. 482 n. 10 d.

verunt. Parvi momenti est, quod Riesius Servii verba ita corrigenda esse censebat: *de scaenicis originibus II et in Scauro;* eam enim coniecturam Cichorio probatam falsam esse iudicabit qui ›vel‹ particulam apud posterioris aevi scriptores et apud ipsum Servium saepe copulativae vim obtinere meminerit. At gravius est, quod Cichorius Scauri logistorici argumentum plane abhorrere a scaenicis originibus contendit mira usus demonstrandi ratione. Singula enim quae servata sunt Scauri fragmenta, quae sunt numero quattuor, ita percenset, ut nulli cum rebus scaenicis quicquam intercedere contendat. Interim missa faciamus tria posteriora: sed primum fragmentum ipsum illud est, quod supra ex Servio transcriptum et ego exhibui et Cichorius 423 sq. reliquiis librorum de scaenicis originibus inseruit. Quid igitur? illa de re cum Varro et in his libris et in Scauro egerit, nonne etiam in Scauro de rebus scaenicis disputatum fuisse apertissimum est? Salva | igitur erit optima illorum sententia, qui Scaurum illum, cui Varro logistoricum miserat, intellexerunt M. Aemilium Scaurum aedilem nobilissimum, qui a. a. Chr. 58 lautissime ludos fecerat[7]: sicuti Varro *Atticus* inscripsit logistorico de numeris, *Curio* de deorum cultu, *Orestes* de insania, *Sisenna* de historia, ita *Scaurus* inscripsit logistorico, cuius alterum titulum sane nescimus, quamquam in scaenicis rebus tractandis eum versatum esse constat. Iam vero videamus, num in ceteris fragmentis inveniantur pristini argumenti vestigia: quod de uno saltem certo mihi videor posse demonstrare.

I (2 Riesii)

Charisius GL 1, 77 *Varro in Scauro baltea dixit et Tuscum vocabulum ait esse.*

II (3 R.)

id. 88. 131 *Varro in Scauro: glutinum ferunt Daedalum invenisse.*

III (4 R.)

id. 106 *Varro in Scauro palumbi dicit.*

Sed priusquam quid mihi videatur rei esse exponam, a Varrone discedendum est ad alium virum eruditissimum, cui Varronem multo plura quam vulgo statuere videntur debere mihi certum est, dico L. Accium, qui ut Livius Andronicus et Ennius duobus unus officiis fungebatur et poetae et grammatici. Ac de poeta quidem nunc non ago, sed de opere illo iure celeberrimo, quo homo grammaticus utriusque

[7] Eo magis miror perversum Cichorii de Scauri argumento iudicium, quia idem rectissime ad Varronem rettulit quosdam Plinii locos: is enim de rebus ad scaenam pertinentibus talia saepe profert quae uni omnia Varroni deberi videantur. Iam vero inter duodecim locos Plinianos cum quattuor extent, quibus Scauri fiat mentio (nat. 34, 36; 36, 5; 36, 50; 36, 114), quid veri similius quam eiusdem Scauri nomine logistoricum esse inscriptum?

gentis universam litterarum historiam et temporum et generum habita ratione omnium Romanorum primus enarrare aggressus est, paulo accuratius mihi tractandum est. Egerat ille didascalicorum libro 1 de poesi epica, libro 2 de poesi scaenica (fr. 12 Baehr. est de στιχομυθίᾳ, quam sane φορτικῶς saepe observari a poetis graecis, maxime ab Euripide [cf. e. g. Or. 1592 Suppl. 143] notum est, fr. 13 Euripides vituperatur, qui choros temerius in fabulis posuerit, sicuti Lucilius quoque eius artem perstrinxerat, cf. Gell. 4, 3, 28), libro 8 de | apparatu scaenico, libro 9 iterum de variis poematorum generibus; libris qui erant inter tertium et septimum disputasse videtur de poesi Romana, qua ex disputatione supersunt tria fragmenta didascalica, quorum in uno (19 B.) inest insignis ille Accii error in definiendo tempore primae fabulae a Livio Andronico doctae, in altero (21) testimonium de fabulis ab ipso et Pacuvio uno tempore doctis, in tertio (20) comoediarum quas Plauti non esse censebat index. Praeterea Accius in Pragmaticis de simili argumento egerat; quorum fragmenta supersunt haec:

EX LIB. 1.

24 B. –́⏑–⏑–́⏑–⏑ *cúncta fieri cetera*
ínbecilla ob ponderitatem gravitatemque nominis

EX LIB. INC.

25 –́⏑–⏑–́ *describere ín theatro pérperos*
pópularis

26 *ét eo plectuntur poetae, quam suo vitio, saepius*
aút ductabilitate nimia vestra aut perperitudine

27 Gell. 20, 3: *sicinnum .. genus veteris saltationis fuit. saltabundi autem canebant, quae nunc stantes canunt. posuit hoc verbum L. Accius in pragmaticis appellarique sicinnistas ait nebuloso nomine, credo propterea ›nebuloso‹, quod ›sicinnium‹ cur diceretur obscurum esset.*

Huius operis inscriptione quid significetur, quaeritur. Πραγματικόν vocabulum non multo ante Accii aetatem inventum est, neque enim ante Polybium — apud eum autem saepissime — legitur; atque πραγματικόν esse id quod ad res pertinet nomen ipsum significat, unde pro variis rerum argumentis varia eius vis: ad litteras autem ubi refertur (quod in Accii opere fieri fragmenta ipsa produnt), usu inde a Stoicis sollemni opponitur τῷ λεκτικῷ, velut apud Dionysium de comp. verb. 1 διττῆς γὰρ οὔσης ἀσκήσεως περὶ πάντας, ὡς εἰπεῖν, τοὺς λόγους, τῆς περὶ τὰ νοήματα καὶ τῆς περὶ τὰ ὀνόματα, ὧν ἡ μὲν τοῦ πραγματικοῦ τόπου μᾶλλον ἐφάπτεσθαι δόξειεν ἂν ἡ δὲ τοῦ λεκτικοῦ, ἡ μὲν ἐπὶ τὰ πράγματα ἄγουσα ἡμᾶς ἐπιστήμη βραδεῖά ἐστι κτλ. Itaque Dionysius in iudiciis quae fert de antiquis oratoribus seorsum disputare solet de ea virtute quae in rebus cernitur atque de ea quae in genere dicendi, veluti de Lys. 15 νυνὶ δὲ .. διαλέξομαι, τίς ὁ πραγματικός ἐστι Λυσίου χαρακτήρ, ἐπειδὴ τὸν ὑπὲρ τῆς λέξεως ἀποδέδωκα· τουτὶ γὰρ ἔτι λείπεται τὸ μέρος. εὑρετικὸς γάρ ἐστι τῶν ἐν τοῖς πράγμασιν ἐνόντων λόγων ὁ ἀνήρ, οὐ μόνον ὧν ἅπαντες εὕροιεν, ἀλλὰ καὶ ὧν μηθείς. οὐδὲν γὰρ | ἁπλῶς Λυσίας παραλείπει τῶν στοιχείων, ἐξ ὧν ὁμολογεῖ, οὐ τὰ πρόσωπα, οὐ τὰ πράγματα, οὐκ αὐτὰς τὰς πράξεις, οὐ τρόπους καὶ αἰτίας αὐτῶν, οὐ καιρούς, οὐ χρόνους, οὐ τόπους, οὐ τὰς ἑκάστου τούτων διαφοράς, cf. de Isocr. 4 et 12, de Isaeo 3 et 14, epit. l. 2 de imitat. 3 p. 25, 8 sqq. Us. et saepius: omnino τοῦ πραγματικοῦ χαρακτῆρος sunt et argumenta et argumentorum dispositiones, cf. ep. ad. Pomp. 4 Ξενοφῶν Ἡροδότου ζηλωτὴς ἐγένετο κατ' ἀμφοτέρους τοὺς χαρακτῆρας, τόν τε πραγματικὸν καὶ τὸν λεκτικόν. πρῶτον μὲν γὰρ τὰς ὑποθέσεις τῶν ἱστοριῶν ἐξελέξατο καλὰς καὶ μεγαλοπρεπεῖς ...., οὐ μόνον δὲ τῶν ὑποθέσεων χάριν ἄξιος ἐπαινεῖσθαι, ἀλλὰ καὶ τῆς οἰκονομίας. ταῖς τε γὰρ ἀρχαῖς αὐτῶν ταῖς πρεπωδεστάταις κέχρηται καὶ τελευτὰς ἑκάστῃ τὰς ἐπιτηδειοτάτας ἀποδέδωκε, μεμέρικέ τε καλῶς καὶ τέταχε καὶ πεποίκιλκε τὴν γραφήν. ἦθος τ' ἐπιδείκνυται θεοσεβὲς καὶ δίκαιον ...... καὶ ὁ μὲν πραγματικὸς τύπος αὐτῷ τοιοῦτος. ὁ δὲ λεκτικὸς κτλ. Coniuncta habes argumenta eorumque dispositionem et ἤθη: eiusdem partitionis vestigia apud scriptores Latinos obvia nunc non colligo, unum nomino Varronem, qui in Parmenone satura, in qua de arte poetica et Graecorum et Romanorum deque eius generibus ampla instituta erat disputatio, haec scribit (fr. 399 B.): *in quibus partibus in a r g u m e n t i s Caecilius poscit palmam, in e t h e s i n Terentius, in s e r m o n i b u s Plautus,* ubi vides respondere argumenta et ἤθη generi πραγματικῷ, sermones λεκτικῷ. Iam ut ad Accii opus revertar, cum hac tituli interpretatione bene consociari possunt quae extant fragmenta: quod cum de fr. 25 et 26 ne dubium quidem esse possit, minus cadere videtur in id quod ultimo loco posui: quid enim saltationi cum argumentis? Attamen bene evenit, ut scrupulus hic facili opera removeri possit allato testimonio Aristotelis: namque etsi ipsum vocabulum πραγματικός non ante Polybium inveniri supra dixi, tamen duorum illorum generum divisio, ut multa postea demum amplificata, ad Peripateticos redit[8]: Aristoteles enim in ea artis poeticae parte, quae aetatem non tulit, ubi de comoedia egit, duobus modis risum gigni exposuerat: ἀπὸ τῆς λέξεως et ἀπὸ τῶν πραγμάτων, posteriorisque generis speciem dixerat ἐκ τοῦ χρῆσθαι φορτικῇ ὀρχήσει (cf. Arist. de arte poet. ed Vahlen[3], Leipzig 1885, 78). Restat

[8] Cf. e. g. Aristot. art. rhet. 3, 7. 1408 a 10 τὸ δὲ πρέπον ἕξει ἡ λ έ ξ ι ς, ἐὰν ᾖ παθητική τε καὶ ἠθικὴ καὶ τοῖς ὑποκειμένοις π ρ ά γ μ α σ ι ν ἀνάλογος κτλ.

[9] Rhetorum praecepta Accio non ignota fuisse**** nemo mirabitur; ea enim Romae tum volgatissima fuisse non solum exempla eorum qui illis temporibus

fr. 24 | ex primo libro sumptum, quo disputari de vicissitudine quae rem inter et verbum (ὄνομα) intercedit non negabis, si quae supra de duobus illis generibus exposui tecum reputabis: sententiam etiam accuratius definire difficile est, quamquam me si audis Accius illa ex rhetorum disciplina hausta rettulit: res (πράγματα) enim ut cum verbis (ὀνόμασι) concinant, ne intempestiva (ἄκαιρος) fiat oratio, inter summa est rhetorum praecepta* (cf. e. g. Dionys. de Lys. 3. 4 in fin.; 9 cet.), quae si quis neglexisset, a severis iudicibus vehementer vituperabatur; nam sicut Accius** dicit nomine ponderoso gravique cetera fieri imbecilla, ita scriptor libelli de sublimitate allatis tragici cuiusdam verbis tumidis addit (3): τεθόλωται (ταῦτα) τῇ φράσει καὶ τεθορύβηται ταῖς φαντασίαις μᾶλλον ἢ δεδείνωται, κἂν ἕκαστον αὐτῶν πρὸς αὐγὰς ἀνασκοπῇς, ἐκ τοῦ φοβεροῦ κατ᾽ ὀλίγον ὑπονοστεῖ πρὸς τὸ εὐκαταφρόνητον, ibidem similiter: κακοὶ δὲ ὄγκοι καὶ ἐπὶ σωμάτων καὶ λόγων οἱ χαῦνοι καὶ ἀναλήθεις καὶ μήποτε περιιστάντες ἡμᾶς εἰς τοὐναντίον cf. 5 (p. 9, 11 Vahl.)*** et Demetr. de eloc. 83[9]. Ceterum num sententiam illam probarit Accius, vehementer dubito; is enim tumorem tragicum adeo non vitaverat grandibus verbis nove aut fictis aut usurpatis, ut gravissime eam ob rem carperetur

vel annales vel orationes scripserunt demonstrant sed etiam Lucilii verba haec (155 sqq. B.): *ut periisse velis quem visere nolueris, cum | debueris. hoc nolueris et debueris te | si minus delectat, quod* τεχνίον *Isocratium est,* | ληρῶδες*que simul totum ac* συμμειρακιῶδες, ubi etiam postremum vocabulum ex arte rhetorica petitum est, cf. maxime script. de subl. 3, qui quid sit τὸ μειρακιῶδες optime docet*****; hominem tali vitio obnoxium latine dixerunt adulescentiari: hac enim vi verbum usurpari a Varrone sat. fr. 550 B. *tu quidem ut taceas censeo, quoniam tu quoque adhuc adulescentiaris* mihi quidem constat, postquam saturae inscriptiones τὸ ἐπὶ τῇ φακῇ μύρον, περὶ εὐκαιρίας etiam ad disciplinam rhetoricam spectare demonstravi ann. Fleckeis. suppl. 18, 1892, 308, 1: nimirum is qui alienissimo loco speciosum aliquod vocabulum ponit tamquam lentium pultem condiens murra, dicitur ἀκαίρως νεανιεύεσθαι; saepius enim Varro in saturis perversum quod illo tempore florebat dicendi genus vituperat, cf. maxime fr. 370 sqq.

* *[Addendum* (s. S. VIII]) cf. O. Immischius, mus. Rhen. 48, 1893, 512 sqq.

** *[Addendum]* Quint. 10, 1, 97 *Accius et Pacuvius clarissimi gravitate sententiarum, verborum pondere, auctoritate personarum.*

*** *[Addendum]* cf. 29, ubi quod adhibet vocabulum ἀβλεμές idem est ac *imbecillum.* Adde 30, 2, cf. Hermog. de ideis p. 292, 15 sqq.

**** *[Addendum]* De Pacuvio cf. Marx. praef. auct. ad. Herenn. p. 92.

***** *[Addendum]* cf. νεανικὴ ἀπειροκαλία (Phot. Bibl. 65 [27 a] de Theophylacti scribendi genere). — Philostr. v. Soph. 2, 8; cf. Phot. Bibl. 102 [85 b] (de Gelasii episcopi Caesareae Palaestinensis libro κατὰ Ἀνομοίων) πάντα καλὸς εἰ μὴ ὅτι κατακόρως καὶ μειρακιωδῶς ὡς ἄρτι παρακύπτων εἰς τοὺς διαλεκτικοὺς λόγους, τοῖς τῆς λογικῆς τέχνης καὶ κανόσι καὶ αὐταῖς ἀπεχρήσατο λέξεσιν, εἰ καὶ ἀπολογίαν τῆς τοιαύτης ἀκαιρολογίας ἐνυφαίνει τῷ συγγράμματι κτλ.

a Lucilio (cf. Hor. sat. 1, 10, 53 cum adn. Porphyrionis et libri 26 fr. 462 sqq. Baehr., maxime 468. 472. 475. 480. 481; similiter Ennii versus quosdam riserat g r a v i t a t e minores, cf. Hor. sat. 1, 10, 54. Serv. in aen. 11, 601): itaque, id quod etiam ipsa enuntiati forma indicari videtur, | ab illius calumniis se purgat, quod quo aptiore loco facere potuerit nescio.

Utriusque operis argumentis breviter adumbratis priusquam ad cetera pergam, de duobus fragmentis mihi disputandum est, quorum alterum nunc inter ea quae incertae sunt sedis, alterum ne inter Accii quidem fertur. Illud apud Varronem exstat ling. 7, 64 (= fr. 29 B.): *miraculae a miris, id est monstris, a quo Accius ait personas distortis oribus deformis miriones.* Qua de re quamquam potuisse quidem Accium agere etiam in pragmaticis non utique negandum est, tamen si quid tribuendum est probabilitati, id fragmentum didascalicis inseremus, quia, ut supra dixi, in horum l. 8 de apparatu scaenico qui ad actores pertinet disputaverat (fr. 14 *actoribus manuleos baltea machaeras*). Verum id sive cui recte videor statuisse sive non persuasi: certissime altero utro opere de personis Accium egisse cogitans haec Varronis verba legas ling. 7, 96: *obscaenum dictum ab scaena; eam ut Graeci Accius scribit scena. in pluribus verbis a ante e alii ponunt, alii non, ut quod partim dicunt scaeptrum partim sceptrum, alii Plauti Faeneratricem, alii Feneratricem; sic faenisicia ac fenisicia, ac rustici pappum Mesium, non Maesium, a quo Lucilius scribit C e - c i l i u s p r e t o r n e r u s t i c u s f i a t.* Incipiamus a fragmento Lucilii: quo Accii sententiam de ae diphthongo per e exhibenda irrideri apparet: quod cum recte intellegeret, Schmidtius in editione libri noni (Berol. 1840) hunc versum inter illius libri fragmenta posuit, eumque secutus est Baehrensius (fr. 259). Quod quo iure fecerint ambigi sane potest: eodem enim modo etiam versus, quibus *pertisum* an *pertaesum* dicendum sit disceptatur addita Scipionis auctoritate[10], quos nunc |

[10] Festus 273 *redarguisse per e litteram Scipio Africanus Pauli filius dicitur enuntiasse, ut idem etiam pertisum. cuius meminit Lucilius: quó facetior videare et scire plus quam ceteri, | pertisum hominem, non pertaesum dicere † ferum nam genus* (versus nondum probabiliter emendatus: *dicere aerumnamst opus* L., at exspecto Scipionis mentionem fieri, unde retinendum puto *genus;* in v. *dicere* latere puto *dic* imperativum, cetera non expedio). Ad Scipionis igitur auctoritatem Lucilius provocarat, neque dubito, quin etiam *redarguisse* recipiendum sit inter fragmenta Luciliana, sicut etiam Muellerum coniecisse video ad fr. inc. 133. Quae cum consideras, nonne haec Quintiliani verba 1, 7, 25 *quid dicam ›vortices‹ et ›vorsus‹ ceteraque in eundem modum, quae primus Scipio Africanus in e litteram secundam vertisse dicitur* ex Lucilio fluxisse (quod etiam Buechelerum docere memini) eo magis fatebere probabile esse, quia Quintilianus (vel potius Palaemo) in hac orthographicae artis adumbratione identidem ad Accium et Lucilium recurrit 1, 7, 14 sq. 19)? Nimirum Scipio-

inter incertae sedis fragmenta redigunt (841 sq. L. 894 sq. B.), inserendi essent libro 9, cum is qui de ae et e litteris ageret non poterat non eodem loco etiam quaestionem illam impeditissimam disceptare, quid fieret verborum primitivorum ae diphthongo, ubi verba illa additis praepositionibus fierent derivativa (sicuti in l. 9 Lucilius iudicium tulit de consonantium in verbis compositis assimilatione: fr. 330[c] et 330[d] L.), velut *perbaetere* scribendum esset an *perbitere, conquaerere* an *conquirere.* Itaque hanc rem in medio relinquamus: id vero iure nostro videmur posse contendere, illudi a Lucilio Accium. Iam vero Lucilius rusticam esse pronuntiationem illam (cf.* K. Sittl, Die lokalen Verschiedenheiten der lateinischen Sprache, Erlangen 1882, 5 sq.) norat, cum diceret *Cecilius pretor ne r u s t i c u s fiat;* unde illius rei notitia venit ad Lucilium? sine dubio de ea disputari invenerat apud grammaticum quendam, eundem scilicet, apud quem Varro de rustica Maesii pronuntiatione legerat. Grammaticum autem illum ne cogitari quidem potest alium fuisse atque Accium. Ergo is ascita rusticorum auctoritate Mesium scribi iusserat[11]. At non mirum Romanos referri ab Accio ad rusticos? quod nemo prudens, opinor, mirabitur: ab Oscis enim, haud bonae famae gente, Accius vocalium longarum geminationem receperat, atque omnino illis primum temporibus increbruisse apud Romanos Italicarum dialectorum notitiam, quam docti et grammatici et glossographi non aspernati sunt recipere, | bene monuit H. Iordanus, Kritische Beiträge zur Geschichte der lateinischen Sprache, Berolini 1879,

nem, hominem eruditissimum, qui litteras Latinas cum Graecis temperabat, quasi gravissimum harum rerum et auctorem et iudicem non solum Lucilius citavit sed etiam alius eiusdem aetatis homo doctissimus Valerius Soranus, qui librum quendam ad litterarum, ut videtur, historiam pertinentem ei misit; falsissime enim Scipionis nomen vulgo coniecturis oblitteratur in his Varronis verbis ling. 7, 31 *apud Valerium Soranum: vetus adagio est, o P. Scipio,* quae ex ipsa προσφωνήσει versibus senariis concepta videntur sumpta esse. A Scipionis eiusque asseclarum partibus Valerium stetisse etiam versu illo probari videtur, quem ex eo affert Varro ling. 10, 70 *Accius Hectorem nollet facere, Hectora mallet:* haec enim non probantis sed impugnantis sunt. Scipio ut intellegatur Paulli filius, temporum ratione permitti videtur, modo Valerium provecta aetate mortuum esse sumamus ut Accium.

11 Fortasse Varro etiam Plauti Feneratricem ex Accio petivit, quem constat in didascalicis indicem fecisse fabularum Plauti. Feneratricem fabulam obelo non damnavit**.

* *[Addendum]* Ritschelius op. 4, 286.

** *[Addendum]* Ceterum re vera e pro ae positam rusticorum esse pronuntiationem, ab urbe alienam, inscriptiones docent antiquissimae; cf. titulus votivus Pisaurensis (Schneideri del. n. 20) = *Cesulo Attilia donu dat Diane,* in lege Spoletina *cedre cedito,* similia in inscriptionibus Praenestinis et Faliscis inveniuntur, cf. Schneideri indicem grammaticum in Dialectorum exemplis p. 133 d, 156 c.

125 sqq. (nam singularis est Praenestinorum illusio apud Plautum, cf. Ritschelius Parerg. 1, 196 et opusc. 2, 372); neque id casu factum: circa idem enim tempus Italici civitatem Romanam summo cum studio petentes se cum Romanis coalescere et posse et velle neque nimis diversae esse propaginis urbi et armis et litteris ostenderunt, sicut optime me docet Kiesslingius. Iam vero etiam intellegitur, quo iure Accius, cum recte scribendi canones suos constitueret, Graecam consuetudinem[12] cum Italica coniunxerit: inferioris enim Italiae gentes bilingues fuisse notum est neque multum interest, utrum Accius dicatur scenam petiisse a Graecis an Mesium ex lingua rustica[13]. utrumque enim ex eadem regione Romam invectum est. Neque iam priore aetate Ennium puduit dicere se tria corda habere, quod loqui et Graece et Osce et Latine sciret (Gell. 17, 17). Accium igitur disputasse de Maesii persona certum puto esse; quonam id fecerit libro, dubium esse vix potest, cum didascalicorum l. 8 de actoribus, libro incerto de ipsis personis eum egisse compertum habeamus; eodem igitur opere etiam de Maesone disputasse censendus est, quamquam Lucilium, cum ae diphthongi pronuntiationem rusticorum auctoritate ab Accio confirmatam impugnaret, hunc ipsum locum respexisse non pro certo ausim contendere: immo fieri potest ut grammaticum aliquod Accii scriptum extiterit, quo suas de partibus quibusdam artis grammaticae rationes exposuerit; non satis enim credibile est his de rebus eum egisse in didascalicis[14]. Grammaticam autem rationem consentaneum est eum stabilivisse exemplis quibusdam repetitis ex alio opere. |

Ad Varronem priusquam revertar, paucis liceat exponere, quem

[12] Ab hac etiam alia Accii praecepta pendere notum est. *semigraecum* eum fortasse dixit Lucilius 330[b] L., cf. Marxius, stud. Lucil. 5.

[13] Ceterum cf. etiam Varro ling. 5, 97 *ircus quod Sabini fircus; quod illic fedus, in L a t i o r u r e edus; qui in urbe, ut in multis a addito aedus.* Sic *Mesium* vocabant in agro Campano, unde una cum ludis Oscis Romam invectus innotuit.

[14] Quamquam in his rebus quis certi quicquam promittet? Insunt enim in didascalicorum fragmentis, quae non artis finibus nomen illud ab Accio circumscriptum fuisse demonstrent: etsi l. 1, quo de epica poesi disputabat, prooemii loco esse potuit. Atqui poterat de scena et de Mesio agere, ubi Romanae fabulae initia a Tarentinis vel ab Oscis repetebat; porro gg pro ng, gc pro nc scribi voluit secundum Ionem (Pric. 1, 30), tragicum opinor qui ad exemplum Calliae poetae similia in tragoediis luserat (neque enim alium Ionem novimus, ad quem illa probabilius possint referri): et de tragoedia Accius l. 2 egerat. Sic etiam vocalium geminationem Graecamque Graecorum nominum declinationem (quamquam ipse videtur in versu admisisse *Nestorem* fr. 10 B. ut v. 667 R. *Hectorem,* in hac re non magis sibi constans quam Lucilius) cogitari quidem potest in didascalicis tractatas fuisse, modo sumas accurate eum exposuisse, quid harum rerum quo tempore quaeque ex gente traxissent Romani. Sed nolo de his ariolari.

censeam esse auctorem ab Accio adhibitum. Qua de re cum apud viros doctos constare mihi persuasum sit, etsi nihil adnotari invenio, quam brevissimus ero. Aristophanem Byzantium pleraque fragmenta quasi digito ostendunt. Unde enim acre de choris ab Euripide temerius adhibitis iudicium (fr. 13) sumere poterat nisi ex Aristophane, quem in argumentis examinasse scimus, qua ratione fabulae actioni interessent chori personae (cf. arg. Orest. ὁ δὲ χορὸς συνέστηκεν ἐκ γυναικῶν Ἀργείων ἡλικιωτίδων Ἠλέκτρας, αἳ καὶ παραγίνονται ὑπὲρ τῆς τοῦ Ὀρέστου πυνθανόμεναι συμφορᾶς, arg. Alc. συνέστηκε δὲ ὁ χορὸς ἔκ τινων πρεσβυτῶν ἐντοπίων, οἳ καὶ παραγίνονται συμπαθήσοντες ταῖς Ἀλκήστιδος συμφοραῖς, v. Trendelenburgius, Gramm. Graec. de art. trag. iud. 21 sq.); accedit gravissimum Pollucis testimonium hoc, quod sicut cetera libri 4 quae ad scaenicum apparatum enarrandum pertinent e grammaticorum Alexandrinorum copiis fluxit (cf. Rohdius, De Iulii Pollucis in apparatu scaenico enarrando fontibus): 111 τῶν δὲ χορικῶν ᾀσμάτων τῶν κωμικῶν ἕν τι καὶ ἡ παράβασις, ὅταν ἃ ὁ ποιητὴς πρὸς τὸ θέατρον βούλεται λέγειν, ὁ χορὸς παρελθὼν λέγῃ. ἐπιεικῶς δ' αὐτὸ ποιοῦσιν οἱ κωμῳδοποιηταί, τραγικὸν δὲ οὔκ ἐστιν, ἀλλ' Εὐριπίδης αὐτὸ πεποίηκεν ἐν πολλοῖς δράμασιν. ἐν μέν γε τῇ Δανάῃ τὸν χορὸν τὰς γυναῖκας ὑπὲρ αὐτοῦ τι ποιήσας παρᾴδειν, ἐκλαθόμενος, (desunt quaedam) ὡς ἄνδρας λέγειν ἐποίησε τῷ σχήματι τῆς λέξεως τὰς γυναῖκας. καὶ Σοφοκλῆς δὲ αὐτὸ ἐκ τῆς πρὸς ἐκεῖνον ἁμίλλης ποιεῖ σπανιάκις, ὥσπερ ἐν Ἱππόνῳ[15]. Quid personae, cum Aristophanem περὶ προσώπων scripsisse notum sit (cf. Nauckius, Aristoph. Byz. fragm. p. 275 sq.), ut Varronis fuit opus ›de personis‹? quid, si ipsum Maesium recte Accio dedi, cum de Maesone Aristophanem egisse traditum sit (Athen. 14, 659 A)? quid saltationum genera, quae Aristophanem | copiose enarrasse et antiquorum scriptorum testimonia demonstrant et Rohdii disputatione supra commemorata (36 sqq.) edocti sumus? cum praesertim ipsam σίκιννιν satyrorum saltationem etiam Pollux afferat 99, de cuius vocis origine cum in diversissimas partes discessissent grammatici qui fuere inde ab Aristotele, iure eius nomen nebulosum dixit Accius. Denique manulei baltea machaerae res in comoediis volgatissimae sunt[16], quas qui tam accurate quam Aristophanes de apparatu scaenico disputabat ne poterat quidem omittere; atque machaeram quidem Pollux commemorat 117, de re vestiaria autem ubi verba facit 115—120 vestes manuleatas cum omittat, alio loco, ubi eandem rem ascitis comoediae

[15] Similiter iam Aristoteles art. poet. 18. 1456 a 25 τὸν χορὸν δὲ ἕνα δεῖ ὑπολαβεῖν τῶν ὑποκριτῶν καὶ μόριον εἶναι τοῦ ὅλου καὶ συναγωνίζεσθαι μὴ ὥσπερ Εὐριπίδῃ ἀλλ' ὥσπερ Σοφοκλεῖ.

[16] De manuleis cf. Plaut. Aul. 511 Ps. 738, de machaeris Curc. 424 Mil. 53 Pseud. 1181. 1185 Rud. 315; balteum Plautus non commemorat, sed saepissime clupeum, velut Curc. 424 Mil. 1 Trin. 719.

testimoniis uberius persequitur (7, 46 sqq.), χιτῶνας ἑτερομασχάλους καὶ ἀμφιμασχάλους commemorat (47), ex quibus hi servorum illi ingenuorum sunt. Neque hercle indicem fabularum poterat componere, nisi qui Alexandrinorum grammaticorum studiis instructus erat. Horum sane eruditione indigna sunt argumenta illa ineptissima, quibus Accius Hesiodum natu priorem esse Homero evincere studet (fr. 7 apud Gell. 3, 11, 4): quae utrum apud grammaticum quendam Alexandrinum legerit non tam probata quam impugnata an ex alio sumpserit auctore nescio quo (quamquam maxime talia decent Peripateticum Megaclidis similem) non discerno: non inventa ea esse ab Accio mihi certissimum est[17]. Ceterum Accius ipse quem adhibuerit auctorem, indicat fr. 18 *unde omnia perdisci ac percipi queuntur*, quae verba quam apte ad Aristophanis opera referantur, etiam Suetonii exemplo manifestum est.

Sed tandem aliquando tempus est in viam redeundi; profecti enim sumus a Varronis fragmento quodam Scauri logistorici, quo is baltea ex Etruria Romam inlata esse scripsit. Quod argumentum cum a disputatione de rebus scaenicis instituta alienum videretur esse Cichorio, is Scaurum logistoricum in argumento prorsus diverso versatum esse contendit. Atqui etiam ab Accio ut manuleos et machaeras ita balteos actoribus assignari vidimus: cadit igitur | illius ratio[18]. Qua in refellenda, nisi de Accii didascalicis occasione data disputare maluissem, potueram brevior esse: celeberrimae enim Livii de scaenicis originibus narrationis qui meminerit, Tuscorum nomen huic argumento aptissimum esse ultro concedet.

Etiam levioris momenti cetera Cichorii argumenta sunt. Glutinum

[17] Nolo diutius immorari in quaestione fastidio plena. Unum addo Varronis causa. Gellius enim l. c. ita scribit: *super aetate Homeri atque Hesiodi non consentitur. alii Homerum quam Hesiodum maiorem natu fuisse scripserunt, in quis Philochorus et Xenophanes, alii minorem, in quis L. Accius poeta et Ephorus historiae scriptor. M. autem Varro in primo de imaginibus, uter prior sit natus parum constare dicit, set non esse dubium, quin aliquo tempore eodem vixerint, idque epigrammate ostendi, quod in tripode scriptum est, qui in monte Helicone ab Hesiodo positus traditur.* De postremis verbis cf. Paus. 9, 31, 3 ἐν δὲ τῷ Ἑλικῶνι καὶ ἄλλοι τρίποδες κεῖνται καὶ ἀρχαιότατος, ὃν ἐν Χαλκίδι λαβεῖν τῇ ἐπ᾽ Εὐρίπῳ λέγουσιν Ἡσίοδον νικήσαντα ᾠδῇ. Non multo ante (30, 3) quaestionem impeditissimam de Homeri et Hesiodi aetate omittere se malle dixerat; sequitur autem c. 31 post verba modo exscripta disputatio doctissima de Hesiodi scriptis ac morte. Iam vero cum in hoc libro quae de vetustissimorum poetarum aetatibus profert, ex Alexandro Polyhistore petita esse constet (cf. Maassius, Deutsche Literatur-Zeitung 1887, 54), Varro illud de tripode sine dubio ex eodem sumpsit, quem saepe secutus est.

[18] De theatri balteis h. e. praecinctionibus (διαζώμασι) cogitari non posse sponte apparet; accedit, quod haec vocabuli significatio Neroniano aevo non antiquior videtur esse: primum enim invenitur apud Calpurn. 7, 47, cum Vitruvius aut praecinctiones dicat (5, 3, 4) aut Graeco utatur vocabulo (5, 6, 7).

enim, quod Varro in Scauro dixerat a Daedalo inventum esse, quemadmodum ad scaenam referri possit, ille se ignorare fatetur. Quis autem etiam nostrae scaenae memor potuisse omnino deesse in scaenico apparatu glutinum contendet[19]? atque | quam accurate singula quaeque Varro in maiore saltem opere quod condidit de scaenicis originibus tractarit, luculentissime apparet ex Charisio p. 80: *Varro de scaenicis originibus hunc calamistrum:* nimirum eo opus erat τῷ σκευοποιῷ ad cincinnos efficiendos, cui rei quantam curam veteres adhibuerint, Pollux saepissime testatur, cf. 134 sqq. 140 sq. 152 sqq.: sic apud Plautum in Curculione Cappadox leno habet calamistrum (v. 577), nam, ut Pollux ait § 153, τὸ τέλειον ἑταιρικὸν βοστρύχους ἔχει περὶ τὰ ὦτα[20]. Denique quid tertio fragmento faciam, quo de palumbibus Varronem locutum esse apparet*, ne ipse quidem certo scio, quamquam cum passerem Catullianum columbasque in anaglyphis picturisque passim obvias cogito, fieri potuisse censeo, ut Varro cum de apparatu meretricio ageret, mentionem faceret palumbium; ludicrae enim historiae pars est περὶ τοῦ θεάτρου, pars περὶ τῶν παιδιῶν.

Acci didascalica prae Varronis libris multo doctioribus ab antiquis, ubi de ludicra historia disputabant, iure neglegebantur. Varro ipse Accium non parvi videtur aestimasse: iuvenis Accio seni misit libros de antiquitate litterarum scriptos, atque saturam composuit cui inscripsit Κυνοδιδασκαλικά, in qua ut Accius in didascalicis etiam de rebus metricis disputavit.

19 De Daedalo glutini repertore cf. etiam Plin. nat. 7, 198 (in catalogo εὑρημάτων, quem ad Varronem redire puto, qui ipse in usum vocasse videtur Philostephani librum περὶ εὑρημάτων, sed ut adderet quaedam ex Cn. Gellio, annalium scriptore, petita, cf. 194, 197, 208): *fabricam materiariam (invenit) Daedalus, et in ea serram asciam perpendiculum terebram g l u t i n u m ichthyocollam.* Ceterum etiam in hac re erravit Cichorius, quod Scaurum logistoricum περὶ εὑρημάτων fuisse ideo coniecit, quia ad inventum quoddam Daedali respicitur. Qui enim de o r i g i n i b u s scaenicis scripsit, ei necessario explorandum erat, quid quisque primus invenisset: quod apud Plinium, ubi Varronem in his rebus tractandis sequitur, factum esse videmus (cf. nat. 19, 23; 21, 5 cet., v. Cichorium ipsum 427 sq.). Idem iam Aristophanes Byzantius fecerat, cf. e. g. Pollux 59 et Rohdius l. c. 25 sqq., quod cum imitaretur Iuba in θεατρικῇ ἱστορίᾳ, factum est, ut Volkmannus (De Suidae biographicis, Bonn 1861, 20, 1) eum inter auctores περὶ εὑρημάτων numerandum esse falso diceret (cf. Rohdius 33, 1) eodem implicitus errore quo Cichorius. Atque Graecorum historiam ludicram a Varrone non omissam esse et fragmento apud Servium in georg. 1, 19 et Suetonii imitatione (p. 341, 17 R.) demonstratur.

20 Similiter Varro sat. 375 mulierculam lepidissime describit: *ante auris modo ex subolibus parvuli intorti demittebantur sex cincinni,* cf. Plaut. Truc. 287 *fictos comptos crispos cincinnos tuos.*

* *[Addendum]* Recte, ut videtur. Cf. Buecheler, Arch. f. Lat. Lex. 2, 116 sqq.

III. De satura ἔχω σε, περὶ τύχης et de logistorico ›Marius de fortuna‹

Saturae supersunt fragmenta haec:

I

169 *aérea terta nitet galea* (Non. 179).

II

170 *téla dextrá vibrant, rússa † tia émicant, | átque ⟨in⟩ insígnibus Márti' torquae aúreae, | scúta caeláta Hiberón argentó gravi | crébra fulgént* (Non. 227)[21]. |

III

171 *tegés, pruina ne iacentem sub ⟨diu⟩*
dealbet algu candicanti frigore (Non. 72)[22].

172 *sapiens et bonum ferre potest modice et malum fortiter aut leviter* (Non. 342).

Nolo multus esse in saturae titulis explicandis: philosophorum Graecorum qui περὶ τύχης scripserant nomina vide apud Riesium, quibus addendi sunt Eurysus quidam Pythagoreus (cf. Stob. ecl. 1, 210, al.) et Dio Chrysostomus (or. 65). Cum priore inscriptione Oehlerus contulit Metrodori dictum quoddam (fr. 26 Duen. = Epicur. Spruchs. 47, cf. Cic. Tusc. 5, 26) προκατείλημμαί σε, ὦ Τύχη, atque possum similia multa addere, nihil quod inscriptioni illi accurate respondeat[23]. Itaque hac re omissa quid fragmentis ipsis doceamur videndum est. Pulchre de Demetrii Phalerei libro περὶ τύχης nuper egit R. de Scala (Die Studien des Polybios 1, 159 sqq.), ubi quanta fuisset huius libri apud posteros auctoritas locis maxime ex Polybio

[21] Fragmenta et hoc et sequens admodum corrupta sunt. Pro eis quae supra scripsi secutus maxime Buecheleri inventa in codicibus haec sunt: *in* deest, *torqueas* vel *torques* vel *torquetis* vel *torqueos, Hibero.* De voc. corrupto *russatia* v. infra.

[22] *leges ruina ne iacentem subdealbet* (vel *subdeabbet*) *algudanti frigore* codices: *teges* Scaliger, *pruina* Passeratius et Rothius, *deo* addiderat Scaliger, pro quo *diu* melius Buechelerus, *candicanti* Buechelerus (*dentientem* male Scaliger, quem secuntur Riesius et Muellerus).

[23] Homines qui vulgo sunt ἔχονται ὑπὸ τῆς Τύχης, philosophus ἔχει τὴν Τύχην. Similiter in re diversa Aristippus ἔχω inquit, ἀλλ' οὐκ ἔχομαι (Laert. 2, 75) et Seneca epist. 119, 12 *nam quod ad illos pertinet, apud quos falso divitiarum nomen invasit occupata paupertas, sic divitias h a b e n t, quomodo habere dicimur febrem cum illa nos h a b e a t. e contrario dicere solemus: febris illum tenet; eodem modo dicendum est: divitiae illum tenent;* atque ἔχειν τὴν τύχην quam volgaris sit locutio, versus hi docent: τύχην ἔχεις, ἄνθρωπε, μὴ μάτην τρέχε. | εἰ δ' οὐκ ἔχεις, κάθευδε, μὴ κενῶς πόνει (Orion in Ritschelii op. 1, 572, 103).*

* *[Addendum]* Sall. Iug. 2, 3 *aminus incorruptus ... agit atque habet cuncta neque ipse habetur.*

petitis demonstravit. Demetrius inopinatas fortunae vicissitudines (τὰς μεταβολάς) allatis et singulorum hominum et civitatum exemplis docuerat: nimirum maxima Persarum regna repente collapsa iacuerunt ingressis Macedonibus, quorum ne nomen antea fuit (Demetr. apud Polyb. 29, 21); Macedonum autem haec bona erunt, quamdiu lubebit Fortunae (ib.). Saepe Polybius aliique auctores fortunae meminerunt, ubi hominum populorumque ad summos potentiae gradus mirabilem in modum evectorum inruentes subito calamitates enarrant, velut | Croesi Dionysiorum, Siciliae tyrannorum, Lacedaemonum (cf. de Scala 170, v. etiam Galeni protrept. 4). Atque Romani, ut viderant felicissimum Sullam, sic neminem, qui fortunam et secundam et adversam magis perpessus erat quam Marius*. Audi modo Plutarchum, ubi mortem eius enarrat 45, 8 Γάϊος δέ τις Πείσων .. ἱστορεῖ τὸν Μάριον ἀπὸ δείπνου περιπατοῦντα μετὰ τῶν φίλων ἐν λόγοις γενέσθαι περὶ τῶν καθ' ἑαυτὸν πραγμάτων ἄνωθεν ἀρξάμενον καὶ τὰς ἐπ' ἀμφότερα πολλάκις μεταβολὰς ἀφηγησάμενον εἰπεῖν, ὡς οὐκ ἔστι νοῦν ἔχοντος ἀνδρὸς ἔτι τῇ τύχῃ πιστεύειν ἑαυτόν· ἐκ δὲ τούτου τοὺς παρόντας ἀσπασάμενον καὶ κατακλιθέντα συνεχῶς ἡμέρας ἑπτὰ τελευτῆσαι. Deinde interposita alia de eius fine narratione pergit (11): διὸ ἔτη μὲν ἑβδομήκοντα βεβιωκώς, ὕπατος δὲ πρῶτος ἀνθρώπων ἑπτάκις ἀνηγορευμένος οἶκόν τε καὶ πλοῦτον ἀρκοῦντα βασιλείαις ὁμοῦ πολλαῖς κεκτημένος ὠδύρετο τὴν ἑαυτοῦ τύχην ὡς ἐνδεὴς καὶ ἀτελὴς ὢν ἐπόθει προαποθνήσκων. Quid vero? His noli credere verbis perorasse Plutarchum: immo sic sibi parat transitum ad sequentia, quibus fuse disserat περὶ τύχης: scilicet Marii de fortuna querellae opponit fortia sapientium dicta: Plato enim et Antipater Tarsensis quanto dignius in vitae exitu de fortuna locuti sunt (46, 1—2): quamquam vulgus hominum non secus ac Marius pravas habet de fortuna opiniones (3—5). An haec de suo Plutarchus? crederem, nisi nobili Muellenhoffii disputatione (Deutsche Alterthumskunde 2, 126 sqq.) Plutarchum in rebus a Mario gestis enarrandis primario duce usum esse Posidonio ita demonstratum esset, ut ne dubitatio quidem relinqueretur. Atque Posidonium eo ipso loco, ubi de Marii fine disserit, testem qui ipse eius morti interfuit citat (45, 7). Quid, quod etiam altero loco, ubi certissime Posidonium secutus est (cf. Muell. 138), simillimum tangit argumentum, cum scribat 23 in. (post pugnam apud Aquas Sextias commissam): ἡ δὲ μηθὲν ἐῶσα τῶν μεγάλων εὐτυχημάτων ἄκρατον εἰς ἡδονὴν καὶ καθαρόν, ἀλλὰ μίξει κακῶν καὶ ἀγαθῶν ποικίλλουσα τὸν ἀνθρώπινον βίον ἢ τύχη τις ἢ νέμεσις ἢ πραγμάτων ἀναγκαία φύσις οὐ πολλαῖς ὕστερον ἡμέραις ἐπήγαγε τῷ Μαρίῳ τὴν περὶ Κάτλου ἀγγελίαν

* *[Addendum]* In Africa cum pugnaret contra Iugurtham haruspex ei dixerat *fortunam quam saepissime experiretur, cuncta prospere eventura* (Sall. Iug. 63, 1; Plut. Mar. 7).

κτλ.[24]. Idem de fort. Rom. 3 ὁρῶ δὲ καὶ Γάϊον Μάριον ὀργιζόμενον τῇ Τύχῃ. cf. ib. 11 de mira qua Marius usus erat in debellandis Cimbris Teuto- | nibusque fortuna. Porro Diodorus 37, 40 de Mario: τυχὼν ὑπατείας τὸ ἕβδομον οὐκ ἐτόλμησεν ἔτι τῆς τύχης λαβεῖν πεῖραν, δεδιδαγμένος περὶ τῆς κατ᾿ αὐτὴν ἀβεβαιότητος μεγάλοις συμπτώμασιν. Neque Livius in his rebus enarrandis maxime Posidonium secutus (cf. Muell. 125 sqq.) de mira fortunae in Marii vita vicissitudine nihil videtur addidisse. Valerius enim Maximus, qui totus ab eo pendet (cf. Muell. 122 adn. 3), in eo capite, ubi exempla affert mutationis morum aut fortunae (6, 9), de Mario dicit (14): *iam C. Marius maxima fortunae luctatio est, omnes enim eius impetus qua corporis qua animi robore fortissime sustinuit.* Deinde enarrato paene inaudito fortunae qua ille usus erat progressu in fine addit: *quid huius condicione inconstantius aut mutabilius? quem si inter miseros posueris, miserrimus, inter felices felicissimus reperietur.* Atque Livii potissimum auctoritate factum videtur, quod Marius etiam posteriore aetate inter eos numerabatur, qui prae ceteris ingentem fortunae inconstantiam experti essent: Ovidius enim ex Ponto 4, 3, 35 sqq., ubi exponit omnia esse hominum tenui pendentia filo et subito casu quae valuerint ruere, postquam commemoravit Croesum Dionysium Pompeium, addit Marium (v. 45 sqq.):

ille Iugurthino clarus Cimbroque triumpho
quo victrix totiens consule Roma fuit,
in caeno Marius iacuit cannaque palustri,
pertulit et tanto multa pudenda viro.
ludit in humanis divina potentia rebus,
et certam praesens vix habet hora fidem.

Neque Iuvenalis cum exempla afferret virorum qui ad summum felicitatis fastigium evecti mutatis rebus subito in praeceps deicerentur, oblitus est Marii, de quo haec dicit (10, 276 sqq.):

exilium et carcer Minturnarumque paludes
et mendicatus victa Carthagine panis
hinc causas habuere. quid illo cive tulisset
natura in terris, quid Roma beatius umquam,
si circumducto captivorum agmine et omni
bellorum pompa animam exhalasset opimam,
*cum de Teutonico vellet descendere curru?**

[24] Cf. etiam 14 in. εὐτύχημα δὲ δοκεῖ τῷ Μαρίῳ μέγα γενέσθαι. 19, 9 τὴν μὲν οὖν παραποτάμιον μάχην οὕτω κατὰ τύχην μᾶλλον ἢ γνώμῃ τοῦ στρατηγοῦ γενέσθαι λέγουσιν.

* *[Addendum]* Adde Marx. praef. auct. ad Herenn. p. 154, C. Morawski, De

Quibus expositis ad Varronem redeo, puto enim nunc magis intellegi, quo consilio ille logistorico inscripserit Marium de fortuna. Neque si tecum reputabis, quanto cum studio Varro Posidonii scripta legerit, ut ne intellegere quidem pleraque Varronis | opera possit, nisi qui Posidonium familiariter norit, fortunae Marianae mentionem ex Posidonii libris eum fecisse negabis. Logistorici huius duo servata sunt fragmenta:

I

Schol. Veron. in aen. 7, 681 *hic (Caeculus) collecticiis pastoribus Praeneste fundavit. hunc Varro a Depidiis pastoribus educatum ipsique Depidio nomen fuisse et cognomentum Caeculo tradit libro qui inscribitur Marius aut de fortuna.*

II

Macrobius sat. 3, 18, 6 *est autem natio hominum iuxta agrum Praenestinum, qui Carsitani vocantur* ἀπὸ τῶν καρύων, *cuius rei meminit Varro in logistorico qui inscribitur Marius de fortuna.*

Quanam permotum causa Varronem tam fuse de Praenestinis disseruisse putabimus? neque enim de C. Mario C. f. in obsidione Praenestina misere perempto egit, sed de Mario patre. Sine dubio meminit Fortunae Primigeniae, cuius vetustissimum erat et sanctissimum templum Praeneste, saepe commemoratum a scriptoribus et rerum gestarum et antiquitatum. At cur huius Fortunae mentionem fecit, cum tot essent Romae, etiam ipsa Fortuna Publica Primigenia? Cuius rei probabilis causa nescio an inveniri possit. Apud Vergilium enim aen. 8, 560 sqq. Euandrus rex haec dicit:

o mihi praeteritos referat si Iuppiter annos,
qualis eram, cum primam aciem Praeneste sub ipsa
stravi scutorumque incendi victor acervos
et regem hac Erulum dextra sub Tartara misi,
nascenti cui tris animas Feronia mater
(horrendum dictu) dederat, terna arma movenda:
ter leto sternendus erat, cui tum tamen omnis
abstulit haec animas dextra et totidem exuit armis.

Iam vero fabulam paene gemellam narrat Aelianus var. hist. 9, 16 τὴν Ἰταλίαν ᾤκησαν πρῶτοι Αὔσονες αὐτόχθονες. πρεσβύτατον δὲ γενέσθαι Μάρην τινὰ καλούμενον, οὗ τὰ μὲν ἔμπροσθεν λέγουσιν ἀνθρώπῳ ὅμοια, τὰ κατόπισθεν δὲ ἵππῳ ... μυθολογοῦσι δὲ αὐτὸν καὶ βιῶναι ἔτη τρία καὶ εἴκοσι καὶ ἑκατόν, καὶ ὅτι τρὶς ἀποθανὼν ἀνεβίω

rhetoribus latinis observationes Abh. d. Ak. Krakau 1892, 384, der anführt Sen. Contr. 1, 1, 5. 7, 2, 6. Vell 2, 19 und besonders Lucan. 2, 69 sqq.

τ ϱ ί ς. Quas fabulas artissime inter se cohaerere nomenque illud Μάϱης ab eadem stirpe prognatum esse qua Martem Maricam talia rectissime statuit Prellerus hist. fab. Rom.[3] 2, 340; atque posteriorem Varroni ignotam fuisse quis credet? En causam probabilem, cur Varro, cum de Mario ageret, antiquitatum Praenestinarum* mentionem | fecerit. Puto enim fere ex initio logistorici duo illa fragmenta sumpta esse (ut saepe fit), quibus Varro, qua erat doctrina, disserendi principium fecit a Marii nominis origine, unde ad fabulam illam Praenestinam ducebatur. Hinc cur Praenestinam vocarit Fortunam perspicuum.

Sic via praemunita unum saturae illius fragmentum quemadmodum sit explicandum melius mihi videor intellegere. Id enim, quod secundo loco supra scripsi

téla dextrá vibrant, rússa † tia émicant, | átque ⟨in⟩ insígnibus Márti' torquae aúreae, | scúta caeláta Hiberón argentó gravi | crébra fulgént

plerique viri docti ad exercitus Romani armaturam describendam pertinere censent — Polybii enim l. 6, 23, ubi de militum Romanorum armis exponit, quo succurrant *russatia* vocabulo corrupto, adhibent, — quod perversissimum esse intelleget, qui cum scuta Hiberorum argento caelata tum maxime torques aurei quam aliena sint ab armatura Romana cogitabit. Immo ad Gallos vel Celtiberos haec omnia pertinere vix opus est fusius exponere; vide modo, Nonius ipse quo conexu Varronis fragmentum afferat (227): praecedunt versus Lucilii hi (303 Baehr.):

conventus pulcher: bracae, saga fulgere, torques
undantis magni.

quae ad Gallos pertinere quivis videt; sequitur Ciceronis locus off. 3, 112 de T. Manlio, qui Galli torque detracto cognomen invenit; tum Varronis affertur fragmentum illud; id excipitur Claudii Quadrigarii loco de Manlii Torquati pugna; denique citantur Varronis verba de vita p. R. l. 2 haec: *auri pondo duo milia acceperunt* (sc. Galli) *ex aedibus sacris et matronarum ornamentis; a quibus postea id aurum et torques aureae multae relatae Romam atque consecratae.* Atque etiam posteriore aetate torques inter Gallorum ornamenta militaria commemorantur, velut a Quintiliano inst. 6, 3, 79 et Claudiano laud. Stil. 2, 241. Neque id fugit Buechelerum, cum ex vocabulo corrupto *russatia* eliceret *russa sagula;* sagum enim vel sagulum notissima Gallorum Germanorumque vestis militaris. Quamquam id vocabulum quam vere hoc quidem loco inventum sit, dubito, quia paullo longius a litteris traditis abesse videtur. Fortasse scribere praestat *russa lina*

* *[Addendum] Maria* inter nomina muliebria bis occurrit in inscriptionibus Praenestinis: *Maria Selissia, Maria Fabricia;* Eph. Ep. 1, Nr. 64; CIL 1, 149.

collatis his Polybii verbis 3, 114, 4 καὶ τῶν μὲν Κελτῶν γυμνῶν τῶν δ' Ἰβήρων λινοῖς περιπορφύροις χιτωνίσκοις κεκοσμημένων κατὰ τὰ πάτρια κτλ. Id vero sive recte coniectum est sive minus, hoc puto sponte intellegitur describi Teutonum | Gallorumque qui eis auxilio venerant armaturam: eos Marius ex Hispania reversos pugna vicit eorumque eximia quaedam arma cum triumphum ageret Romanis — sine dubio propter novitatem rei — ostendit (Plut. 22, 1). Neque enim ex Romanorum rebus gestis quicquam commemorari posse confido, quo haec melius referantur, ut mea quidem sententia fragmentum illud ita ut dixi intellegendum esset, etiam si ea quae supra de Varronis logistorico et de Marii in hac re exemplo sollemni disserui plane omitteremus. Itaque Varro eandem rem et in saturis et in logistoricis tractarat, sicut et in Manio satura et in Curione logistorico fabellam illam de Numae libris e terra erutis narraverat.

De reliquis fragmentis non multa habeo quae addam. Fr. I *aérea terta nitet galea* ad arma describenda pertinere apparet, atque quamquam metrum diversum est, tamen his quoque verbis Gallorum armaturam describi puto, cf. Diodorus 5, 30 (ex Posidonio) de Gallis: κράνη δὲ χαλκᾶ περιτίθενται, μεγάλας ἐξοχὰς ἐξ ἑαυτῶν ἔχοντα καὶ παμμεγέθη φαντασίαν ἐπιφέροντα τοῖς χρωμένοις· τοῖς μὲν γὰρ πρόσκειται συμφυῆ κέρατα, τοῖς δὲ ὀρνέων ἢ τετραπόδων ζῴων ἐκτετυπωμέναι προτομαί. 33 de Celtiberis: περὶ τὰς κεφαλὰς κράνη χαλκᾶ περιτίθενται φοινικοῖς ἠσκημένα λόφοις. Atque de Mario in satura agi cum certum sit, fortasse etiam tertium fragmentum *tegés, pruina ne iacentem subdiu | dealbet algu candicanti frigore* cum eodem argumento coniungere poterimus. Recte enim ad Marium referri quae illic de homine quodam sub Iove pernoctante dicuntur concedes comparatis his Plutarchi verbis de Mario cum paucis comitibus ex urbe pulso (36, 5) ἐν παντὶ δὴ γεγονὼς ἀπορίας, μάλιστα δὲ νηστείᾳ τῶν περὶ αὐτὸν ἀπαγορευόντων, τότε μὲν ἐκτραπόμενος τῆς ὁδοῦ καὶ καταβαλὼν ἑαυτὸν εἰς ὕλην βαθεῖαν ἐπιπόνως διενυκτέρευσε, vel hisce (37, 8) τοῦ δὲ Μαρίου δεηθέντος οὕτω ποιεῖν, ἀγαγὼν αὐτὸν εἰς τὸ ἕλος καὶ πτῆξαι κελεύσας ἐν χωρίῳ κοίλῳ παρὰ τὸν ποταμὸν ἐπέβαλε τῶν τε καλάμων πολλοὺς καὶ τῆς ἄλλης ἐπιφέρων ὕλης ὅση κούφη καὶ περιπεσεῖν ἀβλαβῶς δυναμένη. Atque memineris velim etiam versibus illis Ovidi et Iuvenalis Marium ex victoria Cimbrica triumphantem opponi Mario exsuli turpemque vitam aegre sustinenti.

Denique cum fr. IV *sapiens et bonum ferre potest modice et malum fortiter aut leviter*, quod propius accedit ad philosophiam, apte conferri potest Sen. de tranquill. an. 10, 1 *necessitas fortiter ferre docet, consuetudo facile:* quod moneo ne quis Popmae coniecturam *(leniter* pro *leviter)* probet. |

IV. De genere quodam dicendi Varroniano

Interponere libet quaestiunculam ad genus quoddam dicendi Varronianum[25] pertinentem. In saturarum enim fragmento 399 iam supra c. II allato: *in quibus partibus in argumentis Caecilius poscit palmam, in ethesin Terentius, in sermonibus Plautus* Mercerius et Muellerus post v. *partibus* interrogationis signo posito totum enuntiatum bipertitum reddunt et in dialogi formam redigunt; contra uno tenore totum scribunt Riesius et Buechelerus. Nimirum illi in constructione offenderunt, cum *partibus* vocabulo subiungenda potius esse putarent argumenta ethe sermonem: quod cum facerent, dicendi genus Varronis proprium neglexerunt atque ratione illa instituta oblitterarunt. Quod paucis illustrare in animo est exemplis quibusdam ex antiquis scriptoribus petitis. In quibus quae cernitur ratio universa haec est: praeponitur substantivum generale, cui cum species debeant subiungi potius adiunguntur[26]. Sic Cato fr. p. 18, 24 Iord. *mittit adversum illos imperator Karthaginiensis peditatum equitatumque, quos in exercitu viros habuit strenuissimos:* pro quibus, si polite loqui voluisset, debuerat per genetivum casum sic: *peditatus equitatusque quos .. viros habuit strenuissimos.* idem de agri cult. 122 *id mane ieiunus sumito cyatum.* Cass. Hem. fr. 23 Pet. *in area in Capitolio signa quae erant demoliuntur* Piso fr. 27 Pet. *hi contemnentes eum assurgere ei nemo voluit.* Varro rust. 1, 18, 1 Catonis (agr. 10, 1) verba referens *olivetum agri iugera CCXL* dicit, sed ipse 1, 19, 1 (cf. 22, 3) | *in oliveti CCXL iugeris* et 3 *vinea iugerum C.* Tamen, ut dixi, ne apud eum quidem exempla desunt vetustioris rudiorisque usus. Cf. rust. 1, 4, 2 *nec non ea quae faciunt cultura honestiorem agrum, pleraque non solum fructuosiorem eadem faciunt ... sed etiam vendibiliorem.* 1, 52, 1 *quae seges grandissima atque optima fuerit, seorsum in aream secerni oportet spicas,* ubi male Ursinus: *quae e segete grandissimae atque optimae fuerint spicae,*

[25] De eo non disputavit R. Krumbiegelius libello sat utili De Varroniano scribendi genere quaestiones, Lipsiae 1892.

[26] Nihil agit Holtzius synt. prisc. 1, 8 sq., ubi quae affert duodecim exempla appositionis quam vocat syntacticae, eorum undecim ne pertinent quidem ad hoc genus, unum quod recte videri possit afferri ego omittere malui: Cat. agr. 8, 2 *sub urbe hortum omne genus, coronamenta omne genus ... haec facito uti seras.* Talia enim volgaria sunt (cf. Lachmannus ad Lucr. 5, 440) atque rectius *omne genus,* ut *id genus,* accusativi adverbiorum fere loco positi habentur. Neque Draegerus Hist. Synt.² 1, 2 sq. ex antiquis scriptoribus quicquam affert nisi alienum id Catonis exemplum; neque quae ex posterioribus commemorat auctoribus exempla pertinent nisi ad vocabula *pars genus numerus quisque alius alter aliquot nonnulli:* talia etiam apud scriptores Graecos volgatissima, at durius Plato reip. 2, 381 A τά γε ξύνθετα πάντα σκεύη τε καὶ οἰκοδομήματα κατὰ τὸν αὐτὸν λόγον, τὰ εὖ εἰργασμένα καὶ εὖ ἔχοντα ὑπὸ χρόνου τε καὶ τῶν ἄλλων παθημάτων ἥκιστα ἀλλοιοῦται.

seorsum .. secerni oportet. 1, 55, 1 *quae manu stricta, melior ea quae digitis nudis quam illa quae cum digitabulis.* 2, 1, 5 *in Hispania citeriore regionibus aliquot,* ubi in quibusdam libris *in Hispaniae citeriore* (sic) *regionibus aliquot,* 2, 4, 9 *nuptiarum initio antiqui reges ac sublimes viri in Etruria in coniunctione nuptiali nova nupta et novus maritus primum porcum immolant.* 2, 5, 9 *boni generis in Italia plerique gallici, transmarini epirotici non solum meliores quam totius Graeciae sed etiam quam Italiae* (debebat *transmarinorum).* 2, 5, 18 *quae exscripta de Magonis libris armentarium meum crebro ut aliquid legat curo:* qui locus multis coniecturis temptatus est, quas vide collectas apud Keilium; neque recte puto statuere ipsum Keilium *aliquid* adverbii loco positum esse. 2, 11, 6 *qui aspargi solent sales, melior fossilis quam marinus.* 3, 3, 8 *neque enim erat magnum id saeptum, quod nunc ut habeant multos apros ac capreas complura iugera maceriis concludunt.* Ad haec Keilius: ›*quod nunc ut habeat* scripsi: ut saeptum multos apros ac capreas habeat, complura iugera maceriis concludunt. nam inepte pronomen accusativo casu ad verbum *concludunt* refertur‹. Mihi nihil mutandum videtur: *complura iugera* verba quasi appositionis loco adduntur illi *quod.* ling. 6, 27 *in Capitolio in curia Calabra,* pro quo melius dixisset: in curia Calabra quae est in Capitolio, quamquam saepius ita loquitur (cf. rust. 2, 7, 7 *duodecimo mense die decimo,* ling. 7, 26 *in multis verbis in quo antiqui dicebant s, postea dicunt r*). 6, 38 *quinquagies centum milia discrimina,* ubi fuit qui mutaret *discriminum,* sed recte Muellerus adnotavit: ›mutare non consuluerim‹, sic enim etiam rust. 3, 2, 17 *quadraginta milibus sestertiis* et 3, 17, 3 *duodena milia sestertia,* quamquam idem versa vice antiquam consuetudinem ne a Cicerone quidem prorsus alienam secutus saepius *mille* singulariter positum cum genetivo casu coniungit, quo de usu Gellius 1, 16 disputavit; locos vide compositos a Krumbiegelio l. c. 19, adde Kuehneri gr. lat. II § 9 adn. 1. Idem ling. 7, 109 *in illis (libris) qui ante sunt, in primo volumine est quae dicantur cur etymologice neque ars sit neque ea utilis sit, in* | *secundo ..... in tertio ...* Idem rer. hum. 11 apud Macrob. sat. 3, 16, 12 *ad victum optima fert ager Campanus frumentum, Falernus vinum, Cassinas oleum, Tusculanus ficum, mel Tarentinus, piscem Tiberis.* Cum hoc dicendi genere artissime coniunctum est alterum, ubi, cum enuntiati constructio paullum deflexa sit, pronomen demonstrativum ascitur, quo oratio in rectam viam redeat: sic Cato fr. 19, 15 durissime: *Leonides Laco qui simile apud Termopolas fecit, propter* e i u s *virtutes omnis Graecia gloriam ... decoravere monumentis;* idem p. 47, 17 *servi ancillae, si quis* e o r u m *sub centone crepuit, quod ego non sensi, nullum mihi vitium facit.* Atque ita saepe Varro, cf. ling. 7, 37 *Plato in quarto de fluminibus apud inferos quae sint,* i n h i s *unum Tartarum appellat,* 9, 78 *ut signa* *quae non habent caput, nihilo minus in reliquis membris* e o r u m *esse possunt analogiae*, 9, 51 *dicunt, quod vocabula litterarum latinarum non declinantur in casus, non esse analogias; hi ea quae natura declinari non possunt,* e o r u m *declinatus requirunt*, 10, 45 *analogia quae dicitur,* e i u s *genera sunt duo.* Sic etiam Terentius Hec. prol. 14 *in eis quas primum Caecili didici novas, | partim sum* e a r u m *exactus, partim vix steti,* atque ni fallor saepius talia in sermone volgari me invenire memini, quamquam exempla mihi nunc non praesto sunt*. Ceterum Cato haec ut plurima (quae nusquam collecta inveniri maxime dolendum est) ex eo genere dicendi ascivit, quod in legibus erat sollemne, cf. e. g. lex Acilia 7 *quoius eorum ita nomen ex h(ac) l(ege) post K. Sept. quae eo anno fuerint, delatum erit, quei* e o r u m *eo ioudicio condemnatus erit, quanti eius rei slis ae[stumata erit, tantam pequniam .. solvito].* lex Cornelia de XX quaest. 30 *viatores praecones quei* e o r u m *ex hac lege lectei sublecteique erunt, eis viatoribus praeconibus magistratus prove mag. mercedis item tantundem dato.* Sed redeo ad genus illud prius, cuius pauca exempla aevo Varroniano inferiora mihi enotavi**. Ipse Cicero div. 1, 75 *in Lysandri qui Lacedaemoniorum clarissimus fuerat statua, quae Delphis stabat, in capite corona subito exstitit,* ubi cur Cicero paullo impolitius locutus sit maxime intelleges collatis eiusdem de eadem re verbis 2, 68 *at in Lysandri statuae capite Delphis exstitit corona.* Idem loco conclamato div. 2, 112 *atque in Sibyllinis ex primo versu cuiusque sententiae primis litteris illius sententiae carmen omne praetexitur* h. e. ex primi cuiusque sententiae versus primis litteris (cf. Dilesius, Sibyll. Bl. 26): quae Cicero evitavit, ne sententiam iam sic satis perplexam contortamque etiam impeditiorem redde- | ret; quo accedit, quod boni auctores genetivorum a se invicem pendentium multitudinem vitant potius quam frequentant. Sed illud dicendi genus quam sit aptum linguae volgari, et nos cotidie audimus et novit ex antiquis scriptoribus qui admirabilem in modum ne has quidem res ab urbanis procul abiec-

* *[Addendum]* cf. Apul. Flor. 9 *omnia secum quae habebat, nihil eorum emerat.*

** *[Addendum]* Adde ex columna rostrata haec verba: *aurom raptom numei tria milia septincenti,* de quibus rectissime Mommsen (CIL 1 p. 40) »Quod in lapide est *aurom raptom numei tria milia septincenti,* ubi eius sermonis quem novimus leges requirunt genetivum, haud scio an et ipsum referendum sit ad simulatae antiquitatis constructionem nescio quam nimis paratacticam«. Similia tetigit Unterital. Dial. p. 120 b. Maxime dolet, quod omisi quod Buechelerus Umbr. 53 attulit exempla. — Sall. Iug. 66, 2 *Vagenses quo Metellus initio Iugurtha pacificante praesidium imposuerat, fatigati regis suppliciis neque antea voluntate alienati, principes civitatis inter se coniurant. 104, 3 Mauri impetratis omnibus rebus tres Romam profecti.* Alia exempla addit Ferdinandus Becher, De locis quibusdam Taciti annalium, Festschrift der Latina zur 200jährigen Feier der Universität Halle 1894, 6.

tas spernendas duxit Petronius, cum in cena (56) Trimalchionem dicentem faceret: *mutae bestiae laboriosissimae boves et oves.* Ceterum etiam in inscriptionibus similia occurunt, velut CIL 6, 167 *[F]orte For[tunai] donum dant collegium lanii Piscinenses.* Quamquam cavendum est, ne prave huic generi assignentur exempla aliter interpretanda, velut Iuv. 7, 117 sqq. (ubi causidicos illudit):

rumpe miser tensum iecur, ut tibi lasso
figantur virides scalarum gloria palmae.
quod vocis pretium? siccus petasunculus et vas
pelamydum aut veteres Afrorum epimenia bulbi
aut vinum Tiberi devectum, quinque lagonae:

ibi enim quanto cum pondere quinque lagonae addantur, quibus vilissimum pretium indicetur, quivis sentit.

In quibusdam consuetudo utramque rationem obtinuit: paullo rarius est id quod apud poetas saepe legitur, Varro etiam in prosa oratione admittit *olivae arbor* (de gente p. R. fr. 11 Pet.), plane ut nos ›der Olivenbaum‹. Porro Livius 24, 21, 8 scribit: *multitudo pars procurrit in vias, pars in vestibulis stat, pars ex tectis prospectant,* atque ita passim[27]: quamquam dubitatur de simillimo loco Plautino. In Captivorum enim cantico. cuius in metro constituendo in diversas partes viri docti discesserunt, libri haec verba exhibent: *nam fere maxima pars morem hunc homines habent,* quod latinum esse negant Ussingius et Schoellius, unde ille v. *homines* hic v. *maxima pars* deleverunt: quod iure eos fecisse negabis, si ea quae supra de hoc dicendi genere disputavi tecum reputaris.

Vides igitur in antiqua lingua huius usus inveniri exempla et pauca et certorum auctorum propria, neque enim apud liberae saltem reipublicae scriptores talia inveni qualia apud Catonem et Varronem; neque id mirabitur, qui in syntaxi prisco more constituta Catonem et Varronem ceteris scriptoribus multo praestare meminerit: Varro enim quem Asianum scribendi genus ada- | masse et Cicero tradit et nos haud paucis locis cognoscimus — mire enim nonnunquam luxuriatur verborum lusibus orationisque figuris[28], — idem et verbis saepe utitur priscis[29] et orationis constructione antiquis legibus digniore quam aevo

27 Videtur hic usus proprius esse Livii: ex eo enim solo permulta exempla affert Draegerus Hist. Synt.² 1, 3, ex aliis scriptoribus ne unum quidem plane gemellum.

28 Cf. e. g. ling. 5, 5 *quem puerum vidisti formonsum, hunc vides deformem in senecta* (in quibus animadverte τῶν κώλων parem numerum syllabarum), 6, 96 *sed quoniam in hoc de paucis rebus verba feci plura, de pluribus rebus verba faciam pauca.* Talia passim obvia in Varronis operibus: quae non omittenda erant ei qui de Varroniano scribendi genere disputaret.

29 Cf. quae ipse dicit ling. 5, 9 *non videbatur consentaneum quaerere me in eo verbo quod finxisset Ennius causam, neglegere quod ante rex Latinus finxisset, cum poeticis multis verbis magis delecter quam utar, antiquis magis utar quam*

quod vidit Ciceronem, velut coniunctiones pronominaque relativa cum verbo solet quam artissime coniungere[30] et cumulat negationes: nimirum vetera ei cordi erant priscorumque temporum memoriam ac *virorum magnorum antiquorum* (rust. 2 in.) dicta factaque animo recolebat, nova nec probare omnino nec spernere poterat. Itaque posteri scripta eius legebant propter solam doctrinam, respuebant hispidam elocutionem: verissimum enim est Augustini iudicium, quo quod omnes aeque sentirent enuntiasse censendus est (civ. 6, 2): *M. Varro .. tametsi minus est suavis eloquio, doctrina tamen atque sententiis ita refertus est ut in omni eruditione .... studiosum rerum tantum iste doceat quantum studiosum verborum Cicero delectat. denique et ipse Tullius hinc tale testimonium perhibet, ut in libris academicis dicat eam quae ibi versatur disputationem se habuisse cum M. Varrone, ›homine‹ inquit ›omnium facile acutissimo et sine ulla dubitatione doctissimo‹. non ait ›eloquentissimo‹ vel ›facundissimo‹, quoniam re vera in hac facultate multum impar est.*

(MITTEILUNG ZU VARROS LOGISTORICUS ›PIUS AUT DE PACE‹) 1918*

Durch die obigen Darlegungen scheint mir neues Licht auf das einzige Fragment zu fallen, das Gellius 17, 18 aus dem S. 215, 2 zitierten Logistoricus überliefert: *M. Varro ... in libro quem inscripsit Pius aut de pace C. Sallustium scriptorem seriae illius et severae orationis ... in adulterio deprehensum ab Annio Milone loris bene caesum dicit et, cum dedisset pecuniam, dimissum.* Daß unter Pius Q. Caecilius Metellus Pius Scipio, der Schwiegervater des Pompejus, der sich nach der Schlacht bei Thapsus den Tod gab, verstanden ist, unterliegt wohl keinem Zweifel; er war mit Varro befreundet (rust. 3, 10, 1). Ihm zu Ehren verfaßte also Varro eine Gegenschrift ›Über den Frieden‹ gegen die sallustische Broschüre; der Hieb traf nicht nur den Sallust, dessen Widerstreit zwischen Worten und Lebensführung auch sonst der pompejanischen Partei willkommenen Anlaß zu Pamphleten bot, sondern auch das Gedächtnis des Milo, eines erbitterten Gegners des Pius (oben S. 216, 4. 222 ff.), wurde nach seinem wenige Jahre zuvor erfolgten Tode verunglimpft.

delecter. Quod postremum dicit, ei non magnam habeo fidem: pulchrae figurae gratia addidisse videtur vir antiquitatis amantissimus κῶλον οὐδὲν σημαῖνον.

30 Id etiam in Livio aliquotiens inveniri Vahleni disputatione (ind. lect. Berol. aest. 1890, 12 sqq.) doctus sum: puto illum ex antiquorum auctorum lectione id ascivisse.

* Bei Ed. Meyer, Caesars Monarchie und das Principat des Pompeius.

SPRACHLICHE BEOBACHTUNGEN ZU PLAUTUS
1894

Daß die lateinische Literatur ihren besten Kommentar in der griechischen findet, als deren bewußte Nachahmerin sie uns von Anfang an entgegentritt, ist ein Gesichtspunkt, der uns heutzutage als selbstverständlich erscheint, wenn er auch keineswegs bereits allseitig verfolgt ist. Wäre die griechische Wissenschaft nicht so früh in das *agreste Latium* getragen worden, so würden wir mehr von den Versen der alten *Fauni* und *Vates* wissen, von jenen uralten nationalen Gesängen, welche zum Preise der großen Männer der Vorzeit beim Gelage gesungen wurden, von den *inconditi versus* des Landmanns und des Soldaten. Die uns ganz oder teilweise erhaltene früheste Literatur Roms trägt den Stempel der Greisenhaftigkeit von vornherein auf der Stirn: eine Entwicklung von innen heraus war der Lage der Dinge nach ausgeschlossen. Auch die Geschichte der Wissenschaft in Rom kennt, wie Madvig bemerkt (Opuscula Academica, 1834, 87 ff.) kein Jünglingsalter: bei den Griechen erlebte sie ihre Blüte, als eine massenhafte Literatur vorlag, die zu sichten und zu verstehen eine notwendige Forderung war, wie zuerst Aristoteles erkannte; in Rom setzte die literarhistorische Forschung ein in einem Zeitabschnitt, der von den ersten schriftlichen Äußerungen des literarischen Lebens nicht sehr fern lag. Von den Griechen lernten die Römer seit Accius auch, was wissenschaftliche Forschung sei: aber mit jenem auf dem Gebiete des Geistes unberechtigten Nationalgefühl, welches die Signatur des ganzen Zeitalters der Republik bildet, glaubte der *ferus victor* es der *capta Graecia* überall nachmachen zu müssen: daher jenes verhängnisvolle Parallelisieren einer auf bloßer Konstruktion beruhenden römischen Literatur mit der vorliegenden griechischen, was in Varro seinen Höhepunkt erreicht und so bedenkliche Früchte gezeitigt hat wie jenes berühmte Liviuskapitel über ein prähistorisches italisch- | römisches Drama mit dem Namen *Satura,* woran man noch immer festhält, obwohl Leo mit kurzen Worten die ganze Haltlosigkeit dieser Hypothese dargetan hat. So bewegen wir uns in der römischen Literatur von Anfang an auf einem sehr unsicheren Boden, da eine methodische Forschung, wie die des Aristophanes und Aristarch, für Accius und Varro bei dem besten Willen nicht möglich war, trotzdem aber unternommen wurde, so gut es eben gehen wollte. Es wäre ungerecht, zu verkennen, wieviel wir durch die Forschung dieser beiden Männer und ihrer Mitforscher gelernt haben, nur dürfen wir nicht vergessen, wie vieles bei ihnen auf bloßer Kombination beruht, die sie an die Stelle der παράδοσις setzten, auf welcher Aristoteles und die Alexandriner fußten. Das läßt sich an nichts so klar erkennen wie an der Geschichte unserer Plautusüberlieferung. Jenes berühmte Gelliuskapitel (3, 3) läßt uns einen Blick tun in die Werkstätte der frühesten römischen Philologen. Die Aufgabe, die ihnen hier gestellt wurde, war freilich gleich die schwierigste, die sich denken läßt: urkundliches Material war so gut wie gar nicht vorhanden, und doch stand die Tatsache fest, daß unter der ungeheuren Masse von Stücken, die unter Plautus' Namen gingen, eine große Anzahl von *falsa* seien; das οὐ γνήσιον, welches jene Gelehrten hier notierten, bietet, wie man aus Ritschls Ausführungen weiß, keine absolute Garantie für die Richtigkeit der Auslese; uns bleibt aber nichts übrig, als uns damit zufriedenzugeben, daß Varro, auch hier, wie oft, bloß kompilierend, die 21 Stücke deshalb auswählte, weil sie von allen früheren Kritikern als echt angesehen waren. Aber in einem Punkte können wir doch, wie bei den Griechen über die Homerkritiker, so bei den Römern über die Plautuskritiker hinausgehen mit Hilfe eines Prinzips, das eine Errungenschaft erst unseres Jahrhunderts ist, des sprachgeschichtlichen. Daß jede Sprache sich in einem fortwährenden Zustand der Entwicklung befindet, hatten freilich schon die Herakliteer erkannt, und dieser Gesichtspunkt blieb für das ganze Altertum auch maßgebend: aber es gab wenige exakte Grammatiker, die sich von ihm nun auch in der Praxis leiten ließen: besonders wirkte die allzu starre Richtung Aristarchs hier nachteilig. Es ist möglich, daß es auch in Rom Grammatiker gab, welchen die Richtigkeit jenes Prinzips einleuchtete: von Probus ist es nach dem, was Sueton von ihm berichtet (de gramm. 24) sogar sehr wahrscheinlich: leider ist nur seine Tätigkeit für uns so gut wie verschollen. Von Varro | wird uns freilich berichtet (bei Gellius a. a. O. § 3), er habe sich bei seiner Lektüre der unter Plautus' Namen überlieferten Stücke (außer jenen 21, deren Echtheit ihm aus dem oben angeführten Grund feststand) leiten lassen von einem gewissen Gefühl dessen, was plautinisches Latein sei: *adductus filo atque facetia sermonis Plauto congruentis;* ob er darüber in den fünf Büchern seiner *quaestiones Plautinae* sich aussprach, wissen wir nicht: jedenfalls war es ein subjektives Prinzip, welches zu unbewiesenen, darum aber mit um so größerem Selbstbewußtsein vorgetragenen Urteil führen mußte, wie zu jenem berüchtigten: *hic versus Plauti est, hic non est.* Hier ist der Punkt, wo die moderne Forschung einsetzen muß: die Untersuchung des Sprachgebrauchs ist das einzige Mittel, in das Chaos Licht zu bringen: man hat es mit Erfolg angewendet bei den nichtvarronischen

Stücken[1], aber für die Ausscheidung des Unechten innerhalb der uns erhaltenen *fabulae Varronianae* ist noch wenig geschehen. Und doch ist dies gerade hier der sicherste Weg, vorausgesetzt, daß er mit Vorsicht betreten wird: denn daß in diesen Fragen stets die äußerste Vorsicht geboten ist, weiß jeder, der sprachliche Untersuchungen dieser Art angestellt hat: es ist selten, daß sie allein ausschlaggebend sind, nur im Verein mit anderen Argumenten oder aber wenn sie in gehäufter Zahl auf kurzem Raum sich zusammendrängen, haben sie Beweiskraft. Es ist klar, daß für derartige Untersuchungen lexikalische Vorarbeiten dringend nötig sind, um so mehr, wenn es sich um einen Schriftsteller wie Plautus handelt, dessen Sprachgebrauch sowohl infolge des äußeren Umfangs des Erhaltenen als auch infolge des beständigen Flusses, in dem die Sprache damals noch begriffen war, für den einzelnen schwer zu übersehen ist: daß man sich auf den Naudetschen Index nicht verlassen darf, ist bekannt. Wie die Untersuchung anzugreifen ist, hat vor allen Langen in seinen ›Kritischen Beiträgen‹ gezeigt. Ich werde im | folgenden versuchen darzulegen, wie wichtig rein sprachliche Beobachtungen auch für die höhere Kritik werden können, die es bei Plautus bekanntlich mit den Prologen und Dittographien zu tun hat.

1.

Daß in dem großen Canticum, welches die zweite Szene des *Pseudolus* umfaßt, viele Dittographien sich finden, ist eine feststehende Tatsache. Besonders klar ist es bei Vers 210 ff. Der Kuppler Ballio redet eine seiner *meretrices* an:

Xútilis, fac ut ánimum advortas, quoius amatorés olivi
Dúnamin domi habent máxumam:
Sí mihi non iam huc cúlleis
Óleum deportátum erit,
Te ípsam culleo égo cras faciam ut déportere in pérgulam.
Íbi tibi adeo léctus dabitur, úbi tu hau somnium cápias, sed ubi
Úsque ad languorem — tenes,
Quó se haec tendant quaé loquor.

[1] Vgl. Winter, Plauti fabularum deperditarum fragmenta p. 3: den Vers der *Lenones gemini: dolet huic puello sese venum ducier* hat Plautus schwerlich schreiben können, da er *dolere* sonst nur mit *quod* oder *quia* konstruiert. Ebd.: in dem Vers der *Trigemini: nisi fugissem in medium, credo, praemorsisset* ist nach den Nachweisen bei Langen, Krit. Beitr. 222, diese Bedeutung von *medium* unplautinisch. Ferner: *Cornicula* fr. I *quid cessamus ludos facere? circus noster ecce adest,* wo der Sprachgebrauch des Plautus *eccum* erfordert hätte (cf. Langen a. a. O. 4).

Áin, excetra tu, quaé tibi amicos tót habes tam probe óleo onustos
Num quoípiamst hodié tua tuorum ópera conservorum
Nítidiusculúm caput? aut num ipse égo pulmento utór magis
Únctiusculó? sed scio ego, tu óleum hau magni pendis: vino
Te deungis. sine modó: rependam ego hércle cuncta una ópera,
Nísi quidem tu haec omnia
Fácis effecta quae loquor[2].

Die Verse 218—224 sind von Usener (im Greifswalder Proömium 1866) nach dem Vorgang Guyets verworfen worden ohne nähere Angabe der Gründe: daß sie neben 210—217 unmöglich sind, leuchtet allerdings auf den ersten Blick ein (obwohl Lorenz auf Grund einer von Ritschl bloß hingeworfenen Vermutung die Verse durch Umstellungen zu halten sucht, wodurch er aber zu beispiellosen Änderungen gezwungen wird). Die Hauptsache ist: es ist undenkbar, daß, während die erste *meretrix* in 6 Versen angeredet wird (188—193), die zweite in ebenfalls 6 (196—201), die vierte in 5 (225—229), auf die dritte, selbst wenn man die Kurzverse 211—213 und 216—217. 222—224 für je 1 zählt, im ganzen 11 Verse kommen sollten; dazu kommt, daß die Strafe, die der *leno* in 218—224 androht, geradezu harmlos | ist gegenüber dem in 210—217 Ausgesprochenen; auch ist zu 210 f. *quoius amatores olivi dunamin domi habent maxumam* nur eine matte Wiederholung 218 *quae tibi amicos tot habes tam probe oleo onustos*, und in 219 sind die *conservi* ganz unpassend, da der *leno* nach seinem in 178 ff. ausgesprochenen Programm nur von sich reden kann. Kurz: diese Verse sind eine sehr plumpe (mit erborgten Floskeln aufgestutzte: *nitidiusculum* aus 774, *onustos* aus 198, *excetra tu* aus Cas. 644) Dittographie, deren Veranlassung nicht zweifelhaft sein kann, wenn man eine meines Wissens nur von Buecheler (mündlich) vorgetragene Ansicht zugrunde legt, nach welcher sich viele Dittographien unseres Plautustextes herleiten lassen aus einem Mißempfinden, welches eine spätere Generation vor allzu großen Obszönitäten zeigte.

Wenn wir uns nun diese Dittographie auf ihren sprachlichen Ausdruck ansehen, so fällt zunächst ins Auge, daß ein Vers wie 219

num quoípiamst hodie tua tuorum opera conservorum

kaum von Plautus so hätte geschrieben sein können: denn die verschränkte Wortstellung wird keineswegs durch die an sich gefällige Nebeneinanderstellung von *tua tuorum* entschuldigt[3]. Von größerem

[2] Die Begründung für die im Text gegebene Abteilung der Verse, die mich hier zu weit führen würde, werde ich an einem andern Ort geben.

[3] Goetz stellt die Worte um, womit er einen trochaeischen Rhythmus gewinnt wie in 218. 220. 221: *núm tuorum cónservorum quoipiamst hodié tua opera*, ähnlich Spengel: *núm tua tuorum quoipiam hodiest opera conservorum.* Aber da auch für 222 die Hss. unzweideutig auf iambische Messung hinweisen, trage

Interesse ist aber ein zweiter Anstoß: er betrifft die Worte *magis unctiusculo.* Derartiges wird registriert unter der Rubrik ›doppelter Komparativ‹ und als eine volkstümlich-pleonastische Ausdrucksweise aufgefaßt. Aber ›Pleonasmus‹ ist ein toter Begriff, der auf die lebendige Sprache nie paßt, sondern künstlich geschaffen wurde von den alten Grammatikern, denen das psychologische Element der Sprache nie zum Bewußtsein gekommen ist. Es ist also nichts damit gewonnen, wenn man, obwohl schon Gottfried Hermann das Gebiet scharf umgrenzt hat: Opuscula 1, 222 ff. (vgl. auch Bernhardy, Wissenschaftliche Syntax der griechischen Sprache 44, H. Ziemer, Junggrammatische Streifzüge², 45 ff.), eine solche Erscheinung als Pleonasmus bezeichnet, sowenig wie sog. ›doppelte Negationen‹ oder Verbindungen wie *etiamquoque, namque enim, sed autem* Pleonasmen sind; die alte | Sprache oder, was gerade in diesen Dingen ziemlich auf dasselbe hinauskommt, die Sprache des Volkes, ist, wenngleich sie die volle Ausdrucksweise liebt, keineswegs verschwenderisch in ihrem Haushalt und zahlt nie für einen und denselben Begriff mit doppelter Münze, sondern, wenn man nur genauer zusieht und die starren Termini der Logik oder Grammatik vor der psychologischen Betrachtungsweise zurücktreten läßt, so erkennt man überall sehr feine Nuancen des Gedankens, der nach allen seinen verschiedenen Richtungen zu Ende gedacht wird. Darum kann von einem ›doppelten Komparativ‹ sowenig die Rede sein wie von einer ›doppelten Negation‹, in einer Zeit, wo der Komparativ noch als Komparativ und die Negation als Negation empfunden wurde. Für die Zeit des Plautus müssen wir selbstverständlich ein lebendiges Bewußtsein des Gradusunterschiedes voraussetzen: von einer Entwertung desselben, die eben ein Zeichen des Verfalls ist, kann bei ihm keine Rede sein. Nur fragt sich, ob denn diesen allgemeinen Erwägungen auch die einzelnen Tatsachen entsprechen. Indem ich zunächst von dem Pseudolusvers absehe, stelle ich alle Verse zusammen, in welchen, wie man zu sagen pflegt, ›*magis* zur Verstärkung des Komparativs dient‹: wir werden sehen, daß sich dies tatsächlich nicht so verhält, sondern daß *magis* neben dem Komparativ seinen vollen Wert behält, indem es die komparativische Idee auf einen neuen Begriff weiterleitet, wie es durch seine eigentümliche Stellung im Satze seine Selbständigkeit auch äußerlich zeigt (ganz wie das griechische μᾶλλον beim Komparativ, worüber cf. Rehdantz, Rhetor. Ind. zu Demosth.² p. 126)[4]. |

ich kein Bedenken, sie bei diesem Dichter auch zwischen trochäischen Reihen anzuerkennen.

[Addendum] Leo, Nachrichten der Göttinger gelehrten Gesellschaft 1895, 432, hält die Worte für plautinisch, vgl. seine Beispiele auf S. 431.

[4] Die Beispiele findet man ohne Kritik und z. T. nicht ganz ausgeschrieben, wodurch man sich die richtige Erkenntnis dieser Spracherscheinung verschloß, bei

1) Aul. 422 *ita fústibus sum mollior | magis quam ullus cinaedus,* wo durch die Dihaerese im versus Reizianus die Selbständigkeit des *magis* besonders deutlich angezeigt ist.

2) Capt. 643 *cérton? — quin nihil, inquam, invenies magis hoc certo certius.*

3) Bacch. 500 f. *inimíciorem nunc utrum credam magis*
sodalemne esse an Bacchidem, incertum admodumst.

4) Men. 979 *magis múlto patior facilius ego verba, verbera odi.*

5) Poen. 211 ff. *negóti sibi qui volét vim parare*
navem et mulierem haec sibi duo comparato:
nam nullae magis res duae plus negoti
habent.

6) Poen. 460 f. *ego fáxo posthac dei deaeque ceteri*
contentiores mage erunt atque avidi minus.

In allen diesen Fällen ist schon durch die bloße Stellung angezeigt, daß *magis* nicht unmittelbar zum Komparativ gehört. Unter den Beispielen sind gleichartig: 1. 2. 4., wo von *magis* ein neuer Begriff abhängt, der entweder mit *quam* angefügt ist (1) oder im Ablativ steht (2. 4): auf derselben Stufe steht auch 5, denn zu *magis* ist der Begriff ›*his duobus*‹ notwendig zu ergänzen. In 3 gehört *magis* klärlich nicht sowohl zu *inimiciorem,* sondern zu den folgenden Begriffen, die lose an das Vorherige angeknüpft sind: *uter nunc inimicior? sodalis magis an Bacchis?* In 6 ist endlich *mage* offenbar bloß der hier sehr wirksamen Responsion mit *minus* zuliebe gesetzt.

Einige weitere Fälle sind genauer zu besprechen.

7) Stich. 480 ff. (Zwiegespräch zwischen dem Parasiten Gelasimus und dem Epignomus):

E. *valeás.* G. *certumnest?* E. *certumst: cenabo domi.*
G. *sed quoniam nil processit, at ego hac iero*
apertiore magis via, ita: plane loquar.

Holtze, Synt. prisc. II p. 206 und Brix zu Capt. 644, sowie in einer Hallenser Dissertation von W. Fraesdorff, *De comparativi gradus usu Plautino* (*Halis* 1881) p. 41. Ein paar Beispiele zitieren auch: Ott, Doppelgradation des lat. Adjectivs und Verwechslung der Gradus unter einander (Fleckeisens Jahrb. 1875 p. 787 ff.) p. 790 f. und Wölfflin, Lat. und romanische Comparation (Erlangen 1879) p. 46. Auch Ziemer a. a. O. p. 107. 149 irrt (in seinem Buch: Vergl. Synt. der idg. Comparation, Berlin 1884 übergeht er diese Erscheinung). Aus einem Zitat in der genannten Schrift Otts (a. a. O.) sehe ich, daß Klussmann, *Mantissa quaestionum in Arnobium criticarum* (Rudolstadt 1863) p. 11 in zwei Stellen des Arnobius das *magis* richtig vom Komparativ trennt (wie es auch Holtze an ein paar Stellen, aber ohne jede Kritik, tut), eine Auffassung, die Ott nicht teilt und Wölfflin nicht einmal erwähnt. Ich konnte von der Klussmannschen Schrift nicht Einsicht nehmen.

In den beiden letzten Versen wird viel geändert, z. B. Ritschl: *sed quoniam nil processit, igitur adiero*, Goetz: *s. q. n. processit hac, ego adiero*, andere anders, aber es braucht nichts geändert zu werden (außer *ivero*, was ja keine Änderung ist, da dies in Plautushss. mit *iero* beliebig wechselt), sondern es ist nach *processit* leicht zu interpungieren: ›aber nachdem es mir nun in keiner Weise vorwärts gegangen ist, so will ich auf einem Wege gehen, der offener ist als dieser; so: ich werde grade | heraus reden (*plane*, offenbar mit der ursprünglichen und abgeleiteten Bedeutung spielend)‹, wobei der Gebrauch von *at* sein genaues Analogon findet in Capt. 683 f. *si ego híc peribo, ast ille ut dixit non redit,* | *at erít mi hoc factum mortuo memorabile.* Dieser Fall steht also auf derselben Stufe wie 2. 4*.

Es bleiben jetzt aber noch 5 Stellen übrig, die anders geartet sind, wie sich bei mehreren schon gleich äußerlich durch die veränderte Stellung von *magis* kundgibt, und bei keiner hängt ein neuer Begriff von *magis* ab. Von diesen beruhen 2 Stellen auf bloßen Konjekturen, die schon deshalb abzuweisen sind, weil sie dem plautinischen Gebrauch widersprechen:

8) Amph. 300 f. *cláre advorsum fabulabor: sic auscultet quae loquar;*
igitur magis demum maiorem in sese concipiet metum.

Allein die Hss. haben im zweiten Vers: *igitur magis modum morem* statt *igitur magis demum maiorem*, was eine Konjektur von Acidalius ist.

9) Mil. 612 f. *séd volo scire: eodem consilio, quod intus meditati sumus,*
gerimus rem? — Magis non potest † esse ad rem † utibile,

wo einige versuchten, den Vers so zu ändern: *magis nón potest esse aliud ad rem utibilius.*

10) Stich. 698 f. Hier haben die Palatini:
nímium lepide in mentem venit. — Potiusne in subsellio
Cunice hic accipimur quam in lectis? — Immo enim hic magis est dulcius,

aber im Ambrosianus steht: *immo enim nimium hic dulcius*, was Goetz mit Recht aufnimmt. Wie *magis* hier in die Palatini gekommen ist, scheint leicht begreiflich: in A ist, wie Goetz richtig vermutet, *dul-*

* *[Addendum]* Viele Beispiele Thes. L. L. 2, 1006 f. Nach *quoniam:* Caes. Gall. 7, 2, 2: *quoniam in praesentia obsidibus cavere inter se non possint, ne res efferatur, at iure iurando ac fide sanciatur.* Liv. 1, 28, 9 *nunc quoniam tuum insanabile ingenium est, at tu tuo supplicio doce humanum genus ea sancta credere, quae a te violata sunt.*

ciust zu schreiben; die Kopula war, wie sehr oft in unsern Plautushandschriften (besonders wenn sie koalesziert) ausgelassen, dann in der palatinischen Rezension übergeschrieben und an einer falschen Stelle (wie sehr häufig in diesen Hss.) in den Text gesetzt, woraus dann sich die Notwendigkeit ergab, *magis* für *nimium* zu setzen, damit ein Vers herauskam.

So bleiben noch 3 Stellen übrig, in denen auf keine Weise die Tatsache einer wirklichen Doppelgradation in Abrede gestellt werden kann. Darunter sind 2 Verse, die ohnehin wenigstens | verdächtig sind, weil sie in Prologen stehen und einen sehr faden Witz enthalten:

11) Men. prol. 54 f. *nam nisi qui argentum dederit, nugas egerit:*
qui dederit, magis maiores nugas egerit,

Verse, die wörtlich wiederholt werden in:

12) Poen. prol. 82.

Natürlich werden dadurch auch die umgebenden Verse, mit denen diese eng zusammenhängen, hinfällig.

*Die dritte der Stellen, die sich dem plautinischen Sprachgebrauch nicht fügen, ist der Pseudolusvers, von dem die Untersuchung ausgegangen ist. Wir haben hier also die Erscheinung zu konstatieren, daß ein Nachdichter einen plautinischen Sprachgebrauch, der für ihn nicht mehr lebendig war, in der Weise nachahmt, daß er bloß das Äußerliche desselben reproduziert, indem er, wie auch die Neueren, in der Verbindung von *magis* mit einem Komparativ das Wesentliche zu sehen vermeinte. Solche Mißverständnisse begegnen jedem, der einen ihm fremden Stil kopieren will: manches derartige hat z. B. für die künstliche Gesetzessprache in Ciceros Büchern *de legibus* Jordan nachgewiesen (Beitr. z. Gesch. d. lat. Spr. p. 225 ff.)**; wenn ferner Sallust das plautinische und vermutlich auch von Cato geschriebene *postid locorum* zu neuem Leben auferweckt, Iug. 72, 2 *neque post id locorum Iugurthae dies aut nox ulla quieta fuit),* so hat er doch nicht mehr gewußt, daß *postid* alte ablativische Form ist, denn er schreibt Iug. 63, 6 *is ad id locorum talis vir, nam postea ambitione praeceps datus est* und 75, 7 *ubi ad id loci ventum est,* worin ihm Livius folgt (cf. Ritschl opusc. 2, 541 ff.); ***endlich sei ein drittes Beispiel dieser sprachgeschichtlich interessanten Tatsache angeführt, weil es ebensowenig wie jenes *magis* in seiner Bedeutung erkannt wurde: wenn es Pseud. 13 heißt *id te Iuppiter prohibessit,* so erklären die Lexikographen und nach ihnen Lorenz das *id* als Akkusativ des Inhaltes (womit ja schließlich alles erklärt werden kann) neben dem Objektsakkusativ *te,* und Lo-

* *[Addendum]* Leo, Nachrichten der Gött. gelehrten Gesellschaft 1895, 428, 3 zieht *magis* zum Verbum.

** *[Addendum]* Vgl. besonders die Columna rostrata!

renz führt als Parallele an Liv. 39, 45, 7 *id eos ut prohiberet, quoad eius sine bello posset:* aber hat es Livius, wo er jene alte Formel las, so verstanden, dann hat er nicht minder geirrt als die Neueren, denn in der Aulularia 4, 611 bittet Euclio die Fides: *édepol ne illic pulcram praedam agat, si quis illam invenerit | aulam onustam auri; verum id te quaeso ut prohibessis, Fides,* woraus klar hervorgeht, daß *id* als Objektsakkusativ von *prohibessis* abhängt, daß also in jenem Verse des Pseudolus *te* | nicht als Akkusativ, sondern als Ablativ zu fassen ist, welcher abhängt von der in dem Verbum noch selbständig empfundenen Präposition *pro,* also: ›das möge Iuppiter von dir fernhalten‹: das ist ja auch der ursprüngliche Sinn des in apotropäischer Formel häufigen Verbums (vgl. z. B. das Gebet bei Cato rust. 141,2 und außerdem Plaut. Amph. 1051 f.). —

Wenn wir schließlich fragen, wann jener plautinische Sprachgebrauch so weit in Vergessenheit geraten sein mag, daß diese drei Verse geschrieben werden konnten, so kommen wir auf einen Zeitraum, der auch zu den allgemeinen Vorstellungen über die Epoche dieser Art von Nachdichtungen stimmt. Zu der Zeit des Terenz nämlich, als man noch *proprie* redete, war das Bewußtsein für diese Spracherscheinung noch lebendig, wenngleich sie als eine in ihrem letzten Grunde doch volkstümliche, von dem für Aristokraten dichtenden Terenz vermieden worden ist bis auf ein einziges Mal: Hec. 737 f.

nam ea aetáte non sum, ut non siet peccato mi ignosci aequom:
quo magis omnis res cautius ne temere faciam, adcuro.

Dieser Fall entspricht also mit seinem von *magis* abhängigen komparativischen Ablativ genau dem zweiten und vierten der plautinischen Beispiele. Dagegen ist bei dem Verfasser des *bellum Africum* der Ge-

*** *[Addendum]* Der alte Ortsadverbien-Ablativ in *adversus ea* (S. C. de Bacch. 24 *aroorsum ead,* plebisc. Siliorum bei Festus 246) wurde später nicht mehr verstanden und als Nom. n. pl. gefaßt: vgl. Wilm. 454 *siquis adversus ea q(uae) s(upra) s(cripta) sunt fuerint, inferet fisco domini n(ostri) viginti millia nummorum,* ebenso n. 315, 23, Eph. ep. 3, 167 *si adversus hoc quid fecerit.* Vgl. Weißbrodt, Observation. in S. C. de Bacch. pars I, Braunsberg 1879, 16. — In der Formel *macte esto* wird *macte* richtig als Vokativ erklärt von Conington, append. zu Verg. Aen. 9, vol. II p. 221 ff.; wenn also Liv. 2, 12, 14 schreibt *iuberem macte virtute esse, si pro mea patria ista virtus staret,* so begeht er, wie Conington bemerkt, aus Mißdeutung der alten Formel den Fehler, den nur durch den Imperativ ermöglichten Vokativ mit dem Infinitiv zu verbinden. — Vergil längt in der Zäsur nach Ennius' Vorbild manche Silben, geht aber dann zu weit, indem er im Gegensatz zu Ennius oft ursprüngliche Kürzen, wie supĕr, ebŭr, als Längen behandelt, vgl. Nettleship in Coningtons Vergil vol. III 465 ff. — Die pseudosallustischen Werke zu starke Archaismen. — Eine mißverständliche Auffassung des alten *privatus* (der einzelne Angeklagte gegenüber der richtenden Volksversammlung) legt schön dar L. Lange, Die oskischen Inschriften der tabula Bantina, Göttingen 1856, 52.

brauch schon weiter vorgeschritten, weniger auffällig 54, 5 *ut neque bello fortes neque pace boni aut utiles fueritis et* m a g i s *in seditione concitandisque militibus adversum vestrum imperatorem quam pudoris modestiaeque fueritis* s t u d i o s i o r e s *als 48, 3 erat in castris Caesaris superiore tempore magnus terror, et exspectatione copiarum regiarum exercitus eius* m a g i s s u s p e n s i o r e *animo ante adventum Iubae commovebatur; postquam vero castra castris contulit, despectis eius copiis omnem timorem deponit*, obgleich man auch hier noch fühlt, daß *magis* nicht sowohl eng zum Komparativ als vielmehr zu *ante adventum* dem Sinne nach zu beziehen ist, wie der folgende Satz *postquam vero* etc. beweist. Jedenfalls aber leitet dieses Beispiel schon deutlich auf die späteren über, in denen tatsächlich eine solche Entwertung des Komparativs zum Vorschein tritt, daß man von einer ›Doppelgradation‹ mit Recht reden darf. In die Zeit bald nach Terenz fallen also, auch vom sprachlichen Gesichtspunkt aus betrachtet, jene beiden Prologstellen und die Dittographie in dem Canticum des Pseudolus. |

2.

A m p h i t r. p r o l. 38

nun iam húc animum omnes quae loquar advortite.

In diesem Verse häufen sich die Abweichungen von der plautinischen Diktion.

1) Bekanntlich ist nach Fleckeisens Nachweis *nunciam* bei Plautus stets dreisilbig[5]. Wenn aber auf Grund dieser Beobachtung Fleckeisen und ihm folgend Goetz in unserm Verse das *iam* tilgen, so würde man sich das zur Not gefallen lassen, wenn der Vers nicht andere *naevi* zeigte*.

2) Nach Langens Nachweis (Fleckeisens Jhb. 125, 679 f.) gebraucht Plautus bei *aninum advortere* nie die Form *huc*, sondern stets *hoc*.

3) Plautus kennt nur entweder *hoc animum advortere* ohne einen davon abhängigen Relativsatz, oder *animum advortere* ohne *hoc* mit abhängigem Relativsatz. Eine Vermischung beider Konstruktionen findet nicht statt, sie ist ja auch nicht bloß sprachwidrig, sondern ver-

[5] Die Einwände Ussings (zu diesem Vers) sind hinfällig: denn von den beiden Versen, die er gegen Fleckeisen anführt, ist Bacch. 995 kritisch und metrisch unsicher (vgl. Brachmann in Leipz. Stud. 3, 140), und Epid. 135 *illam amabo olim, nunciam alia cura impendet pectori* ist natürlich nicht *íllam amábo* sondern *íllam amăbo ólim*, zu messen (cf. Müller, Nachtr. 2 plaut. Pros. p. 38).

* *[Addendum]* R. Heinze, Hermes 33, 1898, 454, 2.

stößt gegen die Gesetze des Denkens[6]. Letzteres ist auch in der Rezension einiger minderwertiger Handschriften (EJF) empfunden worden, da sie *ad ea* bieten statt *omnes:* jenes empfahl Ritschl (prol. p. CLXXXI) aufzunehmen, offenbar wegen des auch ihm bedenklichen *huc quae loquar,* ohne daß ihm darin jemand gefolgt wäre: abgesehen davon, daß jenes *ad ea* ohne Zweifel interpoliert ist, ist es auch seinerseits wieder unplautinisch, denn Plautus kennt nicht die Konstruktion *animum advertere ad,* sondern die Phrase war bei ihm schon zu sehr zu einem Begriff geworden, als daß sie mit einem andern Kasus als mit dem Akkusativ hätte verbunden werden können. Langen a. a. O. führt freilich zwei scheinbar widersprechende Fälle an, von denen aber der erste anders zu erklären ist, der zweite auf Konjektur beruht: denn Mil. 69 *facéte advortis tuom | animum ad animum meum* spielt ja offenbar mit dem Ausdruck: ›gar artig lenkst du deinen Sinn auf meinen Sinn‹, und gewinnt seine Erklärung aus dem vorhergehenden Vers: *habés-? — Tabellas vis rogare? habeo, et stilum;* in dem zweiten Fall bieten die Hss. Pseud. 143 *núnc adeo hanc edictionem nisi animum advortetis omnes,* wo Langen *núnc adeo ad hănc edíctionem* etc. schreiben will: allein wenn auch Plautus mit dieser Phrase sonst nur das Neutrum eines Pronomens verbindet, so kann er doch einmal auch den Akkusativ eines Substantivs gesetzt haben, vorausgesetzt, daß dieser Vers wirklich von ihm herrührt: jedenfalls ist es nicht ratsam, die eine singuläre Konstruktion mit dem Akkusativ eines Substantivs durch eine andere gleichfalls singuläre mit der Präposition *ad* zu ersetzen.

4) Das Wesentliche aber ist folgendes. Für Plautus ist die Verbindung *animum advortere,* wenn sie auch äußerlich noch nicht zu einem Wort geworden ist, doch schon so sehr zu éinem Begriff erstarkt, d a ß e r d i e b e i d e n W o r t e n i e v o n e i n a n d e r z u t r e n n e n s i c h e r l a u b t: nur in unserm Vers sind sie durch Zwischenstellung anderer Worte voneinander losgerissen. Die eben aufgestellte Behauptung scheint freilich auf den ersten Blick durch eine Stelle widerlegt zu werden: im Pseudolus heißt es nämlich 481 *advórte ergo animum,* was um so mehr gegen jene Behauptung zu beweisen scheint, weil der Dichter ohne metrischen Zwang hätte schreiben können *ergo animum advorte.* Allein hier greift wieder eine andere Beobachtung ein: Plautus stellt in der außerordentlich großen Anzahl von Fällen, wo er *ergo* mit dem präsentischen Imperativ verbindet, dies Wort n a c h dem Imperativ[7], mit Ausnahme ganz weniger Male: es steht

[6] Leichter ist die ähnliche Konstruktion Pseud. 153 *huc ádhibete auris, quaé ego loquar,* obwohl auch dieser Vers aus anderen Gründen verdächtigt worden ist.

[7] Bei dem futurischen Imperativ herrscht keine feste Regel: Capt. 689 *facito ergo* 721 *ergo ab eo petito gratiam* Men. 430 *ergo mox auferto* Pseud. 292

36mal nach[8], und unter 7 Malen, wo es vor dem Imperativ steht, sind 5 Fälle anders zu erklären[9], so daß also nur | 2 bleiben, in denen kein ersichtlicher Grund einer Abweichung vorhanden ist[10]. Während also in jenem Verse des Pseudolus *advórte ergo animum* zwei Prinzipien miteinander in Konflikt kamen, die Einheit von *animum advor-*

pietatem ergo istam amplexator 1164 *memento ergo* Pers. 388 *ergo istuc facito* Rud. 1398 *mihi dato ergo.*

8 As. 350 *ausculta ergo* 488 *ambula ergo.* Cf. Aul. 428. 879. Curc. 172. 727. Cas. 588. 793. 831. Ep. 241. Most. 650. Men. 1016. Mil. 255. 1009. 1199. 1268. Merc. 905. Pseud. 758. 920. 997. 1016. 1230. 1317. Poen. 720. Pers. 215. 239. 701. 767. 835. Rud. 184. 641. 720. 752. 785. 1053. Stich. 669. 725.

9 Curc. 118 *ergo fac* in einem Canticum mit kretischem Rhythmus, in welchem die Wortstellung durch den Zwang des Metrums auch sonst vief freier ist. Merc. 498 *dómi maneto me. — Ergo actutum face cum praeda recipias,* wo der Nachdruck nicht auf dem Imperativ *face,* sondern auf dem Konjunktiv *recipias* liegt. Merc. 777 *drachumam dato. — Dabitur. — Iam darei ergo seis iube:* der Vers ist kritisch nicht ganz sicher: *iam* ist von Ritschl eingesetzt, es fehlt in den Hss.; vielleicht empfiehlt sich, da sicher ein einsilbiges Wort ausgefallen sein muß, eher *quin:* denn *quin ergo* ist für Plautus eine so konstante Wortfolge (vgl. das spätere *quin etiam, quin potius, quin immo*), daß es auch an der vierten und fünften Stelle, welche dem oben aufgestellten Gesetz nicht entsprechen, als das höhere Prinzip wirksam ist: Rud. 628 *quin tu ergo omitte,* Merc. 955 *quin tu ergo i modo.*

10 Merc. 955 *própter istanc. — I modo. — Ergo cura. — Quin tu ergo i modo* (wenn hier nicht die Stellung des zweiten *ergo* v o r dem Imperativ — regulär wegen *quin,* s. die vorige Anm. a. E. — auf das erste des Parallelismus halber eingewirkt hat). Curc. 625 *ém ut scias me liberum esse. — Ergo ambula in ius. — Em tibi.*

11 Absichtlich habe ich in der obigen Untersuchung bei dem vierten Punkt außer acht gelassen einen kritisch unsicheren Vers: Merc. prol. 10 f.: *sed ea út sim implicitus dicam, si opera est auribus, | atque advortendam ut animum adest benignitas,* so die Hss. Dafür schrieb Acidalius: *atque advortendum ad animum,* was Goetz aufnahm nach Ritschls Vorgang, der freilich Parerga 18 über diese Konjektur sagte: *defendi nequit,* und dafür *adque advortendum huc animum* vorschlug, in seiner Ausgabe aber auf die Vermutung des Acidalius zurückgriff (cf. Dziatzko, Rheinisches Museum 26, 1871, 433). Mir scheint gleichfalls letztere deshalb empfehlenswerter als die von Ritschl vorgeschlagene, weil sich das *a* der Endung in *advortendam* besser erklärt bei der Annahme, daß einst *ad* darauf folgte: dann war an der Verderbnis die Synaloephe schuld, die hin und wieder in unserer Hss. Verwirrung gestiftet zu haben scheint, wie Buecheler bemerkte, der auf diese Weise mehrere Verse emendierte, z. B. Truc. 40 *isti amator* statt *est amator,* 649 *qui ovis Taretinas* statt *quo vis Taretinas.* Vgl. aus Plautus ferner: Truc. 126, wo die Palatini *vale et* schreiben statt des richtigen *valeo et,* was der Ambrosianus hat, Poen. 1355 in A *contram haud verbum quidem* d. h. *contra me haud* etc. Epid. 215 in A *animádvorterint,* was Plautus noch nicht kennt, statt *animum advorterint;* Pseud. 188 in A *amica es,* aber in B *amices,* woraus dann in CD *amicis* wurde. Aus anderen Schriftstellern: Caecilius bei Nonius 127 (fr. 136 Ribb.) *liber essem iam diu,* wo *libera,* was nötig ist, von Iunius hergestellt wurde; Lucretius 2, 982 *ali ex aliis,* wofür schon früh emendiert

tere und die Stellung von *ergo* zum Imperativ, wobei das letztere zu seinem Rechte kam, fehlt jeder erklärliche Grund einer Losreißung jener Phrase in dem Prologverse des Amphitruo, von dem wir ausgingen. Derselbe ist also durch das Zusammentreffen der vier aufgeführten Gesichtspunkte gerichtet[11].

wurde *alia ex aliis;* Varro sat. bei Nonius 46 *ventique frigido sab axe eruperant,* d. h. *se ab.* Über Vergilhandschriften cf. Ribbeck prol. p. 257 f. — Auf alle Fälle war in jenem Vers *advortere animum* durch ein Wort getrennt, bei dem die Entschuldigung, die *advórte e r g o animum* hat, nicht wirksam ist: es ist bezeichnend, daß auch dieser Vers in einem Prolog steht, und zwar in demjenigen, der neben dem der Casina die offenbarsten Spuren später Abfassung zeigt.

Besprechung:

GÜNTHER JACHMANN, DIE GESCHICHTE DES TERENZTEXTES IM ALTERTUM 1925

Terenz war im Altertum, Mittelalter und bis weit in die Neuzeit hinein beliebter als Plautus, weil er dem Verständnis leichter zugänglich war als dieser, auch der wohlanständigere von beiden. Aber dann kamen die Zeiten, wo die Philologen, grade durch die größere Schwierigkeit gereizt, sich des Plautus mächtig annahmen: in den ersten drei Vierteln des 19. Jahrhunderts stand er gradezu im Mittelpunkt der lateinischen Philologie, und auch fernerhin, bis in die Gegenwart hinein, empfingen die plautinischen Studien durch die Schüler Ritschls, dann vor allem durch Leo und noch jüngst durch dessen Schüler Ed. Fraenkel einen starken Impuls. Terenz trat mehr und mehr in den Hintergrund, die Beschäftigung mit ihm wollte im Schatten des Plautus nicht recht gedeihen, nicht einmal der Ehre einer kritischen Ausgabe, die den Namen verdient, wurde er teilhaftig, obwohl es hätte locken müssen, in Bentleys Spuren zu wandeln. Diesem empfindlichsten Mangel — er ist so groß, daß es geradezu Überwindung kostet, den doch so feinen Dichter in mehr oder weniger zurechtgemachten, der Kontrolle sich fast entziehenden Texten zu lesen — wird ja in hoffentlich absehbarer Zeit abgeholfen werden, aber er hatte doch zur Folge, daß auch die wissenschaftliche Beschäftigung mit terenzischen Problemen in einen Zustand der Stagnation zu treten drohte, die nur um so sichtbarer wurde, je heller die Sterne über dem älteren Komiker leuchteten. Da muß es mit besonderer Freude begrüßt werden, wenn ein jüngerer, in signo Leonis herangewachsener, durch eindringliche metrische und exegetische Arbeiten auf dem Gebiet der älteren lateinischen Komödie bereits bekanntgewordener Philologe den Mut faßte, sich des Dichters, und noch dazu seiner Textgeschichte, schon jetzt anzunehmen, wo wir eines wirklich urkundlichen Textes, wie bemerkt, noch entbehren. Das Wagnis ist nicht so groß, wie es auf den ersten Blick scheinen mag: denn wenngleich es eine Ausgabe mit genauem kritischem Apparat noch nicht gibt, so haben die künftigen Herausgeber aus ihren handschriftlichen Kollationen, in Ergänzung der alten Umpfenbachschen Ausgabe, doch bereits so reichhaltige, durch Zuverlässig- | keit sich auszeichnende Mitteilungen gemacht, daß der Boden als gesichert betrachtet werden kann, um auf ihm ein weithin sichtbares Gebäude zu errichten.

Das Hauptinteresse des Verfassers ist auf diejenige Klasse der Terenzhandschriften gerichtet, die mit Illustrationen geschmückt ist, und in der Tat mußte ein Vorstoß in dieser Richtung besonders reizvoll und notwendig erscheinen. Welcher Zeit gehörte die antike Ausgabe an, die zuerst den Bilderschmuck trug? Die bisherigen Ansätze schwankten etwa vom ersten vorchristlichen bis zum sechsten nachchristlichen Jahrhundert, und es war in dem Streit der Meinungen von Philologen und Archäologen — denn naturgemäß traten auch diese auf den Plan — so schwer sich zurechtzufinden, daß man lieber auf ein Urteil verzichtete. Der Referent darf zwar bekennen, daß es ihm, seit er vor Jahrzehnten die vatikanische Bilderhandschrift der Vergilischen Gedichte (cod. F) im Original sah, unbegreiflich erschienen ist, wenn er immer wieder der Auffassung begegnete, die terenzischen Bilder seien aus Bühnenaufführungen noch republikanischer Zeit abgeleitet. Aber was wollte der allgemeine Eindruck, was wollten gefühlsmäßige Erwägungen besagen? Auf den Beweis kam es an, und ihn erbracht zu haben ist Jachmanns Verdienst. Er gelang ihm, indem er methodischer und konsequenter als irgendeiner seiner Vorgänger die bildliche Darstellung in Zusammenhang mit dem Text brachte: wieder einmal war es philologische Interpretation, der ein wichtiges Ergebnis zu danken ist. Wie verhalten sich — diese Frage stellt er im ersten Hauptteil der Untersuchung — die Illustrationen zu den Szenenüberschriften und der Szenenabteilung überhaupt? Letztere ist, wie man längst weiß, nach willkürlichen, äußerlichen Gesichtspunkten, die mit der Aufführung nicht das geringste zu tun haben, gemacht worden. Dennoch folgte ihr, wie J. zeigt, der Illustrator so pedantisch, daß er zu jeder Szene, selbst solchen, die nur 6—7 Verse umfassen, ein Bild entwarf. Der Schluß ist zwingend, daß ihm eine Buchausgabe vorlag, an deren Szenenteilung er sich unter allen Umständen gebunden fühlte, mochte er durch solche Starrheit auch bisweilen in Ungelegenheiten kommen: denn die Buchszene, ohne Rücksicht auf den Bühnenvorgang abgeteilt, stellte ihn öfters vor eine bildtechnisch unlösbare Auf- | gabe, die er nun in gröbster Weise übers Knie zu brechen sich gezwungen sah. In den Überschriften der Szenen sind ferner durch Mißverständnis des Dichtertextes oder durch Flüchtigkeit oft Personen genannt, die in der betreffenden Szene gar nicht agieren, umgekehrt solche nicht genannt, die in ihr eine Rolle spielen: J. zeigt nun an einer Anzahl von Beispielen, in denen er sowohl die Bilder wie die Textworte interpretiert, daß der Illustrator ein Opfer dieser von dem Verfasser der Szenenüberschriften begangenen Irrtümer geworden ist. Hätte der Illustrator seine Bilder auf Grund lebendiger Bühnenanschauung entworfen, so wäre derartiges sklavisches Festhalten an der buchmäßigen Szenenabteilung, wären solche Mißverständnisse von Bühnenvorgängen undenkbar gewesen. Wohl sind auch früheren Gelehrten Zusammenhänge dieser Art zwischen Bild und Szene sowie Abweichungen des Bildes von den Textworten nicht immer entgangen, aber sie verfuhren dabei nicht planmäßig und waren derartig darauf erpicht, die bildlichen Darstellungen zu rechtfertigen, daß sie es gelegentlich vorzogen, den Dichter zu mißdeuten, um nur seinen Illustrator zu retten.

Wenn nun also erwiesen ist, daß die Bilder abhängig von einer Buchausgabe sind — wie dies ja auch, an und für sich betrachtet, die einzig glaubliche Annahme ist: J. erinnert mit Recht an die Illustratoren von Ausgaben etwa Shakespearescher oder Schillerscher Dramen —, so erhebt sich die weitere Frage, welcher Zeit diese Ausgabe angehört haben mag. Diese Frage läßt sich, wenn überhaupt, nur auf Grund einer Untersuchung über die Tradition des Terenztextes im Altertum beantworten, und so wendet sich der Verf. in einem weiteren Hauptteil seiner Arbeit dieser Aufgabe zu. Nicht leicht an einem anderen Zweig der philologischen Wissenschaft ist der Fortschritt so greifbar zu erkennen wie daran, daß wir uns solche Aufgaben zu stellen wagen, die ihrem Wesen nach etwas Transzendentes (literarisch gesprochen) an sich tragen, insofern sie über die uns sichtbare handschriftliche Tradition weit hinaufgreifen. Wir alle wissen, daß wir den Mut zu solcher Problemstellung und die Methode der Lösung Wilamowitz verdanken. Durch ihn angeregt machte Leo die Anwendung auf Plautus, und Jachmann unternimmt nun nach solchem Muster dasselbe für Terenz. Er ist sich, wie gelegent- | liche Bemerkungen zeigen, bewußt, daß hierbei nicht immer über Hypothetisches hinauszukommen ist, und warum sollten dem Philologen Arbeitshypothesen versagt sein, die dem Naturforscher jeder zubilligt? Über die Grenzen des mehr oder weniger Beweisbaren wird, wo manche unsichere Faktoren in Rechnung zu stellen sind, nicht immer Einvernehmen zu erzielen sein. Als unbedingt gesichert nimmt J. an, daß die Ausgabe des Valerius Probus, also aus frühflavischer Zeit, die Grundlage der gesamten weiteren Überlieferung gewesen sei, wie Leo das für Plautus behauptet hatte. Für Terenz steht es ja insofern günstiger, als für ihn eine Ausgabe durch Probus zitatenmäßig bezeugt ist, aber ich gestehe nicht zu wissen, ob J. den Einfluß dieser Ausgabe für unsere Überlieferung nicht doch überschätzt. So nimmt er (S. 74) eine ziemlich große Anzahl von Stellen, an denen der cod. Bembinus und die übrigen Handschriften in schweren Verderbnissen (auch mit Zerstörung des Metrums) übereinstimmen, für die Ausgabe des Probus in Anspruch, während ihm andere Korruptelen der gleichen Überlieferungsart zu schwer erscheinen, als daß man dem Probus zutrauen könne, sie in seinem Text belassen zu haben. Wo ist da die Grenze? Ich fürchte, daß wir den Einfluß des Probus auf unsere Überlieferung überhaupt zu hoch bewerten. Der Wissenschaftssinn war im Westen des Imperiums nicht annähernd so gefestigt wie im Osten, wo wir die Entwicklungslinie der Tradition, mag diese uns auch erst in Handschriften der Byzantinerzeit vorliegen, oft noch mit voller Sicherheit über den Höhepunkt der kritischen Editorentätigkeit in Alexandreia laufen sehen. Mag Probus in Gewissenhaftigkeit dem Aristophanes oder Aristarchos nachgestrebt haben: diese Hochspannung des kritischen Gewissens hat über die Antoninenzeit hinaus nicht vorgehalten. Man sehe doch nur, wie wenig selbst der Text Vergils, den Probus unter seine vorzugsweise Obhut genommen hatte, in unserer Überlieferung Spuren dieser Sorgfalt bewahrt hat: wo wir sichere Zitate für den Vergiltext des Probus haben, weicht der unsrige öfters von diesem ab als daß er übereinstimmte. Gewiß würde ich nicht einer Annahme das Wort reden, daß die Mühewaltung des Probus für die weitere Überlieferung durchaus verloren gewesen sei; nur daß sie eine uns deutlich sichtbare Etappe wäre, möchte ich bezwei- | feln. Aber für den Wesenskern der J.schen Beweisführung ist dieser Zweifel belanglos. Denn der Archetypos der durch die γ-Klasse vertretenen Bilderhandschriften ist, wie J. überzeugend darlegt, jedenfalls ganz erheblich jünger als die Ausgabe des Probus. J. glaubt ihn um die Wende des dritten zum vierten Jahrhunderts ansetzen zu sollen. Natürlich will er das nur als Näherungswert betrachtet wissen; als solcher scheint er mir aber durchaus glaublich. Die Konstantinische Zeit bezeichnet ja einen mächtigen Aufstieg auf fast allen Gebieten des politischen und kulturellen Lebens, an dem auch die bildende Kunst Anteil erhielt: gern denkt man es sich daher, daß damals eine Terenzausgabe gemacht wurde, die sich zwar keineswegs durch Güte des Textes, um so mehr aber durch Bilderschmuck auszeichnete. Es ist hier nicht der Ort, die Überlieferungsgeschichte des Terenztextes, wie sie J. darlegt, in den Einzelheiten ihrer Konstruktion nachzuprüfen; doch sei auf die scharfsinnige und durchaus überzeugende Analyse eines Bildes zu Haut. 2, 4 und des zugehörigen Textes (S. 99 ff.) hingewiesen, woraus sich die Zugehörigkeit des Bildschmuckes zur γ-Klasse ergibt. Wohl möglich, vielleicht wahrscheinlich, daß sich hie und da der eine oder der andere Baustein etwas verschieben wird (z. B. denkt sich J. als Entstehungszeit der interpolierten Textgestaltung, von der auch die γ-Klasse ein Repräsentant ist, die Mitte des dritten Jahrhunderts; einem derartigen Ansatz gegenüber habe ich mir in Anbetracht der unerhörten literarischen Sterilität jener politisch so katastrophalen Zeit grundsätzliche Skepsis angewöhnt). Aber das ist auch nebensächlich: die Hauptsache ist, daß wir durch J. zum ersten Male ein lebensvolles Bild von der B e w e g u n g erhalten, die den Text dieses Dichters hob und senkte, bis sie schließlich zum Stillstand kam. Das geschah in der Epoche, der so viele der uns erhaltenen ältesten lateinischen Handschriften angehören, in valentinianisch-theodosischer Zeit, aus der mutmaßlich sowohl der erhaltene codex Bembinus stammt als auch die aus den mittelalterlichen Handschriften rekonstruierbare Ausgabe des vielberufenen Calliopius. Es sei doch als ein Ergebnis der Darlegungen J.s hervorgehoben, daß er dem verbreiteten Irrtum ein Ende macht, dieser Herausgeber habe der früheren Kaiserzeit angehört. Ohne in das allmähliche Werden des Terenz- | textes bereits Einsicht zu besitzen, wie ich sie erst durch J. gewann, habe ich diesen Irrtum stets aus dem Grund bekämpft, weil die Namensbildung Calliopius für die ältere Zeit ebenso ungewöhnlich wie für die jüngere üblich sei. Als Zeitgenossen des Macrobius, um nur diesen zu nennen, mag man sich ihn etwa denken, eher jünger als älter: auf jeden Fall war er nicht Schöpfer der Textgestalt, die in den Handschriften seinen Namen trägt, sondern nur ihr — vielleicht letzter — Repräsentant.

Hoffentlich ist es mir gelungen, dem Leser eine Vorstellung von der Wichtigkeit der vorliegenden Untersuchungen zu geben, auch ohne daß auf viele Einzelheiten der Beweisführung eingegangen wäre. Diese ist sehr ausführlich, ohne sich je in die Breite zu verlieren: sie geht eben sehr in die Tiefe; ein amerikanischer Gelehrter, der aus dem Komplex der von J. behandelten Probleme nur ein einziges spezielles untersuchte, gebrauchte dazu annähernd gleichen Raum. Großangelegte Untersuchungen wie die J.sche, die sich das Entwirren oft sehr kompliziert gelagerter Überlieferungsschichten zum Ziel setzen, dürfen sich nicht auf Querschnitte beschränken, sondern müssen auch das einzelne und Kleine mit Liebe umfassen. Nach Ansicht des Referenten stellen überlieferungsgeschichtliche Untersuchungen wie die vorliegende einen Typus dar, wie wir ihn für unsere Wissenschaft wünschen und begrüßen müssen; der Buchstabe, der oft ertötet, wird dadurch so recht lebendig, die alten Manuskripte werden jung, wenn wir einen Blick in ihre Wiege werfen und sie auf ihrem Lebensweg begleiten. Die vorliegende Arbeit wird voraussichtlich auch auf die Kunsthistoriker anregend wirken. Neue Erkenntnisse stellen neue Probleme. Die Terenzbilder werden jetzt, wo ihre Entstehungszeit annähernd bestimmt ist, in die Geschichte der antiken Buchillustration überhaupt einzureihen sein. Etwaigen Zusammenhängen mit griechischer Illustrationskunst wird nachgegangen werden müssen: eine Andeutung darüber findet sich in Wilamowitz' Menander. Kostbare Werke sind jetzt ja an der Tagesordnung: die immer noch anstehende Publikation der besten Terenzischen Bilderhandschrift, des Vaticanus 3868 (C), ist ein erstes *officium nobile*, das sich dereinst auf eine *Sylloge librorum pictorum* überhaupt erstrecken möge.

AUS CICEROS WERKSTATT*

1913

In den letzten Jahren sind uns durch analytische Untersuchungen so wichtige Einblicke in die jenseits der Überlieferung liegende genetische Entstehungsgeschichte von Werken antiker Schriftsteller (Thukydides, Platons Gesetze, Aristoteles' Metaphysik, Lucrez, Juvenal) gewährt worden, daß der Versuch, diese Methode auf Schriften Ciceros anzuwenden, um so aussichtsreicher erscheint, als seine Briefe sowie die gelehrte Arbeit des Asconius uns ein Material an die Hand geben, das in seiner Reichhaltigkeit und Intimität im gesamten Altertum seinesgleichen nicht besitzt.

I. Ein Zeugnis Ciceros über seinen Bildungsgang im ›Brutus‹

Von § 304 des ›Brutus‹ an gibt Cicero eine Darlegung seines Bildungsganges als Redner in der Weise, daß er, Jahr um Jahr vorschreitend, seine Studien mit den politischen Ereignissen kombiniert. Es ist nötig, seine eigenen Worte (mit einigen Verkürzungen) anzuführen. 305 *sed me cupidissumum audiendi primus dolor percussit, Cotta cum est expulsus* (a. 90); *reliquos frequenter audiens acerrumo studio tenebar cotidieque et scribens et legens et commentans oratoriis tamen exercitationibus contentus non eram.* — 306 *iam consequente anno* (89) *Q. Varius sua lege damnatus excesserat; ego autem* ⟨*in*⟩ *iuris civilis studio multum operae dabam Q. Scaevolae* ... — *atque huic anno proxumus* (88) *Sulla consule et Pompeio fuit. tum P. Sulpici in tribunatu cotidie contionantis totum genus dicendi penitus cognovimus; eodemque tempore* (88) *cum princeps Academiae Philo cum Atheniensium optumatibus Mithridatico bello domo profugisset Romamque venisset, totum me ei tradidi* ... — 307 *occiderat Sulpicius illo anno* (88) *tresque proxumo* (87) *trium aetatum oratores erant crudelissime interfecti Q. Catulus M. Antonius C. Iulius. eodem anno* (87)

* *[Addendum (s. S. VIII)]* Cf. K. Ziegler, Hermes 51, 1916, 264 f. Cael. 68: viermal *—orum,* sonst schwerlich je. Komposita mit *per—* ungewöhnlich oft (sonst meist nur in den Anfangsreden bis einschließlich Verrinen) 12. 24. 51. 62. 25 (oft). 50 (dgl.). 58. 63. 65. 69.

etiam Moloni Rhodio Romae dedimus operam et actori summo causarum et magistro. haec etsi videntur esse a proposita oratione diversa, tamen idcirco a me proferuntur, ut nostrum cursum perspicere, | *quoniam voluisti, Brute, possis (nam Attico haec nota sunt) et videre, quem ad modum simus in spatio Q. Hortensium ipsius vestigiis persecuti.* — 308 *triennium* (86—84) *fere fuit urbs sine armis ... at vero ego hoc tempore omni noctes et dies in omnium doctrinarum meditatione versabar.* 309 *eram cum Stoico Diodoto ...* 310 *commentabar declamitans ...* 311 *tumultus interim* (82) ⟨*in*⟩ *recuperanda re publica et crudelis interitus oratorum trium Scaevolae Carbonis Antisti ...* — *tum primum nos ad causas et privatas et publicas adire coepimus, non ut in foro disceremus, quod plerique fecerunt, sed ut, quantum nos efficere potuissemus, docti in forum veniremus.* 312 *eodem tempore Moloni dedimus operam; dictatore enim Sulla* (81) *legatus ad senatum de Rhodiorum praemiis venerat. itaque prima causa pro Sex. Roscio dicta ..., deinceps inde multae.* Hierauf geht er zu einem anderen Abschnitt seines Themas über.

Daß die doppelte Nennung des Molon in hohem Grade auffällig und in dieser Form überhaupt unmöglich sei, ist natürlich längst erkannt; aber die vorgeschlagenen Erklärungsversuche der Absonderlichkeit befriedigen nicht. Sie lassen sich in vier Gruppen teilen. Die einen lassen die Worte an beiden Stellen unangetastet unter der Annahme, daß Molon zweimal in Rom gewesen sei, das eine Mal im Jahre 87, das andere Mal 81[1]. Nun ist gegen die Möglichkeit, daß Molon im Jahre 87 den Poseidonios auf dessen Gesandtschaftsreise nach Rom (Plut. Mar. 45) begleitet haben könnte, nichts einzuwenden; im Gegenteil ließe sich dafür anführen, daß seine Wahl zum Führer einer Gesandtschaft im Jahre 81 um so begreiflicher ist, wenn er sechs Jahre vorher durch Teilnahme an einer solchen sich schon über die Verhältnisse in Rom orientiert hatte (so Drumann, a. a. O.). Aber für das in der Cicerostelle liegende eigentliche Problem wird durch die Konstatierung dieser Möglichkeit zunächst nichts gewonnen (auf anderem Wege kommen wir nachher darauf zurück). Denn er konnte die Worte *eodem anno etiam Moloni Rhodio Romae dedimus operam* ein paar Zeilen später durch *eodem tempore Moloni dedimus operam* unmöglich wiederholen, ohne durch ein *iterum* oder dergleichen sich auf die ersteren zu beziehen[2]. Der Versuch aber, eine solche Beziehung durch

[1] So Drumann-Groebe 5, 243, 14 und F. Marx bei A. Hillscher, Hominum litteratorum Graecorum ... historia critica, Jahrbücher für classische Philologie 18, 1891, 389, 2. Was F. Susemihl, Geschichte der griechischen Literatur, 1892, 2, 491, 128 gegen diese Annahme einwendet, beruht auf einem Mißverständnis.

[2] Dies richtig Susemihl a. a. O.

Konjektur in den Text hineinzubringen, würde (auch abgesehen von der unerträglichen Wiederholung derselben Worte) daran scheitern, daß gar nicht einzusehen wäre, weshalb der Schriftsteller | das erste Mal die Anwesenheit Molons in Rom bloß konstatierte, das zweite Mal sie durch eine nähere Angabe begründe: eine solche Begründung wäre entweder beide Male oder überhaupt nicht zu erwarten gewesen. — Diesem konservativen Verhalten gegenüber steht das radikale, das der holländische Cicerokritiker I. Bake (1844) einleitete: er tilgte die Worte *(eodem — magistro)* an der ersten Stelle. Daß die Athetese in sämtliche seitdem erschienenen Ausgaben (Baiter-Kayser, Müller-Friedrich, Stangl, auch die Oxforder von A. S. Wilkins) mit einer gleich zu erwähnenden Ausnahme übergegangen ist, muß wundernehmen: denn man darf doch wohl fragen, wer in aller Welt auf den absonderlichen Einfall einer solchen Interpolation gekommen sein soll. War jene erstere Annahme eine Verlegenheitsauskunft, so ist diese zweite ein Akt der Verzweiflung. — Dasselbe muß drittens auch gelten von dem Versuch des französischen Herausgebers I. Martha (Paris 1892), der die erste Stelle mit der zweiten in der Weise zu vereinigen suchte, daß er jene von ihrem Platz rückte und mit dieser zu einer neuen Einheit verband, die nun mit Ciceros eigenen Worten gar nichts mehr gemein hat. — Der einzige, der den richtigen Weg einschlug, war W. Kroll, der in seiner Bearbeitung der O. Jahnschen erklärenden Ausgabe des ›Brutus‹ (Berlin 1908) zu § 307 bemerkt: »es liegt wohl ein Flüchtigkeitsversehen vor«. Daß diese Vermutung das Richtige trifft, läßt sich, wie mir scheint, beweisen.

Ein Blick auf die entscheidenden Worte beider Stellen genügt, um zu erkennen, daß hier eine Dublette vorliegt, die auf den Autor selbst zurückgeht; zweifelhaft könnte beim ersten Zusehen nur sein, welche Stelle als primär zu gelten hat. Das Kriterion kann nur in dem festen oder lockeren Zusammenhange gesucht werden, in dem jeweilig die parallele Fassung steht. Nun ist der Gedankengang an der ersten Stelle ein ununterbrochen glatter. Die für die Entwicklung der forensischen Eloquenz besonders günstigen Ereignisse des Dezenniums vom Jahre 90 an werden mit der theoretischen Ausbildung, die der junge Cicero über dem Anhören der Praktiker des Forums nicht vernachlässigte, in Wechselwirkung gesetzt: der Unterricht bei Molon hat hier also seinen richtigen Platz, wie wenige Zeilen vorher und nachher der bei Philon und Diodotos. Im Gegensatz zu diesem festgefügten Gedankenbau wird der Gang der Darlegung an der zweiten Stelle eben durch die Erwähnung Molons unterbrochen. Was zusammengehört, ergibt sich sofort, wenn wir den störenden Satz in folgender Weise ausscheiden: *tum primum nos ad causas et privatas et publicas adire coepimus, non ut in foro disceremus, quod plerique fecerunt, sed ut, quantum nos efficere potuissemus, docti in forum veniremus.* | *eodem tempore Moloni dedimus operam; dictatore enim Sulla* | *legatus ad senatum de Rhodiorum praemiis venerat.* | *itaque prima c a u s a p u b l i c a pro Sex. Roscio dicta . . ., deinceps inde multae.* Dieser Tatbestand erklärt nun auch den Vorgang der Störung. Als Cicero die erste Stelle schrieb, irrte er, indem er die erste rhodische Gesandtschaft des Jahres 87 mit der zweiten des Jahres 81 verwechselte; ist dieser Irrtum schon an sich begreiflich, da er diese Skizze seines Bildungsganges etwa vier Jahrzehnte nach jenen Ereignissen niederschrieb, so würde sie noch begreiflicher sein, wenn, wie oben als möglich bezeichnet wurde, Molon auch an der Gesandtschaft des Jahres 87 teilgenommen hatte. Als er das μνημονικὸν ἁμάρτημα — so nennt er ein derartiges Versehen Att. 13, 44, 3 — bemerkte — sei es, daß er selbst durch eigene Revision, sei es, daß er erst durch ein Monitum des Atticus darauf aufmerksam geworden war: denn wenn irgendeine Schrift, so wird er gerade diese dem in allem Geschichtlichen so viel kundigeren Freunde vor der Veröffentlichung vorgelegt haben, da dessen annalis nicht über alle im Brutus zu erwähnenden Dinge Auskunft gab —, schob er die Notiz rasch da ein, wohin sie zeitlich gehörte, und verbesserte so die Chronologie auf Kosten des glatten schriftstellerischen Gedankenganges[3]. Es ist, als ob man der genauen Datierung an der zweiten Stelle (*dictatore enim Sull*a usw.) die neuerworbene Erkenntnis des Tatbestandes noch anmerken könnte. An der ersten Stelle, die er als ungehörig erkannt hatte, mußte sie nun gestrichen werden; dies ist aber nicht geschehen. Diese Unterlassung könnte man nun an sich auf zweierlei Weise erklären: entweder hat er seinerseits die Worte zu tilgen vergessen, oder sie sind trotz einer von ihm ergangenen Anweisung von den Abschreibern irrtümlicherweise kopiert worden. Ist schon an und für sich die erstere Annahme wenig glaublich, so wird sie für den vorliegenden Fall noch um so unwahrscheinlicher durch die besondere Art, in der er den Molon an einer dritten Stelle dieser Schrift (316) erwähnt. Nämlich in der Schilderung seiner griechischen Studienreise sagt er: *Rhodum veni meque ad eundem quem Romae audiveram Molonem applicavi, cum a c t o r e m in veris c a u s i s scriptoremque praestantem tum in notandis animadvertendisque vitiis et i n s t i t u e n d o d o c e n d o q u e praestantissimum.* Vergleicht man diese umfängliche Prädikation Molons mit der knappen jener ersten Stelle (307), an der er genannt war: *Moloni et a c t o r i summo c a u s a r u m et m a g i s t r o*, so ist klar, daß er beides nicht so hat nebeneinander stehen

[3] Die Notiz hat ganz die Form einer nachträglichen ›Anmerkung‹, genau wie diese, die ich jetzt niederschreibe, da ich soeben bei Wilamowitz, Sappho und Simonides 25, 1 eine Anmerkung über solche ›Anmerkungen‹ lese.

lassen wollen, sondern daß er beabsichtigte, nach Tilgung der kürzeren Stelle diese durch eine | längere zu ersetzen. Er hat mithin die Worte der ersten Stelle nicht bloß durch die der zweiten sachlich korrigiert, sondern auch durch die der dritten im Ausdruck verfeinert und erweitert; die Möglichkeit, daß er selbst jene Worte zu tilgen vergessen habe, muß mithin außer Betracht bleiben. Vielmehr ist, wie wir uns ausdrücken würden, seine Korrektur in der Offizin übersehen worden. Wenn er, wie anzunehmen, beim Durchlesen des ihm gesandten Autorexemplars den Irrtum bemerkt und dessen nachträgliche Beseitigung verlangt hat, so kam die Reklamation zu spät wie in dem Fall des Ligarius*, der als toter und doch anwesender Zeuge in unseren Exemplaren weiterlebt. Überhaupt wird durch die Einblicke, die Cicero uns in seinen Briefen an Atticus in die Art seines oft hastigen literarischen Schaffens gewährt — Klagen über seine eigenen und der Abschreiber Irrtümer, die er den Freund bittet vor der Publikation noch zu beseitigen, und die Unmöglichkeit, alle Spuren seiner *neglegentia* (wie er das einmal nennt: 16, 6, 4) noch rechtzeitig zu verwischen (vgl. bes. 1, 13, 5. 12, 6, 3. 4. 13, 44, 3) —, der hier für den ›Brutus‹ erwiesene Vorgang in eine beglaubigte Tatsachenreihe hineingestellt, desgleichen der Fall, zu dessen Erörterung wir nun übergehen.

II. Eine Stelle der oratio Catilinaria III.

Den Text, den der Leser zum Verständnisse notwendigerweise vor Augen haben muß, gebe ich so, wie es in Ausgaben des Altertums geschah, nach Kola abgesetzt (von der Absetzung auch der Kommata will ich der Raumverhältnisse halber meist absehen); auch werde ich die Klauseln in meiner Weise rhythmisch markieren[4]. Textliche Varianten irgendwie nennenswerter Art finden sich in diesem Abschnitte nicht.

1 § 23. *Quam ob rem Quirites, quoniam ad omnia pulvinaria suppli-*

[4] Ich entschließe mich ungern dazu; aber die Regeln, deren Einfachheit und Gesetzmäßigkeit ich einst erwiesen habe, sind inzwischen durch Theorien kompliziert worden, die ich nicht billigen kann. Daher benutze ich die Gelegenheit, wo ich umfänglichere Stücke ciceronischer Prosa anzuführen habe, meine alte Auffassung wieder zu Gehör zu bringen.

* *[Addendum]* Corfidius; Cic. Lig. 33: *Videsne igitur hunc splendorem omnem, hanc Brocchorum domum, hunc L. Marcium, C. Caesetium, L. Corfidium, nos omnes equites Romanos, qui adsunt veste mutata? Att. 13, 44,3: Brutus mihi T. Ligari verbis nuntiavit, quod appelletur L. Corfidius in oratione Ligariana, erratum esse meum. Sed, ut aiunt,* μνημονικὸν ἁμάρτημα. *Sciebam Corfidium pernecessarium Ligariorum; sed eum video ante esse mortuum. Da igitur, quaeso, negotium Pharnaci, Antaeo, Salvio ut id nomen ex omnibus libris tollatur.*

catio decreta est, celebratote illos dies cum coniugibus ac lìberìs véstris[5]. |
nam multi saepe honores dis immortalibus iusti habiti sunt ac debiti, séd profécto iústióres númquam.
erepti enim estis ex crudelissimo ac miserrimo interitu, erepti sine caede sine sanguine, sine exercitu sine dimicatione: togati me uno togato duce et imperàtóre vìcístis.
§ 24. *etenim recordamini Quirites omnis civilis dissensiones, non solum eas quas audistis, sed eas quas vosmet ipsi meministis átque vìdístis.*
L. Sulla P. Sulpícium òppréssit:
C. Marium custodem huius urbis multosque fortis viros partim eiécit èx cívitáte, partim ínterémit.
Cn. Octavius consul armis expulit ex úrbe cònlégam:

[5] Wer erinnert sich bei diesem feierlichen Ethos nicht der vorletzten Strophe von Horazens letztem Gedichte: *nosque et profestis lucibus et sacris ... cum prole matronisque nostris rite deos prius adprecati?* Überhaupt ist die Lektüre Ciceros demjenigen dienlich, der grade den nationalen Klängen in Horazens patriotischer Lyrik lauschen will. ›*Alexandrea capta* war der Siegestaumel noch verfrüht: erst die Kunde vom Tode der Königin hat dem Kriege das eigentliche Ende bereitet‹: läßt sich das diesem Gedanken zugrunde liegende Gefühl stärker nachempfinden als durch das, was Cicero Mur. 34 vom Siege des Pompeius über Mithridates, den Erzfeind des Römertums, sagt: *qua ex pugna cum se ille eripuisset et Bósphorùm cónfugísset quo exercitus adíre nòn pósset, etiam in extrema fortuna et fuga nomen tamen rétinuìt régiùm. itaque ipse Pompeius régno póssèsso, ex omnibus oris ac notis sedibus hóste púlso, tamen tantum in uniús animà pósuit, ut cum ipse omnia quae tenuerat adierat sperarat victórià póssidéret, tamen non ante quam illum vita expulit bellum confectum iúdicárit. hunc tu hostem Cato contemnis quocum per tot annos tot proeliis tot imperatores bélla gèssérunt, cuius expulsi et eiecti vita tanti áestimátast, ut morte eius nuntiata denique bellum confectum árbitràréntur?* Das Besondere der sogenannten Römeroden ist der Appell des Dichters an die Ehre der adligen iuventus, dieser Hoffnung der Nation. Daraufhin lese man einmal die Sestiana, die von eben demselben Gedanken durchzogen ist: dem Redner ist es in dieser (für die Herausgabe ungewöhnlich stark überarbeiteten) Rede darum zu tun, *preaclara praecepta dare iuventuti* (102), *mihi sumpsi hoc loco doctrinam quandam iuventuti, qui essent optimates* (119), *vosque adulescentes, et qui nobiles estis, ad maiorum vestrorum imitationem excitabo* (136), worauf dann eine *cohortatio* zur *virtus* und zum Patriotismus folgt (vgl. noch 14. 95 f.; was er 47 f. über den Heldentod fürs Vaterland sagt, verdient mit *virtus recludens immeritis mori* usw. verglichen zu werden). Die unter dem Prinzipate verstummende politische Rede räumte naturgemäß der Poesie das Feld; aber wenn man sich etwa ausmalt, daß das Buch Ciceros, das der junge Gaius oder Lucius Caesar versteckte, als ihn der Großvater Augustus bei dessen Lektüre erwischte, die Sestiana enthielt, mag man es dem Kaiser nachfühlen, daß, als er stehend einen großen Abschnitt daraus gelesen hatte, er es dem Enkel mit den Worten zurückgab: λόγιος ἄνήϱ, ὦ παῖ, λόγιος καὶ φιλόπατϱις (Plut. Cic. a. E.).

omnis hic locus acervis corporum et civium sanguíne redùndávit.
superavit postea Cínna cùm Mário:
tum vero clarissimis viris interfectis lumina civitátis èxtíncta sùnt.
ultus est huius victoriae crudelitatem pósteà Súlla:
ne dici quidem opus est quanta deminutione civium et quanta calamitáte rèi públicaè.
dissensit M. Lepidus a clarissimo et fortissimó virò Quínto Cátulo:
attulit non tam ipsius interitus rei publicae luctum quam céterórum.
§ 25. *atque illae tamen omnes dissensiones erant eiusmodi quae non ad delendam sed ad commutandam rem públicàm pértinérent:*
non illi nullam esse rem publicam sed in ea quae esset se esse | *principes neque hanc urbem conflagrare sed se in hac úrbe flòrére vòluérunt.*
atque illae tamen omnes dissensiones quarum nulla exitium rei publicae quaesivit eiusmodi fuerunt ut non reconciliatione concordiae sed internicione civium diiúdicàtaé sint.
in hoc autem uno post hominum memoriam maximo crudelíssimóque béllo quale bellum nulla umquam barbaria cúm suà génte géssit
quo in bello lex haec fuit a Lentulo Catilina, Cethego Cássiò cónstitúta
ut omnes qui salva urbe salvi esse possent in hóstiùm número dúceréntur
ita me gessi Quirites ut salvi omnes cónservàrémini
et cum hostes vestri tantum civium supérfutùrúm putássent
quantum infinitae caedi réstitísset
tantum autem urbis
quantum flamma obire non potuisset[6]*,*
et urbem et civis integros incolumísque sèrvávi.

Die monumentale Architektonik dieses Gedanken- und Sprachgebäudes wird, wie selbst ein oberflächlicher Blick auf die durch Sperrdruck hervorgehobenen Stellen lehrt, etwa in der Mitte empfindlich gestört. Während auch im Innern dieses Gebäudes alles aufs Sorgfältigste ausgestattet und gefeilt, insbesondere auf den Wechsel des Ausdrucks innerhalb des Berichts gleichartiger Geschehnisse alle nur denkbare Sorgfalt verwendet worden ist, beginnen zwei Sätze hinter-

[6] Ohne Klausel, weil die Stimme in der Schwebe bleibt.

einander in unerträglicher Monotonie mit denselben Worten *atque illae tamen omnes dissensiones*, ohne daß dabei irgendeine etwa durch Anaphora bedingte Absicht vorliegen könnte: auch wäre ja solche, über fünf noch dazu meist indifferente Wörter sich erstreckende, gar mit *atque* beginnende Anaphora nicht bloß bei Cicero beispiellos, sondern ein logisches und sprachliches Monstrum an sich. Natürlich hat man auch hier wieder das radikale Mittel der Athetese angewandt. Madvig, der in den opuscula, 1834, 146 ff. am eingehendsten über die Stelle gehandelt hat, weist zunächst einen in der Tat gar nicht diskutierbaren, aber zur communis opinio gewordenen Heilungsversuch von Ernesti ab, dem er dann den seinigen gegenüberstellt: Tilgung des ganzen Satzes *atque illae tamen — diudicatae sint* Z. 28—30 als einer lästigen Interpolation. Die Autorität Madvigs hatte zur Folge, daß seine mit großer Bestimmtheit vorgebrachte Ansicht (›nulla dubitatio relinquitur‹ schrieb er) in sämtliche Texte übernommen wurde, soweit ihre Herausgeber die Überlieferung nicht einfach abdruckten (daß dies letztere | — freilich in anderem Sinne, als es diese Herausgeber ahnten — das einzig Rationelle ist, werden wir sehen). Nur zwei Editoren glaubten andere oder geringere Streichungen vornehmen zu sollen: K. Halm strich gar an zwei Stellen, nämlich die Wörter *erant eius modi* Z. 23 und *atque illae tamen — quaesivit* Z. 28—29 und suchte diese Willkür ausführlich zu rechtfertigen (Ciceros ausgewählte Reden[11], 1882, 3, 125 f.), freilich ohne daß er Zustimmung gefunden hätte. Der letzte Herausgeber, A. C. Clark (1905), beschränkt sich auf die Tilgung der Wörter *atque illae tamen omnes*, da wo sie das erstemal stehen (Z. 23). Allein, so sehr ich im übrigen die unvergleichlichen Verdienste der neuen Ciceroausgabe bewundere, so muß ich doch bekennen, einer Satzstruktur wie dieser: *dissensit M. Lepidus a clarissimo et fortissimo viro Q. Catulo: attulit non tam ipsius interitus rei publicae luctum quam ceterorum.* [*atque illae tamen omnes*] *dissensiones erant eiusmodi quae ... pertinerent. non illi ... voluerunt. atque illae tamen omnes dissensiones* usw. womöglich noch ratloser gegenüberzustehen als der Überlieferung. Denn in dieser ist zwar unerträgliche Tautologie, aber doch Zusammenhang, während bei der Clarkschen Streichung die Tautologie nur um ein geringes vermindert (es bleibt *dissensiones erant eiusmodi* ~ *dissensiones ... eius modi fuerunt*), der Zusammenhang aber durch das gänzlich unmotivierte Asyndeton zwischen *ceterorum* und *dissensiones* aufgehoben wird.

Keiner außer Madvig hat sich den Zusammenhang, in dem die inkriminierten Sätze stehen, überlegt, sondern sie von ihrer Umgebung isoliert, ein Fehler, der nicht ohne Folgen für die einzelnen Schlußresultate bleiben konnte. Madvig hat ihn zwar zu vermeiden gesucht, aber auch seine Analyse des Zusammenhangs war zu wenig scharf, als daß sie ihn schließlich nicht doch zu einem Trugschlusse geführt hätte, dem er dann in der erwähnten Athetese Ausdruck gab. Eine Interpretation des Gedankengangs wird aber, wie ich glaube, zu einem gesicherten Ergebnisse führen.

Das Thema wird § 23 aufgestellt: Pflicht der Dankbarkeit gegen die Götter, die euch durch mich vom Untergange gerettet haben, und zwar unblutig (*sine caede sine sanguine* Z. 5 f.). Der Beweis wird, wie so oft, geführt durch geschichtliche argumenta ex contrario: alle übrigen Revolutionen des römischen Staates endeten blutig: § 24 (*partim eiecit ex civitate partim interemit* Z. 11 f.; *omnis hic locus acervis corporum et civium sanguine redundavit* Z. 14; *lumina civitatis extincta sunt* Z. 16; *quanta deminutione civium et quanta calamitate rei publicae* Z. 18 f.; *attulit non tam ipsius interitus rei publicae luctum quam ceterorum* Z. 21 f.). Hierauf konnte, nachdem durch die Beispielserie der Beweis ex contrario erbracht worden war, im Sinne der propositio nur die Schlußfolgerung gezogen werden: im Gegensatze zu all jenen durch Blut unterdrückten | Revolutionen steht die von mir ohne Blutvergießen unterdrückte. In der Tat lesen wir diesen Gedanken in § 25, aber nicht schon in dessen Anfang, sondern erst in der Mitte (Z. 31 ff.): *in hoc autem uno post hominum memoriam maximo crudelissimoque bello ... ita me gessi, ut salvi omnes conservaremini ... et urbem et civis integros incolumisque servavi.* Diese auf einer mächtigen Antithese begründete Gedankenfuge wird nun aber durch eine störende Zwischenharmonie unterbrochen. In jene Antithese drängt sich zu Beginn von § 25, gerade an der Stelle, wo ihr zweites Glied erwartet wird, eine andre ein. ›Die älteren Revolutionen waren nur Parteikämpfe rivalisierender Machthaber und ihr Ziel daher keine Vernichtung des Staates, sondern nur Verfassungssänderung.‹ ›In der catilinarischen Revolution war es dagegen auf die Vernichtung des Staates abgesehen.‹ Das ist eine Antithese, die mit jener an sich nichts zu tun hatte, sondern dazu bestimmt war, sie zu verstärken: ›obwohl jene älteren Revolutionen harmloser waren als die catilinarische, endigten sie doch blutig‹. Dieser Gedanke ist in den Worten Z. 28—30 *atque illae tamen omnes dissensiones, quarum nulla exitium rei publicae quaesivit, eius modi fuerunt ut non reconciliatione concordiae sed internicione civium diiudicatae sint* vollkommen zum Ausdruck gebracht worden: gerade diese Worte aber sind es, die Madvig und seine Nachfolger, also sicher mit Unrecht, athetierten. Aber auch die diesen Worten vorausgehenden Z. 23 f. *atque illae tamen omnes dissensiones erant eius modi quae non ad delendam sed ad commutandam rem publicam pertinerent* usw. sind nicht zu entbehren, da ohne sie im folgenden Satze die Worte *quarum nulla exitium rei publicae quaesivit* (Z. 28 f.), die sich auf jene zurückbeziehen, unverständlich sein würden. Also keine der beiden Parallelfassungen kann fehlen, und doch sind sie nebeneinander unmöglich. Dieser Tatbestand erlaubt nur eine Schlußfolgerung: Cicero ist mit der Ausarbeitung der zweiten Antithese noch nicht fertig geworden; was wir lesen, ist bloß provisorisch. Der der zweiten Antithese angehörige, bloß sekundäre Gedanke, daß die älteren Revolutionen nur Parteikämpfe waren, durfte nur in der Form der Unterordnung unter den primären, daß auch sie blutig endeten, erscheinen, wie er ja auch in dem Relativsatze *quarum nulla exitium rei publicae quaesivit* Ausdruck gefunden hat. Cicero hatte aber diesem Gedanken in dem ersten der beiden mit *atque illae tamen omnes dissensiones* beginnenden Satze zunächst eine selbständige Fassung gegeben. Die Folge ist, daß nun die selbständige unausgeglichen neben der untergeordneten steht, ohne daß es möglich wäre, die eine der anderen zu opfern. Jede Änderung der handschriftlichen Überlieferung ist angesichts dieser Sachlage unmethodisch. Das einzige, was wir tun dürfen, ist dieses, probeweise Ciceros Konzept zu korrigieren, | indem wir die selbständige und die untergeordnete Fassung zusammenschieben und dadurch der bloß sekundären Antithese ihre gebührende Stellung zur ersten anweisen, also etwa so (es gibt auch andere Möglichkeiten, es kommt aber nicht darauf an, sie zu erschöpfen): § 25 Anf. *atque illae tamen omnes dissensiones, etsi erant eius modi quae non ad delendam sed ad commutandam rem publicam pertinerent — non illi nullam esse rem publicam sed in ea quae esset se esse principes, neque hanc urbem conflagrare sed se in hac urbe florere voluerunt —, non reconciliatione concordiae sed internicione civium diiudicatae sunt.*

Wer vieles rasch abarbeitet, dem werden Versehen nicht erspart bleiben. Um ihnen möglichst vorzubeugen, hat Cicero, wie das überhaupt die Gepflogenheit der Zeit war, nicht leicht etwas veröffentlicht, ohne es vorher Freunden, insbesondere dem Atticus, vorzulegen: *meis orationibus, quarum tu Aristarchus es* schreibt er diesem 1, 14, 3 (Febr. 61). Auf welche Reden sich dieser Ausspruch bezog, wissen wir aus dem vorhergehenden Briefe 13, 5 (Jan. 61); sie sind uns zwar nicht erhalten, aber wir sehen aus seinen Angaben, daß er ein Datum, dessen Irrtümlichkeit er auch seinerseits bemerkt hatte, änderte und auch Zusätze machte: *in illam orationem Metellinam addidi quaedam* schreibt er hier, und überhaupt müssen wir ihn uns gerade auf Grund von Angaben der Briefe bessernd und feilend, streichend und zusetzend tätig denken (*perpolire librum,* wie er das gern nennt). Irrtümer waren bei der Vielseitigkeit und Nervosität seines Schaffens und bei seiner Geneigtheit, auf Anraten anderer oder auch nur auf Grund einer neuen Konstellation persönlicher Verhältnisse einen Plan umzuwerfen und durch einen neuen zu ersetzen, unausbleiblich. Dem vorhin im ›Brutus‹ aufgezeigten Falle tritt nun derjenige der dritten Catilinaria an die Seite. Man glaubt den Schriftsteller förmlich dabei zu beobachten, wie er, um es mit seinen eigenen, soeben zitierten Worten zu sagen, dem ersten Entwurfe am Rande *addidit quaedam*, gewissermaßen experimentierend mit einer provisorischen Fassung, um sie dann hinterher zu *perpolire*. Das Interessante an dem ganzen Vorgange ist für uns nun aber gerade dies, daß wir diese Stelle in einem der endgültigen Redaktion vorausliegenden Zustande besitzen. Das für die Öffentlichkeit bestimmte Exemplar, in dem er die unerträgliche Dublette irgendwie zu beseitigen beabsichtigt haben muß, ist uns nicht erhalten, sondern sein Konzept, das noch nicht mundiert war. Diesen Vorgang zu erklären gibt es, soviel ich sehe, zwei Möglichkeiten. Entweder hat das Exemplar, das er dem Atticus im J. 60 übersandte (Att. 2, 1), die Dublette enthalten. Dann müssen wir annehmen, daß dieses Exemplar durch einen unglücklichen Zufall, dessen Einzelheiten sich der Kon- | trolle entziehen (der aber dem für den ›Brutus‹ und die Ligariana konstatierten verwandt ist), vervielfältigt wurde, bevor es zur Revision an den Autor zurückgelangt und bevor daher diesem Gelegenheit gegeben worden war, seine Korrektur vorzunehmen. Oder aber das dem Atticus übersandte Exemplar hat die Dublette nicht mehr enthalten, sondern war schon *perpolitum* und zur Vervielfältigung bestimmt (eine Anweisung dazu findet sich in dem Briefe nicht): dann ist das uns erhaltene Exemplar nicht mit dem an Atticus übersandten identisch, sondern es muß angenommen werden, daß die Edition aus dem Nachlasse erfolgte, in dem der Herausgeber — dann also Tullius Tiro — das Konzept vorfand. Um eine Entscheidung dieser Alternative herbeizuführen, dazu reicht unsere ganz dürftige Kenntnis des damaligen Buchwesens nicht aus. Mit was für unbegrenzten Modalitäten der Vervielfältigung für jene Zeit gerechnet werden muß, kann man aus den behutsamen Darlegungen solcher Kenner wie K. Dziatzko und W. Schubart über den antiken Buchhandel ersehen. Wie immer man sich nun auch den Vorgang denken mag, sicher ist, daß uns an dieser Stelle das Konzept vorliegt. Daß die Abschreiber einem solchen gegenüber keinen leichten Stand hatten, zeigen die Worte, mit denen Cicero die abermalige Zusendung einer Schrift (wahrscheinlich ›de gloria‹) begleitet, die er dem Freunde schon einmal in einer provisorischen Fassung übersandt hatte: *idem* σύνταγμα *misi ad te retractatius et quidem* ἀρχέτυπον *ipsum crebris locis inculcatum et refectum* (Att. 16, 3, 1). Wenn er also dem Quintus auf dessen Bitte, ihm bei der Beschaffung einer griechischen und lateinischen Bibliothek behilflich zu sein, schreibt (3, 5/6, 6): *de latinis* (*libris*) *vero quo me vertam nescio, ita mendose et scribuntur et veneunt*, so war nicht zu verwundern, wenn es auch seinen Büchern zuweilen widerfuhr, daß nicht alle *librariorum menda* (Att. 13, 23, 2 von seinen Academica) aus ihnen beseitigt wurden; Asconius p. 76, 21 Cl. rechnet in der Corneliana mit einem Fehler der Abschreiber (*inducor magis librariorum hoc loco esse mendam quam ut Ciceronem parum proprio verbo usum esse credam*).

III. Zur Komposition der Caeliana

Daß wir in der wissenschaftlichen Erklärung ciceronischer Reden über die Anfänge noch nicht hinausgelangt sind, weiß und bedauert jeder Kundige; insbesondere fehlt es an eindringenden, die typischen und individuellen Momente gleichermaßen berücksichtigenden Kompositionsanalysen, wenn man von einzelnen Ausnahmen absieht (die der Rosciana durch G. Landgraf, der Rede pro Archia* durch W. Stern- | kopf)**. Der letzte Erklärer der Caeliana, J. van Wageningen (Groningen 1908), ist an so handgreiflichen, die Komposition betreffenden Problemen, wie sie im folgenden erörtert werden sollen, ohne Acht vorbeigegangen wie alle seine Vorgänger. Um den Leser von dem unbegreiflichen Zustande, in dem uns diese Rede vorliegt, durch den Augenschein zu überzeugen, stelle ich zunächst ein Paar von Dubletten übersichtlich einander gegenüber. Nur die besonders genau übereinstimmenden Worte oder Gedanken markiere ich durch Sperrdruck, bemerke aber gleich hier, daß der Leser, wenn er meine weitere Beweisführung prüfen will, sich von der Identität der Gedankenprägung im ganzen durch Lektüre der gesamten ausgeschriebenen Partien überzeugen muß. Zur bequemeren Orientierung bezeichne ich die Konkordanzen durch Buchstaben im Texte. Da eine Absetzung nach Kola hier des Raumes wegen untunlich ist, begnüge ich mich mit Spatien.

§ 28

equidem (a) *multos et vidi in hac civitáte et aùdívi, non modo qui primoribus labris gustassent genus hoc vitae et extremis ut dícitùr dígitis áttigíssent sed qui totam adulescentiám volùptátibùs dédidíssent, emersisse aliquando et se ad frugem bonam ut dicitúr re-*

§ 41—43

multa enim nobis blandimenta (c) *natura ipsa genuit quibus sopita virtus conivéret ìntérdum, multas vias adulescentiae lubricas ostendit quibus illa insistere aut ingredi sine casu aliquo ac prolapsióne vìx pósset, multarum rerum iucundissimarum varietatem dedit qua*

* *[Addendum]* und der divinatio in Caecilium.

** *[Addendum]* H. Kaden. Quaestionum ad Ciceronis Balbianam spectantium capita tria, Diss. Giessen 1912.

cèpisse [a] *gravisque homines átque inlùstrís fuísse.* [b] *datur enim concessu omnium huic aliqui lúdus aètáti et ipsa* [c] *natura profundit adulescentiaé cupìditátes. quae si ita erumpunt ut* [d] *nullius vitam labefactent, nulliús domum èvértant, faciles et tolerabilés habèrí solènt.*

non modo haec aetas sed etiam iam conroboráta càperétur.... (42) [b] *detur aliquid aetati, sit adulescentia liberior, non omnia voluptátibus dénegéntur; non semper superet vera illa et derecta ratio, vincat aliquando cupiditas voluptásque ràtiónem, dum modo illa in hoc genere praescriptio moderatióque tèneátur: parcat iuventus pudicitiae suae, ne spóliet àliénam, ne effundat patrimonium, ne fenóre trucìdétur, ne* [d] *incurrat in alterius domum atque familiam, ne probrum castis labem integris infamiám bonìs ínferàt, ne quem vi terreat; ne intérsit ìnsídiis, scélere cáreat. postremo cum paruerít volùptátibùs, dederit aliquid temporis ad* | [b] *ludum aetatis atque ad inanis hasce* [c] *adulescentiaé cupìditátes, revocet se aliquando ad curam rei domesticae, rei forensis, reique publicae, ut ea quae ratione antea non perspexerat satietate abiecisse et experiendo contempsísse vìdeátur.* (43) *ac* [a] *multi quidem et nostra et patrum maiorumque memoria, iudices, summi homines et clarissimi cives fuerunt, quorum cum adulescentiae cupiditates defervissent eximiae virtutes firmata iam aetate éxtitérunt.*

Hier haben wir zwei stets in den Gedanken, oft auch in den Worten übereinstimmende Reihen vor uns, die sich zueinander verhalten wie Skizze und Ausführung oder wie Exzerpt und Ganzes (das läßt sich zunächst noch nicht entscheiden); nur die Satzfolge ist eine verschiedene. Fast noch merkwürdiger als die wörtlichen Übereinstimmungen sind die nicht in den Worten übereinstimmenden Fassungen, deren eine sozusagen eine Paraphrase der anderen ist, z. B. § 28 *multos et vidi in hac civitate et audivi . . . gravis homines atque inlustris fuisse* ∼ 43 *multi et nostra et patrum maiorumque memoria summi homines et clarissimi cives fuerunt,* oder § 28 *nullius vitam labefactent*[7], *nullius domum evertant* ∼ 42 *ne incurrat in alterius domum . . ., ne labem integris inferat.* Einmal scheint die stark komprimierte Fassung der linken Spalte ihr volles Verständnis erst durch die erweiterte der rechten zu erhalten: denn was die Worte *ipsa natura profundit adulescentiae cupiditates* besagen wollen, zeigt ganz erst die Paraphrase: *natura ipsa . . . multas vias adulescentiae lubricas ostendit quibus illa insistere aut ingredi sine casu aliquo ac prolapsione vix posset* usw. Nicht ohne Interesse ist es zu sehen, wie an einer Stelle der Turiner Palimpsest (T) aus einer teilweisen Übereinstimmung eine vollständige gemacht hat. Während es nämlich nach unseren übrigen Handschriften in § 28 heißt: *datur . . . aliqui ludus aetati,* dagegen § 42 *detur aliquid aetati* (worauf dann erst weiterhin folgt *ludum aetatis*), gibt T an der letzten Stelle *detur aliqui ludus aetati.* Wir werden hier Clark nicht folgen, der dies für die originale Lesart hält; man kann beobachten, daß die uralten Handschriften der Reden oft einen schlechteren Text | darbieten als die mittelalterlichen, ein Verhältnis, das — vergleichbar etwa demjenigen des plautinischen A und P und auf analoge Gründe zurückgehend — jetzt, nachdem durch Clarks Entdeckungen die mittelalterliche Überlieferung uns so viel besser bekanntgeworden ist, eine zusammenfassende Behandlung fordert. (Vgl. auch unten Anm. 12)

Genau dasselbe Verhältnis zueinander zeigen folgende zwei χαρακτηρισμοί der Clodia:

§ 38	§ 48—50
(a) *nihil iam in istam mùlierèm dico; sed* (b) *si esset aliqua dissimilis istius quae se ómnibus pérvolgáret, quae haberet palam decretum sémper áliquem, cuius in* (c) *hortos domum Baias iure suo libidines ómniùm cómmeárent, quae etiam ale-*	(a) *mulierem nullam nómínábo: tantum in medió relínquam.* 49 (b) *si quae non nupta mulier domum suam patefecerit ómniùm cúpiditáti palamque sese in* (d) *meretríciàvítacónlocárit, virorum alienissimorum convíviìs úti ínstitúerit, si hoc in urbe si*

[7] Zum Ausdrucke vgl. inv. 1, 3 *malitia pervertere urbis et vitas hominum labefactare adsuevit.*

ret adulescentis et parsimoniam patrum suis súmptibùs sústinéret: si vidua libere proterva petulanter dives effuse libidinosa (d) *meretricio more viveret*[8], (e) *adulterum ego putarem si quis hanc paulo liberiús salùtásset?*

in (c) *hortis si in Baiarum illá celèbritáte fáciat, si denique ita se gerat non incessu solum sed ornatu átque còmitátu, non flagrantia oculorum non libertáte sèrmónum sed etiam complexu osculatione actis navigatióne cònvívììs, ut non solum meretrix sed etiam proterva meretrix procáxque vìdeátur: cum hac si qui adulescens forte fuerit, utrum hic tibi L. Herenni* (e) *adulter àn amátor, expugnare pudicitiam an explere libidinem voluísse vìdeátur?* 50 *obliviscor iam iniuriás tuàs Clódià, depono memoriám dolòrís meì, quae abs te crudeliter in meos me absente fácta sùnt néglegò:* (a) *ne sint haec in te dícta quaè díxi. sed ex te ipsa requiro — quoniam et crimen accusatores abs te et testem eius criminis te ipsam dicunt se habere —:* (b) *si quae mulier sit eius modi qualem ego paulo ánte dèscrípsi,* (b) *tui dissimilis,* (d) *vita institutóque mèretrícìò —,* | *cum hac aliquid adulescentem hominem habuísse ràtiónis num tibi perturpe aut perflagitiosum ésse vìdeátur?*

Von den teils wörtlichen, teils fast wörtlichen Kongruenzen abgesehen, ist besonders bemerkenswert die sich auch in der sprachlichen Formgebung wiederholende Gedankenstruktur: ›wenn eine Witwe so wäre, daß sie nach Art einer Dirne lebte (so und so), sollte ich dann für einen Ehebrecher halten denjenigen, der eine solche etwas reichlich frei gegrüßt hätte?‹ ~ ›wenn eine unverheiratete Frau ihr Leben nach

8 Ohne Klausel, weil die Stimme in der Schwebe bleibt wie oben Anm. 6 und gleich in der Parallelfassung § 50 *dicunt se habere*.

Art einer professionellen Dirne einrichtete (so und so), scheint dir ein junger Mann, der mit einer solchen verkehrt, ein Ehebrecher oder ein Liebhaber zu sein?‹ Sogar die Einzelheit stimmt, daß in beiden Fassungen die *si*-Sätze gedoppelt sind *(si esset — si; si — si quae ... sit)*, nur daß in der längeren Fassung der erste dieser Sätze in verschiedene Teilsätze mit *si* zerlegt ist; darauf, daß in dieser Fassung die beiden Sätze mit *si* an verschiedene Adressen gerichtet sind *(L. Herenni, Clodia)*, wird weiter unten zurückzukommen sein. Die Zerdehnung sowie die Verteilung auf zwei Adressen hat zur Folge gehabt, daß in dem zweiten *si*-Satz § 50 *si quae mulier sit ... tui dissimilis* an der soeben durch Punkte bezeichneten Stelle auf denjenigen des § 49 durch die Worte *eius modi qualem ego paulo ante descripsi* zurückbezogen werden mußte[9]. Weiter sei noch darauf hingewiesen, daß den beiden *si*-Sätzen der längeren Fassung je ein inhaltlich verwandtes Sätzchen vorausgeht: 49 *mulierem nullam nominabo* und 50 *ne sint haec in te dicta quae dixi*, deren Kombination gewissermaßen das Resultat des *nihil iam in istam mulierem dico* der kürzeren Fassung ergibt. Endlich sei noch bemerkt, daß die Kongruenz der beiden Fassungen es sogar ermöglicht, eine kleine exegetische Kontroverse zu entscheiden: *si quae n o n n u p t a mulier* beginnt der erste *si*-Satz der längeren Fassung. Nein, sagen Francken und Wageningen; es muß das *non* gestrichen werden, da sonst im Nachsatz nicht *a d u l t e r an amator* hätte gesagt werden können. Sie beachteten nicht, daß es in der kürzeren Fassung heißt: *si v i d u a libere ... viveret, a d u l t e r u m ego putarem* usw., woraus folgt, daß mit der *non nupta mulier* eben eine *vidua*, nämlich Clodia, gemeint ist*. |

Zu den beiden bisher betrachteten Dubletten kommen einige andere, deren Behandlung ich vorläufig noch zurückstelle, da sie mit einer die ganze Rede betreffenden Kompositionsfrage in Zusammenhang stehen. Denn nunmehr müssen wir den Versuch machen, über die bloße Erkenntnis der Dubletten als solcher hinaus auf den Grund ihrer Entstehung zu gelangen. Dazu ist es nötig, auf die Gesamtkomposition

[9] »*paulo ante:* sc. 38 *si esset aliqua dissimilis istius*« van Wageningen. So einfach ist es wahrlich nicht. Denn auf *tui dissimilis* folgen die Worte *vita institutoque meretricio*, die sich klärlich auf 49 *si quae ... sese in meretricia vita conlocarit, virorum alienissimorum conviviis uti instituerit* zurückbeziehen: mit *paulo ante* 50 können also nur die in der Tat ›kurz vorher‹ gegebenen Ausführungen des Paragraphen 49 gemeint sein. Es wäre ja auch, abgesehen von dieser wörtlichen Übereinstimmung, unmöglich, das *descripsi* in 50 auf die Charakteristik in 38 zu beziehen, nachdem inzwischen in 49 eine neue erfolgt war.

* *[Addendum]* Richtig schon J. K. Schönberger, Iulliana, Diss. Würzburg 1911, 45 f.

der Rede wenigstens insoweit einzugehen, als sie für den vorliegenden Zweck nötig und ohne einen fortlaufenden Kommentar überhaupt erreichbar ist. Die in der genannten holländischen Ausgabe vorgenommene Gliederung kann dabei außer Betracht bleiben; sie ist, von anderem abgesehen, auch deswegen ganz unzulänglich, weil sie auf das einzige Mittel, das in solchen Fällen helfen kann, verzichtet, die Kenntnisnahme der von Cicero in anderen Reden befolgten Praxis, die ihrerseits wiederum auf der auch für ihn verbindlichen Theorie fußt.

Nach dem Proömium (1. 2) folgt der Satz (3): *ac mihi quidem videtur iudices hic introitus defensionis adulescentiae M. Caeli máximè cónveníre, ut ad ea quae accusatores deformandi huius causa et detrahendae spoliandaeque dignitatis gratia dixerunt prímum rèspóndeàm.* Dieser propositio entsprechend folgt nun eine umfangreiche Replik auf die Diffamierung, der die Ankläger (Sempronius Atratinus als eigentlicher accusator, L. Herennius Balbus und P. Clodius als subscriptores) das Leben des Angeklagten unterzogen hatten. Es wird gehandelt: *de dignitate* (Herkunft aus dem Ritterstande und aus einem Municipium) 3—6, *de pudicitia* 6—9, *de Caeli familiaritate cum Catilina* 10—14, *de coniurationis invidia* 15, *de ambitu et de criminibus sodalium ac sequestrium* 16, *de aere alieno* 17, *a patre quod semigrarit* 18, *de testibus* (deren Auftreten die Ankläger für die Beweisaufnahme angekündigt hatten) 19—22. Dieser Abschnitt ist von direkten Repliken auf die Behauptungen der Ankläger durchzogen. Er ist in sich vollkommen abgeschlossen und entspricht sowohl inhaltlich (insoweit die verschiedene Prozeßlage eine Kongruenz zuläßt) als auch hinsichtlich des Platzes, den er innerhalb der Rede einnimmt, den analogen Abschnitten anderer Reden; auch die Repliken fehlen in diesen nicht. Als Beispiele wähle ich die Reden pro Murena, pro Plancio und pro Flacco. In jener folgen auf das Proömium (1—2) und auf persönliche Bemerkungen gegen die Ankläger (3—10) — solche fehlen auch in der Caeliana nicht, sind aber in ihr, da es sich nicht um so illustre Persönlichkeiten wie Sulpicius Rufus und Porcius Cato handelt, wesentlich kürzer gehalten und in die Repliken hineinbezogen: vgl. besonders 7 — die Worte (11): *intellego tris totius accusationis partis fuisse et earum unam in reprehensione vitae, alteram in contentione dignitatis, tertiam in criminibus | ambitus ésse versátam.* Demgemäß wird erstens über die Diffamierung der *vita* gehandelt: 11—14 (11 *obiecta est Asia ...*, 13 *saltatorem appellat L. Murenam Cato;* die Replik darauf klingt an manche Stellen der Caeliana an, vgl. besonders Mur. 13 *nullum turpe convivium, non amor, non comissatio, non libido, non sumptus ostenditur* mit Cael. 44 *in M. Caelio nulla luxuries reperietur, nulli sumptus, nullum aes alienum, nulla conviviorum ac lustrorum libido)*, zweitens (*quae pars altera fuit accusationis:* 14 a. E.) über die Vorwürfe wegen mangelnder *dignitas* sehr ausführlich (das war hier, da es sich um die Bewerbung um das Konsulat handelte, notwendig): 15—53, drittens *(tertius locus) de ambitus criminibus:* 54 ff. In der Planciana folgt auf das Proömium und die Propositio (1—6) der *locus de dignitate* (6—30), auch hier recht ausführlich, da seine Wahl zum Aedilen angefochten wurde (die Replik ist derjenigen des entsprechenden locus der Caeliana verwandt: Ehrenzeugnis des Municipiums 22 wie Cael. 5, Stand des Vaters 23 f. wie Cael. 3); darauf der *locus de vitae splendore* 30—35 (z. B. 30 *iacis adulteria ...; bimaritum appellas*). In diesen beiden Reden fehlt die in der Caeliana diesen Abschnitt beschließende Replik gegen die Zeugen der Gegenpartei. Aber sie findet sich eben an dieser Stelle in der Rede für Flaccus (6—26); das dieser Stelle der Rede Vorausgehende ist in unseren Hss. nicht erhalten, aber die Zitate der scholia Bobiensia (S. 96 f. Stangl) zeigen, daß in der Tat vorher gehandelt worden war *de vita,* unzweifelhaft auch *de dignitate* (da er 18 auf jene Stelle zurückblickend sagt: *adulescens bonus, honesto loco natus* und besonders 25).

Es ist mithin klar, daß dieser Abschnitt der Caeliana sowohl nach seinem Inhalt wie nach seinem Platz, an dem er steht, der rhetorischen Typologie genau entspricht: es ist derjenige Teil des Beweises, der ›extra causam‹ liegt, beruhend auf Präjudizien im Vorleben des Angeklagten und auf Zeugenaussagen, also nach griechischer Terminologie den πίστεις ἄτεχνοι. Hierauf mußte folgen der in der Sache liegende Beweis, d. h. die Widerlegung der einzelnen crimina, die πίστεις ἔντεχνοι. Dies ist denn auch die normale Disposition in Ciceros Reden. Der Übergang von dem einen Abschnitt zum anderen pflegt dabei markiert zu werden[10], gelegentlich mit der entschuldigenden Bemerkung, daß der Redner endlich einmal *(aliquando)* zur causa selber kommen wolle, z. B. pro Flacco 27 *iam universa istorum cognitá cupìditáte accedam ad singulas querelas criminationésque Graècórum,* Planc. 36 *sed aliquando veniámus àd caúsam,* Mil. 23 *ut aliquando ad causam crimén-que vèniamus* (vorher geht, von 7 an, die Widerlegung | der Behauptung der Gegner, so beginnend: *sed antequam ad eam orationem venio quae est propria vestrae quaestionis, videntur ea esse referenda* usw.), Cluent. 8 *tametsi permulta sunt quae mihi, antequam de causa dico, de communibus invidiae periculis dicenda ésse vìdeántur, tamen ne diutius oratione mea suspensa exspectatio véstra tèneátur, adgrédiar àd crímen.*

Auch in der Caeliana hat es zunächst den Anschein, als ob alles dem Schema gemäß verlaufen solle. Denn nachdem der *locus de testi-*

[10] In der Rede Deiot. 15 begnügt er sich mit einem *igitur,* nachdem er 7 gesagt hatte: *antequam de accusatione ipsa dico, de accusatorum spe pauca dicam.*

bus erledigt ist, folgt 22 auf eine kurze captatio benevolentiae, die sich ebenfalls an den entsprechenden Stellen der soeben genannten Reden findet, eine neue propositio: *equidem vos abducam a testibus neque huius iudici veritatem quae mutari nullo modo potest in voluntate téstiùm cónlocàrí sinàm, quae facíllimè fíngi, nullo negotio flecti ac détorquèrí potèst. árgumèntís agémus, signis luce omni clarioribus crimína refèllémus, res cum re, causa cum causa, ratio cum ratióne pùgnábit.* Nun würde man nach der Analogie der andern Reden erwarten, daß es gleich weiterginge 30^m^: *sunt autem duo crimina, auri et veneni.* Aber zwischen 22 und 30^m^ stehen zwei andersartige Dinge. Erstens 23—24 *de Dione Alexandrino.* Dieser Teil beginnt — unmittelbar nach den soeben angeführten Worten der propositio —: *itaque illam partem causae facile patior graviter et ornate a M. Crasso peroratam de seditionibus Neapolitanis, de Alexandrinorum pulsatione Puteolana, de bonis Pallae; vellem dictum esset ab eodem etiam de Dione.* Also Cicero hatte sich, wie wir aus diesen Worten entnehmen, mit M. Crassus (und, wie aus andern Stellen der Rede und sonstiger Überlieferung hervorgeht, mit M. Caelius selbst) in die Verteidigung geteilt (*partiri causas* nennt er das Brutus 190) und, wie gewöhnlich, die Schlußrede übernommen; für sie hatte er sich in diesem Prozesse unter anderm auch die Erörterung des Falles Dio vorbehalten, der zu Beginn des Jahres 56, wenige Monate vor der am 4. April gehaltenen Caeliana, von P. Asicius auf Anstiften des Königs Ptolemaios Auletes ermordet worden war. Da Cicero den Asicius mit Erfolg verteidigt hatte (gegen Calvus), war es begreiflich, daß ihm dieser Teil der Verteidigung des Caelius zugefallen war; Caelius war nämlich beschuldigt worden, schon vor Asicius einen Mordanschlag auf Dio unternommen zu haben. In den Paragraphen 23/24 kommt es ihm nun darauf an, die von der Gegenpartei vorgenommene Kombination des mißglückten Anschlags des Caelius mit dem erfolgreichen des Asicius zurückzuweisen: beides habe nichts miteinander zu schaffen, Caelius selbst halte die Sache des Asicius für eine gute, *cuicuimodi autem sit, a sua* (*causa*) *putat esse seiunctam* (24). Das heißt also: die Erörterung des Falles Dio-Asicius gehört freilich im Sinne der Kläger zur vorliegenden causa, aber nach der Behauptung des Verteidigers mit Unrecht. Es ist daher folgerichtig, daß Cicero ihrer Erörterung gerade diesen | Platz angewiesen hat: sie gehört nach seiner Behauptung sozusagen noch zu dem Teile extra causam. Die Folge ist, daß nach ihrer Erledigung die 22 aufgestellte Ankündigung, nun zur Sache übergehen zu wollen, zu Beginn von 25 wiederholt werden muß, und zwar geschieht dies in der Form einer Art von Selbstaufforderung: *ergo haec removeantur, ut aliquando, in quibus causa nititur, ad ea veniamus,* was sich so gut wie wörtlich mit den oben angeführten Übergangsformeln der Planciana und Miloniana deckt. Wenigstens jetzt, sollte man glauben, mußte zur Widerlegung der *crimina* übergegangen werden. Aber zwischen die Ankündigung, nun endlich zur Sache übergehen zu wollen (25), und die Stelle, an der dies mit den Worten *sunt autem duo crimina, auri et veneni* geschieht (30^{m}), schiebt sich ein Abschnitt (25—30^{m}), der für die Beantwortung der Frage nach Entstehung einer der beiden Dubletten unmittelbar in Betracht kommt.

Nämlich auf die Worte 25 *ergo haec removeantur, ut aliquando, in quibus causa nititur, ad ea veniamus* folgt bis 30^{m} eine eingehende Kritik der Anklagerede des L. Herennius Balbus, eines der subscriptores, nebenbei auch (27) der des anderen, P. Clodius. Diese Kritik ist, wie der Redner selbst sagt, durch den starken Eindruck hervorgerufen worden, den die Rede des Balbus auf die Richter gemacht hatte. Es läßt sich nicht vermeiden, die Worte selbst (mit einigen Kürzungen) herzusetzen. *Animadverti enim iudices* — so beginnt dieser Abschnitt — *audiri a vobis meum familiarem L. Herenniúm peràtténte. in quo etsi magna ex parte ingenio eius et dicendi genere quodám tenèbáminì, tamen nonnumquam verebar ... Dixit enim multa de luxurie ... Fuit in hac causa pertristis quidam patruus ..., obiurgavit M. Caelium ..., multa de incontinentia intemperantiáque dìsséruit. Quid quaeritis, iudices? ignoscebam vobis attente audientibus ...* (26) *Ac prima pars fuit illa quae me minus movebat ... Non me haec movent ... Neque vero illud me commovet quod ... dixit ...* (27) *Sed haec omitto: ad illa quae me magis movérunt rèspóndeò. Deliciarum obiurgatio fuit longa et ea lenior*[11] *plusque disputationis habuit quam atrocitatis, quo etiam audíta‿est àtténtiùs. Nam P. Clodius, amicus meus, cum se gravissime vehementissiméque iàctáret et omnia inflammatus ageret tristíssimìs vérbis, vóce máximà, tametsi probabam eius eloquentiam, tamen non pértimèscébam ... Tibi autem Balbe respondeo pri- | mum precario, si licet, si fas est defendi a me eum qui nullum convivium renuerit*[12], *qui unguenta sumpserit, qui*

[11] So die einstimmige Überlieferung; *et eo lenior* Kayser, *etiam lenior* Clark, *et eo lenior quo plus* Wageningen. Aber wie kann man ändern, was λίαν τοῦ ῥήτορος ist? Orat. 11 *video hanc primam ingressionem meam ... e media philosophia repetitam, e t e a m quidem cum antiquam tum subobscuram,* fam. 2, 1, 1 *a te bis terve summum e t e a s perbrevis* (sc. litteras) *accepi, 9, 21, 1 privates causas e t e a s tenuis agimus* (Beispiele für *isque* ψαμμακόσια, wie im Griechischen καὶ; οὗτος, besonders gern καὶ ταῦτα). Der Komparativ *lenior* wegen des Gegensatzes dieses Teiles der Rede zu dem vorangegangenen Teile, von dem er gesagt hatte (25): *tam a s p e r u m genus orationis horrebam.*

[12] An Stelle der Worte *qui nullum convivium renuerit* stehen in dem Zitate des Donatus zu Ter. Hec. 551 diese: *qui in hortis fuerit.* Clark (dessen adnotatio crit. hier nicht ganz genau ist) setzt beides nebeneinander in den Text: *qui*

Baias viderit. 28 *equidem multos et vidi in hac civitáte et audívi, non modo qui primoribus labris gustassent genus hoc vitae et extremis ut dícitùr dígitis áttigíssent sed qui totam adulescentiám volùptátibùs dédidíssent, emersisse aliquando et se ad frugem bonam ut dicitúr recèpisse gravisque homines átque inlustrís fuísse. datur enim concessu omnium huic aliqui lúdus aètáti et ipsa natura profundit adulescentiaé cupìditátes. quae si ita erumpunt ut nullius vitam labefactent, nulliús domum èvértant, faciles et tolerabilés habèrí solènt.* 29 *sed tu mihi videbare ex communi infamia iuventutis aliquam invidiam Caéliò vélle cònfláre. itaque omne illud silentium quod est orationí tribùtúm tuaè fuit ob eam causam quod uno reo proposito de multorum vitiis cógitàbámus ... Sed vestrae sapientiae iudices est non abduci ab reo ...* 30 *Itaque ego severitati tuae ita ut oportet respondére nòn aúdeò ... Tantum peto ...*, *ne huic aliéna pèccáta, ne aetátis àc témporùm vítia nóceant. atque ego idem qui haec postulo quin criminibus quae in hunc proprie conferuntur diligentissime respóndeàm nón recúso.* (Darauf folgt: *sunt autem duo crimina, auri et veneni*). Nun ist zunächst klar, daß dieser ganze Abschnitt improvisiert worden ist. Daß die Ankläger auf die *luxuria,* die *deliciae* des Caelius, eingehen würden, war freilich zweifellos und wurde daher von Cicero bei der Präparation seiner Rede unbedingt in Erwägung gezogen. Aber er konnte nicht wissen, wie der eigentliche Ankläger Atratinus und die beiden Nebenkläger Balbus und Clodius sich in den gesamten Stoff der Anklage teilen würden: sagt er doch selbst (7), er habe sich gewundert, daß der locus *de pudicitia* dem jungen Atratinus, der darüber nicht ohne Erröten habe sprechen können, statt einem der *robustiores* (also Balbus oder Clodius) zugewiesen worden sei. Er konnte ferner nicht voraussehen, daß der starke Eindruck der Rede des Balbus ihn dazu zwingen werde, alles aufzubieten, um diesen für seine Verteidigung gefähr- | lichen Ein-

nullum convivium renuerit, qui in hortis fuerit, qui unguenta sumpserit, qui Baias viderit, was sich auch deshalb nicht empfiehlt, weil man die *unguenta* vom *convivium* nicht gern getrennt sieht (und ebensowenig die *horti* von *Baiae,* die 49 zusammenstehen). Richtig vielmehr Vollgraff (bei Wageningen): die Worte *qui in hortis fuerit* stammen aus 36 *fuisti non numquam in isdem hortis.* Der Fall ist ähnlich dem oben S. 15 bemerkten, wo der Turiner Palimpsest eine frühere Stelle aus einer späteren interpoliert. Dies ist ganz lehrreich: Donatus und der Palimpsest (beide waren annähernd gleichzeitig) folgten einer schlechteren Überlieferung, als diejenige war, auf der unsere mittelalterlichen Hss. zurückgehen; über solche interpolierten Ausgaben des Altertums hat F. Leo, Göttingische gelehrte Anzeigen 161, 1899, 174, 1 das Richtige als erster gesagt.

druck abzuschwächen. Endlich waren ihm Einzelheiten gerade aus diesem Teile der Rede des Balbus offenbar unerwartet gekommen. Das sieht man deutlich an der Art, wie er 26 diese (oben nicht mit ausgeschriebenen) Einzelheiten in einer der praeteritio verwandten Form (*me minus movebat* ... *non me haec movent* ... *neque vero illud me commovet quod dixit*) so kurzerhand und mit so saloppen Redensarten abmacht, daß nur schwer zu sagen ist, was er eigentlich gemeint hat.

Gibt man nun aber zu, was meines Erachtens der Augenschein lehrt, daß der soeben analysierte Abschnitt, der hier, wie bemerkt, ein angekündigtes und in anderen Reden auch eingehaltenes Dispositionsschema durchbricht, infolge eines unerwartet von außen herangetretenen Zwanges als Improvisation in einen in großen Zügen präparierten oder skizzierten Entwurf eingelegt worden ist, so ist damit eine glaubhafte Erklärung der ersten Dublette gefunden. Diese — der § 28, oben durch Sperrdruck markiert — bildet nämlich einen Teil des vorliegenden Abschnittes, und zwar einen, wie man sich ohne weiteres überzeugt, nach rückwärts und vorwärts unlösbar mit dem übrigen verbundenen. Während die Worte nun aber hier an einer Stelle stehen, der man die Aktualität ansieht — mitten zwischen direkten Repliken: *tibi Balbe respondeo* und *sed tu mihi videbare* usw. —, finden sie sich in stark erweiterter Fassung 41 ff. an einer Stelle, die keine Spur einer solchen Replik enthält, sondern, wie man sagen muß, ein ganz doktrinäres Gepräge trägt, das nur durch den gelegentlichen Appell *iudices* (und den flüchtigen Hinweis auf die vorangegangene Rede des Caelius: 45) einer Prozeßrede eingepaßt ist, im übrigen aber den Charakter des halbphilosophischen Raisonnements einer Art von Diatribe zeigt. Diese die Dublette in erweiterter Form enthaltenden §§ 41 ff. sitzen fest in einem schon mit § 39 beginnenden Abschnitte, der beginnt mit den Worten *dicet aliquis: ›haec igitur est tua dísciplína? sic tu instituís adulèscéntis?‹* Er enthält, dieser propositio entsprechend, sozusagen ein auf den immerhin bedenklichen Fall Caelius zugeschnittenes Erziehungsprogramm Ciceros, das mit seinem Rekurse auf die 40 ausdrücklich genannten *Graecos, doctissimos homines* (denen er, wie oft, zum Entgelte für dies epitheton ornans einen Denkzettel anhängt: *quibus cum fácere nòn póssent, loqui tamen et scribere honeste et magnificé licébat*) und seiner scholastischen Erörterung der φιλοσόφων δόξαι (41 *itaque alii voluptatis causa omnia sapientes fácere dixérunt* ..., *alii cum voluptate dignitatem coniungendám putàvérunt* ..., *illud unum derectum iter ad laudem cum labore quí probàvérunt, prope soli iam ín scholìs súnt relícti*) gewissermaßen den Stil vorwegnimmt, den er ein Jahrzehnt später in den ethischen Schriften handhabt (mit der Caeliana gleichzeitig | schon Varro in den Satiren, auch er ein Schüler des Antiochos). Daß dies alles wirklich so vor Gericht gesprochen sei, darf man aber keinesfalls bezweifeln: die köstliche Partie der Mureniana, wo er zu Catos Ärger den Richtern die stoischen Maximen ganz im Sinne und Stile der Paradoxa expliziert, hat auch in der gesprochenen Rede nicht gefehlt (fin. 4, 74 *non ego tecum iam ita iocabor, ut isdem his de rebus, cum L. Murenam te accusánte dèfénderèm: apud imperitos tum illa dicta sunt, aliquid etiám corònaé datum*). Aber solche Abschnitte, in denen alles genau erwogen sein wollte, sind Produkte sorgfältiger Präparation. Als Resultat der Analyse wird sich also dieses hinstellen lassen: die paar Sätze des § 28, die gewissermaßen die Quintessenz der langen Ausführungen der §§ 41 ff. darstellen, sind aus dem präparierten Entwurfe in die Aktualität einer — unvorhergesehenerweise nötig gewordenen — Improvisation herübergenommen worden.

Auf Grund ähnlicher Erwägungen läßt sich die Entstehung der zweiten Dublette 38 ~ 48—50 erklären. Es wurde soeben gezeigt, daß die längere Fassung der ersten Dublette, nämlich 41 ff., einem sorgfältig vorbereiteten Zusammenhang angehörte, der einsetzte mit 39 *dicet aliquis: ›haec igitur est tua dísciplína? sic tu instituís adulèscéntis? ob hanc causam tibi hunc puerum parens commendávit èt trádidìt, ut in amore atque in voluptatibus adulescentiám suàm cónlocáret, et ut hanc tu vitam atque haec stúdia dèfénderès?‹* Hier muß nun hinzugefügt werden, daß dieser Zusammenhang noch weiter nach oben reicht. Denn die mit 39 beginnende Verteidigung seiner etwas lockeren Erziehungsgrundsätze ist zunächst unlösbar verknüpft mit 37—38, wo er eben diese seine Grundsätze dargelegt hat (Anfang: *redeo nunc ad te, Caeli, vicissim ac mihi auctoritatem patriam severitatémque sùscípio)* in der Form einer Konfrontation zweier Väter aus der Komödie, eines *pater vehemens atque durus* und eines *lenis et clemens*. Diese köstliche σύγκρισις ist nun aber wieder das Gegenstück zu der vorausgehenden, dem Glanzstücke der ganzen Rede, 33—36, auf das wir aus einem bestimmten Grunde einen Blick werfen müssen. Nachdem er im vorhergehenden (31 f.) dargelegt hat, daß es sich in dem ganzen Prozesse um die Person der Clodia handle, wendet er sich 33 an diese selbst: *sed tamen ex ípsa quaèrám priùs utrum me secum severe et gráviter èt prísce ágere málit an remisse et leníter et ùrbáne*. Für den ersten Fall (*si illo austero more ac modo*) beschwört er den Schatten des alten Appius Claudius Caecus, des tritavus der Clodia, dem er eine zensorische Invektive gegen die entartete Nachfahrin in den Mund legt (das Motiv stammt in letzter Instanz aus der alten Komödie — Eupolis' Demen nach Körtes und Keils glänzender Rekonstruktion —, war dann von den attischen | Rednern für die Person Solons gern verwertet worden): 33—34. Für den zweiten Fall will er jenen bäurischen Alten beiseite schieben (*sin autem urbanius me agere mavis, síc agàm técum: removebo illum senem durum ac paene agrestem*) und an dessen Stelle einen der ›Modernsten‹ sich zum Muster nehmen, vor allem den ›vielgeliebten‹ Bruder der Clodia; dieser hält nun ebenfalls eine Ansprache an die ältere Schwester, mit der er, weil sie sich nachts vor Gespenstern fürchtet, zusammen schläft: 36. Die beiden aufeinander berechneten Kontrastreden der fingierten Personen (33—34 und 36) werden nun aber durchbrochen durch eine persönliche Invektive des Redners selbst auf Clodia: 35 (vgl. die Worte: *tu vero mulier — iam enim ipse tecum nulla persona introducta loquor* usw.). Man muß den ganzen Abschnitt 33—36 im Zusammenhang lesen, um zu erkennen, daß durch 35 ein fein durchdachter Plan, der sowohl durch das *utrum — an* der Propositio als durch die gegensätzlichen *si illo austero more ac modo — sin autem urbanius me agere mavis* der Ausführung zum Ausdruck kommt, gestört worden ist: und wirklich ist dieser § 35 in dem gesamten Abschnitte 33—47 der einzige, in dem sich eine Replik auf die Reden der Gegenpartei findet (*accusatores quidem libidines amores ... symphonias navigia iactant idemque significant nihil se te invita dicere*). Das heißt also: dieses Stückchen ist als Improvisation in den fertigen Plan eingeschoben worden. Von dem § 35 abgesehen ist aber der Abschnitt von 33—47 aus einem Guß. Erst 48—50 begegnen wieder Repliken auf die Reden der Ankläger: *accusatores ... dicunt ...; quid est quod obiciant Caelio? ... sin volunt esse.* Dabei scheint mir vor allem bemerkenswert zu sein, daß die hier sich findenden Repliken mit denen des § 35, den wir soeben als Einlage aussonderten, inhaltlich und in der Form übereinstimmen, besonders auch darin, daß sie mit direkter Apostrophe an Clodia verbunden sind: 35 *tu vero, mulier — iam enim ipse tecum ... loquor* ∼ 50 *sed ex te ipsa requiro;* 35 *accusatores quidem libidines amores adulteria Baias actas convivia comissationes cantus symphonias navigia iactant idemque significant nihil se te invita dicere* ∼ 49 f. *actis navigatione conviviis ...; crimen accusatores abs te et testem eius criminis te ipsam dicunt se habere;* 35 (Schluß) *quae tu quoniam mente nescio qua effrenata átque praècípiti in forum deferri iudiciúmque vòluísti, aut diluas opórtet àc fálsa ésse dóceas aut nihil neque crimini tuo neque testimonio credendum ésse fàteáre* ∼ 50 (Schluß) *aut enim pudor tuus defendet nihil a M. Caelio petulantius ésse fáctum, aut impudentia et huic et ceteris magnam ad se defendendum facúltatém dabít*[13]. Dazu kommt, | daß 49 ein Ankläger direkt angeredet *(L. Herenni)* und 48, sofort zu Beginn dieses

[13] Die Klausel ⏑ - - - ⏑ ⏓ vertritt hier die übliche - ⏑ - - ⏑ -. Ebenso im folgenden *iuventuti putet*. Der Zusammenhang mit dem Dochmius (orat. 218) ist klar.

Abschnitts, durch die Worte *verum si quis est qui etiam meretriciis amoribus interdictum iuvéntutí putét, est ille quidem valde severus — negáre nòn póssum*, deutlich bezeichnet wird: denn 30 hatte er gesagt: *severitati tuae* (des Herennius) *ita ut oportet respondére nòn aúdeò*. Daß die letzteren Worte wiederum einem Abschnitt angehören, der oben (S. 20 f.) als Improvisation erwiesen worden ist, trifft sich für den Gang dieser Untersuchung gut: denn es zeigt sich nun auch von dieser Seite, daß der Abschnitt 48—50, der Berührungen mit zwei als Improvisationen erwiesenen früheren Abschnitten hat, auch seinerseits als Improvisation gelten muß.

Dieser improvisierte Abschnitt 48—50 ist es nun aber, der die längere Fassung der zweiten Dublette enthält; die kürzere Fassung 38 ist ein Teil des großen Abschnitts 33—47, der, wie gezeigt wurde, dem präparierten Entwurf angehörte. Auch von dieser zweiten Dublette gilt, wie von der ersten, daß die Stelle des Entwurfs matt, die improvisierte durch ihre direkten Bezugnahmen auf die Personen der Gegenpartei voll von Aktualität ist. Denn wie matt ist doch, um nur dies zu erwähnen, in 38 der Schluß des Enthymems *adulterum ego putarem si quis hanc paulo liberius salutasset* im Vergleich zu denjenigen mit bestimmten Adressen in 49 *utrum hic tibi L. Herenni adulter an amator, expugnare pudicitiam an explere libidinem voluisse videatur* und in 50 *cum hac aliquid adulescentem hominem habuisse rationis num tibi (Clodia) perturpe aut perflagitiosum esse videatur?* In dem Umstand, daß sich beide Dubletten auf Improvisationen zurückführen lassen, glaube ich eine Gewähr für die Richtigkeit der Beweisführung sehen zu dürfen. Der Unterschied zwischen der ersten und der zweiten Dublette liegt nur darin, daß bei jener die kürzere, bei dieser die längere Fassung als Improvisation oder, anders ausgedrückt, bei jener die längere, bei dieser die kürzere Fassung als präparierter Entwurf anzusprechen ist. Aber dies bedeutet keinen grundsätzlichen, sondern nur einen Gradunterschied, der, wie jeden ein Blick auf den jeweiligen Zusammenhang lehren kann, durch dessen Besonderheit erklärt wird: an der ersten Stelle (§ 28) ist kein Raum für eine längere Darlegung, daher begnügt er sich dort mit einem ganz knappen Auszug aus seinem umfangreichen Entwurf; die zweite Stelle (48—50) dagegen bildet das Ende eines ganzen Hauptteils der Rede, daher erweitert er dort die paar Sätze des Entwurfs zu einem wirkungsvollen Abschluß.

Zu den zwei bisher behandelten Dubletten kommt eine dritte, die sich, so merkwürdig sie auch ist, doch kürzer behandeln läßt: |

§ 30[m]	§ 51
sunt autem duo crimina, auri et veneni; in quibus	*duo sunt enim crimina una in muliere summorum faci-*

una atque eadem persóna vèrsátur. aurum sumptum a Clodia, venenum quaesitum quod Clodiae darétur ùt dícitùr.

norum, auri quod sumptum a Clódià dícitùr, et veneni quod eiusdem Clodiae necandae causa parasse Cáeliùm críminántur.

Das sind zwei so gut wie gleichlautende Anfänge einer argumentatio. An der ersten Stelle (30^{m}) wären diese Worte, wie bemerkt (S. 20), als unmittelbare Fortsetzung der Worte der propositio 25 *ergo haec removeantur, ut aliquando, in quibus causa nititur, ad ea veniamus* zu erwarten gewesen, aber dann trat die Improvisation 25—30^{m} dazwischen, und nun wurden sie an deren letzte Worte *atque ego idem qui haec postulo quin criminibus quae in hunc proprie conferuntur diligentissime respondeam non recuso,* also eine abermalige, noch speziellere propositio, genau angeschlossen; wir haben also im Grunde eine dreifache propositio: 22 *(argumentis agemus, signis luce omni clarioribus crimina refellemus: res cum re, causa cum causa, ratio cum ratione pugnabit).* 25. 30^{m}. Auch an der zweiten Stelle (51) folgen diese Worte gleich auf den improvisierten Abschnitt 48—50; der Übergang geschieht hier durch die Worte 51 *sed quoniam emersisse iam e vadis et scopulos praetervecta videtur esse oratio mea, perfacilis mihi reliquus cúrsus òsténditùr. duo sunt enim crimina* usw. An beiden Stellen sitzen die Worte, wie man sieht, unlösbar fest. Der äußere Anlaß der unerträglichen Wiederholung läßt sich noch erkennen. Die Klagepunkte, deren Widerlegung Cicero sich vorbehalten hatte, betrafen 1. versuchten Giftmord an Dio durch Sklaven, die Caelius mit dem von Clodia erhaltenen Geld bestochen habe, 2. versuchten Giftmord an Clodia selbst. Dieser Teil seiner Rede setzt erst 51 mit den Worten *duo sunt enim crimina* usw. ein. Nun aber hatten die Gegner, insbesondere Balbus, über das liederliche Leben des Caelius ausführlich gesprochen. Daß dies geschehen würde, hatte Cicero natürlich vorausgesehen und sich auf die Erwiderung vorbereitet; es muß von Anfang an in seinem Plan gelegen haben, mit dem Versuch einer Rehabilitierung des Caelius eine Diffamierung der Clodia zu verbinden, da sich nach seiner Behauptung beides bedingte. Aber erst während der Aktion hat er, durch die gerade hierin eindrucksvolle Rede des Balbus veranlaßt, diesem Teil dadurch einen selbständigen Platz in der argumentatio gegeben, daß er ihn an die Improvisation, in der er über den unerwarteten Eindruck jener Rede spricht, unmittelbar angeschlossen hat. Mit der Form dieses Anschlusses machte er es sich bequem: er nahm die für 51, den Beginn der eigentlichen argumentatio, bestimmten Worte *duo sunt enim crimina* | usw. mit ganz geringfügigen Änderungen in 30^{m}, den Beginn der persönlichen Invektive auf Clodia, einfach hinüber[14]. Auch hier also erklärt sich die Dublette wieder aus einer während der Aktion vorgenommenen Benutzung des Entwurfs.

Hiermit hängt folgendes eng zusammen. Wir sahen oben (S. 19 f.), daß Cicero durch die propositio 22 *argumentis agemus, signis luce omni clarioribus crimina refellemus: res cum re, causa cum causa, ratio cum ratione pugnabit* den Anschein erweckt, als wolle er nun in die Erörterung der Sache selbst eintreten; denn es geht so weiter: 23 *itaque illam partem causae facile patior graviter et ornate a M. Crasso peroratam de seditionibus Neapolitanis, de Alexandrinorum pulsatione Puteolana, de bonis Pallae; vellem dictum esset ab eodem etiam de Dione.* Er behauptet dann aber in einer ganz kurzen, durch die konventionellen und nichtssagenden Worte *de quo ipso tamen quid est quod exspectetis* eingeleiteten Darlegung (23—24), die Ermordung Dios habe mit dem Prozeß des Caelius nichts zu tun; er wolle endlich zur Sache selbst übergehen. Dann aber kommt er nach dem langen Umweg 25—50 wieder auf Dio zurück: 51, also an jener Stelle, an der, wie soeben bemerkt, die eigentliche argumentatio beginnt: *aurum sumpsit, ut dicitis, quod L. Luccei servis daretur, per quos Alexandrinus Dio qui tum apud Lucceium habitabát necàrétur,* was dann ausführlich (bis 55) erörtert wird. Nun handelt es sich an der ersten Stelle freilich um die wirklich erfolgte Ermordung des Philosophen, an der zweiten nur um

[14] F. Schoell, Die Interpolation der Ciceronischen Caeliana, Rheinisches Museum 35, 1880, (eine an scharfsinnigen Einzelbeobachtungen reiche Abhandlung) S. 552 f., und ihm folgend Wageningen, hält die Worte 30[m] *aurum — dicitur* für eine Interpolation aus der späteren Stelle. Aber daraus, daß die Worte in dem alten cod. Parisinus P »zum Teil auf Rasur, einige auch über der Zeile stehen«, würde ich keinen Schluß auf Interpolation zu ziehen wagen. Denn der von Schoell ebenfalls als Beweisinstanz herangezogene Wolfenbüttelanus schreibt die Stelle so: *in quibus una atque eadam persona versatur, ut dicitur;* hier ist klar, daß die in den übrigen Hss. zwischen *versatur* und *ut* stehenden Worte *aurum — daretur* einfach infolge des Homoioteleuton *(versatur — daretur)* ausgefallen sind, und daher ist auch auf die Besonderheiten der Schreibung in P kein Verlaß. Daß durch die Worte *aurum sumptum a Clodia, venenum quaesitum quod Clodiae daretur, ut dicitur* die folgenden (31) *auro opus fuit: sumpsit a Clodia ......; necare eandem voluit: quaesivit venenum* gewissermaßen vorweggenommen werden, ist Schoells Argumentation zuzugeben; aber demgegenüber stelle ich die Gegenfrage, ob die Worte *in quibus una atque eadem persona versatur* verständlich waren, wenn nicht gleich gesagt wurde, wer diese Person war. Die Lässigkeit der Vorwegnahme gebe ich, wie gesagt, zu, glaube aber, daß sie nicht einem Interpolator, sondern Cicero selbst zuzuschreiben ist, der aus den im Texte entwickelten Gründen seine eigene, für 51 bestimmte argumentatio hier antizipiert hat. Für meine Beweisführung kommt auf die Entscheidung dieser Nebensache nichts an; denn auch wer die fraglichen Worte für interpoliert hält, muß das Auffällige der Dublette in den übrigbleibenden Worten *(sunt autem duo crimina ..., in quibus una atque eadem persona versatur* ~ *duo sunt enim crimina una in muliere)* zugeben.

einen nach Be- | hauptung der Kläger durch Caelius versuchten Mord. Aber es ist in hohem Grade merkwürdig, daß Cicero, der an der ersten Stelle so tut, als ob er den Klagepunkt, Dio betreffend, in extenso behandeln wolle, diese Erwartung täuscht. Wenigstens dies wäre zu erwarten gewesen, daß er, wenn er aus besonderen Gründen Mord und Mordversuch getrennt behandeln wollte, an der ersten Stelle auf die zweite vor- oder an der zweiten auf die erste zurückverwiesen hätte. So aber stehen die beiden Dioabschnitte unvermittelt hintereinander: der *Alexandrinus Dio* wird an der zweiten Stelle eingeführt, als ob von ihm noch gar nicht die Rede gewesen wäre. Der Grund dieser Absonderlichkeit — sie ist von dem holländischen Herausgeber S. XXVI wenigstens bemerkt worden, aber seine Erklärung ist, da sie in keinem Zusammenhang mit den von ihm nicht bemerkten übrigen Unzulänglichkeiten der Komposition steht, verfehlt — ergibt sich aus dem im vorigen Absatz Bemerkten. Derselbe Umstand, der die Dublette der Worte *duo sunt crimina* usw. bewirkte, hat auch die Doppelbehandlung des Klagepunktes Dio zur Folge gehabt: an der ersten Stelle geht er den Worten *duo sunt crimina* usw. voraus (und zwar, nach Aussonderung der Improvisation 25 ff., unmittelbar), an der zweiten folgt er ihnen auf dem Fuß. Denkt man sich daher die Improvisation 25—30^m + Invektive auf Clodia 30^m—50 weg, so schließen die beiden Dioabschnitte 23—24 + 51 ff. unmittelbar zusammen.

Zum Schluß der Analyse noch folgende Kleinigkeit. Zweimal spricht er von Fragen, die er in der altercatio Zeugen vorlegen werde: 19 und 67. Beidemal leitet er das fast mit denselben Worten ein: 19 *a quo quaeram, si prodierit* ~ 67 *ex quibus requiram . . ., si prodierint.* An der zweiten Stelle handelt es sich um Zeugen, von deren Auftreten er in der Verhandlung in iure Kunde erhalten hatte: darauf konnte er sich also vorbereiten, wie denn in der Tat der § 67 einen integrierenden Teil der mit 51 beginnenden argumentatio bildet. Anders an der ersten Stelle: dort handelt es sich um einen Zeugen, von dessen Vorführung er soeben erst aus der Anklagerede Kenntnis erhalten hatte: *quam ob rem illa quae ex accusatorum oratione praemuniri iam et fingi intellegebam, fretus vestra prudentia iudices non pértimésco. aiebant enim fore testem senatorem qui se pontificiis comitiis pulsatum a Caéliò dícerèt. a quo quaeram* usw. Der § 19 gehört dem, wie wir sahen, in toto improvisierten Teil extra causam an. Cicero hat also wieder aus dem präparierten Abschnitt etwas in den diesem vorausgeschickten improvisierten hinübergenommen, unbekümmert um die Dublette sowohl des Inhalts als der Form[15]. |

[15] Was L. Laurand, Etudes sur le style des discours de Cicéron, Paris 1907, 6 über § 67 sagt, er sei wahrscheinlich so nicht vor Gericht gesprochen worden, da nicht

Dieses ist der Tatbestand und seine auf analytischem Wege gewonnene Erklärung. Nun aber erhebt sich erst recht die Frage nach der Existenzmöglichkeit einer so lässig komponierten Rede wie der Caeliana. Denn mag es auch in anderen Reden an kleinen Wiederholungsvarianten eines und desselben Gedankens nicht fehlen, so ist doch ein Zustand wie derjenige der Caeliana innerhalb des gesamten Corpus der ciceronianischen Reden nach meiner Erinnerung beispiellos. Die übrigen Reden liegen uns in einer für das Lesepublikum sowie für die lernbegierige Jugend sorgsam redigierten Fassung vor; vergleicht man etwa die Quinctiana und Rosciana mit ihrer den Anfänger verratenden pedantischen Dispositionsmanier (die er dem Hortensius abgelernt hatte) oder die künstlerisch vollendete, bei freier Bewegung doch streng disziplinierte Kompositionstechnik der Pompeiana und Miloniana mit der saloppen Ungeniertheit der Caeliana, so kann man nicht anders als von Gegensätzen reden. Zwischen diesen wird es manche Abstufungen geben. Daß die Caeliana aber ganz an dem einen Ende steht, und zwar, wenn ich nicht irre, sie allein, darin liegt — von ihren sonstigen Reizen abgesehen — ihr besonderer Wert für uns; hätten wir, wie die Scholiasten noch des späteren Altertums, statt oder neben der für die Edition stark zurechtgemachten Miloniana die wirklich gehaltene, so würden wir infolge der besonderen Umstände, unter denen sie gehalten wurde, freilich noch eine erhebliche Stufe tiefer hinabsteigen können (*omnia interrupta et inpolita et rudia:* Schol. Bob. S. 112, Stangl). Den Hergang selbst haben wir uns für die Caeliana etwa folgendermaßen zu denken[16]. Nachdem durch das Verfahren in iure die Klagepunkte festgestellt und die Verteidiger sich über die Verteilung ihrer Rollen einig geworden waren, entwarf sich Cicero, der allgemeinen Praxis entsprechend, eine Skizze (commentarius) des ihm zugewiesenen Teiles der defensio; das meiste legte | er sich, ohne

anzunehmen sei, daß Cicero sich durch Aufdecken seiner Karten die Chancen für die altercatio habe verringern wollen, beruht auf einem Irrtum: er wollte dadurch die Zeugen vielmehr einschüchtern oder verhindern, daß sie überhaupt vorgeführt würden. Übrigens hat Laurand den § 19 übersehen, aus dem diese Absicht noch deutlicher als aus 67 hervorgeht.

16 Natürlich habe ich es auch mit der Annahme nachträglicher Ausarbeitung einzelner Abschnitte versucht; aber wo immer ich da ansetzte, verlor ich den Boden unter den Füßen: ich glaube daher mit Bestimmtheit sagen zu können, daß jeder Versuch, die Unebenheiten durch Aussonderung von Teilen zu glätten, erfolglos bleiben muß. Gerade darin, daß die Rede als Ganzes eine Einheit und doch im einzelnen ungeordnet ist, liegt das Problem, das ich nicht anders lösen kann als so, wie ich es im Texte versuchen werde. Übrigens hat mir R. Heinze, mit dem ich das Problem schriftlich erörtert habe, mitgeteilt, daß auch ihm der sonderbare Zustand dieser Rede aufgefallen sei und daß auch er es vergeblich versucht habe, ihn aus nachträglicher Überarbeitung zu erklären.

es niederzuschreiben, im Kopf zurecht. Im großen und ganzen ließ sich ja voraussehen, was die Kläger vorbringen würden, z. B. Angriffe auf die Moral des Caelius; insbesondere mußte sein Verhältnis zu Clodia zur Sprache kommen. Darauf konnte Cicero sich also präparieren; wie sorgfältig er dies zu tun pflegte, hat er im Brut. 312 selbst dargelegt. Anderes, vor allem Repliken auf unvorhergesehene Einzelheiten, mußte der Improvisation vorbehalten bleiben. Daß er so zu verfahren pflegte, konnten die alten Kritiker auf Grund einer Vergleichung der von Tiro veröffentlichten commentarii mit den von Cicero selbst edierten Reden noch feststellen: *plerumque* — schreibt Quintilian 10, 7, 30 — *multa agentibus accidit ut maxime necessaria et utique initia scribant, cetera quae domo adferunt cogitatione complectantur, subitis ex tempore occurrant: quod fecisse M. Tullium commentariis ipsius apparet.* Wir besitzen aus den commentarii außer vier von Diomedes zitierten Worten nur ein längeres Zitat bei Hieronymus in der Apologie gegen Rufinus; es stammt ›*ex commentariis causarum pro Gabinio*‹ (in der Ciceroausgabe von Baiter und Kayser 11, 38) und ist bezeichnenderweise eine überaus fein ziselierte Sentenz (über die Freundschaft). Solche Skizzen brachte man sich, wenigstens zu Quintilians Zeit, in die Verhandlung mit, um in sie Einsicht nehmen zu können (Quint. a. a. O. 31 *hanc brevem adnotationem libellosque qui vel manu teneantur et ad quos interim respicere fas est*). Für Cicero werden wir das aber nicht annehmen dürfen. Denn wenn er im Brutus a. a. O. sagt: *quas (causas) nos diligenter elaboratas et tamquam elucubratas adferebamus,* so meint er mit dem *adferre* freilich *in forum* (das er kurz vorher genannt hatte); aber da Quintilian § 30 *domo adferre* in Gegensatz zum *scribere* stellt, so muß es auch bei Cicero bedeuten ›ungeschrieben im Gedächtnis mit sich von Hause aufs Forum bringen‹; wenn er Planc. 74 von seiner Dankrede im Senat sagt: *quae propter rei magnitudinem dicta de scripto est,* so war hier das Vorlesen aus dem Konzept etwas Außergewöhnliches[17]*. Stellt man sich nun vor, daß er den Entwurf, wie er selbst bezeugt, bis in Einzelheiten genau fertig im Kopf trug, so gewinnen solche Dubletten, wie sie sich oben aus der Analyse ergaben, auch an innerer Glaubhaftigkeit: innerhalb der Improvisation 25 ff. brachte er in 28 sozusagen den Extrakt eines Teiles des Entwurfs, dann 41 ff. diesen Teil in extenso, und umgekehrt wird ein anderer Teil 38 in der kurzen Form des Entwurfs, 49 f. in der erweiterten einer Improvisation gegeben. Die gesprochene Rede rauschte schnell vorüber, für

[17] Die Stellen Ciceros und Quintilians habe ich mit Th. Birt als dem besten Kenner dieser Dinge vor der Drucklegung brieflich erörtert; was ich im Texte darüber gesagt habe, verdanke ich in allem Wesentlichen seiner Mitteilung.

* *[Addendum]* cf. Sternkopf zu Phil. 10, 5.

sie kam auf den augenblicklichen Eindruck alles an; wirksame Stellen in leicht | veränderter Form zu wiederholen, konnte der Sache oft dienlich sein, Unebenheiten der Komposition beachtete man nicht oder nahm sie hin. Das alles war bei der für die Zwecke der Publikation ausgearbeiteten Rede anders. Sie gehörte zur Literatur, mußte daher deren Ansprüchen genügen; denn an die Stelle des hörenden Zufallspublikums trat das kritische Lesepublikum, an die Stelle der Affekte des Sprechers wie des Hörers (Tusc. 4, 55 *cum iam rebus transactis et praeteritis orationes scribimus, num irati scribimus?*) prüfende Überlegung, das *arbitrium existumantium,* wie er es gerade mit Rücksicht auf die publizierten Reden im Brutus 92 nennt: daher kam es, wie er ebenda sagt, darauf an, durch die nachträgliche Arbeit an den Reden zu erzielen, *ut meliores fierent.* Dieser Verpflichtung hat er sich unseres Wissens bei den Reden, die er der Publikation überhaupt für wert befand, im allgemeinen nicht entzogen; was Calenus bei Dio 46, 7 sagt: ἢ οἴει τινα ἀγνοεῖν ὅτι μηδένα τῶν θαυμαστῶν σου τούτων λόγων οὓς ἐκδέδωκας, εἴρηκας, ἀλλὰ πάντας αὐτοὺς μετὰ ταῦτα συγγέγραφας, wird ausnahmsweise wahr sein, obgleich es in einer Invektive steht. Auch muß das, was Cicero selbst (Brutus 328) von einer Rede des Hortensius sagt: *totidem quot dixit, ut aiunt, scripta verbis oratio,* da er es als eine ihm vom Hörensagen bekannte Abnormität anführt, eher in dem Sinne verstanden werden, daß er selbst sich einer solchen Handlungsweise nicht bewußt war[18]. Der Ausweg also, der ungeordnete Zustand der Caeliana sei etwa daraus zu erklären, daß Cicero die gehaltene Rede unüberarbeitet herausgegeben habe, ist nicht gangbar. Er ist es auch deshalb nicht, weil wenigstens eine, wie es scheint, sichere Spur der Überarbeitung kenntlich ist. Nämlich durch den glücklichen Zufall, daß der von Clark entdeckte codex Parisinus am Schluß des § 19 aus seiner Vorlage, dem alten Cluniacensis, die Worte *DE TESTE FVFIO* bewahrte, haben wir gelernt, daß hier eine redaktionelle Kürzung derselben Art stattgefunden hat, wie wir sie für die Mureniana (57) aus analogen tituli ausgelassener capita schon kannten und wie sie Plinius epist. 1, 20, 7 außerdem noch für eine Rede Ciceros pro Vareno bezeugt *(ex his apparet,* fügt Plinius hinzu, *illum permulta dixisse, cum ederet omisisse).* Wenn wir nun erwägen, daß die Caeliana auf der einen Seite handgreifliche Spuren der Unfertigkeit, auf der anderen doch eine Spur beabsichtigter Edition zeigt, so gibt es wohl nur eine Lösung ihres Kompositionsproblems: Cicero hat die Rede nach der Aktion im wesentlichen so, wie sie von ihm gehalten

[18] Was Nepos (bei Hieronymus, fr. 45 Halm) zu berichten weiß, *se praesente isdem paene verbis quibus edita est eam pro Cornelio, seditioso tribuno, defensionem peroratam,* beruht, wie Asconius S. 62 Cl. (vgl. Plin. epist. 1 20, 8) zeigt, auf einer für Nepos charakteristischen Ungenauigkeit.

worden war, aufgezeichnet | (sei es, mit Zuhilfenahme des commentarius, aus dem Gedächtnis, sei es auf Grund eines Stenogramms), und sie zu überarbeiten nur eben begonnen. In diesem Zustand liegt sie uns vor, *neglegentius scripta quam ceterae*, um es mit seinen eigenen Worten zu sagen, die er von einer im Jahre 58, also zwei Jahre vor dem Caeliusprozeß, gegen seinen Willen an die Öffentlichkeit gelangten fiktiven Rede gebraucht (Att. 3, 12). Auf die Frage, wie es gekommen sein mag, daß gerade die Caeliana in einer ganz provisorischen Überarbeitung an die Öffentlichkeit kam, läßt sich eine bestimmte Antwort natürlich nicht geben, aber doch eine, die vielleicht als wahrscheinlich gelten darf. Die Rede pro Sestio (und die mit ihr engverbundene Vatiniana) fällt in den März 56. Sie gehört zu den für die Publikation am stärksten redigierten; sie muß ediert gewesen sein vor der Konferenz von Luca (Mitte April), denn nach der Schwenkung, die Cicero in seiner Politik auf Grund des Befehls der Triumvirn machte, ist der gerade in der Sestiana so besonders starke Lobpreis des Senatsregiments undenkbar. Der Caeliusprozeß fand am 4. April statt, wenig mehr als eine Woche vor der Konferenz. Man darf also, wie ich glaube, annehmen, daß durch die in Ciceros Leben so tief eingreifende Koalition die Störung in der Ausarbeitung der Caeliana bedingt worden ist. Daß Appius Claudius Pulcher, der Bruder der Clodia, von den Triumvirn zur Konferenz befohlen wurde und daß seine Beziehungen zu Cicero seitdem freundlicher Natur waren, sei auch bemerkt; wer annehmen wollte[19], daß Cicero diese die Familie des Appius schwer kompromittierende Rede infolge der neuen Konstellation der Dinge habe liegen lassen und daß sie erst aus seinem Nachlaß ediert worden sei, könnte schwerlich widerlegt werden.

Aber wie es sich mit diesen Vermutungen auch verhalten mag: jedenfalls besitzt für uns diese Rede, wie schon bemerkt, gerade durch die Spuren ihrer Unfertigkeit einen besonderen Wert. Ciceros Reden als fertige Literaturprodukte kennen wir zur Genüge und werden sie als Erzeugnisse bewußter Gestaltungskunst zu bewundern nicht aufhören; einen um so größeren und intimeren Reiz hat es, von einem solchen Künstler auch eine Rede zu besitzen, in der die disparaten Teile des — zum kleineren Teil schriftlich, zum größeren nur im Kopf — präparierten Entwurfs und der Improvisation noch nicht zu einer Einheit zusammengeschlossen worden sind.

19 Diese Kombination verdanke ich C. Cichorius.

DREIECK*

Ein Beitrag zur Geschichte des Fremdwörtergebrauchs im Altertum

1925

Das um das J. 275 von Aratos verfaßte astronomische Gedicht, das allen Späteren schon seit Eratosthenes als Vorbild lehrhafter Dichtung überhaupt galt, in würdiger Form der lateinischen Muse zu schenken haben sich römische Dichter, von dem jungen Cicero (um das Jahr 86) angefangen bis zu Avienus (4. Jahrh.), aufs eifrigste bemüht; an der beträchtlichen Nachlassenschaft, die uns von diesen Versuchen überkommen ist, lassen sich die wechselnden Grundsätze in der Nachbildung griechischer Originale seitens der Römer wie an einem Muster studieren: eine Aufgabe übrigens, deren Lösung trotz achtungswerter Anfänge (besonders für Cicero durch C. Atzert) noch immer ihres Bearbeiters harrt. Der vorliegende Aufsatz soll nur indirekt einen Beitrag dazu bieten, insofern er an einem kleinen, an sich recht unscheinbaren Beispiel die Überlegungen zeigt, die die lateinischen Dichter zur Bewältigung des spröden | Materials anstellten: galt es doch eine astronomische Kunstsprache zu schaffen, wobei zu erwägen war, inwieweit eine Herübernahme der griechischen Fachausdrücke gestattet sei.

Auf der Linie, deren Anfangs- und Endprodukte soeben bezeichnet wurden, stand neben manchen anderen — auch Vergil gehörte zu ihnen, insofern er in sein landwirtschaftliches Gedicht Versreihen aus dem meteorologischen Teile der griechischen Vorlage in ganz freier Nachbildung großen Stiles herübernahm — eine Persönlichkeit klangvollen Namens, Germanicus Julius Caesar, Neffe und Adoptivsohn des Tiberius. Seine Aratea sind uns nicht vollständig überliefert; die 1½ uns hier angehenden Verse zitiert Priscianus fig. num. 32 (II p. 317 Hertz): *triangulum Caesar in Arato:*

cur divite lingua
Graecia praecurram potiusque triangula dicam?

In den älteren Priscianausgaben war *potius quam* gedruckt; Hertz (1855) stellte fest, daß die Überlieferung *potiusque* bietet. Die von jener falschen Voraussetzung ausgehenden Versuche, die zweite Hälfte des Verses zu verbessern, können also auf sich beruhen. Aber auch die erste Hälfte hat niemand, der sich mit dem Fragment beschäftigte, unangetastet gelassen. Es mag genügen, aus der Fülle der Änderungs-

* *[Addendum (s. S. VIII)]* Frontin. aq. 16; Amm. 18, 6, 23. 31, 13, 19.

versuche — sie finden sich bei E. Baehrens, Poet. lat. min. 1, 200 verzeichnet — drei anzuführen. Lachmann zu Lucr. p. 193: *Graeca parum curem,* Hertz: *Graecis praecurram,* Baehrens: *Graeca probem? cur non.* Einer genaueren Prüfung vermag keine der vorgeschlagenen Änderungen standzuhalten.

Es handelt sich offensichtlich um den Gebrauch des Wortes *triangula:* ›Warum soll ich ... und lieber *triangula* sagen?‹ fragt der Dichter. Ebenso klar ist, daß das griechische Wort, das durch *triangula* zu ersetzen er ablehnt, *trigona* war. Begriff und Wort τρίγωνον ist pythagoreische Prägung (Beispiele aus Philolaos u. a. in W. Kranz' Index zu Diels' Vorsokratikern) und frühzeitig von den Römern übernommen worden: schon die ältesten Belege führen uns in die durch den Germanicusvers gewiesene astronomische Terminologie. Bei seiner Besprechung der Etymologie von *septentriones* fügt Varro (ling. 7, 74 f.) der richtigen Deutung (*triones boves dicuntur a bubulcis),* die er dem Aelius Stilo entnahm (Gell. 2, 21, 8), folgende falsche hinzu: *possunt triones dicti, VII quod ita sitae stellae, ut ternae trigona faciant.* Auf diese Verkehrheit konnte Varro nur verfallen, wenn ihm das Wort *trigonum* ganz geläufig war. Bei Manilius, dem Zeitgenossen des Germanicus, ist es feste terminologische Bezeichnung für die auf geometrischer Grundlage geordneten Zeichen des Zodiacus, die nach der von ihm befolgten Lehre zu drei in den Kreis einbeschriebenen Dreiecken gruppiert sind (2, 276 f. *dicuntur signa trigona, In tria partitus quod ter cadit angulus astra, Quae diversa manent ternis distantia signis,* 523 f. *namque aries leo et arcitenens, sociata trigono Signa* u. ö.). Aber die originale Bezeichnung des Lateinischen für dreieckig war *triquetrus,* ein Wort, dessen zweiter nur in diesem Kompositum erhaltener Bestandteil (›Eck‹, ›Spitze‹)[1] | in höchstes Altertum hinaufführt (bei Vermessungen der Flur — *ager triquetrus* Columella 5, 2 — war es nicht zu entbehren). Es erhielt sich in geographischen Bezeichnungen ([Caesar] Gall. 5, 13, 2 in der Beschreibung Britanniens *insula natura triquetra* = Diodor 5, 21, 3 σχήματι τρίγωνος οὖσα, Horaz sat. 2, 6, 55 von Sizilien *triquetra ... tellus,* d. h. Τρινακρία, wie schon Lucrez 1, 717 *triquetris ... in oris,* von Heinze mit Wahrscheinlichkeit aus Ennius abgeleitet) und wurde auch in die Astrologie herübergenommen: in ihr bedeutete es den ›Gedrittschein‹, d. h. denjenigen Aspekt, bei dem sich die Längen zweier Planeten um den dritten Teil von 360 Graden unterscheiden, durch das Zeichen Δ, die *littera*

[1] Wahrscheinlich aus **tri-quad-ros* ›mit drei Spitzen‹ zu got. *ga-hwat-jan* ›wetzen‹, ahd. *hwaz* ›scharf, spitz‹, ahd. *hwazzen,* mhd. *wetzen* ›scharf machen‹: O. Hoffmann in Heinichens Lat.-deutsch. Schulwörterbuch[9], Leipzig 1917, s. v.; Angaben aus der neueren Literatur in A. Waldes Lat. etym. Wörterbuch.

triquetra (Ammianus 22, 15, 11), versinnbildlicht (vgl. z. B. Plinius nat. 2, 59. 80). Im Verhältnis zu diesem alten Wort ist *triangulus* ›dreiwinklig‹, die unmittelbare Nachbildung von τρίγωνος (Aisch. Prom. 813 f. τρίγωνον ἐς χθόνα Νειλῶτιν vom Delta), jung. Für uns kommt es zuerst an zwei Stellen Ciceros vor, die beide das griechische Gepräge zur Schau tragen: nat. deor. 2, 125 (Poseidonios) *illud ab Aristotele animadversum .., grues ... t r i a n g u l i efficere formam .... Basis t r i a n g u l i, quem efficiunt grues;* div. 2, 89 (direkt oder indirekt Panaitios) *sic isti disputant qui haec Chaldaeorum natalicia praedicta defendunt: vim quandam esse aiunt signifero in orbe qui graece* ζωδιακός *dicitur ... Cum autem in eam ipsam partem orbis venerint* (nämlich die Planeten) *in qua sit ortus eius qui nascatur, aut in eam quae coniunctum aliquid habet aut consentiens, ea t r i a n g u l a illi et quadrata nominant.* An dieser zweiten Stelle gebraucht also Cicero *triangula* in demselben Sinne, den wir soeben in *triquetra* fanden: ›Gedrittschein‹. Ob nun Germanicus seine *triangula* in diesem astrologischen Sinne verstand oder, wie Manilius seine *trigona,* in geometrisch-astronomischem, mag dahingestellt bleiben, da es für das Verständnis des Fragments ohne Belang ist (die eigenartigen Beziehungen, die zwischen den beiden Gedichten obwalten, lassen die zweite Möglichkeit glaublicher erscheinen).

Um uns dem Verständnis des Fragments weiter zu nähern, fassen wir jetzt den Ausdruck *divite lingua* ins Auge. Wenn wir von einer ›reichen Sprache‹ reden, so empfinden wir die metaphorische Bezeichnung kaum als besonders hervorstechend. Die Umwelt bietet uns eine Fülle lebender, die Literatur eine beträchtliche Anzahl toter Sprachen: wir vergleichen sie miteinander und finden, daß die eine größeren Wort›schatz‹ als die andere besitzt, diese ›reicher‹ als jene ist. Besonders deutlich kommt uns das zum Bewußtsein, wenn wir aus der einen Sprache in die andere übersetzen und uns gezwungen sehen, zu Ersatzmitteln oder zu Umschreibungen zu greifen. Keiner Sprache gegenüber kommen wir dabei in gleichem Maße in Verlegenheit wie der griechischen, und doch haben wir Deutsche immer noch einen Vorsprung vor den romanischen Sprachen. Denn dank der Bildsamkeit der unsrigen können wir ohne besondere Mühe und ohne ihr Gewalt anzutun, die vielen Hunderte der prachtvollen Wortkomposita Homers, Pindars, der Tragiker wiedergeben: wie schwelgt doch, | nach Klopstocks teilweisem Vorgang, Goethes in freien Rhythmen sich gebende Hymnik in Worten, die Aristoteles, eben wegen ihrer kühnen Zusammensetzungen, διθυραμβώδη nennen würde[2]. Und doch

[2] Auf C. Olbrichs schöne Schrift: Goethes Sprache und die Antike, Leipzig 1891, weise ich gern hin.

geben auch wir Deutsche, mit so berechtigtem Stolz wir uns des Reichtums unserer schönen alten Sprache rühmen, die Krone willig der hellenischen. *Grais ingenium, Grais dedit ore rotundo Musa loqui.* Der Dichter, der diese feinen Worte fand, kannte außer seiner Sprache nur die andere ›der beiden‹, und grade er, der sich an die schwere Aufgabe einer Verpflanzung der altgriechischen Lyrik nach Latium wagte, lernte sich zu bescheiden: vor Pindars *nova verba* kapitulierte er, wie er denn kein irgendwie kühnes ὄνομα διπλοῦν zu prägen sich erlaubte außer *tauriformis,* auch dies nicht besonders gewagt und auch dies nur in einem Gedicht dithyrambenartigen Stils, wo es als solches wirken sollte (4, 14, 25). Aber er sah in dieser Beschränkung kein Armutszeugnis, sondern vornehme Zurückhaltung: ist es doch in der Tat auch etwas Großes, mit beschränkten Mitteln starke Wirkungen hervorzubringen. In der Prosa waren Caesar und Cicero darin vorangegangen, indem sie sich in bewußter Absicht dem Gesetz der Beschränkung unterwarfen. In der Poesie waren die Zeiten vorbei, da die Dichter sich Bildungen solcher Art erlaubt hatten, die sie teils der damals noch geschmeidigeren Sprache abgewannen (Plautus, Ennius), teils ihr, als sie schon spröde geworden war, abrangen: die ›Neoteriker‹ waren die letzten gewesen, auch sie schon behutsam, es sei denn in so seltsam kühnen, imponierenden Gedichten wie Catull im Attis *(hederigera, properipes, sonipes, erifuga, silvicultrix, nemovivagus).* Dieses hier näher auszuführen[3] würde uns zu weit vom Wege ableiten; aber aus einem besonderen Grund möchte ich die Aufmerksamkeit auf folgende Worte des Servius zu Verg. ecl. 4, 19 lenken: *antiqui lyrici dixerunt ›flexipedes hederas‹.* Dieses Zitat habe ich in keiner Fragmentsammlung gefunden, auch nicht unter den sog. *›incerta incertorum‹,* und doch läßt sich fast mit Sicherheit sogar der Autor nennen: denn die Bezeichnung ›die alten Lyriker‹ weist in bestimmte Richtung. *Laevius lyrica ante Horatium scripsit* sagt Porphyrio zu Horaz carm. 3, 1, 2: das war jener merkwürdige Poet etwa aus sullanischer Zeit[4], ein Vorläufer der Neoteriker, aber doch anders gerichtet als diese und von ihnen wohl bewußt abgelehnt, bei den Späteren, die ihn lange

[3] Einige Andeutungen in meinem Kommentar zur Aen. VI², 176 f. (zu Vers 141 *auricomus* nach χρυσόκομος). Aber das Thema verdient eine gründliche Behandlung, in der dann auch zu zeigen wäre, wie die Spätzeit (z. T. infolge Übersetzungszwanges der christlichen Urkunden ins Lateinische) die klassische Regel durchbrach.

[4] Fr. Leo hat in dem nachgelassenen Teil seiner Römischen Literaturgeschichte (Hermes 49, 1914, 180 ff.) diese Datierung Büchelers nachgeprüft und bestätigt gefunden; die schwierigen Fragmente haben, besonders in metrischer Hinsicht, durch seine Behandlung sehr gewonnen. — *flexipedes hederae* werden wir, da anapaestischer Rhythmus bei Laevius häufiger ist als dactylischer, wohl so zu messen haben: ⏑ ⏑ *flexipedes hederae* ⏑ ⏑ –.

(mindestens bis Apuleius) lasen[5], als typischer Vertreter überkühner Wortbildungen mehr be- | rüchtigt als berühmt, von Gellius um deswillen in einem eigenen Kapitel behandelt (19, 7): *flexipes*[6] stellt sich zu *nocticolor, foedifragus, trisaeclisenex* (*Nestor*) und vielen anderen von Gellius und in sonstigen Zitaten notierten Spielereien des Laevius, wie wir sie auch in den Überresten der varronischen Satiren finden[7]. Horaz hat von den Gedichten des Laevius ohne Frage Kenntnis gehabt, aber diese Versuche, die lateinische Sprache durch Nachbildungen hellenistischer Wortkünsteleien[8] zu bereichern, mußten ihm als Zuchtlosigkeit, als Entartung erscheinen. Über Möglichkeiten poetischer Wortschöpfung hat er, wie die bekannten Stellen des Florus- und des Pisonenbriefes zeigen, nachgedacht: Behutsamkeit auf Grund prüfenden Urteils, das ist sein Programm, die Polemik gegen das Übermaß blickt allenthalben durch. Eine dieser Stellen interessiert uns hier unmittelbar. In dem Florusbriefe des zweiten Buchs (Vers 111 ff.) spricht er von der Pflicht des Dichters wortschöpferisch zu sein: alten Worten

5 Zwei Laeviuszitate des Macrobius stammen aus gelehrten Vergilscholien (Leo a. O. 181, 1). Dadurch gewinnt meine Annahme, daß das anonyme Zitat bei Servius auf ihn geht, noch an Wahrscheinlichkeit: denn Macrobius und Servius benutzten die gleichen Vorlagen, die bis in hadrianische Zeit hinaufreichten, und damals wurde Laevius noch gelesen.

6 In allen Ovidausgaben liest man jetzt met. 9, 99 *vos quoque, flexipedes hederae, venistis,* aber das ist bloß eine Konjektur von Turnebus, die Hss. haben *flexibiles* (die Angaben von Magnus und Ehwald sind hier ausnahmsweise unzulänglich), und es liegt, zumal Ovid dies Adjektivum auch sonst hat, kein Grund zur Änderung vor (κύκλῳ .., κισσὸς ... ἕλικι θάλλει Aristoph. Thesm. 999 f.). [Vgl. S. 178]

7 Z. B. *undicolae, remivagus, remipes, stellumicantibus, margariticandicantia* und vieles dgl. (vgl. Büchelers Index[5], 275), alles ganz in Laevius' Art. Nimmt man hinzu, daß viele Metra des Laevius auch bei Varro vorkommen, daß die bizarren Gedichttitel *Protesilaodamia* und *Sirenocirca* des Laevius an dem varronischen *Oedipothyestes* ihr Gegenstück haben, so wird man der Annahme zuneigen, daß Verbindungslinien zwischen beiden laufen. Nun lautet das laevianische Fragment 3 so: *meminens Varro corde volutat* (anap. Dim.). Da wird doch wohl Varro der Reatiner gemeint sein: die Worte würden auf einen ›nachdenkenden‹ Gelehrten gut passen. Seitdem wir durch C. Cichorius (Römische Studien, Leipzig 1922, 207 ff.) wissen, daß die varronischen Satiren zeitlich zwischen Ende der achtziger Jahre und etwa 67 fallen, stimmt das angenommene Verhältnis auch chronologisch.

8 Denn in Zusammenhang mit diesen wird man die σύνθετα ὀνόματα des Laevius zu setzen haben: *supercilicarptores* (fr. 7) entspricht ὀφρυανασπασίδαι, womit ein von Hegesandros bei Athen. 4, 152 A überliefertes Epigramm beginnt. Außer Leonidas von Tarent bilden jetzt die Meliamben des Kerkidas (H. v. Arnim, Wiener Studien 34, 1912, 4) eine Fundgrube: spielerische Weiterbildung der jüngsten Phase des Dithyrambos ist klar. Auch die bekannten pacuvianischen Monstra *repandirostrum, incurvicervicum pecus* sind in diesen Zusammenhang einzureihen, dessen Anfänge schon die aristophanischen Parodien zeigen.

wird er frischen Glanz leihen, neue prägen; so wird seine Sprache einem mächtig, aber in ungetrübter Klarheit dahinrauschenden Strom gleichen, und wie ein solcher Strom die Fluren befruchtet, so wird auch der Dichter ›Latium segnen mit reicher Zunge‹:

vemens et liquidus puroque simillimus amni
fundet opes Latiumque beabit d i v i t e l i n g u a.

Da begegnen wir dem gleichen Ausdruck wie in dem Germanicusfragment. Die Möglichkeit einer Reminiszenz wird man erwägen dürfen[9], denn natürlich hat der sich auf manchen Gebieten der Poesie betätigende talentvolle Prinz die | Werke des Klassikers — das war Horaz damals schon — gelesen, zumal die Florusbriefe, deren Adressat zu dem Stabe der jungen Literaten gehörte, die den Tiberius einst (im J. 21) ins Feld begleitet hatten. Aber das ist nebensächlich; wichtiger ist festzustellen, daß zwischen den beiden Stellen trotz der Wortkongruenz ein Unterschied obwaltet. Der Standpunkt, den Horaz zu den von Grammatikern und Kritikern vielfach erörterten Fragen einer lateinischen Sprachbereicherung einnimmt, ist erfreulicherweise, durchaus im Einklang mit der Gesamthaltung seiner Poesie, ein maßvoll nationaler. Den Wortschöpfungen nach griechischem Muster steht er zwar nicht ablehnend gegenüber, aber diese Art gilt ihm doch nur als eine neben vielen: *et nova fictaque nuper habebunt verba fidem, si Graeco fonte cadent parce detorta* (ars 52 f.). Die Hauptsache ist vielmehr, daß der Dichter aus dem Born der eigenen Sprache schöpfe, auf dessen Rauschen man geschärften Ohres horchen müsse. Es will etwas bedeuten, wenn er, der sich bewußt als Repräsentant der neuen Zeit fühlte, doch mit der ihn auszeichnenden Freiheit des Urteils in dem Pisonenbrief (56 f.) die schönen und wahren Worte fand: ›die Sprache des Cato und Ennius haben den väterlichen Wortschatz bereichert‹, *cum lingua Catonis et Enni sermonem patrium ditaverit*, und in der Sache genau entsprechend an jener Stelle des Florusbriefes, wo unmittelbar vor dem Hinweis auf die *dives lingua* Cato genannt ist. Mag man immerhin, gewiß mit Recht, annehmen, daß er in seinen gedankenreichen Ausführungen über das Leben der Sprache und die Schöpferkraft der großen Schriftsteller sich an Vorgänger anschloß: er stellte sich jedenfalls auf die richtige Seite, seine *dives vena* (ars 409) war die italische. Auf einer anderen Linie stand der fürstliche Dichter.

›O, was ist die deutsch Sprak für ein arm Sprak! für ein plump Sprak.‹ So sagt Lessings französischer Glücksritter: es war, wie bekannt, der Standpunkt vieler hochgebildeter Deutschen selbst, auf den sich auch der preußische König stellte. *Patrii sermonis egestas* hindert

[9] Nach dem im Thes. l l. unter *dives* vorgelegten Material kommt die Verbindung *dives lingua* erst wieder in später Prosa vor (Macrobius, Ennodius).

mich, sagt Lucrez zweimal (1, 832. 3, 260), die philosophische Terminologie der Griechen wiederzugeben. Dies war die verbreitete Ansicht: dem Reichtum der griechischen Sprache steht die Armut der lateinischen gegenüber, und die Griechen ließen sich nur ungern herab, die plumpe Barbarensprache zu lernen. ›Man muß glauben, daß die Götter bei ihren Gesprächen, die sie jedenfalls halten, sich der hellenischen Sprache bedienen oder einer von ihr nicht weit abliegenden‹: so lehrten allen Ernstes epikureische Philosophen (356 Usener). Der Metapher vom Reichtum begegnete ich einmal, als ich zu andern Zwecken Philon las: Τίς οὐκ οἶδεν ὅτι πᾶσα μὲν διάλεκτος, ἡ δ' Ἑλληνικὴ διαφερόντως, ὀνομάτων πλουτεῖ (vit. Mos. 2, 38). Bei Macrobius (5, 3, 2) heißt es: Vergil brauche einmal, um einen einzigen homerischen Vers wiederzugeben, eine Periode von dreien; das liege daran, daß das Griechische die *lingua ditior* sei. Andere Aussprüche dieser Art werden wir noch kennenlernen. Schon aus dem Gesagten ergibt sich, daß in dem Fragment die Worte *divite lingua Graecia* zusammengehören: ›Griechenland mit seiner reichen Sprache.‹ Aber welche Stellung nehmen diese Worte, syntaktisch und inhaltlich, innerhalb des Satzes ein? |

Die eigenartige Färbung des Verbums *praecurram*, das fast ausnahmslos Änderungen unterworfen wurde[10], kann auf die Beantwortung dieser Frage hinleiten. Der Dichter erwägt offenbar, als Römer einen Wettlauf mit dem Griechen zu unternehmen, aber durch die Form, in die er diesen Gedanken kleidet, bringt er zum Ausdruck, daß er es vorziehe, den Plan aufzugeben. Das zugrundeliegende Bild finden wir ausgeführt in den Fragmenten der varronischen Satire ›Parmeno‹. Aus den zehn metrischen und fünf prosaischen Fragmenten ist ersichtlich, daß ein Grieche und ein Römer auf dem Gefilde der Poesie einen Wettlauf veranstalten. In dem Fragment 12 *micandum erit cum Graeco, utrum ego illius numerum an ille meum sequatur* wird der Rhythmus bestimmt, in dem der Agon vor sich gehen soll. Wenn man nämlich erwägt, daß acht jener zehn metrischen Fragmente in kretischen Tetrametern abgefaßt sind (14 Verse), so wird man nicht zweifeln, daß *numerus* als ῥυθμός zu verstehen ist (*rhythmus qui latine numerus vocatur* Varro bei Diomedes GL 1, 513, 6). Daß sich der römische Poet mit einem System grade kretischer Verse produziert, ist bemerkenswert: eben diese Versart ist (nächst Baccheen) in den plautinischen Cantica vorherrschend, und schon in dem ältesten Fragment lyrischer Kunstpoesie, das wir in lateinischer Sprache besitzen, drei kleinen Versen aus einer Tragödie des Livius Andronicus,

[10] Nur Hertz und Gudeman (dieser im Thes. a. O.) behielten es bei, aber erstere änderte *Graecis*, letzterer *praecurrat*.

die Eduard Fraenkel kürzlich in wichtige Zusammenhänge eingereiht hat (Plautinisches im Plautus, Berlin 1922, 344 f.), zeigt der mittlere kretische Messung. Auch der Inhalt der varronischen Verse verdient kurze Erwähnung: das Ausrücken zur Jagd, das Holzfällen im Walde wird beschrieben: das Weidwerk galt dem Horaz als *Romanis sollemne viris opus* (epist. 1, 18, 49), und Varro selbst verlangt für eine Villa großen Stils ausgedehnte Wildgehege (rust. 3, 12 ff.). Einer der beiden Läufer — man wird wohl sagen dürfen: eher der römische als der griechische — sprach in der Satire die Worte fr. XI (Prosa): *pudet me tui et Musarum agnoscere*[11], *piget* *c u r r e r e* *et una sequi.*

Was in der varronischen Satire lebhafter, dramatischer Dialog war, ist in dem Germanicusfragment nur noch bildliche Ausdrucksweise[12]: *cur praecurram* wird kaum stärker empfunden als wenn wir sagen ›warum soll ich konkurrieren‹. Aber — und das ist für die Deutung entscheidend — ein wenn auch noch so verblaßter Schein eines Dialogs liegt auch in ihm vor, denn — *Graecia* ist Vokativ. Dieser Gedanke war mir (wenn es erlaubt ist, hier den Ausgangspunkt meiner Untersuchung zu bezeichnen) erstmalig aus einer zeitlich weit entfernten Textstelle gekommen. Die Vergilvita des Grammatikers Phocas beginnt so (Vitae Vergilianae ed. Brummer, Leipzig 1912, 50): |

Maeonii specimen vatis veneranda Maronem
Mantua Romuleae generavit flumina linguae.
quis *f a c u n d a* *tuos toleraret* *G r a e c i a* *fastus,*
quis tantum eloquii potuisset ferre tumorem,
aemula Vergilium tellus nisi Tusca dedisset?

Dem Epigonen (etwa aus der zweiten Hälfte des V. Jahrhunderts), der sich in der Überschrift seines Gedichtes *grammaticus urbis Romae* nennt — er stand also in der immerhin achtbaren Tradition eines Aelius Donatus, dessen Vergilvita er in der seinigen metrisch paraphrasierte —, tritt als Zeuge für den vokativischen Gebrauch dieses Ländernamens, und zwar wieder mit dem Epitheton ornans des Sprachreichtums, kein Geringerer zur Seite als Cicero. Er fühlte sich durch die engen Grenzen des lateinischen Idioms in seinem Streben nach *copia* und *ubertas* oft behindert. Die Stellen, an denen er diesem Gefühl teils ärgerlichen teils resigniert humorvollen Ausdruck gibt, sind zu bekannt, als daß sie hier angeführt zu werden brauchten (eine meist vergessene steht in der Rede pro Caecina 51); nur eine

[11] D. h. *pudor Musarum vetat me agnoscere tua carmina* Bücheler (ähnlich Heraeus: *pudor tuus et Musarum vetat me agnoscere velut studia tua).*

[12] Das Gleichnis ist beim auct. ad Her. 4, 4 (Wettlauf der Schriftsteller wie der Läufer in Olympia) noch lebhaft empfunden; lesenswert über diese Stelle: P. Wendland, Quaestiones rhetoricae, Götting. Prooem. 1914, 7.

möge hier Platz finden wegen der Ironie ihrer letzten, an die Adresse des trocknen und pedantischen Brutus gerichteten Worte, wohl des einzigen, der die lateinische Sprache sogar für reicher als die griechische hielt: fin. 3, 52 *hinc est illud exortum quod Zeno* προηγμένον *contraque quod* ἀποπροηγμένον *nominavit, cum uteretur in lingua copiosa factis tamen nominibus ac novis, quod nobis in hac inopi lingua non conceditur: quamquam tu hanc copiosiorem etiam soles dicere.* Aber eine andere dieser Stellen geht uns hier unmittelbar an. In den Tusculanen 2, 35 kommt er auf die verschiedene Bedeutung der Begriffe *labor* und *dolor* zu sprechen, wofür den Griechen nur ein einziges Wort (πόνος) zur Verfügung stehe: *haec duo Graeci illi, quorum copiosior est lingua quam nostra, uno nomine appellant ... O verborum inops interdum quibus abundare te semper putas Graecia.* Denken wir uns die besondere Formung des Gedankens hinweg, die Cicero wählte, um den prahlerischen Griechen wieder einmal einen kleinen Seitenhieb zu erteilen, so besteht zwischen seiner Ausdrucksweise und der des Germanicus völlige Übereinstimmung.

Ein etwas jüngerer Zeitgenosse des Germanicus, der Fabeldichter Phaedrus, läßt sich einmal so vernehmen (app. 28):

canes effugere cum iam non possit fiber,
Graeci loquaces quem dixerunt castorem
et indiderunt bestiae nomen dei,
ille qui iactant se verborum copia ...

Neben dieser Expektoration des Plebejers stellen sich die Worte des Prinzen recht würdig dar. Die Bearbeitung des Aratos war das literarische Ergebnis seiner Orientreise, die ihn in den Wundern von Kunst und Altertum schwelgen ließ[13]: überall tönte an sein Ohr der Wohllaut und die Fülle der griechischen | Sprache, die er selbst in Unterhaltung und Schrift beherrschte. Mit einer so reichen Sprache wetteifern zu wollen, lehnt er ab. Mochten die Puristen für Dreieck *triangulum* fordern: er hatte zu viel Hochachtung für die griechische Wissenschaft, um ihr, die den geometrischen Begriff gefunden hatte, die Wortprägung *trigonum* vorzuenthalten. Mit jener lebendigen Vergegenwärtigung, jenem innerlichen Interessiertsein, jener συμπάθεια mit dem Stoffe, wodurch sich die alten Schriftsteller von uns unter-

[13] Diese Datierung der Aratea gab Wilamowitz, Sitz.-Ber. d. Berl. Ak. 1911, 814. Wenn Germanicus im Prooemium Vers 3 seine Aratea *docti laboris primitias* nennt, so spricht das nicht gegen den Ansatz auf das J. 18/19, der durch Vers 16 *pax tua* gefordert wird (Voraussetzung für diese *pax* ist der Triumph im Mai 17: Tac. ann. 2, 41. Vgl. Manilius im Prooemium 1, 13 *hoc sub pace vacat tantum).* Was er vorher gedichtet hatte, läßt er hier außer Betracht: das waren *nugae*, auch griechische.

scheiden, apostrophiert er das Land, dessen Sprache er bewundert. Solche oft von starkem Ethos getragenen ἀποστροφαί (προσφωνήσεις) an Menschen, Länder und sogar Sachen sind alt (die erstere Gruppe seit Homer) und verbreitet; schließlich wurden sie, wie es zu gehen pflegt, konventionell und trivial, und wurden von Dichtern, die es nicht genau mit sich nahmen, auch aus metrischer Bequemlichkeit gebraucht, da der Vokativ, dank seiner kurzen Endung, sich dem Vers oft leichter anpaßte als die obliquen Casus[14]. Ein Zeitgenosse des Germanicus, der Verfasser der Cynegetica, Grattius hat in einer bombastischen Einlage seines Lehrgedichts Griechenland apostrophiert: *tu quoque ..., Graecia* (Vers 318 f.); was bei dem einen Rhetorik war, diktierte dem andren das Gefühl.

Einem Leser, der etwa sagte, der zuletzt angeführte Vers und die ciceronische Stelle hätten genügt, die Überlieferung des Germanicusfragments zu rechtfertigen, würde ich nicht zu widersprechen wagen. Aber es lag mir daran, die Einzelerscheinung in einen etwas weiteren Zusammenhang einzureihen und dadurch vielleicht andere zu der Behandlung eines Themas anzuregen, das zu bearbeiten sich, wie mir scheint, lohnen würde. Was wir bis jetzt an Untersuchungen über griechische Fremdwörter im Lateinischen besitzen, leidet an einer zu äußerlichen Betrachtungsweise: Fragen wie diese lassen sich nur auf dem Hintergrund der literarischen, ja der kulturellen Bewegungen so behandeln, daß sie, von dem Schematismus der Statistik befreit, wirklich Leben gewinnen. Wenn Seneca sagen will, er leide an einem Übel, das er lieber mit seinem lateinischen als dem griechischen Namen nennen wolle — *uni morbo quasi adsignatus sum, quem quare graeco nomine appellem nescio, satis enim apte dici suspirium potest* (epist. 54)[15] —, so ist das eine dem Germanicusfragment geradezu entgegengesetzte Gedankenführung. Das war die Zeit, wo die griechische Sprache, eben wegen ihres Reichtums und ihrer erstaunlichen Anpassungsfähigkeit an Lebensverhältnisse aller Art, anfing trivialisiert zu werden: wenn die Plebejer Petrons mit griechischen Fremdwörtern in oft deformierter Gestalt um sich | warfen, dann war es für die Aristokraten an der Zeit, Zurückhaltung zu üben und sie möglichst nur da zu gebrauchen, wo sie kaum entbehrlich waren, in den hohen Wissenschaften, obwohl auch in diesen *essentia* für οὐσία, *queentia*

[14] Beispiele sowohl für die alte ethische Art wie für die trivialisierte: Komm. zu Aen. VI² S. 122. 126. Hier sei ein Beispiel nachgetragen, weil es nur um einige Jahrzehnte jünger ist als das des Germanicus: Anth. lat. 425 R. (Zeit des Claudius) *opponis frustra rapidum, Germania, Rhenum.*

[15] Er meint λειποψυχία (Angina pectoris in der modernen Medizin). Ich wurde auf diese Stelle aufmerksam durch die feine Schrift von Fr. Husner, Leib und Seele in der Sprache Senecas, Philologus Suppl. 17, 1924, 33.

für δύναμις gewagt wurden[16]. Tacitus ist mit griechischen Fremdwörtern so sparsam wie wenig andere: das ist für ihn nicht etwa nur ein Stilgesetz, sondern der Ausdruck eines bis zum äußersten gespannten Nationalbewußtseins. Die klassischen Schriftsteller der großen attischen Zeit in Ehren, für die Gegenwart macht er zwischen Italien und dem romanisierten Westen auf der einen Seite, dem Orient, das Griechentum in diesen eingeschlossen, auf der andern Seite einen Schnitt: in jenem liegen die Wurzeln vaterländischer Kraft, aus dem Osten kann nur Arges kommen, nur Auflösung von Religion, Moral und Staatsbewußtsein; Rom muß ihn bis an die äußersten Grenzen unterwerfen, aber nur um ihn in römische Art zu zwingen. Die Gefahren der Überzivilisation hat Tacitus mit demselben scharfen Blick erkannt wie die von dem ungebrochenen Barbarentum drohenden. An bösen Seitenblicken auf die Griechen läßt er es nicht fehlen[17]; einer ist so bekannt und doch so wenig verstanden, daß hier zum Schluß kurz dabei zu verweilen gestattet sein möge.

Graecorum annalibus ignotus qui s u a t a n t u m m i r a n t u r. Hat es denn aus vortaciteischer Zeit ein griechisches Geschichtswerk gegeben, in dem Arminius überhaupt hätte Erwähnung finden können? Es ist — das hat mir jeder Historiker, den ich befragte, versichert — unvorstellbar, und das nicht etwa wegen Versagens unserer Überlieferung, sondern infolge des durch die allgemeinen Weltverhältnisse bedingten Zusammenbruchs der griechischen Historiographie im ersten Jahrhundert der Kaiserzeit[18]. Wozu denn also die gehässige Bemerkung? Peinlich genug es zu sagen: der große Schriftsteller hat es nicht als unter seiner Würde stehend erachtet, hier am tönenden Schluß des Buches sich einer rhetorischen Phrase zu bedienen,

16 *essentia:* Seneca epist. 58, 6, dessen Angabe, schon Cicero habe dies gewagt, wir nicht mißtrauen dürfen, zumal Caesar (de analogia) nach Priscian 2, 239, 7 in die Proportion *possum potes potens: sum es* als letztes Glied *ens* einsetzte. Übrigens ist dieser Brief Senecas für die ganze Fremdwörterfrage im Lateinischen besonders wichtig. E. Bickel, Die Fremdwörter bei dem Philosophen Seneca, Arch. f. lat. Lex. 14, 1906, 208 f., gibt für Senecas Bestreben, Graeca, wo es eben geht, zu meiden, mehrere interessante Belege. — *queentia* (neben *essentia)* Quintilian 2, 14, 2 (Name des Gewährsmanns verderbt, vgl. 3, 6, 23; 8, 3, 33, wo ein Sergius Flavus dafür zitiert wird).

17 Ein besonders böser trifft die Athener anläßlich der Anwesenheit des Germanicus (ann. 2, 53): *excepere Graeci quaesitissimis honoribus, vetera suorum facta dictaque praeferentes, quo plus dignationis adulatio haberet.*

18 Die Linie Timaios — Polybios — Poseidonios — (Timagenes) — Strabo fand keine Fortsetzung. Wenn letzterer sein Geschichtswerk bis in die zweite Hälfte der augusteischen Zeit hinabgeführt hätte, so würde er den Arminius, dessen er in dem germanischen Exkurse der Geographie gedenkt, nicht vergessen haben; aber sein Geschichtswerk (wie das des Nikolaos) hörte viel früher auf, wohl auch das des Iuba, das ohnehin nicht unter den Begriff *Graecorum annales* fiel.

um mit ihrer Hilfe dem Griechentum einen in diesem Falle wirklich unverdienten Hieb zu versetzen. Das Sinken eines Motivs bis zu seiner Entwertung läßt sich an diesem Beispiel gut erkennen. | An einer berühmten Stelle seiner Origines hatte Cato die Heldentat eines Tribunen im ersten punischen Kriege (258) kernig und eindrucksvoll, wie es seine Art war, erzählt und ein warmherziges Elogium darangeknüpft; dann fährt er fort[19]: ›Aber bei einer und derselben Heldentat macht es einen gar großen Unterschied, an welchen Platz man sie stellt. Der Lakone Leonidas, der etwas Ähnliches bei den Thermopylen getan hat — um seines Heldentums willen hat ganz Griechenland den Ruhm und das vorzügliche Ansehen dieser Tat mit Denkmälern erlauchtester Herrlichkeit geschmückt: mit Bildern, Bildsäulen, Lobreden, Geschichtsbüchern und anderen Dingen haben sie ihm diese seine Tat reichlich gedankt. Aber dem Tribunen ist nur geringes Lob für seine Taten geblieben, und doch hatte er dasselbe getan und unsere Sache gerettet.‹ Gewiß merkt man schon hier eine gewisse Bitternis: die Griechen wissen ihre Helden zu feiern, aber wir —? Und doch, wie würdig ist das Ganze, wie enthält er sich — und jeder weiß, was das bei ihm besagen will — aller beleidigenden Äußerungen gegen das Griechentum. Auf der gleichen Stufe stehen Ciceros Worte im Epilog des 1. Buches der Tusculanen: aus griechischen Rhetoren zählt er viele Beispiele des Heldentods (auch des Leonidas) auf und fügt bitter hinzu: *nostros non norunt*. Aber dieser Ton wurde auf die Dauer nicht festgehalten. Im Seekampf bei Massilia (im Jahre 49) hatte ein Soldat der X. Legion, namens Acilius, sich ausgezeichnet. Das veranlaßt Valerius Maximus, den Zögling der Rhetorenschule, zu folgendem Erguß (3, 2, 22): *Quod factum parum iusta notitia patet. At Cynaegirum Atheniensem simili pertinacia in consectandis hostibus usum verbosa cantu laudum suarum Graecia omnium saeculorum memoriae literarum praeconio inculcat.* Das ist schon der Mißton der taciteischen Annalenstelle, aber er ist doch wenigstens einigermaßen begründet, denn man kann es den römischen Rhetoren nicht verdenken, wenn sie, der ewigen Tiraden ihrer griechischen Fachgenossen auf die Marathon- und Salamiskämpfer überdrüssig, ihrem Ärger auf diese Epigonen einer großen Vergangenheit Luft machten. Aber dieses Schimpfen wurde nun fast Modesache und artete zur Manier aus. Plinius, dessen Naturgeschichte griechischen Schrift-

[19] Wir können dem Gellius (3, 7) für die Erhaltung dieses prächtigen Stücks alter Prosa nicht dankbar genug sein. Fr. Leo hat es in seiner Römischen Literaturgeschichte, 477 f., übersetzt, für mein Gefühl das Archaische zu stark modernisierend; auch mein eigener Versuch ist unzulänglich: man müßte, um es zu erreichen, den Stil der deutschen Städtechroniken des 16./17. Jahrhunderts beherrschen.

stellern doch ihr Bestes verdankt, ist ihnen gegenüber oft undankbar gewesen. Er labt sich an hämischen Ausfällen gegen die Griechen. Die Lokalisierung einer *Electrides* genannten Inselgruppe im Norden der Adria ist ihm *vanitatis Graecae certissimum documentum* (nat. 3, 152). Die von den Gärten der Hesperiden erzählten Sagen gelten ihm als *portentosa Graeciae mendacia* (5, 4). Aber noch fehlt uns eine wirkliche Kongruenz mit dem taciteischen Ausdruck; diese bietet folgende plinianische Stelle (4, 4). Über den Fluß Acheron (in der epirotischen Landschaft Thesprotia) führte eine große Brücke, gewiß ein Meisterwerk griechischer Ingenieurkunst in jener besonders unwirtlichen Gegend. Aber Plinius war während | seiner militärischen Dienstzeit ziemlich weit in der Welt herumgekommen; er hatte z. B. römische Rheinbrücken gesehen und auch sonst Gelegenheit genug gehabt, die in der Tat ja hervorragenden Leistungen römischer Pioniere zu bewundern. Was wollte demgegenüber jene Brücke bedeuten? Ärgerlich schreibt er: *amnis Acheron ponte mirabilis omnia sua mirantibus.* So geläufig ist ihm die Floskel, daß er nicht einmal das Volk, das er damit bedenkt, zu nennen für nötig hält. Tacitus sucht ihr, wie das seine Art ist, eine neue Seite abzugewinnen. Bisher waren es, wie die Worte Catos, Ciceros und des Valerius Maximus zeigen, römische Helden, die man gegen griechische ausspielte. An die Stelle der römischen läßt Tacitus den germanischen treten, und um jene Stilblüte dennoch anbringen zu können, schafft er sich ein Phantom, die *Graecorum annales,* die, wie er sagt, den Arminius ignorierten. Der Gedanke wurde ein Opfer der Pointe.

BERICHTIGUNG
1925

Im Heft 1 dieser Zeitschrift ist mir auf S. 39, 1 [= Anm. 6 S. 169] ein Versehen unterlaufen, auf das ich von befreundeter Seite aufmerksam gemacht wurde und das ich hier zu berichtigen Gelegenheit nehme. Bei Ovid. met. 10, 99 ist in der Tat *f l e x i p e d e s hederae* überliefert, nicht *flexibiles h.:* dieses steht in der Aldina und wurde dadurch zur *lectio vulgata;* Turnebus hat demgegenüber der handschriftlichen Lesart wieder zu ihrem Recht verholfen. Wie ich selbst, hat sich auch der Bearbeiter des Thesaurusartikels durch den zwar sehr knappen, aber doch korrekten Apparat bei Magnus irreführen lassen. — Sachlich wird an meinen Ausführungen über *flexipes* dadurch nichts geändert, denn Servius kann mit seinem Zitat *antiqui lyrici dixerunt »flexipedes hederas«* die Ovidstelle nicht meinen, da diese Bezeichnung auf Ovid unmöglich paßt und Servius den Ovid sonst stets mit seinem Namen nennt. Ovid hat, wie er überhaupt *vocabula composita* in viel größerer Zahl hat als die älteren Augusteischen Dichter, die Bildung *flexipes* entweder von sich selbst aus neu geprägt (in O. Gradenwitz' Laterculi vocum latinarum 447 sind sehr viele adjektivische Formationen auf *-pes* verzeichnet) oder sie jenen »alten Lyrikern« (Laevius und sein Kreis) entlehnt.

DAS GERMANENEPIGRAMM DES KRINAGORAS
1917

Das in der Anth. Pal. 9, 291 überlieferte Epigramm des Krinagoras (33 Rubensohn) lautet:

Οὐδ᾽ ἢν Ὠκεανὸς πᾶσαν πλήμμυραν ἐγείρῃ,
οὐδ᾽ ἢν Γερμανίη Ῥῆνον ἅπαντα πίῃ,
Ῥώμης δ᾽ οὐδ᾽ ὅσσον βλάψει σθένος, ἄχρι κε μίμνῃ
δεξιὰ σημαίνειν Καίσαρι θαρσαλέη.
οὕτως καὶ διεραῖς[1] Ζηνὸς δρύες ἔμπεδα ῥίζαις
ἑστᾶσιν, φύλλων δ᾽ αὖα χέουσ᾽ ἄνεμοι.

Mommsen hat es einst so übersetzt[2]:

Nicht wenn brausend heran das Meer wälzt all seine Wogen,
Nicht wenn Germanien schickt her uns den völligen Rhein,
Beugt sich Romas Kraft, so lang an dem rechten Regierer
Caesar mutig sie hält, treu in bewährtem Vertraun.
Also ruh'n Zeus' Eichen auf festen lebendigen Wurzeln,
Wenn die Winde davon führen das welkende Laub.

Auf die vielbehandelte Frage nach der Abfassungszeit des Gedichts möchte ich nur kurz eingehen. Als im Jahre 1888 unsere Kenntnis von den Lebensumständen des Krinagoras durch Inschriftenfunde erhebliche Bereicherung erfuhr, bezeichnete Mommsen seine frühere Annahme, das Epigramm beziehe sich auf die Varusschlacht, als bedenklich[3], von anderen Gründen abgesehen auch deshalb mit Recht, weil wir dann annehmen müßten, daß der nach Cichorius' und Mommsens eigenen Berechnungen bald nach dem Jahre 70 v. Chr. geborene Dichter dieses Epigramm fast als Achtzigjähriger und zu einer Zeit gedichtet haben müßte, aus der wir über irgendwelche Beziehungen von ihm | zu Rom nichts mehr wissen. Noch unglücklicher war eine neuerdings sich wieder großer Beliebtheit erfreuende Hypothese, wonach der erste Vers eine Anspielung enthalte, sei es auf die Sturmflut der Herbstäquinoktien des Jahres 15, durch die zwei Legionen des Germanicus unter Führung des P. Vitellius am Nordseestrande überrascht wurden (Tacitus ann. 1, 70), sei es auf den Sturm, der im Hoch-

[1] Überliefert ist οὕτως καὶ ἱεραί, verbessert von Wilamowitz (1, 43 διερῷ ποδί) bei Mommsen in der gleich zu nennenden Schrift.
[2] Die Örtlichkeit der Varusschlacht, 1885, 64 = Gesammelte Schriften 4, 246.
[3] Sitzungsberichte der preußischen Akademie der Wissenschaften, 1889, 981.

sommer des Jahres 16 die Flotte unter dem Oberkommando des Germanicus selbst zerstreute (Pedo bei Seneca suas. 1, 15 als Augenzeuge, Tacitus 2, 23 f.). Bei dieser Annahme müßte der Dichter gar in der Mitte seiner achtziger Jahre gestanden haben. Die richtige Beziehung des ersten Verses liegt, wie mir scheint, nahe. Germanien wird in althergebrachter Weise durch Ozean und Rhein bezeichnet, beide werden seit caesarischer Zeit so oft zusammen genannt[4], daß man sieht, wie der Begriff des einen den des anderen fast mit Notwendigkeit auslöste. Nun hatte dem römischen Reich der Ozean einmal Gefahr gebracht: die Invasion der Kimbern wurde von einer gewaltigen Sturmflut des Ozeans hergeleitet. So erzählte es Livius, so diskutierte es Strabo, so erwähnte es Verrius Flaccus[5]. Nicht einmal wenn der g a n z e Ozean überflutete, würde dadurch jetzt, sagt der Dichter, der Bestand des Imperiums gefährdet werden. Augustus selbst hat in dem Bericht über seine Taten mit Genugtuung erwähnt, daß seine Flotte von der Mündung des Rheins durch den Ozean an die Küste der kimbrischen Halbinsel fuhr (im Jahre 5 n. Chr.), und | daß die Kimbern eine Gesandtschaft an ihn schickten (Mon. Ancyr. 5, 14). Wie der Kaiser hier den Ozean und den Rhein nebeneinander nennt, so wendet sich der Dichter von dem Norden Germaniens dem Westen, der Rheingrenze, zu.

[4] Eine Auswahl der zahllosen Stellen bei A. Holder. Altceltischer Sprachschatz, s. v. ›Rhenus‹. Die Zitate beginnen — wenn man absieht von den interpolierten Caesarstellen, die ich freilich für zeitgenössisch halte (1, 1, 5. 4, 10, 1) — mit Catull 11, 11, Cicero, Marc. 28 und Sallust, Hist. 1, 11 Maur., sie reichen herab bis Prokopios und Isidorus. Auch auf Weihinschriften *Oceano et Rheno* werden beide öfters zusammen genannt: H. Lehner, Führer durch die antike Abteilung des Provinzialmuseums zu Bonn, 1915, 174.

[5] Livius nach Florus 1, 37 *Cimbri Teutoni atque Tigurini ab extremis Galliae profugi cum terras eorum inundasset oceanus, novas sedes toto orbe quaerentes* usw. Verrius Flaccus nach Paulus F. 17 *Ambrones fuerunt gens quaedam Gallica, qui subita inundatione maris cum amisissent sedes suas rapinis et praedationibus se suosque alere coeperunt. eos et Cimbros Teutonosque C. Marius delevit.* Poseidonios bei Strabo 7, 292 f. polemisiert mit unzulänglichen Gründen (Joh. Fr. Marcks, Bonner Jahrbücher 95, 1894, 35 ff.) gegen diese ihm schon bekannte Annahme einer μεγάλη πλημμυρίς, eine Annahme, die dann wohl nur von Artemidoros herrühren kann, dem ersten, der die Ethnologie der Kimbern behandelte und gegen den Poseidonios auch sonst polemisierte. — Das Gegenteil einer πλημμυρίς des Ozeans ist seine ἄμπωτις. Eine ungewöhnliche Ebbe hat auch einmal in Roms Schicksal eingegriffen. In der überaus reichhaltigen, für die Weltmachtstellung des kaiserlichen Roms so charakteristischen Rede, die Josephus bald nach dem Jahre 66 den Iulius Agrippa (II) in Jerusalem halten läßt, heißt es (Bellum 2, 16. 4 § 374 f.): den Spaniern habe gegen Roms Weltmacht nichts genützt οὐδὲ γείτων Ὠκεανὸς φοβερὰν καὶ τοῖς ἐπιχωρίοις ἄμπωτιν ἐπάγων, ἀλλ' ὑπὲρ τὰς Ἡρακλείους στήλας ἐκτείναντες τὰ ὅπλα κτλ. Dies bezieht sich wohl auf die Ebbe, die dem Scipio die Einnahme von Neu-Karthago im Jahre 210 ermöglichte (Livius 26, 45, 8 f.).

Halten wir uns nun innerhalb des Zeitbezirks der sicher datierten römischen Epigramme des Dichters[6], so bietet sich uns, wie mir scheint, nur ein Ereignis dar, welches als unmittelbare Voraussetzung des Gedichtes gelten kann und zugleich die Möglichkeit gibt, den Gedanken des ersten Distichons — eine germanische Gefahr — mit dem des zweiten — unerschütterliches Vertrauen auf den Caesar — zu verknüpfen: die Niederlage, die der Statthalter des östlichen Galliens, M. Lollius, im Jahre 16 v. Chr. durch die Sugambrer erlitt, die über den Rhein in Gallien eingedrungen waren[7]. Ich möchte Mommsens eigene Worte anführen, die er über diesen Mißerfolg der römischen Waffen und seine Wirkung auf die kaiserliche Politik geschrieben hat (Röm. Gesch. 5, 24): ›Wenn auch an sich nicht von Gewicht, war er doch der germanischen Bewegung gegenüber nichts weniger als unbedenklich; Augustus selbst ging nach der angegriffenen Provinz, und es mag dieser Vorgang wohl die nächste Veranlassung gewesen sein zur Aufnahme jener großen Offensive, die, mit dem rätischen Krieg 739 (15 v. Chr.) beginnend, weiter zu den Feldzügen des Tiberius in Illyricum und des Drusus in Germanien führte.‹ Meine Vermutung nun, daß Krinagoras in der Tat an diese *clades Lolliana* dachte[8], wird, wie mir scheint, durch bekannte Verse eines zeitgenössischen Dichters bestätigt. Als Krinagoras auf seiner zweiten Gesandtschaftsreise im Jahre 26/5 nach Rom kam, von da dem Augustus nach Tarraco nachreiste und darauf wieder nach Rom zurückkehrte, wo er dann fast zwei Jahrzehnte als Hausgenosse der Octavia verweilte, war Horaz mitten an der Arbeit der drei ersten Odenbücher. Die Beziehungen beider zum Hofe und zu vornehmen Männern[9] — Krinagoras hat sich, als er den Princeps in Rom nicht antraf, wohl bei Maecenas als seinem Stellvertreter (vgl. Horaz 3, 29, 25 f.) melden | müssen; Sallustius Crispus, der Neffe des Historikers, war wie mit Horaz (2, 2) so mit Krinagoras befreundet (Epigr. 48) — legen die Annahme

[6] Sie reichen von 25, der Rückkehr der Gesandten aus Tarraco, wohin sie dem Augustus nachgereist waren, nach Rom bis zum Jahre 7 v. Chr.: Cichorius, Rom und Mytilene, Leipzig 1888, 58 ff.

[7] Dio 54, 20 Σύγαμβροι καὶ Οὐσιπέται τε καὶ Τέγκτηροι .... τὸν Ῥῆνον διαβάντες τήν τε Γερμανίαν καὶ τὴν Γαλατίαν ἐλεηλάτησαν usw.

[8] Gerade um diese Zeit war die poetische Tätigkeit des Krinagoras rege, wie die Liste der mit Sicherheit oder Wahrscheinlichkeit datierten Gedichte bei Cichorius a. a. O. 61 zeigt. Es mag auch erwähnt sein, daß, wie dieses Gedicht nach meiner Vermutung die Reise des Augustus nach Gallien zur Voraussetzung hat, ein anderes sich auf dessen Reise in den Orient (22—19) bezieht. Daß Reisen des Kaisers die dichterische Produktion anregten, wissen wir ja auch aus Horaz.

[9] Den ›Gesinnungsgenossen des Horaz‹ nannte schon Mommsen a. a. O. (oben Anm. 2) den Krinagoras.

nahe, daß die beiden Dichter wenigstens voneinander gehört haben. Die Aufführung des Säkularliedes, die Wiederaufnahme der Odendichtung des Horaz hat Krinagoras noch in Rom erlebt. Nun heißt es in der schönen, gebetartig komponierten Ode 4, 15, die Horaz an den Kaiser richtete, als sich seine Rückkehr aus Gallien immer länger verzögerte, Vers 25 f.:

quis Parthum paveat, quis gelidum Scythen,
quis Germania quos horrida parturit
fetus, incolumi Caesare?[10]

Das bezieht sich auf die gleich nach dem Erscheinen des Augustus am Rhein erfolgte Kapitulation der Sugambrer, die in der etwas früher verfaßten Ode 4, 2, 36, wieder mit Erwähnung des Caesar, ausdrücklich genannt sind. Das unerschütterliche Vertrauen des Volkes auf seinen Kaiser[11], auch in Zeiten der Gefahr, ist der den Versen beider Dichter gemeinsame Gedanke.

Diese Beobachtung führt uns auf Weiteres. Horaz hat schon in den drei ersten Odenbüchern, dort aber noch ohne Beziehung auf die Germanen, die damals, durch Agrippas Maßnahmen gebändigt, in erzwungener Ruhe verharrten, solche Töne angeschlagen. ›Welchen Gott soll das Volk anrufen bei dem drohenden Untergang des Reiches? ... Dich, Caesar. Laß die Meder nicht ungestraft ihre Rosse tummeln, da du unser Führer bist‹ (1, 2). ›Caesar kommt, o Volk, als Sieger aus Spanien zurück. Das ist ein wahrer Festtag: solange Caesar die Welt regiert, fürchte ich keinen Aufruhr oder Gewalttat‹ (3, 14). Horaz hat, wie Reitzenstein zeigte[12], oft genug Epigramme lyrisch umstilisiert. In vorliegendem Falle ist die lyrische Gedankenführung aber die ältere. In diesen Gedichten des Horaz, in denen Augustus als *praesens divus*, als *tutela praesens Italiae dominaeque Romae* angerufen wird, wirkt der alte Typus der Epiklese an Götter nach, an die der Chor eine Fürbitte für die Stadt richtete. In den Chorliedern der Tragiker klingt dieses Motiv öfters an, nirgends deutlicher als im zweiten Stasimon des Oidipus auf Kolonos 1085 ff.: ›Zeus, Allherrscher, Allseher, gib den Bewohnern dieses Landes Kraft zum Siege, und du, Pallas Athene. | Auch Apollon und seine Schwe-

[10] Diese Verse sind schon von A. Hillscher, Jahrbücher für classische Philologie, Suppl. 18, 1891, 425, 1 angeführt worden; aber er hat keinen Schluß aus der Kongruenz gezogen.

[11] Die Ausdrucksweise der Verse 3 f. des Krinagoras ist kühn, aber unantastbar: οἱ Ῥωμαῖοι θαρροῦσι πιστεύοντες, Καίσαρα δεξιὰ σημαίνειν. Der Infinitiv gibt den Inhalt des θαρρεῖν an, wobei der Dativ Καίσαρι das persönliche Moment, das das Volk an seinen Kaiser bindet, feiner zum Ausdruck bringt, als es der Akkusativ in Prosa vermag.

[12] Neue Jahrbücher 21, 1908, 81 ff.

ster bitte ich, diesem Lande und seinen Bürgern ihren Beistand zu leihen.‹ Nur durch den ὄγκος der tragischen Rede, der in dieser Paraphrase beiseite gelassen worden ist, unterscheidet sich diese Strophe von dem schlichten Skolion ›Pallas Tritogeneia, Herrin Athena, erhalte aufrecht diese Stadt und ihre Bürger, fern von Schmerzen und Zwistigkeiten‹, und selbst Pindar hat hierbei einmal einfache Töne gefunden: ›Liebe Mutter Aigina, in freier Fahrt führe diese Stadt mit Zeus, dem Fürsten Aiakos, Peleus, Telamon dem Guten und mit Achilleus‹ (P. 8, Schluß). Hymnen dieser Art[13] müssen wir uns bei gottesdienstlichen Feiern allenthalben gesungen denken, so wenig uns von dieser ungeschriebenen Literatur auch erhalten sein mag. Aber dies zu verfolgen, liegt nicht auf unserem Wege[14], dagegen führt uns folgende Betrachtung zu dem Epigramm des Krinagoras zurück. Wenn Gebete dieser Art in Erfüllung gingen, so entwickelte sich daraus der Ausdruck der Zuversicht. ›Unsere Stadt wird nach göttlicher Schicksalsbestimmung niemals untergehen, hält doch Pallas Athene als gewaltige Schirmherrin ihre Hände über sie‹, so beginnt Solon seine Elegie[15], in der er dann ausführt, daß Schmerzen und Zwist der Stadt drohen (Vers 8, 19)[16]. Das Epigramm ist, wie so häufig, eine Verkürzung der Elegie. Augustus tritt ohne weiteres an die Stelle der alten Landesgottheiten. Krinagoras hat die Worte δεξιὰ σημαίνειν dem Zeushymnus des Aratos entnommen (5f. ὁ δ' ἤπιος ἀνθρώποισι δεξιὰ σημαίνει)[17]. Die Römer werden *ductu et auspiciis Augusti* herausgehört haben, oder, um es wieder horazisch auszudrücken: ›O größter Fürst auf dem Erdenrunde: die beiden Neronen

[13] R. Wünsch, der sein kostbares Leben für unser Vaterland dahingab, hat in seiner letzten Arbeit, dem Artikel ›Hymnus‹ der R. E., gerade diese Art kaum berührt.

[14] Nur sei bei dieser Gelegenheit darauf hingewiesen, daß die Fürbitten der christlichen Liturgien für Gesundheit und Sieg des regierenden Kaisers (vgl. z. B. die alexandrinische Liturgie bei C. A. Swainson, The greek liturgies, London 1884, 6) aus den entsprechenden Vota der alten Religion erwachsen sind, wofür die Acta fratrum Arvalium aus der Zeit des Claudius und Traianus (S. 122 f. Henzen), ja schon das schöne Gebet, mit dem Vergil das erste Buch der Georgica schließt, vollgültige Beispiele bieten.

[15] Die Häufung der Anaklesen μεγάθυμος ἐπίσκοπος ὀβριμοπάτρη Παλλὰς Ἀθηναίη entspricht dem Hymnenstil.

[16] Zu vergleichen ist das Gebet an Apollon um Schutz der Stadt in den Theognidea 773 ff.

[17] Eine schöne Analogie ist folgende: Germanicus beginnt das im Jahre 18 auf griechischem Boden verfaßte (v. Wilamowitz, Sitzungsberichte der Preußischen Akademie der Wissenschaften, 1911, 814, 2) Proömium seiner Aratea, indem er das arateische Proömium auf Tiberius überträgt: *ab Iove principium magno deduxit Aratus carminis, at nobis, genitor, tu maximus auctor, te veneror, tibi sacra fero* usw. Er schließt: *numenque secundes.*

haben die Vindeliker und Räter niedergeworfen, da du ihnen deine Soldaten, deinen Rat und deine Götter gewährtest‹ (4, 15). |

Dieser Typus hat in der Literatur der römischen Kaiserzeit eine lange Geschichte gehabt. Einen Blick auf sie zu werfen wird sich uns dienlich erweisen für das Verständnis des zweiten Verses unseres Epigramms: ihn zu erklären ist der eigentliche Anlaß zu diesen Bemerkungen gewesen. Er ist mit Konjekturen überschüttet worden; unter diesen erfreut sich die Peerlkampsche Ῥῆνον ἅπαντ᾽ ἐφίῃ, die auch Mommsen in seiner Übersetzung befolgte, bis in jüngste Zeit[18] eines unverdienten Ansehens. Sie ist, wie alle übrigen vorgeschlagenen Änderungen, schon deshalb abzulehnen, weil, wie schon von anderen bemerkt worden ist, dieser Dichter die Vorstellung vom ›Trinken des Rheins‹ auch in einem anderen Gedicht zum Ausdruck gebracht hat: A. P. 16, 61, 5 f. (49 Rubensohn) Ἀράξης | καὶ Ῥῆνος δούλοις ἔθνεσι πινόμενος, vgl. 9, 430, 1 f. (36 Rub.) ἐγγὺς Ἀράξεω | ὕδωρ πιλοφόροις πίνεται Ἀρμενίοις. Bei römischen Dichtern wurde es fast zum Gemeinplatz, den Wohnsitz von Barbarenvölkern so zu bezeichnen, daß man sagte, ›sie trinken die Ströme ihres Landes‹[19]. Ja, es werden in diesem Sinne sogar Germanien und der Rhein genannt. Vergil läßt (ecl. 1, 62) einen seiner Hirten die Unmöglichkeit, je die Wohltaten des Caesar zu vergessen, durch eine Reihe von ἀδύνατα bekräftigen, darunter: *aut Ararim Parthus bibet aut Germania Tigrim.* Um die Grenzen des Imperiums möglichst weit zu befassen, hat der Dichter an die Stelle des Euphrats und Rheins, deren Nennung man erwartet hätte[20], Tigris und Saône treten lassen, letztere, wie es scheint, auf Grund seiner Kenntnis von militärischen Vorgängen, die sich damals in jener Gegend Galliens vorbereiteten[21]. Wenn wir seinen Vers aus dem

18 Sie ist von E. Sadée in seiner soeben erschienenen, übrigens sehr lesenswerten Rede zum Winckelmannstage 1916 ›Rom und Deutschland vor 1900 Jahren‹ (Bonner Jahrb. Heft 124, 15, 5) wieder verteidigt worden.

19 Horaz 2, 20, 20 *Rhodanique potor* 4, 15, 21 *qui profundum Danuvium bibunt;* die Belege aus Vergil und Seneca s. gleich im Text und folgender Anmerkung. Viele andre Beispiele aus späteren Dichtern (aber nicht dem weiterhin verwerteten Sidonius) im Thes. L. L. 2, 1964 s. *bibo.* Die Primärquelle für griechische und römische Dichter wird B 824 f. (im Troerkataloge) gewesen sein: οἳ δὲ Ζέλειαν ἔναιον ὑπαὶ πόδα νείατον Ἴδης, ἀφνειοί, πίνοντες ὕδωρ μέλαν Αἰσήποιο. Herodot 7, 21. 187 berichtet, um die Größe des Heeres des Xerxes phantastisch zu bezeichnen, die Flüsse hätten nicht gereicht, seinen Durst zu stillen, πλὴν τῶν μεγάλων ποταμῶν. Dem Hellenen galt das Trinken von Wasser ἀπὸ ποταμῶν μεγάλων, ἐς οὓς ποταμοὶ ἕτεροι ἐμβάλλουσι als gesundheitsschädlich: Hippocr. de aere 9.

20 Vgl. georg. 1, 509 *hinc movet Euphrates, illinc Germania bellum,* Aen. 8, 726 *Euphrates ... Rhenusque bicornis.*

21 Diese Ansicht, die schon J. Chr. Jahn (1825) andeutete, habe ich mir auf Grund der Lektüre der lehrreichen Abhandlung von E. Ritterling, Zur Geschichte des

Paradoxen ins Natürliche | zurückbilden, so ist klar, daß die Verbindung *Germania Rhenum bibit* eine für seine Leser verständliche Vorstellung gewesen sein muß. Seine Ausdrucksweise berührt sich mit derjenigen des Krinagoras also auch darin, daß er — mit einem bei Dichtern ganz geläufigen Tropus — das Land für dessen Bewohner nennt. Seneca hat diese Verse in einem Chorlied der Medea nachgebildet, indem er, dem inzwischen beträchtlich erweiterten Begriff der Oikumene und des Völkerverkehrs Rechnung tragend, das vergilische ἀδύνατον als Realität bezeichnet (371 ff.): der Erdkreis wird von einem Ende zum andern durchwandert, *Indús gelidum potat Araxen, Albín Persae Rhenumque bibunt,* worauf er eine interessante Perspektive der Entdeckungsgeschichte eröffnet[22]. Er ersetzt hier also den Arar durch den Rhenus (neben dem er nun auch schon die Elbe nennen kann). Beide Ströme nebeneinander nennt in einer Paraphrase der vergilischen Verse Nemesianus im Proömium seiner im Jahre 284 gedichteten Cynegetica 67 f.: später wolle er besingen die von den kaiserlichen Brüdern Numerianus und Carinus unterworfenen Nationen *quae Rhenum Tigrimque bibunt Ararisque remotum principium*[23].

römischen Heeres in Gallien, Bonner Jahrb. 114/115, 1906, 161 ff. (in dem Abschnitt: Die militärischen Verhältnisse bis zur Niederlage des Lollius) gebildet. Die Ekloge ist frühestens im Jahre 41 gedichtet. Damals begannen die Ereignisse an der Rhone, speziell an ihrem Zusammenfluß mit der Saône bei Lugdunum, die Aufmerksamkeit auf sich zu ziehen. Appian b. c. 5, 66 nennt zum Jahre 40 den Salvidienus, der das dem Antonius nach dem Tode des Fufius Calenus abgenommene Heer von 11 Legionen für Caesar befehligte, τὸν ἡγούμενον τῷ Καίσαρι τοῦ περὶ Ῥοδανὸν στρατοῦ. Dann hat Agrippa während seiner ersten Statthalterschaft in Gallien (39/38) Lugdunum als Ausgangspunkt einer über Chalon, Metz, Trier an den Rhein führenden Straße (Strabo 4, 208) gewählt, die bestimmt war, die Rheingrenze zu sichern. Ist es nicht begreiflich, daß diese Vorgänge in Gallia comata, die die augusteische Neuorganisation vorbereiteten, das Interesse eines Dichters in Gallia togata erregten? Später sind von Tibull in der zur Feier des gallischen Triumphes des Messala (im Jahre 27) gedichteten Elegie 1, 7 *Arar Rhodanusque* als Zeugen seiner Taten genannt (Vers 11), worin Ritterling einen Hinweis darauf zu erblicken glaubt, daß noch damals die Hauptmacht des Heeres an der mittleren Rhone stand.

22 Das Lied schließt in der Fortsetzung der im Text zitierten Verse so: *veniént annis saecula seris, quibus Óceanus vincula rerum laxét et ingens pateat tellus Tethýsque novos detegat orbes nec sít terris ultima Thule.* Hier hört man den stoischen Gelehrten (vgl. nat. 1, pr. 13). Die Stoa hatte das Glück gehabt, Eratosthenes zu den ihrigen zählen zu dürfen, an den Poseidonios anknüpfte. Vgl. A. Elter, Kolumbus und die Geographie der Griechen, Bonner Festrede 1902.

23 Die Quelle des Arar verlegen Strabo 4, 186 (vgl. 192) und Ptol. 2, 10, 3 irrtümlich in die Alpen, indem sie sie mit derjenigen der Rhone verwechseln. Später — wohl erst im Verlauf des 3. Jahrhunderts während der unaufhörlichen Kämpfe mit den Alamannen — wurde das berichtigt: daraufhin Vibius

Hieraus ergibt sich, daß jeder Versuch, die Überlieferung anzutasten, abgelehnt werden muß. Aber mit dem Verständnis des Einzelverses ist noch nicht dasjenige des Zusammenhanges erschlossen, in | dem er erscheint, vor allem auch noch nicht der Begriff der ›Ganzheit‹ des Stromes. Um dieses zu erklären, müssen wir uns einem späten Zeugen zuwenden. Wir wollen uns dabei wieder Mommsen zum Führer nehmen.

Seine Erzählung der Ereignisse der Jahre 61—59, als germanische Stämme das Gebiet der Helvetier bedrohten und Ariovist sich im oberen Elsaß festsetzte, als auch das untere gefährdet war und suebische Haufen sich zwischen Mainz und Köln sammelten und am Niederrhein die Usipeter und Tencterer in Bewegung gerieten, schließt er mit folgenden Worten (Röm. Gesch. 3, 249): ›Von den Rheinquellen bis zum atlantischen Ozean waren die deutschen Stämme in Bewegung, die ganze Rheinlinie von ihnen bedroht; es war ein Moment, wie da die Alamannen und Franken sich über das sinkende Reich der Caesaren warfen und jetzt gleich schien gegen die Kelten eben das ins Werk gesetzt werden zu sollen, was ein halbes Jahrtausend später gegen die Römer gelang.‹ Bei diesen Worten dachte er unzweifelhaft an berühmte Verse des Sidonius, dem er Jahrzehnte später eine meisterhafte Charakteristik gewidmet hat.

Das Jahr 455 war für Gallien eins der schicksalsschwersten seiner Geschichte. Die Ermordung des Aetius (21. September 454), der durch seine Kraft und Politik die rechtsrheinischen Germanenvölker in Furcht gehalten hatte, war für diese das Signal zu einer gewaltigen Invasion auf das linke Stromufer geworden. Insbesondere gelang es den Alamannen, die freilich schon im Jahre 408 hierher vorgedrungen waren, sich aber noch nicht hatten behaupten können, jetzt das Elsaß von Straßburg bis Worms und die angrenzenden Teile der Schweiz dauernd zu besetzen[24]. Petronius Maximus, auf dessen Anstiften der Kaiser Valentinianus III., der Mörder des Aetius, seinerseits ermordet worden war (16. März 455), bestieg den Kaiserthron und ernannte den vornehmen Arverner Avitus zum Magister utriusque militiae, dem es in drei Monaten gelang, die Feinde teils zu besiegen, teils mit ihnen zu paktieren. Avitus, der dann am 9. Juli desselben Jahres zum Kaiser ausgerufen wurde, war der Schwiegervater des Sidonius Apollinaris, der zum 1. Januar 456 ein langes Festgedicht (Nr. 7) verfaßte. Eine Versreihe desselben ist geschichtlich hochbedeutsam. Er preist die

Sequester (Geogr. lat. min., 145): *Arar Germaniae e Vosego monte miscetur Rhodano.*

24 Diese Verhältnisse finde ich am besten dargelegt von W. Oechsli, Zur Niederlassung der Burgunder und Alamannen in der Schweiz, Jahrb. für Schweizerische Geschichte 33, 1908, 225 ff.

Verdienste, die Avitus als Reichsfeldmarschall des Petronius Maximus sich um das Vaterland erworben habe (372 ff.): |

Francus Germanum primum Belgamque secundum[25]
sternebat Rhenumque, ferox Alamanne, bibebas
Romani[26] *ripis et utroque superbus in agro*
vel civis vel victor[27] *eras. sed perdita cernens*
terrarum spatia princeps iam Maximus, unum
quod fuit in rebus, peditumque equitumque magistrum
te sibi Avite legit.

Kaum hatte Avitus sein Amt angetreten, als die Alamannen eine entschuldigende Gesandtschaft abschickten und die übrigen Völkerschaften sich zur Ruhe bequemten (388 ff.):

ut primum ingesti pondus suscepit honoris,
legas qui veniam poscant, Alamanne, furori:
Saxonis incursus cessat, Chattumque palustri
alligat Albis aqua; vixque hoc ter menstrua totum
luna videt.

Die Situation, die den gallischen Lobredner der ephemeren Usurpatoren — auch die Regierung des Avitus dauerte nur bis zum 17. Oktober des Jahres 456 — seine schönfärberischen, aber für die Zeit gar nicht üblen Worte finden ließ, ist, wie man sieht, nach Verlauf fast eines halben Jahrtausends in ihrer Grundvoraussetzung noch dieselbe wie diejenige, die dem lateinischen und dem griechischen Hofdichter des Augustus ihre feinstilisierten Huldigungen eingaben. Dem Reich droht eine Gefahr von seiten Germaniens, aber der Kaiser braucht

25 Die zur *dioecesis Galliarum* gehörenden Provinzen *Germania prima* (Stadtgebiete von Mainz, Worms, Speier und Straßburg mit der Hauptstadt Mainz) und *Belgica secunda* (Hauptstadt Reims). Zur Ausdrucksweise vgl. Dessau 2786 *civis secundus Retus (Raetia secunda:* die vindelizische Hochebene zwischen Alpen und Donau).

26 So die Überlieferung, die nicht in *Romanis* geändert werden darf: der *Romanus* steht im Gegensatz zum *Alamannus;* auch haben gerade die späteren Schriftsteller (auch Prosaiker wie Ammianus) die Schulregel, den gleichen Kasusauslaut zweier aufeinanderfolgender Wörter zu meiden, genauer befolgt als die früheren, die sich nicht eben ängstlich daran kehrten (Vergil erhält in naseweisen Scholien deswegen oft einen Tadel). — Für den Gedanken vgl. die hübschen Hendekasyllaben des Martial 10, 7 an den Gott des Rheinstroms: das Gebet *(et) Romanus eas utraque ripa* war nicht in Erfüllung gegangen.

27 *civis* in den Agri decumates, *victor* auf dem linken Ufer des Oberrheins. Für den letzteren Ausdruck ist zu bemerken, daß *victor* die technische Bezeichnung für diejenige Völkerschaft war, die fremdes Gebiet besetzte: Siculus Flaccus de condicionibus agrorum in den Agrimensores S. 102, 1 Thulin *occupatorii dicuntur agri quibus agris victor populus occupando nomen dedit;* ebendort S. 100, 7 u. ö. Schon Caesar braucht das Wort öfters so von den Germanen, die Teile Galliens okkupierten: 1, 40, 6. 44, 2. 6, 37, 7. Vgl. Tacitus Germ. 2 und dazu Müllenhoff, D. A. 4, 130.

bloß auf dem Plan zu erscheinen, und sie ist beseitigt. Daß es gerade auch die Franken waren, die die immer noch nicht völlig erlahmte | Kraft des Imperiums zu fühlen bekamen, trifft sich für die oben entwickelte Ansicht gut, nach der sich das Krinagorasepigramm auf die durch das Erscheinen des Augustus in Gallien erfolgte Kapitulation der Sugambrer bezieht: denn die Sugambrer waren einer der germanischen Stämme, die in das Frankenreich aufgingen, und die Gleichung der Franken, die man, mehr als man wünschte, aus dem Leben kannte, und der Sugambren, die man nur mehr aus der Literatur kannte, war gerade dem Sidonius und dieser Spätzeit überhaupt ganz geläufig[28].

Die *clades Lolliana* bildete, wie wir oben mit Mommsens Worten hörten, einen Wendepunkt in der Stellungnahme des Imperiums zu der Germanenfrage. Bis zu ihr verhielt es sich in der Defensive, darauf erfolgte die Verlegung der Operationsbasis von der Rhone und Saône an den Rhein und die Vorbereitung einer Offensive. Fast gleichzeitig wurden die beiden Hauptwaffenplätze Castra Vetera und Mogontiacum, ersteres unter den Augen des Augustus selbst, angelegt; in eben jenen Jahren (16—13) wurde, um den Oberlauf des Stromes zu sichern, das Legionslager von Vindonissa geschaffen, von wo aus die Truppen bei etwaiger Gefahr leicht an den Rhein verschoben werden konnten. So war in der Tat der Fluß in seinem ganzen Lauf durch einen lebendigen Schutzwall gedeckt, der so undurchdringlich schien, daß der Dichter mit Recht sagen konnte, auch wenn Germanien die ganze Rheinlinie erreicht hätte, drohe dem Reich keine Gefahr. Aber er konnte die Zukunft nicht vorausahnen, die uns die Worte des Sidonius vor Augen stellen. Er bezeichnet den Rhein in seiner ganzen Ausdehnung nach den ihm anwohnenden Völkerschaften. Die Franken vom Niederrhein drangen in das mittlere Stromgebiet, *Germania prima,* ein, von wo sich ihre Plünderungszüge in die *Belgica secunda* erstreckten; auf den Oberrhein deutet er durch die Nennung der Alamannen hin. Was Krinagoras einst mit Worten ausgedrückt hatte, die fast wie ein ἀδύνατον klangen, ›auch nicht, wenn Germanien den ganzen Rhein getrunken haben wird‹[29], das war nun in die Erscheinung getreten: die Rhein-

[28] Sidonius selbst carm. 23, 245 *Fráncorum et penitissimas paludes intrares venerantibus Sygambris,* epist. 4, 1, 4 *ad paludicolas Sygambros* (vgl. Hist. Aug. vita Probi 12, 3 *Franci inviis strati paludibus).* Lydus de mag. 3, 56 (S. 145 Wünsch) Συγάμβροις ..., φράγγους αὐτοὺς ... καλοῦσιν ἐπὶ τοῦ παρόντος οἱ περὶ Ῥῆνον καὶ Ῥοδανόν.

[29] Ich stimme in der Auffassung dieser Worte mit H. Stadtmüller überein, der in einer Anmerkung seiner Ausgabe der Anthologie zu diesem Verse bemerkt: »Ῥῆνον ἅπαντα πίνειν dicit poeta eos qui non hanc illam partem ripae Rhenanae occupant, sed totum amnem, quanto ambitu eius cursus conficitur; nullo spatio intermisso accolunt.« Ich glaube diese Übereinstimmung um so mehr her-

linie war in ihrer Gesamtheit, fast von der Quelle | bis zur Mündung des Stroms, gefährdet, ja, die Alamannen ›tranken den Rhein‹ sogar schon auf beiden Ufern.

Das ausgehende dritte Jahrhundert bildet ein Bindeglied zwischen dem Ende des letzten vorchristlichen und der Mitte des fünften. Die Sorge vor der Germanengefahr war damals die gleiche*. Der Panegyriker des Kaisers Maximianus findet dafür in seiner zu Trier im Jahre 289 gehaltenen Rede 10 (2), 7 eigentümlichen Ausdruck: ›Wann hat nicht zu unserer größten Furcht die lange Dauer heiteren Wetters den Wasserstand des Rheins vermindert? wann ist nicht zu unserer Sicherheit seine Wasserfülle gewachsen? ... Aber du, unbesiegter Herrscher, hast jene wilden Völker durch Verwüstung, Schlachten, Mord und Brand gebändigt ... Von nun ab sind wir sorgenfrei. Mag der Rhein austrocknen und mit dünnem Rinnsal kaum glatte Steinchen auf seinem sichtbaren Grund ins Rollen bringen, daraus erwächst uns keine Furcht mehr: das ganze jenseitige Ufer, so weit ich schaue, ist römisch‹[30]. Es ist einmal die Vermutung ausgesprochen worden, Krinagoras habe mit seinen Worten auf die Möglichkeit einer Trockenlegung des Rheinstrombetts und die daraus sich ergebende Gefahr für den Bestand des Imperiums hinweisen wollen[31]. Man könnte vielleicht auf den Gedanken kommen, daß diese Deutung in den soeben angeführten Worten eine Bestätigung erhalte. Aber das wäre doch nur ein trügerischer Schein: der vorhin erwähnte Ausdruck des Krinagoras selbst ›Ῥῆνος δούλοις ἔθνεσι πινόμενος, alle Parallelstellen lateinischer Dichter, in denen es stets nur *bibere,* nie *ebibere* heißt, schließen es aus, in unserem Epigramm πίῃ im Sinne von ἐκπίῃ zu verstehen. Wohl aber wird man die Worte des Panegyrikers, in denen wieder ein Augustus auf Kosten der Franken verherrlicht wird, in die hier dargelegte Geschichte eines Motivs hineinbeziehen dürfen. Im Anfang erscheint es noch als Ausdruck der Zuversicht: selbst wenn diese Gefahr einer pangermanischen Invasion einmal eintreten sollte — es wird nie dazu kommen —, das Reich steht fest, und das Volk hält treu zu seinem Kaiser. Der Panegyriker spricht schon aus einer anderen Tonart: je bombastischer er seine Sorgenfreiheit beteuert, um so deutlicher merkt man, daß bleiche Furcht ihn schüttelt[32]. Als der vor- | nehme Gallier sein Gedicht verfaßte, war

vorheben zu müssen, als ich im übrigen den Deutungsversuchen dieses Gedichtes durch Stadtmüller nicht zustimme.

30 Der Gedanke ist von dem Verfasser des Panegyrikus auf Constantinus 5 (8), 6 wiederholt worden.

31 A. Rubensohn in seiner Ausgabe, Berlin 1888, 89: ›sublatis his cancellis Germani iam suo arbitrio in Romanos fines ingruere poterant sicco quasi vado.‹

32 Mit der von ihm behaupteten Besiegung war es nicht weit her: der Kaiser

* *[Addendum (s. S. VIII)]* Cic. Pis. 81 f.

die Kaiserherrschaft in der Provence bereits zusammengebrochen. So blieb ihm nur mehr die kleinlaute Phrase; in sie kleidete er das Bewußtsein der Hoffnungslosigkeit, dem germanischen Sieger das linke Ufer des Oberrheins, das er sich damals zur dauernden Besiedlung gewonnen hatte, je wieder streitig machen zu können.

mußte sich bequemen, den Franken auf dem linken Stromufer Ländereien anzuweisen, was ein anderer Panegyriker (8, 21) mit bittersüßen Worten so zu beschönigen sucht: *tuo, Maximiane Auguste, nutu Arviorum et Trevirorum arva iacentia Laetus postliminio restitutus et receptus in leges Francus excoluit.*

PHILEMON DER GEOGRAPH

Mit einem Beitrag zur Entstehungsgeschichte des Namens Mare Balticum von Hans Philipp

1921

In seinem Artikel »Hibernia« in der R. E. VIII (1913), 1388 ff. hat F. Haverfield ein Zeugnis übersehen*, das nicht nur für das Irland des Altertums, sondern auch für die Propaganda des geographisch-ethnographischen Wissens von Bedeutung ist. Ptolemaios schreibt an einer ohnehin bemerkenswerten, weil eines der seltenen Marinoszitate enthaltenden, Stelle (Geogr. 1, 11, 7) folgendes:

»Marinos scheint den Erkundungen (ἱστορίαις) der Handelsreisenden zu mißtrauen. Wenigstens versagt er der bei Philemon sich findenden Behauptung, wonach die Länge Irlands von Ost nach West zwanzig Tagereisen betrage, seine Zustimmung, weil jener diese Kunde aus dem Munde von Kaufleuten empfangen zu haben angibt. Denn diese, sagt er, seien von ihren Geschäften derart in Anspruch genommen, daß es ihnen zur Erforschung der Wahrheit an Zeit fehle: auch zeigten sie oft Neigung, die Distanzen aus Prahlerei zu vergrößern.«

Welcher Zeit mag der von Marinos zitierte Philemon angehört haben? F. Susemihl (Geschichte der griechischen Literatur 1, 699) setzte ihn unbestimmt in die hellenistische Epoche, C. Müller (Fragm. Hist. Graec. 4, 474) zweifelnd in das 3. Jahrhundert v. Chr., D. Detlefsen (Die Entdeckung des germanischen Nordens im Altertum, Berlin 1904, 23) in die Zeit bald nach dem Geographen Xenophon von Lampsakos, den er um 100 v. Chr. datiert, K. Müllenhoff (D. A. 1, 412 f.) in das letzte vorchristliche Jahrhundert, aber mit dem Zusatz »frühestens«. Ich will zu zeigen versuchen, daß er, der große Kenner, diesen Vorbehalt mit Recht machte, wenn auch mehr gefühlsmäßig: denn das Zeugnis des Marinos ist ihm entgangen[1]. |

[1] Ich vermag mir das nur daraus zu erklären, daß das erste Buch der ptolemäischen Geographie, das die theoretische Begründung enthält, erfahrungsgemäß viel weniger Leser und Benutzer findet als die folgenden, in denen die Tabellen enthalten sind. Und doch sollte man an jenem um Marinos willen nicht vorbeigehen.

* *[Addendum (s. S. VIII)]* Auch H. Zimmer, Sitz.-Ber. Berl. Ak. 1909, 370. Dagegen berücksichtigt von Bergers Geschichte der Erdkunde 4, 94.

Philemon wird von Plinius dreimal zitiert, einmal (4, 95) für Namen von Teilen des »nördlichen Ozeans«, zweimal (37, 33. 36) für das Bernsteinproblem: außerdem steht sein Name im Autorenregister zum zehnten Buch. Also bildet die Regierung des Vespasianus die untere Zeitgrenze; eine höhere ergibt sich aus folgender Beobachtung. Strabo spricht (von gelegentlichen Bemerkungen abgesehen) zweimal über Irland (2, 115. 4, 201), an der zweiten Stelle etwas ausführlicher als an der ersten. An jener sagt er: die Insel sei Britannien nach Norden zu vorgelagert, mehr oblong als breit (προμήκης μᾶλλον ἢ πλάτος ἔχουσα); es lasse sich über sie nichts Genaueres sagen, als daß dort Menschenfresserei, Geschlechtsverkehr mit Müttern und Schwestern und ähnliche Barbarei bestehen solle, aber auch dafür gebe es keine glaubwürdigen Zeugen. Hiermit stimmt die kürzere Stelle des zweiten Buches überein: die Lage zu Britannien wird mit denselben Worten angegeben, die Bewohner als »vollkommen Wilde« bezeichnet, die wegen der Kälte ein elendes Dasein führten (die letzteren Worte bilden ein winziges Mehr im Verhältnis zu denen des vierten Buches). Aber diese kürzere Stelle enthält eine Angabe über die Vorlage: οἱ νῦν ἱστοροῦντες werden als Gewährsmänner angeführt, sind es also auch für die übereinstimmende Stelle des vierten Buches. Daß diese »jetzigen Erkunder«, die etwas über das Verhältnis der Länge der Insel zu ihrer Breite auszusagen wußten, identisch sind mit den Handelsreisenden, auf Grund von deren »Erkundungen« Philemon eine Angabe über die Länge der Insel machte, ist eine Vermutung, die auf der Hand liegt; sie ist um so wahrscheinlicher, als Strabo mit den Worten, die seinen Bericht an der zweiten Stelle beschließen: »aber auch dieses sage ich nicht, als ob ich glaubwürdige Zeugen dafür hätte«, seinem Mißtrauen gegenüber diesen ἱστοροῦντες den gleichen Ausdruck gibt wie Marinos[2]. Hieraus gewinnen wir eine nähere Zeitbestimmung für Philemon. Die ἱστοροῦντες bezeichnet Strabo als seine Zeitgenossen; ihnen hatte Philemon, wie Marinos tadelnd | bemerkt, Glauben geschenkt; also war Philemon

[2] Marinos' Mißtrauen war berechtigt. Die größte Ausdehnung der Insel in der Richtung Ost-West beträgt etwa 280 km. Die zwanzig Tagereisen würden aber — bei Zugrundelegung der üblichen Berechnung des Altertums: tägliches Wegmaß eines Fußgängers 26—27 römische Meilen = etwa 40 km — mit ihren etwa 800 km das wirkliche Maß um mehr als das Dreifache übersteigen. Daß man den Berichten von Handelsleuten nicht blindlings trauen dürfe, sondern sie einer wissenschaftlichen Kritik unterziehen müsse, war übrigens eine alte Erkenntnis: Polybios stellt in dem Exkurse über den Pontus die ἐμπορικὰ διηγήματα in Gegensatz zu der κατὰ φύσιν θεωρία (4, 39, 11), gesteht ihnen aber weiterhin (42, 7) neben vieler ψευδολογία καὶ τερατεία doch ἴχνη τῆς ἀληθείας zu. — Erkundung Irlands auf dem Handelswege bezeugt auch, aber nur für die Küsten, Tacitus, Agr. 24: *aditus portusque per commercia et negotiatores cogniti.*

frühestens ein Zeitgenosse Strabos, der sein Werk um 19 n. Chr. abschloß.

Diese Annahme stimmt zu den Angaben des Plinius über Philemon. Er wird, wie bemerkt, im 37. Buch der Naturgeschichte zweimal für das Bernsteinproblem angeführt, das, wie aus der langen Darlegung des Plinius hervorgeht, zur Zeit der julisch-claudischen Dynastie lebhaft erörtert wurde. Im vierten Buch (95) ferner bringt er ein Zitat aus Philemon für Namensbenennungen von Teilen des Nordmeeres: *Philemon (dicit) Morimarusam a Cimbris vocari (septentrionalem oceanum), hoc est mortuum mare, inde usque ad promunturium Rusbeas, ultra deinde Cronium*[3]. Darunter ist die erstere Angabe von anerkannter Wichtigkeit wegen der lautgetreuen keltischen (nicht germanischen) Meeresbezeichnung[4]. Aber die Angaben insgesamt erwecken großes Interesse: hier zum ersten Male hören wir etwas über die dann erst wieder bei Marinos-Ptolemaios erwähnte Χερσόνησος Κιμβρική, d. h. die von Schleswig, Holstein und Jütland gebildete Halbinsel mit ihrem Vorgebirge (Kap Skagen): *promunturium Cimbrorum excurrens in maria longe paeninsulam efficit quae Tastris appellatur*, wie es bei Plinius gleich darauf (97) heißt, allem Anschein nach ebenfalls aus Philemon. Wann trat diese Gegend in den römischen Gesichtskreis? Darauf gibt es nur eine Antwort. *Classis mea ... usque ad fines Cimbrorum navigavit, quo neque terra neque mari quisquam Romanus ad id tempus adit*, sagt Augustus (Mon. Ancyr. 5, 14). Die hier erwähnte Flottenexpedition des Tiberius im Jahre 5 n. Chr. gab zum ersten Male Gelegenheit, jene für den Südländer märchenhaft fern entrückten Gegenden genauer kennenzulernen, als es Pytheas möglich gewesen war, der die jütische Nordspitze gesehen hatte, und brachte | den auf der

[3] Diese Worte sind von Detlefsen a. a. O. 23 f. sprachlich schwer mißdeutet und zu abenteuerlichen geographischen Kombinationen mißbraucht worden, obwohl schon Müllenhoff im wesentlichen das Richtige gesagt hatte. Es werden zwei Teile des »nördlichen Ozeans« unterschieden: die *Morimarusa* und das *mare Cronium.* Ersteres reichte *a Cimbris,* d. h. ἀπὸ τῶν Κίμβρων, bis zum Vorgebirge *Rusbeae* (mit *inde usque,* wobei *inde* die soeben gegebene Ortsbestimmung *a Cimbris* wieder aufnimmt, vgl. Cic. Arch. 1, *inde usque repetens* nach einer soeben vorausgehenden Zeitbestimmung); das *mare Cronium* lag darüber hinaus, war also das Meer des äußersten Nordens. Die Richtigkeit dieser Deutung wird übrigens durch eine die plinianische Ausdrucksweise etwas erleichternde Paraphrase des Solinus 19, 2, gewährleistet.

[4] *Mori marusa = mare mortuum* (πόντος νεκρός, Dionysios perieg., 33, θάλασσα νεκρά, Orph. Argonaut., 1086), so von den Kelten benannt wegen des Nebels, in dem es begraben zu sein schien. Es wurde also begrenzt *a Cimbris,* d. h. der westjütischen Küste, und dem Vorgebirge *Rusbeae (Rubeae* las Solinus); dieses ist nicht sicher zu lokalisieren, aber die Vermutung Müllenhoffs, es seien die vorspringenden Felsspitzen der nördlichsten Shetlandinseln gemeint, ist durchaus wahrscheinlich.

Halbinsel befindlichen Rest des Kimbernvolkes, das man damals nur noch aus der Literatur kannte, zu lebendiger Anschauung: *septentrionalis oceanus maiore ex parte navigatus est auspiciis divi Augusti Germaniam classe circumvecta ad Cimbrorum promunturium,* wie es wieder Plinius (in der allgemeinen Erdbetrachtung 2, 167) ausdrückt. Die obere Zeitgrenze, die wir so für Philemon gewinnen — nach 5 n. Chr. —, stimmt mit den vorhin gewonnenen Daten überein.

Philemon wird also, wie wir zusammenfassend werden sagen dürfen, zu den *Graeci recentiores* gehört haben, die Plinius (4, 103) für die Benennung einer Inselgruppe der Nordsee anführt *(in Germanicum mare sparsae Glaesiae quas Electridas Graeci recentiores appellavere).* Er darf mithin als einer jener immerhin noch namhaften Nachzügler der großen geographischen Forscher gelten, die, zwischen Artemidoros und Poseidonios auf der einen, Marinos und Ptolemaios auf der anderen Seite stehend, mit Erfolg bemüht gewesen sind, die durch Handel und Waffen neu erschlossenen Gebiete in das eratosthenische Kartenbild einzutragen; sie haben dadurch die Forschung mehr gefördert als das Handbuch des Strabo, das denn auch vor Athenaeus niemand zitiert hat. Philemon kam in seiner Schrift — es war, nach den uns erhaltenen Zitaten zu urteilen, ein περίπλους τῆς ἐκτός — ohne Benutzung des Ozeanwerkes des Poseidonios nicht aus, ja über dieses hinaus scheint er, wie wir am Schluß dieses Aufsatzes sehen werden, auf das des Pytheas zurückgegriffen zu haben. Jetzt, wo seine Zeit annähernd bestimmt und die Art seiner Schrift etwas greifbarer geworden ist, wird sich eine Prüfung etwaiger Spuren bei Mela, Plinius (auch außerhalb der direkten Zitate) und Marinos-Ptolemaios wohl verlohnen; doch muß das anderen vorbehalten bleiben. Hier sei nur noch eine Ergänzung der vorstehenden Betrachtungen erlaubt.

Auf die vorhin zitierten Worte des Philemon über die Morimarusa und das »Urmeer« *(mare Cronium)* folgen bei Plinius (4, 95) unmittelbar diese: *Xenophon Lampsacenus a litore Scytharum tridui navigatione insulam esse immensae magnitudinis Balciam tradit, eandem Pytheas Basiliam nominat.* Derselbe Inselname begegnet bei Plinius in dem Abschnitt über den Bernstein 37, 35 f. *Pytheas (credidit) Guionibus Germaniae genti accoli aestuarium oceani Metuonidis nomine*[5] *spatio | stadiorum sex milium, ab hoc diei navigatione abesse*

[5] *Metuonis* = »Medenland« von fries. *mede,* altengl. *medewe,* d. h. Wiesen- und Heuland (Marsch): Detlefsen a. a. O. 10 ff.; *aestuarium* ist das durch eine εἴσχυσις des Ozeans gebildete Wattenland; vgl. meine Germanische Urgeschichte, 296, 2. Pytheas hatte also genaue epichorische Kunde von der Formation der nordfriesischen Küste, deren Wattenmeer von Mela 3, 31, nach einer ausgezeichneten Quelle aufs anschaulichste beschrieben wird. Dort liegt die Insel Amrum, die den Namen der Ambronen, der kimbrischen Wander-

insulam Abalum. illo per ver fluctibus advehi (sc. *electrum*) *et esse concreti maris purgamentum, incolas pro ligno ad ignem uti eo proximisque Teutonis vendere. huic et Timaeus credidit, sed insulam Balisiam vocavit. Philemon negavit flammam ab electro reddi.* Da Philemon die Brennbarkeit des Bernsteins, die Pytheas auf Grund seiner Autopsie bei den Eingeborenen mit Recht behauptet hatte, seinerseits bestritt, so wird mit der Möglichkeit zu rechnen sein, daß er sich dabei auf das seiner Ansicht entgegenstehende Zeugnis des Pytheas bezogen hatte, und das um so mehr, als Plinius den Pytheas an keiner der fünf Stellen, an denen er ihn zitiert, aus unmittelbarer Lektüre gekannt hat. Aber wie dem sei: die Worte des Plinius sind wegen ihrer Angaben über den Namen der Insel interessant genug, um dabei zu verweilen. Doch möchte ich hier gleich einem so namhaften Kenner der antiken Geographie des Westens wie H. Philipp das Wort geben: er schrieb mir folgendes:

»Offenbar ergab die griechische Namensform ΒΑΛΙΙCΙΑ zunächst ΒΑΛΙCΙΑ, und *Balisia* ist bei Plinius an der zweiten Stelle im cod. L überliefert. Dies *Balisia* wurde dann, um den Namen mehr anzupassen, zu *Basilia.* Identisch damit ist auch *Abalus.* Welche Namensform insbesondere Pytheas selbst brachte, ist nicht zu entscheiden, denn die Pliniuszitate sind alle durch Mittelsmänner dem Pytheas entnommen; doch scheint Βαλκια als der Urname alle anderen Namen als Entstellungen erklären zu können. Die Gleichsetzung von Βαλκια mit Helgoland erscheint gesichert; denn es ist gewiß, daß Pytheas nur bis zur Nordspitze Jütlands kam. Eratosthenes zeichnet nämlich unter Benutzung der Fahrtergebnisse des Pytheas, insbesondere der Polhöhenzahlen, auf seiner Karte den Norden, Hipparchos gibt aus der gleichen, weil einzigen Quelle seine Maßzahlen, und beide Autoren zeichnen und messen nur bis Jütland richtig. Also gab die Fahrt des Pytheas nur Material bis Jütland. In die Ostsee kam er nicht. Somit bleibt nur eine Nordseeinsel als Bernsteininsel übrig, für die Fahrt nach Nordjütland also mit großer Wahrscheinlichkeit Helgoland, das seine Namen auch sonst oft gewechselt hat (Adam von Bremen. 4, 3. mit schol. 104: Fosetisland, Farria, Heiligland). Möglich, daß das *ostium fluminis Albiae* bei der Namensgebung einmal Pate gestanden hat. Die Tatsache, daß die Nordsee jetzt wenig Bernstein gibt und daß Helgoland keine Bernsteingruben enthält, widerspricht keineswegs der Gleichsetzung mit Βαλκια, das nur Schwemmbernstein bieten soll. |

Der Mangel einer Bezeichnung für das neue Land der Germanen, das Pytheas entdeckte und dessen Bevölkerung er noch nicht von den

genossen, ebenso treu bewahrt hat, wie das Himmerland in Nordjütland (Stift Aalborg) den der Kimbern selbst.

Kelten zu scheiden gelernt hatte, verwischte auch die Festlegung dieser Insel, die Pytheas entdeckt hatte. Timaios nannte die Insel Βαλκια = Βαλισια in Βασίλια um (vgl. oben) und sagt bei Diodor 5, 23: τῆς Σκυθίας τῆς ὑπὲρ τὴν Γαλατίαν κατ᾽ ἀντικρὺ νῆσός τις ἐστι πελαγία κατά τὸν ὠκεανὸν ἡ προσαγορευομένη Βασίλεια. Da der Begriff ›Germanien‹ und ›Germanisches Meer‹ fehlte, so trat Skythien an dessen Stelle. Damit ist Βαλκια zu einer Insel im *mare Scythicum* geworden. Skythien, d. h. Nordland, begann also östlich des Rheins, dann, als der Name Germanien geschaffen war, östlich der Elbe. In Verbindung mit dem in der Ostsee viel häufigeren Bernstein wurde aus der Bernsteininsel Helgoland eine sagenhafte Insel im skythischen Ozean. Die Namensform *Baltia* (eine Weiterentwicklung *Balkia, Balcia, Baltia*) führte aber weiter zu einer Umnennung des Meeres, in dem diese Wanderinsel lag. Das Land östlich des Rheins und auch östlich der Elbe wurde allmählich bekannter, Skythen wohnten hier nicht, so verlor auch das ›Skythische Meer‹ die Berechtigung seines Namens. Zunächst wurde der Begriff *mare Scythicum,* wie die Karten zeigen, immer mehr nach Osten gedrängt, immer mehr in den finnischen Meerbusen hinein, und natürlich mit dem Meer auch die Insel dieses Meeres, Βαλκια. Da begegnet uns zuerst bei Einhard, Vita Caroli Magni, ein neuer Name für diesen Ostteil der Ostsee: *mare Balticum* (4, 10 11), ja ausdrücklich werden (4, 20) Begriffe wie Skythisches, Maeotisches, Baltisches Meer unter Berufung auf die antiken Geographen gleichgesetzt. Man hat sich die größte Mühe gegeben, den Namen ›Baltisches Meer‹ aus den slawischen Sprachen zu erklären, immer aber den Widerspruch gefühlt, der zwischen den vorgeschlagenen Notdeutungen und der Tatsache seines ersten Vorkommens bei Einhard und Adam von Bremen liegt. Jetzt dürfte die Deutung in den Mund gelegt sein. Meiner Ansicht nach verdanken das *mare Balticum* und dann auch die Balten ihren Namen einem Irrtum, der in der falschen geographischen Ansetzung und dem Schreibfehler der Insel Βαλκια zu suchen ist.«

Besprechung:

MINUCIUS FELIX — OCTAVIUS

rec. H. Boenig

1904

Der durch eine gediegene Abhandlung über Minucius Felix (Gymnasial-Programm Königsberg 1897) den vielen Freunden dieses Schriftstellers wohlbekannte Herausgeber hat sich der verdienstlichen Aufgabe unterzogen, den Text für die Teubnersche Bibliothek neu zu edieren, da die Baehrenssche, in gleichem Verlag 1886 erschienene Ausgabe sich als völlig unbrauchbar erwiesen hatte. Dem neuen Herausgeber war der Weg vorgezeichnet: Abkehr von Baehrens' souveräner Textvergewaltigung und Rückkehr zu der ruhigen und methodischen Kritik, die die Halmsche Ausgabe von 1867 auszeichnet. Halms kritischen Apparat legt B. zugrunde; die Pariser Hs. (P) ist nicht neu verglichen: vielleicht ist das ja auch unnötig, da Halm die Zuverlässigkeit seines Gewährsmannes rühmt, an der zu zweifeln keine Veranlassung vorliegt; immerhin wäre es aus dem einfachen Grunde, daß irren menschlich ist, wohl nützlich, wenn jemand die von Halm benutzte Kollation dieser einzigen Handschrift revidieren wollte[1]. Das meiste von dem, was seit Halm für die Textkritik hinzugekommen ist, hat B. benutzt; doch ist ihm einiges nicht Unwesentliche entgangen, wie die vortreffliche »Bibliographie de Minucius Felix« von Waltzing (Le Musée Belgique 6 nr. 2 et 3, 1902) zeigt[2]. Darunter sei hervorgehoben nur die für die Exegese und dadurch indirekt auch für die Kritik wertvolle Ausgabe vom Abbé Ferd. Léonard, Namur 1883, aus welcher der Referent manches gelernt zu haben bekennt. Bereichert ist die B.sche Ausgabe durch einen im Vergleich zum Halmschen sehr erweiterten »Index verborum rerumque grammaticarum notabilium« sowie eine zwischen Text und | *adnotatio critica* fortlaufende, dankenswerte Sammlung von Parallelstellen aus Autoren sowohl vor als nach Minu-

[1] B. sagt (praef. p. V.), daß alle, die nach Laubmann, dem Gewährsmann Halms, die Hs. eingesehen hätten, dessen Zuverlässigkeit bestätigt hätten. Soviel mir bekannt, hat nur E. Kurz, Programm Burgdorf 1887/8, die Kapitel 20—26 revidiert.

[2] Ich vermag hinzuzufügen, daß F. Ramorino, Vox urbis 1, 1898, 3, 17, interessante Tatsachen für die Geschichte der erstmaligen Trennung des »Octavius« vom Texte des Arnobins ermittelt hat.

cius, eine nützliche Vorarbeit für eine noch ausstehende erklärende Ausgabe dieses infolge seines Gedankenreichtums und seines originellen Stils nicht ganz leichten Schriftstellers; Ref. benutzt diese Gelegenheit, öffentlich zu erklären, daß er seine Absicht, einen Kommentar zu diesem Autor zu schreiben, aufgegeben hat, da die Lösung dieser Aufgabe eine Summe theologischer Kenntnisse voraussetzt, über die er nicht verfügt.

Den angedeuteten Vorzügen der B.schen Ausgabe stehen Momente gegenüber, in deren Behandlung der Ref. von dem Verfahren des Editors glaubt abweichen zu müssen. B. teilt den Glauben von Baehrens, daß man den Text dieser Schrift »omnium vel foedissimarum corruptelarum quasi quendam thesaurum« nennen könne (praef. V). Wenngleich nun nicht geleugnet werden soll, daß eine Reihe von Stellen bisher allen Emendationsversuchen getrotzt hat und vielleicht bei dem Mangel anderer Hilfsmittel als der einzigen Hs. stets trotzen wird, so will es mir doch scheinen, daß die Verderbnis der Überlieferung durch Ausdrücke wie den erwähnten überschätzt wird und daß auch B. unter dem unwillkürlichen Einfluß des an mehr als 160 Stellen geänderten Baehrensschen Textes in der Annahme von Korruptelen zu weit geht. Zwar ist zuzugeben, daß die von B. aufgenommenen eignen oder fremden Änderungen gelegentlich einen leichteren und glatteren Text geben als die Überlieferung; aber bei aller Bewunderung, die man der Sprache und Kompositionskunst dieses ausgezeichneten Autors zollen darf, ist doch nicht zu übersehen, daß er einer Zeit angehört, die in der pointierten Künstlichkeit, im Abweichen vom Normalen und in der dadurch erzielten Überraschung einen Vorzug schriftstellerischen Könnens sah; deshalb ist hier doppelte Behutsamkeit nötig, denn das Ungewöhnliche ist oft eben um seiner selbst willen das Richtige. Halm war sehr vorsichtig verfahren, vielleicht zu vorsichtig: aber es fragt sich, ob bei einem Schriftsteller dieser Zeit und dieser Geistesart eine etwas zu große Zurückhaltung nicht doch ein geringerer Fehler ist als ein zu weit gehendes Mißtrauen gegenüber der Echtheit der Überlieferung. Unter den von B. selbst herrührenden Textänderungen hat mich keine zu überzeugen vermocht. — Leider hat sich B. ein wichtiges Hilfsmittel für die Textgestaltung gänzlich entgehen lassen: die Gesetze der rhythmischen Klauseln. Diese Dinge sind seit einigen Jahren so sorgfältig untersucht worden, daß ihre Berücksichtigung von Herausgebern lateinischer Texte verlangt werden muß, nicht am wenigsten von einem Herausgeber des Minucius, der anerkanntermaßen ein exemplarischer Beobachter dieser | Gesetze ist. Es darf daher behauptet werden, daß jede Konjektur, die statt eines richtig überlieferten einen falschen Kolonschluß in den Text bringt, ohne weiteres abzuweisen ist; wir werden aber nachher sehen, wie viele derartige fehlerhafte Textänderungen die B.sche Ausgabe aufweist. — Was endlich die adnotatio critica selbst betrifft, so hat B. sämtliche orthographischen Quisquilien der Überlieferung vermerkt, d.h. aus dem Halmschen Apparat übernommen. Halms Verfahren war völlig einwandfrei: in einer Ausgabe, die in Wahrheit die kritische editio princeps eines Autors ist, wird man, zumal wenn die Überlieferung auf nur éiner Hs. beruht, auch dgl. untergeordnete Dinge gern sehen; in eine Ausgabe dagegen, die hinsichtlich des hs. Apparats von jener früheren ganz und gar abhängig ist, gehören m.E. Bemerkungen wie *inhesit, baeatam, praelium, filosofia, Dionisius, nunciaverunt, scribta, livido* usw. nicht wieder hinein. Da nun aber solche Bemerkungen wohl auf kaum einer Seite fehlen, so würde der Apparat wesentlich vereinfacht worden sein, wenn sie fortgelassen worden wären. Dadurch hätte sich dann Raum gewinnen lassen für etwas größere Ausführlichkeit in der Auswahl von Verbesserungsvorschlägen an wirklich korrupten Stellen; wenigstens vermag ich nicht einzusehen, welchen Zweck es hat (um beliebig einen Fall herauszugreifen), wenn S. 61, 3 (Octavius 37, 7) Änderungen, die m. E. überhaupt nicht diskutierbar sind, in den Text gesetzt werden, statt daß der Text das Zeichen der Korruptel, die adnotatio critica eine Auswahl der Konjekturen enthielte.

Im folgenden sollen einige derjenigen Stellen des Textes, in deren Behandlung ich B. nicht beistimmen kann, kurz besprochen werden. Meist handelt es sich darum, Eingriffe in die Überlieferung durch Observation des Sprach- und Stilgebrauches sowie der rhythmischen Regeln zurückzuweisen; gelegentlich mögen eigene Vermutungen Platz finden. Auf die Exegese bin ich, soweit sie nicht für die Textbehandlung heranzuziehen war, absichtlich nicht eingegangen.

Seite 2, 4 Bönig (1, 5): *Caecilium superstitiosis vanitatibus etiamnunc inhaerentem disputatione gravissima ad veram religionem reformavit:* so die Hs., *superstitionis* B. mit Maehly und Baehrens. Durch diese Konjektur wird die Konzinnität des Ausdrucks, das hervorstechendste Stilkriterium dieses Autors, zerstört: *superstitiosae vanitates, disputatio gravissima, vera religio.* Ähnliche Stellen, wo er der Zierlichkeit zuliebe das eine Adjektiv mit etwas freierer Beziehung zu setzen sich erlaubt: 2, 9 (2, 1) *adhuc annis innocentibus et adhuc dimidiata verba temptantibus,* 2, 17 (2, 3) *quae per absentiam mutuam de nobis nesciebamus, relatione alterna comperissemus* (hierzu führt B. in | der adn. crit. zwei falsche Konjekturen für *mutuam* an), 5, 27 (5, 5) *cum tantum absit ab exploratione divina humana mediocritas* u. a.

S. 3, 19 (3, 4) *haec fabulae* P[1] darf nicht mit P[2] in *hae f.* geändert werden; vgl. Neue, Formenlehre[3], 2, 417 f.

S. 3, 24 (3, 5) *subductae naviculae substratis roboribus a terrena labe suspensae quiescebant.* Dafür B. mit Dombart und Baehrens *tabe,* obwohl doch *terrena labes* einleuchtend richtig ist als gewählter Ausdruck für das unfeine *caenum;* vgl. Cic. Sest. 20 *labes illa ac caenum.*

S. 4, 10 (4, 1) *igitur cum omnes hac spectaculi voluptate caperemur, Caecilius nihil intendere.* B. mit Kronenberg *nos,* da *omnes* bloß von zweien (Octavius und Minucius) nicht gesagt werden könne. Aber es sehen eben, wie schon Dombart erklärte, mehrere dem Spiel der Knaben zu; erst später ziehen sich die drei Freunde von dem Getriebe am Strande zurück, *ut intentius disputare possint* (4, 25 [4, 5]). Daß der Schriftsteller die erste Person *caperemur* setzt, kann doch nicht auffallen: ›wir alle‹, d. h. ich, Octavius und die übrigen Zuschauer.

S. 4, 20 (4, 4) *si placet, ut ipsius sectae homo cum eo* (sc. *Octavio*) *disputem* (Caecilius spricht), *iam profecto intelleget facilius esse in contubernalibus disputare quam conserere sapientiam.* Für das viel beanstandete *ipsius* schreibt B. sonderbarerweise σκέψεως mit der Erklärung (praef. V): »sic enim Minucius Graecum illud ὁ ἀπὸ τῆς σκέψεως (Sext. Empir. pyrrh. 1, 229) in Latinum sermonem vertit«. Aber was ist an dem Ausdruck »ein Mann von der Zunft selbst« anstößig? Bisher, sagt Caecilius, hat Octavius nur mit seinen *contubernales* disputiert; nun soll er mit mir, der ich wie er selbst philosophisch gebildet bin, disputieren.

S. 5, 20 (5, 4) schreibt B. *at aeque* für *itaque,* weil eine Adversativpartikel verlangt werde. Vielmehr verlangt der Zusammenhang grade eine begründende Partikel, nur darf Z. 17 (5, 2) nach *vera* nicht stark interpungiert werden, weil dadurch die Gedankenfolge verdunkelt wird.

S. 6, 2 (5, 5) hebt B. durch seine Änderung *infra terrarum profunda* die Konzinnität von *supra nos* und *infra terram* auf.

S. 6, 2 f. (5, 5) *aut scire sit datum ut scrutare permissum aut stuprari religiosum:* so die Hs.; B. mit den meisten: *aut scrutari permissum aut ruspari religiosum.* Daß Scaliger für *stuprari* richtig emendierte *ruspari,* dürfte sicher sein; daneben aber kann, wie Halm bemerkt, die Änderung des Heraldus *aut scrutari permisssum* kaum bestehen, da *scrutari* und *ruspari* fast synonym sind. Wenn man nun bedenkt, daß der Text des Minucius sehr viele Wortglossen hat (vgl. besonders S. 4, 5 f. [3, 6: *enataret; emergeret*]), daß ferner Nonius 166 *ruspari est scrutari erklärt,* so wird man geneigt sein, die Worte *ut* (d. h. *ul* = *vel* | wie S. 63, 24 [40: *ut improbe*]) *scrutare* für ein Glossem zu *ruspari* zu halten, gemacht in einer Zeit, als dieses noch nicht zu *stuprari* verderbt war; dafür spricht auch die Form *scrutare,* die für Minucius ebenso sicher nicht existiert, als sie später gewöhnlich ist. Es bleibt *permissum,* m. E. ein Glossem zu *datum,* vgl. Servius zu Aen. 4, 683 *date i. e. permittite.* Danach dürfte zu lesen sein: *aut scire sit datum [ut scrutare permissum] aut ruspari religiosum.*

S. 6, 15 (5, 7) *sidera licet ignis accenderit et caelum licet sua materia suspenderit, licet terram fundaverit pondere, et mare licet influxerit e liquore: unde haec religio, unde formido?* Diese Stelle ist von B. durch starke Eingriffe umgestaltet worden, obwohl die Überlieferung richtig ist; höchstens das kann zweifelhaft sein, ob nach *terram* mit Vahlen und Halm *sua* (sc. *materia*) hinzuzufügen sei, aber bei richtiger Rezitation ergänzt sich der Begriff *sua materia* aus dem ersten Gliede leicht zum zweiten, und es ist ganz fein, daß das zweite Glied zum Ersatz dafür den Ablativ *pondere* erhält, wodurch jedes Mißverständnis ausgeschlossen ist. Daß es falsch ist, wenn B. nach der Konjektur eines anderen *suspenderit* ⟨*levitate*⟩ schreibt, beweist der für diesen Autor auch in einem κομμάτιον ganz unmögliche Rhythmus — ⏑⏑ — ⏑, während die Überlieferung richtig den Doppelcreticus bietet *ma*]*teria suspenderit* ⏑⏑⏑ — — ⏑ ⏒; es kommt hinzu, daß durch solchen Zusatz die dikolischen Homoioteleuta *accenderit* — *suspenderit, pondere* — *liquore* zerstört werden. Für *i n fluxerit,* das seit Davisius in *confluxerit* geändert wird, ist zu bemerken, daß grade dies der hier vorgetragenen materialistischen Lehre von der Weltentstehung entspricht: die ὑγρὰ ὕλη (das ist *liquor*) fließt i n die Höhlungen der Erde und bildet so das Meer, vgl. Doxographi Graeci 291[a] 2 ff. Diels; Lucr. 5, 480 ff., Paneg. in Mess. (Tibull 4, 1) 20.

S. 6, 23 (5, 9) *sic ... soles alios atque alios semper splendere, sic ... nebulas semper adolescere.* B. mit Sauppe und Baehrens *semper* ⟨*alias*⟩ falsch nicht bloß wegen des Sinns, sondern auch wegen der unmöglichen Klausel, während die Überlieferung die reguläre — ⏑⏑⏑ — ⏑ ⏓ (Dicreticus) bietet. Falsch aus demselben Grunde S. 7, 9 (5, 9) (*fulmina*) *homines noxios feriunt* ⟨*saepe*⟩ *et saepe religiosos:* nicht bloß wird durch die Hinzufügung von *saepe* die Pointe abgeschwächt, sondern auch die Klausel *noxios feriunt* — ⏑ — ⏑ ⏑ ⏓ (Creticus + Trochaeus) aufgehoben.

S. 7, 16 (5, 11) *in pace etiam non tantum aequatur nequitia melioribus, sed e t c o l i t u r.* B setzt die scharfsinnige Vermutung Useners *sed extollitur* in den Text. Aber eine Stelle des von Minucius stark beeinflußten Cyprianus zeigt die Richtigkeit der Überlieferung: ad Donat. 11 *adridentis n e q u i t i a e facies quidem laeta, sed calamitatis | abstrusae inlecebrosa fallacia ... quippe illum vides, qui amictu clariore conspicuus fulgere sibi videtur in purpura: quibus hoc sordibus emit, ut fulgeat, ... ut ipsum etiam salutatum comes postmodum pompa praecederet, obnoxia non homini sed potestati: neque enim c o l i moribus meruit ille sed fascibus.* Auch das pointierte *et* (»sogar«) findet sich genau in dieser Stellung, als vorletztes Wort vor einem Verbum, oft so bei Cyprian, z. B. ad Don. 4 *desperatione meliorum malis meis velut iam propriis et favebam; 7 malis suis miseri* *et* *gloriantur*, ib. *ut maeroribus suis mater intersit, hoc pro dolor mater* *et* *redimit* und so oft.

S. 8, 7 (6, 1) Bei der Unsicherheit aller Erkenntnis sei es richtiger, an der Religion der Väter festzuhalten, *qui adhuc rudi saeculo in ipsius mundi natalibus meruerunt deos vel* *faciles* *habere vel reges.* B. nimmt Useners Änderung *famulos* auf. Sollte nicht doch *faciles* richtig sein, im Sinn von *propitios,* wie Ovid es oft braucht (z. B. epist. 12, 84. 17, 3. met. 5, 559. 9, 756, vgl. auch Serv. zu Verg. ecl. 3, 9 *faciles nymphae: mites et exorabiles*)? Das ist der gegebene Gegensatz zu dem bald darauf folgenden Gedanken Z. 20 (6, 2) *obsessi et citra solum Capitolium capti colunt deos quos alius iam sprevisset* *iratos.* Freilich setzt hier B. eine alte Vermutung *iratus* in den Text und sucht sie praef. IX zu begründen: aber der dadurch sich ergebende Gedanke eines Zorns der Menschen gegen die Götter scheint mir unmöglich zu sein, während die Vorstellung, daß sich in der furchtbaren Katastrophe Roms der Zorn der Götter (*di irati* ist ja sprichwörtlich: A. Otto, Die Sprichwörter und sprichwörtlichen Redensarten der Römer, Leipzig 1890, 110) geoffenbart habe, antikem Empfinden entspricht; *spernere aliquem* ist keineswegs synonym mit *contemnere aliquem,* sondern heißt »sich von jemandem lossagen«: die Frömmigkeit der alten Römer zeigte sich eben darin, daß sie trotz allem sich nicht von diesen ihren Göttern lossagten. Gleich darauf — S. 9, 1 (6, 2) — wird als weiterer Beweis römischer Frömmigkeit angeführt: *aras extruunt etiam ignotis numinibus* *et manibus.* Usener erklärte die Worte *et manibus* für interpoliert und ihm folgt B. Aber abgesehen davon, daß man keinen rechten Grund für die Interpolation erkennt, abgesehen ferner davon, daß die Worte *nu*]*minibus et manibus* eine gute Klausel bilden ⏑⏑⏑ — — ⏑ ⏒ (Dicretius), dagegen *ig*]*notis numinibus* keine besonders gute: auch sachlich bieten die Worte m. E. keinen Grund zur Verdächtigung. Daß Weihungen von Grabmälern *dis manibus* seit Augustus üblich waren, ist aus Inschriften bekannt; wir finden aber auch in der Literatur Stellen, die sich mit der Überlieferung bei Minucius vollkommen decken: Verg. Aen. 3, 63 *stant manibus arae* (ähnlich 3, 303 ff.), | Tacitus ann. 3, *aras dis manibus statuentes* (beim Begräbnis des Germanicus), Statius silv. 5, 3, 47 *dare manibus aras.*

S. 9, 3 (6, 3) *hinc* (= »von da an«) *venerationis tenor* *mansit.* Falsch B. mit Cornelissen *manavit,* wodurch die Klausel — ⏑ — — ⏑ zerstört wird.

S. 9, 5 (6, 3) *antiquitas caerimoniis ... tantum sanctitatis tribuere consuevit quantum adstruxerit vetustatis.* B. setzt das von Halm zweifelnd vorgeschlagene *adstruxit* in den Text; aber der Konjunktiv ist sehr fein: ὅσον ἂν προσθείη ἀρχαιότητος.

S. 9, 8 (7, 1) *ausim enim et ipse concedere et sic melius errare:* B. dafür *enarrare* mit Zerstörung der Clausel ◡◡◡ — — ◡ und schwerer Schädigung des Sinns. Caecilius will von der Auguraldisziplin reden, die er, obwohl er sie als Skeptiker natürlich für einen *error* hält, einstweilen anerkennen will; dieser *error,* sagt er, ist aber besser als die christliche Negation der gesamten tradierten Religion. Das Antitheton *melius errare* ist ganz im Stil Senecas, eines Lieblingsautors des Minucius.

S. 9, 12 (7, 1 f.) *specta de libris memoriam: iam eos deprehendes initiasse ritus omnium religionum.* Diese Korrektur der editio princeps (*memoria iam eos* die Hs.) war aufzunehmen statt der eignen Vermutung *memoriam: eos,* denn abgesehen davon, daß *eos* durch die Stellung an der Spitze des Nachsatzes viel zu starken Ton bekäme, wird *iam* in dieser Stellung durch den Sprachgebrauch dieses Autors empfohlen: vgl. S. 23, 2 (17, 5) *caelum vide...: iam scies;* 54, 14 (33, 4) *scripta eorum relege...: iam scies.*

S. 10, 2 (7, 3) *Curtius qui equitis sui vel mole vel honore hiatum ... coaequavit.* Die Stelle ist gegen Änderungen geschützt worden durch den von B. übersehenen Nachweis Wölfflins (Archiv f. Lat. Lex. 10, 1898, 286) und Ellis' (Journ. of. phil. 26, 1898, 197), daß *eques* gelegentlich in affektierter Rede da steht, wo man nach gewöhnlichem Sprachgebrauch *equus* erwarten würde.

S. 11, 11 (8, 3) *cum Protagoram Athenienses viri consulte potius quam profane de divinitate disputantem expulerint suis finibus.* B. mit Maehly *virum* für *viri.* Der Thesaurus lehrt (2, 1029, 70), daß *Athenienses viri* = ἄνδρες Ἀθηναῖοι eine in jüngerer Prosa gar nicht seltene Verbindung ist.

S. 11, 24 (8, 4) *templa ut busta despiciunt, deos despuunt, rident sacra, miserentur miseri, si fas est, sacerdotum.* Durch die von B. aufgenommene Konjektur (*miserentur, misereri si fas est*) wird die bei diesem Autor so beliebte Antithese (so gleich 12, 3 *mori post mortem)* aufgehoben; Halms *miserentur miseri ⟨ipsi⟩, si fas est* hat manches für sich, aber wenn *miseri* mit Emphase rezitiert wird (»die Elenden!«), kann ⟨*ipsi*⟩ wohl auch entbehrt werden. |

S. 12, 3 (8, 4) *dum mori post mortem timent, interim mori non timent: ita illis pavorem fallax spes solacia rediviva blanditur.* So die Überlieferung dieser mit Konjekturen überschütteten Stelle. B. hat sich mit Halm darauf beschränkt, die Änderung der editio princeps *solacio redivivo* aufzunehmen. Ich will nicht zu viel darauf geben, daß durch den Ablativ die Klausel *re-*

di]*viva blanditur* —⏑——⏑ beeinträchtigt wird, wohl aber hervorheben, daß in diesem, einen längeren Abschnitt abschließenden Satze jedes Wort wie auf Spitzen gestellt ist und man doppelt genau zu prüfen hat, ob man durch Änderungen nicht die Absicht des Autors, den Leser durch einen brillanten Schlußeffekt zu überraschen, eigenmächtig verdirbt. Die Kühnheit oder, was in der späten Prosa oft gleichbedeutend ist, die poetische Färbung des Ausdrucks ist in der von keinem angetasteten Verbindung *solacium redivivum* ja offensichtlich. Wie weit aber in dieser Zeit die Freiheit im Gebrauch des sog. griechischen Akkusativs (vgl. Quintil. 9, 3, 17) ging, dafür gibt Cyprian ad Donat. 1 a. E. ein gutes Beispiel: *in me oculos tuos fixus es:* so die besten Hss., die anderen mit deutlich erkennbarer progressiver Interpolation: *oculus tuus fixus es, oculus tuus fixus est.* Wenn also Minucius selbst S. 21, 11 (16, 5) der Konzinnität zuliebe zu sagen wagt: *nec fortuna nanctos sed natura insitos esse sapientiam* (vgl. darüber Kroll, Rheinisches Museum 52, 1897, 579), so ist nicht einzusehen, warum er an vorliegender Stelle nicht in gesuchtem Parallelismus zu *pavorem fallax* (vgl. S. 3, 18 [3,4] *iter fabulis fallentibus* wie Horaz sat. 2, 2, 12 = Ovid. met. 6, 60 *studio fallente laborem*) hätte sagen können *solacia blandiri,* zumal diese Konstruktion durch *eblandiri* c. acc. erleichtert wurde (vgl. auch Stat. Theb. 9, 155 *blanda genas vocemque*). Der Sinn ist tadellos, ja in diesem Zusammenhang wohl der einzig mögliche: die Hoffnung täuscht sie dadurch über die Todesfurcht hinweg, daß sie ihnen als Trost ein neues Leben nach dem Tode vorschmeichelt.

S. 14, 1 (10, 3) *cur nullas aras habent, templa nulla, nulla nota simulacra, numquam palam l o q u i, numquam libere congregari?* Wenn B. am Schluß mit Mähly *sunt visi* hinzufügt, so zerstört er nicht bloß die Klausel —⏑—— (Ditrochaeus), sondern verkennt den nach griechischer Art gebrauchten substantivischen Infinitiv, der besonders ähnlich bei Cyprian ad Donat. 1 steht: *ne l o q u i n o s t r u m arbiter profanus audiat.* Aus Minucius führt B. selbst im Index S. 98 richtig mehrere Beispiele an.

S. 14, 14 (10, 5) (*deum*) *in omnium mores, actus omnium, verba denique et occultas cogitationes diligenter inquirere.* Dafür B. in *omnium mores* ⟨*et*⟩ *actus, omnium verba denique etc.* Hierdurch wird erstens die bei Minucius so beliebte Figur des Chiasmus *omnium mores, actus omnium* | (vgl. z. B. S. 14, 1 (10, 3) *nullas aras, templa nulla*) aufgehoben, zweitens die irreguläre Wortstellung *omnium verba denique* eingeführt. Natürlich gehört das zweite *omnium* ἀπὸ κοινοῦ auch zum dritten Gliede.

S. 14, 22 (11, 1) *toto orbi et ipsi mundo cum sideribus suis minantur incendium, ruinam moliuntur, quasi ... rupto elementorum om-*

nium foedere et caelesti compage divisa moles ista, qua continetur et cingitur, subruatur. B. stellt mit Kronenberg so um: *caelesti compage, qua continetur et cingitur, divisa moles ista subruatur.* Das ist zunächst wieder unwahrscheinlich, weil dadurch zwei richtige Klauseln *com]page divisa* — ◡ — — ◡ (Creticus + Trochaeus) und *cingitur subruatur* — ◡ — — ◡ — ◡ (Creticus + Ditrochaeus) beseitigt werden, ferner auch deshalb, weil die drei ὁμοιόπτωτα auf *-tur* dadurch getrennt werden. Der christlichen Behauptung eines Weltuntergangs wird die Behauptung entgegengestellt, daß τὸ συνέχον καὶ περιέχον unzerstörbar sei: denn diese griechischen Worte sind es, die durch *moles ista qua continetur et cingitur* wiedergegeben werden.

S. 15, 16 (11, 5 f.) *beatam sibi ut bonis et perpetem vitam mortuis pollicentur, ceteris ut iniustis poenam sempiternam. multa ad haec subpetunt, ni festinet oratio. iniustos ipsos m a g i s n e c l a b o r o , iam docui. quamquam, etsi iustos darem culpam tamen vel innocentiam fato tribui* ⟨. .⟩ *sententiis plurimorum, et haec vestra consensio est.* Die Änderung B.s *iniustos ipsos magno sine labore iam docui* ist nach meinem Gefühl unlateinisch, die Überlieferung ist verständlich: »daß sie vielmehr selbst ungerecht sind, das nachzuweisen gebe ich mir nicht noch Mühe: das habe ich schon nachgewiesen« (so schon Halm). Satzbau und Gebrauch von *nec* finden eine genaue Analogie S. 47, 19 (29, 1) *haec et huiusmodi propudia nobis non licet nec audire, etiam pluribus turpe defendere est.* — Im folgenden Satz ist das, was B. zur Ergänzung der offenkundigen Lücke vorschlägt ⟨*fateor*⟩ *fato tribui sententiis plurimorum,* sinnwidrig, da es sich um ein *fateri* nicht handelt; der Gedanke ist von Vahlen durch *fato tribui sententiis plurimorum* ⟨*novi*⟩ richtig angedeutet, aber das Kolon muß wegen des Rhythmus mit den Worten *sen]tentiis plurimorum* — ◡ — — ◡ — ◡ (Creticus + Ditrochaeus) schließen; also beispielsweise: *fato tribui* ⟨*novi*⟩ *sententiis plurimorum.*

S. 16, 4 (11, 8) *quis unus ullus ab inferis ... remeavit ..., vel ut exemplo crederemus?* B. falsch *ut* statt *vel ut.* Vgl. für die Stellung des *vel* S. 58, 15 (36, 2) *ac de fato satis, vel si pauca pro tempore.*

S. 16, 18 (12, 3) *cum p e r i c u l o quateris, cum febribus ureris, cum dolore laceraris.* B. gewährt der spielerischen Konjektur eines älteren Gelehrten *querquera* Aufnahme in den Text, obwohl doch, wie z. B. | die indices verborum zu Celsus lehren, *periculum* ganz gewöhnlich »gefährliche Krankheit« bedeutet.

S. 17, 12 (12, 7) *desinite caeli plagas ... rimari: satis est p r o p e d i b u s aspicere.* Falsch B. mit Klussmann: *satis est* ⟨*quod est*⟩ *pro pedibus aspicere;* denn, wie schon Kroll. l. c. ⟨zu 8, 4⟩ bemerkt hat, übersetzt Minucius τὰ πρὸ ποδῶν und spart sich den Artikel, wie er vorhin *palam loqui* = τὸ παρρησιάζεσθαι sagte.

S. 19, 14 (14, 6) *igitur nobis providendum est, ne odio identidem sermonum omnium laboremus*. B. mit Maehly *itidem*, obwohl doch der in *identidem* liegende Begriff »immer wieder« durch Z. 9 *saepius*, 10 *frequentius*, 11 (14, 5) *adsidue* garantiert wird (*identidem* auch S. 21, 1 ⟨16, 4⟩).

S. 20, 19 (16, 2) *sed in Natali meo versutiam nolo, non credo*. B. tilgt *non credo* als Glossem. Daß es richtig ist, zeigt der Verf. der vita Cypriani 8 a. E. *ego sine dei nutu necessarios reservari non admitto, non credo*. Die Klausel ist *nolo non credo* — ⏑ — — ⏑ (Cret. + Troch.), denn das auslautende *-o* der Verba ist für Minucius, wie auch andere Klauseln lehren und ohnehin selbstverständlich ist, bereits kurz.

S. 20, 21 (16, 3) *qui rectam viam nescit, ubi, ut fit, in plures una diffinditur, haeret anxius nec singulas audet eligere nec universas probare*. B. mit Kronenberg *nec universas* ⟨*potest*⟩ *probare* ganz unnötig und zum Schaden der Klausel *universas probare* — ⏑ — — ⏑ — ⏑ (Creticus + Ditrochaeus).

S. 22, 1 (17, 1 f.) Octavius gesteht dem Caecilius zu, daß der Mensch seine Natur zu erkennen bestrebt sein müsse; *quod ipsum*, fährt er fort, *explorare et eruere sine universitatis inquisitione non possumus, cum ita cohaerentia conexa concatenata sint, ut nisi divinitatis rationem diligenter excusseris, nescias humanitatis*. B. fügt mit Koch *cuncta* nach *concatenata* hinzu, was zunächst schon durch Aufhebung der Klausel *concatenata sint* — ⏑ — — ⏑ — (Dicreticus) widerlegt wird. Die Überlieferung ist, wie schon frühere Erklärer wußten, richtig: Subjekte zu den Neutris *cohaerentia* etc. sind *quod ipsum*, nämlich die soeben erwähnte *inquisitio humanitatis*, + *inquisitio universitatis*.

S. 23, 25 (17, 9) werden zwischen anderen teleologischen Beweisen angeführt: *mari intende: lege litoris stringitur; quicquid arborum est vide, quam e terrae visceribus animatur; aspice oceanum: refluit reciprocis aestibus; vide fontes: manant venis perennibus; fluvios intuere: eunt semper exercitis lapsibus*. Die hervorgehobenen Worte klammert B. als Interpolation aus Cic. nat. deor. 2, 120 ein. Hätte er Recht, so hätten wir es mit einem Interpolator zu tun, der die Worte Ciceros *eorum quae gignuntur e terra stirpes ... e terra sucum trahunt, quo alantur ea quae radicibus continentur* gar geschickt und zierlich wiederzugeben verstanden haben müßte, also | ganz so, wie Minucius selbst ciceronianische Gedanken in seinen eigenen Stil umgießt. Vermutlich hat sich B. daran gestoßen, daß zwischen dem *mare* und dem *oceanus* die *arbores* genannt werden. Aber das ist bloß scheinbar: die beiden ersten Kola, gebunden durch die Homoioteleuta *stringitur* — *animatur*, preisen die Kraft der Erde, die dem Meere seine Grenzen weist und die in ihrem Schoße die Wurzeln der Bäume nährt; dagegen handeln die drei letzten Kola, unter sich gebunden durch den Parallelismus von *aspice oceanum, vide fontes, fluvios intuere,* von den Kräften des Wassers.

S. 25, 8 (18, 6) *quando umquam regni societas aut cum fide coepit aut sine cruore discessit? ... ob pastorum et casae regnum d e g e m i n i s m e m o r i a notissima est. generi et soceri bella toto orbe diffusa sunt, et tam magni imperii d u o s f o r t u n a n o n c e p i t.* Was B. veranlaßte, die tadellose Überlieferung des Satzes *ob pastorum — est* mit Dombart dadurch zu interpolieren, daß er ⟨*ceasum unum*⟩ nach *regnum* einschob, ist nicht einzusehen; denn daß *de geminis memoria* zusammengehört, beweist S. 9, 12 (7, 2) *specta de libris memoriam,* was B. selbst im Index S. 89 richtig versteht, wo er auch vorliegende Verbindung richtig als »geminorum memoria« deutet. Und anstatt in den Worten *tam magni imperii duos fortuna non cepit* ein Beispiel für die souveräne Willkür zu erkennen, mit der dieser Autor nach Art der Dichter so oft die Wortstellung behandelt, zieht er es vor, die Umstellung Heumanns *tam magni imperii fortuna duos non cepit* in den Text zu setzen, wodurch nicht bloß die epigrammatische Iuxtaposition der Antitheta *tam magni imperii* + *duos* verschoben, sondern auch die Klausel *for*]*tuna non cepit* — ᵕ — — ᵕ (Creticus + Trochaeus) zerstört wird.

S. 25, 16 (18, 7) *tu in caelo summam p o t e s t a t e m dividi credas et scindi veri illius ac divini imperii totam potestatem.* Für das erste *potestatem* schreibt B. *proprietatem,* was juristisch = *propriam possessionem* sein soll. Aber dieser Begriff ist hier nicht am Platze, während das überlieferte *summam potestatem* grade deshalb richtig sein muß, weil es ein fester publizistischer Terminus ist, den der Verfasser nach bekanntem römischen Brauch auf das Götterregiment überträgt; vgl. auch Verg. Aen. 10, 100 *pater omnipotens, rerum cui prima potestas* mit der Variante *summa* in M[2] P. Dagegen wird das zweite *potestatem* kaum zu halten sein: die Korruptel dürfte mit der unmittelbar auf dies Wort folgenden Lücke zusammenhängen, die B. nach Dombarts Vorgang richtig bezeichnet.

S. 26, 15 (18, 11) *audio vulgus: cum ad caelum manus tendunt, nihil aliud quam » d e u m « dicunt et »deus magnus est«.* B. mit Baehrens: *quam » o d e u s « dicunt,* obwohl doch bekanntlich gute Autoren beider | Sprachen solche Vokative gern als Akkusative syntaktisch in die Konstruktion des Verbums hineinbeziehen. Wenn Cyprian idol. 9 die Worte des Minucius frei so wiedergibt: *dici frequenter audimus »o deus« et »deus videt«,* so folgt daraus doch nichts für die sprachliche Gestaltung unserer Stelle. Dagegen hätte aus derselben Schrift l. c. die überlieferte Schreibung S. 26, 1 (18, 8) *conprendi* zu *conprehendi* (so auch die editio princeps und S. 29, 20 [19, 13] die Hs.) berichtigt werden können, denn so muß wegen des Rhythmus gelesen werden — ⏑ — —, wie das dabei stehende *aestimari* — ⏑ — —.

S. 26, 21 (19, 1) *audio poetas quoque unum patrem divum atque hominum praedicantes, et talem esse mortalium mentem, qualem parens omnium diem duxerit.* Die Herausgeber seit Davisius allgemein *induxerit* (nach σ 137 ἐπ' ἦμαρ ἄγησι), unmöglich wegen der Klausel, die zwingt, an der Überlieferung *omni]um diem duxerit* — ⏑ — — ⏑ ⏓ (Dicreticus) festzuhalten, wenn sie sich sprachlich rechtfertigen läßt. Minucius' sprachliches Vorbild war aber Vergil Aen. 2, 801 f. *iamque iugis summae surgebat Lucifer Idae ducebatque diem.*

S. 27, 13 (19, 3) *deprehendes eos* (sc. *philosophos*), *etsi sermonibus variis, ipsis tamen rebus in hanc unam coire et conspirare sententiam.* Halm in der adn. cr.: »*varios* malim«; B. setzt *varios* in den Text, wodurch der Parallelismus aufgehoben wird und der Sinn nichts gewinnt.

S. 27, 20 (19, 4) tilgt B. mit Halm einen Satz (*eo altior ... a deo traditum*), über dessen Echtheit und Textgestaltung Vahlen, Hermes 30, 1895, 385 ff. (von B. übersehen) scharfsinnig gehandelt hat. Mit demselben (schon von Halm angeführt) war S. 28, 7 (19, 6) für das corrupte *capitatur* nicht aus der editio princeps *capiatur*, sondern auf Grund der Parallelstelle Ciceros (nat. deor. 1, 27) *carpatur* zu lesen.

S. 29, 13 (19, 11) (*Chrysippus*) *Zenonem interpretatione physiologice imitatur.* So, nicht *physiologica*, ist auf Grund der Überlieferung *physo*sogiae* (*physiologiae* ed. princ.) das Wort zu schreiben, wie bei Seneca epist. 88, 28 die Überlieferung das richtige *mathematice* neben *mathematicae* hat.

S. 30, 6 (19, 15) *et deum novimus et parentem omnium dicimus.* Falsch B. mit Kronenberg *nominamus*, wodurch sowohl das Homoioteleuton *novimus—dicimus* als der identische Rhythmus *et deum novimus* — ⏑ — — ⏑ ⏓ und *omnium dicimus* — ⏑ — — ⏑ ⏓ geschädigt werden. — ib. 18 (20, 3) *ut temere crediderint etiam alia monstruosa mira miracula* wird von B. trotz Vahlens (Ind. lect. Berol. 1894, 7 f. = Opusc. Acad. 2, 106 ff.) einleuchtender Begründung von *alia* die ältere Vermutung *talia* aufgenommen und Oehlers so wahrscheinliche Änderung *mera miracula* (so außer Gellius 14, 6, 3 auch Varro Men. 286) nicht einmal erwähnt, sondern | weniger glaublich mit der editio princeps [*mira*]*miracula* geschrieben. — ib. 23 (20, 4) *quid illas aniles fabulas, de hominibus aves et feras homines et de hominibus arbores atque flores;* es widerspricht der Methode, *homines* mit Lindner als ein — durch nichts begründetes — Glossem anzusehen, statt vor diesem Wort mit älteren (auch Vahlen) eine Lücke zu statuieren. — ib. 27 (20, 5) ist die in den Text gesetzte eigne Vermutung B.s [*similiter ac miracula deos quoque*] die unwahrscheinlichste von allen vorgebrachten.

S. 32, 11 (23, 11) *latebram suam, quo tuto latuisset, vocari maluit Latium* (sc. *Saturnus*), *et urbem Saturniam d e d i t de suo nomine et Ianiculum Ianus ad memoriam uterque posteritatis reliquerunt*. B. tilgt *dedit* (so übrigens schon Gelenius, so daß die adn. cr. »*dedit seclusi*« ungenau ist), wieder ganz unwahrscheinlich (denn wer wird glauben, daß es »nescio quo casu irrepsit« aus Verg. Aen 8, 322 *legesque d e d i t* [sc. *Saturnus*] *Latiumque vocari maluit*); von den vorgeschlagenen Vermutungen ist mir die glaublichste diejenige Dombarts *urbem Saturniam indito de suo nomine* (Vahlens *condidit* ist deshalb weniger überzeugend, weil er dadurch gezwungen wird, auch *memoriamque* zu lesen).

S. 34, 18 (22, 4) *quae* (sc. *Cybele*) *adulterum suum ... exsecuit, ut deum scilicet faceret eunuchum.* Die Hs. gibt *faceret et,* aber *et* ist ausradiert. Daß es falsch ist, wenn B. *et,* offenbar eine bloße Dittographie, in den Text setzt (= *etiam*), zeigt der Rhythmus der Worte *ut—eunuchum* — ᴗ — — ᴗ — ᴗ ᴗ ᴗ — — ᴗ (3 Cretici + Trochaeus), der durch zwischengestelltes *et* gestört werden würde.

S. 36, 10 (23, 5) *Laomedonti muros Neptunus instituit, nec mercedem operis infelix structor accepit.* Die von B. (wie von Halm) aufgenommene Änderung des Gelenius *accipit* ist falsch, da sie die Klausel — ᴗ — — ᴗ (Creticus + Trochaeus) aufhebt.

S. 37, 11 (24, 6 f.) *deus ligneus ... runcinatur et deus aereus vel argenteus de immundo vasculo, ut s a e p i u s factum Aegyptio regi, conflatur, tunditur malleis et i n c u d i b u s figuratur. et l a p i d e u s* ⟨*deus*⟩ *caeditur scalpitur.* Statt wie B. mit Gronov umzustellen *saepius, ut,* hätte es sich empfohlen, da *saepius* durchaus unpassend ist, die von Halm aufgenommene, von B. nicht einmal erwähnte ältere Emendation *ut accepimus* in den Text zu setzen. Unrichtig wird mit Meursius ⟨*in*⟩ *incudibus* geschrieben, wodurch die Konzinnität von *tunditur malleis* und *incudibus figuratur* geschädigt wird; daß S. 36, 13 (23, 6) *in incude fabricatur* steht, beweist nichts für diese Stelle.

S. 37, 25 (24, 9) *quanta vero de diis vestris animalia muta naturaliter iudicant.* Die von B. aufgenommene doppelte Änderung *quanto—naturalius* ist nicht wahrscheinlich, zumal *naturaliter* offenbar = φυσικῶς ist, also nicht geändert werden darf. Vielmehr spricht die Über-| lieferung wie die ganze Satzformation dafür, daß etwa nach *vestris* ein Substantiv wie ⟨*sollertia*⟩ ausgefallen ist.

S. 38, 3 (24, 10) *vos tergetis mundatis eraditis* (sc. *deos*) *et illos, quos facitis protegitis, e t timetis.* B. mit Meursius: *illos, quos facitis et protegitis, timetis.* Aber ein zweigliedriges Asyndeton wie *facitis protegitis* hat bei diesem Autor zahlreiche Analogien (vgl. B.s Index S. 114), ebenso *et* = *etiam* (ib. 92), letzteres in eben dieser Stellung als vorletztes Wort S. 40, 5 (25, 6) *tot de diis spolia quot de gentibus et tropaea,* was Vahlen (l. c. 14) gegen Änderungen verteidigt hat.

S. 39, 24 (25, 4) *damnis alienis et suis sceleribus adolscere cum Romulo regibus ceteris et p o s t r e m i s ducibus disciplina communis est.* B *et postea omnibus ducibus* statt der evidenten Korrektur des Davisius *posteris,* deren Richtigkeit sowohl dadurch garantiert wird, daß wie die äußeren Glieder des chiastischen Ausdrucks (*regibus—ducibus*) nun auch die inneren (*ceteris—posteris*) ἴσα καὶ ὁμοιόπτωτα sind, als durch den Rhythmus *regibus ceteris* — ⏑ — — ⏑ — (2 Cretici), *posteris ducibus* — ⏑ — ⏑ ⏑ ⏑ (Creticus + Trochaeus). — Der Rhythmus hätte B. auch davon abhalten müssen, S. 40, 8 (25, 7) die am Schluß eines Kolons stehenden Worte *arma rapuerunt* — ⏑ ⏑ ⏑ — — (wie *esse videatur*) auch sachlich ohne jeden Grund in *arma rapuerant* zu ändern (Halm in der adn. cr.: »fort. *rapuerant*«). Daß B. für die darauf folgenden Worte Vahlens zwingende Darlegung l. c. 14 nicht verwertet hat, ja nicht einmal in der adn. cr. auf sie Bezug nimmt, ist mir unbegreiflich. — Ebenso wird S. 42, 22 (26, 8) *(daemones non desinunt) alienati a deo inductis pravis religionibus a d e o segregare* die von B. aufgenommene Konjektur Voncks *ab eo* durch den Rhythmus — ⏑ — — ⏑ — ⏑ (Creticus + Ditrochaeus) widerlegt; ist doch auch grade die Wiederholung von *a deo* ungleich wirksamer als das matte *ab eo* (vgl. für solche Wiederholung z. B. S. 49, 9 f., 60, 24 f.).

S. 43, 22 (27, 1) *isti igitur impuri spiritus daemones, ut ostensum magis a philosophis et a Platone, sub statuis ... delitescunt.* Diesen Satz schreibt B. so: *isti igitur impuri spiritus* [*daemones*], *ut ostensum magis ac philosophis* [*et a Platone*], *sub statuis... delitescunt,* indem er *daemones* mit Ursinus, *et a Platone* mit Usener tilgt und *ac* mit Dombart für *a* schreibt. Vielmehr zeigt schon der Wechsel der Konstruktion bei *ostensum* — erst Dativ, dann *a* —, daß (außer *daemones*) die Worte *a philosophis et a Platone* interpoliert sind, der Satz mithin so zu schreiben ist: *isti igitur impuri spiritus* [*daemones*], *ut ostensum magis* [*a philosophis et a Platone*], *sub statuis ... delitescunt.* Auch der Sinn beweist das: denn was nun bis S. 45, 12 (27, 8) von den Dämonen gesagt wird, ist nur magische, nicht philosophische Lehre. Der Interpolator hat, wie er *daemones* aus S. 42, 23 | (27, 1) nahm, so die Philosophen und Platon aus S. 42, 24 (26, 9) und 43, 12 (26, 12) genommen.

S. 43, 24 (27, 1) heißt es von den *inpuri spiritus* (den Dämonen): *adflatu suo auctoritatem quasi praesentis numinis consequuntur, dum i n s p i r a n t u r interim v a t i b u s , dum fanis immorantur.* B. schreibt wie Halm mit Dombart: *dum inspirant interim vates,* aber das ist eine paläographisch wenig wahrscheinliche Änderung, die sich auch deshalb nicht empfiehlt, weil dadurch der diesem Autor so vertraute chiastische Parallelismus mit Homoioteleuton *-antur vatibus, fanis immorantur* in doppelter Weise aufgehoben wird. Ich schlage vor: *dum insinuantur interim vatibus;* vgl. S. 44, 9 (27, 2) *inrepentes corporibus* und S. 45, 7 (27, 8) *inserti mentibus.*

S. 44, 14 (27, 3) *hi sunt et furentes quos in publicum videtis excurrere, vates et ipsi absque templo: sic insaniunt, sic bacchantur, sic rotantur.* Diesen Satz schreibt B. so: *inspirant* (nämlich die Dämonen) *et furentes quos in publicum videtis excurrere, et vates ipsi absque templo sic insaniunt* etc. An Stelle des ganz unwahrscheinlichen *inspirant* für *hi sunt* war die leichte Änderung des Davisius *hinc* (näml. *a daemonibus) sunt* aufzunehmen, die auch durch den Anfang des folgenden Satzes Z. 17 (27, 4) *de ipsis* (nämlich *daemonibus*) *etiam illa* etc. als richtig erwiesen wird. Wenn B. weiter *et vates ipsi* umstellt, so zeigt das in Verbindung mit der fehlenden Interpunktion nach *templo,* daß er nicht eingesehen hat, daß *vates—templo* Apposition zu *furentes* ist: kurz vorher S. 44, 2 (27, 1) hatte der Verf. von den eigentlichen *vates* in den *fana* gesprochen, nun geht er zu den *furentes* über, »die auch ihrerseits *vates* sind, nur ohne Tempel: denn sie gebärden sich ganz wie jene *fanatici*«.

S. 45, 4 (27,7) Die durch den Namen Gottes exorzierten Dämonen verlassen den Körper des Besessenen schnell oder langsam, *prout fides patientis adiuvat aut gratia curantis adspirat. sic Christianos de proximo fugitant, quos longe in coetibus per vos lacessebant.* Für die letzten Worte schlug Vahlen (bei Halm) vor: *quos longe a coetibus per vos lacessant,* was B. aufnimmt; inwiefern aber die Worte des Lactantius inst. 4, 27, 1 *quanto terrori sit daemonibus hoc signum, sciet qui viderit, quatenus adiurati per Christum de corporibus quae obsederint fugiant* diese Vermutung stützen sollen, vermag ich nicht einzusehen. Der Gegensatz zu *de proximo* ist *longe* (von weitem), wie bei Tertullian in der parallelen Stelle apol. 27 *de proximo—de longinquo.* Die *coetus* der Christen sind wohl bekannt; Minucius denkt hier vor allem an die christlichen Gebetkonventikel, die die Heiden oder, wie es hier heißt, die Dämonen durch die Heiden zu stören suchten: vgl. Tertullian l. c. 39; | dem Imperf. de conatu *lacessebant* entspricht genau bei Tertullian l. c. 27 *laedere gestiunt.*

S. 48, 12 (29, 6) ist die von B. aufgenommene Konjektur Mählys *sane* für *plane* ganz unnütz. — S. 50, 13 (31, 3) *Aegyptiis et Athenis cum sororibus legitima conubia:* B. mit Wower *Atheniensibus,* aber solche Dinge können und müssen jetzt, soweit der Thesaurus vorliegt, behutsam geprüft werden: dort wird s. v. *Athenae* Sp. 1029 durch viele Beispiele gezeigt, wie weit gerade bei diesem Wort ›urbis nomen pro incolis‹ stehe, darunter ist eine Stelle des Hieronymus, die doch für unsere Stelle zu denken gibt: *regnante aput Aegyptios Vafre, aput Athenas Faenippo.*

S. 51, 17 (31, 7) Die Zahl der Christen nehme immer mehr zu, was ihnen nicht zum Verbrechen, sondern zum Ruhm gereiche, *nam in pulcro genere vivendi et praestat et perseverat suus et adcrescit alienus.* B. mit Baehrens *et praestanti,* wenig wahrscheinlich, weil die Trennung der Attribute durch nichts motiviert ist. Halm las mit Gelenius *perstat,* aber abgesehen davon, daß *perstare* und *perseverare* durch die Bedeutung zuwenig differenziert sind, wird dadurch die Konzinnität gestört, die verlangt, daß dem zweiten Komma *et adcrescit alienus* ein erstes mit nur einem Verbum entspricht. Auf der richtigen Fährte, daß wir es mit einer Dittographie zu tun haben, war Heumann, der *et perstat* [*et perseverat*] schrieb, aber das gibt keinen Rhythmus; alle Anforderungen erfüllt: *nam in pulcro génere vivendi* (⏑ ⏑ ⏑ — — ⏓ Cret. + Troch.) [*et praestat*] *et pérseverat suus* (— ⏑ — — ⏑ ⏓ 2 Cret.) *et adcréscit alienus* (— ⏑⏑⏑ — ⏑ Cret. + Troch.).

S. 52, 11 (32, 2) *litabilis hostia bonus animus et pura mens et sincera sententia.* Seit Ursinus schreibt man allgemein *conscientia;* aber das ist unmöglich, da es keinen Rhythmus gibt, während die Überlieferung *sin*]*cera sententia* — ⏑ — — ⏑ ⏓ (2 Cretici) richtig schließt. Warum soll auch *sententia* hier nicht das heißen können, was es z. B. bei Cic. Lael. 65 *fronte occultare sententiam* heißt, die ›Gesinnung‹? Die *sincera sententia* ist genau das, was Persius 2, 74 in gleichem (platonisch-stoischem) Zusammenhang so schön nennt *incoctum generoso pectus honesto.* — Der Rhythmus widerlegt ebenfalls eine unnütze, von B. aufgenommene Vermutung von Baehrens S. 53, 24 (33, 1) *nec nobis de nostra frequentia blandiamur: multi nobis videmur, sed deo admodum pauci sumus:* so richtig die Überlieferung mit der Klausel *fre*]*quentia blandiamur* — ⏑ — — ⏑ — ⏑ (Cret. + Ditroch.), nicht *blandimur.*

S. 54, 7 (33, 3) *nam et ipsi* (sc. *Iudaei*) *deum nostrum — idem enim omnium deus est — quamdiu enim eum caste innoxie religioseque* | *coluerunt . . ., de paucis innumeri facti.* Wenn B. *enim eum* tilgt, so ist er die Erklärung dafür schuldig geblieben, wie diese Worte in den Text gekommen sein sollen. Offenbar richtig nahm Halm nach *est* eine Lücke an, die er beispielsweise mit *experti sunt* ausfüllte, dem Sinne nach richtig, nicht den Worten nach, da der Rhythmus fehlt; zu edieren war also: *nam et ipsi deum nostrum — idem enim omnium deus est —* ⟨. . . . .⟩: *quamdiu enim eum etc.* Auch S. 54, 14—16 (33,4) [*scripta eorum . . . require*] ist im Gegensatz zu Halm von B. falsch behandelt.

S. 54, 23 (34, 1) *ceterum de incendio mundi, aut improvisum ignem cadere aut difficile, non credere vulgaris erroris est:* eine der schwierigsten Stellen unseres Textes. Von den vielen Änderungsvorschlägen leuchtet mir am wenigsten derjenige Lindners (nicht erst, wie B. angibt, Roerens) ein, den B., ohne irgendeinen anderen zu erwähnen, in den Text setzt: indem er das erste *aut* von seinem Platz fortrückt und vor *non* stellt, liest er: *ceterum de incendio mundi improvisum ignem cadere difficile aut non credere vulgaris erroris est.* Abgesehen davon, daß eine derartige Wortverrückung einen schwereren Eingriff in den Text bedeutet als jede andere Änderung, scheint mir der Gedanke ›daran entweder schwer oder (überhaupt) nicht zu glauben‹ ganz unpassend; mit dem Hinweis auf Tert. nat. 1, 2 *confessis difficile creditis* ist nichts gewonnen. Vielmehr scheint wenigstens dies sicher, daß auf dem richtigen Weg waren alle diejenigen, die davon ausgingen, daß der Alternative *aut improvisum ignem cadere* ein zweites durch *aut* eingeleitetes Glied entsprechen müsse, daß also in *difficile* sich ein dem *cadere* entsprechender Infinitiv verberge. Ist das richtig, dann ist weiter wahrscheinlich, daß gemäß der Praxis dieses Autors, der solche Kommata gern als ἴσα mit Chiasmus gestaltet, nach diesem Infinitiv ein dem *ignem* entsprechendes Substantiv fehlt: mit Ausfall von Worten müssen wir in der Überlieferung des Minucius stark rechnen, und das ganz besonders in dieser Partie: denn in den unmittelbar folgenden Zeilen hat Vahlen zwei evidente Lücken konstatiert, von denen die erste [S. 55, 1 (34, 2 vor *fontium*)] auch B. annimmt, während er die zweite S. 55, 5 (34, 4), statt mit Vahlen zu lesen ⟨. . .⟩ *loquitur Plato,* in ganz unwahrscheinlicher Weise dadurch umgeht, daß er *loquitur* in *similiter* ändert, also *similiter Plato* schreibt. Wir werden nach dieser Lage der Dinge mithin annehmen dürfen, daß die Vorlage unserer Hs. in diesem Abschnitt schadhaft war, und auch an der Stelle, von der wir ausgingen, mit der Möglichkeit eines Wortausfalls zu rechnen haben. Wenn wir nun bedenken, daß gleich nach unserem Satz die stoische Ansicht erwähnt wird, wonach der Weltbrand *consumpto umore* erfolge, so werden wir in *difficile* einen dem *consumi* sinnverwandten | Infinitiv zu suchen haben, das ist *deficere,* und den ganzen Satz vermutungsweise so gestalten: *ceterum de incendio mundi, aut improvisum ignem cadere aut d e f i c e r e ⟨u m o r e m⟩, non credere vulgaris erroris est,* wobei für die Verbindung Vergil georg. 1, 290 *noctes lentus non d e f i c i t u m o r* und Ovid. met. 9, 567 *linguam defecerat umor* verglichen sei. Die Bedingung, die an jede Konjektur im Text dieses Schriftstellers zu stellen ist, daß sie, falls mit ihr ein Kolon endigt, den rhythmischen Gesetzen der Klauseln entspreche, erfüllt die vorliegende: *de*]*ficere umorem* ⌣⌣⌣—— ⌣ (Cret. + Troch.; Hiatus in der Klausel ist für Minucius durchaus regulär). — Nicht erfüllt wird diese Bedingung gleich S. 55, 6 (34, 4) *partes orbis nunc i n u n d a r i dicit* (sc. *Plato*), *nunc alternis vicibus ardescere:* aber *inundari* ist bloße Konjektur von

Wopkens, die B. aufnimmt: überliefert ist *inundare*, das Minucius intransitiv braucht wie Vergil, von dem er in seiner φράσις so stark beeinflußt ist: 11, 382 *inundant sanguine fossae* und der von B. selbst (praef. p. XXVII) verglichene Lactantius inst. 7, 24, 7 *flumina lacte inundabunt*. Die Klausel ist: *nunc inundare dicit* — ◡ — — ◡ — ◡ (Cret. + Ditroch.). — Ein paar Zeilen weiter, S. 55, 8 (34, 4) ist überliefert: *addit tamen* (sc. *Plato*) *ipsi artifici deo soli et solubilem et esse mortalem* (sc. *mundum*): — ◡ — — ◡ (Cret. + Troch.); B. mit Wopkens *solubilem esse et mortalem* ohne Klausel: hätte er die Klauseln geprüft, so würde ihm nicht entgangen sein, daß Minucius, um sie zu erzielen, gar nicht selten die Wortstellung vergewaltigt hat, ein Recht, das er sich für seine poetische Prosa aus der Poesie abstrahierte.

S. 57, 11 (35, 3) *ignes Aetnae* [*montis*] *et Vesuvi* [*montis*]: so liest B. mit Ursinus und Wower, obwohl auch abgesehen vom Sprachgebrauch anderer Autoren — *Aetna mons* ist, wie der Thesaurus lehrt, ganz konventionelle Verbindung — Beispiele des Minucius selbst, wie S. 24, 22 (18, 3) *Nilus amnis* (denn so ist überliefert), 23 (ibid.) *Indus flumen* vor der Annahme einer doch auch an sich nicht sehr wahrscheinlichen Interpolation hätten warnen können. Nun aber ist *Aetna* gar nicht die Lesart der Hs., sondern nur der editio princeps, die Hs. hat *hennei*, wofür Oehler evident richtig, ohne daß B. die Emendation auch nur erwähnte, *Aetnaei* korrigierte (die gleiche Korruptel wird im Thesaurus s. v. *Aetnaeus* aus Claudian notiert), so daß also die Hinzufügung von *montis* nicht bloß möglich, sondern notwendig ist (*Aetnaei montis gloria* Val. Max. 5, 4 ext. 5). Was aber dem Aetna recht ist, das ist dem Vesuv billig schon wegen der Konzinnität: der Name des Berges, eine stete Crux der Schreiber, ist in der Hs. *lesui* geschrieben, was schon die editio princeps in *Vesuvii* korrigierte, uns *Vesuvi* oder *Vesvi(i)* zu schreiben freisteht, wenn wir nicht der Konzinnität mit *Aetnaei* zuliebe *Vesuini* vorziehen wollen. |

S. 58, 24 (36, 5) *aves sine patrimonio vivunt et in diem* *p a s c u a* *pascuntur*. B. und Halm mit Ursinus [*pascua*], vielmehr richtig *pecua* Gelenius: dadurch gewinnt der Gedanke und ergibt sich die richtige Klausel: *in diem pecua pascuntur* — ◡ — ◡ ◡ ◡ — — ◡ (2 Cret. + Troch.).

S. 59, 7 (36, 7) *contemnere malumus opes quam* *c o n t i n e r e*. B. wie Halm mit Oehler *contingere*, was zunächst wieder dadurch nicht empfohlen wird, daß es die reguläre Klausel *continere* — ◡ — ◡ (Ditroch.) aufhebt. Aber auch der Gedanke führt auf etwas anderes: der Schriftsteller erklärt sich selbst zwei Zeilen darauf mit den Worten *malumus nos bonos esse quam prodigos* (wo man den Rhythmus — ◡ — — ◡ — — ◡ — — ◡ — beachten wolle); dem *prodigos esse* entspricht vorher ⟨*non*⟩ *continere*, also: *contemnere malumus opes quam* ⟨*ñ*⟩ *continere*.

S. 59, 26 (37, 1). Der Christ bietet ein Gott wohlgefälliges Schauspiel, *cum libertatem suam adversus reges et principes erigit, soli deo cuius est cedit.* B. hat durch sein nach *erigit* hinzugefügtes *et* die Kraft der Antithese gebrochen.

S. 61, 22 (37, 12) *enervis histrio amorem dum fingit infligit; idem deos vestros induendo stupra ... dedecorat.* Wie matt die ältere, von B. aufgenommene Konjektur *infigit,* die an der von Halm zitierten Stelle des Lactantius inst. 6, 20, 29 *histrionum ... motus quid aliud nisi libidines docent et instigant* doch keine Stütze finden kann, während *infligere amorem* drastisch gesagt ist wie *infligere volnus, plagam* (Cic. Phil. 2, 52. Vatin. 20). Ebenso falsch ist die von B. aufgenommene Änderung Voncks *inducendo,* denn es ist ja klar, daß *deos induere* kühn aber einwandfrei steht für *deorum personas induere,* was bloß die Umkehrung ist von Cic. nat. deor. 2, 63 *di specie humana induti.*

S. 63, 11 (38, 6). Octavius schließt seine Rede mit den Worten: *cohibeatur superstitio, impietas expietur, vera religio reservetur.* Für das letzte Wort vermutete Boot *reseretur (= aperiatur, patefiat),* was B. in den Text setzt; daß dies falsch ist, zeigt wieder die Zerstörung der Klausel: wer kann denn glauben, daß Minucius, der die beiden ersten Kommata so sorgsam formt *cohibea*]*tur superstitio* — ⏑ — ⏑ ⏑ ⏓ (Cret. + Troch.), *expietur* — ⏑ — ⏑ (Ditroch.), das dritte, den Schluß der ganzen Rede bildende, hexametrisch habe ausgehen lassen — ⏑ ⏑ — ⏑ und nicht, wie die Überlieferung bietet, *religi*]*o reservetur* — ⏑ — — ⏑ (Cret. + Troch.)? ›Die wahre Religion soll erhalten werden‹: das ist die rechte Antithese zu dem vorhergehenden Komma: ›der Unglaube soll unschädlich gemacht werden‹.

S. 63, 24 (40, 1) *vicimus et ita: ut improbe usurpo victoriam.* Halm evident richtig *vel i.,* was B., der die La. der Hs. aufnimmt, nicht einmal erwähnt. |

S. 64, 1 (40, 2) *itaque quod pertineat ad summam quaestionis ..., consentio. etiam nunc tamen aliqua consubsidunt non obstrepentia veritati sed perfectae institutioni necessaria.* Der Konjunkiv *pertineat* ist sehr fein, wie das folgende *tamen* zeigt; er durfte also von B. nicht in *pertinet* mit Ursinus geändert werden.

Vorstehende Bemerkungen werden gezeigt haben, daß auch die vorliegende Ausgabe keine abschließende genannt werden kann. Immerhin bezeichnet sie gegenüber der Baehrensschen einen erheblichen Fortschritt und wird gerade durch den Widerspruch, den sie vielfach herausfordert, fördernd auf die Kritik dieses beliebten, aber schwierigen Schriftstellers wirken.

(ZU MINUCIUS FELIX 35, 1)
1894*

Unter den zahlreichen scharfsinnigen Emendationen, die der Verfasser gibt, vermag ich die 160, 1 vorgeschlagene nicht für richtig zu halten. Bei Minucius Felix heißt es an einer vielbehandelten, aber, wie mir scheint, noch nicht richtig erklärten Stelle (35, 1): *et tamen admonentur homines doctissimorum libris et carminibus poetarum illius ignei fluminis et de Stygia palude saepius ambientis ardoris, quae cruciatibus aeternis praeparata et daemonum indiciis et de oraculis profetarum cognita tradiderunt.* Hier will der Verfasser lesen: *et de Stygia palude i m p i o s ambientis ardoris,* indem er vergleicht Orac. Sibyll. 2, 294 ff. ἀτὰρ ὕστερον αὖτε | ἐκ ποταμοῦ μεγάλου πύρινος τροχὸς ἀμφικατέρξει | αὐτούς, ὅττι ῥα τοῖσιν ἀτάσθαλα ἔργα μέμηλεν und meint, daß Minucius dieselbe Vorlage gehabt habe wie der Verfasser dieses Orakels: das sei wirklich ein *doctissimus poeta* gewesen, nämlich einer der Orphiker. Aber von einem *doctissimus poeta* redet ja Minucius gar nicht, sondern scheidet die *libri doctissimorum* von den *carmina poetarum:* mit jenen meint er Platon, mit diesem Vergil; vgl. Plat. Phaed. 113 BC, wo er nach Schilderung des Pyriphlegethon fortfährt: τούτου δ' αὖ καταντικρὺ ὁ τέταρτος (sc. ποταμός) ἐκπίπτει εἰς τόπον δεινόν τε καὶ ἄγριον, ὥς λέγεται, χρῶμα δ' ἔχοντα ὅλον οἷον ὁ κύανος, ὅν δὴ ἐπονομάζουσι Στύγιον, καὶ τὴν λίμνην, ἥν ποιεῖ ὁ ποταμὸς ἐμβάλλων, Στύγα· ὁ δ' ἐμπεσὼν ἐνταῦθα καὶ δεινὰς δυνάμεις λαβὼν ἐν τῷ ὕδατι, δὺς κατὰ τῆς γῆς, π ε ρ ι ε λ ι τ τ ό μ ε ν ο ς χωρεῖ ἐναντίος τῷ Πυριφλεγέθοντι καὶ ἀπαντᾷ ἐν τῇ Ἀχερουσιάδι λίμνῃ ἐξ ἐναντίας· καὶ οὐδὲ τὸ τούτου ὕδωρ οὐδενὶ μίγνυται, ἀλλὰ καὶ οὗτος κ ύ κ λ ῳ π ε ρ ι ε λ θ ὼ ν ἐμβάλλει εἰς τὸν Τάρταρον ἐναντίος τῷ Πυριφλεγέθοντι· ὄνομα δὲ τούτῳ ἐστίν, ὥς οἱ ποιηταὶ λέγουσιν, Κωκυτός. Das stimmt genau zu den Worten *de Stygia palude ambiens flumen,* wo *ambiens* ebensowenig ein Objekt verlangt wie die entsprechenden Worte bei Platon. Woher aber *saepius?* Weil der Kokytos sich ebenso wie der Pyriplegethon, mit dem er teilweise parallel läuft, *öfters* herumschlängelt: vom Pyriphlegethon sagt es Platon in den unmittelbar vorausgehenden Worten περιελιχθεὶς δὲ π ο λ λ ά κ ι ς ὑπὸ γῆς ἐμβάλλει κατωτέρω τοῦ Ταρτάρου. Wie oft man es sich denken soll, zeigt Vergil

* Schluß der Besprechung: Dieterich, Nekyia.

Aen. 6, 439 *noviens Styx interfusa.* Derselbe sagt vom Cocytus 131 f. *tenent media omnia silvae,* | *Cocytusque sinu labens circumvenit atro.* Daß auch dieser Fluß bei Minucius brennt *(ardor),* ist selbstverständlich: denn in seiner Hölle gibt es, wie in der Johannesapokalypse, zur Peinigung der Frevler nur Feuer (vgl. § 3), mag auch Jupiter schwören *per torrentes ripas et atram voraginem* (§ 2), das stammt wieder aus Vergil Aen. 9, 105. 10, 114. Er ist also der *poeta,* wie Platon der *doctissimus.* |

DIE PETRUS-APOKALYPSE UND IHRE ANTIKEN VORBILDER

1893

Das bis zum Überdruß vielberufene Ende des Jahrhunderts hat nicht bloß solche Früchte gezeitigt, die dem besorgten Auge manches Kultur- und Literaturforschers deutliche Anzeichen einer Erkrankung des Markes und eines Absterbens der Blüten zu sein scheinen. Aus verborgenen Tiefen keimten neue Reiser auf, lebensfrische und lebenspendende. Aus dem Gräberdunkel des geheimnisvollen Landes der Pyramiden, der Wiege eines großen Teiles unserer Kultur, kamen ungeahnte Schätze ans Tageslicht, welche die Jahrtausende überdauert hatten: dem staunenden Auge des Künstlers entrollte sich in jenen durch enkaustische Malerei hergestellten Porträts eine heute verlorene Kunsttechnik, dem klassischen Philologen wurde ein Lied des alten dorischen Sängers Alkman, eine unschätzbare Schrift des Aristoteles, ein neuer griechischer Dichter Herondas geschenkt, und als ob ein gütiges Geschick seine Gaben gerecht verteilen wollte, kam für den Theologen vor kurzem nichts Geringeres ans Tageslicht als ein neues Evangelium und eine neue Apokalypse. So verdanken wir jener merkwürdigen ägyptischen Sitte, dem Toten für die Fahrt ins Jenseits Dokumente ins Grab zu legen, die ihm Erinnerungen und gleichsam Quittungen für das Leben auf der Erde sein sollten, jene nur kurz angedeutete Fülle des Materials, dessen Verarbeitung und Verwertung gegenwärtig im Mittelpunkt der wissenschaftlichen Forschung steht und welches gewissermaßen in plastischer Deutlichkeit auch dem Widerstrebenden zu zeigen bestimmt ist, daß die Blüten unserer Kultur und Literatur nur demjenigen ihre volle Pracht erschließen, der sich nicht auf sich selbst allein gestellt fühlt, sondern der, mit historischem Blick der Vorbedingung für alle wissenschaftliche Forschung begabt, vordringt in das Dunkel vergangener Zeiten, in denen sich die Wurzeln des Stammes bergen, der so wunderbare Blüten getragen hat.

Den Gegenstand der vorliegenden Betrachtung bildet die Petrus-Apokalypse in ihrem Zusammenhang mit gleichartigen oder ähnlichen Produktionen des klassischen Altertums. Auch das haben wir erst in den letzten Dezennien unseres Jahrhunderts gelernt, daß Theologie und Philologie sich gegenseitig bedingen. Als im Jahr 1777 der Begründer der klassischen Altertumswissenschaft, Friedrich August Wolf, trotz des Widerstrebens der maßgebenden Stimmen der Göttinger Fakultät als 18jähriger Jüngling den bedeutungsvollen Schritt tat, sich als Studiosus der Philologie immatrikulieren zu lassen, statt als Studiosus der Theologie, da ging er von der klaren Erkenntnis aus, daß die Philologie kein Zweig der Theologie sei, wofür sie bisher gegolten, sondern daß ihr eine selbständige Stellung neben dieser gebühre. Aber wenn sie nicht im Verhältnis von Mutter und Tochter stehen, so sind sie beide Schwestern einer und derselben Mutter, der Humanität, und in gemeinsamem Wirken streben sie danach, der Mutter den Zoll kindlicher Dankbarkeit abzutragen. Christentum und Geistesbildung: welcher Vorurteilsfreie würde nicht in ihrer harmonischen Wechselwirkung die Fundamente unserer ganzen Kultur erblicken? Und darum gibt es auch für die ganze Kulturgeschichte keine bedeutungsvollere Periode als diejenige, in welcher sich der Kampf der heidnischen Ideen mit den christlichen abspielt, die großartigste Tragödie, welche die Welt gesehen hat, in der, wie es in der Natur der Dinge lag, das Heidentum unterlag, aber wie ein Held, den das Schicksal erhebt, wenn es ihn versenkt: denn es zwang selbst dem rücksichtslosen Sieger Achtung vor der einstigen Größe ab, und statt es zu vernichten, vereinigte es sich mit ihm zu gemeinsamem Wirken. Dies ist der tatsächliche Sachverhalt, unwiderleglich verbrieft in einer großen Zahl von Urkunden, die nur eine vorgefaßte Meinung ignorieren oder umdeuten darf. So geht der große Zusammenhang der Ideen ununterbrochen vom Anfang bis zum Ende, wie der Regenbogen trotz mannigfacher Brechungen des Lichts beide einheitlich verknüpfend.

Diese Vorbemerkungen waren unerläßlich für die nachfolgenden Untersuchungen, um den Standpunkt des Verfassers zu charakterisieren. Denn es handelt sich darum, jenes merkwürdige Erzeugnis griechisch-orientalischen Geistes, die Petrus-Apokalypse, in ihrem Zusammenhang, d. h. in ihrer historischen Bedeutung, verstehen zu lernen. Es sind zum Teil schauerliche Bilder, die ich dem Auge des Lesers vorführen muß; aber die primitiven Anfänge menschlicher Spekulation, wenn sie auch keine Ästhetik kennen, sind darum doch nicht minder beachtenswert; freilich im vorliegenden Fall tritt das Raffinement hinzu und erhebt so das anfänglich Begreifliche oft in die Sphäre der Halluzination. Wo ist es nicht so mit dem, was man Aberglauben zu nennen sich gewöhnt hat?

Es kann natürlich nicht unsere Aufgabe sein, die Vorstellungen des Altertums über das Leben nach dem Tode hier vollständig vorzutragen. Aber in gedrängtester Kürze muß doch zum Verständnis des weiteren noch auf die Wandlungen hingewiesen werden, welche dieser Glaube in ältester Zeit erfuhr. Wer kennt nicht die homerische Unterwelt? Bewußtlos weilen in ihr die Seelen der Verstorbenen im großen

Hause des Hades, und erst wenn sie Blut getrunken haben, kehrt ihnen die Besinnung wieder. Aber es ging, wie kürzlich von einem hervorragenden Forscher nachgewiesen wurde, eine Kulturstufe voraus, auf welcher man sich die Toten als mit vollem Bewußtsein und der Fähigkeit zu nützen und zu schaden begabte mächtige Dämonen vorstellte, die zu Freunden zu haben man opfern und beten mußte. Diese Anschauung konnte selbst durch das kanonische Ansehen der homerischen Poesie nicht verdrängt werden: sie ist die im Altertum durchaus gewöhnliche: das Sterben ist keine Kluft, hinter der das Nichts liegt, sondern das Leben im Jenseits ist eine Fortsetzung des Lebens auf der Erde. In diesem Gedanken fand man | Trost, besonders nachdem die anfänglich nicht vorhandene Vorstellung eines seligen Lebens der Guten im Elysium aufgekommen war und bestimmte Gestalt angenommen hatte. Daher auch der milde, friedliche Geist, der in den Grabschriften atmet: »Auf Wiedersehen drüben im Jenseits«, »Du Glücklicher, der du jetzt bei den Seligen weilst in ewiger Wonne, der Leiden ledig«, das sind die auf mannigfaltigste Art ausgedrückten Gedanken, die immer wiederkehren und auch auf den bildlichen Darstellungen der Grabreliefs Ausdruck finden, die in ihrer schlichten Einfachheit und durch die sanfte Wehmut des auf ihnen dargestellten Abschieds das Auge des Betrachtenden so fesseln: deutliche Abbilder des maßvollen harmonischen Geistes der Hellenen. Natürlich findet sich hier nirgends auch nur die leiseste Andeutung von etwas Gräßlichem, das den Toten erwarten könnte; höchstens deutet hin und wieder ein etwas aufgeklärter Geist durch ein leises »Wenn« an, daß er nur dann auf ein Wiedersehen drüben hofft, wenn es ein Drüben gibt; und gibt es ein solches nicht, so ist eben alles zu Ende und der Tod nicht schlimm. Das sind auch die Gedanken, welche den populär-philosophischen Trostschriften, wie sie das Altertum in Fülle besaß, zugrunde liegen. »Es wurde vereint und entzweit, und kehrte zurück, woher es gekommen war: Erde zu Erde, der Geist nach oben; was von diesen ist schlimm? auch nicht eins!« so lautete das Glaubensbekenntnis der gebildeten Frommen. Der große Haufe ließ sich gern erzählen, wie es drunten aussehe; diesem Wunsch kam die Komödie nach, in der oft Schatten aus der Unterwelt heraufbeschworen wurden, die dann den staunenden Hörern von der Lust und Wonne des Elysiums berichteten, wo einem die gebratenen Tauben um den Mund fliegen (ganz wie in unserem Schlaraffenland) und es sich viel besser lebt als hier oben. Daß die radikale Aufklärung materialistischer Systeme das Fortleben nach dem Tode leugnete, braucht kaum hervorgehoben zu werden. Die Kluft zwischen den Aufgeklärten und dem Volk war im Altertum mindestens so groß wie bei uns, und es ist sehr bezeichnend, daß auch damals zu verschiedenen Zeiten Vermittlungsversuche unternommen wurden; im allgemeinen aber lautete das Prinzip der Philosophen um Beginn der christlichen Zeit: die verbreiteten Vorstellungen über das Leben nach dem Tode halten streng philosophischer Prüfung nicht stand, aber für das Volk sind sie nützlich, da durch sie das Gute gefördert, das Böse verhindert wird; daher darf man sie dem Volk nicht rauben. Wenn wir es nicht als selbstverständlich voraussetzen würden, so könnten uns solche Worte bekehren, daß der milde Geist jener Grabinschriften doch eben nur die eine Seite der Gedanken über diese Dinge wiedergibt: die Hoffnung auf das Gute; daneben bestand ohne Zweifel der andere Gedanke: die Furcht vor dem Schrecklichen. Aber man spricht ungern das Böse aus. Wer schuf neben der ewigen Wonne des Elysiums die ewige Qual des Tartarus, die dem echten Homer noch völlig fremd ist?

In welcher entwickelten Religion gibt es keine Privatkulte einzelner Gemeinden, die, vom Staate zugelassen oder verboten, ihren Anhängern in veränderten, meist geheimnisvolleren Formen den Seelenfrieden zu verleihen sich anheischig machen? Der römische Staat mit seinem ausgesprochenen Widerwillen gegen jede private Absonderung suchte alle derartigen Versuche kraft seiner Autorität zu unterdrücken, was ihm auch, solange das Hereindringen orientalischer Religionsformen nicht übermächtig wurde, gelang. In Griechenland dagegen, wo der Freiheit des einzelnen ein viel größerer Spielraum gelassen war, konnten im 7. und 6. Jahrhundert vor unsrer Zeitrechnung solche geheimen Kulte unbehindert entstehen. Wer hätte nicht von den eleusinischen Mysterien gehört! Anfänglich waren sie beschränkt auf die heilige Stadt Eleusis: dort war Persephone von dem König des Schattenreichs geraubt worden, dort setzte ihre Mutter Demeter die geheimen Weihen ein, die keiner ausplaudern darf. „Glückselig die Menschen, welche sie geschaut haben; wer aber uneingeweiht ist, den erwartet nimmer gleiches Geschick, wenn er gestorben ist, drunten im dumpfigen Dunkel«, so lautet die heilige Stiftungsurkunde. Hier ist deutlich auf ein verschiedenes Los der Geweihten und Ungeweihten in der Unterwelt hingedeutet. Aber wir wissen nichts Genaueres darüber: das von der Göttin anbefohlene Geheimnis ist streng bewahrt worden; doch ist es unwahrscheinlich, daß hier die Strafen der Ungeweihten im einzelnen bestimmt worden seien. Hier greift vielmehr ein anderer Geheimkult ein, über den wir besser unterrichtet sind: die orphischen Mysterien. An den Namen des Orpheus, »des Großmeisters aller möglichen Mystik«, anknüpfend, gewannen sie, geschickt organisiert durch schlaue Priester, bald eine große Bedeutung und einen mächtigen Einfluß auf die religiösen Anschauungen der großen Masse, welche dem vielen Zeremoniell und den beseligenden Aussichten, die ihr eröffnet wurden, nicht zu widerstehen vermochte. Diese orphischen

Priester versicherten, von Haus zu Haus ziehend, daß sie durch Opfer und Zauberkünste die Götter bannen könnten, ihnen zu Willen zu sein, wer sich ihnen anschließe, den erwarte im Hades die volle Seligkeit in ewiger Lust und Wonne; dagegen stehe Schreckliches bevor den anderen: in einem schlammigen Sumpfe würden sie drunten vergraben sein, endlose Strafen leidend. Das und ähnliches stand in den Büchern, die sie feilboten. Offenbar war es anfangs eine Art von Konkurrenzunternehmen gegen die eleusinischen Mysterien, aber es kann nicht geleugnet werden, daß schon früh ein gewisser Ausgleich stattgefunden haben muß, wenngleich die einzelnen Fäden, die herüber und hinüber spielen, für uns nicht mehr deutlich erkennbar sind. Um die Mitte des 5. Jahrhunderts malte Polygnot in der Halle zu Delphi die Niederfahrt des Odysseus in die Unterwelt: wir kennen die Darstellungen des Gemäldes ziemlich genau. Polygnot hatte nicht die homerische Unterwelt gemalt, sondern eine solche, die mehr den fortgeschrittenen Anschauungen seiner Zeit entsprach. Den Zusammenhang mit den eleusinischen Mysterien beweist außer anderem das Kästchen, welches eine Jungfrau auf ihren Knien hält; es ist eines der Symbole, welches die Eingeweihten der Demeter tragen. Hier zum erstenmal finden wir ferner bestimmte Klassen von Sündern, welche an heiligen Moralgesetzen gefrevelt haben: ein Mann, der sich gegen seinen Vater vergangen hat, wird zur Strafe von diesem gewürgt; in der Nähe wird ein Tempelräuber gestraft. Ähnliches lesen wir in den gegen Ende des 5. Jahrhunderts aufgeführten, in der Unterwelt spielenden »Fröschen« des Aristophanes. Der Chor besteht aus den Geweihten, die in lichtumstrahlten Myrtenhainen sich im Reigentanz wiegen. Aber schrecklich ist der Aufenthaltsort und die Strafe der Frevler: den Eingang zur Unterwelt bewachen Ungeheuer, in unergründlichem Schlamm liegen die Verbrecher, die an Gastfreunden und Eltern gefrevelt oder die einen Meineid geschworen haben. Man erkennt hier deutlich die Verquickung der eleusinischen Mysterien mit den orphischen: denn den Eingeweihten stehen nicht etwa die Uneingeweihten gegenüber, sondern die Frevler.

Die orphischen Mysterien gewannen nun aber eine erhöhte Bedeutung auf einem anderen Wege. In der zweiten Hälfte des 6. Jahrhunderts stiftete Pythagoras in dem von Griechen bewohnten Unteritalien einen religiösen Verein, der wiederum mit vielen geheimnisvoll symbolischen Gebräuchen verknüpft war; da nun Pythagoras seinen Jüngern außer der Heiligkeit ihres Lebenswandels auch feste Zuversicht über das Schicksal der Seele durch seine Lehren ver- | leihen wollte, ist es begreiflich, daß die orphischen Geheimlehren mit den pythagoreischen sich in manchen Punkten berühren mußten und eine Verbindung beider in der Natur der Sache lag. Tatsächlich sehen wir, daß Orphisches und Pythagoreisches oft so ineinanderfließt, daß beides sich nicht trennen läßt. So kann nicht mit Sicherheit bestimmt werden, welcher von beiden Religionsgenossenschaften das wichtigste ihrer gemeinsamen Dogmen angehört: die Lehre von der Seelenwanderung, jene eigentümliche Vorstellung über das Leben nach dem Tode, die aller Wahrscheinlichkeit nach aus dem Orient, vermutlich aus Ägypten, nach Griechenland gekommen ist. Durch dieses Dogma wurden die populären Vorstellungen über die Unterwelt wesentlich umgestaltet; man höre unsern ältesten Zeugen Pindar: »Den in diesem Reich des Zeus begangenen Frevel richtet Einer unter der Erde, den Spruch kündend in feindseliger Notwendigkeit. Aber die Guten, Nacht und Tag in gleicher Weise die Sonne genießend, schauen dort ein müheloseres Leben als hier, nicht die Erde aufwühlend mit der Kraft des Armes, noch das Meer; sondern bei den Göttergeehrten, welche die Eidestreue liebten, erfreuen sie sich eines tränenlosen Daseins; die anderen aber tragen schrecklich anzusehende Mühe. Alle aber, welche es vermochten, dreimal beiderseits (auf der Erde und im Hades) weilend von Unrecht die Seele gänzlich fern zu halten, die vollenden den Weg des Zeus zur Burg des Kronos, wo ozeanische Lüfte der Seligen Inseln umwehen und Goldblumen funkeln auf schimmernden Bäumen des Landes oder auf dem Wasser, mit deren Gewinden sie die Hände umflechten und die Häupter«; oder an einer anderen Stelle: »Ihnen erleuchtet drunten die Kraft der Sonne die Nacht, die hier auf Erden ist, und purpurrosige Wiesen sind ihre Vorstadt, prangend im Schmuck der schattigen Zeder und goldiger Früchte. Und sie ergötzen sich mit Rossetummeln und Ringkampf oder mit Würfelspiel oder Lautenklang; bei ihnen strahlt blühender Segen jeder Art. Wohlgerüche verbreiten sich durch den lieblichen Ort, denn immer mischen sie in fernhinleuchtendem Feuer weihrauchduftende Spenden auf der Götter Altären. Aber die Seelen derer, die einen gottlosen Lebenswandel geführt und das Gesetz übertreten haben, werden in den Schlund der Finsternis gestoßen, von wo unendliches Dunkel ausspeien der düsteren Nacht trägfließende Ströme.«

Wie sehr diese und ähnliche Gedanken sich verbreiteten, ohne ein Sondergut der gebildeten Kreise zu bleiben, haben deutlich die in diesem Jahrhundert in Unteritalien gefundenen, höchst eigentümlichen Goldplättchen gelehrt, die vermutlich den Toten mit ins Grab gegeben wurden. Auf einem derselben steht folgende Aufschrift: »Du wirst finden im linken Teil des Hauses des Hades eine Quelle und neben ihr eine weiße Zypresse stehend; dieser Quelle komme nicht einmal nahe (geschweige denn, daß du aus ihr trinkest). Aber eine andere wirst du finden: eiskaltes Wasser hervorfließend aus dem See der Erinnerung; Wächter stehen davor. Sprich: ›Ein Kind bin ich der Erde und des Sternenhimmels, himmlisch meine Abstammung, wie ihr selber wißt. Ich bin ausgedörrt von Durst und verschmachte; drum gebt schnell eiskaltes Wasser, hervorfließend aus dem See der Erinnerung.‹ Und sie werden dir zu trinken geben aus der göttlichen Quelle; und dann wirst du herrschen mit den anderen Heroen.« Daß es sich hier um Eingeweihte in die Mysterien handelt, beweisen andere gleichartige Aufschriften, in denen sich der Tote wendet an die Herrin Persephone und andere Götter der Mysterien mit der Bitte, ihn aufzunehmen in die Schar der Reinen, nachdem er den mühevollen Kreis des Lebens beendet habe.

Den Späteren wurden diese Vorstellungen im wesentlichen überliefert durch Plato, der ihrer oft gedenkt. So im Phaedo: »Wenn die Gestorbenen an den Ort gelangt sind, wohin einen jeden sein Dämon bringt, so wird zuerst Gericht gehalten, sowohl über die Guten und Frommen, als über die anderen. Diejenigen nun, welche einen mittelmäßigen Lebenswandel geführt haben, ziehen an den Acheron, wo sie die ihnen bereiteten Fahrzeuge besteigen, auf denen sie an den See gelangen; hier werden sie gereinigt und empfangen Strafe für das Unrecht, Lohn für das Gute, das sie getan. Aber die wegen der Größe der Sünden Unheilbaren stürzt ein verdientes Geschick in den Tartarus, aus dem sie niemals herauskommen. Diejenigen, die große, aber heilbare Freveltaten begangen haben, zum Beispiel, indem sie sich im Zorn an Vater oder Mutter vergriffen, aber im späteren Leben Reue darüber empfanden, werden in den Tartarus gestürzt, aber nach einem Jahr wirft sie die Woge wieder heraus, die Mörder in den Cocytus, die Vater- und Muttermörder aber in den Pyriphlegethon; wenn sie dann von den Flüssen getragen in den Acherusischen See kommen, so schreien sie laut und nennen den Namen dessen, den sie getötet, oder an dem sie gefrevelt haben, und bitten dann flehentlich, sie aus dem See herauszulassen und sie aufzunehmen. Und wenn sie diejenigen, an denen sie sich vergangen haben, durch ihre Bitten überreden, so kommen sie heraus und sind befreit von den Qualen, wenn aber nicht, so werden sie wieder in den Tartarus getragen und von dort wieder in die Flüsse, und so lange erleiden sie dies unausgesetzt, bis sie jene überredet haben: denn dies ist die Strafe, die von den Richtern über sie verhängt wurde. Diejenigen aber, die vor allen anderen einen hervorragend frommen Lebenswandel geführt haben, die sind von diesen Orten im Erdinnern befreit und erlöst wie aus Gefängnissen und kommen in lichte Wohnsitze.« Die ausführlichste Hadesvision steht am Schluß der Republik Platos; er wendet hier die beliebte Fiktion an, einen vom Scheintod Erwachten erzählen zu lassen, was er in der Zwischenzeit gesehen hatte. Tausend Jahre dauert die Reise der Frevler durch den Hades, denn hundertjährig wird das

Leben des einzelnen veranschlagt und zehnfach muß er büßen für jede Sünde; die Frevler aber an Göttern und Eltern sowie die Mörder büßen ewig. Wenn einer dieser Unheilbaren aus dem Schlund herauskommen will, so brüllt der Schlund, so daß er zurückbebt. »Wilde Männer, feurig anzusehen, stehen daneben und binden Hände, Füße und Kopf der schlimmsten Verbrecher zusammen, schleifen sie über den Weg, mit Dornsträuchen sie peitschend und dem Vorübergehenden verkündend, weshalb sie in den Tartarus geworfen würden.«

Man sieht: hier sind bereits die deutlichsten Vorstufen für die Entstehung der christlichen Höllenvisionen. Aber noch dürfen wir uns nicht zu diesen wenden: denn es ist um so notwendiger, zuvor etwas genauer auf die Unterweltfahrt des Aeneas im 6. Buche der Aeneis Virgils einzugehen, weil die Komposition und Quelle derselben bisher völlig verkannt worden ist. Durch eine richtige Analyse derselben lassen sich manche neue Punkte für die Beurteilung der christlichen Hölle gewinnen[1].

Folgen wir dem Aeneas in die Unterwelt. Begleitet von der Sibylle und im Besitz des Mistelzweiges, der nach uraltem auf die Zeit der indogermanischen Völkergemeinschaft zurückgehenden Aberglauben als Symbol des Geheimnisvollen und Finsteren galt, schreitet er hinunter. Am Eingang des Schlundes haben ihr Lager aufgeschlagen die Trauer, die rächenden Sorgen, Krankheit, Greisenalter, Furcht, Hunger, Mangel, Tod, Mühe, Schlaf, Sinnenlust, Krieg, Zwietracht sowie die Ungeheuer der Fabelwelt: die lernäische Schlange, die Chimaera, Gorgo, Harpyen usw. | Diesseits des Acheron schwirren die Schatten der Unbeerdigten umher: denn nicht ist es ihnen erlaubt, zur Ruhe des Hades einzugehen, sondern hundert Jahre müssen sie warten. Aeneas und die Sibylle besteigen den Nachen des Charon. Am anderen Ufer beginnt die Vorhalle des eigentlichen Hades. In ihr treffen wir eine merkwürdige Auswahl von Seelenklassen an, deren Sitze gesondert sind: gleich zuerst hört man das Wimmern der Säuglinge, die das Verhängnis von der Brust der Mutter gerissen hat. Daneben sind die Sitze der durch falschen Richterspruch Verurteilten; ihnen schließen sich an die Selbstmörder, besonders die Seelen der Frauen, die sich gegen Aphrodite vergangen und aus Verzweiflung sich den Tod gegeben hatten; endlich die im Kriege gefallenen Helden. Hinter dieser Vorhalle liegt zur Linken der Tartarus, gegen jene abgeschlossen durch eine Tür und Säulen aus Stahl. Die Furie hält Wache davor. In der unergründlichen Tiefe sieht Aeneas mehrere Klassen von Ver-

[1] Ich beschränke mich hier auf eine ganz kurze Darlegung der Resultate. Der an einem andern Ort zu erbringende wissenschaftliche Nachweis ist bereits im Druck.

brechern: zuerst die großen Sünder der Sage: Tantalus, Tityus, Sisyphus und die anderen. Dann folgen die Frevler an den höchsten Moralgesetzen der Menschheit: diejenigen, die ihre Brüder im Leben mit Haß verfolgt, die ihren Vater geschlagen, ihren Schutzbefohlenen betrogen hatten, ferner die Ehebrecher und die politischen Verschwörer sowie andere, die furchtbare Sünden sich zu Schulden hatten kommen lassen. Der Dichter verschweigt absichtlich die Strafen, offenbar weil sie ihm für seine Verse zu grauenhaft erschienen. Aeneas reinigt sich von dem befleckenden Anblick dieser Sünder durch Besprengen mit Wasser und begibt sich nach rechts zum Elysium, in welchem er die Scharen der Seligen, mit Spiel und Gesang sich erfreuend und umflossen vom Purpurlicht des Äthers, schaut. Ohne auf das einzelne näher hier einzugehen, muß doch kurz hervorgehoben werden, daß sich der zwingende Beweis erbringen läßt, nach welchem die Unterweltsbeschreibung Virgils als Ganzes aus orphischen Quellen genommen ist. Das ist besonders wichtig für die richtige Beurteilung jener in der Vorhalle des Hades weilenden Seelen: es wird uns nämlich aus orphischen Kreisen überliefert, daß diese deshalb dort sich aufhalten müssen, weil ihr Lebensfaden vor der vom Schicksal verhängten Zeit abgeschnitten worden ist: erst dann ist es ihnen, ähnlich wie den Seelen der Unbeerdigten, gestattet, der Ruhe des Hades teilhaftig zu werden, wenn ihre Zeit erfüllt ist: eine höchst abenteuerliche mystische Vorstellung, die besonders auffällig ist, wo es sich um die im Kriege Gefallenen handelt: aber auch gerade von diesen wird es uns ausdrücklich anderweitig überliefert. Bei den vorzeitig gestorbenen Kindern, die übrigens auch Plato in der angeführten Stelle des Staates kurz ohne nähere Angabe erwähnt, werden wir nachher auf eine merkwürdige Analogie in der christlichen Kirche hinzuweisen haben.

Die Betrachtung der virgilischen Unterweltsbeschreibung hat uns an die Schwelle der christlichen Zeit geführt. Aber das Pantheon machte nicht gleich der Basilika Platz. Gewaltige Ereignisse erscheinen den Augen der Nachwelt anders als denen der Mitwelt. Jeder weiß, wie spät den Heiden eine Ahnung aufging, daß das Christentum ein gefährlicher Gegner sei, den zu bekämpfen man das Beste aufbieten mußte, was man noch hatte. Man lebte ruhig weiter, wie bisher, und auch der Geist der ersten Christen war keineswegs ein unversöhnlicher. Im Gegenteil: es kann gar nicht dringend genug hervorgehoben werden, weil es so oft vergessen wird, daß das junge Christentum keineswegs mit dem Anspruch auftrat, alle Verhältnisse neu gestalten zu wollen: gerade seine besten und einsichtsvollsten Vertreter, besonders der große Origenes, dachten viel zu historisch und besaßen einen viel zu klaren Blick, als daß sie nicht hätten einsehen müssen, daß man für die Errichtung des neuen Gebäudes das durch die Tradition von Jahrhunderten fest gegründete Fundament nie und nimmer werde entbehren können. Doch auf dies wichtige Kapitel kann hier nicht näher eingegangen werden; die kurzen Andeutungen genügen, um es von vornherein wahrscheinlich zu machen, daß, wie auf den anderen Gebieten der Kunst und Literatur, so auch in der Ausgestaltung der spezifisch christlichen Höllenvorstellungen der Geist des Heidentums fortgewirkt haben muß. Gewiß werden wir uns hüten müssen, in allen diesen Fragen einen zweiten Faktor zu gering anzuschlagen: den Einfluß der orientalischen Religionen auf die Ausbildung des Christentums; nur aus einer gemeinsamen Einwirkung des griechischen und orientalischen Geistes ist zum Beispiel das wunderliche religionsphilosophische System des Gnostizismus verständlich. Die glutvolle überschwängliche Phantasie des Orientalen ist dem Griechen fremd. Wir werden uns daher nicht wundern, in den Vorstellungen und Schriften der ersten Christen oftmals hellenische Gedanken zu finden, verquickt mit orientalischen Phantastereien. Es wird sich zeigen, daß dies der Fall ist auch in der Apokalypse des Petrus.

Bevor wir uns aber zu ihr wenden, müssen wir, soweit es in gedrängtester Kürze tunlich ist, die Anschauungen jener Zeit über die Dinge nach dem Tode zusammenfassen. Dasjenige Element, welches die heidnische Gesellchaft besonders der ersten beiden christlichen Jahrhunderte mehr als alles übrige charakterisiert, ist der Aberglaube. Wohl nie ist er mit solcher Gewalt aufgetreten und hat auch verhältnismäßig aufgeklärte Geister so dämonisch ergriffen, ja auch auf die philosophischen Systeme solchen Einfluß ausgeübt. Ein krampfhaftes Streben nach Befreiung von den Irrwegen eigener Reflexion und eine schwärmerische Sehnsucht nach Erlösung zwang die Menschen, ihre Zuflucht zur Mystik zu nehmen. Vergebens hatte der Westen das Gewünschte zu schaffen gesucht: der Polytheismus hatte völligen Bankrott gemacht, noch mehr die konstruierten Religionssysteme der Philosophen. Der Osten übte wieder einmal die Mission, die ihm schon vor Jahrtausenden obgelegen hatte: er spendete das Licht. Die Heils- und Lichtgottheiten Osiris, Serapis und Isis, später Sabazios und Mithras traten in offene Konkurrenz mit der christlichen Religion. Da man sich nicht entschließen konnte, mit den altererbten Traditionen ganz zu brechen, suchte man das Gemeinsame an den neuen und alten Göttern heraus, so gut und schlecht es eben gehen wollte. So entwickelte sich das, was man religiösen Synkretismus zu nennen pflegt. Das war der Boden, auf dem alles, was Magie hieß, gedeihen konnte; und wir sehen tatsächlich betrügerische Priester durch allerlei Gaukelspiel die große Masse in ihre Kreise bannen. »Zauberer« war eins der gewöhnlichsten Schimpfwörter, mit denen Christen und Heiden in dieser Zeit sich gegenseitig beehrten. Was ist begreiflicher, als daß der fast in Vergessenheit geratene Mysterienglaube in dieser Zeit wieder neue Früchte zeitigte? Mysterien galten gewissermaßen für die Marke jeder Religion; bezeichnend ist es z. B., daß christliche Schriftsteller in ihren häufigen Streitschriften gegen die heidnischen Mysterien betonen: die wahren Mysterien seien die christlichen. Jeder, der es nur irgendwie konnte — denn es war Aufwand an Geld dazu nötig —, ließ sich einweihen und bezeichnenderweise vielfach nicht etwa bloß in eins dieser Mysterien, sondern in mehrere, in so viele, wie möglich, am liebsten in alle: denn so war er sicher, das Wahre nicht zu verfehlen. Und in der Tat waren die Unterschiede nicht allzu groß; eins jedenfalls war allen gemeinsam: die sichere Zuversicht auf ein seliges Leben nach dem Tode winkte dem Eingeweihten als schönster Lohn. Bis in alle Einzelheiten hinein müssen damals die | Vorstellungen über die Unterwelt ausgesponnen worden sein; wir hören, daß den Eingeweihten das Schicksal der Seele nach dem Tode bildlich gezeigt wurde; die Leidensgeschichte des Osiris, »des Königs der Ewigkeit« im Hades, wurde in den Mysterien zur Darstellung gebracht; der Verfasser des bekannten Romans der Metamorphosen, Apuleius, einer der besten Repräsentanten seiner Zeit, schildert am Schlusse der Erzählung seine Einweihung in die Isis-Mysterien; aber er darf nur wenig und bloß das Allgemeine verraten, wie er dem neugierigen Leser versichert; was er sagt, interessiert uns: »Ich betrat das Grenzland des Todes und setzte meinen Fuß auf die Schwelle der Proserpina, dann kehrte ich durch alle Elemente wieder zurück. Mitten aus der Nacht heraus sah ich eine Sonne mit strahlendem Licht. Die Götter der Unter- und Oberwelt habe ich von Auge zu Auge geschaut und sie aus nächster Nähe angebetet.« In den römischen Katakomben fand man eine höchst eigentümliche Darstellung: Eine Frau, Namens Vibia, steigt in die Unterwelt; Hermes führt sie vor den Thron des Pluton und der Persephone. Das Urteil, das über sie gefällt wird, lautet günstig; daher darf sie an dem Gastmahl der Gerechten teilnehmen.

Diese Stimmungen muß man sich vergegenwärtigen, um zu begreifen, daß auch in der Literatur der damaligen Zeit Höllenvisionen oder Höllenfahrten wieder Mode werden. Wer die Totengespräche Lukians nicht aus eigener Lektüre kennt, der hat gewiß oft in der neueren und neuesten Literatur jene in der Unterwelt spielenden Szenen gelesen, die eine so beliebte Einkleidung für allerlei Ernst und Scherz geworden sind. Lukian, der frivole Spötter, hat keinen Sinn für jene tieferen Empfindungen seiner Zeit. Aber ein frommerer Schriftsteller jener Zeit, Plutarch, hat am Schluß einer seiner ethischen Schriften in Nachahmung Platos eine ausführliche Unterweltsvision geschildert; sie ist zu lang, um auch nur dem Inhalt nach wiedergegeben zu werden; aber wenn man an die Schilderung Platos denkt, so wird man aus folgenden Sätzen Plutarchs den Unterschied der Zeiten ermessen können: »Andere Seelen sah er, die wie Schlangen zu zweit oder dritt oder zu mehreren zusammengeballt waren und sich gegenseitig anfassen in Erinnerung an das Böse, was sie im Leben getan oder gelitten hatten. Es waren dort auch Seen nebeneinander, der eine mit siedendem Gold, der andere mit eiskaltem Blei, der dritte mit hartem Eisen; und dabei standen Dämonen, die wie Schmiede mit ihren Zangen die Seelen der Geldgierigen der Reihe nach hineintauchten oder herauszogen«, was dann im einzelnen geschildert wird. Jeder, dem die Teufel der christlichen Hölle einfallen, möge versichert sein, daß eine Anlehnung seitens Plutarchs an christliche Vorstellungen völlig ausgeschlossen ist; es würde ja auch genügen, auf die »feurigen Männer« hinzuweisen, die uns vorhin bei Plato begegnet sind, um zu zeigen, daß vielmehr die Christen diese Vorstellungen herübernahmen oder, um mich genauer auszudrücken, festhielten; sie wurden ja eben keine anderen Menschen, als sie aufhörten, Heiden zu sein.

Im Zusammenhang mit den bisherigen Ausführungen muß auch die Petrus-Apokalypse verstanden werden. Ich will den Leser nicht beleidigen durch Vorführung der mit wirklich grauenhafter, nach meiner Meinung nur bei einem Orientalen möglicher Phantasie erdachten Höllenstrafen. Man findet die beste Publikation in dem kürzlich erschienenen Buche Harnacks »Bruchstücke des Evangeliums und der Apokalypse des Petrus«, Leipzig 1893; derselbe hat früher im Januar-Heft der Preußischen Jahrbücher eine Übersetzung gegeben, in der er, um der Empfindung der Leser nicht zu nahezutreten, die ärgste Stelle unübersetzt läßt[2]. Es kommt mir auf die Feststellung der Hauptpunkte an, die den Zusammenhang mit den griechischen Hades-Vorstellungen schlagend erweisen. Feuer lodert auch in der Hölle des Petrus; da sind Männer und Weiber, die bis zur Mitte des Körpers brennen; andere, die glühendes Eisen in die Augen oder loderndes Feuer in den Mund nehmen müssen, andere, die auf glühenden spitzigen Steinen gewalzt werden usw. Aber daneben kennt die Apokalypse auch »brennenden Schlamm« (23), in dem die Verbrecher bestraft werden. Es ist ja schwer, den ungeheuerlichen Phantasien dieses Schreibers nachkommen zu wollen, aber fragen muß man sich doch, was er sich dabei gedacht haben mag. Wer weiß, daß in der Hölle, welche sich in alter Zeit die Orphiker konstruierten, gerade das »Wälzen im Schlamm« die Strafe der Ungeweihten, bei Aristophanes und Plato die Strafe der Verbrecher ist, wird nicht zweifeln

[2] Vgl. die Anzeige des Fundes in dieser Beilage Nr. 17.

können, daß der »brennende Schlamm« sich aus einer wahrscheinlich unbewußten Anlehnung an jene Vorstellung erklärt. In keiner der anderen Apokalypsen, weder in der des Johannes noch in den späten apokryphen, findet sich etwas Ähnliches; nur der Verfasser der Petrus-Apokalypse hat den Zug bewahrt. Ferner (25 f.): »Und ich sah die Mörder und ihre Mitwisser geworfen an einen Ort, der angefüllt war mit schädlichen Tieren ..; es lagen aber auf jenen Würmer gleich wie Wolken der Finsternis, und die Seelen der Gemordeten standen dabei und schauten die Bestrafung ihrer Mörder an und sprachen: ›Gott, gerecht ist dein Gericht.‹ « Schon Harnack hat dazu bemerkt: »Daß die Seelen der Gemordeten die Mörder umschweben, paßt eigentlich nicht recht in die Unterwelt.« Aber wir lesen bei Plato in der oben angeführten Stelle des Phaedo (die im ganzen Altertum berühmt, daher sicher auch diesem Schriftsteller bekannt war): »Wenn sie diejenigen, an denen sie sich vergangen haben, durch ihre Bitten überreden, so kommen sie heraus und sind befreit von den Qualen; wenn aber nicht, so werden sie wieder in den Tartarus getragen und von dort wieder in die Flüsse, und so lang erleiden sie dies unausgesetzt, bis sie jene überredet haben; denn dies ist die Strafe, die von den Richtern über sie verhängt wurde.« Schwebte dem Verfasser diese Stelle vor, so verliert seine Erfindung das Auffällige. Läßt sich überhaupt die im ganzen Altertum völlig geläufige Vorstellung, daß die Seelen der Gemordeten die Mörder umschweben, für die Christen sonst nachweisen? Ferner eine dritte Stelle (32 f.): Diejenigen, welche die Gesetze der Natur verkehrt haben, »werden von einem großen Abhang heruntergewälzt und unten angekommen, werden sie von ihren Peinigern wieder nach oben getrieben und von dort wieder nach unten, rastlos.« Sieht das nicht aus, wie eine Verquickung des immerfort rollenden Rades des Ixion mit dem Stein, den Sisyphus unablässig den Berg hinanwälzen muß? Kurz: was von allgemeinem Gesichtspunkt aus betrachtet das einzig Glaubliche ist, daß nämlich ein etwa im zweiten Jahrhundert für Griechen schreibender Autor die seit den Orphikern und besonders bei Plato überaus geläufigen Vorstellungen vom Leben im Jenseits nicht unbenutzt ließ[3], bestätigt die Analyse des einzelnen[4]. Noch auf eine Stelle möchte ich hinweisen. Ein Fragment der Petrus-Apokalypse (die uns bekanntlich nicht ganz erhalten ist) lautet: »Die Kinder, die durch eine Fehlgeburt auf die Welt gekommen sind, werden ein besseres Los haben.« Leider wissen wir nichts Näheres. Ist es zu gewagt, zu vermuten, daß der Verfasser

[3] Bemerkenswert ist, daß auch Arnobius, nat. 2, 14, für die christliche Hölle auf die Analogie des platonischen Phaedo hinweist.

[4] Auch die Schilderung des Paradieses am Anfang der Apokalypse erinnert stark an die den Griechen geläufigen Vorstellungen des Elysiums.

auch hier anknüpft an bestimmte heidnische Vorstellungen? Denn wir sahen oben, | daß Plato ein besonderes Geschick der gleich bei der Geburt gestorbenen Kinder andeutet und Virgil ihnen nach alten Quellen sogar einen bestimmten, von den übrigen Seelen getrennten Platz anweist. Aber die späte katholische Dogmatik hat für die vor der Taufe gestorbenen Kinder in der Hölle einen besonderen Platz vorgesehen, den sogenannten *limbus infantium*, wo sie die ihnen versagte Seligkeit wenigstens im Anschauen genießen können; und dies haben jene Dogmatiker ganz selbständig erfunden, ohne von einer der angeführten Stellen auszugehen. Daher ist es möglich, daß auch der Verfasser der Petrus-Apokalypse, ohne sich an jene heidnische Lehre anzulehnen, auf diesen Gedanken gekommen ist: der grübelnde Geist des Menschen gleicht sich stets und begegnet sich oft wunderbar[5].

Bedürfte es noch einer Bestätigung für die Richtigkeit der Annahme, daß, wie auch Harnack andeutet, jener Schriftsteller nicht bloß als Christ, sondern als griechisch denkender Christ schrieb, so würde sie leicht zu erbringen sein aus den übrigen apokryphen christlichen Apokalypsen, die zeitlich erheblich später fallen als die des Petrus und zum Teil wohl die letztere benutzt haben. Zum Beispiel die des Paulus (bei Tischendorf, Apocalypses Apocryphae, Leipzig 1866, 34 ff.). Sie beginnt: »Es wohnte in Tarsos, der Stadt des heiligen Apostels Paulus, ein Beamter unter dem Konsulat des Theodosius und Gratianus. Ihm offenbarte sich ein Engel des Herrn und sprach also: ›Reiße den Fußboden dieses Hauses auf und hebe, was du finden wirst.‹ Er aber meinte, er habe es sich eingebildet. Als ihm aber der Engel zum dritten Male erschienen war, sah er sich gezwungen, den Fußboden aufzureißen und fand beim Graben ein marmornes

[5] Dazu wird es auch gehören, wenn es in der Edda (Wöluspa Str. 43, Simrock) heißt: »Im starrenden Strome stehn da und waten Meuchelmörder und Meineidige. Und die Andrer Liebsten ins Ohr geraunt. Da saugt Nidhöggr die entseelten Leiber, der Menschenwürger: Wisset ihr, was das bedeutet?« Das erinnert an die Schlammströme der griechischen Unterwelt. Man hat, wie Simrock (9. Auflage, 359) ausführt, hieraus fälschlich auf eine christliche Bearbeitung der Edda geschlossen; aber diese Höllenstrafen sind nicht biblisch, und Simrock deutet sie aus einer Übertragung aus dem wirklichen Leben des Nordens, »wo noch bis auf den heutigen Tag das Durchwaten der vielen Flüsse eine der gefährlichsten Mühen ist.« — Was den die Toten aussaugenden Nidhöggr betrifft, der an anderen Stellen der Edda unten an der Wurzel des Weltbaumes Yggdrasil nagt, so erinnert er eigentümlich an den auf dem erwähnten Bild des Polygnot dargestellten Dämon Eurynomos (d. h. Weitfresser), der, auf einem Geierbalg sitzend, die Toten frißt. Das sind Vorstellungen, wie sie die Phantasie eines jeden Volkes unabhängig hervorbringt. Auch in der ägyptischen Unterwelt hocken neben dem Totenkönig Osiris die Dämonen Blutfresser, Schattenfresser usw., vgl. Erman, Ägypten II, 417. Blutaussaugende vampyrartige Dämonen sind auch sonst im Altertum geläufig.

Kästchen mit der folgenden Apokalypse, welches er dem Befehlshaber der Stadt zeigte. Dieser versiegelte es und sandte es dem Kaiser Theodosius, fürchtend, es könne etwas anderes sein. Der Kaiser ließ eine Abschrift nehmen und sandte das Original nach Jerusalem. Es war in ihm aber folgendermaßen geschrieben« (folgt die Apokalypse). Diese *pia fraus* hat der Verfasser nicht selbst ersonnen: sie ist ein häufig angewandter Kniff, einem Schriftstück hohes Alter beizulegen. In Rom grub man so die Bücher des Numa Pompilius aus (die natürlich nie existiert haben), um zu beweisen, daß der alte König bereits ein ausgebildetes religionsphilosophisches System aufgezeichnet habe; Zauberbücher und ähnliche apokryphe Literatur lassen griechische Schriftsteller oft in Gräbern gefunden werden[6], und noch im Jahre 1823 hat der Mormonenprophet Joe Smith in betrügerischer Absicht die Fiktion wiederholt. — Aber nicht bloß die Einkleidung dieser Apokalypse ist gut heidnisch; auch sonst finden sich gerade in ihr sehr zahlreiche Reminiszenzen an den platonischen Phaedo und andere griechische Vorbilder, z. B. ein Acherusischer See und ein regelrechtes Elysium neben dem Paradies, u. dergl. m., worauf ich nur hingedeutet haben will.

Endlich: wer recht deutlich die griechischen Elemente aller dieser christlichen Apokalypsen erkennen will, der lese die Offenbarungen des jüdischen Henochbuches: so vertraut einem jeden, der die Griechen kennt, dort alles war, so fremdartig mutet ihn alles hier an, wo nichts von griechischem Einfluß zu spüren ist. — Wir sind am Ziele, denn es liegt weder in meiner Absicht noch in meinem Vermögen, die Anschauungen über die Hölle über die Zeit des 4. bis 5. Jahrhunderts (denn so weit sind wir durch die Paulus-Apokalypse geführt worden) hinab zu verfolgen, obgleich nach dieser Richtung auch für die Erzählungen Dantes und Miltons noch Manches zu tun ist. Ich möchte schließen mit ein paar schönen Worten Augustins, die mir für die Stellung der gebildeten Christen zum Heidentum immer so sehr bezeichnend schienen. Man weiß, daß die katholische Kirche die Lehre aufgestellt hat, Christus habe bei seiner Niederfahrt zur Hölle[7] die

[6] Nachweise im einzelnen habe ich gegeben Jahrbücher für classische Philologie, 18. Supplementband, Leipzig 1891, I 63 ff. 327 ff. Die Christen haben sich übrigens noch eine zweite ganz ähnliche List ausgedacht: Christus (oder auch Maria) sendet den Gläubigen Briefe vom Himmel, vergl. Fabricius, Codex Apocryphus Novi Testamenti, Hamburg 1719, 308 ff. Das hat dann wieder ein heidnischer Poet des 4. Jahrhunderts Tiberianus aufgegriffen, vgl. Servius zur Aen. 6, 532: *Tiberianus inducit epistolam vento allatam ab antipodibus, quae habet: superi inferis salutem.*

[7] Über die κατάβασις εἰς ᾅδου im Evangelium Nicodemi und was damit zusammenhängt war keine Veranlassung oben zu reden, da in diesen Schriften meines Wissens keine Höllentopographie vorkommt, die für das vorliegende Thema in Betracht zu ziehen wäre.

Erzväter befreit. Augustin schreibt (und zwar in der streng dogmatischen Periode seines Lebens) darüber folgendermaßen (epist. 164, 4): »Wer jene sind, die Christus aus der Hölle befreite, wäre vorwitzig, bestimmen zu wollen. Denn wenn wir sagen würden, alle, die er dort fand, hätte er befreit, wer würde uns dann nicht Glück wünschen, falls wir es beweisen könnten? Besonders wegen einiger Männer, mit denen wir durch unsre literarischen Studien so vertraut geworden sind, deren Beredsamkeit und Geist wir bewundern, nicht bloß Dichter und Redner, die oft selbst gegen ihre eigenen Götter geschrieben haben ..., sondern auch jene, welche dies nicht in Gedichten oder Reden, sondern in philosophischen Schriften gesagt haben; viele auch, von denen wir keine Schriften haben, deren rühmlichen Lebenswandel wir aber aus den Werken jener ersteren kennengelernt haben, die, abgesehen davon, daß sie nicht den Einen Gott verehrten, im übrigen mit Recht hingestellt werden als nachahmenswerte Ideale der Sparsamkeit, Enthaltsamkeit, Reinheit, Todesverachtung fürs Vaterland und des Worthaltens. Dies alles freilich wird gewissermaßen nichtig und unfruchtbar, weil es nicht zum Zweck der rechten und wahren Frömmigkeit, sondern des Ruhmes bei den Menschen geschehen ist. Aber durch ein gewisses angeborenes Gefühl für das Richtige gefallen sie uns doch so, daß wir sie vor allen mit den übrigen von den Qualen der Hölle erlöst sehen würden, wenn nicht anders dächte des Menschen Sinn, anders die Gerechtigkeit des Schöpfers.«

ÜBER ZWEI SPÄTLATEINISCHE PRECATIONES
1911

Vier Handschriften (ein codex Leidensis A s. VI, ein Vratislaviensis B s. XI, zwei Laurentiani CD s. XI und XIII) enthalten in Verbindung mit botanischen Opuscula, darunter der (gefälschten) Schrift des Arztes Antonius Musa ›de herba betonica‹, zwei Gedichte, von denen das eine die Überschrift trägt ›precatio terrae‹, das andere ›precatio omnium herbarum‹. Sie sind zuletzt herausgegeben von E. Baehrens in den Poet. lat. min., 1879, 1, 137 ff. und von A. Riese in der Anth. lat.², 1894, 1, 26 ff. Es sind Beschwörungen, also echte ›carmina‹, und haben als solche für die Leser dieser Festschrift immerhin ein gewisses Interesse. An Antonius Musa als ihren Verfasser hat außer Baehrens wohl niemand geglaubt, aber auch abgesehen davon geschieht ihnen in den Literaturgeschichten immer noch zu viel Ehre. »Zwei gefällige Gedichte in frei nach archaischer Art gebildeten Senaren«: das ist so aus dem alten Teuffel in den neuen (1910) übergegangen (2, 152), und nicht wesentlich anders urteilt auch M. Schanz, (1911³, 2, 1, 548). Als ›stark verderbte, in der Metrik an Martianus erinnernde Trimeter‹ (!) hatte L. Müller, Rheinisches Museum 23, 1868, 189 die Verse bezeichnet, als ›archaisierende Senare‹ W. Studemund (Philologischer Anzeiger 71, 1875/6, 40); diese Annahme ist den beiden genannten Herausgebern verhängnisvoll geworden. Ich wüßte kaum ein zweites Literaturprodukt lateinischer Sprache zu nennen, das in so grotesker Weise vergewaltigt worden wäre wie diese circa 50 Verse. Nur sehr wenige Verse sind den allerschwersten Eingriffen entgangen, Umstellungen, Ergänzungen, Wortveränderungen, alles von ganz abenteuerlicher Art: und warum? weil man in das Schema von Senaren pressen wollte, was in Wahrheit nur den Schein | dieser Versgattung trägt. Auch R. Heim, der die beiden Gedichte unter seine ›incantamenta magica‹ aufgenommen hat (Jahrbücher für classische Philologie, Suppl. 19, 1893, 503 ff.) und der der Wahrheit viel näherkam, wenn ihm dieser ›Dichter‹ ein ›poeta rudis ac barbarus versificator‹ erschien, ist doch auf halbem Wege stehengeblieben, indem er immer noch viel zu viele Eingriffe in den Text (Wortveränderungen, Annahme von Lücken und Interpolationen) als vermeintliche Verbesserungen teils anerkannte, teils selbst vornahm, da auch er mit Versen, freilich rohen, rechnete. Daß die Technik des Senars in der

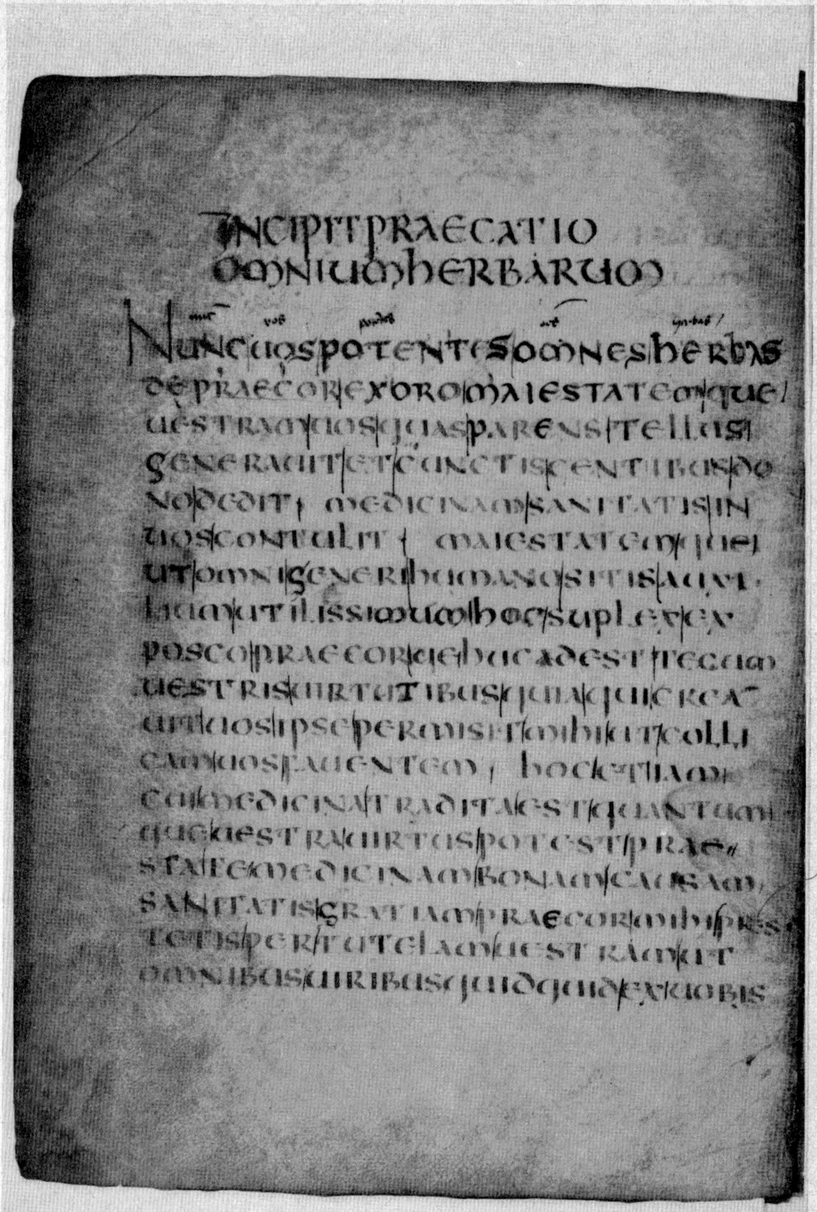

INCIPIT PRAECATIO
OMNIUM HERBARUM

NUNC UOS POTENTES OMNES HERBAS
DEPRAECOR EXORO MAIESTATEMQUE
UESTRAM UOS QUAS PARENS TELLUS
GENERAUIT ET CUNCTIS GENTIBUS DO
NO DEDIT MEDICINAM SANITATIS IN
UOS CONTULIT MAIESTATEMQUE
UT OMNI GENERI HUMANO SITIS AUXI
LIUM UTILISSIMUM HOC SUPLEX EX
POSCO PRAECOR UEL HUC ADESTE CUM
UESTRIS UIRTUTIBUS QUIA QUI CREA
UIT UOS IPSE PERMISIT MIHI ET COLLI
GAM UOS FAUENTEM HOC ETIAM
CUI MEDICINA TRADITA EST QUANTUM
QUE UESTRA UIRTUS POTEST PRAE
STATE MEDICINAM BONAM CAUSAM
SANITATIS GRATIAM PRAECOR MIHI PRES
TETIS PER UIRTUTEM UESTRAM UT
OMNIBUS UIRIBUS QUIDQUID EX UOBIS

Cod. Leidensis saec. VI

fecero cui ue homini dedero habe
at effectum celerrimum et euen
tus bonos ut semper mici liceat fa
uente maiestate uestra uos colli
gere reponam que uobis fruges et gra
tias agam per nomen maiestatis
qui uos iussit nasci

Kaiserzeit schließlich verlorenging, beweist doch die Schrift des Priscianus De metris Terentii (Gramm. lat. 3, 418 ff.), in der er den Beweis erbringen will, daß Terenz wirkliche Verse gemacht habe[1]: so ratlos stand man damals also den altlateinischen Versen, deren Betonungsgesetze man nicht mehr verstand, gegenüber, daß man sie für eine Art von rhythmischer Prosa hielt. In diesem Stil, halb Prosa und halb Vers, sind zahlreiche Inschriften, besonders Afrikas, geschrieben[2], aber auch ein literarisches Produkt, das F. Bücheler, Rheinisches Museum 27, 1872, 474 mit solchen Inschriften zusammengestellt hat: die Komödie ›Querolus‹, die nach ungefährer Schätzung in den Anfang des 5. Jahrhunderts gesetzt zu werden pflegt. In ihr sind Anfänge oder Schlüsse der Sätze, oft beide, dem sermo comicus entsprechend iambisch (oder, was ziemlich auf dasselbe hinauskommt, trochäisch), wobei der Wortakzent öfters die Quantität vertritt, das übrige ist Prosa, z. B. 1, 2 *QVEROLUS. O fortuna, o fors fortuna, o fatum sceleratum atque impium. si quis nunc mihi tete ostenderet, ego nunc tibi facerem et constituerem fatum inexsuperabile. LAR. Sperandum est hodie de tridente: sed quid cesso interpellare atque adloqui? salve, Querole. QVER. Ecce iterum rem molestam: ›salve, Querole‹. istud cui bono, tot hominibus hac atque illac have dicere? etiam si prodesset, ingratum foret. LAR. Mistanthropus hercle hic verus est: unum conspicit, turbas putat* usw. Daß nun die beiden precationes in derselben quasimetrischen Form komponiert seien, wurde mir klar, sobald ich mich von dem trügerischen Schein des zurechtgemachten Textes befreit und einen Blick auf den kritischen Apparat geworfen hatte. Obwohl es mir nicht zweifelhaft war, daß in Handschriften derartige metrische Prosa gar nicht in Versen ab- | gesetzt sein konnte, wollte ich mich davon doch durch den Augenschein überzeugen. Mein Freund F. Skutsch hat mir die beiden ›Gedichte‹ aus der Breslauer Handschrift abgeschrieben, und der liebenswürdigen Vermittlung des Direktors der Leidener Universitätsbibliothek, Prof. S. G. de Vries, verdanke ich eine photographische Reproduktion der in Betracht kommenden Blätter der schönen alten Leidener Handschrift[2a]. In der Tat ist in beiden Handschriften der Text als fortlaufende Prosa geschrieben, und man kann sich nur wundern, daß

[1] GLK 3, 418 *miror quosdam vel abnegare, esse in Terentii comoediis metra vel ea quasi arcana quaedam et ab omnibus doctis semota sibi solis esse cognita confirmare.*

[2] Vgl. darüber meine Bemerkungen Antike Kunstprosa 628 f.

[2a] Vgl., die beigegebene Tafel mit der ›precatio omnium herbarum‹. Die Buchstaben (schöne Unciale s. VI) mußten des Raumes halber erheblich verkleinert werden. Die Trennungsstriche zwischen den einzelnen Worten stammen von jüngerer Hand.

Text der Handschriften
(Zeilen des cod. Leidensis)[5]

nunc vos potentes omnes herbas deprecor exoro
maiestatemque vestram, vos quas parens tellus
generavit et cunctis gentibus do‿no dedit.
medicinam sanitatis in vos contulit
maiestatemque
ut omni generi humano sitis auxilium utilissimum.
hoc supplex exposco precorve:
huc adestote cum vestris virtutibus,
quia qui creavit vos, ipse permisit mihi,
ut colligam vos, favente hoc etiam
cui medicina tradita est, quantumque vestra
virtus potest, praestate medicinam bonam,
causam sanitatis. gratiam, precor, mihi
praestetis per tutelam vestram, ut omnibus
viribus, quidquid ex vobis fecero
cuive homini dedero, habeat
effectum celerrimum et eventus bonos,
ut semper mihi liceat
favente maiestate vestra vos colligere,
ponamque vobis fruges et gratias agam
per nomen maiestatis, qui vos iussit nasci.

***

L. Müller, der den Leidensis a. a. O. beschrieben hat, dieses Umstandes gar keine Erwähnung tut; in der Breslauer Hs. sind, wie Skutsch bemerkt, ein paar Male die Anfänge wirklicher Verse durch große Buchstaben markiert, aber ohne festes Prinzip (die Fälle werden unten vermerkt werden)[3].

Wenden wir nun die Erkenntnis der Kompositionsform dieser Produkte auf die Konstituierung ihres Textes an, so ergibt sich, daß fast ohne jede Änderung auszukommen ist. Richtig gebildete Verse fehlen nicht, wie solche ja auch im Querolus und auf den halbmetrischen Inschriften vorkommen; sie sind im ersten Gedicht sogar viel häufiger als im zweiten, sichtlich deshalb, weil der Verfasser hier, in dem Gebete an die Terra mater, eine ältere, besser geschriebene Vorlage benutzte, die ihn im zweiten, dem Gebete an die herbae,

[3] Über die beiden Laurentiani vermag ich nichts Genaues zu sagen: Bandini 3, 36 f. druckt die beiden Gedichte in abgesetzten Zeilen ab; das wird aber wohl seine eigene Zutat sein.

Text bei Riese

nunc vos, potentis omnes herbas deprecor
maiestatemque vestram. * quas Tellus parens
generavit atque gentibus cunctis * dedit.
medicinam sanitatis in vos contulit*,
ut omni generi humano utilissimum
auxilium sitis. hoc supplex posco ⟨et⟩ precor:
vos huc adeste vestris cum virtutibus;
* qui vos creavit, ipse permisit mihi
ut colligam*. faveatis hoc etiam ⟨mihi⟩,
cui tradita est medicina, quantum vestraque
virtus potest, praestate medicinam bonam,
causam salutis. gratiam, precor, mihi
praestetis per tutelam vestram, ut omnibus
virtutibus, de vobis quic quid fecero,
cuique homini dedero ⟨quique id a me acceperit⟩[6],
effectum habeat celerrimum et eventus bonos.
[praestetis etiam], semper ut liceat mihi
favente maiestate vestra † vos colligere,
ponamque vobis fruges et agam gratias
per nomen eius, qui vos iussit nascier.

***

verließ; aber die der Norm widersprechenden dürfen auch im ersten nicht angetastet werden. Ich stelle nun nebeneinander diejenige Form des zweiten Gedichts, die es in den Hss. hat, und diejenige, die ihm A. Riese auf Grund eigner und früherer Änderungen gegeben hat; die Abweichungen von der einstimmigen Überlieferung sind durch Sperrdruck, ausgelassene Worte durch ein *, zugesetzte durch ⟨ ⟩ kenntlich gemacht. Die Zeilen der linken Spalte sind die des Leidensis[4] |

[4] Die Zeilenlänge der Minuskelhandschrift B ist natürlich größer; ich gebe, damit man sich überzeuge, daß auch sie die Zeilen nicht metrisch absetzt (wo das, wie in der ersten Zeile, der Fall ist, beruht es auf Zufall), den Anfang nach Skutsch' Abschrift:

nunc vos potestis (so) *omnes herbas deprecor*
et oro maiestatemq; vestram vos quas pa
rens tellus generavit & cunctis gentibus do
n & medicinam sanitatis in vos contulit
maiestatem quae omni generi humano
sitis auxilium utilissimum Hoc suplex &
posco precorue huc adestote cum vestris
virtutibus quia qui creavit vos ipsa permisit

nach der Photographie (die Interpunktion ist nach moderner Weise gegeben); um dem Leser die Vergleichung zu erleichtern, füge ich die Verszahlen der Editoren dem Text des Leidensis in kleinen Ziffern hinzu, d. h. so gut es bei der Vergewaltigung des Textes durch die Editoren überhaupt möglicht ist.

Die letzte Zeile[7] zeigt mit ihrem *per nomen* . . ., daß der Verfasser dieses Gedichts Christ war: denn er meinte offenbar ›im Namen Gottes‹[8], sagte dafür aber *per nomen maiestatis,* sei es, daß ihm *per nomen dei* nicht rhythmisch genug war, sei es, daß er das Wort *deus* vermeiden wollte; unzweifelhaft beruht *quae,* das ja auch nur eine Handschrift bietet, auf Interpolation: er hat das Maskulinum κατὰ σύνεσιν gebraucht; die Zurückbeziehung auf die Zeile 8 *quia qui creavit vos, ipse permisit* usw. ist klar: auch dort hat die analoge Interpolation stattgefunden: *ipse* hat nur A erhalten, die übrigen bieten *ipsa* (trotz des vorangehenden *qui*), mit Beziehung auf Tellus. Aber von deren Göttlichkeit ist in diesem Gedicht nicht die Rede, wohl im ersten, das gleich anhebt mit *dea sancta Tellus.* Überhaupt ist die Stellung des ersten Gedichts zur Götterwelt eine verschiedene: keine Spur von dieser im zweiten, dagegen im ersten noch Vers 7: *tu Ditis umbras tegis* 15 ff. *merito vocaris magna tu mater deum* | *pietate quia vicisti divum nomina*[9], | *tu illa vere*[10] *gentium et divum parens,* | *sine qua nec matura-*

Mit großen Anfangsbuchstaben sind geschrieben (die Zeilenzahlen nach dem im Text folgenden Abdruck): *Nunc* (1), *Hoc* (6), *Favente* (9), *Bonam* (11).

5 Belanglose Varianten bleiben außer Betracht. Bemerkenswert nur: Zeile 1 und 2 (einstimmig so überliefert) dürfen nicht geändert werden: *deprecor exoro* sind zwei asyndetisch nebeneinandergestellte Begriffe, wie sie nach altem Brauche gerade auch in der Sprache der Defixionen und der ›carmina‹ überhaupt oft begegnen (Beispiele in meiner Programmabhandlung De Minucii Felicis aetate et genere dicendi, Greifswald 1897, 32). Sie verbinden *vos* (1) mit *maiestatemque vestram* (2); dann wird *vos* wiederholt, damit der Relativsatz daran angeknüpft werden kann. 7 *adestote* BCD, *adest te* A. 8 *ipsa* BCD, *ipse* A. 13 *virtutem* BCD, *tutelam* A. 14 *virtutibus* B, *viribus* ACD. 18 *vestra* fehlt BCD. 20 *quae* D *qui* ABC.

6 Diese Worte ergänzte Riese nach dem ersten Gedicht 30 *cuique easdem dedero quique easdem a me acceperint.*

7 Die Änderung Riese's von *nasci* in *nascier* ist speziös, und die altherkömmliche Form ist ja bis tief hinein in die Kaiserzeit weitergeschleppt worden. Aber ich wage keine solche Änderung: der Verfasser kann dem jambischen Wortfall *per nomen maiestatis* den trochäischen *qui vos iussit nasci* grade am Schluß, der Katalexe halber, absichtlich angefügt haben.

8 Über die Formel hat am besten A. Dieterich, Eine Mithrasliturgie, Leipzig 1903, 110 ff., gehandelt. Viele Beispiele aus Exorzismen gibt F. Pradel, Griechische u. süditalienische Gebete etc., Religionsgeschichtliche Versuche und Vorarbeiten 3, 3, 1907, 296 ff.

9 Wie kann man nur trotz des vorangehenden *vocaris* die ›Namen‹ verdrängen, indem man, wie Baehrens und Riese tun, *numina* gegen das einstimmig

tur quicquam[11] *nec nasci potest,* | *tu es magna, tu es divum regina dea*[12].

Das Resultat dieser kleinen Untersuchung ist folgendes. Etwa in der ersten Hälfte des 3. Jahrhunderts[13] verfaßte ein Unbekannter ein in der Form der Beschwörung gehaltenes Gebet an die Mutter Erde in Senaren. Dieses Gedicht wurde dann in erheblich späterer Zeit, wohl erst gegen Ende des Altertums, also nicht lange vor seiner Abschrift in unserer ältesten Handschrift, überarbeitet. Der Überarbeiter, dem die Technik des Senars bereits unklar geworden war, ließ eine Anzahl von Versen intakt, andere gestaltete er um. Aber damit nicht genug. Da er sah, daß in diesem Gedicht die Mutter Erde gebeten wurde, die Heilkraft ihrer Kräuter zur Verfügung zu stellen (25 f.), so verfaßte er nun ein eigenes Gebet eben an diese Kräuter (Precatio omnium herbarum), sozusagen ein christliches Konkurrenzgedicht zu jenem ersten. Da er | hierfür kein Vorbild hatte, an das er sich anlehnen konnte, ist in diesem Gedicht kaum der eine oder der andere, der Norm entsprechende Vers vorhanden. Für den Herausgeber dieser Gedichte er-

überlieferte *nomina* schreibt.

10 So A, *tum illa ver et (vero D)* BCD; da der Verfasser Hiatus auch sonst zuläßt (das hat Riese gegen Baehrens erkannt), so braucht von A nicht abgewichen zu werden durch Schreibung von *tu* <*es*>.

11 So die Hss.: *sine qua nil maturatur* Baehrens und ihm folgend Riese gegen alle Wahrscheinlichkeit. Es ist eben ein »Senar« mit 7 Füßen (so auch Heim). Ein ähnlicher ist Vers 8 *ventosque et imbres tempestatesque contines* (nämlich: – –́ ⏑ –́ – + – –́ – –́ ⏑ –́ ⏑ –́) und 31 *sanos eosdemque praestes, nunc, diva, postulo ut hoc mihi (nämlich:* – –́ – –́ ⏑ –́ – + – –́ ⏑ –́ ⏑ –́ ⏒ –́ ⏑ –́), wofür bei Baehrens steht: *sanos eos praestes, denique nunc, diva, hoc mihi* (ähnlich Heim; welchen Zweck hat es, einen barbarischen Vers durch einen ebenfalls barbarischen mit dem ›zerrissenen Anapäst‹ zu ersetzen?), während Riese den Ausfall von 1½ Versen annimmt. Auf diesen Vers folgt, das erste Gedicht abschließend, dieser (32): *maiestas praestet, quod te supplex rogo,* wo es ja einfach wäre, mit Riese und Heim <*tua*> nach *praestet* zu ergänzen, wenn nur nicht zwei ähnlich gebaute ›Verse‹ hintereinander vorkämen: *hanc mihi permittas medicinam tuam* (27), *veni ad me (so A, veniat me BCD) cum tuis virtutibus* (28), wo die vermeintlichen Lücken beide Mal durch unwahrscheinliche Ergänzungen ausgefüllt werden. Wem dies alles auf den ersten Blick fremdartig erscheint, der lese die von Bücheler in den carm. epigr. unter Nr. 116 zusammengestellten ›Verse‹, deren einige mit den zitierten ganz oder nahezu identisch sind.

12 So die Hss.: *tu es magna tuque divum regina es, dea* Baehrens, *tu es magna, tuque divum regina ac dea* Riese. Aber das zweite *tu* steht mit Hiatus, in *regina* ist die Schlußsilbe durch den Akzent gelängt.

13 Dies ergibt sich aus der Technik einzelner intakt erhaltener Senare des ersten Gedichts, in denen der Hiatus zugelassen ist, wie 5 *per quam silet natura* | *et somnos capit,* 10 *fugasque solem* | *et procellas concitas,* 23 *exaudi quaeso* | *et fave coeptis meis.* Diese Technik stimmt überein mit derjenigen der akrostichischen argumenta zu Plautus und ergab mir so die genannte approximative Zeitbestimmung.

gibt sich hieraus folgende Konsequenz. Im ersten Gedicht lassen sich aus der Überarbeitung die ursprünglichen Verse hie und da wiedergewinnen: wer das versucht, darf aber nicht glauben, daß er Korruptelen der Überlieferung beseitigt, sondern muß sich bewußt sein, daß er mehr ein geistreiches Spiel treibt. Bei dem zweiten Gedicht ist jeder Versuch, die quasimetrische Form in reguläre Verse umzuformen, unbedingt abzuweisen.

JOSEPHUS UND TACITUS ÜBER JESUS CHRISTUS UND EINE MESSIANISCHE PROPHETIE
1913

›*Josephe ... On luy a adjousté le Traité de Jesus-Christ. Quel danger y eût-il eu que Josephe n'eust point fait mention de Jesus-Christ? Ce sont des Chrestiens qui y ont adjousté cela.*‹ Einem Philologen wird es niemand verargen, wenn er mit Scaliger als einem τηλαυγὲς πρόσωπον beginnt (die zitierten Worte, auf die mich H. Diels hinwies, stehen in den Scaligerana s. v. Josephe). Die Stelle des Josephus[1] ist weltbekannt: handelt es sich doch um ein Zeugnis, das ein Jude über Jesus und diejenigen, ›die ihn geliebt hatten‹, gegen Ende der Regierungszeit des Domitianus abgelegt hat, also fast gleichzeitig mit den Zeugnissen der ›Heiden‹, wie man Tacitus und Plinius zu nennen beliebt. Und nun gar: der Jude spricht nicht, wie man erwarten sollte, von dem Hingerichteten als einem Verbrecher, sondern sein Zeugnis klingt fast wie ein Praeconium. Aber über diesem Zeugnis lag der Staub der Jahrhunderte; denn fast so alt wie die Kritik überhaupt war der Glaube an seine Fälschung. Wenn Ranke es (bis auf einen Satz, den auch er als interpoliert ansah) für echt hielt, so wollte das gegenüber der fast einstimmigen Ächtung durch die meisten und maßgebendsten Fachgelehrten nicht viel bedeuten. Das ist jetzt anders geworden. Wir sind aus der ruhigen Lässigkeit und Gleichgültigkeit, mit der wir jenes Zeugnis entweder zu ignorieren oder in die Reihe der Fälschungen hineinzustellen gewöhnt waren, durch einen Gelehrten aufgerüttelt worden, dessen Stimme weithin hallt, und das um so mehr, als er seine Abhandlung in einer Zeitschrift hat erscheinen lassen, die in den Ländern der meisten Kulturvölker verbreitet ist und die in den Kreisen der Gelehrten und Gebildeten verschiedenster Berufsarten ihre Leser hat: Adolf Harnack ist im Juniheft der Internationalen Monatsschrift in einem Aufsatz, dessen Titel — ›Der jüdische Geschichtschreiber Josephus und Jesus Christus‹ — zur Lektüre locken muß, für die Echtheit des Zeugnisses eingetreten, angeregt, wie er selbst sagt,

[1] Da er von manchen immer wieder ›Josephos‹ oder gar ›Iosephos‹ genannt wird (auch in der RE., wo VI 2602 auf einen später erscheinenden Artikel ›Iosephos‹ vorverwiesen wird), so will ich bei dieser Gelegenheit bemerken, daß Wellhausen und Wachsmuth gegen diese Schreibung mit Recht Einspruch erhoben haben; s. auch unten Anm. 47.

›durch eine Abhandlung von einem der bedeutendsten englischen Forscher, F. C. Burkitt-Cambridge‹, der unmittelbar vorher sich gleichfalls für die Echtheit entschieden hatte. Freilich schreibt Harnack zu Beginn seiner Darlegungen: ›Ich gestehe, daß auch Burkitt meine | Zweifel an der Echtheit des Zeugnisses nicht vollkommen beseitigt hat. Nach wie vor halte ich die Frage noch nicht für sicher entschieden‹. Aber das Gewicht seiner Argumentation verstärkte sich ihm im Verlauf der Darlegung so sehr, daß er gegen deren Ende von einem ›hohen Grad von Wahrscheinlichkeit‹, ja schließlich von der ›Echtheit des Zeugnisses des Josephus, der so wieder in seine Rechte eintritt‹, spricht. Die Wichtigkeit der Sache läßt eine Nachprüfung wünschenswert erscheinen.

Die Literatur über die in Frage kommende Textstelle nennt E. Schürer (Geschichte des jüdischen Volkes, Göttingen 1901, 1^4, 544) unübersehbar. Es ist daher begreiflich, daß Harnack, zumal er für einen weiteren Leserkreis schrieb, wenigstens die ältere nicht nachschlug. Er würde sonst gesehen haben, daß nicht bloß die ganze Art seiner im wesentlichen dialektischen Argumentation, sondern auch fast alle einzelnen Argumente von Schriftstellern des 17. und 18. Jahrhunderts vorweggenommen worden sind. Ich habe, da mich auch die Geschichte der Frage interessierte, mir die Mühe des Lesens genommen[2], brauche aber meinen Lesern zum Glück nicht mit vielen Zitaten lästig zu fallen —

[2] Vielleicht interessiert es auch andere zu erfahren, daß alle Namen von gutem Klang (außer H. Valesius) auf der richtigen Seite standen. Wie Scaliger äußerte sich auch Casaubonus nur mündlich in negativem Sinne, aber — für die Behandlung der Sache sehr bezeichnend: es gehörte fast zum Dogma, an die Echtheit zu glauben — schriftlich ging er vorsichtig darüber hinweg, ebenso Gifanius; dagegen griff Salmasius mutig ein, und Gronovius erklärte in einem Briefe: *De loco* τοῦ ἑλληνίζοντος Ἑβραίου *noli me in palaestram istam vocare.* Τοῖς μαθοῦσι γράμματα *res expeditissima est: Sophistis non potest persuaderi, qui statim ad impietatem, bonis viris objiciendam, et Grammaticos esse theologiae ignaros, decurrunt. Hoc Scaligero, Casaubono, Salmasio accidit.* Besondere Anerkennung verdient der Freimut von David Blondell (seit 1649 Nachfolger von Gerh. Joh. Vossius in Amsterdam) und Tanaquil Faber, dessen famose Diatribe: Josephi de Christo testimonium supposititium esse (das Jahr — zwischen 1653 und 1661 — konnte ich nicht genauer feststellen) Eichstädt (s. u.) in einem Jenaer Programm vom J. 1841 zum Abdruck brachte. Dann hat ein französischer Theologe Charles Dubos (Daubuz, geb. 1661) in einer weitschweifigen Arbeit die Widerlegung der bösen Zweifler und Leugner unternommen: diese Abhandlung ist bequem zugänglich in der großen Josephusausgabe von Havercamp, Amsterdam 1726, 189—283 (in Fol.). Dann griff H. K. A. Eichstädt, ein durch F. A. Wolfs Kritik geschulter Philologe, ein durch fünf Quaestiones: Flaviani de Iesu Christo testimonii αὐθεντία quo iure nuper defensa sit, Jenaer Programme von 1813 an (die drei älteren von 1813 und 1814 bibliographische Raritäten, das zweite von 1813 nicht einmal in Jena selbst erhältlich). Dann — ὅσσα ψάμαθός τε κόνις τε, sowohl für wie gegen die Echtheit.

hat doch auch der Dilettantismus hier wahre Orgien gefeiert —; denn der von mir eingeschlagene Weg ist bisher kaum beschritten worden[3].

I

Als eins der Haupterfordernisse der Kritik ist uns von unseren Lehrern überliefert worden, keine Stelle aus ihrem Zusammenhang zu lösen, sondern am liebsten das ganze Werk, und sei es auch nur um eines Satzes willen, durchzulesen, oder, wenn diese Idealforderung unausführbar sei, doch möglichst | weit nach rückwärts und vorwärts zu blicken. Für die Beurteilung der vorliegenden Stelle hätte eigentlich schon die Lektüre ihres unmittelbaren Zusammenhanges genügt; denn sobald man sie aus ihrer Isolierung befreit, ergibt sich die Unmöglichkeit, sie für echt anzusehen. Harnack hat dieses seine These gefährdende Argument gekannt, denn er sucht es mit folgenden Worten (1046) abzuschneiden: ›Der Stil ist so »neutral« und die Ausarbeitung der letzten Bücher der Altertümer ist so flüchtig und unbefriedigend, daß man von stilistischen und Kompositionsargumenten abzusehen gezwungen ist.‹ Dieses Urteil stimmt überein mit demjenigen Schürers 1^4, 94, der von der Archäologie sagt, sie sei viel nachlässiger gearbeitet als der Jüdische Krieg, ›namentlich in den letzten Büchern, welchen man es anmerkt, daß sie in der Ermüdung geschrieben sind‹. Ich glaube auf Grund meiner Lektüre des weitaus größten Teils der Archäologie sagen zu dürfen, daß dieser Eindruck durch den Stoff bedingt ist: die Zeit der Patriarchen und des Moses, der Makkabäer und Herodes' des Großen muß, auch ohne Schuld des Schriftstellers, anders auf uns wirken als die Epigonenzeit der Tetrarchen und Prokuratoren. Wie dem auch sei: ein das Werk als Ganzes betreffendes Gefühlsmoment darf uns nicht von der Kompositionsanalyse eines engbegrenzten und in sich abgeschlossenen Abschnitts abhalten. Harnack begnügt sich aber nicht mit jenem allgemeinen Verbot, sondern sagt in einer Anmerkung zu den zitierten Worten: ›Alles, was Niese hier beizubringen versucht hat, ermangelt der durchschlagenden Kraft.‹ Gemeint ist die Abhandlung B. Nieses: De testimonio christiano quod est apud Josephum antiq. Iud. 18, 63 sq. disputatio (Index lectionum Marburg 1893/94). Nun gebe ich zu, daß den paar Zeilen, in denen Niese die Komposition bespricht, keine besondere Beweiskraft innewohnen kann. Dies muß auch gelten von der jüngsten, überaus sorg-

[3] Doch bin ich stolz darauf, in einer Einzelheit an dem in der vorigen Anm. genannten Faber einen Vorgänger gefunden zu haben: s. u. Anm. 15.

fältigen und eindringenden Behandlung der ganzen Frage[4] durch K. Linck, De antiquissimis quae ad Iesum Nazarenum spectant testimoniis (Religionsgeschichtliche Versuche und Vorarbeiten 14, 1, Gießen 1913), der sich hier (18) auf eine Wiederholung von Nieses Bemerkung beschränkt und selbst gesteht, daß sie nicht beweisend sei. Aber volle Beweiskraft besitzt die Analyse des ganzen Zusammenhangs.

Pontius Pilatus — der geschichtliche, nicht der schon in den Evangelien vom Schleier beginnender tendenziöser Legende umwobene — zeigte sich in seiner zehnjährigen Amtstätigkeit als ein reizbarer, brüsker und herrischer Vorgesetzter, ohne jedes Verständnis für die Sonderart seiner Untergebenen, Konflikte eher suchend als ihnen aus dem Wege gehend, aber zielbewußt und durchgreifend wie sein Herr in Rom: die Charakteristik des Tiberius, die Josephus (Ant. 18, 6, 10 § 226) aus seiner Quelle gibt, und die mit den Worten schließt, Tiberius habe bei den geringsten Vergehen auf Todesstrafe erkannt, läßt sich unverändert und mit mehr Berechtigung auf Pilatus übertragen. Daher bewahrten ihm die Juden ein böses Gedenken. Der König Herodes Agrippa I. schreibt in seinem, von Philon (Leg. ad Gaium 38) überlieferten Briefe an den Kaiser Gaius über Pilatus: ἦν τὴν φύσιν ἀκαμπὴς καὶ μετὰ τοῦ αὐθάδους ἀμείλικτος und | erwähnt von demselben τὰς δωροδοκίας, τὰς ὕβρεις, τὰς ἁρπαγάς, τὰς αἰκίας, τὰς ἐπηρείας, τοὺς ἀκρίτους καὶ ἐπαλλήλους φόνους, τὴν ἀνήνυτον καὶ ἀργαλεωτάτην ὠμότητα. In solcher Beleuchtung erscheint er daher auch bei Josephus oder vielmehr bei dessen Gewährsmann: denn von der Vorstellung, daß Josephus seine Berichte über die Prokuratoren von Judäa aus mündlicher Überlieferung selbst gesammelt habe, muß man sich — die Annahme war für Kenner dieses Schriftstellers von vornherein nicht diskutierbar — nach der letzten mir bekannten Quellenanalyse[5] unbedingt frei machen. Also Josephus fand in seiner Quelle die Prokuration des Pilatus in Judäa und Samaria (diese Landschaft unterstand ihm gleichfalls) als eine Serie von θόρυβοι dargestellt. Dieses Wort und (einmal) das gleichwertige στάσις bilden die Signatur dieses Abschnittes des 18. Buches, der 3, 1 § 55 mit dem Amtsantritt des Prokurators (im Jahre 26) beginnt und 4, 1 § 89 mit seiner Suspension (im Jahre 36) endigt. Die Komposition dieses Abschnitts müssen wir daraufhin uns genauer ansehen.

Erster θόρυβος (§ 55—59). Pilatus läßt die Besatzung von Jeru-

[4] Der Verfasser, ein Schüler R. Wünschs, konnte Harnacks Aufsatz noch nicht kennen.

[5] G. Hölscher, Die Quellen des Josephus für die Zeit vom Exil bis zum Jüdischen Kriege, Leipzig 1904.

salem mit den an den Feldzeichen angebrachten Kaiserbildern in die Stadt einziehen, während die früheren Prokuratoren, um die religiöse Empfindlichkeit der Juden zu schonen, auf die Kaiserbilder verzichtet hatten. Die Juden suchen ihn in Caesarea zur Beseitigung des Greuels zu bewegen. Dort kommt es zu einem Aufstande: Pilatus droht, sie hinrichten zu lassen, εἰ μὴ παυσάμενοι θορυβεῖν ἐπὶ τὰ οἰκεῖα ἀπίοιεν. Pilatus gibt aber schließlich nach.

Zweiter θόρυβος (§ 60—62). Pilatus läßt mit Verwendung des Tempelschatzes eine Wasserleitung nach Jerusalem anlegen. Das wollen die Juden sich nicht gefallen lassen. Es kommt bei Anwesenheit des Pilatus in Jerusalem zu einem großen Aufstand. Die Soldaten hauen auf τοὺς θορυβοῦντας ein. Καὶ οὕτω παύεται ἡ στάσις.

Dritter θόρυβος (§ 65—84). Der Abschnitt beginnt mit den Worten: καὶ ὑπὸ τοὺς αὐτοὺς χρόνους ἕτερόν τι δεινὸν ἐθορύβει τοὺς Ἰουδαίους. Die Szene ist diesmal Rom. Bevor der Schriftsteller aber dieses Ärgernis und seine Folgen erzählt, berichtet er in der Form eines ausführlichen Exkurses einen Skandal im Isistempel zu Rom (ein römischer Ritter betrügt mit Hilfe bestochener Isispriester eine vornehme Dame, indem er ihr in der Maske des Anubis beiwohnt[6]). Diesen die Juden nichts angehenden Exkurs hat er in seiner pedantischen (an Polybios erinnernden) Art in die Erzählung des die Juden betreffenden römischen Skandals gewissermaßen verankert. Er beginnt ihn mit den Worten, die auf die soeben zitierten unmittelbar folgen: (καὶ ὑπὸ τοὺς αὐτοὺς χρόνους ἕτερόν τι δεινὸν ἐθορύβει τοὺς Ἰουδαίους) καὶ περὶ τὸ ἱερὸν τῆς Ἴσιδος τὸ ἐν Ῥώμῃ πράξεις αἰσχυνῶν οὐκ ἀπηλλαγμέναι συντυγχάνουσιν, und schließt ihn (§ 80) so: καὶ τὰ μὲν περὶ τὸ ἱερὸν τῆς Ἴσιδος τοῖς ἱερεῦσιν ὑβρισμένα τοιαῦτα ἦν. ἐπάνειμι δὲ ἐπὶ τὴν ἀφήγησιν τῶν ἐν Ῥώμῃ Ἰουδαίοις κατὰ τοῦτον τόν χρόνον | συντυχόντων, ὥς μοι καὶ προαπεσήμηνεν ὁ λόγος[7]. Darauf folgt die Erzählung, wie vier jüdische Schwindler in Rom eine zum jüdischen Glauben übergetretene Dame betrügen. Die beiden Skandalgeschichten hängen eng miteinander zusammen: beide Male handelt es sich um ein an einer vornehmen Römerin begangenes Verbrechen, beide Male bringt der Gatte die Sache zur Kognition des Tiberius, beide Male schreitet dieser gegen die Übeltäter ein, indem er die Schuld einzelner die beiden Religionsgenossenschaften, die ägyptische und die jüdische, in ihrer Gesamtheit entgelten läßt.

Vierter θόρυβος (§ 85—87), eingeleitet mit den Worten: οὐκ ἀπήλλακτο δὲ θορύβου καὶ τὸ Σαμαρέων ἔθνος. Diesen Aufstand

[6] Der Vorgang ist von O. Weinreich, Der Trug des Nektanebos, Leipzig 1911, in einen größeren Zusammenhang hineingestellt worden.

[7] Vgl. die ähnlich komponierten Stellen 12, 128 und 135—137.

unterdrückt Pilatus mit blutiger Gewalt. Aber das sollte ihm sein Amt kosten. Denn, wie Josephus fortfährt (88): καταστάντος δὲ τοῦ θορύβου erwirkte die βουλή Samarias von dem Legaten Syriens, Vitellius, dem der Prokurator untergeordnet war, dessen Amtsenthebung: ihm wird befohlen, sich in Rom vor dem Kaiser zu verantworten (89).

Daß hier ein bestimmter Kompositionsplan vorliegt, ist klar. Drei unter Pilatus in Judäa und Samaria erfolgte θόρυβοι werden berichtet (I. II. IV), jedesmal mit diesem Worte. Zwischen dem zweiten und vierten wird eine die römischen Juden betreffende Skandalgeschichte berichtet; daß sie gerade hierher gestellt worden ist, wird durch das Stichwort ἐθορύβει motiviert. Diese Motivierung ist, sachlich betrachtet, elend; denn die Behauptung, daß dieser Skandal, der die Ausweisung der Juden aus Rom zur Folge hatte, ὑπὸ τοὺς αὐτοὺς χρόνους stattgefunden habe, ist ganz ungenau: das Jahr 19 ist für die Koerzition sowohl des jüdischen als des ägyptischen Skandals in Rom durch Tacitus, ann. 2, 85 gesichert. Es liegt auf der Hand, daß Josephus die beiden Geschichten einer anderen Quelle entnommen hat, nämlich einem römischen Annalisten, den die inneren Angelegenheiten der Juden in Judäa und Samaria nichts angingen[8]. Die Absichtlichkeit der Komposition wird dadurch nur um so deutlicher: θόρυβοι sind es, die er aneinanderreihen will, und das eine Wort, ἐθορύβει, erscheint ihm | schwer genug, um eine chronologische Unverantwortlichkeit aufzuwiegen[9]. Das kann sich nur daraus erklären, daß er unter dem Druck

[8] Hölscher a. a. O. S. 62 zeigt, daß die § 65—84, die die beiden Erzählungen aus dem J. 19 enthalten, über die § 55—64 (Ereignisse in Judäa unter Pilatus) hinweg an § 39—54 (Ereignisse in Parthien und Kommagene) anschließen, so daß 39 — 54 + 65 — 84 eine chronologisch zusammenhängende Folge ergeben. Ich kann das noch erhärten aus Tacitus. Dieser berichtet ann. 2, 69 ff. den Tod des Germanicus, dann weiterhin 85 *actum et de sacris Aegyptiis Iudaicisque pellendis:* diese beiden Ereignisse sind es, die bei Josephus nach Aussonderung des Pilatusberichts zusammentreten: § 54 Tod des Germanicus, 65 ff. der ägyptische und der jüdische Skandal. Als Quelle des Josephus für seine Ῥωμαϊκά bis in die Zeit Neros ist Cluvius Rufus so gut wie sicher, da Mommsen das für den Bericht über die Ermordung des Gaius und die Erhebung des Claudius auf den Thron bekanntlich erwiesen hat. Jedenfalls ist die Wesensart des Tacitus von derjenigen des bei Josephus vorliegenden Annalisten grundverschieden: er macht die Skandale in ein paar Zeilen ab, indem er sich auf ein Referat der Senatsverhandlung beschränkt, während jener sie, besonders den ägyptischen, mit Behagen auch am Detail seitenlang aus der chronique scandaleuse berichtet.

[9] Ich möchte jedoch bemerken, daß dieser Ausdruck vielleicht zu hart ist. Hat doch auch Tacitus die Fessel des annalistischen Kompositionszwanges gelegentlich abgeworfen und Ereignisse, die jahrelang auseinanderlagen, zusammen behandelt: vgl. O. Hirschfeld, Hermes 25, 1890, 363 ff. Ein besonders starkes Beispiel ist ann. 11, 8: hier ist er beim Jahre 47, greift aber mit den Worten *sub idem tempus* bis vor das Jahr 43 zurück; also nur die Zahl der Jahre, die Jose-

eines ihm überlieferten Kompositionsschemas gearbeitet hat. Bevor wir dieses auf seinen Ursprung untersuchen, seien hier noch einige andere Beispiele aus Josephus selbst, und zwar aus dem Polemos, angeführt; in ihnen ist es zwar nicht immer das Wort θόρυβος, das vielmehr mit gleichartigen wechselt: aber nur auf das Prinzip, die Ereignisse in Form von θόρυβοι, στάσεις, ταραχαί usw. aufzuzählen, kommt es hier an. Damit die Übereinstimmung möglichst sichtbar werde, wähle ich zwei Berichte gerade über Prokurationen anderer Statthalter; man achte auch darauf, daß genauso wie in dem Pilatusbericht Ereignisse aus verschiedenen Gegenden des Amtsbezirks vereinigt werden. Bellum 2, 12, 1 § 223 ff.: διαδέχεται τὴν ἐπιτροπὴν ἀπὸ Ἀλεξάνδρου (Tiberius Alexander) Κουμανός (Ventidius Cumanus, Prokurator in den Jahren 48—52), ἐφ' οὗ θόρυβοί τε ἤρξαντο κτλ., nämlich: erster θόρυβος § 223—27, dann (228): μετελάμβανεν δὲ ταύτην τὴν συμφορὰν ἄλλος ληστρικὸς θόρυβος (228—31), dann (232): αὖθις δὲ Γαλιλαίων καὶ Σαμαρέων γίνεται συμβολή. Der Nachfolger des Cumanus war Antonius Felix (52—60). Aus seiner Prokuration werden hintereinander folgende Begebenheiten berichtet (Bellum 2, 13, 2 § 252 ff.): 1. Sein Verfahren gegen einen ἀρχιληστής (253), 2. καθαρθείσης δὲ τῆς χώρας ἕτερον εἶδος ληστῶν ἐπιφύεται, οἱ καλούμενοι σικάριοι (254—57), 3. συνέστη δὲ πρὸς τούτοις στῖφος ἕτερον πονηρῶν, nämlich τῶν πλάνων (258—60), 4. μείζονι δὲ τούτου πληγῇ Ἰουδαίους ἐκάκωσεν ὁ Αἰγύπτιος ψευδοπροφήτης (261—63), 5. κατεσταλμένων δὲ καὶ τούτων ὥσπερ ἐν νοσοῦντι σώματι πάλιν ἕτερον μέρος ἐφλέγμαινεν (Aufstand gegen die Römer, 264—65), 6. ἑτέρα δὲ ταραχὴ συνίσταται περὶ Καισάρειαν (266—70). Hiermit schließt die Prokuration des Felix[10]. |

Dieses Kompositionsschema hat Josephus nicht erfunden: es war

phus unter die Worte ὑπὸ τοὺς αὐτοὺς χρόνους begreift, ist größer als bei Tacitus. Aber dasjenige, was bei Tacitus künstlerisches Prinzip ist (am sichtbarsten in der Zusammenrückung des Todes des Germanicus und des Arminius), ist bei Josephus Unvermögen an Gestaltung. Immerhin müssen wir daraus schließen, daß schon vortaciteische Annalisten, die Josephus eifrig las, gelegentlich so verfuhren. — Einen dem im Texte behandelten Falle analogen, ebenfalls hervorgerufen durch Verarbeitung verschiedenartiger Quellen, s. bei Hölscher a. a. O. S. 58.

10 Hier noch ein paar Beispiele aus der Archäologie. 20, 105—112 eine στάσις; dann 113 οὔπω δ' αὐτῶν τὸ πρῶτον πένθος ἐπέπαυτο καὶ κακὸν ἄλλο προσέπιπτεν, schließend 117 ἔπαυσεν τὴν στάσιν; dann 118 γίνεται δὲ καὶ Σαμαρείταις πρὸς Ἰουδαίους ἔχθρα δι' αἰτίαν τοιαύτην. Ferner 20, 173 ff.: hier wird, nach dem Berichte über andere Revolten, in § 173 fortgefahren: γίνεται δὲ καὶ τῶν Καισάρειαν οἰκούντων Ἰουδαίων στάσις πρὸς τοὺς ἐν αὐτῇ Σύρους (173—178), dann (nach einer Zeitbestimmung 179): ἐξάπτεται δὲ καὶ τοῖς ἀρχιερεῦσι στάσις πρὸς τοὺς ἱερεῖς. Vgl. noch 15, 88 ἐν δὲ τούτῳ καὶ τὰ περὶ τὴν Συρίαν ταραχὰς εἶχεν. 18, 310 γίνεται δὲ καὶ περὶ τοὺς ἐν τῇ Μεσοποταμίᾳ καὶ μάλιστα τὴν Βαβυλωνίαν οἰκοῦντας Ἰουδαίους συμφορὰ δεινή.

ein altes Erbstück der Annalistik. Wer erinnert sich seiner nicht aus den Büchern der ersten Dekade des Livius? Der Bericht über viele Konsulnjahre besteht aus nichts weiterem als einer Aufzählung von inneren und äußeren *tumultus, turbae, motus, seditiones* oder wie er es sonst nennt. So, um aus der Fülle ein beliebiges Beispiel herauszugreifen, 3, 22—24 der Bericht über die Ereignisse des Jahres 295 d. St.: *principio anni statim res turbulentae ... eodem anno descisse Antiates apud plerosque auctores invenio ... hoc bello perfecto tribunicium domi bellum patres territat ... erat et nova exorta causa motus.* Wie genau beide das gleiche Schema befolgen, kann man hier auch daran erkennen[11], daß die Worte des Josephus ἕτερόν τι δεινὸν ἐθορύβει τοὺς Ἰουδαίους denen des Livius *bellum patres territat* genau entsprechen, wenn wir sie mit einer anderen solchen Aufzählung desselben Buches kombinieren, wo es heißt (44): *sequitur aliud in urbe nefas.* Ja, so auffallend das manchem auf den ersten Blick auch vorkommen mag: auch Vergil erscheint in dieser Reihe, begreiflich für den, der aus Heinzes Buch weiß, wie oft sich Livius und Vergil berühren, weil sie demselben altüberlieferten Erzählungstypus folgen; also Vergil leitet, nachdem er den Trug des Sinon erzählt hat, zu der Katastrophe des Laocoon mit den zwei Versen über (2, 199 f.): *hic aliud maius miseris multoque tremendum obicitur magis atque improvida pectora turbat*, d. h. also: ἕτερον τι δεινὸν θορυβεῖ τοὺς Τρῶας[12]. Daß die Annalisten zwischen Livius und Tacitus in gleicher Art erzählten, kann um so weniger bezweifelt werden, als Tacitus selbst im Grunde genommen dasselbe Kompositionsprinzip befolgt: etwa aus seiner Darstellung der Ereignisse des Jahres 21 n. Chr. (3, 31—51), wo ein aufregendes Vorkommnis aus der inneren (und äußeren) Geschichte auf das andere folgt, kann man sich das rasch klarmachen (gewissermaßen als Ruhepunkt wird dann der Bericht über das folgende Jahr mit den Worten eingeleitet 3, 52: *inturbidus externis rebus annus*). Eine gewisse Einförmigkeit brachte dieses Prinzip — in letzter Hinsicht ein Erbteil der Pontifikalannalen — selbst bei einem Künstler wie Tacitus mit sich, und er ist sich dessen bewußt gewesen[13]. Von einem Josephus, der den Livius einmal (14, 68) nennt

[11] Es kommt noch hinzu, daß Josephus, wie Livius in den zuletzt angeführten Worten von einer *causa motus* spricht, gern eine αἰτία vorausschickt: die in der vorigen Anm. angeführte Stelle 20, 118 ist nur eine von vielen (einige Male heißt es: ›erst will ich die αἰτία vorausschicken, dann die Sache selbst berichten‹: das hatte Polybios so eingeführt).

[12] Der Steigerung durch *maius* entspricht genau das vorhin angeführte Beispiel: μείζονι δὲ τούτου πληγῇ usw.

[13] Vgl. die berühmten Worte der Annalen (4, 33): *nos saeva iussa, continuas accusationes, fallaces amicitias, perniciem innocentium et easdem exitu causas coniungimus, obvia rerum similitudine et satietate.*

(vermutlich aber aus zweiter Hand) und vortaciteische Annalen nachweislich gelesen hat, etwas anderes als Monotonie zu erwarten, wäre unbillig: es ist aber doch recht unterhaltend, zu sehen, daß er einmal das Schema auf die fortgesetzten | Revolten der ›Rotte Korah‹ übertragen hat, die er ganz in dem Stile erzählt[14], wie Livius oder Dionysios römische Parteiaufstände.

Josephus hat also auf seinen Bericht über die zehn Jahre der Amtsverwaltung des Pilatus ein übliches Kompositionsschema annalistischer Historiographie angewandt, und zwar so mechanisch, daß er dem Schema zuliebe zwei Skandale des Jahres 19 aus der einen Quelle herauslöst und sie mit Skandalen der Jahre 26—36 zu einer Serie vereinigt. Dieses Schema wird nun aber zerstört durch den inkriminierten Abschnitt (§ 63 f.), der zwischen die Erzählungen des zweiten und dritten θόρυβος eingeklemmt ist. Diese Worte lauten:

(63) Γίνεται δὲ κατὰ τοῦτον τὸν χρόνον Ἰησοῦς σοφὸς ἀνήρ, εἴγε ἄνδρα αὐτὸν λέγειν χρή· ἦν γὰρ παραδόξων ἔργων ποιητής, διδάσκαλος ἀνθρώπων τῶν ἡδονῇ τἀληθῆ δεχομένων. καὶ πολλοὺς μὲν Ἰουδαίους, πολλοὺς δὲ καὶ τοῦ Ἑλληνικοῦ ἐπηγάγετο. ὁ Χριστὸς οὗτος ἦν. (64) καὶ αὐτὸν ἐνδείξει τῶν πρώτων ἀνδρῶν παρ᾽ ἡμῖν σταυρῷ ἐπιτετιμηκότος Πιλάτου οὐκ ἐπαύσαντο οἱ τὸ πρῶτον ἀγαπήσαντες· ἐφάνη γὰρ αὐτοῖς τρίτην ἔχων ἡμέραν πάλιν ζῶν, τῶν θείων προφητῶν ταῦτά τε καὶ ἄλλα μυρία περὶ αὐτοῦ θαυμάσια εἰρηκότων. εἰς ἔτι τε νῦν τῶν Χριστιανῶν ἀπὸ τοῦδε ὠνομασμένων οὐκ ἐπέλιπε τὸ φῦλον.

Daß durch diesen Abschnitt der Zusammenhang zwischen § 62 τοὺς θορυβοῦντας und 65 ἐθορύβει gesprengt wird, ist klar. Es ist der einzige der fünf Abschnitte, in denen das Wort θόρυβος (θορυβεῖν) nicht vorkommt (auch kein analoges). Er hebt ferner die Verbindung der Schlußworte des § 62 καὶ οὕτω παύεται ἡ στάσις mit den Anfangsworten des § 65 (καὶ ὑπὸ τοὺς αὐτοὺς χρόνους) ἕτερόν τι δεινὸν ἐθορύβει auf: denn die στάσις ist das eine δεινόν, dem ein zweites δεινόν angefügt wird[15]. Wer das nicht von selbst einsieht, den wird,

[14] Ant. 4, 11 ff., lächerlicherweise eingeleitet mit den dem thukydideischen Proömium (das er schon in der Einleitung des Polemos weidlich in Kontribution gesetzt hatte) nachgebildeten Worten: στάσις οὖν αὐτοὺς οἵαν ἴσμεν οὔτε παρ᾽ Ἕλλησιν οὔτε παρὰ βαρβάροις γενομένην κατέλαβεν (Worte wie θόρυβος, στάσις, ταραχή kommen im Verlaufe dieser Erzählung vor § 13. 22. 32. 36. 59. 63).

[15] Tanaquil Faber a. a. O. (s. Anm. 2): *ut simplicitate latina utar, non potuit hoc* παρεγχείρημα *alibi ineptius admitti. rem ipsam paucis aperiam. in ea historiae parte, unde hoc Josephi testimonium producitur, praeter caetera ›duae calamitates‹ narrantur. priorem ubi absolvit Josephus, haec verba addit:* καὶ οὕτω παύεται ἡ στάσις. *alteram autem quae demum cap. V describitur, cum priori connectit his verbis:* ΚΑΙ ὑπὸ τοὺς αὐτοὺς χρόνους ἕτερόν τι δεινὸν ἐθορύβει τοὺς Ἰουδαίους. Dieses Argument hätte eigentlich genügen sollen (Niese

wie ich hoffe, der Sprachgebrauch des Schriftstellers, die höchste Instanz, gegen die es keine Berufung gibt, überzeugen: |

4, 59	5, 135	18, 62—65
τὴν μέντοι στάσιν οὐδ' οὕτως συνέβη παύσασθαι, πολλῷ δὲ μᾶλλον αὔξειν καὶ φύεσθαι· χαλεπωτέραν ἐλάμβανε τῆς ἐπὶ τὸ χεῖρον προκοπῆς αἰτίαν, ὑφ' ἧς οὐδέποτε λήξειν τὸ δεινὸν ἦν εἰκός.	στάσις αὐτοὺς πάλιν καταλαμβάνει δεινὴ ... ἐκ τοιαύτης αἰτίας.	καὶ οὕτω παύεται ἡ στάσις. ‖ Interpolation ‖ καὶ ὑπὸ τοὺς αὐτοὺς χρόνους ἕτερόν τι δεινὸν ἐθορύβει τοὺς Ἰουδαίους.

In den Worten des 5. Buches entspricht das πάλιν dem ἕτερον des 18.: die serienweise Verknüpfung ist das Entscheidende, sie findet daher, wie die oben angeführten Beispiele zeigen, auch sprachlich ihren Ausdruck in anreihenden Worten wie ἕτερον (dies am beliebtesten), ἄλλο, αὖθις, πάλιν, πρὸς τούτοις. Nichts von alledem im vorliegenden Abschnitt: er steht, wie es sich für ihn gehört, da er ein Fremdkörper ist, ohne Verknüpfung nach rückwärts oder vorwärts isoliert für sich da. Daß auch die Person des Pilatus hier in einem anderen Licht erscheint als in den übrigen Abschnitten, sei, da es mit der Komposition wenigstens indirekt zu tun hat, im Vorbeigehen erwähnt: dort tritt er, der rücksichslose Despot, den Wünschen und Bitten des Judenvolks ohne jegliches Verständnis entgegen, hier kooperiert er mit ›unseren ersten Männern‹, die Jesus bei ihm anzeigten.

Der Stil sei, sagt Harnack in den oben angeführten Worten, so neutral, daß man von stilistischen Argumenten abzusehen gezwungen sei. Das stimmt doch nicht so ganz, wie die hier in einer Anmerkung vorgelegten Einzelheiten zeigen werden[16]. Hier im Text sei nur darauf

a. a. O. [oben S. 639] wiederholt es aus Eichstädt, ohne Namen zu nennen); sein volles Gewicht erhält es freilich erst in dem oben entwickelten größeren Zusammenhange.

16 Harnack (1049) findet den Ausdruck τῶν ἡδονῇ τἀληθῆ δεχομένων bemerkenswert: ›in der ganzen nt. Literatur, ferner in der gesamten apologetischen Literatur, endlich bei allen apostolischen Vätern mit Ausnahme einer einzigen Stelle (2. Clem. 15) wird das Wort »Hedone« sowohl im Plural als auch im Singular nur im schlimmen Sinne gebraucht. Auf jene einzige Stelle muß sich also der berufen, der den Ausdruck an unserer Stelle auf einen Christen zurückführen will.‹ Die Schlußfolgerung des zweiten Satzes aus dem ersten ist nicht zwingend. In der Archäologie habe ich die Verbindung ἡδονῇ δέχεσθαι noch siebenmal gefunden, darunter fünfmal gerade im 18. Buche (6. 59. 70. 236. 333; 19, 127. 185; vgl. δέχεσθαι πρὸς ἡδονήν 1, 232, λαμβάνειν εἰς ἡδονήν 4, 36). Also, wird H. sagen, ein Beweis für die Echtheit der Stelle. Also, sage ich, ein Beweis, daß der Interpolator seinen Autor kannte. Solche Argumente, die sich in utramque partem verwenden lassen, müssen ganz ausscheiden. — Weiter findet Harnack (1048) die Verbindung Χριστιανῶν φῦλον sehr bemerkenswert. Er weiß dafür keine griechische, nur eine einzige lateinische Parallele beizubringen, und da sei es ein Heide, der das entsprechende, den Christen anti-

hingewiesen, daß die drei | schweren Hiate in den paar Zeilen einen überaus verdächtigen Eindruck machen: Ἑλληνικοῦ ἐπηγάγετο, σταυρῷ ἐπιτετιμηκότος, Πιλάτου οὐκ. Josephus hat im Polemos, der älteren Schrift, auf das Gesetz genau geachtet, in der Archäologie sich etwas freier gehen lassen[17]: in ihr gehört er, wie wir das zu nennen pflegen,

pathische Wort gebrauche: Caecilius bei Minucius Felix 8, 4 *latebrosa et lucifugax* [so, nicht *lucifuga*, gibt die Hs. richtig] *natio:* also habe ein christlicher Interpolator die Gemeinschaft, der er angehörte, nicht als φῦλον bezeichnen können, da er mit dieser Bezeichnung ›über die Christen seiner Gegenwart nichts Gutes‹ ausgesagt haben würde. Hiergegen ist dreierlei einzuwenden: 1. Der Interpolator schreibt nicht als Christ, sondern in der Maske des Josephus; warum sollte er da nicht von der ›Christensippe‹ reden dürfen? 2. Die Christen ›seiner Gegenwart‹ beleidigte er dadurch nicht; denn die Worte εἰς ἔτι τε νῦν ... οὐκ ἐπέλιπε τὸ φῦλον sollen sich, seiner Intention entsprechend, auf die Zeit des Josephus beziehen. 3. Was φῦλον betrifft, so ist zu sagen, daß diese Bezeichnung von den Juden auf die Christen, als diese sich erkennbar von ihnen abgezweigt hatten, übertragen worden ist: die berühmten Worte Strabons (aus den Ἱστορικὰ ὑπομνήματα) über die Juden bei Josephus 14, 115 sind dafür beweisend: αὕτη (die Partei der Juden) δ' εἰς πᾶσαν πόλιν ἤδη καὶ παρελήλυθεν καὶ τόπον οὐκ ἔστι ῥᾳδίως εὑρεῖν τῆς οἰκουμένης, ὃς οὐ παραδέδεκται τοῦτο τὸ φῦλον μηδ' ἐπικρατεῖται ὑπ' αὐτοῦ. — Ἀγαπᾶν heißt bei J. nie ›lieben‹, sondern nur ›mit etwas zufrieden sein‹. Das konstatiert Dubos a. a. O. (s. Anm. 2) widerwillig, und um sich aus der Verlegenheit zu ziehen, behauptet er, οἱ τὸ πρῶτον ἀγαπήσαντες ließe sich auch so verstehen! — Der Philologe weiß, daß gerade die indifferenteste Wortgruppe, die Partikeln, oft ein Kriterium für die Interpolation bieten. Mir fiel gleich beim ersten Lesen εἰς ἔτι τε νῦν auf, weil mir nur ἔτι καὶ νῦν geläufig war, und ich habe bei meiner Lektüre der Archäologie darauf geachtet. So sagt J. sonst nie; die Stellen, wo er ἔτι καὶ νῦν (gelegentlich auch καὶ μέχρι τοῦ νῦν u. ä.) braucht, sind: 1, 160 (Zitat aus Nikolaos). 203. 212; 3, 31. 322; 10, 267; 12, 119. 277. 325; 14, 188; 20, 26, nie τε und was hinzukommt, nie εἰσ ἔτι. (Auch die Schreiber einiger Hss. haben, wie der kritische Apparat zeigt, an der schlechten Sprache angestoßen). — Die Phrase τρίτην ἔχων ἡμέραν ist bei J. völlig singulär. — Endlich noch ein solches Sprachkriterium. Τῶν πρώτων ἀνδρῶν παρ' ἡμῖν: ist es nicht auffallend, daß in der Archäologie mit eigensinniger Gleichförmigkeit in dieser und ähnlichen Verbindungen die persönliche Note (ἡμῖν) sonst durchaus fehlt? Ich notierte mir aus Buch 20: 6 τοὺς πρώτους τῶν Ἱεροσολυμιτῶν, 119 τῶν Γαλιλαίων οἱ πρῶτοι, 123 οἱ πρῶτοι κατὰ τιμὴν καὶ γένος τῶν Ἱεροσολυμιτῶν, 125 Σαμαρέων οἱ πρῶτοι, 130 τῶν Ἰουδαίων τις πρῶτος, 147 τῶν ἐν Ἀλεξανδρείᾳ Ἰουδαίων πρωτεύοντες, 178 οἱ τῶν Ἰουδαίων ἐπιεικέστεροι καὶ προύχοντες κατὰ τὴν ἀξίωσιν ... παρεκάλουν τὸν Φήλικα (also in einer der interpolierten Pilatusepisode ganz ähnlichen Situation), 182 οἱ πρωτεύοντες τῶν τὴν Καισάρειαν κατοικούντων Ἰουδαίων, 183 τῶν ἐν Καισαρείᾳ δὲ οἱ πρῶτοι Σύρων, 191 τῶν Ἱεροσολυμιτῶν οἱ προύχοντες.

[17] Für den Polemos vgl. A. Wolff, De Josephi belli Iudaici scriptoris studiis rhetoricis, Halle 1908, 53 f., für die Archäologie Niese praef. vol. V. S. V. Aber das sind bloß beiläufige Bemerkungen; genaue Untersuchungen, zumal über die Archäologie, fehlen m. W. noch völlig, sie sind aber unbedingt nötig, auch der Textkritik wegen: denn der Text ist, wie ich mich überzeugt habe, viel schwe-

zu den Schriftstellern ›freier Observanz‹ (wie Strabon, Philon von Alexandreia, Plutarchos, Galenos). Aber von einem Schriftsteller, der innerhalb von drei Zeilen drei so schwere Hiate zuläßt, müßte man sagen, daß er das Gesetz nicht kenne. Wer sich die Mühe nehmen will, einen beliebigen andern Abschnitt des Werks daraufhin zu lesen, wird sofort merken, daß dort ein anderer Autor schreibt: sehr hübsch ist beispielsweise, wie Josephus einmal (11, 12 ff.) seine Vorlage (Esra 1, 2; 2, 6) so umstilisiert, daß an die Stelle von deren zahlreichen Hiaten eine Perikope von 28 völlig hiatusfreien Zeilen tritt. Mag er es daher auch nicht immer so streng nehmen wie im Proömium, das aus 116 so gänzlich hiatuslosen Zeilen besteht[18], daß man glauben könnte, Philon von Gaza vor | sich zu haben, so bleibt doch abzuwarten, ob aus anderen Teilen des Werks drei Zeilen nachzuweisen sein werden, in denen — außerhalb der Grenzen gesetzlicher Ausnahmen[19] und außerhalb direkter, als solche bezeichneter Zitate[20] — drei so brutale Hiate sich finden wie in dem Abschnitt über Jesus. Ein Schriftsteller, der sich einmal dazu bekennt, der Historiker müsse Sorgfalt üben in der Ver-

rer verderbt, als die Ausgabe Nieses es scheinen läßt; für einen Philologen, der zunächst einmal die Grenzen des für diesen Autor Möglichen durch eine ganz genaue Analyse der Sprache und der Syntax feststellen müßte (Wilamowitz, Geschichte der griechischen Literatur³ 246 nennt es ein ›mattes, zerflossenes Griechisch‹), ist hier noch ein großes Arbeitsfeld. Ich möchte bei dieser Gelegenheit nicht unterlassen zu bemerken, daß derjenige sich ein wirkliches Verdienst erwerben würde, der das Benselersche Buch über den Hiatus erneuerte: dieses war für seine Zeit eine bedeutende Leistung, ist aber jetzt gänzlich veraltet, da sämtliche Texte, die er verwertete, inzwischen neu herausgegeben worden sind und er sich — damals mit Recht — eine große Beschränkung in ihrer Auswahl auferlegte. Aber auch bevor diese Arbeit geleistet sein wird, sollte man von jedem, der, sei es auch nur eine noch so kurze Textstelle eines Schriftstellers (oder einer Inschrift) diesseits von Isokrates zu behandeln hat, verlangen, daß er sich um die diesbezügliche Gewohnheit des Verfassers kümmere.

18 Auf das Pröomium folgt sofort: ἐν ἀρχῇ ἔκτισεν ὁ θεὸς τὸν οὐρανὸν καὶ τὴν γῆν: der Kontrast mußte empfunden werden, aber an diesen sakrosankten Worten wagte er nicht herumzustilisieren. Aus den meisten anderen Bibelzitaten bringt er die Hiate aber durch Paraphrase heraus; diese Art seiner Paraphrase bedarf, auch abgesehen von den Hiaten, einer Untersuchung.

19 Neben diesen (zu denen bei Josephus auch schließendes ι zählt) hat jeder Schriftsteller seine individuellen Ausnahmen. Zu diesen gehören bei Josephus (wohl nicht nur bei ihm) Zahlwörter und Eigennamen: etwas derartiges wie 18, 26 ἑβδόμῳ ἔτει μετὰ τὴν ᾿Αντωνίου ἐν ᾿Ακτίῳ ἧτταν hat er sich außerhalb dieser Grenzen schwerlich gestattet, und hier in dieser Masse auch wohl nur daraufhin, daß es sich um eine Zeitangabe handelte, die in den Zwang der Stilisierung nicht hineinbezogen zu werden brauchte.

20 Vgl. beispielsweise die Hiate in den Zitaten aus Berossos 1, 93, Nikolaos 1, 159 f., Menandros v. Ephesos 8, 144 f., Dekret des Claudius an die Juden 20, 11 ff.

wendung τῶν ὀνομάτων καὶ τῆς τούτων ἁρμονίας καὶ ὅσα πρὸς τούτοις συμβάλλεται κόσμον τῷ λόγῳ (14, 2), kann die Harmonie, die gerade in der Vermeidung der σύγκρουσις τῶν φωνηέντων gefunden wurde, nicht zu schrillen Mißlauten auf so engem Raum verunstaltet haben. Dagegen verraten sich, wie den Philologen genugsam (z. B. aus der Demosthenesüberlieferung) bekannt ist, Interpolatoren, mögen sie auch in der Wortwahl noch so sehr auf der Hut sein, oft durch Hiate, die sie, abweichend von der Gewohnheit des Originals, zulassen.

Die einzelnen Sätze eines Abschnitts, dessen Interpolation als Ganzes erwiesen ist, einer Prüfung auf ihren Inhalt zu unterziehen, halte ich nicht für nötig; nur einen, wohl den berufensten innerhalb der ganzen Reihe, darf ich aus einem besonderen Grund nicht übergehen, und er hängt, wie sich zeigen wird, mit anderen zusammen. Ὁ Χριστὸς οὗτος ἦν. Bei diesen Worten stutzte schon Hieronymus in seiner Übersetzung der Stelle (vir. ill. 13): *credebatur esse Christus* verschleiert er. Das ›konnte Josephus nicht sagen‹: so A. v. Gutschmid (Kleine Schriften 4, 352): daher klammerte er, der sich mit Teilinterpolationen zu helfen suchte, diese Worte ein. ›Nach Schürer‹ — sagt Harnack (1054) — ›sind diese vier Worte für die Fälschung entscheidend, und zwar nach dem einfachen Syllogismus: »Nur die Christen hielten Jesus für den Christus; hier wird Jesus für den Christus erklärt; also war der Verfasser dieser Worte ein Christ.« ‹ Diesen Syllogismus sucht Harnack als nicht bündig zu widerlegen; er kommt dabei zu dem Ergebnis, ›Josephus habe sich aus Sensationsbedürfnis [von H. gesperrt] so prägnant ausgedrückt ... Nun sagt es ihnen (den gebildeten Griechen in Rom) Josephus: dieser weise Jesus war der Christus, nicht nur der sogenannte Christus, sondern wirklich der Christus. Aber hinzudenken muß man: mit dem Christus qua Christus ist es überhaupt nichts; das ist eine religionspolitische Figur, die sich in unseren Tagen, durch den Untergang des jüdischen Staats, als ein großer Irrtum enthüllt hat!‹ Demgegenüber berufe ich mich auf ein stilgeschichtliches Argument. Als ich die Stellen für Prädikationsformeln der christlichen Doxologie mit οὑτός (αὑτός) ἐστιν in einer Anmerkung | meines ›Agnostos Theos‹ (188, 1) vorlegte, war mir die des Pseudojosephus entgangen. Αὐτός ἐστιν ὁ Χριστός Ev. Matth. 16, 20, οὗτός ἐστιν ὁ Χριστός Ev. Luk. 23, 35, οὗτός ἐστιν ὁ Χριστός Ev. Joh. 7, 26, dazu ein paar Dutzend von Stellen, wo statt des ›Christus‹ ›der Sohn Gottes‹ u. ä. prädiziert wird; auch das Imperfektum fehlt nicht: οὗτος ὁ ἄνθρωπος υἱὸς θεοῦ ἦν Ev. Marc. 15, 39, θεοῦ υἱὸς ἦν οὗτος Matth. 27, 54.

Durch diese Beobachtung fällt nun aber auf alles Weitere ein höchst eigentümliches Licht. Auf die Doxologie οὗτος ἦν ὁ Χριστός folgt die Kreuzigung durch Pilatus, darauf die Erscheinung des Gekreuzigten als Lebendiger nach drei Tagen. Wie heißt es nun im sogenannten apostolischen Symbol?

ὁ σταυρωθεὶς ἐπὶ Ποντίου Πιλάτου
ὁ ἀναστὰς τῇ τρίτῃ ἡμέρᾳ.

Wenn sich der Interpolator für dieses letztere, das er so wiedergibt: ἐφάνη γὰρ αὐτοῖς τρίτην ἔχων ἡμέραν πάλιν ζῶν, auf die Überlieferung beruft — τῶν θείων προφητῶν ... εἰρηκότων —, so stimmt das genau zu der Fassung, die wir in der Vorstufe des später schematisierten Symbols bei Paulus an die Kor. 1, 15 lesen:

ὅτι ἐγήγερται τῇ τρίτῃ ἡμέρᾳ κατὰ τὰς γραφάς[21].

›Er erschien denen, die ihn zuerst geliebt hatten‹, sagt der Interpolator; ›er wurde gesehen von Kephas, dann von den Zwölfen‹ geht es bei Paulus weiter. Der Interpolator weiß, daß die Wunderserie damit keineswegs abgeschlossen ist: τῶν θείων προφητῶν ταῦτά τε καὶ ἄλλα μυρία περὶ αὐτοῦ θαυμάσια εἰρηκότων lauten seine Worte vollständig. Nun: diese anderen ›unzähligen‹ Wunder sind die ferneren Aufzählungen im Symbol: die Erhebung in den Himmel und das Weitere.

Dies ist nun also das Resultat. Der Verfasser der Interpolation[22] hat dem auf seine priesterliche Abkunft stolzen, strenggläubigen Juden Josephus die christlichen Heilstatsachen in die Feder diktiert, die, bevor sie im Symbol fixiert wurden, als knappe Zusammenfassungen in historischer Abfolge begegnen. Was | die Perikope an Interesse für Josephus verliert, das gewinnt sie — für die Geschichte des Symbols. ›Haec fuit naenia ludo.‹

Auf die transzendenten Fragen, ob der interpolierte Abschnitt einen echten verdrängt und, wenn nicht, warum Josephus von Jesus'

[21] Wer für die allgemeine Bezeichnung der γραφαί die Propheten wünscht, findet sie z. B. in der Fassung des Symbols bei Eirenaios (Agn. Theos 264); vgl. Ev. Luc. 24, 27 ἀρξάμενος ἀπὸ Μωϋσέως καὶ ἀπὸ πάντων τῶν προφητῶν διερμήνευσεν αὐτοῖς ἐν πάσαις γραφαῖς τὰ περὶ ἑαυτοῦ.

[22] Der Text der Archäologie ist oft und schwer interpoliert worden, wie das bei einem so viel gelesenen Werke ja begreiflich ist. Hier ein Beispiel dafür. 10, 239 ff. werden die Weissagungen des Daniel aufgezählt; sie schließen § 276: ταῦτα ἡμῶν συνέβη παθεῖν τῷ ἔθνει ὑπὸ Ἀντιόχου τοῦ Ἐπιφανοῦς, καθὼς εἶδεν ὁ Δανίηλος καὶ πολλοῖς ἔτεσιν ἔμπροσθεν ἀνέγραψε τὰ γενησόμενα. || τὸν αὐτὸν δὲ τρόπον ὁ Δανίηλος καὶ περὶ τῆς Ῥωμαίων ἡγεμονίας ἀνέγραψε, καὶ ὅτι ὑπ' αὐτῶν ἐρημωθήσεται. || ταῦτα πάντα ἐκεῖνος θεοῦ δείξαντος αὐτῷ συγγράψας κατέλειψεν. Die bezeichneten Worte stehen zwar in unseren Hss., auch las sie schon Joh. Chrysostomos in seinem Exemplare (er korrigiert die stammelnden Worte am Schlusse so: ὅτι ὑπ' αὐτῶν αἱρεθήσεται τὰ Ἱεροσόλυμα καὶ ὁ ναὸς ἐρημωθήσεται), aber die lateinische Übersetzung der Archäologie, die Cassiodorius veranlaßte und die auch sonst oft einen besseren Text als unsere Hss. bietet, läßt die Worte aus: ›*fort. recte*‹ sagt Niese, ›unzweifelhaft richtig‹, werden wir sagen müssen, wenn wir die Sprache als Kriterium gelten lassen.

Hinrichtung geschwiegen habe, gehe ich nicht näher ein, sondern begnüge mich mit zwei prinzipiellen Bemerkungen. Wenn durch Aussonderung einer den Gedanken und die Komposition schädigenden, ja sie zerstörenden Interpolation Ende und Anfang des Echten so glatt zusammenpassen, wie es hier der Fall ist, und wenn sich dadurch Wortverbindungen ergeben, die der Schriftsteller an mehreren anderen Stellen in einem und demselben Satz nebeneinander hat, so ist es nicht nur nicht ratsam, sondern geradezu unmethodisch, anzunehmen, daß je etwas anderes dazwischen gestanden habe. Zweitens. Uns mag und muß es vielleicht befremden, daß ein Schriftsteller, der die Hinrichtung des Johannes τοῦ ἐπικαλουμένου βαπιστοῦ (18, 116) und der Steinigung des Jakobus, des Bruders Jesus' τοῦ λεγομένου Χριστοῦ (20, 200), Erwähnung tut — die Annahme der Interpolation dieser Stellen ist zurückzuweisen[23] —, ein Schriftsteller ferner, der es mit der Würde seiner Darstellung vereinbar hält, das gewaltsame Ende

[23] An der Echtheit der Stelle über den Täufer zweifelt jetzt wohl niemand mehr, aber von der Jakobusstelle sagt Schürer 1[4], 581, der Verdacht christlicher Interpolation liege nahe; auch Niese bemerkt in der Adn. crit.: ›*hanc Christi et Iacobi mentionem sunt qui insiticiam esse putent.*‹ Die Worte lauten: ὁ Ἄνανος (der Hohepriester) ... καθίζει συνέδριον κριτῶν καὶ παραγαγὼν εἰς αὐτὸ τὸν ἀδελφὸν Ἰησοῦ τοῦ λεγομένου Χριστοῦ, Ἰάκωβος ὄνομα αὐτῷ, καί τινας ἑτέρους, ὡς παρανομησάντων κατηγορίαν ποιησάμενος παρέδωκε λευσθησομένους. Die Annahme, daß die Worte insgesamt interpoliert seien, ist gar nicht zu diskutieren, denn sie sitzen nach rückwärts und vorwärts so fest, daß ihre Auslösung den ganzen Abschnitt umwerfen würde, und bieten in der, hier nicht mit ausgeschriebenen, Zeitbestimmung (Intervall zwischen den Prokurationen des Festus und Albinus im Jahre 62) eine erlesene Angabe. Aber auch die Annahme teilweiser Interpolation hat nichts für sich. Josephus bezeichnet Personen sehr oft nach ihren Brüdern, und Jesus mußte von den vielen seines Namens irgendwie unterschieden werden: vgl. 20, 235 τὸν Ὀνίαν, ᾧ Μενέλαος ἐπίκλην, 240 Ἰούδᾳ τῷ καὶ Ἀριστοβούλῳ κληθέντι; die preziöse Satzformation (Ἰάκωβος ὄνομα αὐτῷ an Stelle einer Apposition zwischengeschoben) trägt das Gepräge josephischer Stilisierung an der Stirn (Imitation ionischer ἀφέλεια). Origenes las hier eine schwere christliche Interpolation (die Belege bei Schürer a. a. O. Anm. 45); daß unser Text davon frei blieb, bestätigt, wie ich glaube, seine Echtheit. — Daß übrigens Origenes die Jesusperikope im Pilatusberichte noch nicht las, hätte eigentlich genügen müssen, um die gesamte Erörterung der Echtheitsfrage von vornherein abzuschneiden. Freilich handelt es sich nur um ein *testimonium ex silentio,* aber es ist so schlagend, wir nur möglich: alles Nähere bei Schürer 1[4], 546, 2. Für die progressive Art der Interpolation ist eben dies bezeichnend, daß die Fälschung, wie wir aus Origenes sehen, ihren Ausgang von derjenigen Stelle nahm, wo der Name ›Jesus, der sogenannte Christus‹ im Originale stand; nachdem sie dort — wenigstens in dem von Origenes benutzten Exemplare — geglückt war, wurde sie mit noch größerer Unverfrorenheit auf den Pilatusbericht ausgedehnt, und hier drang sie schon vor Eusebios, der sie guten Glaubens zitiert (H. E. 1, 11), durch und ging in sämtliche uns überlieferten Exemplare über.

vieler von anderen Prokuratoren hingerichteten Missetäer zu berichten (20, 4 f. 130 f.), über einen Vorgang geschwiegen haben sollte, der uns in weltgeschichtlicher Beleuchtung erscheint. Aber Betrachtungen sub specie aeternitatis haben immer | ihr Mißliches, und statt hier mit Gefühlsargumenten zu kommen, wollen wir lieber der kühlen, verstandesmäßigen Erwägung Gehör geben, daß Josephus erwiesenermaßen seine Berichte über die Prokuratoren von Judäa fast mechanisch älteren Gewährsmännern entlehnt hat, deren Intentionen für das, was sie der Überlieferung für wert oder unwert hielten[24], ergründen zu wollen, an diejenigen erinnert, die ›sciunt quod Iuno fabulatast cum Iove‹.

II

Es ist zu hoffen oder doch zu wünschen, daß nunmehr das Zeugnis des Juden über Jesus Christus dauernd in der Versenkung verschwinde; ich würde es geradezu als Unglück betrachten, wenn sich doch wieder Parteien bildeten, die unserem erleuchteten Jahrhundert eine Wiederholung der frommen, im 17. und 18. Jahrhundert an dieses Zeugnis angeknüpften Debatten gäben. Nun aber ist von Harnack ein anderer Schriftsteller in die Erörterung hineinbezogen und mit Josephus in eine Verbindung gebracht worden, die nicht unwidersprochen bleiben darf, weil es sich um einen wirklich guten Namen handelt und weil wichtige Ergebnisse historischer und philologischer Analyse dadurch gefährdet werden. Harnack hat nämlich, wenn ich nicht irre als erster und einziger, die Behauptung aufgestellt, daß der Satz des ›Josephus‹ (ich gebe ihn in H.s Übersetzung): ›und als ihn auf Anzeige unserer ersten Männer Pilatus mit dem Kreuz bestraft hatte, ließen die nicht ab, welche ihn zuvor geliebt ..., und noch bis jetzt hat die nach ihm genannte Sippe nicht aufgehört‹ bereits an Tacitus einen Gewährsmann habe. Denn — ich berichte weiter mit Harnacks Worten — dessen wuchtige Worte. ann. 15, 44: *auctor nominis eius (Christianorum)*[25] *Christus Tiberio imperitante per procuratorem Pontium Pila-*

[24] Man könnte z. B. mit ähnlichem Recht fragen, warum wir bei Josephus nichts von den Vorgängen lesen, die sich nach dem Briefe des Herodes Agrippa bei Philon, Leg. ad Gaium 38, unter der Prokuration des Pilatus zutrugen und die wirklich bemerkenswerter waren als der Tumult wegen der Wasserleitung, oder weshalb Josephus nichts von dem berichtet, was sich, wie wir aus den Apostelakten wissen, unter den Prokurationen des Felix und Festus zugetragen hat.

[25] Ob im Mediceus wirklich zunächst *Chrestianos* geschrieben war, wird mit Bestimmtheit nie festgestellt werden können. Die Rasur des ersten *i* kann auch auf die Absicht des Schreibers zurückgeführt werden, das Wort zunächst mit dem bekannten Kompendium zu schreiben.

tum supplicio adfectus erat; repressaque in praesens exitiabilis superstitio rursum erumpebat fänden sich in dem einen Satz des Josephus beieinander; freilich klängen die Worte des Tacitus neben denen des Josephus wie eine Fanfare neben einer Chamade, aber inhaltlich enthielten sie genau dasselbe, was Josephus gesagt habe, nicht mehr und nicht weniger, nämlich 1. ›die Christen heißen nach Christus so‹, 2. Christus ist von Pilatus mit der Todesstrafe belegt worden‹, 3. ›trotz der Hinrichtung Christi ist die christliche Bewegung aufs neue hervorgebrochen‹. Hier ist nun zunächst ein Abstrich zu machen. Die dritte Angabe, auf die Harnack besonderes Gewicht legt, da sie keine gewöhnliche sei, stimmt an den beiden Stellen keineswegs überein. Bei ›Josephus‹ ist die Kette der Gläubigen seit dem dritten Tage nach | der Hinrichtung nicht unterbrochen (οὐκ ἐπαύσαντο, εἰς ἔτι τε νῦν οὐκ ἐπέλιπε); Tacitus stellt es dagegen so dar, daß die Bewegung zunächst unterdrückt wurde, dann in der neronischen Zeit wieder auszubrechen begann (*erumpebat*); wohlgemerkt: in der neronischen Zeit, von einem Zeugnis für die Zeit des Tacitus, wie Harnack irrtümlich anzunehmen scheint[26] (dadurch würden die Zeugnisse des von ihm für authentisch gehaltenen Josephus und des Tacitus zeitlich nahe zusammenrücken), ist bei diesem keine Rede. Also — auch abgesehen von diesem speziellen Irrtum —: die dritte Angabe widerspricht sich bei den beiden so, daß Tacitus, wenn er den Josephustext als Quelle benutzt hätte, diesen aufs gröblichste verunstaltet wiedergegeben haben würde. Mithin stammen auch die beiden anderen Angaben nicht aus diesem, und die Hoffnung Harnacks, daß von ihm die Antwort auf die immer wieder gestellte Frage nach der Quelle jener Annalenstelle gefunden worden sei, hat sich nicht erfüllt. Ja vermutlich haben wir alle bisher die Frage überhaupt falsch gestellt und würden daher, auch wenn unser Material sich vermehren sollte, nie eine Antwort darauf erwarten dürfen. Obwohl es nicht eigentlich zum Thema gehört, will ich doch, nachdem von Theologen und Philologen soviel darüber geschrieben worden ist, einem Historiker das Wort geben, der das Problem unter einen anderen Gesichtswinkel stellt. Cichorius, mit dem ich Fragen

[26] Wenigstens vermag ich es nicht anders zu verstehen, wenn er schreibt (1058): ›es handelt sich nur um drei dürftige Angaben bei ihm (nämlich Tacitus); denn was er sonst über die Christen bringt, gehört der neronischen Zeit an: 1)‹ (usw., es folgen die im Texte mit H.s Worten zitierten drei Angaben. Die beiden Worte sind von mir gesperrt worden, um den Fehlschluß, der mir hier vorzuliegen scheint, anzudeuten). Natürlich will ich gar nicht leugnen, daß Tacitus, als er zur Zeit Traians jene haßerfüllten Worte niederschrieb, mit Empörung daran gedacht habe, daß dieser ›unheilvolle Aberglaube‹ noch immer im Schwange sei; aber in den Worten selbst bezieht sich alles ausschließlich auf die Vergangenheit.

solcher Art durchzusprechen pflege, schreibt mir: ›Ich halte die Annahme einer literarischen Quelle überhaupt für unnötig. Denn es ist gar nicht zu bezweifeln, daß Tacitus über das Christentum auf Grund eigener Anschauung Kenntnis hat gewinnen können. Er ist ja in den letzten Jahren Traians, fast genau zu derselben Zeit wie sein Freund Plinius in Bithynien, als Statthalter der Nachbarprovinz Asien, derjenigen, in der das Christentum seine weiteste Verbreitung gefunden hatte, tätig gewesen. Es darf als unbedingt sicher angesehen werden, daß auch er während seines Amtsjahres wie Plinius in zahlreichen Fällen über Christenprozesse zu entscheiden gehabt hat, und bei seiner Neigung, den Dingen auf den Grund zu gehen, und seinem Interesse für religiöse Dinge erscheint es dann wohl selbstverständlich, daß auch er wie Plinius sich über das Christentum durch Befragen der Angeklagten bei den Verhören näher unterrichtet hat. Die Statthalterschaft fällt nun aber vor die Abfassung der Annalen; also brauchte Tacitus, als er bei der Geschichte des neronischen Brandes von den Christen zu sprechen hatte, für jene kurze Notiz über den Stifter der neuen Religion und sein Schicksal gewiß nicht erst literarische Werke einzusehen. Das Gewicht seiner berühmten Worte ist übrigens meiner Ansicht nach ein | viel größeres, wenn wir uns klarmachen, daß er sie niederschrieb, nachdem er selbst lebendige Anschauung von den Christen gewonnen hatte. Es ist kaum ein größerer Gegensatz denkbar als seine Auffassung und die seines Freundes Plinius; aber beide Male entspricht sie dem ganzen Wesen der beiden so verschiedenen Männer‹. Was Pontius Pilatus betrifft, so möchte ich nicht unterlassen, in diesem Zusammenhang darauf hinzuweisen, daß sein Tod unter Gaius in lateinischen Annalen nachweislich erwähnt worden ist[27]; ob Tacitus dieses recht nebensächliche Faktum aus seiner

[27] Wir verdanken die Kenntnis Eusebios, Chron. 2, 150 f. Sch. nach dem Synkellos: Πόντιος Πιλᾶτος ἐπὶ Γαΐου Καίσαρος ποκίλαις περιπεσὼν συμφοραῖς, ὥς φασιν οἱ τὰ Ῥωμαίων συγγραψάμενοι, αὐτοφονευτὴς ἑαυτοῦ ἐγένετο (entsprechend der Armenier und Hieronymus; alles Material aufs genaueste bei Schürer 1^4, 492, Anm. 151). Nun sagt er in Kirchengesch. 2, 7: οὐκ ἀγνοεῖν δὲ ἄξιον, ὡς καὶ αὐτὸν ἐκεῖνον τὸν ἐπὶ τοῦ σωτῆρος Πιλᾶτον κατὰ Γάϊον ... τοσαύταις περιπεσεῖν κατέχει λόγος συμφοραῖς, ὡς ἐξ ἀνάγκης φονευτὴν ἑαυτοῦ καὶ τιμωρὸν αὐτόχειρα γενέσθαι, τῆς θείας ὡς ἔοικε δίκης οὐκ εἰς μακρὰν αὐτὸν μετελθούσης. ἱστοροῦσιν Ἑλλήνων οἱ τὰς Ὀλυμπιάδας ἅμα τοῖς κατὰ χρόνους πεπραγμένοις ἀναγράψαντες. Da der Bericht der Chronik mit dem der H. E. genau stimmt, so folgt, wie mir scheint, aus den differierenden Quellenangaben, daß Iulius Africanus, auf den die letzten Worte gehen müssen, das Faktum aus den römischen Annalen hervorgezogen hat. Den Selbstmord kann man ruhig als historisch beglaubigt ansehen; aber freilich wird an Stelle der von den Christen phantastisch ausgeschmückten Begleitumstände etwa folgender Hergang angenommen werden dürfen. Als Pilatus, um sich wegen des samarita-

Vorlage in den uns verlorenen Teil seines Werks herübernahm, läßt sich zwar nicht mit Sicherheit sagen, es ist aber wahrscheinlich (s. Anm. 27). Um jedoch einem Fehlschluß vorzubeugen, will ich bemerken, daß demjenigen Annalisten, der zuerst die Zeit des Gaius behandelte, sagen wir also einmal Cluvius Rufus, nichts ferner liegen mußte als die Erwähnung eines von Pilatus im fernen Osten Hingerichteten.

III

Aber Harnack glaubt die Benutzung des Josephus durch Tacitus in der Stelle der Annalen durch einen analogen Fall sichern zu können. Denn er fährt fort: ›Die Annahme der Abhängigkeit des Tacitus von Josephus liegt aber um so näher, ja wird fast zur Gewißheit, wenn man sich erinnert, daß Tacitus an einer anderen Stelle so gut wie sicher von Josephus abhängig ist. Auch nach | Schürer (Geschichte des jüdischen Volks, 2^4, 604) »ist es kaum zu bezweifeln, daß Tacitus Hist. 5, 13, wo er von der messianischen Hoffnung der Juden spricht, auf Josephus, Bell. Iud. 6, 5, 4 zurückgeht«. Hat er an der einen Stelle seine messianische Kenntnis von Josephus, so wird er sie auch an der anderen von dort haben, und wirklich — er sagt nichts anderes, als was an dieser Stelle bei Josephus zu lesen steht.‹ Nun könnte es vielleicht manchen zu genügen scheinen, wenn man gegen die Annahme einer Benutzung des Josephus durch Tacitus im fünften Buche der Historien die Manen von Jacob Bernays evozierte. Denn mag auch sein mit glänzender und beredter Gelehrsamkeit versuchter Nachweis, daß Sulpicius Severus die Katastrophe Jerusalems in vollkommenem Gegen-

nischen Vorfalls zu verantworten, nach Rom kam, war Tiberius schon gestorben (Josephus 18, 89). Gaius mußte die Beschwerde untersuchen, und da wird er, zumal Pilatus, wie die oben S. 639 f. erwähnte Stelle Philons zeigt, als reicher Mann zurückgekommen war, kurzen Prozeß gemacht haben, indem er, wie das technisch lautete, ›*codicillos misit*‹; Pilatus wartete den Vollzug nicht erst ab, sondern — um es mit einem Ausdruck des Tacitus zu sagen — ›*finem vitae sponte implevit*‹. Daß dieses der ungefähre Hergang war, macht mir eine Analogie der claudischen Zeit wahrscheinlich, die Josephus 20, 134 ff. berichtet. Im J. 52 wird der Prokurator Ventidius Cumanus wegen eines Konflikts mit den Samaritanern von Quadratus, dem Statthalter Syriens, von seinem Amte suspendiert und zur Verantwortung nach Rom gesandt (also genau so, und zufälligerweise sogar aus gleichem Anlasse, wie sechzehn Jahre vorher Pilatus); dort hält Claudius Gericht, Cumanus wird abgesetzt und in die Verbannung geschickt. Diesen Vorgang des Josephus 52 berichtet auch Tacitus, ann. 12, 54, aber mit starken Abweichungen, also nach anderer Quelle. Man sieht daraus also, daß die römischen Annalisten solche Vorgänge der Erwähnung für wert hielten.

satz zur Darstellung des Josephus nach dem uns verlorenen Abschnitt jenes Taciteischen Buches berichte, neuerdings mit Gründen bestritten worden sein, die sich nicht leichter Hand beiseite schieben lassen[28], so bleibt doch bestehen, was Bernays mit Bezug auf die uns erhaltenen Einleitungskapitel jenes Buches sagt (Gesammelte Abhandlungen 2, 172): ›Tacitus hat es verschmäht, aus den Josephischen Schriften sich da zu belehren, wo er aus ihnen etwas hätte lernen können, und hat lieber mit hochmütiger Unwissenheit über die ältere jüdische Geschichte die abenteuerlichsten Verkehrtheiten in prächtiger Sprache zu Markte gebracht[29].‹ Also ist die Wahrscheinlichkeit, daß Tacitus die Werke eines Schriftstellers, der einem von ihm verachteten Volke angehörte, gelesen haben sollte (zumal er nur im Notfall zu griechisch geschriebenen Büchern griff, und wenn er es tat, dann wahrlich zu besser geschriebenen als denen eines mit der hellenischen Sprache ringenden Juden), eines Schriftstellers ferner, der die Geschichte des jungen Prinzen Domitianus unerhört gefälscht hatte (Bellum 7, 85 ff.), so gering wie nur irgend möglich. Ja, wenn ich für solche, die Tacitus aus umfassender Lektüre wirklich kannten, schriebe, so könnte ich mich kurz fassen und sagen: keiner, der die großen Abschnitte des Josephus über die Kaiserzeit aufmerksam gelesen und Parallelberichte des Tacitus, wo sie vorhanden sind, verglichen, wo sie uns verloren sind, aus der Wesensart dieses Schriftstellers sich ergänzt hat, kann | je auf den Gedanken gekommen sein, daß der Römer den Juden auch nur angerührt habe. Aber mit solchen Erwägungen pflegt man andere, die einen Schriftsteller nur satzweise zu bestimmten Sonderzwecken lesen, nicht zu überzeugen. Sie würden erwidern: Es wäre doch denkbar, daß Tacitus, mochte er im übrigen auch den Josephus, wo er dessen Quellen

[28] Es ist — von anderen Bedenklichkeiten abgesehen — in der Tat, wie man dem Holländer I. M. Valeton zugeben muß (Verslagen en Mededeelingen d. K. Akad. van Wetenschappen. Afdeeling Letterkunde, 4, 3, Amsterdam 1899, 87—116, bes. 105 ff.), undenkbar, daß Titus im Kriegsrate sein auf die Notwendigkeit der Zerstörung des Tempels hinauslaufendes Gutachten mit den Worten begründet haben könnte: *quo plenius Iudaeorum et Christianorum religio tolleretur. quippe has religiones, licet contrarias sibi, iisdem tamen auctoribus profectas; Christianos ex Iudaeis exstitisse, radice sublata stirpem facile perituram.* Vgl. über diese Stelle und gegen Bernays überhaupt außer Schürer 1^4, 631 f. auch die wohl letzte Diskussion von Weynand, RE. VI (1909), 2703 (s. v. Flavius).

[29] Tacitus 5, 3 schreibt: *plurimi auctores consentiunt orta per Aegyptum tabe quae corpora foedaret* (usw. seien die Juden ausgewiesen worden und Moses habe sie durch die Wüste geführt). Damit vergleiche man Joseph. 3, 265: ὅθεν καὶ καταγελάσειεν ἄν τις τῶν λεγόντων Μωυσῆν λέπρᾳ κεκακωμένον αὐτόν τε ἀπ' Αἰγύπτου φυγεῖν καὶ τῶν ἐκπεσόντων διὰ ταύτην τὴν αἰτίαν ἡγησάμενον εἰς τὴν Χαναναίαν ἀγαγεῖν αὐτούς. Josephus polemisiert gegen die Quelle, der Tacitus folgt; die inhaltliche Polemik tritt um so deutlicher hervor, als beide ihre Quelle wörtlich wiedergeben.

selbst hatte, beiseite liegen lassen, wenigstens in der Erzählung der jerusalemischen Katastrophe seinen Rassenhaß und sein Stilgefühl hätte zurücktreten lassen hinter sein uns gerade auch für die Historien durch die Pliniusbriefe bezeugtes ernstes Streben nach Erkundung der Wahrheit aus den besten Quellen; Josephus aber, der sich während der Belagerung im Hauptquartier des Titus aufgehalten hatte, konnte trotz seiner Selbstgefälligkeit und seiner Neigung, die Wahrheit zugunsten der herrschenden Dynastie zu verfälschen, für vieles Tatsächliche schon für Tacitus eine Quelle allerersten Ranges sein, wie er es für uns ist. Also auch hier kann nur eine genaue Einzelinterpretation zu einem gesicherten Ergebnis führen.

Von der Taciteischen Erzählung des Jüdischen Krieges des Jahres 70 besitzen wir nur mehr die Einleitung. Sie lautet (Hist. 5, 13):

Evenerant prodigia quae neque hostiis neque votis piare fas habet gens superstitioni obnoxia, religionibus adversa. visae per caelum concurrere acies, rutilantia arma et subito nubium igne conlucere templum. apertae repente delubri fores, et audita maior humana vox excedere deos, simul ingens motus excedentium. quae pauci in metum trahebant: pluribus persuasio inerat antiquis sacerdotum litteris contineri, eo ipso tempore fore ut valesceret Oriens et profecti Iudaea rerum poterentur. quae ambages Vespasianum et Titum praedixerat: sed vulgus more humanae cupidinis sibi tantam fatorum magnitudinem interpretati ne adversis quidem ad vera mutabantur. multitudinem obsessorum, omnis aetatis, virile ac muliebre secus, sescenta milia fuisse accepimus: arma cunctis qui ferre possent, et plures quam pro numero audebant. obstinatio viris feminisque par, ac si transferre sedes cogerentur, maior vitae metus quam mortis.

Es folgt die Bemerkung, daß Titus die Belagerung beschloß. Darauf nimmt Tacitus den 4, 79 fallengelassenen Faden der Erzählung des Bataveraufstandes auf; mitten in dieser Erzählung (5, 26) bricht die Handschrift ab.

Für den Nachweis, daß in den angeführten Worten Josephus nicht benutzt worden sei, würde eigentlich die Zahlenangabe (600 000) genügen; denn sie weicht von derjenigen des Josephus gänzlich ab: Bellum 6, 420 τῶν μὲν οὖν αἰχμαλώτων πάντων ὅσα καθ᾽ ὅλον ἐλήφθη τὸν πόλεμον ἀριθμὸς ἐννέα μυριάδες καὶ ἑπτακισχίλιοι συνήχθη· τῶν δ᾽ ἀπολουμένων κατὰ πᾶσαν τὴν πολιορκίαν μυριάδες ἑκατὸν καὶ δέκα (die Zahlenangaben übertreibt er stets auf die lächerlichste Art, als wäre er ein Valerius Antias redivivus; das ist bei beiden die Nachwirkung schlechter hellenistischer Vorbilder). Tacitus gibt seine Zahl auf Grund einer Tradition *(accepimus)*; wer wollte nun glauben, daß er für die vorher berichteten Prodigien den Josephus, für die Zahlenangabe eine andere Quelle benutzt habe? Aber nicht einmal die Prodigien stimmen in den beiden Berichten überein. Wieder gilt es hier, nicht zu isolieren, indem man bloß das eine auf Vespasianus und Titus Bezügliche herausgreift, sondern den ganzen Komplex ins Auge zu fassen. Dabei ist nun zunächst bemerkenswert, daß | Josephus die Prodigien erst nach erfolgter Zerstörung des Tempels, in einem Rückblick auf das geschehene Unglück bringt (6, 288 ff.). Wie sehr dies der Gepflogenheit antiker Annalistik, darunter auch der des Tacitus selbst, widerspricht, liegt auf der Hand[30]; die Motivierung der sonderbaren Umkehrung des Normalen ist bei Josephus begreiflicherweise sehr unbefriedigend ausgefallen[31]. Man müßte also annehmen, daß Tacitus die passende Reihenfolge aus der verkehrten seiner Quelle hergestellt hätte. Die Prodigien selbst bringt Josephus in einer langen, zeitlich geordneten Serie, Tacitus in einer begrenzten Zahl mit anderer Reihenfolge. Eine solche Auswahl zu treffen und sie nach Gutdünken zu gruppieren, wäre, wie man zugeben müßte, sein gutes schriftstellerisches Recht gewesen. Auch das soll nicht in Abrede gestellt werden, daß die von Tacitus berichteten Prodigien bei flüchtigem Lesen denen des Josephus zu entsprechen scheinen. Sobald man aber genauer prüft, treten die Unterschiede zutage. Da ist zunächst folgende bemerkenswerte Abweichung. Die von Tacitus zu einer Einheit verbundenen Prodigien, daß die Türen des Tempels sich plötzlich öffneten und die Götter mit gewaltiger Bewegung aus ihnen auszogen, erscheinen bei Josephus zeitlich getrennt und in keinen Zusammenhang miteinander gebracht. Am Passahfest öffnet sich eine Tempeltür; sie wird von dem eiligst herbeigeholten Feldherrn nur mühsam wieder geschlossen (es folgen Deutungen dieses Prodigiums); einige Tage nach dem Fest erfolgt ein neues Zeichen (das von Tacitus an erster Stelle berichtete: die am Himmel streitenden Heere); noch später, in der Nacht des Pfingstfestes, merken die im Tempel beschäftigten Priester eine Bewegung und hören eine Stimme ›μεταβαίνωμεν ἐντεῦθεν‹ (mit diesen Worten ist der Bericht über dieses Wunder zu Ende, es folgt ein anderes, von Tacitus nicht berichtetes). Wäre nun erwiesen, daß Tacitus den Josephus als Quelle benutzt hätte,

[30] Es ist sehr lehrreich, andere Wunderserien bei Tacitus zu vergleichen: sie sind, was die Komposition betrifft, jener gänzlich gleichartig; besonders wichtig für meine Beweisführung sind diejenigen Serien der Annalen, die bei Dio oder Sueton fast wörtlich wiederkehren und daher auf eine gemeinsame lateinische Quelle zurückgehen: sie sind von A. Gercke (Jahrbücher für classische Philologie, Suppl. 22, 1895, 205 ff.) zusammengestellt worden.

[31] 6, 284: ›Es rettete sich keiner. Daran war schuld ein Pseudoprophet, der an jenem Tage denen in der Stadt verkündet hatte: »Gott befiehlt euch zum Tempel emporzusteigen, um die Zeichen des Heils zu empfangen« ... 288: So wußten damals das unglückliche Volk Betrüger zu überreden; den wahren Zeichen hatten sie dagegen keinen Glauben geschenkt.‹ Darauf zählt er die seit Beginn der Belagerung geschehenen Zeichen und Wunder auf.

so würde man sagen müssen, daß er auf Kosten einer ihm gleichgültig erscheinenden Genauigkeit des zeitlichen und sachlichen Details den recht armseligen, jeder schriftstellerischen Kunst baren, breiten Bericht des Juden zu der großartigen Gedanken- und Sprachenkonzeption zusammengedrängt hätte: *apertae repente delubri fores, et audita maior humana vox excedere deos, simul ingens motus excedentium.* Ich will gar nicht leugnen, daß ein solches Verfahren an und für sich wohl zu seiner Wesensart passen würde: wir wissen ja durch den Vergleich mit Plutarchs Otho, mit wie souveränem Gestaltungswillen Tacitus die in peinliche Genauigkeit, ja in Pedanterie verlaufenden Angaben der gemeinsamen Quelle gemeistert und zu Grup- | pen zusammengefaßt hat, die uns selbst auf Kosten des Verlustes einer ganzen Menge von Einzelheiten, ja der Verschiebung von allerlei Tatsächlichem durch ihre grandiose Gesamtwirkung künstlerisch unvergleichlich wertvoll sind. Aber in vorliegendem Falle soll die Abhängigkeit von Josephus erst bewiesen werden, und da sie sich an sämtlichen bisher behandelten Stellen als irrig erwiesen hat, so wird man die doch recht auffällige Abweichung nicht zugunsten der Hypothese verwerten dürfen. Entscheidend aber ist das Folgende.

Am Schluß seiner Prodigienserie erwähnt Josephus nach einer salbungsvoll-trivialen Zwischenbemerkung dasjenige Orakel, dessen (scheinbare) Konkordanz mit Tacitus die obenerwähnten Forscher zu der Annahme einer Abhängigkeit des Tacitus von Josephus verleitet hat. Die Worte des Josephus lauten (6, 312 f.):

τὸ δὲ ἐπᾶραν αὐτοὺς μάλιστα πρὸς τὸν πόλεμον ἦν χρησμὸς ἀμφίβολος ὁμοίως ἐν τοῖς ἱεροῖς εὑρημένος γράμμασιν, ›ὡς κατὰ τὸν καιρὸν ἐκεῖνον ἀπὸ τῆς χώρας τις αὐτῶν ἄρξει τῆς οἰκουμένης‹. τοῦτο οἱ μὲν ὡς οἰκεῖον ἐξέλαβον καὶ πολλοὶ τῶν σοφῶν ἐπλανήθησαν περὶ τὴν κρίσιν. ἐδήλου δ' ἄρα περὶ τὴν Οὐεσπασιανοῦ τὸ λόγιον ἡγεμονίαν ἀποδειχθέντος ἐπὶ Ἰουδαίας αὐτοκράτορος.

Das scheint auf den ersten Blick in allem Wesentlichen übereinzustimmen mit den Worten des Tacitus:

pluribus persuasio inerat antiquis sacerdotum litteris contineri, eo ipso tempore fore ut valesceret Oriens et profecti Iudaea rerum poterentur. quae ambages Vespasianum et Titum praedixerat: sed vulgus ... sibi tantam fatorum magnitudinem interpretati usw.

Aber bei genauerem Zusehen erweist sich auch hier der Schein wieder als trügerisch. Denn zunächst hat Tacitus in den Worten *fore ut valesceret Oriens* ein Mehr gegenüber Josephus. Redensarten, hinter denen nichts steckt, macht er nicht: also kann man die Worte nicht für eine belanglose Floskel halten. Da mir nun die sibyllinischen Orakel von anderen Studien her einigermaßen bekannt waren, so weckten mir jene Worte, sobald ich sie etwas auf mich hatte wirken lassen, vertraute

Klänge. So unerfreulich die Lektüre der Sibyllinen an sich ist, so tröstet einen doch immer wieder die weltgeschichtliche Betrachtungsweise, die das Ganze durchzieht. Sie ist in dieser Literatur, von Lykophrons Alexandra angefangen, bekanntlich ein altes Erbstück aus Herodots Proömium: die Weltgeschichte vollzieht sich in der Folge der Auseinandersetzungen zwischen Orient und Okzident, denn diese beiden ringen um die Weltherrschaft. Agamemnon zieht gegen Troja, dafür kommt der Perser mit seinen Heeren zu Fuß über den Hellespont nach Hellas; hinwiederum führt der Löwensohn von Pella seine Scharen nach Asien, und in ihm findet das Wechselspiel einen vorläufigen Abschluß: er versöhnt Asien und Europa. Soweit die Orakel bis zur hellenistischen Zeit. Aber dann kam Rom, und nun beginnt der Antagonismus von neuem. Alle großen Etappen der Niederwerfung des Orients durch Rom sind von Orakelsprüchen begleitet worden, in denen sich der Haß der Unterworfenen durch drohende Verkündigung einer dereinstigen Vergeltung Luft machte. Aus der Zeit des Syrischen und Aetolischen Krieges der Jahre 191/190 bringt Phlegon, Mir. 3 (S. 69 ff. Keller) solche Prophetien, | die Antisthenes von Rhodos, der Zeitgenosse des Polybios, überliefert hatte[32]: Kommen wird fern aus Asien, von Sonnenaufgang her, ein König über die Furt des Hellespontes mit einem gewaltigen Heer, und er wird dich, o Rom, niederwerfen und dir das Joch der Sklaverei bringen (δουλοσύνην τ' οἰκτρήν, στυγερήν, ἀτέκμαρτον ἐφήσει). An Erwiderungen von Rom aus hat es nicht gefehlt: die Stammeslegende wurde mobil gemacht, und die Sibylle mußte den Römern als Äneaden, als *Troiugenis,* die Herrschaft über den Osten als ihr ererbtes Reich legitimieren[33]. Im Jahre 88 stand der geknechtete Orient unter Führung des Mithradates gegen die römische Fremdherrschaft auf; wieder sprach die Sibylle und drohte furchtbare Vergeltung: das Italertum wird Asien Frondienste leisten müssen, das trunkene Rom wird von seiner Herrin in den Staub getreten werden (Or. Sib. 3, 350 ff.)[34]. Dieses Ringen schien in dem Entscheidungskampf bei Actium sein Ende zu finden — daß hier die Waage des Weltgerichts gehoben und der Osten zu leicht befunden wurde, hat keiner tiefer und edler ausgeführt als Vergil in der Schildbeschreibung 678 ff. —; der gute Kaiser, der edelste Abkömmling des ilischen Geschlechts, einigt Europa und Asien unter seinem Zepter im Weltfrieden, bringt also in Erfüllung, woran Alexander sein früher Tod gehindert hatte. Dann aber dringt das Jüdische und in seiner Gefolgschaft

[32] Über die Zeit des Orakels vgl. E. Schwartz, RE. I 2537 f.

[33] H. Diels, Sibyllinische Blätter, Berlin 1890, 101 f. und meine Ausführungen in den Neuen Jahrbüchern, 7, 1901, 256 f. [s. u. S. 365 f.]

[34] Über die Zeit dieses Orakels vgl. J. Geffcken, Texte und Untersuchungen, N. F. 8, 1902, 8.

das Christliche ein. Der bis an die Euphratgrenze unterworfene Orient, seine geknechteten Völker und Religionen, rebellieren gegen Rom, das Babel des Okzidents. Die jüdische Messiasidee war schon in sehr früher Zeit vom geistig-religiösen Gebiet auf das politische übertragen worden: Jesaia 2, 1 ff. spricht unverblümt von der Weltherrschaft Jerusalems. Jüdische, dann jüdisch-christliche Apokalypsen haben sich begierig dieser Idee bemächtigt, und man darf getrost annehmen, daß der wundergläubige Westen, der seine Hochachtung für die uralten Kulturen des Ostens nie verlor, diesen dräuenden Stimmen der Propheten und Prophetinnen von einem göttlichen Strafgericht Asiens an Europa mit banger Scheu gelauscht hat: die von Vergil in seiner apokalyptischen Ekloge vorgenommene Umdeutung auf einen Weltherrscher, der vom Westen ausgehend diesem auch die Segnungen des Ostens bringen werde, legt dafür beredtes Zeugnis ab[35]. Wer sich nun also gegenwärtig hält, daß Verse wie diese (um nur solche aus einem wirklich alten Stück zu zitieren) 3, 652 f. καὶ τότ' ἀπ' ἠέλιοιο θεὸς πέμψει βασιλῆα, ὃς πᾶσαν γαῖαν παύσει πολέμοιο κακοῖο in den Sibyllinen oft begegnen, daß der Weltherrscher | ἀπ' ἀντολίης in ihnen eine traditionelle Figur ist, der wird nicht zweifeln, daß für den ernsten Römer, der seinem Glauben an das dereinstige Verhängnis des Riesenreiches gelegentlich so ergreifenden Ausdruck gegeben hat, die Prophetenworte *fore ut valesceret Oriens* nicht inhaltsleer waren, mochte er auch das Schreckgespenst im vorliegenden Fall durch eine richtigere Exegese der Worte ex eventu gebannt sehen.

Aber nicht nur ihrem Inhalt, sondern sogar ihren Worten nach können wir die Prophetie in der Form, wie Tacitus sie gibt, der Überlieferung einfügen. Ein eifriger Leser der Sibyllinen war Lactantius. Er las in seiner Sammlung, wie wir in der unsrigen, jene im Mithradatischen Krieg geprägten Verse, die dem Okzident ein vom Orient hereinbrechendes Gericht androhten, sowie manche ähnlichen (4, 145 ff.; 8, 72), und hat ihren Inhalt in folgende Worte gekleidet (inst. 7, 15, 11): *Romanum nomen quo nunc regitur orbis — horret animus dicere, sed dicam quia futurum est — tolletur e terra et imperium in Asiam revertetur ac rursus O r i e n s d o m i n a b i t u r atque Occidens serviet* (vgl. 18 *Sibyllae tamen aperte interituram esse Romam loquuntur*). Als er diese Worte schrieb, war die Prophezeiung auf dem

[35] Daß einzig und allein F. Marx in dem bekannten Aufsatze (Neue Jahrbücher 1, 1898, 105 ff.) das Gedicht in seinen richtigen Zusammenhang gerückt hat, ist mir immer unzweifelhafter geworden. Man muß sich darüber klar sein, daß Judäa im J. 40 durch die Invasion der Parther vor dem Ruine stand und daß Herodes als Bittflehender nach Rom ging; dagegen schien der römische Staat durch die neue Koalition Caesars mit Antonius wieder gefestigt: so gingen die Zukunftshoffnungen des Orients naturgemäß auf den Okzident über.

Wege, zu einer furchtbaren Wahrheit zu werden: durch die Gründung des Perserreiches, von dem in den jüngeren Sibyllinen oft die Rede ist (wie von den Germanen als den Feinden des Imperiums im Norden), wurde der Hellenismus im Osten vernichtet, Hand in Hand mit dieser nationalen Reaktion des fernen Orients waren seine Religionen in den Westen gewandert, und ihre Stifter, Mithras, Elagabal, Sol, Christus verdrängten das Pantheon: αἰαῖ σοί, Ῥώμη. Soweit war es noch nicht, als jenes schauerliche Orakelwort von der Herrschaft des Orients über den Okzident erklang, in den Tagen vor dem Untergang des Tempels; vielmehr konnte der mißtönenden Prophetie damals rasch eine neue, wohllautende Deutung gegeben werden. Aber die Übereinstimmung des Grundgedankens jenes Prophetenwortes *(Oriens dominabitur)* mit dem bei Tacitus erwähnten *fore ut Oriens valesceret* ist, wie man sieht, eine vollkommene. Ja wenn man einen versprengten Vers (194) desselben Sibyllinenbuches heranzieht[36]: καὶ τότ' ἔθνος μεγάλοιο θεοῦ πάλι καρτερὸν ἔσται, so hat man — nur mit dem Unterschied, daß hier die Prophezeiung auf das Judenvolk eingeengt ist — eine genaue Übereinstimmung nicht bloß im Gedanken, sondern auch in den Worten selbst mit dem Taciteischen *fore ut Oriens valesceret.* Bei Josephus steht kein Wort davon. Also war Josephus nicht die Quelle des Tacitus.

Dieses negative Ergebnis würde genügen, um der Harnackschen Kombination, Tacitus habe in der Annalenstelle deshalb fast mit Gewißheit den Josephus benutzt, ›weil es so gut wie sicher sei‹, daß er in der Stelle der Historien | von ihm abhänge, den Stützpunkt zu entziehen. Man darf aber noch einen Schritt weitergehen. Den sehr allgemein gehaltenen Worten des Josephus, es sei in den heiligen Schriften (ἐν τοῖς ἱεροῖς γράμμασι) ein Orakelspruch gefunden worden, ὡς κατὰ τὸν καιρὸν ἐκεῖνον ἀπὸ τῆς χώρας τις αὐτῶν ἄρξει τῆς οἰκουμένης, entsprechen bei Tacitus die bestimmteren, in alten Schriften der Priester sei eine Weissagung enthalten gewesen, *eo ipso tempore fore ut (valesceret Oriens et) profecti Iudaea rerum poterentur.* Wäre nicht durch das Mehr bei Tacitus erwiesen, daß Josephus seine Quelle nicht war, so würde man die schärfere Fassung *profecti Iudaea* aus der weniger bestimmten ἀπὸ τῆς χώρας τις αὐτῶν zur Not durch den Willensakt des römischen Schriftstellers ableiten können, der gerade durch die Wahl

[36] Diesen Vers hat schon M. Friedländer in einem kleinen Aufsatze (Les prophéties sur la guerre Judéo-Romaine, Revue des études Juives 30, Paris 1895, 122 bis 124) verglichen und ganz richtig daraus geschlossen, daß ein Sibyllinum zugrunde liegen müsse. Da er aber über einen rein äußerlichen Hinweis nicht hinauskam und sonst Verkehrtes beibrachte, hat er keine Beachtung gefunden (Schürer 2^4, 604, 27 erwähnt den Aufsatz kurz, sichtlich ohne ihm beizustimmen).

des genauen Begriffs *profecti* die sofort folgende Deutung auf Vespasianus und Titus habe vorbereiten wollen. Aber selbst dies wäre nur ein Notbehelf, der sofort durch die Tatsache beseitigt werden müßte, daß gerade der in *proficisci* liegende Begriff für solche Orakelsprüche typisch gewesen ist: ἀνὴρ ποικιλόμητις ἀφ' Ἑσπερίης ἐπεγερθεὶς .... βήσετ' ἐπ' ἀντολίην sagt ein Sibyllinist (12, 257 ff.) nur mit einer seinem vorliegenden Zweck entsprechenden Umkehrung der sonst üblichen Ortsbegriffe; ἐκ Συρίης προφανείς ein anderer (13, 22 = 152, vgl. 14, 164 ἐξ 'Ασίης προφανείς); ἀπ' 'Ασσυρίης ἀναδειχθείς ein dritter (14, 53), gar nicht zu reden von den Stellen, wo ἥξει (dies schon Lykophr. Al. 1369 und wiederholt in den Orakeln bei Phlegon) oder θεὸς πέμψει u. dgl. mit dem zugehörigen Ortsbegriff vorkommen.

Aber wir sind noch nicht zu Ende. Denn diese Prophetie läßt sich, wie ich glaube, in einen wichtigen Zusammenhang hineinstellen. Die Grundschrift der Johanneischen Apokalypse ist von Wellhausen (Skizzen und Vorarbeiten 6, 221 ff.), soviel ich weiß, unter allgemeiner Zustimmung, auf Grund von 11, 1 f. zeitlich aufs genaueste bestimmt worden: die Stadt Jerusalem ist schon in den Händen der Römer (Mai 70), aber der Tempel ist noch nicht verbrannt (August). In diesen Monaten furchtbarster Erregung hat das am Grabe seiner nationalen Selbständigkeit stehende Volk versucht, in dem Gedanken einer dereinstigen Vergeltung an dem verhaßten Überwinder Trost zu finden. Wer erinnert sich nicht an die Phantasmagorie der am Grotesken überreichen Apokalypse (16, 12; 17, 7 ff.): ›Das Tier des Abgrunds wird, mit Hilfe τῶν βασιλέων τῶν ἀπὸ ἀνατολῆς ἡλίου, kommen und die Dirne hassen und sie mit Feuer verbrennen. Denn Gott hat ihnen ins Herz gegeben, einmütig zu handeln und ihre Herrschaft dem Tier zu übergeben. Und die Dirne ist die große Stadt, welche herrscht über die Könige der Erde‹[37]. Die Deutung auf den wiedererstandenen Nero, der mit Hilfe der Parther Rom zerstören wird, ist längst gefunden; dabei wird auch gelegentlich eine Stelle Suetons (Nero 40, 2) erwähnt, die in den vorliegenden Zusammenhang hineingehört: dem Nero war sein Sturz vorausgesagt, aber zum Ersatz verhießen ihm einige Wahrsager: *Orientis domi- | nationem, nonnulli nominatim regnum Hierosolymorum.* Dieses war wohl die abenteuerlichste Ausgestaltung jenes uralten Vergeltungsgedankens: der schrecklichste Sohn der verhaßten Stadt wird als gestürzter Kaiser sich an die Spitze des Orients stellen und als Herrscher von Jerusalem furchtbare Rache an dem Babel des Westens nehmen. Aber dann wird ein Größerer kommen und das Tier überwältigen (19, 11 ff.). Die Geburt dieses Größeren, des Messias,

[37] Die Abfassungszeit dieses Abschnitts wird von W. Bousset in seinem Kommentar zur Apokalypse, Göttingen 1906, 415 auf die Zeit Vespasians bestimmt.

wird 11 f. in dem bekannten grandiosen Mythus erzählt. Dann wird der junge Gott ›die Heiden weiden mit ehernem Stabe‹, wie es mit einem Psalmwort (2, 9) gesagt wird; er wird die Weltherrschaft aufrichten und die Heiden vernichten. Gerade dieser Abschnitt ist es, der durch die erwähnte Zeitbestimmung (Sommer 70) eingeleitet wird. In die Zeit unmittelbar vor Ausbruch des Krieges fällt die von Josephus und Tacitus berichtete Prophetie. Der Schluß, daß der Apokalyptiker des Jahres 70, dessen Schrift ein späterer zur Zeit Domitians überarbeitete, in demselben Vorstellungskreis sich bewegt, aus dem heraus jene Prophetie geboren ist, erscheint mir zwingend; es ist immerhin ein Gewinn, wenn es so gelang, eine der imposantesten Schöpfungen orientalischer Phantastik in einem ihrer Hauptmomente, dem Siegeszug des Messias gegen Westen, an eine gegebene Überlieferung anzuknüpfen. Der Messias hat seinem Volk freilich nicht beigestanden; der Tempel wurde zerstört. Aber die neue Religion hat sich die Zukunftshoffnungen der alten angeeignet: neben der überarbeiteten Apokalypse ist die Prophetie des Lukasevangeliums 21, 20 ff. dessen ein Zeichen, aber auch, was uns hier näher angeht: Eusebios H. E. 3, 8 berichtet die Deutung der Prophetie auf Vespasianus zwar mit den Worten des Josephus, fügt aber hinzu: δικαιότερον δ' ἂν ἐπὶ τὸν Χριστὸν ἀναχθείη, und nicht anders der sogenannte Hegesippus in seiner Bearbeitung des Josephischen Originals (6, 17): *id alii ad Vespasianum referendum putarunt, prudentiores ad dominum Iesum, qui ... regnum suum per universum mundum diffudit.*

Das Ergebnis dieser Untersuchung, soweit es die verschiedenartigen Fassungen der Prophetie bei Josephus und Tacitus betrifft, ist nunmehr dieses. In der Zeit furchtbarster Erregung hatte die jüdische Priesterschaft, um die Gemüter für den letzten Verzweiflungskampf zu stärken, eine Prophetie hervorgezogen, durch die einem Erwählten des Volkes die Weltherrschaft verheißen, d. h. also die messianische Hoffnung neu belebt wurde. Josephus berichtet das, ohne dabei aus dem Rahmen jüdischen Denkens herauszutreten: gerade das unbestimmte τὶς ist dafür bezeichnend. Er, selbst aus altpriesterlichem Geschlecht, kann, wie die Priester, die die Prophetie in Umlauf setzten, nur an alttestamentliche Stellen gedacht haben: es ist wohl sicher Daniel 7, 13 ff. verstanden, zumal diese berühmten Worte, in Verbindung mit 9, 26 f., nachweislich in Beziehung zur Zerstörung Jerusalems gesetzt worden sind (Tertullianus adv. Jud. 8, 14)[38]. Diese Vorstellungsart

[38] Bei Josephus wird unmittelbar vor diesem Orakelspruch ein anderer erwähnt: Ἰουδαῖοι καὶ τὸ ἱερὸν μετὰ τὴν καθαίρεσιν τῆς Ἀντωνίας (Juli) τετράγωνον ἐποιήσαντο, ἀναγεγραμμένον ἐν τοῖς λογίοις ἔχοντες ἁλώσεσθαι τὴν πόλιν καὶ τὸν ναόν, ἐπειδὰν τὸ ἱερὸν γένηται τετράγωνον. Dies habe ich nicht identifizieren können.

und Ausdrucksweise war nun aber | für Nichtjuden kaum verständlich; sie konnten gar nicht anders als das sich umdenken in einen sibyllinischen Weissagungsspruch[39], denn die Sibylle hatte seit Jahrhunderten das Orientalische, speziell das Jüdische, den Hellenen in einer ihnen verständlichen Form vermittelt, sehr oft sich begnügend, prophetische Stellen der heiligen Bücher griechisch umzustilisieren (darunter gerade auch die genannte Stelle aus dem Buch Daniel). Das ist auch hier geschehen. Zwar läßt auch Tacitus den Spruch enthalten sein in *antiquis sacerdotum litteris,* aber er gibt ihn, wie wir sahen, in der Gedanken- und Formprägung sibyllinischer Prophetie. So beobachten wir wieder einmal an einem greifbaren Fall den Verschmelzungsprozeß des Orientalischen und Hellenischen. Ich kann es mir nicht versagen, ein vollkommen gleichartiges Beispiel dafür anzuführen. Dem Leser der Archäologie des Josephus ist als eine der merkwürdigsten Stellen dieses Werkes die legendarische Begegnung Alexanders des Großen mit den Juden in Jerusalem wohlbekannt (11, 317 ff.); die Schrift des Alexander Polyhistor Περὶ Ἰουδαίων ist als Quelle völlig gesichert[40]. Hier heißt es nun (336 f.): ›Alexander ging hinauf in den Tempel, opferte Gott nach der Weisung des Hohepriesters und ließ dem Hohepriester sowie den Priestern auserlesene Ehrungen zuteil werden. Als ihm dann das Buch Daniels gezeigt wurde, in dem dieser offenbarte, daß einer der Hellenen das Perserreich stürzen werde (δειχθείσης δ' αὐτῷ τῆς Δανιήλου βίβλου, ἐν ᾗ τινα τῶν Ἑλλήνων καταλύσειν τὴν Περσῶν ἀρχὴν ἐδήλου), wurde er des Glaubens, er selbst sei der Bezeichnete, und entließ, erfreut darüber, die Menge; tags darauf entbot er sie zu sich und ließ sie sich Geschenke auswählen nach Herzenslust.‹ Bei Daniel steht das so nirgends, wohl aber redet die Sibylle wiederholt so mit Bezug auf die Unterwerfung des Perserreichs durch einen Hellenen. Daß der Polyhistor mit Vorliebe Sprüche der jüdischen Sibylle zitierte, ist bekannt: das einzige, in Prosa aufgelöste, Zitat, das Josephus (Arch. 1, 118) ausdrücklich aus einem Sibyllinum anführt (Σίβυλλα λέγουσα οὕτως), ist für den Polyhistor anderweitig beglaubigt[41].

Die Untersuchung über die Weissagung habe ich bisher so geführt, als ob sie nur bei Josephus und Tacitus stände. Nun aber findet sich

39 Genau so hat es Vergil in der vierten Ekloge (s. o. Anm. 35) mit der von ihm verwerteten messianischen Prophetie gemacht.

40 Hölscher a. a. O. 43 ff.

41 Hölscher a. a. O. 50. — Über das Apokryphon, das er 4, 303 erwähnt, wüßte ich gern Näheres: ἔπειτα ποίησιν ἑξάμετρον αὐτοῖς ἀνέγνω (Moses), ἣν καὶ καταλέλοιπεν ἐν βίβλῳ ἐν τῷ ἱερῷ πρόρρησιν περιέχουσαν τῶν ἐσομένων, καθ' ἣν καὶ γέγονε τὰ πάντα καὶ γίνεται, μηδὲν ἐκείνου διημαρτηκότος τῆς ἀληθείας.

dieselbe noch bei einem dritten Schriftsteller[42], und die Art ihres Vorkommens ist nur geeignet, den bisherigen Beweis, daß jene beiden voneinander unabhängig sind, | zu bestätigen und nach einer bestimmten Richtung zu ergänzen. Suetonius berichtet im Leben des Vespasianus 4, 5: *percrebruerat Oriente toto vetus et constans opinio esse in fatis ut eo tempore Iudaea profecti rerum potirentur. id de imperatore Romano, quantum postea eventu paruit, praedictum Iudaei ad se trahentes rebellarunt.* Die hervorgehobenen Worte stimmen mit denen des Tacitus wörtlich überein. Daß sich nun Konkordanzen dieser beiden Schriftsteller nicht aus einer Benutzung des etwas älteren durch den etwas jüngeren, sondern aus einer gemeinsamen Quelle erklären, ist ein völlig gesichertes und allgemein anerkanntes Ergebnis der Quellenanalyse (es genügt, dafür auf Mommsen, Gesammelte Schriften 7, 250 f. zu verweisen); gilt das schon von inhaltlichen Berührungen, wieviel mehr von wörtlichen Übereinstimmungen. Das Ergebnis, daß der Quellenautor, wie eigentlich von vornherein zu erwarten war, lateinisch schrieb, genügt für den vorliegenden Fall vollkommen; aber das Kapitel ›Josephus und Tacitus‹ muß von einem Historiker einmal auf breitere Basis gestellt werden. Denn das Merkwürdige dabei ist eben dies, daß Übereinstimmungen im allgemeinen durchaus vorhanden sind, aber die Einzelbetrachtung jede Möglichkeit der Abhängigkeit des Römers von dem Juden ausschließt. Dafür sei ein von

[42] Trügerisch ist der Schein, als ob sie noch an einer vierten Stelle gestanden habe. Eusebios H. E. 3, 8 zitiert vollständig aus Josephus 6, 312 f. die vor der Zerstörung geschehenen Prodigien. Den Eusebios schreibt Zonaras 11, 16 (3, 50, 15 Dind.) aus, fügt aber hinzu: τούτου δὲ τοῦ χρησμοῦ μέμνηται καὶ Ἀππιανὸς ἐν τῷ εἰκοστῷ δευτέρῳ λόγῳ τῆς Ῥωμαϊκῆς ἱστορίας αὐτοῦ (also in der sog. ἑκατονταετία, in der die Erwerbungen der Kaiser bis auf Traianus kurz dargestellt waren; vgl. über das Buchzitat die eingehenden Darlegungen Schweighäusers in seiner Appianausgabe 3, 895 f.). Danach müßte man glauben, Appian habe das auf Vespasianus gedeutete, kurz vor der Zerstörung erfolgte Prodigium berichtet. Liest man aber den ganzen Zusammenhang bei Zonaras, so sieht man sofort, daß dieser, wie sich für ihn gebührt, Konfusion angerichtet hat: er wirft nämlich jenes Prodigium des J. 70 zusammen mit der Prophezeiung, die drei Jahre vorher Josephus bei seiner Gefangennahme dem Vespasianus gegeben hatte (er berichtet sie selbst Bell. 3, 399 ff.). Diese Prophezeiung hat die Annalistik festgehalten: sie steht in gleichem Zusammenhange, mit Nennung des Namens Josephus, bei Suetonius, Vesp. 5, 6 *(unus ex nobilibus captivis Iosepus, cum coiceretur in vincula, constantissime asseveravit fore ut ab eodem solveretur, verum iam imperatore)* und bei Cass. Dio 66, 1, ist also sicher auch bei Appian verstanden gewesen (Schürer 1^4, 613, 41 hat sich durch den falschen, von Zonaras erweckten Schein nicht täuschen lassen). Um jedoch einem Fehlschlusse vorzubeugen, bemerke ich, daß der Originalbericht des Josephus für den von Sueton und Dio benutzten Gewährsmann nicht die Quelle gewesen sein kann, da Josephus und jener Gewährsmann in Einzelheiten voneinander abweichen.

der gegenwärtigen Untersuchung abliegendes, aber sehr lehrreiches Beispiel anmerkungsweise[43], ein mit ihr auch äußerlich nahverbundenes hier im Text angeführt. |

In dem ethnographisch-geographischen Exkurs über die Juden, den Tacitus seiner Erzählung des großen Kampfes vorausschickt, geht er nach der Schilderung (5, 6) des Lacus Asphaltites (er vermeidet in seiner Weise die Ortsbezeichnung) 7 auf die Beschreibung der Sodomitis über (auch hier nennt er keinen Namen): *haud procul inde campi*[44] *quos ferunt olim uberes magnisque urbibus habitatos fulminum iactu arsisse; et manere vestigia, terramque ipsam specie torridam vim frugiferam perdidisse. nam cuncta sponte edita aut manu sata, sive herba tenus aut flore seu solidam in speciem adolevere, atra et inania velut in cinerem vanescunt* (soweit der mit *ferunt* eingeleitete Quellenbericht, dann setzt mit *ego sicut … concesserim, ita … reor* seine uns hier nicht angehende Kritik ein). Hiermit ist seit alters verglichen worden die Schilderung derselben

[43] Das Beispiel stammt aus dem Jahre 17 (Tacitus faßt, seiner Gewohnheit entsprechend, mehrere annähernd gleichzeitige Ereignisse zusammen; die für den Vergleich nicht in Betracht kommenden setze ich in Klammern):

Josephus 18, 53 f.

ἐτελεύτησεν δὲ καὶ ὁ τῆς Κομμαγηνῆς βασιλεὺς Ἀντίοχος, διέστη δὲ τὸ πλῆθος πρὸς τοὺς γνωρίμους καὶ πρεσβεύουσιν ἀφ' ἑκατέρου μέρους, οἱ μὲν δυνατοὶ μεταβάλλειν τὸ σχῆμα τῆς πολιτείας εἰς ἐπαρχίαν ἀξιοῦντες, τὸ πλῆθος δὲ βασιλεύεσθαι κατὰ τὰ πάτρια. καὶ ψηφίζεται ἡ σύγκλητος Γερμανικὸν πέμπειν διορθώσοντα τὰ κατὰ τὴν ἀνατολήν.

Tacitus ann. 2, 42 f.

per idem tempus Antiocho Commagenorum, (Philopatore Cilicum) regibus defunctis turbabantur nationes, plerisque Romanum, aliis regium imperium cupientibus … igitur haec (et de Armenia, quae supra memoravi) apud patres disseruit [Tiberius], *nec posse motum Orientem nisi Germanici sapientia componi.*

Josephus fährt dann fort: πραγματευομένης αὐτῷ τῆς τύχης εὐκαιρίαν τοῦ θανάτου. καὶ γὰρ γενόμενος κατὰ τὴν ἀνατολὴν καὶ πάντα διορθώσας ἀνηρέθη φαρμάκῳ ὑπὸ Πείσωνος: das ist die Quintessenz der Germanicuskapitel im weiteren Verlaufe des 2. Annalenbuchs. Καθὼς ἐν ἄλλοις δεδήλωται schließt Josephus diesen Abschnitt: das ist einer seiner berüchtigten Quellenverweise; daß die Quelle des Josephus und Tacitus hier die gleiche war, liegt auf der Hand.

[44] Verg. Aen. 6, 440 f.: *nec procul hinc partem fusi monstrantur in omnem lugentes campi, sic illos nomine dicunt.* Diese Verse lagen Tacitus im Ohr, als er seine Vorlage stilisierte: das Gefilde am Toten Meer, das Grab der Städte, waren auch ›Trauergefilde‹. Seine Leser kannten, wie er selbst, den Vergil auswendig, und werden die leise Stimmungsmalerei gemerkt haben. In der Germania 7 ist überliefert: *in proximo pignora, unde ululatus audiri, unde vagitus infantium;* zu *audiri* steht in Halms Apparat: ›*audiri* del. Ritter, *auditur* Kritz, *audiunt* Madvig, *audias* (vel *unde est … audire*) Wölfflin, *est audire* Schütz, *possit* post *infantium* add. Heraeus‹; das alles erledigt sich durch Verg. Aen. 6, 557: *hinc exaudiri gemitus,* vgl. 426 f.: *vagitus infantum.*

Gegend bei Josephus, Bellum 4, 483 f. γειτνιᾷ δὲ ἡ Σοδομῖτις αὐτῇ (näml. der soeben beschriebenen λίμνη Ἀσφαλτῖτις), πάλαι μὲν εὐδαίμων γῆ, καρπῶν τε ἕνεκα καὶ τῆς κατὰ πόλεις περιουσίας, νῦν δὲ κεκαυμένη πᾶσα. φασὶ δέ, ὡς δι' ἀσέβειαν οἰκητόρων κεραυνοῖς κατεφλέγη. ἔστι γοῦν ἔτι λείψανα τοῦ θείου πυρός, καὶ πέντε μὲν πόλεων ἰδεῖν σκιάς, ἔστι δὲ καὶ ἐν τοῖς καρποῖς σποδιὰν ἀναγεννωμένην, οἳ χρόαν μὲν ἔχουσι τοῖς ἐδωδίμοις ὁμοίαν, δρεψαμένων δὲ χερσὶν εἰς καπνὸν ἀναλύονται καὶ τέφραν. Wieder haben wir hier dasselbe Bild, das uns vorher der Vergleich der Prodigienserien bot: Übereinstimmung im allgemeinen, ja bis in einzelne Worte hinein, und dennoch keine Abhängigkeit (Tacitus gibt über die Vegetation anderes und z. T. Genaueres). Wenn einst H. Nissen (Rheinisches Museum 26, 1871, 542 f.) den hier benutzten Quellenautor mit bestimmtem Namen glaubte benennen zu können, so hat sich das freilich als irrtümlich herausgestellt; aber sein Protest gegen die ältere Annahme der Abhängigkeit des Tacitus von Josephus bleibt, wie man sieht, in vollem Umfang bestehen. Wenn er von jener Annahme sagt: ›sie konnte überhaupt nur aufgerollt werden, indem man eine Grundbedingung aller kritischen Operationen verkannte, nämlich die Tatsache, daß nur verhältnismäßig geringe Bruchstücke der antiken Literatur auf uns gelangt sind, deren Beziehungen und Verwandtschaften zu erklären wir | zahlreiche Bindeglieder voraussetzen müssen‹[45], so seien diese Worte denjenigen Theologen, die in die Lage kommen, Zeugnisse antiker Autoren verwerten zu müssen, zur Berücksichtigung empfohlen. Einen Blick auf die unermeßlichen Autorenregister des Plinius zu werfen, sollte sich niemand entgehen lassen, der Quellenstudien treiben muß, auf daß er über die Grenzen des Wissensmöglichen kleinmütiger zu denken lerne.

Trotz dieser Lage der Dinge läßt sich jedoch über den Gewährsmann, den Tacitus (und Suetonius) für den Abschnitt, der die messianische Prophetie enthält, benutzte, mit Sicherheit, wie ich glaube, urteilen. Dazu ist es freilich nötig, eine viel mißdeutete Textstelle richtig zu verstehen. Minucius Felix läßt seinen Octavius auf den Hohn des

[45] Er fährt fort: ›Aus dem nämlichen Gesichtspunkt sind auch die weiteren Berührungen des Jüdischen Kriegs mit Tacitus (Lehmann S. 36) zu erklären.‹ Das richtet sich gegen H. Lehmann, Claudius, Nero und ihre Zeit, Gotha 1858, der dort die Prodigienserien in Spalten nebeneinander gestellt und bloß daraufhin, rein auf den äußeren Augenschein, Abhängigkeit des Tacitus von Josephus behauptet hatte. Nissens kurze Abwehr solcher Äußerlichkeiten ist durch meine obigen Darlegungen positiv ergänzt worden. Wer sich rasch eine Vorstellung sonstiger Abweichungen des Tacitus von Josephus machen will, sei auf E. Schürer 1^4, 446 f., 448, 142. 570, 14. 622, 78. 623, 80 verwiesen; da Schürer in allen diesen Fällen richtig urteilt, so war es nur ein vereinzelter Irrtum, wenn er sich über das Quellenverhältnis des Vespasianorakels täuschte.

Caecilius, der Gott der Juden sei mit seinem eigenen Volk ein Gefangener der Römer (10, 4), folgendes erwidern (33, 3 f.): *quamdiu enim eum caste innoxie religioseque coluerunt ..., modici multos, inermi armatos, dum fugiunt insequentes, dei iussu et elementis adnitentibus obruerunt. scripta eorum relege, vel si Romanis magis gaudes, ut transeamus veteres, Flavi Iosepi vel Antonii Iuliani de Iudaeis require; iam scies nequitia sua hanc eos meruisse fortunam nec quidquam accidisse quod non sit iis, si in contumacia perseverarent, praedictum.* Daß hier etwas in Unordnung ist, bezweifelt niemand. In den neueren Ausgaben werden die hervorgehobenen Worte, um den Josephus zu retten, umgestellt (womit J. G. Lindner 1760 vorangegangen war): was dabei herauskommt, ist statt der durchsichtigen Periodisierung der Überlieferung etwas Perplexes und vor allem Sinnwidriges[46]. Und doch war das Richtige längst von J. Davisius (John Davies 1707) gesehen worden (von den Neueren folgte ihm nur K. Halm 1867): die Worte *Flavi* |*Iosepi vel* tragen den Stempel der Interpolation an der Stirn[47]. Die Schrift des

[46] Da die Umstellungen alle auf dasselbe Prinzip hinauslaufen, genügt es, die der letzten Ausgaben (von J. P. Waltzing und W. A. Baehrens, beide 1912; die allerneueste von A. Schoene habe ich nicht einsehen können) anzuführen: *scripta eorum relege, vel, ut transeamus veteres, Flavi Josephi, vel, si Romanis magis gaudes, Antoni Iuliani de Iudaeis require.* Das ist, von allem anderen abgesehen, aus folgendem Grunde unrichtig. Mit den Worten *scripta eorum relege* wird auf das soeben aus diesen *scripta* Mitgeteilte verwiesen (gemeint sein kann nur der Zug durchs Rote Meer: der Inhalt von 2. Mos. 14 wird mit wörtlichen Anklängen wiedergegeben; was in den mir zugänglichen Kommentaren steht, paßt gar nicht); nun muß also der Gegensatz zu diesen nationaljüdischen Schriften folgen: *vel si Romanis gaudes.* Jede Verschiebung wirft den ganzen Plan der sorgfältigen Argumentation über den Haufen.

[47] Kurz und bündig sagt E. Schürer 1[4], 58: ›Die eingeklammerten Worte können nicht echt sein, da sie dem Zusammenhang widersprechen.‹ Die Verteidigung der Überlieferung durch J. Bernays (Gesammelte Schriften 2, 173, 74): ›Josephus wird wohl, weil er nicht bloß hebräisch geschrieben und weil er das römische Bürgerrecht erhalten hatte (Vita 76), zu den *Romani* gerechnet‹ ist hoffnungslos. Das Hebräische muß natürlich ganz aus dem Spiele bleiben (kein Okzidentale des 3. Jahrhunderts konnte bei den *scripta eorum relege* an etwas anderes als an die griechische Übersetzung denken), und was das römische Bürgerrecht des Josephus betrifft, so wäre es ungefähr dasselbe, wie wenn jemand bei einer Gegenüberstellung von griechischen und römischen Gewährsmännern für etwas Delphi Betreffendes den Plutarch um seines Gentilnamens Mestrius willen unter die römischen setzen wollte, oder den Apostel Paulus aus analogem Grunde unter die Römer. Vielmehr liegt die Sache so: dem Interpolator war bereits die lateinische Übersetzung des Polemos bekannt (daß sie von dem aus seinem Streite mit Damasus bekannten konvertierten Juden Isaak stamme, erachte ich durch J. Wittig für erwiesen), er konnte also mit gutem Gewissen den Josephus unter die *Romani* setzen. Daß die Hs. des Minucius *Iosepi* bietet, ist wich-

Antonius Iulianus wird sonst nirgendwo erwähnt; dennoch hatte J. Bernays den Mut, an eine Hypothese Tillemonts anknüpfend die Ansicht auszusprechen (Gesammelte Schriften 2, 173): dieser Antonius Iulianus sei identisch mit dem von Josephus Bellum 6, 238 genannten Prokurator von Judäa im Jahre 70, der im Hauptquartier des Titus für die Zerstörung des Tempels stimmte, und weiter: seine Schrift über die Juden sei eine der Quellen von Tacitus hist. 5. Diese Vermutung, die Tillemont und Bernays ohne jedes Beweismaterial aufstellten, wird durch meine Darlegungen, wie ich glaube, zur Gewißheit. Denn die wörtliche Übereinstimmung mit Sueton zwingt zur Annahme einer lateinischen Quelle, die inhaltliche Übereinstimmung mit Josephus läßt auf einen Gewährsmann schließen, der auch über Einzelheiten aufs genaueste informiert sein konnte. Beides stimmt unseres Wissens für keinen sonst als Antonius Iulianus. Zwar gibt es noch einen anderen Träger dieses Namens, auf den schon vor Bernays geraten wurde, einen bei Gellius wiederholt genannten Frontonianer; wenngleich nun nicht geleugnet werden soll, daß Deklamationen gegen die Juden ein in Prosa und Poesie beliebtes Thema waren und daß es verlockend erscheinen könnte, eine solche Deklamation eines Frontonianers mit der ebenfalls nur bei Minucius (9, 6) erwähnten Rede des Fronto gegen die Christen in irgendwelche Verbindung zu setzen, so weist nicht nur der von Minucius zitierte Titel des Werkes *De Iudaeis,* sondern vor allem dessen Inhaltsangabe gebieterisch auf ein geschichtliches Werk. Ja, diese Inhaltsangabe stimmt in ihrem zweiten Teil — *nec quidquam accidisse quod non sit iis, si in contumacia perseverarent, praedictum* — so genau zu den bei Josephus und Tacitus erwähnten Prodigien und zu jenem von den Juden in ihrer ἄνοια, ihrer *obstinatio* falsch gedeu-

tig; wenn sämtliche Herausgeber dafür *Iosephi* schreiben, tun sie es auf ihre Verantwortung: die älteste Hs. des Suetonius, der cod. Memmianus s. IX (also gleichzeitig dem Parisinus des Minucius) gibt in der oben (Anm. 42) angeführten Stelle ebenfalls *Iosepus,* und selbstverständlich nannten ihn, der sich Ἰώσηπος schrieb, in älterer Zeit alle Okzidentalen *Iosepus.*

[48] Einem möglichen Einwande gegen diese Schlußfolgerung möchte ich von vornherein begegnen. Iulianus wird von Minucius den *veteres* gegenübergestellt; wenn er mit dem Prokurator Judäas identisch ist, so muß er etwa 125 Jahre vor der Zeit des Minucius (nach 197) sein Buch verfaßt haben: war er dann nicht selbst ein *vetus* für Minucius? Darauf wäre zu erwidern: unter den *veteres Romani* können bei Minucius nur Schriftsteller der augusteischen Zeit (Livius, der im 102. Buche kurz, und vor allem Trogus Pompeius, der im 36. sehr ausführlich von den Juden gesprochen hatte: Iustinus 2 f.) verstanden sein: im Verhältnis zu diesen aber war ein unter Vespasianus oder Titus schreibender Autor in der Tat ein moderner. Diesen den Iulianus betreffenden Abschnitt habe ich mit F. Jacoby durchgesprochen, dem ich für einzelne Hinweise zu Dank verpflichtet bin.

teten *praedict*um (Joseph.: ὡς ἐμβεβροντημένοι καὶ μήτε ὄμματα μήτε ψυχὴν | ἔχοντες τῶν του θεοῦ κηρυγμάτων παρήκουσαν), daß mir der Schluß auf Antonius Iulianus als Quellenautor des Tacitus unabweisbar erscheint[48].

JAHVE UND MOSES IN HELLENISTISCHER THEOLOGIE
1921

I. Moses bei Strabo

Bei Gelegenheit seiner Beschreibung Judäas kommt Strabo (16, 2, 35—39, S. 760 f.) auf den Gesetzgeber der Juden zu sprechen. Die merkwürdige Stelle[1], die bisher weder von theologischer noch philologischer Seite eingehender behandelt worden ist[2], soll im folgenden quellenkritisch untersucht werden. Strabo beginnt seine Darlegungen so:

35 »Moses, einer der ägyptischen Priester, zog aus Niederägypten, von dem er einen Teil in seiner Gewalt hatte, unzufrieden mit den dort bestehenden Einrichtungen nach Judäa; seinem Auszug schlossen sich viele Verehrer der Gottheit an. Seine Lehre war nämlich diese: Weder die Ägypter noch die Libyer hätten eine richtige Ansicht von der Gottheit, wenn sie dieselbe wilden Tieren oder dem Vieh ähnlich bildeten; aber auch die Hellenen, die ihre Götter in Menschengestalt formten, seien im Unrecht. Denn nur dieses eine Wesen sei Gott, das uns alle, Erde und Meer umfasse und das wir Himmel, Welt und Natur des Seienden nennen. Wie könne nun wohl jemand, der bei Verstand sei, sich erdreisten, sich von diesem Wesen ein Bildnis zu formen, das irgendeinem der Dinge bei uns | gleiche? Vielmehr habe jegliche Anfertigung eines Bildnisses zu unterbleiben, einen heiligen Bezirk müsse man abgrenzen und hier in einem würdigen Tempelhof Gottesdienst verrichten ohne Götterbild. Auch Tempelschlaf müsse man üben, sowohl selbst zu seinem eigenen Besten als auch andere zu Träumen Disponierte zum Nutzen anderer[3]. Die sittsam und in

[1] In H. Hettners Literaturgeschichte des 18. Jahrhunderts 1¹, 178, las ich über den englischen Rationalisten Toland: »In einer Abhandlung über den Ursprung der Juden, welche diesem Buche« — gemeint ist der ›Adeisidämon‹ Tolands vom Jahre 1709 — »beigefügt ist, macht er nach einer Stelle des 16. Buches Strabos sogar Moses zu einem reinen Pantheisten, der in den zehn Geboten das ewig gültige Naturgesetz ausgesprochen habe; alle übrigen Lehren und Gebräuche des Judentums seien nichts als spätere götzendienerische Zusätze, die man freilich dem großen Gesetzgeber selbst aufzubürden bestrebe.«

[2] Gelegentliche Bemerkungen neuerer Forscher werden weiterhin erwähnt werden. Abgedruckt ist die Stelle auch bei Th. Reinach, Textes d'auteurs grecs et romains relatifs au Judaisme, Paris 1895, 99 f.

[3] Diese vielbehandelte Angabe hat E. Preuschen, Mönchtum und Sarapiskult,

Gerechtigkeit Lebenden dürften von Gott stets Gutes, sei es ein Geschenk oder Vorzeichen, erwaren, die anderen aber nicht. —

36 Durch solche Worte überredete er eine nicht geringe Anzahl einsichtiger Männer und führte sie an den Ort, wo jetzt Hierosolyma gegründet ist. Er setzte sich leicht in den Besitz der Gegend, die eben nicht danach angetan ist, daß sich um ihretwillen jemand in einen ernstlichen Kampf einlassen möchte: sie ist nämlich felsig, der Ort selbst zwar wohlbewässert, aber ringsumher von kümmerlichem und wasserlosem, innerhalb sechzig Stadien sogar steinigem Boden umgeben. Auch stützte er sich nicht auf Waffengewalt, sondern das Zeremoniell und die Gottheit, für die es ihn einen Wohnsitz zu suchen verlangte: der Gottesdienst und die Opferfeier, die er einzuführen beabsichtige, solle — so verhieß er — die Teilnehmer nicht durch Aufwand oder Ekstasen oder andere abgeschmackte Kulthandlungen belästigen. Hierdurch verschaffte er sich Ansehen und gründete ein recht beträchtliches Reich, da alle im Umkreis sich ihm infolge seiner Belehrung und Verheißungen anschlossen. — 37 Seine Nachfolger bleiben eine Zeitlang bei denselben Gebräuchen, denn sie waren rechtschaffene und wahrhaft gottesfürchtige Männer. Hernach aber gelangten zur Priesterwürde erst abergläubische, dann herrschsüchtige Menschen. Die Folge des Aberglaubens war, daß nun Enthaltung des Genusses gewisser Speisen — ein noch jetzt bei ihnen bestehender Brauch —, ferner Beschneidung der männlichen, Exzision der weiblichen Individuen[4] und anderes der Art in Aufnahme kam. Eine andere Folge brachten die Zwingherrschaften. Die Abtrünnigen nämlich schädigten das Land mitsamt seiner Umgebung; die den Herrschern Treugebliebenen rissen fremdes Gebiet an sich und unterwarfen einen großen Teil Syriens und Phöniziens. Gleichwohl blieb der Burg gegenüber ein gewisser achtungsvoller Anstand gewahrt, da man sie nicht als Zwingherrnsitz verabscheute, sondern als ein Heiligtum in Ehren hielt.«

Hier unterbrechen wir einstweilen den strabonischen Bericht. Den Worten (35) εἴη γὰρ ἓν τοῦτο μόνον θεὸς τὸ περιέχον ἡμᾶς ἅπαντας καὶ γῆν καὶ θάλατταν, ὃ καλοῦμεν οὐρανὸν καὶ κόσμον καὶ τὴν τῶν ὄντων | φύσιν ist der stoische Ursprungsstempel aufgedrückt. Darin liegt ein Hinweis auf den Kreis, innerhalb dessen der Gewährsmann Stra-

Gießen 1903², 34 f. 63 durch den Nachweis von Spuren der Inkubation im A. T. zu sichern versucht. L. Deubner, De incubatione, Leipzig 1900, 27, 5 verhält sich zweifelnd. Jedenfalls ist die Einkleidung des Gedankens, auch die Sonderung der beiden Arten des Tempelschlafs, ganz hellenisch: vgl. Strabo selbst 14, 549. 17, 801.

4 αἱ περιτομαὶ καὶ αἱ ἐκτομαί: vgl. 17, 2, 5 (S. 824) von den Ägyptern: τὸ περιτέμνειν καὶ τὰ θήλεα ἐκτέμνειν, ὅπερ καὶ τοῖς Ἰουδαίοις νόμιμον· καὶ οὗτοι δ' εἰσὶν Αἰγύπτιοι τὸ ἀνέκαθεν, καθάπερ εἰρήκαμεν ἐν τῷ περὶ ἐκείνων λόγῳ.

bos zu suchen ist. E. Schürer, Geschichte des jüdischen Volkes, Leipzig 1886, 2^2, 761, dachte an irgendeine stoisch gefärbte jüdische Quelle. Allein das ist unmöglich: welcher jüdische Schriftsteller würde — von allem anderen abgesehen — von Moses so gesprochen haben: Μωσῆς τις τῶν Αἰγυπτίων ἱερέων. Wie anders redet doch Philon in seiner Mosesbiographie über alle diese Dinge, obgleich auch er gelegentlich stoische Farben aufträgt (z. B. 1, 27 f. über Moses als Gottes Freund). Zunächst wollen wir uns, um auf eine richtigere Spur zu kommen, nur das Allgemeinste überlegen. Der Bericht ist historisch gewendet, Moses interessiert den Verfasser in Zusammenhang mit der Gründung Jerusalems und der Geschichte Judäas, auf die alles abzielt, die aber Strabo begreiflicherweise verkürzte. Dabei zeigt der Autor ein besonderes Interesse auch für das Geographische sowie für Sitten und Gebräuche der Bewohner. Er ist in einer Person stoischer Philosoph, Historiker, Geograph und Ethnograph. Also Poseidonios, wird man sagen, und tatsächlich ist in kurzen Bemerkungen zu der strabonischen Stelle die Diagnose auf ihn gestellt worden[5]. Aber diese Annahme scheint mir, obwohl sich ihr Kern uns bewähren wird, zunächst einer Einschränkung bedürftig zu sein. Denn wie so oft in der Quellenanalyse Strabos kommt hier der Anteil des Poseidonios in Widerstreit mit dem seines Vorgängers Polybios, der ein ähnliches Wesensgepräge trug wie sein Nachfolger. Auf den oben übersetzten Teil der strabonischen Darlegung folgt nämlich in unmittelbarem Anschluß an jenen ein fast ebenso langer (38—39), dessen Zweck es ist, völkergeschichtliche Analogien zu dem jüdischen Gesetzgeber als Beauftragtem Gottes zu bringen. Mit einem Aufwand beträchtlicher Gelehrsamkeit werden Namen und Priesterstände aus hellenischer, orientalischer und etruskischer Religion angeführt, und diese Liste, deren Einförmigkeit durch Zitate aus Homer, Euripides und Platon unterbrochen ist, schließt mit den Worten: »ein solcher war auch Moses und seine Nachfolger.« Hiermit ist die ganze exkursartige Darlegung zu ihrem Anfang zurückgekehrt: sie ist wohldisponiert und in sich geschlossen. Innerhalb jenes zweiten Teiles stehen nun folgende Worte: »Um deswillen wurden auch die Seher so geehrt, daß sie sogar der Königsherrschaft für würdig befunden wurden ... Solcher Art war Amphiaraos, ... bei den Persern die Magier, bei den Assyrern die Chaldäer« (διὰ τοῦτο καὶ οἱ μάντεις ἐτιμῶντο, ὥστε καὶ βασιλείας ἀξιοῦσθαι ... τοιτοῦτος δὲ ὁ Ἀμφιάρεως ...., παρὰ δὲ τοῖς Πέρσαις οἱ μάγοι ..., παρὰ δὲ τοῖς Ἀσσυρίοις οἱ Χαλδαῖοι). Der Gewährsmann dieser Worte läßt sich be-

[5] R. Reitzenstein, Zwei religionsgeschichtliche Fragen, Straßburg 1901, 77, 1 und: M. Terentius Varro, Leipzig 1901, 23, 1. J. Geffcken, Zwei griechische Apologeten, Leipzig 1907, XI Anm. 5, dieser unabhängig von jenem.

stimmen, denn wir lesen bei Strabo im 1. Buch 15, S. 23 f.: »Seher und Opferschauer würden zu Königen erklärt, | die Priester der Ägypter, die Chaldäer und Magier, die durch irgendwelche Weisheit sich vor den anderen auszeichneten, würden bei unsern Vorfahren einer Führerstellung und eines Ehrenpostens teilhaftig« (μάντεις τε καὶ ἱεροσκοπουμένους ἀποδείκνυσθαι βασιλέας, τούς δ᾿ ἱερέας τῶν Αἰγυπτίων καὶ Χαλδαίους καὶ μάγους σοφίᾳ τινὶ διαφέροντας τῶν ἄλλων ἡγεμονίας καὶ τιμῆς τυγχάνειν παρὰ τοῖς πρὸ ἡμῶν). Diese von Strabo in indirekter Rede wiedergegebenen Worte tragen bei ihm die Autorensignatur: Πολύβιός φησι. Also sind auch die übereinstimmenden des 16. Buches und aller Wahrscheinlichkeit nach auch deren Umgebung, von der sie nicht zu lösen sind, polybianisch. Wir müßten das schließen, auch wenn wir nicht wüßten, daß Polybios in sein Geschichtswerk einen Abschnitt über die Juden eingelegt hatte. Nun aber lesen wir in einem Exzerpt aus seinem 16. Buch (39, 3) zum Jahr 198 v. Chr. über Antiochos d. Gr.: »Kurz nach seinem Sieg über Skopas (den ägyptischen Feldherrn, der im Jahre vorher Judäa unterworfen hatte) schlossen sich ihm die um das ›Hierosolyma‹ genannte Heiligtum wohnenden Juden an. Über dieses und besonders die Ansehnlichkeit des Heiligtums ließe sich noch viel sagen; ich verschiebe aber die Erzählung auf einen anderen Zeitpunkt.« Sie erfolgte[6] in der Darstellung der Erhebung der Makkabäer gegen Antiochos Epiphanes (170—167/6); Polybios hat die Ereignisse dieser Jahre in Teilen der verlorenen Bücher erzählt: in einem dieser stand also der Exkurs über die Juden und insbesondere über Jerusalem.

Nun aber beobachten wir etwas Merkwürdiges. In dem zweiten Teil des strabonischen Abschnittes, dessen einen Satz wir soeben auf Polybios zurückgeführt haben, werden innerhalb der Liste der Priester und Seher, die königlicher Ehren teilhaftig geworden seien, hintereinander genannt zwei, denen diese Ehren bis in den Tod hinein folgten: »Wie Teiresias, ›Welchem im Tode sogar Verstand gab Persephoneia, daß er allein blieb weise, die andren sind flatternde Schatten‹ (Odyssee κ 494 f.); ein solcher war auch Amphiaraos.« Hiermit vergleiche man Cicero de divinatione 1, 88: *Amphilochus et Mopsus Argivorum reges fuerunt, sed idem augures, atque etiam ante hos Amphiaraus et Tiresias.. clari et praestantes viri.., quorum de altero etiam apud inferos Homerus ait solum sapere, ceteros umbrarum vagari modo; Amphiaraum autem sic honoravit fama Graeciae, deus ut haberetur.* Die Kongruenz geht so weit, daß durch sie die Annahme des Straboherausgebers Aug. Meineke, die Worte über Teiresias samt

[6] Das wird mit Recht angenommen z. B. von H. Willrich, Juden und Griechen, Göttingen 1895, 60 f.

dem Homerzitat seien ein Einschiebsel von späterer Hand, sich als irrtümlich erweist. Bei Cicero folgen weiterhin (90 f.) die Priesterschaften barbarischer Völker, darunter wie bei Strabo die persischen Magier, die syrischen Chaldäer (παρὰ τοῖς Ἀσσυρίοις Χαλδαῖοι, *in Syria Chaldaei*), die etruskischen Wahrsager. Nun ist es ein gesichertes Ergebnis der Ciceroanalyse, daß das erste | Buch der Schrift de divinatione seinem wissenschaftlichen Gehalt nach eine Bearbeitung des großen Werkes Περὶ μαντικῆς des Poseidonios ist; für den absonderlich gelehrten Apparat des angezogenen Abschnitts der ciceronischen Schrift gilt es vorzugsweise: werden in ihm unter den barbarischen Priesterschaften doch auch die Druiden erwähnt, für die Poseidonios, der Ethnograph Galliens, der einzige in Betracht kommende Gewährsmann war.

Hieraus folgt: der primäre Autor des strabonischen Abschnitts war Polybios, aber er liegt vor in der Überarbeitung und Erweiterung des Poseidonios. Dieser, der Fortsetzer des polybianischen Geschichtswerkes — nannte er doch das seinige Ἱστορίαι μετὰ Πολύβιον —, hat sich auch hier wie oft seinem Vorgänger sozusagen an die Fersen geheftet; als Historiker war er ihm unterlegen, aber an Polymathie überragte er ihn, insbesondere im Religionsgeschichtlichen, seinem besonderen Arbeitsgebiet, und innerhalb dieses wieder auf dem Felde der Mantik, der sein Spezialinteresse galt. Die doch so dürftigen Überreste seiner Historien sind mit Mantischem derart angefüllt, daß Ed. Zeller ihm wegen seiner Neigung zum Übernatürlichen die Fähigkeiten eines kritischen Geschichtsforschers glaubte absprechen zu sollen. So erklärt es sich, daß sogar wir mit unserem beschränkten Beobachtungsmaterial Wechselbeziehungen zwischen seinen Historien und seinem Werk über die Mantik vielfach nachweisen können[7]. Ein solcher Fall liegt auch hier vor: Strabo benutzte das historische, Cicero das mantische Werk des Poseidonios, der es sich nicht versagte, bei Gelegenheit seiner Erzählung von den Juden, ihrem Religionsstifter und ihrem Tempel in seinen reichen religionsgeschichtlichen Zettelkasten (wie wir sagen würden) zu greifen und aus diesem die polybianische Darstellung, die ihm das Sachmaterial bot, zu ergänzen. Daß er in seinem Geschichtswerk, in dem die orientalischen Ereignisse einen sehr großen Platz einnahmen — entstammte er doch selbst dem syrischen Apameia am Orontes —, an den judäischen Ereignissen nicht vorüberging, müßten wir annehmen, auch wenn es uns nicht ausdrücklich überliefert wäre: Josephus nennt in der Schrift gegen Apion 2, 7 unter den Schriftstellern über die Religionsbräuche der Juden neben Polybios auch den Poseidonios. Durch die antisemitische Tendenz des dort unter

[7] Einige Belege in meiner Germanischen Urgeschichte 121 f.

dem Namen des Poseidonios Angeführten — *admiror*[8] *autem etiam eos, qui ei (Apioni) eiusmodi fomitem praebuere, id est Posidonium et Apollonium Molonis, quoniam accusant quidem nos, quare nos eosdem deos cum aliis non colimus* usw. — wird sich keiner an der gewonnenen Überzeugung von der Herkunft des strabonischen Abschnitts irre machen lassen. Denn auch in ihm lasen wir (§ 37) Worte über den Abfall des späteren Judentums von der reinen mosaischen Lehre, und der ganze Abschnitt schließt mit den Worten (§ 39): τοιοῦτος δέ τις ἦν καὶ ὁ Μωσῆς καὶ οἱ διαδεξάμενοι ἐκεῖνον. τὰς μὲν ἀρχὰς λαβόντες οὐ φαύλας ἐκτραπόμενοι δ' ἐπὶ τὸ χεῖρον. Dem Josephus | paßte es an jener Stelle nur, die Vorwürfe gegen das Judentum herauszuheben. Daher verkoppelte er Poseidonios mit einem Zitat aus der polemischen Schrift des karischen Rhetors Apollonios Molon κατὰ Ἰουδαίων, der, wie Josephus an einer späteren Stelle (2, 14) bemerkt, Moses einen Zauberer und Betrüger genannt habe. Dieser antisemitischen Tendenz folgte dann, durch Vermittlung jüngerer Quellen, auch Tacitus (hist. 5, 2 ff.): ihn, das Mitglied des Priesterkollegiums der XV viri sacris faciundis, denen die Oberaufsicht über die fremden Kulte oblag, erfüllte ein derartiger Abscheu vor den orientalischen Religionen, daß er auch das Absurdeste über sie glaubte[9]; die religionsgeschichtliche Betrachtungsart des Poseidonios lag ihm ebenso fern wie die philosophische. Bei welcher Gelegenheit mag nun Poseidonios den Exkurs über Moses und Jerusalem eingelegt haben? Sein Geschichtswerk umfaßte die Jahre 144 bis etwa 82; innerhalb dieses Zeitraums hat es, wie man sich aus der quellenmäßigen Darstellung Schürers leicht überzeugen kann, nur ein einziges Ereignis der jüdischen Geschichte gegeben, von dem nichtjudäische Schriftsteller Notiz genommen haben, von ihm freilich eingehende: das war der Feldzug des Antiochos (VII) Sidetes gegen Judäa im Jahre 135, dem ersten Jahr des Hohenpriesters Johannes Hyrkanos. Die Einnahme Jerusalems nach einjähriger Belagerung und die Schleifung seiner Mauern war ein für die Seleukidenherrschaft immerhin bedeutsames Ereignis, bei dem Poseidonios, dessen Erzählungsweise stets sehr in Einzelheiten ging, ausführlich verweilen mußte: das Exzerpt des

8 Dieser Teil der Schrift ist nur in der alten lateinischen Übersetzung erhalten.

9 Diesen Gesichtspunkt wird man auch bei der Beurteilung des Christenkapitels in den Annalen (15, 44) im Auge behalten müssen. Als Prokonsul von Asia hat er zweifellos über zahlreiche Christenprozesse zu entscheiden gehabt; er wird dabei unbarmherziger verfahren sein als fast gleichzeitig sein Freund Plinius in der Nachbarprovinz Bithynia.

10 Der Exkurs umfaßte ganz Palästina, wie sich aus Strabo ergibt (34—45), aber ich gehe absichtlich nicht über die Grenzen des ausgehobenen Abschnitts hinaus, da die Analyse des Ganzen nicht so einfach ist, wie die direkte Nennung des Poseidonios 43 glauben machen könnte.

Diodor (34, 1) muß unmittelbar, das auf einen Satz zusammengeschrumpfte des Trogus-Justinus (36, 1) mittelbar auf ihn zurückgehen[11]. Hier also stand der ethnographische Exkurs. Das strabonische Exzerpt aus diesem bewahrt in seinem ersten, oben übersetzten Teil wohl ziemlich genau die stilistischen Feinheiten des Originals, hat sie aber in dem zweiten vergröbert. Da ist fast nur eine Liste übriggeblieben, deren Eintönigkeit Strabo, wie bemerkt, durch ein paar Dichter- und ein Platonzitat, die er aus dem Original beibehielt, erträglicher zu machen suchte; wie anders das alles in der Vorlage gefunkelt hatte, zeigt deren Wiedergabe durch Cicero, der in Poseidonios auch den Stilisten zu würdigen und dessen Künste nachzubilden wußte. Aus eignem hinzugefügt hat Strabo nur eins: in der Liste | steht (39) καθ' ἡμᾶς δὲ τῷ Βουρεβίστᾳ θεσπίζων Δεκαίνεος, ein getischer Wahrsager, über den er auch im 7. Buch allerlei zeitgenössische Bemerkungen macht.

Im 102. Buch erzählte Livius die Besetzung Jerusalems und die Eroberung des Tempelberges durch Pompeius im Jahre 63. Bei dieser Gelegenheit schob er eine Ethnographie der Juden ein. Das steht fest durch den Scholiasten zu Lucanus 5, 592 f.: *Livius de Iudaeis. Hierosolymis sacrum cuius deorum sit non nominant, neque ullum ibi simulacrum est, neque enim esse dei figuram putant*[12]. Da die in die beiden folgenden Bücher (103. 104) als Exkurse eingelegten Ethnographien der Kelten und Germanen, wie ich unlängst erwiesen zu haben glaube, auf Poseidonios beruhten, so wird das gleiche von dem judäischen Exkurse gelten dürfen. Die Möglichkeit, daß Livius, wie er in dem keltischen und germanischen Exkurse den Poseidonios aus Caesar und Timagenes (Asinius Pollio) ergänzte, so in dem judäischen das erst in frühaugusteischer Zeit erschienene große Werk des Alexander Polyhistor Περὶ Ἰουδαίων zur Ergänzung des Poseidonios herangezogen haben könnte, wird offenbleiben müssen.

II. Varro über den Gott der Juden

Eine Spur der posidonischen Ansicht über die Juden scheint sich noch auf anderem Wege erhalten zu haben. Augustinus civ. 4, 31 berichtet aus dem 1. Buch von Varros Antiquitates divinae: *dicit etiam antiquos Romanos plus annos CLXX deos sine simulacro coluisse. quod si adhuc, inquit, mansisset, castius dii observarentur.* *c u i s e n -*

[11] Das diodorische Exzerpt ist schon von Müller in den Fragm. Hist. Graec. 3, 256 richtig für Poseidonios in Anspruch genommen und dem 7. oder 8. Buche von dessen Geschichtswerk zugeteilt worden.

[12] Näheres in meinem Agnostos Theos 60.

tentiae suae testem adhibet inter cetera gentem Iudaeam. Das entspricht, bloß von hellenischer auf römische Religion übertragen, der Lehre des Moses bei Strabo (35), ὡς οὐκ εὖ οὐδ' οἱ Ἕλληνες φρονοῖεν ἀνθρωπομόρφους τυποῦντες (sc. τοὺς θεούς). An einer anderen Stelle (de consensu evangelistarum 1, 22, 31 ff. = August. vol. 3 col. 1055 Migne) ergänzt Augustinus die letzten seiner soeben angeführten Worte so: *Varro ... deum Iudaeorum Iovem putavit, nihil interesse censens quo nomine nuncupetur, dum eadem res intellegatur* und bemerkt, dieser höchste Gott gelte den Heiden als der *spiritus vivificans*[13] *omnia, quo mundus impletur.* Letztere Worte brauchen wir bloß griechisch zu übersetzen — πνεῦμα ζῳοποιοῦν τὰ πάντα, δι' ὃ | πληροῦται ὁ κόσμος[14] —, um eine bekannte stoische Terminologie zu erhalten: Ζεύς, Ζηνός, Διός· δι' ὃν τὸ ζῆν ἔχομεν, eine schon von Chrysippos aufgestellte Pseudoetymologie der Kasusflexion des höchsten Götternamens. Der philosophische und religionswissenschaftliche Apparat des 1. Buches der varronischen Divinae beruht anerkanntermaßen zum großen Teil auf dem Werk des Poseidonios περὶ θεῶν: auch in diesem also, in dem er die nichthellenischen Religionen reichlich heranzog, kam Poseidonios auf die jüdische zu sprechen. Nun steht in einer an seltenen und wichtigen Zitaten reichen kleinen Abhandlung des Lydus de mensibus 4, 53 (S. 109 f. Wünsch) über das Thema ὅτι πολλὴ τοῖς θεολόγοις διαφωνὴ περὶ τοῦ παρ' Ἑβραίων τιμωμένου θεοῦ ein merkwürdiges Varrozitat: ὁ δὲ Ῥωμαῖος Βάρρων περὶ αὐτοῦ διαλαβών φησι παρὰ Χαλδαίοις ἐν τοῖς μυστικοῖς αὐτὸν λέγεσθαι Ἰαω (ἀντὶ τοῦ φῶς νοητὸν τῇ Φοινίκων γλώσσῃ, ὥς φησιν Ἑρέννιος). Also der berühmte jüdische Gottesname Jahu, den die Hellenen Ἰαω transkribierten[15], kam bei Varro vor. Es besteht natürlich nicht der geringste Grund, das Zeugnis des Lydus anzuzweifeln, dem für die varronische Überlieferung mancherlei Wichtiges und Singuläres verdankt wird; daß in den bisherigen Sammlungen varronischer Fragmente — selbst sorgfältigen, wie wir sie für Teile der Divinae besitzen — das Zeugnis übersehen wurde, erklärt sich aus dem Umstand, daß die genannte Abhandlung des Lydus erst im Jahre 1898 aus einer Handschrift des Eskorial veröffentlicht worden ist[16]. Wo Varro den Namen brachte, läßt sich

[13] Das späte Wort zeigt, daß Augustinus die varronische Vorlage hier nur paraphrasiert.

[14] Vergil ecl. 3, 60 *Iouis omnia plena* nach dem Prooemium des Aratos μεσταὶ δὲ Διὸς πᾶσαι μὲν ἀγυιαί, πᾶσαι δ' ἀνθρώπων ἀγοραί, μεστὴ δὲ θάλασσα καὶ λιμένες, aber mit schärferem Festhalten der präzisen stoischen Allmachtsformel.

[15] Vgl. den sehr dankenswerten gelehrten Artikel Iao von Ganschinietz, R. E. IX, 698 ff.

[16] Sie enthält auch sonst allerlei Bemerkenswertes: ein Scholion zu Lucanus mit

leicht zeigen. Im 1. Buche der Divinae sprach er, wie uns das zweite Augustinzitat lehrte, über den Namen des höchsten Gottes in Zusammenhang mit dem *deus Iudaeorum*; und jeden Zweifel benimmt ein drittes Zitat derselben varronischen Stelle bei Augustinus civ. 4, 9, 3 *hunc (Iovem) Varro credit etiam ab his coli, qui unum deum solum sine simulacro colunt, sed a l i o n o m i n e n u n c u p a r i.* Das Lyduszitat beweist, daß die Darlegung Varros eine gewisse Ausführlichkeit hatte: zog er doch die ›chaldäische‹ Geheimliteratur heran, in der nach dem Ausweis unserer Zauberpapyri und ähnlicher Arkana der geheimnisvolle dreivokalische Gottesname eine große Rolle spielte. |

Woher mag Varro die dunkle Kunde empfangen haben? Es liegt am nächsten, innerhalb der varronischen Darlegung über den Gott der Juden keinen Quellenwechsel anzunehmen, also, wenn er über dessen bildlose Verehrung nach Poseidonios sprach, auch die Angabe über seinen Namen aus Poseidonios abzuleiten. Für diese Annahme ließe sich vielleicht auch folgende Kongruenz anführen. Wir besitzen einen Zauberpapyrus[17], in dessen Mittelpunkt eine Πρᾶξις τ ο ῦ τ ὰ π ά ν τ α π ε ρ ι έ χ ο ν τ ο ς ὀ ν ό μ α τ ο ς steht, eben des Ιαω; und bei Strabo lasen wir die dem Moses in den Mund gelegte Lehre εἴη γὰρ ἓν τοῦτο μόνον θεὸς τ ὸ π ε ρ ι έ χ ο ν ἡ μ ᾶ ς ἅ π α ν τ α ς: das aber war, wie wir sahen, Poseidonios. Daß er den hebräischen Gottesnamen kannte, darf ohnehin angenommen werden. Denn dieser kam — unseres Wissens zum ersten Male — vor in dem schon unter dem ersten Ptolemäer verfaßten, eine zeitlang vielgelesenen ›historischen Roman‹ des Hekataios von Teos über Ägypten. In dem Exzerpte Diodors (1, 94, 2) heißt es, Moses habe behauptet, die Gesetze seien ihm gegeben worden von dem »bei den Juden Ἰαω zubenannten Gott«. An einer anderen Stelle (ebd. 40, 3) sagte Hekataios von Moses: ἄγαλμα θεῶν τὸ σύνολον οὐ κατεσκεύασε διὰ τὸ μὴ νομίζειν ἀνθρωπόμορφον εἶναι τὸν θεόν, ἀλλὰ τὸν περιέχοντα τὴν γῆν οὐρανὸν μόνον εἶναι θεὸν καὶ τῶν ὅλων κύριον, Worte, die mit den strabonischen οὐκ εὖ δὲ οὐδ᾽ οἱ Ἕλληνες ἀνθρωπομόρφους τυποῦντες· εἴη γὰρ ἓν τοῦτο μόνον θεὸς τὸ περιέχον ἡμᾶς ἅπαντας καὶ γῆν καὶ θάλατταν, ὃ καλοῦμεν οὐρανὸν καὶ κόσμον καὶ τὴν τῶν ὄντων φύσιν derartig übereinstimmen, daß ein Zusammenhang

einem Liviuszitat (vgl. Agnostos Theos 60 f.), Zitate aus Numenios, Julianos, Origenes, Porphyrios, οἱ περὶ Ἰάμβλιχον καὶ Συριανὸν καὶ Πρόκλον. — In dem im Text ausgeschriebenen Stück bezieht sich das Zitat ὥς φησιν Ἑρέννιος ersichtlich nur auf die unmittelbar vorhergehenden Worte ἀντὶ τοῦ φῶς νοητὸν τῇ Φοινίκων γλώσσῃ: diese Deutung des Gottesnamens brachte also Herennius Philon in seiner »Phönikischen Geschichte«, die er etwa in hadrianischer Zeit verfaßte. Es ist die Art des Lydus, die er mit den Scholien zu den Autoren teilt, die Zitate in dieser Art zusammenzuleimen.

[17] A. Dieterich, Abraxas, Leipzig 1891, 169.

kaum geleugnet werden kann. So wahrscheinlich es nun aber auch sein mag, daß der jüdische Gottesname von Poseidonios nicht übergangen wurde, so werden wir, was die Benutzung des Poseidonios von seiten Varros betrifft, einen gewissen Vorbehalt machen müssen. Die varronischen antiquitates divinae fußten nicht bloß auf dem großen Werk des Poseidonios περὶ θεῶν, sondern auch auf dem ebenfalls sehr umfangreichen des Nigidius Figulus De diis. Dieser Freund Ciceros und politische Gesinnungsgenosse Varros hatte in seinem Werk die abstruseste Gelehrsamkeit zusammengetragen, chaldäische Weisheit spielte bei ihm eine große Rolle, *Pythagoricus et magus* wird er bei Hieronymus in der Chronik genannt, wo sein Todesjahr notiert ist (= 45 v. Chr.). Ein solcher Dunkelmann, der, wie die (nicht sehr zahlreichen) Fragmente seiner weitverzweigten Schriftstellerei zeigen, in Zahlen- und Buchstabenmystik sowie allem Supranaturalistischen schwelgte, hat, so sollte man glauben, an den *secreta secretorum* des Ἰαω-Namens nicht vorbeigehen können, zumal dieser ihm eine mystische Spielerei mit dem ebenfalls dreivokalischen lateinischen Gottesnamen Iou(is) verhängnisvoll nahelegte. Die Entscheidung ist für die Quellenfrage nicht sehr belangreich: Poseidonios-Nigidius-Varro sind die drei zeitlich sich berührenden theologischen Schriftsteller, der zweite ist ohne den ersten nicht | vorstellbar, und der dritte hat seine beiden Vorgänger in jener kompilatorischen Art, die ihm neben eigner Forschung eigen war, benutzt.

*

Meinen Plan, in einem dritten Abschnitt dieses Aufsatzes das berühmte Genesiszitat in der stilkritischen Schrift über die Erhabenheit zu behandeln, mußte ich aufgeben, da meine Ansicht über seine Herkunft sich nicht in gleicher Kürze hätte begründen lassen.

DAS GENESISZITAT IN DER SCHRIFT VOM ERHABENEN
1955

I

Ein Bibelzitat in einer stilkritischen Schrift aus der Zeit kurz vor Mitte des ersten nachchristlichen Jahrhunderts, einer Schrift, die von Begeisterung für die Heroen der hellenischen Literatur in Poesie und Prosa, von Homer und Aischylos bis Platon und Demosthenes, getragen ist, mutet so seltsam an, daß man, nachdem die Versuche, die Schrift um mehrere Jahrhunderte herabzurücken[1] oder das Zitat als späteren Einschub zu beseitigen, sich als verfehlt erwiesen hatten, eifrig bemüht gewesen ist, den Weg aufzuweisen, auf dem das Zitat zur Kenntnis des Verfassers gekommen sei. Diese Bemühungen haben bisher zu keinem glaubhaften Ergebnis geführt. Gegen die Anwartschaft der beiden von dem Anonymus bei anderen Gelegenheiten genannten Rhetoren aus augusteischer Zeit, Caecilius und Theodoros, erheben sich, da die Argumente auf bloßen Schein gegründet sind, so schwere Bedenken, daß man sich jetzt wohl ziemlich allgemein entschlossen hat, sie für die Frage nach der Herkunft des biblischen Zitats auszuschalten. Die Ergebnislosigkeit der bisherigen Untersuchungen scheint mir nun hauptsächlich dadurch begründet zu sein, daß man die mosaische Stelle aus dem Zusammenhang, in dem sie erscheint, loslöste. Es wird also darauf ankommen, diesen mit möglichster Schärfe zu erfassen.

Der Verfasser hat sich angeschickt, seine These, daß Seelengröße eines Schriftstellers die notwendige Voraussetzung für Erhabenheit der Gedanken und des Ausdrucks sei, durch Beispiele zu belegen (9). Drei aus der Ilias eröffnen den Reigen. 1. Eris im Kampfgewühl der Troer und Achäer, mit dem Haupt in den Himmel ragend (Δ 442 f.). »Dieses Riesenmaß«, bemerkt er dazu, »veranschaulicht ebensosehr die Größe der Eris wie die Homers.« 2. Die Rosse am Wagen der Here greifen auf der Fahrt vom Olympos auf das troische Schlachtfeld mit jedesmaligem Sprung so weit aus, wie ein Wächter vom Strand bis an

[1] Dieser letztmalig von F. Marx, Wiener Studien 20, 1898, 169 ff. unternommene Versuch ist von G. Kaibel, Hermes 34, 1899, 107 ff. als verfehlt erwiesen worden.

den Horizont des Meeres zu sehen vermag (E 770—772). »Ihren Sprung mißt er«, fügt der Verfasser hinzu, »mit der Weltweite. Wer wäre da nicht unter dem Eindruck der ungeheuren Größe versucht, auszurufen: Wenn die Rosse der Götter zweimal hintereinander zum Sprung ansetzen, werden sie in der Welt keinen Raum finden.« 3. Die Theomachie. Dieses Beispiel wird eingeleitet durch die Worte: »Überwältigend sind auch die Bilder, die seine Phantasie ihm in der Götterschlacht eingibt.« Er zitiert dann sechs Verse aus Φ 388 + Y 61—65 und fährt fort: »Du siehst, Freund, wie die Erde in ihren Grundtiefen birst, der Tartarus sich öffnet, die ganze Welt sich umkehrt und auseinanderklafft, und so das All, Himmel und Hölle, Sterbliches und Unsterbliches in der eben stattfindenden Schlacht an Kampf und Gefahr teilnimmt.« Daran knüpft der Verfasser eine Kritik, in der er das diesen Versen gespendete Lob zum großen Teil wieder aufhebt. Den Wortlaut dieser Kritik wollen wir uns für weiterhin zurückstellen. 4. Die Wogenfahrt des Poseidon. Dieses | Beispiel wird, im Anschluß an die Kritik des vorigen, so eingeleitet: »Viel besser als die Stellen aus der Theomachie sind alle diejenigen, die uns das göttliche Wesen als ein unbeflecktes, wahrhaft großes und reines vor Augen führen, wie z. B. eine Stelle, die schon viele vor uns ausführlich behandelt haben; in ihr heißt es von Poseidon ...« Es folgt das Zitat von sechs Versen aus N 18 ff.: Poseidon fährt, von den Tieren des Meeres begleitet, in seinem rossebespannten Wagen über die Fluten. — In unmittelbarem Anschluß an das Zitat wird dann so fortgefahren [Jahn-Vahlen[4] 1910, S. 19, 4]:

»In diesem Sinne spricht auch der Gesetzgeber der Juden, kein gewöhnlicher Mann, ein erhabenes Wort. Er hatte die Kraft des Göttlichen in würdiger Weise gefaßt und zum Ausdruck gebracht, indem er gleich im Eingang seines Gesetzbuches schrieb ›Es sprach Gott‹. Und was sprach er?

›Es werde Licht, und es ward.
Es werde Erde, und sie ward‹.«

Hier ist ein deutlicher Einschnitt. Mit asyndetischer Fassung fährt der Schriftsteller fort: »Hoffentlich wird es dir, mein Lieber, nicht zu viel, wenn ich noch ein Wort des Dichters, und zwar aus dem Kreise des Menschlichen anführe, woraus du erkennen magst, wie er sich in heroische Größe hineinzuversetzen vermag.«

Wenn wir nun jene vier homerischen Beispiele ins Auge fassen, so muß zweierlei auffallen. Das dritte Beispiel, die Stelle aus der Theomachie, durchbricht die Zusammengehörigkeit der beiden, zwischen die es gestellt ist: die Wagenfahrt der Here und die des Poseidon; diese sind unter sich so eng verwandt, daß sie in alten (schol. N 27) wie neuen Kommentaren nebeneinandergestellt werden. Aber noch in anderer Hinsicht fällt das Beispiel der Theomachie aus der Reihe heraus. Eingeleitet wird es freilich, wie die übrigen, mit einem Epitheton hohen Lobes: ὑπερφυᾶ — mit demselben Epitheton werden auch in den Scholien besonders großartige Stellen notiert — καὶ τὰ ἐπὶ τῆς θεομαχίας φαντάσματα, und dementsprechend folgen auf das Zitat begeisterte Worte über die Grandiosität der Stelle. Aber daran knüpft sich mit einem Male eine Kritik, die jenes Lob, wie gesagt, fast aufhebt. Nun ist es freilich die Art dieses Schriftstellers, daß er mit einer Freiheit des Geistes, die den immer tiefer in Autoritätenglauben versinkenden Generationen abhanden zu kommen begann, blinde Bewunderung ablehnt und Kritik auch an den Größten der Alten, grade weil er sie so liebt, zu üben vermag. Aber die Stellen, an denen er das sonst tut, sind von der vorliegenden verschieden. Dort kritisiert er ein oder das andere Wort, diesen oder jenen Gedanken, höchstens hier und da eine Episode oder Szene; hier macht er, und das mit einer Härte der Ausdrücke wie nie sonst, einen Strich durch die ganze Theologie der Ilias. Und, was noch besonders erschwerend ist: sein Programm ist zu zeigen, wie Homer das Göttliche in der ganzen majestätischen Größe darzustellen vermochte (15, 18 πῶς μεγεθύνει τὰ δαιμόνια) und eben dies Programm zerstört er sich nun. Wie sind mit jener ingrimmigen Polemik zu vereinigen die bald darauf, noch in demselben Kapitel stehenden Worte (22, 5 f.): »In der Ilias herrscht eine immer gleichmäßige, an keiner Stelle abfallende Höhe«? Und endlich, was das Unbegreiflichste ist: auch die Verse aus der Theomachie werden, wie schon gesagt, so eingeführt und so abgeschlossen, als ob er sie nur loben wolle, und doch kritisiert er sie sofort in denkbar schärfster Form. Wer Lob und Tadel so unausgeglichen vereinigt, der kann doch wohl nur das eine oder andere auf eigene Verantwortung tun; da nun also hier programmgemäß unbedingt nur Lob erwartet wird, so muß ihm der Tadel von anderswoher zugebracht sein. Daß dieser Eindruck nicht täuscht, zeigt nun auch die Art der Kritik selbst, die wir jetzt kennenlernen wollen. |

»Allein diese Worte« — so setzt die Kritik (17, 8) nach den abschließenden Worten begeisterten Lobes unvermittelt ein — »lösen freilich die Vorstellung des Furchtbaren aus, sind im übrigen jedoch — es sei denn, daß man sie allegorisch nehmen wollte — ganz gottlos und verstoßen gegen das Ziemliche. Homer berichtet Verwundungen, Zwistigkeiten, Racheakte, Tränen, Fesselungen und ein ganzes Gemengsel von Leidenschaften der Götter. Dadurch hat er, wie mir scheint, die Menschen aus der Zeit des Krieges um Ilion nach Möglichkeit zu Göttern, die Götter aber zu Menschen gemacht. Nur kommen wir dabei besser weg als jene: Uns arme Menschen erwartet ›als Zufluchtshafen unserer Leiden doch der Tod‹, aber die Götter, wie er sie uns schilderte, sind nicht etwa ihrem Wesen nach, nein in ihrem Unglück ewig.«

Wir staunen: dieser Schriftsteller, der so hellenisch fühlte wie nur einer, wirft der gesamten homerischen Theologie den Fehdehandschuh hin, er, Homers Verehrer, wird zu seinem Ankläger, zeiht ihn unbedingter Gottlosigkeit (παντάπασιν ἄθεα) und des Mangels an Gefühl für das Ziemliche (οὐ σῴζοντα τὸ πρέπον); aus den Worten, Homer habe, so gut er es vermochte (ὅσον ἐπὶ τῇ δυνάμει), Menschen zu Göttern, Götter zu Menschen gemacht, klingt mehr als bittere Ironie: Hohn. Nur durch das so nebenher hingeworfene Sätzchen εἰ μὴ κατ' ἀλληγορίαν λαμβάνοιτο wird eine Möglichkeit der Verteidigung offengelassen. Mit dem Hinweis auf die Stoa ist nichts gewonnen: sie hat die Möglichkeit, die homerische Theologie buchstäblich zu nehmen, überhaupt nicht erwogen, sondern sie grundsätzlich allegorisiert, es also zu einem Tadel Homers in der Art des Xenophanes überhaupt nicht kommen lassen; was der Anonymus als eine schwache Möglichkeit zur Rechtfertigung bezeichnet, war der Stoa keine Möglichkeit, sondern das Selbstverständliche. Man könnte also mit Recht geradezu sagen: die Formulierung des Gedankens bei dem Anonymus sei antistoisch. Es scheint mir klar: der Wind, der ihm hier die Segel schwellt, hat ihn in ein fremdes Fahrwasser getrieben. Die Richtung, aus der er wehte, zu bestimmen, ermöglicht ein Zeugnis, das der Holländer J. Tollius im Jahre 1694 hervorgezogen hat, aber weder er noch spätere haben es richtig gewertet[2]. Josephus sagt im 1. Buch der Archäologie (3, 15 und 4, 22—24):

»So fordere ich denn die Leser meines Werkes auf, ihren Sinn zu Gott emporzurichten und zu prüfen, ob unser Gesetzgeber das Wesen Gottes in einer seiner würdigen Weise erfaßt und seiner Kraft die jedesmal ziemlichen Handlungen beigelegt hat, indem er die Rede über ihn rein erhielt von all der bei anderen sich findenden Mythologie. ... Die anderen Gesetzgeber nämlich begaben sich in die Gefolgschaft der Mythen und übertrugen so durch ihre Rede die Schande menschlicher Verfehlungen auf die Götter ...; unser Gesetzgeber dagegen erklärte, Gott sei im Besitz einer unverfälschten und lauteren Vollkommenheit, und es sei Pflicht der Menschen, an ihr nach Möglichkeit teilzunehmen.«

Nun brauchen wir uns, um eine wichtige Folgerung zu ziehen, nur an das Ergebnis unserer obigen Analyse der Beispielreihe des Anony-

[2] K. Ziegler, Das Genesiszitat in der Schrift περὶ ὕψους (Hermes 50, 1915, 582 f.), hat auf die Wichtigkeit der Josephusstelle nachdrücklich hingewiesen. Weiterhin hat er aber die alte These einer Interpolation des Zitats zu verfechten gesucht; das hat dann H. Mutschmann (ebd. 52, 1917, 161 ff.) widerlegt, ohne jedoch die scharfsinnigen Andeutungen Zieglers nach der richtigen Seite hin zu verfolgen.

mus zu erinnern. Er tritt nach jenem Angriff auf Homer als den Minderer der göttlichen Majestät einen Rückzug an, indem er, als wäre er selbst über seine Blasphemie erschrocken, dem Beispiel der Theomachie ein anderes (die Wogenfahrt Poseidons) gegenüberstellt, in dem, wie er sagt, das göttliche Wesen in seiner ganzen Größe und Lauterkeit vor Augen gestellt werde, und fährt dann fort: »In diesem Sinne spricht auch der Gesetzgeber der Juden, kein gewöhnlicher | Mann, ein erhabenes Wort. Er hatte die Kraft des Göttlichen in würdiger Weise gefaßt und zum Ausdruck gebracht«, worauf dann das Zitat aus dem Anfang der Genesis folgt. Wenn nun also der eine Schriftsteller (Josephus) so argumentiert: ›Die heidnischen Dichter haben Unziemliches von der Gottheit gesagt. Der jüdische Gesetzgeber aber hat sie rein von allen Menschlichkeiten bewahrt, da er ihre Kraft in würdiger Weise begriff‹, der andere (der Anonymus) so: ›Homer hat in der Theomachie die Götter unziemlich erniedrigt, an einer anderen Stelle das Göttliche in voller Reinheit dargestellt. So hat auch der Gesetzgeber der Juden die Kraft des Göttlichen ihrer Würdigkeit gemäß geoffenbart‹, so ist ein Schluß unabweisbar, der sich in folgende Sätze zusammenfassen läßt. 1. Die Beweisführung beider Schriftsteller stimmt in den Gedanken und teilweise in den Worten überein[3]. Die wörtliche Kongruenz ist besonders sichtbar in dem, was sie über die mosaische Theologie sagen: Moses τήν τε φύσιν ἀξίως αὐτοῦ (τοῦ θεοῦ) κατενόησε καὶ τῇ δυνάμει πρεπούσας ἀεὶ τὰς πράξεις ἀνατέθεικε (Josephus), τὴν τοῦ θείου δύναμιν κατὰ τὴν ἀξίαν ἐχώρησε κἀξέφηνε (Anonymus). 2. Das Judäische ist vor dem Hellenischen zeitlich das Prius. — Denn

[3] Anonymus nach dem Homerzitat der Poseidonfahrt [19, 4 ff.]: ταύτῃ καὶ ὁ τῶν Ἰουδαίων θεσμοθέτης, οὐχ ὁ τυχὼν ἀνήρ, ἐπειδὴ τὴν τοῦ θεοῦ δύναμιν κατὰ τὴν ἀξίαν ἐχώρησε κἀξέφηνεν εὐθὺς ἐν τῇ εἰσβολῇ γράψας τῶν νόμων ›εἶπεν ὁ θεός‹ φησί· τί; ›γενέσθω φῶς, καὶ ἐγένετο· γενέσθω γῆ, καὶ ἐγένετο.‹ Josephus 1, 15: ἤδη τοίνυν τοὺς ἐντευξομένους τοῖς βιβλίοις παρακαλῶ τὴν γνώμην θεῷ προσανέχειν καὶ δοκιμάζειν τὸν ἡμέτερον νομοθέτην, εἰ τὴν φύσιν ἀξίως αὐτοῦ κατενόησε καὶ τῇ δυνάμει πρεπούσας ἀεὶ τὰς πράξεις ἀνατέθεικε, πάσης καθαρὸν τὸν περὶ αὐτοῦ φυλάξας λόγον τῆς παρ' ἄλλοις ἀσχήμονος μυθολογίας. Anonymus vorher nach dem Zitat aus der Theomachie [17, 8 ff.]: εἰ μὴ κατ' ἀλληγορίαν λαμβάνοιτο, παντάπασιν ἄθεα καὶ οὐ σῴζοντα τὸ πρέπον ... Ὅμηρος γάρ μοι δοκεῖ τοὺς μὲν ... ἀνθρώπους ὅσον ἐπὶ τῇ δυνάμει θεοὺς πεποιηκέναι, τοὺς θεοὺς δὲ ἀνθρώπους ... ἀμείνω τὰ ὅσα ἄχραντόν τι καὶ μέγα τὸ δαιμόνιον ὡς ἀληθῶς καὶ ἄκρατον παρίστησιν. Josephus 1, 22: οἱ μὲν γὰρ ἄλλοι νομοθέται τοῖς μύθοις ἐξακολουθήσαντες τῶν ἀνθρωπίνων ἁμαρτημάτων εἰς τοὺς θεοὺς τῷ λόγῳ τὴν αἰσχύνην μετέθεσαν ..., ὁ δὲ ἡμέτερος νομοθέτης ἀκραιφνῆ τὴν ἀρετὴν ἔχοντα τὸν θεὸν ἀποφήνας ᾠήθη δεῖν τοὺς ἀνθρώπους ἐκείνης μεταλαμβάνειν κτλ.

was bei dem jüdischen Schriftsteller eine scharfe Antithese ist — οἱ μὲν γὰρ ἄλλοι νομοθέται haben das Göttliche entwürdigt, ὁ δ' ἡμέτερος νομοθέτης hat es in voller Reinheit dargestellt —, das ist bei dem hellenischen zu einer matten Parataxe herabgesunken: ταύτῃ καὶ[4] ὁ τῶν Ἰουδαίων θεσμοθέτης. Hierdurch hat die Betonung der ›Würdigkeit‹ ihren rechten Bezug, den sie nur in der Gegensätzlichkeit zu Unwürdigem besaß, eingebüßt. 3. Um sich diese für ihn notwendige Umsetzung der Antithese in die Parataxe zu ermöglichen, hat der Schriftsteller das Poseidonmotiv (viertes Beispiel) von dem Heremotiv (zweites Beispiel), mit dem es durch Gedankenverwandtschaft verbunden war, durch das Theomachiemotiv getrennt: diese befremdliche Tatsache, die sich uns bei der Analyse ergab, erklärt sich also aus Benutzung einer heterogenen, den planmäßigen Aufbau störenden Quelle. 4. Gleichfalls hieraus wird verständlich die Sonderbarkeit, daß das Theomachiemotiv zunächst in hohen Tönen gelobt, dann aber sofort das Lob in heftigen Tadel verkehrt wird: das Lob gehört in den Plan, der Tadel in dessen Störung.

II

Eine weitere Frage ist nun, ob sich der Ursprung dieses Fremdkörpers näher bestimmen läßt. Die judäische Herkunft ist durch die Berufung auf Moses klar, ferner eine Quellengemeinschaft des Anonymus und des jüdischen Historikers, denn auf den Gedanken, dieser selbst sei die Vorlage jenes gewesen, wird niemand kommen: begnügt sich doch — um von dem Absurden eines solchen Gedankens ganz abzusehen — Josephus mit einer all- | gemeinen Prädikation der mosaischen Theologie, ohne das Genesiszitat zu bringen. Einen Schritt weiter gelangen wir durch eine Betrachtung folgender Worte des Anonymus (17, 10 ff.): Ὅμηρός μοι δοκεῖ παραδιδοὺς τραύματα θεῶν, στάσεις, τιμωρίας, δάκρυα, δεσμά, πάθη πάμφυρτα τοὺς μὲν ἐπὶ τῶν Ἰλιακῶν ἀνθρώπους ὅσον ἐπὶ τῇ δυνάμει θεοὺς πεποιηκέναι, τοὺς θεοὺς δὲ ἀνθρώπους. Er greift hier — auch dies ein Zeichen andersartiger Herkunft der Stelle — über den Rahmen der von ihm aus der Theomachie zitierten Verse, ja über diese ganze Szene der Ilias hinaus und benutzt die Gelegenheit zu einem Angriff auf die homerische Theologie überhaupt, indem er ihre Verfehlungen in einer katalogartigen Reihe hintereinander aufzählt. Diesen Worten ist nun der Stempel ihres Ursprungs aufgeprägt. Dieselbe Kritik der homerischen Theologie lesen wir mit analoger Aufzählung ihrer Schäden bei den von der jüdischen Apolo-

[4] Ein Lieblingsausdruck des Verfassers: Vahlen[4] zitiert dafür noch 6, 13. 15, 7. 55, 6.

getik abhängigen christlichen Apologeten Aristeides und Athenagoras. Gerade auch die Theomachie bietet ihnen ein Paradebeispiel für die Entwürdigung des Göttlichen, und das Motiv des Hinabziehens von Göttern auf das Niveau der Menschen wird stark hervorgehoben[5]; auch der Einwand, die von den Stoikern ausgebildete allegorische Deutungsmethode ermögliche es, Homer zu rechtfertigen, wird ausführlich dargelegt, aber von den hellenenfeindlichen Apologeten natürlich abgelehnt, während der Anonymus diese Art der Exegese, wenn auch nur beiläufig und ganz flüchtig, als eine Möglichkeit in Erwägung zieht. Wichtig ist dabei noch folgendes. Innerhalb der jüdischen Apologetik, die uns, da sie von der christlichen fast absorbiert wurde, wenig kenntlich ist, bringt Josephus (Apion 2, 241 ff.) einen solchen Katalog, in dem die Zwistigkeiten, Verwundungen, Wehklagen, Fesselungen der homerischen Götter nicht fehlen, und das, was der Anonymus schonend als ein »Gemengsel von Leidenschaften« (πάθη πάμφυρτα) bezeichnet, nennt der Jude unverblümt beim rechten Namen: τὴν περὶ τὰς μίξεις ἀκρασίαν καὶ τοὺς ἔρωτας. Eben Josephus war es ja nun aber, der uns in seinen Worten (aus dem Anfang der Archäologie) über die Würde mosaischer Gottesoffenbarung jene Kongruenz mit den entsprechenden Worten des Anonymus bot. Also über das dazwischengestellte Poseidonmotiv hinweg erweisen sich das Theomachiemotiv mit der daran geknüpften Polemik und das Genesismotiv als zusammenhängende Herübernahme aus derselben Vorlage.

III

Über dieses Allgemeine — judäische Apologetik — hinauszukommen wäre unmöglich, wenn uns nicht durch einen späteren Abschnitt der Schrift ein Weg gewiesen würde, den wir uns freilich erst gangbar machen müssen. Diese zweite Stelle ist nächst jener ersten, die das Bibelzitat enthält, die merkwürdigste der ganzen Schrift, aber es be-

[5] Das Material aus den Apologeten bei J. Geffken, Zwei griechische Apologeten, Leipzig 1907, bes. 204 über die Theomachie und XXXI über die gleich im Text zu zitierende Josephusstelle. — Es ist m. W. noch nicht bemerkt, daß die Worte (17, 11 ff.) τοὺς μὲν ἀνθρώπους . . . θεοὺς πεποιηκέναι, τοὺς θεοὺς δὲ ἀνθρώπους eine Reminiszenz an eine berühmte Stelle Heraklits enthalten (ἀθάνατοι θνητοί, θνητοὶ ἀθάνατοι: fr. 62 Diels); unter ihren Umbildungen, die J. Bernays, Die heraklit. Briefe, Berlin 1869, 37 ff. sammelte, findet sich auch diese: ἄνθρωποι θεοί, θεοὶ ἄνθρωποι. — Bemerkenswert scheint auch folgendes. In einem judäisch umstilisierten Sibyllinum der ältesten Schicht heißt es (nach Aufzählung von Heroen wie Achilleus und Hektor) von Homer: καί γε θεοὺς τούτοισι παρίστασθαί γε ποιήσει, ψευδογραφῶν κατὰ πάντα τρόπον, μέροπας κενοκράνους. Geffcken zitiert in seiner Ausgabe mit Recht dazu die Stelle des Anonymus.

steht auch die Möglichkeit irgendeines organischen Zusammenhangs des Merkwürdigen hier und dort. Findet sich die erste Stelle nicht sehr weit vom Anfang der Schrift, so steht die zweite (c. 44) jetzt fast ganz an ihrem Ende; aber auch als die Handschrift noch vollständig war, | kann diese Stelle, wie sich aus mancherlei, hier nicht zu wiederholenden Beobachtungen ergibt, vom Schluß des Ganzen nicht weit entfernt gewesen sein. Wir müssen sie in ihrem ganzen Umfang kennenlernen.

»Es bleibt, mein lieber Terentianus, noch eins zu erledigen, worüber ich deinem Lerneifer zuliebe hier unverweilt einiges hinzufügen möchte; es betrifft eine Frage, die neulich ein Philosoph gesprächsweise mit mir erörterte. Ich wundere mich, sagte er, und gewiß noch viele andere, über eins. Wie mag es nur kommen, daß unser Zeitalter zwar Talente hervorbringt, denen Überzeugungskraft und politische Begabung in hervorragendem Maße eigen ist, die auch scharfsinnig, gewandt und vor allem zu anmutiger Redeweise geschickt sind, während wahrhaft erhabene und überragende Naturen, es sei denn mit seltenen Ausnahmen, nicht mehr geboren werden: so unfruchtbar ist die Welt geworden, so unproduktiv das Leben auf dem Gebiet der Beredsamkeit. Vielleicht muß man, sagte er, wirklich jenem in aller Munde befindlichen Wort Glauben schenken, wonach nur die Demokratie eine gute Nährmutter großer Persönlichkeiten ist, da allein durch ihre Blüte und ihren Verfall so ziemlich auch das Gedeihen und das Absterben redegewaltiger Männer bedingt wird. Die Freiheit nämlich, heißt es, vermag den Gedanken großangelegter Naturen die rechte Nahrung zu bieten und sie durch Hoffnung auf Erfolg zu ermutigen; zugleich pflanzt sie ihnen in die Seele die Neigung und den Ehrgeiz, miteinander den Wettstreit um den ersten Platz aufzunehmen. Auch werden dank den in Freistaaten ausgesetzten Kampfpreisen die geistigen Vorzüge durch Übungen jedesmal geschärft und gewissermaßen geschliffen, so daß sich der helle Glanz eines freien staatlichen Lebens ganz natürlicherweise auf sie überträgt. Wir Menschen der Gegenwart dagegen, sagte er, werden, wie es scheint, von Kindheit an zu einer gesetzmäßigen Sklaverei angelernt; in ihren Gewohnheiten und Beschäftigungen sind wir schon von der Zeit des bildsamen Jugendsinnes an fast wie in Windeln eingewickelt. So haben wir den schönsten und zur Beredsamkeit begeisterndsten Trunk — ich meine, sagte er, die Freiheit — gar nicht zu schmecken bekommen und bringen es zur Großartigkeit nur in der — Schmeichelei. Deshalb kommen, so versicherte er, die anderen Anlagen wohl auch bei Knechten vor; aber zum Redner bringt es der Sklave nie, denn sofort dringt in ihm an die Oberfläche der Mangel an Freimut und der Knechtessinn, der sich wie in einem Kerker von der Macht der Gewohnheit stets zerbläut fühlt: ›Tüchtigkeit raubet dem Mann der Tag der Knechtschaft zur Hälfte‹, wie es bei Homer heißt. Ich habe mir, f u h r e r f o r t, von Käfigen erzählen lassen, in denen Zwerge gefüttert werden; wie die darin Eingesperrten nicht nur am Wachstum behindert werden, sondern auch infolge der um ihre Körper gelegten Fesseln verkümmern, so ließe sich jedes Sklaventum, und sei es das verdienteste, wohl bezeichnen als Käfig der Seele und Massenkerker.«

Die Antwort des Verfassers selbst auf diese Rede des ›Philosophen‹ geht uns nicht näher an: in der Tatsache des Niedergangs der Beredsamkeit ist er mit jenem einig, aber er erklärt sie nicht aus politischen, sondern aus sozialen und sittlichen Gründen. Ein Versuch, die Persönlichkeit des Philosophen zu identifizieren, mag auf den ersten Blick kühn, ja verwegen scheinen: kennen wir doch nicht einmal den Verfasser der Schrift selbst, und da sollten wir eine der von ihm eingeführten Personen zu bestimmen in der Lage sein? Es ist daher nicht zu verwundern, daß ein Versuch in dieser Richtung m. W. bisher überhaupt nicht unternommen wurde. *›Is philosophus nullus est‹* heißt es in einem alten Kommentar, und das erweiterten Spätere zu der Behauptung, der ›Philosoph‹ sei der Autor selbst, der | seine Person sozusagen in zwei gespalten habe und so mit sich in eine Art von Scheindialog trete, vielleicht auch um deswillen, damit er die bedenklichen Ausfälle gegen die Despotie einem anderen in den Mund legen könne. Allein die Berechtigung dieser Ausflucht wird niemand zugeben. Dafür ist jener angebliche *Alter ego* viel zu individuell geschildert: sechsmal wird durch ἔφη oder ähnliche Worte ausdrücklich auf Äußerungen des ›Philosophen‹ Bezug genommen. Auch würde die eingangs des ganzen Abschnitts fallende Bemerkung, die Diskussion habe ἔναγχος stattgefunden, die rhetorische Fiktion — die Möglichkeit einer solchen einmal zugegeben — zur Mystifikation machen. Das Individuelle der Persönlichkeit tritt nur um so deutlicher hervor, ein je größerer Gemeinplatz der Grundinhalt seiner Rede ist: ἐκεῖνο τὸ θρυλούμενον nennt er selbst die von ihm gebilligte politische Erklärung für den Niedergang, aber wie lebendig und eigenartig weiß er diese Trivialität nun zu gestalten; beruft er sich doch beispielsweise anläßlich des originellen Vergleichs zeitgenössischer Reden mit Zwergkrüppeln auf eine ihm zugegangene Kunde.

IV

Nun gibt es offenbar zwei Möglichkeiten, einem derartigen Problem beizukommen: von seiten des Inhalts und des sprachlichen Ausdrucks. Obwohl sich, wie wir sehen werden und wie es ja auch in der Natur der Sache liegt, beides durchdringt, wollen wir es doch einigermaßen zu trennen versuchen. Die Beweisführung des Philosophen verläuft in folgenden Sätzen, die wir, mögen sie sich auch einer in den anderen verschlingen, möglichst scharf herausstellen wollen. 1. Das wahrhaft Große ist in der Gegenwart eine Seltenheit, ein σπάνιον. Dieser Satz wird als ein Axiom, das keines Beweises bedarf, vorangestellt. 2. Die Wahrheit der alten Erkenntnis, daß nur in demokratischen Staatsverfassungen eine große Beredsamkeit gedeiht, ist unbestreitbar; überhaupt verdient die Demokratie den Vorrang vor der Despotie. 3. Der Sinn von Sklaven, zu denen wir durch die Despotie herabgewürdigt sind, ist geknebelt, nur der bürgerlich Freie ist auch geistig frei. 4. Die Macht der Gewohnheit ist groß: ist es da, wo wir sozusagen von den Windeln an in Sklavensinn eingewickelt sind, zu verwundern, daß wir ihn ins Leben und in die Kunst hineintragen? Diese Gedanken sind gar nicht trivial, sondern tragen das Gepräge einer Persönlichkeit von Eigenart, die das Menschenleben und seine Erscheinungsformen in der Kultur zu beobachten und zu erfassen vermochte. Falls es gelingt, sie restlos in einem und demselben Schriftsteller wiederzufinden, so muß er der Gesuchte sein.

1. »Wie mag es nur kommen, daß es jetzt nur noch wenige ausgezeichnete Männer (ἀρετῇ διαφέροντες) gibt? Erster Grund die allgemeine Erfahrungstatsache: Gar Schönes ist selten (τὰ λίαν καλὰ σπάνια). Zweiter Grund eine Erfahrungstatsache aus der Gegenwart: Diejenigen, die es etwa noch gibt, haben sich in die Einsamkeit zurückgezogen, da ihnen das Überhandnehmen des Übels keine Möglichkeit mehr bot, ihre bürgerliche Tüchtigkeit zum Nutzen des Gemeinwesens zu betätigen. Immerhin: so gering die Zahl kluger, gerechter und feingebildeter Männer ist, das Geringe ist, wenn auch selten, so doch keine Irrealität« (τὸ δ' ὀλίγον, εἰ καὶ σπάνιον, οὐκ ἀνύπαρκτον). Der Schriftsteller, dem diese Sätze entnommen sind, stimmt in Gedanken und in dem (zweimaligen) Gebrauch des Wortes σπάνιον mit dem Anfang der Rede des ›Philosophen‹ überein. Auch bei diesem wird die Seltenheit des Tüchtigen in der Welt betont, aber sein gelegentliches Vorkommen immerhin nicht ganz in Abrede gestellt. Aber damit noch nicht genug, die Seltenheit wird in gleicher Weise begründet: Die Zeitverhältnisse sind daran schuld. Wer ist nun jener Schriftsteller? P h i l o n v o n A l e x a n d r e i a, d e r j ü d i s c h e P h i l o s o p h; die zitierten Sätze stehen in seiner Schrift von der sittlichen Freiheit jedes Tüchtigen (quod omnis | probus liber sit 62—74). Aber nicht bloß in dieser für einen weiteren Kreis der Gebildeten bestimmten Schrift kommen diese Gedanken vor, sondern auch in den esoterischen Schriften; so vergleiche man mit den Worten des Philosophen bei dem Anonymus ὑψηλαὶ καὶ ὑπερμεγέθεις, πλὴν εἰ μή τι σπάνιον, οὐκέτι γεννῶνται φύσεις diese philonischen (de mut. nom. 34) von den Geistesheroen, den

Seelenathleten: σπάνιον τὸ γένος καὶ μόλις εὑρισκόμενον, πλὴν οὐκ ἀδύνατον γενέσθαι[6].

Also Philo soll der gesuchte Philosoph gewesen sein? wird mancher überrascht fragen; er, der Grübler, der Allegoriker, soll einen so weltfreien Sinn besessen haben, wie ihn die Worte jenes Philosophen zur Schau tragen? Wenn kein weiteres Bedenken gegen die Identifikation vorliegt: dieses wäre leicht zu beschwichtigen. Philo teilt das Schicksal mancher auf dem Berührungspunkt zweier Kulturkreise stehender Autoren, wenig gelesen zu werden. Wer reines Hellenentum sucht, wird für den hellenistischen Synkretisten keine Vorliebe haben. Dem Juden, dem orthodoxen wie dem liberalen, hat der in spekulativer Mystik, also einer durchaus unjüdischen Geistesrichtung, befangene, mit dem Hellenentum weit über Gebühr paktierende Exeget der Thora so gut wie nichts zu sagen, und es war nur recht und billig, wenn seine Glaubensgenossen im Altertum, soviel wir wissen, ihn ignorierten und auch die Rabbiner des Mittelalters nur ganz obenhin Notiz von ihm nahmen; ohne das Interesse, das die Christen an ihm nahmen, wären seine Schriften, deren Umfang, selbst in ihrer nur sehr teilweisen Erhaltung, jetzt hinter dem des platonischen Corpus wohl kaum beträchtlich zurücksteht, verloren, er selbst ein schattenhafter Name für uns wie der anderer judäischer Hellenisten. Für den Geschichtsschreiber der griechischen Philosophie sollte er eigentlich gar nichts bedeuten, da er, wie Ed. Schwartz richtig sagte, in sie gar nicht hineingehört. Nur für die Religionshistoriker ist er eine wichtige und interessante Erscheinung, aber auch sie suchen weniger den Menschen als den Mystiker. Ich selbst las ihn früher nur flüchtig und ohne Liebe, ja mit ausgesprochener Abneigung gegen den von der Wahnidee des Geheimsinnes besessenen Allegoriker. Aber als ich ihn jetzt aus Anlaß der vorliegenden Studie abermals las, den Blick weniger auf das Philosophische oder Religionsgeschichtliche als auf das Menschliche gerichtet, trat mir aus allem Wust verstaubter Tradition eine Persönlichkeit von Eigenwesen entgegen, ein Mann, der sich nicht etwa bloß — das weiß auch der oberflächlichste Leser seiner Schriften — das Erbe hellenischer Vergangenheit in Poesie und Prosa bildungsbeflissen anzueignen versucht, sondern der den Glanz platonischer Gedankenwelt als Bereicherung seines Selbst gefühlt und sich trotz allem Hang zu abstruser Spekulation den offenen Sinn für die Notwendigkeiten des Lebens bewahrt hat. Der Stoff wäre reich genug, um sein Charakterbild daraus zu gestalten, was noch niemand versucht hat — leblos und gestaltlos wie

6 Ferner de septenario 4 = de spec. leg. 2, 47 f. de iustitia 3 = de spec. leg. 4 149 f.? 158 f.? de vita contempl. 1.

ein Schemen flattert er durch die Jahrtausende[7] —; aber ein solches Unternehmen würde aus dem Rahmen dieser kleinen Untersuchung heraustreten, und es genügt für sie ja auch, auf die bekannteste Tatsache seines Lebens hinzuweisen, die Gesandtschaftsreise an den kaiserlichen Hof: Die alexandrinische Judengemeinde hätte ihn mit dieser Mission nicht betraut, wenn sie seiner weltmännischen Gewandtheit nicht sicher gewesen wäre, und er hat sich nach seinem eigenen, lebendig geschriebenen Bericht in dem Ränkespiel, das ihm der tückische Caesar und dessen Kreaturen bereiteten, geschickt zu benehmen verstanden. Also unsere Vorstellungen von Philo als dem Haupt der jüdischen Allegoristenschule Alexandreias, wie ihn uns besonders Bréhier und Bousset verstehen lehrten, müssen wir uns hier ergänzen durch sein Bild als Weltmann von feiner Erudition und freier Lebensanschauung, der das bunte Leben der an geistigen Anregungen und Vergnügungen aller | Art reichen Weltstadt offenen Blicks betrachtete. So besuchte er oft die Theater, wohnte den in aller Welt berühmten Pferderennen dieser Stadt sowie den gymnischen Agonen und Akrobatenvorstellungen als interessierter Zuschauer bei, betrachtete Werke der bildenden Kunst und die Pracht der Bauten, urteilte mit Kunstverständnis über Musik, machte luxuriöse Gesellschaften mit, bei denen er den Genüssen der Tafel und den Schaustellungen mehr huldigte als er es mit seinen Grundsätzen hinterher vereinbar fand, liebte gebildete Unterhaltung, wie er denn auch eine Art von Brevier für die Konversation in allen Lebenslagen gibt: dies alles und so manches andere der Art sagte er, so befremdlich es allen denen erscheinen wird, die ihn nur im Priestermantel des Exegeten oder im Tribon des kynisierenden Philosophen zu sehen gewohnt sind, von sich selbst in seinen Schriften[8]. Mit diesem Bild von ihm vor Augen wollen wir nun die weiteren vorhin aufgestellten Punkte betrachten.

2. Von jeher ist in der Rede des Philosophen bei dem Anonymus seine politische Stellung aufgefallen: er ist überzeugter Demokrat und macht das Caesarenregiment, das der Welt die Sklaverei brachte, für den Sklavensinn, der sie nun beherrscht, verantwortlich. Man hat das mit Recht als eine Art von politischem Glaubensbekenntnis bezeichnet und sich über den Freimut gewundert, mit dem es vorgetragen wird, und der so groß ist, daß der Verfasser der Schrift selbst in seiner Erwiderung auf die Rede des Philosophen es für geraten hält, die An-

[7] Nur L. Massebieau und É. Bréhier, Chronologie de la vie et des oeuvres de Philon, Revue de l'histoire des religions 53, 1906, haben wenigstens die Datierung der Schriften verlebendigt.

[8] De ebr. 177. de Abr. 267. de mund. op. 141. de post. Cain. 104 ff. de somn. 2, 54 ff. leg. all. 3, 156. q. omn. prob. lib. 141. de prov. 2, 23 f. 54. Fragm. bei Euseb. pr. ev. vol. II 637. 645 Mangey.

schuldigungen gegen das Imperium als Ursache des Gesamtverfalls zurückzuweisen und ein, wie man gerechterweise sagen muß, etwas schwächliches Wort für die *pax Augusta*, die εἰρήνη τῆς οἰκουμένης, einzulegen (83, 2). Ein Philosoph, der sich so oder auch nur ähnlich geäußert habe, werde sich, sagt man, schwerlich nachweisen lassen, denn über die stoischen Tiraden gehe ein solches Bekenntnis weit hinaus, da es ins Leben selbst eingreife. Sehen wir uns daraufhin aber einmal Philo an, der auf seine Stellung zu den Staatsverfassungen oft zu sprechen kommt; wurde er doch, wie er einmal (de spec. leg. 3, 3—6) eindrucksvoll ausführt — er läßt uns hier einen selten intimen Blick in sein Innenleben werfen —, mehr als ihm, dem Philosophen, für sein Seelenheil lieb war, in politische Wirrnisse hineingezogen. Er nimmt oft Gelegenheit, sich zur Demokratie zu bekennen; es wird genügen, einige Stellen dieser Art anzuführen. Einmal (q. deus imm. 176) bezeichnet er es als Ziel des θεῖος λόγος, »daß die ganze Welt, als wäre sie ein einziges Gemeinwesen, in der besten Staatsverfassung sich befinde, der Demokratie« (ἵνα ὡς μία πόλις ἡ οἰκουμένη πᾶσα τὴν ἀρίστην πολιτειῶν ἄγῃ, δημοκρατίαν). In einer anderen Schrift (de iustitia 14 = de spec. leg. 4, 230 ff.) legt er ein ἐγκώμιον ἰσότητος ein, worin es u. a. heißt: »In den Staaten ist die gesetzlichste und beste Verfassung die Demokratie[9].« Es fehlt nicht an Spitzen gegen die monarchische Regierungsform, sobald diese aus den Bahnen des Gesetzlichen heraustrete. Das Ägypten der Pharaonenzeit ist ihm der Typus der μοναρχίαι mit Geheimpolitik des Kabinetts (vita Mos. 1, 10). Noch weiter geht er in einer anderen Schrift (de agricult. 47): nicht bloß die Tyrannis sei zu verwerfen, sondern »unnütz sind auch die Regierungen und Führerschaften der durchaus Gemäßigten« (ἀλυσιτελεῖς δὲ οὐχ αὗται μόνον αἱ δεσποτεῖαι, ἀλλὰ καὶ τῶν λίαν ἐπιεικῶν ἀρχαί τε καὶ προστασίαι); denn mögen Regenten noch so sehr durch Bravheit (χρηστότητι) sich auszeichnen, die Untertanen glichen doch nur Herden, die Regenten Viehhaltern (τούτους μὲν θρεμμάτων, ἐκείνους δὲ κτηνοτρόφων οὐδὲν νομιστέον διαφέρειν). Etwas vorsichtiger äußert er sich in der Πρεσβεία πρὸς Γάιον, einer der interessantesten publizistischen Schriften des späteren Altertums, die vorzugsweise für das Lesepublikum der Reichshauptstadt, aber auch der hohen Beamtenschaft selbst, bestimmt war. Auch hier ist ihm freilich der Prinzipat ein »Amt | ohne Rechenschaftsablegung« (ἀρχὴ ἀνυπεύθυνος), eine »selbstherrliche Gewalt« (ἐξουσία αὐτοκρατής); »die Untertanen sind Sklaven des Machthabers« (δοῦλοι αὐτοκράτορος οἱ ὑπήκοοι), aber er gibt doch zu, daß diese Tatsache den Untertanen nicht unter allen Regierungen gleich stark zum Bewußtsein komme, unter gemäßigten und tüchtigen Herrschern wie Augustus

[9] Ferner de conf. ling. 108. de Abr. 242. de Ios. 148 f. de paenit. 2 = de virt. 180.

und Tiberius, die wegen ihrer εὐνομία schöne und verdientermaßen berühmte Enkomien erhalten, weniger als unter der Despotie des Gaius; eine Differenzierung, die sich uns weiterhin für eine Zeitbestimmung als wichtig erweisen wird. Zusammenfassend läßt sich sagen: Philo ist aus Überzeugung Demokrat, und nur in einer auf Autonomie der Bürgerschaft beruhenden Verfassung scheint ihm die Gewähr zu liegen, daß allen das köstlichste menschliche Gut, die Freiheit, erhalten bleibe, die selbst in guten Monarchien der Gefahr einer Herabwürdigung zum Sklaventum nicht entrückt sei. Es ist genau die politische Haltung des Philosophen beim Anonymus. Vielleicht hätte es bei früheren Versuchen, diesen zu identifizieren, nahegelegen, auch ohne daß man gerade auf Philo aufmerksam geworden wäre, sich die Frage vorzulegen, wo im Imperium der griechischen Sprachhälfte eine so freimütige Opposition gegen das Cäsarenregiment überhaupt im Bereich des Denkbaren lag: Die Entscheidung hätte dabei wohl nur auf Alexandreia fallen können, wo die Oppositionslust und Unbotmäßigkeit stärker hervortrat als irgendwo sonst, und die Kaiser nicht bloß, wie auch in Antiocheia, die Zielscheibe von Witzen, sondern ihre Stellvertreter in den ortsüblichen Tumulten auch persönlich gefährdet waren: diese Stadt hat es den Herrschern nicht vergessen, daß sie von ihnen zugunsten der verhaßten Zentrale ihrer einstigen Weltmachtstellung zum guten Teil beraubt worden war, und hat sich das Autonomiebewußtsein einer hellenischen Polis trotz aller bürgerlichen Privilegien, die die Caesaren ihr zugestanden, nie abgewöhnt[10].

3. Der dritte Gedanke, den der ›Philosoph‹ zum Ausdruck bringt, ist mit dem zweiten eng verknüpft. Der Sinn von Sklaven, zu denen wir durch die Despotie herabgewürdigt sind, ist geknebelt, nur der bürgerlich Freie ist auch geistig frei. Nun gibt es keine Schrift aus dem Altertum, in der das soziale Problem: Freiheit und Sklaventum so oft und so nachdrücklich behandelt worden wäre, wie in den philonischen. Offenbar hat Philo über dieses Problem besonders viel nachgedacht; in der Stadt des Handels und der Gewerbe mit ihren zahllosen Sklaven, von denen in den Urkunden so oft die Rede ist, hatte er ja auch reichliche Gelegenheit dazu. Die Humanität der prophetischen Religion, die die Geringen im Volke zu schützen befahl, wie sie uns im Deuteronomium entgegentritt (1, 17; 15, 7 ff.), hat ihn manche schönen Worte finden lassen (so de humanitate 16 = de virt. 121 ff.; de septenario 7, 9 = de spec. leg. 2, 66 ff. 79 ff.; de spec. leg. 3, 69. 4, 13 ff. gegen den Sklavenhandel), aber daß Adel der Gesinnung nur bei Freien

[10] Eine anschauliche Schilderung der alexandrinischen Stadtverfassung, überhaupt des Lebens und Treibens in Alexandreia, gibt W. Schubart, Aegypten von Alexander d. Gr. bis Mohammed, Berlin 1922, 32 ff.

zu finden sei, ist ihm ein Glaubenssatz. Ἐλεύθεροι und εὐγενεῖς, ἀνελεύθεροι und δουλοπρεπεῖς sind ihm Synoyma (de ebr. 58; de iust. 7 = de spec. leg. 4, 183); befehlen läßt sich nur der Sklave, kein freier Mann (vita Mos. 2, 50); für freie Männer ist Sklaventum etwas ganz Unerträgliches (de execr. 137); der Sklave fühlt nicht das Entehrende von Schlägen (de spec. leg. 2, 28); »Freiheit ist ein gepriesenes Gut, Sklaventum verfluchte Schande« (q. omn. prob. lib. 137); er pflichtet dem Distichon des Theognis bei, daß kein Sklave aufrechten Hauptes gehe, sondern gekrümmten Nackens, denn — so legt er dies Wort aus — nur der Charakter des Freien sei gerade, die Knechtesseele falsch (ib. 155). Aussprüche dieser Art ließen sich aus seinen Schriften noch mehr anführen, und jeder wird zugeben, daß sie der Antithese ›freier Mannessinn — Sklavenseele‹ bei dem Philosophen des Anonymus genau entsprechen. Aber die Übereinstimmung geht über dies Allgemeine in Einzelheiten. »Kein Sklave kann Redner werden, denn der Mangel an Freimut (τὸ ἀπαρρησίαστον) hält seine Zunge im Bann«, | sagt der ›Philosoph‹. Für Philo sind die Begriffe δοῦλον und ἄλογον, ἐλεύθερον und λογικόν synonym (leg. all. 3, 89. 156. 192 ff.). Er zitiert einmal (q. omn. prob. lib. 48) beistimmend den Trimeter (frg. trag. adesp. 304) δοῦλος πέφυκας, οὐ μέτεστί σοι λόγου. In einer Schrift (quis rer. div. heres) untersucht er weitläufig den Begriff des Freimuts in der Rede (παρρησία): Insoweit der Mensch Gott gegenüber frei ist, ziemt ihm παρρησία, aber Gott ist auch der Herr und ihm gegenüber der Mensch Knecht, und als solcher muß er sich ἀπαρρησιάστως verhalten; hier (29) begegnet also in gleicher Gedankenverbindung dasselbe Wort. Er untersucht Fälle, in denen auch dem Sklaven παρρησία erlaubt sei (de spec. leg. 3, 138; q. omn. prob. lib. 148 ff.), aber es steht ihm fest: »παρρησία ist Zeichen einer glänzenden und königlichen Natur« (in Flacc. 4); παρρησία ist εὐγένεια (leg. ad Gaium 63). Er wird Gelegenheit gehabt haben zu beobachten, daß unter den vielen Freigelassenen keiner wahren Freimut in der Rede zeigte. Der πολιτικὸς ἀνήρ beugt sich, sagt er, nicht der Despotie des Demos wie ein Sklave, sondern als Herr des Demos übt er Freimut in der Rede (παρρησίαν), fern von jeder sklavenmäßigen Schmeichelei, δουλοπρεπεῖ κολακείᾳ (de Jos. 77). Bei diesem letzten Wort müssen wir kurz verweilen. Auch der ›Philosoph‹ sagt ja: Da wir die Freiheit verloren haben, sind wir großartig in nichts als in der Schmeichelei. Philo bezeichnet die Schmeichelei auch sonst als Sklavenart. So sagt er (q. omn. prob. lib. 99): »Schmeichelei ist etwas ganz Sklavenmäßiges, freimütiges Reden (τὸ ἐλευθεροστομεῖν) ziemt adligen Menschen«, und einmal nennt er die Schmeichler »knechtischste Sklaven« (ἀνδραποδωδεστάτους δούλους)[11]. — Mit einer kleinen, aber doch bezeichnenden Einzelheit wollen wir die Betrachtung dieses Punktes schließen. Die Freiheit, so argumentiert der ›Philosoph‹, ist ein mächtiger Trieb zum Wetteifer (ἔρις) im Hoffen (ἐλπίσαι) auf den ersten Platz (τὰ πρωτεῖα); in den Freistaaten winkt den Rednern ein großer Preis, durch den ihr Ehrgeiz geschärft wird; in der Despotie der Gegenwart fehlt dieser Ansporn. Philo hat ausgesprochenes Interesse für Wettspiele, die er sich, wie schon oben bemerkt, mit ansah. Begreiflicherweise denkt er als Philosoph über die Ehrenpreise, die die Athleten und Läufer davontragen, gering und liebt es — mit dem alten kynisch-stoischen Bild — den gymnischen Agonen das Ringen um den Preis in der Tugend entgegenzustellen. Aber der Trieb zum Siegen, die Hoffnung auf den ersten Preis gilt ihm doch als etwas »Großes und Glänzendes und Kampfwertes« (q. deus immut. 36), und es fallen dabei dieselben Worte, die der Philosoph des Anonymus gebraucht: ἔρις, ἐλπίς, τὰ πρωτεῖα (de agr. 111 ff. de Ios. 131—133. 138. q. omnis prob. lib. 26 ff. 110 f. de vita contempl. 42 ff.). Auch auf die rhetorischen Agone kommt er einmal zu sprechen. Die Worte Kains zu Abel (Gen. 4, 8) διέλθωμεν ἐπὶ τὸ πεδίον deutet er als Aufforderung zu einem Wettstreit im Reden, λόγων ἅμιλλα, πρόκλησις εἰς τὸν ἐριστικὸν καὶ φιλόνεικον ἀγῶνα (q. det. pot. insid. 36 ff.): Die Lebendigkeit der sehr ausführlichen Schilderung läßt keinen Zweifel daran, daß er auch solchen Agonen, wie sie wenigstens in den Schulen dauernd üblich blieben, mit Neigung und Verständnis beiwohnte. Voraussetzung für das ehrgeizige Ringen nach den πρωτεῖα ist nach Ansicht des ›Philosophen‹ die Freiheit, da nur sie so hochfliegende Hoffnung aufkommen lasse. Sogar diese Zuspitzung des Gedankens ist philonisch. Warum erhielt von den beiden Söhnen Isaaks der eine den Vorrang, der andere nur die δευτερεῖα? Weil die Sinnesart dieses die eines δοῦλος war (de nobil. 4 = de virt. 208—210).

4. Die Macht der Gewohnheit, der συνήθεια, ist groß; die ἔθη, die ἐπιτηδεύματα, in denen man sich von Kindheit an bewegt, sind entscheidend fürs Leben. Wo findet sich | in antiker Literatur dieser Gedanke[12]? Ich erinnere mich nicht, ihm begegnet zu sein, auch nicht in Florilegien oder Spruchsammlungen, wo man dergleichen zu suchen pflegt[13]. Keinesfalls ist er irgendwo gleich häufig wie bei Philo. »Die

[11] P. Wendland, Neu entdeckte Fragmente Philos, Berlin 1891, 22 aus einer Florilegiensammlung des verlorenen Teils der Schrift περὶ μέθης. Ferner gegen Schmeichler: de migr. Abr. 111. q. rer. div. her. 77. de Abr. 126. de concup. 2 = de spec. leg. 4, 88 f. leg. ad Gaium 32. 70. 134. 162 ff. 361. Fragm. 2, 671 Mang.

[12] Bei den Römern war *consuetudo altera natura* ein Sprichwort: Belege bei A. Otto, Die Sprichwörter der Römer, Leipzig 1890, 90 f.

[13] J. Bernays' Vermutung (Gesammelte Abhandlungen, Berlin 1885, 1, 354), es sei

Gewohnheit, das Gewalttätigste das es gibt« (de spec. leg. 3, 35). »Schwer ist's, eine lange Gewohnheit zu heilen« (fr. 2, 672 M.). »Eine Gewohnheit, die sich mit der Zeit einnistet, ist mächtiger als die Natur« (fr. 2, 674 M.). »Schlechte Beschäftigungen soll man, um sich nicht von ihnen einfangen zu lassen, lieber ganz meiden, denn die Gewohnheit hat etwas Schleppendes« (de praem. et poen. 18). »Die Gewohnheit besitzt einen gar mächtigen Köder« (de vit. contempl. 18). Auch in der Tierwelt lasse sich die Macht der Gewohnheit studieren (Alexander sive de animal. 87).

V

Hiermit ist der wesentliche Gedankeninhalt der Rede des ›Philosophen‹ erschöpft. Wir haben, wie bei derartiger Konkordanz mit philonischen Gedanken nicht anders zu erwarten, eine ganze Reihe auch von Wortübereinstimmungen kennengelernt: σπάνιον, ἐλεύθερον, δοῦλον, ἀπαρρησίαστον, ἔρις, ἐλπίς, πρωτεῖα, συνήθεια, ἔθος, ἐπιτηδεύματα. Aber dies sind gewöhnliche Worte, die ihr Gewicht erst durch die von ihnen getragenen Gedanken erhalten. Anders steht es mit einem anderen Wort in der Rede des ›Philosophen‹, das seit langem die Aufmerksamkeit der Gelehrten auf sich gezogen hat (81, 20 ff.):

»In die Gewohnheiten und Beschäftigungen der Sklaverei sind wir seit unserer zartesten Jugend fast wie in Windeln eingewickelt (μόνον οὐκ ἐνεσπαργανωμένοι). ... Der Sklavensinn fühlt sich wie in einem Gefängnis von der Macht der Gewohnheit stets zerbläut (ὑπὸ συνηθείας κεκονδυλισμένον).«

Mit dieser Stelle hatte zuerst D. Ruhnken im Jahre 1778 eine philonische zusammengestellt, die so lautet (de ebr. 198):

»Ein bunt zusammengewürfelter Menschenhaufe ist ein unrühmlicher Sklave aller möglichen, irgendwie eingeführten Sitten und Bräuche. Kein Wunder, wenn er schon von den Windeln selbst an (ἀπ' αὐτῶν ἔτι σπαργάνων) auf sie wie auf Herren oder Tyrannen zu hören gewöhnt ist, seelisch zerbläut ist (κατακεκονδυλισμένος τὴν ψυχήν) und daher keinen großen und frischen Gedanken zu fassen vermag, sondern im Bann des Herkommens und der Tradition ist.«

Daß hier irgendein Zusammenhang bestehen müsse, blieb Ruhnken natürlich nicht verborgen, aber ein unmittelbares Abhängigkeitsver-

eine »neuakademische Invektive gegen das Herkommen« gewesen, steht völlig in der Luft; was die Schrifttitel der Stoiker und Akademiker περὶ und κατὰ τῆς συνηθείας bedeuteten, zeigt Varro De lingua Latina: es waren sprachphilosophische Schriften im Kampfe für und gegen die Analogie.

hältnis hielt er für ausgeschlossen und dachte an eine gemeinsame Quelle, die zu bestimmen er nicht in der Lage war. J. Bernays, dem das Verdienst gebührt, den Ruhnkenschen Hinweis durch eine in den Monatsberichten unserer Akademie vom Jahre 1876 gedruckte Abhandlung (Gesammelte Abhandlungen 1, 347 ff.) recht eigentlich ans Licht gestellt zu haben, bemühte sich gleichfalls vergeblich um die Bestimmung eines gemeinsamen Autors. Die Abhängigkeit des Anonymus von Philo zog er als eine Möglichkeit wohl in Betracht, lehnte sie aber als zu unwahrscheinlich ab. Es lohnt sich jedoch, seine Worte zu hören: »Daß Longinos« (so nannte er nach damaliger Gepflogenheit den Anonymus) »von Philon abhänge, ist zwar nicht unmöglich, und eine gewisse Bekannt- | schaft mit jüdischen Schriften zeigt Longinos durch sein ... Citat aus dem ersten Kapitel der Genesis; jedoch bei der isolierten literarischen Stellung Philons ist es äußerst unwahrscheinlich, daß ein klassisch geschulter Stilkünstler wie Longinos ihn auch nur gelesen, geschweige zu stilistischen Zwecken benutzt habe.« Das war immerhin vorsichtiger geurteilt, als es von G. Kaibel geschah (Hermes 34, 1899, 130, 1): »Die Abhängigkeit des Verfassers von Philon darf nicht einmal zur Erwägung gestellt werden.« Seitdem läuft die Übereinstimmung der beiden Schriftsteller in diesen ihren so eigenartigen Worten wie ein Kuriosum oder ein Problem durch die Literatur. So schreibt W. Rhys Roberts in seiner Ausgabe (Cambridge 1907) S. 244: »Had this philosopher any existence in fact, was he a writer as well as a speculator, and how are we to account for the coincidence of some of his words with those of Philo? These are questions we would gladly answer if we could.« Dieser Wunsch ist, denke ich, jetzt erfüllbar. Es handelt sich ja, wie wir sahen, gar nicht um die Kongruenz dieser einen Stelle des Anonymus mit der einen Philos, sondern es gibt, wie sich ohne Übertreibung wird sagen lassen dürfen, in der ganzen Rede des ›Philosophen‹ bei dem Anonymus auch nicht einen führenden Gedanken[14], der sich uns nicht als philonisch erwiesen hätte, und die von Ruhnken aufgefundene Übereinstimmung in Worten ist auch nur eine in einer langen Reihe, freilich die durch ihren prachtvollen Realismus bezeichnendste. Der Anonymus bekundet in einem eigenen, uns nur bruchstückweise erhaltenen Abschnitt seine Freude an drastischen, aus dem Leben selbst entnommenen, all-

[14] Dazu wird man das interessante Beispiel von den verkrüppelten νᾶνοι nicht rechnen. Doch verdient es Erwähnung, daß der Alexandriner Clemens (Paed. 3, 4 S. 271 P.) von der Vorliebe vornehmer Damen, sich mit solchen verkrüppelten Zwerggestalten zu umgeben, spricht: Mit dieser clementinischen Stelle vergleicht J. Marquardt, Privatleben d. Röm. I², Leipzig 1886, 152, 4 die des Anonymus.

täglichen Worten in metaphorischer Rede (c. 31)[15]. So wird ihm auch diese Derbheit in der Rede des ›Philosophen‹ Vergnügen bereitet und sich seinem Gedächtnis eingeprägt haben. Philos Wortschatz ist ja noch gar zu wenig untersucht, und es darf vielleicht auch bei dieser Gelegenheit der Hoffnung Ausdruck gegeben werden, daß günstigere Zeiten die Drucklegung des von H. Leisegang, dem genauesten Philokenner der Gegenwart, verfaßten Philolexikons ermöglichen werden, das in der letzten Leibnizsitzung unserer Akademie rühmende Erwähnung fand[16]. Aber auch jetzt wird jeder etwas eingehendere Leser Philos den Eindruck gewinnen, daß dieser Schriftsteller, den man sich so gern nur in die dunstigen Sphären der Mystik verstiegen denkt, sich in den irdischen Regionen ganz wohl fühlte und kräftige Griffe in die Niederungen des Wortschatzes durchaus nicht scheute. Es kann wohl nicht fraglich sein, woher diese Neigung stammte: aus dem kynisch-stoischen Diatribenstil, dem er keineswegs nur in einzelnen, auf ein weiteres Lesepublikum berechneten und durchweg auf diesen Ton gestimmten kleinen Schriften, sondern recht oft auch in den großen esoterischen huldigt; seine eifrige Lektüre der Septuaginta, denen die Finessen der Wortwahl himmelfern lagen, mag das ihrige dazu beigetragen haben, seinen Wortschatz etwas gröber, aber, wie man gerechterweise sagen muß, auch körniger zu gestalten, als es die Politur der Puristen duldete. Also die Ausdrücke »das Zerbläuen« und »die Windeln« stehen ihm wohl an, auch letzterer, wie am Schluß dieses Teiles noch kurz bemerkt sei: denn man darf es sich nicht so vorstellen, als ob diese Metapher sich etwa nur an der einen, von Ruhnken zitierten Stelle fände, sondern die Verbindung ἀπ᾽ (ἐξ ἔτι) αὐτῶν σπαργάνων, | die nach den Lexica sonst nur noch einmal vorkommen soll[17], findet sich bei ihm, wenn ich nichts übersah, noch elfmal, darunter, was wieder entscheidend ist, dreimal (de ebr. 51. de sacr. Cain et Abel 15. de somn. 2, 9) in derselben Verbindung mit ἔϑη, in der das Verbum ἐνσπαργανοῦσϑαι bei dem Anonymus steht.

15 Erhalten sind aus der Reihe der Beispiele nur die letzten zwei (aus Anakreon und Theopompos). Kein Zweifel, daß sie eröffnet wurde durch berühmte, in solchen Sammlungen der ἰδιωτισμοί nie fehlende demosthenische Kraftworte (ἰαμβειοφάγος, γραμματοκύφων). So wird auch erst verständlich, daß es weiterhin beim Übergang zu etwas Ähnlichem (S. 56, 4) heißt: ὁ γὰρ Δημοσϑένης ὅρος κ α ὶ τῶν τοιούτων: er war also vorher als maßgebend für jenes genannt.

16 [Vgl. das Vorwort und dessen erste Anmerkung].

17 Bei Sext. Emp. adv. math. 1, 41 S. 224. Es war eine sprichwörtliche Redensart: Philo de sobr. 24 ἐξ ἔτι σπαργάνων, τὸ τοῦ λόγου δὴ τοῦτο. Im Lateinischen ist *a cunabulis* ganz abgegriffene Metapher.

VI

Jetzt müssen wir mit geschärftem Blick nochmals die Stelle, die das Genesiszitat enthält, ins Auge fassen. Bei dem Anonymus wird »der Gesetzgeber der Juden« als einer, der »auch« würdig von Gott gesprochen habe, parataktisch neben Homer genannt; aber aus einer Stelle des Josephus konnten wir den Schluß ziehen, daß der Anonymus zu einer Parataxe gestaltet hat, was in seiner Vorlage eine Antithese war, in der Moses als würdiger Offenbarer göttlicher Majestät Homer und den hellenischen Schriftstellern überhaupt gegenübergestellt wurde. Zwischen dem Anonymus und dem palästinensischen Juden gibt es keine Verbindungslinie. Nun aber findet sich dieselbe Antithese bei dem alexandrinischen sechsmal: οἱ μὲν ἄλλοι νομοθέται — ὁ δὲ Ἰουδαίων νομοθέτης oder οἱ μὲν ἄλλοι φιλόσοφοι — Μωυσῆς δέ, οἱ παρ' Ἕλλησι φιλοσοφοῦντες — Μωυσῆς δὲ ἄμεινον oder οἱ ποιηταί (Homer) φασι — νεανικώτερον δὲ ὁ τῶν Ἰουδαίων νομοθέτης oder παρ' Ἡσιόδῳ — μακροῖς δὲ χρόνοις πρότερον ὁ τῶν Ἰουδαίων νομοθέτης (de opif. mundi 1 ff. 131. de plant. Noe 18. vita Mos. 2, 49. q. omn. prob. lib. 42. de aet. mundi 18 f.). Die bemerkenswerteste dieser Stellen ist die aus der Schrift über die Weltschöpfung, denn hier ist nicht bloß die Form, sondern auch der Inhalt der Antithese der gleiche wie bei dem Anonymus: ›mythische Erfindungen‹ (μυθικὰ πλάσματα) auf der einen Seite, die großartige mosaische Schilderung der Weltschöpfung auf der anderen Seite. Die Übereinstimmung geht hier derart ins einzelne, daß es beim Anonymus heißt (19, 6): εὐθὺς ἐν τῇ εἰσβολῇ τῶν νόμων habe der Gesetzgeber der Juden einen großen Gedanken zum Ausdruck gebracht, bei Philo (de opif. mundi 2) so: Μωυσῆς παγκάλην καὶ σεμνοτάτην ἀρχὴν τῶν νόμων ἐποιήσατο[18]. Hier sind wir nun an dem Punkt unserer Untersuchungen angelangt, an dem ausgesprochen werden darf: Über alle Einzelkonkordanzen der stilistischen Struktur und des Wortgebrauchs hinaus zwingt der Gedanke selbst, der in das Genesiszitat ausläuft, zum Eingeständnis, daß Philo der Vater dieses Gedankens war und kein anderer als er es gewesen sein kann. Um das zu erkennen, müssen wir freilich versuchen, den Satz schärfer, als es bisher geschehen ist, in seinem grammatischen Bau zu verstehen.

ταύτῃ καὶ ὁ τῶν Ἰουδαίων θεσμοθέτης, οὐχ ὁ τυχὼν ἀνὴρ ἐπειδὴ τὴν τοῦ θείου δύναμιν κατὰ τὴν ἀξίαν ἐχώρησε κἀξέφηνεν εὐθὺς ἐν τῇ εἰσβολῇ γράψας τῶν νόμων ›εἶπεν ὁ θεός‹, φησί - τί; - ›γενέσθω φῶς, καὶ ἐγένετο· γενέσθω γῆ, καὶ ἐγένετο‹.

Die Worte lassen sich meiner Ansicht nach nur so konstruieren, daß

[18] Die Stelle zitiert Kaibel a. a. O. 130, das Richtige streifend, aber im entscheidenden Moment abbiegend.

ὁ τῶν Ἰουδαίων θεσμοθέτης Subjekt zum Prädikat φησί ist; diese Begriffe rahmen den Nebensatz ein; in ihm gehört das Partizipium γράψας explikativ zu den Verba ἐχώρησε κἀξέφηνεν[19]. Eine Übersetzung also, die den Satz nicht, wie es oben dem deutschen Stilgefühl zuliebe geschah, in seine Teile zerlegen, sondern ihn genau wiedergeben wollte, müßte so lauten: »In diesem Sinne sagt auch der Gesetzgeber der Juden, kein gewöhnlicher Mann — nachdem er die Kraft des Göttlichen in würdiger Weise dadurch zum Ausdruck gebracht hatte, daß er gleich im Eingang seines Gesetzbuches schrieb: ›Es sprach Gott‹ — was? ›Es werde | Licht, und es ward. Es werde Erde, und sie ward‹.« Also die Worte ›Es sprach Gott‹ sind eine Gewähr für die würdige Konzeption der göttlichen Allmacht durch Moses. Dies zugegeben, leuchtet sofort ein: das ist Philos Lehre vom θεῖος λόγος als Schöpfungsprinzip und von Moses als dem Propheten der Worte, die Gott zu ihm sprach. Wollte man ein Wesentliches der philonischen Religionsphilosophie auf eine Formel bringen, so ließe sich etwa sagen: es ist die Vergeistigung des alttestamentlichen ›Wort Gottes‹ durch den stoischen Logosbegriff. Ohne dabei auf Einzelheiten einzugehen — alles Entscheidende ist von Émile Bréhier in seinem schönen Buch Les idées philosophiques et religieuses de Philon d'Alexandrie, Paris 1908, und von Ed. Schwartz (Nachr. d. Gött. Ges. 1908, 537 ff., bes. 549, 3) gesagt worden — sei, was für den vorliegenden Zweck genügt, nur auf Philos Schrift über die Weltschöpfung hingewiesen, der wir soeben einige mit dem Satz des Anonymus übereinstimmende Gedanken und Wendungen entnahmen: in dieser spricht er (23 ff.) eingehend über das schöpferische Wort Gottes (θεοῦ λόγος κοσμοποιοῦντος) und bezeichnet das Licht, das auf Gottes Wort wurde, als εἰκὼν θείου λόγου. Dieser Logos ist, wie er ebendort (20 f.) sagt, von allen göttlichen Potenzen (δυνάμεις) die höchste, ja der λόγος ist eben die δύναμις κοσμοποιητική. Da haben wir den Begriff, den man nächst dem Logos als eine Dominante des philonischen Systems bezeichnen könnte, die θεία δύναμις. Gerade sie wird ja nun aber auch in dem Satze des Anonymus genannt, und zwar ist, wie unsere Interpretation dieses Satzes zeigte, das Schöpfungswort Gottes der Exponent eben dieser seiner Kraft.

Endlich noch dieses. Der jüdische Gesetzgeber habe, heißt es in dem Satze, die Kraft des Göttlichen »gefaßt«, τὴν τοῦ θείου δύναμιν ἐχώρησεν. Die Zeiten, da man dieses Verbum durch Konjekturen zu verdrängen suchte, sind vorbei, und seine Verteidiger beriefen sich ganz richtig darauf, daß es in dieser Bedeutung bei Philo vorkomme. Aber

[19] Die Vahlensche Interpunktion (Kommata nach ἀνήρ und κἀξέφηνεν) ist m. E. nicht zu rechtfertigen.

sie nahmen die Belege, wie sie selbst bemerken, aus Wörterbüchern, und aus den paar, die in ihnen stehen, geht nicht hervor, daß χωρεῖν c. acc. ein Lieblingswort Philos war: er bietet, wenn ich keinen übersah, 25 Belege. Unter diesen sind zwei, in denen sogar die Verbindung, die es eingeht, identisch ist mit der beim Anonymus: χωρεῖν θεοῦ δυνάμεις (q. deus immut. 77—79. de spec. leg. 1, 44), zwei dieser nächstverwandt: χωρεῖν τὴν θεοῦ φύσιν (q. det. pot. insid. 89), τὴν θεοῦ θέαν (de praem. et poen. 39); nur prophetisch veranlagte Naturen besitzen ein derartiges Fassungsvermögen, und unter diesen überragte Moses alle, von dem es einmal heißt, er habe sämtliche Erscheinungen »gefaßt« (κεχωρηκέναι, de conf. ling. 106).

VII

Der Verfasser der Schrift über das Erhabene bleibt für uns nach wie vor ein großer Unbekannter; aber es ist doch ein Gewinn, daß wir nun — abgesehen von dem jungen Adressaten der Schrift, der ebensowenig faßbar ist — eine uns recht genau bekannte Persönlichkeit ermittelt haben, mit der er in Beziehung stand. Möglicherweise wird es für manche kein besonders behagliches Gefühl sein, sich diese »freie Griechenseele«, wie v. Wilamowitz den Anonymus nannte, im persönlichem Verkehr zu denken mit dem Hauptrepräsentanten des hellenisierten, also denaturierten Judentums, eines nicht eben sehr erfreulichen Erscheinungstyps. Abr hat man sich einmal auf den Gedanken eingestellt, so erscheint er doch nicht gar so befremdlich. Der Unbekannte fällt aus dem Rahmen des nachklassischen griechischen Literatentums eigentlich heraus, er gehörte nicht zur rhetorischen Zunft und war sich dieses Gegensatzes, wie einige polemische Äußerungen gegen die zeitgenössischen Rhetoren zeigen (S. 29, 14. 38, 1. 41, 23 ed. Jahn-Vahlen[4]), bewußt. Seine philosophischen und politischen Interessen sind offenkundig — auch diese seine | Schrift hatte er zum Nutzen der Staatsmänner bestimmt[20] — des Epigonenhaften

[20] 2, 11: ἐπεὶ δ' ἐνεκελεύσω καὶ ἡμᾶς τι περὶ ὕψους πάντως εἰς σὴν ὑπομνηματίσασθαι χάριν, φέρε εἴ τι δὴ δοκοῦμεν ἀνδράσι πολιτικοῖς τεθεωρηκέναι χρήσιμον ἐπισκεψώμεθα. Der junge Terentianus, dem der Verf. wegen seiner Lernbegier (ἕνεκα τῆς σῆς χρηστομαθείας. 81, 3) das Werk widmete, wollte also selbst die politische Laufbahn einschlagen oder hatte eben damit begonnen. Wir mögen ihn uns etwa in der Altersstufe des älteren der beiden Pisones denken, an die Horaz die Poetik richtete. Er mag sich dem Anonymus *ex admiratione ingenii* angeschlossen haben, wie in der nächsten Generation junge staatsbeflissene Leute dem Tacitus, der zu ihrem Nutzen den Dialogus verfaßte, in dem ja u. a. dasselbe Problem behandelt wird wie in dem Gespräche des ›Philosophen‹ mit dem Anonymus (Antike Kunstprosa 246 f.).

der Gegenwart ist er sich auffallend stark bewußt. Er besitzt, wie ebenfalls v. Wilamowitz sagt, ein bei einem Griechen seltnes Gefühl »für das Ursprüngliche, Unbewußte, das Naturgroße«. Ein Mann also von solcher Weite des geistigen Horizonts war nicht an die Enge des Kreises gebunden, in dem seine Zeitgenossen sich bewegten. Ein majestätisches Wort auch aus fremdem Kulturkreis fand Klang in seinen Ohren, schlug ihm in die Seele. Der Gott der Juden war ja auch anderen Angehörigen der antiken Kultur damals kein Fremder, und auch Moses, seinen Propheten, kannten sie[21]; die Orientalisierungswoge, die den Westen des Imperiums zu überfluten begann, trug auch die Literatur des Ostens, soweit sie in die Weltsprache übersetzt war. Über Philo als Philosophen und Schriftsteller braucht man nicht allzu hoch zu denken und kann doch zugeben, daß er das Durchschnittsmaß seiner Stammes- und Religionsgenossen überragte und von hellenischer Philosophie so tief durchdrungen war, wie später unter Nichthellenen nur noch Clemens und Origines. Nächst der griechischen Bibel muß Platon seine Hauptlektüre gebildet haben. Das Diktum ἢ Φίλων πλατωνίζει ἢ Πλάτων φιλωνίζει (Suidas s. Φίλων Ἰουδαῖος) ist freilich gar zu absurd, aber die daran geknüpfte Bemerkung τοσαύτη ἐστὶν ὁμοιότης τῆς τε διανοίας καὶ φράσεως τοῦ ἀνδρὸς πρὸς τὴν Πλατωνος stimmt; auch nennt er Platons Namen sowie einige Titel platonischer Schriften oft (elfmal), und nicht etwa bloß in den für weitere Kreise bestimmten Schriften, auch nie mit jener unerfreulichen reservatio mentalis, mit der später selbst die aufgeklärtesten Christen beider Sprachen von ihm reden, sondern stets mit voller Unbefangenheit und nicht selten mit Zusätzen der Verehrung, wie ὁ μέγας Πλάτων, ὁ λιγυρώτατος, παγκάλως, θεοπρεπῶς. In dieser Bewunderung Platons begegnet er sich mit dem Anonymus, der nächst Homer keinen so oft, so auszeichnend nennt und zitiert wie Platon. Auch in anderen Neigungen berührten sich die beiden. Homerische Verse flicht auch Philo gelegentlich seinen Worten ein (in den exoterischen Schriften), und es ist ganz bezeichnend, daß auch in der Rede des ›Philosophen‹ sich ein solcher findet. Über das pädagogische Problem: Anlage und Lehrbarkeit hat der Anonymus viel nachgedacht; sein Standpunkt ist dieser (c. 2): Anlage ist die notwendige Voraussetzung zu großen Leistungen, τὸ πρῶτον καὶ ἀρχέτυπον, die Kunst vermöge nur den richtigen Gebrauch des angeborenen Talents zu lehren. Für Pädagogisches interessiert sich auch Philo. Sein Standpunkt zu dem Problem ist ein ähnlicher: Die großen Naturen lernen kraft ihrer guten Anlage (εὐφυΐα), aber auch sie bedürfen zur Ergänzung der Lehre (de Abr. 4 ff. 48 f. vita

21 Nachweise in meinem Aufsatz: Jahve u. Moses in hellenistischer Theologie, Festgabe für A. v. Harnack, Tübingen 1921, 292 ff. = oben S. 276 ff.

Mos. 1, 18—24). Über den »Enthusiasmus«, ja die »Ekstase«, in die wir durch das überwältigend Großartige in der Kunst geraten, hat kein antiker Autor so oft, nur wenige (wie Demokritos und Platon) so schöne Worte gefunden wie der Anonymus (3, 1. 14, 10. 32, 7. 35, 3. 40, 7. 63, 7. 73, 1); offenbar war er nicht nur ein κριτικώτατος, sondern, wenn ihm etwas ungewöhnlich Großes begegnete, so übertrug sich, um seine eignen Worte zu gebrauchen, »die göttliche Inspiration und Ergriffenheit« jener schöpferischen Naturen auf ihn selbst. Auch Philo dürfen wir uns nicht bloß als spintisierenden Grübler denken: das war nur die eine, die intellektualistische Seite seines Wesens. Er selbst sagt einmal von sich — ein bemerkenswertes Selbstzeugnis —: | er sei gewohnt, auf seine Psyche zu lauschen, die häufig von Gott ergriffen werde und im Zustand des Unbewußten Offenbarungen erfahre (de Cherub. 27); demgemäß gilt ihm Moses als ein von ἔκστασις ergriffener προφήτης ἐνθουσιῶν, ein von göttlichem Licht Erleuchteter (q. rer. div. her. 262 f. de congr. 132. de migr. Abr. 76). Nehmen wir hinzu, daß auch Philo über Rhetorik als notwendiges Bildungsfach sich öfters äußert und es dabei nicht verschmäht, sogar in das Terminologische der Technik (z. B. über die verschiedenen Tönungen der Stilfarbe) herabzusteigen (de Cher. 105 q. det. pot. insid. 127 ff. de agr. 18. de congr. 17. de somn. 1, 205), wie er es denn ja auch versucht, die Monotonie seiner spinösen Exegesen durch eingelegte Reden und Beschreibungen teilweise sehr pathetischen oder zierlichen Charakters abzuschwächen (z. B. de Cher. 35 ff. de somn. 2, 123 ff. de Abr. 42 ff. 137 ff.)[22], so werden wir zusammenfassend sagen dürfen, daß es an Berührungspunkten zwischen ihm und dem Anonymus nicht gefehlt hat.

Jede Erweiterung unseres Wissens gibt neue Fragen auf. Wann und wo hat die Begegnung der beiden stattgefunden? Daß die Haltung der Schrift vom Erhabenen auf einen Autor des ersten kaiserlichen Jahrhunderts hinweise, sprach nachdrücklich wohl zuerst G. Kaibel aus (a. a. O. 120 ff.); präziser sagte v. Wilamowitz: »zwischen 20 und 50« (Griechisches Lesebuch 1, 2, 378), »um 40« (Griech. Lit. in Kultur d. Gegenwart[3], 223). Diese aus inneren Gründen gewonnene Schätzung bestätigt sich jetzt. Gerade im Jahre 40 war Philo als Führer der Gesandtschaft, die von der alexandrinischen Judengemeinde an Kaiser Gaius geschickt war, in Rom. Daß der Anonymus zu der Zeit, als er die Schrift verfaßte, in Rom lebte, hatte man aus manchen Indizien auch bereits geschlossen. Es spricht also alle Wahr-

[22] An solchen Stellen meidet er den Hiatus streng. Dies verdient eine Untersuchung, die auch für die Sonderung seiner Schriften in exoterische und esoterische wichtig sein könnte.

scheinlichkeit dafür, daß die Begegnung der beiden in der Hauptstadt (oder in deren Nähe) erfolgte. Vielleicht ermöglicht es nun die Identifikation des ›Philosophen‹ mit Philo, die Abfassungszeit der Schrift noch um eine Kleinigkeit zu präzisieren. Das Gespräch über Despotie und Demokratie würde an Lebendigkeit gewinnen, wenn es in eine Zeit fiele, in der die Erörterung über dieses Thema eine gewisse Aktualität besessen hätte. Das aber war nach dem Sturz des Gaius (24. Januar 41) der Fall. Mit einer Ausführlichkeit, der sich aus der gesamten Geschichte des Imperiums wohl nichts an die Seite stellen läßt, sind wir durch einen langen Abschnitt in der Archaeologie des Josephus (19, 1—4) über die Vorgänge von der Ermordung des Gaius bis zur Erhebung des Claudius unterrichtet (daß Cluvius Rufus die Quelle war, erachte ich für gesichert). Der Senat war für Wiederaufrichtung der Republik; einer der Senatoren hielt eine Rede, deren Stichwort »Freiheit« war — lang genug habe man gelernt, nach Sklavenart zu leben —, und die Konsuln gaben zum ersten Male seit langer Zeit wieder ein Losungswort aus: es lautete »Freiheit«. Aber die Erhebung des Claudius machte den republikanischen Gelüsten, unzeitgemäß wie sie waren, ein rasches Ende. Diese Vorgänge würden der Rede des ›Philosophen‹ Philo über Versklavung in der Despotie und Freiheit in der Demokratie ein passendes Relief geben. Nun hat Philo das Ende des Gaius noch in Rom erlebt: er hat es im zweiten, uns nicht erhaltenen Buch seiner Πρεσβεία πρὸς Γάϊον erzählt, wie die Ankündigung in den letzten Worten des ersten Buches zeigt. Zu den frühesten Regierungshandlungen des Claudius gehörte die Bestätigung der durch Gaius aufgehobenen Privilegien der alexandrinischen Juden; Josephus (5, 2) teilt den Wortlaut des kaiserlichen Edikts mit. Die Gesandtschaft kehrte also in den ersten Monaten des Jahres 41 wohlverrichteter Sache zurück. Die Monate, die er nach dem Regierungsantritt des Claudius noch in Rom verlebte, waren für Philo nach den Demütigungen, die Gaius ihm und seinen vier Mitgesandten in der spät und widerwillig gewährten Audienz hatte zuteil werden lassen, eine Zeit stolzer Genugtuung. Auch an frohen Ereignissen in seiner eignen Familie konnte er teilnehmen. Seinem Bruder | Ti. Alexander Lysimachos, einem schwerreichen Mann, der unter Tiberius Steuerverweser (Alabarchos) in Alexandreia gewesen war und den Gaius in Rom hatte gefangen setzen lassen, wurde von Claudius, für dessen Mutter Antonia er Vermögensverwalter gewesen war, die Freiheit wiedergeschenkt. Er hatte zwei Söhne, Ti. Julius Alexandros — dieser wurde unter Galba Praefectus Aegypti und kommandierte, ein Apostat des nationalen Judentums, im Heere des Titus vor Jerusalem — und Marcus. Der letztere wurde mit der Tochter des jüdischen Königs Julius Agrippa[23], eines Enkels Herodes' des Großen, vermählt, Agrippa selbst mit höchsten Auszeichnungen und einer Vergrößerung seines Reiches bedacht. Diese Ereignisse fanden, wie wir aus Josephus ersehen, dem allein wir ihre Kenntnis verdanken, in jenen ersten Monaten des Claudius statt. Philo wird an der Vermählungsfeier seines Neffen teilgenommen haben und Zeuge der Ehrungen gewesen sein, die sein nunmehriger Verwandter Agrippa empfing. Diese in den leblosen Philobiographien der Neueren kaum gestreiften Begebenheiten mußten hier erwähnt werden, weil sich aus ihnen ergibt, daß Philo in der letzten Hälfte seines römischen Aufenthalts eine Persönlichkeit war, mit der zu verkehren auch ein Andersgläubiger sich nicht zu schämen brauchte. Die Vermutung, daß seine Begegnung mit dem Anonymus eben in jenen ersten Monaten des Jahres 41 erfolgte, darf wohl als sehr wahrscheinlich bezeichnet werden. Philo war damals schon in vorgerückteren Jahren: er spricht von sich als Gesandten an den kaiserlichen Hof in Ausdrücken, wie sie etwa von einem angehenden Sechziger gelten können[24]. Der Anonymus wird nicht beträchtlich jünger gewesen sein: aus der Schrift spricht Welterfahrung und Menschenkenntnis, und den Adressaten redet er ὦ νεανία an (34, 7). Setzen wir also den Fall, die beiden wären ungefähre Altersgenossen gewesen, so hatten sie die zweite Hälfte des augusteischen Principats als Jünglinge, den des Tiberius und Gaius als Männer bis ziemlich nahe an die Schwelle des Greisenalters erlebt, waren also auf Grund eines langen und reichen Lebens befugt, ihre Gedanken über Welt und Menschen auszutauschen. Wohl etwas Resignation, nichts von Müdigkeit ist ihrem Gespräch anzumerken. Der

[23] Die Mutter hieß Kypros, die Cousine und Gattin des Agrippa, ebenfalls eine Enkelin des Herodes. Von ihr hat C. Cichorius, Römische Studien, Leipzig 1922, 353 ein lebensvolles Bild entworfen.

[24] Leg. ad Gaium 182 ἐγὼ δὲ φρονεῖν τι δοκῶν περιττότερον καὶ δι' ἡλικίαν καὶ τὴν ἄλλην παιδείαν. Dazu die ersten Worte der Schrift ἄχρι τίνος ἡμεῖς οἱ γέροντες ἔτι παῖδές ἐσμεν, deren Gewicht für die Altersbestimmung Philos durch den noch dazu ganz freien Gebrauch einer platonischen Floskel (Tim. 22 B) doch nicht, wie man neuerdings wieder meint, gemindert wird. — Eine frühere Reise hatte ihn nach Jerusalem geführt: Fragm. bei Euseb. pr. ev. 2, 646 Mang.: γενόμενος ἐν ταύτῃ (Askalon) καθ' ὃν χρόνον εἰς τὸ πατρῷον ἱερὸν ἐστελλόμην εὐξόμενός τε καὶ θύσων, ein wichtiges Zeugnis für Beziehungen der Diaspora zur Muttergemeinde. Da στέλλειν technisch für die Sendung eines Deputierten ist, muß er schon damals eine angesehene Stellung in der alexandrinischen Judenschaft eingenommen haben. Nehmen wir an, daß er im Jahre 40 n. Chr. ein angehender Sechziger, also um 25—20 v. Chr. geboren war, was von der Wirklichkeit nicht weit entfernt sein dürfte, so würde die jerusalemische Reise in die Zeit des Hohenpriesters Kaiaphas fallen können: dieser, unter dem Jesus verurteilt wurde, bekleidete die Würde von etwa 18—36 n. Chr.

Anonymus muß seine Schrift nicht sehr lange nach der Begegnung abgefaßt haben, denn diese hatte, wie er sagt, ἔναγχος (81, 5) stattgefunden.

Die Fragen nach dem Wann und Wo ließen sich also befriedigend beantworten. Auf andere gibt es, soviel ich sehe, vorläufig keine bestimmte Antwort. Warum hat Philo den Anonymus (oder dieser ihn) aufgesucht? Bestanden ältere persönliche Beziehungen? Darüber läßt sich nichts sagen, obwohl die Familie Philos, wie bemerkt, seit Tiberius Beziehungen zu der höchsten römischen Gesellschaft unterhielt. Oder kannten sie sich nur aus ihren Schriften? Diese Möglichkeit wäre wohl in Erwägung zu ziehen. Für beide lag die Hauptzeit ihrer literarischen Produktion schon zurück. Die des Anonymus war schwerlich sehr umfangreich (sonst hätte sie vermutlich irgendwelche Spuren in der Überlieferung, und sei es auch nur in enzyklopädischer, hinterlassen), aber auf einige der uns | erhaltenen vorausliegende Schriften weist er in dieser zurück (12, 23. 14, 17; 48, 19. 73, 10). Dagegen war Philo ein πολυγραφώτατος von dem Typus, den später Origines darstellt. In zahlreichen seiner Schriften hatte er sich mit hohen literarischen Ambitionen an ein wissenschaftliches Publikum gewandt, sei es, um sich an vielbehandelten philosophischen Streitfragen zu beteiligen — so vor allem in der Schrift Περὶ ἀφθαρσίας κόσμου, die, wenn sie nicht das berühmte Zitat der ersten Verse der Genesis enthielte (19), keine Spuren jüdischen Ursprungs trüge —, sei es, um Propaganda für eine gerechtere Würdigung der jüdischen Religion zu machen. Unter den Schriften letzterer Art war eine uns verlorene, sie trug nach Eusebios, der ein längeres Fragment daraus überliefert (pr. ev. 8, 11), den Titel Ὑπὲρ Ἰουδαίων ἀπολογία. Sie muß vor das Jahr 41 fallen, denn nach dem Erlaß jenes claudischen Edikts war kein Anlaß mehr zur Apologetik. Nun erwies sich uns im Anfang dieser Untersuchung das Kapitel des Anonymus mit dem Genesiszitat durch eine Kongruenz mit einer Stelle des Josephus als Ausschnitt aus jüdischer Apologetik. Da wir dann im weiteren Verlauf der Untersuchung persönliche Beziehungen des Anonymus zu Philo festzustellen vermochten, so liegt die Vermutung wohl nahe, daß jenes Kapitel, insoweit es den Angriff auf die homerische Theologie und die Prädikation der mosaischen enthält, auf der Grundlage der philonischen Ἀπολογία beruht habe; denn die Antithese ›homerischer Polytheismus — jüdischer Monotheismus‹ war ein solches Inventarstück der Apologetik, daß auch Philo in seiner Schrift daran nicht vorübergehen konnte, wie er denn in der Tat nach den oben aus anderen seiner Schriften angeführten Belegstellen recht oft beiläufigen Gebrauch von jener Antithese macht. Als er dann, nach Alexandreia zurückgekehrt, die bald erschienene Schrift seines Bekannten las, mußte er sich in den Abschnitten, die unfern vom Anfang und vom Schluß standen, wiedererkennen[25] und mag, von Selbstbewußtsein nicht frei und durch Anerkennung von seiten der heterodoxen Gesellschaft nicht verwöhnt, sich über das Kompliment des geistreichen, in seinen literarischen Ansprüchen hochgespannten und daher mit Lob kargenden Schriftstellers gefreut haben.

[25] Wir haben gesehen, daß der Anonymus sich auch in den Ausdrücken vielfach an philonische anschloß (hier als kleiner Nachtrag: 17, 11 πάμφυρτος, ein poetisches Wort — jetzt auch Soph. Ichn. 232 — kommt in Prosa, insoweit die Lexika ein Urteil erlauben, außer beim Anonymus nur noch bei Philo vor: de Cher. 52. de Ios. 84). Aber ein so selbständiger Schriftsteller wie er hat sich, zumal das auch durch die Homogenität des Stilcharakters geboten war, seine freie Beweglichkeit natürlich gewahrt (für Freiheit im Zitieren auch literarisch berühmter Stellen aus Dichtern und Prosaikern gibt ja gerade er die deutlichsten Beispiele). Ich möchte das hier für die analysierten Abschnitte kurz zeigen. 19, 4 ὁ τῶν Ἰουδαίων θεσμοθέτης· so Philo nie, sondern stets νομοθέτης. — Ebd. οὐχ ὁ τυχὼν ἀνήρ: hier ist eine viel tönendere Prädikation herabgedrückt; vgl. v. Mos. 1, 1 Μωυσῆς ἀνὴρ τὰ πάντα μέγιστος καὶ τελειότατος, de sept. 5 = de spec. leg. 2, 51 ὁ πάντα μέγας M. — 19, 5 τὴν τοῦ θείου δύναμιν: Philo stets nur ἡ θεοῦ δύναμις oder θεία δύναμις. — 19, 6 isokolische Stilisierung des Genesiszitats. — 82, 2 μόνον οὐκ ἐνεσπαργανωμένοι: Philo hat nie das Verbum, stets nur das Substantivum. — 81, 11 νὴ Δία kommt bei Philo nicht vor (πρὸς τοῦ θεοῦ fr. 2, 630 M., μὰ τὸν ἀληθῆ μόνον θεόν leg. all. 2, 68); da er aber in der für weitere Kreise bestimmten Schrift über die sittliche Freiheit jedes Tüchtigen von den θεοὶ Ὀλύμπιοι ohne Reserve spricht (42. 105; τὸν Ὀλύμπιον χῶρον ἀρετῆς u. ä. sogar in den esoterischen de post. Cain. 31. de somn. 1, 84. de plant. Noe 71, vgl. Ταντάλειος τιμωρία de decal. 149 de concup. 1 = de spec. leg. 4, 81. q. rer. div. her. 269, Σισύφειος τιμωρία de Cher. 78, u. ä. m.), so könnte er in der Konversation mit einem Hellenen auch die ja ganz verblaßte Beteuerungsformel gebraucht haben; wenn nicht, so hat der Anonymus auch das stilisiert. — 82, 4. Der packende Ausdruck κόλακες μεγαλοφυεῖς trägt das stilistische Gepräge des Anonymus, er hat, wie ich sagen möchte, taciteisches Gepräge, wie auch kurz vorher (81, 20) δουλεία δικαία (man übersetze sich das *adulatores magnificentissimi* und *servitus iusta* und lasse das in taciteischem Geist auf sich wirken). Überhaupt kenne ich in griechischer Sprache nichts, was im Glanz der Diktion, überraschenden, dem Geiste sich einprägenden Wendungen (nicht freilich in der Periodisierung) so an Tacitus erinnerte, wie manches beim Anonymus (im Dialogus ist es, wegen des analogen Stoffs, besonders greifbar): es ist eben das ὑψηλόν, das Pathetische, die Stildominante bei beiden, ein Erbteil freilich der Tradition, aber bei so großen Schriftstellern wie selbsterworbenes Eigentum leuchtend.

DIE KOMPOSITION UND DIE LITERATURGATTUNG DER HORAZISCHEN EPISTULA AD PISONES*
1905

Die alte Streitfrage nach dem Dispositionsprinzip der Poetik des Horaz hat drei verschiedenartige Lösungsversuche erfahren. Der älteste dieser Versuche, durch Versumstellungen größten Stils die scheinbare Unordnung zu beseitigen, braucht heutzutage ebensowenig mehr widerlegt zu werden, wie die etwa gleichzeitig herrschende Unmethode der Athetese von Strophen der Oden; immerhin bleibt Peerlkamp und seinen Nachfolgern das Verdienst, gerade durch den Widerspruch, den sie hervorriefen, zu genauerer Forschung angeregt zu haben.

Sorgfältigere Prüfung verdient die zweite der aufgestellten Theorien, die sich kurz so formulieren läßt: das Prinzip der Disposition der Poetik ist absichtlicher Dispositionsmangel. Die Vertreter dieser Ansicht berufen sich auf den Stil der Sermonen, zu denen ja auch die Pisonenepistel gehöre; die Kunst dieses γένος liege in seiner scheinbaren Kunstlosigkeit oder, wie Lehrs es geistvoll präzisierte, in der ›Form der Formlosigkeit‹. Diese Auffassung erfreut sich gegenwärtig der größten Beliebtheit. So heißt es bei Teuffel-Schwabe § 239, in diesem Brief sei ›eine Reihe ästhetischer Fragen in zwangloser Folge locker aneinander gereiht‹. O. Weißenfels hat in einer langen Abhandlung (Ästhetisch-kritische Analyse der epistula ad Pisones, Neues Lausitzisches Magazin 56, 1880, 118—200) diese Annahme mit größter Energie vertreten; selbst die Konsequenz, die er zu ziehen sich genötigt sah, Horaz habe einzelne Teile gesondert ausgearbeitet und nachträglich, so gut es anging, aneinandergereiht (132—36), machte ihn nicht irre an der Richtigkeit der Theorie. Dann stellte sich Kießling (1887, 1898^2) auf diesen Standpunkt mit ausdrücklicher Anerkennung des Weißenfelsschen Aufsatzes; die bedenkliche, von jenem gezogene Schlußfolgerung lehnt er freilich stillschweigend ab, im | übrigen erhebt aber auch er die ›grata neglegentia‹ des Sermonenstils zum Prinzip, z. B. sagt er in der dem Kommentar vorangeschickten Inhaltsangabe dieses Briefs (S. 239^2), mündliche Unterhaltung ›binde sich nicht an den Faden einer schulgerechten Disposition‹, und dieser

* *[Addendum (s. S. VIII)]* Zu ergänzen aus Watzinger, Vitruvstudien, Rheinisches Museum 64, 1909, 202 ff.

Auffassung entspricht denn auch die Analyse des Gedankengangs (ebenda): z. B. ›aus der richtigen Selbsterkenntnis... ergibt sich dann auch ... die Herrschaft über die sprachliche Darstellung (38—44) — ja die Sprache ... — (45—72), sowie das für jede dichterische Form als passend erprobte Metrum — das kann und soll man lernen — (73—88)‹; oder: ›darum bleibe lieber bei ... dem homerischen Stoff, den du dramatisieren willst . . . (119—135) — und was läßt sich nicht alles von Homer lernen — (136—152)! Doch um zu deinem besonderen dramatischen Vorhaben zurückzukehren‹ usw. Während aber Kießling in seiner bekannten feinsinnigen Art die von ihm vertretene Auffassung vorsichtig formulierte, hat der neueste Vertreter dieser Ansicht einen anderen Ton angeschlagen: H. Peter, Der Brief in der römischen Literatur, Leipzig 1901, 223 f. schreibt: ›Am weitesten geht die Benutzung der Freiheit des Briefes im Plaudern in der dritten Epistel ... Je mehr der Stoff in Versuchung führte, lehrhaft zu werden, desto ängstlicher hat sich der Dichter von allem Systematisieren ferngehalten. Nicht nur, daß er den Schein einer Disposition vermeidet: wie oft in seinen Sermones hat er die einzelnen Glieder einer Gedankenreihe absichtlich durcheinandergeworfen und die Leitsätze gleichsam gelegentlich eingeschoben, daß der Dichter Nutzen und Genuß bringen müsse, und daß sein Beruf beides, Beanlagung und Studium verlange (343 ff. 408 ff.); er hat auch die Verbindung der Gedanken zerrissen oder verwischt oder durch Nebeneinanderstellen, wo eine Unterordnung am Platz gewesen wäre, ihr Verhältnis zueinander verrückt‹ usw. Nun ist hier nicht der Ort zu untersuchen, ob diese Auffassung des Sermonenstils, die Lehrs zu jener geistreich antithetischen Pointe zugespitzt hat, sich bei genauer Prüfung als stichhaltig bewährt (daß sie in der Tat unrichtig ist, hoffe ich durch eine Analyse einzelner Sermonen bei anderer Gelegenheit beweisen zu können). Es sei aber doch gefragt, ob es wahrscheinlich ist, daß Horaz gerade in unserm sermo, in dem er mit ungewöhnlicher Schärfe die Planmäßigkeit der Gedankenfolge und Genauigkeit der Disposition fordert (1 ff. 41 ff.), sich über eben diese Postulate mit so souveräner | Freiheit hinweggesetzt habe. Wenn Horaz gar so plump verfahren wäre, wie Peter es schildert, so müßte er in diesem reifsten Erzeugnis seines Talents gerade von jener Tugend ganz und gar verlassen worden sein, die wir an ihm mehr als an irgendeinem anderen römischen Dichter bewundern, von seinem fein abwägenden Kunstverstand. Jedenfalls werden wir einer solchen Auffassung erst dann beipflichten, wenn alle sonstigen Erklärungsversuche versagen sollten.

Wenn Peerlkamp und seine Nachfolger durch Veränderung der Versfolge eine bestimmte Gedankenordnung zu erzielen suchten, andere aus dem bequemen Konversationston der Sermonen nun auch den Mangel einer festen Disposition glaubten folgern zu dürfen, so ist auch der dritte der möglichen Wege beschritten worden, auf Grund der überlieferten Versfolge ein bestimmtes Dispositionsprinzip zu suchen[1]. Diesen Weg wies vor allen Vahlen durch seine ›Bemerkungen zu Horatius de arte poetica‹ (in der Zeitschrift für die österreichischen Gymnasien 18, 1867, 1—16). Wenn die kleine Abhandlung in den neueren Untersuchungen dieser Frage nur wenig Beachtung fand[2], so erklärt sich das vielleicht daraus, daß sie, einem bestimmten Zweck entsprechend, sich auf die ersten 118 Verse beschränkt; und doch ist in ihr zum erstenmal methodisch der Versuch gemacht worden, durch eingehende Analyse des Gedankengangs das Planvolle der Komposition aufzuzeigen. Daß ich, dem diese Abhandlung erst nach Abschluß der eignen Analyse bekannt wurde, von ganz anderm Ausgangspunkt aus mit Vahlen an allen entscheidenden Punkten der von ihm begangenen Wegstrecke zusammengetroffen bin, wird der Leser aus dem folgenden ersehen, | da ich die Erkenntnisse, die wir Vahlen verdanken, möglichst mit seinen Worten hervorheben werde. Während es nun aber Vahlen glückte, die Kompositionsart des Anfangs analytisch nachzuweisen, haben die neueren Versuche, das Gleiche für die Epistel in ihrem ganzen Umfang zu leisten, nicht denselben Erfolg gehabt[3]. Wie schwierig es ist, durch bloße Analyse die Komposition der ganzen ars einwandfrei nachzuweisen, geht — ganz abgesehen von den Bedenken, die gegen jedes der gewonnenen Dispositionsschemata erhoben werden müssen — auch daraus hervor, daß diese nur in wenigen Punkten übereinstimmen, zum Zeichen, daß diese Art der Analyse nur schwer einer Subjektivität der Betrachtung entgehen

[1] L. Döderlein, Horazens Episteln, Leipzig 1858, 2, 143, hat nachdrücklich ein solches Prinzip postuliert — die genaue Disposition der übrigen Sermonen gebiete ein Gleiches für die ars poetica anzunehmen —; wenn er selbst nicht imstande sei, das Gesuchte zu finden, so beweise das nicht, daß es nicht vorhanden sei.

[2] O. Ribbeck, Hor. Episteln, Berlin 1869, 202 ff., hat selbst in diesem Abschnitt, statt Vahlen (den er zitiert) zu folgen, Umstellungen vorgenommen. Dagegen hat Kießling sich hier im wesentlichen an Vahlen angeschlossen, freilich — wie seine vorhin angeführte Paraphrase dieses Abschnitts zeigt — ohne rechte Konsequenz und Schärfe; auch macht er nach Vers 72 einen Absatz, der, wie wir sehen werden, Engverbundenes trennt. Ich kann es nicht unterlassen, an dieser Stelle hervorzuheben, daß Kießling zu jenen wahrhaft bedeutenden Exegeten gehört, von denen man auch da, wo sie irren, lernt.

[3] Th. Fritzsche, Die Composition von H. ars poetica (Philologus 44, 1885, 88—105). O. Henke, Des H. Brief an die Pisonen (Programm Bremen 1896). N. Wecklein, Die Compositionsweise des H. und die epistula ad Pisones (Sitzungsber. d. bayr. Ak. 1894, 379—418; ganz abenteuerlich); Th. Birt, Über den Aufbau der ars poet. des H. (im Anhang zu A. Dieterichs Pulcinella, Leipzig 1897, 279—301; mit manchen geistreichen und feinen Einzelbemerkungen, als Ganzes aber nicht überzeugend).

kann: aber auch da, wo durch diese Methode so sichere Ergebnisse gewonnen werden wie in dem von Vahlen behandelten Teil, wird eine auf anderem Weg vorgenommene Kontrolle wünschenswert sein. Eine solche wird nun, wie mir scheint, durch das rhetorische Lehrsystem ermöglicht, das uns unvergleichlich besser bekannt ist als das poetische.

Daß die Theorie der Poesie gleich da, wo wir ihr zuerst begegnen, bei den Sophisten, denen Platon sich anschließt und noch Aristoteles vieles verdankt, sich im Gefolge der Rhetorik befindet, ist eine mir geläufige Anschauung, die an dem reichen Material zu begründen, hier zu weit führen würde. Wer aber auch nur den Einfluß erwägt, den die kunstmäßig sich entwickelnde Prosarede auf die Poesie seit Pindar ausgeübt hat, wird ohnehin begreiflich finden, daß auch die Theorien beider Künste in Beziehung zueinander treten mußten[4]. Die römische Poetik stand von Anfang an im Zeichen der Rhetorik: das ist für Accius im Rheinischen Museum 48, 1893, 530 ff. ⟨oben 94 f.⟩ bewiesen worden. Die enge Beziehung beider Theorien bezeugt, um viele, anderswo von mir angeführte Belege | zu übergehen, für das sullanische Rom Cicero inv. 1, 33, wo er eine längere Stelle der Andria des Terenz nach allen Regeln der Kunst als rhetorisches Musterstück zerlegt, für das caesarische derselbe orat. 66 f.: *poetae quaestionem attulerunt, quidnam esset illud quo ipsi different ab oratoribus ... ego autem, etiamsi quorundam grandis et ornata vox est poetarum, tamen in ea cum licentiam statuo maiorem esse quam in nobis faciendorum iungendorumque verborum, tum etiam nonnullorum voluntate vocibus magis quam rebus inserviunt.* Auf das hier von Cicero berührte ζήτημα, inwieweit dem Dichter Freiheiten in Wortbildung und Syntax (*facienda iungendaque verba*) gestattet seien, geht Horaz 47—72 ausführlich ein, und auch zu der ›Willensäußerung einiger‹ (*nonnullorum voluntas*), daß für ein Gedicht die formale Ausführung (*voces*) wichtiger sei als der Inhalt (*res*), nimmt Horaz 319—22 (ablehnend) Stellung. Diese Stelle Ciceros führt uns in den Kreis derer um Valerius Cato[5], zu dem der auch in der Praxis die beiden Künste verbindende Calvus gehörte, und die bemerkenswerte Übereinstimmung der hier von Cicero berichteten poetisch-rhetorischen Theorie mit Stellen der horazischen Poetik fordert dazu auf, das Verhältnis dieser zur Rhetorik genauer zu prüfen.

[4] Hingewiesen sei nur auf Strabon 1, 18, weil die von ihm benutzte Quelle (Hipparchos in seiner Polemik gegen Eratosthenes) zeitlich derjenigen nahe steht, der Horaz nach Porphyrios' Zeugnis einige Hauptlehren entnommen hat.

[5] Vgl. O. Jahn zu d. St. Wichtig für den Zusammenhang der Theorien ist Leos Entdeckung (Göttinger Prooemium 1892/3, 7 ff.), daß die zwischen Catulls Epyllion und Vergils Bucolica fallende Reform des Hexameters mit der des oratorischen Rhythmus Hand in Hand ging.

Nun sind zwar in den Kommentaren schon der Renaissancezeit Lehren der Rhetorik für die Erklärung einzelner Stellen der horazischen Poetik herangezogen worden: wir finden hie und da ein oder das andere Zitat aus der aristotelischen Rhetorik, Dionysios und der Schrift περὶ ὕψους, aus Ciceros rhetorischen Schriften, dem auctor ad Herennium und Quintilian. Aber mit solchen von einem Kommentar zum anderen weiterwandernden Parallelstellen[6] zu einzelnen Worten oder Sentenzen ist für die Lösung des Kompositionsproblems nichts gewonnen: da kann nur eine systematische Vergleichung helfen. Eine solche werde ich, ohne die Absicht, den Stoff zu erschöpfen, hier zu geben versuchen. |

Die beiden Hauptteile der Epistel

Wenn wir die Epistel als Ganzes betrachten, so erkennen wir deutlich ihre Gliederung in zwei große Teile. Darüber herrscht bei den meisten, die überhaupt eine bewußte Komposition annehmen, deshalb Einvernehmen[7], weil Horaz selbst hier eine nicht mißzuverstehende Angabe gemacht hat. Der erste (größere) Teil handelt, um es zunächst einmal ganz allgemein zu bezeichnen, von der Dichtkunst, der zweite (kleinere) vom Dichter[8]. Die Überleitung vom ersten zum zweiten wird durch 295—305 gebildet. Horaz hatte zuletzt (275—94) eine Skizze von der Entwicklung der εἴδη des griechischen und römischen Dramas gegeben und die Versuche der Römer in diesem γένος anerkannt bis auf den Mangel an genügender Sorgfalt des Feilens. Dieser Fehler, sagt er dann (295 ff.), den zweiten Teil vorbereitend, erkläre sich aus einer verkehrten Auffassung der Dichter von ihrer Aufgabe: sie glauben, das *nomen poetae* zu verdienen, wenn sie mit Berufung auf Demokrit ihrem Genie vertrauen und sich wie wahnsinnig gebärden. Mit dieser Verkehrtheit wolle er — nicht mehr durch eignes Beispiel, sonden durch theoretische Lehren — aufräumen. Dann folgt die Propositio des zweiten Teils (306—8):

munus et officium, nil scribens ipse, docebo,
unde parentur opes, quid alat formetque poetam,
quid deceat, quid non, quo virtus, quo ferat error.

[6] Einige finden sich zusammengestellt bei Ad. Michaelis, De auctoribus quos Horatius in libro de a. p. secutus esse videatur, Kil. 1857, 32—34. — Adam, Ciceros Orator und Horaz ars poetica, Programm Urach 1882, enthält trotz des verheißungsvollen Titels nur allgemeines Raisonnement.

[7] Auch Kießling, der im übrigen, wie bemerkt, der Annahme einer genauen Disposition abgeneigt ist, macht eine darauf bezügliche Anmerkung (zu 306).

[8] Natürlich ist das nicht so zu verstehen, als ob nun das Wort *poeta* nicht auch im ersten, *poemata (carmina)* nicht auch im zweiten Teil vorkäme: es handelt sich nur um das Prinzip.

Hierauf hebt er in dozierendem Ton an (309): *scribendi recte sapere est et principium et fons,* usw. Der Dichter muß sich philosophische Geistesbildung verschaffen (309—32). Er muß seine Aufgabe kennen, die im *prodesse et delectare* besteht (333—46). Er muß Vollkommenheit wenigstens anstreben (347—407), und zu dem Zweck sich üben sowie sich offene Kritik gefallen lassen (408—52). Dann folgt der Schluß des Ganzen: der wahnsinnige Dichter (453—76). Man sieht, wie kunstvoll der zweite Teil durch das anfangs nur skizzierte, dann am Ende ausgeführte Bild des wahnsinnigen Dichters zu einem in sich geschlossenen Ganzen | abgerundet wird. Der Inhalt des ersten Teils ist andersartig. Mit seiner Analyse werden wir uns nachher eingehender beschäftigen, aber ein Blick auf die Hauptthemata — Stoff und Form der Poesie 1—130*, die Gattungen der Poesie 131**—294 — zeigt, im Vergleich mit den angeführten des zweiten Teils, daß im ersten die Dichtkunst als solche, im zweiten der schaffende Dichter im Vordergrund steht. Dieses für uns zunächst befremdliche Dispositionsprinzip hat Horaz nicht erfunden, sondern von der Behandlung anderer τέχναι auf die Poetik übertragen. Quintilian gibt die Disposition seiner institutio oratoria im Prooemium selbst an (21 f.): *liber primus* (1) *ea quae sunt ante officium rhetoris continebit. secundo* (2) *prima apud rhetorem elementa et quae de ipsa rhetorices substantia quaeruntur tractabimus. quinque deinceps* (3—7) *inventioni — nam huic et dispositio subiungitur —, quattuor* (8—11) *elocutioni ... dabuntur. unus* (12) *accedet, in quo nobis orator ipse informandus est, et qui mores eius, quae in suscipiendis dicendis agendis causis ratio, quod eloquentiae genus, quis agendi debeat esse finis, quae post finem studia ... disseremus.* Dieses Einteilungsprinzip wird im Prooemium von 12 kurz wiederholt und als Inhalt des zwölften Buches angegeben: *mores ei (oratori) dare et adsignare officia;* es wird im Verlauf dieses Buches öfters betont: 5, 1 *haec sunt quae me redditurum promiseram, instrumenta non artis, ut quidam putaverunt, sed ipsius oratoris,* 9, 1 *quae non tam dicendi arte quam officiis agentis continentur attingam.* Demgemäß zerfällt das Werk, wenn wir das erste (propädeutische) Buch außer Betracht lassen, in zwei Teile: 2—11 handeln de arte oratoria, 12 de oratore. Da haben wir also eine genaue Analogie zur Disposition der horazischen Poetik im großen. Auch einzelne Ausdrücke der oben ausgeschriebenen Verse, in denen Horaz das Programm des zweiten Teils darlegt, stimmen zu den entsprechenden Quintilians: *officium — officia; formare — informare; quid deceat, quid non — mores.* Daß Quintilian die Sonderung der beiden Teile älteren Rhe-

* *[Korrektur]* 118.
** *[Korrektur]* 119.

torikern verdankt, zeigt 3, 3, 11 f. Dort sagt er nach Aufzählung der fünf Teile der Rhetorik *(inventio, dispositio, elocutio, memoria, pronuntiatio): fuerunt in hac opinione non pauci, ut has non rhetorices partes esse existimarent sed opera oratoris: eius enim esse invenire disponere eloqui et cetera. quod si accipimus, nihil arti relinquemus. nam bene dicere est oratoris, rhetorice tamen erit bene di- | cendi scientia; vel, ut alii putant, artificis est persuadere, vis autem persuadendi artis* e. q. s. Die Kontroverse geht auf griechische Quellen zurück, wie der Ausdruck *opera oratoris* d. i. ἔργα τοῦ ῥήτορος zeigt: vgl. Fortunatianus p. 81 Halm: *Partes oratoris officii quot sunt? — quinque: inventio dispositio elocutio memoria pronuntiatio. — Haec a Graecis quid vocantur? —* ἔργα τοῦ ῥήτορος.

Ohne hier zunächst den Ursprung dieses Schemas genauer zu verfolgen, suchen wir das gewonnene Resultat für die Frage nach der Kompositionsart der Epistel im einzelnen zu verwerten.

I. De arte poetica (1—294)

Quintilian gibt 3, 3 die Einteilungsarten der Rhetorik an, nach denen er den Stoff disponiert. Er unterscheidet *partes* und *genera* der Rhetorik. Die *partes* werden gebildet durch die typische Fünfzahl (*ut plurimi maximique auctores tradiderunt*): *inventio, dispositio, elocutio, memoria, pronuntiatio.* Unter den *genera,* die einige fälschlich mit den *partes* verwechselten, versteht er die *oratio laudativa, deliberativa, iudicialis.* Diese drei Gattungen würden von einigen *genera rhetoricis* genannt, von anderen, denen Cicero folge, *genera causarum,* und diese Bezeichnung sei die beste. Cicero, auf den Quintilian sich beruft, spricht darüber orat. 1, 137 ff., wo er den Crassus diese Einteilung zu den *communia et contrita praecepta* zählen läßt. In der Tat gliedert sich nun der erste Hauptteil der horazischen Poetik in zwei Abschnitte. Der erste (A)[9] 1—130* handelt, wie nachher genauer bewiesen werden soll, von *inventio, dispositio, elocutio,* also von den drei ersten jener fünf *partes* der Rhetorik. Der zweite (B) 131**—294 handelt vom Epos und Drama sowie den Arten des letzteren (Tragödie, Komödie, Satyrspiel); den Gattungen der Rede, nämlich Lobreden, Suasorien, Prozeßreden in der Rhetorik entsprechen also in der Poetik die Gattungen der Poesie. Wir haben mithin dem

[9] Die Buchstaben beziehen sich auf das unten S. 507 f. [= 338] stehende Schema.

* *[Korrektur]* 118.

** *[Korrektur]* 119.

ersten Abschnitt die Überschrift zu geben: de partibus artis poeticae, dem zweiten: de generibus artis poeticae.

A. De partibus artis poeticae 1—130[***]

Die Beziehungen dieses Abschnitts zur Rhetorik können, wenigstens in einer Partie, als anerkannt gelten. Von dieser Partie werden wir daher auszugehen haben. |

1. Nachdem Horaz in den Versen 1—37 das Postulat einer einheitlichen, in sich geschlossenen Komposition aufgestellt hat, fährt er fort (38—41):

sumite materiam vestris, qui scribitis, aequam
viribus, et versate diu, quid ferre recusent,
quid valeant umeri. cui lecta potenter erit res,
nec facundia deseret hunc nec lucidus ordo.

Er behandelt dann kurz den *ordo* (42—44), ausführlich die *facundia* (45 ff.). Hier haben wir also die drei ersten *partes* der Rhetorik: *materia* (*res*) = *inventio, ordo* = *dispositio, facundia* = *elocutio.* Das notieren schon die älteren Kommentare, und die neueren wiederholen es, insofern sie überhaupt auf die Disposition des Ganzen Rücksicht nehmen[10]. Es fragt sich nun aber: wie fügen sich die Verse 1—37 unserem Dispositionsschema?

Über Abgrenzung und Inhalt der Verse 1—37 besteht keine Meinungsverschiedenheit. Es ist das schon bei Platon Phaedr. 264 C[*] und Aristoteles Poet. 7. 8 sich findende Postulat einer μία καὶ τελεία σύστασις[**] πραγμάτων, das Horaz hier, auch in der Bildersprache sich an seinen Gewährsmann anschließend, aufstellt. Und zwar verfährt er im wesentlichen negativ: er zeigt die Fehler einer andersartigen Komposition auf. Über den Zusammenhang zwischen diesen Versen und den eben besprochenen 38 ff. hat Vahlen (a. O. 8), nachdem darüber früher falsche Ansichten verbreitet waren, richtig so geurteilt: ›Dieser Satz (*sumite materiam ... viribus*) hat seine Vorbereitung und seinen Anlaß in dem ganzen bisherigen Abschnitt des Gedichtes.‹ Es kann

[10] Für die Formulierung des Gedankens in 38—40 vgl. besonders noch Quintilian 10, 2, 19 *in suscipiendo onere consulat suas vires* (sc. *orator).*

[***] *[Korrektur]* 118.

[*] *[Addendum]* (von der Rede).

[**] *[Addendum]* cf. *componere* 35 (34 *ponere totum).* Künstlerische Darstellung, μίμησις (20 *simulare,* 33 *imitabitur*). NB. Die in Anm. 10 angeführte Stelle Quintilians steht in dem Abschnitt *de imitatione,* wo auch sonst manches zu Horaz stimmt, besonders § 16 $\approx$ Vers 25 ff. Nur bei Quintilian alles vom rhetorischen Standpunkt. NB. Den Dichter geht die rhetorische *inventio* nichts an, wohl die *tractatio,* daher jene durch diese vertreten.

hinzugefügt werden, daß die innere Verbindung auch darin zutage tritt, daß 30 (*variare ... rem unam*) *und* 40 (*cui lecta potenter erit res*) in sichtbarer Beziehung zueinander stehen. Daher liegt es nahe zu untersuchen, ob 1—37 mit der rhetorischen Lehre von der *inventio*, die, wie gesagt, in 38—40 deutlich*** bezeichnet ist, in einem Zusammenhang steht. Daß dies der Fall sei, nimmt Birt (a. O. 286) an, wenn er als Inhalt der Verse 1—41 angibt: ›Die Stoffwahl (*inventio delectu adhibito*).‹ Es wird das aber schärfer formuliert werden müssen, denn es ist nicht ohne weiteres ersichtlich, inwiefern 1—37 mit der *inventio* zu tun haben. Wenn man nun den positiven Inhalt dieser Verse zusammenfassen wollte, so würde sich kaum eine | bessere Bezeichnung finden als diese: *de argumentorum* (*rerum*) *tractatione*[11]. Denn Horaz zeigt, wie verkehrt die Dichter handelten, wenn sie, aus Sucht nach Abwechslung und um zu glänzen, Stoffe, die in keinem inneren Zusammenhang miteinander ständen, zu einer Mißgestalt verbänden, anstatt die Lehre zu beherzigen, daß ein gutes Gedicht einheitlich komponiert sein müsse. Nun spielte die Lehre von der richtigen Behandlung des Stoffs eine große Rolle in der Schulrhetorik und wurde dort so eng mit der *inventio* verknüpft, daß beides, *invenire* und *tractare*, sich gegenseitig ergänzte. Darüber sagt der auctor ad Her. 2, 27: *quoniam satis ostendisse videamur, quibus argumentationibus in unoquoque genere causae iudicialis uti conveniret, consequi videtur, ut doceamus, quemadmodum ipsas argumentationes ornate et absolute tractare possimus. nam fere non difficile invenire, quid sit causae adiumento, difficillimum est inventum expolire et expedite pronuntiare; haec enim res facit, ut neque diutius quam satis sit, in eisdem locis commoremur, nec eodem identidem revolvamur, neque incohatam argumentationem relinquamus, neque incommode ad aliam deinceps transeamus;* Cicero orat. 47 ff. *iudicium igitur adhibebit* (*orator*) *nec inveniet solum quid dicat, sed etiam expendet* e. q. s. (die Notwendigkeit des *iudicium* hebt Horaz dadurch hervor, daß er 24 ff. die Folgen seines Mangels darlegt). Entscheidend ist dann vor allem eine andere Stelle Ciceros. Horaz leitet nämlich den Fehler der meisten Dichter, heterogene Dinge zu verbinden, unter anderem daraus ab, daß sie aus Furcht, monoton zu werden, in unzulässiger Weise dem *studium variandi* frönen (24—31). Dieses Argument finden wir bei Cicero de orat. 2, 176 f. in gleichem Zusammenhang, aber so, daß er das schlechthin empfiehlt, was Horaz zwar in der Theorie ebenfalls

11 Zu eng Porphyrio p. 344, 18 Meyer: *primum praeceptum est* περὶ τῆς ἀκολουθίας, worunter man, wie aus Ps. Diogenes ars rhet. c. 10, 6 zu ersehen ist, die folgerichtige Gliederung einer Rede verstand.

*** *[Addendum]* stimmt nicht. Dies hat mit *inventio* nichts unmittelbar zu tun.

billigt, aber wegen des unkünstlerischen Übermaßes in der Anwendung widerrät: *iam illud videmus nequaquam satis esse, reperire quid dicas, nisi id inventum tractare possis. tractatio autem varia esse debet, ne aut cognoscat artem qui audiat aut defatigetur similitudinis satietate.* Es ist das übrigens eine Lehre, die auf Isokrates zurückgeht: die χρῆσις τῶν πραγμάτων sei nicht minder wichtig als die πράγματα selbst, zu jener | gehöre auch das καταποικῖλαι (4, 9. 13, 16)[12]; wenn er an beiden Stellen betont, daß zu einer richtigen Stoffbehandlung gehöre, τῶν καιρῶν μὴ διαμαρτεῖν, so meint Horaz dasselbe, wenn er von gewissen *argumenta* sagt (19): *sed nunc non erat his locus,* d. h. ἀλλὰ νῦν γε δὴ ἄκαιρα ταῦτα ἦν.

Während Horaz bei der *tractatio argumentorum* lange verweilt, behandelt er die *inventio,* d. h. die *argumenta* (*res*) selbst, ganz kurz 38—41. Die transitorische Behandlung der *inventio* kann nicht auffallen: Horaz setzt — wie in anderem Zusammenhang Vers 119—30 zeigen — den Stoff voraus und beschränkt die Erfindung zugunsten der μίμησις. So erklärt sich auch, daß er die beiden τόποι — *de argumentorum inventione* und *de argumentorum tractatione* — in umgekehrter Reihenfolge bringt: die künstlerische Darstellung geht als das Wichtigere voran*.

2. Ebenso schnell wie die *inventio* wird das zweite μέρος, der *ordo* (*dispositio,* τάξις), erledigt 42—44. Auch in den uns erhaltenen griechischen wie lateinischen Rhetoriken wird dieser Teil mit unverhältnismäßiger Kürze behandelt (vgl. Cic. de orat. 1, 142. 2, 307 ff.).

3. Dagegen verweilt Horaz lange beim dritten μέρος, der *facundia* (*elocutio,* λέξις). Während er über den Beginn dieses Abschnitts durch den kräftigen Einsatz *in verbis* etc. (46, von Bentley richtig vor 45 gestellt) keinen Zweifel gelassen hat, ist die Begrenzung nach unten kontrovers. Hier aber wird uns die Analogie der Rhetorik wieder sicher leiten. Daß freilich zunächst (a) 45—72 von der ἐκλογὴ ὀνομάτων gehandelt wird, ist klar und unbestritten. Dann aber folgt ein Abschnitt (b) 73—85, in dem die Versmaße behandelt werden. Über sein Verhältnis zum vorhergehenden sind die widersprechendsten Ansichten aufgestellt. Es wäre aber zwecklos, sie oder die Umstellungsvorschläge zu widerlegen, da schon Vahlen a. O. 13 (und in derselben

[12] Auch Dionysios ep. ad Pomp. 3, 11 handelt von der Pflicht des Schriftstellers, dem Leser Abwechslung zu verschaffen, und lobt wegen ihrer Erfüllung den Herodot, der ποικίλην ἐβουλήθη ποιῆσαι τὴν γραφὴν Ὁμήρου ζηλωτὴς γενόμενος. Er spricht darüber da, wo er den πραγματικὸς τόπος behandelt (vgl. 15); der aber ist ihm identisch mit dem, was andere εὕρεσις nannten (de Dem. 51 p. 241, 1 Radermacher). Vgl. auch de imit. p. 25, 12 Usener.

* *[Randbemerkung]* Ist das *inventio*? Falsch.

Zeitschrift 22, 1871, 14 f.) das Richtige in aller Kürze gesagt hat. Vahlen schreibt: | ›Horatius hat von v. 45 ab den poetischen Stil (*facundia*) in Betracht gezogen und Anweisungen gegeben, welche in der poetischen Sprache überhaupt Beachtung verdienen: aber die poetische λέξις ist nicht ἄμετρος, sondern ἔμμετρος ... Der Fortschritt von der Sprache zum Vers ist so naturgemäß und einfach, daß es dafür weiterer Begründung nicht bedarf.‹ Doch ist für unsern Zweck die Tatsache wichtig, daß die analoge Verbindung in der Rhetorik typisch ist. Dionysios teilt den λεκτικὸς τόπος in die beiden Teile περὶ ἐκλογῆς ὀνομάτων und περὶ συνθέσεως ὀνομάτων (de comp. verb. 1); in seiner, dem letzteren Teil gewidmeten Schrift behandelt er bekanntlich die Rhythmik, und zwar zieht er für den prosaischen Rhythmus im weitesten Umfang den poetischen heran. Varro hat die Metrik in dem Werk de sermone latino behandelt. Cicero bespricht im orator zunächst (149—162) die Worte als solche, darauf (162—198) ihre Verbindung im Satz, d. h. den Rhythmus der Rede; auch er wählt seine Beispiele nicht bloß aus der Prosa, sondern auch aus der Poesie, und leitet den oratorischen Rhythmus mit Berufung auf Isokrates aus dem poetischen ab. Als eine Einzelheit sei noch erwähnt, daß Cicero in dem Teil, der die ἐκλογὴ τῶν ὀνομάτων behandelt (149—162), auch die Frage nach der Analogie oder Anomalie der Sprache streift, ganz wie Horaz in den Versen 60—72 des entsprechenden Abschnittes (a); wenn von Cicero dieser Teil bezeichnet wird als *locus de natura usuque verborum* (162), so könnte man auch für den horazischen schwerlich eine passendere Bezeichnung finden (vgl. *usus* 71 und das schöne Beispiel aus der belebten Natur 60 ff.). Auf die Behandlung dieser zwei Abschnitte folgt ein dritter, den wir mit c) bezeichnen (86—130)*. Sein Inhalt läßt sich so zusammenfassen: über den Sprachstil (*de verborum coloribus*); dieser muß konform sein dem εἶδος des Gedichts (86—98) sowie den πάθη der Personen (99—113) und deren ἤθη (114—130)*. Dieser Abschnitt setzt mit 86 *descriptas servare vices* (nämlich die 73—85 beschriebenen διάφορα μέτρα) *operumque colores* ersichtlich ein; auch der Schluß läßt sich leicht erkennen. Bei den ἤθη handelt es sich nämlich erstens um Charaktertypen überhaupt, die differenziert werden müssen nach der Würde, dem Alter, der Berufsart und der Nationalität der Personen (114—118)**, zweitens um die Frage, ob der Dichter die von der Sage überlieferten Charaktertypen beibehalten oder sich von der Tradition freimachen und neue erfinden solle: jenes wird em- | pfohlen, dieses als schwieriger

* *[Korrektur]* 118.

** *[Addendum]* NB. Richtig Vahlen, daß nur bis 118 (cf. auch Heinze zu 119). Mit 119 beginnt dann, wie Ton und Inhalt zeigen, eine neue Gedankenreihe.

widerraten (119—130)[13]. Dann beginnt mit der Behandlung des Epos der zweite große Abschnitt (B) des ersten Hauptteils. Nachdem wir so die vom Sprachstil handelnden Verse 86—130* gegen ihre Umgebung abgegrenzt haben, fragen wir nun nach ihrem Zusammenhang mit den vorausgehenden Teilen von der Wortwahl und vom Metrum. Auch hier hat Vahlen a. O. 16 das Richtige schon gesagt: ›Der Dichter soll mit Einsicht und Vorsicht bei der Wahl der Worte verfahren ... [= a unseres Dispositionsschemas]. Die Sprache des Dichters ist aber eine metrische, und Natur der Rhythmen und fester Brauch haben jeder Dichtart das ihrem Charakter angemessene Versmaß zugewiesen ... [= b]. Wie die Dichtungen nach ihren Maßen gesondert sind, so ist auch Ton und Farbe des Stils in jeder Dichtart verschieden‹ [= c] usw. Vahlen faßt also den Abschnitt vom Sprachstil [c] als Teil der Darlegung περὶ λέξεως. Daß dies der Theorie entspricht, zeigt Cicero de orat. 3, 210: *quoniam de ornatu omni orationis sunt omnes si non patefacti at certe commonstrati loci* (nämlich Wortwahl und Rhythmus der Periode, also = a und b), *nunc quid aptum sit, hoc est quid maxime deceat in oratione videamus: quamquam id quidem perspicuum est, non omni causae nec auditori neque personae neque tempori congruere orationis unum genus* (d. h. Sprachstil, also = c). Hier entsprechen die *causae*, deren Verschiedenartigkeit der Stil der Rede sich anpassen soll, den verschiedenen εἴδη der Poesie, denen der poetische Stil konform sein soll; und wenn Cicero gleich darauf (211) von den redenden *personae* sagt, es käme bei ihnen darauf an, *qua sint aetate, honore, auctoritate*, so entspricht das genau der Bestimmung bei Horaz, die Personen des Gedichts je nach Würde, Alter und Berufsart reden zu lassen**. Für die Übereinstimmung der poetischen Theorie mit der rhetorischen ist auch die Einzelheit bezeichnend, daß, wie | Cicero diese seine Darlegung über den Sprachstil mit den Worten *quid maxime d e c e a t in oratione videamus* einleitet, so Horaz gewissermaßen die Summe dieses Abschnitts so zusammenfaßt: *singula quaequae locum teneant sortita d e c e n t e m*

[13] Aristoteles Poetik 14. 1453 b 20 τοὺς μὲν οὖν παρειλημμένους μύθους λύειν οὐκ ἔστιν: das hat die jüngere Poetik, der Horaz folgt, also von den μῦθοι auf die ἤθη (das zweite μέρος der Tragödie) übertragen. Auch die zweite Frage, ob freie Erfindung zu empfehlen sei, hat Aristoteles erwogen; unter dem Eindruck der Neuerungen Agathons neigt er dazu, die Frage zu bejahen: 4. 1449 a 7; 9. 1451 b 19—27. An letzterer Stelle scheint Aristoteles eine entgegenstehende Ansicht zu bekämpfen, die die freie Erfindung mißbilligte: eben diese Ansicht ist es, die dann die von Horaz benutzte Quelle empfahl, recht bezeichnend für die Zeit des ἀμάρτυρον οὐδὲν ἀείδω.

* *[Korrektur]* 118.
** *[Addendum]* (114—118).

(92; vgl. 105 f. *tristia maestum voltum verba decent*). Wir hätten also diesem Abschnitt, den wir — der Übereinstimmung mit den zwei vorangehenden zuliebe — *de verborum coloribus* betitelten, auch die Überschrift περὶ τοῦ ἐν λόγοις πρέποντος[14] geben und uns dafür noch berufen können auf Cicero or. 70—74, eine Stelle, die in mehrfacher Hinsicht die eben aus de orat. 3. angeführte ergänzt und uns dadurch, daß Cicero wieder ausdrücklich die Poesie zum Vergleich heranzieht, wertvoll ist: *ut in vita sic in oratione nihil est difficilius quam quid deceat videre;* πρέπον *appellant hoc Graeci, nos dicamus sane decorum. de quo praeclare et multa praecipiuntur ... huius ignoratione non modo in vita sed saepissume et in poematis et in oratione peccatur. est autem quid deceat oratori videndum non in sententiis solum sed etiam in verbis. non enim omnis fortuna*[15]*, non omnis honos, non omnis auctoritas, non omnis aetas, nec vero locus aut tempus aut auditor omnis eodem aut verborum genere tractandus est aut sententiarum ... itaque hunc locum longe et late patentem philosophi solent in officiis tractare ..., grammatici in poetis*[16]*, eloquentes in omni et genere et parte causarum* e. q. s.*

*B. De generibus artis poeticae 131—294***

Mit v. 130 ist der Abschnitt, der die *partes* der Poetik behandelt, abgeschlossen; es folgt nun der Abschnitt über die *genera,* d. h. die Gattungen der Poesie (Epos und Drama)***. Daß diese Einteilung des Stoffs einem für die Rhetorik gültigen Schema entspricht, ist oben S. 488 bewiesen worden. Daher besteht auch keine Veranlassung, den vom Epos handelnden Teil mit Birt a. O. 292 f. um- | zustellen[17]. Im ein-

[14] Auf den aristotelischen Abschnitt über das πρέπον λέξεως hat schon Vahlen a. O. 15 hingewiesen.

[15] Auch dieser Ausdruck hat, wie die folgenden, seine Entsprechung bei Horaz: 112 *si dicentis erunt fortunis absona dicta.*

[16] Dafür geben bekanntlich unsere Scholien, besonders die zu Euripides, zahlreiche von Trendelenburg gesammelte Belege. Eine für die Horazverse lehrreiche Stelle: Cicero off. 1, 97 f.****, wo eine Probe solcher Kritik gegeben wird.

[17] Er stellt, wie schon Peerlkamp, die Verse 136—152 nach 44. Der Irrtum beider

* *[Addendum]* cf. Cic. opt. gen. 1 *et in tragoedia comicum vitiosum et in comoedia turpe tragicum.*

** *[Korrektur]* 119—289.

*** *[Addendum]* Absatz scharf markiert durch die Imperative und die Anrede *scriptor,* ganz wie 38 (dazwischen keine Imperative und keine Anrede an den Dichter).

**** *[Addendum]* Dort auch *servare* wie Hor. ars 86 und Beispiele aus demselben Sagenkreis wie Hor. ars 91, aber für das Ethos der Personen.

zelnen können wir uns hier erheblich kürzer fassen als bei A*. Am Schluß von A war bei der Behandlung der ἤθη der ältere der Pisonenbrüder gelobt worden, daß er, statt neue Charaktere zu erfinden, sich an die überlieferten halte und einen homerischen Stoff dramatisiere: *Iliacum carmen deducis in actus* (129). Da stehen also die beiden *genera* zusammen, die in B behandelt werden. Der Übergang von A zu B wird durch v. 131—35 gebildet: ›ein solches Festhalten an der Überlieferung schließt, wenn es in richtiger Weise geschieht, Selbständigkeit nicht aus.‹ Darauf treten wir mit der σύγκρισις Homers und der Kykliker in die Behandlung des Epos ein (136** ff.)[18]. Für die Aufeinanderfolge von A und B sei noch auf Ciceros Orator verwiesen. Wir haben soeben gesehen, daß dem letzten Abschnitt von A bei Horaz (über das πρέπον) die Ausführungen Ciceros über denselben Gegenstand or. 70—74 entsprechen. Cicero fährt dann fort (75): *sequitur ut cuiusque generis nota quaeratur et formula,* worauf er von 76 an über die genera dicendi handelt. Ebenso geht Horaz vom πρέπον zu den genera der Poesie über.

Behandelt werden 1) das Epos 136—152, 2) das Drama 153—294, also nur die beiden Gattungen, auf die sich auch Aristoteles beschränkt, und mit derselben unverhältnismäßig größeren Ausführlichkeit in der Behandlung des Dramas. Der Abschnitt | über das Drama gliedert sich nach einer kurzen Propositio (153—55) in folgende Teile: a) Die griechischen εἴδη 156—250 (α Tragödie und Ko-

beruht darauf, daß sie die Behandlung des Dramas schon mit 114 beginnen lassen: dann würden allerdings die Verse 136—152, die vom Epos handeln, die nach jener Voraussetzung vom Drama handelnden Verse 114—294 unterbrechen. Aber wir sahen, daß 114 ff. die ἤθη der Personen nur im Zusammenhang des Sprachstils behandelt werden. Wie können denn auch die ἤθη von den πάθη getrennt werden, die Birt selbst richtig zu dem Abschnitt über den Sprachstil gehören läßt? Übrigens sei noch bemerkt, daß durch die Umstellung die auch sprachlich so feste Fuge *si non . . . moraberis* (131 f.), *nec . . . curabis* (133), *nec desilies* (134 f.), *nec sic incipies* (136) gelöst werden würde.

18 Die zahlreichen Interpreten, die daran Anstoß nehmen, daß Horaz, obwohl Piso ein Drama schreiben wolle (129 f.), nun doch zunächst vom Epos handle (136—52) und erst dann auf das Drama zurückkomme (153 ff.), bedenken nicht, daß die Adresse nur eine Form, Piso also wie Senecas Lucilius zu beurteilen ist: das Persönliche ist nichts als ein Substrat für die allgemeinen Darlegungen und kann jederzeit wie herangezogen so fallen gelassen werden. Zudem muß Piso, da er ein episches Sujet dramatisieren soll, doch erst etwas vom Epos erfahren.

* *[Addendum]* Vorangeht eine sowohl für Epos wie Drama gültige Bemerkung über die Stoffwahl: bis 130. Der mit 131 beginnende Teil über das Epos ist mit den einleitenden Bemerkungen so eng verknüpft, daß beides unmerklich miteinander verschmilzt. 131 ist der Übergang.

** *[Korrektur]* 131.

mödie 156—219*, β Satyrspiel 220—50), b) Σύγκρισις des griechischen und römischen Dramas 251—94 (α in der Form 251—74, β in den εἴδη 275—94).

Hier bedürfen zunächst die Verse 156—78 einer Bemerkung: sie heben mit großem Nachdruck die Wichtigkeit der richtigen Charakterschilderung an dem Beispiel der ἡλικίαι hervor, wie gleich 156 programmatisch gesagt wird: *aetatis cuiusque notandi sunt tibi mores;* es folgt eine Skizze der ἤθη des *puer, iuvenis, vir, senex.* Nun aber lasen wir ja schon 114 f.: es komme viel darauf an, ob rede *maturusne senex an adhuc florente iuventa fervidus,* und Peerlkamp rückte deshalb beide Stellen zusammen. Wird nun wirklich dieselbe Sache an zwei getrennten Stellen — zuerst kurz, dann sehr ausführlich — behandelt? Diese Frage ist gleichzeitig zu bejahen und zu verneinen: derselbe Gedanke steht hier und dort, aber in verschiedenem Zusammenhang und zu verschiedenem Zweck. Dort handelte es sich um den Sprachstil, dem das ἦθος der Diktion wie in anderem so auch im Alter der redend eingeführten Person konform sein muß; hier handelt es sich um die Zeichnung der Charaktere als solcher im dramatischen γένος, ohne Rücksicht auf den Sprachstil. Diese Auffassung wird bestätigt durch Aristoteles' Rhetorik, aus der schon ältere Exegeten die merkwürdig genauen Parallelstellen angeführt haben. Auch Aristoteles nämlich kommt zweimal auf die ἡλικίαι zu sprechen: einmal sehr ausführlich da, wo er die ἤθη der Redner in den drei γένη der Rede behandelt (2, 12—14), das andere Mal kurz da, wo er das ἦθος des Sprachstils behandelt (3, 7. 1408 a 27). Die Übereinstimmung des Horaz mit der aristotelischen Rhetorik zeigt sich also nicht bloß in der Ausführung des einzelnen, sondern, was uns hier allein angeht, auch in der Verwertung eines und desselben Gedankens für zwei verschiedene Zusammenhänge: wie bei Aristoteles für die Redegattungen und für die λέξις, so bei Horaz für die dramatische Gattung und für die *elocutio.* Die scheinbare Dublette bedeutet mithin keine Störung der Disposition, sondern bestätigt deren Genauigkeit nach dem von uns zugrunde gelegten Schema der Rhetorik.

Danach werden wir auch über die zweite scheinbare Dublette dieses Abschnitts richtig urteilen können. An die Behandlung der | εἴδη des dramatischen γένος bei den Griechen (a) schließt sich eine

* *[Addendum]* 1) ἤθη 156—178. 2) πράγματα (cf. 179. 189. 193. 194) 179—201. 3) Musik 202—219. Aristot. 6 ff. sechs μέρη: 1) ὄψις, 2) μελοποιία, 3) λέξις, 4) ἦθος, 5) μῦθος, 6) διάνοια. Da Horaz bei 2) speziell auch die ὄψις im Auge hat, so ist Ar. 1 + 5 (μῦθος = πράγματα) = Hor. 2; Ar. 4 = Hor. 1; Ar. 2 = Hor. 3. Die λέξις und διάνοια bei Hor. keine gesonderten Teile, aber beide werden in dem Abschnitt über die Musik mit einbefaßt (217 *eloquium,* 219 *sententia*).

lange σύγκρισις des griechischen und römischen Dramas (b), und zwar zunächst (α) in der formalen Behandlung des Dialogverses: 251 *syllaba longa brevi subiecta vocatur iambus* usw. bis 274. Nun aber hatte er vom Iambus doch schon 79—81 gesprochen (*Archilochum proprio rabies armavit iambo: hunc socci cepere pedem grandesque cothurni, alternis aptum sermonibus et popularis vincentem strepitus et natum rebus agendis*). Peerlkamp rückte, in der Verkehrtheit wenigstens Konsequenz bewahrend, beide Stellen zusammen, Ribbeck verwies die ganze Partie, innerhalb welcher die Verse 79 ff. stehen, in die Epistel an Augustus. Diejenigen Editoren, die nicht umstellen, begnügen sich entweder damit, bei der zweiten Stelle auf die erstere zurückzuverweisen (so Orelli-Mewes ›cfr. supra 79 sqq.‹), oder sie enthalten sich jeder Bemerkung über das Verhältnis der beiden Stellen zueinander (Döderlein, Kießling, Krüger); denn L. Müller können wir hier wie überall außer Betracht lassen. Nun liegt die Sache hier genauso wie in dem soeben behandelten Fall. In 79—81 handelt es sich, wie die angeführten Worte selbst zeigen, um das Ethos des iambischen Rhythmus im Zusammenhang mit der λέξις, in 251 ff. um die Entwicklung des iambischen Trimeters innerhalb des dramatischen γένος*.

II. De poeta (295—476)

Die Verbindung zwischen den beiden Hauptteilen ist, wie schon bemerkt wurde (S. 486), durch die Verse 295—305 hergestellt. Die am Schluß von I gegebene Entwicklungsgeschichte des griechischen und römischen Dramas schloß mit dem Gedanken: die Römer haben durch die Erfindung neuer εἴδη (fabula praetexta und togata) bewiesen, daß sie etwas leisten können (286—88); aber es fehlt ihnen an der Sorgfalt und Geduld des Feilens, ohne das es kein Kunstwerk gibt (289—94)**. Nun folgt der*** Übergang: ›unsere Dichter glauben nämlich mit Berufung auf Demokrit, daß die *ars* unwesentlich sei, daß vielmehr derjenige das *nomen poetae* erlange, der das nötige Quantum an μανία besitzt — eine törichte Auffassung, die ich nicht mehr durch eigene Dichtungen, sondern durch theoretische Lehren

* *[Addendum]* Er will auf die schlechten Abweichungen der römischen von der griechischen Praxis hinaus: 251—258 *(socialiter)* sind nur Vorbereitung auf 258 (hic)—274.

** *[Addendum]* Das bereitet schon auf das Folgende vor.

*** *[Addendum]* eigentliche.

korrigieren will‹ (295—305). Mit dem Ausdruck *nomen poetae* ist die Wendung auf das von nun an dominierende persönliche Element gegeben (vgl. Cic. de orat. 1, 64 | *orator ... hoc tam gravi dignus nomine,* orat. 22 *horum singulorum generum quicumque vim in singulis consecuti sunt, magnum in oratoribus nomen habuerunt; sed quaerendum est, satisne id quod volumus effecerint,* Quint. inst. 12, 1, 24 *donabimus oratoris illo sacro nomine).* Die Verse 306—8 geben dann die Propositio: *munus et officium, nil scribens ipse, docebo, unde parentur opes, quid alat formetque poetam, quid deceat, quid non, quo virtus, quo ferat error.* Auf die Übereinstimmung dieses Programms mit demjenigen, das Quintilian im Proömium des 12., dem *orator* gewidmeten Buches aufstellt, ist schon oben hingewiesen worden. Die Propositio enthält zugleich die Partitio. Vers 307/8 geben Teile an, die wir auf Grund der von Quintilian a. O. (oben S. 487) gebrauchten Ausdrücke so bezeichnen müssen: A. *unde parentur opes, quid alat formetque poetam = de instrumentis poetae;* B. *quid deceat, quid non*[19] *= de officiis poetae;* CD. *quo virtus, quo ferat error = de perfecto* (bzw. *de insano) poeta*[20].

A. De instrumentis poetae 309—332

Die Frage der Propositio, *unde parentur opes*[21], wird beantwortet durch den Vers, der diesen Abschnitt eröffnet (309): *scribendi recte s a p e r e est et principium et fons,* d. i. τὸ ν ο ῆ σ α ι ἀρχὴ καὶ πηγὴ[22] δυνάμεως ποιητικῆς. Daß hier eine Übertragung aus der rhetorischen Theorie auf die poetische vorliegt, zeigt folgendes Scholion zu Apthon. 2 p. 1 Walz: πόσα ἔργα τοῦ ῥήτορος; τέσσαρα· τὸ ν ο ῆ σ α ι, τὸ εὑρεῖν etc.; das Alter ergibt sich aus Cicero de orat. 1, 223 *a c u t o homine nobis opus est et natura usuque c a l l i d o, qui s a g a c i t e r pervestiget* etc. Nun läßt Cicero mit diesen Worten den Antonius seine positive Darlegung von der Aufgabe des Redners beginnen, und in gleichem Sinne hatte er schon vorher den Crassus sagen lassen (113): *animi atque ingenii celeres quidam motus esse debent, qui et ad excogi-*

19 Daß *decere* hier in anderem Sinne steht als oben (S. 493 f.), wird sich weiterhin (S. 501) ergeben.

20 Für die Wahl der letzteren Ausdrücke werden unten (S. 504) die Belege gegeben werden.

21 Quintilian 10, 1, 5 *non ergo dubium est, quin ei (oratori) velut opes sint quaedam parandae.*

22 Daß Horaz mit *principium et fons* griechische Terminologie wiedergibt, zeigt Strabon 1 p. 18 (Hipparchos): πηγὴ καὶ ἀρχὴ φράσεως κατεσκευασμένης καὶ ῥητορικῆς ὑπῆρξεν ἡ ποιητική.

tandum acuti | et ad explicandum ornandumque sint uberes. Wir sehen also, daß nicht nur das Postulat als solches von der Rhetorik auf die Poetik übertragen, sondern daß ihm auch der gleiche Platz in der Theorie beider Künste angewiesen wurde.

In engem Zusammenhang mit diesem Vers stehen die folgenden (310—32). Sie geben auf die Frage der Propositio, *quid alat*[23] *formetque*[24] *poetam* zunächst eine Antwort, die sich griechisch so formulieren läßt: τὸ σπουδάζειν περὶ τὴν ἠθικὴν φιλοσοφίαν (310—316). Denn nur der philosophisch gebildete Dichter sei μιμητικὸς πραγμάτων (βίου) καὶ ἠθῶν (317—322)[25]. Dieses Postulat philosophischer Bildung und einer daraus zu gewinnenden Gestaltungskraft führt zu einer kurzen σύγκρισις des hochbegabten und formgewandten Hellenenvolks mit dem römischen Banausen- | tum (323—332). Hier wird auch in den Kommentaren verwiesen auf die bekannten Erörterungen über die Notwendigkeit philosophischer Bildung des Redners im 1. Buch Ciceros de oratore; es sei noch besonders bemerkt, daß auch Cicero diese Forderung auf die Ethik beschränkt (1, 68 f.). Auch hier ist der Platz, den man dieser Darlegung anwies, wieder derselbe: sie steht bei Cicero

[23] Quintilian 10, 1, 31 *historia quoque alere oratorem ... potest.*

[24] Cicero sagt dafür *informare:* orat. 7. 33. 37 *(orator quem informare volumus).* 85.

[25] Die vielbehandelten Verse 317 f. *respicere exemplar vitae morumque iubebo doctum imitatorem et vivas hinc ducere voces* besagen im Zusammenhang mit dem Vorhergehenden: durch das Buchstudium der Philosophie (310 *Socraticae chartae*) solle sich der Dichter auch die für lebenswahre Gestaltung notwendige Fähigkeit erwerben, das Leben selbst in seinen typischen Vorgängen und Charakteren zu beobachten. Die Keime dieser Lehre liegen in Platons Phaidros 271 DE: der künftige Redner müsse sich zunächst theoretisch mit Psychologie beschäftigen, dann die Menschen ἐν ταῖς πράξεσι beobachten, um ihre φύσις beurteilen zu können. Das übernahmen die Stoiker, in deren Sinne Cicero de orat. 3, 54 schreibt: der wahre Redner dürfe sich nicht auf die Erlernung der Theorie beschränken, sondern ihm müsse bekannt sein, *quae sunt in hominum vita, quandoquidem in ea versatur orator atque ea est ei subiecta materies.* Von der Rhetorik wurde das auf die Poesie übertragen: der Dichter muß philosophisch gebildet sein, damit er seine Aufgabe, μιμεῖσθαι πράξεις καὶ ἤθη, erfüllen könne, denn diese μίμησις geht, wie Aristoteles lehrt, auf das Typische, das Ideelle (τὸ καθόλου), dieses aber vermag nur der philosophisch Gebildete in der Flucht der Erscheinungen und der Zufälligkeit des Individuellen zu erkennen. Horaz hat, wie die folgenden Verse (319—22) zeigen, insbesondere den Dramatiker im Auge; das erinnert daran, daß nach dem Traktat des Donatus (ed. Leo in Kaibels comici 1, 67) Cicero *comoediam esse ait imitationem vitae, speculum consuetudinis, imaginem veritatis.* Die Feinheit, mit der die Dichter der νέα das Leben beobachteten und διά μιμήσεως zur Darstellung brachten, bewundern wir noch heute. Horaz verdankt die feine Bemerkung sicher seiner Quelle; er mußte diesem Postulate ein um so größeres Verständnis entgegenbringen, als er selbst ein Künstler mimetischer Ethopoiie war.

wie bei Horaz am Anfang; vgl. auch Cic. orat. 14 *positum sit igitur in primis, quod post magis intellegetur, sine philosophia non posse effici quem quaerimus eloquentem.* Das gleiche gilt für Quintilian 12, 2, nur läßt er Bestimmungen über den *orator* als den *vir bonus* vorausgehen: Kapitel 1[26]. Daß Quintilian nicht ausschließlich von seiner Hauptquelle Cicero abhängt, zeigen 23—28, wo er ohne Anschluß an diesen die Frage erörtert, welchem philosophischen System der Redner sich anschließen werde; wenn er 25 sagt: *Academiam quidam utilissimam credunt,* so stimmt das zu Horaz 310 *rem tibi Socraticae poterunt ostendere chartae;* freilich meinen, wie die beiderseitigen Ausführungen zeigen, die *quidam* bei Quintilian die jüngere, Horaz die ältere Akademie: für Horazens Gewährsmann waren die jüngeren Akademiker noch keine Autoritäten.

Bemerkenswert ist noch, daß innerhalb dieses kleinen Abschnitts sich im wesentlichen das Dispositionsschema wiederholt, das uns aus Teil I bekannt ist. Dem *scribendi recte sapere est et principium et fons* (309) entsprach dort das *iudicium* in der Stoffbehandlung (1 ff., vgl. besonders 24—28 über das mangelhafte *iudicium* der meisten Dichter). Wenn es dann hier weitergeht *rem tibi Socraticae poterunt ostendere chartae verbaque provisam rem non invita sequentur* (310 f.), so hieß dort (40 f.) *cui lecta potenter erit res, nec facundia deseret hunc (nec lucidus ordo).* Wenn endlich hier nach Aufzählung der philosophischen Stoffe, die der Dichter sich aneignen muß (312—315), abgeschlossen wird: *ille profecto reddere personae scit convenientia cuique* (315 f.), so wurde dort (86 ff.) von der Notwendigkeit gehandelt, Sprachstil und | Charakteristik konform zu gestalten. Der Unterschied zwischen jenem früheren Abschnitt und dem vorliegenden liegt — abgesehen von dem viel größeren Umfang jenes und dem Fehlen des *ordo* hier — nur in der anderen Richtungslinie beider: dort handelte es sich um die *ars,* hier um den *artifex,* griechisch ausgedrückt: dort um μέρη τῆς ποιητικῆς, hier um ὄργανα τοῦ ποιητοῦ. Wir erinnern uns (s. S. 487 f.), daß Quintilian (3, 3, 11 f.) das gleiche Schwanken zwischen den *partes rhetorices* und den *opera oratoris* aus einer ihm bekannten Kontroverse griechischer Rhetoren bezeugt.

[26] Den stoischen Ursprung dieses Kap. 1 und damit auch des *vir bonus* in Catos bekannter Definition des Redners hat Radermacher, Rheinisches Museum 54, 1899, 284 ff. 57, 1902, 314 erwiesen. Merkwürdig ist nun, daß auch diese Bestimmung in die poetische Theorie Aufnahme gefunden hat. Strabon 1, 17 schreibt in seiner Polemik gegen Eratosthenes nach stoischer Quelle (vgl. p. 15 a. E.): οὐχ οἷόν τε ἀγαθὸν γενέσθαι ποιητὴν μὴ πρότερον γενηθέντα ἄνδρα ἀγαθόν.

B. De officio poetae 333—346

Die zweite Frage der Propositio lautete: *quid deceat, quid non* (308). Für die Stilarten war der τόπος περὶ τοῦ πρέποντος schon im Teil I erörtert (s. o. 493 f.). Hier aber handelt es sich um das *officium* des Dichters; denn die Worte *quid deceat, quid non* präzisieren den Begriff *officium*, den Horaz selbst, zwei Verse vorher, gebraucht hatte (306 *munus et officium ... docebo*), vgl. Cic. de orat. 72 *hunc locum* (über das *decorum*) *philosophi solent in officiis tractare, grammatici in poetis, eloquentes in omni et genere et parte causarum.* Bei Horaz beginnt die Darlegung unvermittelt mit den Worten: *aut prodesse volunt aut delectare poetae, aut simul et iucunda et idonea dicere vitae* (333 f.). Das ist also das τέλος, auf das die Dichter es abgesehen haben; τέλος *(finis)* und ἔργον *(officium)* hängen aber, wie wir sogleich sehen werden, eng zusammen. Es folgen Anweisungen, was man zu dem Zweck zu tun, was zu lassen hat (bis 342); dann bis 346 der Erfolg und Lohn, der einem solchen Dichter zuteil wird.

Dieser Abschnitt der Poetik entspricht im rhetorischen Lehrgebäude demjenigen, den Quintilian 3, 5, 2 so zusammenfaßt: *tria sunt quae praestare debet orator: ut doceat, moveat, delectet.* Dem *docere* entspricht das *prodesse*[27], das *movere* hat keine Responsion[28], dagegen stimmt das *delectare* in beiden Theorien über- | ein. Auch Cicero erwähnt die bekannte rhetorische Trias oft: für unseren Zweck wichtig sind einige Stellen, an denen er die Erfüllung dieser Aufgabe als *officium* oder *finis* des Redners bezeichnet. In der Einleitung zu de inventione (1, 6) schreibt er: *officium autem eius facultatis videtur esse dicere apposita ad persuasionem, finis persuadere dictione. inter officium et finem hoc interest, quod in officio quid fieri, in fine quid effici conveniat consideratur. ut medici officium dicimus curare ad sanandum apposite, finem sanare curatione, item oratoris quid officium et quid finem esse dicamus intellegimus, cum id quod facere debet officium esse dicimus. illud cuius causa facere debet finem appellamus.* Anderswo scheidet er nicht so genau, sondern umfaßt mit *officium* auch *finis.* So läßt er de orat. 1, 138 den

27 Wenn es dafür eines Beweises bedarf, so liegt er darin, daß in den griechischen Quellen, in denen die von Horaz gestreifte Kontroverse erörtert wird, ὠφελεῖν mit διδάσκειν gleichwertig gebraucht wird: Aristoph. Frösche 1008 ff., Strabon (d. h. Hipparchos) 1 p. 15 ff. Auch sagt Horaz selbst gleich (v. 335 f.) *praecipies; animi dociles.*

28 Es fehlte aber auch in der poetischen Theorie nicht (vgl. das πάθος in der aristotelischen Poetik). Horaz selbst hatte es schon vorher v. 101 ff. verwendet (ganz wie Cic. de orat. 2, 189 ff.) als eine *virtus* des Gedichts, brauchte es also hier nicht zu wiederholen.

Crassus die *communia et contrita praecepta* aufzählen: *primum oratori officium esse dicere ad persuadendum accommodate.* Während Crassus sich nur gezwungen zum Referat dieser Schullehre herabläßt, stellt sich Antonius durchaus auf ihren Standpunkt: 1, 213 *oratorem ... non facio eundem quem Crassus, qui mihi visus est omnem omnium rerum atque artium scientiam comprehendere uno oratoris officio atque nomine, atque eum puto esse qui et verbis ad audiendum iucundis et sententiis ad probandum accommodatis uti possit in causis forensibus atque communibus. hunc ego appello oratorem:* später (2, 114 ff.) legt er im einzelnen dar, daß das *persuadere*, das Crassus nach der Schullehre als erstes *officium* des Redners bezeichnet hatte, aus den drei Faktoren *docere (probare), movere (flectere), delectare (conciliare)* resultiere.

C. *De perfecto poeta 347—452*

Die dritte Frage der Propositio lautete: *quo virtus, quo ferat error;* er will also handeln περὶ ἀρετῆς καὶ κακίας. Den Abschnitt über die *virtus* betiteln wir: ›de perfecto poeta‹, was gleich begründet werden wird. Dieser Abschnitt gliedert sich in zwei Teile: 1) Das Postulat möglichster Vollkommenheit 347—407, 2) Seine Erfüllung 408—452.

1) 347—407

›Zwar ist Fehlerlosigkeit unerreichbar* (347—65); aber Mittelmäßigkeit verurteilt den Dichter (366—78 + 379—390). Denn | die Poesie ist etwas Hohes und Heiliges (391—407)[29].‹ Der Hauptgedanke, auf den alles von 347 an zustrebt, steht 366—378: *mediocribus esse poetis non homines, non di, non concessere columnae* (372 f.).

Daß auch hier die poetische Theorie zur rhetorischen in Beziehung steht, läßt sich zunächst aus einer Andeutung des Horaz selbst schließen. Um nämlich das Postulat möglichster Vollkommenheit für den Dichter zu betonen, wählt er eine Antithese (369 ff.): ›merke dir, *certis medium et tolerabile rebus recte concedi: consultus iuris et actor causarum mediocris abest virtute diserti Messallae nec scit quantum Cascellius Aulus, sed tamen in pretio est: mediocribus esse poetis non homines, non di, non concessere columnae.*‹ Daß es sich bei diesem Ver-

[29] Vers 391 knüpft sachlich genau an 378 an. Die dazwischenstehenden Verse 379—90 unterbrechen absichtlich den lehrhaften Zusammenhang: 379—84 zeichnen das Gebaren des *mediocris poeta* mit satirischen Farben, 385—90 warnen Piso davor und empfehlen ihm Selbstkritik und Kritik durch andere.

* *[Addendum]* und es kommt bei der Beurteilung allerlei auf den Standpunkt an.

gleich des Dichters, der vollkommen sein muß, mit dem Redner, der seinen Wert auch dann behält, wenn er nicht über das Mittelmaß hinausragt, nicht um ein bloß ornamentales Enthymem handelt, zeigen Ciceros Worte über den mittelmäßigen Redner im Brutus: 193 *vulgus interdum non probandum oratorem probat, sed probat sine comparatione; cum a mediocri aut etiam a malo delectatur, eo est contentus; esse melius non sentit, illud quod est, qualecumque est, probat; tenet enim aures vel mediocris orator, sit modo aliquid in eo.* Anderswo stellt er nun diesem mittelmäßigen Redner das von ihm konstruierte Ideal des vollkommenen Redners gegenüber, wie man ja überhaupt sagen kann, daß die Schriften de oratore und orator dazu bestimmt sind, dieses Ideal zu zeichnen. Diese Antithese findet sich de orat. 1, 117 f. 2, 85. 3, 213. Von diesen Stellen, an denen allen der *mediocris orator* dem *summus (excellens) orator* gegenübertritt, ist uns besonders die erste von Wichtigkeit, weil hier Cicero die Poesie zum Vergleich heranzieht und konstatiert, daß in ihr eine viel strengere Beurteilung herrsche, die er auch für die Rhetorik in Anspruch nimmt. Er läßt nämlich den Crassus sagen: *neque haec in eam sententiam disputo, ut homines adulescentes, si quid naturale forte non habeant, omnino a dicendi studio deterream. quis enim non videt C. Caelio .. magno honori fuisse .. illam ipsam, quamcumque adsequi potuerit, | in dicendo mediocritatem?* (folgt ein zweites Beispiel des Erfolgs trotz Mittelmäßigkeit). *sed quia de oratore quaerimus, fingendus est nobis .. detractis omnibus vitiis orator atque omni laude cumulatus. neque enim, si multitudo litium, si varietas causarum, si haec turba et barbaria forensis dat locum vel vitiosissimis oratoribus, idcirco nos hoc quod quaerimus omittemus. itaque in eis artibus in quibus non utilitas quaeritur necessaria sed animi libera quaedam oblectatio*[30]*, quam diligenter et quam prope fastidiose iudicamus: nullae enim lites neque controversiae sunt quae cogant homines sicut in foro non bonos oratores, item in theatro actores malos perpeti. est igitur oratori diligenter providendum, non uti eis satisfaciat quibus necesse est sed ut eis admirabilis esse videatur, quibus libere liceat iudicare.* Aus dieser Übereinstimmung beider ist zu schließen, daß die Antithese aus einer griechischen Quelle stammt. Nun nennt Cicero jenen von ihm postulierten Idealredner mit Vorliebe *orator perfectus* (z. B. de orat. 1, 34. 59. 71 und besonders oft so im Orator), d. h. ῥήτωρ τέλειος — der Ausdruck τέλειος ist vor allem in der Stoa beliebt —[31]: demgemäß ist von mir die Überschrift dieses

[30] Er meint neben der Musik (vgl. Aristoteles Polit. ϑ 3) vor allem die Poesie, die es auf ψυχαγωγία abgesehen hat (der Ausdruck ähnlich wie bei Horaz 378 *animis natum inventumque poema iuvandis*), im speziellen, wie das folgende zeigt, die dramatische.

[31] Arius Didymus bei Stob. ecl. 2, 197 (2 p. 98 Wachsm.) πάντα δὲ τὸν καλὸν

Abschnitts gewählt worden. Der Konstruktion dieses Ideals widmet Quintilian sein 12. Buch, wie er im Proömium dieses Buches darlegt; er will dabei, wie er sagt (prooem. 3), zwar an Cicero anknüpfen, aber doch über ihn hinausgehen. Auch bei ihm ist daher keine Bezeichnung des Orators häufiger als die genannte (z. B. 12 pr. 3; 1, 9 f. 19. 21. 2, 9. 27. 31 usw.)[32]. Wie also Quintilian sein Werk mit solchem Ideal- | gemälde krönt (vgl. den Anfang des Proömiums: *ventum est ad partem operis destinati longe gravissimam* etc.), so Horaz das seinige.

Der erste Teil dieses Abschnitts C schließt mit dem Gedanken (391—407): ›die Poesie ist etwas Hohes und Heiliges, sie hat seit Urzeiten zu Nutz und Frommen der Menschen ihre Kulturmission ausgeübt, Städte gegründet, Recht und Ordnung gefestigt, kurz, Segnungen aller Art gebracht.‹ Daß hier auf die Poesie angewandt ist, was zunächst von der Philosophie ausgesagt, dann von dieser auf die Rhetorik übertragen worden war, bemerken die Kommentare auf Grund von Cicero Tusc. 5, 5. de orat. 1, 30—36. inv. 1, 2 f. (wozu noch der hier von Cicero unabhängige Quintilian 2, 16 kommt); besonders die Berührung mit letzterer Stelle Ciceros geht bis in Einzelheiten. Ohne darauf näher einzugehen, stellen wir, was für unseren Zweck wesentlicher ist, fest, daß bei Cicero de orat. 1, 34 dieser τόπος mit dem *orator perfectus* in Verbindung gebracht wird: nach Aufzählung der Segnungen, die die Rhetorik gebracht habe, schließt er: *ac ne plura, quae sunt paene innumerabilia, consecter, comprehendam brevi: sic enim statuo, p e r f e c t i oratoris moderatione et sapientia . . . universae rei publicae salutem maxime contineri.*

καὶ ἀγαθὸν ἄνδρα τέλειον εἶναι λέγουσι, τὸν δὲ φαῦλον τοὐναντίον ἀτελῆ. Die Bezeichnung gerade auch für den Redner ist aber älter: τέλεοι σοφισταί Plat. Conv. 208 C. Crat. 403 E und ἀτελὴς ῥήτωρ von einem mittelmäßigen Redner Phaedr. 269 D. Für Cicero ist *perfectus* eine konstante Bezeichnung des im Sinne der Stoiker vollendeten Weisen, z. B. off. 1, 46; parad. 2 *Cato, perfectus mea sententia Stoicus.* Oft auch Seneca, der ἀτελής mit *imperfectus* übersetzt (epist. 72, 4), ein Wort, das er de tranq. 11, 1 mit *mediocris* verbindet. Vgl. auch Philodem. rhet. 1 p. 5. 2, p. 127.

32 Einmal auch mit der Antithese des *mediocris* und *perfectus:* 12, 1, 24; doch kann das aus Cicero stammen, ist daher im Text nicht verwertet. Bemerkenswert ist, daß der *dormitans Homerus* bei Horaz (359) in demselben Zusammenhang vorkommt wie der *dormitans Demosthenes* bei Quintilian 12, 1, 24: *quamquam neque ipsi Ciceroni Demosthenes videatur satis esse p e r f e c t u s, quem d o r m i t a r e interim dicit, nec Cicero Bruto Calvoque* (da aus Plutarch Cic. 24 feststeht, daß Cicero das ἐν ἐπιστολῇ πρός τινα τῶν ἑταίρων schrieb, so muß es, wie aus der Quintilianstelle hervorgeht, in dem Briefwechsel mit Brutus oder Calvus gestanden haben, den Quintilian und Tacitus noch lasen). Dadurch kommen wir auf ein griechisches Vorbild des Cicero und Horaz, auf das auch die schöne in den Kommentaren angeführte Stelle περὶ ὕψους 33, 4 (über ἁμαρτήματα auch der Größten) führt.

2) 408—452

Wie ist nun das Ideal zu erreichen? Die Antwort wird zunächst in lehrhaftem Ton 408—15 gegeben: kein blindes Vertrauen auf das *ingenium*, sondern Ausbildung der *ars* durch ernstes *studium (labor, exercitatio)*[33]. Von 416 an wird mehr σπουδαιογελοίως das Gebaren eines Dichters gezeichnet, der es mit seiner Kunst zu leicht nimmt; als positiven Rat fügt Horaz aus dem Brauch der Zeit hinzu, daß man seine Gedichte unbestechlichen | Kritikern vorlegen solle[34]. Die enge Verbindung von Teil 1 (Vollkommenheit) und 2 (Studium) kann uns wieder Cicero zeigen: er läßt den Crassus unmittelbar nach den eben am Schluß von 1) ausgeschriebenen Worten so fortfahren (de orat. 1, 34): *quamobrem pergite, ut facitis, adulescentes, atque in id studium, in quo estis, incumbite, ut et vobis honori et amicis utilitati et rei publicae emolumento esse possitis.* Auch Quintilian schließt seine Darstellung des rednerischen Ideals mit dem Appell, sich durch die Studien, die die Größe der Aufgabe erfordere, nicht entmutigen zu lassen: *cogitent quantam rem petant quamque nullus sit hoc proposito praemio labor recusandus* (12, 11, 10).

D. De insano poeta 453—476

Dem τέλειος ποιητής als Folie dient der μαινόμενος; wir haben also, der Propositio entsprechend *(quo virtus, quo ferat error)*, eine σύγκρισις ἀρετῆς καὶ κακίας. Dieser köstliche Schlußteil erklärt sich selbst, doch sei auch hierfür auf eine merkwürdige Analogie aus der rhetorischen Disziplin hingewiesen. Cicero stellt de orat. 3, 54 f. in dem Abschnitt über die λέξις dem bloß theoretisch ausgebildeten Rhetoriker den *verus orator* gegenüber, den die Kenntnis des Menschenlebens emporhebt; dann fährt er fort: *est enim eloquentia una quaedam de summis virtutibus; quamquam sunt omnes virtutes aequales et pares, sed tamen est species alia magis alia formosa et illustris,* wie z. B. die δύναμις ῥητορική; *quae quo maior est vis, hoc est magis probitate iungenda summaque prudentia; quarum virtutum expertibus si dicendi copiam tradiderimus, non eos quidem oratores effecerimus, sed furentibus quaedam arma dederimus.* Daß das stoisch ist, bedarf keines Beweises: da haben wir also den ῥήτωρ φαῦλος, der als solcher μαίνεται, im Ge-

[33] Vgl. Kießling zu 408 ff.

[34] Während Horaz in den Versen 408—15 ersichtlich seiner griechischen Quelle folgt, läßt er sich von 416 an frei gehen: wir bekommen da eine kleine Sonderdiatribe περὶ τοῦ πῶς ἄν τις διακρίνειε τὸν κόλακα τοῦ φίλου (wie wir sie von Plutarch und Maximus Tyrius haben), angewandt auf den Dichter.

gensatz zum ῥήτωρ τέλειος. Zwei andere Stellen Ciceros[35] zeigen, daß der Typus ihm geläufig war. Auch Horaz | malt seinen verrückten Dichter mit stoischen Farben[36] wie die Typen der *insani* in den Satiren. Bald wird uns neben dem verrückten Redner und Dichter noch ein dritter Typus der Künstlermanie begegnen, der verrückte Tänzer, wiederum als Folie zum vollendeten Künstlertum.

Ich stelle jetzt in übersichtlicher Form das Schema der Disposition auf, die wir durch die Analyse gewonnen haben. Die technischen Ausdrücke sind dabei lateinisch gegeben worden.

I. De arte poetica 1—294.
  A. De partibus artis poeticae 1—130*.
    1. De argumentorum tractatione et inventione 1—41.
    2. De dispositione 42—44.
    3. De elocutione 45—130*.
      a. De verbis singulis 45—72
      b. De verbis continuatis (= de metris) 73—85.
      c. De verborum coloribus 86—130*.
  B. De generibus artis poeticae 131**—294.
    Transitio 131—135***.
    1. Epos 136—152.
    2. Drama 153—294.
      Propositio 153—155.

35 Brutus 233 *C. Fimbria ... omnia magna voce dicens ... ita furebat, ut mirarere tam alias res agere populum, ut esset insano inter disertos locus.* orat. 99 *hic autem copiosissimus (orator), si nihil est aliud, vix satis sanus videri solet. qui enim nihil potest tranquille, nihil leniter ... dicere ..., furere apud sanos et quasi inter sobrios bacchari vinolentus videtur.* Vgl. Petron 1 *num alio genere furiarum declamatores inquietantur?* (danach zu beurteilen Varro Men. 144).

36 Nur der stoische Weise ist wie ein guter Redner so auch ein Dichter: Arius Didymus l. c. (Anm. 31) 122 (p 67): μόνον δέ φασι τόν σοφὸν καὶ μάντιν ἀγαθὸν εἶναι καὶ ποιητὴν καὶ ῥήτορα. In den παράδοξα mögen die Stoiker den φαῦλος ποιητής in bekannter Art unter dem Gesichtspunkt der μανία geschildert haben. Horaz selbst läßt sich in der Diatribe περὶ τοῦ ὅτι πᾶς ἄφρων μαίνεται (sat. 2, 3) vom Stoiker Damasippus *insania* vorwerfen, weil er Verse mache (321 f.). Die Schrift des Kleanthes περὶ τοῦ ποιητοῦ (Diog. L. 7, 175) handelte doch wohl von Homer (denn eine griechische Schrift, deren Titel den ciceronianischen de oratore und orator entspräche, ist mir nicht bekannt); eine Äußerung von ihm über das Verhältnis von Poesie und Philosophie steht bei Philodem de mus. col. 28, 10.

* *[Korrektur]* 118.
** *[Korrektur]* 119.
*** *[Korrektur]* 1. Wahl des Themas für Epos und Drama 119—130.
2. Epos 131—152.
3. Drama 153—294.

a. Die griechischen εἴδη 156—250.
  α. Tragödie und Komödie 156—219.
  β. Satyrspiel 220—250. |
b. Σύγκρισις des griechischen und römischen Dramas 251—294.
  α. In der Form 251—274.
  β. In den εἴδη 275—294.

II. De poeta 295—476.
Transitio (295—305) + Propositio (306—308).
A. De instrumentis poetae 309—332.
B. De officio poetae 333—346.
C. De perfecto poeta 347—452.
  1. Das Postulat möglichster Vollkommenheit 347—407.
  2. Seine Erfüllung durch ernstes Studium 408—452.
D. De insano poeta 453—476.

Die Poetik des Horaz als isagogische Schrift

Die vorherstehende Analyse hat gezeigt, daß Horaz die Behandlung des Stoffes begründete auf der Zweiteilung nach dem Prinzip: *ars* (Poetik) — *artifex* (Dichter). In welche Literatursphäre gehört nun dieses eigentümliche Prinzip? Wir werden, um diese Frage zu beantworten, zunächst Beispiele aus einzelnen Disziplinen anführen.

1. Rhetorik

Quintilians institutiones oratoriae, von denen wir ausgingen, mögen auch hier voranstehen. Es läßt sich nicht vermeiden, die wichtigsten der daraus schon angeführten Stellen (S. 487) hier zu wiederholen. Im Proömium (21 f.) gibt er die Disposition seines Werks an: es wird, von dem propädeutischen ersten Buch abgesehen, in zwei Hauptteile zerfallen: 2—11 Stoff der *ars*, in 12 *nobis orator ipse informandus est*[37]. Dieses Einteilungsprinzip wiederholt er in der Vorrede des zwölften Buchs, wo er als dessen Inhalt bezeichnet: *mores ei (oratori) dare et adsignare officia;* ferner 5, 1 *haec sunt quae me redditurum promiseram, instrumenta non artis, ut quidam putaverunt, sed ipsius oratoris;* 9, 1 *quae non tam dicendi arte quam officiis*

[37] Vgl. das Werk des älteren Plinius, über das der Neffe epist. 3, 5, 5 berichtet: ›*studiosi*‹ *III, in VI volumina propter amplitudinem divisi, quibus oratorem ab incunabulis instituit et perficit.*

agentis continentur attingam. Daß er diese Sonderung des Stoffs nicht aus sich selbst habe, folgerten wir aus 3, 3, 11 f., wo er nach Aufzählung der fünf Teile der Rhetorik (*inventio* etc.) so fortfährt: *fuerunt in hac* | *opinione non pauci, ut has non r h e t o r i c e s partes esse existimarent sed opera o r a t o r i s : eius enim esse invenire, eloqui et cetera. quod si accipimus, nihil arti relinquemus. nam bene dicere est oratoris, rhetorice tamen erit bene dicendi scientia; vel, ut alii putant, a r t i f i c i s est persuadere, vis autem persuadendi a r t i s. ita invenire quidem et disponere o r a t o r i s , inventio autem et dispositio r h e t o r i c e s propria videri potest.*

Vor Quintilian ist uns das Schema als ein bereits festes überliefert in C i c e r o s Dialog de partitione oratoria, jener eigenartigen Schrift, in der er sich von seinem Sohn Fragen vorlegen läßt, um sie zu beantworten: 3 *quot in partis tribuenda est omnis doctrina dicendi? — in tris. — cedo quas? — primum in ipsam v i m o r a t o r i s , deinde in o r a t i o n e m , tum in quaestionem.* Nach Abschluß des ersten Teils fährt er fort (27): *quoniam igitur v i s o r a t o r i s exposita est, quid habes d e o r a t i o n i s p r a e c e p t i s dicere?* Die Behandlung des dritten Teils beginnt so (61): *quoniam et de ipso o r a t o r e et d e o r a t i o n e dixisti, expone eum mihi nunc quem ex tribus extremum proposuisti quaestionis locum.* Sehen wir von dem dritten Teil ab, so geben die ersten beiden das typische Schema, nur in umgekehrter Reihenfolge *(orator — oratio).* In seinen großen rhetorischen Schriften hat Cicero den Stoff so verteilt, daß er in de inventione einen Teil der *ars*, im orator den *artifex*, in de oratore sowohl die *ars* als den *artifex* behandelt.

F o r t u n a t i a n u s ars rhet. Anfang (p. 81 Halm): *Quid est r h e t o r i c a ? — bene dicendi scientia. — Quid est o r a t o r ? — vir bonus dicendi peritus. — Quod est oratoris officium? — bene dicere in civilibus quaestionibus. — Qui finis? — persuadere — . . . Partes oratoris officii quot sunt? — quinque: inventio, dispositio, elocutio, memoria, pronuntiatio. — Haec a Graecis quid vocantur? —* ἔργα τοῦ ῥήτορος.

S o p a t r o s in Hermog. art. 5 p. 9 Walz: τὸν διδόντα λόγον περί τινος τέχνης χρὴ τρία ταῦτα[38]. τρεῖς γάρ εἰσι ζητήσεις περὶ παντὸς πράγματος· τ ί ς ἡ τ έ χ ν η , τ ί ς ὁ τ ε χ ν ί τ η ς , καὶ πῶς τὸ ἔργον τὸ ἐν αὐτῇ ἐργασώμεθα[39]. Hier ist diese Einteilung also für die τέχναι überhaupt bezeugt. |

[38] [δεικνύναι o. dgl.]? Doch ist es mißlich, in diesen verwahrlosten Scholien zu ändern.

[39] Aus dem folgenden sei nur angeführt: ἐν δὲ τῷ τίς ὁ τεχνίτης (sc. δειχθῆναι χρή), εἰ φιλοσοφήσει ὁ ῥήτωρ, zum Beweise (wenn es dessen bedarf), daß die oben (S. 500) aus Cicero angeführten Stellen griechischen Ursprungs sind.

2. *Musik*

Bacchius, εἰσαγωγὴ τέχνης μουσικῆς in den musici script. graec. ed. Jan p. 292: Μουσικὴ τίς ἐστιν; — εἴδησις μέλους καὶ τῶν περὶ μέλος συμβαινόντων. — Μουσικὸς δὲ τίς; — ὁ εἰδὼς τὰ κατὰ τὰς μελῳδίας συμβαίνοντα.

Boethius, de institutione musica 1 handelt in Kapitel 1—33 *de arte musica.* Das Kapitel 34 trägt die Überschrift *quid sit musicus* und handelt vom *artificium;* hier werden drei *genera* von Künstlern unterschieden: *unum genus est quod instrumentis agitur, aliud fingit carmina, tertium quod instrumentorum opus carmenque diiudicat;* zu ersteren gehören z. B. die *citharoedi,* zur zweiten Klasse die *poetae,* zur dritten die *musici* im eigentlichen Sinne; er schließt mit einer Definition des *musicus.*

3. *Philosophie*

Albinos, εἰσαγωγὴ εἰς τὴν τοῦ Πλάτωνος βίβλον (= Ps. Alkinoos, διδασκαλικὸς τῶν Πλάτωνος δογμάτων) in C. F. Hermanns Platon 6, 152 (vgl. Freudenthal, Hellenist. Stud. III): φιλοσοφία ἐστὶν ὄρεξις σοφίας .... φιλόσοφος δέ ἐστιν ὁ παρωνύμως ὠνομασμένος ἀπὸ τῆς φιλοσοφίας, ὡς ὁ μουσικὸς ἀπὸ τῆς μουσικῆς. πεφυκέναι δὲ τοῦτον χρὴ πρῶτον μὲν πρὸς τὰ μαθήματα usw. Aus dem folgenden sei wegen des oben (S. 504) behandelten, in dieser Literaturgattung üblichen Terminus τέλειος *(perfectus)* noch angeführt: αὗται δὲ αἱ εὐφυΐαι παιδείας μὲν ὀρθῆς καὶ τροφῆς τῆς προσηκούσης (vgl. *alere* S. 499) τυχοῦσαι τέλεον ἀποφαίνουσι πρὸς ἀρετήν. Dies Moment findet sich auch bei den gleich anzuführenden medizinischen Autoren. Die Schrift schließt: τοσαῦτα ἀπαρκεῖ πρὸς εἰσαγωγὴν εἰς τὴν Πλάτωνος δογματοποιίαν εἰρῆσθαι.

4. *Medizin und Physiognomik*

Ps. Galenos, ὅροι ἰατρικοί (19, 346 ff. K.). Die Schrift wird als isagogische bezeichnet im Prooemium (348): τὴν συναγωγὴν ποιήσομεν τελείαν. ταύτης γὰρ ἐγὼ πείθομαι ... μήτε γεγονέναι μήτε ἔσεσθαι χρησιμωτέραν τοῖς εἰσαγομένοις τῶν νέων. In § 1—7 stehen Definitionen von ὅρος und verwandten Begriffen, § 8 die bekannte stoische Definition von τέχνη überhaupt; in § 9 wird die τέχνη ἰατρική definiert, § 10 f. über | die μέρη τῆς ἰατρικῆς, § 12 ff. über αἱρέσεις u. dgl., § 24 τέλος, § 25 τέλειός ἐστιν ἰατρὸς ὁ ἐν θεωρίᾳ καὶ πράξει ἀπηρτισμένος.

Ps. Soranus ad filium. Diese merkwürdige Schrift ist von Val. Rose in den Anecdota graeca et graecolatina, 1870, 2, 243 ff. ediert. Sie ist, wie Rose p. 169 f. bemerkt, eine aus guten, alten Quellen erweiterte, zeitlich nicht zu bestimmende lateinische Bearbeitung der pseudogalenischen ὅροι. Da sie für meinen Zweck wichtig ist — der Verfasser spricht über das Prinzip der isagogischen Literatur eingehender, als ich das sonst nachweisen kann —, so hebe ich einiges hierher Gehörige ausführlicher als bei den übrigen Schriften aus; man achte auch gleich auf die sonstigen Übereinstimmungen mit der bei Horaz nachgewiesenen Disposition. *Soranus filio karissimo salutem. Medicinam quidem invenit Apollo, amplificavit Aesculapius, perfecit Hippocrates.* Diesem werde verdankt *ut per eam utiliores fiant et astutiores qui introducuntur ad medicinam quos Graeci* εἰσαγομένους *appellant. quapropter exordiar id ipsum vobis dicere, qui sit optimus modus doctrinae atque ordinis usus inchoantibus discere medicinalem artem. et primum quidem de medico tractabimus, deinde de arte, postea simpliciter de ipsa medicina.* Denn Plato sage, man müsse erst den Begriff dessen kennen, worüber man handeln wolle[40]. — *Tractatus quidem introductorius est modicus habendus. is namque duplex est, partim de eo qui sumit artem, partim de eo qui iam sumpsit. nos tamen principium sumimus ab eo qui inchoat imbui arte medicinae.* Es folgen Bestimmungen über die körperliche und geistige Beschaffenheit, die für den künftigen Arzt nötig seien. *Disciplinarum autem ceterarum minime sit expers, sed et circa mores habeat diligentiam. iuxta enim Erasistratum felicissimum quidem est ubi utraeque res fuerint, uti et in arte sit perfectus et moribus sit optimus; si autem unum de duobus defuerit, melius est virum esse bonum absque doctrina quam artificem perfectum mores habentem malos et improbum esse*[41]. Er soll die Elemente der Gramma- | tik, Rhetorik, Geometrie und Astronomie beherrschen; *non sit expers philosophiae.* Er soll tüchtige Studien machen und sich nicht auf die bloße Erfahrung verlassen. *Quem ad modum autem doctrinam percipimus, dicendum existimo. et quoniam utilior videtur eis qui ad medicinam introducuntur interrogationum et responsionum modus, quoniam format quodammodo sensus iuvenum, brevi in controversia isagoga tradenda est illis.* — Es folgen die erweiterten pseudogalenischen ὅροι, aber in Frage und Antwort, z. B. 3 *quid est ars?* (stoische Definition). 8 *quid est effectus medicinae? — effectus medicinae est sanos facere aegrotos. hanc enim utilitatem vitae parat. tres tamen eius promissiones sunt* (ἐπαγγέλματα τέχνης wie in der Rhetorik *delectare, movere, docere*) ... 15 *quot partes sunt medicinae?* ... 21 *quid est isagoga? — isagoga est introductio doctrinae*

[40] Diese Berufung auf Platon steht auch zu Beginn der εἰσαγωγή des Albinos; gemeint ist Phaedr. 237 B περὶ παντός, ὦ παῖ, μία ἀρχὴ τοῖς μέλλουσι καλῶς βουλεύεσθαι· εἰδέναι δεῖ περὶ οὗ ἂν ἡ βουλὴ ᾖ usw.

[41] Hiermit vergleiche man, was Quintilian 12, 1 nach stoischer Quelle (s. o. S. 500) über die Notwendigkeit sagt, daß der Redner ein *vir bonus* sei.

cum demonstratione primarum rationum ad medicinae artis conceptionem usw.

Anonymus de physiognomia ed. Förster (script. physiogn. graec. et lat. 2, 3 ff.). Die Schrift, die Förster etwa ins 4. Jahrhundert setzt, bezeichnet sich deutlich als eine isagogische 1 *ex tribus auctoribus .... ea elegi quae ad primam institutionem huius rei pertinent et quae facilius intelligantur.* Es wird zunächst vom τέλος dieser Wissenschaft gehandelt (2 *primo igitur constituendum est, quid physiognomia profiteatur. profitetur itaque ex qualitate corporis qualitatem se animi considerare).* Es folgen bis 10 verschiedene *divisiones.* Dann heißt es 11: *quicumque igitur physiognomiam assequitur,* der muß das und das kennen; der wird darauf als *artifex* bezeichnet. Von 12 an folgt das eigentliche System der *ars.*

5. *Jurisprudenz*

In der juristischen Literatur der Kaiserzeit sondern sich die Schriften, die den Rechtsstoff behandeln, von solchen über die Obliegenheit (*officium*) der Beamten. So gab es beispielsweise von Ulpian zahlreiche Schriften beider Arten, solche der zweiten mit den Titeln *de officio proconsulis (consulis, praefecti urbi* usw.). Diese Art juristischer Schriftstellerei geht auf das Ende der Republik zurück: von Q. Aelius Tubero, dem Freund Varros, gab es nach Gellius 14, 2, 20 *praecepta super officio iudicis* (der Titel war also wohl: *de officio iudicis*[42]: vgl. Bremer, iurisprud. | antehadr. 1, 364)[43] von L. Cincius ein Werk *de officio iurisconsulti* (Bremer l. c. 255 f.). Vergleicht man mit Schriften dieses Titels die zahlreichen Werke anderer de *iure civili,* so treten die beiden Arten deutlich hervor. Eine isagogische Schrift, in der beides vereinigt gewesen wäre, vermag ich freilich nicht nachzuweisen.

6. *Gromatik und Argriculturlehre*

Frontinus teilt nach den Exzerpten seiner gromatischen Schrift den Stoff so ein (Agrimensoren 1, 61 Lachm.): *uno libro instituimus artificem, alio de arte disputavimus.*

Columella behandelt die stoffliche Seite seiner Wissenschaft in den Büchern 1—10, während die Bücher 11 und 12 größtenteils *de vilici et vilicae officiis* handeln.

[42] Vgl. Horaz 314 *quod sit conscripti, quod iudicis officium.*

[43] Gellius sagt zu Anfang des zitierten Kapitels: *libros utriusque linguae de officio iudicis scriptos conquisivi.* Mir sind keine griechischen Schriften dieser Art bekannt.

7. *Kriegswissenschaft*

Anonymus Byzant. (Zeit Justinians) περὶ στρατηγικῆς (Köchly-Rüstow, Griechische Kriegsschriftsteller 3, 56): στρατηγικὴ τοίνυν ἐστὶ μέθοδος, καθ' ἥν τις στρατηγῶν τὰ μὲν οἰκεῖα φυλάξειεν, τῶν δὲ πολεμίων καταγωνίσαιτο· στρατηγὸς δὲ ὁ κατὰ στρατηγικὴν τέχνην διαπραττόμενος. Es folgt ein Abschnitt über das Thema, οἷον δεῖ τὸν στρατηγὸν εἶναι (worüber fünf Jahrhunderte vorher Onosandros seinen vortrefflichen στρατηγικός geschrieben hatte), dann von 5 an περὶ στρατηγικῆς.

8. *Architektur*

Vitruvius beginnt (1, 1) mit Darlegung dessen, was der *architectus* wissen muß: er muß theoretisch und praktisch für sein Fach vorgebildet sein (1—2). *itaque eum etiam ingeniosum oportet esse et ad disciplinam docilem. neque enim ingenium sine disciplina aut disiciplina sine ingenio perfectum artificem potest efficere*[44]. Er muß die ἐγκύκλιος παιδεία besitzen, unter anderm auch: *philosophos diligenter audierit*[45] (3—16). Also: *officium | architecti omnibus eruditionibus debet esse exercitatum* (17). Dann fängt er an, *de architectura* zu handeln, und zwar bespricht er zunächst ihre Wesensbestandteile (c. 2) und ihre Gattungen (c. 3). Dann geht er zu speziellen Dingen über, und bringt erst 2, 1 ein Thema, das, wie er sich einwenden läßt, eigentlich ins erste Buch gehört hätte: *de originibus aedificiorum.* Es ist das der τόπος von der durch den Nutzen bedingten Entwicklungsgeschichte der Künste: wir kennen diesen locus communis für die Philosophie, Rhetorik, Poetik (s. o. S. 505): wie Horaz mit den *silvestres homines* beginnt (391), so Vitruv 2, 1, 1: *Homines veteri more ut ferae in silvis et speluncis et nemoribus nascebantur* usw.

9. *Orchestik*

Lukian περὶ ὀρχήσεως (6—84)[46]. Von 6—34 behandelt er die τέχνη ὀρχηστική: ihr Alter, das auf die Urzeit zurückgeführt wird, die Etappen ihrer Vervollkommnung, ihren Zweck (sie will nützen und unterhalten), ihre Arten. Dann fährt er fort (§ 35): καὶ

[44] Also ganz wie Horaz 409 f. *ego nec studium sine divite vena, nec rude quid prosit video ingenium.*

[45] Über die philosophische Bildung spricht er genauer § 7: da erscheint wieder der *vir bonus* (s. o. S. 500 und 511).

[46] Mir nachgewiesen von meinem Schüler G. Feuerherdt.

περὶ μὲν αὐτῆς ὀρχήσεως τοσαῦτα ... ἃ δὲ τὸν ὀρχηστὴν αὐτὸν ἔχειν χρὴ καὶ ὅπως δεῖ ἠσκῆσθαι καὶ ἃ μεμαθηκέναι ..., ἤδη σοι δίειμι, ὡς μάθῃς οὐ τῶν ῥᾳδίων καὶ τῶν εὐμεταχειρίστων οὖσαν τὴν τέχνην. Er stellt nun die Postulate auf, die ein vollkommener Tänzer — τέλειος ὀρχηστής 22, ἄριστος ὀρχηστής 74 — zu erfüllen hat. Ein solcher muß nicht bloß in Musik, Rhythmik und Metrik unterrichtet sein, sondern auch in Philosophie, Rhetorik, Literatur und den bildenden Künsten (36—73); die geistige und körperliche Beschaffenheit des ἄριστος ὀρχηστής wird bestimmt (74 ἐθέλω δὲ ἤδη καὶ ὑποδεῖξαί σοι τῷ λόγῳ, ὁποῖον χρὴ εἶναι τὸν ἄριστον ὀρχηστὴν ἔν τε ψυχῇ καὶ σώματι, z. B. er muß sein εὐφυὴς καὶ ξυνετὸς καὶ ὀξὺς ἐπινοῆσαι). Darauf geht es § 80 so weiter: ἐπεὶ δὲ τὰς ἀρετὰς ἔφην τὰς ὀρχηστικάς, ἄκουε καὶ τὰς κακίας αὐτῶν. Es folgt nun (80—Schluß) eine σύγκρισις des τέλειος ὀρχηστής (vgl. 81) mit dem schlechten. Da ist es nun besonders merkwürdig, daß er diesen schlechten als einen wahnsinnigen schildert: ein solcher wollte einmal den rasenden Aias tanzen, trieb es aber so weit, daß das Publikum sagte: das sei kein rasender Aias, sondern ὀρχηστοῦ μανία. Die Identität des | Schemas dieser Schrift[47] mit demjenigen der horazischen Epistel ist also bis in Einzelheiten genau[48].

Es mögen sich bei genauerem Suchen noch mehr Beispiele finden lassen — z. B. sei bemerkt, daß die kunstgeschichtlichen Bücher des Plinius nach diesem Schema disponiert sind, soweit sein chaotisches Werk sich einer klaren Disposition fügt —: doch genügen die obigen Zusammenstellungen zum Beweis, daß das von Horaz befolgte Kompositionsprinzip ein festes, ja konventionelles war. Eine Kunst und Wissenschaft wie die andere wurde danach abgehandelt; für welche es zuerst geprägt wurde und von wem, vermag ich nicht mit Sicherheit anzugeben, doch scheint die Antithese des τέλειος und μαινόμενος auf stoischen Ursprung des ganzen Schemas zu führen. Wichtiger für

[47] Vgl. aus Lukian noch: de hist. conscr., besonders 37 ff. über den συγγραφεύς und die ἱστορία, wo 47 die Poetik zum Vergleich herangezogen wird (für den isagogischen Charakter dieses Abschnitts vgl. den Anfang 37 καὶ τοίνυν καὶ ἡμῖν τοιοῦτός τις ὁ μαθητὴς νῦν παραδεδόσθω κτλ.); ibid. 9 über das χρήσιμον als ἔργον καὶ τέλος ἱστορίας und das τερπνόν als Begleiterscheinung. Die Schrift ῥητόρων διδάσκαλος könnte man als parodistisch-isagogisch bezeichnen.

[48] Der Typus des μαινόμενος ὀρχηστής ist bei Lukian Repräsentant der κακοζηλία; daß dies der ursprünglichen Intention entspricht, beweist die Analogie aus der Rhetorik (s. o. S. 506). Horaz biegt nur insofern etwas ab, als er die μανία ποιητοῦ von dem von ihm vorher geschilderten Unwesen der *adulatio* bei den Recitationen (s. o. Anm. 34) in Verbindung setzt: der Dichter wird toll durch das Fiasko, das er, der sich nach der Schmeichelei falscher Freunde für vollkommen halten mußte, bei seinem öffentlichen Auftreten erlebt. Das ist der römische Einschlag (vgl. epist, 1, 19. 2, 2) in das traditionelle Gewebe der σύγκρισις ἀρετῶν καὶ κακιῶν.

unsern Zweck ist die Frage, zu welcher Literaturgattung die angeführten Schriften gehören. Die Antwort liegt schon in dem beigebrachten Material selbst: es ist die i s a g o g i s c h e L i t e r a t u r. Eine Anzahl der genannten Schriften bezeichnet sich selbst als εἰσαγωγαί, *institutiones*[49]; bei anderen zeigt Inhalt oder Form, daß sie dazu ge- | hören; andere endlich, wie die großen systematischen Werke Ciceros de orat. und Vitruvs lehnen sich doch partienweise an sie an. Über diese Literaturgattung hat L. Mercklin einst eine Abhandlung geschrieben (Philologus 4, 1849, 413 ff.), die für ihre Zeit verdienstlich war, aber jetzt nicht mehr genügt; gerade die für uns wesentlichen Gesichtspunkte sowie fast das ganze Material, aus dem sie sich uns ergaben, fehlen dort. Eine Neubearbeitung, die sehr erwünscht wäre, brauche ich nicht zu geben, da die angeführten Tatsachen für meinen Zweck ausreichen; das von mir längst nicht vollständig verwertete Material zur Beurteilung ist außerordentlich groß, und erst wenn es gesammelt und gesichtet sein wird, kann eine Geschichte dieser Literaturgattung geschrieben werden. Nur einige Gesichtspunkte, die für die Beurteilung der horazischen Epistel wichtig sind, mögen hier hervorgehoben werden.

1. Die eigentlichen εἰσαγωγαί wollen die Resultate wissenschaftlicher Forschung geben, und zwar in einer für Anfänger verständlichen Fassung[50]; sie sind also gewissermaßen ein didaktisches Supplement zur paraenetisch-protreptischen Literatur. So weit sie sich nicht auf sachliche Darlegung des rein Technischen beschränken (wie die des Theon, Nikomachos, Geminos und zahlreiche andere), wiederholen sich in ihnen einige τόποι, ohne daß diese alle in jeder einzelnen εἰσαγωγή vorkommen müßten. Dazu gehört zunächst die Einteilung des

[49] Als Buchtitel für uns vor Quintilian wohl nicht nachweisbar; 10, 1, 4 wechselt er zwischen *instituere, instruere, praeparare.* Gellius 16, 8, 1 *cum in disciplinas dialecticas i n d u c i atque imbui vellemus, necessus fuit adire atque cognoscere quas vocant dialectici* εἰσαγωγάς; gleich darauf (3) übersetzt er mit *instituere.* Viel jünger ist *introductio,* das ich erst bei Boethius in seiner Übersetzung der εἰσαγωγή des Porphyrios zu Aristoteles Kategorien finde (Comment. in Aristot. ed. acad. Berol. 4, 25); doch hat *introductor* schon Augustinus civ. 18, 39: *denique Moyses in populo constituit, qui docendis litteris praeessent, priusquam divinae legis ullas litteras nossent. hos appellat scriptura* (Exod. 18, 21) γραμματοεισαγωγεῖς, *qui latine dici possunt litterarum inductores vel introductores, eo quod eas inducant id est introducant quodam modo in corda discentium* (ähnlich derselbe, quaest. Heptat. ed. Zycha 2, 69, Wiener Corpus 28, 134). In den Glossaren wird εἰσαγωγή interpretiert mit *institutio, institutum, inductio, introductio.*

[50] Vgl. z. B. Porphyrios (der Neuplatoniker: F. Boll, Sphaera, Leipzig 1903, 7), εἰσαγωγὴ εἰς τὴν ἀποτελεσματικὴν τοῦ Πτολεμαίου ed. Basel 1559, 181 (Schluß des Prooemiums): διὸ συντόμως ἅμα καὶ ἀκριβῶς τοῖς προγενεστέροις ἑπόμενοι τήνδε τὴν εἰσαγωγὴν καιρίως ἐκτιθέμεθα ὀφείλουσαν εἶναι καὶ τοῖς λόγων ἀμυήτοις εὐσύνοπτον. Ps.-Soranos oben S. 511.

Stoffs nach *ars* und *artifex*. Bei der *ars* handelt es sich um ihr Alter, das gern in die Urzeit zurückverlegt wird, und ihre Erfinder sowie Vervollkommner, ferner um ihren Zweck (Nutzen oder Vergnügen oder beides) und um ihre Teile[51]. | Beim *artifex* wird die Vorbildung erörtert, ferner die Frage nach dem Verhältnis von natürlicher Begabung und Studium, dessen Notwendigkeit betont wird, endlich werden die Eigenschaften des *perfectus artifex* genannt, als dessen Folie gern der unvollkommene gezeichnet wird (dreimal, in Poetik, Rhetorik und Orchestik, als μαινόμενος). Einzelne Motive schwanken in ihrer Zugehörigkeit zur *ars* oder zum *artifex*. Da wir nun die Motive sämtlich in dem horazischen Briefe finden[52], haben wir ihn seinem Inhalt nach zur isagogischen Literatur zu zählen.

2. Für die formelle Einkleidung war das schulmäßige σχῆμα κατὰ πεῦσιν καὶ ἀπόκρισιν zwar nicht obligatorisch, aber, wie die oben* angeführten Beispiele (wenige von vielen) zeigen, sehr beliebt[53]. Wie hoch wir damit hinaufgehen müssen, zeigt Ciceros Schrift de partitione oratoria, der diese Form nach seinem eigenen Zeugnis (§ 2) dem Griechischen nachbildete; ist sie doch auch in der griechischen isagogischen Literatur später gern verwendet worden. Dafür sei hier noch

[51] Für letzteren τόπος hier noch eine bezeichnende Stelle: Cassiodorus de artibus ac disciplinis liberalium litterarum 3 (de dialectica) = vol. 70, 1168 Migne: *sed priusquam de syllogismis dicamus, ubi totius dialecticae utilitas et virtus ostenditur, oportet de eius initiis quasi quibusdam elementis pauca disserere, ut, sicut est a maioribus distinctus ordo, ita et nostrae dispositionis currat intentio. consuetudo itaque est doctoribus philosophiae, antequam ad isagogen veniant exponendam, divisionem philosophiae paucis attingere, quam nos quoque servantes praesenti tempore non immerito credimus intimandam.* Hiernach scheint im philosophischen Lehrkursus die Einteilung dem isagogischen Kompendium vorangegangen zu sein. Die Zähigkeit der Tradition war übrigens so groß, daß das Schema noch in dem Abriß der *artes* bei Isidor orig. 2—4 zu erkennen ist; dieser Abriß stammt nach Usener, anecd. Holderi 63, nicht, wie man erwarten sollte, aus Cassiodor, sondern beide benutzten eine gemeinsame Quelle.

[52] Einteilung des Stoffes nach *ars* und *artifex:* s. o. S. 486 f. Alter, Erfinder, Vervollkommner 391 ff. (275 ff. speziell für das Drama, 220 ff. für das Satyrspiel); Zweck 333 ff.; Teile s. o. S. 488 ff. Vorbildung des *artifex* 309 ff. Begabung und Studium 408 ff.; Vollkommenheit: s. o. S. 502 ff.

[53] Die ursprünglich nicht in dieser Form geschriebene εἰσαγωγή des Porphyrios zu Aristoteles' Kategorien ist uns außer in der originalen auch in der Fassung nach Frage und Antwort erhalten: comm. in Aristot. l. c. 55 ff. Auch in der oben zitierten εἰσαγωγή des Bakcheios (constantinische Zeit) ist nach v. Jan R. E. II 2790 diese Form vielleicht nicht ursprünglich. Die Geschichte dieser Form, die auch in der christlichen Literatur sehr beliebt war, bedarf noch einer Untersuchung (vgl. A. Ehrhard in Krumbachers Geschichte der byzantinischen Literatur, München 1897², 65).

* *[Addendum]* cf. 509.

auf folgendes hübsche Beispiel hingewiesen. | Epiktet diss. 2, 19. 6 f.: διὰ τοῦτο οὐδὲν διαφέρω γραμματικοῦ. Τίς ἦν ὁ τοῦ Ἕκτορος πατήρ; Πρίαμος. Τίνες ἀδελφοί; Ἀλέξανδρος καὶ Δηίφοβος. Μήτηρ δ' αὐτῶν τίς; Ἑκάβη. Παρείληφα ταύτην τὴν ἱστορίαν. Παρὰ τίνος; Παρ' Ὁμήρου· γράφει δὲ περὶ τῶν αὐτῶν δοκῶ καὶ Ἑλλάνικος, καὶ εἴ τις ἄλλος τοιοῦτος*. Diese Diatribe führt Gellius 1, 2, 6 an und bemerkt dazu: *in quo (libro) ille venerandus senex iuvenes, qui se Stoicos appellabant, neque frugis neque operae probae, sed theorematis tantum nugalibus et puerilium isagogarum commentationibus deblaterantes obiurgatione iusta incessuit.* Aus dieser Form der εἰσαγωγή hat sich dann besonders auf grammatischem Gebiet die ἐρωτήματα-Literatur entwickelt. Wir finden sie am Ausgang des Altertums auch im westlichen Reich[54], über Konstantinopel hat sie dann in die Schulbücher der italienischen Renaissance und von da hauptsächlich durch Melanchthons Autorität auch in Elementargrammatiken der neueren Zeit Eingang gefun- | den[55]. Ob dabei der Lehrer fragte und der Schüler antwortete oder umgekehrt, war nebensächlich, wie aus der genann-

[54] Die Collationes des Cassianus (Presbyters in Massilia, ca. 400) sind eine Art von institutio monastica in Form von Frage und Antwort. Von seinem Nachahmer Eucherius (Presbyter in Lugdunum, † ca. 450) haben wir Instructiones, eine Art von εἰσαγωγή in die Lektüre der Bibel; das erste Buch ist in der Form von Frage und Antwort zwischen Lehrer und Schüler geschrieben; im zweiten läßt er diese Form als ermüdend fallen. Von besonderem Interesse sind die ›instituta regularia divinae legis‹ von dem in hoher Amtsstellung in Konstantinopel lebenden Afrikaner Iunilius; diese, im Jahre 551 in der Form von Frage und Antwort verfaßte Schrift gibt sich als lateinische Bearbeitung einer syrisch geschriebenen biblischen Isagogik des an der Exegetenschule zu Nisibis in Mesopotamien wirkenden ›Persers Paulus‹ und ist von Cassiodor, nach seinem eigenen Zeugnis, für die institutiones benutzt: so sehen wir diese Literaturgattung durch Griechen in den fernsten Osten gebracht und dann durch eine Rückströmung in das occidentalische Christentum getragen werden, denn auch Cassianus hat sich lange im Orient aufgehalten, bevor er seine Ordensregel für Gallien gab. Die Schrift des Iunilius, deren Vorrede auch für unsere Zwecke wichtig ist, weil sie sich über das Princip der Isagoge verbreitet, ist von H. Kihn, Theodor von Mopsuestia und Iunilius Africanus als Exegeten, Freiburg 1880, herausgegeben und durch musterhafte Untersuchungen in einen großen Zusammenhang eingereiht worden. — Aus dem beginnenden Mittelalter sei nur folgendes erwähnt. Der Kommentar des Paulus Diaconus zur regula S. Benedicti hat die Form einer Auseinandersetzung zwischen Lehrer und Schüler (vgl. L. Traube in den Abhandlungen der Münchener Akademie, hist. Kl. 21, 638 f.). Von Alcuin haben wir eine Grammatik in der erwähnten Form (Migne 101).

[55] Vgl. A. Hilgard in den Grammatici graeci 4, 2 p. XX ff. Über die Schulgespräche kurz auch R. Hirzel, Der Dialog, Leipzig 1895, 2, 364, wo er auch die von ihm Katechismen genannten εἰσαγωγαί streift.

* *[Addendum]* cf. Kenyon, Journal of Hellenic Studies 29, 1909, 29 ff.

ten Schrift Ciceros hervorgeht: 3 Cic. fil. *visne igitur, ut tu me graece soles ordine interrogare, sic ego te vicissim eisdem de rebus latine interrogem?* Cic. pat. *sane placet, sic enim et ego te meminisse intellegam quae accepisti et tu ordine audies quae requires,* worauf der Sohn fragt und der Vater antwortet (Cic. fil. *quot in partis tribuenda est omnis doctrina dicendi?* Cic. pat. *in tris.* Cic. fil. *cedo quas?* Cic. pat. *primum* usw.), während es in ihrer griechischen Dialexis umgekehrt war. Nun erinnert sich jeder an die köstliche σχολαστικὴ διάλεξις in unserer Epistel 326 ff. *dicat filius Albini, si de quincunce remotast uncia, quid superat? poteras dixisse.‹ ›triens.‹ ›eu. rem poteris servare tuam. redit uncia, quid fit?‹ ›semis‹.* Das ist ein kleiner Ausschnitt aus einer, nur durch Humor gewürzten, im übrigen regelrechten εἰσαγωγὴ εἰς ἀριθμητικήν[56]. Horaz also führt die Söhne des für griechische Dichter interessierten Piso in die hohe griechische Kunst der Poesie ein; als Folie wählt er einen römischen Schulmeister, der irgendeinen römischen Bankierssohn in die banausische römische Rechenkunst einführt. Die hübsche Stelle gewinnt, wie mich dünkt, erst so die rechte Beziehung.

3. Wer eine Schrift dieser Art edierte, brauchte einen Adressaten, an den er sich wenden, oder eine Person, mit der er die διάλεξις vornehmen konnte. Daß das jedesmal ein jüngerer sein mußte, liegt auf der Hand; die Römer, bei denen der Begriff der *familia* fester wurzelte als bei den Griechen, wählten dazu gern den eigenen Sohn oder den eines Freundes oder Gönners[57]. Schon jenes *car- | men* wird man

[56] Wir besitzen eine solche in dem Büchlein, das der Jurist Volusius Maecianus an M. Aurelius als Caesar richtete (ed. Hultsch in den script. metrolog. rom. 61 ff.); es sollte dem Prinzen zur Instruktion dienen, hatte also isagogischen Charakter, vgl. die Vorrede: *saepenumero, Caesar, animadverti aegre ferentem te quod assis distributionem* (also eben das, worum es sich bei Horaz handelt) ... *ignotam haberes quare ... cum partes ipsas tum vocabula et notas proponendas existimavi.*

[57] Darauf weist R. Hirzel, l. c. 1, 428 f. für den Dialog treffend hin (Beispiele von Dedikationen auch bei R. Graefenhain, De more libros dedicandi, Diss. Marburg 1892). Von Gesprächen zwischen Vater und Sohn weiß er aus griechischer Literatur nur das zwischen Sokrates und seinem Sohn Lamprokles (Xenoph. mem. 2, 2) zu nennen, und diese Ausnahme ist durch den besonderen Gegenstand (Pflicht der Dankbarkeit gegen die Eltern) motiviert. Innerhalb der eigentlichen isagogischen Literatur in griechischer Sprache ist mir die Adresse an den Sohn nur einmal begegnet (bei der erwähnten Isagoge des Ps.-Soranos läßt sich nicht sagen, wie weit die Redaktion des lateinischen Übersetzers gegangen ist): bei Paulus Alexandrinus, εἰσαγωγὴ εἰς τὴν ἀποτελεσματικήν ed. cum versione Andreae Schatonis, Witebergae 1856 (vgl. Catal. codd. astrol. graec., codd. Florentini, descripsit Olivieri, Brüssel 1898, 3), die so beginnt: πάνυ καλῶς ὦ φίλε π α ῖ Κρονάμμων, ἐψευδογραφηκότας ἡμᾶς ἀνευρὼν ἔν τισι τῶν ἐν τῇ πρὸ ταύτης ἐκδόσει τῶν ε ἰ σ α γ ω γ ι κ ῶ ν, προτρέψω ἑτέραν σύνταξιν usw. Denn hier k a n n wenigstens der Sohn

hierher rechnen können, von dem Paulus Festi p. 93 M. berichtet: *sicut habetur in antiquo carmine, cum pater filio de agricultura praeciperet ›hiberno pulvere, verno luto, grandia farra Camille metes‹.* Catos Bücher ad Marcum filium gehörten unzweifelhaft, wie Mercklin bemerkte, zu dieser Schriftgattung; es ist daher bezeichnend, daß wir in den so dürftigen Fragmenten jene von uns als typisch erwiesene Sonderung von Sache und Person zweimal finden: die Teile, in denen er seinen Sohn über Ackerbau und Rhetorik instruierte, enthalten neben Anweisungen über diese Künste — darunter das bekannte Diktum (p. 80, 15 Jordan) *rem tene, verba sequentur,* also ganz wie Horaz 40 f. *cui lecta potenter erit res, nec facundia deseret hunc* — die famosen Definitionen des *agricola* und des *orator* (p. 78, 6. 80, 14)[58]. M. Iunius Brutus (ca. 150 v. Chr.) schrieb 3 Bücher de iure civili in der Form eines Gesprächs zwischen sich und seinem Sohn (Cic. de orat. 2, 224. Cluent. 140 ff.): hier war also die römische Rechtspraxis des *consulere et respondere* in eine griechische Literatursphäre gehoben)[59]. Ciceros Gespräch mit | seinem Sohn de partitione oratoria ist oben erwähnt. Livius handelte in einer Schrift an seinen Sohn über Vorzüge und Fehler des Redners (Quintilian 10, 1, 39). Der Jurist Paulus richtete seine ›sententiae‹, ›eine Art von juristischem Hand- und Hilfsbuch‹ (Teuffel), an seinen Sohn. Von der Isagoge des Ps. Soranus an seinen Sohn war schon die Rede. Lehrreich auch hierfür ist Quintilians institutio. Er widmete sie dem Vitorius Marcellus für dessen Sohn Geta, der Talent zeigte, vgl. prooem. 1, 6: *quod opus, Marcelle Vitori, tibi dicamus: quem cum amicissimum nobis tum eximio litterarum amore flagrantem non propter haec modo ... dignissimum hoc mutuae inter nos caritatis pignore iudicabamus, sed*

verstanden sein (vgl. Artemidors ὀνειροκριτικά 4, 5); Κρονάμμων ist, damit man nicht an astrologische Mystifikation denke, ein gut gebildeter menschlicher Eigenname: Letronne in seiner berühmten Abhandlung über Namen p. 29 vergleicht damit Σαραπάμμων, Φοιβάμμων, Ἡρακλάμμων. Im weiteren Sinne gehört übrigens auch die sog. hermetische Literatur hierher, in der die Fiktion, daß Hermes oder Isis ihre Söhne in die transzendenten Geheimnisse einführten, konstant ist (daher die häufigen Anreden ὦ παῖ, ὦ τέκνον u. dgl.); diese Fiktion läßt sich vermutungsweise bis auf Poseidonios zurückführen.

58 Mit der letzteren Definition Catos eröffnet Quintilian sein 12. Buch; das ist für den literarhistorischen Zusammenhang bezeichnend, denn dieses Buch handelt, wie wir sahen, vom Redner als *artifex* seiner Kunst.

59 Interessant ist Mommsens Untersuchung (Zeitschrift für Rechtsgeschichte 9, 1870, 82 ff.) über die quaestiones des Salvius Iulianus, des berühmten Juristen der hadrianisch-antoninischen Zeit. Dieses Werk, aus dem in den Digesten zahlreiche Zitate vorliegen, enthielt ›zusammenhängende Erörterungen über die Rechtswissenschaft in Verbindung mit den Fragen der *auditores* und den darauf von den Lehrern erteilten Antworten‹. Nach Mommsen läßt sich diese ›Quaestionenliteratur‹ wenigstens bis auf Labeo zurück verfolgen.

quod erudiendo Getae tuo, cuius prima aetas manifestum iam ingenii lumen ostendit, non inutiles fore libri videbantur; zugleich hatte er dabei seinen eigenen Sohn im Auge (prooem. 4, 1 *si parum nostra institutio probaretur a ceteris, contenti fore domestico usu videbamur, ut tui meique filii formare disciplinam satis putaremus),* den ihm während der Ausarbeitung der Tod entriß (prooem. 6)[60]. Hier haben wir nun wieder eine deutliche Analogie zur horazischen Epistel. Ihre Adressaten sind die Pisonen, *pater et iuvenes patre digni* (24)[61]; die Vorschriften gelten aber besonders dem älteren der beiden Söhne, der eben daranging, sein poetisches Talent zu betätigen: 366 f. *o maior iuvenum, quamvis et voce paterna fingeris*[62] *ad rectum et per te sapis, hoc tibi dictum tolle memor* etc. (vgl. 128 f.).

4. Eine Geschichte dieser Literaturgattung kann, wie gesagt, erst auf Grund vollständiger Materialsammlung geschrieben werden. Das Wort εἰσαγωγή kommt in diesem Sinne, so viel ich sehe, zuerst bei Chrysippos vor: in dem Katalog seiner logischen Schriften bei Diogenes findet es sich öfters, auch in der Ableitung εἰσα- | γωγικός[63]. Die Sache selbst ist aber älter, denn man wird Xenophons Schrift περὶ ἱππικῆς hierher zu stellen haben, vgl. den Anfang: ἐπειδὴ διὰ τὸ συμβῆναι ἡμῖν πολὺν χρόνον ἱππεύειν οἰόμεθα ἔμπειροι ἱππικῆς γεγενῆσθαι, βουλόμεθα καὶ τοῖς νεωτέροις τῶν φίλων δηλῶσαι ᾗ ἂν νομίζωμεν αὐτοὺς ὀρθότατα ἵπποις προσφέρεσθαι. συνέγραψε μὲν οὖν καὶ Σίμων περὶ ἱππικῆς etc., und dasselbe gilt von seinem Ἱππαρχικός, wo er 1. 2 ausführt, wie der Hipparch Pferde und Reiter behandeln müsse, dann von 3 an: τῶνδε γε μὴν αὐτῷ ἤδη μέλειν δεῖ τῷ ἱππάρχῳ. In dieser Weise geben die ersten drei Kapitel des 3. Buchs der Memorabilien einem Taktiker, Strategen und Hipparchen Anweisungen. Auch an den platonischen Phaidros denkt man in diesem

[60] Vgl. Varros Logistoricus ›Catus de liberis educandis‹ bei Nonius 77 (fr. I Riese): *quod petisti ut eius educationis fierem tibi socius, quod potui adminiculavi tuam voluntatem scribendo.* Auch Senecas d. Ä. rhetorisches Werk läßt sich vergleichen.

[61] Über solche Doppeladressen vgl. Graefenhain l. c. 55.

[62] Vgl. Cic. orat. 7, *ego in summo oratore fingendo talem informabo, qualis fortasse nemo fuit.*

[63] Περὶ τῆς εἰς τὰς ἀμφιβολίας εἰσαγωγῆς, συνημμένα πρὸς τὴν εἰσαγωγὴν τὴν εἰς τὰς ἀμφιβολίας, περὶ συλλογισμῶν εἰσαγωγικῶν πρὸς Ζήνωνα, τῶν πρὸς εἰσαγωγὴν τρόπων πρὸς Ζήνωνα, λόγοι ὑποθετικοὶ πρὸς εἰσαγωγήν, περὶ τῆς εἰς τὸν ψευδόμενον εἰσαγωγῆς πρὸς τὸν Ἀριστοκρέοντα, λόγοι ψευδόμενοι πρὸς εἰσαγωγήν. Dazu bei Athenaeus 4, 159 D. 11, 464 D εἰσαγωγὴ εἰς τὴν περὶ ἀγαθῶν καὶ κακῶν πραγματείαν (oder εἰσαγωγικὴ περὶ ἀ. κ. κ. πραγματεία), worin er, was wegen S. 506 f. bemerkt sei, die Arten der μανία behandelte. Das Interesse Chrysipps für die Pädagogik zeigt die von Quintilian 1 benutzte Schrift περὶ παίδων ἀνωγῆς.

Zusammenhang, und es hat vielleicht eine innere Berechtigung, wenn man sich, wie wir sahen (S. 511), in der späteren isagogischen Literatur, gern auf den Anfang des πρότερος λόγος des Sokrates bezog: 237 B περὶ παντός, ὦ παῖ, μία ἀρχὴ τοῖς μέλλουσι καλῶς βουλεύεσθαι· εἰδέναι δεῖ περὶ οὗ ἂν ᾖ ἡ βουλὴ κτλ. Damit kämen wir also in die Zeit der Sophisten, und es hätte ja alle Wahrscheinlichkeit für sich, die Anfänge einer Sonderart der didaktischen Literatur bei ihnen zu suchen. Hippias, der Vater des Systems der später sogenannten ἐγκύκλια παιδεύματα, berichtet von sich an einer sehr bekannten Stelle des Hipp. mai. 286 A (vgl. Diels, Fragm. d. Vorsokrat. p. 546): περί γε ἐπιτηδευμάτων καλῶν ... ηὐδοκίμησα διεξιών, ἃ χρὴ τὸν νέον ἐπιτηδεύειν, worauf er den Anfang dieses λόγος mitteilt: ἐπειδὴ ἡ Τροία ἥλω, λέγει ὁ λόγος, ὅτι Νεοπτόλεμος Νέστορα ἔροιτο, ποῖά ἐστι καλὰ ἐπιτηδεύματα, ἃ ἄν τις ἐπιτηδεύσας νέος ὢν εὐδοκιμώτατος γένοιτο. μετὰ ταῦτα δὴ λέγων ἐστὶν ὁ Νέστωρ καὶ ὑποτιθέμενος αὐτῷ πάμπολλα νόμιμα καὶ πάγκαλα. Das was hier ὑποτίθεσθαι genannt wird, berührt sich mit dem jüngeren εἰσάγειν, geht jedenfalls über ein | bloßes παραινεῖν oder προτρέπειν hinaus; auch das σχῆμα κατ' ἐρώτησιν καὶ ἀπόκρισιν zwischen Lehrer und Jünger findet sich hier schon, wenn auch bloß in einem schwachen Ansatz[64]. Mithin würde eine Geschichte des Literatur-

[64] Von einem eigentlichen Dialog kann keine Rede sein: Dümmler (Akademika 259) und Hirzel (l. c. 1, 59 f.) hätten das noch bestimmter aussprechen dürfen. Auf Philostratos v. soph. 1, 11, 4 ἔστιν δὲ αὐτῷ (sc. Ἱππίᾳ) Τρωικὸς διάλογος, οὐ λόγος ist gar nichts zu geben; denn dieser ganze βίος ist eine seines Verfassers würdige Kompilation aus Platon. Das was 5 steht: φυλαῖς ἐνεγράφη πόλεων μικρῶν τε καὶ μειζόνων ist herausgesponnen aus den πρεσβεῖαι des Hippias, die Platon Hipp. mai. 281 A erwähnt: Philostratos übertrug die Sitte seiner Zeit, berühmte Sophisten, wenn sie als Vertreter ihrer Vaterstadt in andere Städte kamen, zu Ehrenbürgern zu machen, auf die alte Sophistik; das Stilurteil 8 ist gefällt auf Grund der Proben in Platons Protagoras und den nach Hippias benannten Dialogen; der Titel Τρωικός 4 stammt aus dem bei Platon Hipp. mai. 286 A zitierten Anfang der Schrift: ἐπειδὴ ἡ Τροία ἥλω, λέγει ὁ λόγος usw., Philostratos wählte ihn in Erinnerung an die Städtereden berühmter Sophisten der jüngeren Zeit, z. B. Aristeides Ῥοδιακός, Dions Εὐβοϊκός. So bleibt also gar nichts, was aus guter Tradition außer der platonischen stammt, und der διάλογος ist eine freche Folgerung aus dem ἐρωτᾶν der im Text zitierten platonischen Stelle. Vgl. auch Diels, Vorsokratiker p. 545. Für Hippias war das ἐρωτᾶν eine bloße Formsache: er wollte seine ἐπίδειξις anknüpfen können; auf den lysianischen ἐρωτικός mit seinem ἴσως ἂν οὖν ἔροιό με und εἰ δ' ἔτι τι σὺ ποθεῖς ἡγούμενος παραλελεῖφθαι, ἐρώτα (Plat. Phaedr. 234 BC) weist Hirzel selbst richtig hin. Wir werden also nicht fehlgehen, wenn wir uns die formale Anlage der Schrift so vorstellen, daß Hippias (mit Plat. Protag. 336 C zu reden) ἐφ' ἑκάστῃ ἐρωτήσει μακρὸν λόγον ἀπέτεινεν. Mir scheint auch bezeichnend, daß gerade Hippias es ist, der, als die Fortsetzung des Gesprächs in Platons Protagoras gefährdet ist, weil Sokrates nur διαλέγεσθαι, Protagoras nur

zweiges wohl zu beginnen haben mit den unter Hesiods Namen gehenden Χίρωνος ὑποθῆκαι. Denn an dieses im Schulunterricht damals beliebte Gedicht — man denke an die Aufschrift Χιρώνεια, die eine Bücherkiste auf der Berliner Vase aus der Werkstatt des Euphronios führt | (Furtwängler Berl. Vasensamml. 2322) — hat ja Hippias ersichtlich angeknüpft, ebenso wie sein Zeitgenosse Antisthenes im ›Herakles‹, jener Programmschrift des Kynismus, in der er Achilleus von dem Kentauren unterrichtet sein ließ. Daß man sich in dieser Literaturgattung noch später auf jenes Gedicht bezog, zeigt Quintilian 1, 1, 15: *quidam litteris instituendos qui minores septem annis essent non putaverunt, quod illa primum aetas et intellectum disciplinarum capere et laborem pati posset. in qua sententia Hesiodum esse plurimi tradunt qui ante grammaticum Aristophanen fuerunt, nam is primus* ὑποθήκας, *in quo libro scriptum hoc invenitur, negavit esse huius poetae.* Zwischen jenem pseudohesiodeischen Gedicht und den Lehrschriften der Sophisten stand noch ein anderes Gedicht der genannten Art: die Lebensregeln, die Amphiaraos seinem Sohn Amphilochos gab, ein Gedicht, das Pindar und Theognis benutzten. Die Sophisten haben also, wie das ihre Art war, ein beliebtes poetisches γένος in die Prosa hinübergeleitet. Ohne jedoch dies weiter zu verfolgen, führe ich noch zwei Tatsachen an, die für die Beurteilung der horazischen Epistel in diesem Zusammenhang wichtig sind.

5. Unter der isagorischen Literatur aus der Zeit vor Horaz befindet sich eine Schrift des Poseidonios, aus der Diogenes Laertios 7, 60 folgendes zitiert: ποίημα δέ ἐστιν, ὥς ὁ Ποσειδώνιός φησιν ἐν τῇ περὶ λέξεως εἰσαγωγῇ, λέξις ἔμμετρος ἢ ἔνρυθμος μετὰ σκευῆς τὸ λογοειδὲς ἐκβεβηκυῖα· [τὸ] ἔνρυθμον δ' εἶναι ⟨οἷον⟩ τὸ »γαῖα μεγίστη καὶ Διὸς αἰθήρ« (Eurip. fr. 839 N.). ποίησις δέ ἐστι σημαντικὸν ποίημα μίμησιν περιέχον θείων καὶ ἀνθρωπείων. Dadurch ist uns also eine isagogische Schrift bezeugt, die die Poesie mitumfaßte; περὶ λέξεως hat Horaz in Vers 45—130 genau gehandelt.

6. Die Stoiker, vor allem Chrysippos und Poseidonios, haben bekanntlich auf Varro starken Einfluß gehabt[65]: es ist mithin nicht zu-

μακρηγορεῖν will, den Kompromißvorschlag macht: Sokrates solle nicht τὸ ἀκριβὲς τοῦτο εἶδος τῶν διαλόγων ζητεῖν τὸ κατὰ βραχὺ λίαν, und Protagoras nicht bloß lange Reden halten, ἀλλὰ μέσον τι ἀμφοτέρους τεμεῖν (Plat. Prot. 338 A): wenn man bedenkt, daß die ganze ῥῆσις des Hippias durchgängige Ethopoiie enthält, inhaltliche und sprachliche, so gewinnen die angeführten Worte noch ihre besondere Beziehung, wenn Hippias auch in seinen Schriften eine Technik übte, die in der Mitte stand zwischen sophistischer ἐπίδειξις und sokratischem διάλογος.

65 In einem Fragment (398) der Satire Parmeno, die, wie das daraus Erhaltene noch deutlich zeigt, über Poetik handelte (mit Proben), definiert er *poema* ganz so wie Poseidonios: *poema est lexis enrythmos,* aber die Definition *poesis*

fällig, wenn wir dem Terminus εἰσαγωγή in römischer Literatur zuerst bei Varro begegnen. Über diese Schrift Varros hat uns | Gellius 14, 7 genau berichtet. Pompeius wandte sich als designierter Konsul (71 v. Chr.) an seinen Freund Varro, der ihm schon 6 Jahre vorher zu seiner persönlichen Instruktion eine ephemeris navalis für den spanischen Feldzug verfaßt hatte, mit der Bitte, *uti commentarium faceret* εἰσαγωγικόν — *sic enim Varro ipse appellat — ex quo disceret, quid facere dicereque deberet, cum senatum consuleret. eum librum commentarium, quem super ea re Pompeio fecerat, perisse Varro ait in litteris quas ad Oppianum dedit, quae sunt in libro epistolicarum quaestionum quarto, in quibus litteris, quoniam quae ante scripserat non comparebant docet rursum multa ad eam rem ducentia* (folgen die reichen Excerpte). Diese Nachricht ist für die Beurteilung der Horazischen Epistel deshalb wichtig, weil sie zeigt, daß eine Schrift isagogischen Charakters eine Einkleidung auch in Briefform gestattete. Das ließ sich zwar auch aus der oben (S. 511) zitierten Isagoge des Ps. Soranus schließen, die er mit einem Brief an seinen Sohn eröffnet *(Soranus filio karissimo salutem);* es ist aber erwünscht, dafür ein so viel älteres, vor allem ein vorhorazisches Beispiel zu haben. Wir können gleich noch ein zweites Beispiel derselben Zeit hinzufügen. Das commentariolum des Q. Cicero an seinen Bruder de petitione consulatus vom J. 64 ist wie das Varronische an Pompeius eine εἰσαγωγή[66], eingekleidet ist es in die Form eines Briefes *(Quintus Marco fratri s. d.).* In die Augusteische Zeit selbst führt uns die bereits erwähnte (o. S. 521) Schrift des Livius über die Aufgabe des Redners: es war eine *epistula ad filium,* für die Rhetorik, wie die wenigen Zitate noch zeigen, das, was die Horazische Epistel für die Poetik war[67]. Schließlich werden wir aber auch die Bücher Catos ad Marcum filium, deren isagogischer Charakter oben (S. 520) hervorgehoben wurde, hierher stellen müssen, zumal sie einmal aus- | drücklich als *epistula ad filium* zitiert werden[68]. Die Römer hatten eben für das uti-

weicht von derjenigen des Poseidonios ab. Daß Definitionen dieser Art älter sind, zeigt Lucilius 338 ff.; in seinem Kommentar führt Marx auch die griechischen Parallelstellen an.

66 So richtig Teuffel-Schwabe, Gesch. d. röm. Litt. § 2, 3.

67 *Quintil.* 10, 1, 39 *est apud Livium in epistula ad filium scripta, legendos Demosthenen atque Ciceronem, tum ita ut quisque esset Demostheni et Ciceroni simillimus* (vgl. Horaz über die Lektüre der *graeca exemplaria* 268); ib. 8, 2, 18 und Seneca contr. 9, 1, 13 f. über den Fehler der *obscuritas,* der an der zweiten Stelle aus dem Streben nach *brevitas* abgeleitet wird (vgl. Horaz 25 f. *brevis esse laboro: obscurus fio);* Seneca ib. 2, 26: Livius nannte solche Redner ›wahnsinnig‹ (vgl. die Episode vom *poeta insanus* bei Horaz 300 f. 453 ff., **s. oben 506.**

68 Von Priscian: fr. 4 p. 78 Jordan, vgl. O. Jahn, Berichte der sächsischen Gesellschaft der Wissenschaften 1850, 267. Der originale Titel war das sicher

litaristisch Lehrhafte ein besonderes Verständnis und eigneten sich daher früh die griechische Kunstform an, um in sie ihre Instruktionsschriften zu kleiden, die sich, wie Dionysios ant. 1, 74, 5 bei Erwähnung der commentarii censorii bemerkt, von Vater auf Sohn vererbten[69].

Fassen wir nun die gewonnenen Resultate zusammen, so wird folgendes als bewiesen gelten dürfen.

Horaz war den fünfziger Jahren nahe, als er beschloß, seine Ansichten über poetische Technik bekanntzugeben. Dazu veranlaßte ihn eine Entwicklung der römischen Poesie, wie er sie nicht billigen konnte. Eine neue Generation war herangewachsen, | die nicht durch die harte Schule der älteren gegangen, sondern im *otium* der neuen Ära aufgewachsen war. Wie das Leben, so die Kunst: sie verlor an Ernst; Halbheit trat ein statt Vollwertigkeit, Virtuosität statt erarbeiteten Könnens, Überschätzung der Kräfte statt Selbstkritik, und nicht mehr wurde, wie bisher, wohlsortierte Ware, sondern Dutzendprodukte auf den literarischen Markt gebracht. Da erhob der nach Vergils Tod unbestritten erste Dichter Roms seine warnende Stimme: besaß er doch die gleiche Autorität wie einst Cicero, als er gegen die Entartung der

nicht, aber briefähnliche Form ist durch die dreimal (fr. 1. 6. 14) überlieferte Anrede *Marce fili* ohnehin garantiert; auch wird eine andere catonische *epistula ad Marcum filium* (ἐπιστολὴ πρὸς τὸν υἱόν) von Cic. off. 1, 10 und Plutarch Cat. 20 zitiert. — Eine Aufarbeitung der griechischen Epistolographie nach ihren εἴδη, ohne welche die römische historisch gar nicht begriffen werden kann, wird vermutlich noch mehr Material geben. So erinnert mich mein Kollege F. Jacoby, dem ich auch sonst manche nützliche Belehrung verdanke, daran, daß die drei großen, uns erhaltenen Epikurbriefe zur isagogischen Literatur im weiteren Sinne des Wortes gerechnet werden dürfen (er bezeichnet sie treffend als Katechismen); den zweiten bestimmt Epikur ausdrücklich τοῖς νεωστὶ φυσιολογίας γνησίου γεγευμένοις (Diog. L. 10, 85 p. 35 Usener). Auch des Iamblichos ἐπιστολὴ πρὸς Δέξιππον περὶ διαλεκτικῆς und desselben ἐπιστολὴ πρὸς Σώπατρον περὶ διαλεκτικῆς, aus denen Stobaeus ecl. 2, 2, 5. 6 (II p. 18 f. Wachsm.) Auszüge gibt, gehören hierher (er spricht von Alter und Nutzen dieser Kunst). Es sei auch bemerkt, daß unter den hermetischen Schriften, deren Verwandtschaft mit der isagogischen Literatur oben (Anm. 57 a. E.) hervorgehoben wurde, ein Brief des Ἑρμῆς τρισμέγιστος an seinen Sohn Asklepios ist (p. 128 ff. Parthey), wo der Vater dem Sohne einen Abriß seiner Lehre gibt (σοὶ δὲ ἐγὼ τῶν λεχθέντων τὰ κυριώτατα κεφάλαια ἐκλεξάμενος δι' ὀλίγων ἠθέλησα ἐπιστεῖλαι). Unter Senecas Briefen steht nr. 89 einer εἰσαγωγὴ εἰς τὴν Στωικὴν φιλοσοφίαν nahe.

[69] τῶν καλουμένων τιμητικῶν ὑπομνημάτων, ἃ διαδέχεται παῖς παρὰ πατρὸς καὶ περὶ πολλοῦ ποιεῖται τοῖς μεθ' ἑαυτὸν ἐσομένοις ὥσπερ ἱερὰ πατρῷα παραδιδόναι. Treffend sagt daraufhin M. Schanz, Geschichte der römischen Literatur 1^2 § 13: ›An die Amtsbücher knüpft sich ein Literaturzweig, den wir den isagogischen nennen können‹; im übrigen hat er aber dieser Literaturgattung, von der wir uns aus Frontinus de aquis ein deutliches Bild machen können, keine Beachtung geschenkt.

Kunst der Rede seinen orator verfaßte. ›So geht es nicht weiter, nehmt es ernst mit eurer Kunst, wie Varius und Vergil‹: auf diesen Ton ist alles gestimmt. Die Form für eine Schrift solchen Inhalts war durch die Tradition gegeben: wer jüngeren Leuten die Regeln einer Kunst in faßlicher Form schriftlich übermitteln wollte, wählte die εἰσαγωγή, eine vielleicht von der Stoa geschaffene oder doch ausgebildete Spezies der didaktischen Literatur, die sich Horaz um so mehr empfahl, als sie sich auch in der ihm bequemen Briefform geben ließ; hatte doch Livius um dieselbe Zeit in einem Brief an seinen Sohn seine Ansichten über Vorzüge und Fehler des Schriftstellers niedergelegt. Einen eigenen Sohn hatte Horaz nicht; so adressierte er den Brief an die jungen Söhne eines ihm befreundeten, für die Poesie interessierten Mannes, selbstverständlich mit der Absicht, durch deren Medium seinen Appell an die ganze junge Dichterzunft zu richten. Der Stoff zwang ihn, lehrhafter zu werden, als das sonst seine Art und sein Geschmack war; doch hat er auch hier verstanden, jede Pedanterie zu vermeiden, dem Stil des *sermo* gemäß das σπουδαῖον mit dem γελοῖον zu verbinden und römisches Kolorit mit der griechischen Grundfarbe in kunstvoller Harmonie zu verschmelzen. Denn daß dieser Brief griechisch ist wie keine andere seiner Schriften (und das will viel sagen), weiß jeder, der die unter römischem Firnis nur leicht verborgenen griechischen Worte und Gedanken durchschimmern sieht, auch ohne daß uns zeugenmäßige Belege gerade immer zur Hand wären: eine griechische Paraphrase würde der beste Kommentar sein. Zwar von Neoptolemos können wir uns ganz und gar keine Vorstellung machen, wie denn überhaupt die zwischen Aristoteles (dessen Poetik Horaz nicht gelesen hat) und Horaz klaffende Lücke unserer Kenntnis der poetischen Theorie durch nichts auszufüllen ist. Um so genauer kennen wir aber die rhetorischen Lehrsysteme, da es vor allem | Cicero verdankt wird, daß wir uns auch von der hellenistischen Rhetorik eine Vorstellung machen können. Die Analyse zeigte uns, daß Horaz — nachweislich nicht als erster — die poetischen Lehrsätze den rhetorischen nachgebildet hat, ein Verfahren, das sich durch die nahe Verwandtschaft beider Künste rechtfertigte. Der Aufbau der Epistel ist, wie sich beweisen ließ, lückenlos; jeder Versuch, einen Stein zu versetzen, schädigt die Geschlossenheit. Ebenso ist aber auch die Auffassung abzuweisen, als habe der Dichter sein Gebäude überhaupt nach keinem bestimmten Plan errichtet; wenn er die Fugen so sorgsam verbarg, daß sie sich nur bei sorgsamer Analyse zeigen, so hat er dadurch nur von neuem bewiesen, ein wie guter Baumeister er war.

Nach antiker Terminologie war daher diese Horazische Schrift, die Goethe[70] als ›problematisch‹ bezeichnete, ein ›commentarius isagogicus de arte poetica per epistulam ad Pisones‹. Nach Inhalt und

Form verdient sie es, im Verein mit den beiden anderen Episteln des zweiten Buches, die Epoche des Klassizismus, den ihr Verfasser in Praxis wie in Theorie vertrat, abzuschließen. Denn Erfolg hat sie nicht gehabt; Ovid, der in den zwanziger Jahren stand, als diese Episteln erschienen, dichtete so, wie Horaz es verbot, und wurde von seiner Generation als das *ingenium* gefeiert, vor dessen einseitiger Ausbildung der Vertreter der *ars* warnte.

[70] Tages- und Jahreshefte 1806 (27, 155 Hempel): ›Wielands Übersetzung der horazischen Epistel an die Pisonen [erschienen zuerst 1782] leitete mich wirklich auf eine Zeitlang von anderen Beschäftigungen ab. Dieses problematische Werk wird dem einen anders vorkommen als dem andern, und jedem alle zehn Jahre auch wieder anders‹.

VERGILS AENEIS IM LICHTE IHRER ZEIT
1901

I. Einleitung

Die Auffassung des Vergilischen Epos in seiner Gesamtheit hat drei Stadien durchlaufen. Sehr früh begann die mystisch-allegorische Erklärung, die auf der Grenze des Altertums und Mittelalters in Fulgentius, im Mittelalter selbst in Dante ihre Kulminationspunkte fand. Es folgte seit Petrarca die ästhetische Betrachtungsweise, die, anfangs instinktiv und zögernd, dann bewußt und ostentativ die Allegorie beiseite ließ, um sich, ohne viel Rücksichtnahme auf die Exegese des einzelnen oder den Gedankeninhalt des Ganzen, von der Majestät der Sprache und des Verses bannen zu lassen. Die Reaktion gegen diese zu einseitige Auffassung der Humanisten erfolgte wie bei anderen Autoren, so auch bei Vergil seit der zweiten Hälfte des 18. Jahrhunderts: man kann diese Phase der Erklärung die historisch-kritische nennen; es wurde über die äußere Form hinaus wieder auf den der Dichtung zugrunde liegenden Ideengehalt zurückgegangen, zu dessen Ermittlung man sich nun aber nicht mehr, wie das spätere Altertum und das Mittelalter, phantastischer Spekulation, sondern scharf eindringender sprachlicher und geschichtlicher Exegese bediente. Obwohl nun bei dieser Betrachtungsweise die Rücksicht auf die Ästhetik der Form viel zu sehr vernachlässigt wurde und daher wichtige Erkenntnisse der Humanisten wieder verlorengingen, so muß sie wissenschaftlich offenbar den ersten Platz einnehmen, und das um so mehr, weil die Aeneis zu den verhältnismäßig wenigen lateinischen Gedichten gehört, die in ihrer Zeit selbst fest wurzeln und daher nur aus ihr heraus ganz verständlich sind.

Den Anfang mit dieser Auffassung der Aeneis, die man früher die ›politische‹ nannte, scheint nach der Zusammenstellung Heynes (2⁴, 27 ff.) der Abbé Vatry in seinem *Discours sur la fable de l'Énéide* 1753 gemacht zu haben[1]. Ausgehend von den bekannten Stellen der Aeneis, in denen die Person des Augustus auf dem Wege der Vision oder Prophezeiung in die Handlung hineingezogen wird, kam er zu dem Resultat, daß ›der ganze Zweck der Aeneis derjenige sei, die Römer zu über-

[1] Doch liegen die Anfänge bereits im Mittelalter (vgl. Comparetti, Vergil im Mittelalter, Leipzig 1875, 164, 1. 200), ja im Altertum, vgl. Serv. zu 6, 752.

zeugen, daß sie sich der Herrschaft des Mannes unterwerfen müßten, den seine Geburt, seine Fähigkeiten und sein Glück ihnen zum Herren gegeben hätten, d. h. der Herrschaft des Augustus‹. Es folgten | andere, die mit geringer Modifikation der erwähnten Ansicht als Zweck der Aeneis angaben, durch Approbation der Monarchie des Augustus die Erregung der durch den Verlust der Freiheit erbitterten Menschen zu besänftigen, oder solche, die in Aeneas den Typus eines Gesetzgebers und Staatsgründers sahen. Gegen diese, in solcher Formulierung falsche Auffassung sind nun Gelehrte aufgetreten, welche die Beziehung auf Augustus nur als ganz akzessorisch gelten lassen wollen und die Tendenz in eine Verherrlichung des Römertums setzen. ›Nach ihnen wollte Vergil die Römer durch seine Aeneasdichtung begeistern zu ferneren Anstrengungen für die Größe Roms und für den Aufbau der Weltherrschaft. Er stellte in Aeneas ein Ideal des römischen Heldentums auf, das in besonnener Tapferkeit vereint mit Frömmigkeit besteht. Wie in den Georgica die *domesticae virtutes*, so seien in der Aeneis die *publicae virtutes* der Römer besungen. Dabei habe Vergil in der Wahl des Aeneas die passendste Gelegenheit gefunden, auf Augustus als den Mann hinzuweisen, der vom Schicksal erkoren sei, die Größe des Römernamens ihrem Gipfel zuzuführen und durch Beendigung der Bürgerkriege die Römer des Gefühls ihrer Weltherrschaft froh werden zu lassen[2].‹ Dieser Auffassung hat sich im wesentlichen angeschlossen der auch sonst um die Geschichte der Vergilerklärung hochverdiente H. Georgii in einem Stuttgarter Gymnasialprogramm vom Jahre 1880 ›Die politische Tendenz der Aeneide Vergils‹, dem Eindringendsten, was über die ganze Frage geschrieben worden ist. Der erste Teil seiner Untersuchung ist wesentlich polemischer Natur. Mit völligem Erfolg wird die ›monarchische‹ Tendenz der Aeneis zurückgewiesen; tatsächlich erledigt sich ja diese Formulierung schon durch ihren geschichtlichen Widersinn: denn mag man nun die Herrschaft des Augustus als Prinzipat oder als Monarchie bezeichnen, soviel steht jedenfalls fest, daß ein Gedicht mit bewußt monarchischer Tendenz dem Fundament der Augusteischen Politik, der Beobachtung des republikanischen Scheines, widersprochen haben würde. Auch die Auffassung, die Aeneis solle der ›dynastischen Legitimation‹ der julischen Herrschaft dienen, wird von Georgii zurückgewiesen: wir werden sehen, daß sie in dieser ausschließlichen Formulierung allerdings falsch ist. Im zweiten Teil wird die entgegengesetzte Auffassung, nach welcher die Aeneis eine Verherrlichung des römischen Volks sei, durch eindringende Analyse einzelner Stellen des Gedichts genauer dahin bestimmt, daß der Dichter in der Person des Aeneas die dem römischen Volk durch Schicksals-

2 Georgii in der gleich zu nennenden Schrift S. 2 f.

sprüche geweissagte Weltmachtstellung, das providentielle Element in der römischen Geschichte von Trojas Zerstörung bis auf die Gegenwart habe darstellen wollen. ›Dagegen‹ — sagt er S. 31 f. — ›konnten wir bei genauerer Prüfung als nach dem ersten Eindruck, welchen die häufige Nennung der Julier und des Augustus hervorbringen mag, uns nicht überzeugen, daß die Aeneide im Dienst der Augusteischen Monarchie gedichtet sei. Augustus wird von Vergil nur verherrlicht, sofern er die römischen Dinge aus kläglicher Verwirrung gerettet, den Weltfrieden begründet und das römische Volk zu seinem | Beruf zurückgeführt hat. Er hat seine ruhmvolle Stelle in der römischen Geschichte, welche sich dem Dichter als Mittelpunkt der Menschengeschichte darstellt. Die Aeneide ist national und patriotisch, nicht augusteisch und höfisch.‹

So dankenswert es nun auch ist, daß Georgii an dem Bestreben alter und neuer Exegeten, die Aeneis als reines Hofgedicht zu deuten, Kritik geübt hat, so vermag ich doch sein Resultat nicht als richtig anzuerkennen. In seiner Reaktion gegen die genannte Auffassung geht er zu weit, indem er ängstlich beflissen ist, die auch von ihm nicht fortzuleugnenden Hinweise auf Augustus wenigstens auf ein möglichst niedriges Niveau durch Mittel herabzudrücken, die, wie später nachzuweisen sein wird, nicht zu billigen sind. Daß die Sonderung des nationalen vom augusteischen Element unrichtig ist, wird unten (Kap. IV u. V) bewiesen werden: gerade die gegenseitige Durchdringung beider Elemente, ihr völliges Ineinanderfließen in Leben und Literatur gibt dem Augusteischen Zeitalter sein eigentümliches Gepräge. Doch dürfen wir, um das zu erkennen, uns nicht auf die Betrachtung der Aeneis selbst beschränken, wie es Georgii und seine Vorgänger tun. Der Versuch, ein Literaturwerk zunächst aus sich selbst heraus zu erklären, muß prinzipiell als berechtigt anerkannt werden; aber die Tatsache, daß jedes Geistesprodukt erst auf dem Untergrund der Zeit, in der es entstanden ist, ganz verständlich wird, gilt auch von den Schöpfungen der augusteischen Dichter, die sich in ihrer Mehrzahl gerade auch darin über viele andere Erzeugnisse der lateinischen Poesie erheben, daß sie nicht zeitlose Nachahmungen der Griechen sind, sondern fest in dem Boden der großen Zeit wurzeln, deren Produkte sie sind. Im folgenden soll daher der Versuch gemacht werden, die Aeneis als Ganzes von diesem Gesichtspunkt aus zu würdigen. Dabei wird es unerläßlich sein, weiter auszuholen und auch bekannte Dinge zu berühren, die nur durch den Zusammenhang, in den sie eingereiht werden, gelegentlich einige neue Beleuchtung erfahren.

II. Die romantische Stimmung der Revolutionszeit

Sentimentale Rückblicke auf ein vermeintlich besseres und glücklicheres Geschlecht der Vergangenheit zu werfen, ist eine den Nationen aller Zeiten gemeinsame Eigentümlichkeit, über die O. Seeck in einem seiner geistvollen Essays[3] ausführlich gehandelt hat. Offenbar ist diese Neigung um so mehr ausgeprägt, je stärker der konservative Geist im Nationalcharakter vorwaltet. Mit welcher Zähigkeit der retrospektive Geist der Römer sich gegen Neuerungen jeder Art, auf dem Gebiet der Religion, Literatur und vor allem des Rechts, verschlossen hat, ist bekannt: auf die religiösen, literarischen und politischen Revolutionen ist daher, wie bei vielen anderen Völkern, so gerade auch bei ihnen jedesmal eine reaktionäre Flutbewegung gefolgt, und nur latent, fast unbewußt und in großen Zeiträumen hat bei ihnen der neue | Geist seinen Einzug gehalten. Begreiflicherweise kommt nun bei jedem Volk, besonders einem so konservativen, die rückläufige Geistesbewegung am stärksten in den Zeiten zum Vorschein, wo das Neue tatsächlich mit dem Verderblichen zusammenfällt, so vor allem zur Zeit von Bürgerkriegen, in denen die moralischen Begriffe entwertet und der Besitz der höchsten Güter in Frage gestellt zu werden pflegt. Wir sind gewohnt, die Gesamtheit solcher sentimental-reaktionären Gefühle als ›Romantik‹ zu bezeichnen. Es hat stets etwas Mißliches, einen aus bestimmten Anschauungsformen gefundenen und für bestimmte Verhältnisse geprägten Begriff aus seiner eng begrenzten Sphäre herauszunehmen und auf fremde Verhältnisse zu übertragen, für die er teils zu eng und teils zu weit ist; aber es empfiehlt sich aus praktischen Gründen, die literarhistorische Terminologie nicht zu ändern. Auf die römische Literaturgeschichte hat den Begriff der Romantik meines Wissens zuerst F. Leo angewendet (Plautinische Forschungen, Berlin 1895, 23): mit wenigen, meisterhaften Strichen mißt er an ihm die Literatur der Caesarischen und Augusteischen Zeit, auf die dadurch neues und helles Licht gefallen ist. Da mir durch seine Andeutungen, die ich im folgenden auszuführen beabsichtige, sowie einen später zu zitierenden Ausspruch Buechelers das Verständnis der Aeneis wesentlich erschlossen ist, wage ich es auch, den von Leo eingeführten Begriff[4] beizubehalten.

[3] ›Zeitphrasen‹ Kap. 1: ›Unser Epigonentum‹ (Die Entwicklung der antiken Geschichtschreibung und andere populäre Schriften, Berlin 1898, 248 ff.).

[4] Etwa in der Formulierung, die ihm D. Fr. Strauss, Ges. Schriften von E. Zeller, Bonn 1876, 1, 186 gibt: ›Die Verquickung des Alten und Neuen zum Behuf der Wiederherstellung oder besseren Konservierung des ersteren, vorzugsweise auf dem religiösen, doch auch auf anderen Gebieten ... sind wir gewohnt Romantik zu nennen.‹ Vgl. ebd. 187: ›Die geschichtlichen Stellen, wo Romantik und Romantiker aufkommen können, sind solche Epochen, wo einer altgewordenen Bildung eine neue gegenübersteht ... Auf solchen Markscheiden der Welt-

Eine der gewöhnlichsten Erscheinungsformen der Romantik ist die Utopie. Unter dem Eindruck der Greuel des Perusinischen Kriegs dichtete Horaz im Jahre 40 die 16. Epode, in der er die Besten seiner Zeit auffordert, die Heimat, wie einst die Phokäer, zu verfluchen und die Inseln der Seligen aufzusuchen, nach denen einst schon Sertorius sich gesehnt haben soll. Realistischer tritt uns die Utopie in Vergils 4. Ekloge entgegen, die noch in demselben Jahr wie die Horazische Epode, aber nach dem Frieden zu Brundisium gedichtet ist und mit offenbarer Bezugnahme auf das Gedicht des Horaz[5] den Gedanken ausführt, daß nach Sicherung des Friedens ein neues goldenes Zeitalter in der Heimat selbst bevorstehe.

Dieses Gedicht leitet uns zu einer zweiten Erscheinungsform der Romantik hinüber. Das Idyll ist von jeher und überall ein typischer Niederschlag der | romantischen Stimmung gewesen: was die Stadt mit ihrem schnellen Leben verloren hat, das wird das Land, wo das Alte und Ursprüngliche sich länger erhält, bewahrt haben. Aus dieser Stimmung heraus schuf Vergil, der dem Leben in der Hauptstadt die ländliche Einsamkeit vorzog, die Hauptmasse seiner Bucolica sowie die Georgica, deren durchschlagender Erfolg vor allem auch der Tatsache verdankt wurde, daß sie die Gefühle in Worte faßten, von denen alle Zeitgenossen in den unaufhörlichen Bürgerkriegen durchdrungen waren. In den Bucolica ist das Naturgefühl durch die unerquickliche Stilisierung dieser Gedichte fast ganz überwuchert, aber in den Georgica tritt es gelegentlich mit einer Reinheit hervor, die uns dies Gedicht innerlich nahe rückt. Das Charakteristische ist nicht das innige Verhältnis zur Natur als solches, sondern daß es ausgesprochen wird, und oft in schwärmerischer Weise, wie in der berühmten Partie *o fortunatos nimium* 2, 458 ff.; wollte man der griechischen Poesie das Naturgefühl absprechen, so würde man aus ihr den Frühling herausnehmen, aber in Worte gefaßt wurde es von den Dichtern erst, als das enge Verhältnis des Menschen zur belebten Natur und ihren Göttern sich zu lösen begann: hier hat die Romantik der hellenistischen Zeit ihre schönsten Blüten gezeitigt, an deren Duft sich die römischen Dichter nach- und anempfindend noch berauschen konnten.

Andere suchten, indem sie sich in die schwärmerisch verklärte Ver-

geschichte werden Menschen, in denen Gefühl und Einbildungskraft das klare Denken überwiegt, Seelen von mehr Wärme als Helle, sich immer rückwärts, zum Alten, kehren ... Da sie aber von dem ihnen widrigen neuen Prinzipe, als Kinder ihrer Zeit, mehr als sie wissen selbst auch durchdrungen sind, so wird das Alte, wie es sich ihnen ... reproduziert, nicht mehr das reine, ursprüngliche Alte sein, sondern mit dem Neuen vielfach gemischt.‹

[5] Vgl. A. Kießling in seinen Philologischen Untersuchungen, Berlin 1881, 2, 117 und H. Usener, Sintfluthsagen, Bonn 1899, 205 f.

gangenheit liebevoll versenkten, resignierten Trost für den Verlust ihrer Ideale[6]. Während des Afrikanischen Krieges vom Jahre 46 schrieb Cicero den ›Brutus‹. Er beklagt in der Vorrede die Zeiten, in die sein Alter falle, und preist die Männer der Vorzeit glücklich, die bis an ihr Ende den Ruhm ihrer Taten und ihrer Weisheit hätten genießen können; das Gedenken an sie aufzufrischen, ihr Gedächtnis zu pflegen, sei ihm in seinen Sorgen ein Genuß. Dieser Stimmung entsprechend verknüpft viele seiner an Inhalt so verschiedenartigen Schriften der Gedanke, daß die zeitgenössische Generation mit Unrecht die Bahnen der Väter verlassen habe. In noch erheblich gesteigertem Maße tritt uns diese Gesinnung im Charakter und in den Schriften Varros entgegen, der in seinem langen Leben die Cinnanische Revolution und das Sullanische Regiment, die Caesarianische Revolution und den Anfang des Augusteischen Prinzipats gesehen hat. Wenn er von seinen *viri magni antiqui* spricht, so überträgt er noch auf seinen heutigen Leser etwas von der Wärme seines Gefühls. Besonders in den Satirenfragmenten, aus denen wir noch deutlich den Lärm der Revolten des Catilina und Clodius zu vernehmen glauben, begegnet | das donnernde *tunc — nunc*, mit dem einst schon Cato seiner Zeit die Vergangenheit entgegenzusetzen liebte; man merkt überall den Schmerz des Mannes, der sich in der Gegenwart fast fremd fühlt, die Neuen im Leben sowenig wie in der Literatur liebt und dabei von diesen ihrerseits trotz aller Achtung vor seiner Gelehrsamkeit als der Typus des *laudator temporis acti* zum alten Eisen geworfen wird. Was uns den Alten lieb macht und über seine Wunderlichkeiten hinwegsehen läßt, ist die Erkenntnis, daß er nicht bloß mit dem Kopf, sondern auch mit dem Herzen arbeitet, oft mehr mit diesem als jenem, darin ein echtes Kind der Romantik; zur Phantastik geneigt, besonders in der Philosophie, die schon damals anfing, mystisches Halbdunkel und die visionäre Gefühlswelt an die Stelle des begrifflich Erkennbaren zu setzen; offenen Ohrs und Auges für alles Übernatürliche, mochte es aus Chaldäa oder Etrurien kommen. Am verwunderlichsten scheint, daß unter dem Mantel des gläubigen und positivistischen Romantikers so oft der Pferdefuß des Rationalisten hervorsieht: die alte Götterwelt, die er mit mühsamster Arbeit

[6] Man denke, um einige griechische Analogien anzuführen, an das Athen des 4. Jahrhunderts (Isokr. Areop. 29 f. und besonders Lykurgos, vgl. auch v. Wilamowitz, Aristoteles u. Athen, Berlin 1893, 1, 352) und das Griechenland der Antoninenzeit (Herodes, Pausanias). Das vorhin behandelte utopistische Ideal fand in dem Athen des 4. Jahrhunderts seinen Niederschlag in den Nebeln, mit denen der zeit- und vaterlandslose Kynismos die Fiktion des Anacharsis zu umkleiden liebte, und dasselbe Sujet wird dann wieder von der Romantik der Kaiserzeit behandelt. Mit der weiterhin zu besprechenden Idealisierung der Königszeit kann die romantische Verherrlichung des Theseus in Isokates' Helena verglichen werden.

und unverkennbarer Bewunderung für ihre altertümliche Erhabenheit liebevoll aufbaut, zerstört er sich selbst grausam und schonungslos, indem er sie nach dem ehrenwerten Rezept der jungstoischen und akademischen Philosophie als Konstruktion schlauer, auf die Schwachheit der Massen spekulierender Priester hinstellt; ›derohalben soll ein guter Bürger den Gesetzen gehorchen, die Götter verehren, auf den Opferteller ein Stückchen Fleisch legen, nicht fluchen, den Fuß nicht auf den Opferherd setzen‹: so stand in dem alten Buch der alten Kiste, die er, wieder nach bewährtem Muster, auf seinem Grundstück ausgraben ließ, aber er selbst hielt es mehr mit dem Judengott, der, wie er aus Poseidonios wußte, in der Natur verehrt wurde. Gerade diese Unklarheit aber stempelt ihn zum echten Romantiker, der, wie Strauß (a. a. O. 194) sagt, ohne es zu wissen und zu wollen, immer zugleich ein Rationalist ist[7].

Einen Mann wie Varro konnte Caesar zur Realisierung seines Planes gebrauchen, der ein Fundament seines Neubaus werden sollte: zu der von ihm, dem religiös indifferenten Revolutionär, aus Staatsraison *(utilitas rei publicae)* geplanten religiösen Restauration[8]. Wie Bonaparte mit völliger innerlicher Gleichgültigkeit gegen alles kirchliche Wesen den phantasievollen Zauber des katholischen Kultus als bequemes Hilfsmittel für die Verwirklichung seiner politischen Pläne benutzte, so ließ sich Caesar als Oberpontifex von Varro die *divinae* dedizieren, ›das Haupt- und Grundbuch der römischen Staatstheologie‹ (Mommsen, Röm. Gesch. 3[7], 494). Von einem anderen ließ er sich einen speziellen Punkt ausarbeiten: *Granius Flaccus in libro quem ad Caesarem de indigita- | mentis scripsit* (Cens. 3, 2), und ein dritter hat ihm wenigstens persönlich nahe gestanden: *Trebatius De religionibus* (Gell. 7, 12 u. a.)[9].

Caesar hat ferner — und das ist für den speziellen Zweck dieser Untersuchung besonders wichtig — wie bei dem Plan der Gründung einer auf altem Zeremoniell beruhenden Staatskirche, so auch auf politischem Gebiet die Romantik, von der seine Zeit getragen wurde, in den Dienst seiner monarchischen Bestrebungen gestellt. Wie er osten-

[7] Mir ist das Verhältnis von Romantik und Rationalismus besonders an Pindars Mythenbehandlung klar geworden. Aber während es ergreifend ist, diesen großen Geist mit dem Strom der Aufklärung ringen zu sehen, der auch ihn, ohne daß er es weiß, rettungslos fortreißt, kann man sich für Varro und Genossen, die mit ihrem religiösen Gefühl nur mehr spielen, auf die Dauer nicht begeistern.

[8] Vgl. besonders G. Wissowa, Hermes 22, 1887, 42 ff.

[9] Ganz in Caesars Sinn ist die berühmte Verherrlichung des goldenen Zeitalters der Republik, der Zeiten, da die *religiosissumi mortalium* lebten, bei Sallust Cat. 9 ff., wie er denn auch Caesar in der Rede, die er ihn halten läßt, sich dreimal feierlich auf die *maiores nostri* berufen läßt.

tativ auf das alte Königtum zurückging, neben die alten Standbilder der sieben Könige auf dem Kapitol das seinige als achtes und neben die Statue des Romulus im Tempel des Quirinus die seinige zu stellen befahl und öffentlich in der angeblichen Tracht der Könige von Alba erschien, wie er sich die Befugnis erteilen ließ, neue Patriziergeschlechter zu schaffen, um den aussterbenden Adel des Königtums und der alten Republik im Gegensatz zu dem Adel der Oligarchie zu regenerieren (vgl. Mommsen, Römische Forschungen 1, 122 f.), so hat er auch, wie wir aus vereinzelten, aber bezeichnenden Spuren der Überlieferung erkennen können, seine Abstammung von den trojanischen Urahnen Roms betont. Es wird uns Modernen[10] schwer, zu fühlen, was darin liegt; aber es ist Tatsache, daß für den antiken Menschen in dieser scheinbar so phantastischen Idee ein sehr realer Gedanke eingeschlossen war: denn es war ein verbreiteter, durch sibyllinische Prophezeiungen bestätigter Glaube, daß mit der Abstammung von Troja durch die Hinüberrettung der troischen Heiligtümer die Herrschaft über die Welt vom Schicksal selbst garantiert war.

Über die offizielle Rezeption der Legende seitens des römischen Staates[11] | sind uns besonders durch die annalistische Überlieferung vereinzelte Daten aufbewahrt, die zwar oft zusammengestellt sind[12],

[10] Die Menschen der Renaissance, jener stärksten romantisch-reaktionären Bewegung, die es je gegeben hat, konnten es bekanntlich besser: Enea Silvio führte seinen Stammbaum auf Aeneas und Silvius zurück, die Massimi auf Fabius Maximus, die Cornaro auf die Cornelier u. s. f.

[11] Nur darauf kommt es hier an, nicht auf das Alter der Legende überhaupt, über das besonders E. Wörner, Die Sage von den Wanderungen des Aeneas, Programm Leipzig 1882, 5. 22 und Fr. Cauer, De fabulis Graecis ad Romam conditam pertinentibus, Berlin 1884, 10 ff. gut gehandelt haben (während A. Förstemann, Zur Gesch. des Aeneasmythus, Magdeburg 1894, eine wertlose Kompilation ist). Selbst wenn man Stesichoros (d. h. die Tabula Iliaca) und die Zitate aus dem sog. Hellanikos und Damastes von Sigeion (bei Dionys. Hal. 1, 72, 2 f.) als nicht einwandfreie Zeugen aufgeben will (vgl. K. Seeliger, Programm Meißen 1886, 32 ff., dessen Ausführungen M. Paulcke, De tabula Iliaca quaestiones Stesichoreae, Diss. Königsberg 1897, 100 ff. zu widerlegen sucht), so beweist doch das Zeugnis des Hekataios, wonach Capua ἀπὸ Κάπυος τοῦ Τρωικοῦ benannt sein soll (Steph. Byz. s. v.), daß die Legende von den Wanderungen des Aeneas nach dem Westen im 5. Jahrhundert v. Chr. jedenfalls schon Kampanien umfaßte. Da nun die Legende nach keiner Überlieferung in Kampanien endigte, so ist es wahrscheinlich, daß sie sich damals auch schon nach Latium erstreckte (vgl. Cauer a. a. O.). Wenn Aristoteles (nach Dionys a. a. O. 3 f. und anderen) sowie Demetrios Poliorketes (nach Strabo 5, 232) Rom von Griechen gegründet sein lassen (vgl. C. v. Holzinger, Lykophrons Alexandra, Leipzig 1895, 62. 64), so beweist das nur, daß die Legende damals noch schwankte; fest wurde sie erst durch Timaios (d. h. Lykophr. 1226 ff.).

[12] Nach Älteren besonders von A. Schwegler, Röm. Gesch., Tübingen 1853, 1, 305 ff.; H. Nissen, Jahrbücher für classische Philologie 11, 1865, 383 ff.; Fr.

hier aber, damit wir die Betonung dieses Moments durch Caesar richtig würdigen können, mit ein paar Erweiterungen wiederholt werden müssen. Das älteste uns bekannte Beispiel scheint etwa aus dem Jahre 230 v. Chr. zu stammen, in welchem die Römer zugunsten der Akarnanen gegen die Ätoler mit der Motivierung auftraten, jene seien die einzigen Griechen gewesen, die sich an dem Kampf gegen die Trojaner nicht beteiligt hätten[13]. Etwa um dieselbe Zeit[14] sagten die Römer dem König Seleukos unter der Bedingung Freundschaft und Bündnis zu, daß er ihre Blutsverwandten, die Ilier, abgabenfrei lasse. Im Jahre 217 wurde der Venus von Eryx ein Tempel gelobt, der 215 eingeweiht wurde. Der Fälscher der sogenannten Marcianischen Weissagungen läßt die Römer im Jahre 213 als *Troiugenae* angeredet werden, und im Jahre 205 sollen die Römer ihren Anspruch auf das Kultbild der Kybele mit ihrer Abstammung von Aeneas begründet haben. In demselben Jahr wurden die Ilier in dem Friedensvertrag mit König Philipp V. an erster Stelle mitgenannt. Um 200 erschien das erste Gedicht, in welches die Aeneaslegende in nationalrömischem Sinne hineingearbeitet war, Naevius' *Bellum Punicum*[15]. Nach der Niederlage König Philipps im zweiten Makedonischen Krieg (197) hoben die Lampsakener in einem an den Senat gerichteten Bittgesuch ihre ›Brüderschaft‹ mit den Römern hervor[16], eine deutliche Bezugnahme auf die troische Legende. Im Jahre 195 bezeichnete Flamininus sich und die Römer auf den in Delphi aufgestellten Weihgeschenken als Aeneaden. Im Krieg gegen Antiochos von Syrien opferten der Prätor C. Livius Salinator und der Konsul L. Cornelius Scipio auf der Burg von Ilion der Athene (190), und nach dem Friedensschluß wurden den Iliern zwei Städte geschenkt (188). Im folgenden Jahr erwirkten die Ilier die Aufhebung einer für die Lykier ungünstigen römischen Maßregel. Im Jahre 84 stellte Sulla das von Fimbria im vorhergehenden Jahr zerstörte Ilion

Cauer, ebd. Suppl. 15, 1887, 97 ff.; P. Haubold, De rebus Iliensium, Diss. Leipzig 1888.

[13] Justin 28, 1, doch ist das Datum nicht ganz sicher. Diese Intervention hinderte sie jedoch nicht, im Jahre 211 den Ätolern die Akarnanen preiszugeben (Livius 26, 24) und sie 197 von dem Bündnis mit Philipp gewaltsam loszureißen (Livius 33, 16 f.). Man sieht auch hieraus, daß sie sich der künstlich konstruierten Theorie praktisch nur bedienten, wenn sie ihrer realen Politik einen Schein geben konnte.

[14] Genaueres läßt sich nicht sagen, da es fraglich ist, ob bei Sueton (Claud. 25), der allein das Faktum erwähnt, Seleukos II. Kallinikos (246—226) oder dessen Sohn Seleukos III. Keraunos (226—222) gemeint ist. Haubold a. a. O. 24, 2 entscheidet sich für ersteren und setzt das Faktum circa 245; dann wäre dies Zeugnis das früheste.

[15] Vgl. F. Noack, Hermes 27, 1892, 435.

[16] Athenische Mitteilungen 6, 1881, 95; vgl. Mommsen, Röm. Gesch. 1^7, 723.

wieder her. Wichtiger als diese Einzelheiten, die uns meist nur durch die Zufälligkeit der annalistischen Überlieferung erhalten sind, ist die allgemeine | Tatsache, daß die Römer ihr Aeneadentum dazu benutzt haben, ihrer gewalttätigen Einmischung in die östlichen Verhältnisse einen Schein von Legitimität zu verleihen[17], wie so oft im Leben der Völker bei gewaltsamen Eingriffen eine scheinbare legitimierende Theorie in den Dienst der realpolitischen Praxis gestellt worden ist[18]. Sehr deutlich läßt dies Moment Trogus Pompejus hervortreten, wenn er bei der erwähnten Begegnung der Römer und Ilier vor der Schlacht bei Magnesia folgenden Vorgang fingiert (Justin 31, 8): ›Es fand eine gegenseitige Beglückwünschung der Ilier und Römer statt, indem die Ilier darauf hinwiesen, Aeneas und die ihn begleitenden Heerführer seien aus ihrem Land abgefahren, die Römer, sie seien deren Nachkommen; und die Freude aller war so groß, wie nach langer Trennung zwischen Eltern und Kindern. Die Ilier freute es, daß ihre Enkel nach Unterwerfung des Westens und Afrikas Asien als ihr ererbtes Reich in Anspruch nähmen: den Untergang Trojas, sagten sie, ließen sie sich gern gefallen, da es so glücklich wiedererstehe[19]. Auf der anderen Seite konnten sich die Römer an ihren heimischen Laren, der Wiege ihrer Vorfahren, den Tempeln und Götterbildern[20] nicht satt sehen.‹

Der offiziell anerkannten Fiktion bemächtigten sich schon früh einzelne Familien Roms, um sich mittels ihrer mit dem Glanz alten Adels zu schmücken. Die bekannte Sorglosigkeit des Altertums gegenüber ernsthafter Etymologie kam diesen Bestrebungen entgegen: so war es leicht, die Julii mit Ilos, dem mythischen Gründer Ilions, in Verbindung zu setzen[21], denn Julus unterschied sich von Ilus nur *unius*

[17] Vgl. H. Diels, Sibyllinische Blätter, Berlin 1890, 101 f.

[18] So begründeten die Athener ihre Ansprüche auf die Megaris mit der Fiktion, die Landschaft sei vor der dorischen Wanderung ionisch gewesen, legitimierten die Besetzung von Lemnos mit der angeblichen Einwanderung der dort ansässigen ›Pelasger‹ aus Attika und behaupteten, um sich als ausschließliche Metropolis der kleinasiatischen Ionier zu legitimieren, daß einzelne an der ionischen Wanderung beteiligte peloponnesische Gemeinden vorher in Athen eingewandert gewesen seien.

[19] Trogus führt eine epigrammatische Pointe aus: A. P. 9, 236 ἐς καλὸν ὤλετο πύργος ὁ Τρώϊος, ἦ γὰρ ἐν ὅπλοις ἠγέρθη κόσμου παντὸς ἄνασσα πόλις. Vgl. auch Verg. Aen. 1, 283 ff. 6, 838 ff.

[20] Daß die Stammverwandtschaft mit gleichem Kultus begründet wird, ist echt antik gedacht; so war die Feier des Apaturienfestes in Athen und Ionien der Beweis der Zusammengehörigkeit (Herod. 1, 147).

[21] Verg. Aen. 1 267 f.: *Puer Ascanius, cui nunc cognomen Iulo Additur: Ilus erat, dum res stetit Ilia regno.* Servius zu dieser Stelle: *Occiso Mezentio Ascanium <sicut Iulius Caesar scribit> Iulum coeptum vocari <vel quasi* ἰοβόλον *id est sagittandi peritum vel> a prima barbae lanugine <quam* ἴουλον *Graeci*

litterae additione, was als legitim galt. Das früheste für uns nachweisbare Zeugnis der Rezeption dieser Genealogie ist das Emblem | des Venuskopfes auf Münzen der Julier um 154—134[22]. Die Familieneitelkeit steigerte sich besonders in der caesarischen Zeit. Um 56 begann Lukrez sein Gedicht mit *Aeneadum genetrix,* weil die Familie der Memmier sich von Troja ableitete[23].

Die gelehrte Forschung stellte sich in den Dienst dieser Idee. Varro begann sein im Jahr 47 Caesar als Oberpontifex gewidmetes religionsgeschichtliches Werk nach einer allgemeinen Einleitung mit der Erzählung, der Stern der Venus habe dem Aeneas täglich vorgeleuchtet, bis er nach Latium gekommen sei (Serv. z. Aen. 1, 382). Kurz vor dem Jahre 46[24] schrieb Atticus, *moris maiorum summus imitator antiquitatisque amator* (Nepos 18, 1), seinen *Annalis,* in dem er die Ergebnisse seiner genealogischen Forschungen gab, ›so daß wir daraus die Abstammung berühmter Männer erkennen können‹ (Nepos 18, 2); etwa gleichzeitig mit diesem Werk[25] arbeitete er auf Wunsch einzelner Geschlechter spezielle Familiengeschichten aus, für Brutus die der Junier, für Claudius Marcellus (cos. 50) die der Marceller, für Cornelius Scipio und Fabius Maximus (cos. 45) die der Aemilier, die mit den Corneliern und Fabiern durch Adoption verwandt waren (Nepos 18, 3 f.). In diesen Werken des Atticus war nicht ausschließlich auf

dicunt> quae ei tempore victoriae nascebatur. Welcher Julius Caesar gemeint ist, wissen wir nicht; an Lucius, den Schriftsteller über Auguraldisziplin, † 90 (vgl. Teuffel-Schwabe § 199, 3) denkt Cauer a. a. O. (Anm. 11), unter die *Spuria et suspecta* des Diktators setzt die Worte B. Kübler in seiner Caesarausgabe 3, 2, Leipzig 1897, 221. Vokalisches *i,* was durch die genannten Etymologien gefordert wird, ist vor Vergil für uns nicht nachweisbar (F. Buecheler, Rheinisches Museum 44, 1889, 317), der das aber gewiß nicht erfand.

22 Vgl. E. Babelon, Monnaies de la république romaine 2, Paris 1886, 9 ff.

23 Verg. Aen. 5, 117 (nach Varro). Bemerkenswert ist auch, daß die älteste und in der Republik einzige Münze mit dem Kopf des Romulus ein Denar des Aedilen C. Memmius ist, geschlagen zwischen 74 und 50 v. Chr. (Cohen, Méd. cons. pl. XXVII Memmia 5). — Diese Beziehungen treten zu den von F. Marx in den Bonner Studien 1890, 115 ff. ermittelten.

24 Die Zeit ergibt sich aus Ciceros Brut. 11 ff. Cicero sagt dort, aus seiner Lethargie sei er herausgerissen durch einen Brief des Brutus und die in Rede stehende Schrift des Atticus, und zwar zuerst durch jenen Brief. Nun ist dieser Brief, wie auch O. Jahn im Kommentar bemerkt, erste Hälfte 47 geschrieben aus Asien, wohin sich Brutus begeben hatte (vgl. Drumann, Röm. Gesch. 4, 25). Nach diesem Brief und vor Abfassung des Brutus (erstes Viertel des Jahres 46) erschien die Schrift des Atticus, an der er vermutlich längere Zeit gearbeitet hatte, da er zu ihr durch Ciceros Werk *De republica* (im Jahre 54, vgl. Cic. Brut. 19) angeregt war.

25 Q. Fabius Maximus, † 45, C. Claudius Marcellus, † kurz vor 40 (Drumann 2, 401).

diejenigen Familien Rücksicht genommen, die ihren Stammbaum auf Troja zurückführten; speziell mit diesen beschäftigte sich, unter besonderer Berücksichtigung der in den einzelnen *gentes* erblichen Kulte (Serv. z. Aen. 5, 704, vgl. 2, 166), die Arbeit Varros *De familiis Troianis*, deren Zeit uns leider nicht bekannt ist; aus einer Glosse des Verrius Flaccus (Paulus 23 M.) wissen wir, daß die Aemilier sich wie die Julier auf Ascanius zurückführten.

Es ist nun, um auf Caesar zurückzukommen, begreiflich, daß er, der Angehörige eines Geschlechts, das mit besonderer Beglaubigung sich der Abstammung von Aeneas und dessen göttlicher Mutter rühmen zu können behauptete[26], den Glauben an die göttliche Mission des von Troja abstammenden | Römergeschlechts in den Dienst seiner scheinbar auf die Institutionen des ältesten Roms zurückgreifenden Politik gestellt hat. Schon im Jahr 67, als er als Quästor seine politische Laufbahn begann, sagte er in einer auf seine Tante Julia gehaltenen Leichenrede (Suet. 6): ›Das Geschlecht meiner Tante Julia stammt mütterlicherseits von den Königen ab, ist väterlicherseits mit den unsterblichen Göttern verbunden. Denn von Ancus Marcius stammen die Marcii Reges (Marcia hieß die Mutter der Julia), von Venus die Julier, und zu dieser Gens gehört unsere Familie. Also vereinigt sich in ihrem Geschlecht die Ehrwürdigkeit der Könige, die unter den Menschen die höchste Gewalt haben, mit der Ehrfurcht vor den Göttern, in deren Botmäßigkeit die Könige selbst sind.‹ In Caesars Sinn brachte Kastor von Rhodos in seinen zwischen 60 und 50 v. Chr. edierten Χρονικά die Tradition auf, daß nach dem Tode des Aeneas die Herrschaft zwar auf dessen italische Deszendenz, die Silvier, übergegangen, Julus aber, der Stammvater des julischen Hauses, durch Übertragung des Oberpontifikats entschädigt worden sei[27]; eine wichtige Formulierung, mit deren Sinn wir uns später genauer zu beschäftigen haben werden. Auf einem der frühesten Denare Caesars ist die Flucht des Aeneas dargestellt[28]. Vor der Schlacht bei Pharsalos opferte er dem Mars und der Venus und gelobte der letzteren bei glücklichem Ausgang des Kampfes einen Tempel (Appian, B. c. 2, 68), den er im Jahre 46 erbaute. Das alte Reiterspiel der römischen Knaben, das man auf die Leichenfeier des Anchises zurückführte und daher *Troiae lusus* oder

[26] Auf einer ephesischen Inschrift vom Jahre 48/47 (CIG 2957) heißt Caesar ὁ ἀπὸ Ἄρεως καὶ Ἀφροδίτης θεὸς ἐπιφανὴς καὶ κοινὸς τοῦ ἀνθρωπίνου βίου σωτήρ; vgl. O. Hirschfeld, Sitzungsberichte der Berliner Akademie 1889, 836, 19.

[27] Kastor bei Diodor, Exc. 7, 4 (Vol. 1, 508 Bekk.) und bei Dionys Hal. 1, 70, 4; vgl. Mommsen, Römische Forschungen 2, 269; Fr. Cauer a. a. O. (Anm. 12) 156. 167; C. Wachsmuth, Einleitung in das Studium der alten Geschichte, Leipzig 1895, 141, 1.

[28] Babelon a. a. O. (Anm. 22) 11.

einfach *Troia* nannte, rief Caesar wieder ins Leben (Dio Cass. 43, 23)[29]. Als er auf der Verfolgung des Pompejus nach der Provinz Asia kam, soll er die Stätte Trojas besucht haben; Lucan 9, 950 ff., der dies berichtet, läßt ihn dort opfern und dabei folgendes Gebet sprechen (990 ff.): ›Götter, die ihr die phrygischen Trümmer bewohnt, und ihr Hausgötter meines Aeneas, die jetzt Lavinium und Alba beherbergt und auf deren Altären das phrygische Feuer leuchtet ...: des julischen Geschlechtes berühmter Enkel spendet euern Altären Weihrauch und ruft euch feierlich an auf eurer früheren Stätte: laßt meinen Lauf auch in Zukunft glücklich sein. Wiederherstellen werde ich euer Volk, in Dankbarkeit werden die Ausonier den Phrygern die Mauern wiedergeben, und ein römisches Pergamon wird erstehen.‹ Alle Einzelheiten stammen selbstverständlich aus der Phantasie des Rhetors, aber das Faktum selbst wird er der Überlieferung (d. h. Livius) entnommen haben. Denn nach Strabo 13, 594 f. bestätigte Caesar den Iliern auf Grund seiner Verwandtschaft mit ihnen ihre | bedeutenden politischen Vorrechte[30], und aus Nikolaos v. Caes. 20[31] und Sueton 79 wissen wir, daß man sich in Rom erzählte, Caesar beabsichtige, dem Reich in Ilion eine zweite Hauptstadt zu geben: wiederum ein Fall, wo er die romantische Idee der hohen Politik dienstbar zu machen suchte. Denn diesem Plan einer Dekapitalisierung der Hauptstadt lag offenbar die Idee zugrunde, der von ihm geplanten neuen italisch-hellenischen Universalmonarchie einen zweiten Mittelpunkt zu geben, der sowohl unvergleichlich günstig gelegen als auch durch die älteste Überlieferung beiden Völkern gemeinsam war[32]. Augustus hat bekanntlich diesen Plan, der die Reichseinheit gefährdete, mit einer gewissen Ostentation aufgegeben, worüber später genauer zu handeln sein wird. Erst Constan-

[29] Die Geschichte der Deutung dieser eigenartigen Einrichtung am besten bei A. Goebel, De Troiae ludo, Programm Düren 1852, die Interpretation der schwierigen Vergilverse (5, 545 ff.) bei Fr. Rasch, De ludo Troiae, Programm Jena 1882; über den altitalischen Ursprung O. Benndorf in den Sitzungsberichten der Wiener Akademie 123, 1890, Abh. 3, 47 ff., A. v. Premerstein in der Festschrift für Benndorf, Wien 1898, 261 ff.

[30] Strabon fährt, nachdem er die Vorliebe Alexanders d. Gr. für Ilion berichtet hat, so fort a. a. O.: ›Caesar in seiner Vorliebe für Alexander und im Besitz offenkundigerer Beweise für seine Verwandtschaft mit den Iliern gab ihnen besonders deutliche Zeichen seines Wohlwollens. War er doch erstens Römer und führte sich als solcher auf den Stammheros Aeneas zurück, zweitens Julier nach einem seiner Vorfahren Julus, der so hieß nach seiner Deszendenz von einem Sohne des Aeneas. So gewährte er ihnen neuen Landbesitz und garantierte ihnen politische Selbständigkeit und Abgabenfreiheit.‹

[31] FHG 3, 441: einige hätten von einer Verlegung der Residenz nach Alexandreia gesprochen, οἱ δ' ἐν Ἰλίῳ τοῦτο (τὸ βασίλειον) ἔφασαν αὐτὸν μέλλειν καθίστασθαι διὰ τὴν παλαιὰν πρὸς τὸ Δαρδανιδῶν γένος συγγένειαν.

[32] Vgl. Nissen a. a. O. (Anm. 12) 389.

tin nahm bei gänzlich veränderter Weltlage den weitausschauenden Gedanken wieder auf, kaum in bewußter Anknüpfung, wohl aber aus demselben Geist heraus[33], denn es ist Tatsache, daß die Sage von dem trojanischen Ursprung Roms in der ganzen Kaiserzeit lebendig geblieben und politisch verwertet worden ist[34]; so begann er die neue Stadt zwischen Sigeion und Ilion zu gründen und entschloß sich erst angeblich auf Grund eines Traumgesichts für Byzanz.

III. Die romantische Stimmung der Augusteischen Zeit

Unter Augustus dauerte die romantische Stimmung fort, und zwar in verstärktem Maße, da der Kaiser alles tat, um sie zu heben. Es ist schwer, ein sicheres Urteil darüber zu fällen, ob die notorische Förderung der Romantik bei ihm bloß Sache der Staatsklugheit gewesen ist. Doch wird man kaum fehlgehen mit der Annahme, daß er, der im ganzen genommen als Virtuos kühler, verstandesmäßiger Berechnung erscheint, von romantischen Ideen nicht unberührt geblieben ist. Das würde nicht aus der Tatsache zu folgern sein, daß er an Astrologie und Träume glaubte — denn das tun viele große Männer ohne romantische Neigungen —, auch daraus nicht, daß er sich in die Eleusinischen Mysterien einweihen ließ (Dio Cass. 51, 4; 54, 9; vgl. Sueton Aug. 93) — denn das war damals nicht viel mehr als konventioneller Sport —: aber die allgemeine Erfahrung lehrt, daß keiner eine Zeitströmung so ganz erfassen und sie so souverän nach seinem Willen lenken kann, der ihr nicht | selbst irgendwie tributpflichtig ist. So steht es fest, daß Alexander der Große den Vergleich mit Herakles und Dionysos aus politischen Gründen begünstigt hat[35], aber es wird vermutet werden dürfen, daß er, in dessen unerhörten Erfolgen die Gottheit sich so sichtlich zu offenbaren schien, bis zu einem gewissen Grade, vielleicht halb unbewußt, an die Berechtigung jener Vergleiche geglaubt hat: wissen wir doch aus den Einzelheiten[36] seines Besuchs von Ilion, daß in seiner großen Seele neben der klugen Erwägung und Ausnutzung der realen Tatsachen der Idealismus und die Romantik Platz hatten. Wenn daher Augustus als neuer εὐεργέτης und σωτήρ des Menschengeschlechts sich ebenfalls mit Herakles und Dionysos vergleichen hörte, so wird er ähnliche Gefühle dabei gehabt haben, zumal eine gewisse Romantik bei den Diadochen Alexanders, deren Erbschaft das römische

[33] Vgl. J. Burckhardt, Die Zeit Constantins d. Gr., Leipzig 1880², 413.
[34] Vgl. Haubold a. a. O. (Anm. 12) 44 ff.
[35] Vgl. J. Kaerst, Historische Zeitschrift N. F. 38, 1895, 38. 218. 227 ff.
[36] Haubold a. a. O. (Anm. 12) 13.

Kaiserreich antrat, hereditär geworden war. Eine noch genauere Parallele läßt sich aus der römischen Geschichte selbst anführen. Es ist bekannt, mit welcher Ostentation der große Scipio seine Kirchlichkeit (wie wir sagen würden) zur Schau trug und wie er dem Glauben des Volks an die auf seine göttliche Berufung bezüglichen Prodigien und Orakelsprüche Vorschub leistete. Polybios hat darüber, entsprechend seiner kühlen, jedem Mystizismus abgeneigten Art, in der berühmten Charakteristik (10, 2 f.) geurteilt, Scipio habe den Realismus der Tatsache erkannt, daß die Menschen das Außergewöhnliche nicht ohne göttliche Hilfe und Inspiration für möglich hielten, und habe dementsprechend diese Superstition mit seiner nüchternen Verstandesschärfe in den Dienst seiner Pläne gestellt. Anders urteilt Livius (26, 19), der eine entschiedene Neigung zum religiösen Positivismus hatte: er weist die Entscheidung darüber zurück, ob Scipios Handeln seinem Fühlen und Glauben entsprochen habe oder ob es nur auf Ostentation zurückzuführen sei; soviel stehe fest, daß er dem Glauben des Volks an diese Wunder nie offen entgegengetreten sei, ihn vielmehr begünstigt habe. Diese Auffassung des Livius scheint die psychologisch glaublichere zu sein, sie hat auch den Beifall Mommsens (Röm. Gesch. 1^7, 631) gefunden. So etwa dürfte diese Seite im Wesen auch des Augustus zu beurteilen sein: erfüllt vom Glauben an die Größe und Gerechtigkeit der Sache, deren Erfüllung er als Erbteil von seinem Vater überkommen hatte, getragen von der ernsten Überzeugung, daß die Regeneration durch eine Rückkehr zu den alten Institutionen zu erfolgen habe, und daher leise berührt von der romantischen Stimmung, von der seine Zeit getragen wurde, hat er es kraft seiner Naturanlage, in der die Verstandesklugheit über die Gemütstiefe, die realistische Auffassung des Tatsächlichen über die Phantasie dominierte, verstanden, die nationale Romantik seiner Zeit seinen politischen Zwecken dienstbar zu machen[37]. |

Wohl niemals ist mit größerer Virtuosität als von Augustus die (übrigens für den römischen Nationalcharakter bezeichnende) Kunst geübt worden, unter dem Schein konstitutioneller, ja reaktionärer Formen eine faktische Neuordnung der Verhältnisse zu begründen, so daß die Umwandlung des Freistaats in den Prinzipat der Wiederherstellung der ältesten Einrichtungen eben dieses Freistaates glich. Caesar hatte ihm ja auch hierin den Weg gewiesen, aber bei jenem hatte die Aureole künstlicher Romantik über die offenkundig revolutionären

[37] Stärker betont das romantische Element v. Wilamowitz, Reden und Vorträge, Berlin 1901, 266: ›Eine tiefe innerliche Romantik verband sich bei beiden (Augustus und Vergil) mit sehr andersgeartetem modernen Wesen. Bei dem Kaiser ist das von selbst klar.‹

Tendenzen nicht hinwegzutäuschen vermocht, während dem Augustus, der eine Umwertung der staatsrechtlichen Begriffe auf konstitutioneller Basis, eine tatsächliche Einschränkung oder Aufhebung der republikanischen Verfassung unter Wahrung der rechtlichen Formen vollzog, der romantische Nimbus gar wohl stand. Einige Symptome dieser in den Dienst der Politik gestellten Romantik müssen, da sie für die vorliegende Untersuchung von Interesse sind, hier Erwähnung finden. Als Octavian im Jahre 43 Spiele für Venus Genetrix feierte, erschien ein überall sichtbarer Komet, den das Volk für die Seele des gemordeten Caesar hielt; dementsprechend ließ Octavian eine Erzstatue seines Vaters in dem Venustempel aufstellen mit einem Stern über dem Haupt (Plin. nat. 2, 94; Suet. Caes. 88; Dio Cass. 45, 7). Die berühmte Aphrodite Anadyomene des Apelles ließ er von Kos nach Rom bringen und im Tempel des Caesar auf dem Forum aufstellen als die ἀρχηγέτις τοῦ γένους αὐτοῦ (Strab. 14, 657, vgl. Plin. nat. 35, 91). Der männliche Schutzgott des julischen Hauses war seit alter Zeit Apollo[38]: es ist bekannt, wie geflissentlich sich Augustus seit der Epiphanie dieses Gottes bei Actium seine Verehrung angelegen sein ließ[39]; war doch auch Apollo, wie Venus, durch besondere Bande mit dem Römergeschlecht verknüpft: als *Troiae Cynthius auctor* wird er von Vergil im Jahre 29 unter den erlauchten Ahnen des Octavian aufgeführt (georg. 3, 36), und als Παιάν hatte der Gott in Augustus, dem σωτήρ der Welt, Menschengestalt angenommen[40]. Nach der Schlacht bei Actium gründete der Caesar in Epirus die Stadt Nikopolis, die er mit Akarnanen bevölkerte, die, wie bemerkt (o. S. 256), als Freunde und Verwandte der Römer galten, weil sie an dem Krieg gegen Troja nicht teilgenommen hatten; es wird ausdrücklich berichtet, daß er die Stadt auf Grund jener Verwandtschaft mit bedeutenden politischen Vorrechten ausstattete (Serv. z. Aen. 3, 501; vgl. Heyne, Exc. III zu Verg. Aen. 3). Auf die sehr häufige Ausübung des Trojaspiels legte er großes Gewicht; Sueton, der dies berichtet Aug. 43, 2 — die einzelnen Aufführungen registriert Dio Cassius, vgl. Goebel a. a. O. (Anm. 29) 4 —, führt als Grund der Vorliebe des Augustus für dies Spiel an: *prisci decorique | moris existimans clarae stirpis indolem sic notescere*[41]. Den seit dem Jahre 188 mit

[38] Mommsen, De collegiis et sodaliciis Romanorum, Kiel 1843, 17 ff.; Kießling a. a. O. (Anm. 5) 92, 36.

[39] C. Pascal, Il culto di Apollo in Roma nel secolo di Augusto, Bolletino della Commissione arch. comunale di Roma 32, 1894, 52 ff.

[40] Vgl. Rheinisches Museum 54, 1899, 477 (= 431 f.). Bemerkenswert ist, daß auch die Ptolemäer mit Apollon von den Dichtern verglichen wurden: Theokr. 17, 131 ff., Kallim. H. 2, 25 ff.; vgl. F. Koepp, De gigantomachia, Bonn 1883, 56, 1.

[41] Aber es war doch mehr als bloße adelige Spielerei. Unmittelbar vorher gehen bei Sueton die Worte: *In circo aurigas cursoresque et confectores ferarum, et*

den Iliern zu einer Stadtgemeinde vereinigten Einwohnern von Rhoiteion gab er eine von Antonius nach Ägypten fortgeschaffte Statue des Aias zurück (Strab. 13, 595). Auf einer ilischen Inschrift wird er der ›Verwandte‹ der Stadt genannt[42]. Die Sibyllinischen Orakelsprüche, in denen die Ansprüche der Aeneaden auf die Weltherrschaft verbrieft

nonnumquam ex n o b i l i s s i m a i u v e n t u t e, produxit. Dieselbe Verbindung hat Sueton im Leben Caesars 39: *Circensibus ... quadrigas bigasque et equos desultorios agitaverunt n o b i l i s s i m i i u v e n e s. Troiam lusit turma duplex maiorum minorumque puerorum.* Diese beiden Zeugnisse hat M. Rostowzew, Étude sur les plombes antiques, Revue numismatique 4 sér., tome 2, Paris 1898, 462 ff., in Verbindung gebracht mit der Institution der *sodales lusus iuvenum,* die seit der augusteischen Zeit auf tesserae und Inschriften der italischen Municipien nachweisbar ist und die er überzeugend auf den Plan des Augustus, die auch physisch degenerierte Aristokratie, im besonderen die Ritterschaft durch militärische Übungen neu zu kräftigen, bezogen hat. Damit hat er dann auch folgende Stellen der Horazischen Oden in Verbindung gebracht: 1, 8, 3 *Cur apricum oderit campum, patiens pulveris atque solis. Cur neque militaris inter aequalis equitat?* 3, 2, 1 ff. *Angustam amice pauperiem pati robustus acri militia puer condiscat et Parthos ferocis vexet eques* (über letztere Stelle ähnlich schon Mommsen, Sitzungsberichte der Berliner Akademie 1889, 26). Es mag hinzugefügt werden, daß auch 3, 24, 52 ff. so erst eine besondere Beziehung bekommt: *Tenerae nimis mentes asperioribus formandae studiis. Nescit equo rudis haerere ingenuus puer venarique timet;* speziell auch die Erwähnung des Jagdsports wird erst verständlich, wenn man an die in der angeführten Suetonstelle genannten *confectores ferarum* und die in den militärischen Jünglingsvereinen der Municipien üblichen *venationes* denkt (z. B. CIL XI 4580 nach Rost. *editori iuvenalium ob insignis venationis ab eo editae ...* XII 533 *harenis Pulcher et ille fui, variis circumdatus armis Saepe feras lusi,* vgl. Rostowzew a. a. O. 459); auch in der Caesarvita Suetons folgen auf die angeführten Worte sofort die *venationes.* Auch für Vergil läßt sich einiges gewinnen. Daß der *lusus Troiae* im 5. Buch in direkter Beziehung zu seiner Erneuerung durch Caesar und Augustus steht, wußten natürlich, zumal der Dichter es selbst deutlich genug sagt (5, 596 ff.), schon die alten Exegeten. Etwas versteckter liegt folgendes. Zweimal wird die Freude des Ascanius am Jagdsport ausdrücklich betont: 4, 156 ff. *At puer Ascanius mediis in vallibus acri Gaudet equo iamque hos cursu iam praeterit illos, Spumantemque dari pecora inter inertia votis Optat aprum aut fulvom descendere monte leonem,* 7, 488 f. wird sein Jagdsport Veranlassung zum Kriege. Die latinischen *pueri et primaevo flore iuventus exercentur equis* neben anderen körperlichen Übungen 7, 162 ff. — So sehen wir also Augustus auch mit dem scheinbar phantastischen Gedanken der Erneuerung des alten Trojaspiels den sehr realen Plan einer physischen Veredelung der heranwachsenden adeligen Jugend verfolgen und die Dichter seiner Zeit diesen Plan in der Poesie reflektieren. — Eine Analogie aus der schon oben (Anm. 6) zum Vergleich herangezogenen Restaurationsepoche im Athen des Lykurgos bietet die damalige Neuorganisation der Ephebie (Wilamowitz a. a. O. [Anm. 6] 353). Schon vorher hatte Isokrates im Areopagitikos 43 ff. die Ausbildung der νεώτεροι περί τε τὴν ἱππικὴν καὶ τὰ γυμνάσια καὶ τὰ κυνηγέσια mit Hinweis auf die alte Zeit empfohlen.

42 Haubold a. a. O. 45.

sein sollten, ließ er nach Einweihung des Apollotempels (28) unter der Basis der Apollostatue deponieren (Suet. Aug. 31; vgl. Verg. Aen. 6, 71 ff., Tibull 2, 5). Die von Caesar begonnene Vermehrung der alten Patriziergeschlechter setzte er im Jahre 29 fort (Mommsen zum Mon. Ancyr. S. 34). Auch die Forschung über alte Familiengeschichte dauerte | fort (Hyginus *De familiis Troianis:* Serv. z. Aen. 5, 389, Messala *De familiis:* Plin. nat. 35, 8). Ein Zeugnis für das Ineinandergreifen antiquarischer Forschung und augusteischer Politik findet sich bei Nepos, Att. 20: den von Romulus auf dem Kapitol gegründeten Tempel des Jupiter Feretrius stellte Octavian wieder her *Attici admonitu.* Eine chronologische Kontroverse, die er anläßlich der in diesem Tempel aufgehängten *spolia opima* des A. Cornelius Cossus mit Augustus gehabt habe, berichtet Livius in einem eigenartig interessanten Kapitel (4, 20). Auch für die Aufstellung der Statuen der *viri illustres* in der Ruhmeshalle des Marstempels auf seinem Forum bediente er sich eines literarischen Beirates, der die Elogien zu verfassen hatte, was freilich nicht mit großer historischer Exaktheit geschah[43]. Das Programm der Festfeier des Jahres 17 ließ er von der bedeutendsten sakralrechtlichen Autorität, Ateius Capito, ausarbeiten (Zosimus 2, 4). Besonders war er darauf bedacht, sich mit seinem Ahnherrn Romulus zu identifizieren, aber so, daß der verdächtige Königsbegriff zurücktrat und nur die Vorstellung von der Wiederbegründung des Staates auf ältester Grundlage bestehen blieb. Als er daher im Jahre 43 ein Augurium anstellte, erschienen ihm angeblich zwölf Geier wie einst dem Romulus bei der Stadtgründung: *nemine peritorum aliter coniectante quam laeta per haec et magna portendi* (Suet. 95; vgl. Properz 4, 6, 43 f.); daher läßt Properz (4, 6, 21) bei Actium Romulus das Todesurteil über die Flotte des Antonius sprechen. Als man im Jahre 27 über einen neuen Namen für den Princeps beratschlagte, waren einige der Ansicht, man solle ihn *quasi et ipsum conditorem urbis* Romulus nennen; Octavian hätte es gern gesehen, aber als er bemerkte, daß der Name verdächtig sei, gab er es auf, und man einigte sich auf Augustus (Suet. 7; Dio Cass. 53, 16), vielleicht nicht ohne Rücksicht auf das berühmte Augurium, das ihm wie einst Romulus erschienen war[44]. Mit ausdrücklicher Absicht, an

[43] Mommsen, CIL I[1] 282; O. Hirschfeld, Philologus 34, 1876, 85 ff.; H. Hildesheimer, De libro qui inscribitur de viris illustribus quaestiones historicae, Diss. Berlin 1880, 36 ff.

[44] Vgl. Sueton 7 mit 95 (vgl. Obsequens 69). Die entscheidenden Worte der ersten Suetonstelle werden freilich von den Editoren als interpoliert angesehen, aber sie sind echt und von ihm aus Verrius genommen; das hat schon Müller zum Festus S. 1 bemerkt, vgl. auch Lydus, 4, 72, 112. — Auch an die Aufnahme des Romulus in das Triumphalverzeichnis der Regia sei erinnert (CIL I 1[2] S. 43).

Romulus zu erinnern, nahm er seine ständige Wohnung auf dem Palatin, der Stätte des ältesten Roms (Dio a. a. O.). Im Jahre 16 dedizierte er einen Tempel des Quirinus auf dem Quirinal (Mommsen a. a. O. 81), und im Jahre 2 v. Chr. nahm er auf Ersuchen des Senats und der Bürgerschaft den Titel *pater patriae* an, der an den gleichen des Romulus erinnern sollte (Mommsen, Römisches Staatsrecht 3^3, 779, 2, vgl. 772, 4). Über die Art der Anknüpfung seines Geschlechts an die trojanischen Ahnen wird später zu handeln sein.

Besonders deutlich tritt die restauratorische Tendenz auf religiösem Gebiet hervor. Als 400 Jahre später Julian den gewaltsamen religiösen Restaurationsversuch machte, tat er es als zeitloser Phantast, als der wahre ›Romantiker | auf dem Thron der Caesaren‹; Augustus tat es mit kühler Reflexion, denn seine persönliche Indifferenz gegenüber der Volksreligion zeigt sich darin, daß der von ihm hochgeschätzte Philosoph, den er sich, einer Tradition der Diadochen folgend, in seiner nächsten Umgebung hielt, Areios Didymos, Eklektiker im Sinn des Antiochos war, also jener Richtung angehörte, die, wie erwähnt (S. 254), die überlieferten Religionsformen nur als konventionell beizubehalten befahl. Die Einzelheiten dieser religiösen Restauration sind durch eine fast überwältigende Fülle literarischer, inschriftlicher und numismatischer Zeugnisse so bekannt, daß sie hier keine Erwähnung zu finden brauchen, zumal sie kürzlich von V. Gardthausen in seinem Werk über ›Augustus und seine Zeit‹, Leipzig 1896, 1, 2, 865 ff.; 2, 2, 507 ff. zusammengefaßt sind[45].

So war es auf allen Gebieten des öffentlichen, sakralen und privaten Lebens sein Prinzip, nichts, wie er selbst sagt (Mon. Ancyr. 6) ›gegen das väterliche Herkommen zu tun‹, und er konnte von sich rühmen (ebd. 8): ›Durch Einbringung neuer Gesetze habe ich mehrere vorbildliche Gebräuche *(exempla)* der Vorfahren, die bereits abkamen, wieder ins Leben zurückgeführt‹, ein Ausspruch, der durch folgenden Bericht Suetons illustriert wird (Kap. 89): ›Bei der Lektüre der Schriftsteller lateinischer und griechischer Sprache achtete er besonders auf Vorschriften und Beispiele, die für den öffentlichen oder privaten Gebrauch heilsam waren; diese exzerpierte er wörtlich und schickte sie meist entweder an seine nächste Umgebung oder die obersten Militär- und Zivilbehörden der Provinzen oder die städtischen Beamten, je nachdem bei diesem oder jenem eine Mahnung angebracht war; ja er las oft ganze Bücher dem Senat vor und machte sie dem Volk durch öffentliche Kundgebung bekannt, wie die Reden des Q. Metellus Über die Vermehrung der Nachkommenschaft und des Rutilius Über die Bauordnung, um die Überzeugung zu verstärken, daß nicht er zuerst

[45] Vgl. auch G. Wissowa, R. E. II 1467 f.

sein Augenmerk auf beide Dinge gerichtet hätte, sondern daß sie bereits die Alten sich hätten angelegen sein lassen.‹ So erweckte er überall den Anschein, als ob die römische Geschichte gewissermaßen wieder von neuem beginne und die römische Nation, in seiner Person verkörpert, sich auf der Basis der Vergangenheit wieder verjünge[46].

IV. Die Romantik in der Augusteischen Literatur

In Spiegel dieser Verhältnisse muß nun auch die Literatur des Augusteischen Zeitalters betrachtet werden: sie hat sich in den Dienst dieser Ideen gestellt, indem sie zugleich national und augusteisch wurde; die Pflege, die ihr Augustus und Maecenas zuteil werden ließen, beruht nicht bloß auf ästhetischem Wohlgefallen, sondern auch auf staatskluger Erwägung[47]. Das antiquarische Inter- | esse herrschte in Prosa wie in Poesie. Bald nach der Rückkehr des Octavian aus dem Osten (29) begann Livius sein Werk, das von einer romantisch idealisierenden Auffassung der Vergangenheit getragen und von sittlich religiösem Geist durchweht ist; er nennt den Augustus an den wenigen Stellen, wo er in dem uns erhaltenen Teil auf ihn Bezug nimmt, mit größter Hochachtung einen Förderer der alten Zucht und Sitte sowie einen Wiederhersteller und Gründer von Tempeln, und Augustus sicherte dem Schwärmer trotz gelegentlicher freimütiger Äußerungen einen ehrenvollen Platz in seiner Freundschaft: waren sie sich doch in der Überzeugung von der Notwendigkeit einer sittlichen und religiösen Regeneration auf der Grundlage der Vergangenheit einig. Wenn man beispielsweise in der Vorrede liest (§ 7): ›Wenn es einem Volk erlaubt sein muß, seine Ursprungslegenden zu heiligen, so darf es das römische‹ und (§ 10): ›Deshalb ist es so heilsam und fruchtbringend, den Lauf der Geschichte kennenzulernen, weil belehrende Beispiele jeder Art, auf einem glänzenden Denkmal ausgeprägt, zur Anschauung gelangen: aus ihnen kann man für sich und seinen Staat das Nachahmenswerte entnehmen, an ihnen das Häßliche meiden lernen‹, so begreift man, wie diese Aussprüche[48] dem Abkömmling der Julier und seinem

[46] Ovid, Fast. 1, 225: *Laudamus veteres, sed nostris utimur annis;* das dürfte etwa auch die Auffassung des Augustus gewesen sein.

[47] Nur durch seine Übertreibung hat E. Beulé, Auguste, Paris 1875, 259 ff. (Mécène et les poètes) diesen an sich richtigen Gesichtspunkt in Mißkredit gebracht; vgl. Gardthausen a. a. O. 1, 2, 780. Mein Kollege und Freund Cichorius bemerkt mir, daß, modern ausgedrückt, Augustus die Literatur als Surrogat einer Presse benutzt habe, um die öffentliche Meinung zu beeinflussen.

[48] Der zweite geht freilich nicht über das hinaus, was wir über den didaktisch-utilitaristischen Zweck der Geschichtschreibung bis zum Überdruß oft bei den

Grundsatz, durch *exempla* aus der Vergangenheit die Gegenwart zu reformieren (s. o. S. 265), genehm sein mußten. Der Ausdruck *exempla* zeigt, daß das Werk des Nepos *Exempla* (in mindestens 5 Büchern) von demselben Geist getragen war, und die Fragmente, in denen staats-, privat- und sakralrechtliche Dinge sowie Großtaten der Vergangenheit behandelt werden, bestätigen das[49]: es läßt sich zeigen, daß das Werk erst unter dem Prinzipat des Augustus verfaßt ist[50]. Auch die Ῥωμαικὴ ἀρχαιολογία des kurz nach der Schlacht von Actium nach Rom gekommenen Dionysios von Halikarnaß wird man in den Rahmen der augusteischen Restaurationspolitik einreihen müssen, um zu begreifen, daß der Autor für ein Werk auf Leser rechnen zu können | glaubte, das da aufhörte, wo eigentlich geschichtliche Überlieferung erst anfing; eine spezielle Tendenz dieses Werkes wird weiter unten zur Sprache kommen.

Uns geht jedoch vor allem die Poesie an. Formell überwinden ihre bedeutendsten Vertreter den Manierismus der Neoteriker, indem sie über Kallimachos, Lykophron, Euphorion und Philetas hinweg auf die großen klassischen Muster, Homer, Archilochos, Mimnermos, die Lyriker zurückgreifen[51]. Wie die Prosa beider Sprachen die μίμησις τῶν ἀρχαίων an die Stelle der Nachbildung hellenistischer Entartung setzt, so versuchen die Dichter die studierte Künstlichkeit und affektierte Dunkelheit durch wahre und einfache Kunst zu verdrängen, verpönen

Historikern lesen, aber daß er bei Livius keine Phrase ist, zeigt die ganze Art seiner Darstellung.

49 Auch in der o. Anm. 6 und 41 E. zum Vergleich herangezogenen Restaurationszeit in Athen nach Chaironeia liebte man es, auf die παραδείγματα τῶν προγόνων hinzuweisen; speziell diesen Ausdruck braucht Lykurg 83 u. 100, noch öfter umschreibt er ihn wie Demosthenes.

50 Plinius, nat. 9, 136: *Nepos Cornelius, qui divi Augusti principatu* obiit, *›me, inquit, iuvene violacea purpura vigebat‹* usw. (= Exempla fr. 17 Halm); 10, 60 *Cornelius Nepos, qui divi Augusti principatu* obiit, *cum scriberet turdos paulo ante coeptos saginari* usw. (sicher aus den Exempla). Die beiden Zeitbestimmungen erklären sich nur, wenn Plinius wußte, daß dies Werk des Nepos nicht lange vor dessen Tode ediert war. Freilich vermutet F. Münzer, Beiträge zur Quellenkritik der Naturgeschichte des Plinius, Berlin 1897, 332 f., dies Werk sei bereits 43 v. Chr. ediert, aber sein Argument (daß kein jüngeres Ereignis erwähnt werde) ist angesichts der Dürftigkeit der erhaltenen Fragmente nicht beweiskräftig. Charakteristisch ist übrigens, daß Nepos auf die überhandnehmende Verschwendung bei privaten Bauten mit Hinweis auf die Einfachheit der alten Zeit ausführlich eingegangen ist (Münzer 330 ff.): das war ganz im Sinn des Augustus (s. o. S. 265).

51 Ebenso die Griechen, vgl. das Epigramm des Antipatros Thessal. A. P. 11, 20. Unter Tiberius trat wieder ein Umschwung zu Gunsten der hellenistischen Manieristen ein (Sueton Tib: 70); bezeichnender Weise huldigte er auch in seiner Prosa der Manier (Sueton a. a. O. und Aug. 86).

nicht mehr prinzipiell größere Kompositionen und verhelfen dem Guten und Bedeutenden, was in der älteren römischen Poesie lag, durch zeitgemäße Verbesserungen wieder zu einer wenn auch nur bedingten Achtung. Am deutlichsten zeigt Vergil diese Wandlung des ästhetischen Urteils: die Bucolica sind weniger im Stil Theokrits als der affektierten Manieristen Euphorion und Gallus gehalten und gehören daher zu den schwierigsten Gedichten in lateinischer Sprache, die uns erhalten sind. Diese Manier überwindet er durch das Studium des Lucrez und Ennius, des Homer und Apollonios und setzt an die Stelle der *docta poematia* große Werke in leichtverständlicher Sprache. Am stärksten ist in der technischen Manier der voraufgegangenen Epoche Properz befangen, der wohl mit aus diesem Grunde von Horaz (Epist. 2, 2, 91 ff.) ablehnend beurteilt wird.

1) Sachlich zeigt sich Horaz von der romantischen Strömung seiner Zeit am wenigsten beeinflußt. Wir haben gesehen, daß er in einem jenseits dieser Epoche liegenden Jugendgedicht eine romantische Phrase seiner Zeit wiederholte; wie wenig er in Wahrheit romantisch veranlagt war, zeigt die zweite Epode, die, mit Vergils Georgica gleichzeitig gedichtet und durch sie beeinflußt, deren romantische Stimmung durch den schalkhaften Schluß in ihr Gegenteil verkehrt. Aber wie er hier die Vergilischen Motive stimmungsvoll verwertet und um hübsche eigene vermehrt hat, so hat er auch in den Oden die Romantik als konventionelle Größe mit der ganzen ihm eigenen Feinheit zu handhaben gewußt. Die Notwendigkeit einer Rückkehr zur altväterlichen Frömmigkeit, die ihm als Menschen nachweislich nichts galt, predigt er als Musenpriester so eindringlich wie nur möglich; die poetische Verherrlichung der nach uraltem Ritus vollzogenen Feier des Jahres 17 wurde ihm übertragen, der so gut wie der kaiserliche Veranstalter selbst wußte, daß die ostentativ zur Schau getragene Werkheiligkeit nur aus Staatsinteresse wertvoll sei. Die Gesinnungsart des Regulus führt er dem entarteten Geschlecht als großes exemplum vor die Seele, ebenso die Heldenhaftigkeit der Generationen der großen republikanischen Kriege. Er preist den Augustus, daß er *veteres revo- | cavit artes, Per quas Latinum nomen et Italae Crevere vires* (4, 15, 13), aber er fühlte sich mit seiner Verstandesschärfe doch klarer als irgendein anderer Literat ganz als Kind einer neuen Zeit. In dem großen literarhistorischen Brief 2, 1, der dadurch um so größeres Gewicht erhält, daß er an den Kaiser selbst gerichtet ist, wirft er den Fehdehandschuh allen denen hin, die über dem übertriebenen Lobpreis der alten Literatur die neue in den Hintergrund drängen wollen; genau so mag Augustus selbst empfunden haben, wenn er im vertrauten Gespräch den Schleier der Romantik fallen ließ. Die Deszendenz der Lamiae von dem Homerischen Lamos erwähnt er in unverkennbar scherzendem Ton

3, 17, die der Julier von Aeneas außer in dem offiziellen Säkulargedicht nur in der letzten Ode des letzten Buches, d. h. unter dem Eindruck der eben edierten Aeneis.

Wenn so Horaz gelegentlich seiner kühlen Natur den Anstrich einer bloß offiziellen Romantik gegeben hat, zeigen uns die übrigen großen Dichter jener Zeit ein ganz anderes Bild. Sie waren stärkere Gefühlsmenschen und von der Romantik der ganzen Zeit wirklich durchdrungen.

2) Die Formen, in die sich diese Romantik kleidet, waren in dieser Epoche[52] verschieden. Für die Hauptmasse der Elegien des Properz und Tibull hat M. Rothstein den Unterschied richtig so formuliert, daß bei Properz die mythologische Welt der Wirklichkeit als romantisches Gegenbild gegenübertritt, während bei Tibull das in der Vorstellung des Städters verklärte Landleben den idealen Hintergrund bildet[53]. Properz hat also die romantische Stimmung, von der die hellenistische Erotik getragen wurde, in das Rom des Augustus verpflanzt; das konnte er um so mehr, weil unter den mannigfaltigen Beziehungen, die das römische Kaiserreich mit den aus Alexanders Monarchie hervorgegangenen Reichen der hellenistischen Könige verknüpfen, die romantische Stimmung in Leben und Literatur eine nicht unbedeutende Rolle gespielt hat. War es doch eine Regierungsmaxime der Ptolemäer gewesen, ihr junges Reich mit dem Nimbus uralter ägyptischer und hellenischer Vergangenheit zu umkleiden (z. B. führte der Gründer seinen Stammbaum auf Herakles zurück), und der erste Attalide hat mit klarem politischen Bewußtsein die Kultur und Religion der großen athenischen Vergangenheit in sein Reich hinübergeleitet[54]. An den Höfen solcher Fürsten, die der durch Parteiungen zerfahrenen Welt neue Zentren mit einem faktisch neuen, aber aus einer idealen Vergangenheit abstrahierten Lebensinhalt schenkten, hatte eine romantische Poesie ihre Wurzeln gefunden, die die Gegenwart mit den Phantasiegemälden der mythologischen | Urzeit wie zu einem schönen Traumbild verknüpfte. An eine solche Poesie hat Properz in einer Zeit, die von ähnlichen Stimmungen getragen war, unmittelbar angeknüpft und im Geist seiner

52 Auf Ovids Fasti gehe ich nicht ein, da sie jenseits der hier zu behandelnden Zeit liegen.

53 Properz 1, Berlin 1898, XXXVI; vgl. Fr. Leo, Göttingische gelehrte Anzeigen 160, 1898, 723.

54 Bezeichnend ist auch, was Antiochos I. von Kommagene († vor 31 v. Chr.) von sich sagt (Humann-Puchstein, Reisen in Kleinasien und Nordsyrien, Berlin 1890, 272): μορφῆς ἰκόνας παντοίαι τέχνηι, καθ' ἃ παλαιὸς λόγος Περσῶν τε καὶ Ἑλλήνων, ἐμοῦ γένους εὐτυχεστάτη ῥίζα, παραδέδωκε, κοσμήσας, θυσίαις δὲ καὶ πανηγύρεσιν, ὡς ἀρχαῖός τε νόμος καὶ κοινὸν ἀνθρώπων ἔθος.

Vorbilder weitergedichtet; ein Gedicht wie 1, 18 läßt sich so unmittelbar wie weniges in den Geist unserer romantischen Poesie umsetzen, wovon man sich an Buechelers wundervoller Übersetzung (Deutsche Revue 8, 1883, 193) überzeuge. Tibull dagegen gehört zu den wenigen lateinischen Dichtern, die eine neue poetische Gattung geschaffen haben: die kunstvolle Vereinigung der Stimmung des bukolischen Idylls mit den Formen und der Gedankenführung der erotischen Elegie ist sein Werk[55]. Wir erkennen darin das früher von Vergil nach Theokrits Vorgang angewendete Grundmotiv in neuer Form: das Band der Romantik verknüpft die Tibullischen Elegien aufs engste mit den ländlichen Gedichten Vergils[56].

3) Neben jener Hauptmasse der Gedichte des Properz stehen einige wenige, in denen die Romantik der Zeit in einer etwas andersartigen, uns hier besonders angehenden Form zum Ausdruck kommt. In ihnen stellte sich der Geschichtsschreibung des Livius und Dionysios eine poetische Literatur über die ältesten Zeiten Roms an die Seite. Äußerlich kleidete sich diese Poesie in die Formen, die von Kallimachos zu einer Zeit geschaffen worden waren, deren Begeisterung für die Vergangenheit nicht bloß in einer gelehrten, auf den Ursprung von Sitten und Kulten, Stammessagen und Städtegründungen gerichteten Forschung, sondern auch in einer entsprechenden Poesie ihren Niederschlag gefunden hatte. Daß seine ätiologische Poesie in der Romantik der augusteischen Zeit wurzelt, bezeugt Properz selbst, wenn er verkündet (3, 9, 49 ff.), er werde sich auf des Maecenas ›Befehl‹ und unter dessen ›Führung‹ daranmachen, die älteste Besiedelung des Palatins und die Gründung Roms zu besingen[57]. Daß das Unternehmen nicht seiner eigenen Neigung entsprang, zeigt ja auch die Tatsache, daß er über die Anfänge nicht hinausgekommen ist[58]. Einmal hat auch Tibull, durch einen äußeren Anlaß bewogen, diese antiquarische Poesie in sehr origineller Weise

55 Vgl. Leo in den Philologischen Untersuchungen 2, 1881, 46. Wo Properz ähnliches hat, steht er unter Tibulls Einfluß, so offenbar 3, 17, 15 *ipse seram vites* etc.; vgl. Tib. 1, 1, 8 *ipse seram ... vites.* Den charakteristischen Unterschied beider zeigt gut Prop. 2, 19, 7 ff.: für Cynthia malt er das Idyll des Landlebens aus, aber *ipse ego venabor,* d. h. etwas konventionell Griechisches (was Tibull selbst nur da hat, wo er ganz abhängig von griechischen Vorbildern ist, 1, 4, 49 f. 4, 3, 12, als griechisch erwiesen durch Verg. ecl. 3, 75).

56 Vgl. besonders mit Tibull 1, 1. 1, 10. 2, 1. Verg. georg. 1, 338—350. 2, 458—474 (zum Teil nach Lucr. 2, 24 ff. und einem griechischen Dichter; vgl. Serv. zu 470). 4, 125—146. *Delia* schon Verg. Catal. 1, ecl. 3, 67. 7, 29. Die Möglichkeit, daß Tibull in Gallus einen Vorgänger hatte, wird offen bleiben müssen.

57 Bestätigt durch Laus Pis. 237 f., vgl. Buecheler, Rheinisches Museum 36, 1881, 336.

58 Ein Epos über die albanischen Könige zu schreiben lehnt er ab 3, 3, 1 ff. Das Motiv hat Vergil Aen. 6, 760 ff.

mit dem Zauber der ihm eigenen idyllischen Stimmung umkleidet, indem er in das Festgedicht (2, 5) für den Sohn seines Gönners Messala[59], den neuen Priester des Palatinischen Apollo, | eine romantische Betrachtung[60] über den primitiven Urzustand der Stätte einlegte, auf welcher sich der glänzende Tempel des Gottes erheben sollte. Als er diese Elegie dichtete, war das vierte Buch des Properz noch nicht ediert; eine Abhängigkeit des einen vom anderen besteht nicht, es ist vielmehr derselbe Geist der Zeit, der sie gelegentlich sich begegnen ließ. Überhaupt muß diese Art von Literatur viel ausgebreiteter gewesen sein, als wir nachzuweisen vermögen: das zeigen zwei versprengte Notizen in Plutarchs Romulus (17. 21), wo von einem Simylos Distichen über das αἴτιον der Tarpejasage, von einem Butas ein solches über das des Lupercalienfestes angeführt wird; letzterer hat nach Plutarch αἰτίας μυθώδεις ἐν ἐλεγείοις περὶ τῶν Ῥωμαϊκῶν verfaßt, er lebte wohl in caesarischer Zeit[61].

4) Im Rahmen dieser Verhältnisse muß offenbar die Aeneis betrachtet werden, deren Konzeption und Ausführung in eben jenes Jahrzehnt fiel, in welchem Livius und Dionysios ihre historischen Werke

[59] Über die Beziehungen der Valerier zu dem Kollegium der XVviri, die dieses Gedicht zur Voraussetzung hat, vgl. F. Münzer, De gente Valeria, Diss. Berlin 1891, 5 ff.

[60] Daß sie für Tibull etwas Konventionelles war, zeigt ihre Einkleidung in die Form einer langen παρέκβασις oder παρένθεσις, durch welche die wenig glückliche Nennung Roms 21 hervorgerufen wurde. Einzelheiten sind offenbar aus Motiven hellenistischer Dichtung weitergesponnen, so außer der Weihung der Flöte (29 ff.) auch 35—38, deren Gedanke sich mit Verg. ecl. 2, 40 ff. Prop. 3, 13, 27 ff. berührt, ohne daß diese beiden Stellen das Vorbild Tibulls wären; ferner ist das Motiv 25 außer von Prop. 4, 1, 1 ff. 4, 9 ff. ähnlich verwendet von einem Epigrammatiker der Augusteischen Zeit A. P. 9, 104, 5 f.

[61] Das folgt wohl aus der zweiten Stelle, an der zitiert wird, Arnob. nat. 5, 18 (aus Labeo): *Fatuam, Bona quae dicitur Dea, transeamus, quam murteis caesam virgis, quod marito nesciente seriam meri ebiberit plenam, Sextus Clodius indicat sexto De diis Graeco, signumque monstrari, quod cum ei divinam rem mulieres faciunt, vini amphora constituatur obtecta nec myrteas fas sit inferre verbenas, sicut suis scribit in Causalibus Butas.* Der erwähnte S. Clodius gehört in die caesarische Zeit (vgl. Teuffel-Schwabe, Geschichte der römischen Literatur[5] § 211, 5); daß der von ihm zitierte Butas nicht viel früher gelebt haben kann, ist außer aus dem von ihm behandelten Stoff mit Wahrscheinlichkeit aus dem Namen zu schließen: denn in republikanischer Zeit scheint er nur noch einmal vorzukommen als der eines Freigelassenen des jüngeren Cato (Plut. Cat. min. 70; vgl. Rothstein, Properz Vol. 2, S. 165). Die Tatsache, daß die ätiologische Darstellung der römischen Mythologie in Elegien erst durch das Medium obskurer griechischer Poeten an Kallimachos angeknüpft hat, ergibt sich jedenfalls aus der angeführten Chronologie: sie ist für die Unselbständigkeit der römischen Poesie in Erfindung neuer γένη charakteristisch.

begannen und Properz und Tibull ihre Gedichte verfaßten. Vergil war eine weiche und stimmungsvolle Natur; während Horaz zeit seines Lebens mit Epikur auskam, hat Vergil dieser Philosophie nur in seiner Jugend gehuldigt, um in reiferen Jahren zur Stoa überzutreten, die seiner religiösen Veranlagung mehr entsprach[62]. So war er dazu geschaffen, die Ideen der Romantik, von denen die Zeit beherrscht wurde, | in sich aufzunehmen und zum Ausdruck zu bringen. In seinen ländlichen Gedichten hatte er, wie wir sahen, als echter Romantiker der Sehnsucht nach Ruhe und Frieden in der Zurückgezogenheit des Landlebens Ausdruck gegeben. Nun war der Friede hergestellt nicht bloß für das Land, sondern für die Welt; hatte er einst in der vierten Ekloge von einem goldenen Zeitalter der Zukunft geträumt, so war der Traum jetzt in Erfüllung gegangen, glänzender als er hatte erwarten können. An die Stelle einer romantischen Utopie in imaginärer Zeit trat in Leben wie in Dichtung eine höhere, nationale Romantik. ›Vergil macht die trojanischen Ahnherren des Caesarengeschlechts zum Mittelpunkt des nationalen Epos, in welchem Italiens Geschichte mit mythischem Glauben, die Gegenwart mit der Vorzeit, Erfahrung und Wissenschaft mit schönem Traum sich verflicht[63].‹ Es ist begreiflich, daß Petrarca in seinen romantischen Träumen von der großen Vergangenheit gerade in diesem Dichter seine eigene Seele wiederfand. Für unsere Interpretation folgt aus diesem Grundgedanken der Aeneis, daß wir den Schleier, den der Dichter aus der Hand der Wahrheit empfing, nicht mit gewaltsamer Hand anfassen dürfen: in dem unbestimmbaren Ineinanderfließen von Phantasie und Wirklichkeit liegt gerade der Reiz dieser wie jeder romantischen Dichtung[64]. So wäre es falsch, wenn wir, wie es früher geschah, in Aeneas einen Augustus der Vergangenheit sehen wollten; aber wenn wir sagen, daß der Dichter in Aeneas einen Typus schildert, in welchem jeder Leser charakteristische Züge wiederfand, die er an dem großen Nachkommen des Aeneas bewun-

[62] In dem schönen Gedicht der Catalepta (7), ecl. 6, 31 ff., georg. 2, 490 ff. bekennt er sich zu Epikur und referiert georg. 4, 219 ff. eine stoische Lehre zurückhaltend mit *quidam — dixere*. Aber Aen. 6, 724 ff. konnte er als Epikureer nicht wohl schreiben. Inzwischen war eben der Umschwung erfolgt: die Revolution hatte zu Epikur getrieben, aber die Restauration des Augustus zeigte, daß doch nicht die Τύχη, sondern die Πρόνοια regiere, die die treibende Macht der ganzen Aeneis ist. Übrigens behandelt Seneca den Vergil als seinen philosophischen Gesinnungsgenossen. Etwas anders über Vergils philosophische Stellung v. Wilamowitz a. a. O. (Anm. 37) 266.

[63] Buecheler, Huldigungen für Könige vor Zeiten, Deutsche Revue 22, 1897.

[64] Die berühmte Episode vom ›goldnen Zweig‹ im 6. Buch mutet uns ganz modern an, wir würden es ein Märchenmotiv nennen, für das tatsächlich nur germanische und keltische Analogien vorhanden sind. Woher Vergil es hat, wußte im Altertum niemand, und auch heute sind wir nicht klüger.

derte, so treffen wir gewiß das Richtige: *Troius Aeneas, pietate insignis et armis* (6, 403), diesen beiden Eigenschaften verdankte auch Augustus seine Erfolge, wie er selbst auf dem Monumentum Ancyranum ausspricht und alle Zeitgenossen fühlten. In derselben Weise werden von Vergil Gebräuche der Gegenwart in die uralte, von ihm aufs sorgfältigste nach den Quellen studierte[65] Vergangenheit zurückverlegt. Wir wissen nach den früheren Ausführungen, welcher Sinn dem allen zugrunde liegt: das alte und neue Rom, Vergangenheit und Gegenwart schaute man gewissermaßen ineinander. Von besonderer Bedeutung sind die Stellen, wo der Dichter Vorkommnisse speziell der augusteischen Zeit in die Vergangenheit hineinverlegt: Aeneas feiert in Actium ilische Spiele (3, 280 ff.) wie Augustus nach seinem Siege (Dio Cassius 51, 1), bei den Leichenspielen auf Sizilien geschieht ein Wunder, welches man richtig auf das dem Octavian im Jahre 43 erschienene Meteor gedeutet hat (5, 522 ff.). Auf alle diese und ähnliche Beziehungen, die längst erkannt sind, beabsichtige ich nicht einzugehen, sondern ein paar neue, | von Georgii, der die früheren Untersuchungen zusammenfaßt, übergangene Momente anzuführen und solche, die er zu beseitigen sucht, durch Interpretation zu rechtfertigen.

a) Aen. 6, 791 ff.:

Hic vir, hic est, tibi quem promitti saepius audis,
Augustus Caesar, divi genus, aurea condet
Saecula qui rursus Latio regnata per arva
Saturno quondam.

Die Stelle erhält eine erhöhte Bedeutung durch 8, 319 ff., wo Euander den Aeneas auf der Stätte des späteren Roms umherführt und ihm von einer noch weiter zurückliegenden Vergangenheit erzählt:

Primus ab aetherio venit Saturnus Olympo ...
Is genus indocile ac dispersum montibus altis
Composuit legesque dedit ...
Aurea quae perhibent illo sub rege fuere
Saecula: sic placida populos in pace regebat,

d. h. also Augustus tritt wie einst Saturn als Friedensfürst und Gesetzgeber auf. 6, 851 ff.:

Tu regere imperio populos, Romane, memento —
Haec tibi erunt artes — pacique imponere morem,
Parcere subiectis et debellare superbos.

Was Anchises hier dem Aeneas als die nationale Pflicht des Römers hinstellt, deckt sich genau mit den Regierungsmaximen des Augustus.

[65] In der ganzen Kaiserzeit, bis zum Untergang des Reichs, benutzte man ihn daher als wichtigste Quelle neben Varro für Altertümer: *multae antiquitatis homo sine ostentationis odio peritus* (Gell. 5, 12, 13).

Er selbst berichtet (Mon. Ancyr. 6), daß ihm die *cura morum* als eine *extraordinaria potestas* übertragen werden sollte, daß er sich aber geweigert habe, ein Amt gegen das Herkommen der Vorfahren zu übernehmen, und sich begnügt habe, die *cura morum* kraft seiner *tribunicia potestas* auszuüben; wie Vergil, so nehmen auch andere Dichter der Zeit auf diese *cura morum* Bezug (vgl. Mommsen ad. l. c.). Für das *parcere subiectis* vgl. Mon. Ancyr. 3: *Victor omnibus superstitibus civibus peperci. Externas gentes, quibus tuto ignosci potuit, conservare quam excidere malui* (vgl. Prop. 2, 16, 41; Hor. Carm. saec. 51; Ovid, am. 1, 2, 52). 8, 340 f. (die Nymphe Carmentis):

Cecinit quae prima futuros
Aeneadas magnos et nobile Pallanteum.

Pallanteum ist zwar zunächst die Stadt Arkadiens, aus der Euander mit seiner Mutter Carmentis an die Stätte des späteren Roms auswanderte; aber eine verbreitete Etymologie brachte den Namen des Palatinischen Hügels damit in Verbindung (vgl. Servius; Dionys. 1, 31, 4; Pausanias 8, 43, 2), und offenbar ist er, der Sitz des Kaisers, hier gemeint, denn Properz sagt, vielleicht mit Beziehung auf diese Stelle 4, 1, 1 ff.:

Hoc, quodcumque vides, hospes, qua maxima Roma est
Ante Phrygem Aenean collis et herba fuit,
Atque ubi Navali stant sacra Palatia Phoebo,
Euandri profugae concubuere boves. |

Daß unter den Örtlichkeiten, die Euander dem Aeneas zeigte, das Lupercal erwähnt wird (343), scheint gleichfalls eine Huldigung für Augustus zu sein; denn die Wiederherstellung dieses durch die Geschichte des Romulus geweihten Platzes hebt Augustus selbst Mon. Ancyr. 19 hervor, und daß sie ziemlich früh geschah, folgt wohl daraus, daß Dionysios bereits im 1. Buch (79, 8) die, wie es scheint, restaurierte Grotte sah. — Ferner zeigt ihm Euander auf dem Kapitolinischen Hügel die Stelle, an der sich Jupiter in der Gewitterwolke zu zeigen pflege (351 ff.): das gewinnt besondere Bedeutung dadurch, daß Augustus im Jahre 26/5 dem Jupiter Tonans einen Tempel auf dem Kapitol gelobte, den er im Jahre 22 dedizierte (Mommsen zum Mon. Ancyr. S. 81) und häufig besuchte (Suet. 91). — In der Heldenschau des 6. Buches wird Augustus unmittelbar nach Romulus genannt (777 ff. 791 ff.), eine feine Huldigung, die wir nach den früheren Bemerkungen wohl verstehen. Wenn dann ferner 801 ff. Augustus mit Hercules und Bacchus verglichen wird, so liegt auch darin ein tieferer Sinn, als es auf den ersten Blick scheint: Hercules, die Dioskuren, Aeskulap und Bacchus gehören zu der Klasse der wegen ihrer Verdienste um die Menschheit in den Himmel Versetzten: *eos hominum fama beneficiorum memor in concilio caelestium conlocavit*, wie Cicero off. 3, 25 nach griechischen Quellen sagt (sie sind δαίμονες ἀλεξίκακοι καὶ σωτῆρες: vgl. v. Wilamowitz, Euripides Herakles 1^2, 93. 172); ihnen fügten die Römer den Romulus hinzu (Cic. nat. deor. 2, 62, leg. 2, 19); wie Vergil nennt mit ihnen den Augustus zusammen Horaz, carm. 3, 3, 9 ff. Epist. 2, 1, 5 ff.[66].

b) Neben der in Augustus kulminierenden Heldenschau des 6. Buches und der mit der Schlacht bei Actium endigenden Darstellung der römischen Geschichte auf dem Schild des Aeneas (Buch 8) nimmt die Prophezeiung des Jupiter von den Schicksalen des julischen Geschlechts 1, 254 ff. unter den auf die Zeitgeschichte unmittelbar hinweisenden Partien der Aeneis den vornehmsten Platz ein. Nicht soll — so weissagt Jupiter der um ihren Sohn besorgten Venus — die römische Herrschaft mit den Gründungen des Aeneas, Julus und Romulus beendigt sein: vielmehr habe ich den Römern ein Reich ohne Grenze bestimmt; kommen wird die Zeit des Rachekrieges gegen Griechenland, kommen wird ferner die Zeit, wo

Nascetur pulchra Troianus origine Caesar,
Imperium Oceano, famam qui terminet astris,
Iulius, a magno demissum nomen Iulo.
Hunc tu olim caelo, spoliis Orientis onustum
Accipies secura; vocabitur hic quoque votis.
Aspera tum positis mitescent saecula bellis,
Cana Fides et Vesta, Remo cum fratre Quirinus
Iura dabunt: dirae ferro et compagibus artis
Claudentur belli portae; Furor impius intus |
Saeva sedens super arma et centum vinctus aenis
Post tergum nodis fremet horridus ore cruento.

Freilich hat Servius diese Verse auf den Diktator Caesar bezogen, doch schon Heyne weist darauf hin, daß die Prophezeiung der Weltherrschaft für Augustus angemessener sei. Aber Georgii folgt, um die Anspielungen der Aeneis auf Augustus möglichst zu beschränken, dem alten Interpreten mit der Bemerkung, die Worte 287 *imperium Oceano terminet* paßten ungleich besser auf den Diktator. Dagegen ist aber zu sagen: 1) In welchem Sinne die Worte von Augustus verstanden werden können und sollen, zeigt die schon von Heyne angeführte Parallelstelle 6, 791 ff.: Augustus wird — ein zweiter Alexander — die Grenzen des Imperiums bis an den Indischen Ozean vorschieben. 2) Daß der östliche, nicht der westliche Ozean zu verstehen ist, zeigt

[66] »Anderwärts schließt sich der Kult des Augustus an den anderer Götter an, so zu Tibur und zu Grumentum in Lucanien an den des Hercules ... In Tusculum erfolgt der Anschluß an den Tempel des Castor und Pollux« (K. J. Neumann, R. E. II 2350 s. v. ›Augustales‹).

auch 289, wo Vergil, wie er es überhaupt liebt, in chiastischer Reihenfolge den Inhalt des Verses 287 rekapituliert: *caelo* ∼ *astris, spoliis Orientis* ∼ *Oceano;* vgl. auch Horaz carm. 4, 14, 48. 3) Ovid, met. 15, 822 ff. hat in deutlicher Nachbildung dieser Stelle Augustus verstanden. Weiter meint Georgii, die Worte 289 *spoliis Orientis onustum* bezögen sich auf den Triumph Caesars über Ägypten und Pontus; aber unter den Triumphen Caesars war der gallische der *excellentissimus* (Suet. Div. Jul. 35): daß man Caesar wegen seiner Unterwerfung von Alexandria und wegen seines Sieges über Pharnakes *spoliis Orientis onustum* habe nennen können, müßte erst bewiesen werden, während umgekehrt feststeht, was sich jeder Leser der augusteischen Zeit unter den *spolia Orientis* dachte: die von den Parthern zurückeroberten Feldzeichen[67], denn zwar erfolgte deren Rückgabe erst im Jahre 20, als diese Stelle wohl bereits geschrieben war, aber die augusteischen Dichter pflegen bekanntlich schon vor dem genannten Jahr auf dieses Ereignis wie auf ein sicher garantiertes Faktum hinzuweisen, das dem römischen Volk und dem Kaiser selbst ganz besonders am Herzen lag (vgl. Mommsen zum Mon. Ancyr. S. 125)[68]. So gibt die berühmte Darstellung auf dem Panzer der Augustusstatue von Prima Porta — oben der Himmelsgott, in der Mitte die Übergabe der Feldzeichen an Mars — die authentische Interpretation der Worte 289 f.: *Hunc tu olim caelo, spoliis Orientis onustum Aciipies secura*[69]. |

Nicht glücklicher scheint mir der Versuch Georgiis zu sein, auch an einer anderen Stelle eine Beziehung auf Augustus auszumerzen. 5, 545 ff. wird das Trojaspiel geschildert, das Aeneas zur Leichenfeier des Anchises einrichtet, eine — wie wir sahen (S. 262) — unmittelbare

[67] Vgl. Properz 3, 4, 13 vom bevorstehenden Partherfeldzug: *Quin videam spoliis oneratos Caesaris axes.*

[68] Vgl. noch Properz 3, 1, 15 f.: *Multi, Roma, tuas laudes annalibus addent, Qui finem imperii Bactra futura canent.*

[69] Wer die Beziehung auf die Parther nicht gelten lassen will, erkläre die Worte aus 8, 685 ff. 705 f., wo Vergil die im Sold des Antonius und der Kleopatra befindlichen Völker des Ostens aufzählt, über die Octavian im Jahre 29 triumphierte. — Die Versresponsion, die Georgii annimmt: 263—266 ∼ 283—285, 267—271 ∼ 286—290, 272—277 ∼ 291—296 und für seine Interpretation verwertet, dürfte kaum jemanden überzeugen. Gegen die ganze Hypothese wäre übrigens vor allem noch geltend zu machen, daß G. von 291 an plötzlich Augustus verstanden wissen will (292 deuten die Scholien auf Augustus und Agrippa, was Mommsen, Römisches Staatsrecht 2^3, 745, billigt): wer aber wird glauben, daß 291 mit 290 nicht eng verknüpft sei? Ferner dachte bei *nascetur Caesar* jeder Leser der augusteischen Zeit an denjenigen Geburtstag, den er seit der Schlacht bei Actium jährlich am 23. September öffentlich feierte. — Wenn G. meint, bei dem Adoptivsohn sei die Hervorhebung der Abstammung von Julus und Venus sonderbar und die Vergötterung eines Lebenden zu verkünden ziemlich taktlos, so ist das modern gedacht.

Huldigung für Augustus, der auf die Fortsetzung des uralten Brauchs großen Wert legte; in feiner Weise läßt der Dichter zwei Geschwader angeführt werden von den beiden Knaben, auf die Augustus väterlicher- und mütterlicherseits seinen Stammbaum zurückführte, Julus und Atys, und läßt die beiden schon damals innig miteinander befreundet sein (568 f.). Nun schließt die Schilderung mit den Versen (602 f.):

Troiaque nunc, pueri Troianum dicitur agmen,
Hac celebrata tenus sancto certamina patri.

Zu dem letzten Vers bemerkt Ribbeck in der größeren Ausgabe (vom Jahre 1862): ›*Versui satis ieiuno facile caruerim*‹, in der kleineren (1884) tilgt er ihn[70], was Georgii sich aneignet (S. 25), indem er noch hinzufügt, Vergil habe die Fortdauer dieser Spiele in Rom nicht an das Gedächtnis des Anchises knüpfen können, nachdem er 597 dieselben als Festspiel bei der Gründung Albas erwähnt habe; aber es heißt 595 ff.: ›Diesen Brauch stellte Ascanius bei der Gründung Albas wieder her (*hunc morem rettulit*) und lehrte die Latiner ihn festlich zu begehen‹, wo doch die Gedächtnisfeier an seinen Ahn Anchises ausdrücklich bezeugt wird.

c) Besonders unbequem ist für Georgii eine Bemerkung von W. Hertzberg in seiner Übersetzung der Aeneis (zu 1, 6. 2, 567). Daß die Penaten nach Latium zu bringen der Hauptzweck der göttlichen Sendung des Aeneas ist, gibt Georgii durch Hinweis auf Stellen wie 1, 6. 378 (vgl. 2, 296 f. 5, 744. 9, 257) zu; die Wichtigkeit der Penaten erkläre sich, wie er treffend sagt (S. 13), ›nicht bloß daraus, daß sie die Kontinuität der Entwicklung in den Schicksalsstationen Troja — Lavinium — Alba — Rom darstellen, sondern auch daraus, daß sie die Unterpfänder der Weltherrschaft Roms seien‹, wie sie dem Aeneas selbst 3, 156—159 weissagen:

Nos te Dardania incensa tuaque arma secuti,
Nos tumidum sub te permensi classibus aequor
Idem venturos tollemus in astra nepotes
Imperiumque urbi dabimus.

Nun wies Hertzberg darauf hin, daß Augustus als Pontifex maximus den Kult der Penaten und der mit ihnen aufs engste verknüpften Vesta (vgl. 2, 296 f. *manibus vittas Vestamque potentem Aeternumque adytis effert penetralibus ignem*) im Palatium einsetzte, wodurch er sich als legitimen Erben der römischen Weltherrschaft erklärt habe. Freilich glaubt Georgii dies ganze Argument | durch den Hinweis be-

[70] Solche ätiologischen Schlüsse werden von vielen Editoren, darunter eben Ribbeck, vielfach verdächtigt oder getilgt. Ich komme auf diese Verkehrtheit anderswo zurück.

seitigen zu können, Augustus sei erst 12 v. Chr. Pontifex maximus geworden, Vergil aber bereits 19 gestorben. Aber daraus würde bloß folgen, daß Vergil nicht auf jenes im Jahre 12 äußerlich vollzogene Faktum habe anspielen können; die jenem Faktum zugrunde liegende Idee kann doch älter gewesen sein[71], wie Augustus ja überhaupt in der tatsächlichen Vollziehung seiner Pläne mit berechneter Politik langsam vorgegangen ist. So beziehen sich viele Dichter auf die Leges Iuliae vor ihrer definitiven Einbringung (Hor. 3, 6 24; Prop. 2, 7; Vergil selbst 6, 612). Im vorliegenden Fall haben wir nun aber um so bestimmter die Berechtigung, eine von Augustus als Pontifex maximus im Jahre 12 getroffene Einrichtung in der ihr zugrunde liegenden Idee zurückzudatieren, als bekanntlich dem Augustus diese Würde bereits im Jahre 36 und dann oft in den folgenden Jahren angeboten war, er aber Bedenken getragen hatte, sie anzunehmen, solange Lepidus lebte; denn obwohl sie diesem widerrechtlich in den Wirren des Jahres 44 übertragen war, so bestand doch das Gesetz, daß diese Würde lebenslänglich sei, und Augustus weigerte sich trotz dem Drängen des Volkes, es zu übertreten. Aber gleich vom Tage des Antritts dieses Amts an (6. März 12 v. Chr.) ließ er sich die Hebung des Kults der Vesta und der Penaten ganz besonders angelegen sein. Am 28. April stiftete er einen neuen Kult der Vesta und der Penaten im Palatium selbst (Ovid. fast. 4, 949 ff.) und restaurierte den alten Tempel *deum Penatium in Velia* (Mon. Ancyr. 19).

d) Um die ostentative Pflege dieses Kults durch Augustus in ihrer Bedeutung für unsere Untersuchung richtig zu würdigen, müssen wir zunächst eine Vorfrage erledigen, die für unseren Zweck ebenfalls von Wichtigkeit ist: Auf welche Weise wurde der Stammbaum des Augustus von den Schriftstellern seiner Zeit mit den Anfängen der römischen Geschichte in Zusammenhang gebracht? Livius 1, 3 folgt derjenigen Version der Legende, nach welcher Ascanius der Sohn des Aeneas und der Lavinia ist; er gründet Alba und von seinem Sohn Silvius stammen die Silvier, die Herrscher von Alba, darunter Numitor, von dessen Tochter Rhea Silvia Romulus stammt. Jedoch kann er nicht umhin, neben dieser antidynastischen Version die loyale kurz zu streifen, aber ziemlich abweisend und wohl nicht ohne leise Ironie. ›Ich will‹, sagt er gleich zu Anfang (§ 2), ›nicht darüber streiten — denn wer könnte für eine so alte Geschichte die Garantie übernehmen — ob es dieser Ascanius gewesen ist (der Sohn des Aeneas und der Silvia) oder ein älterer, nämlich der Sohn des Aeneas und der Creusa, geboren noch in Ilion und der Begleiter seines Vaters auf der Flucht, nach welchem unter dem Namen Julus das julische Geschlecht sich

[71] Vgl. A. Dieterich im Rheinischen Museum 55, 1900, 197 f. über Properz 4, 1, 21.

nennt‹. Die loyale Version vertreten, wie begreiflich, die augusteischen Dichter fast durchweg, aber in verschiedener Art. Die einen lassen die albanische Königsreihe fort und machen Ilia zur Tochter des Aeneas, Romulus also zu dessen Enkel. Das ist die älteste Form der Legende, wie sie von Naevius und Ennius geschaffen beziehungsweise aufgenommen wurde: unter den augusteischen Dichtern wird | sie vertreten von Horaz 3, 3, 31 (vgl. 1, 2, 17 und dazu Kießling) sowie von Tibull 2, 5; doch macht Tibull seiner politischen Haltung gemäß keine Anwendung dieser Genealogie auf Augustus, Horaz offenkundig nur da, wo er im Namen des Volkes und unter unmittelbarer Einwirkung der eben edierten Aeneis spricht, im Carm. saec. 50, wo Augustus genannt wird *clarus Anchisae Venerisque sanguis.* Der zweiten Reihe gehören die Dichter an, welche die albanische Königsreihe aufnehmen. Vergil 1, 257 ff. läßt den Jupiter prophezeien: der Sohn des Aeneas, Ascanius, der, solange Ilion stand, Ilos zubenannt war, jetzt aber das Cognomen Julus erhält, wird Alba gründen, wo das ilische Geschlecht (*gens Hectorea*) dreihundert Jahre herrschen wird, bis eine Angehörige dieses Geschlechts, Ilia, dem Mars den Romulus gebären wird. Von dem stammen die *Romani* und in erster Linie das julische Geschlecht (*Nascetur pulchra Troianus origine Caesar ... Iulius, a magno demissum nomen Iulo*). Dieselbe Version wird kurz angedeutet 4, 234. 8, 628 ff. 9, 641 f. Ihr folgt auch Ovid, fast. 4, 38 ff.: der Sohn des Aeneas ist *Iulus, unde domus Teucros Iulia tangit avos;* des Julus Sohn ist Silvius, dessen Nachkommen die übrigen Könige Albas sind; der letzte ist Numitor, dessen Tochter Ilia[72] die Mutter des Romulus wird; vgl. auch 5, 564. Dieser loyalen Formulierung steht jedoch bei Vergil eine andere gegenüber, die schon im Altertum Schwierigkeiten bereitet hat und in neuerer Zeit oft behandelt worden ist[73], aber, wie mir scheint, ohne befriedigendes Ergebnis. Bei Beginn der Heldenschau des 6. Buches 756 f. verkündet Anchises dem Aeneas, er werde ihm zeigen die *Dardaniam prolem* sowie die Nachkommen *Itala de gente*[74]. Er beginnt mit den Italern. Der erste dieser wird Silvius sein, der spätgeborene Sohn des Aeneas und der La-

[72] Dagegen 3, 11, wo es ihm nicht darauf ankommt, einen Stammbaum zu geben, nennt er sie Silvia.

[73] Die Literatur bei W. Gebhardi, Zeitschrift für das Gymnasial-Wesen 28 (=N. F. 8), 1874, 802 f., dazu jetzt noch A. Gercke, Neue Jahrbücher 7, 1901, 110.

[74] *Nunc age Dardaniam prolem quae deinde sequatur*
Gloria, qui maneant Itala de gente nepotes,
Inlustris animas nostrumque in nomen ituras
Expediam dictis.

Auf diese Scheidung wird von Gebhardi a. a. O. gut hingewiesen.

vinia, *Italo commixtus sanguine,* mit dem die Reihe der Könige von Alba beginnen wird (766 *Unde genus longa nostrum dominabitur Alba).* Unter diesen werden dem Aeneas gezeigt (Vergil zählt nicht ›chronologisch‹ auf, wie Servius zu 767 richtig bemerkt), Procas, Capys, Numitor, Silvius Aeneas; dann Numitors Enkel Romulus, der Sohn des Mars und der Ilia. Von ihm stammen die *Romani,* insonderheit *omnis Iuli progenies* (789). Zu dieser Stelle bemerkt Hertzberg: ›Diese Einführung des Silvius als Erben des Aeneas, Gründers von Alba und Stifters der Königsreihe, welche in Romulus ausläuft, widerstreitet nicht nur Vergils eigener ausdrücklicher Angabe, wonach dem Julus diese Mission zuerteilt wird (1, 267 ff. 8, 629 ff.), sondern sie stößt den ganzen künstlichen Bau seines Epos um, insoweit dasselbe die Verherrlichung des julischen Geschlechts als der vom Schicksal bestimmten legitimen Erben des römischen | Herrschertums zum Zweck hatte. Es ist daher keinem Zweifel unterworfen, daß die vorliegende Stelle zu denen gehört, welche Vergil ausgemerzt oder verändert haben würde, wenn ihm die Vollendung seines Gedichts vergönnt gewesen wäre‹. Hiergegen hat Gebhardi a. a. O. eingewendet, daß, wie schon Heyne bemerkt habe, nichts im Wege stehe, an dieser Stelle in Silvius den Nachfolger des Julus zu sehen, wie auch Ovid sage (met. 14, 610 f.): *Inde sub Ascanii dicione binominis Alba Resque Latina fuit. Succedit Silvius illi.* Allein dem stehen die ausdrücklichen Worte Vergils entgegen: wer den Silvius nennt (765 f.) *regem regumque parentem, Unde genus longa nostrum dominabitur Alba,* der sagt damit, daß Silvius die Herrscherreihe in Alba begonnen hat; und daß diese Version der Legende existiert hat, ist von Cauer a. a. O. (Anm. 12) 126 auf Grund anderer Argumente festgestellt worden. Es wird also bei der Ansicht Hertzbergs bleiben müssen, daß diese Stelle des 6. Buches mit der angeführten des 1. Buches, wonach Julus der Ahn der Albanerkönige ist, in Widerspruch steht. Zu diesem Resultat kommt auch W. Kroll (Jahrbücher für classische Philologie, Suppl. 27, 1900, 136 f.). Es gilt nun den Widerspruch zu erklären. Hertzberg glaubt, wie gesagt, Vergil würde diese Partie bei endgültiger Redaktion getilgt oder umgeändert haben. Das ist ein gefährliches Auskunftsmittel und läßt sich im günstigsten Fall nicht über eine bloße Wahrscheinlichkeit erheben. Durchgreifender geht Kroll vor; er nimmt an, ›daß Vergil den Widerspruch gar nicht bemerkt habe oder sich über seine Tragweite nicht klargeworden sei, da er unfähig gewesen sei, über den Teil seiner Dichtung hinauszudenken, mit dem er gerade beschäftigt war‹. Es handelt sich für mich hier nicht darum auszuführen, weshalb ich diese Auffassung im Prinzip nicht billigen kann; ich glaube sie aber für den vorliegenden Fall widerlegen zu können. Die unerquickliche

Legende hat, wie begreiflich, stark geschwankt und nie eine absolut gültige Norm erlangt. Nun wissen wir aus zahlreichen Analogien, wie sich die gelehrten Dichter Roms nach dem Muster ihrer hellenistischen Vorgänger gegenüber solchen Schwankungen der Sagenversionen verhielten: statt sich für eine oder die andere zu entscheiden, liebten sie es, an verschiedenen Stellen ihrer Werke jede einzelne oder doch mehrere anzubringen. So erzählt Ovid in den Metamorphosen dieselbe Sage in verschiedenen Büchern nach verschiedenen Quellen, und auch Vergil nimmt sich in der Aeneis öfters diese Freiheit, oder richtiger gesagt, sucht diesen Schein der Gelehrsamkeit. Ich könnte das durch Beispiele leicht beweisen, aber die vorliegende Stelle enthält den Beweis in sich selbst. Der Dichter ist nämlich sichtlich bemüht, hier ein Kompromiß zwischen den verschiedenen Versionen der Legende zu schließen. Einer der Albanerkönige, Procas, ist nach ihm 767 *Troianae gloria gentis,* er ist also ein Beweis für den ersten Teil der zu Anfang aufgestellten Behauptung, *Dardaniam prolem quae deinde sequatur Gloria,* nicht aber für deren zweiten Teil, *qui maneant Itala de gente nepotes.* Es kommt ein weiteres hinzu. Nach 777 ff. ist Romulus ein Enkel des Numitor von dessen Tochter Ilia; und damit nicht genug, daß er hier Ilia nennt, statt, wie wir bei italischer Deszendenz erwarten müßten, die Rhea | Silvia: er sagt mit einer Emphase, derer er sich auch sonst bedient, um eine andere Version kurz abzuweisen, *Assaraci quem sanguinis Ilia mater Educet.* Welche Schwierigkeiten diese Worte den antiken Erklärern machten, zeigt eine Bemerkung des Servius: er nimmt, um das trojanische Blut der Ilia zu erklären, seine Zuflucht zu der Ennianischen Legendenversion, wonach Ilia die Tochter des Aeneas ist. Es bedarf keines Wortes, daß die Annahme, Vergil zähle die Albanerkönige bis auf Numitor auf und lasse die Ilia doch nicht die Tochter des Numitor, sondern des Aeneas sein, eine arge Verwirrung ist. Vielmehr werden wir durch diese beiden Tatsachen, wenn ich nicht irre, zu folgender Annahme gezwungen. Vergil läßt die albanischen Könige teils der trojanischen, teils der italischen Deszendenz des Aeneas angehören, entsprechend dem trojanischen Sohn des Aeneas (Ascanius-Julus) und dem italischen (Silvius); er schließt also ein Kompromiß zwischen den beiden Versionen, wonach sie entweder der einen oder der anderen Deszendenz angehörten; er gewinnt dadurch einerseits einen Anschluß an die geläufige Tradition von dem Vorhandensein einer italischen Deszendenz des Aeneas und setzt anderseits die loyale Auffassung von dem trojanischen Ursprung des Romulus und des julischen Geschlechts nicht außer Kurs. Ob er dieses Kompromiß selbst erfunden oder einer Tradition entnommen hat, ist nicht zu entscheiden[75]: dazu ist unsere Überlieferung der Legende zu dürftig. Jedenfalls sei bemerkt, daß Vergil in der vorliegenden Partie einer Quelle gefolgt ist, die wir nicht kennen, denn nur bei ihm wird Silvius dem Aeneas noch bei Lebzeiten geboren, nicht als nachgeborener Sohn (763, vgl. Caesellius Vindex bei Gellius 2, 16), und nur er deutet an (770), daß Silvius Aeneas erst in hohem Alter von einem ungetreuen Vormund die Herrschaft erhalten habe (vgl. Servius z. d. St.).

e) Aus allem ersehen wir, daß die dynastische Legitimierung des julischen Geschlechts Schwierigkeiten bereitete. Um die loyale Tradition aufrechtzuerhalten, mußte man entweder die geläufige Legende von Silvius, dem italischen Sproß des Aeneas, einfach unterdrücken (Vergil 1, Ovid) oder einen künstlichen Ausgleich vollziehen (Vergil 6). Auf der anderen Seite stand eine radikale Tradition (Livius), die den trojanischen Sohn des Aeneas, Ascanius-Julus, überhaupt beseitigte und dadurch jeden Zusammenhang des julischen Hauses mit der Vorgeschichte Roms aufhob. Da ist es nun begreiflich, daß neben diese zwei Fassungen eine dritte trat, in der die dynastische Legitimierung überhaupt aufgegeben und durch die sakrale ersetzt worden ist. Wir sahen bereits (S. 259), daß zur Zeit Caesars und in dessen Sinn der Chronograph Castor die Behauptung aufstellte, daß nach dem Tode des Aeneas die Herrschaft zwar auf dessen italische Deszendenz, die Silvier, übergegangen, Julus aber, der Stammvater | des julischen Hauses, durch Übertragung der höchsten Priesterwürde entschädigt worden sei: übrigens eine offenbare Anlehnung an die attische Vorgeschichte, wonach nach dem Tode des Pandion οἱ παῖδες τὰ πάτρια ἐμερίσαντο καὶ τὴν μὲν βασιλείαν Ἐρεχθεὺς λαμβάνει, τὴν δὲ ἱερωσύνην τῆς Ἀθηνᾶς καὶ τοῦ Ποσειδῶνος ... Βούτης (Apollod. 3, 15, 1; vgl. J. Toepffer, Attische Genealogie 116). Diese Auffassung deutet Horaz, carm. 1, 2, 13 ff. an, wenn er den Gott des Tiberstromes seiner Gattin Ilia, der Ahnin des julischen Geschlechts, zuliebe bei der Überschwemmung nach Caesars Ermordung die Regia und den Vestatempel niederreißen läßt. Ihr folgt auch Dionys von Halikarnaß, und zwar mit einer unmittelbaren Anwendung auf das julische Geschlecht (1, 70, 4): ›In dem Streit zwischen Silvius und Julus, dem Sohn des Ascanius, habe sich das Volk für ersteren entschieden, Julus sei durch ein Priester-

[75] P. Deuticke bemerkt im Anhang der von ihm neu aufgelegten Ladewigschen Ausgabe zu 765: ›Vergil scheint hier, unbekümmert um die mehrfach schwankende Überlieferung, eine eigene Fassung der Sage gewagt zu haben.‹ Sicher ist das, wie bemerkt, nicht, aber ich freue mich, mit einem Vergilkenner wie Deuticke in der Ansicht übereinzustimmen, daß die Stelle keine Konfusion enthält: vielleicht meint Deuticke eben jenes von mir angenommene Kompromiß der beiden Versionen.

amt[76] entschädigt, dessen Besitzes sich bis auf seine Zeit die Julier erfreuten, dieses erlauchteste und berühmteste Geschlecht Roms‹. Für antikes Gefühl stand die sakrale Legitimation ebenso hoch über der dynastischen, wie die Götter über den Menschen; politisch mochte ein Geschlecht von einem anderen verdrängt oder vernichtet werden: sakrale Vorrechte wollten respektiert sein, denn der Götterstaat war älter als die πολιτεία der Menschen[77]. Daher tritt in der Praxis wie in der Literatur das dynastische Moment hinter dem sakralen zurück. Es läßt sich von Augustus kein Ausspruch anführen, durch den er die Legitimation seines Prinzipats auf seinen bzw. seines Vaters Stammbaum gegründet hätte[78], er wird in seinem praktischen Sinn darüber ebenso gedacht haben wie Vespasian, der den Versuch einer genealogischen Legitimierung des flavi- | schen Hauses zurückwies (Suet. Vesp. 12). Er wußte zu gut, daß derartige Legenden im Volksbewußtsein keine Wurzeln hatten, sondern nichts anders waren als Konstruktionen spielerischer Gelehrsamkeit. Und was wurde schließlich durch sie erreicht? Nicht etwa eine ausschließliche Berechtigung gerade des julischen Hauses: denn von trojanischen Ahnen leiteten sich auch andere Adelsgeschlechter ab (etwa 50 nach Dionys. Hal. 1, 85, 3), darunter nachweislich eins, das der Aemilier, sogar von Ascanius

[76] Vgl. die bekannte Ara von Alba (Bovillae) CIL I 807 (= XIV 2387), die von *gentiles Iulii* dem *Vediovis pater leege Albana* dediziert ist. Durch die Vokalgemination ist die Inschrift ungefähr datierbar (c. 100 v. Chr.).

[77] Charakteristisch ist z. B., was Herodot 7, 153 von Telines, dem Ahn des Gelon und Hieron, berichtet: er habe eine Partei verbannter Geloer in die Heimat zurückgeführt ἔχων οὐδεμίην ἀνδρῶν δύναμιν, ἀλλ' ἱρὰ τούτων (sc. τῶν χθονίων) τῶν θεῶν ... τούτοισι δ' ὦν πίσυνος ἐὼν κατήγαγε, ἐπ' ᾧ τε οἱ ἀπόγονοι αὐτοῦ ἱροφάνται τῶν θεῶν ἔσονται, und dieses sein religiöses Privileg wird Gelon, ἐὼν Τηλίνεω τοῦ ἱροφάντεω ἀπόγονος, zur Legitimierung seiner usurpierten Herrschaft nicht unbenutzt gelassen haben; preist doch Pindar, O. 6, 93 ff. es als etwas Großes, daß Hieron den Kult der Demeter und Persephone versieht. Wenn Pindar daselbst als dritte Gottheit, mit der Hieron in Verbindung steht, den Ζεὺς Αἰτναῖος nennt, so sieht man auch hieran wieder, wie dieser König ein gewaltsames Vorgehen — denn ein solches war die Gründung Aetnas — durch eine an seine Person geknüpfte sakrale Institution zu legitimieren suchte. — Lehrreich ist auch folgender Fall. Pindar, O. 6, 60 läßt den Iamos von Apollon eine λαοτρόφος τιμά erbitten, d. h., wie die Scholien richtig sagen, eine βασιλικὴ ἀρχή, aber er erhält vielmehr das mantische Priestertum am olympischen Zeusaltar, das seinem Geschlecht dauernd verblieb. Diese Erfindung wurde vermutlich dadurch veranlaßt, daß die Iamiden, ein nicht-elisches Adelsgeschlecht, von den elischen Eroberern zwar im Besitz ihrer sakralen Vorrechte belassen, aber ihrer politischen Bedeutung beraubt wurden (vgl. v. Wilamowitz, Philologische Untersuchungen 9, 175 f., Reden und Vorträge 178).

[78] Wie gering er die Idee der Erblichkeit schätzte, zeigt ja auch die Tatsache, daß er während seiner schweren Krankheit sein Siegel dem Agrippa, nicht, wie man erwartete, seinem Neffen und Schwiegersohn Marcellus gab.

selbst (durch dessen Sohn Aimylos)[79]. Um so mehr Gewicht legte Augustus, wie wir sahen, auf das sakrale Moment: für die Vorstellung einer von seinem Geschlecht in Urzeiten ausgeübten priesterlichen Funktion, aus der sich seine sakrale Mission ableitete, konnte er an das religiöse Bewußtsein sowohl der Römer wie der Griechen anknüpfen. Analog verhielt sich die Literatur. Horaz hat, wie bemerkt, von der genealogischen Legende nur ganz vorübergehend und andeutend einmal Gebrauch gemacht, aber auf das religiöse Element der augusteischen Herrschaft weist er öfters nachdrücklich hin (besonders 3, 6; vgl. Mommsen, Sitzungsberichte d. Berl. Ak. 1889, 33). Wenn die Aeneis in Wahrheit ein Epos mit der Tendenz genealogischer Legitimierung des julischen Hauses gewesen wäre, so würde sie allerdings, wie man ihr vorgeworfen hat, ohne Zusammenhang mit dem Fühlen des Volkes gewesen sein, mithin ihr durchschlagender Erfolg für uns ein Rätsel bleiben müssen. Aber Vergil nimmt, wie wir sahen, auf die Genealogie des julischen Hauses nur an wenigen Stellen Bezug, aber um so nachdrücklicher hebt er die sakrale Bedeutung dieses Geschlechts hervor. Im 12. Buch läßt er den Aeneas bei dem feierlichen Vertrag mit Latinus sagen (189 ff.):

Non ego nec Teucris Italos parere inbebo
Nec mihi regna peto: paribus se legibus ambae
Invictae gentes aeterna in foedera mittant.
Sacra deosque dabo; socer arma Latinus habeto,
Imperium sollemne socer,

und demgemäß verspricht Jupiter der Juno 830 ff., daß das italische Wesen nicht in das trojanische aufgehen, sondern in seiner Ursprünglichkeit bestehen bleiben solle, nur sollen ihm hinzugefügt werden *ritus sacrorum* (836). Das ist ganz im Sinn des Augustus gesagt: das militärische Imperium, in der Praxis die eigentliche Basis seiner Machtstellung, wird von ihm in der Theorie als nicht vorhanden betrachtet, dagegen die Übernahme des Oberpontifikats mit besonderer Ausführlichkeit und Genugtuung berichtet (Mon. Ancyr. 10)[80].

79 Paulus 23 (s. o. 258). Nach einer anderen Version führte sich diese *gens* auf Aimylia, eine Tochter des Aeneas und der Lavinia, Mutter des Romulus, zurück (Plut. Rom. 2); vgl. Cauer a. a. O. 100. 102.

80 In dem ἐπιφώνημα auf Nisus und Euryalus 9, 446 ff. heißt es: *Nulla dies umquam memori vos eximet aevo, Dum domus Aeneae Capitoli immobile saxum Accolet imperiumque pater Romanus habebit.* Meist wird jetzt Augustus als der *pater Romanus* verstanden auf Grund von Horaz, carm. 1, 2, 50: *Hic ames dici pater;* dazu scheint aber die Hinzufügung von *Romanus* nicht zu passen, auch wäre die Prophezeiung der irdischen Ewigkeit ungeschickt, wenn sie an die Person des Augustus geknüpft würde (wenn die Erklärer den letzten Einwand damit beseitigen wollen, daß nicht die Person, sondern die Familie

Die | sakrale Mission des Aeneas ist ja aber überhaupt der eigentliche Angelpunkt, um den sich die Handlung des Gedichts dreht; sie wird daher gleich im Prooemium ausgesprochen: (5 f.) *multa quoque et bello passus, dum conderet urbem I n f e r r e t q u e d e o s L a t i o.* Die hier erwähnte Gründung von Lavinium ist ein Teil jenes göttlichen Auftrags, denn es sollte die neue Stätte für die alten Gottheiten werden; daher heißt es auf der berühmten pompejanischen Inschrift aus der Zeit des Kaisers Claudius: *S a c r a p r i n c i p i a populi Romani Quiritium nominisque Latini, quai apud Laurentes coluntur* (CIL X 797; *Laurentes* d. h. die Einwohner von Lavinium, vgl. H. Dessau vol. X S. 186). Vesta und die Penaten, die Götter des römischen Staatsherdes, repräsentierten die Kontinuität der römischen Geschichte seit Urzeiten und garantierten sie in Zukunft (*pignora imperii* nennen sie Livius, 26, 27; Ovid, fast. 3, 422; vgl. Cicero, Pro Scauro 47): dadurch, daß sie an das Geschlecht des Augustus und seit der Übernahme des Pontifikats auch an seine Person geknüpft waren, wurde Augustus gewissermaßen zum inkarnierten Repräsentanten des römischen Volkes. So fühlte es Vergil, so auch die anderen: *Felix terra t u o s cepit, Iule, deos* sagt Properz 4, 1, 48, und ein besonders beredter Interpret des allgemeinen Fühlens ist hier Ovid, wenn er zum 6. März, dem Tage des Amtsantritts des Augustus als Pontifex maximus, dichtet (fast. 3, 417 ff.):

Quisquis ades castaeque colis penetralia Vestae,
Gratare, I l i a c i s turaque pone focis.
Caesaris innumeris, quos maluit ille mereri,
Accessit titulis pontificalis honor.
Ignibus aeternis aeterni numina praesunt
Caesaris. I m p e r i i p i g n o r a i u n c t a v i d e s.
Di veteris T r o i a e, dignissima praeda ferenti,
Qua gravis Aeneas tutus ab hoste fuit:
O r t u s a b A e n e a t a n g i t c o g n a t a s a c e r d o s
N u m i n a: c o g n a t u m, V e s t a, t u e r e c a p u t,

und demgemäß leitet er an einer analogen Stelle (1, 523 ff.) aus dieser r e l i g i ö s e n Bedeutung des julischen Hauses für Roms Vergangenheit und Zukunft die Folgerung ab (532): *H a n c f a s i m p e r i i f r e n a t e n e r e d o m u m.* |

des Augustus gemeint sei, so ist das eine Auskunft der Verlegenheit). Niebuhr verstand die Patrizier und diese (auch von Ladewig gebilligte) Erklärung ist richtig: gemeint ist der Senat, dessen patrizisches Element Augustus verstärkte und dessen Souveränität er neben der seinigen bestehen ließ (*pater Romanus* kollektivisch durch Synekdoche wie *eques, pedes R.:* der Plural war metrisch unbequem). Dagegen ist unter der *domus Aeneae* die Familie der Caesaren verstanden. Auf diesen beiden Momenten ruhte die Dyarchie des Kaiserreiches.

V. Die Aeneis als nationales und Augusteisches Epos

Die Prüfung der Zeitstimmung sowie einzelner Stellen der Aeneis selbst hat zu dem Resultat geführt, daß die Aeneis ein romantisches Nationalepos ist, in dem die Gegenwart mit den leuchtenden Farben einer idealisierten Vergangenheit umkleidet, die Vergangenheit selbst in die Gegenwart hineinprojiziert wird, so daß die römische Geschichte als ein großer, aus Verheißung, Erwartung, Vorbereitung und Erfüllung planmäßig sich zusammenschließender Kreislauf erscheint, in dem Anfang und Ende unterscheidungslos sich vereinigen. Diese Vorstellung, die uns vielleicht fremdartig berührt, war für antikes Denken unmittelbar gegeben. Denn daß der Gang der kosmischen und politischen Verhältnisse gewaltigen Kreisen von bestimmtem Umfang gleiche, und daß daher von Zeit zu Zeit ein neuer Weltlauf mit genauer Wiederholung des früheren eintrete, war eine seit Jahrhunderten bei Griechen und Römern feste Anschauungsform, von der gerade auch das Zeitalter des Augustus beherrscht wurde: denn die unnatürliche Störung der normalen Verhältnisse durch das Chaos der Bürgerkriege schien im Verein mit furchtbaren Prodigien den Beweis zu liefern, daß der alte Kreislauf beendet sei und eine Periode der Regeneration beginne: *Magnus ab integro saeclorum nascitur ordo* (ecl. 4, 5), und von diesem Glauben hat Augustus selbst nachweislich Notiz genommen[81]. Im Zentrum des alten Kreises hatte Aeneas gestanden, in dem des neuen stand sein Nachkomme Augustus. Seine Person bildet daher den geistigen Mittelpunkt des Gedichts auch da, wo er nicht unmittelbar genannt oder indirekt bezeichnet ist, denn der providentiellen Mission seines in ihm kulminierenden Geschlechtes wurde es verdankt, daß Rom seine Götter erhalten hatte, mit deren Hilfe es durch alle Gefahren hindurchgerettet war, daß sich jetzt die römische Geschichte auf der Grundlage einer altersgrauen Vorzeit wieder erneuerte und daß Latium das goldene Zeitalter wieder erlebte, welches einst zu Saturns Zeit geherrscht hatte (6, 792 ff.). Als Aeneas den Schild mit der Darstellung der römischen Geschichte auf die Schulter nahm, da trug er ›den Ruhm und die Schicksale der Enkel‹ (8, 731): so repräsentierte auch Augustus die ganze Nation in ihrer Vergangenheit, Gegenwart und Zukunft; | die Großtaten Roms auch in der Vergangenheit sind indirekt sein Verdienst[82]; ja ein römisches Volk würde es ohne sein Geschlecht überhaupt nicht geben: *Aprilis a*

[81] Serv. zu ecl. 9, 46 aus dem zweiten Buche der Autobiographie des Augustus.

[82] Man muß bedenken, daß diese Vorstellung in der genealogischen Poesie seit alters traditionell war, wie aus Pindar bekannt ist, ›der immer die Ehren und Großtaten des Geschlechts den Nachkommen zurechnet‹ (v. Wilamowitz, Isyllos von Epidauros, Philologische Untersuchungen 9, Berlin 1886, 170).

Venere, quod ea cum Anchise parens fuit Aeneae regis, qui genuit Iulum, a quo populus Romanus ortus bemerkt Verrius Flaccus in den Fasten von Präneste zum 1. April (CIL I 316); auf den Münzen erscheint schon seit dem Jahre 44 an Stelle des Kopfes der Roma das Bildnis erst Caesars, dann des Augustus, die Penaten des julischen Hauses wurden zu den *penates populi Romani*[83], und in demselben Sinn ließ der Kaiser es geschehen, daß wenigstens in den Provinzen ihm und der Roma gemeinsame Tempel dediziert wurden (Suet. 52). Daher muß der Schluß falsch sein, zu dem Georgii (o. S. 251) gekommen ist, daß die Aeneis zwar national, aber nicht augusteisch sei. Man versteht vielmehr das ganz persönliche, überaus lebhafte Interesse, das der Kaiser für die Entstehung und den Abschluß dieses Gedichtes an den Tag legte (Sueton-Donat S. 61 u. 64 Reiff)[84]; denn er wußte, wie gut ihm der romantische Schimmer, den die Muse mittels eines als geschichtlich geltenden Mythus um sein geweihtes Haupt breitete, in den Augen der Menschen stand, die sich argwöhnisch gegen alles verhielten, was mit dem Namen und dem Anspruch des Neuen auftrat, und daher das Neue nur im Spiegel des Alten reflektiert sehen mochten[85]. Es ist daher für die Auffassung, die Augustus selbst von der Aeneis hatte, ganz charakteristisch, daß er, um die Vernachlässigung eines seit alter Zeit üblichen Brauches zu rügen, einen Vers aus diesem Gedicht zitierte[86]; und wenn Martial den Domitian, als er bei einem Gladiatorenspiel die Fechter in altertümlich einfachem Kostüm auftreten ließ, in einem Epigramm andichtete, dessen Schluß lautet (8, 80): *Sic nova dum condis, revocas Auguste priora: Debentur quae sunt quaeque fuere tibi,* so paßt das mit größerem Recht auf den ersten Augustus.

Gibt es nun für die vorgetragene Auffassung der Dichtung bestimmte äußere Zeugnisse, die uns das durch Einzelinterpretation und Erwägungen allgemeiner Art Erschlossene bestätigen? Es existiert aus dem Altertum selbst nur ein[87] direktes Zeugnis über die Tendenz

[83] Vgl. Wissowa a. a. O. (Anm. 8).

[84] Vgl. Ovid, trist. 2, 566 an Augustus: tua *Aeneis.*

[85] Das geschichtliche Element der Aeneis wird mit dem geschichtlichen Sinn des römischen Volkes gut in Zusammenhang gebracht von Th. Plüß, Vergil und die epische Kunst, Leipzig 1884, 142 ff.

[86] Sueton 40: *Etiam habitum vestitumque pristinum reducere studuit, ac visa quondam pro contione pullatorum turba indignabundus et clamitans: ›En Romanos rerum dominos gentemque togatam‹* (Aen. 1, 282) *negotium aedilibus dedit, ne quem posthac paterentur in foro circave nisi positis lacernis togatum consistere.*

[87] Denn wertlos ist natürlich die in unseren Scholien sich findende Behauptung, Vergil habe die ganze römische Geschichte darstellen wollen, vgl. z. B. Ti. Donatus zu 1, 261: *Addidit etiam ipse Iuppiter fatorum dispositionem et omnem*

der Aeneis. Sueton-Donat S. 59 | Reiff. sagt am Schluß seiner Bemerkung über den Inhalt des Dichtwerkes, deren (hier nicht ausgeschriebener) Anfang uns später noch beschäftigen muß: *argumentum ... in quo, quod maxime studebat, Romanae simul urbis et Augusti origo*[88] *contineretur.* In diesen kurzen Worten scheint mir tatsächlich alles Wesentliche zusammengefaßt zu sein; meine ganze bisherige Argumentation ist nichts anderes als eine Interpretation der Suetonstelle. Georgii erwähnt letztere zwar gleichfalls (S. 3), fertigt sie aber mit der Bemerkung ab, sie ›enthalte nichts Unwahres, aber auch nichts irgend Belangreiches‹.

Es gibt nun ferner, wenn ich nicht irre, eine Art von indirektem Selbstzeugnis des Dichters, das wir allerdings erst auf dem Wege der Interpretation gewinnen müssen. Wir kennen nämlich, wie bereits von den antiken Erklärern festgestellt ist, den Plan eines Gedichts, der sich mit dem der uns vorliegenden Aeneis zwar in einzelnen Punkten berührt, sich aber nicht mit ihm deckt. Er steht bekanntlich im Proömium des dritten Buchs der Georgica[89].

›Auch euch‹ — dies ist der wesentliche Inhalt der Verse —, ›ihr Götter der Fluren, werde ich besingen; denn die Sagen der Vorzeit haben schon so viele Sänger gefunden, daß auf diesem Gebiet mir niemand ein geneigtes Ohr leihen wird (νῦν ὅτε πάντα δέδασται)[90]. Daher, wenn ich dies Gedicht beendet habe, will ich ein Epos im Stil des Ennius dichten und mir gleichen Ruhm, wie dieser, verschaffen, mir zugleich und dir, mein Mantua: denn ich zuerst will dir, aus dem

futuri temporis cursum. Et dum haec plena ordinatione ponuntur, in brevi complexione monstratur, quid contextus Vergiliani carminis esset habiturus. Gesta enim tetigit, quae saeculis omnibus ab Aenea usque ad Caesaris tempora et ipsius Caesaris scribere disposuerat. Sed haec in ipsius carmine idcirco perquiri non debent, quia fine vivendi conclusus proposita nequivit implere: dispositionem suam tamen in hoc libro firmavit.

88 Nur die letztere wird als die *intentio* des Dichters hingestellt in der Vorrede des von Donat abhängigen Servianischen Kommentars S. 4, 10 Th.: *Intentio Vergilii haec est, (Homerum imitari et) Augustum laudare a parentibus; namque est filius Atiae, quae nata est de Iulia, sorore Caesaris, Iulius autem Caesar ab Iulo Aeneae originem ducit.* Das ist richtig, aber nicht ausreichend. Manilius 3, 22 *Romanae gentis origo* von der Aeneis.

89 Einiges von dem gleich Folgenden habe ich schon im Hermes 28, 1893, 516 ff. ausgeführt, muß es aber hier des Zusammenhangs halber wiederholen.

90 An diesen Gedanken des Choirilos (vgl. auch Pindar N. 6, 53 f.) knüpft er offenbar an, aber wohl nur durch das Medium des Euphorion (A. P. 11, 218 ἐπὶ πᾶσιν Χοίριλον Εὐφορίων εἶχε διὰ στομάτων). Ganz alexandrinisch ist ja auch die Aufzählung von Sagenstoffen, die er nicht behandeln will (4 ff.); vgl. Culex 26 f.; Hor. carm. 2, 12, 5 ff.; Prop. 3, 9, 37 ff.; Ovid, trist. 2, 317 ff.; R. Reitzenstein, Hermes 35, 1900, 94, 2; S. Sudhaus zur Aetna, Leipzig 1898, 96, 2.

Musenland zurückkehrend, Palmenzweige bringen und auf deinen grünen Gefilden an den Gestaden des Mincius einen Marmortempel errichten dem Caesar. Er soll im Mittelpunkt stehen und ihm will ich als Opfernder Gaben weihen und Spiele feiern; und auf den Toren des Tempels will ich aus Gold und Elfenbein seine Großtaten darstellen, wie er siegreich die ganze Welt unterworfen hat. Aufstellen will ich auch die Ahnenreihe des Caesar, die Götter und Heroen des julischen Hauses von Jupiter an. Der ver- | fluchte Neid aber soll beben vor den Furien und dem Cocytus und den anderen Schrecknissen der Unterwelt. — Inzwischen will ich dir zu Liebe, Maecenas, dies vorliegende Gedicht zu Ende führen; dann aber will ich mich gürten zum Gesang tobender Kämpfe und des Caesars Ruhm den spätesten Geschlechtern verkündigen.‹ Also ein Heldenepos will er dichten, in dessen Mittelpunkt der Caesar steht; das soll der Tempel sein, den er in Mantuas Gefilden errichten will, wie man ja damals den siegreichen Cäsar wenigstens in einigen Provinzen durch Altäre und Tempel sowie Festlichkeiten aller Art ehrte; nur daß Vergil, der sich als Mitglied des heiligen θίασος gottinspirierter *vates* fühlt, einen Tempel in seiner Art zu bauen verheißt[91]. Die Aeneis hält nicht, was der Dichter hier versprochen hat[92]; das Verhältnis kehrt sich um: während in dem beabsichtigten Gedicht der trojanische Hintergrund nur angedeutet sein sollte, tritt in der Aeneis das trojanische Element in den Mittelpunkt, und andererseits werden hier die direkten Beziehungen auf Augustus nur eingeflochten, während dort sich alles um dessen Heldentaten gruppieren sollte[93]. Wie sich die Zeitgenossen den Plan dachten, zeigen vor allem zwei deutliche Anspielungen des Properz. 2, 1, 25 ff.: ›Ich würde die Kriege des Caesar besingen, Mutina, Philippi, den Sizilischen, Perusinischen und Alexandrinischen Krieg, sowie den aktischen Triumph, wenn ich es vermöchte, aber ich bin nicht fähig dazu, *Caesaris in Phrygios condere nomen avos*‹, d. h., wie M. Rothstein richtig erklärt, ›auf das Fundament seiner trojanischen Ahnen, also wesentlich die Geschicke des Aeneas, die Erzählung seiner Groß-

[91] Dieselbe Metapher hat Prop. 3, 17, 29—39, und zwar in einer Form, die eine Abhängigkeit von Vergil unwahrscheinlich macht, also wohl beide nach hellenistischem Vorbild, wo die kurze Andeutung derselben Metapher in dem großartigen Prooemium Pindars O. 6 ausgeführt war.

[92] Vgl. O. Ribbeck, Prolegomena 44 und Georgii a. a. O. 3.

[93] In 46 f.: *Mox tamen ardentis accingar dicere pugnas, Caesaris et nomen fama tot ferre per annos* usw. ist *Caesaris* natürlich ἀπὸ κοινοῦ auch zu *pugnas* zu beziehen, wie die Aufzählung der Kämpfe 26 ff. zeigt. Dies gegen die (schon von P. Deuticke, Jahresberichte des Philologischen Vereins 15, 1899, 178 zurückgewiesene) Mißdeutung von A. Amatucci in Rivista di filolologia 26, 1898, 412 ff.

taten aufzubauen‹; ebenso 2, 34, 61: ›Den aktischen Sieg mag Vergil besingen, der jetzt die Schicksale des Aeneas und seine Landung in Italien zu dichten begonnen hat‹[94]. Man erwartete also, wie nach jener Ankündigung auch begreiflich ist, eine Art von Geschichte des | julischen Geschlechts, gipfelnd in der ausführlichen Darstellung der Großtaten des neuen Herrschers. Diesen Plan muß Vergil bald aufgegeben haben: den veränderten Plan kennt Properz bereits im Jahre 26 (2, 34, 61 ff.), wo er außer den auf die aktische Schlacht bezüglichen Versen des 8. Buchs — das war das einzige, was an die *ardentes pugnae Caesaris* im ersten Plan erinnerte — den Anfang der Aeneis zitiert.

Weshalb hat er den ursprünglichen Plan aufgegeben? Es könnte zunächst scheinen — und dies war meine frühere Ansicht (Hermes 28, 1893, 518 ff.) —, daß der Grund ein ästhetischer war. Einer der fundamentalen Sätze der Aristotelischen Poetik ist der über die Unmöglichkeit eines historischen Gedichts (Kap. 9): ›Es ist aus dem Gesagten klar, daß es nicht Sache des Dichters ist, das tatsächlich Geschehene zu sagen, sondern das Ideelle (οἷα ἂν γένοιτο) ... Denn der Historiker und Dichter unterscheiden sich nicht durch das Unmetrische oder Metrische — denn man könnte die Geschichte Herodots ins Metrum bringen und sie bliebe eben doch Geschichte, mit oder ohne Metrum —, sondern der Unterschied ist der, daß der eine das Geschehene sagt, der andere das Ideelle‹[95]. Nur scheinbar fallen die Stücke des Phrynichos und Aischylos mit historischem Sujet aus diesem Rahmen heraus, denn Xerxes wird von Aischylos (wie von Herodot) als Götterfrevler dargestellt wie irgendeine Figur des Mythus[96], wie ja überhaupt der

[94] Nach dieser ehrenden, in den einzelnen Ausdrücken (65 f.) überschwänglichen Erwähnung Vergils als Verkünders der kriegerischen Großtaten des Augustus ist es befremdend, daß Properz im Einleitungsgedicht des dritten Buchs einen etwaigen epischen Darsteller der Kriegszüge des Augustus in recht despektierlichen Ausdrücken abtut (7: *Ah valeat, Phoebum quicumque moratur in armis*, vgl. 15 f.). Rothstein erklärt das aus dem zwischen der Publikation des zweiten und dritten Buchs gestiegenen Selbstbewußtsein des Properz, aber diese Erklärung genügt wohl noch nicht ganz: denn in solchen Ausdrücken sich über oder auch nur neben Vergil zu stellen, würde kein so viel jüngerer Dichter je gewagt haben. Vermutlich hatte er inzwischen von dem veränderten Plan der Aeneis Kunde erhalten und konnte sich nun, da er den Vergil gar nicht damit traf, mit solchem Selbstbewußtsein über einen solchen Epiker stellen; vgl. auch Rothstein zu 3, 3, 3 f.

[95] Dies Prinzip hielt die Griechen — mit wenigen motivierten Ausnahmen — auch davon ab, historische Gemälde zu malen, wie von A. Gercke (Geschichtsmalerei im alten Athen, Nationalzeitung 1898 Nr. 557) ausgeführt wird.

[96] Vgl. v. Wilamowitz a. a. O. (Anm. 6) 2, 9: ›Die Perser des Äschylos haben es vermocht, die Geschichte der Gegenwart unmittelbar hinaufzuheben in die reine Höhe der Sage.‹

ganze Krieg als ein heiliger galt: nur der Botenbericht schildert τὰ γενόμενα, alles übrige τὰ οἷα ἂν γένοιτο. Ähnlich verhielt es sich mit Aischylos' Festspiel zu Ehren des von Hieron gegründeten Aitna; denn die Gründung einer Stadt war ein sakraler Akt, Hieron trat als ihr κτίστης den heroisch verehrten Gründern der Vergangenheit zur Seite[97]. So durfte Choirilos von Samos es wagen, Aischylos' Persern seine epische Περσηίς an die Seite zu stellen, aber er war sich doch der Kühnheit seiner Neuerung bewußt, wie das berühmte Prooemium beweist. Erst spät fand er Nachfolger, denn die Μεσσηνιακά des Rhianos behandelten einen romantisch-sagenhaften Stoff[98]. Die Taten Alexanders wurden von Choirilos von Iasos, dem Typus des *pessimus poeta* (Hor. Epist. 2, 1, 232 ff. u. a.), von dem es auch Λαμιακά gab, sowie nach ihm von einigen anderen[99] ge- | feiert, aber das waren πανηγυρικοὶ λόγοι in Versen, die stofflich deshalb als legitim galten, weil in ihnen die Vorschrift des Aristoteles im Grunde genommen gewahrt blieb, denn sie stellten die Taten ihres Helden nicht der Wirklichkeit entsprechend dar, sondern κρείττονας τῶν γενομένων, also οἷα ἂν γένοιτο[100]. Von einem Hegemon aus Alexandreia in der Troas führt Stephanus Byz. ein Epos über den Leuktrinischen Krieg an; wir wissen nichts über seine Zeit; besonders populär war der Stoff erst in der Zeit der zweiten Sophistik. Sicher haben die Dichter der alexandrinischen Pleias, für die die Sage längst tot war, historische Stoffe in dramatischer Form behandelt: wir hören von den Kassandreiern des Lykophron und dem Themistokles des Philiskos[101]. Archias, der nach Cicero Arch. 19 u. 21 *Cimbricas res attigit* und *Mithridaticum bellum totum*

[97] Timaios-Diodor 11, 49: τοῦτο (die Gründung Aitnas) δ' ἔπραξε (Hieron) σπεύδων ... ἐκ τῆς γενομένης μυριάνδρου πόλεως τιμὰς ἔχειν ἡρωικάς. 66: Ἱέρων δὲ ... ἐτελεύτησεν ἐν τῇ Κατάνῃ καὶ τιμῶν ἡρωικῶν ἔτυχεν ὡς ἂν κτίστης γεγονὼς τῆς πόλεως. Pindars erste pythische Ode gehört zu den wenigen größeren, die des konventionellen Mythus entbehren (denn 50—55 ist bloßes Ornament): das konnte sie, weil die Gründung Aitnas, die in ihrem Mittelpunkt steht, das notwendige religiöse Element bereits enthielt.

[98] Vgl. L. Spengel, Abhandlungen der Bayrischen Akademie der Wissenschaften 10, 1 (1863), 31, 2; E. Schwartz, Hermes 34, 1899, 434. Den gleichen Stoff behandelte ein Aischylos, der von Athen. 13, 599 E als Ἀλεξανδρεύς bezeichnet wird.

[99] Die Namen bei Koepp a. a. O. (Anm. 40) 65, 7.

[100] An solche rhetorische Poesie denkt offenbar an einer meist mißverstandenen Stelle der Verfasser des Menexenos 239 C; darum konnten Phrynichos, Aischylos, Simonides und Choirilos von ihm übergangen werden, weil sie vom Standpunkt des Rhetors die Perserkriege nicht ἀξίως καὶ πρεπόντως behandelt hatten. — Von Projektionen historischer Stoffe in die Vergangenheit, wie sie attischen Tragödien begegnen, ist im obigen natürlich abgesehen.

[101] Fr. Susemihl, Griechische Literatur in der Alexandrinerzeit, Leipzig 1891, 1, 273. 280. Kassander war κτίστης seiner Stadt wie Hieron.

expressit, steht bereits unter römischem Einfluß. Denn daß die Römer das Prinzip durchbrachen, ist für ihren nüchternen, auf das Tatsächliche gerichteten Sinn charakteristisch. Der Hang, *clarorum virorum laudes* zu besingen, war ihnen angeboren (Cic. Brut. 75 aus Cato), und die Annalen und Steine geben uns noch eine Vorstellung von dieser vorliterarischen Poesie. Da war es begreiflich, daß die ältesten Dichter der Literatur, zumal es eine nationale Sage nicht gab, sich in den Dienst dieser Neigung stellten und historische Epen und Dramen schufen, offenbar sich anlehnend an die erwähnten jüngsten Schößlinge der hellenistischen Epik und Dramatik: so setzten Naevius, Ennius, Hostius, Accius, die Furii, Varro von Atax und Cicero da ein und führten da weiter, wo die Griechen aufgehört hatten. Varius wollte oder sollte ein Epos schreiben, das enthielte, *quam rem cumque* Agrippa geleistet habe (Hor. carm. 1, 6), und diese Art von Epik florierte in der spätaugusteischen[102] und tiberischen Zeit. Sie alle scheinen aber den konventionellen Götter- und Unterweltsapparat Homers beibehalten und so den Versuch gemacht zu haben, τὰ οἷα ἂν γένοιτο zu retten. Für uns wenigstens ist es erst Lucan, der den veralteten Plunder in die Ecke warf und sich begnügte, pathetische Geschichtserzählung in Versen zu geben; nur deshalb wurde er aus der Reihe der Dichter gestrichen, denn diese Kritik richtete sich nicht gegen das historische Epos als solches, sondern nur gegen diese neue Art von historischem Epos: Petron, einer der vielen Wortführer dieser Kritik, läßt den Stoff | als solchen durchaus gelten und verwahrt sich nur gegen das Fehlen der Götter- und Dämonenmaschinerie[103], und im Sinne dieser Kritik, nicht im Sinne Lucans, dichteten dann Silius und die meisten Späteren ihre Epen.

In diesen Zusammenhang müssen wir nun das Prooemium der Georgica einordnen. Wir haben gesehen, daß ein historisches Epos in konventionellem Homerisch-Ennianischem Gewande den Römern als stilgerechtes Literaturwerk gegolten hat: ein solches Epos stellt ja nun auch Vergil in Aussicht, wie die Verse 34—39 zeigen, die allerdings erst genau verstanden werden müssen:

Stabunt et Parii lapides, spirantia signa,
Assaraci proles demissaeque ab Iove gentis

[102] Vgl. schon Properz 3, 3, 43 ff. — Die von Suet. Aug. 85 erwähnte ›Sicilia‹ des Augustus *(unus liber exstat scriptus ab eo hexametris versibus, cuius et argumentum et titulus est Sicilia)* wird nicht sowohl auf den Krieg gegen Sex. Pompeius zu beziehen sein als auf eine ἔκφρασις der Insel, wie wir sie von Cicero und Trogus-Justin in Prosa, von Silius und Claudian in Versen haben.

[103] C. 118: *Non enim res gestae versibus comprehendendae sunt, quod longe melius historici faciunt, sed per ambages deorumque ministeria ... praecipitandus est liber spiritus.*

Nomina, Trosque parens et Troiae Cynthius auctor.
Invidia infelix Furias amnemque severum
Cocyti metuet tortosque Ixionis anguis
Immanemque rotam et non exsuperabile saxum.

Es ist charakteristisch, daß gerade der Tartarus vorkommen sollte, denn seine Schilderung hielt man offenbar für wesentlich in einem historischen Epos, wie die Probe des Petron (67 ff.) und das 13. Buch des Silius zeigen. Aber was bedeutet die *Invidia?*[104] Wie kann, fragt Ribbeck Prolegomena 38 f., von ihr gesprochen werden, nachdem unmittelbar vorher die auf Jupiter zurückgehenden Ahnen Octavians aufgezählt worden sind? Wenigstens hätten doch diese Verse hinter dem Lobpreis der Taten Octavians stehen müssen, da man sich wohl denken könne, daß diese seinen Gegnern ein Anlaß zum Neid sein mochten. Er meint daher, die drei Verse 37—39 seien nach 33 zu stellen, d. h. unmittelbar nach Aufzählung der Triumphe. Dagegen ist schon eingewendet worden[105], daß auf diese Weise die zu Octavians Verherrlichung bestimmte Versreihe von 16 ab durch ein fremdartiges Einschiebsel durchbrochen würde. Die überlieferte Reihenfolge läßt sich aber auch durch zwei positive Argumente schützen. Zunächst sind offenbar die Verse 37—39 als Gegensatz zu 34—36 gedacht: hier die Götter des Lichts, Jupiter und Apollo, dort der Tartarus — übrigens eine in antiker Poesie, in der durch scharfe Gegenüberstellung gegensätzlicher Momente oft starke Wirkung erzielt wird, beliebte Antithese; vgl. z. B. Pindar P. 1, 1—13 und 14 ff., Horaz carm. 3, 4, 42 ff. —: zu jenen gehört Octavian, in diesem weilen jetzt seine Feinde[106]. Aber warum | heißen diese in dem vorliegenden Zusammenhang gerade *invidi?* Das läßt sich mit Bestimmtheit sagen: von Antonius, der natürlich in erster Linie verstanden ist, hat Sueton eine Reihe von Aussprüchen bewahrt, die uns die neidvolle Gehässigkeit zeigen, mit der er die erlauchte Abstammung Octavians herabzureißen suchte, Kap. 2: ›M. Antonius rückt ihm vor (in Briefen, vgl. Kap. 7), sein Urgroßvater sei ein Libertine gewesen,

104 Die Βασκανία (Φθόνος) ist ein Dämon des Tartarus (vgl. Dieterich, De hymnis Orphicis, Marburg 1891, 49), aber an sie zu denken, wird durch das hier von ihr Gesagte ausgeschlossen.

105 N. Pulvermacher, De Georgicis a Vergilio retractatis, Berlin 1890, 96 f.

106 Horaz, carm. 3, 4, 74 ff. will unter den im Tartarus bestraften Sündern der Sage gemäß der Symbolik dieses Gedichts bekanntlich gleichfalls die Feinde des dem Himmel bestimmten Augustus verstanden wissen (Mommsen, Sitzungsberichte der Berliner Akademie 1889, 30 f.). Daß die Symbolik der Horazode griechischer Poesie nachgebildet ist, steht durch A. Reifferscheid, Analecta Horatiana, Breslau 1870, und Fr. Koepp, De gigantomachiae in poeseos artisque monumentis usu, Bonn 1883, fest. Also gilt Analoges von dieser Stelle Vergils.

ein Seiler aus dem Gau von Thurii, sein Großvater ein Wechsler‹, Kap. 4: ›Atia war die Tochter des M. Atius Balbus und der Julia, der Schwester des C. Caesar . . .; aber derselbe Antonius wirft ihm vor, indem er auch auf seine mütterliche Abstammung herabsieht, sein Urgroßvater sei afrikanischer Herkunft und habe in Aricia bald einen Salbenladen, bald eine Mühle aufgemacht‹; Kap. 70 berichtet Sueton von einem Gelage des Octavian, bei dem dieser selbst die Rolle des Apollo, die Gäste die Rollen anderer Götter gespielt hätten: die Affäre, die in der ganzen Stadt von sich habe reden machen, sei ihm von Antonius in Briefen mit dem bittersten Ton vorgehalten worden[107]. — Die Schilderung der Unterwelt hat er in den späteren Plan, die uns vorliegende Aeneis, herübergenommen und an einer Stelle (6, 621 ff.) den Antonius unter den großen Sündern des Tartarus unverkennbar gezeichnet.

Es kann daher kein ästhetisches Bedenken gewesen sein, das den Dichter veranlaßt hat, seinen ursprünglichen Plan umzugestalten. Der Grund war ein tieferer. Augustus wollte als Friedensfürst erscheinen, denn nach Frieden sehnten sich die von furchtbaren Kämpfen ermüdeten Menschen. Es war verfrüht gewesen, als der Dichter in jüngeren Jahren von Octavian gesungen hatte: *deus nobis haec otia fecit* (ecl. 1, 6), denn noch waren zehn Jahre des fast ununterbrochenen Tumults gefolgt. Aber nun waren wirklich die Zeiten der Muße herangekommen, und Augustus wußte sie zu nützen: *cunctos dulcedine otii pellexit.* Mit bedeutsamer Ausführlichkeit und in einer Weise, der man den Stolz und die innere Befriedigung anmerkt, verweilt der Kaiser bei der dreimaligen Schließung des Janustempels (Mon. Ancyr. 13), und dementsprechend pflegte er die Soldaten nicht, wie es sonst üblich war, *commilitones,* sondern *milites* anzureden, da ihm erstere Bezeichnung mit der *temporum quies* unvereinbar erschien[108]. Die Segnungen des Friedens sind es daher, die in großartigen Denkmälern, wie der auf dem Marsfeld im Jahre 13 v. Chr. vom Senat errichteten Ara Pacis Augustae, und in Darstellungen der Εἰρήνη oder Pax auf Münzen gepriesen werden; als Friedensbringer feiern ihn die Inschriften, so eine von Halikarnaß[109]: ›seine Vorsehung hat die Gebete aller nicht nur erfüllt, sondern noch übertroffen: in Frieden liegen da Land und Meer, die Städte blühen in guter Verfassung, Eintracht und Wohlstand‹, mit der im allgemeinen und in einzelnem Detail die neugefun-

[107] Antonius selbst führte seinen Stammbaum auf Herakles zurück (wie Alexander d. Gr.): Plut. Ant. 4. 36. 60, und dementsprechend trägt er auf einer Münze das Löwenfell; vgl. E. Babelon, Monnaies de la république romaine, Paris 1886, 1, 166 Nr. 21, vgl. 168 Nr. 32.

[108] Suet. 25; vgl. Mommsen, Römisches Staatsrecht 2^3, 846.

[109] Ancient Greek inscriptions in the British Museum 4, 1 Nr. 894.

dene von Priene | übereinstimmt[110]. Diese Segnungen zu verklären säumte die Muse nicht, die durch sie neu erblühte. Wenn ein griechischer Epigrammatiker die Bienen pries, die in den Trophäen von Actium ihre Waben bauen könnten ›dank der edlen Gesetzlichkeit des Caesar, der die Waffen der Feinde lehrte, Früchte des Friedens zu tragen‹[111], so war das mehr hübsch als tief gedacht und gesagt; einen wärmeren Ton wußte Tibull in einem bald nach der Schlacht bei Actium verfaßten Gedicht (1, 10) zu treffen, in dem er (freilich in seiner Weise ohne Nennung des Caesar) das endliche Rosten der grausigen Waffen und die Gnade des Friedens preist[112]. Unter dem unmittelbaren Eindruck der großartigen Triumphe hatte Vergil das Versprechen gegeben, die Kriege des Caesar zu feiern: wie hätte er es in einer Zeit halten können, die das Gegenbild der verflossenen Schreckensära war und deren Friedensprogramm der Princeps dadurch auch äußerlich inaugurierte, daß er die Anzahl der Legionen erheblich herabsetzte (Mommsen zum Mon. Ancyr. S. 70)? Jetzt, da es nicht mehr galt zu zerstören, sondern das Alte neu aufzubauen, wird Augustus im Spiegelbild seiner erlauchten Ahnen von ihm als der Neugründer des alten Roms gefeiert und nur gelegentlich, auf dem Wege sinnreicher Erfindung, seiner kriegerischen Taten, auf deren Lobpreis der Kaiser selbst Wert legte, in Kürze gedacht.

Diese Erklärung wird, wie mir scheint, durch den Geist selbst, von dem das Augusteische Zeitalter getragen ist, empfohlen; ihre Richtigkeit läßt sich aber auch durch ein zeitgenössisches Zeugnis beweisen. Im Jahre 13 schreibt Horaz in dem konventionellen Stil, der für solche Absagen üblich geworden war, dem Augustus, er würde gern dessen kriegerische Großtaten besingen, wenn er sich nur an einen so gewaltigen Stoff heranwagte (Epist. 2, 1, 251 ff.). Als Ersatz dafür dichtete er die Ode, der er als der letzten des vierten Buchs auch äußerlich einen hervorragenden Platz gab. Hier erfahren wir den wahren Grund, der ihn dem Wunsch nicht nachkommen ließ: ›Nicht Kriege läßt mich

[110] Athenische Mitteilungen 24, 1899, 288 ff.

[111] Philippos Thess. A. P. 6, 236. Aus diesen Kreisen (von demselben? vgl. M. Rubensohn in der Festschrift für Vahlen, Berlin 1900, 112) stammt auch das auf einem Papyrus gefundene, von Kenyon in der Revue de philologie 19, 1895, 177 ff. edierte Gedicht, wo es heißt (12): ἀτρεκὲς ἐσβέσθη δ' οὔνομα καὶ πολέμου.

[112] Aus der Stimmung der Zeit erklärt sich die Emphase des viermal wiederholten *pax* 45—49 (die Einkleidung des Ganzen ist freilich konventionell, vgl. Kallim.-Catull 66, 42 ff.). — Ähnliche Äußerungen Prop. 3, 11, 71 f.; Hor. carm. 4, 5; Antipater Thess. A. P. 9, 297; C. Valgius Rufus bei Plin., nat. 25, 4; Ovid, fast. 1, 285 ff. u. ö.; Germanicus 5 ff. und besonders schön Philo, Leg. ad Gaium 21 (II 567 M.). Einiges andere bei Gardthausen a. a. O. (o. S. 265) 1, 477 ff. 2, 264 ff. 497.

Phoebus singen; du, Caesar, bist Hüter des Friedens: die Saaten geben reichen Ertrag, die Parther haben unsere Feldzeichen zurückgegeben, der Janustempel ist geschlossen, Zucht und Sitte ist wiederhergestellt, alte Künste sind wieder ins Leben gerufen, durch die einst Latium und Italien groß wurden und wir die Herrschaft über die Welt erlangten. Solange du Hüter des Staates bist, wird kein innerer oder äußerer Krieg uns aus unserem *otium* aufscheuchen, und das Schwert wird rosten, denn die Nationen der ganzen Welt werden | deinen Geboten sich fügen. Und so wollen wir denn nach Brauch unserer Ahnen Tag für Tag beim Wein im Kreise unserer Frauen und Kinder nach feierlichem Gebet die großen Helden der Vorzeit im Gesang zur Flöte preisen, Troja und Anchises und Aeneas[113].‹ Indem er so in diesem Zusammenhang zuletzt auf den von Vergil behandelten Stoff hinweist, ist er ein deutlicher Interpret der Stimmung, die diesen von dem früheren Plan zum späteren geführt hat.

VI. Die Aeneis als italisch-griechisches Epos

Die Aeneis war noch mehr als ein nationalrömisches Epos: sie war international, d. h. für die damalige Auffassung italisch-hellenisch. Der Sieg des Octavian über Antonius war, wie oft hervorgehoben worden ist[114], ein Sieg des Westens über den Osten, des italischen Wesens über das griechische. Denn Antonius war nicht, wie viele römische Feldherren vor ihm, bloß Philhellene gewesen, sondern der Römer war in dem Griechen völlig aufgegangen, was den Patrioten bei aller Hochschätzung der hellenischen Kultur als Gipfel der Vaterlandslosigkeit erscheinen mußte. Daß die schon seit dem Jahre 40 offenkundige Absicht des Antonius[115], die allen seinen Aktionen zugrunde lag, den Westen dem Osten dienstbar zu machen, dem hellenischen Nationalstolz schmeichelte, ist begreiflich genug: schien es doch den Griechen, als ob dadurch ein Verhältnis, in das sich das eitle Volk noch immer nicht finden konnte, die Herrschaft des Römers über den Hellenen,

113 Kießling erklärt: ›*Veneris progenies* ist Augustus als Julier, da diese ihr Geschlecht auf Aeneas' Sohn Julus zurückführten.‹ Aber nach dem Zusammenhang (*virtute functos duces*) kann an ihn nur mittelbar gedacht sein, insofern als er auch zu der *progenies Veneris* gehört; aber zunächst ist Aeneas verstanden, den Horaz unter dem gewaltigen allgemeinen Eindruck der Aeneis bekanntlich seit dem Säkularlied in seine Poesie aufgenommen hat. — Vgl. auch Rothstein zu Prop. 4, 6, 77 ff.

114 Z. B. von Mommsen, Röm. Gesch. 5, 361 ff.; J. Kromayer, Hermes 33, 1898, 33 ff. 67 ff.; E. Kornemann, Neue Jahrbücher 3, 1899, 123 und in den Beiträgen zur alten Geschichte, herausgegeben von Lehmann, 1901, 1, 96.

115 Vgl. Kromayer, Hermes 29, 1894, 584 f.

endlich in sein normales Gegenteil umgekehrt werden würde. Diese Hoffnung, die in den bekannten ungemessenen Ehrungen des Antonius in Athen und im ganzen griechischen Osten ihren Ausdruck fand, wurde durch die Schlacht bei Actium und ihre Folge, die Einnahme von Alexandria, jäh vernichtet. Zwar zeigte sich Augustus den Griechen von Anfang an gnädig (›er versöhnte sich mit ihnen‹ Plut. Ant. 68) und schenkte, wie die Inschriften lehren, den griechischen Gemeinden besondere Rechte und Freiheiten, aber die schöne Illusion war doch endgültig zerstört. Denn dem Sieger schwebte nach Unterwerfung Ägyptens, der letzten selbständigen griechischen Macht, ein anderes Ziel vor, das sein Vater bereits ins Auge gefaßt hatte, der Sohn aber auch erreicht hat: die Gründung eines römisch-hellenistischen Universalreiches mit einem Herrscher an der Spitze, in dessen Person die gesamten magistratischen Befugnisse der römischen Republik mit der Königsgewalt der griechisch-orientalischen Nachfolger Alexanders des | Großen[116] vereinigt waren. Der Gedanke[117] trat besonders greifbar in die Erscheinung bei der erhebenden Jubelfeier des Jahres 17: es wurden Hymnen in lateinischer und griechischer Sprache gesungen (Zosimus 2, 5), und bei der Eröffnungsfeier opferte der Kaiser nach griechischem Ritus[118] den Moiren, betend, sie möchten die Hoheit und das Reich des römischen Volkes schützen und mehren. Aber in diesem neuen, die beiden Kulturvölker umfassenden Staat sollte die führende Rolle durchaus dem nationalrömischen Element gewahrt bleiben, dessen Stärkung dem Kaiser vor allem am Herzen lag: der Mittelpunkt des neuen Universalreiches sollte daher die Stadt Rom sein und bleiben. Während man sich von Antonius, wahrscheinlich nicht mit Unrecht, erzählte, daß er den Gedanken Caesars, ein neues Zentrum des Ostens an der Stätte des ehemaligen Troja zu gründen, habe aufnehmen wollen, ließ Augustus, wie besonders Mommsen[119] durch Interpretation der dritten Römerode des Horaz[120] gezeigt hat, diesen Plan offiziell desavouieren. Sein neues Rom war eben zugleich Troja; es hieß nun nicht mehr, wie Lucan a. a. O. (o. S. 259) den Diktator Cae-

[116] Dieses Element des Augusteischen Prinzipats wird besonders von J. Kaerst, Studien zur Entwicklung und theoretischen Begründung der Monarchie im Altertum, München-Leipzig 1898, 80 ff. betont, vielleicht gelegentlich mit zu starkem Nachdruck.

[117] Bei einer Gelegenheit befahl Augustus, *ut Romani Graeco, Graeci Romano habitu et sermone uterentur* (Sueton 98).

[118] Vgl. Diels, a. a. O. (Anm. 17) 55.

[119] Sitzungsberichte der Berliner Akademie 1889, 28 f.

[120] Vergil 12, 819—837 spricht denselben Gedanken in gleicher äußerer Szenerie aus. Die Priorität des Horaz scheint sicher zu sein, denn die letzten Bücher der Aeneis gehören, wie ich durch sprachliche und metrische Argumente zeigen könnte, auch der Zeit nach zu den jüngsten.

sar sagen läßt: ›ein römisches Troja wird sich erheben‹, sondern, wie Properz (4, 1, 87) es scharf ausdrückt: *Troia cades et Troica Roma resurges*[121]. In einem solchen Rom hatten aber, wie hier kurz gezeigt werden muß, auch die griechischen Träume von der alten Herrlichkeit Platz.

Als im 2. Jahrhundert v. Chr. die Tatsache, daß die Römer berufen waren, die Erbschaft der Nachfolger Alexanders des Großen anzutreten, unzweifelhaft geworden war, traten die Hellenen an die Frage, wie es möglich gewesen sei, daß eine so kleine und junge Macht in so beispiellos kurzer Zeit die Herrschaft über so große und alte Kulturländer erringen konnte, wie an ein Problem heran. Wer sich die dominierende Stellung des Tyche-Begriffs im späteren Altertum vergegenwärtigt, wird begreiflich finden, daß die mit Roms Macht unzufriedenen Elemente unter den Hellenen die Größe Roms dem Zufall zuschrieben. Diese Auffassung bekämpft schon Polybios. Er wirft gleich zu Anfang seines Werkes die Frage auf, wie es möglich gewesen sei, daß Rom in einem halben Jahrhundert fast die ganze Welt habe unterwerfen können (1, 1, 5); um auf diese Frage eine Antwort geben zu können, müsse er kurz auf die seinem eigentlichen Thema vorausliegende römische Geschichte (besonders die Punischen Kriege) eingehen, woraus sich ergeben würde, daß die Römer mit gar gutem Grund (λίαν εὐλόγως), von solcher Basis ausgehend, | den Gedanken, die Welt zu beherrschen, gefaßt und ausgeführt hätten (3, 8 ff.). Daß er hier eine besimmte Ansicht im Auge hat, die er widerlegen will, ergibt sich aus einer späteren Stelle des 1. Buchs (63, 9): ›Hieraus erklärt sich die von mir vorausgestellte Behauptung, daß die Römer nicht, wie einige Hellenen glauben, dank dem blinden Zufall, sondern dank ihrer Schulung in gewaltigen Begebenheiten naturgemäß ihre Gedanken in kühnem Wagemut auf die Welthegemonie richteten und dieses ihr Ziel auch erreichten.‹ Die Widerlegung der nach seiner Überzeugung verkehrten Vorstellung und der positive Nachweis der εὔλογος αἰτία der römischen Suprematie kann man als die eigentliche Tendenz dieses nachweislich vorzugsweise für Griechen bestimmten Geschichtswerkes bezeichnen, und wenn er einmal sogar in einem eigens zu diesem Zweck eingelegten langen Exkurs (18, 28—32) diese Frage erörtert, so geht daraus hervor, wie nötig es war, dieser Auffassung zu begegnen[122]. Aber wie fest jene Vorstellung in

121 Ebenso Germanicus Anth. Lat. 708 (Riese) von Rom: *Ilios en surgit rursum inclita.*

122 In der zitierten Stelle (1, 63, 9) bekämpft er mit den Worten καθάπερ ἔνιοι δοκοῦσι τῶν Ἑλλήνων eine bestimmte Ansicht, nach welcher es nur der Tyche zuzuschreiben sei, daß die Römer nach der Besiegung der Karthager im ersten Punischen Krieg wagen durften, ihre Gedanken auf die Weltherrschaft zu

den Gemütern der auf ihre Vergangenheit stolzen Hellenen wurzelte, zeigt die Tatsache, daß wir ihr noch anderthalb Jahrhunderte später, zur Zeit des Augustus, in ausgesprochenem Maße begegnen. Dionysios setzt im Anfang seiner Archäologie auseinander, daß er deshalb die Anfänge der römischen Geschichte beschreiben wolle, weil gerade über sie bei einigen Hellenen ganz falsche Vorstellungen beständen: nach diesen seien die Gründer Roms ›heimatlose Landstreicher und Barbaren gewesen und Rom emporgekommen nicht durch Frömmigkeit, Gerechtigkeit und Tüchtigkeit, sondern durch blinden, ungerechten Zufall, der die höchsten Güter den Ungeeignetsten schenke. Übelgesinntere pflegen die Tyche sogar offen anzuklagen, daß sie den elendesten Barbaren die Güter der Hellenen verschaffte‹. Im folgenden polemisiert er im speziellen gegen einen Schriftsteller als den Hauptvertreter dieser Auffassung: in ihm ist mit Wahrscheinlichkeit Timagenes | erkannt worden[123], der in seinem Geschichtswerk eine antirömische Stellung einnahm, an den Trogus Pompeius sich angeschlossen und gegen den Livius jenen berühmten Exkurs (9, 17—19) gerichtet zu haben scheint über die Frage, ob Alexander der Große bei längerem Leben die Römer unterworfen haben würde[124]. Die Ungerech-

richten. Nun kennen wir zwei Schriftsteller der vorpolybianischen Zeit, die den zweiten Punischen Krieg vom karthagischen Standpunkt beschrieben: den Sizilier Silenos und den Ilier Sosilos, die beide in Hannibals nächster und vertrautester Umgebung lebten (Nep. Hann. 13), und von denen Polybios den letzteren ausdrücklich zitiert (3, 20, 5), den ersteren, der nach Dionys 1, 6, 1 und Varro bei Solin 1, 15 auch die römische ἀρχαιολογία behandelt hatte, vermutlich kannte. Nun zieht Polybios a. a. O., wo er gegen Sosilos polemisiert, die Tyche mit einer ironischen Bemerkung in die Polemik hinein. Sosilos und ein uns nicht weiter bekannter Chaireas hatten nämlich behauptet, daß die Römer nach der Einnahme Sagunts noch über den Krieg beraten hätten, was Polybios als unmöglich zurückweist, da sie den Karthagern schon vorher den Krieg angekündigt hatten für den Fall, daß sie das Gebiet der Saguntiner betreten würden (§ 1 f.); an jener angeblichen Beratung sollten sogar zwölfjährige Knaben teilgenommen haben, die nichts von den geheimen Verhandlungen verraten hätten (3); ὧν οὔτ' εἰκὸς οὔτε ἀληθές ἐστι τὸ παράπαν οὐδέν, εἰ μὴ νὴ Δία πρὸς τοῖς ἄλλοις ἡ τύχη καὶ τοῦτο προσένειμε Ῥωμαίοις, τὸ φρονεῖν αὐτοὺς εὐθέως ἐκ γενετῆς. Es darf mithin als wahrscheinlich gelten, daß er gegen diese Historiker und ihresgleichen polemisiert.

123 C. Wachsmuth, Rheinisches Museum 46, 1891, 465 ff. Die von E. Schwartz R. E. I 1904, zweifelnd ausgesprochene Vermutung, Dionys polemisiere vielmehr gegen Amphikrates (einen ungefähren Zeitgenossen des Timagenes), scheint mir gegenüber den Argumenten Wachsmuths weniger empfehlenswert zu sein; Gründe gegen Timagenes jetzt auch bei Schwartz R. E. III 1887 f.

124 v. Gutschmid, Rheinisches Museum 37, 1882, 552; vgl. Mommsen, Hermes 16, 1881, 619 f., Röm. Gesch. 5, 100 f. Für den von mir bemerkten Zusammenhang dieser antirömischen Geschichtsdarstellung mit der von Polybios bekämpften ist besonders charakteristisch: Polybios stellt im 18. Buch nach Beschreibung der

tigkeit dieser ganzen Auffassung darzutun, ist die eigentliche Tendenz der Archäologie des Dionys; er stimmt darin also mit dem von ihm als Stilisten verachteten Polybios überein, aber in der Art der Widerlegung jener Auffassung weichen sie völlig voneinander ab. Während Polybios sie durch Darlegung der überragenden Fähigkeit der Römer mit seiner sachgemäßen Objektivität und seinem weiten historischen Blick glänzend abweist, operiert Dionys mit einem uns hier unmittelbar angehenden Argument. Er will nachweisen, daß die Römer selbst Hellenen sind, ja noch mehr, nicht bloß Hellenen, sondern sogar die frömmsten und gerechtesten Hellenen, die viel besser als die eigentlich so genannten Hellenen die heiligen Gebräuche und Gesetze der urhellenischen Zeit bewahrt haben (außer Buch 1 besonders 7, 70 ff.[125]; 14, 6)[126]. Auf diese von Männern wie Poseidonios,

Schlacht bei Kynoskephalai eine Untersuchung darüber an, woraus der Sieg der Römer zu erklären sei, ἵνα μὴ τύχην λέγοντες μόνον μακαρίζωμεν τοὺς κρατοῦντας ἀλόγως, καθάπερ οἱ μάταιοι τῶν ἀνθρώπων, ἀλλ' εἰδότες τὰς ἀληθεῖς αἰτίας ἐπαινῶμεν καὶ θαυμάζωμεν κατὰ λόγον τοὺς ἡγουμένους (28, 5): diese von Polybios verworfene Auffassung vertrat Trogus, denn Justin 30, 4, 16 schließt die Schilderung des Ringens zwischen Römern und Makedoniern mit den Worten: *sed Macedonas Romana fortuna vicit.* Auch in der Schrift des Plutarch Περὶ τῆς Ῥωμαίων Τύχης wird bekanntlich der Τύχη die Palme über die Ἀρετή zuerkannt, und dementsprechend findet sich hier auch das Argument: μιᾷ μάχῃ Φίλιππος ἀπέβαλε Μακεδονίαν (Kap. 11, 323 F.).

125 Es ist dies die berühmte Schilderung der πομπή des Jahres 490 v. Chr. nach Fabius Pictor (Fr. 16 Peter); aber die Tendenz, die Dionysios ausgesprochenermaßen (Kap. 70) zur Aufnahme des Berichtes veranlaßte, nämlich die Identität des griechischen und römischen Ritus zu zeigen, war m. E. (etwas anders Diels, Sibyllinische Blätter, 106, 1) bei Pictor nicht vorhanden, denn Dionys bezeichnet diese Zutaten deutlich als die seinigen; vgl. 72, 2: τοῦτο καὶ εἰς ἐμὲ τὸ ἔθος ἐν Ῥώμῃ διέμεινεν, ὡς ἐξ ἀρχῆς ἐγίνετο παρ' Ἕλλησιν, 5: ὧν παρὰ Ἕλλησιν ἐκλέλοιπεν ἡ χρῆσις ἐπ' ἐμοῦ πάτριος οὖσα, παρὰ δὲ Ῥωμαίοις ἐν ἁπάσαις φυλάττεται ταῖς ἀρχαίαις θυηπολίαις. 12: εἶδον δὲ κτλ. 14: ἢ δειξάτω τις ἡμῖν ἔξω τοῦ Ἑλληνικοῦ φῦλον ἕτερον κτλ. 73, 1: ὡς παρ' Ἕλλησι .... μέχρι τοῦ παρόντος. 2: φυλαττόμενα ὑπὸ Ῥωμαίων μέχρι τῶν κατ' ἐμὲ διάκειται χρόνων (folgt ein Homerzitat, also sind auch die übrigen erst von ihm hinzugefügt).

126 Bis zu welchen Konsequenzen das durchgeführt wurde, zeigt die berüchtigte Tradition über den Grammatiker Aristodemos von Nysa, den Lehrer der Söhne des Pompeius: Ἀριστόδημος ὁ Νυσαεὺς Ῥωμαῖον αὐτὸν (Ὅμηρον) ἀποδείκνυσιν ἔκ τινων ἐθῶν παρὰ Ῥωμαίοις μόνον γινομένων, τοῦτο μὲν ἐκ τῆς τῶν πεσσῶν παιδιᾶς, τοῦτο δὲ ἐκ τοῦ ἐπανίστασθαι τῶν | θάκων τοὺς ἥσσονας τῶν βελτιόνων ἑκόντας, ἃ καὶ νῦν ἔτι φυλάσσεται παρὰ Ῥωμαίοις ἔθη (Vita Homeri ed. Piccolomini, Hermes 25, 1890, 453). Auch die bekannte Interpolation Il. 20, 307: νῦν δὲ δὴ Αἰνείαο βίη πάντεσσιν ἀνάξει καὶ παίδων παῖδες, τοί κεν μετόπισθε γένωνται für Τρώεσσιν steht damit in Zusammenhang; wie alt sie ist, läßt sich nicht genau sagen: das Scholion im Ven. A (μεταγράφουσί τινες »Αἰνείω γενεὴ πάντεσσιν ἀνάξει«, ὡς προθεσπίζοντος τοῦ ποιητοῦ

Stilo und Varro | geteilte Auffassung blicken wir von dem souveränen Standpunkt der Kultur- und Sprachgeschichte als eine kindliche Verirrung vornehm hinab; aber für den großen Kampf, in welchem die griechische Kulturwelt unter römische Hegemonie trat, hat sie doch eine eigentümliche Bedeutung. Wir haben oben gesehen (S. 257), daß die Römer ihre Einmischung in die griechischen Verhältnisse mit ihrer trojanischen Abstammung legitimierten; das ist die älteste, wahrscheinlich bis in die Zeit des Tarentinischen oder des ersten Punischen Krieges zurückgehende Formulierung dieser Theorie: die Römer als Trojaner sind den Hellenen stammfremd und als solche ihre Feinde (*hostes*); vgl. Diels, Sibyllinische Blätter 43, 2. Neben diese Formulierung trat die andere, durch die jene ältere verdrängt wurde: nicht als stammfremder Feind wollten die Römer die Griechen beherrschen noch diese sich von jenen beherrschen lassen, sondern die gemeinsame Nationalität zu einer die ganze Welt umfassenden Größe ausbilden. Diese Formulierung scheint von Griechen oder römischen Griechenfreunden um 200 v. Chr. aufgebracht zu sein, wenigstens finden wir sie bezeichnenderweise von Ennius da ausgesprochen, wo er die hellenophilen Bestrebungen des Flamininus behandelt hat: ›Troja steige aus der Asche neu empor und von den Römern behaupten sie (die Griechen?), daß sie Griechen seien (358 ff.).‹ Selbst für Cato ist die ursprüngliche Identität beider Nationen eine Tatsache, und Griechen wie Römer waren seit dieser Zeit bemüht, neue Argumente für die Gleichsetzung ausfindig zu machen. Dies Resultat der Untersuchungen hat Dionys aus seinen Quellen wiederholt und in folgende Sätze zusammengefaßt (1, 60, 3): Die Römer sind Hellenen, und zwar aus folgenden Völkern zusammengewachsen: 1) Aboriginern, einem aus dem Peloponnes eingewanderten hellenischen Stamm, 2) Pelasgern aus Thessalien, 3) Arkadern, eingewandert unter Führung des Euandros, 4) Peloponnesiern, eingewandert unter Führung des Herakles, 5) Trojanern, eingewandert unter Führung des Aeneas. Daß die Trojaner auch ihrerseits Hellenen seien, und zwar unter Dardanos aus Arkadien in die später so genannte Troas eingewandert, wird dann nach älteren Vorlagen dargelegt Kap. 61 und 62. Einen Beweis für die Zuverlässigkeit dieser Fiktionen suchte und fand

τὴν Ῥωμαίων ἀρχήν) nimmt Notiz davon, ebenso aus einem solchen Scholion Strabo 13, 608 (τινὲς δὲ γράφουσιν »Αἰνείαο γένος πάντεσσιν ἀνάξει, καὶ παῖδες παίδων«); daß das Scholion auf Aristonikos zurückgehe (A. Ludwich, Aristarchs Homerische Textkritik, Leipzig 1884, 1, 456), ist unsicher. Vergil, Aen. 3, 97 f.: *Hic domus Aeneae cunctis dominabitur oris, Et nati natorum et qui nascentur ab illis* übersetzt πάντεσσιν.

man bekanntlich in der angeblichen Ableitung der lateinischen Sprache aus der griechischen[127]. |

Wie stellt sich nun Vergil zu dieser Stammeslegende? Die führende Stellung, die, wie bemerkt, in dem neuen römisch-hellenistischen Universalreich dem nationalrömischen Element zugewiesen wurde, macht es begreiflich, daß bei ihm der nationale Standpunkt energischer betont wird als bei dem Griechen. Jupiter und Anchises prophezeien (1, 283 ff. 6, 836 ff.), daß die Trojaner, d.h. die Römer sich einst an den Nachkommen des Achill und der Atriden rächen würden, und es ist selbstverständlich, daß Aeneas in der Schilderung seiner Schicksale seit der Zerstörung Trojas die Griechen durchaus als die Nationalfeinde bezeichnet und behandelt. Aber in einer Partie des 6. Buches läßt Vergil die Sibylle dem Aeneas Rettung durch eine *Graia urbs* (die des Euandrus auf der Stelle des späteren Rom) prophezeien (96 f.), und im zweiten Teil der Aeneis, der die Ansiedlung der Trojaner in Latium schildert, an zwei hervorragenden Stellen — bei der Begrüßung der Trojaner seitens des Latinus und des Euandrus (7, 206 ff. 240 ff. 8, 134 ff., vgl. 3, 163 ff.) — die Verwandtschaft der Trojaner mit den Griechen, die der Griechen mit den Latinern und speziell den Bewohnern der Stätte des späteren Roms in der Form eines regelrechten Stammbaums[128] und mit ausdrücklicher Bestätigung der griechischen Tradition (8, 135 *ut Grai perhibent*) darlegen, und gibt demgemäß den Italikern (d.h. Latinern und Rutulern) neben echt nationalen

[127] Vgl. Dionys. Hal. 1, 90, 1: Ῥωμαῖοι δὲ φωνὴν μὲν οὔτ' ἄκρως βάρβαρον οὔτ' ἀπηρτισμένως Ἑλλάδα φθέγγονται, μικτὴν δέ τινα ἐξ ἀμφοῖν, ἧς ἐστιν ἡ πλείων Αἰολίς. Schon | ein von Varro (ling. 5, 88) benutzter Hypsikrates schrieb über griechische Worte im Latein (Gellius 16, 12, 6). In Augusteischer Zeit schrieben Tyrannion d. J. περὶ τῆς Ῥωμαϊκῆς διαλέκτου ὅτι ἐστὶν ἐκ τῆς Ἑλληνικῆς (Suid.), Cloatius Verus über *verba a Graecis tracta* (Gell. 16, 12), Philoxenos περὶ τῆς Ῥωμαίων διαλέκτου (darin z.B., die Römer hätten wie die Aeoler keinen Dual: Bekker Anecd. Gr. 3, 484, vgl. M. Schmidt, Philologus 6, 1851, 667 f.), Didymos περὶ τῆς παρὰ Ῥωμαίοις ἀναλογίας (darin z.B. *in omni parte orationis et constructionis analogiam Graecorum secutos esse Romanos* Prisc. G. L. 3, 408, 5 ff.).

[128]
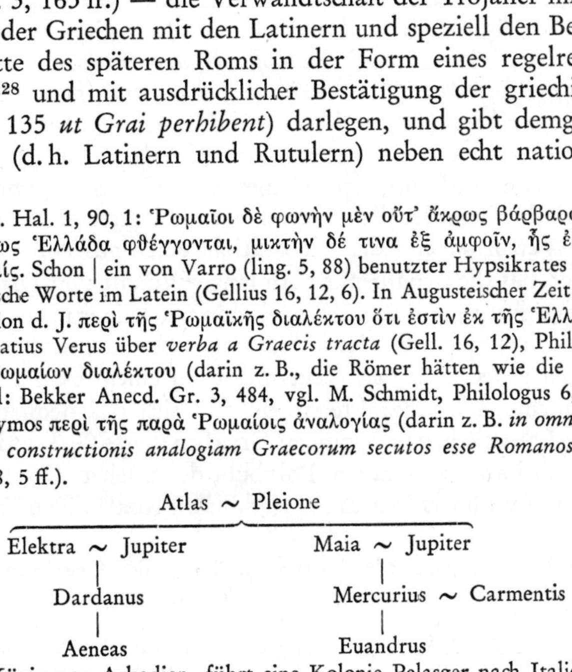

Euandrus, König von Arkadien, führt eine Kolonie Pelasger nach Italien und gründet auf der Stätte des späteren Rom Pallanteum. Damit Aeneas mit Euandrus zusammentreffen kann, werden die Zwischenglieder zwischen Dardanus und Aeneas ignoriert (Dardanus, Erichthonius, Tros, Assaracus, Capys, Anchises, Aeneas; vgl. Dionys. 1, 62; Heyne, Exkurs 6 zu Buch 3).

Namen (z. B. Camers, Fadus, Galaesus, Herbesus, Hisbo, Numanus, Privernus, Quercens, Remus, Tolumnius, Ufens, Volusus usw.) auch griechische (z. B. Abaris, Aconteus, Antaeus, Cisseus, Haemon, Idmon, Lagos, Lamos, Lichas, Maeon, Niphaeus, Onites, Sthenelus, Sthenius, Theron usw.)[129], die zum Teil mit den | Namen von Trojanern identisch sind (z. B. Alcanor, Gyas, Ilos Namen von Trojanern und Latinern, Rhoetos Name eines Trojaners und eines Rutulers); ja er geht so weit, auch umgekehrt Trojanern italische Namen zu geben (Asilas, Ebusus, Liris, Lucetius, Palmus, Sergestus). Der Widerspruch zwischen beiden Fassungen war durch die Entwicklung der künstlich konstruierten Sage von selbst gegeben; ihn völlig zu beseitigen wäre für den Dichter unmöglich gewesen, selbst wenn er es gewollt hätte; aber es war eben nicht seine Absicht. Denn dadurch, daß er die griechische Vorgeschichte Roms und seiner trojanischen Gründer als eine von der Legende gegebene Tatsache rezipierte, hat er seinem Werk eine über die nationalrömischen Interessen hinausgreifende Bedeutung, einen Platz in dem neuen Weltreich des Augustus gegeben. Daß das Gedicht in diesem Sinne gelesen wurde, bestätigt die Bemerkung Sueton-Donats (S. 59 R), deren Vorzüglichkeit in ihrem zweiten Teil wir schon oben erkannt haben: *Novissime Aeneidem incohavit, argumentum varium et multiplex et quasi amborum Homeri carminum instar, praeterea nominibus ac rebus Graecis Latinisque commune, et in quo, quod maxime studebat, Romanae simul urbis et Augusti origo contineretur.* Auch auf formalem Gebiet ist die Mischung von Nationalem mit Griechischem deutlich: Vergil hat als letzter einem spezifisch italischen Versornament, der Alliteration, einen ausgedehnten Platz eingeräumt, hat die Synaloephe auch langer Vokale und Diphthonge nach römischer Art so umfänglich zugelassen wie keiner neben oder gar nach ihm und hat archaische Redewendungen der lateinischen Sprache mit kühnsten graecisierenden Neuerungen zu einem eigenartigen Ganzen verbunden. Es ist charakteristisch, daß sich das Bedürfnis einstellte, den des Lateinischen unkundigen Griechen dieses Gedicht in griechischer Sprache bekannt zu machen. Polybius, der gelehrte Günstling des Kaisers Claudius, übersetzte es in griechische Prosa[130], eine Tatsache, deren

[129] Ein Rutuler Ramnes wird konstant (dreimal) mit *Rh* geschrieben, also ein echt italischer Name in griechischem Gewande. Auch die Italer Euander und Thymber haben solche Mischnamen. Es ist falsch, wenn 9, 685 einige Editoren (darunter Haupt) mit cod. M *Marus* lesen gegen *Tmarus* P oder *Tmaros* R, weil ersterer Name einem Italiker zukomme; offenbar ist *Marus* rein phonetische Schreibung, die in anderer Gestaltung junge Hss. mit ihrem *Timarus* haben. Daß *Tmarus* schon wegen des dabeistehenden Namens eines anderen Rutulers *Haemon* sich als richtig erweise, bemerkt Forbiger. |

[130] Seneca, Cons. ad Polyb. 8, 2: *Homerus et Vergilius tam bene de*

Bedeutung man nicht leicht zu hoch anschlagen kann, wenn man bedenkt, daß sonst keinem lateinischen Schriftsteller in so früher Zeit[131] diese Ehre, die eine Umkehrung des normalen Verhältnisses in sich schloß, zuteil geworden zu sein scheint; so war Vergil auch als einziger lateinischer Dichter unter den Statuen im Gymnasion des Zeuxippos in Konstantinopel zur Zeit des Kaisers Anastasios I (491—518) aufgestellt[132], | und Photios nahm in sein Exzerpt aus Phlegons Chronik die Notiz über Vergils Geburtsjahr auf (Bibl. cod. 97 S. 84 Bk.). So wurde er gelegentlich auch der Ehre teilhaftig, von Griechen im Original gelesen zu werden[133]. |

humano genere meriti, quam tu et de omnibus et de illis meruisti, quos pluribus notos esse voluisti quam scripserant. 11, 5: *Utriuslibet auctoris carmina ... tu ita resolvisti, ut quamvis structura illorum recesserit, permaneat tamen gratia, sic enim ex alia lingua in aliam transtulisti, ut quod difficillimum erat, omnes virtutes in alienam te orationem secutae sint* (also Auflösungen in gehobene Prosa, wie sie Quintilian 10, 5, 4 empfiehlt und der Vater des Statius verfaßte; vgl. Leo, Prooem. Göttingen 1892, 3, 20).

131 Jedenfalls jünger sind die griechischen Exzerpte aus Ovids Metamorphosen (bei Westermann, Mythogr. 348), die v. Wilamowitz, Analecta Euripidea, Berlin 1875, 181, 4 als solche erkannt hat.

132 Christodoros Ecphr. A. P. 2, 414 ff.: καὶ φίλος Αὐσονίοισι λιγύθροος ἔπρεπε κύκνος πνείων εὐεπίης Βεργίλλιος, ὅν ποτε Ῥώμης Θυβριὰς ἄλλον Ὅμηρον ἀνέτρεφε πάτριος ἠχώ. Dazu das Schol.: εἰς ἄγαλμα τοῦ ποιητοῦ Βιργιλίου τοῦ γράψαντος τῇ Ῥωμαίων διαλέκτῳ τὴν καλουμένην Αἰνεάδα ἐν ἔπεσι θαυμασίοις.

133 Mit Übergehung der bekannten Übersetzungen der Georgica und der vierten Ekloge sei folgendes bemerkt. Ein ungenannter (später) Dichter der Anth. Plan. 16, 151 rechtfertigt Dido gegen die von dem ἁγνὸς Μάρων ausgehende Verleumdung (wie Dioskorides A. P. 7, 351 die Neobule gegen die des Archilochos). — Malalas hat den Vergil gelesen, und zwar auf lateinisch, wie besonders die interessante, von H. Dunger, Dictys-Septimius, Programm Dresden 1878, 21 nachgewiesene Stelle S. 285, 6 Dind lehrt: περὶ ἧς νυκτερινῆς ἑορτῆς μέμνηται Βεργίλλιος ὁ σοφώτατος Ῥωμαίων ποιητὴς ἐν τῷ δ' αὐτοῦ λόγῳ (303), τῇ Ῥωμαϊκῇ γλώσσῃ ἐκθέμενος ταῦτα· τριετηρικὰ Βάκχῳ Ὄργια νοκτούρνους κουὲ βοκὰτ κλάμωρε Κιθαιρών, ὅ ἐστι τῇ Ἑλληνίδι γλώσσῃ κτλ. — Der Name der Cumanischen Sibylle wird im Scholion zu Platon, Phaedr. 244 B aus Aeneis 6, 36 mit Nennung Vergils zitiert. — Die Ἰλίου πέρσις eines Dichters des 3. Jahrhunderts scheint fast wörtlich aus dem zweiten Buch der Aeneis übersetzt zu sein: diese Auffassung von dem berüchtigten Pisander scheint die glaublichste (vgl. R. Foerster in den Verhandlungen der Philologenversammlung zu Görlitz, 1889, 430 ff.). — Dagegen ist die Benutzung Vergils durch Quintus Smyrnaeus von Fr. Kehmptzow, De Quinti Smyrnaei fontibus, Diss. Kiel 1891, 49 ff. und F. Noack, Göttingische gelehrte Anzeigen 1892, 795 ff. nicht erwiesen worden. Das Hauptargument Noacks ist die angebliche wesentliche Gleichheit in der Darstellung der Laokoonepisode bei Verg. 2, 40 ff. 199 ff. und Quintus 12, 387 ff., aber die Übereinstimmungen betreffen nur nebensächliche, durch den gleichen Stoff von selbst sich ergebende Dinge, dagegen sind die Differenzen qualitativ und quantitativ

VII. Schluss

Wer die nationale und universale Tendenz der Aeneis erkannt hat, wird ihr auch als einem poetischen Kunstwerk gerecht werden. Das war freilich nicht möglich zu einer Zeit, als man, wie es seit Pope und Wood üblich wurde, jedes Epos an der absoluten Norm des Homerischen maß und jede Abweichung von diesem ein für allemal sanktionierten Kanon als Versündigung geißelte. Das waren die Zeiten, in denen dem ›Originalgenie‹ Homers der ›witzige Hofmann Vergil‹ entgegengestellt wurde, wie ihn Lessing nannte, der nächst Herder das meiste dazu tat, die Ästhetik jener Engländer nach Deutschland zu verpflanzen. Aus der Ehrfurcht vor den literarischen Größen des 18. Jahrhunderts erklärt es sich, wenn auch heutzutage diese Anschauungsweise trotz vereinzelten Widerspruchs[134] noch immer nicht als über-

so bedeutend, daß man eine starke Umarbeitung der Vergilischen Erzählung durch Quintus annehmen müßte (vgl. z. B. Verg. 226 mit Quintus 450 ff.). Auch die Behauptung (Noack 797), daß die Disposition des Quintus in ihren Grundzügen das Eigentum Vergils sei, ist unrichtig; vielmehr findet sich die durch E. Bethe im Rheinischen Museum 46, 1891, 511 ff. nachgewiesene Ungeschicklichkeit der Vergilischen Darstellung bei Quintus nicht: denn während bei Vergil die Rede des Sinon alle Trojaner überzeugt, so daß man nicht begreift, warum es noch des Verderbens des Laokoon bedarf, um sie zur Bergung des Rosses zu veranlassen (195 ff.), hat bei Quintus (387 ff.) die Rede nur halben Erfolg: einige glauben ihm, andere nicht, und unter diesen ist Laokoon; erst durch dessen Schicksal lassen sich die Trojaner zur Bergung des Rosses bewegen. Nun wäre es doch nicht methodisch, zu glauben, Quintus habe die Fehler der Vergilischen Komposition gemerkt und verbessert, vielmehr lehrt er uns die Genesis der fehlerhaften Komposition Vergils verstehen. Das mythographische Handbuch, das Vergil wie Quintus vorlag, hatte die zwei Versionen, wonach die Trojaner sich zur Bergung des Rosses bewegen ließen, nebeneinandergestellt: ›die einen sagen, infolge der Rede des Sinon, die anderen infolge des Gottesurteils an Laokoon‹. Quintus vereinigt beides, indem er die Rede des Sinon nur halben Effekt haben läßt. Dagegen verleitete den Römer das Wohlgefallen an effektvollen Reden, die Rede des Sinon so auszuarbeiten, daß sie zur vollen πειθώ der Trojaner führte. Dadurch wurde für ihn die Laokoonepisode eigentlich unmöglich, aber auch sie bot zu große Effekte, als daß er sie missen wollte. Es muß nämlich hervorgehoben werden, daß die Komposition so, wie wir sie lesen, von Vergil definitiv gewollt ist, denn 40—56 nimmt deutlich Bezug auf 25 ff. und 228 f.: *Tum vero tremefacta novus per pectora cunctis Insinuat pavor* zeigt deutlich, daß er diese äußerliche Verknüpfung so gewollt hat. — Ebensowenig ist es Noack geglückt, die Benutzung Vergils durch Tryphiodor nachzuweisen (Hermes 27, 1892, 457 ff.; Rheinisches Museum 48, 1893, 420 ff.); auch hier rechnet er viel zu wenig mit der Wahrscheinlichkeit einer gemeinsamen mythographischen Quelle. Die schlagende Widerlegung der Hypothese in einer Einzelheit ist von G. Knaack, Rheinisches Museum 48, 1893, 632 ff. erbracht worden. |

134 Schon Platen, der sich überhaupt als feiner Kenner Vergils erweist, sagt treffend (Werke ed. Goedeke, Stuttgart bei Cotta, 4, 129): ›Die Vorzüge der Home-

wunden gelten kann[135]. Und doch ist unser Zeitalter über jene Größen hinausgekommen in der Fähigkeit geschichtlicher Betrachtung, mit der auch die Ästhetik zu rechnen hat.

Für das Altertum war es bekanntlich ein Glaubenssatz, daß die Geschichte eine Fortsetzung des Mythus und daher die geschichtliche Gegenwart der Nation durch eine ununterbrochene Kette von Generationen mit der mythischen Vergangenheit verbunden sei, so daß Projektionen der Gegenwart in die Vergangenheit, wie sie bei Pindar, den attischen Tragikern und noch alexandrinischen Dichtern begegnen, als historische Realitäten empfunden wurden. Freilich war die römische Legende von Griechen nach bewährten Mustern zurechtgemacht worden und trug daher nicht das natürliche Leben echter griechischer Stammessagen in sich. Aber einmal macht das nur einen Grad- und keinen Wesensunterschied aus, und zweitens haben auch griechische Dichter auf diesem Gebiet ihre Muse in den Dienst bloßer Fiktionen gestellt. So durfte — um nur je ein Beispiel aus Epos, Lyrik und Drama zu nennen — der kyrenäische Verfasser der Telegonie um 550 v. Chr. die Fiktion wagen, einen Sohn des | Odysseus und der Penelope Arkesilaos zu benennen, mit der offenbaren Absicht, die geschichtlichen Anfänge seiner Vaterstadt mit der Heroensage zu verknüpfen[136]; so hat Pindar oft Geschlechtersagen, deren mehr als problematische Gewähr er selbst erkennen mußte, seinen Freunden und Gönnern zuliebe verherrlicht[137]; so hat endlich Euripides dem König Archelaos zu Ehren

rischen Dichtung sind nicht die Vorzüge unserer Zeit, dafür aber andere ... Da schon dem Virgil das größte Unrecht geschieht, wenn man ihm den homerischen Maßstab anpaßt, um wie viel mehr‹ u. s. w. Das Beste, was ich über Vergil als Dichter der Aeneis kenne, ist (neben den kurzen, aber gehaltvollen Bemerkungen Leos, Plautinische Forschungen, Berlin 1895, 23 f.): G. Boissier, La religion Romaine d'Auguste aux Antonins, Paris 1874, 1, 248—294 und Th. Plüß, Vergil und die epische Kunst, Leipzig 1884. Wenngleich ich dem Letztgenannten in Einzelheiten der Interpretation vielfach widersprechen muß, so verdanke ich doch gerade den allgemeiner gehaltenen Partien vielseitige Förderung.

135 Wie gebildete Männer heutzutage über Vergil denken, ersieht man z. B. aus einem Artikel in ›Nord und Süd‹ 88, 1899, 266 f., wo Vergils Aeneis als ›verständnislose Verrohung des Originals‹, als ›epigonische Unkunst‹, die Handlung als ›grobe Wundergeschichte‹ gebrandmarkt wird; zur Beglaubigung zitiert der Verf. (mit Unrecht) P. Cauers Abhandlung ›Über die nachahmende Kunst des Vergil‹, Kiel 1885, die oft zu Resultaten gelange, welche für Vergil geradezu erheiternd seien. Ich würde das nicht erwähnen, wenn es mir nicht symptomatisch zu sein schiene.

136 Vgl. v. Wilamowitz, Homerische Untersuchungen, Berlin 1884, 184; Bergk, Griechische Literaturgeschichte, Berlin 1883, 2, 53.

137 Vgl. v. Wilamowitz, Isyllos 178 ff.; Studniczka, Kyrene, Leipzig 1890, 72 f., dessen Worte ›Jene mythisch-genealogischen Fälschungen sind schwerlich nüchtern berechnete Lügen, auch für sie wird ... das *fingebant simul credebantque*

ein Drama verfaßt, in dessen Mittelpunkt der fiktive Ahn des Königs aus dem Heraklidengeschlecht stand. Wenn mithin Pindar einmal die Geschlechtermythen würdige Stoffe nationaler Poesie nennen konnte (οἴκοθεν μάτευε N. 3, 30), so hatte auch der römische Dichter, dessen Zeit diesem Vorstellungskreis noch nicht entwachsen war, sein gutes Recht, durch eine poetische Bearbeitung der Nationallegende dem Wunsche seiner hohen Gönner zu entsprechen.

Es ist ferner doch etwas Großes gewesen, daß Vergil als der einzige Dichter seiner Zeit und der erste seit Jahrhunderten die Kraft in sich fühlte, wieder ein Epos in großem Stil zu konzipieren, oder, um genauer zu sprechen, daß er sich der Aufgabe gewachsen fühlte, die die neue Zeit und der nicht mißzuverstehende Wunsch seiner Gönner verlangten. Daß es ein großes ἕν war, war das eine, was die Zeitgenossen bewunderten, deren führende Geister es nicht über *poematia* hinausgebracht haben. Das zweite war, daß dem neuen Inhalt eine neue Form in höchster Vollendung entsprach; denn auch einen epischen Stil galt es erst zu schaffen: wer damals Ennius als den Sänger eines großen Stoffes noch bewunderte, vermißte doch den Stil, die *ars*, an ihm, und die Homogenität von Form und Inhalt war nun doch einmal das höchste künstlerische Postulat. Da galt es für Vergil, sich loszuringen von der Manier der Tändelei und all den Fehlern, die er selbst in seiner Jugend, dem Zeitgeist huldigend, begangen hatte, volle Töne zu finden, die den großen Zug der Gedanken würdig zu tragen vermöchten, kurz an die Stelle der hellenistischen Kleinkunst die klassische τέχνη zu setzen. Viel hat dazu die μίμησις großer griechischer Muster vermocht, aber es ward doch etwas echt Römisches oder besser Italisches, auch formell würdig der neuen Zeit.

Gewiß, er war kein ›Originalgenie‹. Seine Armut an wirklich neuen Motiven ist ihm von übelwollenden modernen Ästhetikern am meisten zum Vorwurf gemacht worden, während keiner der vielen Widersacher, die er auch im Altertum hatte, diesen Vorwurf erhoben hat. Unsere fortgeschrittene Kenntnis der antiken poetischen Theorie macht es uns leicht, auf den Vorwurf zu antworten, ohne die Richtigkeit der Tatsache als solcher in Frage zu | stellen. Das ἀμάρτυρον οὐδὲν ἀείδω war für ihn verbindlich. Der freien ›Erfindung‹ waren in griechischer Poesie Zügel angelegt, schon bevor Kallimachos die Praxis auch theoretisch begründete; nur die subjektive Lyrik und die Komödie waren frei, in den übrigen Gattungen war Achtung vor der παράδοσις das erste Ge-

als Erklärung und Entschuldigung gelten. Die Grenze, wo bewußter Trug beginnt, wird freilich nicht immer scharf zu bestimmen sein, was uns ja noch heute beim Reden und Tun des Südländers schwer fällt‹ auch für die Beurteilung der Aeneaslegende und ihrer Aufnahme in Rom wichtig sind.

setz, Überliefertes in die ideale Sphäre zu erheben das höchste Ziel. Diesen Maximen haben sich schon Pindar und die attischen Tragiker mit verschwindenden Ausnahmen[138] unterworfen: Ausdeuter, ὑποφῆται, des überlieferten Stoffes wollten sie sein und die tradierten Sagen adeln, vertiefen und bereichern. Diese ernste und strenge Gebundenheit erklärt sich sowohl aus dem religiösen Charakter der antiken Poesie, welche die heiligen Satzungen (τεθμοί) für Inhalt und Form als unverbrüchliche Normen achtete, als aus ihrem geschichtlichen Charakter: denn die Religion war verbrieft in der ἱστορία seit Urzeiten, und so waren die Musen Töchter der Mnemosyne, die das Geschehene im Gedächtnis festhielten und ihrem erwählten Propheten als garantierte Wahrheit vermittelten. Dieser Geist war es auch, der noch die hellenistischen Dichter dazu trieb, lokale Sagen aus der Verborgenheit ans Licht zu ziehen, um nicht immer nur in ausgetretenen Geleisen fahren zu müssen, sondern das für die Poesie nötige faktische Material zu vermehren. Eine lokale Sage war es auch, die Vergil behandelte, nur war die Stadt, der sie angehörte, mittlerweile das eine Auge der Welt geworden. Also ›frei erfinden‹, was die Modernen an ihm schmerzlich vermißten, durfte er gar nicht. Ein paarmal (ganze drei oder vier Male) berichtete er Dinge, deren Quellen die gelehrtesten Exegeten des Altertums nicht aufzufinden wußten; es ist charakteristisch, wie man sich dazu verhielt: *vituperabile est poetam aliquid fingere, quod penitus a veritate discedat* (Serv. zu 3, 46) und *obicitur Vergilio* ⟨ebd.⟩; vgl. Georgii, Die antike Aeneaskritik, Stuttgart 1891, 153 f.). An die Stelle der ›freien Erfindung‹ trat die Übertragung von Motiven eines Mythus auf einen anderen. Schon die Rhapsoden, die an den alten Sagen weiterdichteten, und die Lyriker wie Pindar machten hiervon Gebrauch; es darf also gegen Vergil kein Vorwurf deswegen erhoben werden, zumal die Aeneaslegende so, wie er sie vorfand, in vielen Punkten ja nichts anderes war als eine Übertragung ἐκ τῶν περὶ τὸν Ὀδυσσέα. Wenn beispielsweise die Landung in Kyme von Odysseus

[138] Aristoteles Poet. 9, 1451 b 19 ff. sagt freilich: ›In einigen Tragödien kommen nur eine oder zwei bekannte Personen vor, während die anderen erdichtet sind, ja in einigen gar keine bekannte, wie in Agathons »Blume«; denn in diesem Drama sind Handlung wie Personen erdichtet, ohne daß man es darum weniger gern läse. Daraus folgt, daß man sich nicht durchaus an die überlieferten tragischen Mythen zu binden braucht.‹ So konnte er aber nur sprechen, weil für ihn die Heldensage, die Basis der Tragödie seit Aischylos, schon tot war: diese Erkenntnis verdanken wir v. Wilamowitz (Euripides Heracles I[1] 101 ff.). Wenn man es also in Alexandria wagte, historische Stoffe zu behandeln (s. o. S. 318), so zog man eine praktische Konsequenz aus der Aristotelischen Theorie, aber freilich hätte es gegolten, ein ganz neues γένος zu schaffen, und dazu reichte die Kraft der gelehrten Alexandriner so wenig aus wie die des rhetorischen Agathon; eine Komödie wie das Original der Plautinischen Captivi trat in die Lücke ein.

auf Aeneas bereits lange vor Vergil übertragen war, so war er | ohne weiteres im Recht, eine κατάβασις Αἰνείου daselbst stattfinden zu lassen, denn das war kein πλάσμα, sondern eine weitere Übertragung. Neben dem trojanischen Sagenkreis hat er auch andere Epen in dieser Weise benutzt; wenn er z. B. den Aeneas von der Sibylle in den Hades geführt werden läßt, so ist das übertragen aus anderen καταβάσεις, wo Hermes der Führer ist. Neben der Übertragung steht die Verbindung mehrerer überlieferter Motive zu einem neuen Ganzen, also Kontamination. Auch von dieser hat Vergil, wie viele griechische und lateinische Autoritäten vor ihm, reichlich Gebrauch gemacht, z. B. verbindet er im 6. Buch die Homerische Nekyia mit einer jüngeren epischen und verquickt beide mit religiösen Apokalypsen. Durch solche Kontamination ist er, wie viele seiner Vorgänger, darunter kein geringerer als Pindar, oft zu Härten und Inkonsequenzen geführt worden.

Ich bin weit davon entfernt in Abrede zu stellen, daß die Aeneis, auch abgesehen von den durch ihre Unfertigkeit hervorgerufenen Mängeln, Fehler aufweise, die durch die für ein Epos nun einmal konventionelle Nachahmung Homers, ferner durch die Kühnheit, dem Zeitgeist zuwider ein ἕν schaffen zu wollen, endlich und vor allem durch die Grenzen des poetischen Könnens Vergils hervorgerufen sind. Aber wenn wir seine Fehler scharf betonen wollen, so dürfen wir uns doch nicht den Blick für seine eigenen Schönheiten trüben lassen. Die ἅλωσις Τροίας, τὰ περὶ Αἰνείαν καὶ Διδὼ Λιβυκά, die κατάβασις gehören der ›Weltliteratur‹ an, und in dem zweiten, weniger beachteten Teil wird man anerkennen müssen, daß der Dichter es verstanden hat, die unglaublich dürftige und nüchterne Überlieferung durch verständnisvolle Vertiefung in die Ilias zu einer spannenden Handlung zu gestalten und dem Leser für einzelne Hauptpersonen, wie Turnus und Pallas, warmes Interesse einzuflößen. Aber höher als solche Einzelheiten steht die Idee, die das Ganze zusammenhält. Wir müssen uns in den Geist eines Volkes versenken, das in seiner vorgeschichtlichen Sage trotz ihrer künstlichen Konstruktion die Voraussetzung seines historischen Daseins zu haben meinte und aus dem Ruin seiner Religion den Glauben an das Fatum[139] gerettet hatte, welches wie das einzelne Individuum und einzelne Geschlechter so auch den Staat durch Glück und Unglück seiner Bestimmung in planvoller Leitung zuführe. Wir müssen, wenn wir auf den Trümmern des römischen Forums und Palatins wan-

[139] Das ist eine echt antike Idee. Wir finden sie oft von Pindar ausgesprochen, der ja über das eigene Leben wie das seiner mächtigen Freunde und der hellenischen Staaten ›Wogen des Glücks und der Leiden dahinbrausen‹ sah. Auch Solon ist von dieser Idee beseelt, wie Demosthenes (De fals. leg. 255 f.; De cor. 253 f.). Sie hat gleichzeitig mit der Aeneis Horaz die Ode *Quem virum aut heroa lyra vel acri* eingegeben.

deln, uns dem geheimnisvollen Schauer hingeben, der den römischen Leser packte, wenn er von dem Dichter auf die uranfänglichen Stätten der weltbeherrschenden Roma geführt wurde. Wir müssen die in ihrer Art großartigen Konzeptionen der Heldenschau im 6. und der Schildbeschreibung im 8. Buch mit dem Gefühl eines Geschlechts lesen, das sich soeben aus dem Chaos ans Licht emporgearbeitet hatte und dem nun der Dichter die glänzenden Bilder einer | idealisierten Vergangenheit entrollte, in der sich die entartete Gegenwart wiederfinden und auf sich selbst besinnen sollte. Dann werden wir davor bewahrt bleiben, von der ›dumpfen Leblosigkeit, ja einschläfernden Langweiligkeit eines großen Teils der Aeneis‹[140] zu reden, und werden vielmehr uns und unsere Schüler zu Gliedern einer die Jahrtausende überspannenden Kette machen. Denn der Umstand, daß die Zeit, in welcher die Aeneis wurzelt, eine entscheidende für die ganze weitere Geschichte der Völker unseres Kulturkreises gewesen ist, hat diesem tiefreligiösen, romantisch-fatalistischen Nationalepos einen Ehrenplatz in der Wertschätzung unzähliger Generationen verschafft, hat dem romantischen Geist der mittelalterlichen Poesie immer neuen Stoff und neue Motive geliehen, hat Dantes heiligen Glauben an die römische Kaiseridee genährt, hat dem Romantiker Petrarca neben Livius das deutlichste Bild von der Eigenart und Größe des römischen Wesens gegeben und einem Fénélon durch die vornehme Schilderung altitalischen Glaubens und Lebens Tränen erweckt.

[140] Teuffel-Schwabe, Röm. Literaturgeschichte[5], Leipzig 1890, 595. Eine Blütenlese ähnlicher Urteile führt Plüß a. a. O. (Anm. 134), 1 ff. an.

EIN PANEGYRIKUS AUF AUGUSTUS IN VERGILS AENEIS
1899

Die Mitte der Verheißung im 6. Buch der Aeneis wird durch die Verse auf Augustus gebildet (791—807 zwischen 756—790, d. h. sechsunddreißig und 808—846, d. h. achtunddreißig Versen), und nur bei ihm, sowie in der später hinzugefügten Partie auf dessen Neffen Marcellus (854—886) wird der Dichter ausführlicher. Dementsprechend sind diese Partien formell wie inhaltlich mit besonderer Liebe und Sorgfalt gearbeitet. Nach beiden Richtungen hin sollen hier die Verse auf Augustus analysiert werden[1].

hic vir, hic est, tibi quem promitti saepius audis,
Augustus Caesar, divi genus; aurea condet
saecula qui rursus Latio regnata per arva
Saturno quondam; super et Garamantas et Indos
proferet imperium — iacet extra sidera tellus,
extra anni solisque vias, ubi caelifer Atlans
axem umero torquet stellis ardentibus aptum —;
huius in adventum iam nunc et Caspia regna
responsis horrent divom et Maeotia tellus
et septemgemini turbant trepida ostia Nili.
nec vero Alcides tantum telluris obivit,
fixerit aeripedem cervam licet aut Erymanthi
pacarit nemora et Lernam tremefecerit arcu,
nec qui pampineis victor iuga flectit habenis
Liber agens celso Nysae de vertice tigris. |

I. Wir betrachten zunächst die formelle Einkleidung des einzelnen (Disposition).

Wir haben einen Panegyrikus vor uns, wie er in etwas größerem Umfang von Varius auf Augustus gedichtet war. Im Speziellen ist er ein ἐγκώμιον βασιλέως, also das älteste eigentliche, das uns in lateinischer

[1] Die Kommentare bieten zu dieser Stelle wenig Brauchbares: im Verlauf der Untersuchung werde ich nur meine Übereinstimmung, nicht die Abweichungen bezeichnen. Die entsprechende Analyse der Verse auf Marcellus (ein λόγος ἐπιτάφιος) behalte ich mir, da sie einfacher ist, für den von mir vorbereiteten Kommentar zu Aeneis 6 vor.

Sprache erhalten ist. Das vollständigste Schema eines solchen ἐγκώμιον haben wir bei dem sog. Menandros aus s. III/IV p. Chr., aber nach viel älteren Vorlagen, die uns zum Teil erhalten sind (die Ursprünge müssen wir uns in der sizilischen Rhetorik denken, denn in Sizilien waren die ersten ἐγκώμια βασιλέων praktisch verwertbar, wie Pindars Königsoden zeigen, in denen einige Teile des Schemas bereits erkennbar sind). Zunächst im allgemeinen: ein solches ἐγκώμιον ὁμολογουμένην αὔξησιν περιέχει τῶν προσόντων ἀγαθῶν βασιλεῖ (Menand. 3, 368, 4 Sp.): danach ist die αὔξησις v. 795 ff. 801 ff. zu beurteilen. Alle wesentlichen Teile des Schemas finden wir bei Vergil wieder, meist in derselben Reihenfolge. Natürlich muß das ἐγκώμιον, wie jeder Panegyrikus auf einen Menschen, mit dem γένος beginnen, und zwar, da es sich hier um einen βασιλεύς handelt: ἐρεῖς αὐτὸν ἐκ θεῶν γενέσθαι (Men. 371, 1) = 792 *divi genus*. Es folgen die πράξεις, und zwar: διαιρήσεις πράξεις δίχα εἴς τε τὰ κατ᾽ εἰρήνην καὶ τὰ κατὰ πόλεμον. καὶ προθήσεις τὰς κατὰ τὸν πόλεμον . . ., γνωρίζει γὰρ βασιλέα πλέον ἡ ἀνδρεία (Men. 372, 26); daß Vergil die umgekehrte Reihenfolge wählt (Friede 792—794, Krieg 794—805), ist begreiflich: das tat er einmal als Römer überhaupt — *domi militiaeque* war die übliche Reihenfolge — und ferner dem allgemeinen Gefühl gerade jener Zeit entsprechend. Die Ausführung der *bella* zerlegt sich durch die Interpunktion in drei Gedankenreihen, die innerlich eine Einheit bilden: a) 794—797 das Land des fernsten Südens, das er unterwerfen wird; seine Lage (*iacet* 795) wird kurz beschrieben, cf. Men. 373, 17 διαγράψεις δὲ ἐν ταῖς πράξεσι ταῖς τοῦ πολέμου καὶ φύσεις καὶ θέσεις χωρίων. b) 798—800 die Länder des Nordens und Ägyptens; ihre Unterwerfung wird in der zunächst auffälligen Form einer in den Rahmen der ganzen Prophezeiung hineingestellten Spezialprophezeiung verheißen. Etwas von der Auffälligkeit der Wahl dieser Form schwindet, wenn man folgende Stellen der Rhetoren heranzieht: Men. 371, 3 ἔστω σοι μετὰ τὴν πατρίδα καὶ τὸ γένος τρίτον κεφάλαιον τὸ περὶ τῆς γενέσεως, εἴ τι σύμβολον γέγονε περὶ τὸν τόκον ἢ κατὰ γῆν ἢ κατ᾽ οὐρανὸν ἢ κατὰ θάλασσαν, Quintilian 3, 7 *(de laude hominum)*, | 11 *illa quoque interim ex eo, quod ante ipsum fuit, tempore trahentur, quae* r e s p o n s i s *vel auguriis futuram claritatem promiserint*, und daß dieser τόπος auf die älteste Zeit der τέχνη zurückgeht, zeigt Isokrates Euag. 21, der ihn offenbar schon als einen gegebenen anwendet: Εὐαγόρας γίγνεται· περὶ οὗ τὰς φήμας καὶ τὰς μαντείας καὶ τὰς ὄψεις τὰς ἐν τοῖς ὕπνοις γενομένας, ἐξ ὧν μειζόνως ἂν φανείη γεγονὼς ἢ κατ᾽ ἄνθρωπον, αἱροῦμαι παραλιπεῖν. Aber bei Vergil ist es nur der τόπος der Weissagung, den er benutzt; über den Inhalt, der mit der Geburt des Augustus nichts Unmittelbares zu tun hat, wird nachher zu reden sein. c) 801—805 eine zweiteilige σύγκρισις, und zwar, wie bemerkt, verbunden mit starker αὔξησις. Daß beides seit alter Zeit üblich war, zeigt Isokrates, Panath. 119 ff., wo er nach einer σύγκρισις der Vorfahren anderer Städte mit denen Athens fortfährt (123): δεῖ δὲ τοὺς ἐπιχειροῦντας καθ' ὑπερβολήν τινας ἐπαινεῖν μὴ τοῦτο μόνον δεικνύναι, μὴ πονηροὺς ὄντας αὐτούς, ἀλλ' ὡς ἁπάσαις ταῖς ἀρεταῖς καὶ τῶν τότε καὶ τῶν νῦν διήνεγκαν. Daß die σύγκρισις immer als notwendiger τόπος ἐγκωμίου bestehen blieb, zeigen die Vorschriften des Menander, z. B. 372, 21 ff. 417, 5 ff. (vgl. auch O. Hense, Die Synkrisis, Progr. Freiburg 1893), und für den speziellen Vergleich mit Herakles und Dionysos mag vorläufig auf folgende Stellen verwiesen werden: Isokrates, Euag. 65 οὐ γὰρ μόνον φανεῖται τοὺς ἄλλους πολέμους ἀλλὰ καὶ τὸν τῶν ἡρώων ὑπερβαλόμενος (den trojanischen) und Men. 421, 5 »ὅταν τοίνυν ἐξετάσωμεν ταῦτα σύμπαντα περί τινος τῶν ἡμιθέων ἢ τῶν νῦν ἐναρέτων, οὐδενὸς δευτέρῳ τῷδε ταῦτα ἄμεινον ὑπῆρξεν«. δεῖ γὰρ καλοῦ καλλίονα ἀποδεικνύναι, ἢ ὅταν ἐνδόξῳ ἐφάμιλλον, οἷον ἢ τῷ Ἡρακλέους βίῳ τὸν βίον αὐτοῦ ἢ τῷ Θησέως παραβαλεῖν (vgl. 372, 2. 389, 18 und schon Isokr. 5, 109 ff.); eine besondere Beziehung gerade dieser Vergleiche wird sich uns später ergeben.

II. Wir betrachten zweitens die formelle Einkleidung des Ganzen.

Dieser Panegyrikus auf Augustus ist einem auf Alexander den Großen nachgebildet, auf den man in den Schulen Lobreden zu machen gewohnt war (vgl. Cic. de orat. 2, 341. fin. 2, 116. Auct. ad Her. 4, 31). Das ist von vornherein aus folgenden zwei Gründen wahrscheinlich: 1) es steht durch bestimmte Zeugnisse des Strabo (13, 594) und Sueton (Aug. 50) fest, daß Augustus den Alexander als Vorbild verehrte. 2) Wenn die Rhetoren der Kaiserzeit die Ausdehnung der Kriegszüge eines Kaisers oder | des römischen Volks als Ganzen preisen, so pflegen sie die des Alexander zum Vergleich heranzuziehen, so die Verfasser der Panegyriken auf Maximianus (10) und Constantin (5) sowie Aristides in seinem ἐγκώμιον Ῥώμης 24 ff., und eine wie feste Stellung Alexander in Lobreden dieser Art überhaupt hatte, zeigen besonders die Reden des Dio Chrysostomos auf Trajan, von denen die erste, zweite und vierte mit dem Namen des Alexander beginnen, der überhaupt im Mittelpunkt bleibt. Bewiesen wird die Übertragung von Motiven aus Alexanderenkomien auf Augustus in den vorliegenden Versen durch folgende zwei Argumente: 1) Der selbst in einer Übertreibung groteske Gedanke, daß Augustus die Erde außerhalb der Sonnenbahn unterwerfen werde, erklärt sich aus dem τόπος eines Alexanderenkomions, der sich schon bei Aeschines in Ctes. 165 vorgebildet findet (ὁ δ' Ἀλέξανδρος ἔξω τῆς ἄρκτου καὶ τῆς οἰκουμένης ὀλίγου δεῖν πάσης μεθειστήκει) und sich besonders gerade aus der Zeit des Augustus nachweisen läßt. Das Thema der ersten Suasorie des älteren Seneca lautet: *Deliberat Alexander, an Oceanum naviget.* Unter den Gründen, mit denen die Deklamatoren dem Alexander von seinem Unternehmen abraten, findet sich einer, der in seinen verschiedenen Variationen (§ 1—4) so lautet: ›Genügen möge es dem Alexander soweit gesiegt zu haben, als die Sonne sich genügt zu scheinen ... Das Licht ist dort umflossen von tiefem Dunkel, gefangen von Finsternis der Tag ..., und es gibt dort keine oder unbekannte Gestirne. So beschaffen, Alexander, ist das Weltall: hinter allem der Ozean, hinter dem Ozean nichts‹. ›Mach Halt, dein Erdkreis ruft dich zurück; wir haben gesiegt, soweit es hell ist.‹. ›Es ist Zeit, daß Alexander mit dem Erdkreis und mit der Sonne aufhört ... Schauervolle Finsternis lagert auf den Fluten und, was die Natur den menschlichen Augen entzog, deckt ewige Nacht.‹ ›Jene, die die Bahnen der Gestirne erfaßt und den jährlichen Wechsel von Winter und Sommer auf gesetzmäßige Formeln gebracht haben, denen kein Teil der Welt unbekannt ist, zweifeln in Betreff der Beschaffenheit des Ozeans.‹ Alexander war bis zum 25° nördl. Br. gelangt, d. h. fast bis an den Wendekreis des Krebses, der $1^1/_2$° südlicher den Ozean schneidet; hier begann die unbekannte Welt, von der die Rhetoren sagten, daß sie jenseits der Sonnenbahn und der bekannten Gestirne liege. Danach sagt Vergil: Augustus ist noch weiter gekommen als Alexander, er hat den Schritt in das unbekannte, außerhalb des Tierkreises (*anni solisque vias,* | cf. λυκάβας) liegende Land gewagt (vgl. Min. Fel. 6, 2 nach Vergil). 2) Wenn Augustus wegen der Größe des von ihm unterworfenen Landes mit Herakles und Dionysos verglichen wird, so war das eine für jeden Leser unmittelbar verständliche Übertragung aus Alexanderenkomien, vgl. Men. 388, 6 Ἀλέξανδρος ὁ μηδὲ Ἡρακλέους λειπόμενος μηδὲ Διονύσου νομισθεὶς εἶναι χείρων, ὁ τῆς οἰκουμένης τὸ μέγιστον καὶ πλεῖστον μέρος μιᾷ χειρὶ Διὸς παῖς ὄντως χειρωσάμενος, Plutarch, de Alex. fort. 1 c. 10 p. 332 B Ἡρακλέα μιμοῦμαι ..., καὶ τὰ Διονύσου μετιὼν ἴχνη ... βούλομαι πάλιν ἐν Ἰνδίᾳ νικῶντας Ἕλληνας ἐγχορεῦσαι, Lucian dial. mort. 14, 6 οἱ ἄνθρωποι ... Ἡρακλεῖ καὶ Διονύσῳ ἐνάμιλλον τιθέασί με κτλ. (cf. Dio Chrys. 1 p. 63 R., 2 p. 101, 4 p. 152. Plinius paneg. 14).

III. Wir betrachten drittens den Gedankeninhalt.

In den Rahmen eines konventionell disponierten ἐγκώμιον βασιλέως, speziell Ἀλεξάνδρου, ist nun die Person des Augustus hineingestellt. Durch glückliche Individualisierung und Nuancierung des Schemas hat Vergil es verstanden, das Ganze so zu gestalten, daß es einen Leser seiner Zeit hinreißen mußte und seine Wirkung auch auf den modernen Leser, der sich in jene Zeiten hineinzuversetzen vermag, nicht verfehlt. Die Anwendung auf Augustus ist in folgenden Punkten deutlich.

A) Welches ist das Land, das als jenseits der Sonnenbahn liegend bezeichnet wird? Servius versteht Äthiopien und verweist dafür passend auf Lucan 3, 253 ff. *Aethiopumque solum, quod non premeretur ab ulla Signiferi regione poli, nisi poplite lapso Ultima curvati procederet ungula tauri.* Daß die Deutung auf Äthiopien richtig ist (auch Heyne billigt sie), läßt sich aus den Worten Vergils selbst, wenn man sie mit den damals herrschenden geographischen Vorstellungen vergleicht, beweisen. Das Land wird in doppelter Weise definiert, erstens uranisch und zweitens terrestrisch. Beginnen wir mit der zweiten Definition (v. 794 f.). Sie scheint auf den ersten Blick höchst wunderlich, denn die Garamanten sind ein Volk im fernen Westen, im Innern Afrikas, die Inder das östlichste damals bekannte Volk Asiens; so wird das Land also definiert als ›südlich von dem westlichsten Volk Afrikas und dem östlichsten Asiens liegend‹. Das paßt nun aber eben nur auf Äthiopien, denn darunter hat man ja, anknüpfend an die berüchtigte Stelle der Odyssee α 23 f. von den zweigeteilten Äthiopen, die an Sonnenuntergang und Sonnenaufgang wohnten, ein Volk verstanden, dessen Wohnsitze sich längs des ganzen | südlichen, sog. äthiopischen Ozeans vom äußersten Westen bis zum äußersten Osten erstreckten, eine Vorstellung, die Strabo 1, 30 ff. ausführlich begründet und die Arrian (Ind. 6, 8 f.) dazu veranlaßt, Analogien im Körperbau der afrikanischen Äthiopen und der südlichsten Inder zu konstatieren. Nach der uranischen Definition (v. 795—7) ferner liegt dies Land außerhalb des Tierkreises. Zu dieser hyperbolischen Ausdrucksweise kann Vergil nicht b l o ß durch die erwähnte Analogie des Alexander-Enkomions geführt worden sein; die Übertragung wäre unsinnig, wenn ihr nicht irgend etwas Tatsächliches zugrunde liegen würde. Eratosthenes zog bekanntlich seinen Hauptparallelkreis durch Syene; er schnitt westlich das Gebiet der Garamanten, östlich das des südlichen Indiens (cf. die Rekonstruktion in Forbigers Handbuch der alten Geographie 1, Leipzig 1842, 180); diesen Parallelkreis ließ er mit dem Wendekreis des Krebses zusammenfallen. Die beiden von Vergil gewählten Definitionen decken sich also genau: das Land, das außerhalb des Wendekreises der Sonne und über die Garamanten und Inder hinaus liegt, ist Äthiopien. Wir erhalten dadurch eine wichtige Datierung dieses Abschnitts, und zwar nach positiver und negativer Richtung; Äthiopien, d. h. der Teil des Landes, der als ›Aethiopia supra Aegyptum‹ bezeichnet zu werden pflegte, ist in den Jahren 24. 23. 22 von C. Petronius unterworfen, der bis Nabata in der Nähe von Meroe kam (vgl. Mon. Ancyr. 5, 21 f. mit Mommsens Kommentar); Meroe liegt auf dem Parallelkreis, den Eratosthenes südlich dem von Syene zog. Dadurch erhalten wir als *terminus post quem* für die Abfassung dieser Episode die Jahre 24—22. Negativ ist die geographische Interpretation für die Chronologie aus folgendem Grund wichtig. Aus der Erwähnung der Garamanten (v. 794) ist seit Heyne (vgl. zuletzt R. Sabbadini, Studi critici sulla Eneide, Lonigo 1889, 133) allgemein gefolgert worden, daß diese Episode erst nach der Unterwerfung der Garamanten, über die L. Cornelius Balbus im Jahre 19 triumphierte (vgl. Mommsen, a. a. O. 170), gedichtet sei; auch die Inder hat man in diesem Sinn verwendet, indem man nicht ihre im Jahre 26 oder 25, sondern ihre im Jahre 20 an Augustus geschickte (vgl. Mommsen, a. a. O. 183) Gesandtschaft verstand. Wäre dieser *terminus post quem* richtig, dann müßten wir annehmen, daß die Episode auf Augustus erst nach der vor dem Kaiser zwischen Herbst 23 und Herbst 22 erfolgten Vorlesung des 6. Buches[2] eingelegt sei. | Aber durch unsere Interpretation wird diese Annahme, die ja auch innerlich wenig glaublich ist, da der Dichter die ganze Verheißung doch gerade mit Rücksicht auf Augustus komponiert haben dürfte, widerlegt. Die Garamanten und Inder sind nicht historisch, sondern geographisch zu verstehen: wenn Vergil Äthiopien in möglichst grotesker Weise bezeichnen wollte, so konnte er es das Land über die Garamanten hinaus nennen, ohne daß diese unterworfen wären; daß er gerade die Garamanten nennt, ist durch-

[2] Das jüngste Zeitereignis ist das Begräbnis des Marcellus, das im Herbst 23 stattfand (vgl. die von Gardthausen, Augustus und seine Zeit, Leipzig 1891, 2, 1, 405, 43 angeführte Literatur). Nun ist dies Buch dem Augustus vorgelesen worden: Suet. vit. Verg. p. 61 R. *Aeneidos ... tanta extitit fama, ut ... Augustus — nam forte expeditione Cantabrica aberat* [Sommer 27 bis Frühjahr 24] — *supplicibus ... litteris efflagitaret, ut sibi de Aeneide ... vel quodlibet colon mitteret. cui tamen multo post perfectaque demum materia tres omnino libros recitavit, secundum quartum sextum, sed hunc notabili Octaviae adfectione* (etc.: sie soll bei der Marcellusepisode ohnmächtig geworden sein). Augustus hat sich aber Sept. 22 auf seine große (zweite) Orientreise begeben; auf der Rückkehr von dieser traf er im Jahre 19 in Athen mit Vergil zusammen, der am 21. Sept. dieses Jahres in Brundusium starb. Also muß das Buch zwischen Herbst 23 und Herbst 22 fertig gewesen sein, und zwar fiel die Vorlesung eher in das Jahr 22 als in den noch übrigen Teil vom Jahre 23, denn nach Seneca (ad Marc. de cons. 2 ff.) war der grenzenlose Schmerz der Octavia stadtbekannt, und sie wies auch *carmina celebranda Marcelli memoriae composita* ostentativ zurück; also empfiehlt es sich, die Vorlesung von dem Tod des Marcellus möglichst abzurücken und andrerseits anzunähern an die Abreise des Augustus, die eben der äußere Grund der Vorlesung gewesen sein dürfte. (Im Allgemeinen hat schon Heyne diese Kombination aufgestellt.)

aus nichts Besonderes, denn schon in den Bucolica (8, 64), also zu einer Zeit, als man an sie politisch noch gar nicht dachte, nennt er — in einem ganz griechischen Zusammenhang — zur Bezeichnung eines möglichst entfernt wohnenden Volks die *extremi Garamantes* (ἐσχάτιοι Γαράμαντες). So nennt er also hier Äthiopien als das Land, das noch jenseits dieses *extremi* liegt, und demgemäß lokalisiert er dort den Atlas, natürlich nicht den Berg in Mauretanien, der den Römern überhaupt erst seit Kaiser Claudius genauer bekannt wurde, sondern den Atlas, von dem Hesiod Theog. 517 f. sagt "Ατλας δ' οὐρανὸν εὐρὺν ἔχει κρατερῆς ὑπ' ἀνάγκης Π ε ί ρ α σ ι ν ἐ ν γ α ί η ς, πρόπαρ Ἑσπερίδων λιγυφώνων (cf. Eurip. Hipp. 746 f.).

B) Unter den von Vergil aufgeführten ἆθλα Ἡρακλέους paßt zu dem Gedanken der Endlosigkeit seiner Wanderungen genau | genommen nur die Bändigung der Hirschkuh, die er bis zu den Hyperboreern verfolgte. Daher haben manche Interpreten Vergil getadelt, daß er (802 f.) nicht lieber, um die Entfernung auszudrücken, die Äpfel der Hesperiden oder die Rinder des Geryon statt Gegenden des Peloponnes genannt habe, oder sie haben gar die Worte *aut — arcu* als Interpolation einer von Vergil nicht vollendeten Stelle verworfen. Vielmehr haben wir uns das nicht zu bestreitende leise Abgleiten des Gedankens daraus zu erklären, daß Vergil in das Alexander-Enkomion, das, wie die angeführten Stellen gezeigt haben, durch den Vergleich mit Herakles die Größe des von Alexander durchmessenen Landes ausdrücken wollte, eine etwas abweichende, ihm gleichfalls sehr geläufige Vorstellung hineintrug. Man war längst gewohnt, Herakles als großen König aufzufassen, der durch Vertilgung aller Frevler der Erde überallhin Gesittung und Kultur getragen habe und wegen seiner Verdienste um die Menschheit als σωτήρ in den Himmel versetzt sei (vgl. z. B. Cic. off. 3, 25 nach griechischer Quelle): als solchen liebten es voraugusteische Schriftsteller ihn mit Romulus zusammenzustellen (Cic. nat. deor. 2, 62; leg. 2, 19), die augusteischen mit Augustus, den Rächer des Frevels und Bringer der Kultur als einer Segnung des Friedens (Horaz carm. 3, 3, 9 ff. epist. 2, 1, 5 ff.). Dieser Gedanke lag jedem Augusteer nahe, und daher gebraucht Vergil 803 auch das Wort *pacare*, das Augustus mit Stolz dreimal von sich selbst gesagt hat (Mon. Ancyr. 5, 1. 12. 13), wie die Griechen seit Pindar (I. 3, 75) als die eigentliche Großtat des Herakles priesen das ἡμερῶσαι γαῖαν. Dieses Moment konnte und wollte daher der augusteische Dichter in diesem Zusammenhang nicht missen, selbst nicht auf Kosten der straffen logischen Gedankenführung.

C) In 798—800 wird von Anchises innerhalb des Rahmens seiner Gesamtverheißung auf eine spezielle Verheißung als bereits vorhanden *(iam nunc)* hingewiesen: keine ganz geschickte und aus sich selbst heraus verständliche Komposition; aber wir haben gesehen, daß das Schema des Enkomion auf einen Herrscher eine Prophezeiung erforderte, und so sah sich Vergil dazu veranlaßt, sie hier noch besonders anzubringen. Aber hierdurch wird nur das Äußerliche erklärt: was ist der Inhalt dieser Prophezeiung und in welche Zeit wird sie verlegt? Servius (und nach ihm unsere Kommentare) verweist auf Sueton, Aug. 94; in diesem Kapitel berichtet Sueton *quae ei (Augusto) prius quam nasceretur et ipso natali die ac deinceps evenerint, quibus futura magnitudo | eius et perpetua felicitas sperari animadvertique posset.* Aber unter den von Sueton berichteten Prodigien ist keines, das in seinem Inhalt zu den Vergilversen stimmt, man müßte denn annehmen, daß Vergil die allgemein gehaltene Prophezeiung, die wenige Monate vor der Geburt des Augustus infolge eines Prodigiums gegeben wurde, ›die Welt gehe schwanger mit einem König des römischen Volks‹[3], oder

[3] Hauptsächlich auf Grund dieses von Sueton nach Iulius Marathus (doch wohl sicher eines Syrers: vgl. Plin. nat. 12, 124) berichteten Prodigiums und seiner Abwendung (Tötung der in jenem Jahr geborenen männlichen Kinder) hat Usener, Religionsgesch. Unters. 1, Bonn 1889, 77 f. eine geistreiche, weitreichende Hypothese aufgestellt, wonach die analoge Erzählung des ev. Matth. 2 auf griechischem Boden entstanden sein soll. Es sei mir erlaubt, eine abweichende Ansicht vorzutragen. Der berüchtigte Witz des Augustus über Herodes' Kindermord bei Macrob. 2, 4, 11 *(cum audisset inter pueros quos in Syria Herodes rex intra bimatum iussit interfici filium quoque eius occisum, ait ›mallem Herodis porcus esse quam filius‹)* dürfte doch wohl nicht, wie Usener will, eine christliche Erfindung sein, denn er steht in einem Kapitel, das Macrobius, wie Wissowa, Hermes 16, 1881, 499 ff. sicher erwiesen hat, stumpfsinnig aus Domitius Marsus abgeschrieben hat, und aus einer solchen Quelle, die auf dem römischen Stadtklatsch und dem Streben nach einem Wortwitz (ὗς — υἱός) basierte, erklärt sich auch die historische Unrichtigkeit, die in dem ἀπόφθεγμα enthalten ist, während sie für einen Christen bei einer so verbreiteten Geschichte undenkbar erscheint. Also erhalten unsere Theologen durch die Stelle des Macrobius, die aus Ende s. IV in den Anfang s. I p. Chr. zurückzuprojizieren ist, kombiniert mit der des Iulius Marathus (ebenfalls Anf. s. I p. Chr.), ein gutes Zeugnis für die frühe Tradition über den Erlaß des Herodes (die Kunde eines solchen seitens des abergläubischen Tyrannen konnte sich verbreiten, ohne daß er wirklich erfolgt sein müßte). Freilich sucht Usener a. a. O. 76 f. auch die von dem Kindermord nicht wohl zu trennende Erscheinung des Sterns der Magier als griechische Sage zu erweisen; aber aus der dafür angeführten Tatsache, daß der Stern als Begleiter göttlicher Epiphanie nicht jüdisch ist, folgt wohl noch nicht, daß er griechisch sein muß: vielmehr ist er chaldäisch, wie alles, was wir von dieser Art bei den Juden einerseits und in griechisch-römischer Tradition andrerseits lesen, auf die chaldäische Superstition als gemeinsame Quelle zurückgeht; wenn also der Stern in der Augustuslegende eine ebenso bedeutsame Rolle spielt wie in der Christuslegende (vgl. die Stellen bei Usener a. a. O., Anm. 27. 28. 29), so muß m. E. daraus geschlossen werden, daß in Rom wie in Judaea von den beiden σωτῆρες aus gleichen Vorstellungskreisen gleiche Wunderdinge ausgesagt werden.

eine andere, die an seinem | Geburtstag erfolgte, ›es sei der Herr der Welt geboren‹, in seinen Versen spezialisiert hätte; aber auch diese so wenig wahrscheinliche Vermutung würde ausgeschlossen werden durch den Zeitpunkt, in welchen Vergil die Prophezeiung verlegt: er läßt den Anchises auf sie als bereits vorhanden hinweisen, d. h. er dachte sie sich als in einer prähistorischen Urzeit gegeben, während die von Sueton berichteten Prophezeiungen sämtlich in historischer Zeit, meist kurz vor oder während der Geburt liegen. Nun könnte man, um dies letztere Argument zu entkräften, einwenden, daß Vergil durch die ganze Situation, die er in den Vorbeginn der römischen Geschichte verlegt, gezwungen gewesen sei, eine solche Prophezeiung, wenn er sie anbringen wollte, gleichfalls in diese Urzeit zurückzuverlegen. Aber durch diesen Ausweg würde man in Konflikt geraten mit einem prinzipiellen Gesetz, das Vergil und die anderen Dichter jener Zeit nach Vorgang der Alexandriner beobachtet haben: ἀμάρτυρον οὐδὲν ἀείδειν; jedenfalls müssen wir, bevor wir zu einem solchen Ausweg unsere Zuflucht nehmen, eine den bestimmten und unzweideutigen Worten des Dichters entsprechende Interpretation zu finden suchen.

Nun ist die Augustus-Episode in einem Zusammenhang behandelt worden, der — als ein scheinbar ganz fremdartiger — unseren Erklärern entgangen ist. H. Lüken weist in seinem lehrreichen Buch ›Die Traditionen des Menschengeschlechts oder die Uroffenbarung Gottes unter den Heiden‹, Münster 1856, nach, daß gewisse Vorstellungen, die in den Überlieferungslegenden der Völker unseres Kulturkreises eine große Rolle spielen, Allgemeingut des menschlichen Denkens überhaupt seien, das sich gewissermaßen durch Urzeugung, ohne Übertragung oder Entlehnung, überall in denselben Formen ausprägt, also das, was die modernen Ethnologen ›Völkergedanken‹ zu nennen pflegen. Dazu gehört, wie er nachweist, die Vorstellung von einer erhofften Welterneuerung durch einen Göttersohn am Ende einer Weltperiode, eine Vorstellung, die in den Überlieferungen von Völkern der verschiedensten Kulturkreise von China über Europa bis in die neue Welt vorhanden ist. Daß die Römer sie geteilt hätten, werde bewiesen durch die vierte sog. messianische Ekloge Vergils und durch die Verse des 6. Buchs der Aeneis auf Augustus; die Prophetinnen der antiken Welt seien die Sibyllen gewesen, und da die vierte Ekloge sich ausdrücklich als sibyllinisch ausgebe *(ultima Cumaei venit iam carminis aetas)*, so sei anzunehmen, daß Vergil die Prophezeiung auf Augustus als eine | sibyllinische verstanden habe, die in der Urzeit *(iam nunc)* gegeben sei (356). Er hat diese Argumentation wiederholt in einem Programm: Die sibyllinischen Weissagungen und ihr Nachhall bis in unsere Zeit, Meppen 1871, 7, und aus ihm haben sie, ohne

Neues hinzuzufügen, entnommen Westenberger, Jüdische und heidnische Zeugnisse über Christus etc., Progr. Hadamar 1877, 15 und Schermann, Zu Vergils Vorstellungen vom Jenseits, Progr. Ravensburg 1893, 12f. Diese auf unzulängliches Material gestützte Vermutung läßt sich zur Gewißheit bringen.

1) Die Prophezeiung der Wiederkehr des goldenen Zeitalters, mit der Vergil denjenigen Teil des rhetorischen Schemas ausfüllt, der von den ›Taten des Friedens‹ zu handeln hatte (792—794), gehörte zu dem ständigen Inventar der Sibyllen. Das zeigen a) viele Partien der uns erhaltenen Sammlung, darunter das älteste Stück sicher aus der Mitte des 2. Jahrhunderts v. Chr. 3, 788 ff., oft mit weitgehender Anlehnung an die hesiodeische Schilderung des goldenen Zeitalters z. B. 7, 144 ff. b) Die mit ausgiebiger Benutzung eines solchen (jüdischen) Sibyllenorakels gedichtete vierte Ekloge Vergils. Die Tatsache der Benutzung, die schon Lactantius inst. 7, 24, 12 erkannte, ist oft betont worden, z. B. von J. Friedlieb in seiner Ausgabe der Oracula Sibyllina, Leipzig 1852, IX, sowie in der von Schermann a. a. O. 10 ff. angeführten Literatur (außerdem W. Freymüller, Die messianische Weissagung in Vergils Ekloge IV, Programm des Benediktiner-Stiftes Metten 1852, 28); die Argumente sind kürzlich von Fr. Marx in den Neuen Jahrbüchern für die klassische Altertumswissenschaft 1, 1898, 122 f. wiederholt worden (Usener, Sintflutsagen, Bonn 1899, 206, 1 weist meines Erachtens mit Unrecht diese Interpretation zurück). c) Ein gutes Scholion des Servius zu ecl. 4, 4, das auf Probus zurückzugehen scheint (vgl. p. 9 Keil): *Cumana (Sibylla) saecula per metalla divisit.*

2) Die Einführung des goldenen Zeitalters durch einen als Weltenkönig auftretenden Wundermenschen. Das ist ein Hauptgegenstand unserer Sammlung, in der er als jüdischer Messias oder Christus erscheint, und der Mittelpunkt der vergilischen Ekloge. Die Hoffnungen, die Vergil damals (40 v. Chr.) noch an den Sohn des Polio knüpfen konnte, hatte inzwischen das nach einem Erlöser aus dem äußeren und inneren Chaos sehnsüchtig ausschauende Volk (vgl. *tandem venias precamur* Hor. carm. 1. 2, 30 im Jahre 27) auf einen anderen Menschen- und Göttersohn ge- | häuft, von dessen durch Wunder verkündeter und unter Wundern geschehener Geburt (vgl. Sueton a. a. O.) man sich erzählte, und der sich nun wirklich als der ersehnte Heiland bewährt hatte. Ließ sich doch auch die Garantie für die Wahrheit dieser auf Augustus gesetzten Hoffnungen aus der als geschichtlich angesehenen Legende leicht gewinnen: Aeneas und die Sibylle waren seit Alters untrennbar, man hatte die Sprüche, in denen sie ihm die Zukunft des Römergeschlechts enthüllte (vgl. Aen. 3, 458 ff.; 6, 72 und besonders Tibull 2, 5, 19 ff.): wer anders also als Augustus, der neue Aeneas, hätte der verheißene σωτήϱ sein können (schon Caesar heißt auf einer

Inschrift von Ephesos aus dem Jahre 48/7 CIG 2957 ὁ ἀπὸ Ἄρεως καὶ Ἀφροδίτης θεὸς ἐπιφανὴς καὶ κοινὸς τοῦ ἀνθρωπίνου βίου σωτήρ, Galba nennt sich auf Grund eines ähnlichen Glaubens [Suet. Galba 9] auf Münzen *Salus generis humani* [Cohen I² 335])? Tat er selbst doch alles, um diesen Glauben zu fördern: er ließ die sibyllinischen Bücher unter der Basis der Apollostatue des palatinischen Tempels deponieren (Suet. 31), sein besonderer Kult gerade des Apollo muß hauptsächlich von diesem Gesichtspunkt betrachtet werden, denn die Sibylle prophezeite, daß unter diesem Gott, dem Παιάν, die große Welterneuerung beginnen werde (ecl. 4, 10, vgl. Serv. zu diesem und dem vierten Vers). Wie alles dazu drängte, Augustus als den verkündigten Σωτήρ anzusehen, erkennt man gut auch aus dem Kommentar des Servius zur vierten Ekloge, denn parallel der historisch richtigen Deutung des von Vergil besungenen *puer* auf einen Sohn des Polio geht die auf Augustus (vgl. zu Vers 6. 7. 10. 12. 13. 15. 17. 20. 43), die nicht spät gemacht sein kann, da einzelne dieser Scholien (besonders zu 43) eine erstaunliche Gelehrsamkeit haben; so unmöglich die Deutung an sich ist, so sehr läßt sie uns doch erkennen, was eine Generation, die noch unter dem Eindruck des Glücks der augusteischen Regierung stand, unwillkürlich und instinktiv bei diesem Gedicht empfand, und wir begreifen um so mehr, daß Vergil selbst sich gedrungen fühlte, die Prophezeiungen, die er als Anfänger auf den neugeborenen Sohn seines vornehmen und einflußreichen Gönners Polio gehäuft hatte, nun, auf der Höhe seines Schaffens angelangt, auf den Mann anzuwenden, dessen Segnungen er selbst wie die ganze Welt empfand und empfing.

3) Der Schluß der eigentlichen Prophezeiung 798—800:

huius in adventum iam nunc et Caspia regna |
responsis horrent divom et Maeotia tellus
et septemgemini turbant trepida ostia Nili.

Wir müssen zunächst die geographisch-historischen Angaben dieses oraculum ex eventu betrachten. Die vulgäre Interpretation, wonach sie willkürlich gewählt seien, ist natürlich falsch; denn da die Unterwerfung Ägyptens deutlich bezeichnet ist, so müssen auch die beiden anderen Angaben auf historische Facta gehen. Da wir nun wissen, daß nach feststehendem Sprachgebrauch unter den Völkern am kaspischen Meer die Skythen, unter denen am Asowschen See die um die Mündung des in diesen See fließenden Don (Tanais) ansässigen Sarmaten (oder, wie die augusteischen Dichter sie mit einer für den Vers bequemeren Bezeichnung nennen, die Gelonen) verstanden wurden (vgl. z. B. Strabo 128 i. f. 507. 511), so erhalten wir den besten Kommentar zu diesen Angaben durch die Worte des Augustus selbst Mon. Ancyr. 5, 51 f.: *nostram amicitiam petiverunt* (im J. 26 oder 25) *per legatos*

Bastarnae Scythaeque et Sarmatarum qui sunt circa flumen Tanaim et extra. Dies Ereignis, das in Rom Aufsehen machte (vgl. Mommsen zum Mon. Ancyr. S. 134), wird nun hier auf Prophezeiungen, die bereits in der trojanischen Vorzeit bekannt gewesen seien, zurückgeführt. Je auffallender dieser Gedanke ist, um so weniger glaublich ist es (wie bereits bemerkt), daß er von einem Dichter, der die *fides* so hoch achtete wie Vergil, aus der Luft gegriffen sei. Können wir ihn in einem sibyllinischen Orakel nachweisen, so ist seine Projektion in die Vorvergangenheit ohne weiteres gerechtfertigt, denn die Hauptsibyllen dachte man sich πρὸ τῶν Τρωικῶν lebend (Pausan. 10, 12, 2. Apollodor v. Erythrae bei Lact. inst. 1, 6, 9). Nun lesen wir am Anfang des 5. Buches der Sibyllinischen Orakel eine Prophezeiung auf Aeneas, Romulus, Caesar und Augustus; von letzterem sagt die Sibylle (16 ff.):

ὃν Θρῄκη πτήξει καὶ Σικελίη καὶ Μέμφις,
Μέμφις πρηνιχθεῖσα δι᾽ ἡγεμόνων κακότητα
ἠδὲ γυναικὸς ἀδουλώτου ἐπὶ κῦμα πεσούσης.
καὶ θεσμοὺς θήσει λαοῖς καὶ πάνθ᾽ ὑποτάξει.

›Vor dem Thrakien sich entsetzen wird und Sizilien und Memphis.‹ Wer das schrieb, mußte die Geschichte der augusteischen Zeit gut kennen, denn während der Sieg über Ägypten (das hier, wie öfters im sibyllinischen Stil, durch Memphis bezeichnet wird) unvergessen blieb, trat die Bedeutung des Sieges | über Sex. Pompeius, nachdem ihn noch Cornelius Serverus, der Freund Ovids, gefeiert hatte, außerhalb der Kreise der zünftigen Historiker mehr in den Hintergrund. Aber besonders wichtig ist die Erwähnung Thrakiens, das wir nicht als allgemeine Bezeichnung für die Länder des Nordens werden fassen dürfen, da Sizilien und Ägypten bestimmte Ortsbegriffe enthalten. Thrakien wurde nach längeren Kämpfen im Jahre 27 unterworfen (Fast. triumph. CIL I² p. 180 zum 4. Juli: *M. Licinius M. f. M. n. Crassus ex Thraecia et Geteis*, vgl. Mommsen zum Mon. Ancyr. p. 130); wie sehr man diese Unterwerfung herbeiwünschte, zeigt die kurz vorher verfaßte Ode 2, 16 des Horaz, wo (5) die *bello furiosa Thrace* als Beispiel eines Landes erwähnt wird, das sich endlich nach Ruhe sehnt (vgl. Kiessling z. d. St.). Eine Folge der Besiegung Thrakiens war, wie es scheint, die im Jahre darauf erfolgende Friedensgesandtschaft der an die Thraker nordöstlich angrenzenden Skythen und Sarmaten, die, wie wir sahen, Vergil nennt. Da nun die übereinstimmende Fassung des sibyllinischen Orakels und des Vergilverses (ὃν πτήξει — *iam nunc horrent*) nicht auf Zufall beruhen kann, so ist der Schluß unabweisbar, daß ein Orakel existiert hat, das von dem Verf. des fünften Sibyllinenbuchs direkt oder — was bei der Art der Überlieferung dieser Literaturgattung wahrscheinlicher ist — schon durch Zwischenquellen vermittelt benutzt worden ist[4] und auf das Vergil hier in einer für die Zeitgenossen gewiß unmittelbar verständlichen Weise Bezug nimmt. Es mag bemerkt werden, daß es in der Aeneis noch einen ganz analogen Fall gibt: | 3, 700 f. heißt es bei der Schilderung der Fahrt an der sizilischen Küste: *fatis numquam concessa moveri Apparet Camarina procul.* Das griechische Original haben wir in den orac. Sib. 3, 736 μὴ κινεῖν Καμάριναν· ἀκίνητος γὰρ ἀμείνων, also beziehen sich der Sibyllist und Vergil auf dasselbe ältere Orakel (vgl. H. Ewald, Entstehung, Inhalt und Wert der sibyllinischen Bücher, Abh. d. Gött. Ges. d. Wiss. 8, 1860, 62). Das von uns erschlossene Orakel auf Augustus wird durch die historischen Daten einerseits und den äußersten Termin für die Abfassungszeit des 6. Buches der Aeneis (s. Anm. 2) chronologisch zwischen 26 und Herbst 22 als weitesten Grenzpunkten eingeschlossen. Der so gewonnene ungefähre Zeitpunkt stimmt vortrefflich zu den allgemeinen chronologischen Voraussetzungen, die wir für die Existenz eines solchen Orakels machen müssen. Die Erwartung des Anbruchs einer neuen Weltepoche beschäftigte die Gemüter fast von dem Augenblick an, wo Octavian auftrat. Es ist mit Wahrscheinlichkeit festgestellt worden (von K. Roth, Rheinisches Museum 8, 1856, 366 f., Schoemann, De Romanorum anno saeculari, Programm Greifswald 1856, 8. C. Pascal, Rivista di filologia 18, 1890, 156 ff.), daß für das Jahr 715 der Stadt (= 39 v. Chr.) Säkularspiele fällig waren, die jedoch aus einem nicht deutlich erkennbaren Grund nicht gefeiert wurden. Augustus scheint sich dann seit der Konstitution der Verfassung im Jahre 27 v. Chr. mit dem Plan getragen zu haben, den veralteten und daher seinen Zwecken so dienlichen Brauch wieder ins Leben zu rufen und die Versäumnisse des Jahres 39 nachzuholen. Mit Zugrundelegung einer anderen Berechnung wurde das Jahr 731 der Stadt (= 23 v. Chr.) gefunden: Augustus legte das Konsulat nieder und begann seine Regierungsjahre nach der tribunizischen Gewalt zu zählen und so den Prinzipat endgültig zu formulieren, aber die geplante religiöse Weihe, die diese wichtige Neuerung durch die Säkular-

[4] Dies Orakel steht in einem Abschnitt, dessen Entstehungszeit sicher in die Regierung Hadrians, und wahrscheinlich dessen letztes Regierungsjahr (138) fällt, wie nach teilweisem Vorgang von Fr. Bleek (Über die Entstehung der sibyllinischen Orakel, Theologische Zeitschrift 2, Berlin 1820, 172 ff.), H. Ewald (Entstehung ... d. sibyll. Or., Abh. d. Ges. d. Wiss. zu Göttingen 8, 1860, 106 f.) festgestellt hat (während B. Badt, De oraculis Sibyllinis a Judaeis compositis, Diss. Breslau 1869, 83 ff., wenn er das Orakel in die erste Zeit Hadrians hinaufrücken will, wohl im Irrtum ist). Wir kommen dadurch in eine Zeit, die Gefallen an Orakeln fand: Phlegons Mirabilienbuch beweist es zur Genüge. Da sibyllinische Orakelpoesie aus der Zeit des Tiberius, Nero, Galba, Vespasian anderwärts überliefert ist, so ist zu vermuten, daß dieser Abschnitt durch progressive Erweiterungen eines früheren Grundstockes zustande gekommen ist.

spiele finden sollte, wurde durch den plötzlichen Tod des Marcellus zunichte (vgl. Th. Bergk in seiner Ausgabe des Mon. Ancyr., 1873, 77 und besonders O. Hirschfeld in den Wiener Studien 3, 1881, 99 ff.)[5]. Die so abermals verschobene Feier wurde erst nach Ablauf des ersten Dezenniums der Verfassungskonstitution im Jahre 17 nachge- | holt. Mit der projektierten Feier des Jahres 23 steht, wie Kiessling bemerkt hat, wahrscheinlich eine Ode des Horaz (1, 21) an Apollo und Diana in Zusammenhang, die mithin eine Art von *prolusio* des für die Feier des Jahres 17 verfaßten Hymnus zu sein scheint. Zwischen die Jahre 26 und 22 als äußersten Grenzpunkten muß, wie wir sahen, das dem Sibyllisten und Vergil bekannte Orakel auf Augustus als Begründer eines neuen Zeitalters mit Glück im Inneren und Ruhm nach außen fallen. Die Vermutung liegt also nahe, daß es, wie wahrscheinlich jene Horazode, mit der geplanten Säkularfeier des Jahres 23 in Verbindung stehen könnte; sicher aber ist, daß es mit der in jenem Jahrzehnt verbreiteten wundersüchtigen und wundergläubigen Erwartung einer neuen Weltordnung zusammengehangen hat, deren gewohnheitsgemäße Prophetin eben die Sibylle war. Die vorgetragene Auffassung erhält noch eine Art Bestätigung durch folgende drei Momente: 1) In der Säkularode des Jahres 17, die zu singen Horaz selbst ausdrücklich (5 ff.) aus dem Befehl des Sibyllenorakels ableitet, finden sich zwei Strophen, die auf den in den Vergilversen enthaltenen Gedanken Bezug nehmen (53 ff.): ›schon fürchten die Macht des Augustus die Parther, Scythen und Inder, schon kehren die Gottheiten des goldenen Zeitalters, die die Erde verlassen hatten, zurück‹. Das ist die Erfüllung der Verheißung. 2) Von der Zahl der unter Augustus umlaufenden Weissagungen macht man sich einen Begriff aus dem Bericht des Sueton (31), daß Augustus als pontifex maximus (12 v. Chr.) 2000 anonyme oder pseudonyme Orakelbücher verbrennen ließ und nur die sibyllinischen beibehielt, aber auch sie nur mit Auswahl; und Tacitus berichtet (ann. 6, 12) anläßlich eines unter Tiberius auftauchenden neuen Sibyllenbuchs, daß Augustus einen Termin angesetzt habe, innerhalb dessen die vielen unter dem berühmten Namen der Sibylle auftauchenden Orakel dem praetor urbanus zur Kenntnisnahme zu bringen seien. 3) Daß solche Orakel sich gerade auch auf die Unterwerfung ferner Völker bezogen, zeigt die Verbreitung des berühmten Sibyllenspruchs über die Besiegung der Parther aus Caesars letzter Zeit. Auch hierin erkennen wir wieder deutlich die Übertragung von

[5] Die Kombinationen Bergk's und besonders Hirschfelds erscheinen mir doch zu gut begründet, als daß ich mich entschließen könnte, sie mit Wissowa (in den Anmerkungen zu seiner schönen Rede über die Säkularfeier des Augustus, Marburg 1894, 22, 12) einfach zu verwerfen.

Motiven aus der Alexanderlegende auf Augustus. Denn wie man sich von Augustus so gut als wie von Alexander erzählte, daß er der Verbindung seiner Mutter mit einer göttlichen Schlange entsprossen sei und wie thrakischen Priestern im Hain des Dionysos bei beiden genau dasselbe Prodigium erschien (Suet. Aug. 94), | so war auch die Unterwerfung des Orients durch Alexander, den Sohn eines Gottes, von der Persischen Sibylle sowie von anderen Propheten und Prophetinnen geweissagt worden (vgl. Strabo 12, 813 f.; E. Maass, De Sibyllarum indicibus, Diss. Greifswald 1879, 33. 38. 42. 44).

Das Resultat unserer Interpretation ist folgendes. Die Augustusepisode schließt sich äußerlich genau dem Schema des Panegyrikus auf Könige an, speziell von den geläufigen Alexander-Enkomien sind manche Züge auf Augustus übertragen. In diesen Rahmen hat Vergil es verstanden ein Bild hineinzustellen, welches deutlich die Farben seiner Zeit trägt; im besonderen hat er auf Grund von umlaufenden Weissagungen den Augustus als Bringer einer neuen Ära in Frieden und Krieg geschildert.

DAS ALTER DES CODEX ROMANUS VERGILS
1901

L. Traube hat in der Strena Helbigiana, Leipzig 1900, 307 ff. darauf hingewiesen, daß der cod. Vaticanus lat. 3867, die schlechteste der alten Vergilhandschriften in Capitalschrift, an zwei Stellen Abkürzungen hat, die eine ungefähre Datierung der Hs. ermöglichen: ecl. 1,6 $\overline{\text{DS}}$ (= *deus)* und Aen. 1, 304 $\overline{\text{DO}}$ (= *deo*). Da diese Compendien in Profanautoren nicht vor dem 6. Jahrhundert begegnen, hat er im Gegensatz zu früheren Datierungen, die zwischen dem 3., 4. und 5. Jahrhundert schwankten, die Hs. für das 6. Jahrhundert in Anspruch genommen und sie vermutungsweise mit der literarischen Tätigkeit Cassiodors und seiner Schule in Zusammenhang gebracht. Auf ganz anderem Wege war ich seit langem zu demselben Resultat gekommen. Da es wünschenswert ist, ein palaeographisches Indizium durch ein sachliches zu stützen, teile ich mein Argument hier mit, um so mehr, als kürzlich K. Dziatzko in seinen inhaltreichen ›Untersuchungen über ausgewählte Kapitel des antiken Buchwesens‹, Leipzig 1900, 189, ohne von Traubes Untersuchung schon Kenntnis zu haben, wieder auf das Ende des 4. Jahrhunderts zurückgegangen ist, allerdings auf Grund eines Arguments, dem er selbst nur bedingungsweise Sicherheit zuschreibt.

Aen. 6, 236—241 wird die Höhle am Avernersee beschrieben, über die wegen ihrer mefitischen Dünste kein Vogel habe fliegen können. Hierauf folgt ein Vers (242), der nur in R steht:

unde locum Grai dixerunt nomine aornon.

Daß er, wie andere nur in R überlieferte Verse, interpoliert ist, wird allgemein mit Recht angenommen. Heinsius und ihm folgend Heyne haben mit ihm einen Vers aus Priscians Periegese (1056) verglichen, der fast wörtlich mit ihm übereinstimmt:

unde locis Grai posuerunt nomen aornis.

Dieser Vers ist von Priscian übersetzt aus seiner griechischen Vorlage (Dionys. Per. 1151)

τοὔνεκά μιν καὶ φῶτες ἐπικλείουσιν ἄορνον.

Also hat Priscian ihn nicht etwa aus einem interpolierten Vergilcodex wie dem cod. R herübergenommen, sondern in diesen ist er mit geringen Änderungen aus Priscian gelangt. Die genaue Abfassungszeit der Periegese Priscians ist unbekannt, aber es genügt für unsern

Zweck zu wissen, daß seine ἀκμή um 500 fiel. | Zwischen dem Gedicht und der Zeit der Vergilhandschrift muß ein gewisser Zwischenraum angesetzt werden, denn es ist anzunehmen, daß der Vers zunächst von einem Priscianleser an den Rand seines Vergilexemplars geschrieben und aus diesem von dem Schreiber unseres Codex in den Text aufgenommen wurde. So kommen wir für diesen etwa auf die erste Hälfte des 6. Jahrhunderts, eben in die Zeit Cassiodors, der den Priscian selbst als seinen älteren Zeitgenossen bezeichnet (GLK 7, 207 *Priscianus, qui nostro tempore Constantinopoli doctor fuit*).

DE VITIS VERGILIANIS
1906

1. De Aelii Donati vita

Donati vitam Petri Danielis exemplum secutus ex optimorum fide codicum, qui erant Bernensis (I) saec. X et Reginensis saec. X vel XI, A. Reifferscheidius anno 1860 inter Suetonii reliquias p. 54 sqq edidit recisis posterioris aevi interpolationibus quae in altero codice Bernensi (II) inveniuntur. Deinde de hac vita emendanda optime meritus est H. Hagenus (in ann. phil. suppl. IV a. 1861—1867 p. 675 sqq.): is enim codicem Reginensem e Bernensi (I), cuius multo meliore uti poterat collatione, derivatum esse statuit, sed alterius codicis iacturam supplevit duobus novis vel inventis vel primum adhibitis, Parisino saec. IX, qui codex solus Donati nomen cum epistula vitae proposita servavit, cum ceteris codicibus vita feratur nomine vel Servii vel nullo[1], et Sangallensi saec. X: quo factum est ut qui hac vita recte uti volent eis Hageni adhibenda sit editio. Qua de vita pauca nunc disserere in animo est. Atque primum quidem qua aetate vita interpolationes passa sit, uno confirmabo exemplo. Nam quod iam Reifferscheidius suspicatus est. p. 401 sq., interpolationes vitae non ante renatam quam dicunt antiquitatem ortas esse, id certum iudico esse propter verba quae in ipso vitae interpolatae fine leguntur haec (p. 68 Reiff.): *quamvis diversorum philosophorum opiniones libris suis inseruisse de animo maxime videatur, ipse tamen fuit Academicus, nam Platonis sententias omnibus aliis praetulit.* Quae medio aevo fingi non potuisse apparet, cum Platonis et nomen et disciplina prae Aristotele densis obducta essent tenebris atque situ sorderent. Neque vero | renatis artibus optimis oblitterata atque oppressa eius memoria statim ad tantam emersit gloriam, ut cum Vergilio hunc in modum coniungeretur; quod fieri non potuisse constat antequam viri magni, nativo quodam veritatis sensu praediti ingentique et virtutis et pulchritudinis amore incensi, Platonis gloria praeter ceteros philosophos aucta pristinum claro nomini restituerent splendorem. Quod evenisse

[1] Donati nomen omissa epistula legitur etiam in codice quodam Vaticano saec. XIII (cf. Reifferscheid. p. 54 adn.); invenit id in codice suo etiam Conradus canonicus Turicensis, qui a. 1273 Vergilii vitam rudi manu dolavit, editam a R. Sabbadinio (studi Italiani vol. VII a. 1899 p. 37 sq.).

circiter saeculi XV initia ex nobili G. Voigtii de renata antiquitate opere (vol. II edit. 3, Berolini 1893, p. 118 sqq.) cognoscitur. Ac re vera codex ille Bernensis (II) qui solus videtur extare interpolati exemplaris testis Hageno auctore (p. 680) ›saeculo quarto exeunte vel summum ineunte quinto decimo‹ scriptus est; quibus ex temporum notis hanc veriorem esse eis comprobatur quae R. Sabaddinius (studi Italiani vol. V a. 1897 p. 384 sqq.) disputavit: doctis enim Italis vita interpolata non innotuit ante annum fere 1425.

Neque hoc Reifferscheidius non recte statuisse videtur in quaestionibus Suetonianis (p. 401), Suetonii vitam Vergilianam a Donato esse retractatam. Quod ut demonstret, primum recte volgarem quendam scribendi morem a polita Suetonii aetate alienum arguit, sed alterum quo utitur argumentum, id quam sit firmum dubito[2]. Donatus enim de ossibus Vergilii conditis haec refert p. 63: *Ossa eius Neapolim translata sunt tumuloque condita, qui est via Puteolana intra lapidem secundum,* sed Hieronymus in chronicis ad urbis annum 735 *ossa* inquit *eius Neapolim translata in secundo ab urbe miliario sepeliuntur.* Hieronymum Suetonii verba ipsa, Donatum eiusdem retractata tradidisse Reifferscheidius censet; immo Hieronymum more suo Suetonii verba in angustum coegisse manifestum est. Quo loco errores quosdam corrigam, in quibus hi qui nostra aetate poetae vitam enarrant in Hieronymi testimoniis adhibendis versantur. Is enim Vergilium puerum inde ab anno urbis 696 (a. Chr. 58) Cremonae studiis eruditum esse ibique toga virili sumpta Romam petiisse anno 701 (a. Chr. 53) refert; Donatus tamen p. 55 certis temporum notis omissis *initia aetatis* usque ad togam virilem sumptam Cremonae illum egisse, tum Cremona Mediolanum et inde *paulo post* Romam transiisse scribit. Qua in re cave ne nimium tribuas Hieronymi auctoritati. | Nam Suetonius nisi in gravissimis rebus tempora non multum curavit, quae ei ab elegantia operis instituti aliena viderentur esse, cum nimia frequentia fastidiosas legentium aures offenderent; Hieronymo ut qui chronica scriberet certis temporum indiciis opus erat, quae ubicumque non commemorata invenit fortiter fingere a sanctitate sua alienum non putabat. Veluti Voltacilium Pitholaum, rhetorem latinum et Cn. Pompei doctorem, Romae scholam aperuisse anno urbis 673 (a. Chr. 81) adnotavit, quem annum pro certo ponit M. Schanzius in hist. litt. Rom. I² p. 200; sed apud Suetonium (de rhet. 27) Hieronymus nihil invenerat nisi haec: *rhetoricam professus Cn. Pompeium Magnum do-*

[2] Multo certius, immo certissimum id est quod Fr. Leo in Culicis editione p. 18 protulit, longam huius poematis enarrationem quae extat in vita (p. 58) non Suetonii esse sed Donati, qui de argumento carminis sat obscuri et tunc oblivione fere obruti in usum legentium disserat.

cuit (cf. etiam Ritschelium parerg. Plaut. p. 624); idem Valerium Probum Romae floruisse anno urbis 809 (p. Chr. 56) scribit, quo fretus fundamento quid moliatur Steupius de Probis p. 62 lege sis apud ipsum: Suetonius enim in vita Probi (de gramm. 24) tempora plane omittit (cf. quae B. Kuebler, De Probi commentariis Vergilianis a. 1881 p. 6 sq. recte disputat). Sed ad propositum ut redeamus, erat enim nobis quaestio de retractationis vestigiis in Donati vita Vergiliana, is postquam L. Varium et Plotium a Vergilio ex parte heredes constitutos esse his verbis enarravit *heredes fecit ex dimidia parte ..., ex quarta ..., ex duodecima ..., ex reliqua L. Varium et Plotium Tuccam,* hunc in modum pergit (p. 63):

|| *qui* (Varius et Tucca) *eius Aeneida post obitum iussu Caesaris emendarunt. de qua re Sulpicii Carthaginiensis extant huius modi versus:*

iusserat haec rapidis aboleri carmina flammis
Vergilius, Phrygium quae cecinere ducem.
Tucca vetat Variusque simul: tu maxime Caesar
non sinis et Latiae consulis historiae.
infelix gemino cecidit prope Pergamon igni
et paene est alio Troia cremata rogo[3]. ||

egerat cum Vario, priusquam Italia decederet, ut si quid sibi | accidisset, Aeneida combureret, sed is facturum se pernegarat. igitur in extrema valetudine assidue scrinia desideravit crematurus ipse: verum nemine offerente nihil quidem nominatim de ea cavit, ceterum eidem Vario ac simul Tuccae scripta sua sub ea condicione legavit, ne quid ederent quod non a se editum esset; edidit autem auctore Augusto Varius, sed summatim emendata. Sulpicii Apollinaris epigramma quin ipse narrationi inseruerit Suetonius, non videntur dubitare docti; mirum tamen si Suetonius, qui in vitis hominum litteratorum conscribendis tot attulit testimonia ex optimis et antiquissimis auctoribus petita hoc uno loco aequalis sui verba in usum vocavit. Attamen hoc non satis certum forsitan videatur esse argumentum; sed accedit gravius. Nam qui verba supra scripta diligenter consideraverit, is Donatum de Aeneide emendata bis, non semel disputare mirabitur, primum ut inde occasionem petat epigrammatis illius afferendi, deinde ut de ratione qua Varius Aeneida ediderit emendaritque docte disserat, sequuntur enim post ea verba quae supra scripta sunt testimonia quaedam a Sue-

[3] Carminis haud inficeti et imitatione Propertiana (3, 4, 10) insigniti in anthologiae latinae codice Vossiano altera extat forma multo peior, quae ipsi, nisi fallor, anthologiae editori debetur, qui exemplar dum facetiis superare studet, pessum dedit. De huius carminis origine Baehrensius (poet. lat. min. vol. 4 praef. 44 sq.) perversa quaedam profert, quae infra castigabo; carmen ipsum more suo corrupit l. c. 169.

tonio ex antiquis auctoribus diligenter conquisita; neque hoc recte a Donato institutum est, quod priore loco Varius et Tucca Aeneida emendasse dicuntur, posteriore solus Varius. Quid igitur? Sulpicii epigramma una cum verbis quibus id cum prioribus coniungitur (*qui .... versus*), Donatus Suetonianis addidit; neque reconditam in eis quae ipse adiecit doctrinam prae se tulit: nam Sulpicii epigramma Aeneidos editioni cuidam — fortasse eidem quam fecisse videtur Sulpicius ipse, cf. Teuffelii hist. litt. Rom. § 357, 2 — propositum fuisse, ipsis epigrammatis verbis satis ostenditur. Proinde exime verba cancellis a me circumscripta, quae Donatus Suetonii narrationi interposuit: quam egregie quae utriumque restant sententiae in unam coeant statim apparebit; nam Suetonius postquam Varii et Tuccae heredum mentionem fecit, adnectit quae cum hereditate coniuncta erant: *egerat cum Vario* e. q. s.

2. De Servii vita

Servius grammaticus commentarium quem in Aeneida composuit a brevi incipere voluit vitae Vergilianae enarratione. Quam vitam Reifferscheidius (l. c. 399) et Ribbeckius (Vergilii opera ed. Lipsiae a. 1884 p. VII), quibuscum consentit Schwabius in Teuffelii libro (§ 224, 1 d), a Servio alienam esse statuunt cum propter nimiam exilitatem tum quia in ea desint quae Servio ipso teste inesse debuerint. Is enim in bucolicorum | praefatione (p. 3, 28 Thilo) *et dicit* inquit *Donatus, quod etiam in poetae memoravimus vita, in carminibus naturalem ordinem secutum esse Vergilium: primo enim pastoralis fuit in montibus vita, post agriculturae amor, inde bellorum cura successit:* haec in Servii vita quae nobis quidem tradita est frustra quaeruntur. Quid vero, proptereane a Servio eam esse alienam statuemus? immo quod iam Hagenus (l. c. 682) et Thilo (in editione Servii p. LXXVII) suspicati sunt et quod Schanzium (l. c. II² p. 28) probare video, vitam quam nos legimus ex ampliore excerptam esse, id novis quibusdam confirmabo argumentis. Quam enim eam dicemus esse vitam, in qua de morte poetae nihil omnino legatur? nam recentissimos codices, qui lacunam quovis modo resarciunt (cf. p. 3, 22 ed. Thil.), nihil curabimus. Praeterea post initium haec verba leguntur (p. 1, 12): *scripsit etiam septem sive octo libros hos: Cirin Aetnam Culicem Priapeia Catalepton Epigrammata Copam Diras.* Quae sani esse scriptoris negabimus, primum enim septem s i v e octo esse libros scribit, deinde octo enumerat; debuit igitur iudicium ferre de octavo illo aut addendo aut eximendo. Quod quemadmodum explicandum sit, ex Donati vita (p. 58 sq.) apparere videtur, ex qua Servianam ductam esse constat[4]. Is enim cum de Aetna ambigi referat, Servium quoque de hoc carmine eadem verba vel similia addidisse probabile est, quae is qui vitam excerpsit recidit. Sed patet altera explicandi via. Nam in enumerandis minoribus quae Vergilii ferebantur carminibus Copam Donatus i. e. Suetonius omittit, Servius addit, quod carmen Charisius quoque Vergilianum dicit (gramm. lat. 1, 63): itaque hoc carmen post Suetonium, ante Charisii auctorem inter Vergiliana receptum esse concludimus. Servius igitur utrum Aetnam an Copam octavum illud de quo ambigeretur carmen crediderit, in medio relinquo, sed iudicium eum tulisse ipsa ratio postulat ut statuamus. Quae si recte | disputata sunt de Servii vita in epitomae formam coacta, haud parvi videntur esse momenti ad diiudicandam controversiam, mea quidem sententia nondum ad exitum adductam, de duplici quae nobis tradita est commentarii Vergiliani forma; qua de re iudicium nunc non feram.

3. De Probi qui dicitur vita

Inter vitas Vergilianas tempore prima fertur ea quae in codicibus celeberrimo inscripta est Valerii Probi nomine. Quem verum esse vitae auctorem O. Iahnius statuit a. 1843 in prolegomenis ad Persium (p. CXLI sqq.), neque ab eo dissenserunt H. Keilius in praefatione editionis commentarii Probiani (Halis a. 1848) aut A. Reifferscheidius, cum a. 1860 vitam ederet in reliquiis Suetonianis. Primus dubitationem movit A. Riesius libelli quem de commentario Vergiliano Probi nomine tradito scripsit Bonnae a. 1862 p. 24 sq. Namque locis quibusdam Probi et Donati inter se collatis a Probo vitam abiudicandam et posterioris aevi homini tribuendam statuit, qui ex memoria narrans et quasi dormitans stulte commiscuerit vera falsis. Riesii argumenta probavit novisque auxit egregia commentatione post mortem auctoris edita G. Thilo (ann. phil. vol. CXLIX a. 1894 p. 290 sqq.). Neque tamen Riesius et Thilo viris doctis persuaserunt omnibus, nam qui iudicium libelli a Riesio compositi tulit O. Ribbeckius (ann. phil. vol. LXXXVII a. 1863 p. 35 sqq.), opinioni eius accedere dubitavit, H. Hagenus (l. s. s. p. 682, 1) Riesii sententia in ceteris comprobata

[4] Sane Leo l. c. et libri de biographis p. 13 vitam Servii, quem eius auctorem esse recte scilicet dicit, ex ipso petitam esse scribit Suetonio; neque ad quaestionem propositam refert, utra verior sit sententia: sed Servium, qui et in commentariis verba Donati saepe affert saepiusque auctoris nomine omisso in usum vocat et in bucolicorum praefatione eiusdem prolegomena nobis quoque tradita compilavit, in vita quoque scribenda, quae ante bucolicorum praefationem illam posita est, eidem sese applicuisse auctori consentaneum est. A vita Donatiana etiam scholia quae Danielis vocantur pendent in eis quae ad aen. 1, 560 adiecta sunt, Terentii vitam Donatianam adhibuit Servius ad aen. 1, 410.

Probi esse vitam sed ab alio interpolatam scripsit, G. Koertgius, qui in Suetonii de viris illustribus libros inquisivit, vita Probiana ›Suetonio vetustiorem memoriam praestari‹ contendit (diss. Halensium vol. XIV a. 1900 p. 195). Quae cum ita sint, quamquam plerosque nunc Probi nomini diffidere intellexi, tamen cum inesse statuant res veras aliunde non cognitas, de hac vita denuo quaerendum esse duxi, ut, si fieri posset, et Probi memoriam tantis sordibus purgarem et quae in vita inesse viderentur nova ea nullius esse pretii docerem.

Atque traditur quidem haec vita tribus saeculi XV libris manuscriptis, Parisino, Vaticano, Monacensi, proposita Valerii Probi in bucolica et georgica commentario (quo de commentario disserere ab hoc loco alienum est, cum praesertim quae mihi quoque probantur nuper a Fr. Marxio in Lucilii editione, vol. I p. LXXIII sqq. praeclare exposita sint); quibus libris manuscriptis accedit editio princeps Egnatii, Venetiis a. 1507 typis confecta; atque testatur | Egnatius in praefatione, se librum edidisse ›ex vetustissimo codice ms. Bobii quondam a Georgio Merula invento‹, qua de re vide Keilii et Hageni (in appendice Serviana, Lipsiae 1902) praefationes. Quem codicem Bobiensem nunc deperditum, incertae illum quidem aetatis — neque enim inde quod vetustissimus esse praedicatur a Merula quicquam de vera eius antiquitate concludendum esse periti norunt —, solum esse constat et vitae et commentarii fontem. Qua in vita nihil inesse contendo veri, quod non aliunde sit notum. Nam quod primum inspicienti novum videri potest, matris praenomen additum, quae Magia P o l l a ab auctore vitae nominatur, id cum in Donati vita desideretur, legi scito in Phocae, grammatici saec. V, vita metrica (ed. Reifferscheid. l. c. 69, 8), a quo aut ex ipso Suetonio arcessitum est aut id quod potius crediderim ex posterioris aevi vita aliqua Vergiliana nobis non tradita, nam complures extitisse magnus qui fuit interpretum Vergilianorum numerus suadet ut statuamus. Porro scripta esse vitae auctor refert bucolica a Vergilio annos nato XXVIII: quod cum apud Donatum non legatur, Probus ipse, summus grammaticus, in doctissima bucolicorum praefatione his verbis attulit (329, 5): *cum certum sit eum, ut Asconius Pedianus dicit, XXVIII annos natum bucolica edidisse,* ex Probi commentariis quos bene novit eadem, sed Pediani testimonio omisso, Servius in suam bucolicorum praefationem (p. 3, 26) transtulit. Neu quicquam tribuas, quod in georgicis Hesiodum et Varronem secutus esse dicitur Vergilius: id enim auctor, quisquis fuit, ex commentario georgicum ascivit, ubi Servius Hesiodi et Varronis saepissime mentionem facit. Neque reconditam hercle doctrinam prae se fert, cum Vergilium *Epicuri sectam secutum* esse scribit, nam idem Servius in aen. 6, 264 *ex maiore parte* inquit *Sironem, id est magistrum suum Epicureum sequitur.* Hinc auctorem in centunculis consuendis adiisse Servii commentarios perspicuum est[5]. Cetera quae in vita insunt ex | Donato petita esse Thilo l. c. comprobavit et idem quanta socordia quamque supina usus neglegentia an impudentiam potius dixeris et fraudem auctor pleraque contraxerit contaminandoque pessum dederit multis ostendit exemplis[6]: veluti ut hoc seligam, cum haec scribit (p. 323, 10 Hagen) *deinde per gratiam Maecenatis in amicitiam Caesaris ductus est,* ea noli credere ex puro derivata fonte, nam contracta sunt ex Donati praefatione in bucolica (ed. Hagen in ann. nov. suppl. l. c.), ubi haec leguntur (p. 7): *sed postea et per Maecenatem et per tresviros agris dividendis Varum Pollionem et Cornelium Gallum fama carminum commendatus Augusto et agros recepit et deinceps imperatoris familiari amicitia perfruitus est.* Ac quo magis cognoscas obscuram et miseram falsarii operam, audi quae in fine vitae balbutit: *Aeneis servata ab Augusto, quamvis ipse testamento damnat*[7]*, ne quid eorum quae non edidisset extaret, quod et Servius Varus hoc testatur epigrammate:* |

[5] Vitae scriptores qui fuerunt aetate posteriore res apud probos auctores traditas ex scholiis auxerunt. Nam quod in vita codicum Bernensium (apud Reifferscheidium 52 sq. in adn., Hagenum l. c. 745) legitur Vergilium Romae cum Augusto apud Epidium rhetorem studuisse, id ex scholio quodam ad buc. 1, 6 nobis non tradito fluxisse, eis demonstratur quae in vita deinceps sequuntur. Ceterum res in veri speciem conficta est; nam et Augustum apud rhetorem illum audiisse Suetonius narrat de rhet. 28 neque temporum rationes obstant — C. enim Octavium puerum duodecim annorum i. e. anno a. Chr. 51 Iuliam aviam defunctam laudasse, Vergilium paulo post annum a. Chr. 55 Romam transgressum studiis rhetoricis se dedisse constat —; denique Vergilius ipse cum in catalepton septimo *inflata rore non Achaico verba,* h. e. latini cuiusdam rhetoris disciplinam exsecratur, in hoc magistrorum numero Epidium fuisse et nomen prodit et ex vita eius quam scripsit Suetonius apparet; quam dicendi disciplinam illis maxime annis floruisse notum est. (Condiscipulus Augusti Vergilius iuvenis dicitur etiam in opusculorum Vergilianorum codice Colbertino: cf. Leo l. s. s. 19.).

[6] Nolo tamen hominem privare laude, quod quo actatis anno Vergilius obierit rectius Donato indicavit. Donatus enim (p. 62) *anno aetatis LII impositurum aeneidi summam manum* eum in Graeciam profectum Brundusii mortuum esse scribit; sed Vergilium natum Id. Octobr. anni a. Chr. 70, cum XI Kal. Octobr. anni 19 moreretur — quae tempora Donatus ipse tradidit —, quinquagesimum primum, non secundum aetatis annum egisse constat, eumque annum recte tradit Probus p. 323, 16: *decessit in Calabria annum agens LI.* Eumne qui totiens erravit semel errorem auctoris sui correxisse putabimus? immo magis placet in Donati verbis mendum librariorum culpa commissum statuere: quam facile enim fieri potuerit, ut in his *LI impositurum* lineola quae est ante *i* litteram per errorem bis poneretur, perspicuum est.

[7] Ita libri manuscripti omnes, sed Egnatius, editor princeps, propter rem grammaticam scilicet correxit ›cavisset‹; hinc profectus Hagenus in adn. crit.: ›fortasse: *damnasset cavens*‹, Keilius eumque secutus Reifferscheidius saltem ›*damnaverit*‹, vitia dicendi omnes, non librariorum neglegentiam corrigentes. Paulo

iusserat haec rapidis aboleri carmina flammis
Vergilius, Phrygium quae cecinere ducem.
Tucca vetat Varusque simul, tu maxime Caesar
non tibi, sed Latiae consulis historiae.

Atque ii quidem, qui Probum vitae auctorem esse credunt, verba *quod et .... historiae* ut interpolata secludunt, ne epigramma afferatur Probi aetate multo inferius; quae ratio quamvis sit falsa, ut mox demonstrabo, tamen multo magis peccant[8], qui Servium illum Varum fingunt esse poetam aevi Augustei aliunde non cognitum: quibus enim illi erroribus impliciti a recta interpretandi amussi deliraverint referre piget pudetque, cum praesertim iam O. Jahnius speciosissima coniectura, quam cum Reifferscheidio (p. 399) communicarat, rectam viam praeiverit: is enim Servii M a u r i vel M a r i i nomen latere idque Vari loco substituendum putavit. Atque hactenus quidem viri doctissimi rationem probo, ut falsarium, qui vitam quam exscripsit Servii grammatici nomine ferri videret — nam Donati nomen oblivione fere obrutum esse supra (p. 166) dixi —, ex notissimo interpretis Vergiliani nomine fingendi originem duxisse statuam, sed ut nomen ipsum coniectura substitui vetem: namque ne saeculi IV grammaticum vero appellaret nomine, Probum personatum cum ipsa fraudis ratio prohibuerit, forti usus impudentia illius loco filium aliquem terrae Servium Varum procudit; nam Varum cognomen esse aevo Augusteo usitatum ex ipso novit Vergilio: quid quod homo noster prave doctus Varum cum Vario confudit, noli enim emendare quod versu tertio traditur nomen *Varus,* ne forte non librariorum incuriam in hoc nomine exarando sane creberrimam sed auctoris inscitiam corrigas. Sed quamvis ille fuerit stultus, non carebat ea quae falsariorum solet esse astutia. Nam si epigramma illud, quod apud Donatum vel Servium legit, sic integrum repetivisset, fraudem ipse invitus detexisset: illud enim Sulpicii Apollinaris auctoris nomine a Donato vel Servio afferri videbat (v. supra p. 168). Quid igitur fecit? disticho quod erat ultimum omisso in eo quem postremum voluit esse versu verba tradita haec *non sinis et Latiae consulis historiae* ita immutavit, ut | scriberet *non tibi sed L. c. h.,* quae ut sunt a carminis argumento aliena ita a fraudulenti hominis ingenio haud absona. Sed, quod aiunt, bonus eventus probat operam: imposuit enim vafer ille doctis quibusdam,

post *cuius sepulcro ... hoc legitur epigramma* libri, *in eius sepulcro* ex Keilii coniectura et Reifferscheidius et Hagenus, quanto elegantius tanto peius. Vide etiam quae infra (p. 175) de *Andico vico* disseram.

8 Sonntag. in hebd. phil. class. 1890, 1017 sqq., idem in libro de Vergilio poeta bucolicorum, Lips. 1891, 192; C. Pascal. in commentationibus Vergilianis, Mediolani 1900, 153 sqq.; Aem. Baehrens. l. supra (adn. 3) s., qui plausum tulit Beckii in ann. phil. 133, 1886, 508.

qui nunc inter se litigant, utrum epigramma utro prius vel magis affabre compositum sit[9].

Sed unum sane in vita inest nusquam alibi traditum, de quo quid statuendum sit videamus. Nam de Vergilii patria haec leguntur: *natus .... vico Andico, qui abest a Mantua milia passuum XXX.* Nihil dico de adiectivo ab Andibus prave declinato, quamquam Probi auctoritate deceptus vir doctus quidam (O. Brugmannus in arch. lexicogr. vol. XIII a. 1904 p. 134) nuper proclamavit ei qui probe ac latine scripturus sit aut Andes aut vicum Andicum dicendum esse — vitium ille quidem, si quid video, commendans sermonis, quod in thesaurum quoque linguae latinae irrepsit —; nihil dico, quod Andes pro pago minus proprie vicus nominantur: sed unde, id enim quaero, auctori, quisquis fuit, compertum esse dicemus certum illud ac definitum quo Andes a Mantua seiunctae erant spatium? nam quid Suetonius ea de re scripserit, Donati et Hieronymi consensu certissime probatur: *natus ... in pago qui Andes dicitur et abest a Mantua non procul,* haec Donatus; *in pago qui Andes dicitur haud procul a Mantua nascitur,* Hieronymus. Atque falsum esse quod ille dicit XXX milium spatium iam anno 1894 Thilo l. c. scita computatione quasi pertica usus limitari docuit; ego cum errorem propagari viderem, viros illarum regionum nunc maxime peritos | consulendos duxi. Atque de Andium situ Gaetanus Quadri, magister urbis Romae, quem mea causa adiit Antonius Cima, vir de Vergilio optime meritus, haec per litteras comiter mecum communicavit: ›Quanto ad Andes, non distava da Mantova più di 6 chilometri. L'affermazione di Probo è inesatta, e forse fu per tale affermazione che si credette da alcuni (Maffei)[10] di identificare Andes con Valleggio sul Mincio, ma a torto. Andes fu chiamato Pietole (= piccole pievi) verso il 1000. Il paesaggio di Pietole cor-

[9] Extat praeterea in codice Ausonii Vossiano saec. IX eiusdem argumenti epigramma, quod editum est in anthologia latina, vol. II p. 106 Riesii = vol. IV p. 169 Baehrensii. Supra scripta sunt in codice haec: ›exasticha Sulpicii Cartaginiensis in eiusdem libris‹ i. e. in Vergilii aeneidos libris; post inscriptionem sequitur quasi totius opusculi ›praefatio‹ epigramma tribus distichis conceptum, tum incipiunt hexasticha senorum versuum hexametrorum. Epigramma non solum in eodem versatur argumento atque illud quod apud Donatum Sulpicii nomine traditur, sed singulae sententiae verbaque singula tam similia sunt, ut alterum alterius esse paraphrasin luce sit clarius. Quid igitur? num eorum quorum nomina supra (adn. 8) attuli probabimus opinionem, Donatum in afferendo Sulpicii nomine errasse? immo vero duo ille panxit eiusdem argumenti epigrammata etiam verbis inter se simillima: quod cum faceret, Martialis graecorumve poetarum eum secutum esse exempla apparet. (In Scaligeri schedis praefationi illi, i. e. epigrammati, ›*Focae*‹ adscriptum esse Riesius adnotat; sed Scaligerum in his quisquiliis edendis ingenio saepius indulsisse constat).

[10] Significatur, nisi fallor, Scipio Maffeius, qui a. 1732 librum edidit qui inscribitur ›Verona illustrata‹.

risponde alla descrizione che fa Virgilio.‹ Quae cum ita sint, H. Nisseni coniecturam quamvis sit acuta non probabimus, qui in libro nobilissimo de Italiae situ ac populis scripto (vol. II, a. 1902, p. 204 adn. 1) numerum traditum ita corrigendum esse censuit, ut pro triginta fierent tres: nimium enim honorem tribuit falsario, qui, ut solent qui ficta pro veris venditant, non contentus incertis Suetonii verbis certum posuit quicumque ei in solum venit numerum. Neque magis quam Nisseni alterius viri doctissimi sententiam probo: Chr. Huelsenus enim in litterarum thesauro a Wissowa edito s. v. ›Andes‹ haec scripsit — nam operae pretium est, eius sententiam eisdem iterare verbis, quo magis quam ea sit a veritate aliena appareat, modo ut vera ea sint quae ego nunc disputo —: ›Andes, Dorf im Gebiete von Mantua, Geburtsort Vergils (Donat, vita Verg. p. 54 Reiff., Hieron. ad a. Abr. 1948). Genauer gibt Probus in Verg. p. 1 Keil an: (*natus est*) *vico Andico qui abest a Mantua millia passuum XXX*. Das Dorf Pietole, 5 km südöstlich von Mantua, wird demnach von der Lokaltradition (freilich schon seit 600 Jahren: Dante Purg. 18, 83[11]) mit Unrecht als Heimat des Dichters angegeben; die Lage von A. ist nicht näher zu bestimmen.‹ Tanti igitur Huelsenus aestimat Probi auctoritatem, ut ea confisus damnet quae saeculorum vetustate quasi consecrata de Vergilianae patriae situ propagabantur. Quae fama quam sit certa etsi non definio — fama enim locorum ut est saepe veri tenax ita haud raro magnorum sibi per dolum occupat nominum gloriam —, tamen Probi testimonio erroris vel fraudis eam convinci posse nego: improbum enim Probum esse testem certis, nisi fallor, argumentis | demonstratum est. Cuius aetatem quamquam certis nequeo circumscribere temporibus, tamen Donato et Servio posteriorem esse docui; saeculo V vel adeo VI, cum in media barbarie studia Vergiliana non omnino iacerent, eum vixisse, Gaudentii vel Philargyrii fere aequalem, facile equidem crediderim. Is igitur in exemplar quoddam bucolicorum et georgicorum incidit instructum adnotationibus et doctissimis et vilissimis, quas ille in brevius coactas et corruptas, novis additis ineptiis et Probi nomine clarissimo inscripto, auxit vitae enarratione fraudis ac nugarum plena.

[11] Dantis verba haec sunt: *quell' ombra gentil, per cui si noma Pietola più che villa Mantovana,* ad quem locum vide quae adnotat Scartazzinius.

DIE GEBURT DES KINDES

Eine geschichtliche Weihnachtsbetrachtung

1928

»Die Endzeit ist gekommen, die Geburt eines göttlichen Kindes steht bevor. Es ist dazu berufen, nach Tilgung der alten Sündenschuld die Menschheit zu erneuern, für die ein Zeitalter des Friedens und der Gerechtigkeit anbricht. Darob herrscht in der ganzen Welt, im Himmel wie auf Erden, Freude.« Welcher Text ist in diesen Sätzen auf seinen Wesensinhalt gebracht? Weitaus die meisten Leser werden erwidern: der des Weihnachtsevangeliums. Und sie haben recht. Nur wenige werden der Antwort hinzufügen: aber auch der Text eines vorchristlichen lateinischen Gedichts. In der Tat ist in jenen Sätzen kein Wort enthalten, das nicht auch in dem Gedicht stände, kein Gedanke, der auch nur leicht umgebogen wäre. Was für ein merkwürdiges Gedicht muß das sein! Es ist in der Tat eine der allerseltsamsten Schöpfungen, die uns die Antike hinterließ, Altertumsforschern und Theologen wohlbekannt, aber um seiner weltgeschichtlichen Bedeutung wert, auch einem gebildeten, für große Zusammenhänge empfänglichen weiteren Leserkreis erschlossen zu werden.

Sein Verfasser war Virgil. Bevor er durch seine Aeneis Italiens nationaler Dichter wurde, dessen zweitausendjährigen Geburtstag im Jahr 1930 zu feiern man sich dort schon jetzt zu rüsten beginnt, hatte er ein sehr schönes, großes Gedicht über den Landbau verfaßt, die Georgica, und noch früher, etwa als Dreißigjähriger, zehn kleine Hirtengedichte, die Bucolica, auch »Eklogen« genannt. Dieser Stoff lag ihm besonders gut: war er doch der Sohn eines Dorfes bei Mantua, und das Weiche, Zarte, Stimmungsvolle war seiner Natur gemäß. »Und von der Wiege Virgils kam mir ein laulicher Wind«, sagt Goethe in dem melodischen Verse eines der Venezianischen Epigramme. Auch über jenem Gedicht, das wir betrachten wollen, der vierten Ekloge, ist ein zarter Schleier wie über einem süß atmenden Traumgebilde gebreitet. Aber bevor wir ihn lüpfen, müssen wir gar sehr in die Welt der Realitäten hinabsteigen. Das Gedicht trägt eine bestimmte Zeitmarke: es ist gewidmet dem Konsul Asinius Pollio, einem hochangesehenen Gönner des Dichters, mit dem ihn auch die Liebe zu den Musen verband. Pollio bekleidete das Konsulat im Jahre 40 vor unserer Zeitrechnung; das Gedicht soll, wie es in seinen ersten Versen sagt, dieser höchsten Würde die poetische Weihe leihen. Es war eine Zeit des Schreckens. Vier Jahre waren seit Caesars Ermordung, zwei seit der Schlacht bei Philippi vergangen, das machtvolle Gebäude der römischen Republik war in Trümmer gesunken, Italiens gesegnete Fluren verwüstet, einer rauhen Soldateska preisgegeben; in der Hauptstadt herrschten Hungersnot und Anarchie, Handel und Wandel stockten im ganzen Lande. Der Untergang Roms schien besiegelt, ein Strafgericht des Himmels bevorstehend. Dieser Stimmung gab Horaz, der etwas jüngere Freund Virgils, in einem Gedicht Ausdruck, das ebenfalls im Jahre 40, aber etwas später als das virgilische verfaßt ist. Rom ist eine Stadt des Fluchs — das ist der Inhalt des horazischen Gedichts —, es gibt keine Rettung auf diesem Boden der Verdammnis; laßt uns, die wir uns noch Keime des Guten bewahrten, auswandern nach jenen Inseln, die da in weiter Ferne im westlichen Ozean liegen, unberührt von der Pest des Sittenverfalls, die den übrigen Erdkreis verwüstet und verödet. Dies ist, wie man sieht, die Stimme einer hoffnungslosen, durch die Utopie kaum verhüllten Verzweiflung, einer Preisgabe des Glaubens an den Wiederaufstieg der Menschheit. Wie anders der befreundete Dichter, der die Realitäten des Lebens in das Reich des Ideellen zu heben geneigt war und sich gern der Phantasie, der Illusion und dem Transzendenten hingab. In die diesseitige Welt des Grauens und der Verschuldung läßt er hineingeboren werden das sündenreine Gotteskind, »das von dem unablässigen Grauen lösen wird die Welt«. Wenn es Aufgabe eines Dichters ist, das Unwirkliche mit dem Schein des Wirklichen zu verklären, ein Wunschgemälde als wahr erscheinen zu lassen, so verdiente Virgil es, daß ihm diese seine Schöpfung, so gering sie an Umfang ist (nur 63 Hexameter), eine Unsterblichkeit eintrug, die in ihrer besonderen Art ebenso beispiellos ist wie innerhalb des antiken Schrifttums das Gedicht selbst. Der alte Glaube wich nach jahrhundertelangem Ringen dem neuen, die Vielheit der Götter dem einen, der sich in seinem Sohn der Menschheit geoffenbart hatte. Wie nun aber? War nicht jenes | virgilische Gedicht, dessen Grundakkord die Heilandsidee bildet, sozusagen ein kleines Evangelium vor dem großen? Und wenn sich das so verhielt, wie ließ sich dies scheinbar Unfaßliche erklären? Diese Fragen wurden in der alten Christenheit in der Tat gestellt. Die Antwort lautete: diesen Dichter hat Gott sich erwählt, um in ihn wie in ein köstliches Gefäß den Wein, wenn auch noch nicht der vollen Erkenntnis, so doch ihrer Vorahnung zu füllen. So hat es — um nur diesen einen von den großen christlichen Vätern des Westens zu nennen — Augustinus gefühlt, und der erste christliche Kaiser des Imperiums, Constantinus der Große, hat im Jahre 325 auf dem Konzil zu Nicaea den versammelten Vätern des Ostens das virgilische Gedicht, in griechische Verse umgesetzt, vorlesen lassen, um gleiche Betrachtungen daran zu knüpfen. Wohlbegreiflich, daß auch das Mittelalter diesem frommen Glauben huldigte. Papst Innocenz III. legte in eine um das Jahr 1200 gehaltene Weihnachtspredigt Verse aus dem Gedicht ein. Im Chor einer spanischen Kathedrale ist der römische Dichter inmitten zahlreicher Figuren alttestamentlicher Propheten durch ein aus der Ekloge beigeschriebenes Wort kenntlich gemacht. Und wozu ihn nennen, dessen Name in diesem Zusammenhang auf den Lippen jedes Lesers schwebt, den großen zweiten nationalen Dichter Italiens, dem der erste der Führer ist durch die Schrecken des Inferno und die Zwischenregion des Purgatorio, der sich von ihm trennt erst an der Pforte des Paradiso, in das auch er als einer der von Gott Erleuchteten dereinst einzugehen begnadet wird?

*

So der alte, schöne fromme Glaube, dessen Träger man fast beneiden darf, daß sie, noch mitten in einer lebendigen Überlieferung stehend, jene Fragen mit so schlichter Selbstverständlichkeit, so gemütvoller Wärme beantworten durften. Wieviel schwerer wird es uns gemacht, die wir jene Überlieferung nur mit den Augen interessierter Beobachter betrachten. Wärme ist so viel wohliger als Kühle, und doch behagt der Wissenschaft nur diese. Seit dem Erwachen historischer Betrachtungsweise hat man daher an die Stelle des Glaubens an eine »Uroffenbarung Gottes an die Heiden« ein Problem gesetzt, das etwa so lautet: Die im Jahre 40 v. Chr. verfaßte vierte Ekloge Virgils ist nicht nur in ihrer Grundidee — Erneuerung der sündigen Menschheit durch die Geburt eines sündenreinen Kindes —, sondern auch in manchen Einzelgedanken und Wortformulierungen der evangelischen Geburtslegende sowie überhaupt christlichem Denken, Fühlen und Sprechen auffällig nahe verwandt. Diese Zusammenhänge gilt es mit Ausschaltung des Irrationalen geschichtlich zu erklären. Um die Lösung dieses Problems hat sich die theologische und philologische Wissenschaft gleichermaßen bemüht. Mit den Ergebnissen dieser Forschung, soweit sie nicht bloß fachwissenschaftlicher Art ist, die Leser bekannt zu machen, soll im folgenden versucht werden.

Zunächst das Datum des Geburtstages. Das Gedicht wird in seiner Gesamtheit durch folgenden Gedanken beherrscht: »Wir stehen«, sagt der Dichter, »an einer Zeitenwende. Der alte ›Äon‹ mit seinen Schrecknissen ist vorüber; in diesem Augenblick bricht ein neuer an, ein segensreicher. Er wird inauguriert durch die Geburt des Kindes, die eben jetzt erfolgt. Das Kind erschaut im Moment, wo es selbst das Licht der vor Freude bebenden Welt erblickt, die Geburt des neuen

Äon. Ein neues Geschlecht wird mit dessen Eintritt hoch vom Himmel her auf die Erde gesandt.« Das Kind ist also der erste Repräsentant dieses sich mit der Zeitwende erneuernden Geschlechts. Der Dichter läßt uns den Geburtsakt des Kindes in seinem ganzen Verlauf miterleben, von den Wehen der Mutter bis zu dem Augenblick, in dem sie das Kind in ihren Armen hält; mit diesem lieblichen Bild schließt das Gedicht. Wenn sich also der Geburtstag des Äon ermitteln läßt, so ist mit ihm auch der des Kindes gegeben, denn die beiden feiern ja Doppelgeburtstag. Die uns fremdartige Vorstellung von den Weltzeitaltern, den ›Äonen‹, war einst weit verbreitet. Den Evangelisten, dem Apostel Paulus, dem johanneischen Apokalyptiker ist sie durchaus geläufig; sie hatte, bevor sie in die Kreise des Judenchristentums drang, eine sehr lange Geschichte hinter sich. ›Aion‹, seinen Lauten nach ein griechisches Wort, dem lateinischen *aevum* und dem deutschen Ewigkeit (gotisch aiws) urverwandt, war begrifflich eine der zentralen religiösen Ideen des Orients. Im Iran uralt hat sich die Aionvorstellung auf dem Boden des babylonischen Reichs mit der chaldäischen Theologie verbunden. Nach dieser Lehre waren die Zeit in allen ihren Abschnitten, Jahr, Tag und Stunde, sowie die großen Perioden des Weltlaufs durch den Gang der Gestirne und durch die Astralgötter bestimmt. Diese iranisch-babylonische Aionmystik hat ihren Siegeszug über große Ge- | biete des Erdkreises angetreten. Uns interessiert hier die religiöse Form, in die sie sich in dem hellenisierten Ägypten etwa des dritten vorchristlichen Jahrhunderts kleidete. Zu Alexandria fand damals alljährlich ein hohes Fest statt, das im Tempel der »Jungfrau« begangen wurde. Es war eine Nachtfeier mit sehr seltsamen Zeremonien. Am Schluß ertönte der liturgische Ruf der Gemeinde: »Heute, zu dieser Stunde, gebar die Jungfrau den Aion.« Das Datum dieses Festes ist sicher überliefert: es war die Nacht vom 5. zum 6. Januar. Dieses Datum ist ein religiöses im höchsten Wortsinne gewesen; auch als Geburtstag des Osiris und Dionysos ist es bezeugt. Nichts spricht so für seine Bedeutung wie die Tatsache, daß die christliche Kirche es übernahm, um an ihm, dem 6. Januar, das Epiphanienfest zu begehen, das Fest der leiblichen und geistlichen Geburt Christi, Geburts- und Tauftag. Denn es ist ein gewichtiges und gesichertes Ergebnis theologischer Forschung jüngster Zeit, daß die Kirche ursprünglich auch den Geburtstag des Heilands an diesem Tag feierte; erst später (zwischen den Jahren 354 und 360) verlegte sie diesen auf den 25. Dezember und behielt den 6. Januar dem Tauffest vor. Da wir nun den Geburtstag des Aion kennen, so ist damit auch der des vergilischen Heilandkindes gegeben: denn das Kind erblickte, wie uns der Dichter sagt, am gleichen Tag das Licht der Welt, an dem der neue Aion einzieht.

Aber auch das andere Datum, der 25. Dezember, hat in der Ekloge eine Spur hinterlassen. Der neue Aion steht unter dem Regiment des Helios: das Sonnenzeitalter der Welt ist soeben angebrochen. Das meint der Dichter mit den Worten: »Schon herrscht Apollo«, denn die Gleichsetzung Apollos mit dem Sonnengott war alt und ist für diesen Vers ausdrücklich bezeugt. Als Geburtstag des Helios galt mythischem Denken der 25. Dezember, der bedeutsamste Tag auf dem Ziffernblatt der Weltuhr, der Tag, an dem sich die Sonne von ihrem tiefsten Stand erhob und dadurch das vegetative Leben aus dem Tode erweckte. Vielen Völkern galt daher dieser Tag als heilig; uns geht hier nur folgende Erscheinungsform an. Wir lernten vorhin das Fest des Aion kennen, das in Alexandria am 6. Januar stattfand. Daneben stand dort eine Heliosfeier. In der Nacht vom 24. zum 25. Dezember versammelten sich die Gläubigen in einem unterirdischen Gemach. Hier fanden zur Mitternachtsstunde die Einweihungszeremonien statt. Bei Tagesgrauen verließ die Prozession der Gläubigen jenes Gemach; vorangetragen wurde die Statuette eines Knäbleins als Symbol des eben neugeborenen Sonnengottes. Sobald die Strahlen des jungen Tagesgestirns auf die Gemeinde fielen, brach sie in den Ruf aus: »Die Jungfrau hat geboren, zunimmt das Licht.« Diese liturgieartigen Worte erinnern uns an die ähnlichen des alexandrinischen Aionfestes: »Heute, zu dieser Stunde, gebar die Jungfrau den Aion.« Die beiden Feiern gleichen sich derart, daß jeder auf die Vermutung kommen wird, ursprünglich müsse es eine und dieselbe Feier gewesen sein, die durch irgendwelche besonderen Vorgänge in zwei zerlegt wurde. In der Tat hat sich das so verhalten; wieder werden wir dabei auf Ägypten geführt. Die Ägypter rechneten im ›alten‹ Reich, der Schöpfung des Königs Menes (um 3300 v. Chr.), nach einem am 19. Juli (julianischen Kalenders) beginnenden Siriuswandeljahr. Aber in jüngerer Zeit wurden in diese Jahresrechnung Elemente aus einem Wintersonnenwendjahr eingefügt. Die Zeit, zu der diese nach dem Sonnenlauf orientierten Elemente in das Siriusjahr eindrangen, ist unlängst von einem angesehenen Ägyptologen genau bestimmt worden: es geschah bei der Neugründung des Reiches, des sog. ›mittleren‹, durch den König Amenemhet im Jahre 1996 v. Chr. Damals fiel die Wintersonnenwende, wie astronomisch errechnet ist, etwa auf den 6. Januar (jul. Kal.). »Die Geburt der Sonne« wurde das Fest genannt. Der Jahrespunkt verschob sich im Laufe der Jahrtausende (er wich ungefähr alle 128 Jahre um einen Tag zurück); etwa um 300 v. Chr. fiel er auf den 25. Dezember. Der heilige Kalender trug dem astronomischen Rechnung: neben das durch uralte Tradition geheiligte Datum des 6. Januar trat das neue des 25. Dezember. In einem vielleicht beispiellosen Siegeslauf haben sich diese beiden Festtage einen großen Teil des Erdkreises erobert, Völker und Religionen verbindend,

Jahrtausende umfassend, als Weihnachten und Epiphania bis auf den heutigen Tag von der Kirche gefeiert.

*

Von dem Geburtstag wollen wir uns dem Geborenen selbst zuwenden. Man kann sich vorstellen, welches Aufsehen das kleine Gedicht bei seinem Erscheinen machte. Wen mag der Dichter mit dem Kind des Heils meinen? fragten sich viele, und nachweislich meldeten sich fast noch zu Lebzeiten des | Dichters (er starb 19 v. Chr.) und bald hinterher Prätendenten. Aber an ihren Ruhm haben sie nur selbst geglaubt, und sie konnten ihn nicht durch ihre Taten erhärten — der eine von ihnen war ein stadtbekanntes *mauvais sujet* —, ja, sie mußten zu Fälschungen ihres Geburtsjahres greifen, um dieses auf das Jahr 40 zu datieren, das durch bestimmte Angabe des Gedichtes selbst unantastbar war. Dieses Spiel, ebenso frivol wie kindisch, können wir auf sich beruhen lassen. Ernsthafter könnte auf den ersten Blick die Annahme einzelner Gelehrter erscheinen, es sei ein Sohn des späteren Kaisers Augustus gemeint, der damals noch den Namen Caesar Octavianus trug. Aber die gegen diese Hypothese vorgebrachten Bedenken sind unüberwindlich. Das Gedicht ist ganz zu Beginn des Jahres 40, eher noch im Winter 41 zu 40 verfaßt. Der junge, damals 23jährige Caesar vermählte sich aber erst im Frühjahr 40. Diese Tatsache allein dürfte genügen, jene Hypothese zu widerlegen; daß das dieser Ehe entsprossene Kind — es wurde übrigens erst im Jahre 39 geboren — leider nur ein Mädchen war, Julia, die späterhin zum Gram ihres Vaters übelstbeleumundete Frau Roms, gibt dieser Hypothese, was in der Wissenschaft wohl selten genug vorkommt, sogar den Anstrich einer galanten Pikanterie. Doch ist die Frage viel zu ernst, um bei ihrer Behandlung zu scherzen. Dieses Kind trägt ja den Stempel übernatürlichen Ursprungs. Welcher Sterbliche würde in seiner Geburtsstunde aufgefordert, »das Beben des beim Nahen der neuen Zeit in Freude erschauernden Weltalls zu betrachten?« Welches gewöhnliche Menschenkind wäre je so angeredet: »Lieber Sproß der Götter, Jupiters großer Zuwachs«? Im Augenblick seiner Geburt lächelt es seiner Mutter zu. Das galt dem Altertum als ein Vorrecht von Wunderkindern: schon die antiken Physiologen haben beobachtet und die modernen haben es bestätigt, daß das Lächeln auf dem kindlichen Gesicht frühestens am vierzigsten Tag nach der Geburt erscheine. Zum Jüngling herangereift, wird der Gepriesene in den Himmelssaal eingeführt, inmitten der Versammlung der seligen Götter und Heroen erfolgt seine Inthronisation als Weltherrscher, er schmaust an der göttlichen Festtafel und erhält eine Göttin zur Braut. Alle diese Züge weisen auf ein Kind göttlichen Samens: die Mutter eine Sterbliche, aber ein Gott hat sie mit seiner Liebe begnadet und über alle sterblichen Frauen erhöht. Wem fiele dabei nicht die evangelische Geburtslegende ein? Was vorhin über das kalendarische Datum der Geburt des Christkindes gesagt wurde, gilt auch von der Vorgeschichte seiner Geburt: uralte Klänge des Orients haben sich in ihr zu einem Akkord von seltener Reinheit vereinigt. Auch hier weist die älteste uns kenntliche Überlieferung nach Ägypten. Hören wir eine ägyptische Göttergeschichte, die bis in die fünfte Dynastie, d. h. bis in die Mitte des 3. Jahrtausends, hinaufreicht; sie hatte in der Hauptsache folgenden, nach dem Urteil der Sachkenner gesicherten Inhalt. Amon-Rê, der Sonnengott, naht sich einer Sterblichen, der Königin, »der schönsten der Frauen«, in Gestalt ihres Gatten, des Königs. Sie erwacht von dem Wohlgeruch, der ihn umgibt, und frohlockt über den Anblick seiner Schönheit. In der Liebesvereinigung gibt er sich ihr als Gott zu erkennen. »Herrlich, dein Angesicht zu schauen, da du mich meiner Majestät verbindest in voller Gnade. Dein Tau durchdringt alle meine Glieder«, spricht sie zu ihm beseligt. In dem Augenblick, wo er »sein Herz auf sie gelegt hat«, ist sie nicht mehr sterbliches Weib, sondern Göttin. Beim Scheiden verheißt ihr der Gott die Geburt eines Knaben, mit dem er ganz sein will und der die Erde mit seinen Wohltaten beglücken wird. »Er wird ein Königtum der Gnaden in diesem Lande ausüben, denn meine Seele ist in ihm«, spricht der Gott zu seiner Erwählten, »du bist mein leiblicher Sohn, den ich erzeugte«, zu dem Knaben nach dessen Geburt. Wenn wir dieser »Gotteshochzeit« — »Theogamie« pflegen wir sie mit griechischer Wortprägung zu nennen — zuerst in Ägypten begegnen, so braucht damit nicht gesagt zu sein, daß sie in diesem Land zuerst geprägt wurde; sie kann aus anderem orientalischen Volkstum dahin übertragen sein. Das läßt sich bei dem gegenwärtigen Stand unseres Wissens von den Völkerbeziehungen des vorderen Orients noch nicht erkennen. Sicher ist, daß sich die Idee viele Länder und Völker eroberte. So zahlreiche Veränderungen sie dabei auch erfuhr: das »Kind« blieb ihr Träger. »Sieh das junge Weib: es ist schwanger und gebiert einen Sohn« . . . »Ein Kind ist uns geboren«: so beginnt die Rede des Jesaja an Ahas, den König von Juda, in der Zeit schwerer Bedrängnis (bald nach 728 v. Chr.). Der Prophet preist das Kind des Segens und der Kraft und des ewigen Friedens mit Worten, wie sie nur einem göttlichen Kind zukommen (sogar »ein Gott im Streit« wird es genannt). Aber die Jahve-Religion bedingte es, den Ursprung des Kindes aus göttlichem Samen | zu verschleiern; sie duldete nur noch die Formulierung: »Auf das Kind ließ sich nieder der Geist Jahves.« Die in ihrer Art großartige Realistik des Mythus, die wir soeben kennenlernten, ist bei ihrem Hinabsteigen aus der Sphäre des Pantheon in die monotheistische verblaßt; aber die enthusiastische

Glaubensstärke, die inbrünstige Religiosität, die nun an die Stelle trat, ist ein vollwertiger Ersatz. Dieser Abschnitt des Prophetenbuches, einer der berühmtesten, blieb unvergessen. Der Evangelist Matthäus weist in seiner Erzählung von der Geburt Jesu auf ihn hin. Die evangelische Erzählung bei Lukas ist von dem lieblichen Duft einer zarten Legende umweht, die von Mythischem nur noch ganz von fern wie von einem urzeitlichen Schatten gestreift wird. Nicht der Gott selbst spricht zu dem begnadeten Weib, sondern, wie es judäischer Vorstellung gemäß war, der Engel als Mittelsperson. Die Vermählung wird nicht als Vorgang geschildert, sondern in spiritualisierter Fassung wird sie der Gottesbraut durch den Engel verkündet. »Du hast Gnade gefunden bei Gott. Siehe, du wirst empfangen im Schoß und einen Sohn gebären ... Der wird groß sein und Sohn des Höchsten genannt werden ... Heiliger Geist wird über dich kommen, und Kraft des Höchsten dich beschatten.« Wie rührend sind durch den Ausdruck der Ergebenheit die Worte des Weibes, dem unfaßbares Erleben verkündet wurde, an den Engel: »Siehe, ich bin die Magd des Herrn; es geschehe mir nach deinem Worte.« Sie ersetzen, wie wir erkannt zu haben glauben, die stolzen und frohlockenden Worte eines über ihre Liebesvereinigung mit dem Gott beseligten Weibes an den Gott selbst. Das mythische Drama ist umgeschaffen zu einer mythisch gefärbten Legende; nicht um eine Welt möchten wir jene Worte gottergebener Demut missen, die Dichtern und Künstlern aller Zeiten unerschöpflichen Stoff zu höchstem Gestalten boten.

*

Der ägyptische Priester und der israelitische Prophet, der römische Dichter und der christliche Evangelist: sie alle, getrennt durch Klüfte der Zeiten und Welten des Denkens, sind doch, jeder in seiner Art, Träger der Heilandsidee gewesen, die sich an die Geburt eines göttlichen Kindes knüpfte, eines Kindes, das berufen sein sollte, ein neues Weltzeitalter heraufzuführen und die in Not geratene, in Sünde verstrickte, dem Tode verfallene Menschheit zu erlösen.

Wir beugen ehrfürchtig unser Haupt vor einer durch ihre zeitliche Dauer und ihre religiöse Schöpferkraft fast überwältigenden Tradition. Geschichtliches Denken stört nicht, nein, es stärkt die Ehrfurcht vor dem in der Menschheitsgeschichte wirkenden Göttlichen.

Wenn wir in der heiligen Nacht unsere schönen deutschen Weihnachtslieder singen, denen kein Volk gleiche an zarter Innigkeit zur Seite stellen kann, besonders jenes alte eines unbekannten Dichters, der auf Jesaja hindeutet und auf das Kind, »geboren mitten im kalten Winter, wohl zu der halben Nacht«, mögen wir uns, stolz zugleich und demütig, fühlen als Träger einer Überlieferungskette, in die die Menschheit eins ihrer höchsten Güter als Ewigkeitsglied eingefügt hat: die Sehnsucht nach Erneuerung. Da mögen wir denn auch, und sei es mit noch so flüchtigem Gedenken, jenes kleine Gedicht streifen, das mit so melodischer Gestaltung in die Weltfuge eingreift.

Die alte Kirche hat, wie eingangs gesagt wurde, von ihrem Standpunkt aus betrachtet, ein ganz richtiges Gefühl gezeigt, als sie den Dichter um dieses Gedichtes willen den Propheten beigesellte, die den Heiland verkündigten. Das Urmotiv von der »Geburt des Kindes« hat er als einziger — wir vermögen nicht mit Sicherheit zu sagen, auf Grund welcher unmittelbaren literarischen Quelle — der lateinisch sprechenden Welt vermittelt, bis es auf den übertragen wurde, der der Menschen reinster war, weil er der kindlichste und kinderliebendste war, und weil keiner wie er das Bewußtsein der Gotteskindschaft hatte, für das er in den Tod ging.

»Wahrlich, dieser Mensch war ein Sohn Gottes.«

EINEM ZWEITAUSENDJÄHRIGEN GEBURTSTAGSKINDE ZUM GRUSS
1929

»Über die Wiege Virgils kam mir ein laulicher Wind.«

Dieser melodische Vers Goethes sei uns der Auftakt zu dem kleinen literarischen Angebinde, das wir dem ältesten Geburtstagskind dieses Jahres der Jubiläen in seine Wiege legen. Goethe schrieb jenen Vers, als er auf seiner zweiten Italienreise (1790) durch die gesegneten Fluren der Lombardei fuhr, seinem Ziele Venedig entgegen. Mantua hat er im Rücken, von dort naht sich ihm auf den Flügeln des Zephirs das Erinnerungsbild des mantuanischen Sängers, das ihn zum Dichten inspiriert:

»Da gesellten die Musen sich gleich zum Freunde.«

*

Virgilio nennt ihn das heutige Italien, nannte ihn schon das Italien Dantes und Petrarcas, und diese Lautform, mit dem i in der ersten Silbe, reicht weit in das Altertum selbst hinauf. In lateinischer Sprache werden wir den Namen aussprechen, wie sein Träger selbst: *Vergilius,* aber in deutscher ist er uns lebendig als Virgil.

Wie das Geburtsjahr — 70 vor unserer Zeitrechnung —, so steht auch der Geburtstag fest: der 15. Oktober. Unerheblich ist, daß das Tagesdatum sich aus dem damaligen, noch in Unordnung befindlichen Kalender in den unsrigen mit keiner auch nur annähernden Genauigkeit umsetzen läßt. Bedeutsam dagegen ist die engere Heimat des Dichters. Rom selbst, die Hauptstadt, hat im gesamten Altertum auch nicht einen einzigen namhaften Dichter hervorgebracht; wie Horaz aus dem Süden der Halbinsel stammte, so Virgil aus ihrem Norden, der Lombardei. Mantua ist eine der ältesten italischen Städte, mit einer ruhmreichen Geschichte, die von der Urzeit bis zu dem heroischen Lebensende des tirolischen Freiheitskämpfers Andreas Hofer läuft. Etruskischer Adel mischte sich dort mit umbrischem Bauernstamm. Diesem gehörte der Dichter an, denn sein voller Name lautete *Publius Vergilius Maro,* und der Beiname, im altrömischen Namensystem für die Herkunft entscheidend, weist ihn den Umbrern zu, bei denen *maro* den Dorfschulzen bezeichnete. Für die Gesamtheit seines dichterischen Schaffens war die Herkunft aus altitalischem Blut entscheidend: kein Dichter lateinischer Sprache hat sich mit gleicher Hingabe des Gefühls in die Urgeschichte Italiens versenkt. Vom Schicksal dazu bestimmt, dereinst der Prophet des Weltimperiums zu werden, war er geboren in einer dörflichen Siedlung nahe bei Mantua, in bescheidenen Verhältnissen, bäuerlichen Antlitzes — wir kennen sein Porträt aus einem in der römischen Provinz Africa gefundenen Mosaik: das Gesicht unschön, knochig, mit einem leidenden Zug, die Statur hager, der vollkommene Gegensatz zu Horazens rundlichem, gesundem Gesicht, das eine Gemme zeigt, und dem untersetzten Körper mit behaglichem Bäuchlein. Keine Spur auch von seines Freundes weltmännisch gepflegtem Wesen. Unbeholfen im Verkehr mit den Großen, von lautem Beifall peinlich berührt; wenn er in der Hauptstadt, die er mied, bemerkt wurde und man mit Fingern auf ihn wies, floh er in das erste beste Haus. »Lebe in der Verborgenheit«: dieser Wahlspruch Epikurs, zu dessen edler, menschenfreundlicher Philosophie er sich, wie die meisten damals, in seiner Jugend bekannte, blieb der seinige auch dann, als die großen Begebenheiten der Zeit sich ihn der religiösen Weltanschauung der Stoa nähern ließen. An äußeren Ereignissen aus seinem Leben ist nichts von irgendeinem Belang zu berichten. Aber an innerem Erleben kann es seiner auf das Seelische abgestimmten Natur nicht gefehlt haben. Solchen Spuren nachzugehen lohnt sich wohl, mögen sie sich auch nur leise seinen Werken eingeprägt haben. »Ein Dichter war ich«, läßt Dante ihn sagen, als er ihm im Jenseits begegnet. Sehen wir zu, ob dies schlichte, große Wort sich an seinem Schaffen bewährte.

*

Jeder denkt bei seinem Namen zunächst an die Aeneis, das Großepos in zwölf Büchern, von denen einzelne noch in unseren Gymnasien gelesen werden. Daß zeitlich ein Lehrgedicht vom Landbau voranging und daß wieder vor diesem eine Sammlung kleiner Hirtengedichte stand, werden immerhin zahlreiche Gebildete wissen. Aber kaum jemals wird zu ihrer Kenntnis gekommen sein, daß wir einige virgilische Jugendgedichte besitzen. Und doch ist darunter ein oder das andere nicht ohne Reiz, insbesondere eines, das fast bekenntnismäßigen Charakter trägt. Wir wollen es kurz betrachten. Der Dichter mag damals in der Mitte der zwanziger Jahre seines Lebens gestanden haben. Die üblichen rhetorischen Studien lagen | hinter ihm. Sie haben ihm mit ihren Künsten geschminkter und tönender Rede keine Befriedigung gewährt. »Hinweg von mir, nichtige Salbenfläschchen der Rhetoren, einer Zunft gedunsen von Schwulst, triefend von Fett; hinweg, du nichtiges Schallbecken der Jugend.« Auf diese Absage folgt eine zweite. Er war von Liebe zu schönen Knaben nicht unberührt geblieben; daher gilt sein zweites Valet der Sinnenlust. Was also nun? Nur die Philosophie Epikurs vermag dem Leben Inhalt und Sorgenfreiheit zu gewähren: »So steure ich denn meinen Lebensnachen in den Hafen der Ruhe und Glückseligkeit.« Aber mit diesen zehn Verslein ist das Gedicht noch nicht zu Ende: gar viele hatten in jenen unruhigen Zeiten eine derartige Abkehr von der hohlen Modebildung und dem Sinnentaumel vollzogen, um in philosophischen Studien Inhalt und Ziel des Lebens zu suchen; ein Bekenntnis also, wie dieses, wäre kein besonderes gewesen. So folgen denn auf jene zehn Verse noch vier mit einer dritten Absage, einer ganz persönlichen, der schwersten von allen. »Hinweg ihr Musen, ja, hinweg auch ihr jetzt, süße Musen — denn ich will die Wahrheit gestehen: süß seid ihr gewesen. Und doch: gewähret meinem Liederbuche von Zeit zu Zeit noch ein Wiedersehen, aber in Züchten und selten.« Ein stimmungsvolles Gedichtchen, besonders der Schluß zart ausklingend. Es gab auch eine »kecke« Muse: ihr hatte er in diesen Jugendgedichten vielfach gehuldigt; mit ihr will er also nichts mehr zu schaffen haben: nur der »züchtigen« Muse Besuche will er noch von Zeit zu Zeit empfangen. Dieses Versprechen hat er gehalten: keusch wie sein weiteres Leben war seine Poesie. Aber hat die Muse ihm auch die zweite Bitte gewährt, ihn nur »selten« zu besuchen? Wurde sie nicht ihm, dem Einsamen und Unvermählten, die Lebensgefährtin? Mag es uns, die wir nur den Dichter kennen, auch so scheinen: in Wahrheit ist doch die Philosophie seine stille Liebe geblieben; sie hat künftighin manche Seite seiner Werke geadelt.

*

Diese Jugendgedichtchen — Epigramme oder, wie das soeben betrachtete, in lyrischen Versen — weisen formell und meistens auch inhaltlich noch keinen eignen Stil auf: es sind Nachblüten einer Dichterschule der vorangegangenen Generation, dessen strahlendster Stern Catull gewesen war. Es galt nun, etwas Eignes zu schaffen. Anlehnung an griechische Vorbilder war selbstverständlich: original im eigentlichen Wortsinne ist die römische Literatur nie gewesen, das Schöpferische in ihr beschränkte sich auf Umprägung des Hellenischen; diese gelang dann freilich einigen großen Schriftstellern so vollkommen, daß das Ererbte Eigenbesitz wurde. Einer der berühmtesten nachklassischen Dichter der Griechen war Theokrit gewesen (geb. um 305 v. Chr.), der Schöpfer oder doch Vollender der ›idyllischen‹, d. h. der genrehaften Poesie, von der die *Bucolica,* Hirtengedichte, nur eine besonders ausgeprägte Art waren. Ihn erkor sich Virgil, den dreißiger

Jahren seines Lebens nahe, als Vorbild. Die Wahl war nicht bloß durch die literarische Erwägung bedingt, daß diese Gattung, die von griechischen Dichtern bis in die Zeit Virgils noch immer gepflegt wurde, in römischer Poesie noch nicht vorhanden war. Es trat vielmehr ein Persönlichkeitsmoment hinzu: das ländliche Idyll mußte dem Dichter, der in seiner Heimat selbst ein kleines Gut bewirtschaftete, ein Stoff der inneren Neigung sein. Es sind zehn Gedichte in hexametrischem Versmaß, das von nun ab seine sämtlichen Werke beherrscht. Eine Anzahl dieser Gedichte darf man füglich nur als ›Studien nach Theokrit‹ bezeichnen. Von ihnen gilt ein besonnenes Urteil des Altertums selbst, es sei dem Dichter nicht gelungen, die freilich unnachahmliche Süße und Natürlichkeit des Originals zu erreichen. Aber fast überall da, wo er sich freier gehen läßt, ist der Eigenwert beträchtlich. Der Dichter hat einen neuen Sprachstil geschaffen, den Horaz, auch seinen Freunden gegenüber ein offenherziger Kritiker, weich und anmutig nennt. Er hat ferner sich schon in diesen Gedichten als Meister einer künstlerischen Komposition erwiesen, indem er das Idyll bildhaft gestaltete und es gern in einen geschlossenen Rahmen stellte. Beispielsweise das erste Gedicht. Ein Hirt liegt behaglich unter dem schattigen Dach einer Buche und flötet, den Blick auf die ruhig weidende Herde gerichtet, auf seiner Schalmei. Da kommt ein andrer mit seiner Herde vorbei, der in den Wirren der Zeit durch eine rauhe Soldateska von seinem Hofe vertrieben ist. In einem Wechselgespräch preist der eine das Glück seines geruhsamen Heimatbesitzes, während der andere das Unglück beklagt, das ihn hinaus in die Fremde zu ziehen zwingt. Darüber geht der Tag zur Neige, der Arme muß weiterziehen und treibt seine Ziegen an. Da sagt der Glückliche: »Aber du könntest doch wenigstens diese Nacht hier bei mir auf dem grünen Laube ruhen; auch habe ich reife Äpfel, weiche Kastanien und frischen Käse in Menge. Und schon steigt da in der Ferne Rauch aus den Giebeln der Landhäuser, und länger fallen von den Bergen die Schatten.« So schließt das Gedicht bildhaft abgerundet. Lebensfreude, leiser anklingend, und Wehmut in volleren Tönen verschlingen sich in ihm zu stimmungsvoller Einheit: solche Kontraste, wie er sie wohl selbst in seinem Innern empfand, hat er oft zum Hebel der Wirkung gemacht. Das Sentimentale meldet sich zum Wort, aber ohne ins Rührselige zu verfallen, und im Hintergrund der genrehaften Szene ragt das Geschehnis revolutionärer Schrecknisse auf. Es ist die Zeit nach der Schlacht bei Philippi (42 v. Chr.), dem Grabe des Bürgerstaates. Aufleuchtet der Stern des | neuen Herrschers, der dem Chaos ein Ende bereiten wird. »Ein Gott« — so spricht der glückliche Hirt — »hat mir diesen Frieden gegeben. Ihn sah ich in Rom, den Jüngling, dem ich zum Dank an meinem ländlichen Altar opfere. War doch er es, der mir auf meine Bitte als erster den Bescheid gab: Weidet, wie bisher, Kinder, eure Herden, ziehet Stiere zur Zucht auf.« Dieser Hirt trägt die Züge des Dichters selbst, und der Jünglingsgott ist der junge Caesar Octavianus, dem er es verdankte, daß sein Gütchen nicht der Konfiskation verfallen war. — Gern führte ich dem Leser noch eines oder das andere dieser Gedichte vor, aus denen seit der Zeit der Renaissance die meisten europäischen Völker in Poesie und Malerei zahlreiche Motive entnahmen. Aber der Raum gestattet nicht längeres Verweilen, und über das weltberühmte vierte, das Heilandsgedicht, ist den Lesern der Monatshefte von dem Verfasser dieser Zeilen unlängst berichtet worden.

*

Dieser Zyklus von Gedichten, die in den Jahren 42—39 zunächst einzeln bekanntwurden, begründete seinen Ruhm. Die Großen des Reichs wurden auf ihn aufmerksam, vor allem Maecenas, der Vertraute des Caesar. Poesie bedeutete damals viel: bei dem Fehlen einer eigentlichen Presse wurde sie ein Echo der patriotischen Stimmung und ein Instrument der Führer zur Verwirklichung ihrer nationalen Pläne. Der Dichter ein Mahner und Erzieher seines Volkes: das war eine schöne, von dem Hellenentum der großen Zeit geprägte, der Antike dauernd verbliebene Vorstellung. In Virgil und dem fünf Jahre jüngeren Horaz erkannte Maecenas die aufstrebenden Talente, die dazu berufen schienen, Herolde einer nationalen Wiedergeburt zu werden. Virgil spricht es selbst aus, er habe sein zweites Werk, die *Georgica,* vier Bücher vom *Landbau,* die er dem Maecenas widmete, auf dessen »Befehl« gedichtet. Das ist nicht wörtlich zu nehmen: der Dichter brauchte nur auf die Stimme seines eignen Herzens zu lauschen, aber der hochgesinnte und mächtige Gönner, dem er die Mittel zu einem sorgenfreien Leben verdankte, förderte einen dichterischen Plan, von dem er sich große Wirkung versprach.

Italiens Fluren lagen verödet, die Kraft des Bauernstandes war gebrochen. Die Wiedergeburt mußte mit der friedlichen Arbeit des Landmanns beginnen, durch die einst Rom erstarkt war. Politik verband sich mit Romantik; was der Staatsmann durch reale Mittel erstrebte, spiegelte sich in der Phantasie des Dichters, der die Wirklichkeit in das Reich der Idee erhob. Im Jahre 37 begann er mit dem Werk, auf dessen Vollendung er, seiner Gewohnheit gemäß langsam arbeitend, nachdenklich und von Stimmungen abhängig, acht Jahre verwandte. Diese Jahre haben zu den schicksalschwersten der römischen Geschichte überhaupt gehört, ja man darf sie als eine weltgeschichtliche Krisenzeit bezeichnen: der sich vorbereitende und in der Schlacht bei Actium (31) gipfelnde Entscheidungskampf zwischen

Caesar Octavianus und Marcus Antonius ging um die Hegemonie des Westens oder des Ostens, Europas oder Asiens. Finster und blutgetränkt öffnet sich in großartigen Bildern des virgilschen Gedichts der Abgrund vor den Augen des Lesers, aber leuchtend erstrahlt in der Nacht der Stern des julischen Geschlechts, dessen nahenden Triumph der Dichter im Verlauf seines Werkes künden darf. »Arbeite und bete« könnte man den Wahlspruch dieses Gedichtes nennen, denn auch Frömmigkeit liegt über ihm gebreitet: von einem machtvollen Gebet wird es eröffnet, und die Mahnung einer Abkehr vom materiellen Genußleben der entgötterten Welt, einer Rückkehr zum Glauben der Väter erklingt gelegentlich in weihevoll religiösen Tönen. Als Ganzes betrachtet gehört das Werk in die Kategorie des sogenannten ›Lehrgedichts‹: es werden Vorschriften über Ackerbau, Baumkultur, Viehzucht und Bienenpflege gegeben, weniger auf Grund eigener Erfahrung als aus Büchern, griechischen und lateinischen, die es darüber in großer Zahl gab. Für die Kunst poetischer Gestaltung des spröden Materials hatte er in dem philosophischen Lehrgedicht des Lucrez, der gestorben war, als Virgil aus den Knabenjahren ins Jünglingsalter trat, ein hochbedeutendes Vorbild. Aber nur angeborene Liebe zur Aufgabe ermöglichte ihm die Beseelung des Stoffs: »Der Musen heiliges Gerät trage ich, von gewaltiger Liebe durchschüttert.« Mit farbenprächtigen Naturgemälden, etwa eines Gewittersturms, wechselt reizende Miniaturmalerei, z. B. Bauer und Bäuerin am winterlichen Herdfeuer: »Er durchwacht die späte Winternacht und spitzt bei Fackellicht Kienholz mit scharfem Messer. Dieweil läßt die Gattin, sich die lange Arbeit mit Singen tröstend, den surrenden Kamm durch den Aufzug des Gewebes laufen, oder sie kocht süßen Most auf dem Herdfeuer und füllt mit Blättern den Schaum aus dem zitternden Kessel ab.« Auch das Tierleben weiß er liebevoll zu zeichnen. Wenn es regnen will, »schnuppert die Färse, den Kopf gen Himmel hebend, mit offnen Nüstern die Lüfte; die zwitschernde Schwalbe umfliegt den See, und im Sumpf singen die Frösche ihr altes Klagelied; die Krähe aber, die böse, ruft mit voller Stimme den Regen und spaziert einsam und allein, auf und ab im trocknen Sand«. Das *Dolce* des Stils ist die Dominante, das *Maestoso,* das dereinst dem Epos sein Gepräge geben sollte, kündet sich jedoch in affektvollen Abschnitten bereits an. Alles in allem: ein kerngesundes Werk, die zugleich kraftvollste und lieblichste Huldigung für Altitaliens Land und Leute. |

Im Jahre 29 v. Chr. kehrte Caesar Octavianus vierunddreißigjährig als Sieger über Antonius zurück; die Herrschaft des Westens über den Osten war für Jahrhunderte besiegelt. Unerhörte Ehrungen waren für seinen Empfang in Rom vorgesehen, darunter ein dreitägiger Triumph im Hochsommer. Eine Unpäßlichkeit zwang ihn einige Tage in einer italischen Landstadt zu verweilen. Dort trug ihm der Dichter, beim Vorlesen sich mit Maecenas ablösend, das eben vollendete Werk vor, ein leiser Auftakt zu den bevorstehenden rauschenden Feiern. Noch ganz zuletzt hatte er dem dritten Buch des Gedichts, unter dem Eindruck der Vorbereitungen zu dem Triumph, ein schwungvolles Proömium vorangeschickt, das in die Worte ausklang: »Bald werde ich mich gürten, die flammenden Schlachten des Caesar zu künden.« Scheinbar die Ankündigung eines kriegerischen Epos mit dem Caesar als Helden im Mittelpunkt. Aber sein poetisches Gewissen war sehr geschärft: kein großer Dichter des Altertums hat die Wirklichkeit porträtiert, sondern ihr farbiges Abbild künstlerisch gezeichnet. Geschehnisse zu berichten war Aufgabe des Geschichtsschreibers, der Dichter mußte sie von der Gegenständlichkeit abrücken und ihnen einen ideellen Hintergrund geben. So steigt denn schon in jenem Proömium ein verheißungsvoller Name auf: Troja und die trojanische Ahnenreihe des Caesar.

*

Unmittelbar nach dem Triumph schloß der Herrscher die Tore des Janustempels, die seit Jahrhunderten als Symbol andauernder Kriege offengestanden hatten. Durch diese feierliche Handlung brachte er zum Ausdruck, daß er ein Regiment des Friedens zu errichten gewillt sei. Die *Pax Augusta* — den Namen Augustus nahm er zwei Jahre darauf (27 v. Chr.) an — senkte sich als schönstes Gnadengeschenk auf die unselige Welt. Es begann die schwere Arbeit des Wiederaufbaus, neues Leben sollte aus den Ruinen blühen, der alte Dämon gebannt und die Erinnerung an das Grauen begraben sein. Trägerin dieser Zeitstimmung wurde die *Aeneis*. Ihr war es beschieden, das berühmteste Dichtwerk in lateinischer Zunge zu werden. An ihr lernte der römische Knabe lesen und schreiben. Sie wurde die weltliche Bibel für die lateinische Hälfte des Imperiums, die Trägerin und Hüterin der Idee des mittelalterlichen Kaisertums, und Teile aus ihr wurden, nur mit veränderter Versfolge, zu christlichen Epen zusammengeflickt. An universalgeschichtlicher Bedeutung läßt sich innerhalb des abendländischen Kulturkreises dem zeitlichen und räumlichen Siegeslauf dieses Werkes nur der »Gottesstaat« des Augustinus an die Seite stellen, und dieser Große im Reich des Geistes verehrte in dem Dichter einen der Wegbereiter und Vorverkünder Christi. Die Mitwelt flocht ihm einen echteren Kranz: den Kranz des nationalen Dichters. Versuchen wir das Eigenartige nachzufühlen, das für das Rom des Augustus in diesem schlichten und hohen Begriff beschlossen war.

*

Die Nation hatte sich verloren, in den ungeheuren Revolutionen eines Jahrhunderts war das alte, große Römertum zugrunde gegangen, es herrschte eine Art von Weltuntergangsstimmung. Gab es noch eine Möglichkeit der Rettung aus dem Chaos? Wiedergeburt an Haupt und Gliedern, Erneuerung an Geist und Seele war die Losung. Aber durch welche Mittel? Die Antwort der Besten lautete: Rückkehr zum Alten, das uns einst hat groß und stark werden lassen. Wir müssen wieder fromm werden wie unsere Ahnen, echt und rein und treu wie sie, müssen ihre *virtus*, Mannestugend, und ihre *mores*, Gesittung, wieder erringen. Wir stehen an einer Zeitwende. Nun denn, beginnen wir den Kreis, der sich soeben geschlossen hat, von neuem; besinnen wir uns auf das, was wir waren, um zu werden, wozu uns das Schicksal berufen hat. Denn auf den Blättern unserer Prophetin, der Sibylle, steht geschrieben: einen Weg der Leiden wirst du wandern müssen, Roma, aber so du dem Unglück die Stirn bietest, wirst du es überwinden und ewig sein und Herrin der Welt. So dachten, so sprachen die Besten der Nation. Aber nun eine zweite Frage: wer wird der Retter sein? Hören wir die Stimme des Volkes. Caesar Augustus, dein Geschlecht, das julische, ist mit der Vorgeschichte der Stadt unlösbar verbunden. Denn Aeneas, der Sohn des Anchises und der Venus, hat die Penaten, die Götterbildnisse unseres Staates und unseres Herdes, aus dem Brand Trojas nach Latium gerettet. Er ist unser aller Urahn und durch seinen Sohn Julus der deinige insbesonders. Auf dich, Caesar, als Retter in der Not weisen die Sprüche der Sibylle, unserer Prophetin. Folge der Berufung, laß, ein zweiter Romulus, in deinem neuen Rom das alte wiedererstehen.

Dieser Sehnsucht nach Erneuerung der Nation, diesem Glauben, daß der Kaiser im Bild seines trojanischen Urahns der Bringer des Heils sein werde, gab die Aeneis Ausdruck: sie ist national und augusteisch, denn beides ist eins, da Augustus die Nation verkörperte. So verflechten sich Vorzeit und Gegenwart romantisch ineinandergeschaut zu einem Traumbild, an dessen Wesenhaftigkeit zu glauben versuchen muß, wer die Wirkung des Gedichts nacherleben will. Schicksalhaft vollzieht sich die Handlung, Zeichen und Wunder begleiten sie von dem Augenblick an, da Aeneas die brennende Stadt verläßt, den Vater, der die kleinen Penatenbildnisse trägt, auf den Schultern, den Sohn Julus an der Hand. Götterhuld | und Götterfeindschaft schützt oder verfolgt ihn auf den Stationen seiner Fahrt, die ihn auch das Totenreich betreten läßt — eine römische Odyssee. In Latium, dem Land der Verheißung angelangt, hat er Kämpfe über Kämpfe mit den eingeborenen Volksstämmen zu bestehen — eine römische Ilias. Alle Fährnisse überwindet er, der Fromme, durch den Glauben an seine Mission: ›berufen bist du zum Stammvater eines Volkes, dem der Göttervater selbst die Weltherrschaft, nach Raum und Zeit unbegrenzt, verheißen hat.‹ Durch sinnreiche Erfindungen läßt ihn der Dichter an Höhepunkten der Handlung den fernen Erben der Verheißung visionär erschauen, Augustus, den Heiland, den Bringer des goldenen Zeitalters. So ist die Aeneis zeitbedingt, da sie einer Idee Ausdruck gab, deren Werden nur aus dem Rom des Augustus verständlich ist; überzeitlich, insofern sie durchwaltet wird von dem Glauben an die Ewigkeit der Stadt, der *Roma aeterna,* von der Vorzeit über die Gegenwart in alle Zukunft.

*

Das römische Epos ist — das werden dem Leser auch diese Andeutungen gezeigt haben — von dem griechischen durch Vorstellungswelten, unüberbrückbare, getrennt, mag es auch noch so stark von diesem in allem Poetischen bedingt, Virgil ohne Homer unvorstellbar sein. Aber gerade weil er sich dieser Abhängigkeit mit einer an Scheu grenzenden Ehrfurcht bewußt war, wies er Werturteile von Schmeichlern, die ihn dem Großen anglichen, verlegen, ja entrüstet zurück und ließ sich durch den Tadel Mißgünstiger, die ihm »Diebstähle« vorhielten, nicht beirren: »Versucht doch«, sagte er, »auf gleiche Art zu stehlen; ihr werdet zur Einsicht kommen, daß es leichter ist, Hercules die Keule als Homer einen Vers zu entwenden.« In der Tat fordert und verträgt die Aeneis eine absolute Wertung aus sich selbst. Die Sprache glanzvoll ohne aufdringlichen Prunk, kühn ohne Verwegenheit, neu und doch geadelt durch maßvolle Altertümlichkeit, die sich dem Vergangenheitsstoff wundervoll anschmiegt. Der Stil pathetisch, aber das Pathos beseelt durch gefühlsmäßiges Ethos; über manchen Abschnitten liegt eine sakrale Weihe, ja eine tiefe religiöse Feierlichkeit. Der Vers — um es mit Schillers Worten zu sagen — von einer »ganz eigenen magischen Gewalt, die uns hinreißt«; er ist Träger des jeweiligen Gedankengehalts: wogende Rhythmen malen die Erregung, gravitätische die Kraft, schmelzende die Sehnsucht oder die Klage. Die Komposition ergeht sich nicht in aneinandergereihten Teilhandlungen, sondern ist nach wohldurchdachtem Plan gestrafft, auf das Architektonische angelegt, nicht selten zu dramatischer Wirkung gesteigert. Dies alles — Sprache, Stil, Komposition — zielt ab auf Erhabenheit, auf jene *Maniera grande,* die den Kunstschöpfungen des Michelangelo eigen ist. Aber die Wahrheit gebietet, auch ein Negatives auszusprechen: er versagt in der Charakteristik der Personen. Dies war zum Teil bedingt durch die Grenzen der Gestaltungskraft des Dichters, vor allem jedoch durch die Legende selbst, an die er traditionell gebunden war. Sie war recht ärmlich, von Gelehrten künstlich und widerspruchsvoll ersonnen. Ihre blutleeren Schemen ließen sich nicht zu saftstrotzender Wesenhaftigkeit formen wie die Helden des hellenischen und des germanischen Mythos, in deren Adern Götterblut pulst, die nicht gemacht, sondern gewachsen waren, höchste Exponenten unerhörter Lebenskraft jugendlicher Völker. Einprägsam von allen Gestalten der Aeneis ist wohl nur eine: Dido, und sie war, bezeichnend genug, der legendarischen Konstruktion ursprünglich fremd. Freilich lieh sich der Dichter, um sie zu einer tragischen Gestalt zu formen, die Farben von hoher hellenischer Dichtung. Aber es erhebt sich ein großer geschichtlicher Hintergrund des Dramas: Rom und Karthago. Unvergeßlich der Fluch, den die Königin, das Schwert in der Brust, dem treulosen, aber einer höheren Pflicht gehorsamen Aeneas nachsendet:

Exoriare aliquis nostris ex ossibus ultor
Ein Rächer soll aus meinem Staub erstehn.

*

Als 51jähriger begab sich Virgil auf eine Reise nach Griechenland mit dem Vorsatz, drei Jahre auf die Vollendung der nach zehnjähriger Arbeit noch unfertigen Aeneis zu verwenden; für den Rest seines Lebens wollte er sich ausschließlich philosophischen Studien widmen. Gleich zu Beginn der Reise, in Athen, begegnete er dem Augustus, mit dem er umkehrte. Bei der Besichtigung der alten Griechenstadt Megara zog er sich durch die Sonnenglut ein Fieber zu, dem er bald darauf, nach der Überfahrt über die Meerenge von Otranto, in Brindisi erlag. In seiner Todesstunde verlangte er unablässig, man solle ihm die Niederschrift der Aeneis zum Verbrennen reichen. Keiner erfüllte ihm den Wunsch. Da vermachte er seine Schriften einem älteren Freund, der auch Dichter war, mit der Bestimmung, nichts herauszugeben, was nicht von ihm selbst veröffentlicht sei. Hier griff Augustus ein: auf seine Veranlassung gab jener Freund die Aeneis heraus, unvollendet wie sie war. Ein Akt der Eigenmächtigkeit. Er verletzte ein dem Dichter heiliges Gefühl, »die Scham vor den Musen« — und rettete seinem Volk ein nationales Besitztum, darüber hinaus den lateinisch und romanisch redenden Völkern des Mittelalters ein Vorbild sprachschöpferischen Gestaltens und monumentaler Gedankenprägung. Zeit- und artgebunden also —: der Menschheit Ewigkeitsbesitz war und blieb Homer.

ORPHEUS UND EURYDICE

*Ein nachträgliches Gedenkblatt für Vergil**

1934

Den Verdrießlichkeiten auf seiner zweiten italienischen Reise gab Goethe in den »Epigrammen, Venedig 1790« Ausdruck, denen er Motti aus Martial und Horaz' Satiren voranstellte. Behagliche Stimmung zeigen nur wenige der Sammlung, keines in dem Maße wie das zweite:

Kaum an dem blaueren Himmel erblickt' ich die glänzende Sonne,
　　Reich, vom Felsen herab, Epheu zu Kränzen geschmückt,
Sah den emsigen Winzer die Rebe der Pappel verbinden,
　　Über die Wiege Virgils kam mir ein laulicher Wind:
Da gesellten die Musen sich gleich zum Freunde; wir pflogen
　　Abgerißnes Gespräch, wie es den Wanderer freut.

Mantua hatte er auf der ersten Reise nicht berührt, auf der zweiten besuchte er es mit der Herzogin Anna Amalia[1]. Das Gefühl des Verbundenseins mit Virgil spiegelt sich in dem musischen vierten Vers; weich und lieblich klingen die melodischen Laute. Man wird längst bemerkt haben, daß es die Georgica sind, die ihm vor die Seele treten: nur sie konnten ihm die Stimmung des Landschaftlichen und der eifrigen Kulturarbeit bieten; der dritte Vers erinnert — mit einer leichten Variante — doch wohl nicht zufällig an Worte, die gleich zu Beginn des vergilischen Gedichts (1, 2) stehen: *ulmisque adiungere vites.* Also mögen Goethes Augen auch auf dem zarten Finale geruht haben, dem Sang von Orpheus und Eurydice. Diesem soll unsere Untersuchung gelten, bei der kunstästhetische Erwägungen nicht ganz außer Betracht bleiben, aber die philologische Analyse den Mittelpunkt bilden wird. Sie führt, wie gewöhnlich, über streckenweise rauhe Wege; aber der

* Der Vortrag wurde im sog. *annus Vergilianus* (1930) gehalten, für den Druck erst in diesem Jahre ausgearbeitet.

1 Julius Petersen hatte die Güte, die Datierung des Gedichts mit mir durchzusprechen. Nach den für diese Reise spärlichen Tagebuchnotizen ist es nicht wahrscheinlich, daß Goethe Mantua auf der Hinreise nach Venedig besuchte. Aber auf der Rückreise war er am 28. Mai dort, wie ein Brief an das Ehepaar Herder (Weimarer Ausgabe 4, 9, 207) beweist. Petersen hält die Abfassung des zweiten Epigramms in einer etwas späteren Zeit als die der übrigen (also auf der Rückreise) auch deshalb für wahrscheinlich, weil es in der H^{59}, die 74 Epigramme in Abschrift für die Herzogin enthält, fehlt (vgl. W. A. 1, 1, 439).

Versuch, ein schönes Gedicht recht zu würdigen, lohnt hoffentlich die Mühe. |

I. Servius über Cornelius Gallus

Seit der Humanistenzeit bemüht sich eine Philologengeneration nach der anderen um eine vernunftgemäße Deutung der Angaben des Servius über einen Eingriff Vergils in den Schlußteil der Georgica:

Servius zu ecl. 10, 1 *fuit (Gallus) amicus Vergilii adeo ut quartus georgicorum a medio usque ad finem eius laudes teneret, quas postea iubente Augusto in Aristaei fabulam commutavit.*

Servius zu georg. 4, 1 *sane sciendum, ut supra diximus, ultimam partem huius libri esse mutatam. nam laudes Galli habuit locus ille qui nunc Orphei continet fabulam, quae inserta est postquam irato Augusto Gallus occisus est.*

Lateinische Scholiastenweisheit pflegt ihren Kurs länger zu behaupten als griechische, weil sie keiner so scharfen Kritik unterzogen wurde wie diese beispielsweise von Valckenaer und Lehrs. Wir verdanken Servius — freilich ihm selbst nicht in dem Maße wie seinen anonymen Erweiterern — viel wertvolles Material, das er aus den Blütezeiten der wissenschaftlichen Vergilexegese im 1./2. Jahrhundert durch Zwischenglieder hinüberrettete. Aber er selbst war ein Magister fast schon aus der Endzeit des Imperiums: nur mit äußerster Vorsicht darf man sich auf ihn verlassen. Ihm fehlt Urteilskraft und Schärfe des Ausdrucks; wo es sich nicht um Worterklärungen, grammatische Hinweise und dergleichen aus dem trivium stammende Dinge handelt, begnügt er sich oft mit unbestimmten, seinen unmittelbaren Vorgängern, vor allen Aelius Donatus entlehnten Angaben. Schon dieser ließ es, wie Zitate aus seinem Vergilkommentar zeigen, an Sinn für Wesentliches und an Präzision fehlen; Servius verdünnte und verwischte weiter. Um sich eine Vorstellung davon zu machen, genügt es nicht, ihn für die Stelle, die man gerade braucht, aufzuschlagen, sondern man muß ihn wirklich lesen: macht er doch auf ein bescheidenes schriftstellerisches Ich Anspruch[2]. Nur wer sich dieser entsagungsvollen Arbeit unterzieht, ist vor der Gefahr unbedachten Schöpfens aus einer stark getrübten Quelle

[2] Das zeigt sich außer der ersten Person, in der er gelegentlich redet, auch in der Beobachtung der damals üblichen akzentuierenden clausulae (vgl. die Technik seines ungefähren Zeitgenossen Ammianus); die obigen Sätze, auch der unten (646) angeführte, sind streng danach normiert. Dies verdient untersucht zu werden, zumal sich bei der besonders gearteten handschriftlichen Überlieferung des ursprünglichen und des erweiterten Serviuskommentars Gewinn für die Textkritik erwarten läßt.

einigermaßen gesichert. Hermann Dessau, ein behutsamer Gelehrter, ist sich dieser Pflicht bewußt gewesen, als er bei Abfassung seines Aufsatzes ›Vergil und Karthago, Dido und Anna‹ (Hermes 49, 1914) ein von Servius (zur Aen. 5, 4) in indirekter Rede, mit *sane sciendum* (dem ἰστέον δέ griechischer Scholiasten) eingeleitetes Varrozitat zu prüfen hatte: an einer Reihe von Beispielen historischer Art, die wir aus anderer Überlieferung nachprüfen können, zeigte er (521 ff.), wie verworren und entstellt | die Angaben des Servius sind. Wenn wir das Werk des Vitruvius nicht besäßen, müßten wir aus einem ›Zitat‹ des Servius (zur Aen. 6, 43) schließen, der Baumeister sei zugleich ein etymologisierender Grammatiker gewesen; da nun das ›Zitat‹ sich in unserem Vitruviustext nicht findet, haben zwei serviusgläubige Gelehrte geschlossen — Vitruvius sei gar nicht Vitruvius[3]. Es ließe sich eine Abhandlung De Servii grammatici erroribus schreiben, ja sie wäre nützlich, damit nicht immer wieder seine Irrtümer, als wäre er eine Autorität, Glauben finden. Kürzlich ist ein nützliches Buch erschienen: Index rerum et nominum in scholiis Servii et Aelii Donati tractatorum. Confecerunt J. F. Mountford et J. T. Schultz (Ithaca, New York, 1930); darin sind auf mehr als 200 Seiten alle bei Servius (dem originalen und dem erweiterten) vorkommenden Namen und Sachen sowie alle irgendwie bemerkenswerten Worte zusammengestellt. Auf dieser Grundlage ließe sich seine Glaubwürdigkeit untersuchen. Eine Prüfung ist unentbehrlich auch für Fragmentsammlungen. Vieles segelt jetzt unter der Flagge z. B. von Cato und Varro, Sallust und Cicero nur in dem trüben Kielwasser dieses Scholiasten; wo er nicht offensichtlich wörtliche Zitate bietet, sondern nur paraphrasiert oder oberflächliche Inhaltsangaben macht, ist ihm mit Mißtrauen zu begegnen. Endlich — um mit diesen allgemeinen Bemerkungen über Servius zu schließen —: was ist von der Glaubwürdigkeit oder Urteilsfähigkeit eines Scholiasten zu halten, der ohne ein Wort des Zweifels den alten Unsinn weitergab, die Aeneis habe ursprünglich nicht mit *arma virumque* begonnen, sondern mit — nun, ich brauche die läppischen vier Verse nicht hinzuschreiben, von denen er sagt, sie seien vergilisch, aber von Varius bei der Herausgabe des postumen Werkes ›als überflüssig beseitigt‹[4].

[3] Die Torheit ist von H. Degering, Rheinisches Museum 57, 1902, 11 f. richtiggestellt.

[4] Die Fälschung geht auf den auch sonst übel beleumundeten Grammatiker Nisus zurück, der etwa in das Ende der neronischen Zeit gehört. Viel jünger braucht auch die Galluslegende nicht zu sein. — Ein umgekehrter Vorgang betrifft die ersten sieben Verse des Lucanus, die dem Seneca zugeschrieben wurden (Comment. Lucan. 1, 8 *hoc principium libri Lucanus fuerat, sed Seneca eo mortuo praeposuit superiores versus);* dies sei nur erwähnt als Zeichen dessen, was man in lateinischen Scholien zu gewärtigen hat.

Auch in der uns angehenden Frage sind die Angaben des Servius nicht bloß unbestimmt, sondern an einem Punkt in sich selbst widerspruchsvoll. Das eine Mal (zu den Bucolica) nennt er Aristaeus, das andere Mal (zu den Georgica) Orpheus. Da er nun aber mit den Worten *ut supra diximus* auf seine frühere Bemerkung zurückweist, so kann er hier nichts anderes meinen als dort. Während er jedoch dort den Punkt, an dem die *laudes Galli* eingesetzt haben sollen, als die Buchmitte bezeichnet — *a medio usque ad finem* —, sagt er hier oberflächlich *ultima pars huius libri.* Dort meint er den Vers 283, mit dem die Aristaeusperiode beginnt, in der Tat die Mitte des 566 Verse umfassenden Buches. Hier fließt ihm die *Aristaei fabula* mit der *Orphei fabula,* | die als ein Teil jener mit Vers 454 einsetzt, zusammen (vgl. seine Bemerkung zu Vers 317 *Aristaeus filius fuit Apollinis et Cyrenes, filiae Penei, fluminis Thessaliae. qui cum Eurydicen nympham, uxorem Orphei, vitiare voluisset* usw.). Anstatt nun diese Differenz[5] als das anzuerkennen, was sie ist, als Flüchtigkeit, Mangel an Genauigkeit oder wie man es nennen will, leitet man gewichtige Folgerungen aus ihr ab, der eine diese, der andere jene, und bestimmt, je nachdem man es vorzieht, den Punkt der ursprünglichen *laudes Galli* bei Aristaeus (Vers 283) oder erst bei Orpheus (Vers 454) zu suchen, die vermeintliche Bruchstelle der Komposition hier oder dort. Aber dieser Weg darf, wie sich aus dem Gesagten ergibt, nicht beschritten werden; der Unterbau ist für derartige Konstruktionen zu brüchig. Sehen wir selbst von der Unstimmigkeit der beiden Angaben unter sich ab: in der zweiten schlagen die Worte, die ich nur widerstrebend zum zweiten Male hinschreibe, *irato Augusto Gallus occisus est* der beglaubigten Überlieferung (Sueton Aug. 66. Cassius Dio 53, 23) ins Gesicht. Die Wahrheit ist — wozu bei Bekanntem lange verweilen —: bei der Nachricht, daß der einstige Freund, den er verhältnismäßig milde bestraft hatte, durch den widerrechtlichen Urteilsspruch eines Senatsgerichts zum Selbstmord getrieben war, brach der Kaiser unter Tränen in die Worte aus, ihm allein verwehre es seine Stellung, Freunden rücksichtslos zu zürnen. Angesichts solcher Entstellung der Wahrheit sollen wir einem Servius glauben, »Augustus habe Vergil befohlen, die *laudes Galli* zu ändern?«

Nach meinem Dafürhalten ist die Angabe des Servius in ihrer Gesamtheit apokryph und mit aller sonstigen Pseudoüberlieferung, von der die vitae Vergilianae anerkanntermaßen überwuchert sind, beiseite-

[5] Die Schreiber einiger Hss. haben sie bemerkt: während die Mehrzahl an der Stelle der Georg. *orphei* allein bietet, steht in zweien *aristaei et orphei,* in einer *aristaei orphei* (A. Klotz, Berliner Philologische Wochenschrift 51, 1931, 1246 f.).

zulegen. Mit dieser radikalen Ansicht stehe ich wohl allein[6]. Unbedingtes Vertrauen freilich | bringt jetzt wohl niemand mehr den Angaben des Servius entgegen, aber man versucht sie wenigstens zum Teil zu retten. Mag die Behauptung des Scholiasten — so etwa argumentieren seine Fürsprecher — in dieser Form unglaubwürdig sein, so ist in ihr vielleicht ein brauchbarer Kern enthalten; ihn gilt es herauszuschälen. Aber man muß sich darüber klar sein, daß ein solcher Versuch niemals gelingen kann, da wir keinerlei Mittel besitzen, die widerspruchsvollen und zerfahrenen Angaben des Servius auf ein etwa richtiges Maß zurückzuführen.

Ich muß meine anfangs gestellte Frage, mit welchem Recht einem lateinischen Scholiasten größere Ehre zuteil werde als einem griechischen, hier auf das biographische Gebiet ausdehnen. Jede Angabe über Leben und Schaffen des Euripides — um nur dies Beispiel zu wählen, da die Satyrosbiographie einen besonders deutlichen Einblick in die ›roman‹hafte Ausgestaltung gewährt — wird auf ihre Gewähr ge-

[6] Eben im Begriff, den Vortrag in Druck zu geben, fand ich in W. B. Anderson (Gallus and the fourth *Georgic*, The Classical Quarterly 27, 1933, 36 ff.) einen Gesinnungsgenossen. Mit teilweise denselben Gründen wie ich verwirft er die Angaben des Servius. Wenn zwei, unabhängig voneinander, zu einem gleichen Ergebnis kommen, braucht es deshalb nicht richtig zu sein; aber falls die Diskussion wiederaufgenommen werden sollte, müßten jedenfalls auch die Darlegungen des englischen Gelehrten herangezogen werden, die sich lustiger lesen als meine. Das Problema ist ihm von vornherein ein absurdum, und er gießt in der sarkastisch-kaustischen Schreibart eines Bentley und Housman über Servius und seine Gläubigen die Schale des Spotts aus (z. B. »We may be sure that if Virgil had done any such thing Gallus, arrogant and conceited though he was, would have bitterly reproached his friend for making a fool of him« oder die amüsante Abfertigung einer deutschen Vergilphilologin jüngsten Datums, die sich nach einem braven Start verliere »into paths of extravagant wildness«). Seltsamerweise verfällt Anderson in einem ›Addendum‹ von wenigen Zeilen (ebd. 73), als wäre er des lustigen Tones satt, in einen trockenen. Um Servius von dem Unsinn, den er berichtet, zu entlasten, knüpft Anderson an den Satz des Ammianus Marcellinus 17, 4, 5 *Gallus poeta quem flens quodam modo in postrema Bucolicorum parte Vergilius carmine leni decantat* folgende Bemerkung: »The reference is, of course, to the Tenth Eclogue. The words *in postrema Bucolicorum parte* are rather suggestive when compared with the two notes of Servius. We have only to suppose that a MS. of some old writer contained a sentence more or less like *Vergilius in postrema Georgicorum parte Gallum laudibus celebrauit,* where *Georgicorum* was a slip for *Bucolicorum.* Such a sentence, falling into the hands of an imaginative person who knew something about the fall of Gallus, might easily lead to the invention of the story which is perpetuated by Servius.« Ein so geistvoller Schriftsteller wie Anderson wird es nicht verargen, wenn man diesen Ernst für einen Spaß von der Art hält, wie ihn Friedrich August Wolf liebte, der schadenfroh lachte, wenn jemand in die Falle ging.

prüft und, wenn sie irgendwie verdächtig ist, ohne Kompromißversuche verworfen. Warum legt man an eine noch dazu mit handgreiflichen Irrtümern behaftete Nachricht aus dem vergilischen Schaffensbereich einen milderen Maßstab an? Nur um zu zeigen, daß selbst ein Experiment, das scheinbar größeren Anspruch auf ein Gelingen haben könnte als alle bisher vorgebrachten, zum Mißlingen verurteilt ist, stelle ich folgende Erwägung an. In zwei Eklogen hat der Dichter *laudes* mit *fabulae* so verknüpft, daß er die Huldigungen den Geschichten vorausschickte: ecl. 6 *laudes Vari + fabula de Sileno,* 8 *laudes Pollionis + fabula de Daphnide;* die Geschichten galten dadurch den Freunden zugeeignet, eine eigentümliche Form der Widmung, für die ich keine ganz gleichartigen Beispiele, auch nicht aus griechischer Poesie, zu nennen wüßte. Sollten nun etwa in einer früheren Fassung des vierten Buches der Georgica — also in dem Manuskript, das der Dichter nach dem unbedingt glaubhaften Bericht Suetons dem soeben (Sommer 29) aus dem Orient zurückgekehrten Caesar in Atella vorlas — *laudes Galli* mit der *fabula de Aristaeo* vereinigt gewesen sein? Natürlich nicht *laudes* »an Stelle« der *fabula* — das Wahngebilde eines Gallus-Enkomions von mehreren hundert Versen konnte nur ein Scholiastenhirn ausbrüten[7] —, sondern etwa so, daß bei Gelegenheit der Nennung von | Ägypten (287—314) des Gallus als seines ersten Präfekten (seit dem Jahre 30) gedacht wäre, dem zu Ehren dann (315 ff.) die Aristaeusgeschichte folgte? Die Verse in honorem Galli wären dann nach seinem Sturz (im Jahre 26) beseitigt, die Kunde ihres einstigen Vorhandenseins hätte sich erhalten? Aber auch diese einen Schein des Möglichen vorspiegelnde Fragenreihe müßte verneint werden. Maecenas, der sich an der erwähnten Vorlesung beteiligte, ist das Werk als Ganzes und in allen einzelnen Büchern gewidmet; auch das vierte, das Bienenbuch, wird mit einer Apostrophe an ihn eingeleitet. Mithin sind *laudes Galli* in ihm unvorstellbar[8], und das hat nicht nur von dem soeben vorgetragenen Einfall zu gelten, sondern, wie mir scheint, über-

[7] A n d e r s o n : »Imagine the horror of Octavian and Maecenas on hearing such a sustained piece of *bêtise* as the upholders of Servius attribute to Virgil — a rhapsody on Egypt with Gallus as the hero, read in the presence of the real hero of Egypt at a time when he was basking in a blaze of Egyptian glory!« Hier muß ich das Ausrufungszeichen, das ich sonst nicht liebe, mit abschreiben. — Zu dem Gallus-›problem‹, wenn man ihm die Ehre erweisen soll es so zu benennen, pflegen sonst nur Philologen das Wort zu nehmen. Daher sei hier die Stimme eines Historikers zu Gehör gebracht. E. K l e b s , Prosop. imp. Rom. 1, Berlin 1897, s. v. C. Cornelius Gallus: ›vitam Vergilii fabulis posteriorum refertam esse satis constat et prorsus incredibile est Vergilium dimidium fere libri quarti, ubi de apibus agit, laudibus Galli complevisse‹.

[8] A n d e r s o n : »It is wonderful how the many keen Virgilians who support Servius persist in representing Virgil at once a boor and a born idiot.«

haupt von jedem anderen, der mit Servius irgendwie zu paktieren sucht. Cornelius Gallus ist schon einmal, vor nahezu einem Jahrhundert, als Romanfigur verwendet worden von einem dichtenden Gelehrten (Wilh. Ad. Becker); wer weiß, ob nicht dermaleinst ein wirklicher Dichter sich seines unglücklichen ›Bruders in Apoll‹ annimmt: dann wird es sein gutes Recht sein, die vergilischen Verse auf Gallus wiederzuentdecken; aber — τὸ γραμματικοῦ καὶ ποιητοῦ ἔργον οὐ ταὐτόν.

Die Galluslegende bei Servius so, wie es im vorstehenden geschah, um ihrer selbst willen zu erörtern, hätte sich nicht gelohnt. Aber sie hat seit vielen Jahrzehnten die Grundlage für die Analyse des Gedichtes von Aristaeus und Orpheus gebildet[9]. Diese Grundlage galt als so gesichert, daß mit der Umarbeitung des Gedichtes wie mit einer Tatsache gerechnet wurde. Die ›zweite Auflage‹ der letzten Hälfte von Buch 4 wurde eine Ringschule von Philologen, die Kompositionsmängel aus der ›retractatio‹ zu erklären nicht müde wurden. Wenn es gelingt zu zeigen, daß es von jeher im Plane des Dichters lag, die *fabula de Orpheo et Eurydice* mit der *fabula de Aristaeo* zu verbinden, so ist das der beste Beweis, daß die *laudes Galli* ins Reich der — Fabel gehören.

II. Die Teile des Ganzen

Nach dem Vorbild des Lucrez gliedert Vergil den lehrhaften Stoff in Abschnitte, die durch Übergangsformeln bezeichnet werden. Das vierte Buch | beginnt mit einer Propositio (1—7): er will handeln über die Bienenzucht. Die Abschnitte bis zur Mitte sind bezeichnet durch *principio* (8), *quod superest* (51), *sin autem* (67), *at cum* (103), *atque equidem* (116, deutlich als Exkurs persönlichen Charakters gekennzeichnet), *nunc age* (149, hier setzt, nach dem Exkurs, ein längerer Abschnitt ein: ›de natura apium‹), *si quando* (228), *si vero* (251). Der hier beginnende Abschnitt handelt ›de morbis apium et morborum cura‹ er reicht bis 280. Das ist, wie gesagt (628), ungefähr die Mitte des aus 566 Versen bestehenden Buches[10]. Es folgt der Gedanke: die

[9] M. Schanz, Gesch. d. röm. Lit. II 1³, 1911, § 227 (»Die Ausgaben der Georgica«). Noch E. Burck, Hermes 64, 1929, 312 nimmt die Überarbeitung des 4. Buches als gegebene Tatsache hin und schließt daraufhin den Schlußteil dieses Buches von seiner Analyse der Gesamtkomposition des Werkes aus. Auch ich selbst stellte mich früher auf die falsche Seite (Einl. in die Altertumswiss. I, 1927, 366). Der Widerspruch von N. Pulvermacher, De georgicis a Vergilio retractatis, Diss. Berl. 1890, 32 ff. wurde nicht berücksichtigt oder ungeprüft beiseitegeschoben.

[10] Wenn wir den Epilog zu dem Gesamtwerke (559—566) nicht mitzählen, rückt

Krankheit endet, wenn sie unheilbar ist, mit dem Tode; was hat also der Imker zu tun, wenn ihm plötzlich der ganze Schwarm eingeht? Der mit *sed si* (281) beginnende, die zweite Hälfte des Buches umfassende Teil handelt demgemäß ›de examinis extincti refectione‹. Er wird, entsprechend seinem Umfang und der Bedeutung, die er für den Plan des Dichters hat, deutlich dadurch abgehoben, daß er eine eigne Propositio erhält (281—286), deren Inhalt ist: ›de progeneratione apium e putrescente corpore bubulo‹, oder, kürzer gesagt, ›de bugonia‹. In ihr ist der Erfinder dieser Kunst schon genannt, wenn auch noch nicht mit dem Namen selbst: 283 f. *tempus et Arcadii memoranda inventa magistri pandere,* und um den Leser auf die Bedeutung des nun folgenden Teiles vorzubereiten, schließt der Dichter diese Propositio mit den Worten (285 f.): *altius omnem expediam prima repetens ab origine famam.*

Der erste Abschnitt (287—314) dieses Teiles trägt noch lehrhaften Charakter, er wird demgemäß mit der in einer argumentatio gebräuchlichen, auch bei Lucrez beliebten Partikel *nam* eingeleitet[11]. Nach jener geographischen Bestimmung Ägyptens, von der vorhin die Rede war, wird die künstliche Bienenerzeugung beschrieben. Bei Frühlingsanfang wird ein Kalb erstickt; die Gedärme werden zerschlagen, ohne daß dabei eine Verletzung des Fells stattfindet, der Kadaver auf Zweige gelegt und in einem besonders hergerichteten verschlossenen Raum geborgen. Aus den verfaulenden Eingeweiden entstehen im Sommer Bienen. Über diesen Abschnitt ist nichts von Belang | zu sagen. Der Aberglaube war von der hellenistischen Zeit bis ins Mittelalter verbreitet[12]. Die Frage nach der von Vergil benutzten Quelle läßt sich,

Vers 280 der Mitte noch näher. Vers 338 (in dem Nymphenkatalog), in keiner alten Handschrift überliefert, ist aus Aen. 5, 826 interpoliert. In der Beschreibung Ägyptens 287—293 ist die Versfolge in jeder der drei Hss. MPR eine andere; das legt die Annahme einer Störung durch Interpolation nahe, die dann wohl am meisten auf Vers 291 zutreffen würde; aber ich werde mit der schwierigen Versreihe nicht fertig.

[11] Dieses *nam* wird von einigen als Zeichen einer Bruchstelle angesehen, an der ursprünglich etwas über — Cornelius Gallus gestanden habe (Schanz, a. a. O. [Anm. 9] 58). Diese verwegene Behauptung stellen sie auf, weil sie nicht erkannten, daß über den Zwischensatz 285 f. *altius omnem expediam prima repetens ab origine famam* hinweg an die vorhergehenden Verse angeknüpft wird. Für diese und ähnliche Gebrauchsart von *nam* gibt die förderliche Dissertation von P. Schiwy, Die syntaktischen Funktionen der Partikel *nam,* Breslau 1932, viele Belege.

[12] Nach meinem Vortrage in der Akademie schrieb mir K. A. Hofmann von der Technischen Hochschule zu Berlin einen Brief, aus dem ich folgendes mitteile, das vielleicht einen oder den anderen Leser interessiert: »Die Wiederbeschaffung von Bienen mit dem Aas eines Kalbes erinnert ganz auffällig an die Erzählung der Bibel über Simson, Richter 14 ›Siehe, da war ein Bienenschwarm

wenn man keinen bestimmten Namen zu hören verlangt, ziemlich sicher beantworten. Eine poetische Vorlage liegt außer dem Bereich des Wahrscheinlichen. Hellenistische Dichter spielen, soweit uns kenntlich, auf den Aberglauben nur an: so zitiert Varro (rust. 3, 16, 4) zwei Verse des Epigrammatikers Archelaos aus der Zeit der ersten Ptolemaeer; Nikandros streift die Sache in den 'Αλεξιφάρμακα 446 f. und den Θηριακά 741 f.; daß er in den Μελισσουργικά eine andere Sagengestaltung gab, läßt ein Zeugnis erkennen[13]. Dagegen gab es ein auf den Namen des alten Eumelos, der für so viele Apokrypha herhalten mußte, gefälschtes Gedicht Βουγονία, das außer in der Chronik (Hieronymus aus Eusebios S. 87 Helm) nur einmal von Varro rust. 2, 5, 5 (*qui Bugoniam scripsit*), ohne Anführung von Worten, genannt wird[14].

in dem Aas des Löwen und Honig‹. Hier liegen sicher richtige Beobachtungen zugrunde; denn es ist bekannt, daß ein Bienenschwarm jede ihm einigermaßen zusagende Höhlung zur Gründung des Nestes benutzt. Sind hohle Bäume vorhanden, so werden solche bevorzugt. Im holzarmen Ägypten und Palästina muß der Kadaver eines größeren Tieres herhalten, und ich erinnere mich auch, von neueren Reisenden Ähnliches gelesen zu haben, was durchaus verständlich ist. Wenn nämlich in trockenem heißen Klima ein Leichnam freiliegt, so nehmen ihm die Aasvögel den Leib aus und dann säubern Ameisen und Insekten verschiedener Arten die Brust- und Bauchhöhle. Die Haut trocknet sehr schnell lederartig ein und bleibt über die Rippen gespannt monatelang erhalten. Solche Hohlräume wird die Biene nicht verschmähen, wenn sie an Wohnungsnot leidet. Daß die Alten gar oft Ähnliches beobachteten, wie es von Simson erzählt wird, erscheint mir ganz selbstverständlich, und daß man dann eine Art Zauberei machte, ist nicht zu verwundern. Eine Verwechselung von Biene mit Eristalis tenax ist vollkommen ausgeschlossen; die Alten haben sehr gut beobachtet und der Honig loc. cit. ist nicht e r funden, sondern g e funden worden.«

13 Alex. von den Bienen: αἵ τ' ἀπὸ μόσχου σκήνεος ἐξεγένοντο δεδουπότος ἐν νεμέεσσιν. Ther. ἵπποι μὲν σφηκῶν γένεσις, ταύρων δὲ μέλισσαι σκήνεσι πυθομένοισι λυκοσπάδες ἐξεγένοντο (schol. λυκοσπάδες· τάχα ὅτι γυμνωθείσης τῆς σαρκὸς ὑπὸ τῶν λύκων ἐσθιόντων αὐτὰ τότε γεννᾶται. ταῦτα γὰρ ἡ βύρσα συνέχει τέως). Also beides in Einzelheiten abweichend von Vergil. Über die Mel.: Columella 9, 2, 4 *sed ne illud quidem pertinet ad agricolas, quando et in qua regione primum apes natae sint, utrum in Thessalia sub Aristaeo, an in insula Cea, ut scribit Euhemerus, an Erechthei temporibus in monte Hymetto, ut Euphronius, an Cretae Saturni temporibus, ut Nicander.* Diese Gelehrsamkeit bezog Columella (vgl. O. Schneider, Nicandrea, Leipzig 1856, 123) aus dem kurz vorher von ihm genannten Hyginus, der seinerseits griechischen Quellen folgte (s. u. 643); Thessalien und Aristaeus, wofür er keinen griechischen Gewährsmann nennt, fügte er aus Vergil hinzu.

14 Die Worte der Chronik lauten (zu Ol. V 2 = 760 v. Chr.): *Eumelus poeta qui Bugoniam et Europiam ... composuit agnoscitur.* Also Varro ließ, wie es sich für den Gelehrten ziemte, den apokryphen Namen fort; analog C l e m e n s I 151 P. (ebenfalls aus gelehrter Quelle) ὁ τὴν Εὐρωπίαν γράψας (vgl. G. K i n k e l, Ep. gr. fr. 186). — Auf einem Versehen beruhen, soviel ich sehe, die Worte von W i l a m o w i t z, Hellenistische Dichtung 1, 222:

Es wäre aber zwecklos, auf die Suche nach einer poetischen Vorlage Vergils für diesen Abschnitt zu gehen. Denn die Beschreibung der πρᾶξις in den Geoponika | 15, 2, 21—36 berührt sich mit der seinigen so eng, daß Benutzung einer gemeinsamen Quelle, also einer prosaischen, handgreiflich ist[15]; läßt sich doch in einem Vers (301) die Entscheidung über eine Textvariante auf Grund der griechischen Vorlage treffen[16]. Das liegt also ganz im Kreise der fachmäßigen Vorlagen dieses vergilischen Gedichtes überhaupt[17]. Erwähnung verdient das sichtliche Bemühen des Dichters, die Schilderung des unästhetischen Vorgangs aufs Notwendigste zu beschränken, wovon man sich leicht durch einen Vergleich mit jener Stelle des landwirtschaftlichen Werkes überzeugen kann. Darüber hinaus hat er, wie um dem Leser eine Aus-

»Archelaos ..., der auch eine Βουγονία verfaßte, wie es angeblich schon der alte Korinther Eumelos getan haben soll.« Von einer Βουγονία des Archelaos ist m. W. nichts bekannt; Wilamowitz zog wohl die beiden Varrozitate in eins zusammen.

15 Das ist schon in alten Ausgaben erkannt; die Vergleichung im einzelnen, die sich bis auf die Worte erstreckt, hat P. Jahn, Aus Vergils Dichterwerkstätte (Progr. Kölln. Gymn., Berlin 1905, 4 ff.) vorgenommen.

16 4, 300 f. *huic (vitulo) geminae nares et spiritus oris multa reluctanti obstruitur* PR (sowie die mittelalterlichen Hss., die gegenüber den uns erhaltenen antiken einen selbständigen Überlieferungswert haben), *opsuitur* M; ersteres gesichert durch Geopon 15, 2, 25 (zuerst herangezogen von Phil. Wagner in der Heyneschen Ausgabe 1830) εὐθὺς δὲ ἀποπεφράχθω πᾶς τοῦ βοὸς πόρος ὀθόναις καθαραῖς καὶ λεπταῖς πίσσῃ κεχρισμέναις, οἷον ὄμματα καὶ ῥῖνες καὶ στόμα.

17 Daß man innerhalb dieses Fachkreises mit ganz entlegener, sogar magischer Literatur zu rechnen hat, ist aus den uns erhaltenen griechischen und lateinischen Autoren bekannt. Aber erst ganz vor kurzem ist es F. Cumont gelungen, die rätselvollen Verse über die ›dies lunares‹ georg. 1, 276—286 (*quintam fuge: pallidus Orcus Eumenidesque satae* usw.) zu deuten: Les présages lunaires de Virgile et les ›selenodromia‹, L'Antiquité Classique 2, 1933, 259 ff. Es sollte mich nicht wundern, wenn diese magisch-mystischen Dinge für Vergil durch ›apokryphe‹ Literatur irgendwie vermittelt wären, wie sie uns durch die Forschungen Max Wellmanns über die Γεωργικά des ›Neupythagoreers‹ Βῶλος Δημόκριτος erschlossen sind, in die auch Nigidius Figulus, der *Pythagoreus et magus*, wie ihn Hieronymus-Suetonius nennt, hineinspielt. Manche secreta secretorum, die uns in der ecl. 4 und Aen. 6 (z. B. der ›goldene‹ Mistelzweig, der den Weg in die Unterwelt öffnet) verschlossen sind und infolge unserer dürftigen Überlieferung vielleicht immer verschlossen bleiben werden, mögen in Büchern von Dunkelmännern dieser Art ihren profunden Grund haben. Zu einer völligen Deutung der Vergilverse über die ›dies lunares‹, wie sie Cumont gelang, hatte das früher bekannte Material nicht ausgereicht. Aber bemerkenswerterweise wird in einem Scholion des Proklos zu Hesiods Erga 804 ›Orpheus‹ für diesen Aberglauben zitiert (Orphica fr. 277 K.). Und zwar standen diese Apocrypha in den orphischen Ἐφημερίδες oder der mit ihnen irgendwie verbundenen Γεωργία (279 ff. K.). In den Georgica Vergils war mithin ein Werk dieser Art benutzt.

ruhe zu gewähren, etwa in der Mitte dieser Versreihe die Zeit des Frühlingsanfangs in lieblichen Naturbildern gezeichnet (305—307).

Mit Vers 314 schließt der lehrhafte Abschnitt. Es folgt 315 f. die Frage an die Musen, welcher Gott den Menschen diese Kunst gebracht habe[18]. Die Antwort beginnt 317 *pastor Aristaeus:* hier zuerst fällt der Name, die Erzählung wird sogleich (318) als Sage bezeichnet: *ut fama est.* Es wird sich für unsere Analyse empfehlen, den Gang der Erzählung in die Strecken, die sie durchläuft, zu legen. Der Dichter selbst hat, wenngleich er von jetzt ab jene lehrhaften Übergangsformeln durchaus meidet, Sorge getragen, die Abschnitte durch eine Gliederung innerer Art erkennen zu lassen. Wir wollen diese Abschnitte, um uns weiterhin auf sie beziehen zu können, ziffernmäßig bezeichnet voranstellen. |

1. Rede des Aristaeus an Kyrene 317—332.
2. Kyrene im Kreise ihrer Schwestern in der Stromestiefe 333—347.
3. Empfang des Aristaeus 348—386.
4. Rede der Kyrene an Aristaeus 387—414.
5. Überwältigung des Proteus 415—452.
6. Rede des Proteus über Orpheus und Eurydice an Aristaeus 453—529.
7. Ergänzung durch eine Rede der Kyrene 530—547.
8. Der Vollzug des Wunders 548—558.

Aus dieser Übersicht erkennt man die Belebtheit des Erzählens, aber auch ihre Bewegtheit, den Rhythmus: Handlung, Schilderung und Reden gehorchen einer inneren Gesetzmäßigkeit. Zahlenmäßige Bindung wird nicht angestrebt — das wäre in fortschreitender Erzählung leerer Formalismus —, aber es waltet zwischen den Teilen die Zahl als immanente Ausdrucksform eines harmonischen Verhältnisses, das sich als schwebendes Gleichgewicht bezeichnen ließe[19]. In dem proportionalen Verhältnis des Ganzen zu seinen Teilen und der Teile untereinander, worin die alte Philosophie die Manifestation des Kosmos erkannte, zeigt sich ein Ebenmaß, auf dem das Formprinzip künstlerischen Erzählungsstils der Antike in Poesie und Prosa[20] begründet war: τὸ γὰρ καλὸν ἐν μεγέθει καὶ τάξει ἐστίν (Aristot. Poet. 7. 1450 b 36). Bei einem auf Wortmelodie und Klangharmonisches so bedachten Dichter wie Vergil könnte man auf diese Komposition auch den Aus-

[18] Genaueres über diese beiden Verse weiter unten (S. 646 f.).

[19] »Gleichgewichtigen Bau« nennt F. Jacoby in seiner Analyse des delischen Apollonhymnus (Sitz.-Ber. d. preuss. Akad. d. Wiss., phil.-hist. Kl. 1933, 703) eine derartige Struktur.

[20] Für die Prosa behalte ich mir vor es an Tacitus aufzuzeigen, nächst Vergil dem größten Künstler des Komponierens in der römischen Literatur.

druck neuerer Musiktheoretiker anwenden: tönend bewegte und beseelte Form. Diese im Bereich des Ästhetischen liegenden Bemerkungen[31] habe ich aus folgendem Grund der Analyse der Komposition vorausgeschickt. Diese verläuft nicht geradlinig, sondern gewunden. Daraus hat man dem Dichter schwere Vorwürfe gemacht, ja man hat die angebliche Dekomposition aus der Gallushypothese abgeleitet und so den einen Irrtum durch den anderen bekräftigt. Das Besondere der vergilischen Schaffensart ist dabei verkannt worden. Das künstlerische ἕν ist ideell das πρότερον, alle Einzelheiten sind συμβεβηκότα. Aber auf dieses Grundsätzliche werden wir erst in dem Schlußkapitel näher einzugehen haben. An Versuchen, in Teile der Komposition | einzudringen, hat es nicht gefehlt[22], sie durchzuprüfen, gehört nicht zu meiner Aufgabe. Die Struktur des Ganzen möchte ich aufzeigen. Das läßt sich nur mittels einer Analyse der Teile erreichen, die in Zusammenhang mit quellenkritischen und sagengeschichtlichen Fragen erfolgen muß. Denn erst wenn wir die Bauglieder selbst und ihre Herkunft kennen, läßt sich der Bau selbst beurteilen, den der Dichter aus ihnen fügte.

III. Der Besuch des Aristaeus bei Kyrene

Wir fassen hier die Abschnitte 1—3 unserer Zählung zusammen. Aristaeus tritt an die Quelle des Peneios *multa querens atque hac adfatus voce parentem* (320 f.). Eine Handlung in Gang zu bringen, ist für den epischen Erzähler nicht immer leicht; daß Vergil sich dabei gern an Homer anlehnte, beobachtete schon das Altertum (Macrob. 5, 17). Hier geschieht es bekanntermaßen durch das Motiv A 348 f.

Sie waren geschrieben, bevor ich Fr. Klingners Worte las (Hermes 56, 1931, 159): »Die Komposition Virgils ist im großen wie im kleinen kaum auszuschöpfen. Jedes Wort, jeder Satz, jede Versgruppe und jeder größere Teil steht in funktionalen Zusammenhängen und Wechselwirkungen, die zusammen eine bewegte Harmonie ausmachen, welche jeder spürt, der für dergleichen empfänglich ist.« Er weist dies Gefühlsmäßige dann durch eine tief eindringende Strukturanalyse des berühmten Schlußabschnittes von B. 2 der Georgica *(laudes vitae rusticae)* nach. — »Für Voltaire (Le lac de Genève) ist Vergil ›l'auteur harmonieux des douces Géorgiques‹«: H. Schultz in den Χάριτες für Friedr. Leo, Berlin 1911, 359.

22 E. Maas, Orpheus, München 1895, 278 ff. mit der wichtigen Rezension von E. Rohde, Orpheus (Neue Heidelb. Jhb. 6, 1895 = Kl. Schr. 2, 293 ff.). R. Sabbadini, La composizione della Georgica di Virgilio, Riv. di fil. 29, 1901, 19 ff. Fr. Skutsch, Aus Vergils Frühzeit, Leipz. 1901, 140 ff. L. Malten, Kyrene, Phil. Unters. Heft 20, 1911, 26 ff., G. Pasquali, Quaest. Callimacheae, Gött. 1913. Einige sonstige Literaturangaben bei Schanz a. a. O. Was ich den genannten Schriften entnehme, werde ich jeweils vermerken.

Achilleus ruft am Meeresgestade Thetis μῆτερ ἐπεί usw., so Aristaeus *mater Cyrene mater* in Spondeen, bei Vergil oft Ausdruck der Klage. Mit diesem Motiv verbindet Vergil ein zweites Σ 35 ff. Achilleus hat den Tod des Patroklos erfahren, er stöhnt laut. Das hörte die Mutter, die tief aus dem Meeresgrunde bei ihrem alten Vater saß; sie brach in Wehklagen aus, um sie scharten sich alle Nereiden. Thetis hub mit ihrer Klage so an: »Hört mich, Schwestern« usw. Diesem Motiv folgt Vergil weithin, aber so, daß er an die Stelle der gewaltigen Tragik der homerischen Szene genrehafte Züge einführt, anmutig, selbst Alltägliches leicht streifend. Kyrene sitzt in der Tiefe des Flußbettes in ihrem *thalamus*, um sie geschart auf kristallnen Stühlen die Nymphen. Den Katalog las Vergil in seinem Iliasexemplar (vermutlich mit Zenodots und Aristarchs Athetesezeichen, um die er sich nicht zu kümmern brauchte), aber die Namen verpflichteten ihn nicht durchaus, und er unterbricht die Auswahl, die er vornimmt, an vier Stellen durch individualisierende Zugaben (womit schon Hesiod in dem Nereidenkatalog Th. 243 ff. vorangegangen war), darunter einer so hübschen wie: ›die eine von zweien war Jungfrau, die andere eben Mutter geworden‹[23]. Die Nymphen zupfen glasgrüne Wollflocken und spinnen sie zu feinen Fäden. Alle diese Einzelheiten werden nicht auf einmal erwähnt — eine Schilderung hätte Stillstand der Handlung bedeutet —, sondern als Teile der Handlung | in das Ganze verwoben: 334 f. 348. 350. 374. Eine der Nymphen erzählt, wovon junge Mädchen gern sprechen und hören, Liebesgeschichten: von Ares und Aphrodite — aber die Geschichte geht gut aus: nicht Hephaistos überlistet Ares, sondern der Buhle den Ehemann, und das Paar genießt seine *dulcia furta*[24] —, und überhaupt alle Götterliebschaften von Anfang der Welt an:

[23] Es sind 12 Namen in anmutiger Gruppierung. Dann folgt als dreizehnte eine (Clymene), die Liebesgeschichten erzählt. Ein kleines Kunststück für sich ist die Variation der Metrik: die Verse mit den Namen sind arte graecanica facti, die mit den Zugaben dem römischen Ohr angepaßt.

[24] Das Verständnis der Verse 345 f.

inter quas curam Clymene narrabat inanem
Volcani, Martisque dolos et dulcia furta

ist durch Th. Ladewigs Hinweis (im Kommentar, 1866) auf Lukian, ὄνειρος ἢ ἀλεκτρυών 3 entscheidend gefördert worden; ich möchte das hier etwas ausführen. Die lukianische Erzählung lautet ihrem Inhalt nach: Alektryon, ein dem Ares befreundeter Jüngling, war von diesem als Aufpasser bestellt, damit das Liebespaar von Helios nicht überrascht werde, aber einmal schlief er auf der Wache ein; Helios gab dem Hephaistos Meldung, und dieser schmiedete nun das Paar in das Netz, das er schon lange in Bereitschaft hielt. Der ertappte Ares verwandelte den Alektryon zur Strafe in einen Hahn. Diese Geschichte wird Lukian, der mit ἤκουσα versteckt auf eine literarische Quelle hindeutet, einer Μεταμορφώσεων συναγωγή von der Art entnommen haben, wie wir sie von *aque Chao densos divom numerabat amores.*

Ein besonderer Glanz liegt über diesem εἰδύλλιον. Mancher wird sich an Ovids Art erinnert fühlen, auch durch die schalkhafte Grazie, um derentwillen soeben der eine Vers aus dem ganzen Umkreis herausgehoben wurde[25]. Aber der Stilcharakter, auch der Sprachstil ist von dem ovidischen verschieden: der Phantasie des Lesers wird Spielraum gegeben, seine Anteilnahme stärker erregt, bei aller Kleinmalerei das Tändeln durchaus vermieden, und keine Spur des Pointierten. Beste hellenistische ›Epyllia‹ wie Theokrits Herakliskos bieten einen Vergleich. Keine Frage, daß Motive aus jüngerer griechischer Poesie herübergenommen sind: so braucht an das Erzählen von *bellae fabellae* | leicht erotischen Inhalts beim Spinnen nur erinnert zu werden, um in jedem eine Gedankenreihe auszulösen, die von den ionischen διηγήματα ihren Ausgang nahm (ε 61 f. κ 221 f. leise vorgebildet). Aber ebensowenig läßt sich bezweifeln, daß erst Vergil dieses εἰδύλλιον in die Szenerie des Σ hineinbezogen und einzelne Züge hinzuerfunden hat: an ›Märchen‹ (μῦθοι) hatte er seine Freude schon in einigen Eklogen und verschmähte sie auch in der Aeneis nicht ganz als ἡδύσματα des großen Stoffs. — Aber dann läßt er die Szene von Σ sich

Antoninus Liberalis, einem ungefähren Zeitgenossen Lukians, besitzen. In den Scholienangaben zu diesem Mythographen wird außer den Ἑτεροιούμενα des Nikandros kein Werk so oft genannt wie die Ὀρνιθογονία des sog. Boios. Dieses Werk war, wie allgemein angenommen wird, in dem gleichnamigen des Aemilius Macer, eines Freundes von Vergil und Ovid, benutzt. Auf diesem Wege gelangen wir also zu der Vermutung, daß die Geschichte dem Vergil ebendaher, sei es aus dem griechischen Original, sei es aus der lateinischen Bearbeitung (falls es diese damals schon gab), bekannt gewesen sei. Sonst spielen auf sie nur noch an Ausonius 26, 2, 26 f. Schenkl *ter clara instantis Eoi signa canit serus deprenso Marte satelles,* Ps.-Libanios, διηγήματα 4, 1106 Reiske (= 8, 49 Foerster) wohl aus Lukian, Eustathios zu ϑ 302 p. 1598, 61 aus Libanios, Ausonius wohl nach einem griechischen (oder ins Lateinische übersetzten) Sagen- oder Geschichtenbuch; doch sind die mythographischen Quellen dieser Spätlinge noch nicht genügend erforscht. Für Vergil ist wichtiger als das Quellenmäßige an sich eine Beobachtung, die sich daraus für seine Kunst ergibt. Die Erzählung der Odyssee, die bei den anderen als Fortsetzung steht, übergeht er und beschränkt sich, der von ihm erfundenen Situation zuliebe, auf die Andeutung der gelungenen List mit ihrem Ergebnis, den *dulcia furta* (ἐρωτικῶς: Tibull 3, 11, 7 *dulcissima furta*). Durch das bloße Andeuten des Vorgangs bekommt die nicht gerade geistreiche hellenistische Erzählung einen Reiz, der auf sagenkundige Leser gewirkt haben wird. In der uns kenntlichen Vergilexegese ging die Kenntnis verloren: Donatus, auf den Servius sich beruft, mißhandelt die beiden Verse, in die er die Homerische Geschichte hinein- und daher die *dolos Martis* hinausdeutet, gar erschrecklich und — findet neuerdings Gläubige.

25 Der Hauptinhalt der hesiodischen Theogonie, an deren Anfang Chaos (und Eros) steht, und ihrer Fortsetzung, der ἢ οἵη-Serie, wird durch den Ausdruck »vom Chaos an zählte sie in dichter Reihe die Götterliebschaften auf« seiner Feierlichkeit anmutig entkleidet.

wandeln. Dort sucht Thetis, aus der Meerestiefe emportauchend, ihren Sohn auf; Aristaeus wird, von der Nymphe Arethusa geholt, in die Tiefe des Stromes hinabgeführt und trifft seine Mutter erst dort. Die Änderung ist durch die Absicht bedingt, die unterirdische Märchenwelt sich dem Blick weiterhin erschließen zu lassen. Bisher war uns der *thalamus* der Kyrene vorgeführt, auch er nur mit diesem einen Worte (333), dazu die gläsernen Stühle (350), auch sie nicht um ihrer selbst willen, sondern weil die Nymphen vor Schreck wie betäubt dasaßen, als sie den Klageruf des Aristaeus an der Peneiosquelle vernommen hatten. Jetzt, da er in die Tiefe geleitet wird, weitet sich die Szenerie. Mit Bedacht hütet sich der Dichter auch hier vor einer ἔκφρασις: er läßt Aristaeus die Wunder, die er durchschreitet, staunend betrachten (363—373); ein ersichtlich aus δ 43 ff. (Telemachos im Palast des Menelaos) abgeleiteter (schon von Heyne notierter) Kunstgriff. Aber dies betrifft nur die Erzählungstechnik. Woher die Szene selbst: der Jüngling bei der Mutter in der Wassertiefe? Sie ist so großartig, daß sie von keinem römischen Dichter erfunden sein kann. Theseus bei Amphitrite, seiner Stiefmutter. Seit wir das Gedicht des Bakchylides haben, läßt sich diese Antwort noch bestimmter geben, obwohl schon die abgeleiteten mythographischen Handbücher und die wundervolle Schale des Euphronios darauf hätten führen können. Ich halte es sogar für wahrscheinlich, daß Vergil das Gedicht selbst las; Bakchylides war den römischen Dichtern leichter verständlich als Pindar und trat daher eher in ihren Gesichtskreis als dieser. Die horazische Ode 1, 15 *pastor cum traheret*, deren Grundmotiv, wie Porphyrio bezeugt, bakchylideisch ist, ist so früh, daß ihre Abfassungszeit (31/30) sich noch mit dem Abschluß der vergilischen Georgica berührte. Wenn wir nun bei Vergil von Aristaeus lesen *domum mirans genetricis . . . ibat; spectabat; postquam est perventum*, bei Bakchylides ἔμολέν τε ϑεῶν μέγαρον . . . ., εἶδέν τε πατρὸς ἄλοχον φίλαν, so sind diese Anklänge, bei der Verwandtschaft der Szenerie[26], vielleicht nicht gering zu bewerten. Allein wie man darüber urteilen mag, die berühmte Sage war Vergil jedenfalls bekannt. — Der Schluß (374 ff.) zeigt | wieder heitere Miniaturmalerei. Aristaeus wird, nachdem er sich tüchtig ausgeweint hat, durch reichliche Bewirtung gestärkt. Die Nymphen bedienen ihn; die einen decken den Tisch, die anderen bringen glattgeschorene Handtücher[27]. Aus der *bella fabella* mag einem die liebliche Szene einfallen: Psyche

[26] In der Handlung selbst ist ein wichtiger Unterschied. Theseus taucht ins Meer, um sich als Poseidonsohn zu offenbaren; Aristaeus hat nicht gleichen Anspruch: die Mutter muß ihn hinabführen lassen und begründet das mit Worten an Arethusa 358 f. *duc age duc ad nos: fas illi limina divom tangere.*

[27] 377 *tonsisque ferunt mantelia villis* (die Nymphen), während δ 50 die Mägde den Telemachos nach dem Bade in χλαίνας οὔλας (τριχωτάς schol.) hüllen.

im Zauberpalast von (unsichtbaren) Geistern auf Geheiß des Gottes bewirtet — es laufen ja, wie soeben angedeutet, noch für uns, denen das meiste dieser Art verloren ist, halb sichtbare Fäden zwischen den ionischen Prosamärchen und den auf heroische Ebene erhobenen altepischen Dichtungen, und zwar so, daß jene κατὰ δύναμιν das πρότερον im Verhältnis zu diesen sind. — Bei Vergil leitet dann eine von günstigen Vorzeichen begleitete Weinspende an Okeanos und die Wald- und Flußnymphen (380—385) zu dem Ernst des Folgenden über (4 Rede der Kyrene, mit 1—3 durch den Vers 386 *omine quo firmans animum sic incipit ipsa* sinnreich verbunden).

IV. Die Bugonie. Philetas[28]

Als ein Negatives muß gleich zu Beginn der Analyse gesagt werden: die Annahme, Vergil habe die Erzählung, sei es ihrem wesentlichen Inhalt nach, sei es auch nur in ihren Hauptteilen, einem einzigen griechischen Dichter entnommen und sie hie und da erweitert, beruht auf einer falschen Voraussetzung. Der Tatbestand verdient ausführlich dargelegt zu werden. In der Ἱστοριῶν παραδόξων συναγωγή des Antigonos 23 wird in ein paar Sätzen die γένεσις der Bienen berichtet; dann heißt es weiter:

ᾧ καὶ φαίνεται Φιλητᾶς προσέχειν, ἱκανῶς ὢν περίεργος· προσαγορεύει γοῦν αὐτὰς βουγενεῖς λέγων·

βουγενέας φάμενος προσεβήσαο μακρὰ μελίσσας.

Der Vers, von jeher ein exegetisches Problem, ist in den vier letzten Sammlungen der Philetasfragmente[29] verschieden behandelt worden. In solches Dunkel — denn jedenfalls hat Antigonos den Vers aus seinem Zusammenhang herausgenommen und isoliert — durch Textänderungen Licht bringen zu wollen, wäre gewagt. Nur auf einem Versehen beruht es, daß Bergk und Diehl προσεβήσατο drucken: προσεβήσαο ist überliefert. Also in bekannter, aus Homer abgeleiteter, in hellenistischer Poesie beliebter Art wird eine an der Handlung beteiligte Person angeredet: »du schrittest zu auf —«. Fassen wir, woran beim ersten Lesen niemand zweifeln wird, φάμενος als Verbalform, | so hatte die Person vorher etwas gesagt. Diese Annahme würde eine Rückbeziehung von φάμενος über βουγενέας hinweg in sich schließen. E. Rohde[30], der das für unmöglich hielt, schlug φθάμενος vor, eine

[28] Aus Bequemlichkeit bediene ich mich dieser mir vertrauteren Namensform des Dichters.

[29] Anth. Lyr. ed. E. Diehl, fasc. VI, Lpz. 1924. A. Nowacki, Philitae Coi fragmenta poetica, Diss. Münster 1927. W. Kuchenmüller, Philetae Coi reliquiae. Diss. Berl. 1928. Powell, Collect. Alexandrina, Oxf. 1925.

homerische Phrasis (Ψ 779 ὣς ἦλθε φθάμενος u. ö.), als solche dem für Homerisches interessierten Philetas angemessen und durch die ebenfalls homerische Verbindung eines Verbums des Schreitens mit μακρά (H 213 μακρά βιβάς u. ö.) scheinbar empfohlen. Andererseits haben hellenistische Dichter wie Kallimachos (und nach ihrem Muster die römischen Neoteriker) mit verschränkter Wortstellung so gewagt experimentiert, daß die von Rohde bestrittene Möglichkeit vielleicht nicht unbedingt abzuweisen ist: »⟨dies und das⟩ gesagt, gingst du mit langen Schritten auf die rindgeborenen Bienen zu« (so ungefähr E. Maaß). Allerdings scheint, während es an Besonderheiten in der Stellung von φησί, ἔφη, *inquit* nicht fehlt[31], für φάμενος, das bei Homer — mit einer Ausnahme[32] — seine feste Stellung am Versanfang einnimmt (ὣς φάμενος, φαμένη, φάμενοι), nichts Vergleichbares nachgewiesen zu sein. Aber wir müssen gerade bei Fragen dieser Art bedenken, daß unsere Wissensmöglichkeiten begrenzt sind und daß ein neuer Papyrusfund mit hellenistischer Dichtung unsere Thesen widerlegen kann. Auch sei der Erwägung empfohlen, daß der Vers durch βουγενέας — μελίσσας zu einer Einheit zusammengeschlossen ist in jener kunstvollen Art, die uns besonders aus römischen Dichtern geläufig ist: das Attribut bildet den Anfang, das zu seiner Ergänzung nötige Substantiv wird bis zum Schluß aufgespart, um dem fallenden Rhythmus ein Gegengewicht durch den Gedanken zu geben, Nebensächlicheres (wozu in diesem Falle das verbum dicendi gehören würde) wird im Innern gewissermaßen versteckt. Wer sich nicht entschließen mag, schwankenden Erwägungen solcher Art nachzugeben, für den hat Th. Bergk durch die geistreiche, von Diehl angenommene Deutung von φάμενος als Eigenname Φαμενός gesorgt. Der Name ist freilich nur einmal, bei Herodianos aus Sophokles fr. 361 N² als Sohn des Teiresias überliefert[33]. Aber dieser Gebrauch von Participia mit veränderter Betonung war verbreitet[34]; also erscheint es unbedenklich, einem Ἀκεσαμενός, Ἀλεξαμενός, Δεξαμενός, Τισαμενός u. a.[35] einen Φαμενός an die Seite zu stellen. Dieser Name wäre dann also in dem Philetasverse als Vokativ aufzufassen. An dem nominativus pro vocativo wird niemand Anstoß

30 a. a. O. 15 (= 210, 1).

31 W. Kroll zu Cic. Brutus 91.

32 ν 429 ὣς ἄρα μιν φαμένη ῥάβδῳ ἐπεμάσσατ' Ἀθήνη.

33 Auch schol. Eurip. Phoen. 834, von Ed. Schwartz auf Grund des Sophoklesfragments hergestellt.

34 Herodianos π. μον. λέξ. 1, 8 (2, 913, 21 Lenz). Er bringt als Belege auch zwei scherzhafte Namen aus der alten Komödie: Ἀγχομενός, Κλαυσαμενός.

35 Die Beispiele entnehme ich der Liste des Eigennamen-Wörterbuchs von Pape-Benseler³ (S. XVII), die sich jetzt aus Inschriften wohl vervollständigen ließe.

nehmen[36]; der Dichter mag | die vokativische Flexionsendung gemieden haben, weil Φαμενέ nur mit Synaloephe vor Vokal oder mit Dehnung vor Doppelkonsonant zu brauchen war, beides in einem so eigenartig betonten Namen wohl unbeliebt.

Wie man sich nun aber auch entscheiden mag, zu der vergilischen Erzählung führte von diesem Vers kein Weg. Philetas habe, so argumentierte einst Maaß, nicht nur die Fabel von der Entstehung aus einem toten Rind erzählt, sondern sie auch in Zusammenhang mit Aristaios gebracht, denn er sei der in zweiter Person Angeredete; da nun Philetas zu den Dichtern gehörte, die Vergil jedenfalls gelesen habe, so sei er als Vergils Vorlage anzunehmen. Auf der schmalen Linie eines einzigen Verses ein Phantasiegebäude zu errichten, das die ganze, lange Hälfte eines Dichterbuches in sich befassen soll, ist ein Wagnis, zu dem niemand außer dem Erfinder den Mut aufbringen wird[37]. Zum mindesten müßte man doch verlangen, daß die in dem Philetasverse vorausgesetzte Situation einer vergilischen entspreche. Aber nicht einmal dies ist der Fall: bei Vergil vollzieht sich das Wunder (Abschnitt 8) zwar in Gegenwart des Aristaeus, aber ohne seine Anteilnahme (554 ff.). Den Ausschlag gibt folgende Erwägung. Antigonos beschreibt, wie gesagt, das Wunder der βουγονία in einigen Sätzen und fährt dann fort: »dem scheint auch Philetas beizupflichten, ἱκανῶς ὢν περίεργος, er nennt die Bienen nämlich βουγενεῖς mit den Worten« (es folgt der Vers). Also das Philetaszitat wird nur wegen des einen Wortes βουγενεῖς, nicht um der Sache selbst willen gebracht; hätte Antigonos diese bei ihm gelesen, so würde er, ein verständiger Schriftsteller, sich nicht so unverständig ausgedrückt haben.

Dieses Negative, daß Philetas die βουγονία nicht berichtete, genügt für unseren unmittelbaren Zweck. Aber aus einem besonderen Grunde verweile ich bei dem Prädikat ἱκανῶς περίεργος, das Antigonos dem Philetas erteilt. Antigonos, ein Zeitgenosse etwa des Eratosthenes, ist durch die Beleuchtung, in die ihn Wilamowitz gerückt hat, als anspruchsvoller Kritiker neoterischer Dichter bekannt, denen er, in der attisch-euboeischen Kultur wurzelnd, nicht besonders freundliche Zensuren ausstellt. Das Adjektivum περίεργος ist, wie περιεργία und περιεργάζεσθαι, nicht leicht mit einem ganz entsprechenden übersetzbar. An sich liegt in dem Begriff περὶ ἔργον τι ὢν ›um ein Werk herum befindlich‹, ›mit ihm beschäftigt‹ nicht notwendigerweise ein Tadel, aber aus dem ›Genauen‹ entwickelte sich schon in recht früher Zeit[38] die Neben-

[36] J. Wackernagel, Vorlesungen über Syntax 1, 305 f.

[37] Die entscheidenden Gründe gegen Maaß hat schon Rohde vorgebracht.

[38] Plat. Politikos 286 C περίεργα καὶ μακρὰ λέγειν (da bedeutet περίεργα, wie sich aus dem Zusammenhang ergibt, etwa ›Überflüssiges‹). Aischines or. 3, 229 von Demosthenes: ἐξ ὀνομάτων συγκείμενος ἄνθρωπος καὶ τούτων πικρῶν καὶ

vorstellung des ›Übergenauen‹, des Pedantischen, Peniblen, übertrieben Sorgfältigen. In der hellenistischen Zeit scheint, nach den Lexika zu urteilen, | diese Bedeutungsentwicklung in peius durchgedrungen zu sein, auch in ethischer Anwendung: bei Theophrast (char. 13) bezeichnet περιεργία eine Charakterschwäche dieser Art. Für das Stilkritische genüge eine Begriffsbestimmung Quintilians, die wie viele andere bei ihm aus feinen Definitionen hellenistischer κριτικοί abgeleitet ist[39]: 8, 3, 55 περιεργία *vocatur supervacua, ut sic dixerim, operositas, ut a diligenti curiosus distat* (die Worte *supervacua ... operositas* ließen sich etwa περιττή τις πολυπραγμοσύνη umdenken, beide Ausdrücke in Stilkritiken gebräuchlich)[40]. Daß Antigonos die Note ἱκανῶς ὢν περίεργος dem Philetas etwa im Sinne eines ›recht penibeln‹ Dichters erteilte, wird sich um so mehr annehmen lassen, als an einer zweiten Stelle

περιέργων, wo Dionysios de Dem. 55 die περίεργα als ›besondere, vom Gewöhnlichen abweichende Worte‹ erklärt.

39 Ein den Ansprüchen der Gegenwart genügendes Lexicon rhetoricum (›criticum‹) ist ein Wunsch, den ich mit vielen teile. Eben zeigt die eindringende Arbeit von L. Voit (Δεινότης, ein antiker Stilbegriff, Leipzig 1934), in welchem Sinne man vielleicht eine Erneuerung des alten Lexicon von Ernesti (1795/97) erhoffen darf.

40 Mit der Bedeutungsgeschichte des Wortes περίεργος hängt auch die Erklärung des Titels Περιεργοπένητες zusammen, die Diogenianos seinem Lexikon gab; ein vielbehandeltes Problem, das ich nicht ganz sicher lösen kann. Doch sei folgendes gesagt, das dann andere ergänzen oder verbessern mögen. Die von Hesychios in dem Widmungsbrief an Eulogios gegebene Erklärung ἡγεῖτο γάρ, οἶμαι, μὴ μόνοις πλουσίοις ἀλλὰ καὶ τοῖς πένησι τῶν ἀνθρώπων χρησιμεύειν τε καὶ ἀντὶ διδασκάλων ἀρέσκειν αὐτά, εἰ μόνον περιεργασάμενοι πανταχόθεν ἀνευρεῖν ταῦτα δυνηθεῖεν καὶ ἐγκρατεῖς αὐτῶν γενέσθαι kann, auch abgesehen von ihrer Seltsamkeit, sprachlich nicht richtig sein; denn wie ließe sich von dem Verbum περιεργάζεσθαι zu einem derartigen Kompositum gelangen? Bei Zugrundelegung des Adjektivums ließe sich vielleicht erwägen: ›die an Überflüssigem armen‹ sc. βίβλοι. Diogenianos hatte die 30 Bücher des Iulius Vestinus, die ihrerseits aus den 95 des Pamphilos epitomiert waren, auf 5 verkürzt, indem er, um den Ausdruck Quintilians zu gebrauchen, alle *supervacua* wegließ. Der preziöse Titel wäre einem Werk der hadrianischen Zeit angemessen (Gellius gibt in der *praefatio* eine lange Liste ähnlicher). Da Hesychios, wie bemerkt, eine schwerlich tragbare Deutung gibt, müßte angenommen werden, daß Diogenianos den Titel nicht selbst erklärte, sowenig wie es Seneca mit der ›*Apocolocynthosis*‹ tat; auch diese Finesse, den Leser die Deutung finden zu lassen, mag dem barocken Geschmack entsprochen haben. Unter den von Gellius aufgezählten ›drolligen Titeln‹ *(festivitates inscriptionum)* lautet einer: Ἀμαλθείας κέρας, was er 14, 6, 2 (vgl. 18, 6) *Cornu Copiae* wiedergibt und mit affektierter Bescheidenheit seinen *paupertinae literae* gegenüberstellt. Die Riesenarbeit des Pamphilos war, wie uns das berühmte Zitat des Athenaeus 11, 470 E—472 E aus dem Originalwerk zeigt, wirklich ein solches ›Füllhorn des Überflusses‹, mit dem verglichen die περιεργοπένητες ε′ des Diogenianos gar ›ärmlich‹, aber selbst nach Beseitigung des ›Überflüssigen‹ sicher noch immer reich an Notwendigstem waren, was sogar noch von unserem, im Verhältnis zu Pamphilos bis nahe an 100% gekürzten Hesychios gilt.

(96) die Abfertigung des Archelaos mit den Worten erfolgt: τοῦ περιεργοτάτου[41] ἐπιγραμματοποιοῦ. Wo er loben will, sagt er ἐπιμελής: 24 (28) Homer περὶ πάντων ἐπιμελής, was etwa dem quintilianischen *diligens* ›sorgfältig‹ entspricht.

Um zu dem Epitheton βουγενεῖς zurückzukehren: Philetas, der auch als Glossograph einen Namen besaß, hat nächst Antimachos am meisten dazu beigetragen, die gelehrte Manier in der neoterischen Dichtung heimisch zu machen. Bezeichnenderweise eröffnete er, wie das Antigonoszitat zeigt, den | Reigen der Dichter, die jenes Beiwort der Bienen bloß als *epitheton otiosum* (so Quintilian 1, 1, 35 von den γλῶσσαι) gebraucht haben. Kallimachos, der den koischen Dichter hochschätzte, griff es als erster auf (fr. 230 Schn.); dann findet es sich sehr oft bei späteren Epigrammatikern. Wenn wir diese Geschichte des Bienenepitheton überblicken, so können wir daraus vielleicht eine Vermutung über das Eidos des Philetasgedichts ableiten. Die βουγονία war in ihm, wie wir sahen, nicht erzählt, und dennoch nannte er die Bienen βουγενεῖς. Die Note, die ihm Antigonos erteilte, empfängt, wie ich glauben möchte, erst dann ihr rechtes Gewicht, wenn wir annehmen, daß das gelehrte Beiwort in einem Gedicht nicht gelehrten Charakters vorkam. Wozu um der Bienen willen auf die Suche nach einem μυθικόν gehen? Schwerlich wäre jemand auf diesen Gedanken gekommen ohne den falschen Glauben, das Philetasgedicht sei die Vorlage des vergilischen Aristaeusgedichtes gewesen. Warum soll es nicht vielmehr zu der Gruppe der βιωτικά gehört haben? So dürftig die Reste auch sein mögen, die uns von den Gedichten des Philetas geblieben sind, so ersichtlich sind in ihnen doch ›idyllische‹ Motive, also Bilder aus dem Leben. Wollte man nun die Frage aufwerfen, welches uns erhaltene hellenistische Gedicht das lebensvollste aller sei, so würde die einmütige Antwort lauten: jedenfalls eins der theokritischen. Fragte man weiter: welches dieser, so würden die Stimmen auseinandergehen — denn dieser letzte ganz große griechische Dichter macht die Wahl der edelsten Perle schwer —, aber manche Stimmen würden auf das Gedicht fallen, das Dan. Heinsius ›omnium eclogarum reginam‹ nannte, die Θαλύσια. In ihnen (Vers 40) nennt der jüngere Dichter den etwas älteren Philetas mit feiner Huldigung, und zufällig kommt in diesem Gedicht ein liebliches Bienenmärchen vor (80 ff.). Die Möglichkeit also — nicht mehr als eine solche, aber sie, wie mich dünkt, in einem gewissen Maße — wird ins Auge gefaßt werden dür-

[41] Von Wilamowitz, Antigonos 166, aus der nur leicht verderbten Überlieferung sicher hergestellt. — Von Kallimachos führt Antigonos (51) zwei Worte eines Verses an und bemerkt dazu: »im Bestreben besonders deutlich (περίτρανος) zu sein, vergreift er sich im Worte«.

fen, das Philetasgedicht sei ein εἰδύλλιον des Lebens gewesen. Diese Annahme ließe sich durch folgende Beobachtung noch stützen. In dem Vers, den Antigonos anführt, heißt es: προσεβήσαο ... μελίσσας ›du schrittest auf die Bienen zu‹. Darunter kann nur ein μελιττεύς verstanden werden. Nun begegnet in dem Bienenbuch des Columella (9) der Ausdruck *ad apes accedere* vom Bienenzüchter, und zwar in einem Kapitel (14) aus der Schrift des Hyginus *de apibus*, von der Columella sagt (11), ihr Verfasser sei darin der *auctoritas Graecorum* gefolgt. Also war προσβαίνειν μελίσσας ein Ausdruck des Lebens aus der Imkerpraxis. Wenn mithin die Situation bei Philetas dem εἶδος βιωτικόν angehörte, so war das gelehrte Epitheton in der Tat ἱκανῶς περίεργον: man ermesse den Gegensatz zu Theokrit, bei dem die Bienen σιμαί und ξουθαί genannt werden (Vers 80 u. 142). |

V. Aristaios in mythographischer Literatur

Das Philetasgedicht ist mithin als Vorlage Vergils auszuschalten. Aber, wird man vielleicht fragen: etwa ein anderes hellenistisches Gedicht? Dafür werden sich manche auf Wilamowitz zu berufen geneigt sein, der in seinem letzten Werk (Glaube der Hellenen 1, 249) den Worten des Textes »Einen Zeus Aristaios soll es in Arkadien gegeben haben« folgende Anmerkung beigab: »Servius auctus zu Georg. 1, 14. Vergil hat ihn hier und in der Behandlung der Bienenzucht ausgezeichnet; sicherlich hatte er bei einem hellenistischen Dichter mehr über ihn gelesen.« Trotz des »sicherlich« sind die Worte zurückhaltend formuliert: von einem Aristaiosgedicht als Vorlage Vergils wird nicht geredet. Die Möglichkeit, vielleicht die Wahrscheinlichkeit, daß Vergil über Aristaios in hellenistischer Poesie mehr gelesen habe, als uns kenntlich ist, läßt sich nicht bestreiten; aber das uns Kenntliche betrifft nur die keische Aristaiossage, die mit der Bienenzucht nichts zu tun hat: die Stellen des Apollonios und Kallimachos — es handelt sich in ihnen nur um beiläufige Erwähnungen des Aristaios — sollen weiterhin (Anm. 44 und 54) angeführt werden. Hier möchte ich meine Ansicht zu begründen suchen, daß die Vorlage Vergils in andere Richtung weist. Zunächst eine grundsätzliche Bemerkung. Wir sehen Vergil da, wo er Sagengeschichtliches behandelt, meist verschiedene Fäden zu einem Gewebe verknüpfen, das als Ganzes sein Eigentum ist. Woher nahm er die Sagenstoffe? Die Benutzung mythographischer συναγωγαί (»Handbücher«, wie wir uns gewöhnt haben sie zu nennen), in denen der Stoff verschiedenster Sagenkreise ausführlich, unter Anführung von Varianten und mit gelegentlichen Verszitaten, behandelt war, muß bei ihm, wie bei römischen Dichtern überhaupt, in Rechnung gestellt werden.

In der Iliupersis läßt es sich an der Hand des sog. Apollodoros und sonstiger Schriften erweisen: er verbindet Varianten der mythographischen Überlieferung; wir hören alte Verse anklingen, die in ihr angeführt waren[42]. Neben dergleichen Handbüchern, deren Bestand man jetzt am besten in F. Jacobys Fragmenten der griechischen Historiker (1, 178 ff.) überblickt, kommen — in einer Art von Wechselwirkung mit ihnen — für Vergil Dichterkommentare in Betracht. Die Erkenntnis, daß er Homer und Apollonios, Aratos und Theokritos in erklärenden Ausgaben las, wird vor allen Leo und Wilamowitz verdankt; mit welcher Ausführlichkeit diese ἐξηγήσεις oder ὑπομνήματα auf Mythologisches eingingen, lassen noch unsere Scholien | erkennen. Wir würden uns daher eine wichtige Erkenntnisquelle verstopfen, wenn wir bei der Analyse zumal einer so komplizierten Sagengestaltung, wie sie im Schlußteil der Georgica vorliegt, anstatt auf hellenistische Aristaiosgedichte zu fahnden, die Benutzung mythographischer Überlieferung seitens des Dichters ausschalten wollten, noch dazu einer Überlieferung, die selbst uns, die wir nur aus den Rinnsalen eines ursprünglich breiten Stromes schöpfen, kenntlich ist. Denn von den beiden Hauptträgern der vergilischen Erzählung, Aristaios und seiner Mutter Kyrene, gab es eine sagengeschichtliche Überlieferung, die bis zu einer ›hesiodischen‹ Eoee des siebenten Jahrhunderts hinaufreichte[43]. Daß die hochberühmte Sage in einem mythographischen Handbuch späthellenistischer Zeit verarbeitet wurde, müßten wir annehmen, auch wenn uns nicht zwei Diodorkapitel (4, 81 f.) den Beweis lieferten. Diodor, der seine Behandlung mit den Worten περὶ Ἀρισταίου γράφειν ἐγχειρήσομεν beginnt, hat seiner Gewohnheit gemäß das gelehrte Zeugenmaterial des Quellenberichts beiseitegelassen, vermerkt jedoch mit dem üblichen οἱ μέν — οἱ δέ Varianten. Es kann nicht auf Zufall beruhen, daß Gedanken und Worte des Dichters an Sätze des Mythographen anklingen, obwohl jener poetisch, dieser rationalistisch stilisiert. Vergil will *Arcadii memoranda* *i n v e n t a* *m a g i s t r i* *pandere* (283 f.) und fragt die Musen, welchem ›Gotte‹ diese neue

[42] Vielleicht führe ich meine Absicht einmal aus, dies genauer als es bisher geschah darzulegen. — Für eine besonders ergreifende Szene der Aeneis 10, 755 bis 832 — Opfertod des Lausus für seinen Vater Mezentius — hat Ed. Fraenkel, Philol. 87, 1932, 242 ff. einen über das Motivische weit hinausgehenden Anschluß an eine uns durch Pindar P. 6, 28 ff. kenntliche Szene der Aithiopis — Opfertod des Antilochos für seinen Vater Nestor — erwiesen. Die Übereinstimmungen sind so genau, daß Fraenkel mit Recht die Wahl stellt: entweder las Vergil das alte Gedicht selbst oder einen Prosaauszug, der dann freilich recht ausführlich gewesen sein müsse. Wie immer man sich auch entscheidet: die Feststellung als solche ist für Unteruchungen dieser Art wichtig.

[43] Das Zeugnis eines Vergilscholions für die Eoee soll gleich angeführt werden.

Kunst verdankt werde, die dann im ›Menschen‹leben erprobt sei (315 f.). Dementsprechend heißt es bei Diodor: τοῦτον δὲ παρὰ τῶν Νυμφῶν (die *nymphae* sind bei Vergil 334 genannt) μαθόντα ... τὴν κατασκευὴν τῶν σμηνῶν ... διδάξαι πρῶτον τοὺς ἀνθρώπους. διὰ δὲ τὴν εὐχρηστίαν τὴν ἐκ τούτων τῶν εὑρημάτων τοὺς εὐεργετηθέντας ἀνθρώπους τιμῆσαι τὸν Ἀρισταῖον ἰσοθέοις τιμαῖς. Aristaios als göttlicher Wohltäter der Menschen: das ist das Thema, dem wir uns jetzt zuwenden wollen; es hängt, wie wir sehen werden, mit der Überlieferungsgeschichte des Mythus eng zusammen.

In dem großen Katalog der Gottheiten des Landbaus, der das erste Buch des Gedichtes eröffnet, steht Aristaeus an hervorragender Stelle, zwar ohne Nennung des Namens, aber deutlich bezeichnet (14 f.):

cultor nemorum, cui pinguia Ceae
ter centum nivei tondent dumeta iuvenci.

Gemeint ist Ἀρισταῖος Νόμιος, ᾧ παρὰ τοῖς Κείοις τιμαί[44]: Diodor 81, 2. 82, 1. Die Scholien erklären den Dichter auf Grund derselben sagengeschicht- | lichen Überlieferung, aus der er selbst schöpfte (ein Vorgang, den es sich empfiehlt in gelehrter Poesie stets im Auge zu halten); sie müssen hier aus einem besonderen Grunde angeführt werden.

Servius: *Aristaeum invocat, id est Apollinem et Cyrenes filium, quem Hesiodus dicit Apollinem pastoralem. hic, ut etiam Sallustius docet, post laniatum a canibus Actaeonem filium matris instinctu Thebas reliquit et Ceam insulam tenuit primo adhuc hominibus vacuam; postea ea relicta cum Daedalo ad Sardiniam transitum fecit.* Dazu Servius Dan.: *huic opinioni Pindarus refragatur qui eum ait de Cea insula in Arcadiam migrasse ibique vitam coluisse, nam apud Arcadas pro Iove colitur.*

Ζεὺς Ἀρισταῖος ist auch aus schol. Apollon. Rh. 2, 498 bezeugt (Malten 15). Mit dieser griechischen und lateinischen Scholiastengelehrsamkeit ausgerüstet, müssen wir den bereits oben (634) kurz erwähn-

[44] Über Keos, den weitaus berühmtesten Kultsitz des Aristaios, hat Malten das Nötige gesagt; auch das älteste und wichtigste Zeugnis, Xenomedes bei Kallimachos (Aitia fr. 9 Pfeiffer) hat er schon verwerten können. Hier wie hymn. 5, 108 nennt ihn Kallimachos ohne Zusammenhang mit den Bienen. — Kultische Verehrung außerhalb von Keos ist nur spärlich nachweisbar. Eine Besonderheit ist der Stationsname im sog. Itinerarium Antonini 72 Wess. (= 10 Cuntz) *Aristeu,* wozu in der R. E. II 848 wohl weniger richtig κώμη als von Malten (55, 5. 82, 3) ἱερόν ergänzt wird; da die Station an der Marmarica lag (übrigens näher zu Alexandreia als zu Kyrene), so erschließt Malten wohl mit Recht aus schol. Aristoph. Eq. 804 Ἀρισταῖος ὁ Ἀπόλλωνος καὶ Κυρήνης πρῶτος τὴν ἐργασίαν τοῦ σιλφίου ἐξεῦρεν das Aition des Kultes. Das *oppidum in vertice Haemi Aristaeum* (Plin. 4, 45) wird von Hiller v. Gaertringen, R. E. II 855 richtig beurteilt; vgl. Anm. 51.

ten Musenanruf, der im 4. Buch der Georgica (315 f.) die Aristaeusgeschichte einleitet, genauer ins Auge fassen:

Quis deus hanc, Musae, quis nobis extudit artem?
unde nova ingressus hominum experientia cepit?

Der erste dieser Verse enthält eine ziemlich schwierige Aporie. Welcher Gott ist gemeint? Man sollte denken: Aristaeus, denn von keinem anderen als von ihm ist weiterhin die Rede; er vollzieht am Schluß, der zu diesem Anfang zurückkehrt, die künstliche Bienenzeugung (548 ff.). Aber ist er denn ein Gott? Es wird doch gleich nach den beiden Versen so fortgefahren (317): *pastor Aristaeus*. Er ist zwar ein Kind göttlichen Geblüts, aber auf den Himmel hat er doch erst dereinst Anwartschaft: gleich nach Beginn der Erzählung sagt er zu seiner Mutter (332 ff.) *quid me praeclara stirpe deorum — si modo, quem perhibes, pater est Thymbraeus Apollo — invisum fatis genuisti, aut quo tibi nostri pulsus amor? quid me caelum sperare iubebas?* Also, hat man gesagt, sei jene Frage an die Musen eine ›rhetorische‹, auf die keine Antwort zu erwarten sei. Aber das ist eine Verlegenheitsauskunft: es handelt sich ja um eine Musenbefragung hellenistischer, uns jetzt besonders aus Kallimachos bekannter Technik, die aus homerischer Art entwickelt ist (etwas anders Apollonios Rh. 4, 1379 ff.). Vergil hat sie sonst nur noch Aen. 9, 77 ff. *Quis deus o Musae tam saeva incendia Teucris avertit, tantos ratibus quis depulit ignis? dicite: prisca fides facto sed fama perennis.* Hier wie dort ist *quis deus* ..., *quis* der durch Wiederholung des *quis* affektvoll beschwingte Auftakt zu einer Erzählung von besonderer Art, die der Dichter durch Befragung der Musen beglaubigt. In | der Aeneis folgt die Antwort: Kybele (*genetrix Berecynthia*) war es, der das Wunder der Verwandlung der Schiffe in Nymphen verdankt wurde. Also haben wir auch in den Georgica auf die Frage *quis deus* ... *quis* irgendwelche Antwort zu erwarten. Wieder gibt uns eine einfache sprachliche Beobachtung Auskunft. Schon in alten Kommentaren wird für den besonderen Ausdruck *artem extundere*[45] im 4. Buch der Georgica auf eine Stelle des 1. Buches zurückverwiesen, aber ohne daß etwas daraus gefolgert

[45] Vergil hat das Verbum *extundere* noch georg. 4, 328, bezeichnenderweise ebenfalls von Aristaeus, der zu seiner Mutter sagt (326—328): *en etiam hunc ipsum vitae mortalis honorem, quem mihi vix frugum et pecudum custodia sollers omnia temptanti extuderat, te matre relinquo.* Ferner Aen. 8, 663 f. in der Schildbeschreibung: *hic exsultantis Salios nudosque Lupercos ... extuderat* (Volcanus). In hoher Poesie außer Vergil wohl niemand. Verwandt 6, 848 *excudent ..., aera;* dies mit kühner Übertragung auf die Bienen georg. 4, 56 f. *arte recentis excudent ceras.* In allen Stellen mit *extundere* liegt der Begriff mühseligen Arbeitens, was für die gleich zu erörternde Gedankenreihe wichtig ist.

würde. Wir müssen uns die Stelle um ihres Inhalts willen genauer ansehen. Der Zentralgedanke der langen Versreihe 1, 118—146 ist dieser: Jupiter hat den Menschen Kunstsinn gegeben in der Absicht, daß sie, ihre Kräfte in harter Arbeit stählend, es lernten die Künste aus dem Brauch des Lebens durch Nachdenken und Erfahrung allmählich zu vervollkommnen, *ut varias usus meditando extunderet artes paulatim* (133 f.)[46]. Man wird sagen dürfen, daß in dieser Versreihe dieselbe Vorstellung ausgeführt wird, die in den zwei Versen des 4. Buches zusammengedrängt ist; denn dem *usus* dort entspricht hier *experientia* — übrigens eine interessante Zivilisationstheorie, über deren Geschichte, damit hier im Text der Zusammenhang nicht unterbrochen werde, in der Anmerkung etwas gesagt werden soll[47]. Die

[46] Vers 145 f. von der harten Zeit, die nach Ablauf der Saturnia regna unter der Herrschaft Jupiters steht: *tum variae venere artes: labor omnia vicit improbus.* Die Versreihe, die in diesen Worten gipfelt, ist von Joh. Stroux in seinem Vergilvortrag (München 1932) 12 ff. als eine Grundidee des gesamten Gedichts erkannt und gewertet worden. Neben dem Praeceptum ›*labora*‹ steht das andere ›*ora*‹ (1, 338 *in primis venerare deos*), beide im Sinne des *Ascraeum carmen* (ἐϱγάζευ 299, ϑεοὺς ἱλάσκεσϑαι 338), wie sich denn auch der oft besprochene Ausdruck *labor improbus* wohl am besten mit dem hesiodischen Lieblingswort ἀϱγάλεος als ›mühselige, drückende Arbeit‹ wiedergeben läßt (vgl. Stroux). Über Hesiod hinab weist die Theorie von der Entstehung der Künste, aber doch so, daß der alte Dichter auch hierzu den Weg zeigte, indem er den Ackerbau als hartes Gesetz des Zeus für die eiserne Zeit hinstellte (42 ff.), vgl. Vergil zu Beginn der Versreihe: *pater ipse colendi haud facilem esse viam voluit, primusque per artem movit agros curis acuens mortalia corda.* Alles in allem: eine Zivilisationstheorie auf der Grundlage der Erga; vgl. die folgende Anmerkung.

[47] Zunächst wieder etwas Sprachliches, das uns, wie man sehen wird, zum Sachlichen führt. *Experientia* findet sich bei Vergil nur noch einmal, und bezeichnenderweise wie *extundere* (Anm. 45) in Verbindung mit der res apiaria: im Proömium der Georgica sagt er (Vers 4), seine Aufgabe sei, zu dichten *apibus quanta experientia parcis,* wozu sich aus den vorhergehenden Satzgliedern — *quae cura boum, qui cultus habendo sit pecori* — ein Begriff wie *curandis, habendis* ergänzt. [Hier eine nachträgliche Bemerkung zu einem Irrtum von Anderson, a. a. O. 41. Sein Versuch, *experientia* in georg. 1, 4 im Sinne von ›enterprise‹ auf die Bienen selbst, nicht auf ihren Züchter zu beziehen — »Virgil says he will tell how enterprising the bees are« —, ist mißlungen. Diese Deutung zerbräche die Gedankenfolge, in der die Menschen das logische Subjekt sind; auch wäre es unwahrscheinlich, daß das Wort in 1 und 4, wo es beidemal im Zusammenhang mit der Bienenzucht steht, eine verschiedene Bedeutung hätte. Das Epitheton *parcis* ist keineswegs »an otiose gradus-epithet at the end of the line« zu *apibus.* Es ist ein häufiger Kunstgriff der Dichter, gerade dem Schluß einer Aufzählung ein Gegengewicht zu geben: daher erhalten die Rinder und das Kleinvieh kein Attribut, wohl aber die Bienen, und zwar ist es ein liebenswürdig individualisierendes Attribut: ›die sparsamen, haushälterischen‹, wie J. H. Voß richtig erklärte: Demokritos fr. 227 Diels οἱ φειδωλοὶ τὸν τῆς μελίττης οἶτον ἔχουσιν ἐϱγαζόμενοι ὡς ἀεὶ βιωσόμενοι, Plinius nat. 11, 67 nennt

Gedankenkongruenz von 4 und 1 ermöglicht | nun, wie mir scheint, eine Lösung der Aporie, die in der Frage *quis deus?* liegt. Die Ant-

die Bienen *praeparcae* im Gegensatz zu den *prodigae atque edaces,* den *pigrae et ignavae,* nämlich den Drohnen, die Vergil selbst *ignavom fucos pecus* nennt 4, 168.] Mit dem Gebrauch von *experientia,* einem lehrhaften Wort, war Lucrez in dem berühmten Epilog von 5, 1448 ff. vorangegangen, und zwar in einem Zusammenhang, der uns hier angeht: *navigia atque agri culturas moenia leges* (es folgen die anderen Kulturgüter) ... *usus et impigrae simul experientia mentis paulatim docuit pedetemptim progredientis.* Er stellt *usus* (das praktische Bedürfnis) und *experientia mentis* (das geistige Ausprobieren) nebeneinander; richtig also Servius zu dem Vers des 4. Buches: *experientia: ars per usum reperta.* (Eine Bestätigung, die deshalb bemerkenswert ist, weil es sich um denselben Vorgang wie bei Vergil handelt, bietet Ovid met. 15, 364 ff. *i quoque delectos mactatos obrue tauros — cognita res usu —: de putri viscere passim florilegae nascentur apes.)* Aus derselben Vorstellung sagt Vergil im 1. Buch *ut varias usus meditando extunderet artes paulatim* und im 4. *unde nova ingressus hominum experientia cepit* (*ingressus capere* für *initia c.*: *initium* war für daktylische Verse unbrauchbar, *ingressus* bei Vergil nur hier). Wir befinden uns auf dem Boden einer von Demokritos geschaffenen Zivilisationstheorie, die erkannt zu haben das Verdienst K. Reinhardts ist (Hekataios von Abdera u. Demokrit; Hermes 47, 1912, 492 ff.). Alle für jene tiefgedachte Theorie bezeichnenden Ausdrücke finden sich bei Lucrez und Vergil wieder, auch bei Manilius (1, 61 *per varios usus artem experientia fecit):* πεῖρα — *experientia,* χρεία — *usus,* ἄνθρωποι κατὰ μικρὸν διδασκόμενοι — *homines paulatim (edocti).* Auch der Landbau war in den Kreis der Künste hineinbezogen worden. Ob wir das schon für Demokrit selbst annehmen dürfen? (*Democritus physicus* wird von Varro 1, 1, 8 in dem Katalog der scriptores r. r. genannt.) Jedenfalls finden wir den Landbau bei Lucrez genannt — *agri culturas* sagt er mit einem Plural, der sich nach dem Ausweis des Thes. l. l. 1, 1426 f. in der uns kenntlichen Literatur nur hier findet: er meint offenbar die verschiedenen Teile der Landwirtschaft, die *agriculturae partes,* wie sie Varro öfters (z. B. 1, 5, 3) nennt —, dann natürlich bei Vergil in beiden Stellen des 1. und 4. Buches, und, was mir des Nachdenkens wert erscheint, bei demselben Schriftsteller, aus dessen 1. Buch Reinhardt die Theorie erschlossen hat, bei Diodor 4, 81, d. h. innerhalb der Erzählung des Mythus von Aristaios, wo die schon im Text zitierten Worte τοῦτον (ʼΑρισταῖον) δὲ ... τὴν κατασκευὴν τῶν σμηνῶν διδάξαι πρῶτον τοὺς ἀνθρώπους, διὰ δὲ τὴν εὐχρηστίαν τὴν ἐκ τούτων τῶν εὑρημάτων τοὺς εὐεργετηθέντας ἀνθρώπους τιμῆσαι τὸν ʼΑρισταῖον ἰσοθέοις τιμαῖς die Zivilisationstheorie sozusagen ins Mythologische umgesetzt zeigen wie bei Vergil 4. Das vermag ich mir nur so zu erklären, daß zu irgendeiner Zeit die Aristaiossage in die Kulturgeschichte des Menschengeschlechts hineinbezogen war; wann und von wem, wage ich nicht zu erraten, begnüge mich vielmehr damit, zu bemerken: Dikaiarchos wird bei Varro 1, 2, 16. 2, 1, 3 f. für die Kulturperioden der *vita pastoralis* und der *agri cultura* so genannt, daß man unwillkürlich an die Funktionen des Aristaios als Hirt und Landmann erinnert wird (auch der *usus* der Menschen spielt dabei eine Rolle). Die wohl letzte Spur jener Theorie findet sich bei Tacitus hist. 5, 6 *cuius (bituminis) legendi usum ut ceteras artes experientia docuit;* diese Worte stehen in dem Exkurs über Judaea, in dem Tacitus einem uns nicht bekannten griechischen Schriftsteller folgt.

wort kann nur lauten: Jupiter. Aber sagten wir nicht, der Zusammenhang weise auf Aristaeus, der diese Kunst, *hanc artem*, den Menschen gebracht habe? Nun, der Leser wird diesen scheinbaren Widerspruch sich jetzt selbst lösen: *Aristaeus apud Arcadas pro Iove colitur* fanden wir in dem Scholion; und damit man nicht wegen der Arkader zweifle: in der Ankündigung der fabula de Aristaeo sagt der Dichter selbst (283 f.) *tempus et Arcadii memoranda inventa magistri pandere* (vgl. 538 f. in der Rede der Kyrene an Aristaeus: *tauros, qui tibi nunc viridis depascunt summa Lycaei*). Also der Gott, der die Menschen diese schwere Kunst lehrte, war Jupiter-Aristaeus, Ζεὺς Ἀριστaῖος. Der Dichter erklärt sich, wenn man örtlich Auseinander- | liegendes gedanklich vereinigt, sozusagen selbst; hatte er doch auch, wie bemerkt, in der großen Epiklesenreihe des Gesamtproömiums den Aristaeus, dort ohne Namen, aber mit der Bezeichnung des Kultes auf Keos, in die Götter des Landbaus eingereiht. Neigung zu theologischem Nachdenken — oder nennen wir es lieber ein stark betontes religiöses Fühlen — verband sich in ihm mit dem Drang und der Kraft poetischen Gestaltens; diese Komponenten seiner Wesensart erschweren oft das Verständnis, aber der Versuch in dieses einzudringen lohnt jedesmal die Mühe.

Nur weniger Worte bedarf es noch darüber, daß Aristaeus, der künftige Gott, als ein von irdischen Leidenschaften nicht freier Göttersohn eingeführt wird, der mit der Mutter ähnlich schmollt wie Phaethon mit dem Vater. Das Götterkind der vierten Ekloge, *cara deum suboles, magnum Iovis incrementum*, durchläuft die Stadien des Erdenwallens bis zur Aufnahme in den Himmel. Wie dieses, war Aristaios, der Sohn des Apollon und der Kyrene, der Liebling der Götter und die Freude der Menschen, dazu berufen ›Jupiters Zuwachs‹ zu werden, Ζεὺς Ἀριστaῖος. »Dort wird sie ein Kind gebären, welches Hermes der Erlauchte nehmen wird von der lieben Mutter und bringen zu den schönen Stühlen der Horen und der Gaia. Diese werden das Kind auf ihre Stühle setzen, Nektar in seine Lippen und Ambrosia träufeln und es machen zu einem unsterblichen Zeus und reinen Apollon, eine bereite Freude für liebe Menschen, einen Wächter der Herden, bei den einen Agreus und Nomios, bei anderen Aristaios geheißen«[48]. Vielleicht täuscht mich das Gefühl nicht, wenn ich in diesen pindarischen Versen (Pyth. 9, 59 ff.), die anerkanntermaßen der Eoee nachgebildet sind[49], gleichsam aus weiter Ferne jene fast zärtlichen Töne, die das vergilische Aristaiosgedicht durchziehen, anklingen höre; auch

[48] Übersetzung in Anschluß an Fr. Dornseiff.

[49] Für die Rekonstruktion dieses Gedichts hat H. Drexler (Nachträge zur Kyrenesage, Hermes 66, 1931, 455 ff.) neue Gesichtspunkte hinzugewonnen.

müssen wir bedenken, daß Pindar, wenn der Vergilscholiast genau berichtet[50], in einem anderen, uns nicht kenntlichen Gedicht den keischen und arkadischen Aristaios erwähnte. Aristaios steht einzigartig in der hellenischen Mythologie da[51]. Die Varianten dieses Mythus waren, wie | Wilamowitz bemerkt (Glaube 1, 248 f.), ungewöhnlich stark. Freuen wir uns also über den römischen Dichter, statt ihn zu tadeln oder mißzuverstehen, daß er von dem vielen Seltsamen, das diese Sagenfigur umwebt, uns einen Hauch spüren läßt, indem er, wie das seine Art war[52], die mannigfachen Funktionen des Aristaeus über die Erzählung verteilt: Gott, Gotteskind, Lehrer, Hirte, Bienenzüchter, desgleichen die Lokalisationen des Mythus: Keos, Arkadien, Peneios. Er konnte sich auf sagenkundige Leser verlassen, die das Gesamtbild vor Augen hatten und nun froh, vielleicht gar etwas geschmeichelt waren, sich das einzelne zum Ganzen gestalten zu können. Wir müssen es uns ziemlich mühsam aus der sagengeschichtlichen Überlieferung, von der uns doch nur Trümmer geblieben sind, zusammentragen: aus Diodor und aus Scholien.

Neben diese Quellen tritt die lange Aristaiosepisode des Nonnos (5, 215—286). Auch er entnahm das mythologische Material einem Handbuch[53]. Die Verse, mit denen er beginnt (πρῶτος) Ἀρισταῖος Nό-

[50] Malten 81.

[51] An Aristaios scheint mir das Merkwürdige zu sein, daß er einerseits, wie die Zeugnisse erkennen lassen, ein sehr alter Gott war, andererseits einen durchsichtigen Namen trägt. Wilamowitz, Glaube d. Hell. 1, 248 f. (vgl. Pindaros 39. 267, 4): »Ein Gott, der einmal bei den Hellenen der ersten Schicht seine Macht nach sehr verschiedenen Seiten ausgeübt hat, ohne daß wir imstande wären, ihn in seinem Wesen zu fassen, ist Aristaios, der die Macht im Namen trägt.« Gerade die Durchsichtigkeit des Namens ist bei einem so alten Gott befremdlich. In italischer Religion würden wir sagen: diese Gottheit der Hirten und Bauern war ein Wesen ohne Eigennamen, sie gehörte in die Reihe der *agrestum praesentia numina* (Verg. georg. 1, 10). Dürfen wir etwas Derartiges auch für den hellenischen Glauben annehmen? Für den primärhellenischen schwerlich; aber vielleicht den vorhellenischen? Das ›Wesen‹ wäre dann in der Folgezeit zu den großen Göttern in Beziehung gesetzt, den Olympiern sozusagen angegliedert worden: Ζεὺς Ἀρισταῖος und υἱὸς Ἀπόλλωνος. Aber dieser Einfall müßte gründlichster Prüfung unterzogen werden, an der ich mich bei anderer Gelegenheit selbst beteiligen möchte. Hier nur soviel: das von Plinius 4, 45 genannte *oppidum in vertice Haemi Aristaeum* (s. o. Anm. 44) scheint auf thrakischen Kult zu weisen; verhält sich das so, dann wäre das eine Bestätigung für die Annahme eines über das Hellenentum hinaufreichenden göttlichen Wesens.

[52] Wir fanden o. S. 636 f. ein Beispiel.

[53] Die Benutzung eines solchen ist für Nonnos in anderen Abschnitten der Dionysiaka längst erwiesen. Der genaueste philologische Nonnoskenner, R. Keydell, äußerte in seiner ›Nonnos-Analyse‹ (L'Antiquité Classique 1, 1932, 175) die wahrscheinliche Vermutung, daß der vielberufene ›Peisandros‹ in Frage komme.

μιος καὶ ἐπώνυμος Ἀγρεύς, αἷμα σοφοῦ Φοίβοιο καὶ εὐπαλάμοιο Κυρήνης sind nichts anderes als eine notdürftig aufgeputzte Paraphrase der Prosatradition Ἀρισταῖος Νόμιος ὁ καὶ Ἀγρεύς, υἱὸς Ἀπόλλωνος καὶ Κυρήνης. Auch er nennt, entsprechend den vergilischen *inventa magistri,* die εὑρήματα, die Aristaios ἐδίδαξεν, und auch er läßt seine Kenntnis des ›Arkaders‹ Aristaios durchblicken (13, 277 ff. 298). Die Ansicht, Vergil und Nonnos hätten die Eoee durch Vermittlung eines alexandrinischen Gedichts gekannt, halte ich für verfehlt: Spuren der Eoee, die uns doch einigermaßen kenntlich ist, finden sich nicht, und das ›alexandrinische Gedicht‹ ist eine Phantasiekonstruktion[54]. |

VI. Die Proteusepisode

Da uns die mythographische Tradition über Aristaios, wie wir sahen, ziemlich genau erkennbar ist, so läßt sich aus ihr für die Komposition des vergilischen Gedichts zunächst ein grundsätzlich wichtiger Gesichtspunkt gewinnen. Nur Vergil hat die Bugonie der Bienen (281—314) mit der Aristaiossage verknüpft[55]. Überall sonst — denn

Die Sage von Aktaion, dem Sohn des Aristaios, erzählt Nonnos in unmittelbarem Anschluß an die Aristaiossage mit Zügen, die sich z. T. nur bei Ovid finden; das läßt sich wohl nur aus Benutzung derselben mythographischen Tradition erklären. — Das Kapitel ›Ovid und Nonnos‹ ist zwar öfters berührt, aber m. W. noch nicht zusammenhängend behandelt worden; nur auf Grund des gesamten Materials wird sich aber der Unsicherheitsfaktor ›Handbuch‹ oder ›hellenistische Gedichte‹ (daß Ovid und Nonnos solche lasen, steht außer Frage) einigermaßen ausschalten lassen, vielleicht nie gänzlich, da wir die Rechnung mit mehreren Unbekannten anstellen müssen; aber für das ›Handbuch‹ geben der sog. Apollodoros und Hyginus sowie die Scholienliteratur einige Kontrolle. Zugunsten eines ›hellenistischen Gedichts‹ hat A. Rohde, De Ovidi arte epica, Diss. Berl. 1929, die Phaethonepisode bei Ovid und Nonnos (B. 38) verglichen.

54 Apollonios Rh. 2, 500 ff., von Malten (11 ff.) analysiert, hat mit der vergilischen Erzählung nichts gemein, sondern betrifft, wie die kallimacheische Episode (s. Anm. 44), die keische Aristaiossage. Überhaupt darf man doch wohl auch die Frage aufwerfen, warum in den Scholien, die auf die Eoee und Pindar zurückgriffen, auch der leiseste Hinweis auf ein hellenistisches Gedicht unterblieben wäre, falls es ein solches gegeben hätte. Da in Vergilscholien hellenistische Dichter zitiert werden — ich will die Namen nennen: Euphorion, Eratosthenes, Kallimachos, Apollonios, Theokritos, Moschos, Aratos, Nikandros, Alexander Aetolus, Parthenios sowie ein Anonymus bei Serv. D. zu georg. 2, 470 —, so darf in vorliegendem Falle, zumal in Verbindung mit den anderen dargelegten Gründen, die Nichterwähnung als zuverlässiges testimonium ex silentio gewertet werden.

55 In Chr. G. Heynes immer noch sehr wertvollem Kommentar finde ich die Worte: ›An is ipse (Vergilius) ad Aristaeum artem retulerit, quod a Salmasio (ad Solin. 602. 603) affirmari video, nulla auctoritate constat‹. Und doch war Salmasius im Recht; seine Begründung habe ich nicht auffinden können.

Ovid f. 1, 363—380 gibt nur einen Auszug aus Vergil — lautet die Sage: die Nymphen lehrten Aristaios, der selbst Sohn einer Nymphe war, die Bienenzucht. Dabei heißt es meist allgemein ›die Nymphen‹, aber Oppianos sagt inmitten einer durch sagengeschichtliche Gelehrsamkeit ausgezeichneten Darstellung (Kyneg. 4, 271 ff.): die Dryaden, die Hüterinnen der Bienen, lehrten ihn einen Schwarm wilder Bienen aus einem hohlen Eichenstamm (ἐκ δρυός) sammeln und in Stöcke schließen. Diese Fassung der Sage erweist sich durch ihre natürliche Anmut als echt und ursprünglich. Woher die Bienen stammen, wird in ihr nicht gefragt; sie sind da, aber die Kunst, sie zu zähmen, kennen nur die Dryaden und lehren sie Aristaeus, den Sohn einer Najade. Vergil mußte das Motiv der Nymphen als Lehrerinnen des Aristaios zugunsten des Bugoniemotivs ausschalten. Dem Aristaeus ist der Bienenschwarm eingegangen; um einen neuen zu gewinnen, wendet er sich an seine Mutter, die ihn auf dem Umweg über Proteus auf die Bugonie als einziges Mittel einen neuen Stock zu gewinnen hinweist. So verschiedenartige Stränge — einen physiologischen aus geoponischer, einen mythischen aus sagengeschichtlicher Literatur — ließen sich nicht zu einer Einheit verknüpfen, wenn man unter ihr den geradlinigen Ablauf von Begebenheiten versteht. Der letzte Abschnitt (8), in dem das *dictu mirabile monstrum,* der Vollzug der Bugonie, erzählt wird, kehrt zwar zu der die gesamte Aristaeusgeschichte bedingenden physiologischen Darlegung des Vorgangs (281—314) zurück. Aber wie verhält es sich mit den dazwischenstehenden Abschnitten 1—7, die dazu bestimmt sind, die Brücke zwischen Anfang und Schluß zu schlagen? Aristaeus, im unterseeischen Palast, wo Kyrene weilt, empfangen, klagt ihr sein Leid (1—3). Es folgt die Rede der Kyrene an Aristaeus (4). Die Mutter verweist den Sohn an Proteus, ›damit dieser ihm die ganze Ursache der Bienenerkrankung entwickle und den | Ausgang begünstige‹ (396 f. *ut omnem expediat morbi causam eventusque secundet, nam sine vi non ulla dabit praecepta*). Aristaeus begibt sich in Begleitung der Kyrene zu Proteus, überwältigt den Dämon[56]

[56] Die Art der Überwältigung hatte Kyrene den Sohn in folgenden Versen gelehrt (412 f.):

sed quanto ille magis formas se vertet in omnis,
tam tu nate magis contende tenacia vincla.

Im Anfang des zweiten Verses schwankt die Überlieferung: *tantu* P *tantû* M¹ *tanto* M²R; dazu Servius: *›tanto nate magis‹, alii legunt ›tantu nate magis‹* (so eine Hs., die anderen *tantum* für *tantu*). Dieser Sachverhalt führt mit älteren Ausgaben auf *tam tu* (nicht auf *tanto,* wie in der letzten kritischen Ausgabe steht). Bestätigend: 1) Vers 396 *hic t i b i nate prius vinclis capiendus.* 2) *tu* Gegensatz zu *ille.* 3) Lucr. 5, 452 f. *quae quanto magis inter se perplexa coibant, tam magis* usw. (J. B. Hofmann, Lat. Synt. 728).

und zwingt ihn zu reden (5). Der Inhalt der Rede (6) ist: ›Orpheus hat dir diese Strafe gesandt aus Zorn darüber, daß du seine Gattin Eurydice, die Gespielin der Nymphen, verfolgtest und Schuld an ihrem und seinem Tode trägst‹. Nach dieser Rede stürzt sich Proteus ins Meer. Er beschränkt sich also darauf, dem Aristaeus ›die ganze Ursache der Krankheit‹, *omnem morbi causam* zu entwickeln. Von einem ›Begünstigen des Ausgangs‹, *eventus secundare,* kein Wort, ebensowenig von einem ›Erteilen von Vorschriften‹, *praecepta dare.* Aber gerade darauf kommt es dem Aristaeus an, der neue Bienen erhalten möchte. Hier greift Kyrene ein, indem sie die Rede des Proteus ergänzt (7). ›Sei unbesorgt, *haec omnis morbi causa.* Nun vernimm, was du zu tun hast‹ (531—547). Jetzt ist es also vielmehr Kyrene, die Vorschriften erteilt. Sie tut das in allen Einzelheiten (acht Imperative oder die diese vertretenden Futura); und damit auch nicht der Rest eines Zweifels bestehen bleibe, daß eben dies die *praecepta* sind, heißt es in dem Abschnitt über den Vollzug des Wunders (8), gleich nach dem Schluß der Rede der Kyrene, *haud mora continuo matris praecepta facessit* (548). Aber damit noch nicht genug: Kyrene weiß nicht nur alles, was Proteus mitteilt, sondern sie weiß einiges Wichtige mehr als Proteus. Dieser hatte seine Rede mit den feierlich drohenden Worten begonnen: ›Einer gar mächtigen Gottheit Zorn verfolgt dich ob eines großen Vergehens: O r p h e u s ist es, der dir diese Strafe erwirkt‹ (453 ff. *non te nullius exercent numinis* *i r a e*[57], | *magna luis*

[57] Der Vers *n o n t e n u l l i ú s exercent numinis irae* verdient aus einem sprachlichen und einem prosodisch-metrischen Grund Beachtung. 1. Die Form *n u l l i u s* findet sich, wie aus Wetmores Index zu ersehen ist, im ganzen Vergil nur hier und entsprechend *ullius* nur catal. 10, 3 in der Parodie von Catull 4, 3. Um die befremdliche Tatsache zu erklären, besitze ich keine ausreichenden Sammlungen für den Brauch anderer Autoren (auch bei Plautus fehlt nach Lodges Lexicon *nullius,* da die Überlieferung Ps. 1196 schwer verderbt ist; auch *ullius* fehlt und *ulli* als gen. Truc. 293 ist unsicher; Lucrez meidet weder *nullius* noch *ullius;* Horaz hat *nullius* nie in den Oden, wohl in den Iamben und Episteln, *ullius* fehlt, da es epist. 1, 18, 37 schon vor Bentley in *illius* verbessert ist); man wird also den Thes. l. l. abwarten müssen. — 2. N e g i e r t e s *n u l l u s* hat Vergil nur noch einmal, an der späten Stelle Aen. 11,725 f. und da mit demselben Ethos wie in dem Vers der Georgica: *at non haec nullis hominum sator atque deorum observans oculis.* Das Scholion des Serv. D. zeigt, daß man schon im Altertum den Vers der Georgica notierte: *Asper ›non nullius‹, inquit, id est non levis numinis;* auch die diesen Worten vorangehenden *b e n e dixit ›non te nullius‹* weisen auf ein ζήτημα (vgl. u. Anm. 63). — 3. *n u l l i ú s.* Sooft Vergil ›irrationale‹ Längungen anwendet (zu Aen. 6, 450 ff.): eine dieser Art ist, wie Phil. Wagner (Quaest. Virgilianae, in Heynes Ausg. 4, 426) bemerkt, singulär. Anderson a. a. O. 43 versucht eine Erklärung: *»Graviter frendens sic ora resolvit* (Proteus 452), we are told—a fit prelude to the angry hissing of the opening words, with its prolongation of the *s* of *nullius,* its *luis commissa,* and other

commissa: tibi has miserabilis Orpheus ... poenas ... suscitat). Dagegen Kyrene (531 ff.): ›Die Nymphen, die Gespielinnen der Eurydice, haben die Bienen sterben lassen; sie werden dir aber, wenn du sie durch Opfer versöhnst, ihre Gnade wieder zuwenden *irasque remittent.* Opfre ihnen vier Stiere und vier Färsen, laß die Leichen in einem laubreichen Hain liegen. Neun Tage darauf bringe dem Orpheus als Totenopfer Mohnkörner und ein schwarzes Schaf dar; Eurydice, der nun versöhnten, wirst du durch Schlachten eines Kalbes Ehrfurcht zollen‹. Also Zorn und Versöhnungsopfer sind auf die Nymphen einerseits, auf Orpheus und Eurydice andererseits verteilt.

Nun genügt es nicht, diese verwickelte Komposition bloß festzustellen[58], sondern wir müssen versuchen, die Folgerungen für Vergils Arbeitsweise daraus zu ziehen und die Frage aufzuwerfen, ob sich die Widersprüche etwa aus dem Ineinanderflechten verschiedener Motive erklären lassen. Bei der Verteilung des Zorns und der Opfer handelt es sich offensichtlich um das, was man eine ›Dublette‹ zu nennen pflegt. Welche der beiden Fassungen ist innerlich begründet? Orpheus und Eurydice haben mit den Bienen nicht das geringste zu tun, wohl die Nymphen. Die Episode von Orpheus und Eurydice ist also nicht zugehörig. In der Tat hat außer Vergil niemand den Sagenkreis um Aristaeus mit dem um Orpheus und Eurydice verbunden[59]. Die Ver-

sibilants.« Da lautmalende Effekte aller Art echt vergilisch sind, bin ich geneigt, mich dieser geistreichen Deutung anzuschließen.

58 Das Hauptverdienst daran hatten Sabbadini und Skutsch a. a. O.; einiges habe ich ergänzt oder genauer formuliert; das Entscheidende, die verschiedene Herkunft der Bugonie und des Mythischen, war ihnen entgangen. — Hier muß ich mich mit Anderson auseinandersetzen, der alle Widersprüche oder Unebenheiten in den Reden des Proteus und der Kyrene wegzudeuten sucht. Er schreibt (44): »There is nothing ›inexplicable‹ in Cyrenes power to solve Proteus' riddle and to direct Aristaeus what to do; she is not a nymph for nothing. Nor is it correct to say that she contradicts Proteus, for Proteus, as we have seen, never said that Orpheus was the cause of the plague.« Das hat sich der sonst so erbitterte, hier, wie man sieht, friedfertige Kritiker (es ist ihm wohl selbst nicht recht geheuer) doch gar zu leicht gemacht. In der Versenkung verschwinden die Worte der Kyrene in ihrer ersten Rede an Aristaeus (4): fange den Dämon und feßle ihn: *nam sine vi non ulla dabit praecepta* (396 f.); nichts über die Dubletten der *ira* und der Opfer. Und wie läßt sich die Behauptung »Proteus ... never said that Orpheus was the cause of the plague« verantworten, wo doch Proteus zu Beginn seiner Rede sagt (454 f.) *tibi has ... Orpheus ... poenas ... suscitat?* Diese Worte nimmt Cyrene zu Beginn ihrer Rede auf (532) *haec omnis morbi causa:* ein und dasselbe Motiv wird, nur mit anderen Worten, an gleichen Stellen der beiden Reden wiederholt.

59 Über Eurydice s. u. S. 658 f. ›Orpheus‹ ist nur scheinbar neben Aristaeus genannt in den schol. zu German. Aratea p. 86, 4 (= 154, 15) Breysig *quem (Aristaeum) Apollo fertur ex Cyrene procreasse, quam compressit in monte Orpheo qui Cyrenis appellatur.* Die Überlieferung ist verderbt (Malten 206, 1); sie hätte

bindung ist dementsprechend künstlich: Aristaeus hat den Tod der Eurydice verschuldet; diese war Gespielin der Nymphen (533 *cum quibus illa choros* | *lucis agitabat in altis*); daher straften die Nymphen den Aristaeus durch das Bienensterben (534 *exitium misere apibus*).

Mit der Orpheus-und-Eurydice-Episode gerät die Proteusepisode fast in ihrer Gesamtheit ins Wanken. Denn die Überwältigung des Proteus (5) dient nur der Vorbereitung auf seine Rede, und diese (6) enthält außer vier Einleitungsversen nur die Erzählung der Sage von Orpheus und Eurydice: mit Orpheus beginnt sie (454), mit ihm und Eurydice schließt sie (527). Dieses Ergebnis stimmt mit dem eben gewonnenen überein, daß die Proteusepisode für die Handlung des Aristaeusgedichts unwesentlich, ja überflüssig ist, da über die *causa morbi* auch Kyrene Bescheid weiß[60]. Sie kennt auch die Lebensgewohnheiten des Proteus, die List, ihn zu fangen und ihn zum Reden zu zwingen. Was in der Odyssee für Eidothea naturgemäß ist, das ist für Kyrene nur eine Verlegenheitsauskunft. Daher ist die Proteustochter auch ganz wesentlich an der Handlung beteiligt: sie gibt dem Menelaos nicht nur Auskunft, sondern ist ihm bei den Maßnahmen, die zur Bezwingung des Dämons erforderlich sind, behilflich. Aus diesem Grunde muß sie ihn auch an den Schauplatz der Handlung begleiten, während die Rolle der Kyrene nur darin besteht, dem Sohn ein Versteck anzuweisen und sich selbst in Nebel zu hüllen (423 f.). Anstatt unsichtbare Zuschauerin zu sein, hätte sie auch verschwinden können; aber der Dichter braucht ihre Anwesenheit, weil er durch ihre Rede die des Proteus in allen für Aristaeus wichtigen Angaben ergänzen lassen will.

Keiner Interpretationskunst, es sei denn eine auf Harmonistik um jeden Preis abzielende, wird es gelingen, die aufgezeigten Unstimmigkeiten wegzudeuten. Es ist leicht, die Augen vor der Analyse eines Dichtwerks, das auf komplizierten Voraussetzungen beruht, zu schließen, um es so, befreit von aller Erdenschwere, in den Himmel zu erheben. Solches Sublimieren entspricht nicht meiner Vorstellung von der Aufgabe unserer Wissenschaft, als deren letzten und schönsten Teil der Aristarcheer Dionysios die κρίσις ποιημάτων bezeichnete. Das ästhetische Urteil darf sich nicht mit einem εὖγε κάλλιστα begnügen, wenn es derartige Prädikate nicht auch zu begründen vermag. Wir

aber, auch wenn sie richtig wäre, nichts mit der vergilischen Erzählung zu tun. Verwirrt O. Gruppe in Roschers Lex. d. Myth. 3, 1161; er wirft Orpheus mit — Dionysos zusammen und konstruiert auch über Aristaios-Dionysos ins Blaue; die Stelle des Diodor (4, 82, 6), die er zugrunde legt, ist eine Fiktion des Timaios (Hiller v. Gaertringen, a. a. O. [Anm. 44] 855).

60 532 f. *haec omnis morbi causa, hinc miserabile nymphae ... exitium misere apibus.*

werden in dem Schlußkapitel, unter freimütigem Eingeständnis der Unstimmigkeiten im einzelnen, den Beweis zu erbringen suchen, daß sie sich in einer höheren Harmonie des Ganzen auflösen. Einstweilen wenden wir uns wieder der Analyse des einzelnen zu.

Die Hineinbeziehung des Proteus in die Aristaeussage hatte auch topographische Schwierigkeiten im Gefolge. In der Odyssee ist Proteus Αἰγύπτιος (δ 385), die Begegnung des Menelaos mit ihm erfolgte auf Pharos, dem der kanobischen Nilmündung vorgelagerten Inselchen. Dieser Ort war für Vergil | nicht zu brauchen, denn der Schauplatz der Aristaeussage war der thessalische Peneios: *Peneia Tempe* (317); von hier, dem Mündungsgebiet des Stromes, eilt Aristaeus an dessen Quelle (319) im Pindosgebirge, wo er seine Mutter ruft. Thessalien, im besonderen gerade auch der Peneios, haftete seit alter Zeit an Kyrene, der Enkelin (oder Tochter) des Stromgottes und der Mutter des Aristaios, der hier bei Chiron aufwuchs[61]. Wie sollte der Dichter sich nun dieser Schwierigkeit entwinden? Proteus brauchte er für seine poetische Erfindung, den Peneios durfte er für die mythische Situation nicht preisgeben. Wie er sich half, sehen wir deutlich. Er wußte, daß Proteus auch anderswo als bei Homer lokalisiert wurde: in den Gewässern von Pallene, der westlichen Landspitze der makedonischen Halbinsel Chalkidike. Auf Grund dieser Kenntnis dichtet er die Verse 387 ff. (Anfang der Rede der Kyrene an Aristaeus): *est in Carpathio Neptuni gurgite vates caeruleus Proteus .... Hic nunc Emathiae portus patriamque revisit Pallenen.* Er verbindet also das homerische Lokal mit dem nichthomerischen, indem er Proteus aus den ägyptischen Gewässern[62] eine Besuchsreise in die thrakischen veranstalten und auf Pallene, wo der Meerdämon an Land geht, die Überwindung durch Aristaeus stattfinden läßt. Eine etwas künstliche Kombination, wird man sagen[63]; aber man muß doch zugeben, daß sie sich im Rahmen

[61] Nähere Angaben bei Hiller v. Gaertringen, R. E. II 853.

[62] Hier ein kleines Problem, das ich nicht sicher zu lösen vermag. Genau genommen dürfte ich nicht von den ägyptischen Gewässern sprechen, da Vergil das Karpathische Meer (zwischen Rhodos, Kreta und dem südlichen Kleinasien) nennt. Ist das *Carpathium mare* nur eine spezialisierende Bezeichnung der südlichen Teile des Mittelmeers überhaupt? Oder steckt darin eine lokale Sagenversion, die wir nicht kennen? Erstere Annahme dürfte die wahrscheinlichere sein; auch die Scholien, die über entlegene Versionen der Proteussage sehr genau unterrichtet sind (Anm. 65) kennen nur sie; Servius: *Carpathos insula est contra Aegyptum, a qua vicinum pelagus Carpathium appellatum est* (ähnlich die erweiterte Fassung). Dagegen unterscheidet Strabo 10, 488: συνάπτει τῷ Ἰκαρίῳ τὸ Καρπάθιον πέλαγος πρὸς νότον, τούτῳ δὲ τὸ Αἰγύπτιον.

[63] Schon die antike Exegese scheint so geurteilt zu haben. Schol. Bern. (zu den Worten *patriamque revisit*): *bene propiorem* (so Hagen für *propiorem*) *deum ... facit.* Das *bene* scheint auf eine quaestio zu weisen, der gegenüber Vergils

mythischen Erfindens hält. Sehr oft haben griechische Dichter der alten Zeit Personen der Sage, die mit den Stämmen wanderte, durch gleichartige Erfindungen von einer Landschaft zur anderen gelangen lassen. Gibt doch, um bei ganz Naheliegendem zu bleiben, die Sage von der Nymphe Kyrene selbst ein Beispiel solcher Wanderung der Sage und ihrer Trägerin: sie, »das Mädchen von Kyre«[64], war von | der libyschen Stadt in die Wälder des Pelion verpflanzt und von da durch Apollon in die Heimat zurückgeführt. Und Proteus selbst? Seine Heimat war Pallene, von wo ihn der Homeriker, der die Telemachie dichtete, auf Grund eigener Erfindung, wie man wohl allgemein mit Recht annimmt, in die ägyptischen Gewässer versetzte. Die Vermutung drängt sich auf, daß Vergil sein Reisemotiv des ἅλιος γέρων, der in allen Meeren zu Hause war, eben aus dieser Freiheit des homerischen Dichters ableitete. In den vergilischen Kompositionsplan ließ sich Pallene gut einpassen. Denn diese Landspitze war von der Peneiosmündung nur durch den Thermaeischen Meerbusen getrennt; da nun Aristaeus an der Peneiosquelle in das Reich der Najaden untergetaucht war (319. 355), so war sein Emportauchen an der Pallene eine dichterische φαντασία, der man, wenn auch nicht das ἀναγκαῖον, so doch das εἰκός zubilligen wird. Woher aber mag dem Dichter Pallene als Heimat des Proteus bekannt gewesen sein? Die Annahme, er habe die ganze Erzählung so, wie wir sie bei ihm lesen, in einem griechischen Gedicht vorgefunden, beruht auf einer Vorstellung, deren Unrichtigkeit sich aus unserer gesamten Analyse ergeben haben dürfte. Dagegen genügt, um den Sachverhalt zu erkennen, ein Blick auf das sehr gelehrte Scholion zu Vers 390 (Serv. Dan.), in dem ausführlich über Proteus auf Pallene und den dortigen Sagenkreis berichtet wird[65]. Eine mythographische Tradition, dem das

Darstellung als zweckmäßig gelobt wurde (H. Georgii, Die antike Vergilkritik in den Buc. u. Georg., Philol. Suppl. 9, 1902, 314). In der bezeichneten Lücke steht noch *extentiorem*, wofür Georgii *et praesentiorem* vorschlägt, was doch wohl etwas zu weit abliegt. Dieses Scholiencorpus ist ganz spät, seine Sprache sowie die anderen Spätlinge Filargyrius und Gallus (G. Funaioli, Esegesi Virgiliana antica, Milano 1930), die eine Prüfung verdiente, infolge immer weiteren Exzerpierens oft schwer verständlich. Ich würde an ⟨*et*⟩ *extentiorem* im Sinne von ›ausgedehnter‹ (nämlich über seinen begrenzten Wirkungskreis Ägypten) keinen Anstoß nehmen, zumal sich die Begriffe des *propiorem esse* und des *extendi* zu ergänzen scheinen; vielleicht ist sogar *et* entbehrlich, wenn wir so paraphrasieren: ›gut läßt er den Gott, dessen Bezirk ein ausgedehnterer war, dem Schauplatz der Handlung näher sein‹.

64 Diese Deutung Maltens möchte ich trotz des Zweifels von Pasquali für richtig halten.

65 Das Scholion ist zu lang, um hier ganz ausgeschrieben zu werden. Nur ein paar Sätze daraus: *Pallenen. hoc ideo dixit, quia Proteus, antequam in Aegyptum commigraret, Thraciae fuit incola, ubi habuit uxorem Toronen, filios Telegonum*

Scholion sein Wissen entnahm, war die Quelle auch der Kenntnis Vergils. Wir waren schon oben (S. 645 f.), als wir die Stelle des ersten Buches der Georgica über Aristaeus als Naturgott besprachen, den analogen Weg gegangen: die Scholien erklären den Dichter aus einer mythographischen Vorlage, die er selbst benutzte. Ich möchte glauben, daß dieser Weg auch in manchen anderen Fällen — bei Vergil z. B. in der Daphnisekloge[66] — dem Ziel einer Analyse besser entgegenführt als die meist problematische Annahme griechischer Gedichte, an die niemand recht glaubt außer ihren Entdeckern.

VII. Orpheus und Eurydice

In der Proteusrede ist, nach den vier ersten Versen (453—456), in denen Proteus den Aristaeus über seine Schuld aufklärt, der Inhalt der weiteren einundsiebzig Verse (457—527) die fabula de Orpheo et Eurydice (6); nach ihrem Vortrag stürzt sich Proteus ins Meer (528 f.). Wie die Überwältigung des | Proteus (5), so wahrt auch seine Rede den homerischen Rahmen, aber das Bild ist im Dargestellten und in der Linienführung völlig verändert. Auch im δ der Odyssee erzählt Proteus Geschichten, aber sie gehen Menelaos unmittelbar an, sind auch durch Fragen, die er mehrfach an Proteus richtet, bedingt: wie erging es auf den νόστοι diesem und jenem Helden? Auch die Handlung wird dabei nicht ganz vergessen: Menelaos äußert lebhafte Anteilnahme an der Erzählung des Proteus. Nichts von alledem bei Vergil: Proteus erzählt die Sage in einem Zug; Aristaeus ist nur Zuhörer; er äußert auch hinterher kein Wort, sondern die Rede des Proteus wird nach seinem Verschwinden von einer Rede der Kyrene aufgenommen. Es ist klar: die fabula ist um ihrer selbst willen da, sie ist in den homerischen Rahmen nur hineingestellt. Daß Proteus sie erzählt, ist nebensächlich: der Dichter selbst führt das Wort. Nur in seinem Munde scheint es — wenn wir uns von verstandesmäßiger Erwägung leiten lassen — faßbar, daß Eurydice redend eingeführt wird (494—498), daß Erwägungen über das, was Orpheus hätte tun oder lassen sollen, angestellt werden (504 f. *quid faceret . . ., ferret . . ., moveret*), daß Proteus — er, der γέρων ἅλιος νημερτής — sich auf eine ›Tradition‹ bezieht (507 f. *septem illum perhibent . . . menses . . . flevisse*) und daß er, der zähneknirschend redet (452 *graviter frendens*

et Polygonum . . . Cum taedio praesentium rerum vellet solum vertere, Neptunus illic subter mare specum fecit, per quam in Aegyptum commeasse dicitur.

[66] Für sie scheint es sich aus den Scholien zu Theokrit und aus denen zu der Ekloge selbst erweisen zu lassen.

sic fatis ora resolvit), sich in zwei Gleichnissen zartester Tönung ergeht (473 f. 511—515). Die Technik, einer Sagenfigur die Erzählung einer anderen Sage in den Mund zu legen, ist uns besonders aus Ovid geläufig; sie läßt sich über die alte Lyrik (Bakchylides, vgl. Porphyrio zu Horaz c. 1, 15) bis ins Epos selbst hinauf verfolgen. Aber die Realität des Hintergrundes ist wohl nur noch einmal in so hohem Grade aufgehoben wie in dieser Erzählung Vergils, und zwar — von diesem Dichter selbst. In der sechsten Ekloge läßt er den gefesselten Silenus Geschichten über die Weltschöpfung und aus der Sage erzählen[67]. Während das meiste nur angedeutet ist, wird die Pasiphaesage in 16 Versen (45—60) skizziert. Durch ihr zweimaliges *a virgo infelix* (47. 52), die leidenschaftlichen Worte der Pasiphae an die Nymphen (55—60), überhaupt die bewegte Ethopoiie der ganzen Versreihe zeigt sich die Pasiphaegeschichte der Orpheus-und-Eurydice-Geschichte, die der gefesselte Proteus erzählt, nächstverwandt, nur daß diese gehaltener und maßvoller ist. Hier wie dort werden an die Einbildungskraft des Lesers, auch an seine Geneigtheit, durch Modulation des Vortrags die Skala der Gefühle vom Grauen bis zum Mitleid zu durchlaufen, große Anforderungen gestellt. Ein diesem Dichter eigener, eminent poetischer Kunststil. Er ließe sich — mit einem Begriff der modernen Kunstterminologie — als ›Illusions- | ästhetik‹ bezeichnen, in der die Wirklichkeit aufgehoben und zu einem der Phantasie vorschwebenden schönen Scheinbild gestaltet wird[68].

Nachdem wir so den Rahmen der Erzählung und ihren Stil kennengelernt haben, wenden wir uns dieser selbst zu. Wir sondern zweckmäßigerweise den leichten Auftakt von der dann voll dahinströmenden musikalischen Phrase.

1. Der Tod der Eurydice

Es wurde oben (S. 653) gesagt, nur ein loser Faden verbinde den Tod der Eurydice mit der Aristaeusgeschichte: die Nymphen bestraften den Aristaeus, weil er den Tod ihrer Gespielin verursacht habe. Das wollen wir uns jetzt etwas genauer ansehen. Gleich nach Beginn seiner Rede sagt Proteus von Eurydice (457 ff.):

[67] Das sehr alte und verbreitete märchenhafte Motiv vom weisen und sangeskundigen Walddämon Silenos, dessen Verwandter der italische Faunus ist, hat er, wie bekannt und schon in den Scholien vermerkt, übernommen; seine unmittelbare Vorlage läßt sich nicht ermitteln, die eigenartige Ausführung dürfen wir ohne Bedenken als sein Eigentum ansehen.

[68] Ähnliche Wertungen der Bucolica und Georgica bei Stroux in dem in Anm. 46 genannten Vortrag. Von der Aeneis sagte Fr. Bücheler (Kl. Schr. 1897, 3, 242): »Italiens Geschichte verflicht sich mit mythischem Glauben, die Gegenwart mit der Vorzeit, Erfahrung und Wissenschaft mit schönem Traum«.

illa quidem, dum te fugeret per flumina praeceps,
immanem ante pedes hydrum moritura puella
servantem ripas alta non vidit in herba.
at chorus aequalis Dryadum clamore supremos
implerunt montes.

Also Aristaeus hatte der Eurydice nachgestellt, fliehend war sie auf eine Giftschlange getreten, an deren Biß sie starb, beweint von den Dryaden. Der Tod der Eurydice an einem Schlangenbiß war ein überliefertes Motiv: Ps.-Apollodoros 1, 14 δηχθείσης ὑπὸ ὄφεως. Demgemäß lesen wir bei Ovid zu Beginn des 10. Buches der Metamorphosen folgendermaßen. An ihrem Hochzeitstag

nupta per herbas
dum nova Naiadum turba comitata vagatur,
occidit in talum serpentis dente recepto[69].

Man braucht die beiden Fassungen nur nebeneinander zu lesen, um die Originalität der ovidischen sofort zu erkennen. Der Neuvermählten bringt beim Schwärmen mit ihren Gespielinnen der Tag des höchsten Glücks den Tod. Ein schlichtes Motiv, lebensnah wie manche Grabepigramme, in denen die Antithese von Freud und Leid ergreifenden Ausdruck findet — irgendeine ξυντυχίη knickt die Blume, die sich eben entfaltet hat. ›Auf Wiedersehen dereinst im Hades, liebes Weib‹: diesen Scheidegruß sendet der Mensch, den die | Alltäglichkeit bindet, der Toten nach — aber Orpheus entringt die Gattin dem Tode. Kein Wort von Aristaeus, seiner Verfolgung der Eurydice, ihrer Flucht in die Weite. Aristaeus ist erst von Vergil hineinbezogen; für ihn war diese Erfindung notwendig, einzig und allein durch sie vermochte er die getrennten Sagenkreise ineinanderzuschlingen.

2. Die κατάβασις εἰς ᾅδου

Wir haben drei Spuren griechischer Gedichte, in denen die Sage erwähnt ist. Nur eine Anspielung auf sie findet sich in Moschos' Epitaphios auf Bion 123 f. Etwas ausführlicher (14 Verse) ist die Erzählung des Hermesianax im 3. Buch der Λεόντιον (Athen. 13, 597 BC = Anth. lyr. II p. 214 f. Diehl). Er nennt (als einziger) die Gattin des Orpheus Agriope. Die Hauptzüge der Sage vom Anfang der κατάβασις an werden kurz berührt (Charon, Kokytos, Kerberos). Den Schluß bildet die Losbitte der Gattin von dem unterirdischen Herrscherpaar (13 f. ἔνθεν ἀοιδιάων μεγάλους ἀνέπεισεν ἄνακτας Ἀγριόπην μαλακοῦ πνεῦμα λαβεῖν βιότου); die Rückkehr zum Licht, der Verlust der Gattin

[69] Tod durch Schlangenbiß findet sich in anderen Sagen als märchenartiges Motiv, und zwar gerade am Hochzeitstag (G. Megas, Arch. f. Rel.-Wiss. 30, 1933, 3. 13. 23).

wird nicht erwähnt (dazu lag für diesen Dichter kein Anlaß vor). Aber es gab bekanntlich ein ganzes Gedicht, in dem die Sage behandelt war, die orphische Κατάβασις εἰς ᾅδου. Hat Vergil dieses Gedicht, von dem wir nur spärliche Kunde besitzen (fr. 293—296 Kern), gekannt? Die Frage muß bejaht werden[70]. Ich kann mich auf die Darlegungen in meinem Kommentar zur Aeneis 6 beziehen, von denen ich hier die Ergebnisse, die mir sicher erscheinen, nur kurz bezeichne, anderes für den vorliegenden Zweck Wichtige etwas genauer darlege. Charon erzählte dem Orpheus seine Begegnung mit Herakles (Komm. S. 237). Die Qualen der Büßer im Tartarus waren ausführlich berichtet (S. 275); ihnen waren Schuldbekenntnisse in den Mund gelegt, verbunden mit Mahnungen an die Lebenden (S. 275 ff.). Noch beweiskräftiger als diese nur den Inhalt betreffenden Stellen ist folgende Wortkongruenz (S. 158 f.). Aeneis 6, 119 f.

si potuit manis arcessere coniugis Orpheus
Threicia fretus cithara fidibusque canoris.

Der Verfasser der orphischen Argonautica läßt in der Einleitung den Orpheus einen langen Katalog von Gedichten geben, die er schon früher verfaßt habe. Dieses Verzeichnis ist aus sehr erlesenen Quellen zusammengeschrieben; in ihm stehen die Verse (40—42)

ἄλλα δέ σοι κατέλεξ', ἅπερ εἴσιδον ἠδ' ἐνόησα
Ταίναρον ἡνίκ' ἔβην σκοτίην ὁδὸν Ἄϊδος εἴσω
ἡμετέρῃ πίσυνος κιθάρῃ, δι' ἔρωτ' ἀλόχοιο. |

Der Unterschied ist nur *Threicia* — ἡμετέρῃ. Was stand in dem Katabasisgedicht? Wenn dessen Verfasser den Orpheus seine Erlebnisse in eigener Person erzählen ließ, wofür manches zu sprechen scheint[71], so hat der Dichter der Argonautica das Ursprüngliche erhalten. Andererseits hat Hermesianax (Vers 1 f.) die ›thrakische Kithara‹:

οἵην μὲν φίλος υἱὸς ἀνήγαγεν Οἰάγροιο
Ἀγριόπην Θρῇσσαν στειλάμενος κιθάρην[72].

[70] Oben (Anm. 17) wurde bemerkt, daß er ein anderes ›orphisches‹ Werk gekannt und benutzt hat.

[71] Vor allem das paraphrasierende Zitat Plutarchs de sera n. v. 22 (fr. 294 Kern) ἔλεγεν οὖν ὁ τοῦ θεσπεσίου ψυχοπομπὸς ἄχρι τούτου Ὀρφέα προελθεῖν, ὅτε τὴν ψυχὴν τῆς γυναικὸς μετῄει, καὶ μὴ καλῶς διερμηνεύοντα λόγον εἰς ἀνθρώπους κίβδηλον ἐξενεγκεῖν κτλ. Man könnte sich für eine Icherzählung auch auf Vergil selbst berufen. Denn in den Georgica Vers 507 ff. heißt es: »sieben ganze Monate, sagt man *(perhibent)*, habe er in einer Grotte am Strymon dieses enthüllt«, *haec evolvisse*, nämlich seine Erlebnisse in der Unterwelt.

[72] In dem bei Stobaeus erhaltenen langen Fragment aus den Ἔρωτες des Phanokles heißt es von der κεφαλή des Orpheus, die Frauen εἰς ἅλα Θρηικίην ῥῖψαν ὁμοῦ χέλυι. So die Überlieferung, die Diehl beibehält, während Powell die Änderung Bergks Θρηικίῃ billigt. Ich möchte auf Grund der thrakischen

Daß er die orphische Katabasis kannte, wird man annehmen dürfen: in seinen vierzehn Versen spricht nichts dagegen[73], ebensowenig die Zeitverhältnisse (Hermesianax um 290, das orphische Gedicht doch wohl älter). Die Entscheidung für ἡμετέρῃ oder Θρηϊκίῃ wird sich also nicht leicht finden lassen, auch ist sie für unseren Zweck nicht wesentlich. Die Worte ἡμετέρῃ πίσυνος κιθάρῃ hatten dem Argonautiker so gefallen, daß er, der fremde Stützen gebrauchen konnte, sie im Verlauf seines Gedichtes (Vers 265) wiederholte. Das Katabasisgedicht erhielt sich in den Kreisen der theologisierenden Platoniker lange; der Annahme, daß der Argonautiker[74] es kannte, steht nichts im Wege[75]. Auch auf Vergil haben die Worte Eindruck gemacht. In dem Vers *Thraeicia fretus cithara fidibusque canoris* übersetzt er πίσυνος, ein Wort altertümlichen Glanzes, | mit dem feierlich-archaischen *fretus*. Die zweite Vershälfte *fidibusque canoris* ist ersichtlich nur eine Erweiterung der ersten, aber eine sehr schöne: der ganze Vers mit seinem durch gewählte Caesuren noch betonten Vokalreichtum singt[76].

Soviel über den Aeneisvers zum Zeichen, daß Vergil die orphische Katabasis kannte. Auch andere Spuren im Hadesbuch der Aeneis weisen, wie bemerkt, auf diese Bekanntschaft, und dasselbe gilt schon für die Georgica. Ihre Orpheusepisode ist mit dem sechsten Aeneisbuch durch sichtbare Fäden verknüpft. Drei Verse jener (georg. 475—477)

Lokalfarbe in den unten (S. 669 f.) angeführten Versen Vergils und Ovids die Überlieferung verteidigen. Der Hinweis auf Prop. 2, 1, 2 *Threiciā ... lyrā*, Ovid am. 2, 11, 32 *Threiciam ... lyram* reicht nicht aus, die Beziehung auf τὸ πέλαγος τὸ Θρηΐκιον zu beseitigen.

[73] Eine Besonderheit sind in Vers 6 die μεγάλοι δόνακες an der λίμνη Ἀχερουσία; sie entsprechen der *harundo Cocyti* in den Georgica 478. Also wohl beide Dichter aus der Κατάβασις, die eine umfängliche Hadestopographie hatte.

[74] Eine neue Ausgabe des späten, aber nicht uninteressanten Gedichts wäre erwünscht (vgl. Kern S. 66: ›Post Hermanni praeclaram editionem a. 1805 nova recensio valde necessaria est; Abeliana a. 1885 nihil valet‹). Auch ein wenn auch noch so knapper Kommentar müßte beigegeben werden, denn das Gedicht ist durch die Absonderlichkeit seines Inhalts und das Stammeln der Sprache schwer verständlich. Eine besondere Untersuchung würde die mythische Geographie des Westens erfordern, wo die Κιμμέριοι (1120) und die Ἰερνίδες νῆσοι (1166. 1181) genannt sind; das scheint irgendwie mit der von mir (German. Urgesch. 187 f.) auf Grund seltsamer Stellen des Plutarch und Claudianus behandelten Problematik zusammenzuhängen (die Kombinationen von C. F. Lehmann-Haupt, R. E. XI 431 ›Kimmerier‹ müssen nachgeprüft werden). Eine bis in die Worte genaue Nachahmung eines Verses der Aitia ist von R. Pfeiffer, Kallimachosstudien, München 1922, 71, 2 erkannt.

[75] Die zwei Zitate aus der Κατάβασις bei Servius zur Aen. 6 (fr. 295 f. Kern) sind wohl durch den platonischen Kommentar zu diesem Buch der Aeneis vermittelt, den ich in meiner Ausgabe (S. 26, 2) nachwies; sein Verfasser wird etwa der Mitte des vierten Jahrhunderts angehört haben.

[76] Vgl. Horaz carm. 4, 9, 11 f. *vivontque commissi calores Aeoliae fidibus puellae.*

— Aufzählung von Klassen und Altersstufen der Toten — sind in diesem (Aen. 306—308) wiederholt und an beiden Stellen mit einem analogen Gleichnis — die Haufen der Seelen drängen sich wie Vogelscharen an das Gestade des Acheron[77] — verbunden (georg. 473—474 ~ Aen. 311 bis 312). Ferner sind zwei Verse der Georgica (479—480) — Hadestopographie, darunter die ›neun Windungen der Styx‹ — mit Änderung nur eines Wortes in die Aeneis (438—439) hinübergenommen. Analoges, noch dazu in solchem Zahlenverhältnis, in so besonders gearteten Dingen, auf so engen Raum zusammengedrängt, gibt es sonst nirgends in seinen Werken. Es ist noch nicht lange her, daß man, im Bann der Gallushypothese, von einer zweiten Ausgabe der Georgica träumte, in die der Dichter Verse aus der Nekyia der Aeneis eingefügt habe. Diese *insomnia* haben sich wohl endgültig durch das elfenbeinerne Tor verflüchtigt. Der Dichter hatte den Plan der Nekyia, wenigstens in den Grundzügen, schon entworfen, als er die Orpheusepisode dichtete; wie von den Bucolica zu den Georgica, so spinnen sich Fäden von diesen zur Aeneis. Wir können uns auf das Selbstzeugnis im Proömium des 3. Buches der Georgica berufen; in dem Epos, das er in der Phantasie schaut, war auch die Unterwelt vorgesehen (Vers 37—39): Furien, Cocytus, die Büßer[78]. Unter diesen Umständen wird man geneigt sein — wieder auf dem Wege über die orphischen Argonautica — einigen Versen | der Orpheusepisode in den Georgica ein Gewicht in dem Sinne beizulegen, daß man sie zu Versen des orphischen Katabasisgedichtes in Beziehung setzt. Die Erzählung vom Abstieg des Orpheus in den Hades beginnt mit den Worten (467)

T a e n a r i a s etiam fauces, alta ostia D i t i s ,

[77] Der Acheron ist in den Georgica nicht eigens genannt. — In dem Kommentar zur Aen. 6 S. 224 hatte ich auf die Verse des Oidipus T. 175 ff. hingewiesen: ›eine Seele nach der anderen wandert ἅπερ εὔπτερος ὄρνις ... ἀκτὰν πρὸς ἑσπέρου θεοῦ‹. Daß Vergil das Gleichnis aus Sophokles entnommen und in seinen Kreis hineinbezogen habe, wird man deswegen nicht annehmen wollen, weil bei dem Tragiker das Motiv der Vögel s c h a r e n fehlt (dagegen georg. 473 *quam multa . . . avium . . milia*, Aen. 311 *quam multae . . . aves*). Vielmehr war der wahrscheinliche Weg folgender. Der Vergleich stammte aus einem alten Epos, das dann wohl nur die Κατάβασις Ἡρακλέους gewesen sein kann, die auch Bakchylides 5, 64 f. kennt. Aus ihr entnahm ihn, mit leichter Abwandlung, Sophokles, aus ihr, in genauerer Anlehnung, der Orphiker, aus ihm Vergil. Daß der Dichter der orphischen Katabasis die des Herakles, ein offenbar berühmtes Gedicht, kannte, ergibt sich auch aus folgender Kombination. Zu den Versen der Aeneis 6, 392 f. (Charon zu Aeneas) *nec vero Alciden me sum laetatus euntem accepisse lacu* bemerkt Servius: *lectum est in Orpheo* (fr. 296 Kern) *quod, quando Hercules ad inferos descendit, Charon territus eum statim suscepit.* Dieses Motiv hatte also der Verfasser der Κατάβασις Ὀρφέως in der K. Ἡρακλέους gelesen und für seine Erfindung verwertet, die bei Vergil anklingt.

[78] Hermes 28, 1893, 516 ff.

et c a l i g a n t e m nigra formidine lucum
i n g r e s s u s.

An sich wäre dazu nichts von Belang zu sagen. Aber man vergleiche den Vers des Argonautikers, der schon vorhin aus dem Grunde angeführt wurde, weil ihm im nächsten Vers die Worte ἡμετέρῃ πίσυνος κιθάρῃ folgen:

Τ α ί ν α ρ ο ν ἡνίκ' ἔβην σ κ ο τ ί η ν ὁ δ ὸ ν Ἄιδος εἴσω.

Auch abgesehen von den Übereinstimmungen in den Worten selbst ist ihre syntaktische Verbindung bemerkenswert. Ταίναρον wird appositionell durch σκοτίην ὁδὸν Ἄιδος ergänzt und über diese Worte hinweg ἔβην .... εἴσω verbunden — eine der homerischen Phraseologie fremde Formung[79] —; analog *Taenarias fauces, alta ostia Ditis, ... ingressus.*

3. Stiltechnisches. Vergil und Ovid.

Der Stil der orphischen Katabasis ist uns nicht kenntlich, da uns außer den wenigen soeben erschlossenen Nachahmungen der Argonautica keine wörtlichen Zitate erhalten sind. Eine besonders hohe Vorstellung wird sich von dem Stil eines Gedichts aus der Zeit der jüngeren traditionsgebundenen Epik niemand machen, es sei denn, daß es durch den ›theologischen‹ Einschlag einen besonderen Charakter erhalten hätte (Parmenides, Empedokles); aber das könnte, wenn überhaupt, nur für einzelne Teile gelten. Jedenfalls zeigen die Verse Vergils die für ihn charakteristische Tönung. Der ganze Abschnitt ist auf tragisches Ethos gestimmt; Zartheit des Gefühls und seelenvolle Ergriffenheit: συμπάσχει ὁ ποιητὴς τοῖς προσώποις. Die Worttonsprache, das Malerische und die Schwermut der Rhythmen[80] läßt sich nicht beschreiben. Kein nachhomerischer Epiker hat ähnliche Wirkung auch nur erstrebt[81]. Über die Ursachen denke ich seit langem nach. Vielleicht

[79] In den homerischen Gedichten heißt es elfmal ἔβη (κατέβην, ἔδυν, δῦναι u. ä.) δόμον Ἄιδος εἴσω, abweichend nur X 425 οὗ μ' ἄχος ὀξὺ κατοίσεται Ἄιδος εἴσω. Durch die Einführung des Homer fremden, aber aus der Katabasis des Herakles geläufigen Ταίναρον scheint der Verfasser der orphischen Katabasis, der sich der Argonautiker anschloß, zu seinem komplizierteren Satzbau geführt zu sein. — Den Vergilischen Worten *caligantem ... lucum* entsprechen in den Argonautica 997 σύσκιον ἄλσος, aber sie stehen hier außerhalb der Katabasis; daher wagte ich nicht, sie im Text zu verwerten.

[80] In dem Epyllion Orpheus und Eurydice (453—527) sind sechs spondeische von diesem Typus (465):

te dulcis coniunx, te solo in litore secum.

[81] Vielleicht mit Ausnahme des Antimachos von Kolophon; aber wir vermögen das Stilurteil (*vis et gravitas* Quint. 10, 1, 53) nicht nachzuprüfen. — Hesiod gehört nicht eigentlich in die ›epische‹ Reihe im engeren Sinne des Wortes. Von dem Sprachstil der echten Teile, der die schöpferischen Züge einer besonders gearteten

ist eine darin zu erblicken, daß in die Epik lateinischer Sprache von Anfang an das Ethos der Tragödie einströmte. Die längeren Fragmente der ennianischen Annalen muß man immer neben denen seiner Tragödien lesen. Das nachhomerische Epos verfiel allmählich in flaue Nachahmung und erfüllte nur noch die allerdings bedeutsame Aufgabe, den lyrischen Dichtern hohen Stils und den Tragikern einen Stoffreichtum darzubieten, den sie aus eigener Kraft und mit neuen Mitteln gestalteten. Für Ennius dagegen floß Episches und Tragisches in einem Strombett zusammen; gerade dadurch, daß er die Gattungen längst nicht so scharf sonderte, wie es für griechisches Kunstempfinden selbstverständlich war, schuf er einen neuen Stil, den Vergil vollendete. Die Didotragödie[82], der color tragicus des Nekyiabuches, überhaupt die Höhenlage der Aeneis in dramatischer Gestaltung und sprachlicher Großartigkeit würden sich aus diesen literaturgeschichtlichen Erwägungen erklären — aber doch nur zum Teil. Ein bloß historisches Betrachten erschließt nur das Gewordene in seiner Erscheinung, nicht das Geheimnis des Werdens in seiner Notwendigkeit. In der neuen Stilformung meldet sich ein besonders geartetes Volkstum, das italische, zu Wort mit betonter Feierlichkeit, *maiestas* und *pompa, religio* und *sanctitas;* von diesem Volkstum sagt Horaz (epist. 2, 1, 66): *spirat tragicum.* Es ist der Weg, der in Zukunft zu Dante und Michelangelo führen sollte. Aber diesen Gedanken nachzugehen würde uns zu weit ableiten: müßte dann doch auch die Prosa hineinbezogen und versucht werden, den Stil etwa des somnium Scipionis oder des Tacitus vom Römertum aus zu erfassen[83]. Es ist mir hier nur daran gelegen, auf den Leser mein Gefühl zu übertragen, daß der Stilcharakter des uns hier beschäftigenden Epyllion der Georgica auf tragische Wirkung abgestimmt ist, und zu diesem Zweck setze ich ein paar bekannte Proben älterer römischer Poesie her. |

Dichterindividualität trägt, heben sich die centohaft homerisierenden Erweiterungen, auch abgesehen von der Kümmerlichkeit des Inhalts, durch ihre φράσις derartig ab, daß ich sie nicht auf gleicher Ebene wie die ursprünglichen zu sehen vermag. Für die Theogonie wird es Jacoby in seinem Kommentar zeigen, für die Erga vielleicht er und ich dereinst in gemeinsamer Arbeit. Das poetische Verständnis des delischen Apollonhymnus, eines sehr bedeutenden und auch im Sprachstil Homer gegenüber ungewöhnlich selbständigen Gedichtes des frühen siebenten Jahrhunderts ist mir erst durch Jacoby (S.-Ber. d. Preuß. Akad. d. Wiss., phil.-hist. Kl., 1933, 682 ff.) erschlossen worden.

82 Das Dramatische der Handlung, insbesondere die ψυχικὴ διάθεσις der Dido, ist kürzlich von S. Eitrem so kenntnisreich und mit so poetischem Nachfühlungsvermögen herausgearbeitet (Das Ende Didos in Vergils Aeneis, Festschrift til Halvdan Koht, Oslo 1933, 29 ff.), daß man diesem Aufsatz weite Verbreitung wünschen möchte.

83 Für die ciceronische Schrift zeigten K. Atzert (Breslau 1928) und R. Harder (Halle 1929) den Weg.

Haec effatus, pater, germana repente recessit
nec sese dedit in conspectum corde cupitus,
quamquam multa manus ad caeli caerula templa
tendebam lacrumans et blanda voce vocabam[84].

Ilia, dia nepos, quas aerumnas tetulisti.

At nos horrifico cinefactum te prope busto
insatiabiliter deflevimus, aeternumque[85]
nulla dies nobis maerorem e pectore demet.

Nach Ennius und Lucrez ist Vergil der Vertreter dieser Stilart, die er mit dem ihm eigenen, durch Ethos geadelten Pathos[86] ins Monumentale hob.

Quid iuvenis magnum cui versat in ossibus ignem
durus amor. nempe abruptis turbata procellis
nocte natat caeca serus freta. quem super ingens
porta tonat caeli et scopulis inlisa reclamant
aequora. nec miseri possunt revocare parentes
nec moritura super crudeli funere virgo[87].

Die ganze Sage in sechs Versen. Die Namen nicht genannt. Man denke sie sich an Stelle der das Ganze umklammernden Worte *iuvenis*—*virgo* eingesetzt, man denke sich statt der *freta* und *aequora* eine Ortsbezeichnung, um das dadurch bedingte Sinken des Ethos zu empfinden[88]. Ungewöhnliche Inter- | punktionen (also Rezitationspausen)

84 Ich vermag nicht mit Fr. Leo (Gesch. d. röm. Lit. 179 f.) zu fühlen, wenn er sagt, der römische Homer gehe hier in den Wegen der modernen Dichtung, worunter er die hellenistische Poesie versteht; diese bei Ennius aufzuspüren, habe ich mir überhaupt abgewöhnt.

85 Über das Ethos des Verses (Lucr. 3, 907), wohl des einzigen aus nur drei Worten bestehenden Hexameters in der lateinischen Literatur, vgl. Komm. zur Aen. 6, S. 291. — Aus diesem Dichter ließen sich viele Proben geben, z. B. der Opfertod der Iphigenie.

86 Man sollte m. E. von Vergilischem ›Pathos‹ mehr in dem Sinne sprechen, daß man unter Ausschluß des ›Rhetorischen‹ das seelische Erleiden verstände, das ihn und seine Geschöpfe durch συμπάσχειν, Mit-leiden, verband.

87 georg. 3, 258—263. — *quem super ingens porta tonat caeli* = Enn. ann. 614 f. (von Seneca epist. 108, 34 für Ennius so gut wie bezeugt; auf Columna würde ich mich nicht mit Vahlen verlassen). Auch das gewollt Harsche *in ossibus* weist auf Ennius, wie ich im Komm. zur Aen. 6, 54 f. wahrscheinlich gemacht habe.

88 Die Bemerkung des Serv. D. *Leandri nomen occultavit, quia cognita erat fabula* ist gar zu trivial, um als ›richtig‹ weitergegeben zu werden, sogar von E. Rohde, Roman 135, dessen Behandlung der Sage alle früheren und späteren überragt. Nicht einmal das läßt sich mit Sicherheit behaupten, daß sie damals — Vergil ist unser erster Zeuge — wirklich ›bekannt‹ war (der hellenistische Dichter ist nicht zu benennen). Bevor die Sage an Personen- und Ortsnamen gebunden wurde, wurzelte sie im Bereich des allgemeinen Menschlichen, dem sie der unbekannte Verfasser des deutschen Volksliedes von den zwei Königskindern

unterbrechen den Strom der Rhythmen, um der Zerrissenheit des Gefühls Ausdruck zu geben. Eine durch grandiose Tonmalerei gesteigerte tragische Symphonie. Nichts von der λεπταλέη Μοῦσα, dem *angustum pectus* des Kallimachos. Kein römischer Dichter aller Zeiten, aber auch kein griechischer Epiker nach Homer war so ergriffen, vermochte die Ergriffenheit so auf den Hörer zu übertragen.

Auch nur Versuche einer Nachbildung dieses ὕψος wird man nicht aufzeigen können[89]. Dieser Stil schwindet mit der Generation, die in großes Leiden hineingeboren und zu großem Erleben herangewachsen war. Ovid findet süßere Melodien, freundlichere für die *dulcedo otii,* mit der Augustus, aber erst der alternde, die Welt beglückte. Nichts mehr vom *durus amor*[90] — diese Verbindung hat Vergil noch einmal, Aen. 6, 442 *hic quos durus amor crudeli tabe peredit,* die auf den ›Trauergefilden‹ des Hades schweifenden Liebenden der Tragödie, die insgesamt Opfer ihrer δεινὰ πάθη wurden, unter ihnen Dido —: Ovid läßt Leander und Hero elegische Briefe wechseln, jeden über zweihundert Verse lang, unerschöpflich reich im Variieren eines und desselben Grundthemas, mit vielen Feinheiten im Seelischen, *poeta ingeniosissimus,* um mit Seneca zu reden, jedoch so, daß man auch das Urteil des Tacitus über Seneca selbst hinzudenken möchte: *ingenium amoenum et temporis sui auribus adcommodatum.* Aber Episches und Elegisches darf nicht ohne Vorsicht verglichen werden; jedes hat, wie Heinze innerhalb des Schaffensbereiches von Ovid selbst gezeigt hat, seinen eigengesetzlichen Stil. Wenden wir uns also der Orpheus-und-Eurydice-Episode wieder zu. Ovid hat ihr zu Beginn des 10. Buches der Metamorphosen einen Platz angewiesen. Wohl nicht häufig — bei Vergil und Ovid etwa noch in den Dido-Episoden — läßt sich eine Synkrisis desselben epischen Sagenstoffes so vollkommen durchführen. Bei dem jüngeren Dichter keine wirkliche Anteilnahme an dem Stoff

zurückgab (eine darauf zielende Andeutung bei Wilamowitz, Sitz.-Ber. d. preuß. Akad. d. Wiss., phil.-hist. Kl., 1925, 49, 2); Vergil und er sind in der langen, langen Reihe die beiden einzigen, die keinerlei Namen nennen: eine nicht geringe Ehre für den ›Kunstdichter‹, daß er mit dem Volksdichter Hand in Hand geht.

89 Nur Manilius könnte man etwa nennen, einen Nachzügler eigenartigen, ja eigenwilligen Gepräges, den die volle Hingabe an sein Thema nicht selten hohe Töne theologischer Poesie finden ließ. Aber den Andromedamythus kleidet er doch in ovidisches, nicht vergilisches Gewand, wie er überhaupt Vergil gegenüber bemerkenswert selbständig ist.

90 Man muß im Auge behalten, daß die sechs Verse der Georgica inmitten des Abschnittes (3, 242—283) von der ἐρωτομανία der Lebewesen stehen. Durch ihren den Elementargewalten trotzenden Wahnsinn ist die Liebe Leanders ein σχέτλιος ἔρως. Es läßt sich annehmen, daß dieses an euripideische Tragödien gemahnende Motiv in dem hellenistischen Gedicht vorgebildet war (Apollon. Rh. 4, 445 ff. σχέτλι' Ἔρως, μέγα πῆμα usw. von der Liebe der Medea); keine Spur also von Sentimentalität.

und den Trägern der Geschehnisse. Keine Spur davon, daß auch Orpheus' Liebe im Sinne Vergils ein *durus amor* ist, da er durch ein an Wahnsinn grenzendes Übermaß der Leidenschaft Schuld an dem Verlust der Gattin, durch Flucht in die Einsamkeit und das Hemmungslose des Trauerns Schuld an seinem | Tode trägt[91]. Die Phraseologie, insoweit sie nicht einige vergilische Floskeln borgt, kühl fast bis zur Sachlichkeit eines Berichtes; der Rhythmus ohne die mindeste Anpassung an das Gedankensubstrat. Werturteile zu fällen ist leicht, aber trägt nie weit. Würden wir sagen, Ovid habe es nicht besser gekonnt, so wäre zu entgegnen, daß auch dieser Dichter, mit anderen Mitteln freilich als Vergil, in hohem Stil zu dichten fähig war: man denke etwa an seine Behandlung der Sagen von Niobe und Meleager. Also er wollte es anders machen; es reizte ihn, im Gegensatz zur maniera grande des Vorgängers, im Gegensatz auch zu dem *magno ore sonare*, das dieser in enthusiastischen Versen (georg. 3, 291 ff.) als seine Stilart bezeichnet hatte[92], artistisches Können zu zeigen, in dem er jenem überlegen war. Das vergilische Epyllion von Orpheus und Eurydice hatte jeder seiner Leser im Kopf — es gehörte, wie Zitate und Nachbildungen beweisen, zu den berühmtesten Stücken —: sie konnten also und sollten vergleichen. Bis zu welchem Grade er sich des Gegensatzes bewußt war, wollen wir an einigen Einzelheiten zeigen.

Seine Kritik heftete sich an die Worte, die Vergil Eurydice beim Scheiden sprechen läßt. Bevor wir sie kennenlernen, werfen wir einen Blick auf die Versreihe (488—493), die der Ansprache der Gattin an den Gemahl vorausgeht. Schon folgte ihm, heißt es bei Vergil, auf dem Fuße Eurydice,

cum subita incautum dementia cepit amantem,
ignoscenda quidem, scirent si ignoscere Manes:
restitit Eurydicenque suam iam luce sub ipsa
immemor heu victusque animi respexit. — Ibi omnis
effusus labor atque immitis rupta tyranni
foedera terque fragor stagnis auditus Averni.

Die Rezitationspause im vierten dieser Verse, nach dem Trochaeus des fünften Fußes, ist sehr ungewöhnlich[93]: der Rhythmus wird ge-

[91] Ich brauche nicht näher auszuführen, daß alle diese Schuldmotive tragische, also auch Homerische sind.

[92] Dem *magno ore sonare* entspricht das *os magna sonaturum*, das Horaz sat. 1, 4, 43 f. neben Naturanlage *(ingenium)* und pneumatischer ›Berufung‹ *(mens divinior)* als Kriterien für die Erteilung des *nomen poetae* nennt, ersichtlich nach griechischer Vorlage.

[93] Nach meinen Angaben (Komm. zu 6 S. 381, 4) vor starker Interpunktion in der Aeneis (die anderen Gedichte habe ich nicht geprüft) nur 3, 480. 9, 351 (hier vor *ibi*). In unserer Interpunktionsweise habe ich den Riß durch einen großen Anfangsbuchstaben bezeichnet, auch einen Gedankenstrich gesetzt.

hemmt, mit dem Zusammenbruch jeder Hoffnung bricht der Vers sozusagen in sich selbst zusammen; die für den Vorgang entscheidenden Verben *restitit* — *respexit* werden aneinandergebunden. Dreimaliges Donnern aus der Tiefe — es ist der Ruf des Todes an Eurydice. Da spricht sie ein Lebewohl auf Nimmerwiedersehen (494—498): |

illa ›quis et me‹ inquit ›miserum et te perdidit Orpheu,
quis tantus furor. en iterum crudelia retro
fata vocant conditque natantia lumina somnus.
iamque vale. feror ingenti circumdata nocte
invalidasque tibi tendens — heu non tua — palmas‹[94].

Ovid begnügt sich, die erste Versreihe in einen sachlichen Bericht zusammenzudrängen (55 ff.):

nec procul afuerunt telluris margine summae:
hic ne deficeret metuens avidusque videndi
flexit amans oculos, et protinus illa relapsa est.

Dann fährt er fort (60 ff.):

iamque iterum moriens non est de coniuge quicquam
questa suo — quid enim nisi se quereretur amatam? —
supremumque ›vale‹, quod iam vix auribus ille
acciperet, dixit revolutaque rursus eodem est.

Eine zwiefache Korrektur des Vorgängers. Erstens: ›sie beklagte sich in nichts über ihren Gatten‹. Das bezieht sich auf die Worte der Eurydice *quis tantus furor.* Der Ausruf *quis furor,* mit oder ohne Attribut, findet sich auch sonst[95]; in ihm liegt ein leidenschaftlicher

[94] Zu dem vorletzten Vers wird in älteren Kommentaren verglichen Eur. Phoen. 1453 καὶ χαίρετ᾽· ἤδη γάρ με περιβάλλει σκότος (Worte des sterbenden Polyneikes). Direkte Nachahmung braucht nicht angenommen zu werden. Das ἐπιτραγῳδεῖν gilt für die ganze Episode. — In dem letzten Vers ist das particip. praes. *tendens* neben *circumdata* auffällig. Derartiges scheint, wenigstens bei Vergil, nicht nachweisbar; sonst hätte O. Ribbeck (Prol. critica, Lips. 1866, 50) schwerlich geschrieben: »Quod evanescentis Eurydices verba non finita, sed quasi in auras dissolvi legimus v. 498, artem poetae, non textus labem agnoscimus.« (Es folgen 499 f. die Worte: *dixit et ex oculis subito ceu fumus in auras . . . fugit.*) Der Gedanke Ribbecks würde, falls nicht doch eine syntaktische Erklärung zu finden sein sollte, der Nachprüfung wert sein; bestätigt er sich, so hätten wir ein eigenartiges artificium des Dichters anzuerkennen, einigermaßen (aber doch nur ganz von fern) vergleichbar den bekannten *qui te* (ecl. 3, 8), *quos ego* (Aen. 1, 135), *quamquam o* (5, 195) und der Aposiopese in der Sinonrede (2, 100); die Bemerkungen des Servius zu einigen dieser Stellen *deficit sermo, sensus pendens* würden dann auch zu der vorliegenden passen. Aber einstweilen wage ich keine Entscheidung.

[95] Aen. 5, 670 *quis furor iste novos,* Tibull 1, 10, 33 *quis furor est,* Ovid selbst 3, 531. 641 *quis furor.* Mit *quis furor, o cives* beginnt Lucanus (nach dem mit *bella* beginnenden Proömium von sieben Versen) sein Epos (*o cives* wie Ennius 16: berühmter Anfang nach dem Proömium der Annalen: Persius 6, 9 mit schol.).

Vorwurf. Ein solcher erschien dem Kritiker für diese Situation als ἀπρεπής. Man könnte ihm insoweit Recht geben, als die ἐκφώνησις im Munde der liebenden Gattin etwas übersteigert sei, während ein paar Verse zuvor der Dichter, in eigener Person redend, passend gesagt habe *cum subita incautum dementia cepit amantem*[96]. Zweite Note: wozu Eurydice überhaupt reden lassen? selbst das eine Wort *vale* ist fast zu | viel, Orpheus konnte es bei dem plötzlichen Verschwinden der Gattin (Vergil 499 f. *ex oculis subito .. fugit*) kaum noch hören. Vom Standpunkt des Realisten aus gesehen, ist diese Kritik nicht ganz unangebracht: ›Orpheus blickt sich um‹ — es sei einmal erlaubt, uns in die Erwägungen des Kritikers einzuschalten —, ›sofort muß Eurydice verschwinden; für eine ὀαριστύς der Gatten ist keine Zeit. Mag der Künstler das Verweilen beim Abschied uns im Marmor vor Augen führen —, aber der Dichter in Worten? das ist ein ἄκαιρον καὶ ἀπίθανον‹. Er beschränkt sich aber nicht auf Ablehnung, sondern gibt etwas Positives. Das Verfahren ist für seine Arbeitsweise bezeichnend. Eine Erzählung so eindrucksvoller Art ohne eine Rede verlaufen zu lassen widersprach seiner Gewohnheit. Es kam also darauf an, Platz für eine ῥῆσις zu schaffen. Eurydice mußte nach seiner Ansicht ein κωφὸν πρόσωπον bleiben; also Orpheus. Für die Situation, in der er ihn sprechen lassen wollte, schien die Sage selbst ihm den Weg zu zeigen. Orpheus hatte durch das Saitenspiel das unterirdische Herrscherpaar bezaubert — ›überredet‹, wie es in dem mythographischen Handbuch hieß: Diodor 4, 25, 4 διὰ τὸν ἔρωτα τὸν πρὸς τὴν γυναῖκα καταβῆναι μὲν εἰς ᾅδου παραδόξως ἐτόλμησε, τὴν δὲ Φερσεφόνην διὰ τῆς εὐμελείας ἔ π ε ι σ ε συνεργῆσαι ταῖς ἐπιθυμίαις. Ps.-Apollodor bibl. 1, 14 κατῆλθεν εἰς ᾅδου θέλων ἀνάγειν αὐτὴν καὶ Πλούτωνα ἔ π ε ι σ ε ν ἀναπέμψαι. Aus dem Vers des Hermesianax (o. S. 659) ἔνθεν ἀοιδιάων μεγάλους ἀ ν έ π ε ι σ ε ν ἄνακτας[97] ist zu ersehen, wie hoch hinauf dieses Motiv reichte, möglicherweise bis in die orphische Katabasis selbst, für die wir das Hemistichion ἡμετέρῃ π ί σ υ ν ο ς κιθάρῃ gewonnen zu haben

[96] Vgl. Anm. 90 über die ἐρωτομανία.

[97] Auch in der Orpheuselegie des Phanokles (Anm. 72) Vers 19 f., wo es von den Lesbiern (Anm. 103) heißt ἐν δὲ χέλυν τύμβῳ λιγυρὴν θέσαν, ἣ καὶ ἀναύδους πέτρας καὶ Φόρκου στυγνὸν ἔ π ε ι θ ε ν ὕδωρ, beziehen sich die letzten Worte jedenfalls auf den Hades. Die Anspielung auf das Στυγὸς ὕδωρ ist deutlich; Φόρκος, sonst Gott der Meerestiefe, ist in Verbindung mit dem Hades wohl singulär, aber die Vorstellung vom Weg ins Jenseits als der Fahrt über ein großes Wasser war alt (L. Radermacher, Das Jenseits im Mythos d. Hellenen, 90 ff.). — Ohne Verbindung mit der Orpheussage findet sich das Motiv des πείθειν in der von dem Theognideer erhaltenen Fassung des ›Märchenschwankes‹ von Sisyphos (703 f.) ὅστε καὶ ἐξ ᾽Αίδεω πολυϊδρείῃσιν ἀνῆλθεν π ε ί σ α ς Περσεφόνην αἱμυλίοισι λόγοις (älter war die Fassung, daß der Tod von Sisyphos gefesselt oder überlistet wurde: A. Lesky, Thanatos, R. E. V A 1246 f.).

glauben. Ein Mythenkompendium dieser Art hatte Ovid jedenfalls zur Hand[98]; das zeigt auch folgende, an sich unscheinbare Einzelheit: *ad Styga Taenaria est ausus descendere porta* (Vers 13) ~ Diodor καταβῆναι μὲν εἰς ᾅδου παραδόξως (dieses Wort fügte der Rationalist von sich aus hinzu) ἐτόλμησε. Das πείθειν ließ den Dichter, der sich durch Anlage und Übung auch aufs Rhetorische verstand, aufhorchen: *persuadere* war der Zentralbegriff dieser Kunst, mit ihm begann der Kursus (Cic. inv. 1, 6 *officium autem eius facultatis videtur esse dicere apposite ad persuasionem, finis persuadere | dictione*). Daraufhin legte er dem Orpheus eine Rede von 23 Versen (17—39) an Pluto und Proserpina in den Mund. Orpheus entwickelt die Gründe seines Anliegens und leitet aus ihnen einen Rechtsanspruch auf Gewährung ab. Der argumentatio dienen figurae: Orpheus setzt lumina auf und flicht Antithesen ein, die in zwei mit dem logisch deduzierenden *quodsi* eingeleiteten Schlußversen gipfeln: *quodsi fata negant veniam pro coniuge, certumst nolle redire mihi: leto gaudete duorum.* Das Ganze ist eine θέσις, die sich etwa so formulieren ließe: τίνας ἂν εἴποι λόγους Ὀρφεὺς Πλούτωνα καὶ Περσεφόνην ἀπαιτῶν τὴν γυναῖκα, oder, modern gesprochen, ein ›Plädoyer‹[99].

Den Tod des Orpheus erzählen beide Dichter nach der herkömmlichen Sagenüberlieferung[100], aber in einer Kleinigkeit weichen sie von-

98 Vgl. o. S. 658. Auf die dort aus ›Apollodoros‹ zitierten Worte δηχθείσης ὑπὸ ὄφεως folgen die soeben im Text angeführten κατῆλθεν εἰς ᾅδου κτλ.

99 Gerade kann ich noch hinweisen auf den gehaltvollen Aufsatz von H. Diller, Die dichterische Eigenart von Ovids Metamorphosen, in: Humanist. Gymnasium 1934, 25 ff. Dort heißt es (36): »Orpheus, in die Unterwelt hinabgestiegen, um Eurydike heraufzuholen, singt nach Vergils Darstellung, und die Schatten und selbst die Könige der Unterwelt sind gerührt. Vergil berichtet also nur die Wirkung; Ovid muß auch wiedergeben, was Orpheus gesungen hat: es ist ein ›Plädoyer‹ für die Rückgabe der Eurydike«. Diesen treffenden Ausdruck habe ich übernommen.

100 Ausführlicher als in den soeben im Text genannten Quellen (Diodor und Ps.-Apollodor), zu denen kurze Angaben bei Pausanias 9, 30, 6 und ›Hyginus‹ astr. 2, 7 a. E. kommen, findet sich die mythographische Tradition in dem Exzerpt des Photios aus den Διηγήσεις des Konon, die dem literarisch interessierten König Archelaos Philopatris von Kappadokien (36 v. Chr. bis 17 n. Chr.) gewidmet waren; man findet sie jetzt am bequemsten in F. Jacobys F Gr Hist. 1, 190 ff. Die Übereinstimmung der Kononischen Erzählung vom Tode des Orpheus (nr. 45) mit der Vergilischen (Vers 516 ff.) ist, natürlich abgesehen von der poetischen Ornamentierung, genau (einiges hat Photios ausgelassen). Konon hat, wie allgemein mit Recht angenommen wird, für seine Διηγήσεις eine ältere, ausführliche mythographische συναγωγή benutzt: das kann dieselbe oder eine ähnliche gewesen sein, die wir auch in den Händen Vergils und überhaupt der Augusteischen Dichter vermuten dürfen. Eine Einzelbeobachtung möge hier Platz finden. Den Worten Konons (bzw. des Photios) φασὶ δ' οὖν αὐτὸν δυστυχήσαντα περὶ γυναῖκα πᾶν ἐχθῆραι τὸ γένος entspricht im Gedanken

einander ab; es würde sich nicht lohnen, näher darauf einzugehen, wenn wir nicht wieder einen Einblick in die verschiedenartige Arbeitsweise beider erhielten. Ein traditionelles Motiv war das Singen des vom Rumpf gerissenen, im Hebrus treibenden Hauptes und das Klingen der Lyra. Ovid 11, 50 ff.:

membra iacent diversa locis, caput Hebre lyramque
excipis, et — mirum — medio dum labitur amne
flebile nescio quid queritur lyra, flebile lingua
murmurat exanimis, respondent flebile ripae. |

Was die Lyra klagt, die Zunge murmelt, wird unbestimmt gelassen *(flebile nescio quid)*. Aber Vergil 523 ff.:

tum quoque marmorea caput a cervice revolsum[101]
gurgite cum medio portans Oeagrius Hebrus
volveret, Eurydicen vox ipsa et frigida lingua
a miseram Eurydicen[102] *anima fugiente vocabat,*
Eurydicen toto referebant flumine ripae.

Es braucht kaum gesagt zu werden, wer von beiden sich der mythographischen Tradition enger anschließt. Daß von den Lippen des Toten der Name Eurydice vernehmlich klang, ist ein Vergil eigenes Motiv, dem zuliebe er, ebenfalls als einziger, die sonst stets neben dem Haupt genannte Lyra unerwähnt läßt. Das Gedicht wird durch diese Erfindung zu einer Einheit zusammengeschlossen: mit der Gattin beginnt es (456), mit ihr schließt es (526 f.), in der Mitte (494—498) stehen ihre letzten Worte an den Gatten. Ovid folgt Vergil in einer stilistischen Einzelheit: dem dreimaligen *Eurydice* entspricht dreimaliges *flebile*. Also wieder eine Kritik an dem Vorgänger? Das *nescio quid* würde an sich zur Annahme einer ausdrücklichen Ablehnung kaum

der Vers 516 *nulla Venus, non ulli animum flexere hymenaei,* aber sogar in den Worten selbst ein Vers der Aeneis. Turnus sagt in seiner großen Rede 9, 128 ff.: auch er habe, *coniuge praerepta,* ein Recht auf Rache; es sei genug, daß die Atriden éinmal gesündigt hätten: *peccare fuisset* | *ante satis penitus modo non genus omne perosos / femineum* (Vers 140—142). In fast sämtlichen Ausgaben steht an Stelle des in allen alten Handschriften (FMPR) überlieferten *modo non* die Konjektur *modo nunc;* aber *modo non* ist μόνον οὐ: so im Sinn von *paene* Terenz Phorm. 68, es dient also einer Einschränkung des hyperbolischen *omne,* das Seneca in einer Paraphrase der Vergilischen Verse ohne diese restrictio bietet (Phaedra 230—243).

101 Ennius ann. 472 *caput a cervice revolsum.*

102 Das *a* (ein σχετλιασμός) findet sich in den Georgica nur noch 2, 252, in den Bucolica neunmal, in der Aeneis überhaupt nicht. Valerius Probus, der auf derartiges achtete, würde es als *neoterice dictum* notieren, wie es uns ja aus hellenistischen Dichtern geläufig ist, aus denen es die Neoteriker so (mit folg. Substantiv, anders die Scaeniker: Thes. l. l. I 1441) einführten: Catull, Calvus fr. 9 *a virgo infelix* = ecl. 6, 47, dann die Elegiker; für Gallus ist es aus ecl. 10, 47 f. (in zwei Versen hintereinander nur hier) zu erschließen.

ausreichen: *flebile nescio quid* braucht nicht mehr zu bedeuten als etwa θρηνῶδές τι[103]. Nun aber führt Ovid — und das erfindet er selbst — die Erzählung um ein kleines Stück über den Schluß, der in den Sagenbüchern eingehalten wird, hinaus (11, 61—66). ›Der Schatten des Orpheus geht in die Erdentiefe. Alle Orte erkennt er wieder; im Elysium sucht und findet er Eurydice und umarmt sie. Vereinten Schritts ergehen sich *(spatiantur)* die beiden, bald sie voran, bald er, und jetzt darf sich Orpheus ohne Gefahr nach seiner Eurydice umblicken‹. Ein entzückendes εἰκόνιον, als schauten wir ein pompejanisches Wandgemälde des genrehaften Stils. Das ist der Ovid, dem Ariost und Raffael heitere Motive entnahmen und den wir lieben. Das Tragische dieses Mythus, dessen katastrophenhaften Augenblick ein griechischer Künstler in Marmor, ein römischer Dichter in wehmutvollen Versen festhielt, ließ ein anderer | Dichter, den die Anmut der hellenischen Sagenwelt mehr anzog als ihr Ernst, in einen befreiend-heiteren Akkord ausklingen: *Eurydicenque suam iam tutus respicit Orpheus* lautet die graziöse κορωνίς. Auch Ovids letztes Wort gilt also Eurydice — aber nicht als Klageruf des toten Mundes. ›Die φαντασία der vergilischen Erfindung‹ — noch einmal sei es gestattet der ästhetischen Erwägung des Dichters nachzugehen — ›in Ehren, aber sie überschreitet das εἰκός. Der Mund des Toten mag ein *flebile nescio quid* — ein ἆ — von sich geben: dieses Wunder berichtet die Sage, und ihr will ich folgen. Aber darüber hinausgehend den Laut zu einem Wort gestalten? Eines Sterbenden letztes Wort mag der Name der Gattin sein, aber nicht eines Toten. Das ist nicht nur παρὰ τὸ εἰκός, sondern auch ein ἄκαιρον: denn eben jetzt, da er tot ist, sieht Orpheus seine Eurydice wieder‹. Eine Erwägung solcher Art, die eine Rückkehr zur sagengeschichtlichen Überlieferung in sich schlösse, zu tadeln, hätten wir keinen Grund — aber: τὰ μήποτε γεγονότα λέγειν, τοῦτ᾽ ἔστι τὸ τοῦ ποιητοῦ ἔργον.

VIII. Die Gesamtkomposition

In den vorausgehenden Kapiteln der Untersuchung habe ich mich bemüht, die Einzelabschnitte der dichterischen Komposition zu er-

[103] Außerhalb der Sagenüberlieferung stand eine lesbische Lokalsage, die Lukian adv. indoctum 109 ff. berichtet (Kern nr. 118; Maaß, Orpheus 131 f.). Das Haupt sei mit der Lyra an das Gestade gespült, »ein Klagelied auf Orpheus singend« (τὴν μὲν κεφαλὴν ᾄδουσαν θρῆνόν τινα ἐπὶ τῷ Ὀρφεῖ), und in dem jetzigen Bakcheion bestattet, die Lyra im Heiligtum des Apollon geborgen worden, wo sie, ohne von jemandem angeschlagen zu werden, zeitweise herrlich erklinge. Offenbar ist der θρῆνος, den Orpheus auf sich selbst sang, zum Zweck der Beglaubigung erfunden worden: eine Ausdeutung des θρηνῶδές τι der Sage.

fassen. Es erübrigt noch ein Urteil über die Gesamtkomposition, eine κρίσις τῆς οἰκονομίας, oder wie es sich auch ausdrücken ließe: ist es dem Dichter gelungen, das unbedingteste Erfordernis zu erfüllen, *ponere totum*[104]?

Mit dem Bericht über die künstliche Bienenerzeugung, die Bugonie, war erst Vers 314 erreicht, d. h. nicht viel mehr als die Hälfte des Buches. Nach der landwirtschaftlichen Fachliteratur hätte jetzt eine vielfältige Kleintierzucht behandelt werden müssen: Land- und Wassergeflügel, Fische usw., kurz die | gesamte *pastio villatica* (Varro rust. 2, praef. 5)[105]. Aber hier nimmt er sich sein Recht als Dichter: dies alles läßt er weg. Das ganze Buch sollte, wie das Proömium ankündigt, einzig und allein der Bienenzucht geweiht sein. War doch die Biene nicht nur das am meisten musische Tier, also den Dichtern sozusagen verwandt, sondern auch ein ›politisches Lebewesen‹[106]. Die-

104 Richard Heinzes Buch (s. Anm. 136) wird für jede derartige Untersuchung vorbildlich sein; ja, man muß sagen: er hat der Vergilexegese und über sie hinaus der künstlerischen Betrachtung römischer Dichtwerke überhaupt den Weg gewiesen. Vielleicht hat ihn nur ein frühzeitiger Tod gehindert, seine Betrachtungsweise auf das Georgicaproblem auszudehnen; denn die bisherigen Lösungsversuche, die auf ein Zerfasern hinausliefen, konnten gerade ihn, dem die Erkenntnis des ὅλον die Hauptsache war, nicht befriedigen. Ich bewundere das Werk des Freundes so, daß die gegensätzliche Meinung über einen Punkt nicht besonders schwer ins Gewicht fällt. Heinzes eminent künstlerischer Sinn machte ihn zum Erfassen des Ganzen und Großen geneigt, dem er die Teile und das einzelne gelegentlich auch da einpaßte, wo sie die Vollkommenheit der Komposition zu stören schienen. Da nun Unebenheiten oder Fugen besonders durch Quellenanalysen sichtbar werden, so ließ er diese zugunsten künstlerischen Ineinanderschauens etwas mehr zurücktreten, als es meiner Gewohnheit entspricht. Seine und meine Behandlung der Allekto-Episode in Buch 7 der Aeneis macht den Gegensatz deutlich. Es gibt auch andere Fälle, wo ich geneigt bin, mich mehr auf die Seite des Analytikers Wilhelm Kroll als des Synthetikers Richard Heinze zu stellen. Ich werde aber in diesem Schlußabschnitt versuchen, eine Methode zu begründen, die beiden Betrachtungsarten gerecht wird; die Aristaeus- und Orpheus-Episoden sind dazu besonders geeignet, weil wir für sie verhältnismäßig reicheren Vergleichsstoff besitzen als für die meisten Bücher der Aeneis. Die feinen Untersuchungen, die in den letzten Jahren über einzelne Eklogen angestellt sind, haben mich recht gefördert.

105 E. Burck, a. a. O. (Anm. 9) 313.

106 W. Schadewaldt, Sinn und Werden der vergilischen Dichtung, Leipzig 1931, 87: »Die Biene nimmt in der antiken Naturlehre eine eigene Stellung unter allen Tieren ein. Sie ist dem Menschen nahe wegen der vorsorgenden Vernunft, ihrer φρόνησις. Ja, wie der Mensch, heißt auch sie ausdrücklich ζῷον πολιτικόν (Plotin 3, 4, 2 p. 284).« Es lohnt sich, die weiteren Worte nachzulesen, wie überhaupt der Sinngehalt der Georgica in ihrer Gesamtheit durch Sch. tief erfaßt ist. Nur über die Aristaeus-Episode denke ich anders. Er schreibt: »Die Aristaeus-Episode, in der am Ende des ganzen Werks die Darstellung von den Pflanzen und Tieren zu Menschen und göttlichen Wesen aufgestiegen ist, faßt diesen Gegensatz (einer verfallenden und einer beglückten Welt) noch einmal

sem Tier zuliebe dichtete er den ganzen Rest des Buches von Vers 315—558 (es folgt nur noch der persönliche Epilog 559—566), einen Mythenkranz — es ließe sich mit anderem Bilde auch sagen: einen buntgestickten πέπλος — aus der griechischen Sagenwelt. Das vierte Buch war von vornherein auf den ungefähr gleichen Umfang wie die drei anderen angelegt (o. S. 632). Da er sich nach der beglaubigten Nachricht der suetonischen Vita den Plan der Aeneis zunächst in Prosa entwarf, so ist dasselbe Verfahren für das Lehrgedicht erst recht anzunehmen; auch die Bücher der Aeneis stehen, was bei dieser Gelegenheit bemerkt sei, nach ihrem Umfang in einem annähernd proportionalen Verhältnis wie die der Georgica, und das Analoge gilt für die zehn Eklogen.

Auch zwischen den künstlerisch abgewogenen, im Gleichmaß schwebenden 8 Abschnitten, in die wir das Aristaeus- und Orpheus-Gedicht gliederten (S. 635), herrscht λόγος: mit diesem einen Wort umfassen wir die Fülle des Geistigen, das sich in der gesetzmäßigen Bindung der Teile aneinander und ihrer Ordnung zu einem Ganzen manifestiert, jene *ratio proportionalis*, wie sie noch die spätesten Denker der christianisierten Welt (Augustinus und Boetius) in letztem Erinnern an eine der erhabensten Offenbarungen der ältesten Philosophie nannten[107]. Wer sich vermißt, dieses Gesetz durch die Annahme einer sogenannten zweiten Ausgabe des Gedichts aufzuheben, der zer- | stört im Wahnglauben an eine Scholiastennotiz ein Kunstwerk. Aber sind nicht Unstimmigkeiten, ja Kompositionsfugen vorhanden? Sie sind es, und sie wurden von uns, die wir uns frei von aller erzwungenen Harmonistik wissen, anerkannt. Aber sie sind nur für logisches Denken, für eine verstandesmäßig operierende ἀνάλυσις vorhanden. Künstlerisch gesehen, bleibt das ἕν, weil die ἀρχή einem τέλος zustrebt,

im Mythos sinnvoll zusammen, wenn sie, tief verwoben in menschliche Schicksale und Verschuldung, das Absterben des Bienenstammes schildert und den verschlungenen Weg zur Erkundung der Ursachen und zur Erwerbung neuen Lebens durch sühnende Opfer«. Dies schmeckt mir zu sehr nach einem wenn auch noch so verfeinerten Fulgentius; wir kommen, denke ich, mit dem Musischen allein aus. Was Lucrez sagt (1, 945 ff. *volui tibi suaviloquenti carmine Pierio rationem exponere nostram et quasi m u s e a dulci contingere m e l l e*, vgl. Hor. epist. 1, 19, 44 *poetica mella*), das gilt von dem Bienenbuche der Georgica in besonderem Maße; es gilt aber in erweitertem Sinn von dem ganzen Gedicht, daß es auf das ›Musische‹ abgestimmt ist. Dieses Moment ist in besonders feine Worte gekleidet worden von L. Castiglioni, Le Georgiche di Virgilio (in: Rendiconti dell'Istituto Lombardo 66, 1933, 505—529); was er dort über die ›realtà idealizzata‹ des Gedichtes sagt und wie er das vielleicht zarteste Gleichnis der lateinischen Poesie (4, 511—515 inmitten der Orpheus-Episode) in seine melodische Sprache überträgt, das schriebe ich am liebsten hier aus.

107 Die Belege bei W. Kranz im Wortindex zu den Fragm. d. Vorsokratiker 358 f.

τὸ δὲ τέλος μέγιστον ἁπάντων (Aristoteles Poet. 6). Nun läßt sich ein Endziel auf gerader Linie erreichen oder auf verschlungenen Wegen, wie es eine ἁπλᾶ und eine πεπλεγμένη τραγῳδία gibt; der letzteren gebührt nach Aristoteles (c. 13) der Vorzug. Die συμπλοκὴ τῶν πραγμάτων ist für das auf dramatische Wirkung abzielende Epos Vergils das Grundprinzip der Kompositionstechnik. Das nur Episodische ist in ihm durchaus vermieden[108]; wenn ich in der Analyse von ›Episoden‹ sprach, so war das nur eine bequeme Anpassung an den Sprachgebrauch: in Wahrheit sind es keine Episoden, die linienartig aufeinanderfolgen (μετ᾽ ἄλληλα), sondern sie sind unter sich verbunden (δι᾽ ἄλληλα). Das allgemeine ist, wenn wir mit der aristotelischen Poetik weiter reden, die hier, wie in allem Grundsätzlichen, platonische Gedanken ausführt, im ideellen Sinne wesenhafter als das einzelne, und der Dichter soll sich bewußt sein, daß seine Aufgabe im Bezirk des Ideellen liegt. Diese Grundsätze waren so anerkannt, daß ihre Kenntnis und das Nachdenken über sie für Vergil vorausgesetzt werden darf. Unvorstellbar, daß man — Galli causa — das Orpheus-und-Eurydice-Epyllion als nicht ursprünglich zugehörig hat ansehen können, weil es in den Aristaeuskreis nur hineinbezogen sei: als ob es nicht vielmehr die darauf hinzielende Gesamtkomposition krönte. Man mache einmal den Versuch, dieses μέρος in Gedanken auszuschalten, wie ›schön‹ geradlinig, aber auch wie monoton liefe die fabula Aristaei ab. Und hierbei brauchen wir uns gar nicht auf unser Gefühl zu verlassen, sondern wir besitzen in Ovid einen Zeugen; seine Art des Dichtens haben wir als Gradmesser der vergilischen schon vorher verwertet, aber einen Verskomplex habe ich für diese Schlußbetrachtung zurückgestellt. In 18 Versen der Fasti (1, 362—380) gibt er einen Querschnitt durch die mehr als 250 Verse der vergilischen Aristaeus-Geschichte. Folgen wir ihm rasch in dem für die Handlung Wesentlichen. ›Aristaeus, dem die Bienen gestorben waren, ging weinend zu seiner Mutter. Sie tröstete ihn: suche Proteus auf, er weiß Rat. Aristaeus zwang Proteus, ihm das Mittel zu einer künstlichen Bienenerzeugung mitzuteilen‹. Ovid nahm sich das Recht, alles für seinen Zweck[109] Belanglose aus der vergilischen Erzählung, der er im übrigen genau folgt, beiseite zu lassen. Ausgeschaltet ist Kyrene als Begleiterin des Aristaeus zu Proteus; dadurch erübrigt es sich, die Beratung des | Aristaeus auf zwei Personen zu verteilen. Ausgeschaltet ist die Orpheus-und-Eurydice-Sage, die bei Vergil von Proteus als *causa morbi* erzählt wird; Ovid läßt Proteus antworten nur auf das was

[108] Dies ist eine besonders wichtige Erkenntnis Heinzes.

[109] Er handelt (von 317 an) über das Fest der Agonalia (9. Jan.) und legt Exkurse über die verschiedenen Opfertiere ein. Ein solcher Exkurs (über die Rinder) betrifft die Aristaeus-Sage.

Aristaeus ihn fragt, die *reparatio apium*. So verfuhr dieser Dichter, wie gesagt, mit Recht. Aber unbegreiflicherweise leiten Vergil-Analytiker aus Ovids sachlicher Inhaltsangabe (sie ließe sich als eine ὑπόϑεσις, ein *argumentum* in Versen bezeichnen) das Recht ab, zu behaupten — die ovidische Fassung sei die ursprüngliche, sie beweise, daß Vergil die fabula de Orpheo et Eurydice nachträglich eingefügt habe, und »es sei töricht, diese Erkenntnis nicht für die von der Überlieferung (Servius) bezeugte Existenz einer zweiten Ausgabe zu verwerten«[110]. Töricht? Erkenntnis? Servius-Zeugnis? Mit der Antwort auf diese Fragen brauchen wir uns nicht mehr aufzuhalten. Dagegen wollen wir versuchen, den ovidischen Auszug für das Verständnis vergilischer Schaffensart zu werten. Mit Absicht verteilte er die Beratung des Aristaeus auf Proteus und Kyrene. Sie diente zunächst der dramatischen Konzentration der Handlung. Hätte Kyrene den Sohn allein zu Proteus geschickt, so wäre der Empfang des Aristaeus in der Stromtiefe und ihre Rede an ihn daselbst (unsere Abschnitte 3 und 4) eine Teilhandlung geblieben, zwar eine sehr schöne, aber doch nur ein Epeisodion. Nun aber begleitet sie ihn, und wir finden auf einem und demselben Schauplatz die drei vereinigt: Proteus, auch gefesselt ein Dämon; Aristaeus, zitttern ob der ihm zuteil gewordenen Offenbarung; Kyrene, die besorgte Mutter. Von einer solchen Szene, die er mit der ihm eigenen Anteilnahme an Personen und Handlung gestaltete, durfte er sich bei empfänglichen und illusionswilligen Lesern Spannung und tragische Wirkung versprechen. Diese wird aufs höchste gesteigert durch den Mythus, den er in die Szene so hineinkomponiert, daß er ihn dem Proteus in den Mund legt, den Mythus von Orpheus und Eurydice. Er soll ›nicht zugehörig‹ sein, soll als Ersatz für die ›ursprünglichen‹ *laudes Galli* zu gelten haben. Selten hat man sich an einem Kunstwerk der Antike gleich schwer vergangen. Eine Schuld muß Aristaeus auf sich geladen haben, für die er gestraft wurde: er hat den Tod erst der Eurydice, dann des Orpheus verursacht; sie verfolgen ihn mit ihrem Zorn, von dem sie nicht eher ablassen werden, als bis er die Schuld durch Gebet und Opfer gesühnt hat. Das ist eine vergilische Erfindung im Geiste des alten Epos: Götterzorn ob Menschenverfehlung, Vergebung der Schuld durch Sühne. Was wollen gegenüber einer solchen Erfindung Fugen, Unstimmigkeiten besagen, die doch nur dem kühl reflektierenden, das einzelne sezierenden Leser zum Bewußtsein kommen. Noch dazu fallen einige davon nicht dem Dichter zur Last, sondern der ἀναισϑησία seiner Erklärer. Eine dieser

[110] Etwa so wird das Ergebnis der neueren Forschung in der in Anm. 9 genannten Literaturgeschichte zusammengefaßt.

berührt die Komposition des Ganzen und muß daher hier erörtert werden. |

Drohend beginnt der Dämon seine Rede (453—456):

non te nullius exercent numinis irae:
magna luis commissa. tibi has miserabilis Orpheus
haudquaquam ob meritum poenas, nisi fata resistant[111],
suscitat et rapta graviter pro coniuge saevit.

Darauf erzählt er den Mythus in 71 Versen (457—527). Dann nimmt der Dichter selbst das Wort zu einer kurzen, die Reden des Proteus und der Kyrene verbindenden Zwischenbemerkung (528—530):

haec Proteus et se iactu dedit aequor in altum,
quaque dedit spumantem undam sub vertice torsit[112].
at non Cyrene, namque ultro adfata timentem.

Von den modernen Analytikern ist der Übergang vom zweiten dieser Verse zum dritten als notdürftige Fuge bezeichnet worden. Das ist eine augenmäßige, von einem Verse zum anderen fortschreitende Betrachtungsweise. Fühlen wir uns vielmehr in die Szene als Ganzes ein. In der dramatisch bewegten Handlung nimmt nach Proteus eine andere an ihr beteiligte Person das Wort. Der Personenwechsel mußte in epischer Erzählung angezeigt werden. Das geschieht so kurz wie möglich: *at non Cyrene.* An diesen Worten nahmen die modernen Vergilomastiges besonderen Anstoß; sie scheuten sich nicht, den Dichter lächerlich zu machen, als ob er habe sagen wollen: aber Cyrene stürzte sich nicht ins Meer. Wer macht sich nun lächerlich, der Dichter oder seine Geißler? Wir haben hier das Muster einer Erzählungskunst, die von feinen Kritikern als ταχεῖα διήγησις bezeichnet wurde. *At non*

111 Der schwierige Vers wird verschieden erklärt. Heyne bezog die Worte *haudquaquam ob meritum poenas* auf Orpheus, indem er so paraphrasiert: ›Orphei umbra, merito suo miserabilis, suscitat tibi has poenas‹. Ein seltsamer Gedanke. Gemeint sein kann doch wohl nur Aristaeus: ›Orpheus tibi poenas mittit easque leviores quam pro gravitate commissi tui meruisti‹. Die Präposition *ob* (so MRV, *ad* P) findet sich in älterer Sprache oft im Sinne ›als Entgelt für‹, auch Cicero fin. 2, 54 *cepit pecunias ob rem iudicandam* (und ähnlich mehrfach in den Reden), und aus Livius wird in Lexicis angeführt (die Stelle habe ich nicht identifizieren können) *quod ob meritum,* und zwar mit *meritum* im Sinne von ›Schuld‹. — Es bleiben die Worte *nisi fata resistant.* Sie können im Verfolg der eben gegebenen Erklärung wohl nur bedeuten: ›poenas pro sceleris gravitate meritas solveres, nisi fata resisterent‹ (der coniunctivus praes. ist in poetischer Rede beliebter als der des imperf.: Komm. zur Aen. 6, S. 113). — In der Hauptsache entspricht die vorgetragene Erklärung der des Servius: *id est non tales quales mereris: nam eius uxori causa mortis fuisti. inferret autem digna supplicia, nisi fata prohiberent.*

112 δ 570 ὣς εἰπὼν ὑπὸ πόντον ἐδύσετο κυμαίνοντα. Der eine Vers wird in zwei gespalten, um das Dämonische des Proteus, der sich ins Meer stürzt, plastischer zu gestalten.

Cyrene: dazu ergänzt sich aus dem Zusammenhang der ganzen Szene ein Begriff wie ›dereliquit filium timentem‹[113]. Sie hatte sich, nachdem sie dem Sohn ein Versteck angewiesen hatte ›in Nebel gehüllt‹ (423 f.) — ὁμηρικῶς: es verstand sich von selbst, daß sie alle Vorgänge dennoch beobachtete —, hatte | die Rede des Proteus mitangehört. Jetzt tritt sie aus dem Nebel hervor (auch dies brauchte nicht gesagt zu werden: Aristarchos Π 432 πολλὰ κατὰ συμπέρασμα λέγει ὁ ποιητὴς σιωπωμένως γεγονότα, ein von Vergil oft verwendetes Mittel: Komm. zu Aeneis 6 S. 147). Sie sieht den Sohn in Furcht und nimmt nun ihrerseits das Wort, indem sie ihm zuredet, παραμυθεῖται: der Begriff des ›Tröstens‹ begleitet hier, wie oft, das *adfari* (z. B. Aen. 2, 775 *tum sic adfari et curas his demere dictis*); sie tröstet ihn, beginnend mit dem mütterlich-sanften Vers (531) *nate licet tristis animo deponere curas.* Also die Verteilung der Reden auf zwei Personen ist mit Bedacht erfolgt. Der grollende Dämon und die tröstende Mutter: die *causa mali* (Tod der Eurydice und des Orpheus) wird dem Aristaeus von jenem, die *remedia mali* (Versöhnung der Toten) werden ihm von dieser eröffnet[114].

Es bleiben bei rein logischem Zergliedern des Einzelnen Kompositionsnähte: eine physiologische πρᾶξις, die Bugonie, mit Sagenstoffen zu verknüpfen war ein außerordentliches Wagnis, auch innerhalb des mythischen Teiles selbst das Verflechten der Aristaeus- mit der Orpheus-Sage. Aber durch das Sichtbarwerden der Verbindungsfäden

113 So schon Heyne: ›*At non Cyrene* filium reliquit, consilii inopem‹.

114 In der Hauptsache stimme ich mit Anderson (a. a. O. 43) überein, nur daß er, das Märchenhafte (mit Recht) stärker betonend, die Mutter eine gütige Fee sein läßt: »The Old Man of the Sea speaks in riddles [das tut er eigentlich nicht, er gibt *causam mali* genau an], indeed, as the beings who utter oracles are wont to do, but the information is all there for those who can understand, and there is a good fairy at hand to do the needful. The sudden disappearance of the mysterious old wiseacre is in the true tradition of the *Märchen: haec Proteus, et se iactu dedit aequor in altum ... At non Cyrene.* She is at the side of her frigthened and bewildered son.« Der weiterhin folgende Hinweis auf Faunus und Egeria bei Ovid. fast. 4, 663 ff. scheint mir nicht glücklich: Faunus spricht zu Numa wirklich ein Rätselwort, das ihm Egeria dann deutet. Dagegen möchte ich folgende Erwägung zu Gehör bringen. In Buch 6 bittet Aenas die Sybille (Vers 56—76), ihm die Zukunft zu enthüllen. Sie gibt ihm ein Orakel (83—97), in dem die Worte *causa mali tanti* vorkommen (93). Es folgt eine zweite Rede des Aenas (103—123) und eine zweite der Sibylle (125—155). In dieser befiehlt sie ihm wegen des Todes des Misenus Opfer (149—153). Hier sind also die Motive der *causa mali* und der *sacrificia,* die in den Georgica auf zwei Personen verteilt sind, auf eine einzige Person vereinigt. Es wurde oben (S. 661) bemerkt, daß mehrere Verse der Orpheus-Episode in der Nekyia des Buches 6 wiederkehren. Also vielleicht ein weiteres Zeichen gleichzeitigen Arbeitens an beiden Werken.

wird die ideelle Einheit des Ganzen nicht berührt. Mit welchem Recht fordert man von einem in der Phantasiewelt der μὴ γενόμενα schwebenden Gedicht die Folgerichtigkeit einer Abhandlung? Warum versagt man dem römischen Epiker, was man dem Dichter der Odyssee zubilligt? Ihre *speciosa . . . miracula,* überhaupt ihre Gesamthandlung, waren für jeden Leser des Altertums ein ἓν καὶ ὅλον, und als solches beginnen das Gedicht auch die Philologen der Gegenwart zu erfassen[115]. Das wird auch der Vergil-Philologie zugute kommen. Auf Märchen- | motive zu achten, hat die klassische Altertumswissenschaft von der deutschen gelernt, anfangs mit Widerstreben, aber in der letzten Philologengeneration — E. Rohde gebührt ein besonderes Verdienst — mit Hingabe und Erfolg. Auch Wilamowitz, der früher nicht besonders geneigt war, volkstümliche Unterströmungen der hohen Literatur zu werten, hat sich in Arbeiten seines Alters der neuen Betrachtungsweise nicht verschlossen: so hat er für das Märchen als Substrat einiger Heldensagen, die von großen Dichtern in Epos, lyrischer Erzählung und Tragödie gestaltet wurden, glückliche Formulierungen gefunden (Sitz.-Ber. d. preuß. Akad. d. Wiss., phil.-hist. Kl., 1925, 59 f.; Pindaros 149 f. 174. 179). Man überblickt die von Philologen geleistete Arbeit jetzt am besten in dem Art. ›Märchen‹, R. E. XIV (1928) 254 ff. von W. Aly, einem auf diesem Gebiet selbst tätigen Forscher. Diese Erkenntnisse haben meinen Blick für die besondere Wesensbeschaffenheit des vergilischen Gedichts geschärft. Der Schlußteil der Georgica erschließt uns eine Märchenwelt. Aristaeus, voreinst ein mächtiger Gott, Wohltäter der Menchen, trägt hier Züge eines Märchenprinzen, der die Mutter, eine Meermaid wie Thetis, im Palast der Stromtiefe besucht. Sie führt ihn zu dem schicksalskundigen Proteus, der *omnia transformat sese in miracula rerum ignemque horribilemque feram fluviumque liquentem* (441 f.); aber der Meerdämon wird überlistet, gefesselt und zur Aussage gezwungen. Orpheus gewinnt die Gattin vom Tode — er durch den ›Zauber‹ seines Lautenspiels und Gesanges; ein anderer, Herakles der exemplarische Märchenheld, den große Poesie erhöhte, befreit die Gattin des Gastfreundes

[115] Wenn F. Jacoby, Die geistige Physiognomie der Odyssee (Antike 9, 1933, 170) schreibt: »Athene hat auch für die Telemachie wie für die Odyssee überhaupt zunächst nur die Bedeutung, daß sie die Handlung in Bewegung setzt. Das tut sie durch die Ankündigung, sie wolle inzwischen Telemach nach Pylos und Lakedaimon schicken, um Kunde über den Vater einzuziehen; sie weiß am besten, daß er dort nichts Wesentliches erfahren kann; aber der Doppelzweck bindet technisch gut die Doppelhandlung des ganzen Gedichts«, so vergleiche man damit die obigen Darlegungen (S. 651 ff.): Kyrene weiß alles und sendet dennoch den Sohn zu Proteus; das hat der Dichter so eingerichtet, weil die Proteusepisode die ›Doppelhandlung‹ des Aristaeus-und-Orpheus-Gedichts zu einer poetischen Einheit bindet.

durch einen Ringkampf mit Thanatos selbst[116]. In der Orpheussage braucht auf bekannte Märchenmotive — das Verzaubern wilder Tiere, die wandelnden Bäume, das Verbot des Sichumblickens und die Folge der Übertretung des Verbotes — nur hingewiesen zu werden: es lohnt sich, in den ›Anmerkungen zu den Kinder- und Hausmärchen der Brüder Grimm‹ von Bolte-Polivka (1930 ff.) zu blättern. Aber versteckter ist folgendes, das ich ausführlich darlege, weil ich glaube, das Verständnis einer seit alters umstrittenen Stelle erschließen zu können.

Wir lasen oben (S. 666) die Verse, die unmittelbar auf das für die καταστροφή entscheidende Wort *respexit* folgen (491—493):

Ibi omnis
effusus labor atque immitis rupta tyranni
foedera terque f r a g o r s t a g n i s a u d i t u s A v e r n i. |

Was der unterirdische *fragor* zu bedeuten habe, darüber scheint sich schon Lucanus Gedanken gemacht zu haben, aus dessen Orpheusgedicht Servius einige Verse mitteilt; jedenfalls hat er den Sinn, wenn nicht mißverstanden (was man bei einem so kenntnisreichen Dichter kaum annehmen dürfte), durch einen völlig andersartigen ersetzt[117]. Den gequälten Deutungsversuchen der Neueren merkt man die Verlegenheit an. Wir brauchen uns bei ihnen nicht aufzuhalten, denn die unmittelbar anschließenden Verse hätten auf die richtige Spur führen können; in ihnen erklärt sich der Dichter, wie es vielfach seine Art ist, gewissermaßen selbst:

illa ›quis et me‹ inquit ›miseram et te perdidit Orpheu,
quis tantus furor. e n iterum crudelia retro
f a t a v o c a n t.

Für Eurydice ist der *fragor* also das Zeichen (*en*, δεικτικῶς), daß das Schicksal sie ruft: *fragor* ... *auditus* und *fata vocant* bedingen sich

116 Die Behandlung der Alkestissage durch A. Lesky und G. Megas gehört zu dem Förderlichsten, was auf diesem Gebiet erarbeitet ist. — Euripides 357 ff. läßt Admetos auf Orpheus hinweisen: εἰ δ' Ὀρφέως μοι γλῶσσα καὶ μέλος παρῆν, ὥστ' ἢ κόρην Δήμητρος ἢ κείνης πόσιν ὕμνοισι κηλήσαντά σ' ἐξ Ἅιδου λαβεῖν, κατῆλθον ἄν, καί μ' οὔθ' ὁ Πλούτωνος κύων οὔθ' οὑπὶ κώπῃ Ψυχοπομπὸς ἂν Χάρων ἔσχον, πρὶν εἰς φῶς σὸν καταστῆσαι βίον. In diesen Versen sind alle entscheidenden Motive der κατάβασις vereinigt: s. o. S. 659 ff.

117 Servius zu 492: *quasi exultarent umbrae reditu Eurydices. Lucanus in Orpheo dicit factum strepitum redeunte Eurydice ob hoc quia ›gaudent a luce relictam Eurydicen, iterum sperantes Orphea manes‹*. Das verbreitete Motiv eines Frohlockens der abgeschiedenen Seelen bei der Ankunft einer neuen (Jos. Kroll, Gott und Hölle, Lpz. 1932, 381 ff.) mag Lucanus zu seiner Erfindung veranlaßt haben. Bei der oberflächlichen Art des Servius kann nicht einmal das als erwiesen gelten, daß sich die Verse des L. auf die vergilischen beziehen; wahrscheinlicher ist, daß Servius (oder sein Gewährsmann) die Bezugnahme auf sie nur hineingedeutet hat.

wechselseitig. Die genaue Entsprechung der Worte *fata vocant* ~ καλεῖ μοῖρα ~ καλεῖ ἡ εἱμαρμένη werden wir weiterhin kennenlernen (S. 679 f.), einstweilen wenden wir uns der Vorstellung »ein Krachen wurde aus der Tiefe gehört« zu. Unter dem *fragor* kann nur das Grollen unterirdischen Donners verstanden sein[118]: ἠχώ τις, χθόνιος ὡς βροντὴ Διός (Eur. Hipp. 1201); auch bei Vergil haben wir es uns so zu denken, daß der Herr der Unterwelt, der *immitis .. tyrannus*, den Donner bewirkt, und das wird sich uns sogleich bestätigen. Denn nun erinnern wir uns des Botenberichts aus dem Oedipus Col.; jeder hat ihn im Sinn, so daß es genügt, die für unseren Zweck wesentlichen Gedanken zu paraphrasieren (Vers 1606 ff.).

»Es donnerte der Zeus der Erdentiefe (κτύπησε μὲν Ζεὺς χθόνιος)[119] .... Als Oidipus den Schall hörte (ὁ δ' ὡς ἀκούει φθόγγον), sagte er: ›An diesem Tage gibt es für euch, Kinder, keinen Vater mehr‹ .... Da | schluchzten alle, sich umschlungen haltend. Als sie sich ausgeweint hatten, war Stille. Da plötzlich erschallt ein Laut, daß sich vor Furcht aller Haare sträubten. Es ruft mit langgezogener Stimme[120] ihn ein Gott (καλεῖ γὰρ αὐτὸν πολλὰ πολλαχῇ θεός):

[118] *fragor* vom Donner Aen. 2, 692 f. *subitoque fragore intonuit.* — Den Vers Seneca Herc. f. 522 *infernus imo sonuit e fundo fragor* hat Leo mit Recht athetiert (der kunstvolle Gedankenbau wird durch ihn zerstört); aber da sein Verfasser sich ersichtlich an den Vergilvers anschließt, bestätigt er meine Ansicht, daß in diesem die Worte *stagnis ... Averni* als sog. ablativus separationis aufzufassen sind; in seinem Gebrauch erlaubt sich Vergil große Kühnheiten (Komm. zu 6, 182. 539).

[119] Der Donner des Ζεὺς χθόνιος wird in dieser Tragödie von dem des Ζεὺς αἰθέριος differenziert, was nicht außer acht gelassen werden darf. Oidipus hatte ein Orakel des Apollon erhalten, wonach ein furchtbares Unwetter ihm anzeigen werde, daß er an den Ort seiner letzten Ruhestätte gelangt sei (84 ff.); das Orakel war dem Dichter durch die Sage gegeben (C. Robert, Oidipus 1, 37). Dieses διοσημεῖον erfüllt sich in der Szene 1448—1499, die unter mehrmaligem Blitz und Donner mit Hagelschlag verläuft. Dabei wird jedesmal so geflissentlich betont, der Donner komme vom Himmel (1456 ἔκτυπεν αἰθήρ, ὦ Ζεῦ 1460 Διὸς πτερωτὸς βροντή 1466 κτύπος διόβολος 1471 ὦ μέγας αἰθήρ, ὦ Ζεῦ 1485 Ζεῦ ἄνα, σοὶ φωνῶ), daß man wird annehmen müssen, der Dichter habe, um die Illusion der Zuschauer richtig zu leiten, diesen Donner aus dem Himmel von dem unterirdischen Donnerschlag bei der Entrückung, die in einer späteren Szene von dem Boten berichtet wird (1606 κτύπησε μὲν Ζεὺς χθόνιος), absichtlich genau unterschieden. Das durch sagengeschichtliche Überlieferung gegebene Orakelmotiv und das dem volkstümlichen Heroenglauben entnommene Entrückungsmotiv sind von Sophokles mit dramatischer Kunst verknüpft worden.

[120] So versuche ich, die eigenartigen Worte πολλὰ πολλαχῇ zu umschreiben. Wir haben uns vielleicht zu denken, daß der Ruf ὦ οὗτος, Οἰδίπους mit langgezogenem Ton (διαπρυσίως) erscholl, so daß er gewissermaßen vervielfacht klang; die vielen Diphtonge waren geeignet, die Illusion zu fördern.

›Du, du, Oidipus. Was zaudern wir. Gar langsam machst du dich auf den Weg‹ (ὦ οὗτος οὗτος, Οἰδίπους. τί μέλλομεν χωρεῖν; πάλαι δὴ τἀπὸ σοῦ βραδύνεται). Als er merkte, er sei von einem Gott gerufen (ὃ δ' ὡς ἐπῃσθετ' ἐκ θεοῦ καλούμενος), da« . . .[121].

Das beiden Dichtern gemeinsame Motiv ist der Ruf des Todes. Ein Volksglaube[122], den als erster unseres Wissens Euripides dramatisch zu gestalten gewagt hat, in der visionären Sterbeszene der Alkestis 255 (Kommos): Χάρων μ' ἤδη καλεῖ· ›τί μέλλεις; ἐπείγου· σὺ κατείργεις‹. Sophokles ist in seinem Altersstück von Euripides vielfach beeinflußt[123]. Wie berühmt die euripideische Szene war, zeigt ihre Verwertung auch bei dem Dithyrambiker Timotheos (einem Zeitgenossen des alten Sophokles), aus dessen Niobe durch den Komiker Machon (bei Athenaeus 8, 341 C) ein paar Worte der Charonszene erhalten sind[124], darunter diese: καλεῖ (δὲ)[125] μοῖρα νύχιος (von Niobe gesprochen). Sie entsprechen den vergilischen *fata vocant* im Munde der Eurydice, die dadurch neben Alkestis und Niobe tritt[126]. Doch verblassen die *fata* gegenüber | der gespenstischen μοῖρα νύχιος, dem euripideischen Χάρων, dem sophokleischen θέος[127]. Aber auch für diese

[121] Das Weitere (›befahl er, den Theseus kommen zu lassen‹ usw.) geht uns nicht mehr an.

[122] Von Radermacher im Kommentar zu Vers 1627 mit Beispielen belegt, von denen ich einige übernehme.

[123] Im O. C. außer durch die Alkestis auch durch die Phoinissai: Wilamowitz, Phil. Unters. Heft 22, 1917, 217.

[124] Fr. 11. 12 Wil. Vgl. L. Weber im Kommentar zu seiner Ausgabe der Alkestis S. 117.

[125] Diese Partikel kommt auf Rechnung des umdichtenden Komikers (im Original könnte με gestanden haben wie in dem euripideischen Vers). Die Fortsetzung des Verses lautet: ἧς κλύειν χρεών. Iambische Trimeter der Normalform (ohne unterdrückte Senkungen) kommen in Timotheos' Persern nicht vor, also hat Machon geändert. Es wäre zwecklos raten zu wollen, zumal (ohne δέ) sich auch an Dochmien denken ließe.

[126] In den vergilischen Versen ist *iterum . . . retro* durch die besondere Situation bedingt, in der sich Eurydice befindet.

[127] Unter ihm Charon verstehen zu wollen, wäre ebenso abwegig wie Hermes (dieser ist in einer früheren Szene des Dramas 1547 f. τῇδε γάρ μ' ἄγει Ἑρμῆς ὁ πομπὸς ἥ τε νερτέρα θεός für eine andere Situation verwendet, und wo würde Hermes als Psychopompos redend eingeführt außer in der Komödie?). Vielmehr ist der θεός — so, ohne Artikel, wird er zweimal genannt: 1626. 1629 — absichtlich unbestimmt gelassen. Daher heißt es von ihm, unmittelbar vor seinem Erscheinen, φθέγμα τινος (1623); hiermit läßt sich vergleichen Eur. Bakch. 1078 f. ἐκ δ' αἰθέρος φωνή τις, ὡς μὲν εἰκάσαι, Διόνυσος ἀνεβόησεν ›ὦ νεανίδες‹ κτλ. (die Stelle klingt bei Soph. auch weiterhin an: M. Pohlenz, Griech. Trag., Erläuterungen S. 101), aber noch näher steht Pindar O. 2, 58 f. τὰ δ' ἐν τᾷδε Διὸς ἀρχᾷ | ἀλιτρὰ κατὰ γᾶς δικάζει τις ἐχθρᾷ | λόγον φράσαις ἀνάγκᾳ (in der Deutung von L. Malten, Elysium und Rhadamanthys, Arch. Jhb. 28, 1913, 48, 1). — Übrigens hat Sopho-

Abstraktion fand ich ein Beispiel, ein hochberühmtes. Sokrates beschließt seine letzte Rede mit den Worten (Plat. Phaid. 115 A): (Der Philosoph) περιμένει τὴν εἰς Ἅιδου πορείαν ὡς πορευσόμενος ὅταν ἡ εἱμαρμένη καλῇ. ὑμεῖς μὲν οὖν .... εἰσαῦθις ἔν τινι χρόνῳ ἕκαστος πορεύσεσθε· ἐμὲ δὲ νῦν ἤδη καλεῖ, φαίη ἂν ἀνὴρ τραγικός, ἡ εἱμαρμένη. Die Tragödie hat das Wort εἱμαρμένη (sc. μοῖρα), das von den ionischen Naturphilosophen für die den Kosmos durchwaltende Ananke geprägt wurde, gemieden. Die Worte »würde ein Tragiker sagen« zielen daher auf kein bestimmtes Tragödienzitat[128], aber man wird sagen dürfen, daß es in Platons Sinn lag, wenn die Leser sich an bekannte Tragödien erinnert fühlten, vor allen an die Alkestis[129]: gibt er doch in der Phaidrosrede des Symposion 179 BC eine umfängliche Paraphrase dieses Mythos (und in unmittelbarem Anschluß daran eine der Orpheussage).

Die Verwandtschaft des Grundmotivs in der sophokleischen Tragödie und dem vergilischen Epyllion ist unverkennbar. Aber über dem Allgemeinen dürfen wir ein Besonderes nicht außer Betracht lassen. Bei Sophokles ist der unterirdische Donner ein Vorzeichen des Todes, wodurch das Erscheinen des Todesgottes selbst, des Rufers, angekündigt wird. Bei Vergil ist der Donner aus dem Hades[130] der Schicksalsruf, den Eurydice vernimmt und dem sie folgt, | ohne einen zweiten

kles das Visionäre der euripideischen Alkestisszene realistischer gestaltet, wozu er sich die Möglichkeit dadurch schuf, daß er das Erscheinen des Gottes von dem Boten berichten läßt. Die barschen Worte des euripideischen Charon (über diese übliche Typik des Fährmanns habe ich einiges zur Aen. 6, S. 221. 237 gesagt) hat er veredelt — auch daraus ist ersichtlich, daß an Charon nicht zu denken ist —, besonders indem er die Worte τί μέλλεις in den Plural τί μέλλομεν umsetzt. Für diesen »Plural des Einverständnisses, von einer schrekkenden und dennoch zarten Vertraulichkeit« hat K. Reinhardt in seinem Sophoklesbuch 233 f. sehr schöne Worte gefunden; bei den vom Todesgott gesprochenen zwei Versen fühlt er sich an die Linien des Orpheus-und-Eurydice-Reliefs erinnert.

128 Richtig L. Heindorf (1809): ›si certum aliquod tragici dictum respexisset Plato, scripsisset opinor: κατὰ τὸν τραγικὸν vel φησὶν ὁ τραγικός‹, was Fr. Ast (Annot. in Plat. op. II, 1832) sich zu eigen macht auf Grund des Sprachgebrauchs von ἀνήρ in derartigen Verbindungen. Aber weder sie noch m. W. spätere Exegeten haben die leise Hindeutung auf die noch uns kenntlichen Dramen bemerkt.

129 Auf sie weist auch der Wortlaut: μ' ἤδη καλεῖ Eur. ∼ ἐμὲ δὲ νῦν ἤδη καλεῖ Plat.

130 Das einmalige Donnern aus dem Hades in der Szene des Tragikers (1606 κτύπησε μὲν Ζεὺς χθόνιος) ist wirksamer als das dreifache in dem vergilischen Vers, in dem das *ter* durch Θ 170 τρὶς δ' ἄρ' ἀπ' Ἰδαίων ὀρέων κτύπε μητίετα Ζεύς bedingt sein könnte; aber hier erklärt sich die Dreizahl aus dem vorhergehenden Vers τρὶς μὲν μερμήριξε κατὰ φρένα καὶ κατὰ θυμόν (Diomedes). Freilich stände nichts im Wege, an das magische *ter* zu denken, das

Ruf abzuwarten. Über diesen Unterschied habe ich mir Gedanken gemacht. Wozu, fragte ich mich, bei dem Tragiker der ›Rufer Tod‹, wenn doch schon der Donnerschlag dem Oidipus als Zeichen gilt, daß sein Todestag gekommen sei?[131], sollte hier also eine Motivverdopplung anzunehmen sein? Dieser Erwägung hing ich um so mehr nach, als das Motiv des ›Rufers‹, wie bemerkt (o. S. 679), von Sophokles in Anlehnung an eine Szene der euripideischen Alkestis gestaltet wurde. Vielleicht also, sagte ich mir, hat der Dramatiker um der Bühnenwirkung willen zwei Motive verbunden. Die Zeit zwischen dem Donnerzeichen und dem Todesruf ist durch eine Versreihe ausgefüllt, in der die aufregende Handlung für eine Weile zum Stillstand kommt[132]; daß eine auf Spannung abzielende Illusion durch das Mittel des ›Retardierens‹ der Kunstübung gerade dieses Dichters entspricht, hatte mich das Studium der neuen Sophoklesbücher gelehrt. Aber ich lernte aus ihnen auch anderes: niemals hat dieser Dichter bei aller Rücksichtnahme auf Bühnenwirkung die Gesetze der inneren Struktur übertreten; Versuche, die in dieser Richtung durch Hineintragen äußerer Motive einst unternommen wurden, haben sich nicht bewährt, der Kunstverstand des Dichters erwies sich dem Scharfsinn der Analytiker in jedem Fall überlegen. Die Lösung der Aporie, die ich für die Szene des O. C. konstruiert hatte, ergab sich mir aus der Beschäftigung mit der Literatur über volkstümliches Vorstellungsgut, an das Sophokles in diesem Drama so engen Anschluß gesucht hat wie in keinem sonst. Aus dem vorhin (S. 677) genannten märchengeschichtlichen Werk (3, 294) ist zu ersehen, daß das Motiv »Der Ruf des Todes« zwiegestaltig war: der Tod läßt sich, bevor er den Menschen abruft, durch Boten anmelden[133]. In den uns erhaltenen Fassungen, die nicht über das 14. Jahrhundert hinaufreichen, sind die Boten dämonische Wesen, wie Krank-

Vergil als bedeutungsvolle Zahl auffallend oft braucht, z. B. ecl. 8, 74. georg. 4, 384 f. Aen. 6, 506 *magna manis ter voce vocavi.*

131 Vers 1610 ff. ὃ δ' ὡς ἀκούει φθόγγον ἐξαίφνης πικρόν, πτύξας ἐπ' αὐταῖς χεῖρας εἶπεν· ὦ τέκνα, οὐκ ἔστ' ἔθ' ὑμῖν τῇδ' ἐν ἡμέρᾳ πατήρ.

132 Vgl. die obige Paraphrase. Oidipus tröstet die Kinder, die über seine Deutung des Donnerschlags sich härmen, mit liebevollen Worten. Dann sich umschlungen haltend λύγδην ἔκλαιον πάντες. ὡς δὲ πρὸς τέλος γόων ἀφίκοντ' κτλ. (homerisierende Tragik, besonders oft und ergreifend in Ψ Ω). Darauf trat Stille ein (ἦν μὲν σιωπή). Plötzlich wird sie unterbrochen durch eine unheimliche Stimme, die Furcht und Entsetzen hervorruft. — Also ἔλεος καὶ φόβος (ja φρίκη) in einem kleinen Ausschnitt des Gesamtdramas.

133 Mein Akademiekollege Joh. Bolte hat mich in die umfängliche Literatur über dieses Motiv eingeführt. Darunter ist eine kurze Bemerkung des uns Philologen wohlbekannten Camerarius ›De mortis nuntiis‹ (in: Fabulae Aesopicae, 1570, 375) und eine umfassende Untersuchung von Morris, Death's messengers, Folklore Journal 7, 1889, 179—191 (mir nicht bekannt).

heiten, Tiere u. dgl. Das sind junge, mythischem Denken längst entfremdete Abwandlungen, und doch haben auch sie einem Dichter, der volkstümliches Gedankengut aufzunehmen und emporzuheben gewohnt war, den Stoff zu | großartiger Bühnengestaltung gegeben: die »Vier grauen Weiber« treten auf, sie sehen »von ferne, von ferne« kommen »den Bruder Tod«. Dürfen wir nun dieses Material zu Folgerungen für unser Problem verwerten? Mit Rückschlüssen von junger Überlieferung auf antike kann man nicht vorsichtig genug sein, es sei denn, daß es sich um besonders geartete Motive handelt, bei denen eine ›Konvergenz‹ nicht sehr wahrscheinlich ist. Ein solcher Fall liegt, wie ich glauben möchte, hier vor. Der Donnerschlag des Ζεὺς Χθόνιος ist der Bote des Thanatos; dann erscheint dieser selbst als Rufer. Bei dem römischen Dichter sind die zwei Stimmen aus dem Geisterreich auf eine zurückgeführt. Auf Weichheit und Wehmut ist alles bei ihm abgestimmt, in die rührende Abschiedsszene dröhnt der Donnerruf; ihm folgt Eurydice und entschwindet *subito ceu fumus* in die Tiefe[134], wo der Nachen des Charon sie aufnimmt.

Woher kannte der Dichter das Motiv des Donnerrufs aus dem Hades? Es läge nahe zu antworten: vielleicht aus dem orphischen Katabasisgedicht, in dem vielerlei περὶ τῶν ἐν ᾅδου vorkam (o. Anm. 73). Aber dieser Annahme wäre folgender Umstand nicht günstig. Die Vergilexegese des Altertums hat das Gedicht gekannt: unter den ganz wenigen Zitaten aus ihm sind zwei des Servius (zur Aen. 6, 392. 565 = fr. 295. 296 K.). Wenn die Worte *terque fragor stagnis auditus Averni* einem Vers des orphischen Gedichts nachgebildet wären, so hätte der Scholiast sie schwerlich so hoffnungslos mißdeutet, wie oben (Anm. 117) mitgeteilt wurde. Kein unbedingt zwingender Beweisgrund, aber doch ein sehr wahrscheinlicher. Allein wir brauchen uns nicht in Hypothesen zu verlieren. Die aus dem platonischen Phaidon angeführten Worte zeigen, daß der Todesruf als tragisches Motiv empfunden wurde. Dem entspricht, daß wir es nur aus Tragödien (sowie einem von diesen abhängigen Dithyrambos) kennen — und aus unserer Vergilstelle. Also würde mir der Schluß, der römische Dichter habe es einer Tragödie entnommen, sicher scheinen, auch wenn wir nicht wüßten, daß nächst dem Epos[135] keine griechische Literaturgattung einen so bevorzugten Platz in seinem Schaffen behauptete wie die Tragödie, und innerhalb dieser besonders die des Sophokles. Die Trias der Tragiker stand längst fest, und aus ihr erhob sich Sophokles als der ἐξοχώτατος (Cic. or. 4). Für die in ciceronischer Zeit sich anbahnende, in augusteischer sich vollendende klassizistische Richtung war er so recht

[134] Ψ 100 f. ψυχὴ δὲ κατὰ χθονός ἠύτε καπνὸς ᾤχετο.
[135] Die Bukolik bleibt hier außer Betracht.

eigentlich der Klassiker, hinter den sogar Euripides (die Medea etwa ausgenommen) zurücktrat. Das Höchste, was Vergil zum Ruhm der Tragödien des Asinius Pollio zu sagen weiß, ist dieses: sie seien würdig des *Sophocleus cothurnus* (ecl. 8, 10). Sterbeszenen zogen ihn bei seinem Hang zur Melancholie besonders an: die Didotragödie zeigt zahlreiche Anklänge an den Aias, einige an die Trachinierinnen[136]. Der zweite Oidipus erhielt noch eine besondere Weihe durch den Ort der Handlung. Jedem meiner Leser sind Ciceros Worte aus dem unvergeßlichen Prooemium de finibus V bekannt, aber sie sind so romantisch-stimmungsvoll, daß die Augen bei Gelegenheit immer wieder gern darauf ruhen: *me ipsum* — läßt er den für Tragödien interessierten Quintus sagen — *huc modo venientem convertebat ad sese Coloneus ille locus, cuius incola Sophocles ob oculos versabatur, quem scis quam admirer quamque eo delecter. me quidem ad altiorem memoriam Oedipodis huc venientis et illo mollissimo carmine quaenam essent haec ipsa loca requirentis species quaedam commovit, inaniter scilicet, sed commovit tamen.* Man wird daher mit Zuversichtlichkeit sagen dürfen, daß die Sterbe- und Entrückungsszene dieses Dramas zu den Herrlichkeiten gehörte, die Vergil im Gemüt bewahrte; kam zu allem anderen doch auch das Geheimnisvolle, ja das Unheimliche, für das er Neigung hatte. Nun ist es, wie für die Art seines Arbeitens überhaupt so gerade auch für seine Anlehnung an die attische Tragödie bezeichnend, daß er den Vorbildern nicht ganze Abschnitte entnimmt, sondern Motive, die er leise mitschwingen läßt; die erwähnten Anklänge an den Aias im Didobuch zeigen es besonders deutlich. Genau so verfuhr er in der Orpheus-und-Eurydice-Episode. Wenn er die Szene des Dramas hätte kopieren wollen, so würde er nach der Donnerstimme den Rufer Tod selbst eingeführt haben. Aber so stark seine Neigung und Kraft zu dramatischer Gestaltung im epischen Stil auch war, so behütete ihn sein Kunstverstand vor Übertreibung. Daher begnügte er sich mit der Herübernahme des Motivischen und vereinfachte die dramatische Doppelhandlung: die Donnerstimme ist für Eurydice das Zeichen, daß sie *fata vocant.*

136 R. Heinze, Vergils epische Technik³, Leipzig 1914, 133 ff. Daher wird man die o. Anm. 94 erwähnte Kongruenz des Verses 497 (Eurydice zu Orpheus) *iamque vale, feror ingenti circumdata nocte* mit den Worten des sterbenden Polyneikes Eur. Phoen. 1453 καὶ χαίρετ'· ἤδη γάρ με περιβάλλει σκότος doch wohl als unmittelbare Nachbildung anzusehen haben.

LOGOS UND RHYTHMUS
1928

Hochansehnliche Versammlung,
Werte Amtsgenossen,
Liebe Kommilitonen!

Auf die Szepter unserer Universität habe ich soeben den Amtseid geleistet. Die Geschichte dieser Zeremonie haben zwei nun dahingegangene Amtsvorgänger, der Rechtshistoriker Heinrich Brunner und der Philologe Hermann Diels, in ihren Antrittsreden einst dargelegt. Es vereinigen sich in ihr drei Grundelemente unserer geistigen Kultur. Der Stabeid ist altgermanischer Brauch, die Kreuzung der Stäbe christlich, die lateinische Eidesformel ein Erbstück aus den frühesten Zeiten deutschen Universitätswesens. Als das unwesentlichste Element dieser Dreiheit wird wohl manchen unter Ihnen die lateinische Fassung des Eides erscheinen. Andere jedoch würden ihre Preisgabe, auch abgesehen von dem Opfer einer ehrwürdigen Tradition, vielleicht wegen des feierlichen Klanges der lateinischen Sprache bedauern. Die Inschrift auf dem Sockel des Denkmals unserer für das Vaterland gefallenen jungen Krieger im Universitätsgarten besteht aus drei lateinischen Worten, die das Stilethos eines unserer Kollegen von der theologischen Fakultät geformt hat: schwerlich dürfte in einer anderen Sprache ein Stil von so lapidarer Monumentalität erreichbar sein. Neben solcher mark- und kraftvollen Gedrungenheit zeichnete diese Sprache der feierlich pompöse Faltenwurf ihrer Perioden aus. | Unvergeßlich ist mir ein Erlebnis aus dem Jahre 1919. Damals ward mir die Ehre zuteil, dem soeben aus weiter Ferne nach ruhmreichen Taten zurückgekehrten General von Lettow-Vorbeck das Doktordiplom zu verlesen, das ihm die philosophische Fakultät unserer Universität ehrenhalber verliehen hatte; Tränen im Auge verglich der Held das Vaterland, aus dem er hinausgezogen, mit dem Vaterland, in das er zurückgekehrt war, aber — so fügte er etwa hinzu — es sei ihm doch eine Freude, daß ihm zum Willkommengruß die repräsentative Sprache der alten Roma, eine liebe Erinnerung an Caesars bellum Gallicum, eindrucksvoll ins Ohr geklungen sei. Den Eindruck des Architektonischen werden auch Sie gewonnen haben, als ich die Formel sprach, so wie es sich gehört, absetzend die logisch-rhythmischen Glieder mit ihren reimartigen Schlüssen. Proben solcher feierlich erhöhten Prosarede, aber nicht einer schon hochentwickelten, sondern einer noch ursprünglichen, möchte ich vor Ihnen zu Gehör bringen, »Stimmen der Völker«, um einen Ausdruck Herders zu gebrauchen, der für Betrachtungen dieser Art ein feines Gefühl besaß. Die Einzelerscheinungen will ich aus einer allgemeinen Idee abzuleiten versuchen: »Logos und Rhythmus« soll das Thema meiner Rede lauten.

*

»Im Anfang war der Logos«: machtvoll beginnt das vierte Evangelium mit diesem Akkord. Prüfen wir zunächst einmal die Töne, in denen der Akkord schwingt, auf ihre Entstehung. Der Grundton ist der Beginn des heiligen Buches der Juden, das auch für die alte Christenheit ein heiliges war: »Im Anfang schuf Gott Himmel und Erde.« Die Schöpfung erfolgt durch Gottes Wort, dem eine Art von magischer Kraft innewohnt: »Gott sprach: es | werde Licht — und es ward Licht.« Die Leser des Evangeliums sollten nach der Absicht seines Verfassers zunächst also verstehen: »Im Anfang war das W o r t.« Aber sofort wurde ihr Sinn in eine andere Bahn gelenkt: aus der magisch-mythischen in die philosophisch-religiöse. Denn neben jenem Grundton des Akkords schwingt ein zweiter, der aus anderen Sphären stammt. Um das Jahr 500 vor unserer Zeitrechnung war in Ephesos, dem mutmaßlichen Ursprungsort auch des Evangeliums, ein philosophisches Werk verfaßt, das seinen Auftakt ebenfalls vom Logos nahm. »Also spricht Herakleitos der Ephesier: Dieser Logos ist ewig.« Kaum meßbar sind die Gedankenströme, die sich von dem Buch Heraklits über die Welt verbreiteten; es ist uns nur in Trümmern erhalten, aber auch diese wirken ernst und gewaltig: »Urworte«, wie Goethe dergleichen alte Offenbarungen des Menschengeistes nannte. Gerade der Anfang des heraklitischen Buches war hochberühmt, er wurde in den Kreisen philosophierender Mystiker gern angeführt, wörtlich oder in umgestalteter Paraphrase. Durch solche Literatur scheint er auch dem Evangelisten vermittelt zu sein. Jedenfalls gehen die Anklänge des Evangelisten an den Philosophen über die ersten Worte hinaus. Auf den Satz »Im Anfang war der Logos« folgt im Evangelium dieser: »Alles wurde durch den Logos«; im Klang ähnlich der Philosoph: »Alles wird nach dem Logos«. Beiden gemeinsam ist weiterhin der Gedanke, daß die Menschen diesen Logos nicht begreifen. »Dieser Logos ist ewig, und doch begreifen ihn die Menschen nicht«, so der Philosoph. »Die Finsternis ergriff nicht das im Logos scheinende Licht«, so der Evangelist: philosophische Erkenntnis wird von ihm also zu einem Erlebnis der Heilsgeschichte umgeprägt. Der israelitische Priester, der hellenische Philosoph, der christliche Mystiker: Repräsentanten dreier völlig getrennter Gefühlswelten, | und doch verbunden durch die geheimnisvolle Geisteswelt des Logos. Kein Wunder, daß Logos, der Pfeiler dieser weitgespannten Gedankenbrücke, im Grunde genommen unübertragbar ist.

»Geschrieben steht: Im Anfang war das Wort.
Hier stock' ich schon. Wer hilft mir weiter fort?
Ich kann das Wort so hoch unmöglich schätzen,
Ich muß es anders übersetzen.«

Er versucht es dann mit Sinn, Kraft; er hätte hinzufügen können: Geist, Vernunft, Gedanke. Aber ihm genügt das alles nicht, er schreibt getrost: »Im Anfang war die Tat.« Die Funktion des Denkens setzt sich ihm also um in die eines zielbewußten Tuns, in die Energie des Wirkens: das ist eine tief aus der Fülle des Lebens vollzogene Umprägung, dieselbe, die einst Sokrates an dem spekulativen Logosbegriff der ionischen Naturphilosophen vorgenommen hatte. Einer dieser vorsokratischen Philosophen war Heraklit. Ihm bedeutete Logos das Weltgesetz: es erschließt sich nur dem Denken, aber es ist ausdrückbar in vergeistigter Rede; darum nannte er es Logos. Dieser Logos ist ihm das ewige, allgemeingültige Gesetz des Werdens und Vergehens, einer Bewegung also. Aber diese Bewegung ist nicht planlos, sondern geordnet: denn es ist die des Kosmos. Daß die Hellenen als erste das Weltganze als Einheit erfaßten, daß sie ihr Wort für Ordnung, »Kosmos«, zur Bezeichnung des Universums verwandten, war eine ihrer für die Wissenschaft fundamentalen Großtaten, an die zu denken sich ziemt, wenn wir von »Weltordnung« sprechen. Geordnete Bewegung, das Grundprinzip des kosmischen Logos, ist nun auch der Wesensbegriff eines zweiten griechischen Wortes: Rhythmos. Dieses Wort ist vollends unübersetzbar, und während es bei Logos wenigstens nicht an Versuchen einer Übertragung fehlt, lebt Rhythmos in den europäischen Kultursprachen nur als Fremd- | wort oder als ein durch Vermittlung des Spätlateinischen übernommenes Lehnwort. Begriffliche Definitionen des Wortes gibt es in solcher Fülle, daß, wollte ich sie aufzählen und erörtern, die Stunde nicht reichte. Es genügt für unsere Zwecke festzuhalten: das Grundprinzip des Rhythmus ist geordnete Bewegung, so lehrte schon Aristoxenos, ein Schüler des Aristoteles, der Rhythmus Gliederung einer Bewegung durch periodisches Sichablösen meßbarer Zeitteile. Logos als kosmisches Prinzip und Rhythmus beruhen also auf derselben Grundvorstellung. »Im Anfang war der Rhythmus«: dieser Ausspruch des großen Musikdirigenten und Musikschriftstellers Hans v. Bülow ist ganz hellenisch empfunden.

Die Naturwissenschaft unserer Zeit hat Rhythmus wieder zu einem wichtigen Begriff erhoben. Der Naturrhythmus gilt als einigendes Band aller Lebensvorgänge, und auch als Laie vermag ich die Bedeutung zu ermessen, die beispielsweise der Quantentheorie oder der Atomphysik für philosophisches Betrachten zukommt. Durch Entdeckungen solcher Art ist der exakte Beweis für die Richtigkeit mancher Hypothesen erbracht, die von griechischen Naturphilosophen kraft reinen Denkens aufgestellt waren. So lehrten die alten Atomisten, Rhythmus bedeute »die Gestalt der Atome«. Rhythmus herrscht, sagt Aristoteles, wie im Pulsschlag animalischer Wesen so im Pulsschlag des Universums. Dieses kosmische Bild gewann neues Leben für einen jüngeren Philosophen, den Stoiker Poseidonios. Um das Jahr 90 vor unserer Zeitrechnung stand er an der spanischen Küste des Atlantischen Ozeans und beobachtete als erster wissenschaftlich geschulter Forscher die Gezeiten. Also gleicht, sagte er sich, das Meer einem Lebewesen, sein rhythmisches Fallen und Steigen dem Einatmen und Ausatmen einer Lunge. Das bildlich geschaute Phänomen offenbarte sich ihm als kosmisches Gesetz, als er den Himmel beobachtete: Ebbe und | Flut folgen den periodischen Phasen der Bewegung des Mondes. Da erkannte er — staunend als Naturforscher, verehrend als Religionsphilosoph —: der Logos durchwaltet in rhythmischen Schwingungen kraft einer »Sympathie« den Kosmos.

Den Rhythmus des Logos als »Sprache«, dieser sinnlichsten Ausdrucksform des Geistigen, hatten schon sehr früh griechische Lautphysiologen und Musiktheoretiker erkannt. Wieder war es Aristoteles, der diese Erkenntnis formulierte: Rhythmus herrscht in jeder irgendwie erhöhten Rede, ob poetischer oder prosaischer, denn jeder gestaltete Logos bewegt sich rhythmisch. Diesen Rhythmus der Sprache wollen wir in einer einzelnen, aber bedeutsamen Erscheinungsform zu erfassen suchen. In den Proben, die ich vorführen möchte, wollen wir achten auf die Kongruenz von Gehalt und Form, das sind auf dem Gebiet des Sprachlichen Logos und Rhythmus. Gerade in primitiven Formungen werden wir das den Menschen angeborene Gefühl für Symmetrie erkennen. Diese Symmetrie tritt besonders sichtbar in dem Parallelismus der Satzglieder in Erscheinung. Dem Gedanken nach kann das eine dieser parallelen Satzglieder das andere entweder variieren oder es ergänzen oder es gegensätzlich erweitern. Besonders die dritte dieser Möglichkeiten, die Antithese, wollen wir im Auge behalten, um späterhin unsere Folgerungen daraus zu ziehen.

*

Wenn wir uns nun den Proben zuwenden, so werden wir zweckmäßigerweise nicht vom Hellenentum ausgehen. An ursprünglichen Formtypen hat es freilich auch ihm nicht gefehlt, aber fast von dem Augenblick an, in dem sie in den uns erhaltenen Literaturwerken sichtbar werden, sind sie infolge der Veranlagung des Hellenenvolkes zu künstlerischem Gestalten des Naturgegebenen stark umgeformt. Herber weht der Hauch vom italischen | Erdboden. Das Autochthone erhielt sich hier zäher, da der viel geringere Kunstsinn den überlieferten Formenschatz länger in seiner Ursprünglichkeit schützte. In dem unseren Kunsthistorikern wohlbekannten umbrischen Städtchen Gubbio, dem alten Iguvium, sind in der frühen Renaissancezeit Bronzetafeln gefunden, deren Ritualvorschriften zu den kostbarsten altitalischen Religionsurkunden gehören. Auf einer dieser Tafeln steht als Teil eines Gebetes an den Ortsgott eine Verfluchung des Landesfeindes: fünf Wortpaare, jedes unter sich gebunden durch stärkste Klangmittel, und zwar ist die Bindung eine doppelte, durch Gleichheit der Wortanfänge und Wortschlüsse, also ›Stabreim‹ und ›Endreim‹. Wir kennen den Dialekt des alten Umbriens nicht genau genug, um alle diese 5 × 2 Imperative übersetzen zu können, aber einige sind sicher oder ungefähr gedeutet: »Laß sie zagen, zittern — —; in Schnees, Regens Wettern zerschmettern — —; mit Füßen zerstampfe, mit Fesseln verkrampfe sie.« Und nun nehmen Sie diese urtümlichen Fluchworte in Ihr Ohr auf:

tursitu tremitu hondu holtu
ninctu nepitu sonitu savitu
preplotatu previlatu.

Offensichtlich hat sich in diesem Typus Hochaltertümliches erhalten. Für uns rasch hörende, noch rascher lesende Menschen sind Worte oft nur leerer Schall. So verschwenderisch gingen primitivere Zeiten mit dem kostbarsten menschlichen Besitztum, der Sprache, nicht um. Für sie waren Worte »bedeutend«: dinghafte Wesensbestimmtheit lag beschlossen wie in ihrem Ganzen so in den Elementen, aus denen sie sich zusammensetzten, den Lauten oder Buchstaben. Wie flüchtig sprechen wir doch eben dieses Wort »Buchstab« hin, meist ohne daran zu denken, daß unsere Kinder, die nach der Fibel das Buchstabieren lernen, eine Übung vornehmen, die in altgermanischer Zeit magische Handlung | von Priestern war: auf frisch abgeschnittene Stäbchen von Buchen ritzten sie Runen ein; Zauberkraft war ihnen eigen, die Begriff und Laut zur Einheit band.

Neben jener Verfluchungsformel wollen wir ein Gebet hören: einen Wesensunterschied bedeutet das für altertümliche Vorstellungsart nicht. Das Gebet, das ich Ihnen jetzt in Übersetzung zu Gehör bringen werde, sprach der altrömische Bauer, wenn er Haus und Hof durch ein Opfer sühnte. Seiner Form nach läßt es sich wieder nur als rhythmische Prosa bezeichnen. Jede Reihe ist in der Mitte geteilt, die Worte sind durch reichlichen Gebrauch von Assonanzen zu klanglichen und gedanklichen Einheiten gebunden; jede rhythmische Einheit ist auch eine logische. Mars, so betete der Bauer, dir bringe ich dieses Opfer dar,

»Auf daß du Seuchtum	*uti tu morbos*
sichtbares unsichtbares	*visos invisosque*
Daß du Verwaisung,	*viduertatem*
daß du Verwüstung,	*vastitudinemque*
schadvolles Unheil, Wetter und Winde	*calamitates intemperiasque*
fernhaltest, abwehrst,	*prohibessis defendas*
weg von uns treibest;	*averruncesque*
daß du des Feldes Frucht,	*ut fruges frumenta*
Weinstock und Weiden	*vineta virgultaque*
wachsen und gut uns gedeihen lassest;	*grandire dueneque evenire siris*
Hirten und Herden heil uns erhaltest,	*pastores pecuaque salva servassis*
gutes Heil gebest,	*duisque duonam salutem*
kraftvolles Wohlsein	*valetudinemque*
mir, meinem Hause, unserm Gesinde.«	*mihi domo familiaeque nostrae.*

Diesem patriarchalischen Gemälde eines altitalischen Bauernhauses ließen sich andere, nicht minder eindrucksvolle an die Seite stellen — z. B. Mann und Frau beim Ehebündnis, der Feldherr inmitten seiner Soldaten vor einer belagerten Stadt, jede dieser Zeremonien von derartiger feierlicher Formelsprache begleitet —; aber wir wollen jetzt unseren Blick auf das Germanische lenken. In alten Rechtsquellen unseres Volkes finden wir fast genau die gleiche gehobene Prosa: die einzelnen Satzglieder sind nach dem Sprechtakt rhythmisch gestaltet und die meist doppelt | gepaarten Worte jedes Gliedes durch Klangmittel zu Anfang oder Ende gebunden. Aus der Fülle der Beispiele seien nur zwei zu Gehör gebracht. Erstens eine altnordische, in Island um 900 vorhandene Friedensformel, gesprochen bei der Versöhnung bisher verfehdeter Parteien. Der Abschnitt, der die Verfluchung des etwaigen Friedensbrechers enthält, lautet nach der mir freundlichst zur Verfügung gestellten Übersetzung unseres Fachvertreters für nordische Philologie, mit einigen Kürzungen, so:

»Aber der von euch,	*En sá ykkar*
der tritt auf getroffene Abrede	*er gengr á görvar sáttir*
oder schlägt zu nach geschlossenem Vertrag,	*eða vegr á veittar tryggðir*
der soll	*þá skal hann*
so weithin Wolf[1] sein	*svá viða vargr*
hetzbar und gehetzt,	*rækr' ok rekinn*
so weit Menschen Wölfe hetzen,	*sem menn viðast varga reka*
Feuer flammt, Flur grünt,	*eldr upp brennr iǫrð grœr*
Kind Mutter ruft,	*mǫgr moður kallar*
Mutter Kind nährt,	*ok móðir mǫg fœðir*
Herdbrand man hegt,	*aldir elda kynda*
Schiff schwimmt,	*skip skriðr*

[1] ›Warg‹ Geächteter: das gemeingermanische Wort ›Warg‹ hat die Doppelbedeutung »Wolf« und »Geächteter«.

Schilde blinken, Sonne scheint,	*skildir blikia sól skinn*
Schnee fällt,	*snœ leggr*
Finne gleitet,[2] Föhre wächst,	*Finnr skriðr fura vex*
Himmel sich wölbt, Heime bebaut sind,	*himinn hverfr*
Wind braust, Wasser zur See strömen,	*heimr er bygðr*
Knechte Korn säen.«	*vindr þýtr votn til saevar falla*
	karlar korni sá.

Zweitens ein Beispiel aus einer altfriesischen, bis ins elfte Jahrhundert zurückgehenden Rechtsquelle[3]:

»Und ich übertrage ihnen	*ende ick dréggha hemmen ur*
und gestehe ihnen zu	*ende stánde hemmen*
Grünland und Grund,	*toe grée ende grond*
das Eigentum mit dem Besitzrecht	*den áyndoem mit der bysíttingha*
auf ewige Tage.	*toe éwigha dégghum.*
Weder ich noch meine Nachkommen	*Ende ick ner myn néykommen ner*
und Niemand von meiner Seite	*némmen fan mýnerweghena*
wollen da nimmermehr niemals Anspruch erheben,	*deer némmer meer béth nén spréeck oen toe habben*
im Rechte noch außerhalb Rechtens ...	*in da riuchte ner búta riuchte ...*
zu versetzen zu verkaufen	*toe sétten toe sellen*
zu brauchen zu betreiben.«	*toe brúken toe bijsghien.* |

Im Griechischen sind die ursprünglichen Formen gleich beim Beginn der Literatur überwunden oder radikal umgestaltet; aber ganz gefehlt haben sie auch hier nicht. Selbst die Assonanz der Wortgruppen, die im Italischen und Germanischen vorherrschte und die uns allen noch in der lebenden Sprache geläufig ist (Kind und Kegel, Mann und Maus, Stock und Stein usw.), war im Griechischen einst vorhanden, wie einige aeolische Wortgruppen des alten Epos zeigen; doch hat sich dieser Typus aus einem Grund, den wir noch kennlernen werden, in späterer Poesie und Prosa bis auf vereinzelte Spuren verwischt. Die Prinzipien: Zweiteilung der Zeile, Zusammenfallen der logischen und rhythmischen Glieder und deren Bindung durch reimartigen Wortausgang sind in formelhafter Sprache kenntlich, die jedes Verdachts einer Beeinflussung durch spätere Kunsttechnik enthoben ist. Wieder bietet eine Fluchformel uns eine deutliche Vorstellung dieses Stils; ihre älteste Fassung, aus mehreren Varianten herstellbar, lautete etwa so: Wer das und das tut, dem sei

»Land nicht gangbar,	μήτε γῆ βατὴ
Meer nicht fahrbar,	μηδὲ θάλασσα πλωτή,
an Kindern Verdruß,	μήτε τέκνων ὄνησις
an Habe kein Genuß,	μηδὲ βίου κράτησις,
Sterben Verderben.«	ἀλλ' ὤλη πανώλη.

Diese Klänge im Ohr wenden wir uns einem Produkt eigenartiger Kunstübung zu. Der erste griechische Dichter, dessen Persönlichkeit

[2] auf Schneeschuhen, dem charakteristischen Attribut der Finnen.

[3] Mir nachgewiesen von Th. Siebs, schon verwertet (nebst anderem der Art) in meiner Antiken Kunstprosa, Leipzig 1898, 161.

wir in greifbaren Umrissen sehen, war Hesiodos, ein Bauernsohn aus einem Dorf bei Helikon, um 700 vor unserer Zeitrechnung. Er leitet sein Gedicht vom Lobe der Arbeit mit einem Hymnus auf Zeus ein, der in seinem mittleren Teil so merkwürdig stilisiert ist wie nichts sonst in der gesamten altgriechischen Epik; man darf geradezu von einem philologischen Problem sprechen. Die göttliche Allmacht wird in fünf Hexametern gepriesen; sie sind so gebaut, daß die Glieder jedes | Verses sich paarweise gruppieren; jedes Paar bildet dem Gedanken nach einen Gegensatz und ist der Form nach durch gleichen Wortauslaut gebunden. Streifen wir das prächtige, aus homerischer Kunstübung übernommene Sprachgewand ab, so finden wir zu unserer Überraschung den nackten Körper in einer uns nun schon vertrauten Form. Durch Zeus sind die Menschen

»genannt ungenannt, bekannt unbekannt.
Er macht mächtig, den Mächtigen schmächtig.
Den Strahlenden macht er dunkeln, den Unansehnlichen funkeln,
Den Krummen reckt er, den Stolzen duckt er.«

Wie sind nun derartige Übereinstimmungen zwischen Hellenischem, Italischem und Germanischem zu erklären? Entlehnung von Volk zu Volk liegt außer dem Bereich des Denkbaren. Also bleiben nur zwei Möglichkeiten: Eigenschöpfung oder Ableitung aus gemeinsamem Urbesitz. Gegen die Annahme, jedes der drei Völker habe von sich aus diese Stilform geprägt, sprächen Zahl und Artbestimmtheit der Gleichheitsmomente. Also ein über die Spaltung der indogermanischen Völkerfamilie hinaufreichender Urbesitz. Die Einzelvölker in ihrer Sonderexistenz haben ihn, bei Wahrung seines Grundbestandes, je nach ihrer Individualität frei gestaltet. Eng zusammen gehen, obwohl auch zwischen ihnen kleine Unterschiede bestehen, Germanen und Italiker; etwas abseits stehen die Hellenen. Den Gleichklang an den Wortanfängen gaben sie frühzeitig auf; und während die Schwestersprachen in den parallelen Satzgliedern die Gleichartigkeit der Gedanken bevorzugten, neigten die Griechen zur Hervorhebung des Gegensätzlichen. Auf diesen sehr bezeichnenden Unterschied werden wir noch zurückkommen.

Aus dieser Urform gehobener rhythmischer Rede hat sich im Griechischen späterhin ein besonderer Typus der Kunstprosa entwickelt, der an einer Parodie dieses Stils zu Gehör gebracht | werden möge. Platon läßt im Symposion einen hochmodernen Sprecher eine Rede auf Eros halten, in der sich die gereimten Antithesen sozusagen überkugeln. »Eros

entledigt uns der Abneigung sättigt mit Zuneigung,	ἀλλοτριότητος μὲν κενοῖ οἰκειότητος δὲ πληροῖ . . .
Mildheit gewährend Wildheit zerstörend,	πραότητα μὲν πίζων ἀγριότητα δ' ἐξορίζων·

Wohlwollen spendend Übelwollen sendend,	φιλόδωρος εὐμενείας ἄδωρος δυσμενείας ...
von Weisen betrachtet von Göttern geachtet,	θεατὸς σοφοῖς ἀγαστὸς θεοῖς.
Darbenden wert Wohlhabenden geehrt,	ζηλωτὸς ἀμοίροις κτητὸς εὐμοίροις ...
wohl hegend Feines nicht hegend Gemeines.«	ἐπιμελὴς ἀγαθῶν ἀμελὴς κακιῶν.

Diesen Stiltypus, der, wie die platonische Parodie zeigt, nicht selten in Manier verfiel, übernahmen die Römer. Er galt noch im Mittelalter, ja in der Frühzeit der Renaissance als der eigentlich erhabene Stil. In der Struktur der Eidesformel, auf die ich mich verpflichtete, wirkt diese Redeform nach: der Parallelismus der Satzglieder, die reimartigen Schlüsse werden Ihnen bei meinem Sprechen sinnfällig geworden sein. So, um einige dieser Glieder der Formel übersetzend nachzubilden: »Ich gelobe

des Vaterlandes Wohl zu achten, nach guter Amtsführung zu trachten ...,
der Wissenschaft Blüte zu mehren, Religion und Gesetze zu ehren.«

Das mutet ja, werden Sie sagen, fast wie Verse an. Und doch ist es nicht metrisch normierte, sondern nur rhythmisch gebundene Rede. Sie hat auch die Predigt der alten Kirche beherrscht, z. B. sind die volkstümlichen Sermonen des Augustinus fast durchweg in diesem Stil gehalten. Aus solcher rhythmischen Prosa drang der Reim seit dem Ende des vierten Jahrhunderts allmählich in die Verse der altchristlichen Kirchenhymnen ein, aus diesen seit dem achten Jahrhundert in die Verse der modernen Sprachen. Aber das brauchen wir hier nicht weiter zu verfolgen. |

Die Beispiele feierlicher Rede, die wir bisher betrachteten, waren den Literaturen einiger Glieder der indogermanischen Völkerfamilie entnommen. Jetzt wollen wir unsern Standpunkt im alten Orient wählen. Von dessen Idiomen verstehe ich nur das Hebräische so weit, daß ich mir einigermaßen ein eigenes Urteil bilden kann; jedoch habe ich, um mich zu vergewissern, diese Fragen vor einigen Jahren mit Hugo Greßmann durchgesprochen, dessen jäher Tod einen besonders schweren Verlust bedeutet. Für unsern Zweck empfiehlt es sich von den Evangelien auszugehen, deren orientalischer Stilcharakter durch die griechische Verkleidung kaum gelitten hat. Wenn wir von der eigenartigen Tektonik dieses Stils die rechte Anschauung gewinnen wollen, müssen wir uns gänzlich freimachen von den sogenannten »Versen«, in denen die Heilige Schrift gedruckt ist, eine schlechte, erst im Jahre 1551 gemachte Erfindung, die das Verständnis, das logische wie das rhythmische, oft schwer beeinträchtigt. Die alte Kirche verfuhr darin völlig anders: sie wurzelte in einer Tradition, die noch Hieronymus als verbindlich erachtete, als er die Bibel übersetzte; das Prinzip war, wie er selbst sagt, Abteilung der Sätze nach Sinnesabschnitten, größeren und kleineren. Auf meine Anregung hin ward uns unlängst eine deutsche Übersetzung der Evangelien und der johanneischen Apokalypse nach diesem Abteilungsprinzip beschert[4]; so kann sich nun jeder davon überzeugen, wie unvergleichlich stärker für Auge und Ohr der Eindruck ist als bei Bibeltexten gewöhnlichen Drucks. Schlagen wir den Text an einer beliebigen Stelle auf, etwa gleich nach dem Anfang des Markus-Evangeliums. Wir werden drei Absätze zu hören bekommen; jeder baut sich aus drei Reihen auf, jede Reihe bildet eine logische und rhythmische Einheit. |

Und es begab sich in jenen Tagen,
Da kam Jesus von Nazareth in Galilaea
Und ward getauft im Jordan von Johannes.

Und sobald er aus dem Wasser heraufstieg,
Sah er sich spalten die Himmel
Und den Geist sich auf ihn senken wie eine Taube.

Und eine Stimme drang aus den Himmeln:
Du bist mein Sohn, mein geliebter,
Dich habe ich erkoren.

Oder ein Abschnitt aus der Bergpredigt nach Matthaeus:

Gehet ein durch die enge Pforte.

Weit ist die Pforte und breit der Weg,
Der da führt ins Verderben,
Und viele sind's die hineinwandeln auf ihm.

Eng ist die Pforte und schmal der Weg,
Der da führt ins Leben,
Und wenige sind's die ihn finden.

Oder der Anfang des vierten Evangeliums: zwei Absätze von je drei und zwei von je zwei Reihen.

Im Anfang war der Logos,
Und der Logos war bei Gott,
Und Gott war der Logos.

Dieser war im Anfang bei Gott,
Alles ward durch ihn,
Und ohne ihn ward nichts Gewordenes.

In ihm war Leben,
Und das Leben war das Licht der Menschen.

Und das Licht leuchtet in der Finsternis,
Und die Finsternis ergriff es nicht.

Woher stammt dieser Stil, dessen Gedanken sich türmen wie zu einem Dom mit planvoller Struktur der Bauglieder?

[4] Von R. Woerner bei C. H. Beck, München.

Im Anfang schuf Gott Himmel und Erde,
Und die Erde war tohu wabohu.

Finsternis lag auf dem Urmeere,
Und Gottes Geist brütete auf der Fläche der Wasser. |

Da sprach Gott: »Es werde Licht«,
Und es ward Licht.

Und Gott sah daß das Licht gut war:
Da schied Gott das Licht von der Finsternis.

Und Gott nannte das Licht Tag,
Und er nannte die Finsternis Nacht.

So ward Abend und Morgen: erster Tag.

Dieser von einem Priester des nachexilischen Judentums geformte Weltschöpfungsmythus gehört zu dem Erhabensten, was menschliches Denken und Stilvermögen schuf; ein überaus anspruchsvoller griechischer Stilästhetiker der frühen römischen Kaiserzeit spendete dem Licht-Satz nach Inhalt und Form ein hohes Lob: er sei würdig der Kraft des Göttlichen. Das ganze erste Kapitel der Genesis ist nach dem Prinzip eines tektonischen Parallelismus im großen und kleinen aufgebaut. Machtvoll beginnt jedes der strophischen Gebilde mit dem Schöpferwort; parallele Reihen von je zwei Gliedern preisen die Schöpfung des Tages; mit der Erfüllung des Tagewerks klingt jede Strophe in eine Reihe aus wie in ein Amen.

Dieser Stil beherrscht die Bücher des Alten Testaments auf weite Strecken; aber bevor die großen Schriftsteller Israels die Kraft und die Fülle ihres religiösen Gefühls in ihn ausströmen ließen, hatte er eine lange Geschichte durchlaufen. Die meisten Gattungen und Formen der alttestamentlichen Schriften sind, wie jetzt allgemein anerkannt wird, altorientalisches Erbgut. Einzelheiten bedürfen noch der Aufklärung; so müssen auch die Stationen, über welche die Formengeschichte dieses religiösen Stils lief, noch genauer bestimmt werden. Das Altägyptische war nach dem Urteil eines hervorragenden Kenners während seines gesamten, uns übersehbaren Verlaufs vom Satzparallelismus in einem Maße | beherrscht wie keine andere Sprache der Alten Welt; und diese Stilstruktur beschränkte sich nicht auf einzelne Sätze unter sich, sondern griff auf ganze große Stücke über, die dadurch den Eindruck symmetrischer Komposition machen. Das möge eine Probe verdeutlichen. In einer fast genau auf das Jahr 2000 v. Chr. datierten Prophetie heißt es[5]:

Ein König wird von Süden kommen der Ameni heißt,
der Sohn einer Frau aus Nubien und gebürtig aus Oberägypten.

[5] A. Erman, Die Literatur der Ägypter, Leipzig 1923, 156 f. Kolometrisch von mir abgeteilt (mit einigen Kürzungen).

Er wird die weiße Krone nehmen und wird die rote Krone tragen,
er wird die beiden Mächtigen[6] vereinigen und wird die beiden Herren[7]
mit dem was sie lieben erfreuen.
Freut euch ihr Menschen seiner Zeit.

Der Sohn eines Mannes wird sich einen Namen machen für alle Ewigkeit.
Die Asiaten werden vor seinem Gemetzel fallen und die Libyer werden vor seiner Flamme fallen.
Die Feinde gehören seinem Ansturm und die Empörer seiner Macht ...

Es freue sich wer dieses sehen wird.

Diese Stilstruktur gibt wie dem ersten Genesiskapitel so auch vielen Psalmen, vielen Reden Jesu und den vorhin analysierten Proben erzählender und hymnischer Stücke des Neuen Testaments ihr Gepräge. Aber wie im Lande des Nil, finden wir diesen Stil auch im Lande des Euphrat. So heißt es in einem babylonischen Hymnus:

Deine Gottheit ist wie der ferne Himmel,
wie das weite Meer voller Ehrfurcht.

Der erschaffen das Land, Tempel gegründet,
sie mit Namen benannt hat ...

Im Himmel, wer ist erhaben?
Du, du allein bist erhaben.

Auf Erden, wer ist erhaben?
Du, du allein bist erhaben. |

Ägypten war nie ein Weltreich, seine Sprache daher nie eine Weltsprache. Dagegen war das Babylonische im zweiten Jahrtausend über Vorderasien bis nach Kanaan, ja bis nach Ägypten hin verbreitet. Nun stammen in der Schöpfungserzählung der Genesis einige mythische Elemente — Kampf zwischen Licht und Finsternis, das Urmeer, das Brüten der Gottheit — anerkanntermaßen aus babylonischen Kosmogonien. Wahrscheinlich hat daher auch der Sprachstil religiöser Rede bei den Israeliten seine Wurzel im Babylonischen; Einfluß ägyptischer Spruchliteratur auf die jüdische hat zwar ebenfalls stattgefunden, wie wir jüngst überraschend zulernten, aber dieser Einfluß scheint einer beträchtlich späteren Zeit anzugehören.

*

Ich habe versucht, Ihnen eine ungefähre Vorstellung von Gebilden der Sprachkunst zweier Völkergruppen, der indogermanischen und der altorientalischen, zu geben. Die Gebilde der beiden Gruppen sind zwar in ihren Erscheinungsformen so eigenartig, daß man sie selbst

[6] Die beiden Diademe.
[7] Horus und Seth als Schutzpatrone der beiden Teile Ägyptens.

in Übersetzungen und ohne Rücksicht auf den Gedankeninhalt meist leicht unterscheiden kann. Aber sie stimmen überein in dem Grundprinzip, Logos und Rhythmus durch parallel laufende Reihen aneinander zu binden. Der Parallelismus darf wohl als eines der dominierenden Gestaltgesetze überhaupt bezeichnet werden. Er ist nicht durch Völkerindividualitäten bedingt: wir finden ihn in Sprachdenkmälern nicht nur von Völkern hoher Kultur (außer den genannten auch in den Veden, in altmexikanischen Götterhymnen, altarabischen Gedichten, im Koran und vielerorts sonst), sondern auch z. B. bei den Eskimos, den Tataren und bei den Primitiven aller Erdteile. Er muß also in den menschlichen Denk- und Ausdrucksformen | selbst begründet sein. Die stetige Wiederkehr gleichartig geformter, in ungefährem Gleichgewicht schwebender Glieder ist ein rhythmisches Primärgesetz, wie Symmetrie ein naturgegebenes Anschauungsgesetz. Die parallelen Glieder können, wie schon vorhin bemerkt wurde, ihrem Gedanken, also dem Logos nach zueinander im Verhältnis des Synonymen oder Synthetischen oder Antithetischen stehen, je nachdem das zweite Glied das erste nur variiert oder es ergänzt oder es gegensätzlich erweitert. Fast alle Völker, soweit ich ihre Sprachdenkmäler im Original oder in genauen Übersetzungen überblicke, bedienen sich mit Vorliebe der beiden ersten Ausdrucksformen. Wohlbegreiflich, denn sie sind die ursprünglichsten. Ist doch die V a r i a t i o n, wie vor allem die Musikgeschichte lehrt, aus dem uranfänglichen Strukturprinzip bloßer Wiederholung erwachsen, auf dem die Gesänge vieler Primitiven verharren. In den Lallworten und im Singsang der Kindersprache (baba, dada, mama, papa; ringel rangel reihe u. dgl.) ist der Urkeim dieses Wiederholungstypus enthalten; als stilisierte Form kam er uns in den vorhin mitgeteilten Proben altitalischer und altgermanischer rhythmischer Prosa mit ihrer Wortgruppen-Assonanz zu Gehör. Die Griechen haben diesen urtümlichen Zustand geformter Rede frühzeitig überwunden; die Preisgabe wurde durch besondere physiologische Artikulationsnormen der griechischen Worte verursacht und mag durch eine gewisse Abneigung gegen das lautliche Wiederholungsprinzip befördert sein. Gegenüber der aus Wiederholung erwachsenen Variation bedeutet die E r g ä n z u n g schon einen Gedankenfortschritt, der sich aber noch auf derselben Ebene bewegt. Aus dieser heraus tritt, ihr sozusagen übergelagert, erst die A n t i t h e s e. Da hat sich mir nun bei meinen vergleichenden Untersuchungen etwas Merkwürdiges ergeben. Während bei anderen Völkern die antithetische Form | zwar nicht fehlt, aber doch sehr in den Hintergrund tritt, kehrt sich in griechischen Sprachdenkmälern das Verhältnis geradezu um: die Antithese herrscht bis zu dem Grade, daß die anderen Formen, insonderheit die erste, die bloße Variation, fast verschwinden. Wollten wir darin nur ein Symptom der überragenden Verstandesschärfe des hellenischen Volkes erblicken, so wäre das wohl zu oberflächlich gesehen und schlösse zudem eine Art vergleichenden Werturteiles in sich, das mit Wissenschaftlichkeit selten etwas gemein hat. Vielmehr muß die Erscheinung in einer Denk- und Vorstellungsweise begründet sein, die sich bei diesem Volk besonders stark ausprägte. Darüber ließen sich vielleicht mancherlei in die Tiefe führende Betrachtungen anstellen, aber wir müssen zum Schluß eilen, und nur so viel sei darüber gesagt. Hellenisches und Harmonisches sehen wir gern als Einheit: mit Recht, wenn wir dabei nur eins nicht vergessen. Harmonie als naturgegebener Besitz war nach schönem hellenischem Glauben nur den Göttern eigen. »Ewigklar und spiegelrein und eben fließt das zephyrleichte Leben im Olymp den Seligen dahin«, so beginnt das herrliche Gedicht, um zu schließen mit dem Gegenbild des Helden Herakles, den erst nach unsäglichen Kämpfen und Leiden »des Olympus Harmonien empfangen«. Nur als Ideal, als Wunschbild, stand Harmonia an der Wiege dieses Volkes; gerungen hat es um ihren Besitz in heroischem Kampf gegen die Unausgeglichenheit des Lebens. Darüber sind in dem Schicksalsjahr 1915 in einer Rede »Die Harmonie der Sphären« weihevolle Gedanken niedergelegt von dem Altmeister der von mir vertretenen Wissenschaft Ulrich von Wilamowitz-Moellendorff. Das hellenische Ringen nach einem Ausgleich der Gegensätze des Lebens hat etwas Erhebendes und Tragisches zugleich: dieses Volk, das der Menschheit Höchstes und Tiefstes gab, indem es ihr alle Höhen und alle | Tiefen sozusagen vorlebte, war vielleicht eins der schmerzenreichsten Völker die wir kennen. »Eine Ilias an Leiden« war ein altes griechisches Sprichwort, und in der Tat geben die ganz tragischen Stücke dieses Epos ihm die höchste Weihe. Die Griechen selbst nannten Homer den größten Tragiker, weil er verstand die stärksten Spannungen zu erregen und zu lösen. In der attischen Tragödie erwuchs aus Schmerzen der zerrissenen Brust das befreiende Lustgefühl, aus schneidenden Dissonanzen die Harmonie.

Diesem Willen und dieser Kraft der hellenischen Seele, die Antinomien des Daseins zu erleben, um sie zu überwinden, verdankt auch die Philosophie einen ihrer frühesten und schönsten Triumphe. Der ideelle Ausgleich der Gegensätze zur höheren Einheit des Übergegensätzlichen war ein schöpferischer Gedanke der griechischen Philosophie fast in ihrer Geburtsstunde, und diesem Gedanken war ein erstaunlich langes, produktiv sich immer wieder erneuerndes Leben beschieden. Von ihm ist die (den synoptischen Evangelien durchaus fremde) eigenartige, ja eigenwille antithetische Denktechnik des Apostels Paulus — durch Vermittlung mystischer Literatur des Hellenismus — beeinflußt; Spuren finden sich in der Dialektik Hegels, der sagte, er könne jeden Satz Heraklits in seine Logik aufnehmen, dann bei Nietzsche, dem in Heraklits Nähe, wie er sich ausdrückt, wärmer und wohler zu Mut ward als irgendwo sonst. Ja in gewisser Weise ist jener Gedanke noch heute lebendig oder hat sich neu erzeugt. Dem Philosophen von Ephesos erschien in dem Fluß aller Dinge nichts dauernd als der Wechsel, und dieser Wechsel galt ihm als ewiger Ausgleich der Gegensätze; Werden und Vergehen vollzieht sich nach bestimmten Maßen periodisch, d. h. in einem Kreislauf. Hier ist durch die Kraft des Denkens und Erlebens Großes erreicht. Denn dies kosmische Grundgesetz Heraklits ist in entscheidenden Punkten wesensgleich | der Weltanschauung, zu der sich jetzt bedeutende Naturforscher bekennen, sie nun aber auf Grund einer Fülle physikalischer, chemischer, biologischer, geologischer und astronomischer Beobachtungen und Erkenntnisse. »Welten blühen auf und Welten sinken zurück. Das Gesetz des Kosmos heißt Ausgleich. Ein Kreislauf ist sein Sinnbild. Das ewige Ausgleichstreben des Gegensätzlichen zur Harmonie waltet unbeschränkt über allem Lebendigen.« Legte man diese Sätze einem Philosophen oder Philologen mit der Frage vor, woher sie stammten, so erhielte man vermutlich die Antwort: es seien — nur ganz obenhin modernisierte — Aussprüche Heraklits. Es sind aber Formulierungen nach einem Werke des berühmten kürzlich verstorbenen Naturforschers Svante Arrhenius, und doch hat meines Wissens der Schwede keine Kenntnis von dem Weltsystem des Ioniers gehabt, so wenig wie andere Naturforscher der Gegenwart, die in fast dithyrambischen Worten von dem »rhythmischen Auf und Nieder geologischer Kraftäußerungen« sprechen. Heraklit begriff den Rhythmus der kosmischen Bewegungen als Logos. Er ist ihm das Eine, das Gemeinsame, das Allweise; Notwendigkeit, Gerechtigkeit, Gesetz, Schicksal. Dem Auf und Nieder, der Spannung und Lösung gab er Ausdruck in mächtigen Antithesen, die Paradoxes eher suchen als meiden. Wir erkennen in ihnen ohne weiteres jenen gedrungenen Urstil, mit dessen Geschichte wir uns vorher beschäftigten. Die unwillkürliche Rhythmik der Sprache Heraklits ist ein Abbild der Rhythmik des Weltgeschehens, das er in dunklem Prophetenton predigt: Logos als Sprache und Logos als Weltgesetz verschmelzen sich hier zu großartiger Einheit.

»Auseinanderstrebendes vereinigt sich,
und aus den verschiedenen Tönen entsteht die schönste Harmonie,
und alles entsteht durch den Streit.« |

»Verbindungen sind:
Ganzes und Nichtganzes, Eintracht und Zwietracht, Einklang und [Mißklang;
aus allem eins und aus einem alles.«

»In dieselben Fluten steigen wir und steigen wir nicht;
wir sind und sind nicht.«

»Unsterbliche sterblich, Sterbliche unsterblich;
sie leben gegenseitig ihren Tod und sterben ihr Leben.«
»Feuer lebt der Erde Tod, Luft des Feuers Tod,
Wasser lebt der Luft Tod, Erde den des Wassers.«

Ein Schwelgen in Dissonanzen, aber was er meint ist dies. In den Einzelworten, wie die Menschen sie gemeinhin brauchen, erscheint das Gegensätzliche; der Logos, der Geist, bindet die Gegensätze zur Einheit. Wer diesen Logos begriffen hat, entnimmt ihm auch die Verpflichtung in Einstimmigkeit mit ihm zu leben: das Kosmische wirkt sich aus zum Ethischen im Leben des einzelnen wie der Staaten. »Alle menschlichen Gesetze nähren sich aus dem einen göttlichen.« — »Das Volk soll kämpfen um sein Gesetz wie um seine Mauer.« — »Wesen dem Menschen Dämon.« Dieses wieder ein solches »Urwort«, ἦθος ἀνθρώπῳ δαίμων. Tiefsinn in drei Worten, im Grunde unübersetzbar. Denn in »Ethos«, der persönlichen Wesensart, schwingt das Seelische, in δαίμων das Geistige mit, dieses noch animistisch gefühlt. Wohl dem Menschen, dem sein Dämon, sein Geist, der mit ihm wie ein zweites Ich geboren wird, gnädig ist: ein solcher Mensch ist glückselig, εὐδαίμων, aber — es gibt auch einen bösen Geist. Wir fühlen die ersten Regungen, aus denen einige Menschenalter später die »Ethik« als Wissenschaft auf psychologischer Grundlage erblühen sollte. Noch war alles stark gebunden | und zur Entfaltung längst nicht reif; aber schon begannen die Denker auf das Seelenvolle der Sprache zu lauschen. In ihr war alles Menschliche und alles Genialische — eben dies ist das Dämonische — wie in einem kostbaren Schrein verwahrt; erschlossen hat ihn erst die attische Philosophie, indem sie den Sinn der Worte deutete: ihrem Wesen nach ist die »Liebe zum Logos«, die Philologie, bei den Hellenen die Mutter der Philosophie gewesen. Damals, in jenen Anfängen, war das Ethische noch subjektiv-individualistisch abgestimmt. »Ich suchte mich« lautet ein anderes berühmtes Wort Heraklits, das Wort eines Einsamen. Er war sich seines Gegensatzes zu den vielen bewußt und empfand dieses Selbstbewußtsein als Hochgefühl. Denn was er in seinem Innern suchte, war ja der Logos, dessen Wirksamkeit er im Kosmos gefunden hatte. Kraft des Denkens und Tiefe des Erlebens, Plastik der Anschauung und Urgewalt der Sprache vereinigen sich zu einer maniera grande.

*

Lassen Sie uns, meine jungen Kommilitonen — denn vornehmlich Ihnen gelte diese Schlußbetrachtung —, von dem alten ionischen Philosophen lernen; seine Ahnungen sind mit Erkenntnissen der modernen Naturwissenschaft wohl vereinbar. Wenn man überhaupt bestrebt sein muß, Geist in Natur, Natur im Geist zu suchen, so gilt das vorzugsweise für uns: schreiten wir doch auf dem Wege in unser Universitätsgebäude täglich zwischen den Marmordenkmälern der beiden Humboldts hindurch, von denen der eine den Logos, der andere den Kosmos zu erforschen suchte. Rhythmisch schwingt der Logos. Versenken wir uns in diesen | Logos, strebend, arbeitend, auch kämpfend wie dieser Logos selbst — denn kein ruhender ist er, sonst wäre er nicht ein lebendiger —: nur so gewinnen wir Teil an der Eurhythmie des Kosmos. Das jetzt oft gehörte wohllautende Wort »Eurhythmie« geht nicht in den Begriff eines sanft temperierten Eben- und Gleichmaßes auf; ein solches wäre als Dauerzustand ebenso ermüdend wie an Werken der bildenden Kunst eine absolute Symmetrie. Vielmehr: wie die Rhythmen der Musik oder des Tanzes in affekt betonten Abschnitten nicht kontinuierlich ablaufen, sondern sprunghaft mit Ruhepausen, ohne daß dadurch das Normative des Takts in Unordnung geriete, so scheint uns auch die Rhythmik kosmischen Geschehens — soweit sich Natur in die Form menschlichen Denkens umsetzen läßt — nur vorstellbar unter der Annahme von Entladungsvorgängen auf Höhepunkten der Spannung und von Fermaten auf Tiefpunkten der Entspannung. Mit diesem Logos, der kraft einer in ihm selbst liegenden Notwendigkeit sich immer neu erleben und wandeln will, soll der Anthropos bemüht sein eins zu werden. »Der Anthropos soll, so gut er es vermag, seinen Bios mit dem Logos in Einklang setzen, da er selbst Anteil an dem Logos hat«: das war ein Postulat der von Heraklit vielfach abhängigen stoischen Philosophie. Wenn Sie diese »Sympathie» des Eins mit dem All eine Art von *»unio mystica«* zu nennen belieben, so wollen wir uns um den Namen nicht streiten. Aber glauben Sie mir: ein Tröpfchen d i e s e r Mystik in den Becher des Lebenstrankes geträufelt, kann nicht schaden; sie ist sogar ein wirksames Gegengift gegen die drohende Materialisierung, also Verödung des Daseins. Hüten Sie sich jedoch, Kommilitonen, vor den Irrwegen abstruser Mystik: s i e hat mit dem Logos nichts gemein; ja sie ist ihr Todfeind und im Blute unseres Volkskörpers | ein Infektionsstoff. Hinaus mit ihm, er ist noch gefährlicher als die bloß entseelte Materie. Was wir brauchen, ist nicht: Magie, Okkultismus, Astrologie und andere derartige *secreta secretorum,* die die höchste sittliche Pflicht des Menschen, die Selbstverantwortlichkeit, den bösen Dämonen ausliefern, sondern: Klarheit, Denkkraft, Tatkraft, kurz eine Stählung der mit der hellenischen Seele verwandten deutschen. Ihre Lebensäußerungen, die der deutschen Seele, kommen bei Faust zum Durchbruch, als er, der Dämonen der Finsternis ledig, nun in Wahrheit den Logos als Kraft und Tat wertend, sich in seinem letzten Augenblick wünschte: »auf freiem Grund mit freiem Volk zu stehn«.

Wir alle sind beherrscht vom Gefühl einer Zeitenwende. Im Rhythmus geschichtlichen Werdens scheint sich eine Periode zu schließen. Die neue Periode wird auch eine vielfach veränderte Lebensgestaltung fordern. An ihr sehen wir die Jugend arbeiten. Soweit sie es tut mit Verantwortungsgefühl für das Volksganze, gehen wir Älteren gern mit, zumal wir Lehrer an den Universitäten: denn Arbeitsgemeinschaft mit der Jugend ist unser Lebensnerv. Lehren und Lernen ist uns dasselbe. Hat doch Schleiermacher, einer der geistigen Ahnen unserer Universität, 1815/16 ihr Rektor, gesagt, Aufgabe der Hochschule sei: zu lehren das Lernen. Wenn wir auch *doctores* heißen, mit Ihnen, *commilitones*, sind wir verbunden durch die *militia discendi*. Dieses Lernen setzt bei uns *veterani* genauso wie bei Ihnen, den *tirones* der Hörsäle oder Laboratorien, voraus ein stetes Sichwundern. Dadurch, daß die ionischen Philosophen staunten über die Wunder der Natur und des Menschengeistes und immer fragten, wie es Kinder zu tun pflegen, »Warum«, haben sie die Naturwissenschaft begründet, hat Sokrates, der größte Nichtwisser und | Wissenssucher, der größte Frager und Lerner, die Wissenschaft methodischen Denkens begründet. Dieser lebendig bewegte Hellenengeist war erstarrt und erstorben, als die Universitäten des ausgehenden Mittelalters im wesentlichen nur das Überliefern des Wissensstoffes als ihre Aufgabe betrachteten, aber er ist wieder erstanden zumal in den deutschen Universitäten der neuen Zeit. W i r stellen uns mitten hinein in den Strom des Erlebens, das ein stetes Erlernen neuer Wirklichkeit ist. W i r sind Hüter der Tradition nur in dem Sinne, daß wir sie nicht als ein Starres, sondern ein immer Bewegtes einschalten in den Rhythmus des Werdens: dadurch gleichen wir die Wortantithesen Vergangenheit und Gegenwart, Gegenwart und Zukunft, so gut wir es vermögen, aus zum Logos, zur Ananke sinnerfüllten Geschehens. Das ist der wahre geschichtliche Sinn, denn Geschichte ist die Kunde des Geschehens, also eines Werdens, und in der Geschichte eines Volkes liegt sein Geschick. »Der Weg hinauf hinab — ein und derselbe«, sagt Heraklit. Die gleiche Welle, die unser Volk senkte, hebt es. Dieser Hoffnung, dieses Vertrauens, ja dieses schon sichtbaren Geschehens Bürgschaft, Bürgschaft des Weges hinauf, eine eurhythmische Pause in der Hast und Unrast unseres jetzigen Lebenstempos, war soeben die Huldigung nahezu des ganzen Volkes vor seinem Hindenburg. In seiner Persönlichkeit gleicht sich die Wortantithese Altes und Neues aus zur überzeitlichen Idee der Volksgemeinschaft. Möchten sich daher — mit diesem uns alle bewegenden Wunsch lassen Sie mich schließen — dank seinem Beispiel und Vorbild sänftigen die noch vorhandenen Dissonanzen zur Harmonie des höchsten gemeinsamen Gutes auf Erden: *sanctus amor patriae*. Dieser Wunsch wird sich erfüllen, wenn wir inmitten der notwendigen Krisen, aus denen ein neuer Aeon geboren werden | soll, inmitten auch des Meinungenstreites, ohne den es kein Wahrheitsfinden gibt, lauschen dem Logos, dem in sich einen und uns einigenden.

»Das Ewige ist stille,
Laut die Vergänglichkeit.
Schweigend geht Gottes Wille
Über den Erdenstreit.«

HELDENEHRUNGEN
1928
(gekürzt)

Bald zehn Jahre trennen uns vom Kriegsende. Vielerorts in deutschen Landen fanden und finden Gedenkfeiern für die im Kriege Gefallenen statt, so unlängst im Magdeburger Dom, der Grabstätte Kaiser Ottos des Großen. Ich selbst wohnte einer solchen Feier in der Gnadenkirche bei; sie galt dem Gedächtnis des Freiherrn Manfred von Richthofen, »des Aars der Lüfte«. Die Stimmung der Gegenwart gab mir das Thema für die heutige Rede ein: Heldenehrungen. Ein Stoff, dem Menschentum selbst, auch dem primitiver Völker so eng verbunden, daß er in einer Rede allerstärkste Begrenzung verlangt. So beschränke ich mich auf eine Dreiheit von Kulturvölkern, Hellenen, Römer und Germanen. Aber selbst auf der Peripherie dieses so eng gezogenen Kreises können nur wenige Punkte unser Augenmerk auf sich | ziehen, und alle Erscheinungsformen heldischer Verehrung, die abseits geschichtlicher Überlieferung liegen, müssen, so eindrucksvoll gerade auch sie sein mögen, ganz außer Betracht bleiben.

Beginnen wir mit einer Idee, die scheinbar im Wesenlosen schwebt. Wie horchten wir auf, als wir gleich nach Kriegsende von einer Ehrung vernahmen, dargebracht dem »Unbekannten Soldaten«. Viele von Ihnen werden glauben, wie bis vor kurzer Zeit ich selbst, die Idee stamme aus Frankreich und habe sich von da über andere romanische, dann auch anglosächsische Länder verbreitet. Aber der Tatsachenbestand ist anders beschaffen. Eine Feier dieser Art hat zuerst in der Westminster-Abtei, Englands nationaler Ruhmeshalle, stattgefunden: dort wurde im Spätsommer 1919 auf Veranlassung eines Militärgeistlichen und eines hohen Würdenträgers der anglikanischen Kirche dem »Unknown Warrior« zwischen den Gräbern und Denkmälern von Feldherren, Staatsmännern und Geistesheroen ein Altar errichtet. Von da wurde der Gedanke in romanische Länder übernommen und verbreitete sich — man darf wohl sagen über die gesamte am Kriege einst beteiligte Welt, mit Ausnahme jedoch der deutschen. Gegenüber einer Idee, die bei unseren ehemaligen Feinden eine Art von symbolischer Bedeutung erhalten hat, üben wir eine gewisse Zurückhaltung. Aber die Idee scheint, wie unser Reichskunstwart feststellte, deutschem

Volkstum zu entstammen. Jedenfalls ist sie in Deutschland bereits im Jahre 1848 nachweisbar, wurde 1866 Gegenstand eines in Volksbesitz übergegangenen Gedichts und gab 1915 dem Arbeiterdichter Karl Bröger den Titel eines kleinen Kriegsbuches: »Der unbekannte Soldat.« Mögen also die eindrucksvollen Monumente und Feiern anderen Ländern vorbehalten sein: die ans Herz greifende Idee | werden wir wohl unserem Volkstum zurechnen dürfen. Auch der Vision unseres Walter Flex werden wir bei dieser Gelegenheit gern gedenken: der heimliche König der unbenannten toten deutschen Soldaten[1].

Sehen wir von diesem Einzigartigen erlebter Gegenwart ab, so haftete in geschichtlichen Zeiten das Gedächtnis des Helden an seinem Namen auf dem Grabstein. Je weiter wir zurückgehen, um so schlichter die Aufschrift. Der spartanische Gesetzgeber verbot beim Namen eines Toten jegliche Beischrift; nur den im Kriege Gefallenen wurde dieses Vorrecht gewährt. Das bestätigen spartanische Steine: auf ihnen steht der Name mit dem wahrhaft ›lakonischen‹ Zusatz »im Kriege«, ἐμ πολέμῳ. »Ein tüchtiger Mann«, ἀνὴρ ἀγαθός: dies war seit sehr früher Zeit ein vorzugsweise kriegerisches Ehrenwort. Als solches übersetzen wir es am besten mit »Held«; auch dieses unser schönes altes Wort bedeutet ja nichts anderes als »Mann« im veredelten Sinne. Für die Griechen war es der Inbegriff der Tüchtigkeit, der ἀρετή, vor der alle noch so ehrenvollen sonstigen Betätigungen verblaßten. Als die Kunde vom Tode des Aischylos in der Fremde nach Athen kam, verfaßte jemand ein Epigramm für sein Grab; kein Wort davon, daß er ein Dichter war, nur: »Von seiner Tapferkeit weiß Marathon zu sagen.« Jedes wehrhafte Volk hat ähnlich gefühlt, auch das des alten Rom. Dort entsprach dem griechischen ἀνὴρ ἀγαθός der *vir fortis*, die Verkörperung der *virtus*, der Mannhaftigkeit, der Tugend. Der deutsche Knabe, der die Vokabel »*virtus* die Tugend« lernt, erfährt von seinem Lehrer, daß »Tugend« ein Wort desselben Stammes ist wie »tüchtig« und

[1] Dieser Absatz lautete in der gesprochenen Rede teilweise anders; ich verfügte damals noch nicht über ausreichendes Material, dessen Beschaffung mit Schuld trägt an dem verspäteten Erscheinen der Rede. Von meinem Kollegen A. Deißmann erfuhr ich, daß der englische Militärgeistliche Railton heißt; der kirchliche Würdenträger war der (kürzlich verstorbene) Bischof Ryle, Dean of Westminster (nähere Angaben sollen sich finden in: The Times, 13. Nov. 1920; dieser Jahrgang war mir hier unzugänglich). Die Angaben über die Spuren in Deutschland aus den genannten Jahren verdanke ich dem Reichskunstwart Dr. E. Redslob; er beabsichtigt, dieses Material bei einer sich bietenden Gelegenheit zu veröffentlichen. — Ein schwermutvolles Gedicht des Properz (1, 21) bietet eine allerdings nur ferne Analogie; es ist von H. Hommel (Berliner Philologische Wochenschrift 46, 1926, 988 ff.) in diesen Gedankenkreis bezogen worden. — Der »unbekannte Gott« der Apostelgeschichte wird fern zu halten sein.

»taugen«. In dem ursprünglichen Wesensgehalt der Worte — ἀρετή, *virtus*, Tugend — begegneten sich also die drei Völker. Aber die Formen, die bei ihnen die Heldenverehrung annahm, trugen ihr besonderes Gepräge. |

Bei den Hellenen nahm sie frühzeitig die Richtung auf das Heroisch-Kultische. »Wohl dem Tapfren« — dies ist der Gedankengang eines Gedichts des 7. Jahrhunderts an die spartanische Jungmannschaft — »der heimkehrt. Männer und Frauen blicken bewundernd auf ihn, in den Versammlungen der Gemeinde erhält er bis in sein hohes Alter einen Ehrenplatz. Aber ein seliges Los wartet dessen, der nicht heimkehrt: Klage und Sehnsucht; seine Kinder und spätesten Enkel ausgezeichnet; er selbst ein Unsterblicher, der an seinem Grabe Spenden empfängt.« Dies war gesamthellenisches Fühlen. Aber kein hellenischer Stamm hat das Andenken so gepflegt wie der attische. Sinn für großes historisches Geschehen, Stolz auf dessen mannhafte Träger verband sich hier mit edler Wärme des Empfindens: Athen rühmte sich, nicht nur die »gottesfürchtigste«, sondern auch die »menschenfreundlichste« Stadt zu sein. Dazu das leidenschaftliche Bedürfnis und die Kraft, menschlich Ergreifendes künstlerisch zu gestalten. All diese Gaben der Seele und des Geistes nahmen einen mächtigen Aufschwung durch das nationale Erlebnis des großen Befreiungskampfes: im Jahre 475 erhielt Athen durch Kimon einen staatlichen Ehrenfriedhof, wie ihn keine Stadt der antiken Welt besessen hat. Ursprünglich war er durchaus als Ruhestätte nur der im Kriege Gefallenen gedacht; erst in verhältnismäßig später Zeit, im vierten und dritten Jahrhundert vor unserer Zeitrechnung, als den Epigonen der heroische Sinn längst geschwunden war, erhielten vereinzelt auch Staatsmänner, Künstler, Philosophen hier ihren Platz. Dieser Staatsfriedhof der alten Zeit war eine Stätte patriotischer Andacht: hier wanderte der Betrachter zwischen den Reihen der Kriegergräber, hier las er die Namen der Männer, die durch ihr Heldentum die Stadt zu einem großen Reich erhoben hatten. Schwer waren die Opfer gewesen. Neben Grabsteinen einzelner standen Säulen und Pfeiler eng beschriftet mit den Namen der Gefallenen, | vaterländische Ehrentafeln, die ersten ihrer Art. Manche dieser Listen reden noch jetzt zu uns in stummer Sprache. So trägt ein Stein des Jahres 459 über 170 Namen, alle einem einzigen Kreis der athenischen Gemeinde angehörig, alle gefallen in Kriegen jenes einen Jahres, die das attische Reich auf der Höhe seiner Macht unter Perikles geführt hatte.

Früh begann die Muse in Athen und anderwärts die Namenlisten zu verklären. Das zweizeilige Epigramm auf die für hellenische Freiheit gefallenen Thermopylenkämpfer kennen Sie alle, zum mindesten aus Schillers (etwas zu pathetischer und wortreicher) Übertragung. In

Prosa wiedergegeben lautet das Epigramm: »Fremdling, melde den Lakedämoniern: hier liegen wir, ihrem Auftrage gehorsam.« Das Ergreifende bildet für uns die Vorstellung, daß die Toten den vorübergehenden fremden Wanderer zu kurzem Verweilen einladen und zu ihm reden: ein lange festgehaltener, vielfach gestalteter Brauch. Dieses Epigramm stand auf der Basis des Denkmals; darüber las man die Namen der dreihundert gefallenen Spartiaten. Ähnliches wissen wir von anderen Schlachtfeldern nationaler Ehre, von Marathon und Salamis. Die Epigramme waren wortkarg und keusch. Auch späteren Geschlechtern ist das Gefühl, daß Ruhmredigkeit auf dem Grabe stillos und würdelos zugleich gewesen wäre, nicht abhanden gekommen. Die Niederlage bei Chaeronea im Spätsommer 338 bedeutete den Verlust der griechischen Selbständigkeit. Die Gefallenen — Thebaner, Korinther und Athener — erhielten auf dem Schlachtfeld ein Massengrab, über dem später ein kolossaler Löwe aus grauem böotischen Marmor errichtet wurde. Keine Inschrift: Totenstille umfängt noch den heutigen Besucher des Schlachtfeldes, beredter als jedes Wort. Aber die Athener, die als Bundesgenossen der Thebaner an der Schlacht teilgenommen hatten, fühlten das Bedürfnis ihrer Toten daheim | noch besonders zu gedenken. Nach altem, in Kriegszeiten üblichem Brauch begingen sie auch im Winter jenes Jahres ein Totenfest, bei dem Demosthenes die Rede hielt; sie ist uns nicht überliefert, aber wir ahnen die Ergriffenheit, mit der er, der große Patriot, sprach. Ferner stifteten sie ihren Gefallenen ein Denkmal auf dem Staatsfriedhof. Es trug die Namen mit einem Epigramm. In diesem ist die alte Schlichtheit noch gewahrt, aber der Stil der höchsten inzwischen gereiften, damals schon verblühten poetischen Gattung, der Tragödie, gibt ihm besondere Tönung. Das Epigramm lautet in einer gelungenen modernen Übertragung:

> Zeit, du überschauest alles Menschenschicksal, Freud' und Leid:
> das Geschick, dem wir erlagen, künde du der Ewigkeit.
> Auf Böotiens Schlachtfeld sanken wir, gefällt vom Feindesspeere:
> was wir wollten, war zu wahren unsres heil'gen Hellas Ehre.

Diese Epigramme waren im Auftrage der Gemeinde verfaßt; die Namen der Dichter waren gleichgültig und blieben meist im dunkeln. Wenn je ein bekannter Name begegnet, so hielt sich der Verfasser, mochte er auch ein großer Dichter sein wie Euripides, an den archaisch einfachen, sozusagen unliterarischen Stil gebunden, der für die Aufschrift auf das Grab geheiligt war. Aber wo ein derartiges Gedicht nicht diesem öffentlichen Zweck diente, durfte sein Verfasser sich frei gehen lassen und hohen Schwung nehmen. Simonides, ein Dichter, der noch die Perserkriege erlebt hatte, pries in einem uns nur bruchstückweise erhaltenen lyrischen Gedicht einen Mann, der, wie es scheint, in einer unglücklichen Schlacht gefallen war. Das führte den Dichter, um den Toten durch ein großes Beispiel jüngster Vergangenheit zu ehren, auf die Thermopylenkämpfer. In einem solchen Gedicht, bestimmt zum Preise des Toten, hatte das Pathos, der Ausdruck erregter Leidenschaft, seinen herkömmlichen Platz; aber dieser feine Dichter verinnerlichte es durch den Ausdruck des Seelischen, durch Ethos. | Daher erscheint es uns echt und warm, und die schneidenden Dissonanzen wirken nicht als rhetorische Antithesen, sondern als Ausdruck eines den Dichter beherrschenden Gefühls. Schwerlich vermag eine Sprache den Strom dieser Rhythmen, die Pracht dieser Diktion ebenbürtig nachzubilden. So trete denn bei der Wiedergabe Prosa an die Stelle:

> »Der in den Thermopylen Gefallenen Schicksal ist ruhmvoll, schön ihr Los, ein Altar ihr Grab, statt Seufzern Gedenken, ein Lobpreis die Klage. Ein solches Grabmal — nicht Rost noch die Allbezwingerin Zeit wird es schädigen: ein Ehrenmal ist es, und den Grabesbezirk erkor sich zur Wohnstätte der Stolz von Hellas. Zeuge dessen ist auch Leonidas, der König Spartas: der Heldentugend großen Schmuck hat er hinterlassen und immerdar klangreichen Namen.«

*

Ein kühlerer Hauch weht uns entgegen vom altrömischen Volkstum. Keine Spur eines Heroenkultes, der römischem Fühlen gänzlich fremd war, und — mit einer Ausnahme, die wir kennenlernen werden — keine Ehrentafel mit Namen von Gefallenen. Römisches Heldentum wirkte sich aus in Taten und Verdiensten des Lebens. Über dessen Grenze hinaus hielt nur die Familie das Andenken eines erlauchten Ahns einige Generationen hindurch in Ehren; dann fiel es der Vergessenheit anheim. Nur in besonders gearteten Fällen entriß es ihr ein Schriftsteller. Nehmen wir einmal ein Stimmungsbild aus Roms großer Zeit in uns auf, entworfen von der Hand des alten Cato, des frühesten römischen Historikers aus der Zeit nach 200 v. Chr. Er war ein erbitterter Griechenfeind. Ihm, dem Abkömmling eines Bauerngeschlechts von echt italischem Schrot und Korn, kann man diesen Haß nach- | fühlen. Die Griechen jener Zeit waren zu einem kleinen Geschlecht herabgesunken, aber sie hörten nicht auf, sich an der alten Herrlichkeit zu sonnen und den »Barbaren« die Weltherrschaft zu neiden. Noch immer dröhnten in ihren Hörsälen die nun hohl und schal gewordenen Reden auf die Helden von Marathon, Salamis und Thermopylae; die Kunst der Rede war inzwischen zu einer Kunst der Geschwätzigkeit herabgesunken. Dem alten Römer, dem bloße Worte nichts galten, ging dieser öde Vergangenheitskultus sozusagen auf die Nerven. Ein bißchen Neid war auch dabei: vor der Größe des alten Kulturvolkes, gegen dessen Epigonen er polterte, hatte er einen mit Scheelsucht gepaarten Respekt. Auch an manchen römischen Männern seiner Zeit, Staatsmännern wie Feldherren, nur nicht an sich selbst, hatte der eigenrichtige Mann vielerlei zu nörgeln. Dagegen däuchte ihm das Rom der Samnitenkriege und des ersten Punischen Krieges, da die bösen Griechen »sich noch nicht verschworen hatten, durch ihre Zivilisation die Stadt zu verderben«, als eine Zeit wahren Heldentums. Was für Männer! Aber wer kannte, wer nannte sie noch? Da nahm er in seinem Geschichtswerk Gelegenheit, seinem Groll Luft zu machen. Im ersten Punischen Kriege hatte sich auf Sizilien folgendes Ereignis abgespielt. Das römische Heer war in eine sehr gefährliche Lage gekommen. Da gibt ein Tribun dem Consul den Rat, 400 Mann auf einen Bergvorsprung zu schicken, um so die Feinde auf diesen die Lage beherrschenden Punkt abzuziehen. Aber wer soll die todgeweihte Schar führen? Darüber entspinnt sich zwischen Consul und Tribun ein Gespräch. In dessen Verlauf sagt der Tribun: »Findest du keinen Besseren, so stelle ich dir und dem Staate mein Leben zur Verfügung.« Der Tribun und die 400 marschieren geradeaus in den Tod. Die 400 fallen bis auf den letzten Mann. Inzwischen zieht sich der Consul in eine sichere | Stellung zurück. Den Schluß der Erzählung hören wir mit Catos eigenen, etwas ungefügen aber kraftvollen Worten.

> »Die unsterblichen Götter haben dem Tribunen Glück gegeben gemäß seinem Mannesmut. Denn so ist es gekommen: von Wunden bedeckt, hatte er doch keine tödliche Verletzung erlitten. Von Wunden und dem Blutverlust ermattet erkannten sie ihn unter den Leichen. Sie hoben ihn auf, und er kam zu Kräften, und hat hernach noch oft dem Staate tapferen und wackeren Dienst geleistet, wie er denn durch jene seine Tat das ganze übrige Heer gerettet hat. Aber gar viel kommt darauf an, auf welchen Platz man eine und dieselbe Heldentat stellt. Der Lakone Leonidas — der hat bei den Thermopylen etwas Ähnliches getan; zum Dank dafür hat ganz Griechenland sein Heldentum und seinen Ruhm mit den allererlauchtesten Denkmälern verherrlicht: mit Bildern, Bildsäulen, Lobreden, Geschichtsbüchern und anderen Dingen haben sie ihm seine Tat reichlich gedankt. Aber dem Tribunen ist nur karges Lob geblieben, und doch hatte er dasselbe getan und unsere Sache gerettet.«

Er stellt also die Heldentat des Tribunen mit der des Leonidas in Vergleich. Das lag ihm nahe. Er hatte sich einst als dreiundvierzigjähriger Tribun im Kriege gegen den Großkönig des Ostens Antiochos an den Thermopylen ausgezeichnet (im J. 191); dort hatte er also das Denkmal mit dem Epigramm gesehen. Möglicherweise kannte er auch jene lyrischen Verse des Simonides, mit denen griechische Geschichtsschreiber ihre Erzählung von dem Heldentod des Leonidas und seiner Schar gern schmückten. Jedenfalls kann er neben Werken der bildenden Kunst, der Rhetorik und der Historie mit den »anderen Dingen«, durch die man Leonidas ehrte, nur Gedichte gemeint haben. Bezeichnend genug für ihn, daß er diese mit den nicht eben besonders achtungs- | vollen Worten »andere Dinge« bedenkt. Von den Musen verspürte er auch nicht den leisesten Hauch; hat er es an einer anderen Stelle seiner Schriften doch als einen Ruhmestitel des alten Roms gepriesen: »Die Dichtkunst stand nicht in Ansehen.«

Der Unterschied griechischen und römischen Empfindens ist bei der gleichen Vaterlandsliebe, die beide Völker auszeichnete, deutlich fühlbar. Der Hellene hebt auch das Tatsächliche in die Sphäre des Ideellen, indem er es durch Abstreifen des einzelnen veredelt und ihm erst so den Ewigkeitswert gibt, den das einzelne, das Einmalige nie besitzt. Der Römer malt sich gerade das einzelne mit Behagen aus, da ihm die tatsächliche Wirklichkeit des Geschehnisses als das Wesentliche und allein Wertvolle erscheint. »Verdienste«, *merita*, und vollbrachte »Taten«, *res gestae*, sind Ausdrücke von einer in ihrer Art prächtigen Nüchternheit. Frühzeitig hatte sich in Rom eine eigene Praxis gebildet, die in Taten sich ausprägenden Verdienste eines tüchtigen Mannes zu feiern. An seinem Grabe hielt ein Geschlechtsgenosse eine Rede, in der er die Verdienste des Toten und seiner Ahnen um den Staat der Reihe nach aufzählte. War der Tote ein sehr vornehmer Mann, so verzeichnete man die Liste seiner Taten auf dem Sarkophag. Wenn man die Muse hierfür bemühte, so zeigt sich darin schon das Eindringen griechischen Geistes; aber noch waren es Verse altitalischer Art, die dem Altgermanischen urverwandt sind. So lautet das Gedicht auf dem Sarkophag eines Scipio, der sich im ersten Punischen Krieg ausgezeichnet hatte:

Der eine hier, so stimmen die Meisten ein in Roma,
Der Guten bester Mann sei er gewesen,
Lucius Scipio, Sohn des Barbatus,
Consul, Censor, Aedilis ist er bei euch gewesen.
Er nahm Corsica und die Stadt Aleria,
Er stiftete den Stürmen, wie er gelobt, den Tempel.[2]

Das ist der nur leicht gehobene Stil der Chronik, griechischem Fühlen, Denken und Sagen wesensfremd, aber von der altrömischen | Gefühls-

[2] Die Flotte wurde, vor Corsica operierend (259 v. Chr.), von einem Sturm gefährdet; da gelobte der Consul den *Tempestates* (Winddämonen) einen Tempel, den er ihnen dann in Rom zum Dank für die Rettung stiftete.

welt, Denk- und Sprachform aus betrachtet, würdig und eindrucksvoll. In der Zeit des Augustus, der bestrebt war, Sitte und Brauch der Vorfahren neu zu beleben, trat dieser Stil wieder in Erscheinung. Im Jahre 2 v. Chr. war das Forum vollendet, an dem der Kaiser über ein Jahrzehnt hatte bauen lassen. In den Nischen einer Wandelhalle am Forum waren Statuen von Helden der Vorzeit aufgestellt, die, wie Augustus sich in einem Edikt ausdrückte, das Imperium durch Kriege aus einem sehr kleinen zu einem sehr großen gemacht hatten. Auf dem Sockel der Statue stand der Name des Mannes und seine Ämterlaufbahn, darunter in der Marmorbekleidung der Wand auf einer Tafel das Verzeichnis seiner *res gestae.* Jenes altitalische Versmaß war damals längst abgestorben; eines griechischen sich zu bedienen erschien wohl stillos; daher wählte man den Prosastil der Chronik. So, um nur zwei Beispiele (mit einigen Kürzungen) anzuführen:

> »Appius Claudius Caecus. Er nahm mehrere Städte der Samniten ein. Er schlug das Heer der Sabiner und Etrusker. Er verhinderte den Friedensschluß mit König Pyrrhus.«
>
> »Q. Fabius Maximus. In seinem ersten Consulate unterwarf er die Ligurer, triumphierte über sie. In seinem dritten und vierten Consulate hielt er den durch mehrere Siege übermütig gewordenen Hannibal, ihm auf dem Fuße folgend, in Schach. Zum fünften Male Consul nahm er Tarent, triumphierte. Er galt als vorsichtigster und kriegskundigster Feldherr seiner Zeit.«

Dies also war eine Art von nationaler Heldengalerie mit ausdrücklicher Beschränkung auf die »Mehrer des Reichs«. Etwa ein Jahrzehnt vor ihrer Vollendung, als der Plan noch im Werden begriffen war, hatte Horaz ihm Ausdruck gegeben mit den Worten: »Durch öffentliche Ehreninschriften in Marmor geht nach dem Tode Lebensodem ein den guten Feldherren.« Aber — so hatte | er hinzugefügt —: ewiges Leben verleiht dem Helden doch nur die Muse. Das hatte auch sein Freund Vergil gewußt, als er den Römern ihr Nationalepos schuf. In dieses legte er eine Episode ein, die wir als »Heldenschau« zu bezeichnen pflegen. Vater Anchises zeigt in der Unterwelt dem Aeneas die Helden, die jetzt noch ein Schattendasein führen, aber dereinst bestimmt sind empor zum Licht zu wandeln: eine seltsame Erfindung des Dichters, aber sie ermöglichte es ihm, aus der Vorzeit heraus ein Prophet der künftigen Größe Roms zu sein. In langer Reihe wallen die Helden vorüber, von den ältesten Zeiten bis auf Augustus selbst, nicht chronologisch geordnet, sondern in einer durch künstlerische Erwägungen bestimmten Reihenfolge. Unverkennbar klingt auch hier jener *res gestae*-Typus an, aber nun abgestimmt auf den Ton hoher Poesie. Wieder mag das eine kleine Probe zeigen, mit starker Verkürzung im einzelnen:

»Ja er, er ist's, der oft schon dir verheißen,
Augustus, des verklärten Caesar Sohn.
Die goldnen Zeiten wird er wiederbringen
Den Auen Latiums ...
Des Reiches Mehrer wird er sein bis jenseits
Der Wüstenvölker und der Inder Grenzen ...
Der dort, ein großer Held in Griechenkämpfen,
Bezwingt dereinst Korinth und lenkt den Wagen
Zum First des Kapitoles im Triumph ...[3]
Wer könnte, großer Cato, dich vergessen;
..., wer Gracchus' edle Söhne;
Die Scipionen, Afrikas Verderben,
Zween Schlachtenblitze; wer die Fabier:
Du also bist der Einz'ge, bist der Große,
Durch zähes Zaudern Retter unsres Reichs.«[4]

Dieses Aufzählen von Taten, dieses Rühmen von Verdiensten, der aufdringliche Pomp einer solchen Heldengalerie stand dem Volk des Mars gar wohl an; griechischem Schicklichkeitsgefühl, das von wahrer Humanität geleitet wurde, griechischem Kunst- | verständnis, das zwischen Erhabenem und Prunkhaftem zu unterscheiden vermochte, wäre es fremdartig, ja peinlich erschienen. Das mag der Dichter, dessen zarter Seelenstimmung das Martialische im Grunde nicht gemäß war, gefühlt haben. Denn er beschließt den langen Abschnitt mit Versen, in denen die Gegensätzlichkeit des Hellenentums und des Römertums monumentalen Ausdruck findet. Bildende Kunst, Geisteskultur, hohe Wissenschaft auf der einen Seite — auf der anderen Weltherrschaft durch Waffengewalt, Weltbürgerlichkeit durch Staatengründung und Gesetzgebung:

»Traun, andre werden wohl mit weichrem Schmelze
Dem Marmor lebenswarme Züge geben
Und besser reden vor Gericht und Volk,
Mit ihrem Stab des Himmels Bahnen zeichnen
Und künden, wie an ihm die Sterne ziehn.
Du bist ein Römer, dies sei dein Beruf:
Die Welt regiere, denn du bist ihr Herr,
Dem Frieden gib Gesittung und Gesetze,
Begnad'ge, die sich dir gehorsam fügen,
Und brich in Kriegen der Rebellen Trotz.«

An Rückschlägen hat es dem Imperium bei diesen seinen Welteroberungsplänen nicht gefehlt. Etwa dreißig Jahre nach Abfassung dieser Verse erfolgte die Katastrophe im Teutoburger Wald. Als Germanicus sechs Jahre nach der Schlacht, im Jahre 15 n. Chr., die Stätte

[3] Lucius Mummius, Consul des Jahres 146.

[4] Quintus Fabius Maximus Cunctator, der im Jahre 217 die gefährdete Lage Roms durch seine vorsichtigen Operationen rettete.

besuchte, ließ er die bleichenden Gebeine der Gefallenen bestatten und einen Grabhügel errichten, der mitten in Feindesland gelegen nicht lange bestehen konnte. Es sollte mehr als siebzig Jahre lang, bis 86 oder 87, dauern, daß Rom eine Niederlage von fast gleicher Schwere erlitt. In die Landschaft, die wir jetzt die Dobrudscha nennen, einen Teil der Provinz Moesien, waren aus Siebenbürgen die Daker eingefallen und hatten in einer Feldschlacht das römische Heer niedergemacht; unter den Gefallenen befand sich der Höchstkommandierende der kaiserlichen Garde. Auf dem Schlachtfeld wurde den Gefallenen ein noch | in seinen Trümmern imposantes Denkmal gesetzt. Die Überschrift lautet in Buchstaben von 20—22 cm Höhe:

In memoriam fortissimorum virorum qui pro re publica morte occubuerunt.

Zum Gedächtnisse der Tapfren, die für den Staat den Heldentod starben.

Es folgte auf den Seitenflächen des quadratischen Altars die Liste der Namen, deren Zahl man auf etwa 3800 berechnet hat. Unter den zahllosen römischen Inschriften steht diese gänzlich vereinzelt da. Die Ausnahme wird wohl nur als eine durch besondere Umstände bedingte Nachahmung des altgriechischen Brauchs zu erklären sein, den Gefallenen auf dem Schlachtfeld ein beschriftetes Ehrenmal zu errichten[5].

Zum Schluß werfen wir einen Blick auf die Heldenlieder; sie sollen uns dem ältesten germanischen Typus der Heldenehrung zuführen. Auch dem Griechentum hatten sie freilich nicht gefehlt; aber schon für die Dichter der Ilias und Odyssee gehörte der Heldensang einer fernen Vergangenheit an. Achilleus sitzt mit Patroklos in seinem Zelt, den Groll des Herzens sänftigend durch Singen zur Laute; er sang »Ruhmestaten von Männern«, κλέα ἀνδρῶν. Das waren also Preislieder auf Helden. Solche Lieder, wie Achilleus sie hier singt, hatte es, bevor er der Held der Ilias geworden war, vermutlich auf ihn selbst, den achäischen Recken, gegeben, wie auf Herakles und Meleagros. Aber das vorgetragene Epos hatte die gesungenen Heldenlieder längst verdrängt. Auch im alten Rom hatte es einst Heldenlieder gegeben: Knaben sangen sie beim Mahl. Nicht die leiseste Spur ist davon ge-

[5] Für diese Annahme könnte auch sprechen, daß das Grab des in der Dakerschlacht gefallenen *praefectus praetorio* Cornelius Fuscus auf dem Schlachtfelde von einem Hain umfriedet war, wie ein τέμενος (Martial 6, 76, gedichtet im Jahre 89 oder 90). Besäßen wir den Teil des taciteischen Geschichtswerkes, der die domitianische Zeit behandelte, so würden wir zuversichtlicher sprechen können, denn der Historiker hatte diese Katastrophe nachweislich sehr genau erzählt.

blieben; schon für die gelehrten Altertumsforscher der Stadt selbst war es ein | längst verschollener Brauch. Viel günstiger liegen diese Verhältnisse für das germanische Altertum. Dank der Forscherarbeit seit Jakob Grimm vermögen wir Gegenstand, Aufbau, metrische und sprachliche Formgebung des germanischen Heldensangs noch vielfach zu erkennen, zumal seit man anfing, zur Ergänzung des germanischen das slawische Heldenlied, insbesondere das serbische, heranzuziehen. Immer deutlicher stellt sich heraus: das Heldenlied war indogermanischer Urbesitz, den die Glieder dieser Völkerfamilie, auch die Inder, Perser, Kelten, in ihrem geschichtlichen Sonderleben gemäß ihrer Eigenart gestalteten. Noch niemals ist meines Wissens der Versuch unternommen worden, durch vergleichende Analyse der erhaltenen Lieder und Epen das Gemeinsame, das Urbesitz war, und das Völkisch-Besondere festzustellen. Gemeinsame Motive sind beispielsweise: Reckenzorn, Heldentrotz, Rache, auch tiefe Tragik heldischen Leidens. Ein individuell germanisch stark betontes Motiv ist Heldentreue. Das Germanische hat wie auf manchen Gebieten so auch auf diesem gegenüber dem Hellenischen Älteres bewahrt. So hat es das Grimme und das Wilde als wesentliche Charakterzüge dauernd festgehalten. Diese haben freilich auch der Urilias nicht gefehlt; sie sind dann aber von der Humanität Homers bis zu dem Grad gemildert worden, daß er den schrecklichen Rächer Achilleus, der die Leiche Hektors den Hunden und Vögeln preisgab, umschuf zu dem ritterlichen Helden, der sie dem Vater Priamos zur Bestattung übergab. Im Germanischen dagegen spüren wir noch vielfach den Widerhall der wilden Geschehnisse der Völkerwanderungszeit. Wir brauchen bloß zu denken an das Hildebrandlied oder an den zweiten Teil des Nibelungenlieds mit den schauerlich großartigen Figuren des grimmen Hagen und der rachedurstigen Kriemhild, in denen das Heldische zum Dämonischen gesteigert ist. |

Weit über die Zeit der Völkerwanderung hinauf führt eine Spur, die, wenn sie richtig leitet, zu einer hervorragend wichtigen Erkenntnis führt. Erlauben Sie mir daher, Ihnen den Sachverhalt in gedrängtester Kürze vorzuführen. Für die Richtigkeit des Tatsächlichen in den nun folgenden Sätzen kann ich mich verbürgen: mögen Sie dann selbst sich über die Tragfähigkeit der Schlußfolgerung ein Urteil bilden.

Tacitus spricht zu Beginn seiner Germania von Liedern des Volks; diese Angaben sind das weitaus Älteste, was es über germanische Literatur gibt. Wie stets auf Genauigkeit seiner Worte bedacht, scheidet der Schriftsteller Götter- und Heldenlieder. Die Götterlieder gehen uns hier nicht an; die Heldenlieder streift er in einem einzigen Sätzchen:

> »Auch Hercules soll bei ihnen gewesen sein, und als ersten aller tapferen Männer besingen sie ihn beim Auszug in den Kampf.«

»Hercules« ersetzt einen germanischen Namen. Darüber sind sich alle einig, da es der Gewohnheit aller römischen Berichterstatter, auch des Tacitus selbst, entspricht, mythische Eigennamen eines Fremdvolkes durch entsprechende des eigenen Volks zu ersetzen. Aber noch immer will man einen Gott verstehen. Dadurch zertrümmert man jedoch die genau durchdachte Disposition des taciteischen Abschnittes und setzt sich in schärfsten Widerspruch zu dem Ausdruck, diese Lieder würden gesungen auf »den ersten aller tapferen Männer«, *primum omnium virorum fortium.* Es sind also unbedingt Lieder auf einen Helden gemeint, nicht auf einen Gott. Aber welchen Helden? Läßt sich der pseudogermanische Held »Hercules« mit seinem germanischen Namen benennen? Das erscheint nicht aussichtslos, wenn wir folgenden Spuren nachgehen. Auf römischen Inschriften des dritten Jahrhunderts begegnet mehrfach der Name | »Hercules« als Heldenrepräsentant bei germanischen Söldnern in römischem Dienst, und zwar nur bei solchen, deren Heimat der Niederrhein war. Um sich die Gunst dieser germanischen Truppen zu sichern, setzte ein soldatischer Usurpator des römischen Caesarenthrons, mit Namen Postumus (258—268), in dessen Adern vielleicht Germanenblut floß[6], auf seine Münzen den Namen des »Hercules«. Durch zwei Beischriften niedergermanischer Ortsnamen kennzeichnete er diesen »Hercules« als einen dort gefeierten Helden; die beiden Orte liegen bei den heutigen niederländischen Städten Arnheim und Utrecht[7]. Ebendort, in den Niederlanden, saß — sicher schon seit Beginn unserer Zeitrechnung — ein wehrhafter germanischer Volksstamm, die Batāvi. Sie galten den Römern als die *fortissima gens Germanorum;* waren sie doch ein Teilvolk der Chatti, von deren »rauhem Heldentum« Tacitus urhafte Einzelheiten berichtet. Im dritten Jahrhundert, also in der Zeit jener Inschriften und Münzen, gingen die Batavi in die große germanische Völkergemeinschaft der Franken auf. Nun liegt nahe der heutigen niederländischen Grenze — bei einem starken Lagerkastell, das die Römer einst im Batavengebiet gebaut hatten — das alte Städtchen Xanten am Rhein. Hier war heimisch die Sage von S i g f r i d. Da ist nun der Name gefallen.

Dô wuohs in Niderlanden eins rîchen küneges kint
— des vater hiez Siegemunt sin muoter Sigelint —,
in einer bürge rîche wîten wol bekant,
niden bî dem Rîne: diu was ze Santen genant . . .
Sîfrit was geheizen der selbe degen guot.

[6] Die aus Münzen bekannten Gesichtszüge des Postumus muten so germanisch an, daß man neuerdings der Vermutung zuneigt, dieser Usurpator, dessen Ziel die Gründung eines gallo-romanischen Reiches war, sei germanischer Herkunft gewesen.

[7] »Hercules Deusoniensis« (Deuso-Doesborgh an der Yssel bei Arnheim). »Hercules Magusanus« (Mahusenham bei Duurstede im Gebiet von Utrecht).

Der exemplarische Held, Bezwinger von Riesen und Drachen, Tod und Hölle, war in der griechischen Heldensage Herakles, der Sohn des Zeus, in der germanischen Sigfrid, der Abkömmling Odins. In einem alten Lied der Edda wird er einmal »Heldenfürst« genannt, im Nibelungenlied (Vers 1671) der »sterkest | aller recken«. Beide Ausdrücke decken sich mit dem taciteischen *primus virorum fortium*. Die Schlußfolgerung aus allen diesen Tatsachen: »Hercules« = Sigfrid erscheint mir unabweisbar[8].

[8] Die quellenmäßigen Belege für obige Sätze habe ich anderswo gegeben; hier habe ich einiges schärfer zu fassen gesucht. Ein Germanist vom Range Andreas Heuslers (Die altgermanische Dichtung, Berlin 1923, 54) fährt fort, die Worte des Tacitus unter dem Abschnitt — »Ritualdichtung« zu behandeln und an dem sehr genau unterrichteten, jedes Wort vorsichtig abwägenden Schriftsteller zu nörgeln, ihm »etwas auf die Rechnung zu schreiben«. Das macht eine Verständigung zwischen den Philologen, die die Worte des Textes behutsam deuten, und den Germanisten, die sie gewaltsam umdeuten, leider unmöglich.

ANTIKE MENSCHEN IM RINGEN UM IHRE BERUFSBESTIMMUNG[1]

1932

Heute vor 6 Jahren hat unser unvergeßlicher Karl Holl von dieser Stelle aus über »Die Geschichte des Worts Beruf« geredet[2]. Sein Ausgangspunkt war der altchristliche Ursprung dieses Begriffs: »Berufung« ist ein göttlicher Gnadenakt, der zum Dienst am Evangelium bestimmt; war doch dieses selbst durch eine Stimme vom Himmel der Menschheit geoffenbart. Paulus, bei dem sich das Wort κλῆσις in diesem Sinne zuerst findet, übte kraft seiner Berufung das apostolische Amt aus. Wesentlich innerhalb dieser Gebrauchssphäre hat sich der Begriff fast anderthalb Jahrtausende gehalten. Luther hat — so nachdrücklich wie kein anderer vor ihm — das Wort »Beruf« (*vocatio*) anstatt im Sinne von »Berufung« als gleichbedeutend mit »Stand« oder »Amt« verwendet. Aber das Ursprüngliche klingt bei ihm noch an: wer seines Amtes, welches es auch sei, treu waltet, in dem verwirklicht sich der wahre Gottesberuf. Eine schöne und tiefe Auffassung. Erst die Neuzeit hat den Begriff ganz verweltlicht: das seinem Ursprung nach so stimmvolle Wort ist sozusagen verstummt. Nur der Theologe, der sich den »berufenen« Diener des Herrn nennt, wird der religiösen Tradition ehrfürchtig gedenken. Für den Philologen liegt es nahe zu fragen, ob es in der Antike eine verwandte Vorstellung gegeben habe; eine wesensgleiche wird man nicht erwarten dürfen, weil den Völkern des klassischen Altertums der religiöse Offenbarungsbegriff fehlte. Hören wir, was Hesiodos, der Bauernsohn aus einem boeotischen Bergdorf, | im Prooemium seines Gedichtes über Götter- und Weltentstehung erzählt. Er weidet am Hange des Helikon die Herde. Da vernimmt er die Stimme der Musen; sie hauchen ihm ihre Stimme ein, auf daß er Kunde gebe von der Herrschaft der olympischen Götter. Diese »Berufung« Hesiods zum Dichteramt erfolgte um das Jahr 700 vor unserer Ära, etwa zur gleichen Zeit als Amos, auch

[1] Anmerkungen sind diesem Vortrag, seiner Wesensart gemäß, nur in Ausnahmefällen beigegeben worden.

[2] Sein Vortrag (neu gedruckt in seinen von H. Lietzmann herausgegebenen Gesammelten Aufsätzen zur Kirchengeschichte III, 1928, 189 ff.) hat anregend gewirkt. Auf dankenswerte Ergänzungen aus der Literatur und der Geistesgeschichte des Mittelalters durch Nic. Paulus (Hist. Jahrbuch der Görres-Gesellschaft 45, 1925, 308 ff.) wies mich Emil Jacobs hin.

er ein Hirte, vor dem Volke Juda als Prophet auftrat. Einen göttlichen Ruf hat auch er gehört: »Ein Hirt bin ich... Jahve aber nahm mich von der Herde hinweg, und Jahve sagte zu mir: ›Prophezeie wider mein Volk Israel‹.« Trotz der Ähnlichkeit werden wir die Unterschiede nicht verkennen. Der altgriechische Dichter will nicht wider sein Volk zeugen, sondern ihm die Mythen über seine Götterwelt bezeugen. Und er schildert seine Berufung mit der sinnfälligen Realistik eines Erlebnisses: er hat die lieblichen Stimmen der Musen wirklich gehört, den Atem gefühlt, den sie ihm einhauchten. Dieser Glaube an eine göttliche Transfusion der Dichtergabe ist dem griechischen Volk lange erhalten geblieben. Noch Demokrit, der bis in die Zeit des Sokrates lebte, schreibt: »Was immer ein Dichter, vom Gotte und dem heiligen Geiste getrieben, sagt, das ist gar schön.« Manche unter Ihnen, die in diesen Worten den Atomisten vom »heiligen Geiste« reden hören, werden vielleicht denken, es handle sich um eine freie Übersetzung. Aber er sagt wirklich ἱερὸν πνεῦμα. Der große Denker war keineswegs irreligiös; die höchtse menschliche Ausdrucksform, das Dichten, wertete er als Funktion einer in der realen Erscheinungswelt sich auswirkenden göttlichen Kraft. Nachklänge alter religiöser Sprache werden wir auch weiterhin vernehmen, wenn wir nun aus transzendenten Regionen in die irdische hinabsteigen.

»Beruf« heißt griechisch ἔργον Werk oder πρᾶγμα Tätigkeit; »Berufszweige βίοι Lebensformen; »Berufswahl« προαίρεσις, der Vorsatz zu einer individuell bestimmten Lebensführung. Das letztgenannte griechische Wort bezeichnet auch die sich im Willen und Streben kundgebende Gesinnung, den Grundsatz, der Denken und Handeln bestimmt. Das ist echt hellenische Vergeistigung eines Lebensaktes. Die Stimme in der eigenen Brust weist den Menschen zur persönlich bestimmten Wahl seines βίος. Wohl ihm, wenn diese Stimme ihn den rechten Lebensweg weist: dann wird er, wie wir es ausdrücken, ›glücklich‹ in seinem Beruf sein, εὐδαίμων, wie es die Griechen tiefer sagten: der Dämon, der an seiner Wiege stand und ihn bis zum Tode »durch die Mysterien des Lebens führt«, wird ein guter sein. Das ist, was wir ›Berufsethos‹ nennen, eine der höchsten wertenden Ideen des Lebens. Ethos ist ein kaum übersetzbares Wort; begrifflich am tiefsten hat es Heraklit erfaßt: ἦθος ἀνθρώπῳ δαίμων »Sinnesart dem Menschen Dämon«, Urworte orphisch, wie Goethe dergleichen tiefsinnige Gedankenprägungen nannte. Dieser Dämon oder ›Genius‹ — das ist die ungefähre lateinische Wiedergabe | des griechischen Wortes —, der den Charakter des Menschen und sein Handeln bestimmt, kann gut oder böse sein: ist es ein Agathodämon, so ist der Mensch glückselig, εὐδαίμων. Aber diese Glückseligkeit, diese Eudämonie, pflegt nicht kampflos erworben zu werden; oft, ja bei dämonischen, genial veranlagten

Menschen ist »der Kampf mit ihrem Dämon, Brust an Brust«, um es mit dem Vers einer römischen Tragödie (Seneca) zu sagen, sogar die Regel. »Der Seelenathlet ist ein Gott wohlgefälliges Schauspiel« sagten die Stoiker. Mit ähnlichen Worten spricht der Apostel Paulus aus der hellenistischen Gedanken- und Gefühlswelt von den Seelenkämpfen vor seiner Berufung. Nun aber der Unterschied: der antike Mensch will den Sieg durch eigene Kraft erringen, dem christlichen wird er durch eine Gnadengabe, ein χάρισμα, geschenkt. Alles Charismatische ist nach Begriff und Wort christlich.

Die Formulierung des Themas schließt die Berufsarten der erwerbstätigen Bevölkerung — also alles, was wir als Gewerbe bezeichnen, einbegriffen Handel, Werkstättenbetriebe und Kleinackerbau — von vornherein aus. Das Altertum hat sie in seiner Überspannung der geistigen Lebensform und des Begriffs von persönlicher Freiheit und sozialer Unabhängigkeit gering geachtet und den Kreis des ›Banausentums‹ über alle Gebühr weit gezogen. Rechnete man ihm doch auch den Arzt zu, sogar den Künstler; dessen Werke bewunderte man, auf ihn selbst blickte man herab, denn er ließ sich (mit wenigen Ausnahmen) — bezahlen. Was Wunder, daß der Elementarlehrer, dem die Schüler täglich oder monatlich das Unterrichtsgeld brachten, geradezu mißachtet war: trieb er doch sein Gewerbe vielfach nicht einmal in einem Schulhaus, sondern auf der Straße; erst in der römischen Kaiserzeit vernehmen wir hin und wieder Worte achtungsvollen Verständnisses für diesen uns ehrbar und wichtig erscheinenden Beruf, aber auch in diesen wenigen Zeugnissen handelt es sich nicht um die ›Elemente‹ im eigentlichen Wortsinn[3]. Der Bildungshochmut der Antike gegenüber

[3] Annius Florus in dem Fragment seiner Schrift ›Vergilius orator an poeta‹ a. E. *sie ergo non Caesar sed Fortuna hoc genus stationis iniunxit uti pueris ingenuis atque honestis praesiderem, nonne tibi pulcrum videor atque magnificum consecutus officium? ... bone Iupiter, quam imperatorium, quam regium est sedere a suggestu praecipientem bonos mores et sacrarum studia literarum, iam carmina praelegentem quibus ora mentesque formantur, iam sententiis variis sensus excitantem, iam exemplis ro ...* (hier bricht das Fragment ab). Mit solcher Wärme spricht m. W. im gesamten Altertum kein Schulmeister von seinem Beruf wie dieser spanische unter dem Kaiser Traianus. Aber er ist schon »Oberlehrer«, doziert von seinem ›Podium‹ über Dichter, Redner, Historiker. Einem Lehrer dieser Stufe verschreibt sich um dieselbe Zeit Plinius (epist. 4, 13) aus dem Kreise junger Leute, die sich um Tacitus sammelten: Plinius will in Como, seiner Heimatstadt, eine Schule gründen, um seinen Mitbürgern die Kosten zu ersparen, die ihnen daraus erwachsen, daß sie ihre Kinder nach Mailand in Pension geben müssen. — Dagegen meint Horaz (sat. 1, 6, 72 ff., ars 325 ff.) richtige »Klippschulen« mit ABC und Rechnen; er zeichnet sie in Miniaturbildern, die zwar reizend, aber alles andere als liebevoll sind, und ihm graut vor dem Gedanken, daß seine Gedichte dereinst bestimmt seien *pueros elementa docere* (epist. 1, 20, 17).

dem ehrlichen Handwerker, dem ›tintenreibenden Schuldiener‹ (den Demosthenes verhöhnt), dem ›Mann aus dem Volke in der Hemd- | bluse‹ (von dem Tacitus verächtlich spricht), ihr Vorurteil zugunsten einer dünnen Oberschicht der im Besitz des Bildungsmonopols befindlichen Klassen hat sich schwer gerächt: die antiken Staaten sind nicht zum wenigsten an ihrer unsozialen Struktur zugrunde gegangen. Diese wurde erst durch das Christentum verändert. Die privilegierte Paideia ward abgelöst durch die *religio:* diese erfaßte und umfaßte die Allgemeinheit. Hohen geistigen Werten drohte bei diesem gewaltigsten Umschichtungsprozeß, den die Welt des Abendlandes erlebte, die Gefahr des Verlustes. Aber der prometheische Funke blieb doch erhalten und wurde von den jungen Völkern, den Erben der alten, mit einer ihnen eigentümlichen Schöpferkraft neu entfacht. Einige antike Repräsentanten dieser unvergänglichen Bildungswerte wollen wir in dem Ringen, in das sie ihre geistige Hochspannung brachte, beobachten. Für diese Betrachtung müssen wir uns den Boden von weither zu bereiten versuchen.

Die griechische Nation erlebte durch die Perserkriege einen mächtigen geistigen Aufschwung; Athen wurde das Bildungszentrum. Aber um das Schulwissen der Marathon- und Salamiskämpfer war es nicht besonders gut bestellt. Organisierte Schulen gab es noch in der Zeit des Perikles nicht, nur um die körperliche Ertüchtigung in den Gymnasien kümmerte sich die Gemeinde. Nicht der Staat, sondern die Dichter erzogen das Volk. Kinder aus den sog. guten Familien kannten Homer auswendig, und wieviel geistige und seelische Nahrung sogen Jünglinge, Männer und Greise aus den Aufführungen der Tragödien und dem Singen patriotischer Lieder bei den Symposien, Knaben und Mädchen aus Tanz- und Singchören bei gottesdienstlichen Veranstaltungen oder Siegesfeiern: das Leben der Seele werde — so fein erfaßte man den Vorgang — durch die Bewegungen der Töne und Rhythmen geleitet und beschwingt. Dazu bei den Totenfeiern zu Ehren der Gefallenen die Reden in einem durch die Tradition geheiligten Stil, jeder Rhetorik bar. Auf dem staatlichen Ehrenfriedhof die Denkmäler schlichter Frömmigkeit; sie trugen einst nur die Namen der Gefallenen, gelegentlich mit dem Zusatz »ein braver Mann«, dann bisweilen ein Epigramm, wortkarg und keusch. Welch ein Nährboden dem Sinn für großes historisches Geschehen, dem Stolz auf dessen mannhafte Träger. An heiteren Festen fehlte Frohsinn nicht; der Tragödie begann die mutwillige Schwester sich zu gesellen. Das Leben war erfüllt mit jener naturgegebenen, aus Ernst und Heiterkeit abgewogenen Liebe zum Schönen, von der Thukydides den Perikles reden läßt. Das Erdreich des alten Athen war bereit, neuen Samen aufzunehmen; wo war der Gärtner? Der Bildungsdurst war groß; wo waren die Lehrer mit der gefüllten Schale?

Sie kamen aus vielen Städten und Inseln griechischer Zunge, von überallher, wo die neue ionische Bildung sich entfaltet hatte, um sie an das Mutterland, das bei der altväterlichen verblieben war, weiterzugeben. ›Sophisten‹, Weis- | heitslehrer nannten sie sich; erst durch Platons Polemik bekam diese Berufsbezeichnung den Makel, der ihr dauernd anhaftete, in der Verallgemeinerung sicher mit Unrecht. Denn es waren sehr achtungswerte, auch als Menschen ehrbare Gelehrte unter ihnen. Aber Gelehrsamkeit war nicht Platons Geschmack. Noch dazu war vielen dieser ältesten ›Professoren‹, die die europäische Kulturgeschichte kennt, ein Schönheitsfehler eigen, den wir, ihre Nachfahren, abzustreifen — sagen wir ehrlich uns wenigstens befleißigen: sie spreizten sich mit ihrem Wissen, und es versteht sich von selbst, daß dieses Gebaren Platon zuwider war. Ihr Bildungsziel war bürgerliche Tüchtigkeit (πολιτικὴ ἀρετή), an sich etwas gar Schönes, nach dem alle strebten. Aber der Weg zu diesem Ziel führte über die Rhetorik, denn in dem politisch bewegten Leben der griechischen Demokratien, vor allem der athenischen, winkte dem Redebegabten Erfolg und Ansehen in Versammlungen und Prozessen. Diese Erziehungsart war eine im wesentlichen formale, auf das Technische und Praktische gerichtete. Es wäre verkehrt, von der Rhetorik, einer geistigen Großmacht der Antike, nur in Ausdrücken der Geringschätzung zu sprechen. Sie lehrte die Worte klug durchdacht, klar geordnet und schön geformt zu setzen. Sie vermittelte auch etwas von dem, was wir ›Bürgerkunde‹ nennen, einen nützlichen Unterrichtsgegenstand, der erst in jüngster Zeit wieder in das pädagogische Blickfeld zu treten anfängt; ferner einige geschichtliche, besonders kulturgeschichtliche Kenntnisse (›Altertumskunde‹, ἀρχαιολογία, eine kühne Wortprägung der damaligen Zeit). Endlich bot sie auch sonst vielerlei Wissensstoff, ›allgemeine Bildung‹, wie wir das zu nennen pflegen, ›Polymathie‹, Vielwissen, wie man es damals nannte. Einer dieser Sophisten hielt Vorträge über sieben Fächer: Astronomie, Geometrie und Arithmetik, Rhetorik und Dialektik, Grammatik und Musik, sicher in den meisten dieser Fächer die ionische Wissenschaft nur obenhin abschöpfend; aber das lehrhafte Systematisieren, das jedem Schulbetrieb, und mit Recht eigen ist, war doch nicht ohne Verdienst. Eben diese sieben Fächer haben sich im Unterrichtswesen des gesamten Altertums als enzyklopädisches Lehrsystem (ἐγκύκλια παιδεύματα, *septem artes liberales*) erhalten und sind die Grundlage des mittelalterlichen Universitätsunterrichts gewesen. Dieses Lehrgebäude, dessen Räume im Laufe der Zeiten immer kahler wurden und mehr und mehr verstaubten, zerschlug erst die Renaissance: in Platons

Bahnen zurücklenkend setzte sie die in Wahrheit freie Wissenschaft wieder in ihr Recht ein, deren Parole nicht ist: von vielem etwas, sondern von einem viel. Wir wollen den Widerstreit der Bildungswerte, der die geistige Welt seit der sokratischen Zeit nahezu zwei Jahrtausende bewegt hat, in einer Antithesenreihe an uns vorüberziehen lassen. Wenn wir in dieser Weise Sokrates den Sophisten gegenüberstellen, so dürfen wir dabei allerdings nicht vergessen, daß es der Sokrates ist, den wir mit Platons Augen sehen: ein Idealbild. | Aber in dem Allgemeinen hält es Züge der Wirklichkeit fest, und das Allgemeine ist, wie Platon selbst lehrte, in erhöhtem Sinne wirklicher als das einzelne.

Die Rhetorik begnügte sich mit dem Schein; Sokrates aber war ein Wahrheitssucher. Das Wissen, das die Sophisten vermittelten, war nicht geeignet, den Verstand zu bilden, denn sein Inhalt war ein überlieferter, auf Gehalt und Richtigkeit nicht geprüfter, vielleicht gar nicht prüfbarer Bildungsstoff; hatte doch schon Heraklit gesagt: »Polymathie lehrt nicht Verstand haben.« Sokrates jedoch wollte zum begrifflichen Denken erziehen, durch ihn sollte man den Logos der Sprache, der zugleich Vernunfterkenntnis ist, verstehen lernen. Viele seiner Zeitgenossen, gerade die Sophisten und ihre Jünger mögen an Wissensstoff reicher, also im gewöhnlichen Sinn des Wortes ›gebildeter‹ gewesen sein als er, aber sie waren auch eingebildet; er dagegen, der den Wert des Wissens richtig einschätzte, war ein der wahrhaften Bildung Beflissener: er strebte danach, sich und andere zu tauglichen Menschen zu erziehen, indem er sie Wissen durch Arbeit an sich selbst gewinnen ließ. Jene wollten die Jünglinge fürs Leben fertig machen; er hatte, wie kürzlich Eduard Spranger in seinem Sokratesbild es treffend formulierte, seine Freude an den Unfertigen. Jene brachten allen dasselbe; er differenzierte die Erziehung den Individuen gemäß[4]. Das Lebensziel jener waren die Güter dieser Welt; er aber hielt sich an den Spruch, der auf der Wand der Vorhalle des delphischen Tempels stand: »Erkenne dich selbst.« Es bleibe dahingestellt, ob Sokrates den Spruch in dem Sinne auf sich bezogen hat, als mahne der Gott ihn sich zu prüfen, ob etwas Göttliches in ihm sei. Vielleicht ist auch dies nur ein Farbenton des platonischen Sokratesgemäldes. Aber wir können uns Sokrates nicht wohl denken ohne Zwiesprache mit seiner Seele: solches Sprechen des Ichs mit sich selbst — ›innere Monologe‹ — ist ja eine durchaus antike Vorstellung, in naiver Realistik schon homerisch, dann methodisch gehoben zum Nachdenken über das eigene Selbst[5].

[4] Xenophon Mem. 4, 1. R. Philippson (Rhein. Mus. 81, 1932, 35 f.) betrachtet dies mit Recht, wie mir scheint, als einen überlieferten Zug.

[5] Die Gewohnheit des Sokrates, plötzlich stehen zu bleiben und lange Zeit in

Sokrates nannte die Stimme, die er geheimnisvoll in seinem Innern klingen hörte, sein δαιμόνιον. Auch Heraklit lauschte einer solchen Stimme. »Ich suchte mich«, sagt er. Ein großes Wort. Und er fand sich: denn zu ihm sprach der Logos, vernehmlich für ihn, stumm für die anderen. Sie kümmerten ihn auch nicht, diese anderen; denn erzieherischer Wille lag ihm fern, nur Scheltworte hatte er für sie. Hier trennen sich die Wege der beiden: Sokrates suchte sich dauernd und lebte dieses Leben der Selbstprüfung den anderen vor, um sie zu gleicher Denktätigkeit zu erziehen und, wie Aristophanes von ihm sagt, ihre Seelen zu | führen (ψυχαγωγεῖν): der exemplarische Menschenbildner aller Zeiten. Durch Einkehr in das Selbst zur Abkehr vom Schein: das bedeutete ihm Zweck und Ziel des Lebens.

Diese Forderung und Mahnung erstmalig mit Bewußtsein und in aller Schärfe formuliert zu haben, wird man den bedingungslosesten Errungenschaften des Hellenentums zurechnen dürfen. Durch sie wurde der auf das Geistige gerichteten Menschheitsgeschichte etwas ganz Wertvolles eingeschaltet: die Unruhe, die den Menschen aufrüttelt aus der Geruhsamkeit trägen Behagens. Jener Ruf hallte durch die Zeiten; ja man darf sagen, er erneuert sich im Lebenslauf aller nachdenklichen Menschen, auch ohne daß geschichtliche Zusammenhänge mit dem Altertum stets vorhanden zu sein brauchten. Das Wertmaß der Antike ist nicht das Historische als Einmaliges und Bedingtes, sondern das Beispielhafte als Erstmaliges und Unbedingtes: sie hat Formen vorgeprägt, Normen vorgelebt, die ihrer Idee nach konstant sind. In diesem Sinne wollen wir das Ringen antiker Menschen um die rechte Lebensführung, die Spannungen, in die sie ihr Streben nach der wahren Berufsbestimmung brachte, an einigen Persönlichkeiten des römischen Altertums nachzuerleben versuchen. Des römischen? werden Sie fragen; weshalb nicht des griechischen? In der Tat erscheint es des Nachdenkens wert, warum die Beispiele zahl- und gestaltenreicher aus Rom als aus Hellas zufließen. Griechische Philosophen, auch die nach Sokrates und Platon kamen, hatten das ethische Postulat aufgestellt. Aber die Römer, von Natur unphilosophisch, haben es in Leben und Handeln umgesetzt. Also klingt das Echo jenes Geisterrufes wohl deshalb aus dem alten Rom besonders vernehmlich an unser Ohr, weil er dort von dem Resonanzboden mächtigen politischen Lebens aufgefangen wurde, das in Hellas früh zum Erliegen kam. Erst im Widerspiel von Idee und Wirklichkeit pflegt sich ein Lebensakt schöpferisch zu gestalten. Die griechischen Philosophen selbst, die seit der Scipionenzeit mit römischen Großen in Berührung traten, beobachteten staunend

Gedanken versunken zu verharren, gehört zu den wenigen gesicherten Zügen seiner äußeren Lebensführung (Philippson, a. a. O. 32).

diese schöpferische Kraftentfaltung im Zusammenprallen nationaler Strukturverschiedenheiten. ›Ihr lebt, was wir lehren; habt ihr uns auch die Freiheit genommen, wohl uns, wenn hellenische Geistesherrlichkeit (τὰ τῶν Ἑλλήνων καλά) eurer Mannestugend neuen Adel leiht‹: so dachten und sprachen die Besten der Hellenen. Die Römer, längst nicht alle, aber die Besten unter ihnen lauschten solchen Worten und beherzigten sie. So wandelte sich inmitten von Revolutionen, die die Existenz des römischen Staates in Frage stellten, die Nationalitäten-Antithese zur Humanitäts-Synthese.

Cicero hatte sich in einem Umfang und einer Tiefe wie keiner seines Volkes die Bildungswerte der griechischen Kultur angeeignet: *animi cultura,* Geistes- | pflege, ist eine uns zuerst in seinen Schriften begegnende Wortverbindung, offenbar in römischer Denksphäre erwachsen: war doch *agri cultura,* Bodenpflege, das praktische Berufsziel des alten Römertums gewesen; ein rechter Römer ein rechter Bauer, lautete der Wahlspruch des alten Cato. *Cultura* und ihr Inbegriff *humanitas,* Menschentum, diese beiden Ideen, ohne die wir uns geistiges, ästhetisches und gesittetes Leben nicht vorzustellen vermögen, sind zwar Exponenten hellenischen Denkens, Kunstgefühls und Seelenadels; daß wir sie aber mit lateinischen Worten benennen, wird dem kaum meßbaren Einfluß verdankt, den Ciceros philosophische Schriften auf das Abendland, insbesondere im Morgenrot der Renaissance — man braucht bloß den Namen Petrarca auszusprechen —, dann im Zeitalter des deutschen Klassizismus ausgeübt haben. Auf die Schwelle einer Zeitenwende gestellt, hat Cicero, einem Kran vergleichbar, die Bildungsgüter, die die Schiffe in den Häfen von Hellas und dem ionischen Kleinasien geladen hatten, an die Ufer des Tiber verfrachtet, von wo die nächsten Generationen sie bis an die Küsten des Weltmeeres weitergaben. Je klarer er sich nun aber seiner Mittlerrolle bewußt war, um so ergreifender das Schauspiel des Kampfes in seiner Brust. Das Leben einer ungeheuer bewegten Zeit hielt ihn umklammert. Zum Staatsmann fühlte er sich berufen, nur politische Tätigkeit gab Anwartschaft auf Ruhm bei Mit- und Nachwelt: *gloria* ist eins seiner Lieblingsworte. Seine Rednergabe wies ihn diesen Weg, den irdischen. Aber dann blickte er in sein Inneres, suchte geistige Sammlung, seelische Erhebung; die Lektüre platonischer und stoischer Schriften wies ihn den Weg zum Himmlischen: *animi cultura philosophia.* Hie Rhetorik das sophistische, hie Philosophie das sokratische Ideal: *Socrates parens philosophiae. Deus ille noster Plato*[6]. Gab es keinen Ausgleich zwischen den Welten des Scheins und des Seins? Er hat ihn zu finden gerungen. In Athen hörte er, fast dreißigjährig, vormittags in einem Gymnasium

[6] fin. 2, 1. Att. 4, 16, 3.

eifrig Vorlesungen bei einem akademischen Philosophen, machte nachmittags gelegentlich einen Spaziergang mit Bruder, Vetter und Freund außerhalb des Stadttors in die Stille und Einsamkeit. Wie wir im Park Weimars wandelnd des Großen gedenken, so träumte er sich in Athens einstige Herrlichkeit hinein: »Dort lehrte Plato, mit meinen geistigen Augen sehe ich ihn selbst; dort ist der Hügel von Kolonos, wo Sophokles wohnte und jenes Lied in zartestem Moll dichtete; wie fühle ich mich bewegt in meiner Seele.« Aber Rom war die Feindin der Romantik. Hier trat er als Verteidiger in Prozessen auf, die ihn nicht selten in Widerstreit mit seiner Überzeugung brachten: niemals zwar um schnöden Gelderwerbs willen, wohl aber seinem Ruhme und politischen Ehrgeiz zuliebe hat er die Kunst der Sophistenschule, die geringere Sache als die bessere erscheinen zu lassen, oft geübt, durch seine Bildung allen Prozeß- | gegnern überlegen, auch durch die feinste Würze seiner Reden und Schriften, den Humor. In einer dieser Reden, gehalten in seinem Konsulatsjahr inmitten des catilinarischen Bürgerkriegs, spricht er ausführlich über drei praktische Berufsarten, die er *studia et artes* nennt: Redekunst, Kriegshandwerk und Rechtswissenschaft. Welche wird der Römer wählen? Die *oratio*, die in politischen Reden vor Senat und Volk gipfelnde Kunst der Eloquenz, hat den Staat im Innern gefestigt. Die *militia* hat Rom zur Herrin der Welt erhoben. Die *iuris peritia* — man sollte auch ihr Lob erwarten; aber einer von der Gegenpartei war Fachjurist, und daher macht sich Cicero, der anderswo diese Wissenschaft, die *disciplina vere Romana*, preist, hier über das Juristenlatein lustig: kein vernünftiger Mensch verstehe es, selbst diejenigen nicht, die es von Berufs wegen sprechen und schreiben. Einem zweiten Prozeßgegner, dem jüngeren Cato, einem stoischen Moralisten, schneidet er die paradoxen Lehrsätze der Stoa scherzhaft parodierend vor. Aus Rache setzte dieser das Wort in Umlauf: »Was für einen spaßigen Konsul haben wir.« Aber dann kamen schwere Zeiten für Cicero, die ihm Betätigung im Staatsleben verwehrten: die Geisteskinder dieser erzwungenen Muße sind philosophische Dialoge im Stil des Platon oder Aristoteles. Unter diesen trug einer den Titel »Hortensius«; er ist uns zwar nicht erhalten, aber die Fragmente zeigen, daß er ganz dem Thema der Berufswahl gewidmet war. Eine geistige Beschäftigung nach der anderen fand ihren Fürsprecher: Poesie, Beredsamkeit, Geschichtsschreibung; aber dann nahm Cicero selbst das Wort, um die Philosophie als Lebensaufgabe und Lebensziel zu erweisen. Was er zu ihrem Lob sagte, war hinreißend schön, erhaben, von religiösem Ethos erfüllt. Den Verlust der Worte selbst können wir uns aus seinen erhaltenen Schriften einigermaßen ersetzen. Eine alte mysterienhafte Weltanschauungsformel ging ihm durch den Sinn: ›Wozu sind wir geboren? woher kamen wir, wohin gehen wir?‹ Wisse

— gab ihm eine innere Stimme Antwort —, du bist ein Teil des Göttlichen; deine Bestimmung ist, die Ordnung des Kosmos zu begreifen. Von dieser Stimme ließ er sich leiten, als er in schicksalsschweren Zeiten an die Aufgabe ging, das römische Staatsgebäude mit Bausteinen Platons und der jüngeren Stoa, aber auch mit vielen aus seiner eigenen Werkstatt zu errichten. Hier schien ihm die Einheit zu winken, die ihm als höchstes Lebensideal stets vorschwebte: Dienst am Staat als einem irdischen Abbild des Kosmos. Denn der Mensch ist ein »Bürger der ganzen Welt« *(civis totius mundi);* eine »Gemeinschaft der Liebe« *(societas caritatis)* verbindet ihn mit den Seinen, und die Seinen in allen Menschen zu finden hat ihn die Natur gelehrt[7]. Der Pflichterfüllung gegenüber dem Staat winkt der höchste Lohn: »Den Rettern, Helfern und Mehrern des Vater- | landes ist im Himmel ein Bezirk gewiß, in dem sie sich der ewigen Seligkeit erfreuen.« — So hat er sein Leben lang geschwankt zwischen polaren Gegensätzen, bei denen es nur die Wahl des einen oder des anderen, keinen Ausgleich gab. Zur Unbedingtheit der Wahl fehlte ihm die Unbedingtheit des Willens. Keine Spur daher von Größe — er, der zartbesaitete Mensch, steigerte sich in eine Heldenrolle, aber der vom Schicksal gewiesene Held des gewaltigen Dramas, in dem die Republik unterging, war nicht er, sondern sein Gegenspieler, jener Große, der willensstark und folgerichtig den harten Realitäten Rechnung trug —: wenn also kein Held, so doch eine tragische Persönlichkeit, die sich im Ringen um den Besitz ideeller Güter verzehrte und in diesem Kampf unterging.

Um das Jahr 52, in dem Cicero eine seiner fulminantesten Reden hielt, kam ein etwa 18jähriger Jüngling, der aus einem Dorf bei Mantua stammte, in die Hauptstadt. In den Nachbarstädten seiner Heimat, Cremona und Mailand, war er in den üblichen Schulfächern ausreichend unterrichtet, hatte wohl auch schon seine poetische Anlage entdeckt. Nun suchte er seine Erziehung in Rom zu vervollkommnen. Höhere Bildung: das bedeutete Rhetorik, versetzt mit etwas Extrakt aus den *artes liberales.* Was konnten diese Bildungsfächer ihm bieten? Ein wenig Nahrung für den Verstand, viel für Zungenfertigkeit, nichts für die Seele. Aber seelische Empfänglichkeit, ein zartes Gemüt, Sinnigkeit: dies waren die Güter, die der junge Vergil mitbrachte. Eine Weltanschauung suchte er, wie viele inmitten des drohenden Zusammenbruchs. Das bedeutete einen nach freier Wahl erfolgten Anschluß an eine der Philosophieschulen. Die Akademie? ihr Programm war damals in der Hauptsache Erkenntnistheorie, also eine wesentlich logische Geistesschulung. Die Stoa? sie wies zwar den Sinn zur ethischen Lebens-

[7] Wilamowitz in der Rede »Erkenne dich selbst«, Reden und Vorträge II[4] 180, Berlin 1926.

führung, zum rigorosen Idealismus, aber hatte sich ihr kosmisches Prinzip bewährt? durchwaltete wirklich Pronoia die Welt? führte nicht vielmehr Tyche das Regiment? Der Weltenbau schien sich ja in Atome aufzulösen. Also Epikur. Richtig verstanden verhieß seine Lehre maßvollen Genuß der Lebensfreuden und Seelenruhe. Diese Lehre hatte soeben noch Lucrez verkündet, dessen großes Gedicht in den Händen aller war. Auch unter den Griechen hatte die epikureische Philosophie achtbare Vertreter, so in Neapel den Siron. Aus dieser Gemütsstimmung heraus verfaßte Vergil um die Mitte der 20er Jahre seines Lebens ein lyrisches Gedicht von nur 14 Versen, ein durch seinen unmittelbaren Gefühlsausdruck und bekenntnisartigen Charakter bemerkenswertes Produkt antiker Poesie[8]. Man könnte ihm, modern gesprochen, die Überschrift geben: Les Adieux. Bringen wir uns seinen Inhalt paraphrasierend zu Gehör. »Von hinnen, ihr | Rhetoren, ihr Schuldeklamatoren, mit eurer salbentriefenden Sprache, ihr leertönendes Schallbecken der Jugend[9]. Ein Lebewohl auch dir, Sabinus, den ich mit ganzer Seele liebte; ein Lebewohl euch, ihr schönen Knaben. Aus dem Ozean aller Sorgen steuere ich meinen Lebenskahn in den ruhigen Hafen des Siron; dort winkt mir Seligkeit, dort Sorgenfreiheit. Lebt wohl auch ihr, Musen, ja von hinnen ihr, süße Musen — denn ich will es wahrhaftig bekennen: süß seid ihr gewesen —, oder doch: auf Wiedersehen mit euch, aber in Züchten und selten.« Also eine Absage an die Rhetorik und ein Gelöbnis an die Philosophie. Eine Absage auch an das Dichten. Aber das Lebewohl an die Musen ringt er sich mühsam ab (auch die Struktur des Satzes läßt fühlen, wie schwer ihm dieser Abschied wird); daher bleibt die Pforte angelehnt. Das Gedichtchen vibriert von Seelenkämpfen um wahre Lebensbestimmung. Beschaulicher Einkehr blieb er zeitlebens zugetan. Die Musen ließen sich nicht die Tür weisen; aber, wie er es sich gewünscht, empfing er nur noch den Besuch der züchtigen Muse. Seine Poesie adelte er durch philosophische Betrachtung, jedoch mit vorschreitendem Alter wandte er sich mehr und mehr der Stoa zu; denn schon anderthalb Jahrzehnte nach der Abfassung jenes kleinen Gedichtes übernahm in Caesar Augustus endlich, wie man wähnte, »Vorsehung« das Regiment. Durch

[8] Beachtung verdient, daß wir, wenigstens in lateinischer Sprache, solche Konfessionen nur bei Dichtern finden, die sich zur Lehre Epikurs bekannten (Lucrez in den Prooemien, einiges bei Horaz, besonders in der Ode *parcus deorum cultor).*

[9] *inane cymbalon iuventutis.* Den eitlen Philologen Apion, der die Welt mit seinem Tamtam erfüllte, nannte Kaiser Tiberius *cymbalum mundi* (Plinius nat. praef. 25). Paulus Kor. 1, 13, 1 χαλκὸς ἠχῶν ἢ κύμβαλον ἀλαλάζον. Prototyp: Platon von der Sophistenrede ὥσπερ τὰ χαλκεῖα πληγέντα μακρὸν ἠχεῖ (Prot. 329 A).

Nacht zum Licht, vom Chaos zum Phaos: das schien Roms Geschick und Geschichte, die der Dichter nun der Welt im Spiegelbild einer legendär idealisierten Vergangenheit feierlich verkündigte. Wie Cicero, wenngleich anders gerichtet, fand auch er seine Berufsbestimmung im Dienst am Volk: er wurde der nationale Dichter Roms. Nach Vollendung der Aeneis wollte er nur noch philosophischen Studien obliegen, aber das verwehrte dem 51jährigen der Tod.

Neben Cicero und Vergil verdiente Seneca in dieser Reihe einen besonderen Platz. Aber er ließe sich nicht mit wenigen Strichen zeichnen. Nur in einem eigenen Vortrag könnte man diesem vielleicht interessantesten Menschen der römischen Kaiserzeit gerecht zu werden versuchen; sein Bildnis hat ein Künstler mit dem des Sokrates in einer Doppelherme vereinigt, den schlichten Bürger Athens mit dem großmächtigen Minister Neros — möchte der Künstler bei der Ausführung des Auftrags sich der Dissonanz dieses Akkordes ebenso bewußt gewesen sein, wie wir es beim Betrachten seines Kunstwerks in der Skulpturensammlung unseres Museums sind. Wenden wir uns dem Schriftsteller zu, den in Senecas Natur gerade das Problematische reizte: Tacitus. Er wird den meisten von Ihnen nur als Geschichtsschreiber sowie als | Verfasser der Germania und einer Biographie seines Schwiegervaters Agricola bekannt sein. Aber wir besitzen von ihm auch eine Schrift, die wir versuchen wollen auf die von uns gezogene Linie zu stellen. Als er sie abfaßte — nicht lange vor dem Jahre 100 unserer Zeitrechnung —, stand er im Anfang der vierziger Jahre seines Lebens, hoher Staatsbeamter und allgemein geachtet. Jene in Dialogform verfaßte Schrift ist eine der glanz- und lebensvollsten in lateinischer Sprache. Das Thema ihres ersten Teils lautet: Poesie oder Beredsamkeit? Ein Dichter preist in fast verzückten Worten die Seligkeit seines Berufs: dem Lärm der Großstadt entrückt darf er in Waldeseinsamkeit Zwiegespräche mit den Musen pflegen. Ein Redner stellt sich auf den Nützlichkeitsstandpunkt: welchen Nutzen bringt die weltabgewandte Tätigkeit des Dichters? Wirken, praktisch sich betätigen soll der Mann; das vermag niemand in gleichem Maß wie der Redner, dem die Ohren der Richter, des Senates, des Kaisers selbst lauschen. Und über den Nutzen hinaus genießt er das Vergnügen, sich umworben zu sehen von jung und alt, hoch und niedrig, sowie die Aussicht auf ein großes Vermögen. Auf die Seite welcher Partei stellt sich nun Tacitus selbst? Er verlegt die Zeit des Gesprächs in seine Jugend: er, der damals etwa 23jährige, habe nur als Zuhörer teilgenommen. Durch diesen in der Dialogtechnik oft geübten Kunstgriff wurde eine unmittelbare Stellungnahme des Verfassers zu dem Problem, das er erörtern ließ, bewußt ausgeschaltet; aber um so größer nun die Kunst, in der Charakteristik der Personen und der Färbung ihrer Reden die eigene Ansicht durchblicken zu lassen. Tacitus läßt den Dichter von seinem Beruf so liebevoll sprechen, daß sich dieses Gefühl auf den Leser überträgt: ohne eigene Sympathie mit dichterischem Schaffen hätte er den Ton nicht so treffen können. Aber der Redner? vertritt nicht auch er seine Berufstätigkeit mit Begeisterung? Wir müssen dabei folgendes bedenken. Tacitus selbst war als Redner hochangesehen, die Erhabenheit seiner Diktion wurde bewundert, zumal in ihr das Ethos seiner Persönlichkeit stärksten Ausdruck fand[10]. Den bezahlten Lehrbetrieb in den Rhetorenschulen beurteilte er geringschätzig. Aber es gab daneben einen schönen Brauch des Lebens selbst, der noch aus den Zeiten der Republik stammte und älter war als die ganze Rhetorenzunft. Junge Leute schlossen sich berühmten Rednern an, hörten ihre Reden vor Gericht oder im Senat und lauschten den Unterhaltungen, in denen sie daheim oder auf Spaziergängen Fragen ihres Berufs erörterten. In dieser Weise hatte sich, wie einst der junge Cicero, so auch Tacitus herangebildet, »mit jugendlichem Feuer«, wie er selbst sagt. Jetzt, in seinen Mannesjahren, als er den Dialog | verfaßte, war er selbst von Jünglingen umringt, die sich seiner Führung anschlossen, »aus Bewunderung für seinen Geist«, wie es in einem Brief seines Freundes Plinius heißt. Aber auch diese freie, gewissermaßen aristokratische Übertragung von Mensch zu Mensch konnte einen tiefblickenden Mann wie Tacitus nicht für immer fesseln. Die Geistesbildung, diese Voraussetzung für jeden Redner, der sich nicht mit dem Handwerksmäßigen seines Berufes zufrieden gab, war allzu niedrig geworden. Den hauptsächlichen Grund des Niedergangs erkennt Tacitus im Zusammenbruch der alten Erziehung. In großartiger Antithese entwickelt er das Einst und das Jetzt. D a m a l s. Die Eltern der Verantwortung für ihre höchste Aufgabe sich bewußt: Erziehung des Kindes zu einem rechten Menschen, auf daß es dereinst ein tüchtiger Staatsbürger werde; mochte den Sohn seine Neigung zum Militär, zur Rechtswissenschaft oder zur Beredsamkeit führen: dieses eine sollte er ganz treiben, es in seinem ganzen Umfang ausschöpfen[11]. Die Kinder dankten den Eltern, in-

10 Das bekannte Wort des Grafen Buffon (gesprochen 1753 in seiner Antrittsrede in der französischen Akademie) »Le style est l'homme même« trifft unter den römischen Schriftstellern vorzugsweise auf Tacitus zu. Οἷος ὁ τρόπος, τοιοῦτος καὶ ὁ λόγος war ein schon Platon bekanntes Sprichwort, das von feinen Ästhetikern des Altertums oft zur Diagnose von Stilindividualitäten verwertet wurde.

11 28 *sive ad rem militarem sive ad iuris scientiam sive ad eloquentiae studium inclinasset, id solum ageret, id universum hauriret.* Da haben wir die drei Hauptberufsarten der damaligen Zeit. Eine pseudoquintilianische Deklamation (268) hat die Überschrift *orator medicus philosophus.* Der Arzt wägt die drei Berufsarten (*professiones*) gegeneinander ab und erteilt natürlich der seinigen den Preis. Die Dürre dieser Deklamation zeigt den Geist des taci-

sonderheit der Mutter, für solche Fürsorge durch achtungsvolles, ehrbares Betragen und Bescheidenheit. »Fürstliche Kinder« *(principes liberi)* gingen aus solcher Zucht hervor: die Gracchen, Caesar, Augustus. Jetzt. Der Familiensinn geschwunden. Gleich nach der Geburt wird das Kind »irgendeinem griechischen Ding von Magd« *(Graeculae alicui ancillae)*, irgendeinem Taugenichts von Sklaven überwiesen; mit deren Gesprächen und Verkehrtheiten wird die zarte und noch unerfahrene Kindesseele getränkt. So wächst »der Kindskopf von Herr« *(infans dominus)* heran: keck und naseweis; allgemach wird er unverschämt und verliert die Achtung vor sich selbst wie vor anderen. Inhalt der Gespräche: Schauspieler, Fechter, Pferde. Ja sogar die Lehrer unterhalten sich mit ihren Schülern über nichts häufiger als über solche Dinge: hören wir es nicht, wenn wir einmal in das Auditorium einer Rhetorenschule treten[12]? Denn auch die Lehrer nehmen es nicht mehr ernst mit ihrem Beruf: nicht auf talentvolle Schüler kommt es ihnen an, sondern auf reiche junge Leute aus vornehmen Häusern. Wie bliebe in einem mit solchen ›Studien‹ beschäftigten, von ihnen besessenen Sinn noch Platz für wahres Studium? Das Ergebnis dieser pädagogischen Betrachtung | ist Resignation: zur Pflege der *bonae artes* langt es nicht mehr. Neben die pädagogische Betrachtung läßt er eine politische treten, die schon vor ihm oft angestellt war: in der Monarchie ist kein Platz mehr für eine Beredsamkeit großen Stils wie einst im Volksstaat, es fehlt die freie Bewegung, es fehlen die wahrhaft großen Stoffe, an denen das Genie sich entzünden kann, der Kraftaufwand lohnt nicht mehr. Also das Ergebnis auch aus dieser Erwägung: Resignation. Nur aus solchem Gefühl heraus werden wir diese seine Schrift richtig verstehen können. Aus persönlichem Verkehr mit bildungsbeflissenen jungen Leuten entstanden, ist sie doch ein Verzicht, ein Scheidegruß. Die Absage wird ihm nicht leicht geworden sein, denn seine Liebe zu ernsthaftem Streben einer für das Edle etwa noch aufgeschlossenen Jugend hat er sich, wie seine späteren Werke zeigen, zeitlebens bewahrt. Da mußte er nun sehen, wie die einen ihr Leben der Poesie widmeten.

teischen Dialogs in hellem Licht; aber man sieht doch, wie verbreitet das literarische Motiv der Berufswahl war. Auch Einzelmotive klingen an: *innocentia per se valet* sagt in der Deklamation der Arzt, um den Beruf des Advokaten herabzusetzen, *securitatem melius innocentia tueor quam eloquentia* der Dichter in gleicher Absicht dial. 11. Das Motiv der Berufswahl hat Lukian, spielerisch, aber unterhaltsam wie immer, in seinem Ἐνύπνιον variiert; es findet ein richtiger Familienrat statt: was soll der Junge werden, bei wem soll er in die Lehre gehen usw.

[12] Libanios 1, 200 R. (während des Vortrags des Rhetors, unter den Schülern) πολλὰ μὲν νεύματα πρὸς ἀλλήλους ὑπὲρ ἡνιόχων καὶ μίμων καὶ ἵππων καὶ ὀρχηστῶν. Dieses Zeugnis bei Ludwig Friedländer, Darstellungen aus der Sittengeschichte Roms II[8] 344, 1.

Ein schöner Beruf — aber die Zeiten hatten sich gewandelt und mit ihnen die Menschen; es langte nicht mehr zu einem großen Wurf, wie er noch Lucanus gelungen war, sondern nur noch zu geistreichem Spiel oder zu unerträglich aufgeblähter Epik. Andere neigten dem Rednerberuf zu, aber lohnte er noch? Das Bild des vollkommenen Redners ließ sich wohl zeichnen: aber reichten die Kräfte und waren die Zeitverhältnisse noch danach angetan es zu realisieren? Gedanken und Fragen dieser Art beschäftigten den ernsten, zum Grübeln geneigten Mann. Die weitere Entwicklung gab ihm recht: die Poesie zerflatterte in Tändeleien, die Kunst der Rede in Manier. Die Geschichte, die große Lehrmeisterin auf dem Gebiet des Menschlichen, hatte seinen Blick geschärft. Sie allein schien auf dem Gebiet künstlerischen Schaffens dem Schriftsteller noch eine Aufgabe zu bieten, die des Ringens wert war. Dichterische Phantasie, gebändigtes rhetorisches Pathos, geläutertes Ethos durften sich in ihr mit gewissenhaftem Streben nach Erkundung des Tatsächlichen verflechten; auch nützen konnte man durch sie, indem man Gutes ans Licht, Unehrenhaftes an den Pranger stellte[13]. In ihr fand er daher seine Lebensbestimmung, die nach seiner individuellen Wesensart und infolge trüber Erfahrungen nur auf Resignation begründet sein konnte. Ernste Fragen: Notwendigkeit oder Irrationalität geschichtlichen Lebens? Schicksal oder Schuld? Die düstere Antwort: die Götter wollen unser Strafgericht, und — wir haben es verdient. Auch die besten Herrscher, wie jetzt Nerva und Traianus, vermögen es wohl aufzuschieben, nicht aufzuheben. Der Sinn aller großen Geschichtsschreiber des Altertums, von Herodot angefangen, war auf das Tragische gerichtet. Gewaltige Reiche stürzten, mächtige Völker versanken. Hatte nicht schon Homer, der Urvater auch der Historie, gedichtet »Einst wird kommen der | Tag —«? Hatten nicht Scipio der Edle beim Brand Karthagos, Nero der Bösewicht beim Brand Roms eben diese Verse rezitiert? In Untergangsstimmung — »es dräut das Schicksal des Reiches« — schrieb Tacitus, der Historiker, die Tragödie seines Volkes.

Die orientalischen Religionen, in deren unaufhaltsamem Vordringen er ein Symptom des Zersetzungsvorganges sah, hat Tacitus maßlos gehaßt, auch das Christentum. Als Proconsul von Asien im Jahre 115/6[14] hat er in Antiochia vielen Christenprozessen präsidiert, ohne Zweifel mit Härte und Unduldsamkeit; diese Religion erschien ihm als verderblicher Aberglaube, ihre Bekenner als Staatsfeinde. Langsam

[13] ann. 3, 65 *exequi sententias haud institui nisi insignes per honestum aut notabili dedecore, quod praecipuum munus annalium reor, ne virtutes sileantur utque pravis dictis factisque ex posteritate et infamia metus sit.*

[14] Das Jahr ist mir aus einer (unveröffentlichten) Berechnung meines unlängst verstorbenen Freundes Conrad Cichorius bekannt.

bröckelte der Riesenbau des Reiches ab, bevor er zusammenbrach. Als geistiges Traditionsgut behauptete neben der Rechtswissenschaft, dem Ruhmestitel des Römertums, und neben der allgemeinen Bildung, die den Sturz des Reiches überlebte, immer noch die Rhetorik das Feld, die nach wie vor den Anspruch auf das wahre Bildungsmonopol erhob[15]. Die neue Religion, die der Wahrheit zu Ehren kämpfte, konnte in der Rhetorik, die dem Schein nachjagte, nur ihre Feindin sehen. In der Theorie hat sie es auch getan, aber die Praxis zeigt ein anderes Bild. Oft genug ist die ›Wahrheit‹ mit den Waffen der Sophistik verteidigt worden. Wie hätte es auch anders sein können? Fast alle gebildeten Christen machten die Rhetorenschule durch, die ihren Lehrbetrieb in kaum veränderten Formen beibehielt. Nicht als Religion der Aletheia — ihren Besitz, den der ›Wahrheit‹, beanspruchten im Grunde genommen alle Offenbarungsreligionen — hat das Christentum gesiegt, sondern als Religion der Agape. Dieses Wort, fast neu in seiner Prägung, ganz neu und einzigartig sowohl als theologischer Begriff — Liebe Gottes zu den Menschen mit Einschluß, ja mit Bevorzugung der sündigen[16] — wie als praktisches Lebenspostulat einer opferfreudig sich betätigenden Nächstenliebe war dem sophistischen Streit entrückt: es lag, der Dialektik unzugänglich, auf einer neuen Ebene des Glaubens und des Gefühls. In dieser Gottes- und Menschenliebe fanden die meisten | das ersehnte Gut, den Seelenfrieden, ohne innere Kämpfe, als Gnadengeschenk. Das die Antike kennzeichnende Schauspiel der um ihre Lebensbestimmung in stolzem Selbstvertrauen ringenden Menschen wird seltener[17]. Lassen Sie uns zum Schluß einen Blick wer-

[15] Nur ein bezeichnendes Beispiel. Cornelius Fronto, von etwa 180 bis zum Untergang des Reiches eine Art Orakel der Rhetorengenerationen, steht der Abkehr seines Zöglings, des späteren Kaisers Marcus, von der Rhetorik fassungslos gegenüber. Er vermag sich den Wandel nur so zu erklären, daß dem Kaiser die rhetorischen Studien zu mühsam und zeitraubend erschienen seien und er es aus diesem Grunde vorgezogen habe *ad philosophiam devertisse*. Dieses legt er ausführlich in einem an den Kaiser gerichteten Briefe dar (S. 149 ff. N.): ein betrüblich interessantes Dokument für die Bildungskatastrophe jener Zeit. Im Zusammenhang mit den Ausführungen im Text sei erwähnt, daß derselbe Fronto eine (uns verlorene) Rede gegen die Christen hielt.

[16] Dieses Moment, ein ganz wesentliches, ist wohl zum ersten Male von Karl Holl nachdrücklich betont worden in seiner Rektoratsrede ›Urchristentum und Religionsgeschichte‹ 1924 (abgedruckt in den Gesammelten Aufsätzen II, 1 ff.). Ernst Hoffmanns Aufsatz ›Pauli Hymnus auf die Liebe‹ (Deutsche Vierteljahrsschrift für Literaturwissenschaft und Geistesgeschichte 4, 1925, 58 ff.) ist das Tiefste, das ich in der reichen Literatur über 1. Kor. 13 kenne.

[17] Die Worte, mit denen Horaz eine Epistel (1, 18) schließt

sed satis est orare Iovem, qui ponit et aufert,
det vitam, det opes: aequom mi animum ipse parabo,

zeigen die Gegensätzlichkeit antiken Denkens zum christlichen.

fen auf zwei Menschentypen der christlichen Welt, einen charismatisch geruhsamen und einen, der sich die Gnade in suchender Unruhe, jenem an Schmerzen und Lust reichen Erbe der Sokratik, erkämpft hat.

In der zweiten Hälfte des vierten Jahrhunderts lebte in Bordeaux Ausonius, ein — am bescheidenen Maßstab seiner Zeit gemessen — talentvoller Dichter und angesehener Professor der Rhetorik. Seinen begabten Schüler Paulinus liebte er wie einen Sohn und dieser ihn wie einen Vater. Paulinus brachte es dank seiner Beredsamkeit und den Empfehlungen des bei Hofe einflußreichen Ausonius zu sehr hohen Staatsämtern. Plötzlich sagt er der Welt Lebewohl: der Senator und Beamte zieht sich in die Einsamkeit der Pyrenäen zurück, wird Mönch, später Priester und Bischof; sein großes Vermögen schenkt er den Armen. Eine Weile lang unterhält er einen Briefwechsel in Versen mit dem alten Lehrer. Dieser steht der neuen Lebensführung seines Schülers, die ihm als Abtrünnigkeit erscheint, ohne Verständnis gegenüber, er sucht ihn in den Glanz dieser Welt und den Genuß ihrer Güter zurückzulocken. Aber Paulinus bleibt fest: »was nützen mir«, schreibt er einmal, »Philosophie, Rhetorik und die Erfindungen der Dichter? sie tragen nichts bei zu meinem Seelenheil, nichts zur Wahrheit, die nur in Christus lebendig ist«. Von einem Ringen ist hier nichts zu spüren, die Bekehrung erscheint als einmaliger Akt: so, ohne Seelenkämpfe, haben die allermeisten Gebildeten (von den ›geistig Armen‹ nicht zu reden) die Umkehr vollzogen, da ihnen eine absterbende Welt nichts bieten konnte, das den Vergleich mit Jenseitshoffnungen aushielt. Keiner von ihnen allen steht auf der Linie der Ringenden, denen unsere Betrachtung gilt, und auch Paulinus, diese friedfertige, aber matte Seele, soll uns nur als Folie zu einem Seelenkämpfer dienen.

Wenn von Augustinus, einem Zeitgenossen des Paulinus, in ganz wenigen Schlußworten gesprochen wird, so läßt sich das nur mit der durch das Thema gebotenen Beschränkung auf antike Menschen rechtfertigen. Diesen ist Augustinus nicht mehr im eigentlichen Wortsinn zuzurechnen. Wie eine Marksäule steht er zwischen den Bezirken des Altertums und des Mittelalters. Demgemäß war der Schauplatz seines Ringens die Grenzscheide zweier Anschauungswelten: der antike Mensch in ihm kämpfte mit dem christlichen. Das Ergebnis des Kampfes war keine Kapitulation der Antike, sondern ein Ausgleich ihres wesenhaften Traditions- | gutes mit der orientalischen Gedankenwelt des Christentums: ein geistesgeschichtlicher Prozeß, den man einen ›weltgeschichtlichen‹ nennen darf, ohne dieses gar zu oft leicht hingeworfene Wort zu mißbrauchen. Zum Rhetor bestimmt, wurde er der größte spekulative Historiker der abendländischen Christenheit. So fand auch er, der sich den Sinn für die geschichtliche Größe des alten Römertums bewahrt hatte, seine Berufsbestimmung im Dienst am Staat; aber jetzt war es nicht mehr die *civitas terrena,* sondern die *civitas dei.* Da ist es nun denkwürdig, daß er auf dem Wege zu seinem Lebensziel nicht, wie so viele andere, einen Fluch aussprach über die Geistesheroen der versunkenen Welt, sondern ihrer in Dankbarkeit, ja mit Liebe gedachte als Führern und Helfern. Ohne die Schriften der Platoniker hätte er den besonderen Weg, den er dann einschlug, nicht gefunden; sie hat er gelesen vor der Bibel, besonders Plotin (in lateinischer Übersetzung). Und noch vor diesen leitete die Lektüre ciceronischer Dialoge des Tastenden erste Schritte. Aus ihnen lernte der Jüngling philosophisches Denken, auch das Gesetz des »methodischen Zweifels«, das dann erst Descartes wieder entdeckte. Sie führten ihn kraft jener produktiven Unruhe, von der wir sprachen, zum Suchen seines Selbst; ethische Grundideen der sokratischen Zeit wie *beata vita, summum bonum* wurden in ihm durch Ciceros Vermittlung lebendig: jener ›Ruf‹ fand in seiner empfänglichen Seele das rechte Echo. Keinen dieser Dialoge hat er so geliebt wie den uns verlorenen, den ›Hortensius‹[18]. Noch als Greis hat er ihm durch ein berühmtes Bekenntnis, das wir zum Schluß hören wollen, ein Denkmal gesetzt. »In meinem 19ten Lebensjahr« — so schreibt er in den Confessiones — »war ich auf dem üblichen Bildungsgang in der Rhetorenschule zu einer Schrift Ciceros mit dem Titel ›Hortensius‹ gelangt; sie enthält eine Mahnung zum Studium der Philosophie. Diese Schrift wandelte meinen Seelenzustand, sie ließ zu dir, o Herr, mich im Gebet wenden. Verächtlich ward mir plötzlich alle eitle Hoffnung: nach der Unsterblichkeit der Weisheit begann ich zu trachten mit unglaublicher Herzensglut.«

[18] Näheres bei Karl Holl, Augustins innere Entwicklung (Gesammelte Aufsätze III, 55).

DIE BILDUNGSWERTE DER LATEINISCHEN LITERATUR UND SPRACHE AUF DEM HUMANISTISCHEN GYMNASIUM

1920

Jede Revolution ist traditionsfeindlich. Wie hätten sich da angesichts der Tatsache, daß auch die Jugendbildung einer durchgreifenden Revision unterzogen werden soll, die Gegner des humanistischen Gymnasiums die Gelegenheit zu einem Versuch, ihre lang gehegten Pläne im Sturmlauf zu verwirklichen, entgehen lassen sollen. Mit dem Schlachtruf: »Hie deutsches Gymnasium« wird der Feldzug gegen das humanistische geführt, als ob Deutschtum und Menschentum Gegensätze wären und nicht vielmehr zwischen beiden jahrhundertelange Waffenbrüderschaft bestände in dem Kampf um den Besitz höchster Kulturgüter. Die Aufsage dieser Bundesgenossenschaft geschieht mit einer Folgerichtigkeit, die man beneiden könnte, wenn nicht bedenklich viel Herostratentum dabei im Spiel wäre. Berufen wir uns auf heilige Güter der Vergangenheit, auf Glaubensbekenntnisse Goethes und W. v. Humboldts, so tönt von der anderen Seite der schrille Gegenruf: das war einmal, siehe es ist alles neu geworden, wir wollen nicht mehr am Altar Apollons, sondern im Haine Teuts opfern. Durch solche Rede glauben sie uns den Vorwurf geminderter vaterlandstreuer Gesinnung machen zu dürfen, als ob nicht auch in unseren Herzen heiße Liebe zum deutschen Vaterland glühte, dem in seinen Ängsten und Nöten wir bereitwillig alles opfern würden, was uns lieb und wert gewesen, wenn wir uns überzeugten, daß die Götter, denen wir huldigten, Lügengötter seien. Einstweilen erachten wir aber diesen Beweis für nicht erbracht. Ein Bildungsmonopol beanspruchen wir für uns längst | nicht mehr, und zu zeitgemäßen Reformen sind wir bereit, wie wir das immer waren: der Vorwurf einer dem Leben und seinen jeweilig wechselnden Forderungen abgewandten Geistesrichtung trifft uns nicht. Von mir selbst darf ich das Geständnis ablegen — und ich glaube da im Sinne von Ihnen allen zu sprechen —: der Haß so vieler Nationen gegen deutsches Wesen hat mich zu einer bewußteren Liebe unserer Stammesart erzogen und in mir die Überzeugung genährt, daß wir mehr als je zuvor darauf bedacht sein müssen, dem Besten und Eigensten, was in unserem Volk wurzelt, zur Entwicklung zu verhelfen; waren doch auch die alten Christen *odium generis humani*, und wie haben sie sich durchgesetzt durch Treue und Glaubenseifer. In den Dienst dieser heiligsten Aufgabe wollen auch wir Humanisten uns stellen: an einer Verständigungsmöglichkeit mit den Gemäßigten unserer Gegner kann es nicht fehlen, da uns ja die eine, ganz große Sache, der *sanctus amor patriae,* verbindet; die »entschiedenen Reformer« freilich, wie sie sich so schön nennen, lehnen wir ebenso entschieden ab. Wohl würde es mich reizen, bei diesen zeitgemäßen Problemen zu verweilen; aber an ihre Lösung ist in unserer Vereinigung und anderswo schon viel gute Arbeit gewendet worden, und der Vorstand hat mir die Wahl eines anderen Themas nahegelegt, das unsere von der Leidenschaftlichkeit politischer und pädagogischer Kämpfe überreizten Nerven eher beruhigen könne, da es mehr friedlicher und beschaulicher Natur sei. Ohne ein kräftiges Wörtlein der Abwehr hie und da wird es freilich nicht abgehen: die Zeit erzieht uns nicht zu Irenikern, und ohnehin gehören die Philologen zum horazischen *genus inritabile.*|

Daß die griechische Sprache und Literatur das Rückgrat des humanistischen Gymnasiums ist und bleiben muß, darüber gibt es in dem geistigen Deutschland Humboldts keine Meinungsverschiedenheiten. »In den Büchern der Griechen blättert bei Tag und Nacht«: dieses an die bildungsbeflissene römische Jugend gerichtete Mahnwort des Horaz leuchtet im Geiste über den Pforten unserer humanistischen Lehranstalten. Wie aber steht es mit dem Lateinischen? Seine Verteidigung ist, wenn wir an unsere Bildung einmal einen absolut hohen Wertmesser anlegen, nicht so ganz leicht, und ich möchte hier meiner Überzeugung Ausdruck geben, daß eine Verminderung des Lateinbetriebs zugunsten des Griechischen mir möglich — wenn aber möglich, dann auch erwünscht, ja notwendig erscheint. Mehr Quell- und weniger Brunnenwasser muß die Parole sein; oder, um es mit einem anderen, von Mommsen einmal gebrauchten Bild zu sagen: eine deutsche Orangerie mag ganz schön sein, aber in einem sizilischen Orangenhain wandelt es sich noch schöner; oder endlich — entschuldigen Sie die Häufung der Bilder — mit Benutzung eines Wortes von Wilamowitz: wer die Wahl zwischen Wein und Schnaps hat, der wird sich nicht lange bedenken.

Unsere extremen Gegner kehren nun aber bei ihrem Geschäft einer Vivisektion unserer Kultur das Verhältnis der beiden Sprachen um. Während sie dem Griechischen den Lebensnerv zerschneiden wollen, sind sie human (wenn wir dies Wort einmal von ihnen gebrauchen wollen) genug, dem Lateinischen — freilich nach erheblicher Amputation — einen zur Not noch lebensfähigen Rumpf zu lassen. Keine idealistischen oder geschichtlichen | Anwandlungen haben sie zu dieser Menschenfreundlichkeit sich bereit finden lassen, sondern Nützlichkeitserwägungen: ohne Kenntnis des Lateinischen seien nun einmal sehr viele Bücher nicht zu lesen, deren Verständnis für den theologisch, juristisch, historisch auszubildenden künftigen Kirchen- oder Staatsbeamten unumgänglich sei. Wir lassen uns dies Zugeständnis insofern gefallen, als darin ein widerwilliges Anerkenntnis der ungeheuren Tradition liegt, die unsere Kultur mit der antiken verbindet. Im übrigen jedoch lehnen wir es ab, bloß Handlangerdienste vollziehen zu wollen: wenn das Lateinische zu weiter nichts taugt, als daß es dem katholischen Theologen die Vulgata des Hieronymus oder die Summa theologiae des Thomas, dem protestantischen die 95 Thesen Luthers und die Confessio Augustana Melanchthons, dem Juristen das Corpus iuris, die Lex Salica oder die Bulla aurea, dem Historiker des Mittelalters die Monumenta Germaniae in der Ursprache zu lesen ermöglicht, dann erhebe man es, wozu ja Anfänge bereits vorliegen, zu einer auf den Universitäten lehrbaren esoterischen Wissenschaft, bereite ihm aber als Schulfach ein pietätvolles Begräbnis und setze ihm einen Grabstein mit einer klangvollen Ehreninschrift. Das nur Historische hat sein lebendiges Daseinsrecht ein für allemal verwirkt, das nur Nützliche bietet dem Geist keine lebenspendende Nahrung, und, wie Spinoza lehrte, dasjenige, das sich nicht durch eigene Kraft erhalten kann, hat sein Existenzrecht verwirkt. Nur wenn dem Lateinischen ein eigener, von historischen und Nützlichkeitsrücksichten unabhängiger Wert innewohnt, hat es einen Anspruch darauf, neben dem Griechischen als wesentliches Fach unserer höheren Bildung weiterzuleben. |

Das Instrument der Literatur ist die Sprache. Die lateinische hat ein so langes Leben geführt wie keine andere des europäischen Kulturkreises und eine wohl einzigartige völkererziehliche Macht ausgeübt. Sie war die Trägerin des Christentums in den Provinzen des Westreichs. Die germanischen Nationen, die das Imperium zertrümmerten, haben sie den Unterworfenen gegenüber als die Sprache der Rechtsbücher benutzt. Im Mittelalter ist sie als eine gesprochene Sprache auf Schulen und Universitäten gelehrt worden, und ihr Leben sprach sich gerade auch in ihrer Verwilderung aus. Erst der Humanismus hat mit seiner Forderung einer Rückkehr zum klassischen Latein, besonders Ciceros, dieser Sprache, indem er ihr ein künstliches Leben gab, den Todesstoß versetzt; das »Küchenlatein« des beschränkten Kölner Obskuranten Ortuin Gratius hat mehr Daseinsberechtigung als dasjenige der lukianischen Dialoge seines geistvollen Parodisten Ulrich von Hutten. So wurde diese Sprache aus einem Werkzeug des Lebens ein Objekt der Forschung, und eben der hierdurch bedingte Abstand hat sie uns in ihrer besonderen Wesensart deutlicher gemacht. Vergleicht man sie mit der griechischen Sprache, so hat man zunächst den Eindruck einer mit bescheidenem Vorrat haushälterisch wirtschaftenden Bürgerfrau im Gegensatz zu einer in verschwenderischem Reichtum prangenden Königin. Dieser verhältnismäßigen Armut ihrer Sprache sind sich die römischen Schriftsteller selbst bewußt gewesen: die *patrii sermonis egestas* wird bedauert, die *dives lingua* der Griechen beneidet. Diese Armut war aber nur zum Teil angeboren, zum anderen Teil selbst gewollt. Das Sprachregister, über das Plautus verfügt, ist wahrlich | nicht gering; dieser größte Virtuose schöpferischen Könnens auf lateinischem Sprachgebiet zeigt vielmehr eine bildnerische Sprachkraft, eine spielende Leichtigkeit der Ausdrucksformen, eine Fülle teils ererbten, teils neugeschaffenen Wortreichtums, daß man, wenn man sein Ohr eingestellt hat auf den so viel dünneren Klang der augusteischen Poesie, den vollen Akkorden jenes Dichters der hannibalischen Zeit fast mit Verwunderung lauscht. Ähnliche Beobachtungen kann man machen, wenn man das Sprachlexikon etwa der catonischen Reden mit dem der ciceronischen vergleicht. Diese Verkümmerung des Sprachschatzes war eine Folge gewaltsamer Eingriffe von Sprachtheoretikern, die die nicht ganz spärlich fließenden mundartlichen Quellen des latinischen Landes verstopften zugunsten des urbanen Idioms der Stadt am Tiberstrom: *purus sermo* wurde die Parole, behutsame, ja ängstliche Beobachtung der *proprietas verborum* die unverbrüchliche Norm. Wenn jetzt ein Dichter wie Catull noch ab und zu einen Griff ins vollere Leben der Sprache tat, so entgingen er und seinesgleichen nicht der Rüge. Jedem werden dabei die Bestrebungen der Académie française einfallen, die seit dem 17. Jahrhundert bemüht war, in ihrem Dictionnaire einen Kanon der Sprachrichtigkeit aufzustellen, als deren Norm ihr der hauptstädtische Wortschatz galt. In einer so reglementierten Sprache haben Caesar und Cicero, Vergil und Horaz geschrieben, und man muß sie bewundern, daß sie mit so verringerten Sprachmitteln noch immer so bedeutende Wirkungen erzielten. Daß die römische Gesellschaft eine solche Disziplinierung der Sprache durchsetzte, ist für ihren auf allen Gebieten des Lebens ordnenden, die individuelle | Freiheit einschränkenden Geist ebenso charakteristisch, wie es auf der anderen Seite begreiflich ist, daß das Volk sich um solche Eingriffe nicht gekümmert hat: geächtete Worte und Formen, gebrandmarkte Konstruktionen treten auf Inschriften niederer Gesellschaftsklassen friedlich wieder zutage und fanden auch in die Literatur ihren Eingang, als diese zumal in den Provinzen durch das Christentum das volkstümliche Gepräge, das sie seit Jahrhunderten so gut wie völlig verloren hatte, zurückerhielt. Immerhin darf die Macht der Schultradition, durch die jene Sprachdisziplinierung jahrhundertelang fortgepflanzt wurde, nicht unterschätzt werden: die Grammatiker waren den stigmatisierten Ausreißern der Vulgärsprache dauernd auf den Fersen und haben unzweifelhaft viele eingefangen, die leider nie wieder ans Licht der Sonne kamen.

Durch diese Skizze sollte nur dem verbreiteten Vorurteil einer unbedingten Armut der lateinischen Sprache entgegengetreten werden. Daß sie trotzdem, an der griechischen gemessen, selbst in den Zeiten ihres höchsten Wohlstandes einen Kittel trug, während jene im Purpur prangte, wer wollte das leugnen. Wohl haben ihr gewichtige Würde und Kraft, *gravitas et potentia*, nicht gefehlt; aber die vornehmere Schwester, der es an diesen beiden Eigenschaften wahrlich auch nicht mangelte, besaß außerdem noch Anmut und Freiheit, *gratia et licentia*. Auch blieb sie dank ihrer reichen Dialektentwicklung, einer naturgemäßen Begleiterscheinung des politischen Partikularismus und der vielfältigen Gliederung des Landes, zu den Zeiten der höchsten Blüte der Literatur vor jener Uniformierung bewahrt, die dem Lateinischen infolge des Unterganges der italischen | Mundarten durch die politische Nivellierung der Halbinsel gleich bei Beginn der Literatur widerfuhr. Wie in so vielem steht auch hierin das Deutsche dem Griechischen näher als das Lateinische. Die Sprödigkeit des lateinischen Sprachmaterials zeigt sich besonders charakteristisch in der fast gänzlichen Unfähigkeit zur Prägung von Wortkomposita: an dieser Tatsache können ganz vereinzelte Prägungen auf einer sehr alten Sprachstufe und dann Experimente einiger weniger republikanischer Dichter nicht irremachen, da sie ja auch durch die romanischen Tochtersprachen gewährleistet wird. Auch auf diesem Gebiet reicht der deutsche Sprachgenius dem griechischen die Hand. Goethe hat sich in Wetzlar eifrig mit Pindar beschäftigt — »ich wohne jetzt«, schreibt er 1772 an Herder, »in Pindar, und wenn die Herrlichkeit des Pallasts glücklich machte, müßt' ich's sein« —: welche Fülle von Wagnissen pindarischen Stils bietet allein die kleine im Jahre 1774 veröffentlichte Ode »Mahomets Gesang«, freudehell, schlangenwandelnd, Sternenblick, Riesenschultern und viele andere. Sie alle ließen sich ohne besondere Mühe ins Griechische übersetzen, keines ins Lateinische; im ganzen Horaz findet sich nur ein einziges derartiges Kompositum, *tauriformis*, und eben dieses ist eine Nachbildung des griechischen ταυρόμορφος. Hier ist also dem Lehrer der Prima unserer Gymnasien, wenn er etwa in drei Stunden hintereinander horazische Oden, eine sophokleische Tragödie und Goethes Iphigenie mit den Schülern liest, Gelegenheit geboten, sie auf das je nach dem Sprachgeist wechselnde Vermögen dichterischer Wortschöpfung hinzuweisen. Auch die Sprödigkeit entbehrt ja aber nicht ihres Reizes: Horaz und Vergil mußten sich be- | mühen, auch aus Kieselsteinen Feuer zu schlagen, weil ihnen ihre Sprache keine in eigenem Glanz funkelnde Edelsteine zur Verfügung stellte. Alltägliche Worte können durch neue Verbindungen

Glanz erhalten. Von Dido sagt Vergil einmal *longum(que) bibebat amorem*[1], von einer Danaostochter Horaz *splendide mendax fuit in parentem:* dergleichen glückliche Prägungen wird der Lehrer den Schülern vor die Seele führen, auf daß sie die Möglichkeiten schöpferischer Kraft auch in einer kühlen und herben Sprache begreifen lernen.

Eine ähnliche Gebundenheit zeigt die lateinische Wortverbindung in Syntax und Stil. Ihre Syntax vermag es nicht, die feinsten Regungen der Seele in dem Maße wiederzugeben wie die griechische (welcher Grammatiker wäre nicht bereit, beispielsweise auf die Funktionen des Modaladverbs ἄν einen Hymnus anzustimmen), obwohl auch im Lateinischen die Beobachtung beispielsweise der verschiedenen Gebrauchsarten des Konjunktivs und der Partizipalkonstruktionen eines psychologischen Reizes nicht entbehrt. Aber das Pendel der syntaktischen Uhr schwingt hier, der Psyche des Volkes entsprechend, doch regulierter, verstandesmäßiger. »Der Geschmack der Römer«, sagt Herder, »war Geschichte oder ernste, gesetzgebende Beredsamkeit, kurz Tat.« An der Wiege des hellenischen Volkes hat die Phantasie, an der des römischen der Wille gestanden, der das Widerstrebende zur Ordnung, das Zügellose zum Gesetzmäßigen, das Rechtswidrige zur Pflicht band. Ein lateinisches Wort, das sich schwer mit einem einzigen deutschen wiedergeben läßt und das | wir daher als Lehnwort übernommen haben, ist *disciplina.* Sie prägte sich nicht nur in dem Verhältnis des Sohnes zum Vater, des Soldaten zum Feldherrn, des Schülers zum Lehrer aus, sondern auch als *disciplina rei publicae* in der Unterordnung des Individuums unter die Gesamtheit. Ihre Strenge beherrschte auch die Struktur der Sätze, worin der energische Wille, das einzelne der Ordnung des Ganzen zu unterwerfen, Ausdruck gefunden hat. Eine caesarische Periode ist sozusagen ein Abbild des energischen Machtwillens, der unerbittlichen Konsequenz des Denkens und Handelns, mit dem dieser größte Vertreter des Römertums Menschen und Dinge, Völker und Verfassung meisterte. Die Analyse einer solchen Periode besitzt einen beträchtlichen erzieherischen Wert. Ein Schüler, der, anfangs von kluger Lehrerhand geleitet, allmählich dazu vordringt, selbständig einen gelegentlich den Umfang eines kleinen Kapitels einnehmenden Satz in seine Gedankenteile zu zerlegen, diese aus dem Verhältnis der Unterordnung loszulösen, sie dem Geiste unserer Sprache gemäß mit Partikeln, die die äußere oder innere Beziehung der Teile unter sich und zum Ganzen bezeichnen, aneinanderzureihen und sie dadurch in ein zeitliches und logisches Verhältnis zu setzen — ein solcher Schüler hat an einem

[1] H. Heine: »Und Lieb' und Ruhe trinken.« Aber bei Vergil ist es bildlich gemeint: *auribus,* bei Heine sinnlich: *ore.*

würdigen Objekt eine unverächtliche Gedankenoperation vorgenommen, erlebt an sich wie bei einer schwierigen algebraischen Gleichung, die aufgeht, die Genugtuung wohlgelungener Arbeit und ist durch Beobachtung der sichtbaren Verschiedenartigkeit sprachlicher Ausdrucksformen in die Schöpferwerkstatt seiner Muttersprache eingeführt worden. Er wird sich, in dieser Methode konkreten Denkens gebildet, | an Straffheit und Sauberkeit, Folgerichtigkeit und Klarheit des Ausdrucks auch im Deutschen gewöhnen. Denn er hat gelernt, sein an dem fremden Objekt geschultes Sprachbewußtsein und Sprachgefühl in strenge Zucht zu nehmen, deren Wirkungen sich bis auf die Feinheit sinngemäßer Interpunktion, eines untrüglichen Prüfsteins scharfen Denkens, erstrecken. Durch Denken im fremden Organ und Umdenken ins eigene gelangt er zum Nachdenken über seine Muttersprache, und was gäbe es wohl Schöneres, Erstrebenswerteres.

»Todte Sprachen nennt ihr die Sprache des Flaccus und Pindar
Und von beiden doch kommt, was in der unsrigen lebt[2].«

Die Behauptung, daß die auf unseren Schulen gelehrten modernen Fremdsprachen gleichwertige Geistesgymnastik ermöglichen, wird sich kaum aufrechterhalten lassen: wohl sind auch in ihnen die Nuancen der Ausdrucksformen oft vom Deutschen verschieden und erfordern dann auch ihrerseits ein Umschalten des Denkens, wohl bieten auch sie dem Lehrer eine Fülle feinsten Beobachtungsmaterials dar, aber die Stilformen und Ausdrucksarten sind sich doch infolge der geschichtlichen Annäherung und der kulturellen Wechselwirkung der Völker zu ähnlich, als daß es bei der Übersetzung eines durchgreifenden Umformungsprozesses, eines Umschaffens bedürfte. Anders bei einer durch Welten des Denkens und Empfindens von der unsrigen getrennten Sprache ferner Vergangenheit. Die Zeiten, in denen eine »wörtliche« Übersetzung aus den alten Sprachen in Prosa und Poesie als Maßstab und Ziel des Verständnisses galt, sind ja | zum Glück längst vorüber; sie mußten in der Tat verhängnisvoll für den deutschen Periodenbau werden. Aber jetzt beginnt sich sogar der sogenannte Kanzleistil darauf zu besinnen, daß ein Gesetz oder eine Verordnung nicht an Verständlichkeit gewinnt, wenn es sich noch im Schnörkelstil der Erlasse bewegt, die aus den Kanzleien des Theodosius oder Iustinianus oder Theoderich hervorgingen.

Gerade dadurch jedoch, daß wir in dieser Weise auf die Nachbildung der lateinischen Periode verzichten, haben wir gelernt, sie als künstlerisches Formengebilde, sei es auch einer uns fremdartigen Kunstausübung, zu würdigen. Eine ciceronische Periode mit Anfang, Mitte und Ende, in der jedes Wort den ihm zukommenden, vom

[2] Goethe, Xenien, Tabulae votivae, Werke 5, 1, 313, Weimarer Ausgabe.

Hörer durch die innere Struktur der Gedanken und den Satzrhythmus erwarteten Platz erhält, jedes Glied dem Ebenmaß des Ganzen dient, jedes Ornament die Monumentalität erhöht, ohne den Gesamteindruck durch zu starke Belastung zu schädigen, gleicht in ihrer machtvollen Architektonik, ihrer großartigen Rhythmik des Aufbaues einem jener Bauwerke des Palladio, die Goethes Kunstenthusiasmus in Vicenza erregten: in der Tat haben griechische Kunsttheoretiker, denen Cicero selbst folgte, solche Stilmonumente mit den Giebeln der Tempel verglichen, in denen Pracht mit Nützlichkeit harmonisch vereinigt seien[3]. Mit dem bloßen Anschauen | ist es aber nicht getan: neben dem Auge muß das Ohr beteiligt werden. Wir müssen, so schwer uns diesem Kunstgenuß entwöhnten bloßen Lesemenschen das auch fallen mag, versuchen etwas von dem sinnlichen Wohlgefallen des antiken Hörers zu verspüren, der sich an solchen Tonsymphonien berauschte; wir müssen bemüht sein, uns auf diesen Rhythmen zu wiegen, sei es, wie in einem Nachen, wenn sie in ruhigem Strom dahinfließen, sei es, wie in einem stolzen Schiff, wenn sie sich im Ozean des Pathos zu mächtigen Wogen erheben. Erlauben Sie mir, Ihnen als Probe des pathetischen Stiles die Anfangssätze der ersten catilinarischen Rede rhythmisch zu rezitieren ...[4] Kommt der Schüler dann von Cicero zu Tacitus, so wird er sich wie in eine andere Welt der Kunstübung versetzt fühlen: die ruhige Linie ist der gebrochenen, der Klassizismus dem Barock gewichen. Die Periode, dieses Symbol republikanischer Geschlossenheit der Kräfte, hat einem Stil Platz ge- | macht, in dessen durch Willenskraft gebändigter Nervosität man versucht sein könnte, den fieberhaften Pulsschlag einer von schweren Krisen erschütterten, aber noch immer stolzen und selbstbewußten Gesellschaftsklasse wiederzuerkennen. *Haec atque talia agi-*

[3] Cicero de orat. 3, 178 ff. *ut in plerisque rebus incredibiliter hoc natura est ipsa fabricata, sic in oratione, ut ea quae maximam utilitatem in se continerent plurimum eadem haberent vel dignitatis vel saepe etiam venustatis* ... (So sei es im Bau des Weltalls, des Menschen, der Bäume, aber auch eines Schiffes, eines Tempels:) *Capitolii fastigium et ceterarum aedium non venustas sed necessitas ipsa fabricata est, nam cum esset habita ratio quemadmodum ex utraque tecti parte aqua delaberetur, utilitatem templi fastigii dignitas consecuta est, ut etiamsi in caelo Capitolium statueretur ubi imber esse non potest, nullam sine fastigio dignitatem habiturum fuisse videatur.* Der capitolinische Tempel, bei dem Kunstverständige sich immer freuten, wenn er wieder einmal abbrannte, — im Himmel? Eine groteske Vorstellung. Nun: der griechische Kunsttheoretiker, dessen sehr feine Betrachtungen Cicero in diesem ganzen Abschnitt zugrunde legte, wird den Parthenon genannt haben; und Ciceros nüchterne Bemerkung, daß »es im Himmel nicht regnen könne«, bekommt Glanz und Farbe, wenn wir annehmen, daß auf die berühmten homerischen Verse vom Olympos angespielt war, der niemals ὄμβρῳ δεύεται (ζ 43).

[4] S. Beilage S. 606 f.

tantibus — gravescere valetudo Augusti — et quidam scelus uxoris suspectabant. Primum facinus novi principatus — fuit Postumi Agrippae caedes. At Romae ruere in servitium — consules patres eques: das sind die Anfänge dreier aufeinanderfolgenden Kapitel des ersten Annalenbuches. Nicht mächtige Wellenberge, die breit ausladend sich zu Tälern senken, sondern ein sturmgepeitschtes Meer, über dem aus nachtverhängtem Himmel Blitze zucken, Donner grollen. — Die kunstmäßige Poesie hat sich in Rom erst zu entfalten begonnen, als seine Prosa das erste Stadium ihrer Entwicklung bereits zurückgelegt hatte. Obwohl nun die Erkenntnis, daß prosaischer und poetischer Stil wesensverschieden seien, verbreitet war, so ist doch eine Beeinflussung dieses durch jenen wenigstens in der bewußten Kunst der Periodisierung nicht zu verkennen. Vergils Aeneis beginnt mit einer sieben Verse umfassenden wohldurchdachten Periode: an einen kleinen Hauptsatz schließt sich ein Relativsatz an, dann weiter ein partizipiales Gefüge; von diesem hängt ein Satz mit einer temporalen Konjunktion ab, von diesem einer mit einer lokalen. Die ganze erste Ode des Horaz ist mit ihren 54 Versen eigentlich nichts anderes als eine lange, aus ihren Teilen sich auftürmende Periode des Gedankens, die mit dem recht prosaischen *quodsi* zu ihrem Anfang zurückkehrt. Mag nun auch eine derartige recht verstandesmäßige Technik für die poetische Illusion ihre Bedenken haben, so wird | doch durch sie die gleiche Monumentalität erzielt, wie sie die Formgebung der Prosa auszeichnet. Die Majestät des vergilischen Hexameters ferner mit seinen wogenden Rhythmen ist ein Kunstprodukt, das vielleicht nur in Dantes Terzinen ein vergleichbares Ebenbild hat[5], nur daß der mittelalterliche Dichter durch den Schmelz, den er der Entwicklung der lateinischen Mutter- zur italienischen Tochtersprache verdankte, sein antikes Ideal, das er an Klangfülle nicht ganz erreicht, an Klangmelodie übertrifft. Auch dieser Zauber stilistischer Formgebung erschließt sich

[5] Als ich vor vielen Jahren bei einer sehr gebildeten Italienerin Unterricht nahm, legte sie mir, um den Standpunkt meiner Kenntnisse festzustellen, in der Anfangsstunde einen Abschnitt aus Dante vor. »Sie haben« — dies etwa war ihr Urteil — »die Worte einigermaßen richtig ausgesprochen und den Text sinngemäß gelesen, aber der Rhythmus ist gar nicht zum Ausdruck gekommen.« Und nun las sie mir ein paar Terzinen: der Eindruck ist mir bis heute geblieben, und ich habe ihn zu verwerten gesucht, als ich mich dann in der Rezitation vergilischer Verse übte. Wer es vermag — mir fehlt dazu leider das Organ — muß mit dem Rhythmischen das Musikalische zu verbinden suchen, den Sprechgesang *(cantus obscurior* Cicero orat. 57), der an bewegten Stellen der Poesie und Prosa gleichermaßen zum Ausdruck kam; Vergil, der seine Verse gern rezitierte, war darin ein Meister und erzielte ergreifende Wirkungen. Lernen läßt sich diese Kunst, wenn überhaupt, wieder nur an der italienischen Tochtersprache, z. B. durch Anhören von Predigten.

nur durch Rezitation, und der Lehrer sollte es sich nicht nehmen lassen, die Schüler bei der Horaz- und Vergillektüre zur Empfänglichkeit für diesen Reiz zu erziehen; wenn beispielsweise die Worte *si fractus inlabatur orbis, inpavidum ferient ruinae* in ihren Ohren dröhnen oder die Weichheit | *suadentque cadentia sidera somnos* in ihre Seelen schmilzt, so werden sie zur Überzeugung gelangen, daß hier mit geringem Aufwand an Sprachmitteln Gipfelpunkte der Sprachkunst erreicht worden sind.

Die Signatur des klassischen lateinischen Sprachstils ist, wie wir rückblickend werden sagen dürfen, männliche Kraft, zusammengefaßte Willensbetätigung, ernste Monumentalität, zeremoniöse Gedehntheit, getragenes Pathos; dieser Stil ist in seiner martialischen Haltung wie keiner geschaffen zum Lobe von Helden, *viri fortes.* Als ich im April dieses Jahres unserm Lettow-Vorbeck das Ehrendiplom eines doctor h. c. der philosophischen Fakultät hiesiger Universität überreichen durfte, äußerte er, das Elogium habe doch nur im Lateinischen solchen Klang[6]. Das Sprachmaterial dieses Stils ist, zumal gemessen an dem griechischen, in seinem Umfang begrenzt, bildhafter Anschauung nicht recht zugänglich, in seinem Gehalt weniger seelenvoll, in seiner Form weniger geschmeidig, aber festgefügt wie aus Quadern, markig, aber melodiösem Wohllaut nur selten sich erschließend: *ore rotundo loqui* wie dem Hellenen war dem Römer nach einem bekannten Wort des Horaz versagt, und es wurde Vergil, der doch wie Catull öfters fast italienisch an- | mutende Weichheit des Tons und malerische Klangwirkung erzielte, als Zeichen seiner Urteilskraft angerechnet, daß er den Wettstreit mit Theokrits Klangmelodien als aussichtslos aufgegeben habe. Ich möchte mir den Vorschlag erlauben, daß in den Horazstunden etwa bei der Lektüre der Römeroden Abschnitte aus der größten und stolzesten lateinischen Inschrift, dem Rechenschaftsbericht des Augustus, zu Gehör gebracht würden: diese lapidaren Sätze bezeichnen wohl einen absoluten Höhepunkt der Sprachmonumentalität. Wohl unserer Jugend, in deren Ohren die Anmut hellenischer und die Würde römischer Rede klingt; denn es wird sich nicht leugnen lassen, daß auch der kühlere Luftzug, der das Lateinische trägt, ja daß selbst seine Herbheit und Nüchternheit einen kräftigen Reiz auf die

[6] Das Elogium galt »*viro fortissimo duci egregio, qui a patria procul disiunctus iniquitate caeli terraeque pressus commeatu omni interclusus cum parva sed tali duce digna militum Germanorum manu spectataeque fidei incolis impetum hostium copiis apparatu machinis longe praepollentium quattuor amplius annis sustinuit, bello in hostiles agros adhuc incognitos tramisso novas scientiae geographicae opes suppeditavit, et dum invictus provincia decedit virtute fortitudine constantia gloriam nominis Germanici in Africa terra ad omne aevum propagavit.*«

Gefühlsnerven des Gastes auszuüben vermag, der von der mit Wein und Süßigkeiten reich besetzten hellenischen Tafel aufsteht und nun — um einen varronischen Ausdruck zu brauchen — die Erfahrung macht, daß auch Schwarzbrot mit Zwiebeln und Knoblauch ihren Nährwert besitzen.

Sehen wir uns nun die Beschaffenheit des Körpers an, den dieser stilvolle Faltenwurf der Toga deckte. Eine Charakteristik der lateinischen Literatur in ihrer Gesamtheit liegt selbstverständlich ganz außerhalb des Kreises unserer Betrachtung. Wir wollen uns nur die Frage vorlegen, welche Bildungswerte für die humanistische Schule ihr innewohnen. Aber selbst bei dieser engen Begrenzung unseres Themas wird eine Auswahl | geboten sein; ich möchte Ihnen vorschlagen, drei Bildungselemente mit mir in Betracht zu ziehen, das ethische, das patriotische und das historische.

Eine lebensfähige Literatur wurzelt im Erdreich der Nation. Die römische war ihrem Ursprung nach ein aus dem hellenischen Mutterboden nach Latium verpflanztes Reis; über ihr leuchtet daher nicht der Glanz der Originalität, deren sich im absoluten Wortsinn überhaupt nur ein einziges Volk des europäischen Kulturkreises, das griechische, rühmen darf. Das römische Schrifttum war in seinen Anfängen der Gefahr ausgesetzt, eine Übersetzungsliteratur zu werden. Die Willenskraft, mit der einzelne Schriftsteller von ausgeprägter Individualität diesen Rahmen sprengten, das Kunstverständnis, zu dem sie sich in mühsamer Arbeit erzogen, der Geschmack, mit dem sie sich in dem griechischen Haus eigene Wohnungen einrichteten, verdient angesichts der erstaunlichen Unproduktivität des Italertums auf allen Gebieten der musischen Künste ehrliche Anerkennung: Cicero ist nicht Demosthenes, Vergil und Horaz sind nicht Homer und Alkaios in römischem Gewand, sondern ihre Werke verhalten sich zu denen ihrer Vorbilder etwa so wie Goethes römische Elegien zu den antiken Originalen, waren mithin nicht bloß Nachahmung, sondern Nachfolge. Die römischen Schriftsteller haben also — hiermit ist die nicht sehr weite Grenze, aber auch die immerhin noch achtbare Größe ihrer Kraft bezeichnet — das importierte Gewächs nicht bloß in Treibhäusern (auch an denen fehlt es keineswegs), sondern auch in der freien Luft italischen Himmels zu einem Baum eigenen Wuchses und eigenen Blätterschmucks herangepflegt, indem sie seine Wurzeln immer | wieder mit dem Edelnaß hellenischer Kultur tränkten. Diese hat ihre weltgeschichtliche Aufgabe, Erzieherin der Völker zu sein, zum ersten Male und dann nie wieder mit gleicher Unmittelbarkeit gelöst wie damals, als sie, um es mit Horazens Worten zu sagen, »dem bäurischen Latium die Zivilisation brachte«. Erfahrungsgemäß übt nun bei der Herübernahme einer fremden Literatur zunächst weniger deren künstlerischer als der leichter ausmünzbare moralische Gehalt eine Anziehungskraft aus. So war es, als die griechische Literatur in der Renaissance ihren Siegeslauf begann, so auch im alten Rom. Griechische Ethik verfeinerte den Hang zum derben Moralisieren, der dem Römertum angeboren war: schon Appius Claudius Caecus übersetzte in ungefügen Versen griechische Sentenzen, und der alte Cato stellte für den Hausgebrauch seines Sohnes eine Art von Vademecum zusammen, in welchem er seine recht hausbackene Lebensanschauung durch das feine Salz griechischer Moralisten etwas schmackhafter zu machen suchte. Von diesen schriftstellerischen Niederungen bis zu den stolzen Höhen, auf denen ein Seneca wandelte, bedurfte es einer Gedankenarbeit und Formentwicklung von mehreren Jahrhunderten. Zeitlich auf der Mitte dieses Weges steht Horaz. Wenn wir uns die Frage vorlegen, warum von allen römischen Schriftstellern er sich als der treueste Begleiter durchs Leben vielfach auch solchen Männern bewährt, die ihr Beruf weit von den Studien der Schule abgeführt hat, so werden wir wohl antworten dürfen: er war die ausgeprägteste Persönlichkeit unter den römischen Literaten und war sich dieses Besitzes als höchsten Erdenglücks bewußt. Ein kluger und feiner Beobachter des Menschenlebens | und seiner selbst maß er mit überlegenem Lächeln die realen Verhältnisse der wechselnden Erscheinungswelt an immer gleichen ethischen und intellektuellen Idealen. Hätte seiner Verstandesklarheit Gefühlswärme in gleichem Maße entsprochen — wenigstens in dem Verhältnis zu seinen Freunden und dem liebevollen Gedenken an seinen Vater hat es ihm an dieser nicht gefehlt, aber sie ist noch bei den heutigen romanischen Völkern sehr wenig ausgeprägt —, so hätte er die Fähigkeiten eines liebenswürdigen und launigen Ironikers zu denen eines gemütvollen Humoristen steigern können; für sokratischen Humor aber war die Beimischung von Galle in seinem Blut doch zu stark. Jedes falsche Pathos, an dem viele römische Schriftsteller kranken, war ihm in der Seele zuwider, und auch zum wahren bequemte er sich nur, wenn er wie in den Römeroden oder dem Säkularlied das ihm so wohl stehende behagliche Hauskleid mit dem pompösen Festgewand des apollinischen Sängers vertauschte; auch dieses vermochte er dann mit gemessenem Anstand zu tragen:

»Hohe Sonne, Du weilst und Du beschauest Dein Rom!
Größeres sahest Du nichts und wirst nicht Größeres sehen,
Wie es Dein Priester Horaz in der Entzückung versprach.«

So blieb er sich der Grenzen seines Könnens stets bewußt und tat nicht leicht einen Fehlgriff auf den Saiten einer Lyra, der — fürwahr ein großer und seltener Ruhm — wirklich unechte Töne nie entquollen sind. Wohl haben wir Philologen den Nachweis zu erbringen vermocht, daß die Elemente, aus denen sich seine Kunstschöpfungen zusammensetzen, größtenteils griechischer Herkunft sind, und er selbst, der nachdrücklichste Vorkämpfer des Hellenentums und sein eindringlichster | Prophet, hat dessen nie ein Hehl gemacht. Aber er hat sich das Fremde so zu eigen gemacht, daß es als ein Besitz erscheint, auf den er Eigentumsrecht hat; ja er hat es in den besten seiner Gedichte, und das sind die ganz schmucklosen und einfachen wie *o fons Bandusiae,* verstanden, das Fremde so gut wie ganz abzustreifen und sich einen eigenen Stil zu prägen wie wenige andere römische Dichter: als *Romanae fidicen lyrae* darf er sich ohne Überhebung bezeichnen. Die Lebensgrundsätze, die er zu empfehlen nicht müde wird, sind nicht eben tief; aber da sie sich von aller sittenrichterlichen Strenge fernhalten, so sind die freundlichen Empfehlungen der *aurea mediocritas,* des *quid sit futurum cras, fuge quaerere,* des *aequam memento rebus in arduis servare mentem,* und wie sie alle heißen, die im Zusammenhang der Gedichte meist gar nicht so ernsthafte Gesichter tragen wie im »Büchmann«, ihrer Wirkung auf die breite Masse der Gebildeten dauernd sicher. Während er sich in den Oden durch einen mit Bedacht gewählten Stil zu strenger, ja oft konventioneller Gebundenheit der Gedankenführung zwang, kommt diese Einschränkung freier Beweglichkeit in den Satiren und Episteln ganz in Wegfall. Diese Kinder seiner *Musa pedestris* haben die überaus schwierige Aufgabe gelöst, in einem leicht zur Auflösung verführenden Stil unter dem Schein der Lässigkeit organische Kunstgebilde zu schaffen: in dieser Hinsicht erinnern sie, oder doch die besten unter ihnen, an eines der feinsten Erzeugnisse hellenischer Kunst, den platonischen Dialog, in dem ja freilich — das wollen wir nie vergessen — alles wurzelt, was auf verwandten Gebieten der Kunstschöpfung Grazie zeigt. Dabei sind diese Gedichte trotz der Abzielung der meisten | aufs allgemein Menschliche keineswegs ort- und zeitlos, sondern sie wurzeln fest und tief in italischem Erdreich und dem Rom des Augustus. Als Goethe seine italienische Reise plante und durch Geschäfte noch aufgehalten wurde, schreibt er in einem Brief, er habe eben zwei Satiren des Horaz gelesen und schon sei er »wie verrückt«: so sehr erregten sie in ihm das Bild Italiens und die Sehnsucht es zu sehen. Er nahm die Satiren dann in der Wielandschen Übersetzung mit auf die Reise und las sie, wie er schreibt, abends, wenn er von seinem Lauf durch die Stadt in sein Quartier zurückgekehrt war. Der Schüler, dem es gelingt, eine oder die andere der gehaltvolleren Satiren oder gar einige Episteln geistig zu durchdringen, hat sich ein Gefühl für schriftstellerische Anmut und weltmännische, gelegentlich diplomatische Feinheit der Ausdrucksformen erworben. Freilich, die kühle, wohlabgewogene Lebensweisheit wird ihn in seinen jungen

Jahren nicht begeistern — auch Goethe bezeichnet nicht Horaz, sondern Properz als den Dichter, der ihn begeistert habe —: erst im vorgerückten Alter kann sich ihm diese Weltanschauung des *nil admirari* erschließen, und es ist nicht einmal zu wünschen, daß er sich in dieser Kühle behaglich fühle. Aber das ist auch gar nicht die Hauptsache: den Menschen Horaz, den wir dank seinem Bedürfnis nach mitteilsamer Aufgeschlossenheit so genau kennen wie keinen des gesamten Altertums, soll der Junge liebgewinnen, wie er selbst, früh alternd und doch mit immer jungem Herzen, gerade auch die Jungen lieb gehabt hat, mochten sie sich üben in der Palästra des Turnplatzes oder in der Ringschule des Lebens, mochten sie sich — wofür er ein bedauerndes Mitgefühl | hatte — mit der Zinseszinsrechnung abquälen oder mochten sie platonische Dialoge lesen oder endlich zum ersten Male ihren griechischen oder lateinischen Pegasus zäumen. Als Dichter ist Horaz am Himmel der Weltliteratur doch nur einer von tausenden freundlich schimmernden Sternen. Aber sein Menschentum besitzt Eigenwert: dieser kluge und treue, allem Strebertum abgeneigte, allem Echten zugängliche, sich seines Wertes voll bewußte und doch innerlich bescheidene Mensch, der sich um seine Veredlung immer bemüht und sich aus dem Irrtum in die Klarheit durchzudringen bestrebt hat, verdient es, daß die Jugend mit ihm einen Freundschaftsbund schließt, der fürs Leben hält: denn bloß Schulautor zu werden, davor hat ihm gegraut.

Die Ethik des Einzelindividuums gipfelt in der Erfüllung seiner Pflichten gegenüber dem Staat. So empfanden es auch die Hellenen, aber das brauchten die Römer nicht von ihnen zu lernen. »Tugend ist«, sagt Lucilius, »den Vorteil des Vaterlandes als ersten Posten in Rechnung zu stellen, als zweiten den der Eltern, als dritten und letzten unseren eigenen.« Patriotischer Sinn rauscht durch die Blätter der römischen Literatur. Ein alter Dichter wagte es, die ruhmreiche Episode des ersten punischen Krieges episch darzustellen. Ein anderer machte sich an die künstlerisch bedenklichere Aufgabe, die ganze römische Chronik bis auf seine Zeit | in episches Gewand zu kleiden: ihm, dem Q. Ennius, blieb für Jahrhunderte trotz seiner antinationalen Wesensart — er, dieser ›poeta magnus antiquus‹, wie ihn Scaliger mit Recht nannte, war selbst der modernsten und ärgsten Aufklärung zugänglich, und der Rhythmus seines Herzschlages war mehr hellenisch als römisch — die Ruhmeskrone des nationalen Dichters, bis ein anderer die unter dem Altersstaub verwelkenden Lorbeeren durch einen Kranz frischeren Grüns ersetzte. Vergil schuf das eigentliche Nationalepos, das den Besten seines Volkes genügte, ja das den Untergang der Nation überlebte und den neuen Völkern ein wichtiges Bildungselement wurde: nächst der Bibelübersetzung ist kein lateinisches Buch mehr gelesen worden als die Aeneis. Erst die Wiederentdeckung Homers als »Originalgenie« ließ den matteren Silberschimmer der Camenen vor dem Goldglanz der Musen verblassen. Die Aufgabe des Lehrers, die Aeneis außerhalb der beiden durch Schillers unvergleichliche Übersetzung dem modernen Empfinden nähergerückten Bücher dem Verständnis und vor allem dem Gefühl der Schüler zu erschließen, gehört wohl zu den schwersten, die ihm gestellt sind. Wieviel leichter macht es ihm Ovid, der kaum eines Vermittlers bedarf: üben doch Phaethon und Niobe, Philemon und Baucis, Pyramus und Thisbe und all die anderen glitzernden Perlen der langen Schnur nicht geringe Anziehungskraft auf den Sinn von Knaben und Mädchen aus, die sich bei dieser Wertschätzung eines richtigen Geschmacks rühmen dürfen. Denn Ovid war ein geborener Dichter wie, außer Catull, den ein Tropfen Keltenblutes in den Adern über die rein italienischen erhob, kaum ein zweiter seines Volkes, der *ingeniosissimus poetarum,* wie ihn Seneca nennt, | ein Dichter, den die zentnerschwere Last der hellenischen Kultur so wenig drückte wie keinen anderen, der sie vielmehr mit spielender, freilich nur zu oft spielerischer Grazie auf seinen Schultern trug, so der rechte Vermittler hellenischer Heiterkeit an die genußfrohen Menschen der Renaissance. Dagegen ist Vergils schwerflüssige, Dantes ernstem Sinne zusagende Art ohne einen Interpreten zumal der Jugend kaum zugänglich. Es ist fast ergreifend, zu sehen, wie der Bauernsohn umbrischen Geblüts sich an der nicht selbstgewählten Aufgabe eines römischen Heldenepos in homerischem Stil abmüht. Und doch lassen ein paar zarte Gedichte des Catalepton und der Bucolica sowie einzelne Abschnitte der Georgica einen wirklichen Dichter erkennen, und seine Dido ist eine Tragödie, die einzige römische, die den Namen verdient, mit dem Gepräge jener maniera grande, zu der er, dem die Plastik im kleinen sowie die weiche Linienführung mehr lag, sich für das Epos so erzogen hatte, daß sie wie seine Natur erscheint. Das Heldengedicht jedoch verlangt mehr als den pompösen Faltenwurf des Stils, mehr als noch so glücklich und glänzend ausgeführte Episoden, vor allem einen Helden von mehr als menschlicher Größe und Tatkraft. Nun aber wird aus dem Schoße eines Volkes, das die Höhepunkte seines geschichtlichen Erlebens längst hinter sich liegen hat, kein Heldenepos geboren: aus den dunklen Tiefen der Anfänge ragen urtümlich-gigantisch die Schatten eines Achilleus, Siegfried und Roland in die ferne Zukunft ihrer Völker, und der Untergang dieser | Helden ist von wahrhaft tragischer Wirkung. Dagegen der vergilische Aeneas, über dessen Rettung aus allen Gefahren der Leser von der ersten Zeile des Gedichtes an beruhigt ist, steht rückwärts gewandt in der hellen Sonnenbeleuchtung des augusteischen Zeitalters. Ohne dessen

Hintergrund, ohne die Kulissen der römischen Geschichte überhaupt sind die auf dieser künstlichen Heldenbühne sich bewegenden Gestalten blutlose Schemen. Um sie uns wesenhaft vorzustellen, müssen wir uns, wie ich es einst auszudrücken versuchte, »in den Geist eines Volkes versenken, das in seiner vorgeschichtlichen Sage trotz ihrer künstlichen Konstruktion die Voraussetzung seines historischen Daseins zu haben wähnte und das aus dem Ruin seiner Religion den Gedanken an das Fatum gerettet hatte, welches wie das einzelne Individuum und einzelne Geschlechter so auch den Staat durch Glück und Unglück seiner Bestimmung in planvoller Leitung zuführe.« Mag daher der Aeneis in den erlauchten Ahnengalerien heroischer Epik nur ein bescheidener Platz gebühren — vielleicht ist es überhaupt ungerecht, sie in diese einzureihen anstatt ihr eben wegen ihrer Sonderheit einen eigenen Saal anzuweisen —: ein frommgestimmtes, patriotisches Gedicht bleibt sie, und an der Zuversicht des ernsten Dichters, daß ein großes Volk, wenn es sich nur seiner angestammten Tüchtigkeit bewußt bleibt und sich nicht selbst aufgibt, auch auf Leidenswegen und über das Chaos von Revolutionen und Bürgerkriegen zum Kosmos sich hindurchringen kann, mag sich der deutsche Knabe zur Beharrlichkeit, einer der schönen römischen Tugenden, erheben:

tu ne cede malis, sed contra audentior ito.

Der Zufall brachte es mit sich, daß ich im Juli des Jahres | 1914 meinen Zuhörern das 7. Buch der Aeneis erklärte. In diesem erzählt der Dichter, seinem Vorbild Ennius folgend, die Ursprünge des Völkerkrieges, der dann die Darstellung der ganzen zweiten Hälfte seines Epos beherrscht: die von Juno aus der Hölle entbotene Kriegsfurie stört den Frieden, Menschen und Völker versetzt sie in Wahnsinn, dann stößt sie, die Himmelskönigin selbst, die bisher geschlossenen Pforten des Kriegstempels auf, in dessen Innerem der blutgierige Dämon der Schlachten gelauert hatte; nun ist er frei, und sein männermordendes Wüten beginnt. Mit diesem grauenvoll packenden Bild vor der Seele zogen meine Studenten damals ins Feld; zwei schrieben mir in den ersten Kriegsmonaten, sie hätten sich auf dem Durchzug durch Belgien ein Exemplar der Aeneis »requiriert« und läsen es nun in einem nordfranzösischen Unterstand beim Einschlagen der Granaten rechts und links; ich habe nie wieder etwas von ihnen gehört. — Ein anderer schrieb mir — und es wird nur einer von sehr vielen gewesen sein, die ein solches Geständnis ihren Lehrern gemacht haben, — er sei in den Schlachtengraus gezogen auf den Lippen tragend die Worte *dulce et decorum est pro patria mori.* Das ist eine jener Sentenzen, in denen Horaz es verstanden hat, hellenischer Überzeugungstreue durch Zusammendrängen in einen Vers jene monumentale Prägung zu geben, die dem Geiste der lateinischen Sprache, wie wir vorhin sahen, so gemäß ist. Diese Sentenz steht inmitten der sogenannten Römeroden, eines Appells des schon alternden Dichters an die heranwachsende Generation, sich der *virtus* in all ihren physischen und ethischen Erscheinungsformen zu befleißigen, auf daß getilgt werden die Frevel | der Väter, die in den furchtbaren, aus Revolutionen erwachsenen Kriegen ihre Hände mit Bürgerblut befleckt haben. Ihr Jungen, sagt er, widmet euch mit Hingabe dem Dienst fürs Vaterland; er verheißt euch gewissen Lohn, sei es den schönsten Tod auf dem Schlachtfeld, sei es die Erhöhung in den Himmel, wenn ihr als Staatsmänner, wie ihr in Augustus den größten vor Augen habt, Wohltäter des Gemeinwesens geworden seid.

Diese Gedankenreihe mag uns an den Ausspruch eines anderen Patrioten erinnern. In dem »Traum des Scipio«, mit dem er sein selbständigstes philosophisches Werk, »Vom Staate«, krönte, sagt Cicero auf Grund alter hellenischer Lehre: »allen Rettern, Helfern und Mehrern des Vaterlandes sei im Himmel ein bestimmter Platz vorgesehen, an dem sie selig ein ewiges Leben genießen werden,« und in einer seiner gehaltvollsten Reden, die gelegentlich in den Primen unserer Gymnasien gelesen wird, der Sestiana, wendet er sich ganz wie Horaz wiederholt an die heranwachsende Jugend, die er in warmen Worten zur tatkräftigen Mitarbeit am Aufbau des Vaterlandes auffordert: konservative Gesinnung, aber unter Wahrung der Volksfreiheit, unbedingte Hingabe auch des Lebens im Kampfe, kurz: *patriam amemus.* So gewiß Patriotismus nicht aus Büchern gelernt werden soll, so erhebend ist es doch für die empfänglichen Herzen unserer Söhne, wenn sie das, was Leben und Pflicht jedes Tages sie lehrt, in eindrucksvollen Worten derer wiederfinden, die einst als Lehrer ihrer Nation ihre Stimme zum Wohle des Vaterlandes erhoben haben. Den Römer der alten großen Zeit denken wir uns doch am liebsten mit dem Eichenkranz der Bürgertugend geschmückt. | Keines Volkes Leben ging so restlos auf in der Arbeit für den Staat, bei keinem war der Begriff der Untertänigkeit des einzelnen unter die Gesamtheit so ausgeprägt, bei keinem waren Sittlichkeit und politischer Tätigkeitssinn so kongruente Begriffe: »Dem Staate zu dienen« — sagt Cicero in dem genannten Werk — »erachte ich als die hervorragendste Aufgabe der Weisheit; hierin liegt meiner Ansicht nach die höchste Ausprägung und Betätigung der Sittlichkeit«. In diesen Worten vermählt sich alte Römertugend mit hellenischem Gedankenadel; *sapientia* war in früher Zeit fast gleichbedeutend mit Staatsklugheit, als *fortis vir sapiensque,* als Held und Staatsmann, wird einer der Scipionen aus der Zeit der Samnitenkriege auf der Grabschrift gepriesen, die man ihm nachträglich, etwa während des hannibalischen, setzte. Diesem ehrenfesten, aber noch national beschränkten Römertum war es dann aber beschieden gewesen, über sich selbst hinauszuwachsen. Um die Mitte des zweiten vorchristlichen Jahrhunderts schloß es mit der zum Platonismus neigenden jüngeren Stoa einen Bund, dessen Leitsätze die Grundlage der Weltkultur geworden sind: Liebe zum angestammten Vaterland, aber Anerkennung der Welt als des größeren Vaterlandes, Abstreifung der Selbstliebe, Pflege der Seele zur Betätigung edelsten Menschentums in Kunst und Wissenschaft. Auf diesem Boden schlug Wurzel die Humanitätsidee, in der Charakter- und Geistesbildung, Inhalt und Form des Lebens in allen seinen Erscheinungsarten bis hinunter zur Verfeinerung sprachlicher Ausdrucksweise sich zu jener Harmonie verbanden, deren musischer Klang in den *studia humaniora* ihren Widerhall fand. *Humanitas* ist ein lateinisches | Wort[7], und doch sind sein Begriff und Wesensinhalt griechisch: darin liegt, daß die Kultur — auch dies ein Wort lateinischer Prägung[8] — ihren Weg von Hellas über Rom genommen hat. Cicero ist nicht bloß der beredteste, sondern auch der gebildetste Repräsentant dieser Welt- und Lebensanschauung gewesen, und um deswillen muß die Lektüre einiger seiner philosophischen Schriften ihren Platz im Jugendunterricht be- | halten: der Schüler wird durch sie unbewußt Mitglied einer Völker und Zeiten umspannenden Menschengemeinde, deren Moralkodex die »ungeschriebenen Gesetze« der Menschheit, nicht die vom Recht des Stärkeren diktierten Satzungen eines »Völkerbundes« enthielt.

[7] Φιλανθρωπία, das in der Gemeinsprache ganz verblaßte (zu *liberalitas*, Freigebigkeit), deckt sich mit *humanitas* nicht, war aber vor seiner Entwertung eine Teilerscheinung derselben; *humanitas* läßt sich wohl nur mit παιδεία wiedergeben: Gellius 13, 17 ist der *locus classicus*. Für die zugrunde liegende Vorstellung einer Ausprägung echten Menschentums darf die Stoa des Panaitios nicht zu sehr in den Vordergrund gerückt werden. Die Wurzeln einer Blume so feinen Duftes lagen im Athen Menanders: daß Terenz Haut. 77 *homo sum, humani nil a me alienum puto* von Cicero off. 1, 30 zitiert wird, ist dafür entscheidend. Das Original des terenzischen Verses läßt sich nicht genau wiedergewinnen, aber verwandt ist das menandrische Monostichon 572 ὡς χαρίεν ἐστ' ἄνθρωπος, ὅταν ἄνθρωπος ᾖ. — Dies eine bescheidene Ergänzung zu M. Reitzensteins geistvollem Vortrag »Werden und Wesen der Humanität im Altertum«, Straßburg 1907, dessen Lektüre allen Freunden unserer Vereinigung, die ihn noch nicht kennen, warm empfohlen sei.

[8] Zuerst so Cicero Tusc. 2, 13 *cultura animi philosophia est*, dann Horaz epist. 1, 40, beide noch mit deutlichem Bewußtsein der Übertragung von der Pflege des Ackers auf die des Geistes. Die Zusammenhänge mit Platon, auf den letzthin die Gesamtheit aller dieser Zivilisationsbegriffe zurückgeht, ersehe man aus folgenden sehr bezeichnenden Worten der ›Gesetze‹ 11, 937 E δίκη ἐν ἀνθρώποις πῶς οὐ καλόν, ὃ πάντα ἡμέρωκε τὰ ἀνθρώπινα; (ἡμεροῦν τὴν γῆν war technischer Ausdruck, den Spätere oft auf den βίος übertragen; die *iustitia* als Erscheinungsform der *humanitas* spielt bei Cicero eine große Rolle).

Mit der Lektüre einzelner Abschnitte aus Ciceros Werk über die Pflichten — die Lektüre des Ganzen, das viel unfruchtbare Kasuistik enthält, ist keineswegs wünschenswert — ließe sich passend in einigen Stunden die Kenntnis von ein paar klug auszuwählenden Abschnitten römischer Rechtsschriftsteller verbinden. Die Formung und praktische Durchbildung des Rechts als Grundlage aller Staats- und Gesellschaftsordnung ist nun doch einmal die *disciplina vere Romana* gewesen, in welcher der lebendige Wille des Volkes seinen bezeichnendsten Ausdruck erhalten hat. Es würde unserer heranwachsenden Jugend gewiß nichts schaden, wenn sie auf dieser Entwicklungsstufe, gleichgültig welchen Beruf der einzelne später ergreifen wird, einen Einblick in die unerbittliche Schärfe juristischer Begriffsbildung, die Klarheit, Knappheit und Genauigkeit der Rechtssprache erhielte. Daß in das Corpus iuris, das letzte Geschenk des Ostens des Reiches an den Westen, die Gedankenwelt platonischer und aristotelischer Staats- und Rechtslehre von ferne hineinragt, daß in ihm Homerverse, Xenophons Anabasis, Demosthenes und Chrysippos zitiert werden, daß vielfach — wie ein namhafter Jurist kürzlich bemerkte[9] — | die Problemstellungen der Stoa durch das römische Recht hindurch noch bis ins Bürgerliche Gesetzbuch hineinwirken: dies alles ist auch geeignet, in den Knaben das Gefühl des Stolzes zu wecken, Erben einer gewaltigen, immer sich erneuernden Tradition zu sein. Wohl uns, daß wir die Enkel sind, wenn wir den ererbten Besitz auf allen Gebieten so mehren, wie es unsere Juristen mit der vielleicht großartigsten Hinterlassenschaft des Römertums vermocht haben. So behandelt, kann die Lektüre der alten Schriftsteller auch den wichtigsten Stoff zu staatsbürgerlicher Betrachtung bieten. Daß diese — angestellt von Philologen, die sich die entsprechenden Kenntnisse auf der Universität angeeignet haben — den Unterricht durchdringen muß, ist eine Überzeugung, die ich mit vielen teile.

An dieser Stelle meines Vortrags möchte ich einmal nachdrücklich hervorheben, daß meiner Überzeugung nach[10] nichts so sehr geeignet ist, das Verständnis der lateinischen Literatur auf unseren Gymnasien zu ergänzen und allseitig zu fördern, wie die gleichzeitige Lektüre von Mommsens Römischer Geschichte, an der vielleicht das Erstaun-

[9] J. Partsch, Der griechische Gedanke in der Rechtswissenschaft (in der Sammelschrift: Vom Altertum zur Gegenwart, Leipzig 1919, 111). Manchen Mitgliedern unserer Vereinigung wird auch der in unseren Schriften erschienene Vortrag von Th. Kipp, Humanismus und Rechtswissenschaft, Berlin 1912, in guter Erinnerung sein (s. dort besonders 37 ff.).

[10] Sie stimmt ganz überein mit den Ausführungen von O. Wichmann, Der Menschheitsgedanke auf d. Gymnasium (in der Sammelschrift: Neues Leben im altsprachl. Unterricht, Berlin 1918, 156 f.)

lichste ist, daß sie zugleich der Jugend eine Quelle der Begeisterung und uns bejahrten Gelehrten ein Jugendbrunnen ist, an dessen lebendiger Frische wir unser von dem Foliantenstaub ermüdetes | Herz erlaben und zu kräftigerem Pulsschlag beflügeln. Der Name dieses unseres Großen mag uns denn zu dem letzten Teil der Betrachtungen hinüberleiten.

Der nationale Sinn der Römer fand begreiflicherweise seinen stärksten Widerhall in der Geschichtsschreibung. Auch diese Kunst haben sie freilich von den Griechen gelernt, aber dem Volke, das die größte Geschichte von allen Nationen des Altertums gehabt hat, war historisches Denken angeboren. Der Aufstieg von den chronikartigen Aufzeichnungen des obersten Priesterkollegiums an über Cato und Sallust, Caesar und Livius zu Tacitus bietet innerhalb der römischen Literaturgeschichte ein besonders eindrucksvolles Schauspiel dar; wir können uns jedoch in seinen Anblick nicht vertiefen. Als zugestanden wird gelten dürfen, daß den Schülern der oberen Klassen, die neben Thukydides eine der sallustischen Monographien und Teile der taciteischen Geschichtswerke lesen, hohe Bildungswerte von Allgemeingültigkeit übermittelt werden und daß nicht bloß ihr geschichtlicher Sinn, sondern auch ihr politisches Denken geweckt wird, wenn sie den Zusammenbruch eines Anarchistenputsches, die Parteikämpfe der ausgehenden Republik und die Versuche der Caesaren, auch den Schein des alten Senatsregiments zu beseitigen, an sich vorüberziehen lassen. Insbesondere bezeichnet auf dem Gebiet der Prosa die Lektüre des Tacitus den Gipfelpunkt; sollten wir durch Einschränkung des Lateinunterrichts gezwungen werden, vor dem Erreichen dieser Spitze halt zu machen, so würde ernstlich zu erwägen sein, ob sich die Mühe des Weges überhaupt lohnt. Freilich wird auch der gut vorgebildete Schüler sich auf diesen Höhen nur unter der | Führung eines von der Größe seiner Vermittlungsaufgabe erfüllten und innerlich ergriffenen Lehrers wohl fühlen. Sonst könnte er beim Hinabblicken in diese Tiefen fast hoffnungsloser Resignation, in diese nur selten von einem Sonnenstrahl durchleuchtete Düsternis quälerischer Seelenmalerei leicht von einem Schwindel ergriffen werden und Gefahr laufen, den Optimismus seiner Weltanschauung, der nun einmal ein Vorrecht der Jugend ist, zu verlieren; da wird dann der Lehrer die nur bedingte Geschichtlichkeit dieses Nachtbildes aufzuzeigen und auf die Segnungen hinzuweisen haben, die die Kultur der römischen Kaiserzeit für die Menschheit gezeitigt hat. Wenn dann aber der Jüngling zum Manne gereift ist, wenn ihm eigenes Erleben oder katastrophale Begebenheiten in der Geschichte seines Volkes die Ideale zu rauben drohen, die einst die junge Brust geschwellt, so werden seine Gedanken wohl einmal zurückschweifen zu der todernsten Lebensauffassung dieses

Schriftstellers, der so wie keiner seinesgleichen tragische Wirkung erreicht hat, weil er, wie Moriz Haupt sagte, zum Tragiker geboren war.

An diesem Gut zehren alle Kulturvölker. Uns aber ist Tacitus mehr: der Schriftsteller von Germanenkriegen und der Verfasser der Germania. Gewiß: den von Tacitus erzählten Germanenkriegen stehen die Keltenkriege Caesars zur Seite, und man kann es begreifen, wenn französische Generale und ein französischer Kaiser die militärischen Denkwürdigkeiten des Imperators zum Gegenstand wissenschaftlicher Forschung gemacht haben. Aber die Kelten waren eine alte, dem Untergang geweihte Nation, dem jungen Germanentum gehörte die Zukunft, und kein Volk außer dem germanischen darf sich dessen | rühmen, daß ihm ein ganz großer Schriftsteller in die Wiege seiner geschichtlichen Laufbahn ein Kleinod mit so kostbarer Fassung gelegt hätte, wie es die Germania darstellt. Zweimal im Verlauf unserer vaterländischen Geschichte hat sie und die ihr zur Seite stehenden germanischen Teile der Annalen und Historien werbende Kraft ausgeübt. Bald nach ihrem Bekanntwerden durch den Druck, im 16. Jahrhundert, hat sich an ihnen das Nationalbewußtsein der deutschen Humanisten entzündet. Wohl bestand eine deutsche Nation, aber ihr fehlte, wie leider gar zu oft im Verlauf ihrer Geschichte, das Gefühl nationaler Zusammengehörigkeit, das Bewußtsein gemeinsamer gewaltiger Erlebnisse in der Vorzeit. Aus der Verkümmerung, der die Nation seit dem Untergang der Hohenstaufen anheimgefallen war, haben die alten Klassiker, zunächst die lateinischen, sie befreit: aus dem Dunkel der Klöster traten sie ans Tageslicht und durchdrangen mit ihren Strahlen den dichten Nebel, der den historischen Sinn umnachtet hatte. Das Licht, das sie verbreiteten, war anfangs zu stark und blendete die Augen: eine Unzahl neuer Begriffe, Zahlen- und Ortsangaben galt es neu einzustellen; dabei waren Mißgriffe, die uns jetzt kindlich, Phantasien, die uns abenteuerlich erscheinen, unausbleiblich. Aber die Tatsache bleibt bestehen, daß die Anfänge deutscher Geschichtsschreibung ihr Dasein der unmittelbaren Berührung mit den Schriften des Altertums verdankten, die von dem Kampf Roms mit den Germanen erzählten, und unter diesen überragten die taciteischen alle übrigen. Wohl ist es für uns gerade in der Gegenwart ergreifend, uns daran zu erinnern, daß das Elsaß, dessen damals ein Jahrtausend altes | Deutschtum bereits in jenen Zeiten gefährdet war, den Schriftstellern des Altertums, die von deutschen Heldentaten berichteten, einen besonders warmen Empfang bereitet hat. Einer dieser elsässischen Humanisten, Jakob Wimpfeling, hat im Jahre 1501 eine Schrift verfaßt »Germania ad rempublicam Argentinensem«, eine Rede der Germania an den Straßburger Rat; im zweiten Buch empfiehlt er — dies war der unmittelbare Anlaß seiner Schrift — die Errichtung eines Gymnasiums, im ersten sucht er aus Caesar, Tacitus und Ammianus Marcellinus in begeisterten Worten den Nachweis vom Deutschtum des Elsaß und des linken Rheinufers überhaupt gegenüber den Französlingen zu erbringen. Damals besaß Tacitus noch die Werbekraft eines der großen Masse selbst der Gebildeten, zumal in Deutschland, fast noch unbekannten Schriftstellers; schreiten wir vom Beginn des 16. Jahrhunderts zu dem des 19., als er längst unter den Größen der Weltliteratur seinen Platz gefunden hatte, so sehen wir seine Schriften abermals für die nationale Propaganda verwertet. Wieder waren deutsche Lande gefährdet. Preußen lag zertreten am Boden: da erhob ein mächtiger Idealist, den die Sieger mitleidig höhnend einen Ideologen nannten, seine Stimme: sie scholl von dem Saal des Akademiegebäudes Unter den Linden weit hinaus in die deutschen Gaue. Fichtes Reden an die deutsche Nation waren uns ehedem ein ehrwürdiges Literaturdenkmal: jetzt müssen sie — geboren aus der Erniedrigung unseres Volkes durch den Tilsiter Frieden — aus dem Staub der Bibliotheken hervor an das Licht der Sonne, damit sich unser zerschlagenes Volk wieder erwärme an den Worten des hochgemuten Mannes. Wie ein Orgelton dröhnt | durch einige dieser Reden der Gedanke von der urtümlichen Eigenart des deutschen Volkes; wem fällt dabei nicht der berühmte Ausspruch des Tacitus ein: die Germanen seien ein eigentümliches, nur sich selbst gleichendes Volk? In der Tat berichtet Fichte der Sohn in der Lebensbeschreibung seines Vaters: »Tacitus war, besonders in den Episoden seiner Annalen über Deutschland, fast seine einzige Lektüre, während er die ›Reden an die Deutschen‹ schrieb. Oft sprach er dabei die kräftigsten Stellen laut vor sich hin, die der edle Geschichtsschreiber seinem Helden Armin in den Mund legt, und wie neu begeistert wandte er sich dann der eigenen Arbeit zu.«

Wir sind ans Ende unserer Betrachtungen angelangt, deren Absicht nicht in planmäßiger Durchforschung des weiten Gebietes, sondern nur in seiner zwanglosen Durchwanderung beschlossen lag. Daher konnten wir auch nur auf einigen altberühmten Aussichtspunkten verweilen, obwohl doch auch seltener begangene Täler ihre Reize haben. Mit Vergil, Horaz und Ovid, Cicero, Sallust und Tacitus ist der Bildungsinhalt der römischen Literatur ja nicht erschöpft: der in letzter Zeit besonders eindringlich erklingende Ruf, dem Griechischen Lesebuch von Wilamowitz müsse ein lateinisches an die Seite treten, ist berechtigt. Beispielsweise müßten (um mich für das Altertum auf die Prosalektüre zu beschränken) Seneca und das Petronische Gastmahl des Trimalchio — dieses als einzig erhaltene Probe realistischer Erzählungskunst der Antike: die Jungen werden darüber herfallen —, ferner einiges aus der altchristlichen Literatur (Proben | weniger aus dem matten Minucius Felix als aus Tertullians harschem Apologeticus, aus Augustins Confessiones und Boethius, auch den Acta martyrum) und den Juristen (Stücke aus Gaius und Papinianus) der Schule erschlossen werden; auch etwas Mittelalter könnte nicht schaden (Einhart, Archipoeta, Carmina Burana u. dgl., ja selbst Kostproben aus Thomas und aus Dantes und Petrarcas Briefen). Vieles davon ließe sich durch eine Einschränkung der Lektüre des Livius und ciceronischer Reden (dafür recht viel Briefe und neben den philosophischen Schriften Stücke aus de oratore, seiner gebildetsten und selbständigsten Schrift) leicht gewinnen, zumal in Lesekränzchen mit dem Lehrer. Aber das von klugen Schulmännern schon oft überdachte Problem einer Reform der Schullektüre gäbe Stoff zu einem neuen Vortrag, und Ihre Aufmerksamkeit ist schon reichlich lang in Anspruch genommen worden. Zusammenfassend wird sich sagen lassen, daß in der lateinischen Sprache und den klassischen Produkten ihrer Literatur eine reiche Quelle der Denkkraft sowie der Willens- und Tatkraft sprudelt, daß sie mithin zur Bildung des Intellekts und des Charakters wesentlich beiträgt. Die eiserne Zeit, in der wir leben und in der die nachfolgenden Generationen leben werden, bedarf stählerner Naturen, die gehämmert sind auf dem Amboß der Willensstärke und gehärtet in dem eisigen Wasserbad der Selbstzucht, und die auch ihren Mann stehen, wenn es gilt, in der politischen Arena die Klingen zu kreuzen im messerscharfen Kampf der Ansichten. Da wird die alte Tiberstadt ihre volkserzieherische Mission einmal wieder bewähren können, denn es führten nicht nur viele Wege nach dem päpstlichen Rom, sondern | immerdar führen noch von dem antiken Rom viele Wege in die Gegenwart. Von der Tradition befreien wir uns nicht, indem wir sie leugnen, sondern sie uns aneignen und sie nach W. v. Humboldts Wort mit ihren eigenen Mitteln überwinden: nicht ein Idol soll uns die Antike sein, das wir gläubig anbeten, sondern ein Ideal, das wir mit freiem Urteil wägen und, wo es vollgültig erscheint, zu realisieren suchen. Über eine Glorifikation des Altertums sind wir ja zum Glück ein für allemal hinaus, die heroisierende Geste ist abgetan, und Kritik, die auch bei unserer lieben Jugend jetzt, wo alles Bestehende in Frage gestellt wird, so üppig ins Kraut schießt, werden wir uns, wo sie berechtigt ist, nicht nur gefallen lassen, sondern sie sogar herausfordern und uns freuen, wenn die Jungen mal aufbegehren gegen einen Ausspruch, sei es auch einer anerkannten Größe, falls er mit dem deutschen Schlicht- und Geradheitssinn durch falsches Pathos oder rhetorische Pose in Widerstreit gerät. Aber wir werden ihnen dann doch sagen: »Gewiß, freut euch eures Deutschtums und schafft ihm wieder Ehre in der Welt. Sorgt dafür, daß die Erklärung ›Ich bin ein Deutscher‹ wieder ein Freibrief in der ganzen Welt werde, wie es *Civis Romanus sum* war. Aber bedenkt auch, daß, wie euer

Schiller tiefsinnig sagte, in dem großen Lebendigen der Natur alles Frucht und alles Samen ist, und daß auf dem Acker des alten Rom nahrhafte Feldfrüchte wuchsen, die ihr zur Stärkung eures deutschen Sinnes ebenso werdet brauchen können wie zur Verfeinerung eurer edlen Menschenbildung die duftenden und prangenden Blumen aus dem Garten von Hellas.

›Ringe, Deutscher, nach römischer Kraft, nach griechischer Schönheit‹: | das ist ebenfalls ein beherzigenswerter Vers eures Schiller, aber er erschöpft freilich nicht alles, auch nicht in seiner Fortsetzung, wo auf den vergeblichen Versuch der Deutschen hingewiesen wird, sich des französischen Elans und Esprits zu bemächtigen. Wir wollen doch in unserem Wesen keine Völkersynthese darstellen! Vielmehr wenn ihr euern Sinn ganz mit dem Gedanken an Roms nationale Kraft und Größe gefüllt habt, dann sagt euch: dieses gewaltige Reich, das gewaltigste, von dem die Geschichte des Altertums berichtet, ist von den Germanen gestürzt worden. Das war die Großtat des Germanentums in der Vergangenheit, so beispiellos, daß wieder die Geschichte nichts Vergleichbares zu melden weiß. Ein solches Heldentum trägt aber auch eine Verpflichtung in sich, die Verpflichtung zur Wahrung und dauernden Erneuerung des alten Siegfriedadels aus der Völkerwanderungszeit. Die deutsche Eiche ist nicht gefällt, sie blutet aus tiefen Wunden, die nahe bis ans Mark gehen, und ist ihrer Äste beraubt: sie muß und wird dereinst um so üppiger ausschlagen und wieder ein stolzes Volk beschatten. Wie sagte doch euer alter Horaz von dem Römertum nach Cannae?

merses —, profundo pulchrior evenit.

Den Weg empor aus der Tiefe aber müßt ihr bahnen, indem ihr euch einprägt und dereinst auf eure Kinder und fernere Geschlechter vererbt den Wunsch und die Zuversicht:

»exoriare aliquis nostris ex ossibus ultor.«

Beilage

Anfangssätze der ersten catilinarischen Rede

κατὰ κῶλα καὶ κόμματα[11]

Quousque tandem   *abutere Catilina*   *patientia nostra?*
Quamdiu etiam   *furor iste tuus eludet?*

11 Auf die Bezeichnung der Rhythmen habe ich hier verzichtet: das läßt sich nur dem Gehör nahebringen. Daß Cicero aufeinanderstoßende Vokale (wenn keine Rezitationspause dazwischen war) verschleifen ließ, wissen wir durch sein Selbstzeugnis, also z. B. *o témpora ò móres; superióre nòcte égerìs; quem nóstrum ígnoràre árbitràris.*

Quem ad finem sese effrenata iactabit audacia?
Nilne te nocturnum praesidium Palati nil urbis vigiliae nil timor populi nil consursus bonorum omnium nil hic munitissimus habendi senatus locus nil horum ora voltusque moverunt?
Patere tua consilia non sentis, constrictam iam horum omnium scientia teneri coniurationem tuam non vides?
Quid proxima, quid superiore nocte egeris, ubi fueris, quos convocaveris, quid consili ceperis, quem nostrum ignorare arbitraris?
O tempora, o mores.
Senatus haec intellegit, consul videt: hic tamen vivit.
Vivit? immo vero etiam in senatum venit, fit publici consili particeps, notat et designat oculis ad caedem unum quemque nostrum.
Nos autem fortes viri satis facere rei publicae videmur, si istius furorem ac tela vitamus.
Ad mortem te Catilina duci iussu consulis iam pridem oportebat, in te conferri pestem quam tu in nos omnis iam diu machinaris.

UNIVERSITÄT UND SCHULE
1927

Universitas litterarum: so allumfassend der anspruchsvolle Titel sich auch gibt, er ist doch zu eng, denn er beschränkt die Bildung auf das geschriebene Wort, erschöpft also die Fülle der Erscheinungsformen menschlichen Intellekts nicht im mindesten. Wir wollen daher unseren Betrachtungen, die den großen Stoff zu erschöpfen durchaus nicht beanspruchen, lieber den schlichteren mittelalterlichen Begriff des Wortes zugrunde legen: *Universitas magistrorum et scholarium:* hierin kommt zum Ausdruck, daß Lehrer und Lernende eine Arbeitsgesamtheit bilden, und auf dieser Wechselwirkung hat der Fortschritt der Wissenschaft beruht, seit Sokrates im Verkehr mit der Jugend die Wahrheit zu suchen unternahm. Liebe zur Arbeit und zum Menschen, also das, was so recht eigentlich das Leben ist, verknüpft Universität und Schule, aber dem Lehrer der Jungen ist eine noch verantwortlichere Aufgabe gestellt als dem der schon Herangewachsenen. Jener empfängt die zarte Seele — um in platonisch-demokriteischer Bildersprache zu reden — wie ein Wachs, in das sein Griffel die ersten Züge ritzt: dadurch wird er der ›Charakter‹bildner, der die geistige Wesensart seines Zöglings zuerst bestimmt. Der Universitätslehrer übernimmt die Seele des Jünglings als schon geprägte Form, die er weiter zu bilden, aber kaum noch umzugestalten vermag. Nichts Schöneres für ihn, als wenn so ein frischer, unverdorbener Jüngling ihm leuchtenden Auges von seinen lieben Lehrern spricht, die ihn arbeiten und denken lehrten und ihm eine Welt hohen Menschentums in Literatur und Kunst, Geschichte und Erfindungen erschlossen. Aber in solchen Augenblicken drängt sich dann wohl auch die Frage auf: wirst du diesem Jüngling, der sich nun dir anvertraut, ein Erfüller dessen sein, was er von dir erhofft? Du sollst ihm zeigen, daß die Wissenschaft sich in planvollem Suchen langsam ihren Weg bahnt, an dessen Anfang der Zweifel steht und der nur zu oft mit dem Zweifel endet. Immer wieder wird der junge Mensch sich vor Probleme gestellt sehen, um deren Lösung Generationen sich bemühten, eine lange Kette, in der ein Glied zu bilden auch er vielleicht dereinst berufen sein wird. Bald genug, meist schon in der ersten Vorlesung oder Übung, wird er erkennen, daß er ein Lehrling im unerbittlich Handwerksmäßigen werden muß, bevor er sich auch nur an das kleinste Gesellenstück wagen kann. Er wird bitter enttäuscht sein, wenn er glaubte, auf der Hochschule gleich die sogenannten ›großen Gesichtspunkte‹ zu finden; vielmehr wird er sich hier zunächst Liebe zum Kleinen erst recht zu eigen machen müssen. Da werden denn manche, die geglaubt hatten, ihnen winke eine βασιλικὴ ὁδός, auf der Strecke liegen bleiben, wenn sie die alte Wahrheit bestätigt finden, daß der οἶμος εἰς ἀρετὴν τρηχὺς τὸ πρῶτον.

Man hört jetzt gar oft das Wort ›Erleben‹, und gerade die Jugend greift es begierig auf. Ein Pedant, der ihr das Recht darauf rauben oder auch nur verkümmern wollte. Aber sie soll auch wissen: das Erleben muß mit dem Erlernen Schritt halten, sonst verfliegt es bald wie ein enthusiastischer Rausch, ohne sich | produktiv auswirken zu können; es muß sich umsetzen in einen geistigen Akt des Erkennens und Urteilens, des Verstehens und des bewußten Wählens und dadurch Werte schaffen. Sie soll ferner in Platons Symposion und Phaidros lesen, daß die Epoptie nur dem zuvor in die niederen Mysterien Eingeweihten zuteil wird, in denen die Seele einem Läuterungsprozeß, der Geist einer Schulung zum Denken unterworfen wird. Vor allem soll sie das Staunen lernen, denn aus dem Staunen über die Wunder des Kosmos und dem wagemutigen Fragen nach seinen Gesetzen ist von den Hellenen die Wissenschaft gezeugt worden, und aus dem Staunen — nicht: *nil admirari,* sondern: *omnia magna admirari* — und dem Fragen gebiert sie sich immer von neuem. Dieses Staunen feit die Jugend auch gegen das jetzt unter ihr verbreitete Übel blasierter, unfruchtbarer Kritiksucht: Ehrfurcht vor dem Göttlichen lehrt es sie wie die betenden Weisen Demokrits: ›Einige der Weisen erheben ihre Hände zu der Luftregion und sprechen dabei: Alles beredet Zeus mit sich und alles weiß und gibt und nimmt er, und König ist er des Alls‹. Mit dem Logos beginnt Heraklit sein Werk wie der Evangelist: Logos ist Weltvernunft, Geisteskraft, Rhythmus des Geschehens, Lebensgesetz, eine Manifestation des Göttlichen im Irdischen. In die Erscheinungsformen dieses all-lebendigen Logos will nach der Schule die Universität ihre Jünger einführen. Wehe ihr, wenn sie der Vorwurf der Lebensabgewandtheit träfe! Dann müßte ihr die vornehmste Pflichtbetätigung, die ihr nächst der Pflege des Forschens obliegt, entzogen werden, die Lehrerausbildung: denn die Schule soll doch ein Exponent grade des Lebens sein, von diesem getragen und es selbst zu immer höheren Entwicklungsformen emportragend. Aber jener Vorwurf trifft sie zum Glück nicht. Es kann der Universität nicht verdacht werden, wenn sie, die Matrone, nicht ›modern‹ sein will: hat sie doch schon so viele Tagesmoden kommen und vergehen sehen und betrachtet daher lieber die Flucht der Erscheinungen von erhöhter Warte, bedachtsam prüfend, inwieweit sie sich in den Strom einschalten, ob sie sich von der Unrast der Tage berühren lassen soll. Beharren am Hergebrachten wird nur dann, wenn es mit Eigensinn geschieht, ein Erstarren. Einem solchen verfielen freilich, nach ruhmreicher Vergangenheit, die Universitäten des Mittelalters, weil sie den Pulsschlag des Lebens nicht an sich verspüren wollten, das in die Adern der europäischen Kulturwelt frisches Blut strömen ließ und ihr eine ›Wiedergeburt‹ schenkte. Aber vor solchem Tode, einem verdienten, sind die deutschen Universitäten der Gegenwart bewahrt, weil sie von dem immer lebenspendenden Geist des Humanismus durchweht werden, der nie doktrinär, nie autoritätengläubig ist, sondern lernbereit und anpassungsfähig an die wirklich wertvollen Wandlungen des Menschentums selbst. Grade mit der deutschen Universität ist, dank ihren Begründern, mehr als mit der irgendeiner anderen Nation der Geist freier Forschung, der Erkenntnis um ihrer selbst willen unlösbar verbunden. Wissen in des Wortes wahrer Bedeutung — πολυνοΐην, οὐ πολυμαθίην ἀσκέειν χρή lautet ein demokriteischer Spruch —, dieses Wissen, zu dessen selbständiger Besitzergreifung die Universität die künftigen Lehrer erzieht, ist eine Macht, der keine andere gleichwertig ist: es verleiht dem Geist Schwingen und Spannkraft, erzieht ihn zum Gründlichen und Genauen, zum Klaren und Bestimmten, sowie vor allem zur Selbstprüfung und zur Wahrhaftigkeit gegen sich und andere, setzt sich mithin ins Ethische um und bildet so ganze und freie Persönlichkeiten, die, ihrer Leistungskraft sich bewußt, Leistungen auch von ihren Schülern verlangen werden und denen dieses Recht auch von seiten der Schüler selbst, in freier Hingabe an das Vorbild, zuerkannt wird.

Aber die Intelligenz und der Wille müssen in dem Lehrer durch das Gefühl ihre Ergänzung erhalten. Denn er möchte den Schüler nicht bloß noëtisch und ethisch erleuchten, sondern ihn auch erwärmen. ›Wenn ihr's nicht fühlt, ihr werdet's nicht erjagen.‹ Mag nun auch Empfinden sich nicht unmittelbar übertragen lassen, so wird doch der Universitätsdozent, wenn er ein schriftliches oder bildnerisches Kunstwerk zu erklären, ein aus rätselhaften Kraftquellen in die Erscheinungswelt tretendes Naturgesetz zu erläutern hat, alles daran setzen, das Empfindungsgemäße auf rationalem Wege, nämlich durch Vermittlung des Logos, seinen Hörern zu vermitteln; mögen diese dann zusehen, ob in ihrem Innern Keime vorhanden sind, die sich befruchten lassen, um dereinst in die Seelen ihrer eigenen Schüler gesenkt zu werden. Vielfach hört man die Klage, der Student werde nur in die Vorhalle, nicht in den Tempel selbst eingeführt, bei der Schriftstellerinterpretation beispielsweise werde die Textkritik um ihrer selbst willen betrieben, es bleibe bei der Exegese des einzelnen, beim Auflösen, das ›Ästhetische‹ | komme zu kurz oder werde ganz ausgeschaltet. Diese Klage mag nicht immer ungerechtfertigt gewesen sein, betrifft aber im wesentlichen eine abgelaufene Episode des Wissenschaftsbetriebes. Im Altertum galt jedenfalls die ›kritische‹ (d. h. ästhetische) Würdigung der Gedichte als ›das Schönste von allem in unserer Kunst‹, freilich auch das Letzte, zu dem die gewissenhafteste Erledigung alles einzelnen und kleinsten, insonderheit des Sprachlichen, unerläßliche Voraussetzung sei. Diesem Vorbild getreu, halten die meisten von uns es auch in ihren Vorlesungen so und zeigen den Hörern, wie sie es dereinst im Schulunterricht halten sollen. ›Nun wollen wir die Frucht, die wir uns verdient haben, genießen, wollen Gehalt und Form in ihrer sich wechselseitig bedingenden Notwendigkeit auf uns wirken lassen und so auch die schöpferische Persönlichkeit, soweit uns das gelingen kann, in der Werkstätte ihres Schaffens zu belauschen suchen‹ (dies letztere hat das Altertum niemals versucht, wir müssen es — etwa auf den Spuren Wilhelm Diltheys wandelnd — hinzutun). Dieser Weg führt also über das einzelne zum Ganzen. Wir dürfen aber nie vergessen, daß das Ganze seiner Natur nach das begrifflich Frühere ist. ›Synthese‹ ist ein vielfach mißbrauchtes Modewort; wenn wir sie aber im wissenschaftlichen Sinn üben, das Allgemeine im Besonderen aufsuchend, so kommen wir ›dem Drange unserer Zeit nach zusammenfassendem Denken‹ (C. H. Becker, Vom Wesen der deutschen Universität, 39) verständnisvoll entgegen, ohne unserer Aufgabe etwas zu vergeben.

Früher führte nur ein Weg, jetzt führen viele zur Universität, und manchem scheint es noch damit nicht genug. Die Erörterung der Frage nach der ἀρίστη παιδεία würde das Betreten eines Labyrinths nötig machen, in dem ich mich ohne den Ariadnefaden (wer rühmt sich seines gesicherten Besitzes?) unrettbar verlöre. Ich beschränke mich auf die Mitteilung eines an sich nicht besonders belangreichen Vorkommnisses, an das ich einige Erwägungen knüpfen möchte. Vor mehreren Jahren fand in der philosophischen Fakultät der Berliner Universität aus einem besonderen Anlaß eine Abstimmung statt über die Zweckmäßigkeit der gymnasialen Vorbildung für das Universitätsstudium: mit einer Mehrheit, die nach meiner Erinnerung einer Einstimmigkeit fast gleichkam, sprachen sich die Fakultätsmitglieder — Ordinarien der Geistes- und Naturwissenschaften, der Mathematik und Volkswirtschaft — *pro gymnasio* aus. Als ich hinterher einen Mathematiker nach dem Grund seines Votierens fragte, antwortete er ungefähr folgendes: ›Die Gymnasialabiturienten pflegen durch ihre Beschäftigung mit den alten Sprachen zu scharfem und straffem Denken durchgebildet zu sein, und darauf kommt es uns an: das Minus an mathematischem Wissen holt sich leicht nach.‹ Ich meinerseits trat für Beibehaltung des mathematischen Unterrichts im Rahmen des alten Gymnasiums ein: ›Nie möchte ich — so etwa sagte ich — den Vorteil missen, den mir die Sauberkeit, Folgerichtigkeit und Schlüssigkeit einer mathematischen Beweisführung, so schwer sie mir auch wurde, für meine Geistesstruktur gebracht hat. Noch jetzt pflege ich mir nach Abschluß einer wissenschaftlichen Arbeit die Frage zu stellen, ob und wo in ihr ein Fehler im Sinne einer exakten Notwendigkeit der Zusammenhänge liege. Die gegenwärtige Schulmathematik strebt, wie ich höre, auch auf dem Gymnasium nach Höherem, sie sucht das Geschehen als Größenordnung zu erfassen. Um so besser, wenn der vorzugsweise in der ruhenden Ideenwelt lebende Schüler des Gymnasiums nun auch in die funktionale Welt eingeführt wird.‹ Jenes hier skizzierte Gespräch wurde, wie man sieht, ohne Absicht, in die Tiefe zu dringen, geführt; oft genug hat man sich in Kollegenkreisen gründlicher darüber ausgesprochen, auch unter Teilnahme von Juristen und Medizinern, und wohl stets in gleichem Sinne. Unlängst hat W. Bottermann in seinem gehaltvollen und formenschönen Schriftchen ›Soll unser Fritz das Gymnasium besuchen? Gedanken über humanistische Bildung‹ ähnliche Urteile aus Bank- und Industriekreisen bekanntgemacht. Die Herren stellten in ihre Betriebe am liebsten ehemalige Schüler eines Gymnasiums ein, da sie zur Überzeugung gelangt waren, daß sich diese durch das Studium der alten Sprachen ›innere Disziplin‹ in besonders hohem Grad erworben hätten. Sie waren also nicht in dem Vorurteil befangen, das Gymnasium entfremde seine Schüler der Betätigung in praktischen Berufsfächern. Aber wir dürfen unsere Augen nicht der Tatsache verschließen, daß dieses Vorurteil vielfach besteht. Wir zerstreuen es am besten, indem wir, wie an den Universitäten, so auch an den Gymnasien den berechtigten Forderungen des Lebens Rechnung tragen. Einen Ausgleich zwischen dem Erbgut der Väter, dem Eigenbesitz der Söhne und den Zukunftserwartungen der Enkel zu suchen, darin erkennen wir Humanisten alle unsere | Hauptaufgabe. Ihre Lösung wird sich vermutlich in der Intensivierung des altsprachlichen Unterrichts finden lassen: die dadurch für diesen ersparten Stunden werden frei für die Pflege vaterländischer Geschichte und Kultur, Mathematik, Naturwissenschaften, Geographie, zwei moderne Fremdsprachen. Daß diese Kulturgüter in ihrer Gesamtheit unserem Volk erhalten bleiben, daran muß die Universität mitarbeiten, indem sie Lehrer erzieht, die wie gute Landwirte intensive Wirtschaft zu treiben imstande sind. Die Mathematiker können, dank ihrem großen Felix Klein, uns Philologen darin ein Vorbild geben. Aber auch bei uns mehren sich die Fälle, wo Universitätslehrer gelegentlich beim Klassenunterricht hospitieren; ich selbst habe vor einigen Jahren an Unterrichtsstunden eines Lehrers teilgenommen, der das pädagogische Charisma besitzt. In enger Fühlung mit den Bedürfnissen der Schule, oft in Verein mit den Schulmännern selbst, werden jetzt bei uns Lehr- und Lesebücher geschaffen, die für Wissenschaft und Praxis gleichermaßen förderlich sind. Die Schülerfrage ist, wie man oft sagen hört, eine Lehrerfrage; man kann dieses Dictum ergänzen durch ein zweites: die Schulfrage ist zum guten Teil eine Universitätsfrage (und umgekehrt), und auf den Versammlungen deutscher Philologen und Schulmänner sollte keine Frage mit solchem Nachdruck erörtert werden wie diese. Denn an einer Antwort, die in allen Lagern befriedigt — ich zweifle nicht, daß sie sich, wo so viel Intelligenz und guter Wille und patriotisches Gefühl sich vereinigen, finden lassen wird —, hängt das Heil nicht eines bestimmten Schultyps, sondern der höheren Schule in ihrer Gesamtheit, also auch ein nicht geringer Teil der *salus publica.* Zur Förderung des Gedankenaustausches zwischen Universitätslehrern und Schulmännern sollten von seiten der städtischen, provinzialen und staatlichen Behörden umfassende Veranstaltungen getroffen, beträchtliche Mittel zur Verfügung gestellt werden.

Wenn hier von einem Altphilologen der Intensivierung des altsprachlichen Unterrichts, selbst auf Kosten seiner Expansion, das Wort geredet wird, so muß doch um so nachdrücklicher gegenüber zu weitgehender Beschränkung der Stundenzahlen die Forderung erhoben werden: *sint certi denique fines.* Wenn dem Gymnasium die Möglichkeit einer gründlichen sprachlichen Durchbildung seiner Schüler genommen wird, so ist ihm nicht bloß sein eigener Lebensnerv, sondern auch der Nervenstrang, der es mit der Hochschule zu einem einheitlichen Organismus verbindet, zerschnitten. Auf ›gefühlsmäßiges‹ oder ›intuitives‹ Erfassen einer Satzperiode etwa des Thukydides oder Caesar, d. h. auf Tasten oder Raten, wird es sich nicht einlassen, da es nicht Untreue an sich selbst verüben darf, Untreue auch nicht an den sich ihm anvertrauenden Seelen, die es zur Unwahrhaftigkeit verfälschen würde. Dann also wird es in absehbarer Zeit seine ehrwürdigen Pforten schließen, und der Staat wird Lehrstühle des Griechischen und Lateinischen an den Universitäten als kostspieligen Luxus nur für die Sonderlinge zu erhalten brauchen, die da glauben, es lohne sich, an der originalen Lektüre Homers, der Tragiker und Platons, des Horaz und Tacitus den Sinn für große, ob herbe Form des Dichtens und Denkens zu bilden, oder die nicht gewillt sind, den Theologen das Sonderrecht zuzuerkennen, das Gebet des Herrn oder die Bergpredigt mit den Ohren der frühen Christenheit zu vernehmen. Die Sprachen und Literaturen des klassischen Altertums wird man studieren wie die des ägyptischen, assyrischen, indischen. Die antiken Zitate bei Lessing, Herder und Goethe zu lesen wird ein Vorrecht der Gelehrten sein. ›*Graeca sunt, non leguntur*‹ wird wieder die Parole lauten —, solange man sie noch lateinisch weitergeben kann. Die Agonie des Lateinischen wird ja länger dauern, sehr unverdientermaßen: das Herdfeuer müßte eher verlöschen als der prometheische Funke, der es wieder entzünden kann; das Gymnasium, getreu seiner idealistischen Richtung, steht dem Nützlichkeitsgesichtspunkt, das Lateinische sei für vielerlei unentbehrlich, verdiene daher immerhin mitleidige Pflege, verständnislos gegenüber.

Es droht also — um ein Spenglersches Wort zu gebrauchen — eine Kulturzäsur. ›Mit Verlaub, doch nicht wie im 6. Jahrhundert unserer Zeitrechnung für die gesamte abendländische Welt, sondern nur für — Deutschland.‹ Das ist grade das Tragische: zu derselben Zeit, da bei uns an der Destruktion der alten Schulform gearbeitet wird, erfolgt im Ausland ihr Ausbau. Mag es bei uns auch wenig beachtet werden — man schließt gar zu gern die Augen vor Unliebsamem —: die humanistische Flutwelle steigt in Frankreich und Italien, in England und den Vereinigten Staaten. Manchem wird aus der Tageszeitung eine Rede des französischen Unterrichtsministers für die antike Bildung an den Schulen in Erinnerung sein; ›The Return to the Classics‹ ist in der anglosächsischen Welt fast |schon ein Weckruf, und wenn man sich Bücherkataloge des Auslands ansieht, staunt man über den Umfang der schulmäßigen und wissenschaftlichen Produktion auf den Gebieten der griechischen und römischen Kultur. Die verantwortlichen Leiter unseres höheren Unterrichtswesens seien gebeten, dieser Erscheinung ihre Aufmerksamkeit in erhöhtem Maße zuzuwenden und ihren tieferen Gründen nachzugehen. Der von den Gegnern des Gymnasiums gelegentlich erhobene Vorwurf, es nähre nicht das Vaterlandsgefühl, bricht — absurd wie er ist — unter der erwähnten Tatsache zusammen: denn patriotisches Empfinden läßt sich den Fremdstaaten wahrlich nicht absprechen, und man liest in englischen Colleges Platons Politeia, auf französischen Schulen Seneca, um daraus praktischen Nutzen für Staat und Moral zu ziehen. Also müssen jene Länder vielmehr überzeugt sein, daß Hellas und Rom der nationalen Gesinnung der Jugend Saft und Kraft zuführen. Woher mag sich ihnen aber gerade jetzt diese Überzeugung derart verstärken? Wirkt sich bei ihren Völkern das Geistige gegen die Industrialisierung und Kommerzialisierung des Lebens stärker aus als bei uns? Auf alle Fälle sollte uns diese Bewegung nachdenklich stimmen. Aber während sie dort einem Mittelpunkt zustrebt, sind bei uns zentrifugale Kräfte am Werk, durch die die alten Bildungswerte an die Peripherie zu zerstieben drohen. Und doch verknüpft uns alle, Freunde und Gegner der alten Bildung, ein Band, das heiligste von allen: *sanctus amor patriae.* Aber wir, die Freunde, sind der Meinung, daß gerade aus dem freien Spiel der Kräfte im Anziehen und Abstoßen die Beherrschung des Fremden und das Bewußtsein des alten und köstlichen deutschen Eigenbesitzes erwüchse. Die Ahnengeister sind keine Gespenster, die uns lähmen, sondern gnädige, gütige δαίμονες, die uns segnen zu eigenem Schaffen. Inmitten der

Niederschrift dieses Aufsatzes wohnte ich Schulaufführungen der Perser und des Oedipus (dieses Dramas im Original) an zwei Berliner Vorortgymnasien bei. Wo noch soviel Liebe, soviel Können vorhanden ist, ist es um unsere Sache nicht schlecht bestellt, und wenn diese jungen Menschen zu Männern heranwachsen und Kinder ihr eigen nennen, werden sie diese auf Gymnasien schicken —, vorausgesetzt, daß es dann noch solche gibt. Das wird der Fall sein, wenn man uns nur gewähren läßt: für das Bewähren werden wir Sorge tragen. In der Unrast des Experimentierens erblicken wir die Gefahr, es könnte aus dem letzten uns noch gebliebenen Aktivposten, dem Kulturgut, ein besonders wertvolles Kleinod verlorengehen, bis späte Generationen es wiederfinden und der Krone neu einfügen: denn ihm eignet ein in der Geschichte der europäischen Kulturentwicklung erprobter überzeitlicher Charakter. Wir können nur warnen. *Videant consules.* Τὸ δ' εὖ νικάτω.

UNIVERSITAS

Ein Streifzug durch acht Jahrhunderte Bildungsgeschichte

1928

Die meisten Wissenschaftsvereine und Bildungsanstalten tragen — zum Zeichen für den Weg, den die europäische Kultur ging — griechische Namen: Akademie, Lyzeum, Gymnasium, Museum. In den beiden ersten leben, wenn auch für viele unbewußt, die Namen der Bildungsstätten weiter, in denen Platon und Aristoteles lehrten: die Akademia buchstäblich fast unverändert, das Lyzeum fast nur noch durch den griechischen Laut υ an die ursprüngliche Form Lykeion erinnernd. Auch »Schule« ist in seinem letzten Ursprung bekanntlich ein griechisches Wort, aber der Unterschied zu den drei genannten ist bemerkenswert: diese sind sozusagen *mots savants*, erst in der Renaissancezeit des 15. und 16. Jahrhunderts übernommen, als der Strom griechischer Bildung, von Italien ausgehend, Frankreich, Spanien, England und Deutschland überflutete. Dagegen ist das griechische Wort σχολή schon in sehr früher Zeit, dem 3. Jahrhundert vor unserer Zeitrechnung, von den alten Römern übernommen worden, die ja ihre gesamte höhere Bildung, auch die Form des Schulunterrichts von dem hellenischen Kulturvolk bezogen. Dieses Wort besaß eine unverwüstliche Lebenskraft durch das ganze abendländische Mittelalter hindurch, von der *schola Palatina* Karls des Großen und den Klosterschulen des frühen Mittelalters angefangen bis zu den theologisch-philosophischen Lehranstalten der »Scholastiker« im Hochmittelalter, und ist dann in fast unveränderter Gestalt, nur angepaßt den verschiedenen Lautverhältnissen der Einzelsprachen, Gemeingut sämtlicher Völker Westeuropas geworden. Es durchläuft von der Elementar- oder Grundschule alle nur denkbaren Zusammensetzungen bis zur Hochschule, die sich ihrerseits durch berühmte Namen wie Humboldt und Lessing oder durch Sonderbestimmungen wie Hochschule für Politik, Verwaltungslehre, Musik differenziert.

Eine eigentümliche Bewandtnis hat es mit dem Wort *universitas*. Im Gegensatz zu den genannten trägt es rein lateinischen Stempel und zeigt schon dadurch, daß es in keinem unmittelbaren Zusammenhang mit griechischer Bildungstradition steht. Als seit dem 12. Jahrhundert Scholaren aus den Ländern diesseits der Alpen, grade auch aus Deutschland, nach Italien zogen, wo in Bologna eine berühmte Rechtsschule im Entstehen begriffen war, konstituierten sich dort, wie vor allem der berühmte Rechtshistoriker Heinrich Brunner nachwies, die Landsmannschaften, die *nationes,* zu Verbänden, die sich infolge ihres korporativen Zusammenschlusses *universitates* nannten: eine Bezeichnung, die auch für andere Korporationen, z. B. gewerbliche Zünfte, nachweisbar ist. Durch solchen Zusammenschluß konnten die *nationes,* unter denen schon in sehr früher Zeit die *natio Teutonica* eine hervorragende Rolle spielte, ihre Gerechtsame tatkräftiger behaupten, als es den auf sich selbst gestellten einzelnen möglich gewesen wäre. Seit dem 14. Jahrhundert bürgerte sich der Brauch ein, die verschiedenen, an einer Hochschule bestehenden Korporationen, *universitates,* als eine vereinheitlichte Korporation, *universitas,* zu bezeichnen und den Namen nun auch auf die Hochschule selbst zu übertragen, die bisher nur *studium generale* benannt war. Brauch und Name ging auf die größte Universitätsgründung des Mittelalters über, die Pariser. Im Laufe der Zeit, als die Freizügigkeit der europäischen Völker, auch die Annäherungsmöglichkeiten und die Rechtspflege für die Fremden erleichtert wurden, kam der ursprüngliche Sinn dieser *universitas* allmählich in Vergessenheit. Das Bestimmungswort *nationum* wurde schließlich durch ein anderes ersetzt: *literarum,* und man verstand nun an Stelle der alten landsmannschaftlichen Gemeinschaft eine Gemeinschaft der Wissenschaften. So schenkte im Jahre 1810 König Friedrich Wilhelm III. das Haus, in dem wir jetzt wohnen, *universitati litterariae,* wie die Inschrift an dem Giebel des Gebäudes mit goldenen Buchstaben kündet.

In der Tat ein merkwürdiger Entwicklungsprozeß: er zeigt die Spuren der sich in Jahrhunderten ändernden Kulturverhältnisse. Voraussichtlich wird das nun bleiben, solange es überhaupt Universitäten gibt. Aber diese erheben längst nicht mehr den Anspruch, die Gesamtheit der Wissenschaften in sich zu befassen. In dem Wort *literae* liegt das geschriebene Wort, also etwas rein Geistiges. Neben den Geisteswissenschaften haben sich die technischen in einem Maße entfaltet, daß die tech- | nischen Hochschulen als ebenbürtige jüngere Schwestern neben den ehrwürdigen, schon etwas matronenhaften Universitäten stehen. Örtlich betrachtet, sind beide voneinander getrennt, aber der ideelle Wissenschaftsgeist verbindet sie: daß dieses geistige Band die Voraussetzung eines stetigen Sichentfaltens der technischen Wissenschaften sei, hat erst kürzlich, aus Anlaß des 100jährigen Jubiläums der technischen Hochschule zu Dresden, der *Rector magnificus* Prof. Dr.-Ing. rer. pol h. c. Nägel in eindrucksvollen Worten betont, und, wie ich höre, soll der demnächst tagende Verein Deutscher Ingenieure beabsichtigen, eine entsprechende Erklärung abzugeben. Die Naturwissenschaften von den Geisteswissenschaften durch eine unüberbrückbare Kluft getrennt sein zu lassen, gilt bereits als überwundene Auffassung: die Mathematik ist die sie verbindende Brücke. Es ist jetzt wieder dahin gekommen, daß, wie im griechischen Altertum, Erkenntnis von Naturgesetzen Weltanschauung vermittelt: mögen wir als Laien auch die Methoden, das Rechnerische der Quanten- und der Relativitätstheorie sowie der Atomphysik nicht durchschauen, so begreifen wir doch bewundernd das Spekulative ihrer Ergebnisse. Auch die Medizin beginnt wieder Fühlung mit dem Geistigen zu nehmen. Einer unserer bekanntesten und angesehensten Chirurgen sagte mir, seine Nächte seien philosophischen Studien geweiht, und er beabsichtige, sich in einer eigenen Schrift auf den Standpunkt zu stellen, daß die Heilkunde, wie zu den Zeiten des Hippokrates, wieder in Wechselwirkung mit der Philosophie treten müsse. So erkennen wir allenthalben, auch bei so jungen und zukunftsvollen Wissenschaften wie der Biologie, die Zentrierung auf das Geistige. Das kann uns ein Trost sein, wenn wir die uns umgebende Erscheinungswelt sich mehr und mehr mechanisieren und materialisieren sehen: nicht die Maschine, sondern der Geist wird triumphieren.

In einem gedankenreichen Vortrag vergangenen Winters hörte ich den Redner sagen: die Universitäten seien vom Flügelschlag der modernen Zeit nicht genügend berührt worden; sie hätten es daher selbst verschuldet, wenn ihre Uhr abgelaufen sei und das Zeitalter des Ingenieurs beginne. An die richtige Einstellung dieses für die Zukunft der Universitäten ungünstigen Horoskopes braucht man zum Glück nicht zu glauben. Es wäre ungerecht zu verlangen, die Universität hätte der Zersplitterung der Gesamtwissenschaft in atomisierte Teile dadurch Vorschub zu leisten, daß sie diesen Teilen eine Heimstätte bei sich gewähren müßte, ohne zu prüfen, ob sie in sich ein organisches Ganzes von Eigenwert bilden. Die Tradition hüten bedeutet nicht, bei ihr zu beharren, Beständigkeit ist nicht Rückständigkeit. Der Vorwurf, die Universitäten repräsentieren das Trägheitsmoment, wird oft genug erhoben; er kleidet sich gelegentlich in grotesk-lächerliches Gewand. So ging mir vor einigen Tagen ein Schreiben des Inhalts zu: die Universität Berlin möge einen fortschrittlichen Geist dadurch zeigen, daß sie — Max Hölz zum Ehrendoktor promoviere. Allein Burlesken werden nicht nach dem Geschmack der Leser sein; wohl aber dürfte sie ein Versuch interessieren, den ich anstellte, um ernsthaften Vorwürfen, der Strom des Lebens rausche an den Universitäten kaum beachtet vorbei, den Boden zu entziehen. Ich verglich die letzten Vorlesungsverzeichnisse der Berliner Universität mit älteren, etwa ein Jahrzehnt zurückliegenden, und gebe nun hier in tabellarischer Form, nach Fakultäten geordnet, ein Verzeichnis der neuen, jetzt gepflegten Wissenschaftszweige, für die Lehrstühle oder Lehraufträge, Institute oder Seminare eingerichtet wurden (die Institute sind mit einem * gekennzeichnet).

Philosophische Fakultät:
*Psychologie.
*Anthropologie, menschliche Erblehre und Eugenik.
Soziologie.
Gesellschaftslehre.
Statistik.
Genossenschaftswesen.
Vorgeschichte.
Osteuropäische Geschichte und Landeskunde.
Historische Geographie und Staatenkunde.
Kolonialgeographie.
*Meereskunde.
Ozeanographie.
Luftschiffahrt.
Wirtschaftschemie.
*Edelstein- und Perlenforschung.
Betriebswirtschaftslehre.
*Kommunalwissenschaft.
*Theaterwissenschaft.
*Zeitungskunde.
*Deutsches Institut für Ausländer.
Geschichte der Demokratie und des Sozialismus.
Grenz- und Auslandsdeutschtum.
*Ungarische Sprache und Kultur.
Englisch-amerikanisches Geistesleben.
Kulturkunde Amerikas.
Amerikanische Politik und Volkswirtschaft.
Amerikanistik.
Japanologie.
Tibetisch.
Hethitisch.
Afrikanische Sprachen.
*Leibesübungen.

Theologische Fakultät:
*Sozialethik und Wissenschaft der inneren Mission.
Nachbiblisches Judentum.

Juristische Fakultät:
*Auslands- und Wirtschaftsrecht.
Internationales Privatrecht.
Steuer- und Versicherungsrecht.
Schulrecht.

Medizinische Fakultät:
*Strahlenforschung.
*Krebsforschung.
Tuberkulosebehandlung.
Biologie.
Orthopädie.
Soziale Heilkunde.
Soziale Hygiene.
Tropenhygiene.
Schulhygiene.
Versicherungsrechtliche Medizin.
*Medizinisch-kinematographisches Institut für Unterricht und Forschung.

Wer diese Listen durchsieht, die keinen Anspruch auf unbedingte Vollständigkeit erheben, wird nicht behaupten wollen, daß die Universitäten lebensfern geworden seien. Beispielsweise wird die Leser dieses Aufsatzes interessieren, daß im Deutschen Institut für Zeitungskunde in dem bevorstehenden Wintersemester gelesen wird über »Struktur und Funktion der Zeitung« und daß ebendaselbst Übungen »über die journalistische Form« stattfinden; oder daß in dem ganz neuerdings gegründeten Kommunalwissenschaftlichen Institut gelesen wird über »Kommunale Wohlfahrtspflege nebst Fürsorgerecht im Rahmen des gesamten kommunalen Aufgabenkreises, mit Besichtigung von Einrichtungen der Stadt Berlin«. Auch auf den immer weiter fortschreitenden Einbau der Körpergymnastik in das Geistige (im Institut für Leibesübungen) sei hingewiesen.

Die moderne *universitas* wird ihrer Aufgabe, eine Universalität des Geistigen darzustellen und den Lernbegierigen zu vermitteln, auch weiterhin treu bleiben, die kleineren nicht minder als die größte, an deren Eingangspforte die Marmordenkmäler Wilhelms und Alexanders von Humboldt, der Repräsentanten des Logos und des Kosmos, Kulturwacht halten.

LESSING ALS KLASSISCHER PHILOLOGE[1]
1929

Über Lessings Beziehungen zur klassischen Philologie reden zu dürfen bedeutet für einen Vertreter dieser Wissenschaft eine so hohe Auszeichnung, daß ich, als der Herr Vorsitzende der Gesellschaft für deutsche Philologie mit seiner Aufforderung an mich herantrat, ihm sofort eine Zusage gab. Eigentliche Studien anzustellen, dazu hätte die sehr knappe Zeit freilich nicht gereicht; ich habe daher die ohnehin spärliche Literatur über diesen Gegenstand nicht benutzt. Aber der Stoff war mir ziemlich vertraut; denn oft genug habe ich in meinen Vorlesungen und Übungen Lessings Namen zu nennen Gelegenheit genommen, immer darauf bedacht die großen Linien hervortreten zu lassen, die unsere Klassiker und durch sie unsere deutsche Kultur mit der antiken verbinden. Meine Erinnerung habe ich in diesen Wochen durch erneutes Blättern und Lesen in Lessings gelehrten Schriften neu belebt. Mag man durch Berufsarbeit noch so ermüdet sein: die Lektüre Lessings, wo immer man ihn aufschlägt, wirkt wie ein stärkendes, erfrischendes Bad, das die Nerven sozusagen in Vibration versetzt. Auf Vollständigkeit in der Aufzählung der überaus vielen Schriften und Entwürfe Lessings, die in das Gebiet der klassischen Philologie fallen, bin ich nicht irgendwie bedacht gewesen; nur eine knappe Auswahl schien mir ein einigermaßen lebendiges, die Vorstellung anregendes Bild zu versprechen. Die kunstästhetischen Schriften, also auch der Laokoon, können nur ganz im Vorübergehen berührt werden: Lessing als ›Antiquar‹, wie man damals sagte, als ›Archäologe‹, wie wir ihn heutzutage nennen würden — das wäre ein eigenes, ganz für sich zu behandelndes Thema. Bevor wir auf einzelnes eingehen, wollen wir einige allgemeinere Betrachtungen anstellen.

Schon äußerlich betrachtet bieten, wie Ihnen bekannt, die Werke

[1] Vortrag, gehalten am 6. Februar 1929 in der Gesellschaft für deutsche Philologie, Berlin. Das Thema war mit dem Vorsitzenden der Gesellschaft, meinem Kollegen Artur Hübner, so vereinbart. Es schloß sich ein Vortrag Hübners an: ›Lessing als deutscher Philologe‹. An Veröffentlichung unserer Vorträge hatten wir beide ursprünglich nicht gedacht, aber auch Hübner beabsichtigt auf Wunsch vieler Zuhörer, seinen Vortrag weiteren Kreisen durch den Druck zugänglich zu machen. Ich fand leider keine Zeit, an dem meinigen eingreifende Änderungen vorzunehmen, doch habe ich bei der Drucklegung einige Ergänzungen hineingearbeitet.

Lessings ein anderes Aussehen als die unserer übrigen Klassiker: in keinem dieser, selbst Herder nicht ausgenommen, finden sich auch nur annähernd so viele Zitate aus Schriftstellern des Altertums oder gar Anmerkungen, seit der Humanistenzeit die | Signatur des Gelehrtenstils. So gewinnt man den Eindruck: dieser Mann, der sich in früher Jugend mit dem Lustspiel ›Der junge Gelehrte‹ erfolgreich einführte, konnte sich über die Gelehrtenzunft gerade deshalb oft genug mit so köstlichem Humor ergehen, weil er selbst von einem Hauch dieser Wesensart berührt war, freilich ohne sich ihr zu ergeben. Auf der Schule St. Afra in Meißen war er kein Musterschüler gewesen, aber die kürzlich in der Tagespresse veröffentlichten Zeugnisse seiner Lehrer lassen die Beweglichkeit und Eigenart seines Geistes schon in den Knabenjahren erkennen. Jedenfalls bot ihm das dortige Gymnasium eine solide sprachliche Grundlage im Lesen antiker Texte. In dem ruhelosen Leben, das den Sohn lange Zeit umtrieb, kam der Vater einmal auf den Gedanken, er möge sich um eine Stelle an dem durch den trefflichen Joh. Mathias Gesner eingerichteten philologischen Seminar in Göttingen, dem ersten dieser Art, bewerben. Aber diesen väterlichen Wunsch erfüllte der Sohn nicht. Bindungen einzugehen, die ihm berufsmäßig Unterordnung auferlegten, war er Zeit seines Lebens, selbst noch in der Wolfenbüttler Periode, wenig geneigt. Auch bot die damalige Universitätsphilologie in Deutschland, von wenigen Ausnahmen wie dem genannten Gesner abgesehen, kaum etwas, das einen so selbständigen Geist locken konnte. Polymathie führte noch immer das Wort; Kritik, Lessings Lebenselement, in England und Holland damals schon verbreitet, war in Deutschland selten zu finden; viele Gelehrte spreizten sich in selbstgefälliger Eitelkeit. Ein berüchtigter Typus dieser unfruchtbaren Vielgeschäftigkeit war der Professor Christian Adolf Klotz in Jena, Halle und Göttingen, den Lessing dadurch berühmt machte, daß er ihn an den Pranger stellte, zuerst in den 1768 und 1769 verfaßten ›Briefen antiquarischen Inhaltes‹, dann in der Untersuchung ›Wie die Alten den Tod gebildet‹. In dieser stehen folgende Worte:

> ›Ein anderer ist der Alterthumskrämer, ein anderer der Alterthumskundige. Jener hat die Scherben, dieser den Geist des Alterthumes geerbt. Jener denkt nur kaum mit seinen Augen, dieser sieht auch mit seinen Gedanken.‹

Also in den Geist des Altertums einzudringen war sein Ziel. Diesen Weg hatte Winckelmann gewiesen. Im Jahre 1755 erschien dessen Erstlingsschrift: ›Gedanken über die Nachahmung der griechischen Werke in der Malerei und der Bildhauerkunst‹; an ihr hatte Lessing in dem ersten Teil seines 1766 veröffentlichten Laokoon eine von Hochachtung getragene Kritik geübt. Während der Ausarbeitung des Laokoon war dann Winckelmanns ›Geschichte der Kunst des Alterthumes‹ erschienen, das am meisten bewunderte antiquarische Werk des Jahrhunderts. Es muß unumwunden ausgesprochen werden, daß Lessing zu diesem in die Zukunft weisenden Werk kein innerliches Verhältnis gefunden hat: seinem philosophisch-kritischen Geist war Winckelmanns Enthusiasmus, vor allem auch dessen historische Betrachtungsweise fremdartig. Erst in Herder und Goethe zündete dieser Funke; erst durch sie, dann durch Wilhelm von Humboldt ist die Antike ein lebendiger Kulturbesitz Europas geworden. Aber Lessing hat durch seinen kritischen Geist der Altertumsforschung in Deutschland das Gewissen geweckt. Nur dieser seiner philologischen Tätigkeit im engeren Wortsinn sollen unsere Betrachtungen gelten. |

Da muß nun zuerst als das eigentlich Grundlegende gesagt werden: er verstand sich auf die beiden antiken Sprachen. Die auf der Schule erworbenen Kenntnisse zu befestigen und zu erweitern ist er bis in die letzten Jahre seines Lebens nicht müde geworden. Um von dem Lateinischen nicht zu reden: dem Griechischen war er so gewachsen wie außer den ihm darin natürlich überlegenen Berufsphilologen niemand. Das will viel besagen, denn einigermaßen ausreichende Kenntnisse des Griechischen waren damals noch recht selten. Er aber besaß sie in dem Grad, daß er auch an schwierige Texte wie Sophokles, Aristoteles oder ein Gedicht aus dem späten Altertum (Paulus Silentiarius) heranzugehen wagte. Dadurch besaß er ein Rüstzeug, das ihn allen dilettantischen Gegnern überlegen erscheinen ließ. Noch heute liest man mit Vergnügen, wie er dem Verfasser einer miserablen Verdeutschung des Theokrit — eines Dichters, zu dem damals der Zugang noch recht schwer war — Sprachschnitzer nachweist und auf Grund der Scholien zum richtigen Verständnis vorzudringen sucht. Mag es auch bei ihm selbst an Irrtümern hier und anderwärts nicht fehlen: die grammatische und lexikalische Grundlage war für die damalige Zeit bei einem Nichtfachmann beträchtlich, und ferner besaß er, Deutschlands erster großer Stilist, auch Stilgefühl — eine damals seltene Gabe. — Mit der Sprachkenntnis verband sich der Besitz einer weiteren philologischen Tugend: der Genauigkeit. Seine Zitate zeichnen sich durch Exaktheit und Präzision aus, wie man sie auch von einem Gelehrten nicht besser wünschen könnte. — Vor allem war ihm die Gabe Probleme zu sehen ebenso angeboren wie das Bestreben ihre Lösung zu suchen. Als Skeptiker war er nicht geneigt und gewillt, die Überlieferung wie ein Gegebenes und Richtiges ungeprüft hinzunehmen, sondern er betrachtete den Zweifel als Recht und Pflicht und beugte sich niemals Autoritäten, sondern nur Gründen. Damit verband sich seine Freude an der Polemik: er war der gefürchtetste Kritiker unter seinen Zeitgenossen. Dazu ein dialektisches Genie von eminenter Schärfe und Verstandesklarheit;

an geschliffenen Antithesen und Pointen hatte er seine Freude, wo sie ihm in der antiken Literatur begegneten, und er ließ seinen eigenen Verstand und seinen Stil mit Vorliebe diese Wege gehen, bis zu einem Grad, daß man gerechterweise sagen muß: in seiner Neigung, mit Gegnern die Waffen des Geistes zu kreuzen, berauschte er sich an seiner eigenen dialektischen Kunst, hieb oft daneben und gab sich Blößen, die zu berechtigten Gegenangriffen herausforderten. Das darf und muß man ruhig aussprechen; wäre es doch seiner Größe unwürdig, wollten wir den kritischen Maßstab, den er gewohnt war an andere anzulegen, nicht auch auf ihn anwenden. Ich werde daher die Irrtümer, die er beging, nicht verschleiern; das wäre wahrlich nicht in seinem Sinne. Mir ist aus meiner Lektüre keine Stelle erinnerlich, wo er panegyrisch geworden wäre. Das Panegyrische ist stets der Gefahr ausgesetzt die Wahrheit zu färben. Er aber war ein unerbittlicher Wahrheitsucher, eine grundehrliche Natur, und wenn er sich daher auch manchmal durch sein prachtvolles Temperament in der dialektischen Eristik zu Irrtümern hinreißen ließ, so hat er doch unwahrer, nur auf den Schein gerichteter Rhetorik niemals gehuldigt und niemals aus bloßer Rechthaberei einen Gegner verunglimpft. — Endlich müssen wir hier, wo wir sozusagen den philologischen Hausrat mustern, der in Lessings Wesensart aufgespeichert | war, noch einer Neigung gedenken, die uns von dem Bild eines Philologen unzertrennlich erscheint. Ohne eine mehr oder minder ansehnliche Bibliothek ist Arbeit in den Geisteswissenschaften undenkbar. So sehen wir denn schon den ganz jungen, eben der Schule entwachsenen Lessing bemüht, sich Bücher zu sammeln, und sein Leben lang hat ihn diese Neigung nicht verlassen; seine ohnehin kargen Mittel hat er bis an die Grenze körperlichen Darbens im Erwerb von Büchern angelegt. Wie schwer mag es ihm geworden sein, als er sich im Jahre 1767 gezwungen sah, den größten Teil seiner damals nahezu 6000 Bände umfassenden Bibliothek versteigern zu lassen: er brauchte das Geld, um die Kosten seines Umzugs von Berlin nach Hamburg zu bestreiten. Erst als sich sein Lebensstern schon dem Untergang zuzuneigen begann, erhielt der viel umgetriebene, von einer zerstörten Hoffnung in die andere gestürzte Mann eine Freistätte biliothekarischen Wirkens an der berühmten, auch an griechischen und lateinischen Handschriften reichen Bibliotheca Augusta in Wolfenbüttel. Ich brauche in diesem Kreise nicht auszuführen, wie er, darin ein echter Gelehrter, durch unermüdliche, oft wahrhaft entsagungsvolle Hilfsbereitschaft bestrebt war, den Gelehrten die Anfragen, die sie an ihn richteten, zu beantworten; auch an eigener Editionsarbeit hat er es nicht fehlen lassen.

Erlauben Sie mir nun Ihnen nach diesen allgemeinen Vorbemerkungen einige Früchte von der philologischen Tafel unseres Gotthold Ephraim vorzusetzen.

Auf dem Gymnasium meiner Jugendzeit war es noch üblich, in der Prima die Ilias und den Philoktet neben dem Laokoon zu lesen, und zu unserem besonderen Glück lag der Unterricht des Griechischen und Deutschen in derselben Hand. Noch glaube ich mich des Eindrucks zu erinnern, den Lessings Paraphrase einer berühmten homerischen Episode auf uns machte (Laokoon c. XIII):

> ›Ergrimmt, mit Bogen und Köcher, steiget Apollo von den Zinnen des Olympus. Ich sehe ihn nicht allein herabsteigen, ich höre ihn. Mit jedem Tritte erklingen die Pfeile um die Schultern des Zornigen. Er gehet einher, gleich der Nacht. Nun sitzt er gegen den Schiffen über und schnellet — fürchterlich erklingt der silberne Bogen — den ersten Pfeil auf die Maulthiere und Hunde. Sodann faßt er mit dem giftigern Pfeile die Menschen selbst, und überall lodern unaufhörlich Holzstöße mit Leichnamen. — Es ist unmöglich, die musikalische Malerei, welche die Worte des Dichters mit hören lassen, in eine andere Sprache überzutragen.‹

Zweifellos mit Recht sagt Wilamowitz[2]: das tiefere Verständnis für Homers Größe, den Platon den ersten Tragiker nannte, sei Lessing fremd geblieben; jedoch fügt er — sicher mit Hinblick auf stilistische Analysen wie die zitierte, der im Laokoon zahlreiche andere über homerische Erzählungstechnik zur Seite stehen — hinzu: ›Aber er erschloß das Verständnis für homerische Rede und Erzählung. Wohl blieb Homer ein Dichter wie andere[3], ein reflektierender Künstler, | aber worin seine unvergleichliche Kunst besteht, das ward hier endlich klarer und wahrer als von irgendeinem antiken Kunstrichter ausgesprochen. Es war ein Fortschritt über sie hinaus im Veständnis ihres Dichters erreicht. Man brauchte eigentlich nur die Lessingischen Gedanken zu verfolgen, um die wahre epische Erzählung zu erfassen.‹

Kaum 30 Jahre alt, begann er mit einem Werk über Sophokles. Geplant waren vier Bücher, in denen das Leben des Dichters und seine Dramen behandelt werden sollten. Fertig davon wurde aber nur ein Teil des ersten Buches, auch er erst aus dem Nachlaß herausgegeben. Dieser Teil behandelt das Leben des Dichters. Ganz kurz werden die biographischen Daten aufgezählt, aber jedem einzelnen Anmerkungen beigegeben, die z. T. sehr ausführlich sind. Gewissenhaft prüft er die

[2] Homerische Untersuchungen, Berlin 1884, 391.

[3] a. a. O. Anm. 2: ›Darauf sei doch gelegentlich hingewiesen, daß Lessing aus dem εἰπὲ καὶ ἡμῖν des Prooimions der Odyssee mit Recht auf die Existenz vieler Odysseusepen, die seinem Verfasser vorlagen, geschlossen hat. »Die Odyssee gehört allerdings unter die νόστους.« XI 689 Lachm.‹

Zeugnisse des Altertums und ihre Behandlung von seiten der modernen Gelehrten. Unterordnung unter irgendeine Lehrmeinung kennt er nicht. In seinem Urteil geht er vielfach in die Irre, weil er die Sprache doch nicht ganz beherrscht. Aber erstaunlich ist der Scharfsinn, mit dem er aus der komplizierten Überlieferung und dem gelegentlich durch Verschreibungen entstellten Text des antiken Bios zwei Tatsachen feststellt: den Titel des Dramas, durch dessen Aufführung der achtundzwanzigjährige Sophokles seinen ersten Sieg errang, und das Lebensalter, in dem Sophokles stand, als er zum Strategen im Samischen Krieg gewählt wurde. Beide Erkenntnisse haben sich bewährt; ein namhafter Philologe des vorigen Jahrhunderts, Th. Bergk, fußt in seiner 1858 erschienenen Biographie des Sophokles auf ihnen, nimmt die Textemendationen Lessings an und rühmt dessen Scharfsinn. Daß Lessing das geplante Werk nicht weiterführte, ist auch abgesehen von seiner gewohnheitsmäßigen Sprunghaftigkeit in wissenschaftlichen Arbeiten begreiflich: für das Gelingen eines derartigen Unternehmens fehlten damals noch alle Voraussetzungen, und das zusammengefaßte Ethos der attischen Tragödie war der das Gefühlsmäßige analysierenden Wesensart Lessings nicht gemäß. Das zeigen auch in späteren Jahren seine freilich im einzelnen wohldurchdachten, klugen Bemerkungen im Laokoon über den Philoktet und die Trachinierinnen[4].

Mit Horaz war Lessing schon von der Schule her vertraut; ihm zu Ehren führte er als Fünfundzwanzigjähriger seinen ersten kritischen Husarenritt aus. Die Übersetzung der Oden und der Ars poetica durch den Pastor Lange im Jahre 1752 war denkbar kläglich; sie wurde aber von den Rezensenten, auch von dem König Friedrich II., dem sie gewidmet war (und der sich gehütet haben wird, sie zu lesen), beifällig aufgenommen. Das ertrug der junge Lessing nicht. In einem zwei Jahre darauf, 1754, erschienenen ›Vade Mecum für Herrn Samuel Gotthold Lange‹ goß er die Schale seines Spottes und Hohnes über den unglückseligen Übersetzer aus. Es lohnt sich nicht, dabei zu verweilen; denn die Schnitzer dieses geistig armen Pastors waren doch gar zu arg, als daß mit ihrem Aufstechen besondere Ehre einzulegen war. An ihn vorzugsweise, dann auch an den vorhin genannten Klotz | wird Heinrich Heine gedacht haben, als er schrieb: ›Mehrere winzige Schriftstellerlein hat Lessing mit dem geistreichsten Spott, mit dem köstlichsten Humor gleichsam umsponnen, und in den Lessingschen Werken erhalten sie sich nun für ewige Zeiten, wie Insekten, die sich

[4] Für Lessings Verhältnis zum antiken Drama kann ich gerade noch auf das soeben erschienene Buch von Olga Franke, Euripides bei den deutschen Dramatikern des 18. Jahrhunderts, Leipzig 1929, hinweisen. Die Lessing betreffenden Abschnitte habe ich mit vielfacher Förderung gelesen.

in einem Stück Bernstein verfangen. Indem er seine Gegner tötet, macht er sie unsterblich.‹ Auf das Vademecum ließ er seine ›Rettungen des Horaz‹ folgen, eine Abhandlung, die bei den Philologen noch jetzt, nicht bloß um Lessings Namens willen, sondern wegen ihres Eigenwerts in Ansehen steht. Hier hatte er es nicht mit einem ›alten Schulknaben‹ zu tun, wie er jenen Pastor nennt, sondern mit Gelehrten, freilich bescheidenen Ranges, die das Andenken des Horaz verunglimpften. Lessing liebte diesen Dichter. Er sagt von ihm:

›Bei Lebzeiten und ein halb Jahrhundert nach dem Tode für einen großen Geist gehalten werden, ist ein schlechter Beweis, daß man es ist; durch alle Jahrhunderte aber hindurch dafür gehalten werden, ist ein unwidersprechlicher.‹

Um so mehr erboste er sich darüber, daß einige sich unterfingen, diesen Dichter vom moralischen Standpunkt herabzusetzen. Er nimmt die angeblichen Beweise unter seine kritische Lupe und widerlegt sie. In der Horazbiographie des Sueton befindet sich eine Skandalgeschichte sexualpathologischer Art, wie wir heutzutage sagen würden. Lessing unternimmt den Nachweis, sie gehöre nicht der echten Überlieferung des Sueton an, sondern sei in dessen Text nachträglich interpoliert. Darin hat er sich freilich geirrt: wir betrachten die Stelle als echt suetonisch. Aber darin stimmen wir mit Lessing überein, daß ihr Inhalt keinen Glauben verdient: es war die Art Suetons, wie der meisten Biographen des Altertums, urkundliche Überlieferung mit Anekdoten aus der chronique scandaleuse zu würzen. Bedeutender ist der zweite Teil der Lessingschen Abhandlung. Einige pseudogelehrte Dunkelmänner hatten in wahrhaft banausischer Art dem Horaz etwas am Zeuge geflickt wegen der zahlreichen Geliebten, an die er Gedichte gerichtet hat. Lessing begnügt sich nicht mit dem — seinem freien Geist wohl anstehenden — Hinweise, für die Bewertung der Poesie eines Lyrikers sei das Moralische auszuschalten, sondern er geht der Sache auf den Grund. Hier zuerst meines Wissens findet sich eine Erkenntnis ausgesprochen, die uns jetzt Gemeingut geworden ist: Horaz übernehme gern Motive der altgriechischen Lyriker; so bilde er auch Erotica dieser seiner Vorgänger nach, ohne daß daraus etwas für sein eigenes Liebesleben gefolgert werden dürfe. Besonders hübsch ist, wie Lessing das an der ersten Ode des 4. Buches zeigt, einem Gedicht im Stil des Anakreon; wir deuten es jetzt, ganz in Lessings Sinne, als eine für die Wirklichkeit des Erlebten belanglose feine Studie des alternden, am Lebensgenuß resignierenden Dichters. Aber über dieses Besondere hinaus: durch allgemeine Betrachtungen dringt Lessing tiefer als irgendeiner der Vorgänger in den Geist des Poetischen ein. Wir dürfen — dies ist seine Meinung — von einem Dichter nicht erwarten, daß er tatsächliche Geschehnisse getreu wiedergebe; vielmehr biete er kraft seiner Phantasie nur den schönen Schein des Lebens. Diese Erkenntnis mag Lessing aus seinem eigenen dichterischen Schaffen gewonnen haben; es wird aber vermutet werden dürfen, daß er sich dabei auch eines fundamentalen Satzes der aristotelischen Poetik erinnerte, die er ja genau | kannte: ›Der Dichter sagt nicht die wirklichen Vorkommnisse, sondern das Ideelle.‹ Eben diesen Satz der aristotelischen Poetik hat er später im 19. Stück der Hamburgischen Dramaturgie gegen Voltaire ausgespielt, der vom tragischen Dichter historische Wahrheit verlangte. So verdient denn diese Lessingsche Horazabhandlung einen Ehrenplatz in seinem philologischen Schaffen: mögen wir im einzelnen, auch außer jener suetonischen Stelle, vieles richtiger sehen als er, wie erfreulich ist doch die Klarheit und Freiheit seines Geistes, seine Unbefangenheit, gelegentlich auch die Schärfe rein sprachlichen Verständnisses. Freilich vermag er sich in diesem Punkt begreiflicherweise mit dem großen englischen Philologen Bentley nicht entfernt zu messen. Die Existenz von dessen im Jahre 1711 erschienener Horazausgabe war ihm, wie ein beiläufiges Zitat beweist[5], bekannt; aber die glänzende Leistung, von der wir eine neue Epoche der Philologie datieren, hat bei ihm so wenig eine Spur hinterlassen wie, wenn ich nicht irre, die berühmten Kampfschriften Bentleys, denen die seinigen, stilistisch betrachtet, doch kongenial sind. Bentleys Epoche brach, wenigstens in Deutschland, erst durch seinen Wiederentdecker Friedrich August Wolf an.

Besonders gern gedenke ich der Verdienste Lessings um einen anderen lateinischen Autor, den Fabeldichter Phaedrus; ich verweile dabei um so lieber, je weniger diese Arbeit sogar bei den klassischen Philologen gewürdigt zu werden pflegt. Freilich Lessings 1759 erschienene ›Abhandlungen über die Fabel‹ sind allbekannt, aber nicht sie habe ich hier eigentlich im Auge. Dieser mehr theoretisierenden Betrachtungsart sind wir ziemlich entfremdet. Sie war, wie ich vor meinem germanistischen Publikum nicht näher auszuführen brauche, grade für das Gebiet der Fabeldichtung damals in Frankreich, der Schweiz und in Deutschland weit verbreitet, fast eine Modesache; Lessing, der sich ja schon in jungen Jahren, dann wieder in gereifterem Alter auch mit eigenen Versuchen in dieser poetischen Gattung befaßt hatte, unterließ es begreiflicherweise nicht, auch theoretisch in den Streit der Anbeter Lafontaines, Gellerts, Bodmers und anderer einzugreifen. Jedoch dieses Thema soll uns hier, wie gesagt, nicht beschäftigen. Nun aber hat Lessing in diesen Abhandlungen Proben philologischer Interpretation gegeben, die uns unmittelbar angehen. In ihr war er allen seinen Vorgängern überlegen. Diese interessierten

5 10, 178 Hempel.

sich fast nur für die Theorie, aber Lessing daneben auch für die aus dem Altertum erhaltenen poetischen Produkte selbst, die er mit geschärftem Stilverständnis zu lesen und zu beurteilen wußte. Daß er die mit dem Namen des Aesop überlieferten griechischen Tierfabeln in ihrem Alter weit überschätzte, macht nicht viel aus; wir wissen längst, daß die uns erhaltene Sammlung erst der byzantinischen Zeit angehört, aber wir wissen ebenfalls, daß der Grundstock auf Sammlungen noch der frühhellenistischen Periode zurückgeht und oft fast unversehrt erhalten blieb. Wie verkehrt also, wenn neuere Herausgeber dieser Abhandlungen Lessing tadeln, daß er die griechischen Fabeln überschätze, weil er ihre Zeit falsch beurteile; vielmehr muß man seinen Instinkt bewundern, der ihn, von manchen Fehlgriffen natürlich auch hier abgesehen, im ganzen richtig | leitete. Woran bisher niemand gedacht hatte: er unterzieht einige aesopische Fabeln und ihre Nachbildungen bei Phaedrus einer vergleichenden Analyse. Seine Absicht war, diese Arbeit in ganz umfassendem Maße zu unternehmen: aus dem von seinem Bruder herausgegebenen Nachlaß geht hervor, daß er den Plan zu einem Werk über die Geschichte der aesopischen Fabel sowie zu einer Ausgabe des Phaedrus gefaßt hatte. Fragmente hingebender Arbeit sind vorhanden, genug um zu bedauern, daß er sie nicht weiterführte. ›Ich bin‹, sagt er, ›mit dem Phaedrus nicht so recht zufrieden ... So oft er sich von der Einfalt der griechischen Fabeln auch nur einen Schritt entfernt, begehet er einen plumpen Fehler.‹ Dies erweist er nun an einigen Beispielen, aus denen ich, um das Methodische seines Vorgehens aufzuzeigen, zwei auswähle ...[6] Heutzutage ist uns ein derartiges Vergleichen einer lateinischen Bearbeitung mit der griechischen Vorlage, wo sie vorhanden oder erschließbar ist, ganz geläufig; damals war es ungewöhnlich, es sei denn, daß man um der aesthetischen Theorie willen Homer mit Virgil, die attischen Tragiker mit Seneca verglich. Um in Einzelheiten einzudringen, dazu hätte es wirklicher griechischer Sprachkenntnisse bedurft; diese jedoch fehlten den meisten, die das große Wort führten. Das Stilgefühl war bei ihnen ganz wenig ausgeprägt und der Geschmack, zumal bei den tonangebenden französischen Literaten, auf das Lateinische eingestellt. Aber Lessing sagt (bei anderer Gelegenheit) einmal, er finde Geschmack an der ›griechischen Simplizität‹: da merkt man Winckelmanns Einfluß[7]. Er ist in seiner Arbeit nicht über die ersten 19 Fabeln des Phaedrus hinausgelangt. Einer von meinen Schülern hat sie in seiner Dissertation etwas ergänzt, durchgeführt ist sie noch immer nicht.

[6] Hier nicht zum Abdruck gebracht (vgl. 10, 83 f. Hempel).

[7] Über den Begriff der ›Simplizität der Griechen‹ gibt O. Franke in dem oben genannten Buche 48 f. mehrere Zeugnisse aus Literaten jener Zeit.

Andere Arbeiten dieser Art können wir nur eben streifen, z. B. die ›Zerstreuten Anmerkungen über das Epigramm‹. Neben der Fabeldichtung hat es keine andere aus der Antike überkommene poetische Gattung gegeben, die in den Jahrhunderten nach der Renaissance in Theorie und Praxis so gepflegt worden wäre wie die epigrammatische. Und kaum einer anderen war Lessings Wesensart so verbunden wie dieser; denn in ihr durften die Leuchtkugeln des Geistes brillieren, alle *acumina* des Witzes sprühen, alle Künste ziselierter Eleganz sich entfalten. Lessing selbst ist ja ein Virtuose des epigrammatischen Stils gewesen, nicht bloß in seinen eigenen Epigrammen, sondern in seinen Schriften überhaupt, prosaischen wie poetischen; selbst in den Dramen fühlt man oft genug das Prickelnde und das Pointierte dieses Stils. Kein Wunder, daß ihm, wie unter den Prosaikern des Altertums Seneca — dem er z. B. im ›Nathan‹ die Pointe ›Kein Mensch muß müssen‹ nachbildet (Seneca, epist. 12, 10) —, so unter den Dichtern keiner in gleichem Maße wesensverwandt war wie Martial. Motive aus diesem verwertet er in seinen eigenen Epigrammen mit genialer Umbildung. Die Charakteristik, die Lessing in den erwähnten ›Anmerkungen‹ von Martial als Dichter gab, ist unübertroffen; Sätze daraus findet man in vielen deutschen Darstellungen der römischen Literaturgeschichte wiederholt. |

Allein ein näheres Eingehen auf diese und ähnliche Arbeiten Lessings müssen wir uns versagen. Aber Sie werden mit Recht verlangen, daß unser Blick auf eine Untersuchung Lessings falle, die durch ihre besondere Art von den bisher betrachteten verschieden ist. Auch hier war es wieder ein Geringer, an dessen Schwäche der kritische Recke Lessing sich emporstreckte.

›Den achtundvierzigsten Abend (Mittwochs, den 22. Julius [1767]) ward das Trauerspiel des Herrn Weiße: Richard III. aufgeführt.‹

Diese sachlich nüchternen Worte im 73. Stück der Hamburgischen Dramaturgie bilden den Auftakt zu den berühmten Darlegungen der Stücke 74—78 über die aristotelische Definition vom Zweck der Tragödie. Nach einer Abschweifung noch im 73. Stück, wo die herrlichen Worte über das Shakespearesche Drama gleichen Titels stehen, das Weiße, ein Schüler Gottscheds, beim Abfassen des seinigen nicht einmal gekannt hatte, beginnt das 74. Stück mit den Worten:

›Zur Sache. — Es ist vornehmlich der Charakter Richards, worüber ich mir die Erklärung des Dichters wünschte. Aristoteles würde ihn schlechterdings verworfen haben; zwar mit dem Ansehen des Aristoteles wollte ich bald fertig werden, wenn ich es auch nur mit seinen Gründen zu werden wüßte.‹

Diese tapfere Absage an den blinden Autoritätenglauben macht uns den Mann lieb. Um so mehr ist es aber unsere Pflicht, freimütig zu gestehen: die Interpretation des aristotelischen Satzes durch Lessing hat sich in den meisten Punkten als irrtümlich herausgestellt. Sein Scharfsinn hat ihn dazu geführt, die Deutung zu überspitzen. Rein grammatisch, d. h. vom Standpunkt der Wortexegese aus betrachtet, begeht er freilich keinen Fehler, wie es manche seiner Vorgänger taten, auch manche seiner Nachfolger, darunter Goethe. Aber seine begriffliche Ausdeutung der Worte hat der Prüfung nicht standgehalten. Merkwürdig ist dabei folgendes. In den mehr als zehn Jahre vor der Hamburgischen Dramaturgie erschienenen ›Rettungen des Horaz‹ schaltete er, wie wir sahen, das moralisierende Prinzip für die Bewertung der lyrischen Poesie nachdrücklich aus; aber in jenen Stücken des dramaturgischen Werks bemüht er sich, den Katharsisbegriff für die tragische Poesie als moralische Dominante zu erweisen, befangen in einem traditionellen Vorurteil, das erst Goethe in seiner Epikrise der Lessingschen Deutung brach. Dieses Negative mußte deutlich ausgesprochen werden, um von diesem Hintergrund das Positive sich abheben zu lassen. Ich habe über die Geschichte des Problems vor und nach Lessing einst sehr ausführlich zu einem Publikum gesprochen, das sich aus klassischen Philologen an den Berliner höheren Schulen zuammensetzte; so bin ich in der Lage, das Entscheidende in ein paar Sätze zusammenzufassen. 1. Es bleibt Lessings Verdienst, für die Deutung des Tragödiensatzes (wie wir ihn einmal kurz nennen wollen) in der Poetik des Aristoteles zum ersten Male eine Stelle in der Rhetorik des Aristoteles herangezogen zu haben. Wenngleich er auch diese Stelle nicht richtig verstanden hat, so hat sich doch dieser Hinweis als fruchtbar erwiesen. Die Worte, die er bei dieser Gelegenheit niederschrieb:

> ›Aristoteles will überall aus sich selbst erklärt werden. Wer uns einen neuen Kommentar über seine Dichtkunst liefern will . . ., dem rathe ich, vor allen Dingen die Werke des Philosophen vom Anfange bis zum Ende zu lesen‹ — |

diese Worte sind so echt philologisch, daß man sagen kann: bedeutende Entdeckungen der Neuzeit auf dem Gebiet der Aristotelesforschung sind zum nicht geringen Teil dadurch gewonnen worden, daß man sich entschloß, die Werke des Philosophen, die eine machtvolle und eigenartige Einheit des Denkens und der Sprache darstellen, möglichst aus sich selbst heraus zu erklären. 2. Zwei, freilich unscheinbare Worte des aristotelischen Satzes, τῶν τοιούτων, hat Lessing im Gegensatz zu seinen Vorgängern zuerst richtig erklärt. Wenn nach Erwähnung der Affekte Furcht und Mitleid fortgefahren werde καὶ τῶν τοιούτων παθημάτων, so könne das nur bedeuten: ›und dergleichen Affekte‹. So unwesentlich das auch erscheinen mag: es sollte sich für das nach Lessing schrittweise erfolgende richtige Verständnis des ganzen Satzes als nicht ganz bedeutungslos erweisen. 3. Über diesen Einzelheiten steht das Allgemeine. Nur wer sich — in freilich entsagungsvoller Arbeit — mit den seit der zweiten Hälfte des 15. Jahrhunderts wie Pilze aus der Erde schießenden italienischen Übersetzungen und Bearbeitungen der aristotelischen Poetik beschäftigt hat und daher die phantastischen Vergewaltigungen, die schikanösen Auslegungen dieser Schrift kennt, nur wer dann weiterhin die Geschichte der Infektion verfolgt hat, die, von dieser italienischen Renaissancepoetik ausgehend, ein europäisches Kulturland nach dem anderen ergriff —, nur der vermag die Großtat Lessings recht zu würdigen, der nach Jahrhunderten als erster, statt sich mit lateinischen, italienischen, französischen Übersetzungen, d. h. Verunstaltungen, und den sog. Kommentaren der aristotelischen Poetik abzugeben, auf den griechischen Grundtext zurückzugehen wagte, dem selbst die Philologenzunft lieber aus dem Wege ging. Man sehe sich doch einmal jene Pseudoexegese an, in der Aristoteles entweder wie ein Unfehlbarer gläubig adoriert oder wie ein Schulknabe naseweis gemaßregelt oder wie ein Klotz solange in die Drechselbank eingespannt wurde, bis er sich hübsch gerundet hatte — wehe ihm, wenn er nicht wollte, was seine Werkmeister wollten daß er sollte! Dann, nach solchen Martyrien, lasse man die aristotelischen Stücke der Hamburgischen Dramaturgie auf sich wirken, nicht bloß die erwähnten über den Katharsisbegriff, sondern etwa auch die Stücke 44—46 (über die sog. drei Einheiten), 81—83 (gegen Corneilles Discours) oder 90—91 (über das tiefstgeschöpfte Kapitel der Poetik, das neunte). Wahrlich, wer einen solchen Vergleich anstellt, dem wird es vorkommen, als ob er, aus der drückenden Luft eines Treibhauses aufatmend, einen Garten betrete, den ein frischer Wind durchweht. Freilich fehlt es auch in diesem Garten nicht durchaus an erkünstelter Manier, Wege ins Lebendige der Natur sind zwar angebahnt, jedoch nicht immer voll erschlossen. Aber gewonnen war durch das Mittel von Sprachexegese und Gedankenanalyse die Befreiung der Geister von einem Alb, der auf ihnen lastete, von einem Joch, unter dem sie — auch so große wie Tasso und Corneille — seufzten. Der richtig verstandene Aristoteles nicht ein autoritativer Gesetzgeber, sondern ein liberaler, der fern von Engherzigkeit das freie Spiel der Kräfte nur regelte, ohne es zu binden — das war ein neuer, ja unerhörter Gewinn, dessen sich, wie man weiß, späterhin Schiller und Goethe erfreuen sollten. Was bedeuteten solchem Gewinn gegenüber die Irrtümer, die Lessing im einzelnen auch hier beging? Während Irr- | tümer, die auf Unwissenheit oder Anmaßung beruhen, tot bleiben, wie sie tot sind, können solche, die im ehrlichen, gewissenhaften Streben nach Erkenntnis des Wahren begangen werden, sich als lebenspendend erweisen. So ist es auch hier gegangen. Die Hamburgische Dramaturgie war aus dem Leben selbst geboren, kaum irgendwo bedeckt von Bücherstaub, sondern der Glanz der Wirklichkeit lag auf ihr; dazu der Persönlichkeitswert ihres Verfassers, seine anregende, ja aufregende Polemik, frisch wie ein sprudelnder Quell. Es folgte nach ihr und durch sie eine Überprüfung der gesamten, bisher leblos-öden Theorien der dramatischen Kunst, und in dieses bewegte Leben wurde nun auch der Abschnitt über den Tragödiensatz bezogen. Die Philologen wurden durch Lessing den Erwecker gewissermaßen aus ihrem Schlaf aufgerüttelt, und gelegentlich in Zustimmung zu ihm, meist in Widerspruch gegen ihn wurde von scharfsinnigen und gelehrten Philologen wie Jakob Bernays die richtige Deutung erzielt. Ihr hätte sich auch Lessing, der nie Eigensinnige, um so lieber unterworfen, als sie im Gegensatz zu seiner erkünstelten die einzig natürliche darstellt und für den in die physiologischen Tiefen des menschlichen Seelenlebens eindringenden Stagiriten ein ehrenvolles Zeugnis ablegt. Mag es auch nicht ganz streng zur Sache gehören, so sei mir um Aristoteles' und Lessings Willen doch folgende Bemerkung gestattet. An einer bis zur Gegenwart vielumstrittenen Stelle der Poetik heißt es: ›Das Dichten ist Sache eines verstandesmäßigen Talents oder eines verzückten Genies; jenes neigt zur Dialektik, dieses zur Phantasie.‹ Auf dieser Stelle der Poetik haben auch Lessings Augen geruht, aber der Wortlaut war damals noch bis zur Unverständlichkeit entstellt. Hätte ihm der Text schon in richtiger Form vorgelegen, so würde er Trost daraus haben schöpfen können. Sie alle kennen aus dem Schlußstück der Dramaturgie die Sätze, in denen er sich mit ergreifender Resignation die Begabung als Dichter aberkennt: ihm fehle das aus der Fülle der Gesichte quellende Genie, er besitze nur ein sich den Stoff erarbeitendes Talent. Nun, auch einem derart beschaffenen Talent hat Aristoteles den Dichternamen zugesprochen: der reflektierende, zur Dialektik neigende Dichter — ließe sich eine besonders hervortretende Seite der dichterischen Wesensart Lessings besser bezeichnen als mit diesen Worten des Philosophen?

Selbst in einer Skizze wie dieser würde ein charakteristischer Strich fehlen, wenn wir nicht des Briefwechsels gedächten, den Lessing mit zwei angesehenen Philologen seiner Zeit unterhalten hat. Den einen der beiden berühre ich nur vorübergehend: Christian Gottlob Heyne, seit 1763 Gesners Nachfolger in Göttingen, auch den Germanisten bekannt aus einigen Briefen, die er seit 1788 mit Goethe wechselte. So wenig wie zu diesem ist er zu Lessing in nähere Beziehung getreten: zwar in ihren antiquarischen und kunstästhetischen Interessen berührten sie sich, aber bei Heyne, dem es gegeben war in den Sinn des Dichterischen feinfühlig einzudringen, war die Schärfe kritischen Verstehens, worauf es Lessing vor allem ankam, nicht in gleichem Maße ausgeprägt. Grade hierin war ihm geistesverwandt der andere der beiden Gelehrten: Johann Jacob Reiske, der hervorragendste unter den damaligen Hellenisten Deutschlands, dessen Name noch heute in hohen | Ehren steht. Wir besitzen aus den Jahren 1769 bis zu Reiskes im Jahre 1774 erfolgten Tode 7 Briefe Lessings an ihn, 16 von Reiske an Lessing, dazu einen von Lessing an Ernestine, die gelehrte Gattin Reiskes, aus dem Jahre 1777; sie hat sich nach dem Tode ihres Mannes der Hoffnung hingegeben, Lessing würde sich mit ihr vermählen, aber dieser verehrte sie nur als die charaktervolle Witwe seines Freundes. Den Briefwechsel der beiden Männer zu lesen, ist noch heute ein Genuß nicht bloß für Philologen. Es klingen so manche rein menschliche Töne an: waren sie doch durch Schicksal und eigene Lebensart schrecklich vereinsamt, lebten sie doch beide im Kampf mit körperlichen Leiden, hatten sie doch beide schwere Zeiten materieller Sorgen hinter sich, die für Lessing durch seine Berufung nach Wolfenbüttel, für Reiske durch die Übertragung des Rektorats an der Nikolaischule zu Leipzig nur gemildert waren. Aber beide bekämpften ihre Neigung zur Hypochondrie durch unermüdliches Arbeiten. In dem frühesten Briefe aus dem Jahre 1769 redet der um 13 Jahre ältere Reiske den Adressaten noch an ›Großer Lessing, denn Ihr bloßer Name ist doch wohl mehr als alle Titel werth‹; nachdem sie sich bei einem Besuch des Ehepaares Reiske in Wolfenbüttel 1771 persönlich kennengelernt hatten, findet sich die Anrede ›liebster Lessing‹, ›allerliebster Mann‹. Reiske stand in den Jahren seines Briefwechsels mit Lessing kurz vor dem Abschluß seines größten Werkes, der Ausgabe der Oratores Attici. Wir sehen ihn bemüht Lessing, den gelehrten Bibliothekar, für handschriftliche Notizen zu gewinnen. Lessing läßt keine Anfrage unbeantwortet, ja darüber hinaus weist er den Freund hin auf einen Codex der Reden des Aeschines in der Universitätsbibliothek zu Helmstedt, läßt sich die Handschrift nach Wolfenbüttel kommen und sendet sie dem Freunde nach Leipzig. Er hatte zwar versprechen müssen, ›sie nicht außer Landes zu schicken‹, aber in diesem Falle ließ er, der sehr Gewissenhafte, einmal das wissenschaftliche und persönliche Interesse über die pflichtmäßig enge Gebundenheit des Beamten siegen:

> ›ich will einmal annehmen, daß Gelehrte, die einander dienen wollen, alle in einem Lande leben.‹

Reiske hat ihm für alle Fürsorge dadurch gedankt, daß er ihm den dritten Band der Oratores widmete. Wenn die Zeit es erlaubte, würde ich Ihnen gern einen Abschnitt aus der Praefatio vorlesen: die Worte sind ebenso ehrenvoll für den Gelehrten, der Lessings überragende Bedeutung als führenden Geist des Jahrhunderts erkennt, wie für den so Gepriesenen selbst[8]. Dann ging Reiske, noch in seinen | letzten Lebensjahren, an eine neue, große Aufgabe, die Edition des Libanius, von dessen Reden viele noch ungedruckt waren; wieder wendet er sich an Lessing, wieder findet er, trotz des spröden Stoffes, bei diesem Gehör. Lessing seinerseits sendet ihm die Früchte der eigenen bibliothekarischen Studien, den ›Berengarius‹, den 1. Teil der ›Beiträge zur Geschichte und Literatur‹. Für das letztere Geschenk bedankt sich Reiske in einem Brief von vielen Seiten. Über die lebensvoll bewegte Art von Lessings Stil in den wissenschaftlichen Aufsätzen findet sich in diesem Brief ein so zutreffendes Urteil, daß ich mir nicht versagen möchte, es mitzuteilen.

›Wahrhaftig, auch hier erkenne ich den großen Dramatiker. Erst schlingen Sie den Knoten auf eine gefährliche Weise fest zu, daß einem ganz bange dabey wird. Sie treiben einen erst bis zur Verzweifelung, daß ein solcher Knoten nie aufgelöst werden könne. Und denn wie der Blitz sind Sie mit Ihrer Catastrophe da, aber

[8] Der Originaldruck ist ziemlich selten; manche Leser des gedruckten Vortrags werden die Worte hier gern lesen. Die Widmung von Bd. III (Oratorum Graecorum vol. III Aeschinis omnia complectens. Lipsiae 1771) lautet:

Gotthold Ephraim Lessingio
v. c.
serenissimi ducis Brunswicensis bibliothecario
s. p. d.
J. Jac. Reiske.

Aus der Praefatio (p. X—XIII): *Lectorem potius, id quod ei debeo, docebo, qua de causa hunc Aeschinem tibi, Lessingi, inscripserim. Tuorum enim tute tibi de eo meritorum satis es conscius. Nescio qui factum est, nullo quidem meo merito, quod sciam, ut tu, Lessingi, mei semper fueris studiosus. Causam rei cum requiro, nullam invenio aliam, praeter hanc, quod amore me videres teneri meliorum illarum literarum, quibus olim Graecia et Latium floruit. Quas tu literas, quam studiose excolueris, quam penitus imbiberis, testantur non modo epistolae tuae antiquariae, sed universe florens illud ingenium tuum, quod te Germanici cothurnique et socci, et satyrae adeo fabellaeque Aesopicae fecit principem, scriptionemque tuam vernaculam canonem classicae scriptionis reddidit. Laudes has, profecto summas et paucis datas, omnium consensu atque confessione dudum tibi tributas, et excellentia ingenii tui partas, vetustis graecis atque latinis literis innutriti, silentio equidem praetermisissem, si solis nunc cum Germanis agerem. Ecquis enim unus universae, qua latissime patet, Germaniae angulus est, qui Lessingii nomine non resonet, cuius non aetas et sexus omnis fabulis, et scenis utriusque generis, et aliis, dramaturgia, libellis ex eo genere, quos vulgo polemicos aut eristicos usurpant, urbanitate denique salibusque tuis delectetur? Taceo triumphos, quos ex hostibus devictis egisti; quod ea pars laudum tuarum est minima, minimeque vivax. Sed exteris, ad quos Aeschines perventurus est, haec scribo, vel verbo admonendis, Lessingium nobis esse, quem poetis eorum vel nobilissimis opponamus. Haec hactenus, et obiter. Neque enim aut ego tui praeco sum idoneus, neque tu praeconium meum desideras, quo pares hoc facilius, quo es excelsior. Ad rem potius accedo.*

mit einer glücklichen, sanften, leichten, natürlichen, sich von selbst ergebenden Catastrophe ... Wahrhaftig, das ist Kunst!‹[9]

Auch für arabische Poesie versuchte Reiske — denn auch unter den Arabisten leuchtet sein Stern in hellem Glanz — Lessing zu interessieren. Der unter seinen Zeitgenossen schwer verkannte Reiske empfand es als Wohltat, daß Lessing sich auch öffentlich zu ihm bekannte, indem er die Subskription auf die Ausgabe der ›Oratores‹ empfahl. Das legt für Lessings oft erprobten Edelmut ein ebenso schönes Zeugnis ab wie für seinen Scharfblick im Urteil über wahrhaft bedeutende wissenschaftliche Leistungen. Er trug sich auch mit der Absicht, eine auf drei Bände veranschlagte Biographie des Freundes zu schreiben. Dazu ist es freilich nicht gekommen, aber die Papiere Reiskes sind eine Zeitlang in Lessings Besitz gewesen. Ernestine Reiske schreibt in dem Nachwort zu der von ihr herausgegebenen autobiographischen Skizze ihres Mannes:

›Er hatte den Hofrath Lessing zu Wolfenbüttel von ganzem Herzen geschätzt, und dieser berühmte Gelehrte war auch sein warmer inniger Freund. | Ihm vertrauete ich also die so theuern Papiere an, als ich, krank am Leibe und Gemüthe, mir das Grab nahe dachte[10].‹

Hier wollen wir abbrechen; nur wenige Schlußsätze seien noch gestattet. Dürfen die klassischen Philologen Lessing sich als einen der ihrigen zurechnen? Im Grunde genommen dürfen sie es nicht. Eine klassische Altertumswissenschaft in dem Sinn, wie wir sie heute verstehen, gab es zu seiner Zeit überhaupt noch nicht; sie wurde erst von F. A. Wolf, dem Freunde Goethes und W. v. Humboldts, geschaffen, ihre Voraussetzung war das Erblühen unserer eigenen klassischen Literatur, das Lessing noch in den ersten Anfängen erlebte, aber ohne sich in diese neue Welt einfühlen zu können. Sieht man von Heyne ab, dessen Wirken in die Weite erst nach Lessings Tode einsetzte, so war

[9] Text nach R. Foerster in seiner Ausgabe von Reiskes Briefen, Abh. der phil.-hist. Kl. der Kgl. Sächs. Ges. d. Wiss. 16, 1897, 869.

[10] D. Johann Jacob Reiskens von ihm selbst aufgesetzte Lebensbeschreibung, Leipzig 1783, 144. Diese Autobiographie, deren Kenntnis ich einem Hinweis von Wilamowitz verdanke, ist ein wahres Kleinod: ein document humain, das kein Leser ohne herzliche Sympathie für den treuherzigen, rechtschaffenen Mann und seine Erlebnisse aus den Händen legen wird. Das Buch ist eine große Seltenheit. Sollte jetzt, wo so viel gedruckt wird, nicht Platz sein für einen (verkürzten) Neudruck dieses Büchleins, an dessen Inhalt, von dem rein Menschlichen abgesehen, Philologen, Arabisten, Germanisten und Historiker gleichermaßen interessiert sein würden?

die damalige Universitätsphilologie in Deutschland auf ihrem Tiefstand angelangt: ein Mann wie Reiske hat nie an einer Universität doziert und wurde von den Universitätsgelehrten totgeschwiegen oder von oben herab angesehen. Kein Wunder also, daß Lessing der Gelehrtenstand nicht eben begehrenswert erschien. In den aus seinem Nachlaß herausgegebenen aphoristischen Selbstbetrachtungen sagt er:

›Ich bin nicht gelehrt — ich habe nie die Absicht, gelehrt zu werden — ich möchte nicht gelehrt sein, und wenn ich es im Traume werden könnte. Alles, wonach ich ein Wenig gestrebt habe, ist, im Falle der Noth ein gelehrtes Buch brauchen zu können.‹

Die Anmaßlichkeit der Gelehrten, die damals das große Wort führten, ihr Gezänk war ihm in der Seele zuwider. In der Einleitung zu seinen ›Rettungen des Horaz‹ heißt es:

›Die Gabe, sich widersprechen zu lassen, ist wohl überhaupt eine Gabe, die unter den Gelehrten nur die Todten haben.‹

Da blieb er lieber ein freier Schriftsteller, der von hoher Warte das Getriebe ansah, um einzugreifen, wo und wann es ihm beliebte. Er war viel zu groß als Literat und Publizist, um Philologe zu sein. Das Rüstzeug dazu, einer zu werden, hat er, wie anfangs bemerkt, wohl besessen, aber zu eigentlicher Wirksamkeit hat er das Vermögen nicht gestaltet. Objekte der philologischen Wissenschaft interessierten ihn meist nur insoweit, als sich aus ihrer richtigen Bewertung ein Gewinn für die literarischen, antiquarischen und kulturellen Fragen ergab, mit denen er sich jeweils beschäftigte. Phaedrus nahm er vor um der Fabel, Martial um des Epigramms, Aristoteles um der dramatischen Theorie willen; den Horaz wollte er vor Verunglimpfungen schützen; das Sophokleswerk wäre, wenn er es vollendet hätte, nicht aus dem Rahmen einer ästhetisierenden Betrachtungsweise herausgetreten. | Alles in allem: er war zu selbstschöpferisch, als daß er die Entsagung hätte besitzen können, sich den Forschungsobjekten um ihrer selbst willen unterzuordnen. In jenen ›Selbstbetrachtungen‹ lesen wir auch folgenden Aphorismus:

›Der aus Büchern erworbene Reichthum fremder Erfahrungen heißt Gelehrsamkeit. Eigne Erfahrung ist Weisheit. Das kleinste Capitel von dieser ist mehr werth als Millionen von jener.‹

Daher ist seine gelehrte Arbeit fragmentarisch: erstaunlich viele Ansätze und Entwürfe, aber fertig geworden ist nur weniges; er verlor fast immer Neigung und Geduld zum Überprüfen und Abschließen; er hat sich mit der ihm eigenen Selbstkritik nicht mit Unrecht nur als nomadisierenden Gelegenheitsforscher gewertet, der ›alles anstaune, alles erkennen wolle und alles überdrüssig werde.‹ Aber er hat die Philologen zur Spannung des Denkens erzogen, indem er ihnen durch sein Vorbild das phrasenhaft Weitschweifige ihres Stils abgewöhnte.

Durch die Ethik seines unerbittlichen Wahrheitsuchens hat er sie auch erzogen zur Wahrhaftigkeit gegen sich selbst. Das sind seine unvergänglichen Verdienste auch für unsere Wissenschaft. Trotz einiger bemerkenswerter Treffer also: kein eigentlicher *philologus* der Praxis, aber ideell ein *praeceptor philologorum*, ein Erwecker aus Dumpfheit zur Klarheit, aus Selbstgefälligkeit zur Ehrlichkeit. In der Wissenschaft bedeutet das Erkennen von Problemen stets den Anfang und oft das Ende: in diesem Sinne wird Lessing allzeit einer unserer großen Führer sein. Freuen wir uns also, daß er, seiner angeborenen Wesensart gehorchend, wurde, was er war. Was hätten wir gewonnen, wenn er den aristotelischen Tragödiensatz richtig gedeutet und die Emilia nicht gedichtet hätte? Gewonnen nichts, denn die Deutung gelang den Philologen ohne ihn und trotz seiner; verloren viel, denn kein Philologe hätte eine Emilia gedichtet. Als klassischer Philologe wäre er nie der erste Klassiker eines deutschen Sprachstils geworden. *›Lessingius noster‹:* das kann man hin und wieder in lateinisch geschriebenen philologischen Abhandlungen lesen, sei es in Zustimmung, sei es in Widerspruch. Schön, daß wir klassischen Philologen den Namen des Großen in den Annalen unserer Wissenschaft führen dürfen, weil er das Rüstzeug besaß, auch ein Philologe zu werden. Aber noch viel schöner, daß wir sagen dürfen: weil er es im engen und strengen Sinne nicht wurde, ist und bleibt er *›unser Lessing‹*.

GELEITWORT

Theodor Mommsen, Römische Geschichte

1932

Theodor Mommsen und das alte Rom — wohl nur selten hat sich in der Geschichte der Geisteswissenschaften ein Gelehrtenname mit einer geschichtlichen Gesamtvorstellung so untrennbar zu einem Einheitsbegriff verbunden. In Italien nannte man Mommsen gern »il gran Teodoro«: der Vorname genügte. Auch im Deutschland des 19. Jahrhunderts gab es kaum einen so populären Gelehrten wie ihn. Und doch hat er sich um Popularität nie bemüht. Wohl war er ein Volksfreund, aufgeschlossen für echtes angestammtes Volkstum, das ihm, väterlicherseits dem Abkömmling eines wenigstens 250 Jahre alten nordfriesischen Bauernstamms, im Blut lag. Aber seine wahre Heimat war doch das Reich des Geistes. Wenn nun er, ein Gelehrter im höchsten Wortsinn, ja gewissermaßen die Inkarnation der Gelehrsamkeit selbst, sich einer so ungewöhnlichen Volkstümlichkeit erfreute, daß beispielsweise auf der Bühne und in Tagesbildern der Professorentypus noch heutzutage die Züge seines Kopfes zu tragen pflegt, so erklärt sich das aus einer einzigen Tatsache: unter den mehr als 1500 Titeln seiner Schriften lautet in lapidarer Kürze einer: »Römische Geschichte von Theodor Mommsen«. Dieses Werk begann sofort nach dem Erscheinen seinen Siegeslauf. Eine Auflage folgte der anderen, nach und nach wurde es in neun europäische Sprachen übersetzt und, was vielleicht noch mehr besagen will, Stücke aus ihm gingen in unsere deutschen Lesebücher, auch in die der Mittelschulen ein. Hier haben sie bis auf die Gegenwart ihren Platz behauptet, so daß der Knabe oder das Mädchen, welchem Beruf sie sich auch dereinst widmen mögen, sie als Besitz auf ihren Lebensweg mitnehmen. Es gibt wohl nicht viele andere Beispiele, daß ein und dasselbe Werk Dauerwerte in sich birgt für Gelehrte, die in Zustimmung oder Widerspruch Stellung zu ihm nehmen, für ein geistig angeregtes, aber nicht fachmäßig vorgebildetes Lesepublikum, für Politiker, Journalisten und Literaten der verschiedensten Richtungen. Und das bei einem Werk, das keinen sogenannten aktuellen, in den Interessenkreis der Gegenwart gestellten Stoff behandelt, sondern die Geschichte eines Volkes der Vergangenheit. Die Aufgabe, das Einzigartige dieses literarischen Phänomens zu ergründen, ist reizvoll, aber nicht völlig lösbar: die Tat eines Genies — denn nur ein Genie vermag sie zu vollbringen — ist nun einmal als solche da, total, einmalig, aus Urgründen entsprungen, die sich einer verstandesmäßigen Analyse, einer Auflösung in ihre | Komponenten entziehen.

Immerhin wird es vielleicht gelingen, einige entscheidende Punkte zu erkennen und sie zu einer Linie zu verbinden. Zuvor mögen hier ein paar Angaben über die eigenartige Entstehungsgeschichte des Werkes Platz finden.

Die Universität Leipzig bot im Herbst 1848 dem damals einunddreißigjährigen Mommsen, der sich als Gelehrter schon einen bedeutenden Namen erworben und als Politiker von seiner engeren Heimat Schleswig-Holstein aus durch flammende Anteilnahme an der Deutschen Frage mit Wort und Feder betätigt hatte, eine erste feste Wirkungsstätte durch Verleihung einer rechtswissenschaftlichen Professur. Dem Kreis, in dem Mommsen verkehrte, gehörten auch die damaligen Inhaber der altberühmten Weidmannschen Verlagsbuchhandlung Karl Reimer (bald Mommsens Schwiegervater) und Salomon Hirzel an. Ohne ihre Anregung wäre die Römische Geschichte vielleicht ungeschrieben geblieben, denn der junge Mommsen trug sich schon damals mit großen, rein gelehrten Plänen, und es erscheint mindestens fraglich, ob er sich in ihrer Ausführung aus eigenem Antrieb auch nur zeitweilig hätte stören lassen; vielmehr liegt hier allem Anschein nach einer der besonderen Fälle vor, daß hochgebildete Verleger die Rollen von Genieentdeckern und Geburtshelfern gespielt haben. Jedenfalls hat Mommsen oft und nachdrücklich die Genannten als Urheber des Plans bezeichnet, mit besonders charakteristischen Worten in einem später an Gustav Freytag gerichteten Brief. Er sei hier auch deshalb angeführt, weil er für Mommsens kaustische Schreibart, zu der auch die köstliche Gabe der Selbstironie gehört, sehr bezeichnend ist:

»Wissen Sie, wie ich dazu gekommen bin, die Römische Geschichte zu schreiben? Ich hatte in meinen jungen Jahren alle möglichen anderen Dinge im Sinn, Bearbeitung des römischen Kriminalrechts, Herausgabe der römischen Legalurkunden, allenfalls ein Pandektenkompendium, aber dachte an nichts weniger als an Geschichtschreibung. Da traf mich die bekannte Kinderkrankheit der jungen Professoren, dem gebildeten Leipzig zu gegenseitiger Belästigung einen Vortrag über irgend etwas zu halten, und da ich eben an dem Ackergesetz arbeitete und mit diesem selbst doch bei meiner künftigen Frau mich allzu schlecht eingeführt haben würde, so hielt ich einen politischen Vortrag über die Gracchen. Das Publikum nahm ihn hin, wie ähnliche Dinge auch, und ergab sich mit Fassung darein, von dem berühmten Brüderpaar auch ferner nur eine dunkle Ahnung zu haben. Aber unter dem Publikum waren auch K. Reimer und Hirzel gewesen, und zwei Tage darauf kamen sie zu mir und fragten mich, ob ich ihnen nicht für ihre Sammlung eine römische Geschichte schreiben | wollte. Nun war mir das zwar sehr überraschend, da mir selbst diese Möglichkeit noch nie in den Sinn gekommen war, aber Sie wissen ja, wie es in jenen Jahren der Wirren und Irren herging, jeder traute sich alles zu, und wenn man einen Professor neckte: wollen Sie nicht Kultusminister werden?, so sagte er gewöhnlich zu. So sagte ich denn auch zu, aber ich sagte es doch auch mit darum, weil jene beiden Männer mir imponierten, und ich dachte: wenn die dir das zutrauen, so kannst du es dir selber auch zutrauen ... Das aber möchte ich, daß Sie es dem Publikum sagen: wenn es richtig ist, wie ich es ja wohl glauben muß, daß mein Geschichtswerk dankbare Leser gefunden hat, so gehört ein guter Teil des Dankes, vielleicht der beste, den beiden Männern, die mir diese Aufgabe gesetzt haben.«

Mit den Vorarbeiten begann er noch in Leipzig; die Arbeit selbst wurde in Zürich (1852—54) gefördert und in Breslau (1854—56) abgeschlossen: eine unwahrscheinlich kurze Zeitspanne, besonders wenn man bedenkt, daß neben diesem künstlerischen Werk ein Strom wissenschaftlicher Arbeiten von grundlegender Bedeutung einherlief. Aber die Arbeitskraft dieses Mannes bis fast an seine letzten Lebenstage war eine Art von Naturwunder; er gehört in die Zahl der Bevorzugten, von denen das Schillersche Distichon sagt, daß Genius und Natur sich in ihnen zu einem Wechselbündnis des Versprechens und des Haltens vereinigen. Dabei war er durchaus kein Stubengelehrter, vielmehr freute er sich an der Mannigfaltigkeit und Schönheit der Welt und liebte es in ihr zu leben.

Welche Energien mögen nun seinem Werk solche Durchschlagskraft verliehen haben?

»Ein klassisches Meisterwerk«: kaum ein anderes Wertprädikat der Römischen Geschichte liest man häufiger in Festschriften zu Jubiläen des Gefeierten, in Nekrologen, auch in deutschen Literaturgeschichten. »Klassisch«? Das Wort schmeckt nach ehrwürdigem Staub eines literarischen Archivs, in dem die Schriftwerke nach der Rangordnung klassifiziert und, wenn sie genügend alt sind, in gläserne Schaukästen gelegt werden. Aber auf Mommsens Römischer Geschichte liegt kein Körnchen Staub, sondern Sonnenglanz. Jugendfrisch ist sie von Lebensatem durchweht. Jeder Generation hat sie Neues zu sagen: zeitgeschichtlich ist sie zugleich überzeitlich, weil sie im Erdreich des Menschentums wurzelt und aus seiner ewigen Problematik, den Gesetzen der Bindung und der Freiheit, emporwächst. Innerhalb jeder Generation schafft sie jeder Altersstufe neuen Saft und Trieb: der Knabe, der versonnen und versunken, den Kopf auf die Hände gestützt, sich an Hannibal, den Gracchen oder an Vercingetorix warm las, wird als Mann sich wohl fühlen in der Kühle der agrar- oder verfassungsge- | schichtlichen Abschnitte und nachdenklich die Rechtsfrage zwischen Caesar und dem Senat prüfen.

»Mommsen lebt in seinem Werke.« Das ist ein Wort Karl Gutzkows, eines Führers der Bewegung, die sich Jung-Deutschland nannte; zu ihrem Programm gehörte es auch, die Wissenschaft dem Leben anzunähern, das Leben durch Wissenschaft zu humanisieren. Von dieser Welle neuer Geistigkeit wurde Mommsen in ganz jungen Jahren, wie es scheint, berührt. Man kann sich vorstellen, daß in diesem Kreis, dem auch der junge Gustav Freytag, fast genau ein Altersgenosse Mommsens, angehört hatte, das Mommsensche Werk als Flügelschlag der neuen Ära begrüßt wurde. Das angeführte Wort Gutzkows steht in einer Rezension, die er im Jahre 1857 unter dem Titel »Ein gekröntes Geschichtswerk« verfaßte. In ihr findet sich auch der Satz: »Mommsen schwebt nicht, wie der Geist über den Wassern, über dem politischen Treiben; er ist mitten darin — und mit welcher Leidenschaft.« Besser läßt sich das Wesentliche kaum sagen. Ein mit Lebensenergie geladener Mann leidenschaftlichen Temperaments schuf ein Werk, mit dem seine Persönlichkeit zur Einheit zusammenwuchs. Aber, das muß gleich hier gesagt werden: das Feuer der Seele, die Glut des Herzens, auch die Eigenwilligkeit der Anschauung werden gebändigt durch die Kühle des Verstandes, die Zucht des Denkens, die unerbittliche Schärfe eines kritischen Geistes, die peinlichste Genauigkeit quellenmäßigen Forschens. Daß Gefühl und Verstand sich durchdringen, gibt dem Werk einen erlebnisartigen Charakter von vorbildlicher Bedeutung. In diesem Sinne wollen wir es nun auf uns wirken lassen.

Darstellende Erzählung war das Ziel, das Mommsen sich in diesem Werk setzte. Anmerkungen sind daher ganz seltene, stets besonders begründete Ausnahmen; den Gedanken, Belegstellen aus den Quellen beizugeben, hat er nur vorübergehend gehegt, um ihn dann sofort aufzugeben. Aber mag das wissenschaftliche Substrat fast unsichtbar sein, der Gesamtbau ist doch auf ihm errichtet. Die Geschichte der römischen Kaiserzeit war in dem von Mommsen bewunderten Werk des Engländers Edw. Gibbon geschrieben (1776 bis 1788), aber eine Behandlung der republikanischen Zeit fehlte. Freilich muß hier ein ganz großer Name genannt werden: Barthold Georg Niebuhr, ein Landsmann Mommsens. Seine im Jahre 1811 erschienene Römische Geschichte darf als ein wissenschaftliches Ereignis gelten. Niebuhr hatte als erster die legendarische Überlieferung, die man bisher aus Livius und anderen Historikern des Altertums auf Treu und Glauben hinnahm, einer methodischen Kritik unterzogen und einen Neubau aufzuführen ver- | sucht, in dem die staatsmännische, in hohen Verwaltungsstellungen erworbene Einsicht des Verfassers herrschte. So wurde Niebuhr ein Befreier aus der Enge einer lastenden Traditionsgebundenheit, der Begründer der Geschichtswissenschaft. Diesen Ruhm macht ihm niemand streitig. Als einer der ersten hat Ranke, dessen historiographische Tätigkeit im Jahre 1824 begann, dankerfüllte Worte über ihn geschrieben. Wie Mommsen selbst über ihn geurteilt hat, entnehmen wir am besten einer akademischen Ansprache des Jahres 1879:

»Die Historiker alle ohne Ausnahme, soweit sie des Namens wert sind, sind Schüler Niebuhrs, und diejenigen nicht am wenigsten, die zu seiner Schule sich nicht bekennen. Wohl ist er es gewesen, der in einer gewaltigen Zeit, wo mit der Befreiung des Geistes und der Entfesselung der Forschung der Kampf um die verlorene Unabhängigkeit der Nation begonnen und bestanden ward, zuerst es gewagt hat die Geschichtswissenschaft an der Logik der Tatsachen zu prüfen, aus dem trüben Wuste unverstandener und unverständlicher Tradition das innerlich Unmögliche auszuscheiden, das durch die notwendigen Gesetze der Entwicklung Geforderte auch da zu postulieren, wo es in der Überlieferung verwirrt oder aus ihr verschollen ist. Wir danken es ihm noch heute, daß unsere Geschichtswissenschaft dies aprioristische Moment, dies Erkennen des Gewesenen aus dem Gewordenen mittelst der Einsicht in die Gesetze des Werdens, niemals ablehnen kann und wird.«

Aber Niebuhr war, von anderen Aufgaben abgezogen, nicht über die Anfänge hinausgelangt: sein Werk reichte nur bis auf den ersten punischen Krieg, also nicht weit über die Grenze hinaus, an der eine im wesentlichen zuverlässige Überlieferung einsetzt. Auch war Niebuhr, der die Legende über die älteste Zeit zerstörte, in dem Positiven, was er an ihre Stelle setzte, allzu kühnen Hypothesen und Konstruktionen nicht immer aus dem Weg gegangen. Mag daher Mommsen mit dem edlen Dankbarkeitsgefühl, das ihn beherrschte, sich als »Schüler« Niebuhrs bezeichnen, den Weg mußte er sich doch selbst bereiten. Kein Altertumsforscher besaß dazu das Werkzeug in einer Vollkommenheit wie er: in einer Person war er Historiker, Jurist, Philologe und Epigraphiker, jedes einzelne ganz.

Als Historiker besaß er einen ungewöhnlichen politischen Scharfblick, der ihn zum geborenen Geschichtsschreiber eines der politisch begabtesten Völker der Welt machte. Darüber hinaus hat er die wirtschaftlichen und sozialen Verhältnisse als wesentliche Triebkräfte der Geschichte gewertet sowie der Verwaltung in allen ihren Verästelungen, insbesondere der Finanzverwaltung die ihr | gebührende Stelle angewiesen. Dies mag der Gegenwart selbstverständlich erscheinen: für die damalige Generation bedeutete es eine Tat. Freilich hatte August Boeckh in seinem berühmten, 1817 erschienenen Werk »Die Staatshaushaltung der Athener« begonnen, auch das Materielle und Zuständliche, wie man es damals nannte, in die Betrachtung des Altertums einzuschalten und ein anschauliches Bild des wirtschaftlichen Lebens zu zeichnen; auf der Linie, die von Niebuhr, dem das Werk gewidmet war, zu Mommsen führte, wird man daher den großen Philologen Boeckh nicht vergessen dürfen. Aber was wollte in der Zone der hohen Politik das attische Reich gegenüber dem römischen bedeuten? Einen Historiker wie Mommsen, dessen Blick die realen Gegebenheiten des Daseins mit solcher Schärfe erfaßte, mußte die damals die Gemüter noch immer beherrschende Sucht eines verstiegenen Idealisierens des römischen Altertums zum Protest herausfordern. So verschieden daher seine Forschungsart von der Rankeschen auch war — von Natur unphilosophisch, besaß er keinen Sinn für das Abstrakte —: auch sein Streben war darauf gerichtet zu zeigen, »wie es eigentlich gewesen«. Die Gegenüberstellung Rankes als des »objektiven« und Mommsens als des »subjektiven« Historikers wird dadurch nicht besser, daß sie immer wieder aus der Versenkung auftaucht; wo Begriffe fehlen, hat man blasse Worte leicht zur Hand. Nur wenn Mommsen seiner Darstellung ein parteipolitisches Ziel gesetzt hätte, was durchaus nicht der Fall ist, wäre der ihm oft gemachte Vorwurf einer Voreingenommenheit gerechtfertigt. Wenn das bewegte politische Leben der Zeit, die er soeben durchgemacht hatte, in seinem Werk nachzittert, so gibt diese persönliche Anteilnahme den erzählten Geschehnissen eine Frische und Farbe, die man nicht missen möchte. Sein Verantwortungsgefühl als Wahrheitssucher war groß; daher empfand er seine Aufgabe in ihrer ganzen verpflichtenden Schwere: einem Buch des Werkes hat er als Motto das Wort des Sallust *arduum est res gestas scribere* vorangestellt. Wie des Beispielhaften der römischen Geschichte, so war er sich auch ihres universalen Charakters bewußt. Sie erschien ihm als Episode der weltgeschichtlichen Auseinandersetzung des Okzidents mit dem Orient; in seiner Erzählung der Kriege Roms mit dem König Mithradates schreibt er:

»Es war nach langer Waffenruhe ein neuer Gang in dem ungeheuren Zweikampf des Westens und des Ostens, welcher von den Kämpfen bei Marathon auf die heutige Generation sich vererbt hat und vielleicht seine Zukunft ebenso nach Jahrtausenden zählen mag wie seine Vergangenheit.«

Neben der inneren Sicht, kraft welcher er die Zusammenhänge | der Ereignisse schaut, bedarf der Historiker auch des Augenmaßes für die Gegebenheiten der Natur, die in der Gliederung von Meer und Küste, in Gebirgs- und Talbildung, im Lauf der Flüsse die Völkergeschichte mitbestimmt. Das ›geopolitische‹ Moment der Geschichtsforschung, das heutzutage stark betont wird, hat schon Mommsen als bedeutsam erkannt; gleich die ersten Worte der Römischen Geschichte legen Zeugnis davon ab. Er besaß einen Blick, dem sich die magna charta des römischen Imperiums vom Atlantischen bis zum Indischen Ozean, vom Rhein bis zum Euphrat entfaltete. Daher sind die geographischen und ethnographischen Abschnitte seines Geschichtswerkes — es sei beispielsweise auf den Abschnitt über die Kelten hingewiesen

— durch Anschaulichkeit ausgezeichnet und geben ihm das Gepräge des landschaftlich Bodenständigen. Italien hatte er zum ersten Male in den Jahren 1844 bis 1846 bereist. »Welt geh nicht unter, Himmel fall nicht ein« jubelte er, als er am Abend des 30. Dezember 1844 in die Ewige Stadt einfuhr: Worte eines Enthusiasten, wie wir sie ähnlich bei Goethe lesen. Die Fähigkeit, sich an Großem zu begeistern, blieb ihm sein ganzes Leben treu — noch in späteren Jahren schrieb er, der süßen Jugendzeit gedenkend: »das Land Italien mit dem ewig belebenden Atem seines Bodens« habe befreiend und den Blick erweiternd auf ihn gewirkt —, aber mit der ihm eigenen Willenskraft dämpfte er die Glut. Gleich in den ersten Monaten jenes römischen Aufenthalts vertieft er sich in schwere, nur dem Auge und dem Verstand zugängliche topographische Probleme der alten Stätten Roms und läßt neues Leben aus den Ruinen blühen.

Neben dem Historiker Mommsen steht der Jurist oder, um es treffender mit Worten Karl Joh. Neumanns auszudrücken: »Noch nie war ein Jurist in gleichem Maße Historiker oder ein Historiker in gleichem Maße Jurist gewesen. Die juristischen Formen der Verfassung besaßen für ihn eine entscheidende Bedeutung in der Geschichte; in der Aufstellung dieser Formen und ihrer Wechselwirkung mit der römischen Politik sah er die Hauptaufgabe seiner Forschung.« Von Studien über das römische Privatrecht war er als junger doctor iuris in Kiel ausgegangen; seine erste Schrift (1843) behandelte das Problem der Genossenschaften, ein Grenzgebiet zwischen privatem und öffentlichem Recht. Von Anfang an war es seine Überzeugung, daß die Wesensart des römischen Staates nur von der römischen Jurisprudenz her zu begreifen war. Das Recht ist die größte und originalste Schöpfung des Römertums. Diese Erkenntnis wurde Friedrich Karl v. Savigny verdankt, dem Führer der historischen Rechtsschule, dessen epochemachende Werke in den ersten Jahrzehnten des 19. Jahrhunderts erschie-|nen. In diese Welt hatte Mommsen als Student in Kiel durch einen Dozenten, der Savignys Schüler war, Einsicht erhalten; in ihr ist er sein ganzes Leben lang heimisch geblieben; in ihre Denkweise hat er seine Römische Geschichte hineingestellt, mit einer Energie wie keiner vor und keiner nach ihm. In seiner am 8. Juli 1858 gehaltenen Antrittsrede als Akademiker in Berlin sprach er die Worte:

»Solange die römische Jurisprudenz Staat und Volk der Römer ignorierte und die römische Geschichte und Philologie das römische Recht, pochten beide vergebens an die Pforten der römischen Welt ... Die erste Bedingung organischer Behandlung der römischen Dinge war die Verschmelzung von Geschichte und Jurisprudenz, welche sich knüpft an die beiden Namen Niebuhr und Savigny.«

Auch die strenge Logik des Gedankenbaus und die Haaresschärfe der Sprache, die sein Werk auszeichnen, verdankte er nicht zum geringsten Teil seiner juristischen Schulung.

In den soeben angeführten Worten erwähnt er beiläufig auch die Philologie. Ihr Rüstzeug hatte er sich so nebenbei erworben: was anderen, auch Großen im Reich des Geistes, das Leben ausfüllte, war für das seine nur ein Teil, freilich ein ganz wesentlicher. Denn er erfaßte die philologische Wissenschaft in jener universalen Bedeutung, die ihr von August Boeckh und Otto Jahn, seinem Freund und Förderer, gegeben war: Erkenntnis des Altertums in seiner Gesamtheit, die Schriftwerke und die archäologischen Denkmäler, die Epigraphik und die Handschriftenkunde, die Sprache und die sogenannten Antiquitäten (wie Zeitrechnung und Münzkunde) umfassend. In diesem Sinne genommen war sie Voraussetzung und Grundlage jeder antiken Geschichtsforschung. Es genügte nicht die literarischen Quellen obenhin zu lesen, sie mußten mit Sprachkenntnis, deren Notwendigkeit Mommsen mit Worten tiefen Ernstes hervorhob, verstanden und analysiert, ihr Bestand aus Handschriften gesichert und vermehrt werden. Dazu bedurfte es mühseliger, oft entsagungsvoller Arbeit und jener »Andacht für das Kleine«, von der Jacob Grimm gesprochen hatte. Beide Tugenden waren Mommsen eigen. Er besaß, um ihm wieder selbst das Wort zu geben (aus seinem Nachruf auf Otto Jahn, 1869),

»die streng philologische Methode, das heißt einfach die rücksichtslos ehrliche, im großen wie im kleinen vor keiner Mühe scheuende, keinem Zweifel ausbiegende, keine Lücke der Überlieferung oder des eigenen Wissens übertünchende, immer sich selbst und anderen Rechenschaft legende Wahrheitsforschung.«

Durch diese Methode hatte er schon auf jener ersten italienischen Reise, von dem bedeutendsten damaligen Epigraphiker, Borghesi, gefördert, die lateinische Inschriftenkunde zu einer histo- | risch-philologischen Wissenschaft erhoben. Dies alles wurde von ihm in den vielen Jahrzehnten, die seiner Römischen Geschichte folgten, zwar vertieft und bereichert, aber in der Absicht und vielfach auch in der Ausführung war es von ihm schon errungen, als er an das Geschichtswerk ging: Kenntnisse durchtränken es, ohne es zu belasten. Im Jahre 1894 adressierte die in Köln tagende Philologenversammlung ein Huldigungstelegramm an ihn als den *princeps philologorum.*

Setzen wir nun einmal den Fall, die Römische Geschichte wiese alle hier genannten Vorzüge auf, aber eben doch nur sie, was würde die Gesamtsumme sein? Gewiß wäre sie auch dann eine durch die Fülle neuer Errungenschaften und Erkenntnisse bahnbrechende Leistung, ein Vermächtnis für viele Gelehrtengenerationen. Diese würden sie prüfen und für eigenes Forschen verwerten. Der Strom der Wissenschaft trüge sie auf lange hinaus, aber dereinst nahte sich auch ihr das Schicksal, das nach einem stetigen und notwendigen Gesetz selbst über den größten gelehrten Leistungen waltet: als Tropfen ginge sie in jenem Strom auf und — ginge in ihm unter. Die Werke der Gelehrsamkeit vergehen, denn an ihrer Sonderexistenz ist nichts gelegen, wenn die durch sie gewonnenen Erkenntnisse fortwirken. Einzig die Werke der Kunst dauern als Erzeugnisse individueller Schöpferkraft. Sie war in Mommsen lebendig. Als baumeisterlicher Mann hatte er Sinn für monumentale Architektonik, Gliederung der Masse, Zielstrebigkeit der Pfeiler und zweckmäßig-schöne Ornamentik. Auf Spannung ist sein Erzählen bedacht. Den Sallust, den er auch aus sachlichen Gründen schätzte, hat er einen spannenden und geistreichen Historiker genannt. Der war er selbst. Wie mit Energie, so war er auch mit Esprit derart geladen, daß ein feinsinniger Historiker (Alfred Dovo), als er Mommsen in der Akademie der Wissenschaften sprechen hörte, ihn mit Voltaire verglich, dessen Büste im Vortragssaal stand. Aber die Leuchtkugeln seines Esprits verwehen nicht wie die eines Feuerwerks: es sind belebende Flammen, die aus einem erleuchteten Geist sprühen. Das Vortragstempo seiner Erzählung ist con brio, während ihm die Gemessenheit langer Perioden weniger behagt. In den Notenstimmen seines Stilregisters herrscht Pizzicato: das sind die oft durch Klangwirkungen gesteigerten spitzigen, prickelnden Pointen, die wie Epigramme wirken; man kann sie fast als Dominante des Mommsenschen Stils bezeichnen. An Ironischem und Sarkastischem, an Satirischem und Spöttischem ist kein Mangel. So spießt er die »Lauen und Flauen« oder die Gespreizten und die »Steifleinernen« an seinen | Pfeilen auf und versetzt wie mit einem Florett Caesar, der für die Reize der Kleopatra nicht unempfänglich war, den artigen Stich: »Er schien unter all seinen Siegen die über schöne Frauen am höchsten zu schätzen.« An unfreiwilligem Humor der Weltgeschichte hat er, der die Humoristen der Weltliteratur (z. B. Dickens) liebte, seine helle Freude und überträgt sie auf seine Leser. Dazu eine unerschöpfliche Fülle anschaulich-konkreter Bilder aus Natur und Menschenleben. Ob es viele Schriftsteller gibt, denen es in einem so umfänglichen Werk gelehrten Inhalts gelang, niemals langweilig zu sein? Und der Bann, in dem er dauernd seinen Leser hält, wird nie durch erkünstelte Mittel oder gar durch Zugeständnisse an den Durchschnittsinstinkt des Unterhaltsamen erreicht. Vielmehr blüht alles aus dem Gehalt seines Innern, dem Form zu geben die Feinheit und der Reichtum seines Geistes ihm gewährte.

Auch in einer Skizze wie der hier versuchten darf nicht an einer Besonderheit vorbeigegangen werden, die als charakteristisch für die Mommsensche Darstellung in der Römischen Geschichte gilt: die Modernisierung des alten Stoffes durch Hineintragen von Gegenwartsausdrücken. Gleich nach dem Erscheinen des Werkes erhob sich gegen diese »Vergewaltigung« ein Entrüstungssturm von seiten der Traditionshüter, und der Widerspruch ist in Fachkreisen noch immer nicht verstummt. Er selbst schreibt über diese Stilart nach dem Erscheinen des ersten Buches an einen Freund in Rom:

»Über den modernen Ton wäre viel zu sagen. Sie kennen mich genug, um zu wissen, daß er nicht gewählt ist um das Publikum zu kajolieren. Direkte Anspielungen, die sich hundertfach darboten, sind durchgängig verschmäht. Aber wollen Sie eins bedenken: es gilt doch vor allem die Alten herabsteigen zu machen von dem phantastischen Kothurn, auf dem sie der Masse des Publikums erscheinen, sie in die reale Welt, wo gehaßt und geliebt, gesägt und gezimmert, phantasiert und geschwindelt wird, den Lesern zu versetzen — und darum mußte der Konsul ein Bürgermeister werden usw.«

Mag man sich zu dieser Streitfrage wie man will stellen: selbst die Gegner Mommsens können nicht leugnen, daß er seine Absicht, die Vergangenheit plastisch zu gestalten und lebensnah zu vergegenwärtigen, auch hierdurch förderte. Ein Tadel ließe sich nur rechtfertigen, wenn der »moderne Ton« ein falscher wäre. Aber was ist beispielsweise gegen den »Ingenieur Archimedes« oder die »Kantone der Kelten« oder die »Memoiren Caesars, der militärische Rapport des demokratischen Generals an das Volk«, alles so treffsicher wie nur möglich, einzuwenden? Wen packten nicht Gegenbilder wie etwa Karthago und die Niederlande, Hamilkar und Scharnhorst, Caesar und Cromwell? |

Ein Letztes und vielleicht Höchstes.

»Die Phantasie ist wie aller Poesie so auch aller Historie Mutter.« Diese Worte schrieb Mommsen, als er nach dreißigjähriger Pause, im Jahre 1885, die Arbeit an der Römischen Geschichte nach einem veränderten Plan wieder aufnahm, in der Einleitung zum sogenannten fünften Band. Schon im Altertum selbst war die Ansicht verbreitet, daß im Seelenleben des Geschichtsschreibers das Poetische mitschwinge. ›Die Geschichte ein Drama, eine Tragödie‹: Ausdrücke wie diese finden sich in der ästhetischen Literatur des Altertums oft, und wenn wir von der ›Weltbühne‹ sprechen, auf der sich das Leben und Sterben großer Völker und Männer abspielt, bewegen wir uns in dem gleichen Vorstellungskreis. Mommsen war von dem gewaltigen Schauspiel, das die römische Geschichte darbietet, ergriffen. Ein ungeheures Ringen, Gipfelpunkte und Abgründe, Peripetien und Katastrophen — die ganze Fülle tragischer Momente. Ein Volk nach dem anderen in den Wirbel hineingezogen und von ihm verschlungen, aber auch das Eroberungsvolk selbst nach großen zivilisatorischen Segnungen, die es der Mittelmeerwelt gab, dem Untergang durch Notwendigkeit oder Schuld geweiht. Tragödie — dieses Wort lesen wir in der Mommsenschen Darstellung nicht selten, und in den Dialog, den das Schicksal mit den

Protagonisten auf dieser Weltbühne führt, schaltet er sich gelegentlich fast wie ein Mitbeteiligter ein. »Römische Helden« — von ihnen waren seit der Renaissance die Geschichts- und Lesebücher voll, aber die Personen gleichen blutlosen Schemen aus einer fernen Welt des Wesenlosen, unwirklich idealisiert, wenn sie »gut«, zu Popanzen verzerrt, wenn sie »böse« waren. Nun leben sie auf, werden Menschen, die streiten und leiden, Träger und Getragene des Weltgeschehens. So hatte sie vor Mommsen nur ein Großer geschaut: nicht Corneille, der sie ins Heroische steigerte, sondern Shakespeare, der sie in die Menschlichkeit hinabführte. Die Mommsenschen Charakterbilder gehören vielleicht zum Unvergänglichsten seines Werkes; es ist von ihnen mit Recht gesagt worden, daß sie »in ihrer Wahrheit und Frische unsere Vorstellungen förmlich gefangen genommen haben und daß Jugurtha und Hannibal, die Gracchen und Drusus, Marius und Sulla, Scipio und Caesar ein für allemal in dem Bild weiterleben werden, das Mommsen ihnen gab.« Auch Verbrechergenies weiß er, ohne je in einen sittenrichterlichen Ton zu verfallen, in ihrer Naturbedingtheit mit taciteischer Dämonie zu zeichnen. In weitaus den meisten Fällen entsprechen diese Charakterbilder, mit dichterischer Intuition geschaut, von der Hand eines Künstlers geformt, der geschichtlichen Treue. Caesar, auf | den die Darstellung wie auf einen über die Wolken ragenden Bergesgipfel von Anfang an zustrebt, wird immerdar bleiben der Mann »vom höchsten Wollen und vom höchsten Vollbringen; erfüllt von republikanischen Idealen und zugleich geboren zum König: ein Römer im tiefsten Kern seines Wesens und wieder berufen, die römische und die hellenische Entwicklung in sich wie nach außen hin zu versöhnen und zu vermählen, der ganze und vollständige Mann«; Pompeius immerdar »ein Beispiel falscher Größe, wie die Geschichte kein zweites kennt«. Aber gerade weil Mommsen ein bis zur Unerbittlichkeit scharfer Kritiker nicht nur anderer, sondern vor allem seiner selbst war und weil er nächst dem Sentimentalen und dem falschen Pathos nichts so haßte wie das Lobrednerische, muß ausgesprochen werden, daß seine Leidenschaftlichkeit ihn die Menschen gelegentlich in einem Bild hat sehen lassen, das von Einseitigkeit der Auffassung nicht frei ist. Mag der jüngere Cato ein »Wolkenwandler im Reich der abstrakten Moral« gewesen sein — vielen, und nicht den Schlechtesten, galt er als aufrechter Mann, der um seiner Überzeugung willen in den Tod ging. Und Cicero war nicht bloß ein »politischer Achselträger«, sondern auch ein Träger des Humanitätsgedankens. Keiner hat mehr als Mommsen selbst in seinen späteren Werken dazu beigetragen, Licht und Schatten gerechter zu verteilen.

Das zuletzt Gesagte gilt in dem Sinne von der Römischen Geschichte überhaupt, als Mommsen in den fast fünfzig Jahren seit ihrem ersten Erscheinen mit einem Erfolg, den man, ohne sich in der Wahl des Wortes zu vergreifen, als beispiellos bezeichnen darf, bemüht war, neue Erkenntnisse zu gewinnen. Das Werk selbst aber ließ er — abgesehen von einer Revision, der er den ersten Band gleich nach seinem Erscheinen unterzog — so gut wie unangetastet. Mit Recht, denn mochte die gelehrte Forschung fortschreiten, ihre Einzelergebnisse waren, zumal durch sie die Tragkraft des wissenschaftlichen Fundaments in keinem wesentlichen Teil vermindert wurde, für das in sich geschlossene Kunstwerk ohne Belang. In seiner Kraft und seinem Geist, in seiner mit Herbheit gepaarten Anmut bleibt es ein unverlierbarer Besitz unserer deutschen Literatur.

GELEITWORT

Theodor Mommsen, Weltreich der Caesaren

1933

Caesar war durch die Schlacht bei Thapsus an der Nordküste Afrikas (6. April 46) unumschränkter Herr geworden; ein lokaler Aufruhr der Pompejaner in Spanien wurde im Jahre darauf rasch unterdrückt. Mit der Erzählung jener Schlacht, einer der blutigsten der römischen Geschichte, und der Neugründung des Staates, die Caesar gleich nach dem Sieg in Angriff nahm, schloß Mommsen sein Geschichtswerk; dem dritten Band gab er den Titel »Von Sullas Tode bis zur Schlacht von Thapsus«. Nach seinem Plan war dies der gewiesene Abschluß, denn die Idee der caesarischen Alleinherrschaft als Krönung der republikanischen Geschichte beherrscht seine Darstellung von Anfang bis zu Ende. Wenngleich Caesar, »der neue Monarch von Rom, der erste Herrscher über das ganze Gebiet römisch-hellenischer Zivilisation«, den Königstitel nicht führte, so war er auch als Diktator »der geborene Regent«; und hätten die Dolche der Republikaner dem Leben des Sechsundfünfzigjährigen nicht ein vorzeitiges Ende bereitet, so würden die Iden des März 44 vielleicht den Auftakt zur Annahme des Königstitels auch dem Worte nach bezeichnet haben. Dann hätte sich der Kreis der römischen Geschichte geschlossen. So sah den Verlauf der Geschehnisse Mommsens Künstlerauge und sein für Heroisches empfänglicher Sinn. Kein Historiker des Altertums, kein neuerer vor oder nach Mommsen hat jener Schlacht solche Bedeutung beigemessen: ihnen dünkte Philippi »die Grabstätte des Freistaates«, oder gar erst Actium. Die caesarische Zeit erschien ihnen nur als Übergangsstufe zur augusteischen, mit der ein neuer Aeon anbrach, wie die Zeitgenossen sagten, eine neue weltgeschichtliche Epoche, wie es die Späteren ausdrückten. Die Mommsensche Trennungslinie auf ihre Richtigkeit zu prüfen ist nicht unsere Aufgabe. Genug, daß von diesem Caesar keine Linie zu Augustus führte oder doch nur eine gebrochene, also unkünstlerische: Mommsen nannte Augustus, den vorsichtig, fast ängstlich abwägenden Politiker, den keine Glorie des Heldentums | umstrahlte, einmal einen »halbierten Caesar«. Das Werk hörte also genau da auf, wo die innere Gesetzmäßigkeit seines Planes es erforderte.

Mochten nun aber die drei ersten Bände ein in sich geschlossenes, durch innere Anteilnahme ihres Verfassers am römischen Geschehen getragenes Ganzes bilden, so war mit ihnen doch nur ein — wenn auch noch so großer — Kreis der Geschichte Roms erfüllt. Wenn der alte Kreis sich mit dem neuen nicht verschlang wie die Ringe einer Kette, warum dann nicht eine zweite Kette an die erste geschmiedet? »Römische Geschichte« hatte Mommsen das Werk genannt, also ohne zeitliche Begrenzung, nicht etwa mit dem Zusatz »bis zum Ende der Republik« oder »bis zur Begründung der Militärmonarchie durch Caesar«. Wo blieb die Fortsetzung? wo nach den drei Bänden der vierte? Es ließe sich einwenden: mit welcher Berechtigung fragt man überhaupt? Darf man einem Schriftsteller wie Mommsen Normen vorschreiben? Gewiß nicht, aber er hat doch auf die im Jahre 1856 vollendeten drei Bände fast dreißig Jahre später, 1885, den fünften folgen lassen, den er ausdrücklich als solchen bezeichnete, und die Vorrede dazu mit den Worten begonnen: »Der Wunsch, daß die römische Geschichte fortgesetzt werden möge, ist mir öfter geäußert worden, und er trifft mit meinem eigenen zusammen, so schwer es auch ist, nach dreißig Jahren den Faden da wieder aufzunehmen, wo ich ihn fallen lassen mußte. Wenn er nicht unmittelbar anknüpft, so ist daran wenig gelegen; ein Fragment würde der vierte Band ohne den fünften ebenso sein wie es der fünfte jetzt ist ohne den vierten«. Also der Wunsch, die Lücke zu ergänzen, bestand immer noch, und die Frage, warum er ihn in den achtzehn Jahren lebendigen Schaffens, die ihm nach 1885 noch beschieden waren, nicht erfüllte, ist berechtigt. Einer wirklich klärenden Antwort wich er, sooft man ihn auch mit Fragen, Wünschen und Bitten bestürmte, stets aus; doch besteht wenigstens die Möglichkeit, daß der unermeßlich reiche Briefwechsel, der nach seiner letztwilligen Verfügung erst in diesem Jahre, eine Generation nach seinem Tode, erschlossen werden darf, die Aufklärung bringt. Einstweilen sind wir auf Vermutungen angewiesen sowie auf Andeutungen von ihm selbst.

Es ist hier nicht der Ort, die Fülle der Möglichkeiten in ganzem Maße auszubreiten. Der Leser sei auf eine Studie von Ulrich v. Wilamowitz hingewiesen, der im Jahre 1917, dem hundertsten der Wiederkehr von Mommsens Geburtstag, eben dies Problem, das Nichterscheinen des vierten Bandes, geistvoll und auf Grund der | engen Familienbande, die ihn mit Mommsen verknüpften, untersucht hat (Internationale Monatsschrift, 12. Jahrg. S. 205 ff.). Hier ein paar Sätze aus jener Studie. »Die Geschichte der Kaiserzeit lag ihm noch im Jahre 1870 fern. Beleg dafür ist eine Vorlesung, die er damals über dieses Thema hielt und von der ich einmal eine Nachschrift eingesehen habe ... Er verweilte lange bei der Nacherzählung der Bürgerkriege; ... einigermaßen geriet er durch die Quellen doch in die Hofgeschichte. Der einzige Glanzpunkt war Tiberius, den er mit Friedrich dem Großen verglich. Die spätere Zeit war flüchtig behandelt, da er bis Valentinian II.

(388—392), einzeln noch weiter hinabging ... Im ganzen war deutlich, daß, wer so sprach, sich noch nicht als Geschichtsschreiber der Kaiserzeit fühlen konnte. — Drei Jahre später stand er anders. Ich habe ihn damals kennengelernt, als er für die Erneuerung seiner Inscriptiones Regni Neapolitani in Neapel war. Ich durfte ihn auf einer kurzen Reise durch Apulien begleiten ... Auf einer nächtlichen Fahrt durch die Ebene des Aufidus, während rings die brennenden Stoppeln leuchteten, vertrieb er mir und sich den Hunger durch ein lautes halbes Träumen über die Art, wie er die Zeit des Augustus schildern wolle ... Augustus ward noch immer gescholten, daß er von Caesars Bahnen abgewichen war, nicht Britannien und Arabien unterworfen, also die Erwartungen der Römer oder doch der Dichter nicht erfüllt hatte; mehr als der Testamentsvollstrecker eines Größeren, wie er ihn noch später genannt hat, ist Augustus für Mommsen wohl überhaupt nicht geworden ... Eins aber stand ihm schon damals fest: den Hofklatsch wollte er nun ganz beiseite werfen; Messalina und Poppaea mochten ihre Verehrer anderswo suchen. Er wollte nur nach Dynastien ordnen. — Es ist klar, daß er nun die Fortsetzung seiner Geschichte ernsthaft vorhatte.«

Diese Fortsetzung unterblieb — aber einem erlesenen Kreis gab er bei besonderer Gelegenheit halb im Ernst, halb im Scherz, wie er das liebte, einen Wechsel auf ungewisse Zukunft. Vor mir liegt ein Heftchen von zwei Bogen, eine außerordentliche Seltenheit auf dem Büchermarkt; freundlicherweise hat es mir ein Angehöriger der Mommsenschen Familie geliehen. Mommsen hatte es unter dem Eindruck der Feier seines sechzigsten Geburtstages (30. November 1877) schon wenige Tage darauf, am 2. Dezember, in hundert numerierten Exemplaren für seine Verwandten und Freunde durch die Weidmannsche Buchhandlung in Berlin herstellen lassen. Die zwei darin enthaltenen Aufsätze — »Der | letzte Kampf der römischen Republik«. Ein »Bruchstück« und: »Trimalchios Heimath und Grabschrift« — sind der Gelehrtenwelt bekannt, da Mommsen sie im Jahre darauf (1878) auch in einer Fachzeitschrift veröffentlichte. Aber wohl nur ganz Wenigen dürfte das Heftchen selbst zu Gesicht gekommen sein, und doch ist gerade sein Gewand eigenartig und reizvoll. Auf der Vorderseite des Umschlags steht, ganz im Format und in den Drucktypen der Originalausgabe der ersten drei Bände:

RÖMISCHE
GESCHICHTE

von

THEODOR MOMMSEN

VIERTER BAND

Gerne hätt' ich fortgeschrieben,
Aber es ist liegen blieben

Die Rückseite des Umschlags trägt ein Gedicht; ich teile es gleichfalls mit[1], weil das Schlußdistichon dem Verzicht auf die Vollendung des vierten Bandes anmutigen Ausdruck gibt: |

Nach 1877 deuten keine Spuren auf weitere Arbeit am vierten Band[2]. Der Sechzigjährige sah Riesenaufgaben vor sich, die ihm dring-

[1] Es ist dann auch, an einem nicht allen leicht zugänglichen Orte, abgedruckt: Zangemeister — Jacobs, Theodor Mommsen als Schriftsteller, Berlin 1905[2], Seite 75 unter Nummer 761.

Langsam rollen die Jahre der Jugend seliger Dumpfheit
Und ihr ‚spute dich' ruft eifrig dem Kronos sie zu.
Aber er hört das Wort, und in ewigem steigendem Hasten
Jagen die Rosse der Zeit stürmend hinunter den Weg;
Fassen da muß die Hand im Fluge die leuchtenden Aepfel,
Alle, nach denen sie griff, brachte noch keine herab.
Und wie oft es gelang, es kommt ein letztes Gelingen,
Jeglichem Streben ein Ziel, jeglichem Leben ein Schluß.
Einen Augenblick ist an dieser Wende der Jahre
Heute zur Umschau Zeit; Freunde, ihr habt es gewollt.
Ihr, die begonnen mit mir den Lauf, ihr, die sich zum Wettkampf
Während des Wegs mir gesellt, ihr, die ich führt' in die Bahn,
Ob zum Ziele gelangt der einzelne Wagen, was sorgt ihr?
Schaut auf die ewige Fahrt, blickt in die volleren Reihn!
Ob das, was euch gefiel, die grauen Haare vollenden
Oder ein braunes Gelock, Freunde, was liegt nur daran?

[2] Doch las Mommsen 1885, dem Erscheinungsjahre des fünften Bandes, in der

licher erscheinen mußten als eine erzählende Darstellung der Kaisergeschichte. Die ersten Jahrhunderte des Imperiums waren durch die Forschung noch wenig erschlossen. Auf vielen Gebieten war fast noch alle Vorarbeit zu leisten. Das wußte keiner so genau wie Mommsen. Sollte er den Bau errichten mit dem klaren Bewußtsein, daß das Fundament nicht zureichte? Diese Frage mußte gerade er, der verantwortungsvolle, in Weiten und Tiefen blickende Forscher verneinen. Hierin sehe ich das eigentlich Entscheidende: der vierte Band blieb ungeschrieben, weil die Zeit für ihn noch nicht reif war. Einsichtsvolles Sichbescheiden ist ehrenvoller als Wagemut, der sich der Erkenntnisschranken nicht bewußt ist. Mit unerhörter Energie, als ein Eroberer, hat Mommsen in den Jahren 1878—1903 die gesamte Kaiserzeit durchforscht, weit hinaus über die Grenzen, die er der darstellenden Erzählung zu ziehen beabsichtigte. Die Urkunden sogar vom Niedergang und vom Sturz des Imperiums hat er erschlossen, ist vorgedrungen in die Germanenreiche, die sich auf den Trümmern des römischen Weltreiches erhoben, die Reiche der Ostgoten und Lango- | barden, hat durch Analyse der von dem Angelsachsen Beda überlieferten Papstbriefe einen Einblick in das Archiv der vorkarolingischen Kurie gewährt. Damit nicht genug. Bücherstaub, Handschriften suchen, finden, entziffern, hat sein helles Auge nie getrübt: in das freie Gelände wanderte der auch physisch nie Ermüdende und erkannte in der Erforschung des römisch-germanischen Grenzwalls eine der vornehmsten nationalen Ehrenpflichten bodenkundlicher Wissenschaft, Pionier und Feldherr, Pfadfinder und Organisator in einer Person. Sollen wir wünschen, daß er auch nur einige Jahre einer zusammenfassenden Darstellung erzählenden Charakters opferte, die das Gepräge des Vorläufigen, des Unvollkommenen getragen hätte?

Wenn nun aber ein Reicher die Gabe, um die man ihn bittet, versagt, weil er nur Vollwertiges zu schenken gewohnt ist, so greift er in seinen Schrein, um mit einer Perle zu beglücken. Ein Geschenk pflegt durch Überraschung noch zu gewinnen. Während man nach dem vierten Band auslugte, erschien im Februar 1885 plötzlich wie ein Phänomen auf der literarischen Bildfläche

Berliner Akademie der Wissenschaften über »Boden- und Geldwirtschaft der römischen Kaiserzeit«. Möglicherweise hatte er diesen Aufsatz, den er nicht drucken ließ (aus dem Nachlaß veröffentlicht in den Gesammelten Schriften 5, 589 ff.), für den vierten Band der Römischen Geschichte bestimmt, ihn aber dann zurückgehalten. *[Vgl. auch: Theodor Mommsens Kolleg über Römische Kaisergeschichte, Heidelberger Jahrbücher 1960, 94—107, von Viktor Ehrenberg.]*

RÖMISCHE GESCHICHTE

VON

THEODOR MOMMSEN

FÜNFTER BAND

DIE PROVINZEN VON CAESAR BIS DIOCLETIAN

Er hatte diesen Band gleichsam nebenher geschrieben in Erholungspausen von großen schweren Arbeiten, vielfachen Sorgen und Kümmernissen — ein Brand zerstörte ihm in dieser Zeit einen Teil seiner Bibliothek und Manuskripte. Andere Gelehrte würden ein Werk solchen Gehaltes als stolzen Ertrag einer Lebensleistung werten, Mommsen pflückte diese Frucht mit leichter Hand. Die wissenschaftliche Welt wußte die ungewöhnliche Gabe sofort zu schätzen. Der Beifall des gebildeten Lesepublikums klang zu- | nächst gedämpfter. Es kannte Mommsen nur als den berühmten Verfasser der drei ersten Bände und bedachte nicht gleich, daß der Autor mittlerweile fast dreißig Jahre älter geworden war. Man erwartete Champagner und bekam Burgunder. Aber man gewöhnte sich daran. Mit »succès d'estime« kennzeichnete Mommsen selbst die Wirkung des Buches; aber die Tatsache, daß sich innerhalb eines einzigen Jahres ein dritter Abzug des Bandes als nötig erwies, widerlegte ihn. Doch um es offen zu sagen: der fünfte Band gewann nicht die Volkstümlichkeit seiner Vorgänger. Um so größerer Dank gebührt dem Verlag, daß er jetzt auch ihn, nur wenig gekürzt, den Gebildeten unseres Volkes zugänglich macht. Und nicht nur des unseren. Sämtliche Landschaften und Nationen, die der orbis terrae umfaßte oder an seinem Rand berührte, finden ihre Schilderung: eine magna charta imperii Romani, ein ethnographisches und politisches, ein ökonomisches und kulturelles Denkmal, die Grundlage für Werke auch über mittelalterliche und neuere Geschichte, soweit sie die römische Vorgeschichte der europäischen Staatenwelt und darüber hinaus der vorderasiatischen und nordafrikanischen Randstaaten mit Einschluß Ägyptens in ihre Darstellung hineinbeziehen. Darum trägt die Neuausgabe des Bandes mit Recht den freigewählten Titel: Das Weltreich der Caesaren.

Von jeher war es ein aus Zweckmäßigkeitsgründen erwachsenes Prinzip der römischen Politik, die Sonderart der unterworfenen Völker mit weitgehender Schonung zu behandeln: ihre Religionsformen, falls sie nicht mit dem Kaiserkultus in Konflikt kamen, ihre Sitten und Gewohnheiten wurden geduldet, ihre Stammesverbände und Gemeindeverfassung der römischen Administration nach Möglichkeit angepaßt, auch militärische Einrichtungen dem System des Reichsheeres dienstbar gemacht, sogar der Gebrauch der Landessprache, außer im Verkehr mit den römischen Behörden, gestattet, überhaupt die Romanisierung begünstigt, nicht erzwungen. Daher fluteten bei aller Straffheit der Zentralgewalt Ströme freien Lebens durch die Provinzen. Nach den unsäglichen Leiden, die sie im letzten Jahrhundert der Republik durch räuberische Statthalter zu erdulden hatten, erfreuten sie sich nun der Segnungen der milden und gerechten Kaiserherrschaft. Keiner besaß für das Rauschen dieser Ströme ein so feines Ohr wie Mommsen: hatte er doch die Sammlung der Inschriften, seine imposanteste Schöpfung, auf landschaftliche Grundlage gestellt und war mit einem Stab von Gelehrten, die er herangebildet hatte, immer noch an der Arbeit dieses Werkes, | als er den fünften Band der Geschichte schrieb. Die Steine redeten zu ihm. Sie gaben ihm Kunde vom Eigenleben der Provinzen, an dem die historischen Werke des Altertums, auch das taciteische, fast achtlos vorübergegangen waren; denn sie hatten sich von dem Banne jahrhundertlanger Tradition, das historische Geschehen von der Hauptstadt aus zu sehen, auch unter den veränderten Verhältnissen der Kaiserzeit nicht ganz zu lösen vermocht. Die Frische und die Farbentönung, Kraft und Leben verdankt daher dieses Werk Mommsens nicht zum geringen Teil der Verwertung beschrifteter Steine: auch die sog. geringen Leute, ferner ehrbare Handwerker, Gewerbetreibende, Beamte in Kleinstädten, protzige Parvenus, die sich ihrer Stiftungen in prunkhaften Inschriften rühmen, kommen zu ihrem Recht. Sie alle und ihresgleichen wurzeln in dem besonderen Volkstum, das ihrem immer und überall sich ähnelnden Menschentum die eigene Schattierung gibt. Mommsens Meisterschaft im Charakterisieren von Persönlichkeiten konnte sich hier auswirken in der Kunst, Völkerindividuen in ihrer durch Stamm oder Wohnsitz bedingten Eigenart zu erfassen und zu zeichnen. Wer sich vor zusammenhängendem Lesen rasch einen Eindruck von der Lebenskraft verschaffen möchte, die in den Adern des mächtigen Imperiums pulsierte, lasse etwa Schilderungen auf sich wirken wie die gallische Rebenkultur, das gewerbliche und kaufmännische Treiben Ägyptens, Unterricht und Bildung in Kleinasien, oder die Schilderung des Glanzes und des Luxus, der Sittenlosigkeit und der Spottsucht in Antiochia, der »dritten Stadt des Reiches« neben Rom und Alexandria. Aber nicht immer führten die Provinzen ein beschauliches Stilleben: in ihre Schicksale brandete, wie ein bewegtes Meer in seine Buchten, oft das Weltgeschehen. Wer möchte es sich versagen, die Katastrophe des Quinctilius Varus zu lesen, »eines Mannes von übel erworbenem, aber fürstlichem Reichtum und von fürstlicher Hoffart, aber von trägem Körper und stumpfem Geist«, und die warmherzigen Worte über Arminius, mit denen in Anlehnung an Tacitus das erste Kapitel schließt. Auch die Kämpfe des Marcus Antonius gegen die Parther und nicht am wenigsten das Kapitel »Judaea und die Juden« mit seinem dramatischen Höhepunkt »Titus gegen Jerusalem und die Zerstörung der Stadt« wird jeder mit Spannung lesen. Die Begründung, daß und warum das Christentum gerade in der Provinz Afrika sich zur Weltreligion entfaltete, schließt wie mit einem volltönenden Akkord das ganze Werk: seine letzten Worte gelten dem Augustinus. Aber wozu einzelnes nennen? Jeder hat ein oder das andere Kapitel besonders lieb. |

Auch der stilistische Feinschmecker wird befriedigt werden. Freilich unterscheidet sich der Stil des Alterswerkes, wie nicht anders zu erwarten, von dem der Jugendjahre: er ist abgewogener und gemessener. Was sich gleichbleibt, das ist die Anteilnahme des Verfassers an dem Stoff, den er gestaltet, die Wärme, die ihn durchstrahlt. Die besonders schwere Kunst, wissenschaftlich und allgemeinverständlich, gehalten und fesselnd zu schreiben, wurde selten so vollkommen geübt. Aber Mommsen ist im eigentlichen Wortsinn nie alt geworden. Daher fehlt es durchaus nicht an Sätzen, die dieser senex imperator im Capriccioso der dulcis iuventa geschrieben hat. So kommt er im Kapitel über Syrien auf die in griechischer Sprache verfaßten »Liebes-, Räuber-, Piraten-, Kuppler-. Wahrsager- und Traumgeschichten und die Fabelreisen« zu sprechen. In den Fabelreisen sieht er mit Recht eine Mischung orientalischer Märchenerzählung und spätgriechischer Romantik. Da läßt er sich von dem liebenswürdigsten aller Dämonen, dem Schalk, die Worte diktieren: »Das Lügen brauchten die Griechen freilich nicht von den Orientalen zu lernen; aber die nicht mehr plastische, sondern phantastische Fabulierung ihrer späteren Zeit ist aus Scheherazades Füllhorn, nicht aus dem Scherz der Chariten erwachsen«. — Für den künstlerischen Aufbau jedes einzelnen Kapitels, in dem eine Vielheit des Stoffes zu einem in sich geschlossenen Ganzen gestaltet wird oder vielmehr mit innerer Gesetzmäßigkeit lückenlos sich selbst zu gestalten scheint, gibt es nur die eine Bezeichnung: Monumentalität.

Mommsen der Schriftsteller wußte auch die Literatur des Volkes, dessen Geschichte er schrieb, zu werten. Daher findet der Leser zahlreiche Bemerkungen über Prosaiker und Dichter der Kaiserzeit, teils überall verstreut, teils in Schlußbetrachtungen der Kapitel. Man braucht diesen persönlichen Werturteilen nicht immer ohne Vorbehalt beizupflichten. Tacitus war ihm wenig sympathisch. Zwar hatte er in diesem Werk, das Italien und die Hauptstadt nicht in den Kreis der Darstellung einbezog, keinen Anlaß zu einer eingehenden Charakteristik des Historikers. Aber bei Gelegenheiten, die sich hier und da boten, beurteilt er ihn unfreundlich, und die Bedeutung der Germania, deren literaturgeschichtliche Stellung er in einer Akademierede zuerst bestimmte, wird in vorliegendem Band mit harten Worten entschieden zu eng begrenzt. In dem Kapitel Spanien wird über Seneca, »den Minister Neros und den Modephilosophen der Epoche«, sowie dessen Neffen Lucan, »den Poeten der Gesinnungsopposition gegen den Principat«, mit wenigen geringschätzigen Worten hinweg- | gegangen. Dagegen erhält Quintilian, der Verfasser eines großen Lehrbuches über Rhetorik und Erzieher der Großneffen des Kaisers Domitian, einen Ruhmeskanz, wie ihn der mit Lobsprüchen erfreulich kargende Mommsen nur sehr wenigen römischen Schriftstellern geflochten hat (»eine der vorzüglichsten Schriften, die wir aus dem römischen Altertum besitzen« und so weiterhin mehrere Zeilen lang); die makellose Gesinnung, das schlichte Menschentum und die Gewissenhaftigkeit Quintilians — Eigenschaften, die Mommsen selbst besaß und an anderen schätzte — haben sein Urteil hier doch wohl allzu günstig beeinflußt. Auf der anderen Seite wird von Martial, dem Epigrammatiker der domitianischen Zeit, mit epigrammatischer Malice gesagt, »an Feinheit und Mache, freilich aber auch an Feilheit und Leere weicht er unter den Dichtern dieser Epoche keinem«. Aber Mommsen war doch wieder so erquicklich unpedantisch, daß er denselben Dichter, dem er einen so boshaften Denkzettel mitgab, mit anmutigen Übersetzungen einiger Epigramme versöhnte. Helle Freude hatte er bei seinem ausgesprochenen Sinn für Volkstümliches an poetischen Ergüssen der kleinen Leute, wie sie häufig auf Inschriften begegnen; es machte ihm bei der Wiedergabe solcher ›Verse‹ Spaß, nun auch seinerseits den Pegasus als Rocinante aufzuschirren.

*

Buchtechnische Gründe bestimmten den Phaidon-Verlag, die Kapitel über Literatur, Kunst und Kultur aus dem Band der republikanischen Geschichte zu lösen und in den neuen, der jetzt dargeboten wird, herüberzunehmen. Sie durften dem gebildeten Lesepublikum nicht vorenthalten werden: bilden sie doch eine eigene Zierde des Gesamtwerkes. Denn die Mommsenschen Skizzen der republikanischen

Literatur haben in der Kraft und Kunst des Charakterisierens und in der Formvollendung der Übersetzungen den Vorrang vor allen späteren Versuchen dieser Art nach dem einstimmigen Urteil der Fachgenossen bewahrt. Zwei beliebig herausgegriffene Proben mögen als Beispiel dienen. Um den Rückschlag der sozialen Mißstände auf die politischen Verhältnisse und dadurch den Ausbruch der Revolution verständlich zu machen, schreibt er:

»Es war nicht gleichgültig, daß von den beiden vornehmen Männern, die im Jahr 92 als oberste Sittenmeister der Gemeinde fungierten, der eine dem andern öffentlich vorrückte, daß er einer Muräne, dem Stolz seines Fischteichs, bei ihrem Tode Tränen nachgeweint habe, und dieser wieder jenem, daß er drei Frauen begraben und um | keine eine Träne geweint habe. Es war nicht gleichgültig, daß im Jahr 161 auf offenem Markt ein Redner folgende Schilderung eines senatorischen Zivilgeschworenen zum besten geben konnte, den der angesetzte Termin in dem Kreis seiner Zechbrüder findet. ›Sie spielen Hasard, fein parfümiert, die Mätressen um sie herum. Wie der Nachmittag herankommt, lassen sie den Bedienten kommen und heißen ihn auf der Dingstätte sich umhören, was auf dem Markt vorgefallen sei, wer für und wer gegen den neuen Gesetzvorschlag gesprochen, welche Distrikte dafür, welche dagegen gestimmt hätten. Endlich gehen sie selbst auf den Gerichtsplatz, eben früh genug, um sich den Prozeß nicht selbst auf den Hals zu ziehen. Unterwegs ist in keinem Winkelgäßchen eine Gelegenheit, die sie nicht benutzten, denn sie haben sich den Leib voll Wein geschlagen. Verdrossen kommen sie auf die Dingstätte und geben den Parteien das Wort. Die, die es angeht, tragen ihre Sache vor. Der Geschworene heißt die Zeugen auftreten; er selbst geht beiseite. Wie er zurückkommt, erklärt er alles gehört zu haben und fordert die Urkunden. Er sieht hinein in die Schriften; kaum hält er vor Wein die Augen auf. Wie er sich dann zurückzieht das Urteil auszufüllen, läßt er zu seinen Zechbrüdern sich vernehmen: »Was gehen mich die langweiligen Leute an? Warum gehen wir nicht lieber einen Becher Süßen mit griechischem Wein trinken und essen dazu einen fetten Krammetsvogel und einen guten Fisch, einen veritablen Hecht von der Tiberinsel?« Die den Redner hörten, lachten; aber war es nicht auch sehr ernsthaft, daß dergleichen Dinge belacht wurden?‹ «

Wie graziös er Poetisches wiederzugeben verstand, dafür mag ein Vers, der aus einem altrepublikanischen Lustspiel »Das Mädel von Tarent« zufällig erhalten ist, Zeugnis ablegen:

»Zu diesem nickt sie, nach jenem blickt sie; diesen im Herzen, den im Arm.«

alii adnutat, alii adnictat; alium amat, alium tenet.

In der Einleitung zu diesem Band schrieb Mommsen, die Phantasie sei wie aller Poesie so auch aller Historie Mutter. Mag es nun strenggenommen auch nicht zur Sache gehören, so glaube ich doch des Dankes der Leser sicher zu sein, wenn ich diesem Geleitwort ein Blümlein aus Mommsens eigenem Dichtergarten beigebe; es blüht bisher ganz im Verborgenen. Wir lasen vorhin die Verse, die der Sechziger auf den äußeren Umschlag des »vierten Bandes« drucken ließ. Auf den inneren Umschlag des mit Nummer 34 signierten Exemplares, das mir, wie bemerkt, durch die Güte eines Nachfahren Mommsens zugänglich gemacht wurde, schrieb | er folgende Verse, die hier veröffentlichen zu dürfen ich die Erlaubnis erbat[3].

Des Herren Hand schützte mich wunderbarlich
Vor der Sirene schmeichelnden Accorden.
Wie wenig fehlte, und ich wäre wahrlich
Weh mir! ein deutscher Lyriker geworden.
In einer Reihe, wie die Drosseln, alle
Hat sie der junge Aristarch gefangen;
›In unsrer Lyrik kläglichem Verfalle‹
Fühlt fast der Jubelgreis sich mit gehangen.
Doch mag er immer meine Musa segnen,
Da eilet sie, unverfroren, unvertrieben
Anmuthig ist's, dem Jugendlieb begegnen,
Besonders wenn die Heirath unterblieben.

[3] Zum Verständnis der Verse sei bemerkt, daß im Jahre 1877 eine Anthologie erschienen war »Deutsche Lyrik seit Goethes Tode«, herausgegeben von Maximilian Bern. Sie enthielt ziemlich viel Mittelware und scheint einen Kritiker gefunden zu haben, den Mommsen den ›jungen Aristarch‹ nennt. Näheres hat sich bisher nicht feststellen lassen (Mitteilung von Julius Petersen).

GELEITWORT

Hermann Usener, Götternamen

1929

Dem Neudruck dieses Buches ein Geleitwort auf den Weg mitgeben zu dürfen, ist mir Ehre und Freude zugleich. Saß ich doch gegen Ende der achtziger Jahre des vorigen Jahrhunderts zu Füßen Hermann Useners, als er in einer Vorlesung das Werk zu gestalten begann. Wir Studenten bewunderten das Ringen mit den riesigen Stoffmassen, den baumeisterlichen Geist, vor allem auch die unerbittliche Wahrheitsliebe des Forschers gegen sich selbst. Es gehört zu den stärksten Eindrücken meiner Studentenzeit, als er um die Mitte jenes Semesters (nach den Weihnachtsferien, wie ich mich zu erinnern glaube) etwa mit den Worten aufs Katheder trat: er müsse einen neuen Anlauf nehmen, denn mittlerweile habe er sich zu besserem Erkennen durchgerungen. Welche ethische Förderung lag für uns junge Menschen in solchem Bekenntnis! — Seit dem Erscheinen des Buches ist ein Menschenalter verflossen. Die Forschung ist ein Unendliches, sich stets Erneuerndes; in ihr ist alles Frucht, alles Samen. Das hat auch dieser Gelehrte gewußt, der nicht müde ward — auch nicht als sein Augenlicht sich umwölkte — nach immer neuer Erkenntnis zu ringen. Sein unbestechlicher Wahrheitssinn würde es nicht ertragen, er würde sein mächtiges, an Platons sterbliches Ebenbild erinnerndes Haupt schütteln, wenn man nicht freimütig bekennte: Einzelpositionen dieser monumentalen Konstruktion sind ins Wanken geraten, ja aufgegeben. Das ist das Schicksal aller Menschenschöpfung, auch wenn sie — gerade wenn sie — wie dieses Buch sich um den Nachweis des Gesetzmäßigen in einer Entwicklung bemüht, die vielsgestaltig ist, und wenn sie eine große Linie der Begriffsbildung sich zur Norm wählt, um an ihr die ganze Fülle verwickelter Erscheinungsformen zu messen. Aber vieles Große und Wichtige hat sich bewährt | und gehört jetzt zu den Grundpfeilern der mythologischen Wissenschaft. Die polytheistische Vorstellungswelt drängt zur monotheistischen, aber mit Naturnotwendigkeit flutet diese in jene zurück (Dreiheit, Mutter Gottes, die Heiligen): dieser Entwicklungsrhythmus religiösen Erlebens kommt mit einem Tiefsinn und einer Sprachgewalt zum Ausdruck, wie sie kaum einem anderen Philologen in gleichem Maße gegeben waren, weil in diesem Einen das eigene religiöse Erleben so machtvoll strömte. »Das will gelesen sein«: mit diesen Worten schloß einst ein Kritiker die Besprechung des Buches. Daß dieses Urteil auch heute noch gilt, zeigt die dauernde Nachfrage nach dem Buch. Auch in der jüngeren Generation der deutschen Philologen ist, wie mir mündliche Äußerungen zeigten, der Wunsch, dieses Werk zu dauernd eigenem Besitz zu erwerben, sehr lebendig. Es ist daher zu begrüßen, daß der Verlag einen Neudruck veranstaltet.

Die höchsten Probleme der Menschheit haben diesen Mann beschäftigt. Sein Ringen nach Erkenntnis, nicht einer intuitiven, sondern einer durch unermüdliche, mühsalvolle Arbeit erworbenen, ist ebenso ergreifend wie erhebend. Dessen ist auch dieses sein Buch ein Zeugnis. In einem Menschenwerk wie diesem spürt man den Pulsschlag des Göttlichen.

WORTE DES GEDÄCHTNISSES AN ULRICH VON WILAMOWITZ-MOELLENDORF 1931

Mitten hinein in Nachrichten über Ereignisse in dieser Welt der harten Realitäten dringt zu uns eine tragische Kunde aus jener Welt, die in die Sphäre des Ewigen hineinragt. Einer unserer großen Führer auf dem Gebiete des Geistigen hat uns verlassen — und doch verlassen nur in dem Sinne, daß wir mit unseren Augen nicht mehr in die seinen blicken, die leuchteten wie Sterne. Im Geiste war und bleibt er unser. Sein Besitz ist zu groß, als daß sich diese Fülle schon jetzt ausschöpfen ließe, dazu bedürfte es langen Besinnens, an dem die Philologenwelt es als ihrer höchsten Ehrenpflicht nicht fehlen lassen wird, sobald der frische Schmerz sich geklärt hat. Nur zu kurzem Verweilen darf ich Sie, meine Damen und Herren, auffordern. Es gilt vor allem, falsche Töne zu vermeiden. Gar zu leicht stellt sich bei der Betrachtung des Lebenswerkes eines Großen das Panegyrische ein. Aber dies war ihm in der Seele zuwider: »Einen Menschen soll man nicht heroisieren«, hat er dem Vortragenden einmal gesagt. So binde uns denn sogar bei der Wertung von Höchstleistungen das attische Gesetz des Maßes.

Leben und Arbeiten galten ihm als Einheit. Erst vor wenigen Monaten hatte er den ersten Band eines Werkes erscheinen lassen mit dem weihevoll schlichten Titel: »Der Glaube der Hellenen«. Es sollte diese Lebensarbeit krönen wie die Kuppel das Pantheon. Der Beginn des Schaffens am zweiten Band fiel schon in die Zeit des Leidens, aber seine Geisteskraft bändigte die Körperschwäche. Als ich ihn bald nach Anfang August besuchte, sagte er mir: »Es fehlen noch zwei Kapitel.« Von diesen hat er das vorletzte noch schreiben, ja im Druck fast fertigstellen können: am Morgen seines Todestages kamen die Korrekturbogen — wie ein Symbol für die Lebensarbeit des Mannes, der an die Ewigkeit des Hellenentumes glaubte. Nun aber das letzte Kapitel. Er umkreiste es in seinen liebenden Gedanken; das ganze Werk, sagte er, strebe auf dieses Kapitel zu; dieses hoffe er noch fertig zu machen. Es sollte ihm nicht vergönnt sein: das *capitulum ultimum* schrieb nicht er, sondern Thanatos, den er nie gefürchtet, ja, den er, dessen Sinn auf das Göttliche gerichtet war, fast geliebt hat als den Paian, den Heiland. Darum dürfen wir unsere Betrachtung, soll sie seiner wert sein, nicht auf Klage stimmen. Sentimentalität war ihm fremd. Ein großer

Schmerz erschütterte ihn, aber dann wurde er mit jener Selbstdisziplin, die ein Teil seines Lebens war, Herr der Trauer und nahm die Arbeit des Lebens auf.

Die Philologen unter meinen Zuhörern wissen, daß er der Großmeister unserer Wissenschaft war. Diese ist unter ihren Schwestern die älteste, eine fast halbtausendjährige Matrone. Große Lichter strahlten auf ihrem Sternenmantel; pietätvoll und dankbar hat er dieser Leuchten — Scaliger und Bentley, Winckelmann und Welcker, August Boeckh und Otfried Müller, Otto Jahn und Moriz Haupt sowie vieler anderer — oft gedacht, immer bestrebt, sich und seine Leistungen geschichtlich einzuordnen. Aber er war doch der im eigenen Licht strahlende Zentralstern. Dieses darf man aussprechen, ohne den Widerspruch auch von Gegnern hervorzurufen, an denen es ihm nicht gefehlt hat, ja, die er nicht hat missen wollen; war er doch begründetem Widerspruch zugänglich wie kaum einer. Zustimmung galt ihm nicht viel, wenn sie ihn, den rastlos vorwärts Strebenden, nicht förderte. Dagegen freute er sich des Nachweises von Irrtümern, da jede Korrektur sich ihm produktiv auswirkte. Er war ein strenger, fast unnachsichtiger Kritiker seiner selbst. Er wollte, wie Solon, der weise Athener, ein immerdar Lernender sein, und darum ist er, der fast genau das Goethesche Alter erreichte, immerdar jung geblieben und liebte seine jungen Studenten als Mitstrebende, seine jungen Kollegen als Mitforscher, lernbereit, wissensdurstig; freundwillig und zart überall da, wo er ernstes, edles Streben sah. Um so mehr reizten ihn Hochmut, Einbildung, Oberflächlichkeit, falscher Schein; wo ihm dergleichen begegnete, da kannte er keine Schonung, die ihm in solchen Fällen nur als Schwäche erschien. So ist er nicht nur ein Lehrmeister, sondern auch ein Erzieher der Philologenwelt zur Ehrlichkeit, zur Selbstprüfung, zur Gründlichkeit gewesen, ein Gewissensschärfer, der er sein durfte, weil er immer bedacht war, sein eigenes Gewissen intellektuell und ethisch auf Reinheit und Feinheit zu prüfen. Hätte man ihn gefragt, welche Göttin vor allen er verehre, so hätte es für ihn nur eine Antwort gegeben: »Mein Gebet gilt dir, Göttin der Wahrheit, denn von dir hat Platon gesagt, du seiest von allen Unsterblichen die einzige, der ein Mensch, wenn auch nicht wesensgleich, so doch wesensähnlich zu werden hoffen dürfte.«

In diesem Sinne ist er als Diener der Wahrheit auch ein Diener der Wissenschaft gewesen. Ihren Diener lieber als ihren Fürsten hörte er sich nennen, und doch: wie oft begegnete auf Diplomen des In- und Auslandes sein Auge, auf Versammlungen sein Ohr dem Namen: *princeps philologorum, aquila in nubibus.* In der Tat hat er die Grundlagen seiner Wissenschaft gefestigt und ihre Bereiche erweitert wie kaum einer zuvor, hat ihre Äcker umgepflügt, neuen Samen in die Furchen gestreut, reichste Ernte in die Scheuer gebracht.

Sein Schaffen war von eigener Art. Schöpferische Höhepunkte machten von Zeit zu Zeit depressiven Stimmungen Platz. Aber dann stieg die Kurve wieder steil, fast jäh empor. In frühen Morgenstunden entzifferte er einen neugefundenen Papyrus, vor dessen unermeßlicher Schwierigkeit alle Philologen kapituliert hatten. Ein anmutiges Kapitel seines Platonbuches ist in einem Zuge niedergeschrieben, als ein schöner Sommernachmittag ihm die rechte Stimmung gab. Dieses Schaffen, unterbrochen durch Pausen wie Beethovensche Tonsätze durch Fermaten, ließe sich in der Terminologie der neuesten Naturwissenschaft etwa als ein »quantenhaftes« bezeichnen: als solches ist es verbunden einer im Kosmos rhythmisch wirkenden Urkraft. Kosmos bedeutet »Ordnung« und »Welt«. Ordnung regierte auch seine Denkwelt. Er war ein geordnetes, ein diszipliniertes Genie. Dadurch vermochte er auch ein Organisator seiner Wissenschaft zu sein, die er weit hinaus über ihre philologischen Grenzen umfaßte: auch die Archäologen und Althistoriker zählen ihn zu den Ihrigen. Wie ein Vater hat er den Angehörigen der gesamten Altertumswissenschaft Vermächtnisse hinterlassen, an denen Generationen zehren werden, nicht um sie ruhig zu genießen, sondern um sie zu mehren, zu prüfen und, wo es nötig ist, neu zu gestalten: nur wenn wir seiner Hinterlassenschaft so walten, dürfen wir uns als Erben in seinem Sinne fühlen.

Mit diesen Andeutungen über seine Geisteskräfte im allgemeinen bitte ich Sie, hier mich begnügen zu dürfen. Aber Sie werden mit mir fragen: welcher besonderen Veranlagung verdankte er seine Führerstellung gerade in der Wissenschaft vom griechischen Altertum? Als das Entscheidende erscheint mir dies: das Organon seiner Seele war hellenisch gestimmt. Ohne diesen geheimnisvollen Kontakt wären solche Entdeckerfahrten ins Reich des Hellenentums kaum vorstellbar. Mit seelischen Kräften hat er ahnend vieles vorgefühlt, ehe ihm dann der wissenschaftliche Beweis gelang. Auf dem feinsten Saiteninstrument abendländischer Kultur, der griechischen Sprache, hat er zu spielen vermocht, wie vor ihm nur die Hellenen selbst. Er hat ferner das durch einen Schleier der Romantik verfälschte Hellenentum in seiner Echtheit wiederentdeckt, jedem trügerischen Schein, jedem ungeschichtlichen Betrachten, jeder Verhimmelung abhold, scharfsichtig gegenüber naturbedingten Unvollkommenheiten und Erdenresten auch eines so begnadeten Volkes. Also bringen wir es etwa auf die Formel: Kongenialität und Gefühlsgemeinschaft mit dem Volkstum, dessen Erforschung seine Lebensarbeit galt. Wie jedes Volkstum, so ist auch das Hellenische eine Synthese mannigfaltiger Kräfte, die zu ergründen schwer und jedenfalls nicht dieses Ortes ist. Mannestugend, sittlicher

Adel, maßvolle Gesinnung, Klarheit, Schärfe und Einfachheit des Denkens, künstlerischer Sinn, vor allem auch Naturverbundenheit: das sind nur einige von den Komponenten der Summe. Man darf sagen, daß sie als beste Seelen- und Geisteskräfte auch in Wilamowitz wirksam waren, nicht am wenigsten jene Naturverbundenheit. Vor vielen Jahren hatte ein Eisregen seinen geliebten Garten verheert und die Krone eines Lieblingsbaumes geknickt. Ich sah ihn bald danach in Tränen. »Sie weinen? — »Die Nymphe meines Gartens ist gestorben.« Mutet das nicht an wie ein hellenischer Threnos?

Nun aber dürfen Sie sich, meine Damen und Herren, es nicht so vorstellen, als ob dieser Mann aus den traumschönen Gefilden des Sophokles und Platon in die boreadischen Lande verschlagen gewesen wäre wie ein Fremndling aus dem gelobten Lande der Schönheit und des Geistes. Genau das Gegenteil ist wahr. Er wurzelte fest im Boden der deutschen Erde, lebte in enger Verbundenheit mit seiner Zeit, ja man darf sagen, er war im besten Wortsinne ein Mensch der Gegenwart. Das Hellenentum war ihm ein Einmaliges, Volks- und Zeitbedingtes; er dachte nicht daran, es verpflanzen zu wollen. Das jeweilig Lebende umfaßte er mit offenem Sinn und suchte es in seiner Existenznotwendigkeit zu begreifen. An den Schicksalen unseres Vaterlandes hat er mit hingebender Liebe teilgenommen, hat ihm in dem Kriege 1870/71 mit der Waffe gedient, im Weltkrieg ihm seinen Sohn opferwillig und gefaßt hingegeben und hat in seinen Reden während der Kriegszeit die Tragkraft des Volkes gestärkt. Er war ein leidenschaftlicher Patriot; einer der besten Deutschen, stolz auf sein Preußentum, aus dem er die Unbedingtheit seines Pflichtgefühls ableitete. Aber freilich: die hellenische Wissenschaft, Poesie und Kunst waren ihm ein unablässiges Erleben. Man darf sein kulturelles Glaubensbekenntnis vielleicht in die Worte zusammenfassen: der deutsche Baum soll, durch das hellenische Pfropfreis veredelt, in eigener, erdgeborener Kraft und Herrlichkeit sich entfalten. Daher war er, der klassische Philologe, durchaus kein Klassizist, vielmehr ein Gegner dieser nur nachahmenden Richtung. Als vor 30 Jahren Wilhelm Raabe seinen 70. Geburtstag feierte, sandte ihm Wilamowitz ein Gedicht, das mit folgenden Versen schloß:

> Und dem Künstler, dessen Dichterauge
> so das Leben schaut, der das Geschaute
> scharf wie mit dem Dürerstriche zeichnet,
> sei gehuldigt, denn er schafft hellenisch,
> weil er deutsch, nicht klassizistisch schafft.

So huldigte er dem volkstümlichen deutschen Dichter. In Goethe verehrte er das übergermanisch-überhellenische Urgenie; mit ihm lebte er sozusagen in vertrautem Umgang, von den Schülerjahren bis ins

Greisenalter. Aber auch die Literatur anderer großer europäischer Völker umfaßte er mit einer Kenntnis, in der ihm unter den Vertretern der Altertumswissenschaft wohl nur Theodor Mommsen, sein Schwiegervater, gleichkam. Er las sie fast alle im Original; noch als 78jähriger lernte er norwegisch, um Sigrid Undsets großen Roman mit seiner Frau im Urtext lesen zu können. Die englische, schwedische und dänische, die französische, italienische und spanische Literatur der Gegenwart und früherer Jahrhunderte kannte er fast wie ein Fachspezialist. So war er nicht nur der größte Philologe, sondern auch der gebildetste. Kraft seines Gedächtnisses, das man geradezu als ein phänomenales bezeichnen muß, strömten ihm auch in seinen wissenschaftlichen Schriften die Erinnerungen an das Gelesene in reichster Fülle zu.

Nun gehört er selbst unserer Literatur an: Teile aus seinen Reden, Stücke aus seinem Platon stehen in Lesebüchern einiger von unseren höheren Schulen. Attische Tragödien, die erst er unserem Volke wahrhaft erobert hat, gehen in seinen Übersetzungen über die deutschen Bühnen. Seine Lebenserinnerungen gehören zu den von unseren Gebildeten viel gelesenen Büchern. Unzählbaren Studenten und Studentinnen, die nun schon in Amt und Würden sind, steht er vor Augen als der Professor, der sie denken lehrte, als der Prophet, der sie begeisterte zum Anschauen und Erleben des Schönen in Poesie und Kunst, auf daß sie den prometheischen Funken weiterreichen von Generation zu Generation. Viele von Ihnen, meine Damen und Herren, haben seinen Vorträgen gelauscht, die stark und schwer und gehaltvoll waren wie firner Edelwein. Ein solcher Mensch segnet noch im Tode; von ihm gilt in einem besonderen Sinne das Urwort Heraklits: »Tod und Leben: eins.« *»Fidem profiteor Platonicam«*, so sagte er in der Erwiderung auf eine lateinische Ansprache zu seinem 60. Geburtstag. Denken wir uns also seinen Geist, von der Materie befreit, in den Sphären der Ideenwelt Platons.

RICHARD HEINZE
Ein Gedenkblatt
1930

Dignum laude virum Musa vetat mori

Richard Heinzes Tod kam ihm selbst und seinen Freunden nicht unerwartet; dennoch empfinden wir erst jetzt, wo er nicht mehr unter uns weilt, ganz die Schwere dieses Verlustes. Die Geschichte seines Lebens — er neigte durchaus dem Grundsatz des λάθε βιώσας zu — und sein ganzes gelehrtes Lebenswerk werden bald andere Fachgenossen würdigen[1]; in diesen Zeilen soll nur versucht werden, einige Wesenszüge seiner wissenschaftlichen Persönlichkeit zu skizzieren, wie sie sich mir in jahrzehntelanger Freundschaft darstellte.

Meine Erinnerung an ihn reicht bis in die gemeinsame Bonner Studienzeit zurück (1888—1890). Er galt damals unumstritten als der am stärksten kritisch veranlagte Kopf unseres Kreises, und diese seine hervorstechendste Eigenschaft hat sich in langem Forscherleben bewährt. Wir nannten ihn gern τὸν κριτικώτατον und hielten einen Beweis für stichhaltig, wenn er seine Billigung fand. Diese Naturgabe verschaffte ihm schon früh eine Art von Führerstellung innerhalb seiner Generation, ja eine Überlegenheit, die wir uns gefallen ließen; denn sie war ungewollt, äußerte sich gern in geistreich-pointierten Bemerkungen und ging mit gewissenhafter Selbstprüfung, ja skeptischem Abwägen eigenen Könnens Hand in Hand. Durch eine Art von Wesensverwandtschaft fühlte er sich schon als Student zu Horaz hingezogen, dem er auch durch herzliche Gefühlswärme, aber auch durch die Abneigung, sie überschwenglich zur Schau zu tragen, verbunden war. Bücheler und Usener waren für ihn wie für uns *adulescentuli Bonnenses* überhaupt die Leuchten, die uns den Weg wiesen. Im Winter 1889/90, wenn ich mich recht erinnere, kurz nach unserer Promotion entsandten wir ihn zu Bücheler mit der Bitte, dieser möge mit einem auserwählten Kreis privatissime Übungen über die wohl schwerste aller lateinischen Schriften, Varro *de lingua latina*, veranstalten; keiner zeichnete sich dabei durch eindringenden Scharfsinn so aus wie Heinze,

[1] Inzwischen sind erschienen Alfred Körtes »Worte zum Gedächtnis Richard Heinzes« in den Berichten der Sächs. Akad. d. Wiss., phil.-hist. Klasse, 81, 1929, 2. Heft.

dem der Reatiner durch eine schon zwei Jahre vor der Promotionsarbeit erschienene Studie (*Animadversiones in Varronis rerum rusticarum libros,* 1887) vertraut war. Zu Usener fühlte er sich durch philosophische Interessen, ein Erbteil des Vaters, hingezogen. Usener machte damals wie für Antisthenes so für Bion Propaganda; des Borystheniten kaustische Art und skeptische Lebensbetrachtung zog den jungen Studenten an: *De Horatio Bionis imitatore* war der Titel seiner Dissertation (1889), deren Ergebnisse, mag er sie auch späterhin behutsam revidiert haben, sich im Grunde bewährten. Mit der Neigung zu scharfem Erfassen des Sprachlichen und dem Hang zu philosophischem Denken vereinigte sich als drittes der künstlerische Sinn. Er war ihn ihm stark ausgeprägt, wohl als Erbteil der feinsinnigen Mutter. Noch als Mann liebte er es, alte deutsche Städte aufzusuchen und ihre Architektur zu bewundern; ihm fehle wohl nur, so schrieb | er mir in den letzten Lebensjahren, Passau; in dem Dom von Naumburg, seiner Vaterstadt, machte er gern den Führer. Auch für Nahrung dieses Sinnes war in Bonn gesorgt: Kekulés feinsinnige, aber nur den von Natur künstlerisch veranlagten Studenten leicht zugängliche Art eines unmittelbaren Erfassens von Kunstdenkmälern wirkte auf den jungen Heinze, und so war er, der Varronianer und Bioneer, schon im Jahre 1890 imstande, in der Kekulé gewidmeten Festgabe »Bonner Studien« eine panathenäische Amphora des akademischen Kunstmuseums zu interpretieren.

Wie würde sich nun eine so reich veranlagte Natur entfalten? Rückblickend möchte man vielleicht denken: Philosophie in ihrer künstlerischen Gestaltung bei Platon hätte die Lebensdevise werden können, und in der Tat scheint sich ihm dieser Weg einmal, noch in den literarischen Anfängen, gewiesen zu haben, als er 1892 es unternahm, die Lehre des Akademikers Xenokrates auf Grund einer Fragmentsammlung darzustellen: ein schweres, gelehrtes Buch, für dessen volles Gelingen die Zeit noch nicht gekommen war; der Präzision und Verstandesklarheit, die Heinzes Denken auszeichneten, lag die mystische, fast abstruse Wesensart jenes Philosophen gar wenig. Auch späterhin machte er noch gelegentliche Streifzüge auf philosophisches Gebiet: 1909 gab er in der Sammlung der Aristoteleskommentare die Paraphrase des Themistios zu der Schrift περὶ ψυχῆς heraus, und der Schwerpunkt seines Kommentars zum 3. Buch des Lucrez (1897) lag weniger in der Analyse des Sprachlichen und Poetischen als in der des Philosophischen. Aber die Philosophica blieben doch peripherisch: er wandte sich vorzugsweise der römischen Literatur zu. Die Erklärung dafür liegt in einem vierten Komponenten seiner geistigen Struktur: die πολιτικὴ ἕξις war in ihm stark vorhanden. Schon in Bonn nahm er oft Gelegenheit, seiner staatsbürgerlichen Gesinnung in Reden Ausdruck zu verleihen, die er im Verein deutscher Studenten hielt. In Berlin (1890) war ihm das Glück beschieden, Mommsen nähertreten zu dürfen, der ihm von nun an der eigentliche geistige Führer ward. Heinze gehörte zu den wenigen Philologen, die Vorlesungen über Römisches Staatsrecht nicht den Historikern zu überlassen brauchen, sondern sie als ihre eigene Domäne anzusehen imstande sind; er hat mir einmal erzählt, daß diese Vorlesung ihm besonders lieb geworden sei, weil er in Mommsens gewaltigem Bau einige Räume philologisch einzurichten, ja sie auch umzugestalten vermöge. So ist es nicht zu verwundern, daß wir in seinen Veröffentlichungen den Spuren dieses Interesses vielfach begegnen. Die Abhandlung über »Ciceros politische Anfänge« (1909) war vielversprechend, sie wurde zeitlich weitergeführt durch den Aufsatz »Ciceros Staat als politische Tendenzschrift« (1924); Heinze wäre unter den Philologen der Gegenwart vorzugsweise berufen gewesen, das vielersehnte Cicerobuch zu schreiben: ihm waren zu eigen politisch-historischer Sinn, philosophische Interessen, ästhetische Geistesrichtung, Verständnis für das Sprachliche und Stilistische. Wie tief er in die Vorstellungswelt des römischen Staatsrechts und dessen sprachliche Ausdrucksformen, ja in das Wesen des Römertums überhaupt einzudringen vermochte, zeigen seine Aufsätze *Auctoritas* (1925) und *Fides* (1929). Die Krone dieser Arbeiten ist seine | Leipziger Rektoratsrede (1921): »Von den Ursachen der Größe Roms«; in schwerer Zeit gehalten, machte sie auf die Hörer gleich einen tiefen Eindruck, der sich beim Lesen so verstärkte, daß sie — eine Seltenheit bei Publikationen dieser Art — einen zweiten Abdruck erfuhr (1925); den Begriff der *res publica* aus der nationalrömischen Staatsethik sich entwickeln zu lassen, war ein neuer Gedanke von großer Tragweite.

So war es denn nicht Zufallswahl, sondern geistige Wahlverwandtschaft, die Heinze, ohne daß er sich von den Musen abgewandt hätte, seine Kraft vorzugsweise in den Dienst der Camenen stellen ließ; der Trieb dazu mag durch Otto Ribbeck, dem er schon in seinen Leipziger Studiensemestern (1885—1886) persönlich nähergetreten war, gehegt worden sein. Über diesen seinen Tätigkeitszweig bedarf es für die Leser dieser Zeitschrift nicht vieler Worte. Er hat seinen Namen mit denen der beiden höchsten Exponenten der augusteischen Geisteskultur dauernd verknüpft. In Straßburg hatte er sich als Privatdozent und Institutsassistent das Vertrauen Adolph Kießlings erworben. Nach dessen jähem Tod ward er dazu ausersehen, die Horazausgabe zu betreuen. Dieses Erbe hat er so verwaltet, daß er es nicht bloß mehrte, sondern schließlich als sein geistiges Eigentum besaß. Von 1895 bis in sein letztes Jahr hat er von einer Auflage zur anderen daran gearbeitet, diesen Kommentar zu einem Muster möglichster Vollkommenheit zu gestalten. Wer sich einmal der Mühe unterzieht, die spätere Fassung der Exegese eines Gedichts mit einer früheren zu vergleichen, wird diese opferwillige Hingabe, dieses Verantwortungsgefühl, diese unablässige Selbstkritik erkennen. Er war sich der Größe der Aufgabe bewußt; nur wenige, so schrieb er mir nicht lange vor dem Ende, wüßten, wie schwer es sei, das wirkliche Verständnis dieses Dichters zu erringen. Aber der Ertrag lohnte die Mühe: wollte man eine Umfrage ergehen lassen, welcher Kommentar zu einem lateinischen Dichter der beste sei, man erhielte wohl eine einstimmige Antwort. Aufsätze im Hermes und in den Berichten der Sächsischen Akademie, die großen Eigenwert besitzen, begleiteten diese Arbeit; einer, der die Römeroden behandelt, soll, wie ich höre, demnächst in den Neuen Jahrbüchern für Wissenschaft und Jugendbildung aus dem Nachlaß veröffentlicht werden[2].

Das Buch über Vergils epische Technik erschien im Jahre 1903; es hat seitdem zwei neue Auflagen erlebt. Was Heinze hier bot, war auf dem Gebiet lateinischer, im Grunde genommen antiker Poesie überhaupt neu: die wesentlich künstlerische Analyse einer dichterischen Großkomposition. Verstandesschärfe und ein ihm eigentümlicher Sinn für römisches Gedankenethos verbanden sich hier mit Gefühl für das Architektonische. Wir werden sozusagen in die Werkstatt des Dichters geführt, um ihn bei seinem Schaffen zu beobachten, von den Werkstücken bis zum Monumentalbau. In dem Streben, die eine große künstlerische Linie zu verfolgen, mag er Bruchstellen gelegentlich übersehen und sich von Harmonistik nicht ganz freigehalten haben. Aber solcher Vorbehalt kann doch nur einzelnes betreffen. Das Ganze und auch vom einzelnen das weitaus meiste hat die Prüfung bestanden, und da dieses | Buch, einem Künstler dichterischen Schaffens geltend, auch in sich selbst eine künstlerische Tat darstellt, nimmt es in unserer Wissenschaft einen Ehrenplatz ein und hat gerade auch auf unseren höheren Schulen dem lange verkannten Dichter neue Freunde geworben.

In einer Skizze wie dieser ließen sich nur die Höhepunkte markieren. Um die Weite von Heinzes Blickfeld zu zeigen, sei etwa noch an die Abhandlung über »Tertullians Apologeticum« (1910) erinnert, dessen Priorität vor dem Octavius des Minucius Felix in sieghafter Beweisführung gegen andere, auch den Verfasser dieser Zeilen, dargetan wurde; wenn die gegenteilige Ansicht sich noch immer gelegentlich ans Licht wagt, so zeigt sich auch an solchem Einzelfall die allgemeine Wahrheit, daß eine in schwerer Gedankenarbeit gewonnene Er-

[2] Das ist inzwischen geschehen: Jahrgang 1929, 675 ff. »Der Zyklus der Römeroden«.

kenntnis auf viel zu hoher Warte steht, als daß sie Gemeingut aller werden könnte.

Wenn Heinze ein längeres Leben vergönnt gewesen wäre und nicht schon die letzten Jahre im Schatten körperlichen Leidens gestanden hätten, so würde er uns noch viele wertvolle Gaben beschert haben. Seine letzte große Freude waren Wochen des Zusammenseins in demselben Badeort mit Wilamowitz. Ihm sprach er von neuen Plänen: es fiel der Name Tacitus (vor vielen Jahren sagte er mir, die Annalen müßten aus dem Geist der trajanischen Zeit verstanden werden), und über römische Religion entwickelte er Gedanken, die auf Wilamowitz sehr starken Eindruck machten. Hoffentlich wird uns aus dem Nachlaß noch manche Gabe gespendet, so eine Leipziger Vortragsreihe über die Kultur des Augusteischen Zeitalters. Sein Geist war reich, seine Urteilskraft ungemein stark, und sein Interesse umspannte auch die neueren Literaturen, insonderheit die französische, die ihm vertraut war wie unsere eigene. Er empfand lebhaft und warm, aber wenn er es dann aussprach oder gar niederschrieb, besaß es die Ruhe und Kühle einer sublimen Atmosphäre. Seine Abneigung gegen falsches Pathos, die auf wahrem Ethos begründete Klarheit und Abgewogenheit des Denkens und Handelns erschien uns, seinen Freunden, das Wertvollste seines Menschen- und Gelehrtentums. Über gar zu massive Dummheiten lachte er, daß ihm die Tränen über die Wangen rollten. Er war, wie gesagt, ein strenger, ja unerbittlicher Kritiker anderer, und gerade wir Freunde bekamen von ihm oft Worte des Tadels zu hören, wenn wir uns verstiegen hatten und er uns dann in seiner sarkastischen, der Urbanität nie ermangelnden Art auf den Boden der Wirklichkeit zurückführte. Jedoch der schärfste Kritiker war er gegen sich selbst; daher arbeitete er langsam und bedächtig, prüfend und wägend. Er hat nichts veröffentlicht, was nicht ausgereift wäre, und ich fühle mich der Zustimmung meiner Fachgenossen sicher, wenn ich ausspreche: unter den Latinisten seiner Generation gab es keinen, der so viele dem Hypothetischen entrückte Werte geschaffen hätte wie er.

»Der Zartsinn eines Freundes hat bei der Trauerfeier Heinzes Urne und Ossuarium mit Lorbeerzweigen vom Palatin geschmückt — kein zeitgenössischer Gelehrter war des palatinischen Lorbeers würdiger als Richard Heinze.« Mit diesen Worten schließt A. Körte seinen Nachruf; ich wüßte keine edleren für den Schluß auch des meinigen.

ANTRITTSREDE IN DER BERLINER AKADEMIE DER WISSENSCHAFTEN 1913

Wenn ich, wie es der Brauch des Tages heischt, von meiner Arbeit reden muß, so zwingt mich das Gefühl zu dem Bekenntnis tiefster Dankbarkeit gegenüber den beiden Männern, denen ich mir bewußt bin, meine erste wissenschaftliche Ausbildung zu schulden. Bücheler, der Präzeptor ohnegleichen, weckte die schlummernden Begriffe sprachlichen | Verständnisses zu lebendiger Betätigung; er übertrug auf seine Schüler die Andacht und die Liebe zum Kleinen, pflanzte in uns die Überzeugung, daß eine gesicherte Textverbesserung ein Triumph philologischer Kunst sei, und lehrte uns Ritschls und Lachmanns Arbeiten als unvergängliche Muster begreifen: die Neigung zu wortgeschichtlichen und prosodisch-metrischen Untersuchungen auf lateinischem Sprachgebiet ist mir seit jener Zeit verblieben, davon habe ich in meinem Kommentar zu Vergil Zeugnis abgelegt. Neben Bücheler stand Usener mit seinem Gestaltungsdrang, seiner Konstruktionsgabe, der Seelentiefe seines Blicks, auch er aber ein Feind alles halben, nicht auf dem Verständnis der Texte begründeten Wissens. Unvergeßlich ist mir die Stunde, in der er seine Demosthenesvorlesung mit der rhythmischen Rezitation des ersten Satzes der Kranzrede eröffnete: das war dem blutjungen Studenten etwas Unerhörtes, es klang wie rauschende Musik in seinen Ohren. Ein knappes Jahrzehnt später wurden alle diese Töne wieder in mir lebendig, und in ihrem Bann ging ich — *audax iuventa* — daran, die Geschichte rhythmisierter Prosa zu schreiben. Den Rahmen so weit zu spannen, wie es der Stoff erforderte, hätte ich nie vermocht, wenn ich nicht aus Useners Lehre in mein wissenschaftliches Leben wie eine Selbstverständlichkeit die Forderung hinübergenommen hätte, daß der Philologe die Dokumente der alten christlichen Kirche mit dem Theologen in gemeinsamer Arbeit zu benutzen verpflichtet sei. Religionsgeschichtliche Interessen im Verein mit stilgeschichtlichen sind es darum auch gewesen, die mich in meinem letzten Buch den Versuch unternehmen ließen, eng umgrenzte Probleme der Übergangszeit von der hellenischen zur christlichen Weltanschauung in einen historischen Zusammenhang hineinzubeziehen.

Wenn ich von Männern spreche, an die ich als meine Lehrer dankbar zurückdenke, so darf ich mit Stolz sagen, daß auch Theodor

Mommsen unter ihnen gewesen ist: hatte ich doch das Glück, im Jahre 1887 die letzte Vorlesung zu hören, die er hielt, bevor er sich ganz der Forschung widmete: die über lateinische Epigraphik. Wohl darf ich es gerade in diesem Kreis, dessen Zentralsonne er lange Jahre gewesen ist, aussprechen, daß uns junge Leute, die wir ihm damals an seinem 70. Geburtstag Blumenkränze um das schlichte Katheder des kleinen Auditoriums wanden, nichts so ergriffen hat wie die stolze Bescheidenheit, mit der er an jenem Tage sich einzureihen suchte in die Geschichte der von ihm vertretenen Wissenschaft, als hätte er nur die Summe aus dem von anderen, freilich einem Niebuhr und Borghesi, Erarbeiteten gezogen. Mochten wir aber im übrigen ihm gegenüber noch so gläubig sein: dieses wußten wir | besser als er, hier konnten wir ihn an ihm selbst widerlegen. Denn nachdem er den ersten, systematischen Teil seiner Vorlesung etwa mit den Worten geschlossen hatte: »ich glaube, meine Herren, daß es Ihnen ebenso langweilig gewesen ist, diese Vorlesung bisher zu hören, wie mir sie zu halten« (wogegen wir pflichtgemäß protestierten), brachte er uns von da an Abklatsche teils ganz neu gefundener, teils revidierter Inschriften mit, die er meistens erst am frühen Morgen erhalten und in der Pferdebahn gelesen hatte. So machte er uns zu Augen- und Ohrenzeugen seines staunenswerten Gedächtnisses, seiner den Zeiten und Personen ebenbürtigen Anschauungskraft, seines auch den sprachlichen Kleinkram verwertenden Spürsinns, und sich selbst sparte er, was er wahrlich nötig hatte, Zeit, indem er in der Vorlesung für die Vorlesung und für das Corpus inscriptionum arbeitete.

Dem Einfluß Büchelers und Mommsens schreibe ich es zu, daß ich beschloß, mich vor allem der lateinischen Philologie zu widmen. Daß die Fühlung mit dem Griechischen nicht verlorenging, dafür sorgten die Persönlichkeiten meiner Lehrer und späterhin meiner Kollegen. Aber freilich habe ich mich nicht, wie einzelne meiner Alters- und Studiengenossen, in das gelobte Land aller Bildung hinüberlocken lassen, sondern habe dem Lateinischen die Treue gehalten und beabsichtige das auch für die Zukunft zu tun: hieße es doch gerade angesichts der gegenwärtigen Vertreter der hellenischen Studien in unserer Klasse Oliven in den heiligen Hain Platons tragen, wenn ich auch meinerseits der Athena dienen wollte. Aber auch abgesehen von diesem Persönlichen: die in Deutschland bei der jüngeren Generation jetzt übliche Geringschätzung der lateinischen Sprache und Literatur muß diejenigen, denen an der Fortdauer dieser Studien gelegen ist, mit Sorge erfüllen. Der Stolz, mit dem die hellenische Königin auf die barbarische Dienerin herabblickt, ist, geschichtlich betrachtet, nicht zu rechtfertigen: denn als nach der fast eintausendjährigen Dämmerung des Mittelalters die abendländischen Kulturvölker sich zum Licht emporrangen, da sind es die beiden »Augen« der Renaissance, Cicero und Vergil, gewesen, durch deren Vermittlung die Epoptie des sonst zu hellen Glanzes von Platon und Sophokles vorbereitet wurde. Die neue Renaissance des hellenischen Schrifttums, die wir staunend erleben, findet erleuchtete Augen, die voll Mitleids auf die unscheinbare, sich keines Besitzzuwachses erfreuende Schwester herabblicken. Und doch ist der alte Boden der lateinischen Philologie noch keineswegs so erschöpft, daß er neuen Ertrag verwehre. Wer weiß, ob nicht einmal an unsere Akademie jemand herantreten wird mit dem Gesuch, ihm durch ihre organisatorische Beihilfe die Möglichkeit einer Rekonstruktion des verlorenen Livius zu verschaffen? Das wäre eine | der schönsten Spenden, die wir den Manen Mommsens darbringen könnten. Auch die Rekonstruktion Varros (und des von ihm untrennbaren Poseidonios) wird die Kraft eines einzelnen übersteigen und daher vielleicht einmal von uns gefördert werden müssen. Derartiges ließe sich noch mehr anführen, aber ich übergehe es, denn es kam mir nur darauf an, den Irrtum zu zerstreuen, als ob die lateinische Philologie so ziemlich abgewirtschaftet habe und als ob von ihr gesagt werden könne: »jetzt ist alles verteilt, und es sind am Ziel die Camenen«. Sonnenwärme und Tagesglanz freilich werden nur die Diener der hellenischen Musen finden, aber auch in der Kühle des Schattens und bei Lampenlicht läßt sich arbeiten.

Ich selbst freilich werde mich, wenn ich zum Schluß wieder von mir reden darf, an solchen Plänen, falls sie an uns herantreten und von uns gebilligt werden — wir alle wissen ja, wie sehr wir mit unseren Mitteln haushalten müssen und daß wir keinen zu weitgehenden Hoffnungen Raum geben dürfen —, nur beratend beteiligen können. Dagegen nehme ich in Aussicht, die Anteilnahme der Akademie für einen Plan zu gewinnen, den ich jetzt nur in seinen Grundzügen andeuten kann. Im Altertum selbst hat es Werke gegeben, in denen die berühmten Persönlichkeiten in Kunst, Literatur und Wissenschaft nach den Stätten, sei es ihrer Geburt, sei es ihrer Hauptwirksamkeit, geordnet waren. Wir besitzen aber von diesen Werken nur dürftige Bruchstücke. Also müssen wir selbst darangehen, das riesenhafte Material zu sammeln und zu einem geographisch-ethnographischen Orbis litteratus zu gestalten, der von Cadiz, Bordeaux und Köln bis Jerusalem, Babylon und an den Indus reicht, so weit eben, wie die Propaganda der hellenisch-römischen Kultur gereicht hat. Erst auf Grund eines solchen Werkes wird es dann möglich sein, die Wechselwirkung von Landschaft und geistigem Leben aufeinander vor Augen zu führen. Zu einem solchen Unternehmen gibt es nur wenige Ansätze, darunter freilich zwei sehr wichtige. Herr von Wilamowitz hat schon im Jahre 1881 die euböische, hellespontische und pergamenische Kultur eines begrenzten Zeitraumes zu bestimmen versucht, um dadurch den Antigonos von Karystos als einen Typus seiner Zeit und Umgebung zu erklären, und Mommsen hat im Jahre 1886 das am Inschriftenkorpus bewährte Prinzip landschaftlicher Sonderung auf die Provinzialgeschichte des Kaiserreichs bis Diocletianus übertragen. Noch jetzt erinnere ich mich lebhaft des starken Eindrucks, den wenige Jahre nach Erscheinen des Mommsenschen Werkes eine Vorlesung des Herrn Diels auf mich gemacht hat, in der er die hellenistische Literaturgeschichte nach den Hauptzentren der geistigen Bewegungen und auf Grund ihrer durch Land und Leute bedingten lokalen Sonderentwicklung vortrug. Seit | ein paar Jahren haben diese Anregungen begonnen, sich mir zu dem eben skizzierten Plan zu gestalten, für den ich, soweit er nicht infolge anderer Arbeiten zeitweise in den Hintergrund trat, ganz im stillen tätig gewesen bin; obwohl meine Sammlungen schon einen ziemlich großen Umfang haben, stellen sie doch nur einen ganz verschwindend kleinen Bruchteil des zu fordernden Ganzen dar, das überhaupt ein einzelner, selbst wenn er sich ausschließlich dieser Aufgabe hingeben würde, nie zu leisten vermöchte. Daher erlaube ich mir schon heute die Bitte auszusprechen, daß die Akademie, wenn ich ihr zu gelegener Zeit einen Arbeitsplan vorlegen werde, diesem ihre Unterstützung nicht versagen möge. Wenn aber schon einmal wird gesammelt werden müssen, so empfiehlt es sich, gleich einen anderen Plan mit hinzuzunehmen. Die Literaturen der Völker des klassischen Altertums machen durch die Strenge, mit der sie die Gattungen banden, einen geschlosseneren Eindruck als die neueren. Dies tritt vor allem auch durch die Titel der Werke in die Erscheinung. Während nun die antike Literatur, wenn man nur die vollständig erhaltenen Werke berücksichtigt, einem Ruinenfeld gleicht, aus dem verschwindend wenige Tempel unversehrt emporragen, besitzen wir eine gewaltige Anzahl von Fragmenten mit Titelangaben, ja auch Titelkataloge von Buchlänge in beiden Sprachen. Diese Titel müssen gesammelt und gruppenweise geordnet werden: daran wird sich dann der durch die Jahrtausende ununterbrochene Zusammenhang der Schriftgattungen in einem Umfang erweisen lassen, von dem wir uns bis jetzt keine annähernd genaue Vorstellung machen können. Es ist aber klar, daß ein solches Werk die notwendige Ergänzung jeder Literaturgeschichte werden wird; Herrn Harnacks Geschichte der altchristlichen Literatur wird uns dabei vorbildlich werden müssen. Meine eigenen Sammlungen sind auch hier dem Schein nach schon recht umfangreich, und ich stehe in Wirklichkeit doch auch hier erst in den Anfängen, über die ich nicht erheblich hinauskommen würde, wenn ich auf meine eigene Kraft angewiesen bliebe. Daher werde ich seinerzeit den Versuch wagen, für die Unterstützung auch dieses Unternehmens unsere Akademie zu gewinnen. Das ist ein wenig viel auf einmal und gar für einen Neophyten dieses Thiasos. Ich halte es aber, wie Sie sehen, mit Cicero: *Qui semel verecundiae fines transierit, eum bene et naviter oportet esse impudentem.*

Erwiderung des Sekretars Herrn Diels.

Sie haben, lieber Herr Kollege, mit der Pietät, die zum Wesen des echten Forschers gehört, bei dem Abriß Ihres philologischen Bildungsganges der drei Männer gedacht, denen Sie sich besonders verbunden | fühlen. Es begreift sich leicht, daß unter denen, die Ihnen auf der jetzt einsamer geworden Via Latina voraufschritten, Theodor Mommsen durch die Wucht seiner Werke wie persönlich durch seine letzte Universitätsvorlesung Ihre Studien in nachhaltigster Weise beeinflußt hat. Sie haben dem unvergleichlichen Meister durch die musterhafte Herausgabe seiner philologischen Schriften würdigsten Dank abgestattet. Aber der Schüler wäre des Meisters unwert, wenn er nicht irgendwie über ihn hinausgeschritten wäre. Das hat dieser in dem letzten Gespräch, das ich mit ihm pflog, selbst bewundernd zugestanden. Wenige Tage vor seinem Ende fand ich ihn gebückt über Ihren Vergilkommentar mit dem halberloschenen Auge mühsam die Zeilen suchend: »Ja, die Jugend«, seufzte er, »hat es besser. Womit wir Alten vergeblich rangen, die religiöse Frage, hier ist sie mutig ergriffen und trefflich erfaßt.« In der Tat, die Scheu vor den religiösen Problemen der Kaiserzeit, die ein Haupthemmnis bildete für die Inangriffnahme des vierten Bandes der Römischen Geschichte, hat die heutige philologische Generation überwunden. Sie verdankt dies vor allem der Anregung Hermann Useners, dem Sie neben Bücheler als den Führer Ihrer Bonner Studien warmempfundene Worte des Dankes gewidmet haben. Seitdem ist von dem wichtigen Greifswalder Programm über Minucius Felix an bis zu Ihrem letzten Buch, dem Theos Agnostos, eine Hauptaufgabe Ihrer wissenschaftlichen Tätigkeit der religionsgeschichtlichen Betrachtung gewidmet gewesen. Indem Sie durch diese Ihre Studien auf das der Philologie und Theologie gemeinsame Feld hinübertraten, haben Sie die von Bücheler ererbte Feinheit der Interpretation und Ihr durch ihn und wohl auch durch Kaibel geschärftes Stil- und Rhythmusgefühl als scharfe Waffen in jene gemeinsame Arena eingeführt. Der Kampf, den Ihre neueste kühne These entfacht hat, ist erst in den Anfängen. An lebhaften Scharmützeln hin und her wird es auf diesem Feld auch künftig nicht fehlen. Aber sicherlich werden dabei die alten und neuen Methoden der philologischen Kritik, die Sie meisterlich handhaben, eine entscheidende Rolle spielen, und Scaligers Wort wird sich bewahrheiten: *Non aliunde dissidia in religione pendent quam ab ignoratione grammaticae.*

Da Sie auf der sonnigen Mittagshöhe des Lebens in diesen Kreis eintreten, so dürfen wir erwarten, daß dem fruchtbaren Lenz und Sommer noch ein reichgesegneter Herbst folgen werde. Es ist erfreulich, daß Ihr weiter Blick und die Schwungkraft Ihres Talentes auf neue, weite Gefilde sich ausdehnen will. Sie entrollen weitausgreifende Zukunftspläne vor unseren Augen, bei denen Sie die Hilfe der Akademie zur Durchführung für wünschenswert und nötig erachten. Niemand wird zweifeln, daß der von Ihnen skizzierte *Orbis litteratus,* | die Zusammenfassung der antiken Kultur nach topographisch-ethnographischen Gesichtspunkten, eine große und würdige Aufgabe der Wissenschaft darstellt. Freilich die von Otfried Müller begründete Kulturgeschichte der einzelnen Stämme wie die späteren von Ihnen genannten Muster dieser topographischen Methode sind individuelle Schöpfungen hervorragender Gelehrter. Ob es daher möglich ist, eine Forschung, der solche Vorbilder vorschweben, *viribus unitis* zu lösen, wird seinerzeit erwogen werden müssen. Jedenfalls wird unsere Körperschaft Ihre Anregung vertrauensvoll entgegennehmen. Denn Ihre organisatorische und musterschaffende Kraft hat sich bereits in der mit Gercke herausgegebenen »Einleitung in die Altertumswissenschaft« bewährt, wo Ihr Abriß der römischen Literaturgeschichte eine führende Stelle behauptet.

So dürfen wir von Ihnen, sei es auf dem Feld der Einzelforschung oder der organisierten Sammelarbeit, noch reichen Ertrag für die Akademie und für die Wissenschaft erhoffen. Wenn wir auf die monumentalen Werke schauen, die Ihre akademischen Vorgänger allein und mit Hilfe der Akademie an der Via Latina errichtet haben, dürfen wir Ihnen wohl mit Cicero das ermutigende Wort zurufen: *Sors tibi campum dedit, in quo excurrere virtus cognoscique possit!*

DANKADRESSE ANLÄSSLICH DER ERRICHTUNG DER EDUARD-NORDEN-STIFTUNG
1928

Sexagenarii de ponte oder εἰς βάραθρον oder aufgespeist — heute werden sie mit Ehrungen und Spenden bedacht, die ihnen Kraft und Lust zu einem weiteren Jahrzehnt geben sollen. Da liegt nun vor mir in kostbarer Ausführung, gekrönt durch ein formvollendetes lateinisches Gedicht, dessen Verfasser ich aus dem Stilethos zu erschließen glaube, die lange Liste der Spender. Wenn ich mir die alphabetisch geordneten Namen im Geist nach inhaltlichen Gruppen ordne, so finde ich Freunde und Kollegen, Schüler und Schülerinnen; ich finde Alte, mit denen ich eine lange Lebensstrecke seit meiner Studentenzeit gemeinsam durchwanderte, Junge, die sich mir vertrauensvoll anschlossen; auch Vereine und Verbände von Altertumsfreunden, Sodalitäten und gymnasiale Lehrerkollegien sind in der Liste verzeichnet. Wie gern würde ich jedem einzelnen danken, ganz persönlich und eigenhändig, aber die Zahl ist zu groß — und dazu die *negotia centum*. Möchten daher diese ἄφωνα γράμματα für jeden die beseelte Stimme eines ganz persönlich und warm empfundenen Dankes annehmen.

Dem Wunsch der Spender entspräche es, wenn ich den mir gestifteten Betrag zur Herstellung einer von Künstlerhand zu schaffenden Büste verwendete, die im Berliner Institut für Altertumskunde Aufstellung fände. Ich verkenne nicht, daß diesem Wunsch der für mich ehrenvolle Gedanke zugrunde liegt, die Erinnerung an mich in dem Bau zu erhalten, der fast ein Menschenalter hindurch eine Hauptstätte meines Wirkens gewesen ist, in dem Bibliotheksraum, wo die Jünger der Wissenschaft, eine Generation nach der anderen, über die Texte der Klassiker gebeugt, eine versunkene und doch ewig lebendige Welt der Weisheit und Schönheit vor ihren geistigen Augen erstehen lassen, in einem Raum, wo jetzt die Marmorbüsten August Boeckhs und Theodor Mommsens Kulturwacht halten. Dereinst soll sich hier — fern sei die Zeit — die Büste eines dritten Großen hinzugesellen, dem vor allen das Institut Plan und Dasein verdankt. Lassen wir es, liebe Freunde, Kollegen und Schüler, einstweilen bei dieser Trias bewenden. Ich neige mich in Dankbarkeit vor der mir zugedachten allzu hohen Ehrung und ziehe vor — wie wir es oft auf Inschriften lesen — *honore contentus* zu sein.

Aus dem Schlußsatz der Adresse »Andernfalls mögen Sie selbst bestimmen, welchem Zweck der für Sie gestiftete Betrag dienen soll« darf ich ein Recht ableiten. Ich schreibe diese Zeilen zwei Wochen vor Ablauf meines Amtsjahres als Rektor der Friedrich-Wilhelms-Universität. In meinem Rektorat habe ich einen tiefen Einblick in den Zustand unseres Stipendienwesens gewonnen. Wie an allen Universitäten liegt es auch an unserer seit Jahren infolge des Zusammenbruchs der Währung schwer darnieder; die Aufwertung hat zwar eine Besserung mit sich gebracht, aber sie ist nur gering, zumal im Verhältnis zur andauernden wirtschaftlichen Not. Hier helfend einzugreifen erscheint mir als beneidenswertes Vorrecht des akademischen Lehrers, wenn eine schöne Fügung es ihm ermöglicht. Die Studenten der klassischen Altertumswissenschaft pflegen nicht mit materiellen Glücksgütern gesegnet zu sein. Um aufstrebenden jungen Talenten unter ihnen den Weg etwas zu ebnen, habe ich beschlossen, eine »Eduard-Norden-Stiftung für Studierende der klassischen Altertumswissenschaft an der Berliner Universität« zu errichten. Der Betrag, über den ich verfügen darf, ist so groß, daß er sich ebenbürtig neben manche Stipendien unserer Universität stellt, ja die weitaus meisten sogar überragt. Die neue Stiftung wird am 15. Oktober, dem Tage der feierlichen Übergabe des Rektorats, verkündet werden.

Diese Verwendung der mir überreichten Gabe wird, wie ich hoffe, die gütigen Spender befriedigen. Denn ihr Wunsch, in mir einen Diener unserer hohen Wissenschaft zu ehren, tritt auch so in die Erscheinung. Den Satzungen der Stiftung werde ich die Liste der Spender, die sie mir ermöglichten, als Anlage zu dauerndem Gedenken beifügen.

BIBLIOGRAPHIE DER VERÖFFENTLICHUNGEN EDUARD NORDENS

1891 *In Varronis saturas Menippeas observationes selectae.* Leipzig 1891, aus: Jahrbücher für classische Philologie, Suppl.-Bd. 18, 1892, 265—352.

1892 *Scholia in Gregorii Nazianzeni orationes inedita.* Hermes 27, 1892, 606—642.

1893 *Beiträge zur Geschichte der griechischen Philosophie.* — Leipzig 1893. 98 S. 1. Über einige Schriften des Antisthenes. 2. Zu den Briefen des Heraklit und der Kyniker. 3. Philosophische Ansichten über die Entstehung des Menschengeschlechtes, seine kulturelle Entwicklung und das goldene Zeitalter. 4. Die varronische Satura Prometheus, ein Kapitel aus der Lehre von der πρόνοια. 5. Über den Streit des Theophrast und Zeno bei Philo περὶ ἀφθαρσίας κόσμου. Anhang: Prometheus als Menschenbildner.
Die Petrus-Apokalypse und ihre antiken Vorbilder. Beilage 98 zur Allgemeinen Zeitung 1893, Nr. 107, 1—6.
Unedierte Scholien zu den Reden des Gregor von Nazianz. Zeitschrift für wissenschaftliche Theologie 36 II, 1893, 441—447.
Varroniana. Rheinisches Museum für Philologie 48, 1893, 348—354; 529 bis 551.
Vergilstudien. Hermes 28, 1893, 360—406; 501—521.

1894 *Sprachliche Beobachtungen zu Plautus.* Rheinisches Museum für Philologie 49, 1894, 194—207.
De rhetorico quodam dicendi genere. Hermes 29, 1894, 290—293.
Zur Nekyia Vergils. Hermes 29, 1894, 313—316.
Besprechung: A. Dieterich, Nekyia. Beiträge zur Erklärung der neuentdeckten Petrusapokalypse, Leipzig 1893. Göttingische Gelehrte Anzeigen 1894, 249 bis 255.
Besprechung: Richard Büttner, Porcius Licinus und der literarische Kreis des Q. Lutatius Catulus, Leipzig 1893. Göttingische Gelehrte Anzeigen 1894, 482—493.

1895 *De Stilone Cosconio Varrone grammaticis commentatio.* Index scholarum in Universitate litteraria Gryphiswaldensi per Semestre aestivum anni MDCCCXCV habendarum, Gryphiswaldae 1895, III—XIV.

1896 *Besprechung: Friedrich Leo, Plautinische Forschungen zur Kritik und Geschichte der Komödie, Berlin 1895.* Zeitschrift für Gymnasialwesen 50, 1896, 462—472.

1897 *De Minucii Felicis aetate et genere dicendi.* Greifswald 1897: 62 S. Beilage zum Vorlesungsverzeichnis der Universität Greifswald, 1897.
Besprechung: Friedrich Leo, Die plautinischen Cantica und die hellenistische Lyrik, Abhandlungen der Königlichen Gesellschaft der Wissenschaften zu Göttingen, Philos.-Hist. Kl., Neue Folge 1, 1897, Nr. 7, Deutsche Literaturzeitung 18, 1897, 1609—1614.

1898 *Die antike Kunstprosa vom VI. Jahrhundert v. Chr. bis in die Zeit der Renaissance.* 2 Bde. Leipzig, Berlin 1898, XVIII, 450 S., S. 451—969.

2. Abdruck. 1909. XX, 450, 17 S.; 451—968, 18 S.
3. Abdruck. 1915. XX, 450, 22 S.; S. 451—968, 20 S.
⟨anastat.⟩ Abdruck. 1918, 1923, 1958.
Besprechung: Ulrich v. Wilamowitz-Moellendorff, Bakchylides, Berlin 1898. Deutsche Literaturzeitung 19, 1898, 551—552.
Besprechung: Hans von Arnim, Leben und Werke des Dio von Prusa, Berlin 1898. Deutsche Literaturzeitung 19, 1898, 917—921.
Besprechung: Wilhelm Schmid, Über den kulturgeschichtlichen Zusammenhang und die Bedeutung der griechischen Renaissance in der Römerzeit, Leipzig 1898. Deutsche Literaturzeitung 19, 1898, 927.
Besprechung: G. Kaibel, Wissenschaft und Unterricht, Göttingen 1898. Deutsche Literaturzeitung 19, 1898, 1911—1912.

1899 *Ein Panegyricus auf Augustus in Vergils Aeneis.* Rheinisches Museum für Philologie 54, 1899, 466—482.
Besprechung: Wilhelm Fritz, Die Briefe des Bischofs Synesios von Kyrene, Leipzig 1898. Deutsche Literaturzeitung 20, 1899, 539.

1900 *Besprechung: Latin Literature of the Empire, selected and edited ... by Alfred Gudemann, Vol. I. Prose: Velleius-Boethius, New York 1898.* Deutsche Literaturzeitung 21, 1900, 735—736.

1901 *Vergils Äneis im Lichte ihrer Zeit.* Neue Jahrbücher für das klassische Altertum usw. 7, 1901, 249—282; 313—334.
Das Alter des Codex Romanus Vergils. Rheinisches Museum für Philologie 56, 1901, 473—474.
Besprechung: Richard Reitzenstein, M. Terentius Varro und Johannes Mauropus von Euchaita. Eine Studie zur Geschichte der Sprachwissenschaft, Leipzig 1901. Deutsche Literaturzeitung 22, 1901, 87—88.
Besprechung: Pindari carmina, rec. Otto Schroeder, Leipzig 1901. Deutsche Literaturzeitung 22, 1901, 339—341.

1902 *Apuleius: Amor und Psyche. Märchen, übertr. v. E. N.* Leipzig 1902. 63 S. Dass. Leipzig 1903. 85 S. = Kulturhistorische Liebhaber-Bibliothek 9.

1903 *P. Vergilius Maro: Aeneis Buch VI Erklärt.* Leipzig 1903. X, 483 S. = Sammlung wissenschaftlicher Kommentare zu griechischen und römischen Schriftstellern.
2. Aufl. 1916. 3. Aufl. 1926. 2. unveränd. Abdr. 1934. 4. Aufl. Stuttgart 1957, XII, 485 S.

1904 *Besprechung: Minucius Felix, Octavius, rec. H. Boenig, Leipzig 1903.* Göttingische Gelehrte Anzeigen 1904, 293—312.

1905 *Die Composition und Literaturgattung der Horazischen Epistula ad Pisones.* Hermes 40, 1905, 481—528.
Die lateinische Literatur im Übergang vom Altertum zum Mittelalter. In: Die Kultur der Gegenwart. T. 1, Abt. 8, Leipzig, Berlin 1905, 374—411.
2. Aufl. 1907, 401—438.
3. stark verb. u. verm. Aufl. 1912, 483—533; 2. Abdr. 1924, 483—522.

1906 *De vitis Vergilianis.* Rheinisches Museum für Philologie 61, 1906, 166—177.

1908 (Hrsg.) *Antike Dichtungen in deutschem Gewande von G. Koch, hrsg. und mit Beiträgen versehen von E. N.* Stuttgart, Berlin 1908.

1909 (Hrsg.) *Mommsen, Theodor: Gesammelte Schriften. Bd. 7: Philologische Schriften.* Berlin 1909. XI, 825 S.

1910 (Hrsg.) *Einleitung in die Altertumswissenschaft.* Unter Mitw. von ... hrsg. v. Alfred Gercke u. E. N. 3 Bde. Leipzig 1910—1912.
2. Aufl. 1912—1914. 3. Aufl. 1921—1927. 4. Aufl. 1927—1933.

1911 *Die römische Literatur.* In: Einleitung in die Altertumswissenschaft. Bd. 1, 1910, 451—588.
2. Aufl. 1912, 317—459. 3. Aufl. 1927, 118 S.; 2. unveränd. Abdr. Mit Erg. d. Literaturverz. durch Erich Köstermann. 1933. 121 S.
4. Aufl. mit Anh.: *Die lateinische Literatur im Übergang vom Altertum zum Mittelalter* [s. 1919] und H. Fuchs, *Wissenschaftliche Literatur,* 1952. VII, 200 S.
5. erg. Aufl. 1954, VII und 212 S.; davon: Italienische Übersetzung von F. Codino, Bari 1958, XII und 403 S.
Über zwei spätlateinische precationes. Mitteilungen der Schlesischen Gesellschaft für Volkskunde 13/14, 1911, 517—524 (mit 1 Abbildung) = Festschrift zur Jahrhundertfeier der Universität zu Breslau.

1913 *Antrittsrede* (in der Kgl. Preußischen Akademie der Wissenschaften), Sitzungsberichte der Kgl. Preußischen Akademie der Wissenschaften 1913, 590—594.
Josephus und Tacitus über Jesus Christus und eine messianische Prophetie. Leipzig, Berlin 1913. 30 S. Aus: Neue Jahrbücher für das klassische Altertum usw. 31, 1913, 636—666.
Agnostos Theos. Untersuchungen zur Formengeschichte religiöser Rede. — Leipzig, Berlin: Teubner 1913. IX, 410 S.
Photomech. Nachdr. 1923. 1956.
Aus Ciceros Werkstatt. — Berlin 1913, 32 S. Aus: Sitzungsberichte der Kgl. Preußischen Akademie der Wissenschaften 1913.

1914 *Über das siebente Buch der Annalen des Ennius* [Auszug]. Sitzungsberichte der Kgl. Preuß. Akad. d. Wiss. 1914, 221, und: Berliner philologische Wochenschrift 34, 1914, 766.

1915 *Ennius und Vergilius. Kriegsbilder aus Roms großer Zeit.* Leipzig, Berlin 1915. V, 176 S.
Römische Heldengalerien [Auszug]. Sitzungsberichte d. Kgl. Preuß. Akad. d. Wiss. 1915, 313.

1916 *Über die germanische Urgeschichte bei Tacitus, Germania c. 2—4* [Auszug]. Sitzungsberichte d. Kgl. Preuß. Akad. d. Wiss. 1916, 485.

1917 *Das Germanenepigramm des Krinagoras.* Sitzungsberichte d. Kgl. Preuß. Akad. d. Wiss. 1917, 577; 668—679.
Der neueste Versuch zur Deutung des Germanennamens. Germania 1, 1917, 161—168.

1918 *Germani. Ein grammatisch-ethnologisches Problem.* Sitzungsberichte d. Kgl. Preuß. Akad. d. Wiss. 1918, 95—138.
Über einzelne die Germania des Tacitus betreffende Probleme [Auszug]. Sitzungsberichte d. Kgl. Preuß. Akad. d. Wiss. 1918, 461.
[Mitteilung zu Varros Logistoricus ›Pius aut de pace‹.] In: Eduard Meyer, Caesars Monarchie und das Principat des Pompejus, Stuttgart, Berlin 1918, 582, 2.

1919 *Der Rheinübergang der Kimbern und die Geschichte eines keltischen Kastells in der Schweiz* [Auszug]. Sitzungsberichte d. Preuß. Akad. d. Wiss. 1919, 495.

(Hrsg.) *Vom Altertum zur Gegenwart. Die Kulturzusammenhänge in den Hauptepochen und auf den Hauptgebieten.* Skizzen v. F[ranz] Boll, L[udwig] Curtius [u. a.]. Leipzig 1919. VIII, 306 S.
2. [anastat.] Abdr. mit Ergänzungen. Ebda 1922, XII, 1 Titelb., 1 Kt.
Darin: *Der Übergang von der Antike zum Mittelalter, I Die Literatur,* 42—49; 2. Aufl. 41—49 [s. 1911].

1920 *Die Bildungswerte der lateinischen Literatur und Sprache auf dem humanistischen Gymnasium.* Berlin 1920, 55 S.
Die germanische Urgeschichte in Tacitus Germania. Leipzig, Berlin 1920. X, 505 S., 1 Kt.
2. [anastat.] Abdr. mit Ergänzungen. 1922. XII, 521 S., 1 Titelb., 1 Kt.
3. Abdr. mit Ergänzungen. 1923. XII, 523 S., 1 Titelb., 1 Kt.
4. Abdr. 1959.
Aus Cäsars literarischer Werkstatt [Auszug]. Sitzungsberichte d. Preuß. Akad. d. Wiss. 1920, 715.

1921 *Jahve und Moses in hellenistischer Theologie.* In: Festgabe von Fachgenossen und Freunden A[dolf] von Harnack zum siebzigsten Geburtstag dargebracht, Tübingen 1921, 292—301.
Philemon der Geograph. Mit einem Beitrag zur Entstehungsgeschichte des Namens Mare Balticum von Hans Philipp, Janus 1, 1921, 182—187.
Römer und Burgunden. Ein Beitrag zur römisch-germanischen Forschung [Auszug]. Sitzungsberichte d. Preuß. Akad. d. Wiss. 1921, 548.

1922 *Religionsgeschichtliches zum römischen Kaiserkultus* [Auszug]. Sitzungsberichte d. Preuß. Akad. d. Wiss. Philos.-hist. Kl. 1922, 185.

1923 *Das Genesiszitat in der Schrift über das Erhabene* [Auszug]. Sitzungsberichte d. Preuß. Akad. d. Wiss. Philos.-hist. Kl. 1923, 231.
(Hrsg.) *Deutsche Urzeit.* Bücherreihe, hrsg. v. Albert Kiekebusch u. E. N. 3 Bde. Berlin 1923—1935.
Ulrich von Wilamowitz-Moellendorff zu seinem 75. Geburtstage. Der Tag, Berlin, 22. Dez. 1923.

1924 *Die Geburt des Kindes. Geschichte einer religiösen Idee.* Leipzig, Berlin 1924. VII, 174 S. = Studien der Bibliothek Warburg 3.
2. Abdr. 1931. 3. Abdr. 1958.
Über ein Komödienfragment bei Naevius [Auszug]. Sitzungsberichte d. Preuß. Akad. d. Wiss. Philos.-hist. Kl. 1924, 229.
Das gefälschte Plautusblatt. Eine Notiz. Sitzungsberichte d. Preuß. Akad. d. Wiss. Philos.-hist. Kl. 1924, 156.
Besprechung: Revue des Etudes Latines 1, 1923. Deutsche Literaturzeitung 45, Neue Folge 1, 1924, 123—125.

1925 *Die bei Varro erhaltene Auguralformel und das carmen arvale* [Auszug]. Sitzungsberichte d. Preuß. Akad. d. Wiss. Philos.-hist. Kl. 1925, 376.
Dreieck. Ein Beitrag zur Geschichte des Fremdwörtergebrauchs im Altertum. Neue Jahrbücher für Wissenschaft und Jugendbildung 1, 1925, 35—46.
Berichtigung: Neue Jahrbücher für Wissenschaft und Jugendbildung 1, 1925, 320.
Besprechung: Günter Jachmann, Die Geschichte des Terenztextes im Altertum, Basel 1924. Litteris 2, 1925, 200—205.

1927 *Bemerkungen zu Tacitus* [Auszug]. Sitzungsberichte d. Preuß. Akad. d. Wiss. Philos.-hist. Kl. 1927, 19.

Universität und Schule. Mitteilungen des Deutschen Altphilologen-Verbandes (Beilage der Zeitschrift »Das Humanistische Gymnasium«) 1927, 17—21.

1928 *Die Geburt des Kindes. Eine geschichtliche Weihnachtsbetrachtung.* Velhagen & Klasings Monatshefte 43 I, 1928/29, 422—426 (mit 1 Abb.).
Dass. in: Wiener Blätter für die Freunde der Antike 6, 1929, 86—92.
Heldenehrungen. Berlin 1928. 26 S. = Rede bei d. Feier zum Gedächtnis des Stifters der Universität König Friedrich Wilhelm III.
Altes Latein in Glossen [Auszug]. Sitzungsberichte d. Preuß. Akad. d. Wiss. Philos.-hist. Kl. 1928, 123.
Logos und Rhythmus. — Berlin 1928, 29 S. = Rede zum Antritt des Rektorats der Friedrich-Wilhelm-Universität am 15. Okt. 1927.
Dass. in: Acme 3, 1950, 327—354, ins Italienische übersetzt von G. W. Avanzini.
Der Verlag B. G. Teubner und die Altertumswissenschaft. In: Wirtschaft und Idealismus. Herrn Dr. Alfred Giesecke, dem Mitinhaber der Verlagsbuchhandlung B. G. Teubner, zum 60. Geburtstag gewidmet. Leipzig 1928, 15—24.
Universitas. Ein Streifzug durch 8 Jahrhunderte Bildungsgeschichte. Zeitungs-Verlag 29, 1928, Heft 40, 49—50.
Verkürzt in: Wiener Blätter für die Freunde der Antike 7, 1930, 44—45.
Παιγνιῶδες. *Aus einer professoralen Kuriositätenecke.* Gesprochen auf dem Rektoratsball 1928, als Manuskript gedruckt.
Ulrich von Wilamowitz-Moellendorff. Zu seinem 80. Geburtstage. Excelsiorzeitung, Berlin, 22. Dez. 1928, S. 1.

1929 *Ulrich v. Wilamowitz-Moellendorff zum 80. Geburtstag.* Deutschland. Monatshefte für die Deutschen im Ausland 1929, 29—30 (mit 1 Bildn.).
Einem zweitausendjährigen Geburtstagskinde zum Gruß. Velhagen & Klasings Monatshefte 44 II, 1929/30, 579—584.
Lessing als klassischer Philologe. Neue Jahrbücher für Wissenschaft und Jugendbildung 5, 1929, 257—271.
Römer und Burgunden [Auszug]. Sitzungsberichte d. Preuß. Akad. d. Wiss. Philos.-hist. Kl. 1929, 200.
Ein literarisches Zeugnis aus der Verfallszeit des römisch-germanischen Limes. Forschungen und Fortschritte 5, 1929, 135.
Ansprache. Mitteilungen vom Bonner Kreis 31, 1929, 11—15.
Ehrfurcht vor der Antike! Zur Jubelfeier der »Vereinigung der Freunde des humanistischen Gymnasiums«. Der Tag, Berlin, 28. Nov. 1929, S. 2.
Vorrede zu: Hermann Usener, Götternamen. Versuche einer Lehre von der religiösen Begriffsbildung. 2. unveränderte Auflage, Bonn 1929. III—IV.
Dass. 3. unveränd. Aufl., Frankfurt/Main 1948.

1930 *Ansprache an Dr. Kikebusch,* gehalten am 10. März 1930. Brandenburgia 39, 1930, 109—111.
Richard Heinze. Ein Gedenkblatt. Das humanistische Gymnasium 41, 1930, 21—24.
Aus Vergils Werkstatt [Auszug]. Sitzungsberichte d. Preuß. Akad. d. Wiss. Philos.-hist. Kl. 1930, 355.

1931 *Epigraphische Miszellen. Zur illyrisch-germanischen Ethnologie* [Auszug]. Sitzungsberichte d. Preuß. Akad. d. Wiss. Philos.-hist. Kl. 1931, 771.
Worte des Gedächtnisses an Ulrich von Wilamowitz-Moellendorff, gesprochen im Rundfunk, 25. Sept. 1931. 4 gez. Bl. [Maschinenschr. autogr.].
Dass. gekürzt: Classical Philology 27, 1932, 66—69.

1932 *Die Inschrift des Teutonensteins. Ein Weg zur Deutung?* [Auszug]. Sitzungsberichte d. Preuß. Akad. d. Wiss. Philos.-hist. Kl. 1932, 902.
Antike Menschen im Ringen um ihre Berufsbestimmung. Berlin 1932, 19 S. Aus: Sitzungsberichte d. Preuß. Akad. d. Wiss. Philos.-hist. Kl., 1932, XXXVII—LIII.
Geleitwort zu: Theodor Mommsen, Römische Geschichte. Gekürzte Ausgabe von Ludwig Goldscheider, Wien, Leipzig 1932, 1—16.

1933 *Geleitwort zu: Theodor Mommsen, Das Weltreich der Cäsaren.* Textgestaltung von Ludwig Goldscheider, Wien, Leipzig 1933, 803—814.

1934 *Über die decumates agri in Tacitus Germania c. 29* [Auszug]. Sitzungsberichte d. Preuß. Akad. d. Wiss. Philos.-hist. Kl. 1934, 6.
Alt-Germanien. Völker- und namensgeschichtliche Untersuchungen. Mit 3 Zeichn. im Text, 17 Abb. auf Taf. u. 1 Übersichtskarte. Leipzig, Berlin 1934, XIV, 325 S.
Orpheus und Eurydike. Ein nachträgliches Gedenkblatt für Vergil. Berlin 1934, 60 S. Aus: Sitzungsberichte d. Preuß. Akad. d. Wiss. Philos.-hist. Kl. 1934, 626—683.
Zur Morphologie des Germanennamens. Zeitschrift für Ortsnamenforschung 11, 1935, 185—186.

1936 *Carmen arvale* [Auszug]. Sitzungsberichte d. Preuß. Akad. d. Wiss. Philos.-hist. Kl. 1936, 125.

1937 *Über das Wort tescum* [Auszug]. Sitzungsberichte d. Preuß. Akad. d. Wiss. Philos.-hist. Kl. 1937, 105.
Das älteste Gedicht der lateinischen Literatur. In: Independence, Convergence and Borrowing in Institutions, Thought and Art = Havard Tercenary Publications, Cambridge (Mass.), USA, 1937, 57—61.

1939 *Aus altrömischen Priesterbüchern.* — Lund, Leipzig 1939. XIII, 300 S. = Skrifter, utgivna av Kungl. Humanistiska Vetenskapssamfundet i Lund 29.
Bericht der Kommission für den Thesaurus linguae Latinae für die Zeit . . . In: Sitzungsberichte d. Kgl. Preuß. Akad. d. Wiss. 1914—1929.
Bericht über das Militärwesen der römischen Kaiserzeit. In: Sitzungsberichte d. Preuß. Akad. d. Wiss. 1931—1938.
Bericht über die Sammlung der lateinischen Inschriften. In: Sitzungsberichte d. Preuß. Akad. d. Wiss. 1932—1938.
Bericht über das Corpus inscriptionum Etruscarum. In: Sitzungsberichte d. Preuß. Akad. d. Wiss. 1936—1937.
Bericht über den Stand des Corpus Medicorum Graecorum. In: Sitzungsberichte d. Preuß. Akad. d. Wiss. 1938.

1955 *Das Genesiszitat in der Schrift vom Erhabenen.* Postum herausgegeben von Johannes Stroux. Abhandl. d. Deutsch. Akad. d. Wiss. zu Berlin. Kl. f. Sprachen, Literatur und Kunst Jg. 1954, Nr. 1, Berlin 1955, 23 Seiten.

LISTE DER UNTER EDUARD NORDENS MITVERANTWORTUNG ERSCHIENENEN DISSERTATIONEN*

Greifswald

1898 *Otto Altenburg,* De sermone pedestri Italorum vetustissimo. 8. Jan. 1898.

Breslau

1901 *Stephanus Gloeckner,* Quaestiones rhetoricae. Historiae artis rhetoricae qualis fuerit aevo imperatorio capita selecta. 9. Juli 1901.

1903 *Ludovicus Sniehotta,* De vocum Graecarum apud poetas Latinos dactylicos ab Ennii usque ad Ovidii tempora usu. 3. Aug. 1903.

1905 *Theodorus Gollnisch,* Quaestiones elegiacae. 5. Juni 1905.

Hermann Widmann, De Gaio Vettio Aquilino Juvenco carminis evangelici poeta et Vergili imitatore. 27. Juni 1905.

Guilelmus Harendza, De oratorio genere dicendi, quo Hieronymus in epistulis usus sit. 21. Dez. 1905.

Konrat Ziegler, De precationum apud Graecos formis quaestiones selectae. 20. Juli 1905.

1906 *Ricardus Gottwald,* De Gregorio Nazianzeno Platonico. 14. Juli 1906.

Joseph Seidel, Vestigia diatribae, qualia reperiuntur in aliquot Plutarchi scriptis moralibus. 14. Juli 1906.

Berlin

1908 *Guilelmus Noetzel,* De archaismis, qui apud veteres Romanorum poetas scaenicos inveniuntur in finibus aut versuum aut colorum in iambum exeuntium. 4. August 1908.

1909 *Curtius Koehler,* De rhetoricis ad C. Herennium. 15. Febr. 1909.

1910 *Johannes Ehlert,* De verborum copia Thucydidea quaestiones selectae. 9. März 1910.

Fridericus Stephan, Quomodo poetae Graecorum Romanorumque carmina dedicaverint. 9. März 1910.

1911 *Fridericus Bitsch,* De Platonicorum quaestionibus quibusdam Vergilianis. 3. April 1911.

Ericus Pertsch, De Valerio Martiale Graecorum poetarum imitatore. 12. Aug. 1911.

Alfredus Tacke, Phaedriana. 12. Aug. 1911.

Arthurus Rathke, De Apulei quem scripsit de deo Socratis libello. 28. Sept. 1911

1912 *Guilelmus Theissen,* De Sallustii, Livii, Taciti digressionibus. 12. März 1912.

Fritz Müller-Marquardt, Die Sprache der alten Vita Wandregiseli. 17. April 1912.

Johannes Focken, De Gregorii Nazianzeni orationum et carminum dogmaticorum argumentandi ratione. 3. Juli 1912.

Guilelmus Eggerding, De Graeca artis tragicae doctrina, imprimis de affectibus tragicis. 12. 8. 1912.

* Zusammengestellt von stud. phil. Winfried Weißhaupt.

1913 *Ernestus Hamburger,* Symbola ad Horati carminum elocutionem. 15. März 1913.
Alphonsus Kurfess, De Sallustii in Ciceronem et invicem invectivis. 14. Okt. 1913.

1914 *Arthurus Saekel,* Quaestiones comicae de Terenti exemplaribus Graecis. 24. 6. 1914.
Carolus Virck, Cicero qua ratione Xenophontis Oeconomicum latine verterit. 1. Okt. 1914.

1916 *Conradus Heubner,* De belli Hispaniensis commentario quaestiones grammaticae. 21. Juli 1916.
Georgius Fürstenau, De Sili Italici imitatione quae fertur Enniana. 23. Dez. 1916.

1918 *Ioannes Steinthal,* De interpolationibus Plautinis. 4. Febr. 1918.

1919 *Wilhelm Neumann,* De Vergilii codicibus Palatino et Gudiano. 11. Febr. 1919.

1920 *Ernestus Marbach,* Quomodo Valerius Flaccus Vergilium in arte componendi imitatus sit. 31. Mai 1920.

1922 *Johannes Wegner,* Velleius Paterculus. Eine philolog. Quellenunters. z. Gesch. d. Kaisers Augustus. 14. Aug. 1922.
Meinhard Paeslack, Theologiae Varronianae quaestiones selectae. 10. Oktober 1922.

1923 *Margareta Hirsch,* De tyrannicidis quid veteres tradiderint. 19. Jan. 1923.

1924 *Irmgard Stutz,* Honos. De vocabuli significatione Romana. 7. Febr. 1924.
Gustav Jahn, De differentiis sermonis Plautini quae exstant inter senarios iambicos, versus quadratos, versus lyricos. 12. März 1924.
Wilhelm Radvann, De fide codicum Horatianorum classis Φ. 14. Okt. 1924.

1925 *Wilhelm Rechnitz,* Studien zu Salvius Julianus. 19. Dez. 1925.

1926 *Werner Jaekel,* De Taciti Germaniae atque Agricolae codicibus Aesinate et Toletano. 30. März 1926.
Karl Springer, Supplementum Tullianum. Συναγωγή epistularum quae ad Ciceronianas annorum 68—49 spectant. 6. Aug. 1926.
Annemaria Holborn, geb. Bettmann, De Sallustii epistulis ad Caesarem senem de re publica. 12. Okt. 1926.

1929 *Johannes Georg Wetzel,* Quomodo poetae epici et Graeci et Romani somnia descripserint. 17. Juli 1931. Im Druck erschienen 1931.
Alfred Rohde, De Ovidi arte epica capita duo. 24. Juli 1929.
Gerhard Reincke, De tripartita carminum Horatianorum structura. 4. Dez. 1929.

1932 *Hans-Eberhard Wilhelm,* De codice B Plautino. 9. Mai 1932.
Werner Hartke, De saeculi quarti exeuntis historiarum scriptoribus quaestiones. 25. Juli 1932.
Eva Frank, De vocis urbanitas apud Ciceronem vi atque usu. 10. Dez. 1932.
Friedrich Schwarz, De scuto quod fertur Hesiodi. Quaestiones ad compositionem et dicendi genus maxime pertinentes. 10. Dez. 1932.

1933 *Walter Matzkow,* De vocabulis quibusdam Italae et Vulgatae christianis quaestiones lexicographae. 1. März 1933.
Charlotte Müller, Observationes grammaticae in Paulini Pellaei carmen Eucharisticum. 14. Okt. 1933.

1934 *Rudolf Blum,* Manilius' Quelle im ersten Buche der Astronomica. 27. Juli 1934.

1935 *Karl Holl,* Die Naturales quaestiones des Philosophen Seneca. 8. Febr. 1935.

1936 *Elisabeth Haecker,* Zum Aufbau plautinischer Cantica. 18. Juni 1936.

INDICES

I. Namen

II. Sachen

III. Sprachliches

IV. Stellen

1. Griechisch

2. Lateinisch

PAUL FRIEDLÄNDER

Platon

3 Bände. Groß-Oktav. Ganzleinen. Jeder Band DM 38,—

BAND I

Seinswahrheit und Lebenswirklichkeit

3., durchgesehene und ergänzte Auflage.
Mit 8 Tafeln und 1 Frontispiz. XII, 438 Seiten. 1964.

BAND II

Die Platonischen Schriften. Erste Periode

3., verbesserte Auflage. VI, 353 Seiten. 1964.

BAND III

Die Platonischen Schriften. Zweite und dritte Periode

2., erweiterte und verbesserte Auflage. V, 533 Seiten. 1960.

KURT VON FRITZ

Antike und moderne Tragödie

Neun Abhandlungen

Groß-Oktav. XXX, 511 Seiten. 1962. Ganzleinen DM 36,—

GEORG ROHDE

Studien und Interpretationen zur antiken Literatur, Religion und Geschichte

Oktav. Mit 1 Frontispiz. X, 322 Seiten. 1963.

Ganzleinen DM 18,—

E. A. S. BUTTERWORTH

Some Traces of the Pre-Olympian World in Greek Literature and Myth

Groß-Oktav. X, 197 Seiten. With 17 plates. 1966.

Ganzleinen DM 48,—

Walter de Gruyter & Co · Berlin 30

WERNER JAEGER

Paideia

Die Formung des griechischen Menschen

3 Bände. Groß-Oktav. 1959. Ganzleinen DM 50,—

I. 4. Auflage. X, 513 Seiten. DM 19,80
II. 3. Auflage. 418 Seiten. DM 16,80
III. 3. Auflage. VIII, 462 Seiten. DM 18,80

WERNER JAEGER

Humanistische Reden und Vorträge

2., erweiterte Auflage

Groß-Oktav. VIII, 336 Seiten. 1960. Ganzleinen DM 28,—

EDUARD SCHWARTZ

Gesammelte Schriften

5 Bände. Groß-Oktav. Ganzleinen

BAND I

Vergangene Gegenwärtigkeiten
XV, 392 Seiten. Mit 1 Titelbild. 1963. DM 36,—

BAND II

Zur Geschichte und Literatur der Hellenen und Römer
X, 358 Seiten. 1956. DM 38,50

BAND III

Zur Geschichte des Athanasius
XII, 336 Seiten. 1959. DM 42,—

BAND IV

Zur Geschichte der Alten Kirche und ihres Rechts
XII, 344 Seiten. 1960. DM 44,—

BAND V

Zum Neuen Testament und zum frühen Christentum
Mit einem Gesamtregister zu Band I—V
XII, 382 Seiten. 1963. DM 48,—

Walter de Gruyter & Co · Berlin 30